Altrock/Oschmann/Theobald
Erneuerbare-Energien-Gesetz

EEG
Erneuerbare-Energien-Gesetz

Kommentar

von

Dr. Martin Altrock, Mag. rer. publ.
Rechtsanwalt, Berlin

Dr. Volker Oschmann
Oberregierungsrat im Bundesministerium für Umwelt, Naturschutz
und Reaktorsicherheit, Berlin

Dr. Christian Theobald, Mag. rer. publ.
Rechtsanwalt, Berlin

unter Mitarbeit von

Dr. Richard Himmer
Rechtsanwalt, Berlin

Thorsten Müller
Wiss. Mitarbeiter, Würzburg

Dr. Manuela Rottmann
Assessorin, Berlin

Dr. Hanna Schröder-Czaja
Rechtsanwältin, Berlin

Verlag C. H. Beck München 2006

Verlag C. H. Beck im Internet:
beck.de

ISBN 3 406 49505 2

© 2006 Verlag C. H. Beck oHG
Wilhelmstraße 9, 80801 München
Druck: Nomos Verlagsgesellschaft
In den Lissen 12, 76547 Sinzheim

Satz: Druckerei C. H. Beck Nördlingen

Gedruckt auf säurefreiem, alterungsbeständigem Papier
(hergestellt aus chlorfrei gebleichtem Zellstoff)

Vorwort

Die am 1. August 2004 in Kraft getretene Neufassung des Gesetzes für den Vorrang Erneuerbarer Energien (EEG) stellt die dritte Entwicklungsstufe des deutschen Rechts zum Ausbau der Stromerzeugung auf der Basis Erneuerbarer Energien dar. Während das seit 1991 geltende Stromeinspeisungsgesetz (StrEG) diese zukunftsträchtige Rechtsmaterie noch in fünf überschaubaren Paragraphen abhandeln konnte, die auf zwei Seiten mühelos untergebracht wurden, umfasste das EEG aus dem Jahr 2000 schon zwölf Paragraphen – bei einem Umfang von bereits sechs Textseiten. Das vorliegend kommentierte EEG 2004 enthält nun 21 Paragraphen und füllt rund 20 Textseiten. Dazu tritt noch die ebenfalls ausführlich geratene Biomasseverordnung aus dem Jahr 2001. Die Rechtsentwicklung der letzten fünfzehn Jahre ist also von einem deutlichen Anwachsen der Regelungsintensität im Bereich der Erneuerbaren Energien gekennzeichnet. Diese entspricht der enorm gesteigerten energie- wie volkswirtschaftlichen Bedeutung der Erneuerbaren Energien.

Für diesen Kommentar haben sich Praktiker aus Anwaltschaft und Ministerialverwaltung zusammengetan, um die Grundstrukturen dieser komplexen, mittlerweile die gesamte Energiewirtschaft und ihre Kunden betreffende Regelungsmaterie auf der Basis ihrer täglichen Erfahrungen darzustellen. Dabei konnten auch viele speziellere Probleme der praktischen Umsetzung behandelt werden. Tatsächlich wirft das EEG aber wesentlich mehr Detailfragen auf, als geklärt werden konnten, ohne den Rahmen eines Kommentars dieses Formats zu sprengen. In diesem Zusammenhang ist dem Verlag dafür zu danken, dass das Werk erheblich umfangreicher werden durfte, als dies ursprünglich vorgesehen war.

Dieser Kommentar ist das Ergebnis eines Arbeits- und Diskussionsprozesses, an dem neben den drei Herausgebern weitere Personen mitwirkten. So übernahm Herr Ass. jur. Thorsten Müller die Kommentierung der besonderen Ausgleichsregelung des § 16 und gab auch im Übrigen viele wertvolle Hinweise und Anregungen. Frau Ass. jur. Dr. Manuela Rottmann trat bei § 10, Frau Rechtsanwältin Dr. Hanna Schroeder-Czaja bei den §§ 12 und 13 zum Autorenkreis hinzu. Herr Ass. jur. Dr. Richard-E. Himmer leistete vielfältige wertvolle Beiträge zu einer Reihe von Paragraphen und betreute das Werk redaktionell. Durch ihn sowie durch Frau Katja Seidel, Frau Jana Stegner, Frau Jessica Wiehe und Frau Arlett Schergung, Becker Büttner Held, Berlin, die u. a. sehr sorgfältig Korrektur lasen, Vereinheitlichungen vornahmen und das Stichwort- sowie das Literaturverzeichnis anfertigten, wurde das Erscheinen dieses Buches erst ermöglicht. Herr Dr. Bernhard Dreher, Frau Debby Franz, Frau Sylvia Heinz und Herr Frank Sternberg haben durch Hinweise, Korrekturanmerkungen und Hilfe bei der Literaturbeschaffung zum Gelingen des Kommentars beigetragen. Ihnen allen sei herzlich gedankt.

Über jegliche Anregungen, Kritik und sonstige Hinweise sowie die Übersendung von Rechtsprechung zum EEG würden wir uns sehr freuen. Sie werden erbeten an folgende Adresse: Becker Büttner Held, Köpenicker Straße 9, 10997 Berlin bzw. an eine der folgenden E-Mailadressen: martin.altrock@bbh-berlin.de, Volker.Oschmann@bmu.bund.de oder christian.theobald@bbh-berlin.de.

Berlin, im Dezember 2005
Martin Altrock
Volker Oschmann
Christian Theobald

Inhaltsverzeichnis

	Seite
Vorwort	V
Abkürzungsverzeichnis	IX
Literaturverzeichnis	XVII
Text des Erneuerbare-Energien-Gesetzes	1
Einführung	21
Kommentar zum Erneuerbare-Energien-Gesetz	67
§ 1 Zweck des Gesetzes	67
§ 2 Anwendungsbereich	85
§ 3 Begriffsbestimmungen	100
§ 4 Abnahme- und Übertragungspflicht	126
§ 5 Vergütungspflicht	162
§ 6 Vergütung für Strom aus Wasserkraft	173
§ 7 Vergütung für Strom aus Deponiegas, Klärgas und Grubengas	189
§ 8 Vergütung für Strom aus Biomasse	204
§ 9 Vergütung für Strom aus Geothermie	257
§ 10 Vergütung für Strom aus Windenergie	267
§ 11 Vergütung für Strom aus solarer Strahlungsenergie	301
§ 12 Gemeinsame Vorschriften für Abnahme, Übertragung und Vergütung	341
§ 13 Netzkosten	369
§ 14 Bundesweite Ausgleichsregelung	384
§ 15 Transparenz	426
§ 16 Besondere Ausgleichsregelung	436
§ 17 Herkunftsnachweis	502
§ 18 Doppelvermarktungsverbot	511
§ 19 Clearingstelle	515
§ 20 Erfahrungsbericht	521
§ 21 Übergangsbestimmungen	542
Biomasseverordnung	549
Stichwortverzeichnis	573

Abkürzungsverzeichnis

°C	Grad Celsius
a. F.	alte Fassung
a. A.	anderer Ansicht, am Anfang
a. E.	am Ende
AbfverbrennRL	Richtlinie über die Verbrennung von Abfällen
ABl	Amtsblatt
Abs.	Absatz
AcP	Archiv für die civilistische Praxis (Zeitschrift)
AEEC	Associated European Energy Consultants
AEG	Allgemeines Eisenbahngesetz
AG	Amtsgericht
AGB	Allgemeine Geschäftsbedingungen
AGBG	Gesetz zur Regelung des Rechts der allgemeinen Geschäftsbedingungen
AGFW	Arbeitsgemeinschaft für Wärme und Heizkraftwirtschaft
AktG	Aktiengesetz
allg.	allgemein
Alt.	Alternative
AltholzV	Verordnung über Anforderungen an die Verwertung und Beseitigung von Altholz
Anm.	Anmerkung
AöR	Archiv für öffentliches Recht (Zeitschrift)
Art.	Artikel
ASCM	Agreement on Subsidies and Countervailing Measures
Aufl.	Auflage
Aug.	August
AusfG	Ausführungsgesetz
AusfG-SRÜ	Ausführungsgesetz zum Seerechtsübereinkommens der Vereinten Nationen
Ausschuss-Drs.	Ausschuss-Drucksache
AVBEltV	Verordnung über Allgemeine Bedingungen für die Elektrizitätsversorgung von Tarifkunden
AWZ	Ausschließliche Wirtschaftszone
Az.	Aktenzeichen
BAFA	Bundesamt für Wirtschaft und Ausfuhrkontrolle
BAnz	Bundesanzeiger
BauGB	Baugesetzbuch
BauNVO	Verordnung über die bauliche Nutzung der Grundstücke
BauR	Baurecht
BayVGH	Bayerischer Verwaltungsgerichtshof
BB	Betriebsberater (Zeitschrift)
BBodSchG	Bundes-Bodenschutzgesetz
Bd.	Band
BDI	Bundesverband der deutschen Industrie e. V.
BDSG	Bundesdatenschutzgesetz
Bek.	Bekanntmachung
Beschl.	Beschluss
BFH	Bundesfinanzhof
BfN	Bundesamt für Naturschutz
BfS	Bundesamt für Strahlenschutz
BGB	Bürgerliches Gesetzbuch
BGBl.	Bundesgesetzblatt
BGHZ	Entscheidungssammlung des Bundesgerichtshof in Zivilsachen

Abkürzungsverzeichnis

BHKW	Blockheizkraftwerk
BImSchG	Bundes-Immissionsschutzgesetz
BImSchV	Bundes-Immissionsschutz-Verordnung
BioAbfV	Bioabfallverordnung (Verordnung über die Verwertung von Bioabfällen auf landwirtschaftlich, forstwirtschaftlich und gärtnerisch genutzten Böden)
BiomasseV	Verordnung über die Erzeugung von Strom aus Biomasse
BKartA	Bundeskartellamt
BMU	Bundesministerium für Umwelt, Naturschutz und Reaktorsicherheit (Bundesumweltministerium)
BMWA	Bundesministerium für Wirtschaft und Arbeit (Bundeswirtschaftsministerium)
BMWi	Bundesministerium für Wirtschaft (Bundeswirtschaftsministerium)
BNatSchG	Bundesnaturschutzgesetz
BNatSchGNeuregG	Bundesnaturschutzneuregelungsgesetz
BNE	Bundesverband neuer Energieanbieter
BranntwMonG	Gesetz über das Branntweinmonopol
BR-Drs.	Bundesratsdrucksache
BR-Plenarprotokoll	Bundesrat-Plenarprotokoll
BSGE	Entscheidungssammlung des Bundessozialgerichts
BSH	Bundesamtes für Seeschifffahrt und Hydrographie
bspw.	beispielsweise
BStBl.	Bundessteuerblatt
BT-Drs.	Bundestagsdrucksache
BTOElt	Bundestarifordnung Elektrizität
BT-Plenarprotokoll	Bundestag-Plenarprotokoll
BVerfG	Bundesverfassungsgericht
BVerfGE	Entscheidungssammlung des Bundesverfassungsgerichts
BVerfGG	Gesetz über das Bundesverfassungsgericht
BVerwG	Bundesverwaltungsgericht
BVerwGE	Entscheidungssammlung des Bundesverwaltungsgerichts
BW	Bundesverband Windenergie e.V.
bzw.	beziehungsweise

ca.	circa
CdT	Cadmiumtellurid
CDU/CSU	Christlich-demokratische Union/Christlich Soziale Union
CH_4	MethanCISKupfer-Indium-Diselenid
CO_2	Kohlendioxid
Ct	Cent
Ct/kWh	Cent pro Kiolwattstunde

d.	der
d. h.	das heisst
DAU	Deutschen Akkreditierungs- und Zulassungsgesellschaft für Umweltgutachter mbH
ders.	derselbe
DG	Deutscher Gewerbeverband
Diss.	Dissertation
DIW	Deutschen Instituts für Wirtschaftsforschung
DM	Deutsche Mark
DÖV	Die öffentliche Verwaltung (Zeitschrift)
Drs.	Drucksache
DüngeV	Düngeverordnung
DV	Die Verwaltung (Zeitschrift)
DVBl.	Deutsche Verwaltungsblätter (Zeitschrift)
D_{Verl}	Verlängerungszeitraum für die Zahlung der erhöhten Anfangsvergütung in Monaten
DVGW	Deutscher Verein des Gas- und Wasserfachs e. V.

Abkürzungsverzeichnis

E&M	Energie und Management (Zeitschrift)
e. V.	eingetragener Verein
EA	Ertrag der Anlage
ECJ	European Court of Justice
ECU	European Currency Unit
EDUCOGEN	The European Education Tool on Energy-Efficiency through the Use of Cogeneration
EE	Erneuerbare Energien (Zeitschrift)
EEA	European Enviroment Agency
EEE	Elektrizität aus erneuerbaren Energieträgern
EEG	Erneuerbare-Energien-Gesetz
EEG-E	Erneuerbare-Energien-Gesetz-Entwurf
EE-RL	Richtlinie 2001/77/EG des Europäischen Parlaments und des Rates vom 27. September 2001 zur Förderung der Stromerzeugung aus erneuerbaren Energiequellen im Elektrizitätsbinnenmarkt
EEX	European Energy Exchange AG, Leipzig
EG	Europäische Gemeinschaft
EGBGB	Einführungsgesetz zum Bürgerlichen Gesetzbuch
EGV	Vertrag zur Gründung der Europäischen Gemeinschaft
Einf.	Einführung
EL	Ergänzungslieferung
EltRL	Richtlinie 2003/54/EG des Europäischen Parlaments und des Rates vom 26. Juni 2003 über gemeinsame Vorschriften für den Elektrizitätsbinnenmarkt und zur Aufhebung der Richtlinie 96/92/EG (Elektrizitätsbinnenmarktrichtlinie)
EMAS	Environmental Management and Audit Scheme
endg.	endgültig
EnergiesteuerRL	Richtlinie 2003/96/EG des Rates vom 27. Oktober 2003 zur Restrukturierung der gemeinschaftlichen Rahmenvorschriften zur Besteuerung von Energieerzeugnissen und elektrischem Strom
EnWG	Energiewirtschaftsgesetz
ER	Ertrag der Referenzanlage
EREF	European Renewable Energies Federation
ET	Energiewirtschaftliche Tagesfragen (Zeitschrift)
etc.	et cetera
EU	Europäische Union
EUDUR	Handbuch zum europäischen und deutschen Umweltrecht
EuGH	Europäischer Gerichtshof
EUR	Euro
EuR	Zeitschrift für Europarecht (Zeitschrift)
EUV	Kommentar des Vertrages über die Europäische Union
EVertr	Einigungsvertrag
EVU	Energieversorgungsunternehmen
EW	Elektrizitätswirtschaft (Zeitschrift)
EWG	Europäische Wirtschaftsgemeinschaft
EWI	Energiewirtschaftliches Institut an der Universität zu Köln
EWiR	Entscheidungen zum Wirtschaftsrecht

f.	folgende
FCCC	Framework Convention on Climate Change
FDP	Freie Demokratische Partei Deutschlands
ff.	fortfolgende
FFH-RL	Richtlinie 92/43/EWG des Rates v. 21. Mai 1992 zur Erhaltung der natürlichen Lebensräume sowie der wildlebenden Tiere und Pflanzen (Fauna-Flora-Habitat-Richtlinie)
FFU	Forschungsstelle für Umweltpolitik
FG	Finanzgericht
FGW	Fördergesellschaft Windenergie e. V.
Fn.	Fußnote

Abkürzungsverzeichnis

FS	Festschrift
FStrG	Fernstraßengesetz
GA	Generalanwalt
GastG	Gaststättengesetz
GATT	General Agreement on Tariffs and Trade
GenG	Genossenschaftsgesetz
GewArch	Gewerbearchiv (Zeitschrift)
GFA	Gesetzesfolgenabschätzung
GG	Grundgesetz für die Bundesrepublik Deutschland
ggf.	gegebenenfalls
GGO	Gemeinsame Geschäftsordnung der Bundesministerien
GmbH	Gesellschaft mit beschränkter Haftung
GmbHG	Gesetz betreffend die Gesellschaften mit beschränkter Haftung
GMBl.	Gemeinsames Ministerialblatt
GOBT	Geschäftsordnung des Deutschen Bundestages
GrdstVG	Grundstückverkehrsgesetz
GVBl.	Gesetz- und Verordnungsblatt
GWB	Gesetz der Wettbewerbsbeschränkung
GWh	Gigawattstunde
h	Stunde
h. L.	herrschende Lehre
HaftPflG	Haftpflichtgesetz
HandwO	Handwerksordnung
HbEnWR	Handbuch zum Recht der Energiewirtschaft
HGB	Handelsgesetzbuch
Hrsg.	Herausgeber
HygieneV	Verordnung (EG) Nr. 1774/2002 des Europäischen Parlaments und des Rates vom 3. Oktober 2002 mit Hygienevorschriften für nicht für den menschlichen Verzehr bestimmte tierische Nebenprodukte (Hygiene-Verordnung)
i. d. F.	in der Fassung
i. d. R.	in der Regel
i. e.	id est
i. E.	im Ergebnis
i. S.	im Sinne
i. S. d.	im Sinne der/des
i. S. v.	im Sinne von
i. V. m.	in Verbindung mit
IE	Institut für Energetik und Umwelt
IEC	International Electrotechnical Commission
IHO	International Hydrographic Organization
inkl.	inklusive
IPCC	Intergovernmental Panel on Climate Change
IR	InfrastrukturRecht (Zeitschrift)
ISET	Instituts für Solare Energieversorgungstechnik
IVU-Richtlinie	Richtlinie 96/61/EG des Rates vom 24. September 1996 über die integrierte Vermeidung und Verminderung der Umweltverschmutzung
JEEPL	Journal for European Environmental & Planning Law
JREG	Joint Renewable Energy Coalition
JWT	Journal of World Trade (Zeitschrift)
JZ	Juristenzeitung (Zeitschrift)
Kap.	Kapitel
KfW	Kreditanstalt für Wiederaufbau
kg	Kilogramm

Abkürzungsverzeichnis

KG	Kammergericht
KG	Kommanditgesellschaften
KGV	Koordinationsstelle Genehmigungsverfahren
KOM	Kommission
KP	Kyoto-Protokoll
KRK	Klimarahmenkonvention
KrW-/AbfG	Kreiswirtschafts- und Abfallgesetz
kV	Kilovolt
kVA	Kilo-Voltampere
kW	Kilowatt
kW_{el}	Kilowatt elektrisch
kWh	Kilowattstunde
kWh/a	Kilowattstunden per anno
KWK	Kraft-Wärme-Kopplung
KWK-AusbauG	Kraft-Wärme-Kopplungs-Gesetz 2000
KWKG	Kraft-Wärme-Kopplungs-Gesetz 2002
KWKModG	Kraft-Wärme-Kopplungs-Gesetz 2002
KWK-RL	Richtlinie 2004/8/EG des Europäischen Parlaments und des Rates vom 11. Februar 2004 über die Förderung einer am Nutzwärmebedarf orientierten Kraft-Wärme-Kopplung im Energiebinnenmarkt und zur Änderung der Richtlinie 92/42/EWG (Kraft-Wärme-Kopplungs-Richtlinie)
LBO Schl.-H.	Landesbauordnung Schleswig-Holstein
lfd. Nr.	laufende Nummer
LfL	Landesanstalt für Landwirtschaft
LG	Landgericht
lit.	litera
LMK	Kommentierte BGH-Rechtsprechung, Lindenmaier-Möhring-Kommentierung
LuftVG	Luftverkehrsgesetz
LWG M-V	Wassergesetz des Landes Mecklenburg -Vorpommern
LWG Schl.-H.	Landeswassergesetz Schleswig-Holstein
m	Meter
m. Anm.	mit Anmerkung
m. a. W.	mit anderen Worten
m. w. N.	mit weiteren Nachweisen
m/s	Meter pro Sekunde
m^2	Quadratmeter
m^3	Kubikmeter
MAP	Marktanreizprogramm für erneuerbare Energien
MEASNET	Network of European Measuring Institutes
MEntf	Entfernung von der Küstenlinie in vollen Meilen
MinÖlStG	Mineralölsteuergesetz
Mio.	Million
Mrd.	Milliarde
MTief	Wassertiefe in vollen Metern
MüKo	Münchener Kommentar zum Bürgerlichen Gesetzbuch
MVA	Mega-Voltampere
MW	Megawatt
MW_{el}	Megawatt elektrisch
MwSt	Mehrwertsteuer
n. F.	neue Fassung
NdsWG	Niedersächsisches Wassergesetz
NJW	Neue Juristische Wochenschrift (Zeitschrift)
NJW-RR	Rechtsprechungsreport der NJW (Zeitschrift)
No.	Number, Nummer
Nr.	Nummer

Abkürzungsverzeichnis

NuR	Natur und Recht (Zeitschrift)
NVwZ	Neue Zeitschrift für Verwaltungsrecht (Zeitschrift)
NVwZ-RR	Rechtsprechungreport der NVwZ (Zeitschrift)
o. ä.	oder ähnliches
ÖDL	Öko(energie)dienstleistungen
OFD	Oberfinanzdirektion
oHG	offene Handelsgesellschaften
OLG	Oberlandesgericht
OPEC	Organization of the Petroleum Exporting Countries
ORC	Organic-Rankine-Cycle
OVG	Oberverwaltungsgericht
p. M.	pro Monat
PBefG	Personenbeförderungsgesetz
PCB	polychlorierten Biphenylen
PCBAbfallV	PCB/PCT-Abfallverordnung
PCT	polychlorierten Terphenylen
PDS	Partei des Demokratischen Sozialismus
Pf	Pfennig
Pf/kWh	Pfennig pro Kilowattstunde
PRETIR	Progress of Renewable Energy: Target Setting, Implementation and Realisation
ProdGewStatG	Gewerbestatistikgesetz
PV	Photovoltaik
RdE	Recht der Energiewirtschaft (Zeitschrift)
RECS	Renewable Energy Certificate System
RGBl.	Reichsgesetzblatt
RGZ	Entscheidungssammlung des Reichsgerichts in Zivilsachen
RIW	Recht der internationalen Wirtschaft (Zeitschrift)
RL	Richtlinie
RME	Rapsölmethylester
Rn.	Randnummer
ROG	Raumordnungsgesetz
Rs.	Rechtssache
Rspr.	Rechtsprechung
RWI	Rheinisch-Westfälisches Institut für Wirtschaftsforschung
S.	Seite
s.	siehe
s. a.	siehe auch
s. u.	siehe unten
SeeAnlV	Seeanlagenverordnung
SeeAufG	Seeaufgabengesetz
SFV	Solarenergie-Förderverein
Slg.	Sammlung
sm	Seemeile
sog.	so genannt
SPD	Sozialdemokratische Partei Deutschlands
SRU	Rat von Sachverständigen für Umweltfragen
StAnz	Staatsanzeiger
StGB	Strafgesetzbuch
StrEG	Stromeinspeisungsgesetz
StromhandelVO	Verordnung (EG) Nr. 1228/2003 des Europäischen Parlaments und des Rates vom 26. Juni 2003 über die Netzzugangsbedingungen für den grenzüberschreitenden Stromhandel
StromStG	Stromsteuergesetz
t	Tonne
TEHG	Treibhausgas-Emissionshandelsgesetz

Abkürzungsverzeichnis

TEUR	Tausend Euro
TierKBG	Tierkörperbeseitigungsgesetz
TierNebG	Tierische Nebenprodukte-Beseitigungsgesetz
TÜV	Technischer Überwachungsverein
Tz.	Textziffer
Urt.	Urteil
u.	und
u. a.	und andere/unter anderem
u. ä.	und ähnlich
u. U.	unter Umständen
UAG	Umweltauditgesetz
UAGBV	UAG-Beleihungsverordnung
UAGZVV	UAG-Zulassungsverfahrensverordnung
UBA	Umweltbundesamt
UmweltR	Umweltrecht
UNCED	United Nations Conference on Environment and Development
UNEP	United Nations Environment Programm
Univ.	Universität
UPR	Umwelt- und Planungsrecht (Zeitschrift)
USA	United States of America
UStG	Umsatzsteuergesetz
UStKartei	Umsatzsteuerkartei
UStR	Umsatzsteuer-Richtlinien
usw.	und so weiter
UTR	Umwelt- und Technikrecht
UVPG	Umweltverträglichkeitsprüfungsgesetz
UWG	Gesetz gegen den unlauteren Wettbewerb
V	Volt
v.	vom
v.a.	vor allem
VA	Voltampere
VDEW	Verband der Eletrizitätswirtschaft e. V.
VDN	Verband der Netzbetreiber
Verf.	Verfasser
VerpflichtungsG	Verpflichtungsgesetz
VerwArch	Verwaltungsarchiv (Zeitschrift)
VG	Verwaltungsgericht
VGH	Verwaltungsgerichtshof
vgl.	vergleiche
VIK	Verband der Industriellen Energie- und Kraftwirtschaft e. V.
VKU	Verband kommunaler Unternehmen e. V.
VN SRÜ	Seerechtübereinkommen der Vereinten Nationen
VRE	Verband der Verbundunternehmen und Regionalen Energieversorger in Deutschland
VV	Verwaltungsvorschriften
VwGO	Verwaltungsgerichtsordnung
VwVfG	Verwaltungsverfahrensgesetz
VwVG	Verwaltungs-Vollstreckungsgesetz
WBGU	Wissenschaftlicher Beirat der Bundesregierung Globale Umweltveränderungen
WCED	Weltkommission für Umwelt und Entwicklung
WEA	Windenergieanlagen
WHG	Wasserhaushaltsgesetz
WM	Wertpapiermitteilungen (Zeitschrift)
WMO	World Meteorological Organization
WRRL	Wasserrahmenrichtlinie

Abkürzungsverzeichnis

WSSD	World Summit on Sustainable Development
WTO	World Trade Organization
z. B.	zum Beispiel
ZaöRV	Zeitschrift für ausländisches öffentliches Recht und Völkerrecht (Zeitschrift)
ZfE	Zeitschrift für Energiewirtschaft (Zeitschrift)
ZHR	Zeitschrift für das gesamte Handelsrecht und Wirtschaftsrecht (Zeitschrift)
ZIP	Zeitschrift für Wirtschaftsrecht und Insolvenzpraxis (Zeitschrift)
ZNER	Zeitschrift für Neues Energierecht (Zeitschrift)
ZParl	Zeitschrift für Parlamentsfragen (Zeitschrift)
ZPO	Zivilprozessordnung
ZRP	Zeitschrift für Rechtspolitik (Zeitschrift)
zugl.	zugleich
ZUR	Zeitschrift für Umweltrecht (Zeitschrift)
ZustAnpG	Zuständigkeitsanpassungsverordnung

Literaturverzeichnis

Achterberg, Norbert/Schulte, Martin, in: von Mangoldt, Hermann/Klein, Friedrich/Starck, Christian (Hrsg.), Das Bonner Grundgesetz, Kommentar, 5. Aufl., München 2005, Art. 38
dies., in: von Mangoldt, Hermann/Klein, Friedrich/Starck, Christian (Hrsg.), Das Bonner Grundgesetz, Kommentar, 4. Aufl., München 2000, Art. 39
Albrecht, Matthias, Anmerkungen zur Verfassungsbeschwerde der PreussenElektra Aktiengesellschaft gegen das Stromeinspeisungsgesetz, ZNER 1998, 17 ff.
Altenmöller, Frank, Handel und Umwelt im Recht der Welthandelsorganisation WTO, Umweltrelevante Streitfälle in der Spruchpraxis zu Artikel III und XX, Frankfurt a. M. u. a. 1998
Altrock, Martin, „Subventionierende" Preisregelungen – Die Förderung erneuerbarer Energieträger durch das EEG, München 2002
ders., Anmerkung zu OLG Naumburg, Urt. v. 9. 3. 2004 – 1 U 91/03, IR 2004, 85
Altrock, Martin/Krzikalla, Norbert/Zander, Wolfgang, Das Gesetz für den Vorrang Erneuerbarer Energien, in: Zander, Wolfgang/Riedel, Martin/Kraus, Michael (Hrsg.), Praxishandbuch Energiebeschaffung, Köln, Loseblatt (Stand: Sept. 2003), II-6.1.1
dies., Das Gesetz über den Vorrang Erneuerbarer Energien (EEG), in: Zander, Wolfgang/Riedel, Martin/Kraus, Michael (Hrsg.), Praxishandbuch Energiebeschaffung, Loseblatt (Stand: Dez. 2002), Köln, II-6.1.3
Apfelstedt, Gerd, Ökoenergie-Pflichtbenutzung und Warenverkehrsrecht: Zur warenverkehrsrechtlichen Bewertung der Stromeinspeisungsgesetz, des EEG und anderer Pflichtkaufmodelle für Öko(energie)dienstleistungen (ÖDL), ZNER 2001, 2 ff.
ders., Stromeinspeisung auf dem europarechtlichen Prüfstand, Zur europarechtlichen Bewertung des Stromeinspeisungsgesetz und des EEG, ZNER 2000, 200 f.
ders, Vorrangregelungen für Ökostrom unterm Damoklesschwert? Europa- und verfassungsrechtliche Anforderungen an Regelungen zur Vorrangverschaffung für Strom aus umweltentlastender Erzeugungsweise in einem Energiemarkt, ZNER 1997, 3 ff.
Appel, Ivo, Staatliche Zukunfts- und Entwicklungsvorsorge, Tübingen 2005
Armenteros, Mercedes Fernández/Lefevere, Jürgen, ECJ 13 March 2001, Case C-379/98, PreussenElektra v. Schleswag Aktiengesellschaft, Review of European Community & International Environmental Law 2001, 344 ff.
Arndt, Hans-Wolfgang, Zur finanzverfassungsrechtlichen Zulässigkeit subventionierender Vergütungen nach dem Stromeinspeisungsgesetz, RdE 1995, 41 ff.

Badura, Peter, Eigentumsschutz des eingerichteten und ausgeübten Gewerbebetriebes, AöR 98 (1973), 153 ff.
BAFA, Merkblatt zur besonderen Ausgleichsregelung nach § 16 Erneuerbare-Energien-Gesetz (EEG) für Unternehmen des produzierenden Gewerbes, Stand: 18. 3. 2005, www.bafa.de/1/de/aufgaben/energie.htm
Bail, Christoph/Marr, Simon/Oberthür, Sebastian, Klimaschutz und Recht, in: Rengeling, Hans-Werner (Hrsg.), Handbuch zum europäischen und deutschen Umweltrecht (EUDUR), 2. Aufl., Köln u. a. 2003, Bd. II, 1. Teilband Besonderes Umweltrecht, § 54, S. 254 ff.
Bartling, Hartwig/Luzius, Franz, Grundzüge der Volkswirtschaftslehre, Einführung in die Wirtschaftstheorie und Wirtschaftspolitik, 3. Aufl., München 2000
Bartsch, Michael/Dingeldey, Thomas, Rechtsprobleme der Einspeisevergütung, ET 1995, 249 ff.
Bartsch, Michael/Pohlmann, Mario, Belastungsausgleich, in: Bartsch, Michael/Röhling, Andreas/Salje, Peter/Scholz, Ulrich (Hrsg.), Stromwirtschaft, Ein Praxishandbuch, Köln u. a. 2002, Kap. 42
dies., Grundprinzipien des EEG, in: Bartsch, Michael/Röhling, Andreas/Salje, Peter/Scholz, Ulrich (Hrsg.), Stromwirtschaft, Ein Praxishandbuch, Köln u. a. 2002, Kap. 40
dies., Kostenverteilung zwischen Anlagenbetreibern und Netzbetreibern, in: Bartsch, Michael/Röhling, Andreas/Salje, Peter/Scholz, Ulrich (Hrsg.), Stromwirtschaft, Ein Praxishandbuch, Köln u. a. 2002, Kap. 41
Battis, Ulrich, in: Battis, Ulrich/Krautzberger, Michael/Löhr, Rolf-Peter, Baugesetzbuch, 8. Aufl., München 2002, § 201

Literaturverzeichnis

Baumbach, Adolf/Lauterbach, Wolfgang/Albers, Jan/Hartmann, Peter, Zivilprozessordnung mit Gerichtsverfassungsgesetz und anderen Nebengesetzen, Kommentar, 63. Aufl., München 2005

Baur, Jürgen F./Kresse, Bernhard, Ausnahmen von der Zulässigkeit der Weitergabe von Belastungen aus dem Erneuerbare-Energien-Gesetz auf Letztverbraucher zum Erhalt der Aluminiumindustrie in Deutschland, Baden-Baden 2004

Bechberger, Mischa, Das Erneuerbare-Energien-Gesetz (EEG): Eine Analyse des Politikformulierungsprozesses, ffu-report 00-06, www.fu-berlin.de/ffu

Bechberger, Mischa/Reiche, Danyel, Europa setzt auf feste Tarife, neue energie 2/2005, 12 ff.

Becker, Peter, Stromeinspeisung auf dem europarechtlichen Prüfstand, Zusammenfassende Thesen, ZNER 2000, 205 f.

Becker, Tim, Das WTO-Subventionsübereinkommen, Frankfurt a. M. 2001 (zugl. Univ., Diss., Konstanz 2001)

Behrends, Andrea, Stromeinspeisung und Verfassungsrecht, Oldenburg 2001

Bender, Bernd/Sparwasser, Reinhard/Engel, Rüdiger, Umweltrecht: Grundzüge des öffentlichen Umweltschutzrechts, 4. Aufl., Heidelberg 2000

Benitah, Marc, The Law of Subsidies under the GATT/WTO System, The Hague/London/New York 2001

Beviglia Zampetti, Americo, The Uruguay Round on Subsidies, A Forward Looking Assessment, Journal of World Trade 1995, 5 ff.

Beyerlein, Ulrich, Umweltvölkerrecht, München 2000

BINE-Informationsdienst, Kleine netzgekoppelte PV-Anlagen im Breitentest, profi*info* 1/1998, hrsg. v. Fachinformationszentrum Karlsruhe

ders., Photovoltaik, bildung & energie, hrsg. v. Fachinformationszentrum Karlsruhe, Okt. 1999

Blanke, Hermann-Josef/Peilert, Andreas, Zur Verfassungsmäßigkeit energiewirtschaftlicher Subventionsregime, RdE 1999, 96 ff. u. 125 ff.

Blum, Peter/Agena, Claus- August/Franke, Jürgen, Niedersächsisches Naturschutzgesetz, Wiesbaden, Loseblatt

BMU, Bericht über den Stand der Markteinführung und der Kostenentwicklung von Anlagen zur Erzeugung von Strom aus erneuerbaren Energien (Erfahrungsbericht zum EEG) v. 28. Juni 2002, BT-Drs. 14/9807

ders., Entwicklung der Erneuerbaren Energien, Januar 2002, www.bmu.de/download/dateien/ee_aktuellersachstand.pdf

ders., Erneuerbare Energien in Zahlen – nationale und internationale Entwicklung, März 2004, Berlin (Broschüre), abrufbar im Internet unter: http://www.bmu.de/files/erneuerbare_energien_zahlen.pdf

ders., Erneuerbare Energien, 5. Aufl., Berlin 2004 (Broschüre)

ders., Erneuerbare Energien, Innovationen für die Zukunft, Berlin 2004 (Broschüre)

ders., Gemeinsame Pressmitteilung von BMU und BMWA, Nr. 205/03, Ressorts einigen sich auf Weiterentwicklulng des Erneuerbare-Energien-Gestzes (EEG), www.bmu.de/de/1024/js/presse/2003/pm205/text.pdf

ders., Geothermie, Energie für die Zukunft, 2004, www.erneuerbare-energien.de/inhalt/6677/4594/

ders., Leitfaden für die Vergütung von Strom aus Wasserkraft nach dem Erneuerbare-Energien-Gesetz für die Neuerrichtung und Modernisierung von Wasserkraftanlagen, Berlin 2005, http://www.bmu.de

ders., Mindestvergütungssätze nach dem EEG v. 21. Juli 2004, www.erneuerbare-energien.de.

ders., Novelle des Erneuerbare-Energien-Gesetzes (EEG) – Überblick über das vom Deutschen Bundestag beschlossene Gesetz, Umwelt, 5/2004, S. 262 ff.

ders., Novelle des Erneuerbare-Energien-Gesetzes. Hintergrundpapier zur Ressorteinigung beim EEG v. 7. Nov. 2003, http://www.bmu.de/files/hintergrund_eeg_nov2003.pdf

ders., Positive Wirkungen des Erneuerbare-Energien-Gesetzes, Umwelt 4/2002, 286 ff.

ders., Strategie der Bundesregierung zur Windenergienutzung auf See im Rahmen der Nachhaltigkeitsstrategie der Bundesregierung, Hintergrundpapier v. 29. Jan. 2002, www.bmu.de/download/dateien/windenergie_strategie_br_020100.pdf

ders., Tagungsband „Geothermische Stromerzeugung – eine Investition in die Zukunft", 20./21. Juni 2002, http://www.bmu.de/files/tagungsband_geothermie.pdf

Literaturverzeichnis

ders., Themenpapier Windenergie, Stand März 2004, http://www.bmu.de/files/themenpapier_wind.pdf
ders., Umwelt 4/2002, S. 290 f.
BMWi, Erfahrungsbericht des Bundesministeriums für Wirtschaft zum Stromeinspeisungsgesetz v. 18. Okt. 1995, BT-Drs. 13/2681
Böhmer, Till, Das Erneuerbare-Energien-Gesetz, EW 2002, 28 ff.
Böhret, Carl/Konzendorf, Götz, Handbuch Gesetzesfolgenabschätzung (GFA), Baden-Baden 2001
Bönker, Christian, Windenenergieanlagen auf hoher See – Rechtssicherheit für Umwelt und Investoren?, NVwZ 2004, 537 ff.
Bönning, Christina, Investitionssicherheit für Betreiber einer Anlage zur Erzeugung von Strom aus erneuerbaren Energien durch das Erneuerbaren-Energien-Gesetz?, ZNER 2000, 268 ff.
dies., Netzanschluss-/Netzausbaukosten – Überblick über die Rechtsprechung, ZNER 2003, 296 ff.
Böwing, Andreas, Gesetz für den Vorrang erneuerbarer Energien (EEG), in: Säcker, Franz Jürgen (Hrsg.), Berliner Kommentar zur Energierecht, München 2004
Brandt Edmund/Gaßner, Hartmut, Seeanlagenverordnung, Kommentar, Berlin 2002
Brandt, Edmund/Reshöft, Jan, Rechtsprobleme bei der Planung und Errichtung von Offshore-Windparks in der AWZ, in: Beck, Hans-Peter/Brandt, Edmund/Salander, Carsten (Hrsg.), Handbuch Energiemanagement, Loseblatt (Stand: 9. EL/Okt. 2002), Heidelberg, Bd. 1, Kap. 5304
Brandt, Edmund/Reshöft, Jan/Steiner, Sascha, Erneuerbare-Energien-Gesetz, Handkommentar, Baden-Baden 2001
Breuer, Rüdiger, Die staatliche Berufsregelung und Wirtschaftslenkung, in: Isensee, Josef/Kirchhof, Paul (Hrsg.), Handbuch des Staatsrechts, Heidelberg 1990, Bd. VI, § 148
ders., Öffentliches und privates Wasserrecht, 3. Aufl., München 2004
Britz, Gabriele, Kurzkommentierung zu Gesetz für den Vorrang Erneuerbarer Energien (Erneuerbare-Energien-Gesetz – EEG), in: Ludwig, Wolfgang/Odenthal, Hans (Hrsg.), Recht der Elektrizitäts-, Gas- und Wasserversorgung, Kommentar, Loseblatt (Stand: 2002), Neuwied/Kriftel
dies., Kurzkommentierung zum Gesetz für den Vorrang Erneuerbarer Energien (Erneuerbare-Energien-Gesetz – EEG), in: Ludwig, Wolfgang/Odenthal, Hans (Hrsg.), Recht der Elektrizitäts-, Gas- und Wasserversorgung, Kommentar, Loseblatt (Stand: 61. sowie 62. EL/2000), Neuwied/Kriftel
dies., Zur Entwicklung des Rechts der unilateralen Handelsmaßnahmen im GATT: Der welthandelsrechtliche Rahmen für die Regulierung von Stromimporten, in: Büdenbender, Ulrich/Kühne, Gunther (Hrsg.), Das neue Energierecht in der Bewährung, Bestandsaufnahme und Perspektiven, Festschrift zum 65. Geburtstag von Professor Dr. Jürgen F. Baur, Baden-Baden 2002, S. 17 ff.
Britz, Gabriele/Müller, Felix, Die Kostenabwälzung auf Letztverbraucher im Rahmen der „subventionierenden Preisregelungen" nach KWKG und EEG, RdE 2003, 163 ff.
Bryde, Brun-Otto, in: von Münch, Ingo/Kunig, Philip (Hrsg.), Grundgesetz-Kommentar, Bd. I, 4. Aufl., München 1992
Büdenbender, Ulrich, Die Abwälzung der Subventionslasten für erneuerbare Energien und Kraft-Wärme-Kopplung auf den Stromverbraucher, NVwZ 2004, 823 ff.
ders., Die Entwicklung des Energierechts seit In-Kraft-Treten der Energierechtsreform von 1998, DVBl. 2001, 952 ff.
ders., Die Kartellaufsicht über die Energiewirtschaft, Baden-Baden 1995
ders., Die Weitergabe politischer Mehrbelastungen an endverbrauchenden Kunden, ET 2001, 298 ff.
ders., Durchleitungsverweigerungsrechte aus Gründen des Umweltschutzes, in: Hendler, Reinhard u. a. (Hrsg.), Energierecht zwischen Umweltschutz und Wettbewerb, 17. Trier Kolloquium zum Umwelt- und Technikrecht vom 9. bis 11. September 2001 (UTR 61), S. 121 ff.
ders., EnWG, Kommentar zum Energiewirtschaftsgesetz, Köln 2003
ders., Generelle und energierechtliche Konflikte zwischen Wettbewerb und Umweltschutz, DVBl. 2002, 800 ff.
ders., Umweltschutz in der Novelle des Energiewirtschaftsgesetzes, DVBl. 2005, 1161 ff.
Büdenbender, Ulrich/Heintschel von Heinegg, Wolff/Rosin, Peter, Energierecht I, Recht der Energieanlagen, Berlin/New York 1999

Literaturverzeichnis

Büdenbender, Ulrich/Rosin, Peter, KWK-AusbauG, Kommentar zum Gesetz für die Erhaltung, die Modernisierung und den Ausbau der Kraft-Wärme-Kopplung, Köln 2003
Bürger, Ilka/Senger, Falk, Das neue Gesetz für den Vorrang Erneuerbarer Energien und seine verfassungs- und europarechtliche Problematik, UPR 2000, 215 ff.
Burgi, Martin, Funktionale Privatisierung und Verwaltungshilfe, Tübingen 1999
ders., Verwaltungsorganisationsrecht, in: Erichsen, Hans-Uwe/Ehlers, Dirk (Hrsg.), Allgemeines Verwaltungsrecht, 12. Aufl., Berlin 2002, §§ 51–54
Büro für Technikfolgenabschätzung beim Deutschen Bundestag, Möglichkeiten geothermischer Stromerzeugung in Deutschland v. 24. Oktober 2003, BT-Drs. 15/1835
Buschbaum, Henning, Die Biomasseverordnung aus immissionsschutz- und abfallrechtlicher Sicht, ZNER 2002, 112 ff.
Busche, Jan, Privatautonomie und Kontrahierungszwang, 1999
Busmann, Johannes, Anmerkung zum Urt. d. OLG Hamm v. 11. 10. 2002, ZNER 2003, 49 f.
Butler, Janet Kerstin, Die Beteiligung von Privatpersonen am WTO-Streitbeilegungsverfahren, Frankfurt a. M. u. a. 2002 (zugl. Univ., Diss., Würzburg 2002)
Butler, Lucy/Neuhof, Karsten, Comparison of Feed in Tariff, Quota and Auction Mechanisms to Support Wind Power Development, Cambridge 2005

Calliess, Christian, in: Calliess, Christian/Ruffert, Matthias (Hrsg.), Kommentar des Vertrages über die Europäische Union und des Vertrages zur Gründung der Europäischen Gemeinschaft (EUV/EGV), 2. Aufl., Neuwied/Kriftel 2002, Art. 6
Christl, Norbert, Offshore-Windnergienutzung: Wie kommt der Strom aufs Festland?, ET 2003, 98 ff.
Clausen, Wolfgang, in: Knack, Hans-Joachim (Begr.), Verwaltungsverfahrensgesetz, 7. Aufl., Köln u. a. 2000, § 31
Cremer, Wolfram, in: Calliess, Christian/Ruffert, Matthias (Hrsg.), Kommentar des Vertrages über die Europäische Union und des Vertrages zur Gründung der Europäischen Gemeinschaft (EUV/EGV), 2. Aufl., Neuwied/Kriftel 2002, Art. 87
Cronenberg, Martin, Das neue Energiewirtschaftsrecht, RdE 1998, 85 ff.

Danner, Wolfgang, in: Danner, Wolfgang/Theobald, Christian (Hrsg.), Energierecht, Kommentar, Loseblatt (Stand: 36. EL/März 2000), München, I EnWG B § 10
Danner, Wolfgang/Theobald, Christian, EnWG, in: Danner, Wolfgang/Theobald, Christian (Hrsg.), Energierecht, Kommentar, Loseblatt (Stand: 46. EL/Jan. 2004 sowie 36. EL/März 2000), München, I EnWG B 1, §§ 2, 10
Dannischewski, Johannes, Die Verordnung über die Erzeugung von Strom aus Biomasse (Biomasse-Verordnung), Ein Überblick über die am 28. Juni 2001 in Kraft getretene Regelung, ZNER 2001, 70 ff.
Dederer, Hans-Georg/Christian Schneller, Garantierte Stromeinspeisungs-Vergütung *versus* Zertifikats-Handelsmodell, Fördermodelle der ökologischen Stromerzeugung auf dem Prüfstand des Verfassungs- und Europarechts, RdE 2000, 214 ff.
Degenhart, Christoph, Staatsrecht I, Staatsorganisationsrecht, 17. Aufl., Heidelberg 2001
ders., Systemgerechtigkeit und Selbstbindung des Gesetzgebers als Verfassungspostulat, München 1976
Deimling, Sabine u. a., Leitfaden Bioenergie, Planung, Betrieb und Wirtschaftlichkeit von Bioenergieanlagen, hrsg. v. Fachagentur Nachwachsende Rohstoffe e. V., Gülzow, www.fnr.de
Derlien, Hans-Ulrich, Das Berichtswesen der Bundesregierung – Ein Mittel der Kontrolle und Planung, Zeitschrift für Parlamentsfragen (ZParl) 1975, 42 ff.
Doehring, Karl, Allgemeine Staatslehre, 2. Aufl., Heidelberg 2000
Dürig, Günther, in: Maunz, Theodor/Dürig, Günter, Grundgesetz (Hrsg.), Kommentar, Loseblatt (Stand: 35. EL/Febr. 1999), München, Bd. 1, Art. 2

Ebel, Hans-Rudolf, Erneuerbare Energie, Verfassungsmäßigkeit der Mindestpreise/Stromeinspeisungsgesetz II, EWiR 1997, 367 f.
ders., Weitergabe von Mehrbelastungen an endverbrauchende Stromkunden?, ET 2001, 812 ff.
Edelmann, Werner, in: Kaltschmitt, Martin/Hartmann, Hans (Hrsg.), Energie aus Biomasse, Grundlagen, Techniken und Verfahren, Berlin/Heidelberg 2001, S. 682 ff.
Eder, Jost, Zur Abwälzung erhöhter Kosten durch staatliche Förderung erneuerbarer Energien, IR 2004, 11

Literaturverzeichnis

Educogen, The European Educational Tool on Congeneration, 2. Aufl., 2001, www.cogen.org/Downloadables/Projects/EDUCOGEN_Tool.pdf

EEA, Renewable energies: success stories, Environmental issue report No. 27, Copenhagen 2001

Ekardt, Felix, Zukunft in Freiheit – eine Theorie der Gerechtigkeit, der Grundrechte und der politischen Steuerung – zugleich eine Grundlegung der Nachhaltigkeit, Leipzig, Schleussig 2004

Endres, Alfred, Umweltökonomie – Eine Einführung, Darmstadt 1994

Ennuschat, Jörg, Rechtsfragen der Stromeinspeisung nach dem StrEG, RdE 1996, 182 ff.

Epiney, Astrid, in: Calliess, Christian/Ruffert, Matthias (Hrsg.), Kommentar des Vertrages über die Europäische Union und des Vertrages zur Gründung der Europäischen Gemeinschaft (EUV/EGV), 2. Aufl., Neuwied/Kriftel 2002, Art. 28

dies., Welthandel und Umwelt – Ein Beitrag zur Dogmatik der Art. III, IX und XX GATT, DVBl. 2000, 77 ff.

Erbguth, Wilfried/Stollmann, Frank, Planungs- und genehmigungsrechtliche Aspekte der Aufstellung von Offshore-Windenergieanlagen, DVBl. 1995, 1270 ff.

EREF, Missing Targets, How European countries are failing to achieve its renewable electricity targets, report, Brussels Nov. 2002 (Broschüre)

Europäische Kommission – Juristischer Dienst, Schriftsatz vom 21. 1. 1999, Rs. C-379/98, PreussenElektra gg. Schleswag, JURM(99)2002 – *PreussenElektra*.

EWI/IE/RWI, Gesamtwirtschaftliche, sektorale und ökologische Auswirkungen des Erneuerbare Energien Gesetz (EEG), 2004

Faber, Markus, Die Vereinbarkeit des Stromeinspeisungsgesetzes und des Erneuerbare-Energien-Gesetzes mit dem primären Europarecht – Anmerkungen zum Urteil des EuGH, NuR 2000, 249, NuR 2002, 140 ff.

Fachverband Biogas, Stellungnahme zum Referentenentwurf des Umweltministeriums zur EEG-Novelle v. 12. August 2003, www.fachverband-biogas.de/downloads/StellungnahmeEEGNovelle.pdf

Falk, Hermann, Die materielle Beurteilung des deutschen Stromeinspeisungsgesetzes nach europäischem Beihilferecht, ZIP 1999, 738 ff.

Fehling, Michael, Mitbenutzungsrechte Dritter bei Schienenwegen, Energieversorgungs- und Telekommunikationsleitungen vor dem Hintergrund staatlicher Infrastrukturverantwortung, AöR 121 (1996), 59 ff.

Fell, Hans-Josef, Geothermie und der Kalina-Kreislauf, www.hans-josef-fell.de/download.php?id=216&filename=Kalinatechnik01.pdf

Fette, Peter, Stirlingmotor Forschung und Programmentwicklung, http://home.germany.net/101-276996/howdo.htm

Findeisen, Mike, Stromerzeugung aus Biomasse und deren Vergütung nach dem EEG, in: Beck, Hans-Peter/Brandt, Edmund/Salander, Carsten (Hrsg.), Handbuch Energiemanagement, Loseblatt (Stand: 7. EL/2002), Heidelberg

Fischbach, Jonas, Wirtschaftsrechtliche Hoch- und Tiefpreisbindungen – Die Subventionierung eines Dritten als private Aufgabe, finanzreform 2004-14, 185 ff.

Fouquet, Dörte, Zusammenfassung der rechtlichen Bewertung des Referentenentwurfs zum EEG mit Bezug auf die Verschlechterung der Situation der Kleinwasserkraft, ZNER 2003, 328 f.

Fouquet, Dörte/Kuhbier, Jörg, Ökologische Ziele Deutschlands unter besonderer Berücksichtigung einer klimaschonenden Energiepolitik, in: Associated European Energy Consultants (AEEC) (Hrsg.), Der Energiebinnenmarkt in Europa, Ein Rechts- und Strukturvergleich, Frankfurt a. M./Heidelberg/Berlin 2003, S. 137 ff.

Fouquet, Dörte/Prall, Ursula, Renewable Energy Sources in the Internal Market: The German Feed-in Model and its Conformity with Community Law, JEEPL 2005, 309 ff.

Fouquet, Dörte/Zenke, Ines, Das Stromeinspeisungsgesetz auf dem europarechtlichen Prüfstand, ZNER 1999, 61 ff.

Franke, Peter, Genehmigungsverfahren für Stromerzeugungsanlagen – Sonstige Stromerzeugungsanlagen, in: Bartsch, Michael/Röhling, Andreas/Salje, Peter/Scholz, Ulrich (Hrsg.), Stromwirtschaft, Ein Praxishandbuch, Köln u. a. 2002, Kap. 36

ders., Zulassung von Energieversorgungsunternehmen, in: Schneider, Jens-Peter/Theobald, Christian (Hrsg.), Handbuch zum Recht der Energiewirtschaft (HbEnWR), München 2003, § 3, S. 111 ff.

Literaturverzeichnis

Frenz, Walter, Bundesbodenschutzgesetz, Kommentar, München 2000
ders., Energiebeihilfen bei Abnahmegarantien zu Mindestpreisen und Selbstverpflichtungen, RdE 2002, 201 ff.
ders., Kreislaufwirtschafts- und Abfallgesetz, 3. Aufl., Köln u. a. 2002
ders., Quoten, Zertifikate und Gemeinschaftsrecht – Am Beispiel einer Förderung der Kraft-Wärme-Kopplung, DVBl. 2001, 673 ff.
ders., Selbstverpflichtung der Wirtschaft, Tübingen 2001
ders., Völkerrechtliche Vorgaben für eine nachhaltige Energiewirtschaft, ET 2002, 788 ff.
ders., Warenverkehrsfreiheit und umweltbezogene Energiepolitik, NuR 2002, 204 ff.
Friauf, Karl Heinrich, Das Stromeinspeisungsgesetz als Mittel einer unzulässigen Zwangssubventionierung zu Lasten privater Unternehmen, ET 1995, 597 ff.
ders., Verfassungsrechtliche Aspekte einer gesetzlich angeordneten Zwangssubventionierung zu Lasten privatwirtschaftlicher Unternehmen (unveröffentlichtes Gutachten), Juli 1995
Fritsche, Uwe R. u. a., Stoffstromanalyse zur nachhaltigen energetischen Nutzung von Biomasse, Endbericht, hrsg. v. Bundesministerium für Umwelt, Naturschutz und Reaktorsicherheit, Darmstadt u. a., Mai 2004, www.bmu.de

Gassner, Erich, in: Gassner, Erich/Bendomir-Kahlo, Gabriele/Schmidt-Räntsch, Annette (Hrsg.), Bundesnaturschutzgesetz, 2. Aufl., München 2003, § 5
Gaßner, Hartmut u. a., Rechtsfragen bei der Planung von Fotovoltaik-Freiflächenanlagen auf der Grundlage des neuen Vorschaltgesetzes zum EEG, Gutachterlicher Leitfaden im Auftrag der Unternehmensvereinigung Solarwirtschaft e. V., Berlin, 2. Aufl. 2004 (Broschüre)
Gaßner, Hartmut/Pippke, Nicole, Die Genehmigung von Biomassekraftwerken und Fernwärmeleitungen, in: Beck, Hans-Peter/Brandt, Edmund/Salander, Carsten (Hrsg.), Handbuch Energiemanagement, Loseblatt (Stand: 8. EL/Aug. 2002), Heidelberg
GATT, Basic Instruments and Selected Documents, Ninth Supplement, Decision, Reports, etc., of the Sixteenth and Seventeenth Sessions, Review Pursuant to Article XVI: 5, Report by the Panel adopted 24 May 1960 (L/1160), Geneva 1961
Gebauer, Jochen/Wollenteit, Ulrich/Hack, Andre, Der EuGH und das Stromeinspeisungsgesetz: Ein neues Paradigma zum Verhältnis Grundfreiheiten und Umweltschutz, ZNER 2001, 12 ff.
Gebhardt, Peter, Biomassekraftwerke mit Altholzfeuerung, Müllverbrennungsanlagen im Schafspelz, KGV-Rundbrief 2+3/2001, 9 ff.
Gellermann, Martin, Das Stromeinspeisungsgesetz auf dem Prüfstand des Europäischen Gemeinschaftsrechts, DVBl. 2000, 509 ff.
ders., in: Landmann, Robert von/Rohmer, Gustav/Hansmann, Klaus (Hrsg.), Umweltrecht, Loseblatt (Stand: 45. EL/April 2005), München, Bd. IV, § 1 BNatSchG
Generalanwalt Francis G. Jacobs, Schlussanträge vom 26. 10. 2000, Rs. C-379/98, Preussen-Elektra gg. Schleswag, Slg. 2001 I-2099 ff.
Gent, Kai, Beihilferechtliche Anforderungen an das Erneuerbaren-Energien-Gesetz, ET 2000, 600 ff.
ders., Der gesetzliche Anspruch auf Stromeinspeisung, ZNER 2001, 237 ff.
ders., Deutsches Stromeinspeisungsgesetz und Europäisches Wettbewerbsrecht, ET 1999, 854 ff.
ders., Preiserhöhungen im laufenden Sonderkundenverträgen, RdE 2001, 50 f.
Gent, Kai/Maring, Dieter, Anschluss- und Abnahmeverweigerung im Rahmen des § 3 EEG, ZNER 2003, 289 ff.
Gola, Peter/Schomerus, Peter, BDSG. Bundesdatenschutzgesetz, Kommentar, 8. Aufl., München 2005
Gorgas, Paul-Dieter, Technische Anschlussbedingungen: Erfahrungsbericht, in: Böhmer, Till (Hrsg.) Erneuerbare Energien – Perspektiven für die Stromerzeugung [Energie im Dialog, Band 3], Frankfurt a. M., Berlin, Heidelberg 2003
Grave, Carsten, Der Begriff der Subvention im WTO-Übereinkommen über Subventionen und Ausgleichsmaßnahmen, Berlin 2002 (zugl. Univ., Diss. Bonn 2001)
Guckelberger, Annette, Zum methodischen Umgang mit Verwaltungsvorschriften, Die Verwaltung 2002, 61 ff.
Gutermuth, Paul Georg, Verbesserte Rahmenbedingungen für erneuerbare Energien, ET 1994, 417 ff.

Hansmann, Klaus, in: Landmann, Robert von/Rohmer, Gustav (Hrsg.), Umweltrecht: UmweltR, Loseblatt (Stand: 45. EL/Apr. 2005), München, Bd. 1, § 52 BImschG

Literaturverzeichnis

Harmelink, Mirjam u. a., PRETIR, Implementation of Renewable Energy in the European Union until 2010, Utrecht 2002, www.ecofys.nl
Harms, Wolfgang, Zur Anwendung der Schutzklauseln für Öko-, KWK- und Braunkohlestrom im Neuregelungsgesetz vom 24. 1. 1998, RdE 1999, 165 ff.
Heinloth, Klaus, Die Energiefrage, Bedarf und Potentiale, Nutzung, Risiken und Kosten, Braunschweig/Wiesbaden 1997
Heinrichs, Helmut, in: Palandt, Thomas, Bürgerliches Gesetzbuch mit Einführungsgesetz (Auszug), Unterlassungsklagengesetz, Produkthaftungsgesetz, Erbbaurechtsverordnung, Wohnungseigentumsgesetz, Hausratsverordnung, Lebenspartnerschaftsgesetz, Gewaltschutzgesetz (Auszug), 63. Aufl., München 2004, §§ 94, 214, 242 BGB, Art. 229, § 5 EGBGB
Held, Christian/Altrock, Martin, Freier Markt für Strom aus Erneuerbarer Energie, E&M April 2004, 16 f.
Heller, Wolfgang, Stromeinspeisungsgesetz bestätigt – europäisches Beihilferecht kein Allheilmittel gegen ordnungspolitische Fehlentwicklungen, GewArch 2001, 191 ff.
Hermes, Georg, Die Regulierung der Energiewirtschaft zwischen öffentlichem und privatem Recht, ZHR 2002, 433 ff.
ders., Staatliche Infrastrukturverantwortung - Rechtliche Grundstrukturen netzgebundener Transport- und Übertragungssysteme zwischen Daseinsvorsorge und Wettbewerbsregulierung am Beispiel der leitungsgebundenen Energieversorgung in Europa, Tübingen 1998
Herrmann, Bodo J., Anwendungsprobleme des Stromeinspeisungsgesetzes, Baden-Baden 1996 (zugl. Univ., Diss., Köln 1996)
ders., Das Recht der Stromeinspeisung in Deutschland, in: Büdenbender, Ulrich/Kühne, Gunther (Hrsg.), Das neuen Energierecht in der Bewährung. Bestandsaufnahmen und Perspektiven. Festschrift zum 65. Geburtstag von Professor Dr. Jürgen F. Baur, Baden-Baden 2002, S. 153 ff.
Heselhaus, Sebastian, Rechtfertigung unmittelbar diskriminierender Eingriffe in die Warenverkehrsfreiheit, EuZW 2001, 645 ff.
Heuck, Klaus/Dettmann, Klaus-Dieter, Elektrische Energieversorgung – Erzeugung, Transport und Verteilung elektrischer Energie für Studium und Praxis, 4. Aufl., Braunschweig 1999
Heun, Werner, in: Dreier, Horst (Hrsg.), Grundgesetz, Kommentar, 2. Aufl., Tübingen 2004, Bd. I, Art. 3
Hidemann, Hans-Joachim, Die Rechtsprechung des Bundesgerichtshofes zu den Energieversorgungsverträgen, HM 1976, 1294 ff.
Himmer, Richard-E., Energiezertifikate in den Mitgliedstaaten der Europäischen Union, Baden-Baden 2004 (zugl. Univ., Diss. Berlin 2004)
Hirschl, Bernd u. a., Markt- und Kostenentwicklung erneuerbarer Energien, 2 Jahre EEG – Bilanz und Ausblick, Berlin 2002
Hofer, Roland, Brennstoffzellen, in: Bartsch, Michael/Röhling, Andreas/Salje, Peter/Scholz, Ulrich (Hrsg.), Stromwirtschaft, Ein Praxishandbuch, Köln u. a. 2002, Kap. 30
ders., Gasturbinen-Kraftwerke, Gasturbinen-Heizkraftwerke, in: Bartsch, Michael/Röhling, Andreas/Salje, Peter/Scholz, Ulrich (Hrsg.), Stromwirtschaft, Ein Praxishandbuch, Köln u. a. 2002, Kap. 25
ders., Konventionelle Dampfkraftwerke, in: Bartsch, Michael/Röhling, Andreas/Salje, Peter/Scholz, Ulrich (Hrsg.), Stromwirtschaft, Ein Praxishandbuch, Köln u. a. 2002, Kap. 23
Hoffmann, Volker Uwe u. a., Erste Auswertungen aus dem Bund-Länder-1000-Dächer-Programm, in: Schmid, Jürgen (Hrsg.), Photovoltaik: Strom aus der Sonne, 3. Aufl., Heidelberg 1994
Hoffmann, Volker Uwe/Kiefer, Klaus, Das 1000-Dächer-Programm: eine Zwischenbilanz, Sonnenenergie & Wärmetechnik 1994/2, 22 ff.
Hoffmann-Riem, Wolfgang, Umweltschutz als Gesellschaftsziel – illustriert an Beispielen aus der Energiepolitik, GA 1996, 1 ff.
Höfling, Wolfram, Vertragsfreiheit, Heidelberg 1991
Hohmeyer, Olav, Vergleich externer Kosten der Stromerzeugung in Bezug auf das Erneuerbare Energien Gesetz, Gutachten im Auftrag des Umweltbundesamtes, Flensburg 2001
Holch, Georg, in: Rebmann, Kurt/Säcker, Jürgen/Rixecker, Roland (Hrsg.), Münchener Kommentar zum Bürgerlichen Gesetzbuch, 4. Aufl., München 2001, Bd. 1, Allgemeiner Teil, §§ 94 u. 95
Hoppe, Werner/Beckmann, Martin/Kauch, Petra, Umweltrecht, Juristisches Kurzlehrbuch für Studium und Praxis, 2. Aufl., München 2000
Horstmann, Karl-Peter, Netzzugang in der Energiewirtschaft, Köln u. a. 2001

Literaturverzeichnis

Howse, Robert/Tuerk, Elisabeth, The WTO Impact on Internal Regulations – A Case Study of the Canada-EC Asbestos Dispute, in: Gráinne de Búrca/Scott, Joanne (Hrsg.), The EU and the WTO, Legal and Constitutional Issues, Oxford/Portland 2001, 283 ff.
Hübner, Hendrik, Offshore-Windenergieanlagen, ZUR 2000, 137 ff.
Hucko, Elmar, Zum Stromeinspeisungsgesetz, zum Verfassungsrecht als Nothelfer und zur Rechtskultur der alten Griechen, RdE 1995, 141 f.
Hustedt, Michaele, Eckpunkte zur Novellierung des Gesetzes für den Vorrang Erneuerbarer Energien (EEG) vom 28. 1. 2003
Huwer, Richard, Wieviel Ökolabels braucht der Strommarkt? Nationale und internationale Zertifizierungsverfahren für Ökostrom im Überblick, EW 1999, 30 ff.
Hvelplund, Frede, Political prices or political quantities? A comparison of renewable energy support systems, New Energy 5/2001, S. 18 ff.
ders., Renewable Energy Governance Systems, A comparison of the „political price-/amount market" model with the „political quota-/certificate price market" system (The German and Danish cases), Aalborg 2001

Immenga, Ulrich, Preisaufsicht bei der Einspeisung regenerativer Energien, BB 1994, 295 ff.
Institut für Solare Energieversorgungstechnik (ISET), Offshore-Windenergienutzung in der AWZ – Potenziale, Netzintegration, Stromgestehungskosten, Dezember 2001
Ipsen, Knut, Völkerrecht, 4. Aufl., München 1999
Iro, Stephan Philipp, Die Vereinbarkeit des Stromeinspeisungsgesetzes mit dem EG-Vertrag, RdE 1998, 11 ff.
Ismayr, Wolfgang, Berichte der Bundesregierung im Prozeß parlamentarischer Willensbildung, Zeitschrift für Parlamentsfragen (ZParl) 1990, 553 ff.

Jahn, Susanne, Inkrafttreten des novellierten EEG: Was ändert sich für die Netzbetreiber, IR 2004, 199 ff.
Jännicke, Martin, Ökologisch tragfähige Entwicklung – Kriterien und Steuerungsansätze ökologischer Ressourcenpolitik, Schriftenreihe des Zentrums für europäische Studien, 1994
Jarass, Hans D., Bundes-Immissionsschutzgesetz: BImSchG, Kommentar, 6. Aufl., München 2005
Jarass, Hans D./Pieroth, Bodo (Hrsg.), Grundgesetz für die Bundesrepublik Deutschland, Kommentar, 6. Aufl., München 2002
Jauernig, Orthmar, in: Jauernig, Orthmar (Hrsg.), Bürgerliches Gesetzbuch, 10. Aufl., München 2003, § 94

Kalb, Werner, in: Ernst, Werner/Zinkahn, Willy/Bielenberg, Walter/Krautzberger, Michael (Hrsg.), Baugesetzbuch, Kommentar, Loseblatt (Stand: 68. EL/Jan. 2002), München, Bd. IV, § 201
Kallerhoff, Dieter, in: Stelkens, Paul/Bonk, Hans-Joachim/Sachs, Michael (Hrsg.), Verwaltungsverfahrensgesetz, Kommentar, 6. Aufl., München 2001, §§ 31, 32
Kaltschmitt, Martin/Hartmann, Hans (Hrsg.), Energie aus Biomasse, Grundlagen, Techniken und Verfahren, Berlin/Heidelberg 2001
Kaltschmitt, Martin/Wiese, Andreas (Hrsg.), Erneuerbare Energien, Systemtechnik, Wirtschaftlichkeit, Umweltaspekte, 3. Aufl., Berlin 2003
Karpen, Ulrich, Gesetzesfolgenabschätzung – Ein Mittel zur Entlastung von Bürgern, Wirtschaft und Verwaltung?, ZRP 2002, 443 ff.
Karpenstein, Ulrich/Schneller, Christian, Die Stromeinspeisungsgesetze im Energiebinnenmarkt, RdE 2005, 6 ff.
Kersting, Andreas/Hagmann, Joachim, Investitionssicherheit für nach dem EEG geförderte Anlagen, – Rechtliche Rahmenbedingungen für gesetzgeberische Änderungen der Vergütungshöhe oder des Begriffs der Biomasse, UPR 2001, 215 ff.
Keymer, Ulrich, Stromvergütung für Biogas nach dem neuen EEG (Bayerische Landesanstalt für Landwirtschaft, Institut für Agrarökonomie), Mai 2004
Kilian, Wolfgang, Kontrahierungszwang und Zivilrechtssystem, AcP 180 (1980), 47 ff.
Kirchhof, Paul, Staatliche Einnahmen, in: Isensee, Josef/Kirchhof, Paul (Hrsg.), Handbuch des Staatsrechts, Bd. IV, Heidelberg, 1990, § 88
Klaue, Siegfried, in: Immenga, Ernst-Joachim/Mestmäcker, Ulrich (Hrsg.), Gesetz gegen Wettbewerbsbeschränkungen, GWB, Kommentar, 3. Aufl., München 2001, § 103
Kleemann, Manfred, Windenergie, Wasserkraft, Gezeitenenergie und Erdwärme, in: Rebhan, Eckhard (Hrsg.), Energiehandbuch, Berlin u. a. 2002

Literaturverzeichnis

Klein, Hans Hugo, Status des Abgeordneten, in: Isensee, Josef/Kirchhof, Paul (Hrsg.), Handbuch des Staatsrechts der Bundesrepublik Deutschland, Bd. II, Heidelberg 1998, § 41
Klemm, Andreas, Anmerkung zum Urteil des BGH vom 8. 10. 2003 VIII ZR 165/01, RdE 2004, 48
ders., Das Ausschließlichkeitsprinzip des Erneuerbare-Energien-Gesetzes in der Praxis, ET 2001, 592 ff.
Klinger, Heinz, Das Stromeinspeisungsgesetz vom 14. 12. 1990 – ein ordnungspolitischer Sündenfall, in: Baur, Jürgen F./Müller-Graff, Peter-Christian/Zuleeg, Manfred (Hrsg.), Europarecht, Energierecht, Wettbewerb, Festschrift für Bodo Börner zum 70. Geburtstag, Köln. u. a. 1992
Klinski, Stefan, EEG und Binnenmarkt: Zur Vereinbarkeit des Erneuerbare-Energien-Gesetzes (EEG) mit den aktuellen Bestimmungen zum Elektrizitätsbinnenmarkt und mit der Warenverkehrsfreiheit, Berlin 2005, www.bmu.de
ders., Rechtliche Rahmenbedingungen und Probleme der Stromerzeugung aus Biomasse, Berlin Sept. 2002 (Broschüre) (erstellt im Rahmen des Forschungs- und Entwicklungsvorhabens des Umweltbundesamtes „Erneuerbare Energien – Rechtliche Fragen" [FKZ 202 18 147])
Klocke, Ulrike, Klimaschutz durch ökonomische Instrumente, Baden-Baden 1995
Kloepfer, Michael, Umweltrecht, 3. Aufl., München 2004
Kloepfer, Michael/Wimmer, Norbert, Die Belastung von Endverbrauchern aufgrund der Verpackungsverordnung als Verfassungsproblem, UPR 1993, 409 ff.
Klotz, Jürgen, Wer Wind sät, will Renditen ernten, Frankfurter Rundschau, v. 15. Juni 2002, 9
Kluth, Winfried, Verfassungs- und abgabenrechtliche Rahmenbedingungen der Ressourcenbewirtschaftung, NuR 1997, 105 ff.
Knack, Hans J., Verwaltungsverfahrensgesetz, 7. Aufl., Köln u. a. 2000
Knopp, Günther-Michael, in: Sieder, Frank/Zeitler, Herbert/Dahme, Heinz (Hrsg.), Wasserhaushaltsgesetz, Abwasserabgabengesetz, Loseblatt (Stand: 26. EL/Jun. 2003), München, § 25 a
Knopp, Lothar/Heinze, Anke, Erneuerbare-Energien-Gesetz und Biomasseverordnung: Nutzung des energetischen Potenzials organischer Restabfälle?, NVwZ 2002, 691 ff.
Koch, Hans-Joachim, Energierechtliche Regelungen als Instrumente des Umweltschutzes, in: Koch, Hans-Joachim (Hrsg.), Umweltrecht, Neuwied/Kriftel 2002, § 9
ders., Stellungnahme zur Verfassungsbeschwerde der PreussenElektra AG gegen das Stromeinspeisungsgesetz, Sonderbeilage Neue Energie 1/1999, 1 ff.
Koch, Hans-Joachim/Schütte, Peter, Zur Verfassungsmäßigkeit des Stromeinspeisungsgesetzes, ZNER 1998, 3 ff.
Koenig, Christian/Kühling, Jürgen, Das PreussenElektra-Urteil des EuGH: Freibrief für Abnahme- und Vergütungspflichten in der Energiewirtschaft, NVwZ 2001, 768 ff.
Kopp, Ferdinand O., Verwaltungsverfahrensgesetz, 6. Aufl., München 1996
Kopp, Ferdinand O./Ramsauer, Ulrich, Verwaltungsverfahrensgesetz, 7. Aufl., München 2000
dies., Verwaltungsverfahrensgesetz, Kommentar, 8. Aufl., München 2003
Kopp, Ferdinand O./Schenke, Wolf Rüdiger, Verwaltungsgerichtsordnung: VwGO, Kommentar, 12. Aufl., München 2000
dies., Verwaltungsgerichtsordnung: VwGO, Kommentar, 13. Aufl., München 2003
dies., Verwaltungsgerichtsordnung: VwGO, Kommentar, 14. Aufl., München 2005
Kord-Ruwisch, Wilhelm, Der überschüssige Industriestrom, ET 1995, 39 ff.
Krautzberger, Michael, Neuregelung der baurechtlichen Zulässigkeit von Windenergieanlagen zum 1. 1. 1997, NVwZ 1996, 847 ff.
Kremser, Holger, Verfassungsrechtliche Fragen des Stromeinspeisungsgesetzes, AöR 121 (1996), 406 ff.
Krieger, Stefan, Die Anwendbarkeit des Stromeinspeisungsgesetzes auf Erzeugnisse der Land- und Forstwirtschaft, RdE 1993, 218 ff.
Kube, Hanno/Palm, Ulrich/Seiler, Christian, Finanzierungsverantwortung für Gemeinwohlbelange – Zu den finanzverfassungsrechtlichen Maßstäben quersubventionierender Preisinterventionen, NJW 2003, 927 ff.
Kühne, Gunther, Anmerkung zu EuGH, U. v. 13. 3. 2001 – C-379/98 PreussenElektra ./. Schleswag AG, JZ 2001, 759 ff.
Külpmann, Christoph, Änderungen von Rechtsverordnungen durch den Gesetzgeber, NJW 2002, 3436 ff.

Literaturverzeichnis

Kunig, Philip/Paetow, Stefan/Versteyl, Ludger-Anselm, Kreislaufwirtschafts- und Abfallgesetz KrW-/AbfG), Kommentar, München 1998

Lackmann, Johannes, Erfahrungen von Erzeugern mit dem EEG, ZNER 2002, 124 ff.
Lamprecht, Franz, Kein Stillstand in Johannesburg, ET 2002, 734 ff.
Langbein, Kristin/Weißenborn, Christoph, Netzanschluss und Netzausbau nach dem Erneuerbaren-Energien-Gesetz, ew 2004, Heft 19-20, 20 ff.
Larenz, Karl, Methodenlehre der Rechtswissenschaft, 3. Aufl., Berlin u. a. 1995
Lauber, Volkmar, Regelung von Preisen und Beihilfen für Elektrizität aus erneuerbaren Energieträgern (EEE) durch die Europäische Union, ZNER 2001, 35 ff.
Lehmann, Harry/Reetz, Torsten, Zukunftsenergien, Strategien einer neuen Energiepolitik, Berlin/Basel/Boston 1995
Leible, Stefan, in: Grabitz, Eberhard/Hilf, Meinhard (Hrsg.), Das Recht der Europäischen Union, Kommentar, Loseblatt (Stand: 25. EL/Jan. 2005), Art. 28
Leprich, Uwe/Thiele, Andreas/Frey, Günter, Belastung der stromintensiven Industrie durch das EEG und Perspektiven, Kurzgutachten für das BMU, April 2003, www.bmu.de/files/eeg_stromint_studie.pdf
Linck, Joachim, Berichte der Regierung an das Parlament, DÖV 1979, 116 ff.
Lippert, Michael, Energiewirtschaftsrecht, Gesamtdarstellung für Wissenschaft und Praxis, Köln 2002
Löhr, Rolf-Peter, in: Battis, Ulrich/Krautzberger, Michael/Löhr, Rolf-Peter, Baugesetzbuch – BauGB – , 8. Aufl., München 2002, § 38
Lühle, Stefan, Nachbarschutz gegen Windenergieanlagen, NVwZ 1998, 897 ff.
Lukas, Martin, Antisubventionsrecht, in: Grabitz, Eberhard/Hilf, Meinhard (Hrsg.), Das Recht der Europäischen Union, Loseblatt (15. EL/Jan. 2000), München, Bd. IV Sekundärrecht, E. Außenwirtschaftsrecht

Magiera, Siegfried, Recht des Bundestages und seiner Mitglieder gegenüber der Regierung, in: Schneider, Hans-Peter/Zeh, Wolfgang (Hrsg.), Parlamentsrecht und Parlamentspraxis in der Bundesrepublik Deutschland, Berlin/New York 1989, § 52
Maier, Kathrin, Zur Steuerung von Offshore-Windenergieanlagen in der Ausschließlichen Wirtschaftszone (AWZ), UPR 2004, 103 ff.
Maiwald, Christian, Berichtspflichten gegenüber dem Deutschen Bundestag, Frankfurt a. M. 1993 (zugl. Univ., Diss., Heidelberg 1992)
Martínez Soria, José, Anmerkung zu EuGH, Urteil vom 13. 3. 2001 – C-379/98, DVBl. 2001, 882 ff.
März, Wolfgang, Rezension zu Papier, Die Regelung von Durchleitungsrechten, in: AöR 124 (1999), 166 ff.
Maslaton, Martin, Das „Windschöpfungsrecht" nach § 3 EEG als Antragsbefugnis im Sinne von § 47 Abs. 1 Nr. 2 VwGO, ZNER 2002, 108 ff.
ders., Neue (?) Probleme – Windenergieanlagen in der Genehmigungsphase, ZNER 2003, 18 ff.
Maurer, Hartmut, Allgemeines Verwaltungsrecht, 13. Aufl., München 2000
ders., Allgemeines Verwaltungsrecht, 15. Aufl., München 2004
ders., Kontinuität und Vertrauensschutz, in: Isensee, Josef/Kirchhof, Paul (Hrsg.), Handbuch des Staatsrechts der Bundesrepublik Deutschland, 2. Aufl., Heidelberg 1996, Bd. III, § 60
ders., Staatsrecht I, 2. Aufl., München 2001
McGovern, Edmund, International Trade Regulation, GATT, the United States, and the European Community, Exceter 1995
Mengers, Heino, Zu den Pflichten nach § 3 Erneuerbare-Energien-Gesetz, ZNER 2001, 45 ff.
Metzner, Richard, Gaststättengesetz, Kommentar, 6. Aufl., München 2002
Michael, Lothar, Selbstverpflichtungen der Wirtschaft und Absprachen mit dem Staat, Die Verwaltung 37 (2004), 557 ff.
Mock, Thomas, Windenergie im Widerstreit – Ein Plädoyer zur Aufhebung der „Privilegierung" von Windindustrieanlagen gem. § 35 I Nr. 6 BauGB, NVwZ 1999, 937 ff.
Moench, Christoph/Corino, Carsten, Noch einmal: Preiserhöhungen auf Grund des EEG und des KWKG, RdE 2002, 124 ff.
Molly, Jens-Peter, Aktuelle Situation der Windenergie, in: Böhmer, Till (Hrsg.), Erneuerbare Energien – Perspektiven für die Stromerzeugung [Energie im Dialog, Band 3], Frankfurt a. M. 2003

Literaturverzeichnis

Moraing, Markus, in: Ludwig, Wolfgang/Odenthal, Hans (Hrsg.), Recht der Elektrizitäts-, Gas- und Wasserversorgung, Kommentar, Loseblatt (Stand: 2002), Neuwied/Kriftel, Bd. 2, IV, § 103 GWB
Morlock, Martin, in: Dreier, Horst (Hrsg.), Grundgesetz, Kommentar, Bd. II, Tübingen 1998, Art. 39
Möstl, Markus, Der Vorrang Erneuerbarer Energien, Ein Prinzip des Energiewirtschaftsrechts nimmt Gestalt an, RdE 2003, 90 ff.
Mühlstein, Jan, Vermiedene Netznutzungsentgelte der dezentralen Einspeisung, Herrsching 2003, www.synergietec.de/verm_Netzn.pdf
Müller, Friedrich/Christensen, Ralph, Juristische Methodik, Bd. I – Grundlagen Öffentliches Recht, 8. Aufl., Berlin 2002
Müller, Leonhard, Handbuch der Elektrizitätswirtschaft – Technische, wirtschaftliche und rechtliche Grundlagen, 2. Aufl., Berlin u. a., 2001
Müller, Thorsten, Das novellierte Erneuerbare-Energien-Gesetz, RdE 2004, 237 ff.
Murswiek, Dietrich, „Nachhaltigkeit" – Probleme der rechtlichen Umsetzung eines umweltpolitischen Leitbildes, NuR 2002, 641 ff.
ders., in: Sachs, Michael (Hrsg.), Grundgesetz – Kommentar, 3. Aufl., München 2003, Art. 20a

Nagel, Bernhard, Die Vereinbarkeit des Gesetzes für den Vorrang Erneuerbarer Energien (EEG) mit dem Beihilferecht der EG, ZNER 2000, 100 ff.
ders., EU-Gemeinschaftsrecht und nationales Gestaltungsrecht, ZNER 2000, 3 ff.
ders., Ökostrom darf durch Mindestpreise gefördert werden – Zur Entscheidung des EuGH in Sachen Preußen-Elektra AG/Schleswag AG, ZUR 2001, 263 ff.
ders., Rechtliche und politische Hindernisse bei der Einführung Erneuerbarer Energien am Beispiel Strom, ZNER 2001, 231 ff.
ders., Sind Stromeinspeisung nach dem EEG und Emissionshandel komaptibel?, ZNER 2004, 162 f.
Neu, Axel D., Eine Zwischenbilanz zum Einsatz und zur Förderung erneuerbarer Energien in Deutschland, Kiel 2000
Niedersberg, Jörg, Das Gesetz für den Vorrang Erneuerbarer Energien (Erneuerbare Energiengesetz, EEG), NVwZ 2001, 21 ff.
ders., Neueste Entwicklungen nach dem Urteil des BVerwG vom 30. 6. 2004, Erneuerbare Energien 11/2004, 12 f.
ders., Schwachstellenanalyse zum EEG für den Bereich Windenergienutzung, Berlin 2002
Niedersberg, Jörg/Weißferdt, Peter, Für das EEG besteht Änderungsbedarf!, EE 3/2000, 6 ff.
Nill-Theobald, Christiane, in: Nill-Theobald, Christiane/Weißenborn, Christoph (Hrsg.), Neuere Entwicklungen zur KWK-Förderung [Energie im Dialog, Band 1], 2. Aufl., Frankfurt, Heidelberg 2004, S. 3–4, 4–5 f.
Nipperdey, Hans Carl, Kontrahierungszwang und diktierter Vertrag, Jena 1920
Nitsch, Joachim u. a., Klimaschutz durch Nutzung erneuerbarer Energien, hrsg. v. Umweltbundesamt, Berlin 2000
Nowak, Carsten, Die Grundfreiheiten des EG-Vertrags und der Umweltschutz – Grundfreiheiten im Lichte der EG-Umweltverfassung –, VerwArch 2002, 368 ff.
Nussbaumer, Thomas, in: Kaltschmitt, Martin/Hartmann, Hans (Hrsg.), Energie aus Biomasse, Grundlagen, Techniken und Verfahren, Berlin/Heidelberg 2001, S. 243 ff.

Oertel, Dagmar/Fleischer, Torsten, Brennstoffzellen-Technologie: Hoffnungsträger für den Klimaschutz, Berlin 2001
Ohlhoff, Stefan, Entwicklung der Rechtsprechung zum WTO-Recht in den Jahren 2000 und 2001, EuZW 2002, 549 ff.
ders., Verbotene Beihilfen nach dem Subventionsabkommen der WTO im Lichte der aktuellen Rechtsprechung, EuZW 2000, 645 ff.
Oldiges, Martin, Richtlinien als Ordnungsrahmen der Subventionsverwaltung, NJW 1984, 1927 ff.
Oppermann, Thomas, Europarecht, 2. Aufl., München 1999
Ortmaier, Erich/Ortinger, Werner, Energie aus Biomasse, in: Rebhan, Eckhard (Hrsg.), Energiehandbuch, Berlin u. a. 2002, 401 ff.
Oschmann, Volker, Das Erneuerbare-Energien-Gesetz im Gesetzgebungsprozess, Die Veränderungen im Erneuerbare-Energien-Gesetz gegenüber dem Gesetzentwurf vom Dezember 1999 und die Beweggründe des Gesetzgebers, ZNER 2000, 24 ff.

Literaturverzeichnis

ders., Das Gesetz für den Vorrang Erneuerbarer Energien, ET 2000, 460 ff.
ders., Die Novelle des Erneuerbare-Energien-Gesetzes, NVwZ 2004, 910 ff.
ders., Die Richtlinie zur Förderung der Stromerzeugung aus Erneuerbaren Energien und ihre Umsetzung in Deutschland, RdE 2002, 131 ff.
ders., in: Danner, Wolfgang/Theobald, Christian, Energierecht, Kommentar, Loseblatt (Stand: 48. EL/Okt. 2004 sowie 49. EL/Jan. 2005), München, VI EEG B 1 Einf., § 3, § 21
ders., Strom aus erneuerbaren Energien im Europarecht, Baden-Baden 2002 (zugl. Univ., Diss., Würzburg 2001)
ders., Vergütung von Solarstrom nach dem EEG – aktuelle Rechtsfragen aus der Praxis, ZNER 2002, 201 ff.
Oschmann, Volker/Müller, Thorsten, Bundestag verabschiedet EEG – Wesentliche Veränderungen im Erneuerbare-Energien-Gesetz gegenüber dem Gesetzentwurf der Bundesregierung, Ergänzung zur ZNER Heft 8/1, 2004, 1 f.
dies., Erneuerbare-Energien-Gesetz (EEG), Synoptische Gegenüberstellung des geltenden Rechts und des Regierungsentwurfs vom 17. 12. 2003, ZNER 2004, 41 ff.
dies., Neues Recht für Erneuerbare Energien – Grundzüge der EEG-Novelle, ZNER 2004, 24 ff.
Ossenbühl, Fritz, Verfassungsrechtliche Fragen des Stromeinspeisungsgesetzes, ET 1996, 94 ff.
ders., Zur Verfassungswidrigkeit der Vergütungsregelung des Stromeinspeisungsgesetz, RdE 1997, 46 ff.

Palic, Markus, Zunahme regenerativ erzeugter Strommengen – Auswirkungen auf den Strompreis in Deutschland, EW 3/2002, 70 ff.
Papier, Hans-Jürgen, Die Regelung von Durchleitungsrechten, Köln, Berlin, Bonn, München 1997
ders., in: Maunz, Theodor/Dürig, Günter (Hrsg.), Grundgesetz, Kommentar, Loseblatt (Stand: 35. EL/Febr. 1999), München, Bd. 2, Art. 14
Pestalozza, Christian, Privatverwaltungsrecht: Verwaltungsrecht unter Privaten, JZ 1975, 50 ff.
Pielow, Johann-Christian, Zur Ungleichbehandlung von Unternehmen der Primäraluminium-Produktion, die Strom als Rohstoff einsetzen, und sonstigen energieintensiven Unternehmen des produzierenden Gewerbes im Gesetzentwurf der Fraktionen SPD und BÜNDNIS 90/DIE GRÜNEN zur Neuregelung des Rechts der Erneuerbaren-Energien im Strombereich vom 13. Januar 2004, Rechtsgutachten im Auftrag der HYDRO ALUMINIUM DEUTSCHLAND GMBH v. 3. Februar 2004
Pingel, Doris/Pohlmann, Mario/Wehlmann, Wolf Ulrich, Stromeinspeisungsgesetz 1998, Kommentar zur Neuregelung 1998, Frankfurt a. M. 1998
Pohlmann, Mario, Anwendungsprobleme des Stromeinspeisungsgesetzes – Geltungsbereich, Anschluß- und Netzverstärkungskosten, RdE 1997, 93 ff.
ders., Der Streit um das Stromeinspeisungsgesetz vor dem GG, NJW 1997, 545 ff.
ders., Rechtsprobleme der Stromeinspeisung nach dem Stromeinspeisungsgesetz, Köln u. a. 1996 (zugl.Univ., Diss., Göttingen 1996)
Prall, Ursula, Offshore-Windparks in FFH-Gebieten, ZNER 2005, 26 ff.
Pünder, Hermann, EuGH billigt die Förderung von „Öko-Strom", Jura 2001, 591 ff.
Püttner, Günter, Rechtsgutachten zur kostendeckenden Vergütung für Solarstrom, ZNER 1997, 59 ff.
Puwalla, Wolfgang, Qualifikation von Abgaben, Berlin 1997

Quaschning, Volker, Systemtechnik einer klimaverträglichen Elektrizitätsversorgung in Deutschland für das 21. Jahrhundert, Düsseldorf 2000

Raabe, Marius/Meyer, Nils, Das Erneuerbare-Energien-Gesetz, NJW 2000, 1298 ff.
Rageria, Mario, Zusammenfassende Analyse zur Effektivität und Ökonomischer Effizienz von Instrumenten zum Ausbau der Erneuerbaren Energien im Strombereich, Karlsruhe 2005, www.bmu.de
Redeker, Konrad, Auf der Suche nach besserer Gesetzgebung, NJW 2002, 2756 ff.
ders., in: Redeker, Konrad/v. Oertzen, Hans-Joachim (Hrsg.), Verwaltungsgerichtsordnung, 14. Aufl., Stuttgart 2004
Rehbinder, Eckard, Nachhaltigkeit als Prinzip des Umweltrechts: konzeptionelle Fragen, in: Dolde, Klaus-Peter (Hrsg.), Umweltrecht im Wandel: Bilanz und Perspektiven aus Anlass des 25jährigen Bestehens der Gesellschaft für Umweltrecht, Berlin 2001, S. 721 ff.

Literaturverzeichnis

Reshöft, Jan, Verfassungs- und Europarechtskonformität des EEG, Lüneburg 2003
ders., Verfassungskonformität von Abnahme- und Vergütungsverpflichtungen nach dem EEG, in: Beck, Hans-Peter/Brandt, Edmund/Salander, Carsten (Hrsg.), Handbuch Energiemanagement, Loseblatt (Stand: 5. EL/Jan. 2002), Heidelberg, Bd. 1, Kap. 5303
ders., Zur Novellierung des EEG – was lange wird, wird endlich (gut), ZNER 2004, 240 ff.
Reshöft, Jan/Dreher, Jörg, Rechtsfragen bei der Genehmigung von Offshore-Windparks in der deutschen AWZ nach Inkrafttreten des BNatSchGNeuregG, ZNER 2002, 95 ff.
Reshöft, Jan/Steiner, Sascha/Dreher, Jörg, Erneuerbare-Energien-Gesetz, Handkommentar, 2. Aufl., Baden-Baden 2005
Richter, Stefan K., Die Unvereinbarkeit des Stromeinspeisungsgesetzes mit europäischem Beihilferecht (Art. 92 EGV a. F./Art. 87 EGV n. F.) – Dargestellt am Beispiel der Windenergieförderung gemäß § 2 i. V. m. § 3 Stromeinspeisungsgesetz, RdE 1999, 23 ff.
ders., Grenzen der wirtschaftlichen Förderung regenerativer Stromeinspeisung in Deutschland – Gleichzeitig ein Beitrag zur Reform des Stromeinspeisungsgesetzes in Anlehnung an das britische Förderungsmodell der „Non-Fossil Fuel Obligation", Stuttgart u. a. 2000
Ristau, Oliver, Ende der Siesta, In Spanien wurde ein Einspeisegesetz nach deutschem Vorbild verabschiedet, Photon 7/2004, 66 ff.
Ritgen, Klaus, Stromeinspeisungsgesetz und europäisches Beihilfenaufsichtsrecht, RdE 1999, 176 ff.
Rosin, Peter, Anmerkung zu OLG Düsseldorf, Urteil vom 10. 10. 2002, RdE 2003, 77
Rosin, Peter/Elspas, Maximilian, Rechtsprobleme der Weiterbelastung von Mehraufwendungen aus EEG und KWKG an Endkunden, ET 2002, 182 ff.
Roth, Hartwig, Technische Anschlussbedingungen für EEG-Anlagen, in: Böhmer, Till (Hrsg.) Erneuerbare Energien – Perspektiven für die Stromerzeugung [Energie im Dialog, Band 3], Frankfurt a. M., Berlin, Heidelberg 2003
Ruge, Reinhard, Anmerkung zu EuGH, U. v. 13. 3. 2001 – Rs. C-379/98 (PreussenElektra/Schleswag AG), EuZW 2001, 247 f.

Sachs, Michael, in: Sachs, Michael (Hrsg.), Grundgesetz, Kommentar, 2. Aufl. München, 1999, Art. 20
Säcker, Franz J. (Hrsg.), Berliner Kommentar zum Energierecht, München 2004
Salje, Peter Preismissbrauch durch Elektrizitätsversorgungsunternehmen, Köln u. a. 1978
ders., Das neue Recht der Stromeinspeisung, Versorgungswirtschaft 2000, 173 ff.
ders., Der Kontrahierungszwang nach Stromeinspeisungs- und Erneuerbare-Energien-Gesetz, LMK 2004, 25 f.
ders., Der Stromeinspeisungsvertrag, Versorgungswirtschaft 2002, 77 ff.
ders., Die Vereinbarkeit des Stromeinspeisungsgesetzes mit dem EG-Vertrag, RIW 1998, 186 ff.
ders., Erneuerbare-Energien-Gesetz, Gesetz für den Vorrang Erneuerbarer Energien (EEG), Kommentar, 2. Aufl., Köln u. a. 2000
ders., Erneuerbare-Energien-Gesetz, Gesetz für den Vorrang erneuerbarer Energien (EEG), Kommentar, 3. Aufl., Köln u. a. 2005
ders., Kraft-Wärme-Kopplungsgesetz 2002, 2. Aufl., Köln u. a. 2004
ders., Netzverträglichkeitsprüfung und Anspruch auf Anschluss regenerativer Energieerzeugungsanlagen, Versorgungswirtschaft 2001, 225 ff.
ders., Neue Härtefallregelung in § 11 a EEG, Versorgungswirtschaft 2003, 173 ff.
ders., Stromeinspeisungsgesetz, Gesetz über die Einspeisung von Strom aus erneuerbaren Energien in das öffentliche Netz, Kommentar, 2. Aufl., Köln u.a. 1999
ders., Vorrang für Erneuerbare Energien, Das neue Recht der Stromeinspeisung, RdE 2000, 125 ff.
Sánchez Rydelski, Michael, EG und WTO Antisubventionsrecht, Baden Baden 2001
Sanden, Joachim/Schoeneck, Stefan, Bundesbodenschutzgesetz, Kurzkommentar, Heidelberg 1998
Sander, Franziska, Freihandel und Umweltschutz, in: Koch, Hans-Joachim (Hrsg.), Umweltrecht, Neuwied/Kriftel 2002, § 16, S. 639 ff.
Schafhausen, Franzjosef, Rio de Janeiro und kein Ende!, ET 2002, 738 ff.
Scheuing, Dieter H., Das Europäische Umweltverfassungsrecht als Maßstab gerichtlicher Kontrolle, Eine Analyse der Rechtsprechung des EuGH, EuR 2002, 619 ff.
Schidlowski, Frank, Standortsteuerung von Windenergieanlagen durch Flächennutzungspläne, NVwZ 2001, 388 ff.

Literaturverzeichnis

Schindler, Jörg/Zittel, Werner, Fossile Energiereserven (nur Erdöl und Erdgas) und mögliche Versorgungsengpässe aus Europäischer Perspektive, Endbericht, Studie im Auftrag des Deutschen Bundestages, des Ausschusses für Bildung, Technik und Technikfolgenabschätzung, Ottobrunn 2000

Schindler, Peter, Datenhandbuch zur Geschichte des Deutschen Bundestages 1949 bis 1999, Baden-Baden 1999, Bd. I: Kapitel 1–6

Schmidt, Jörg, in: Eyermann, Erich/Fröhler, Ludwig, Verwaltungsgerichtsordnung, Kommentar, 11. Aufl., München 2000

Schmidt-Preuß, Matthias, Die Gewährleistung des Privateigentums durch Art. 14 GG im Lichte aktueller Probleme, AG 1996, 1 ff.

ders., Europarechtliche und verfassungsrechtliche Rahmenbedingungen der Energiepolitik, in: Hendler, Reinhard u. a. (Hrsg.), Energierecht zwischen Umweltschutz und Wettbewerb, Berlin 2002

ders., Verfassungskonflikt um die Durchleitung?, RdE 1996, 1 ff.

Schmitz, Erich, Die Nichtgewährung von Einspeisevergütungen in Höhe der Vorlieferantenpreise – Eine unbillige Behinderung i. S. d. GWB?, RdE 1990, 110 ff.

Schnapp, Friedrich E., in: von Münch, Ingo/Kunig, Philip (Hrsg.), Grundgesetz-Kommentar, 5. Aufl., München 2001, Bd. II, Art. 20

Schneider, Hans, Gesetzgebung, 2. Aufl., Heidelberg 1991

Schneider, Jens-Peter, Energieumweltrecht: Erneuerbare Energien, Kraft-Wärme-Kopplung, Energieeinsparung, in: Schneider, Jens-Peter/Theobald, Christian (Hrsg.), Handbuch zum Recht der Energiewirtschaft (HbEnWR), München 2003, § 18, S. 995 ff.

ders., Verfassungs- und europarechtliche Risiken einer Privilegierung stromintensiver Industrien im Rahmen des Belastungsausgleichs nach dem Erneuerbaren-Energien-Gesetz, ZNER 2003, 93 ff.

Schnorrenberg, Burkhard, Grüne Tarife aus mikroökonomischer Perspektive, ZfE 1998, 265 ff.

Scholz, Rudolf, Rechtsgutachten im Auftrag des Bundesverbandes Deutsche Wasserkraftwerke, Windenergie Aktuell 7/1995, 15 ff.

Scholz, Rupert, Die Vergütungsregelung des Stromeinspeisungsgesetzes als Mittel verfassungsmäßiger Wirtschaftslenkung und Umweltpolitik, ET 1995, 600 ff.

ders., Die Vergütungsregelung des Stromeinspeisungsgesetzes als Mittel verfassungsmäßiger Wirtschaftslenkung und Umweltpolitik, Rechtsgutachten für den Bundesverband Deutsche Wasserkraftwerke, Windenergie Aktuell, Juli 1995, 15 ff.

ders., in: Maunz, Theodor/Dürig, Günter, Grundgesetz, Kommentar, Loseblatt (Stand: 35. EL/Febr. 1999), München, Bd. 2, Art. 12

Scholz, Ulrich/Hermann, Bodo/Moraing, Markus, Auslegungs- und Subsumtionsprobleme des Kreislaufwirtschafts- und Abfallgesetzes und des Stromeinspeisungsgesetzes, Baden-Baden 1995

Schrader, Knut/Krzikalla, Norbert/Müller-Kirchenbauer, Joachim, Netznutzungsentgelte und Lastprofile im Erneuerbare Energien Gesetz, ZNER 2001, 89 ff.

Schreiber, Frank, Die Pflicht zur effizienten Energieverwendung nach Art. 3 S. 1 d) IVU-RL und ihre geplante Umsetzung in § 5 Abs. 1 Nr. 4 BImSchG, ZNER 2001, 32 ff.

Schreiber, Helmut, Stromeinspeisung auf dem europarechtlichen Prüfstand, Eine Neubewertung des Stromeinspeisungsgesetzes?, ZNER 2000, 202 ff.

Schrimpff, Ernst, Gutachten zur Herkunft und Natur von Pflanzenöl als originär biogener Treibstoff, Freising 2004 (unveröffentlicht)

Schröder, Meinhard, Grenzen der Gestaltungsfreiheit des Parlaments bei der Festlegung des Beratungsmodus, Jura 1987, 469 ff.

ders., Umweltschutz als Gemeinschaftsziel und Grundsätze des Umweltschutzes, in: Rengeling, Hans-Werner (Hrsg.), Handbuch zum europäischen und deutschen Umweltrecht (EUDUR), 2. Aufl., Köln u. a. 2003, Bd. I Allgemeines Umweltrecht, § 9, S. 199 ff.

Schulz, Wolfgang/Hille, Maren, Untersuchung zur Aufbereitung von Biogas zur Erweiterung der Nutzungsmöglichkeiten, Bremen, Juni 2003, www.energiekonsens.de

Schulze-Fielitz, Helmuth, in: Dreier, Horst (Hrsg.), Grundgesetz, Kommentar, Tübingen 1998, Bd. III, Art. 20

Schurr, Bernhard/van Mark, Michael, Besondere Ausgleichsregelung nach § 16 Erneuerbare-Energien-Gesetz (EEG), Umwelt 2005, 421 ff.

Schwaiger, Henning, Die Bindung der Vertragsfreiheit im Elektrizitätsverkehr zwischen öffentlichen Versorgungsunternehmen und industriellen Eigenerzeugern nach französischem, westdeutschem und EWG-Recht, München 1967

Literaturverzeichnis

Schwintowski, Hans-Peter, Stromeinspeisung auf dem europarechtlichen Prüfstand, Stromeinspeisung nach europäischem Recht, ZNER 2000, 204 f.
Seifert, Karl-Heinz/Hömig, Dieter, Grundgesetz für die Bundesrepublik Deutschland, 7. Aufl., Baden-Baden 2003
SFV, Historische Entwicklung der KV, Solarbrief 3/02, 91 f.
Sieben, Peter, Was bedeutet Nachhaltigkeit als Rechtsbegriff?, NVwZ 2003, 1173 ff.
Siems, Thomas, Ausgleichspflicht nach der EEG-Novelle: Neue Gefahr für Contracting-Modelle?, RdE 2005, 130 ff.
Slotboom, Marco M., Subsidies in WTO Law and in EC Law, Broad and Narrow Definitions, JWT 2002, 517 ff.
Söfker, Wilhelm, in: Ernst, Werner/Zinkahn, Willy/Bielenberg, Walter/Krautzberger, Michael (Hrsg.), Baugesetzbuch, Kommentar, Loseblatt (Stand: 68. EL/Jan. 2002), München, Bd. II, § 35
Soltész, Ulrich, Die „Belastung des Staatshaushalts" als Tatbestandsmerkmal einer Beihilfe i. S. des Art. 92 I EGV, EuZW 1998, 747 ff.
Sommermann, Karl-Peter, in: von Mangoldt, Hermann /Klein, Friedrich/Starck, Christian (Hrsg.), Das Bonner Grundgesetz, Kommentar, München 2000, Bd. 2, Art. 20
Sporer, Petro, Nutzung von Methan zur Energieerzeugung – Grubengas: ökologisch wertvoll, ökonomisch interessant, EW 10/2002, 24 ff.
SRU, Umweltgutachten 1998
ders., Umweltgutachten 2000, BT-Drucks. 14/3363
ders., Windenergienutzung auf See – Stellungnahme, Apr. 2003
Staiß, Frithjof, Jahrbuch Erneuerbare Energien 2001, Radebeul 2001
ders., Photovoltaik, Technik, Potentiale und Perspektiven der solaren Stromerzeugung, Braunschweig/Wiesbaden 1996
Stanbrook, Clive/Bentley, Philip, Dumping and Subsidies, The Law and Procedures Governing the Imposition of Anti-dumping and Countervailing Duties in the European Community, 3. Aufl., London, The Hague, Boston 1996
Starke, Jochen, Die Zulässigkeit der Weitergabe von Belastungen aus EEG und KWK-Gesetz im Rahmen Allgemeiner Geschäftsbedingungen, in: Becker, Peter/Held, Christian/Riedel, Martin/Theobald, Christian (Hrsg.), Energiewirtschaft im Aufbruch, Festschrift für Wolf Büttner, Köln 2001
Stelkens, Paul/Stelkens, Ulrich, in: Stelkens, Paul/Bonk, Hans-Joachim/Sachs, Michael, Verwaltungsverfahrensgesetz, Kommentar, 6. Aufl., München 2001, § 35
Stoll, Peter-Tobias, Die WTO: Neue Welthandelsorganisation, neue Welthandelsordnung, Ergebnisse der Uruguay-Runde des GATT, ZaöRV 1994, 241 ff.
Stoll, Peter-Tobias/Schorkopf, Frank, WTO – Welthandelsordnung und Welthandelsrecht, Köln u. a. 2002
Studenroth, Stefan, Verfassungswirdigkeit des Stromeinspeisungsgesetzes?, DVBl. 1995, 1216 ff.

Tauber, Clemens, Energie- und volkswirtschaftliche Aspekte der Windenergienutzung in Deutschland. Sichtweise von E.ON Kraftwerke, ET 2002, 818 ff.
Teske, Wolfgang, Stromeinspeisung, regenerative Energien, Mindestpreis, Sonderabgabe, E-WiR 1995, 1123 f.
Tettau, Philipp von, Haftungsklauseln in Netzanschluss- und Einspeiseverträgen, ZNER 2003, 29 ff.
Tettinger, Peter J., in: Sachs, Michael (Hrsg.), Grundgesetz, Kommentar, 2. Aufl., München 1999, Art. 12
Theobald, Christian, Rechtliche Steuerung von Wettbewerb und Umweltverträglichkeit in der Elektrizitätswirtschaft, AöR 1997, 372 ff.
ders., Sustainable Development – ein Rechtsprinzip der Zukunft?, ZRP 1997, 439 ff.
ders., Verfassungsmäßigkeit des Stromeinspeisungsgesetzes, NJW 1997, 550 ff.
Theobald, Christian/Nill-Theobald, Christiane, Grundzüge des Energiewirtschaftrechts, München 2001
Theobald, Christian/Zenke, Ines, Netzzugang, in: Schneider, Jens-Peter/Theobald, Christian (Hrsg.), Handbuch zum Recht der Energiewirtschaft (HBEnWR), München 2003, § 12, S. 675 ff.
Thieme, Dominik/Rudolf, Beate, PreussenElektra AG vs. Schleswag AG, Case C-379/98, American Journal of International Law 2002, 225 ff.

Literaturverzeichnis

Thomas, Heinz/Putzo, Hans, Zivilprozessordnung mit Gerichtsverfassungsgesetz, den Einführungsgesetzen und europarechtlichen Vorschriften, Kommentar, 26. Aufl., München 2004, § 259
Tigges, Franz-Josef, Die Ausschlusswirkung von Windvorrangflächen in der Flächennutzungsplanung, ZNER 2002, 87 ff.
ders., Viele ungeklärte Fragen, neue energie 09/2004, 99 ff.
Topp, Adolf, Gesetz für die Erhaltung, Modernisierung und den Ausbau de Kraft-Wärme-Kopplung (Kraft-Wärme-Kopplungsgesetz), in: Säcker, Franz Jürgen (Hrsg.), Berliner Kommentar zum Energierecht, München 2004
Treffer, Christian, Zur Verfassungswidrigkeit des Stromeinspeisungsgesetzes, UPR 1996, 128 ff.
Troost, Georg, Zur Auswirkung der Abnahme- und Vergütungspflichten aus EEG und KWKG auf bereits bestehende Stromlieferungsverträge: Preiserhöhung als Folge zusätzlicher Abgaben oder der Verpflichtung zu Anpassungsverhandlungen?, RdE 2001, 205 ff.
Trüeb, Hans Rudolf, Umweltrecht in der WTO, Staatliche Regelungen im Kontext des internationalen Handelsrechts, Zürich 2001
Tschentscher, Axel, Der privatrechtsgestaltende Verwaltungsakt als Koordinationsinstrument zwischen öffentlichem Recht und Privatrecht, DVBl. 2003, 1424 ff.

Uhle, Arnd, Verordnungsgeberische Entscheidungsmacht und parlamentarischer Kontrollvorbehalt, Zur verfassungsrechtlichen Zulässigkeit verordnungsspezifischer Kontrollbefugnisse unter besonderer Berücksichtigung der Rechtsprechung des BVerfG, NVwZ 2002, 15 ff.

von Mutius, Albert, Rechtliche Voraussetzungen und Grenzen der Erteilung von Baugenehmigungen für Windenergieanlagen, DVBl. 1992, 1469 ff.
von Wallenberg, Gabriele, in: Grabitz, Eberhard/Hilf, Meinhard (Hrsg.), Das Recht der Europäischen Union, Kommentar, Loseblatt (Stand: 25. EL/Jan. 2005), Art. 87
VDEW, Verbandsnachrichten vom 9. Januar 2003: Hinweise zur Anwendung des neuen KWK-Gesetzes und des Erneuerbare-Energien-Gesetzes
VDEW/DGV, Richtlinie Datenaustausch und Energiemengenbilanzierung, März 2001
Versteyl, Ludger-Anselm, in: von Münch, Ingo/Kunig, Philip (Hrsg.), Grundgesetz-Kommentar, 4./5. Aufl., München 2001, Bd. 2, Art. 38
VKU, Stellungnahme zum Referentenentwurf EEG-Novelle des BMU. Bewertung aus kommunalwirtschaftlicher Sicht, Oktober 2003
Voigt, Wilfried, Motor der Energiewende, Neue Energie 10/2003, 24 ff.
Volkmann, Uwe, Veränderung der Grundrechtsdogmatik, JZ 2005, 261 ff.
von Danwitz, Thomas, Rechtsverordnungen, Jura 2002, 93 ff.
von Fabeck, Wolf, Kommentar des Solarenergie-Förderverein (SFV) zum Hinweispapier der Clearingstelle, Solarbrief 2/2001, 13 f.

Weck, Markus, Die garantierte Einspeisevergütung für Strom nach dem Gesetz für den Vorrang erneuerbarer Energien, Frankfurt a. M. u. a. 2004 (zugl. Univ., Diss., Köln 2003)
Weiher, Birgit, Nationaler Umweltschutz und Internationaler Warenverkehr, Baden-Baden 1997
Weißenborn, Christoph, Anmerkung zum Urteil des LG Frankfurt (Oder) vom 14. 9. 2001 – 6 (b) S 22/01, RdE 2003, 49 f.
ders., Die Entwicklung des Rechts der Stromeinspeisung, in: Schmidt-Schlaeger, Michaela/Zinow Bernd-Michael (Hrsg.), Grundlagen des Energierechts, Festschrift für Manfred Rebentisch, Frankfurt a. M., Berlin, Heidelberg 2004
ders., Die Entwicklung des Rechts der Stromeinspeisung, in: Schmidt-Schlaeger, Michaela/Zinow, Bernd-Michael (Hrsg.), Grundlagen des Energierechts, Frankfurt a.M., Berlin, Heidelberg 2004
ders., Streitfragen zum Erneuerbare-Energien-Gesetz, in: Böhmer, Till (Hrsg.) Erneuerbare Energien –Perspektiven für die Stromerzeugung [Energie im Dialog, Band 3], Frankfurt a. M., Berlin, Heidelberg 2003, S. 71 ff.
Wenig, Fritz-Harald, Antidumping und Antisubventionsrecht, in: Dauses, Manfred A. (Hrsg.), Handbuch des EU-Wirtschaftsrechts, Loseblatt (Stand: März 2002) München, Bd. 2, Abschnitt K. II
Werner, Jürgen H./Pfisterer, Fritz, Photovoltaik, in: Rebhan, Eckhard (Hrsg.), Energiehandbuch, Berlin u. a. 2002, S. 316 ff.

Literaturverzeichnis

Wicke, Lutz, Umweltökonomie, in: Rengeling, Hans-Werner (Hrsg.), Handbuch zum europäischen und deutschen Umweltrecht (EUDUR), 2. Aufl., Köln u. a. 2003, Bd. I Allgemeines Umweltrecht, § 5, S. 54 ff.
Wieland, Joachim, in: Dreier, Hans-Joachim (Hrsg.), Grundgesetz – Kommentar, 2. Aufl., Tübingen 2004, Bd. I, Art. 12
WirtschaftsVereinigung Metalle, Stellungnahme der WirtschaftsVereinigung Metalle zum Entwurf eines ersten Gesetzes zur Änderung des Erneuerbare-Energien-Gesetzes (EEG), v. 8. April 2003, Ausschuss-Drs. 15(15)104
Wissenschaftlicher Beirat beim Bundesministerium für Wirtschaft und Arbeit, Zur Förderung erneuerbarer Energien, März 2004
Wissenschaftlicher Beirat der Bundesregierung Globale Umweltveränderungen, Welt im Wandel: Energiewende zur Nachhaltigkeit, Berlin 2003
ders., Erneuerbare Energien für eine nachhaltige Entwicklung: Impulse für die *renewables 2004,* Politikpapier, März 2004
Witthohn, Alexander/Smeddinck, Ulrich, Die EuGH-Rechtsprechung zum Stromeinspeisungsgesetz - ein Beitrag zum Umweltschutz?, ET 2001, 466 ff.
Wolff, Hans J./Bachhof, Otto/Stober, Rolf, Verwaltungsrecht, 11. Aufl., München 1999
dies., Verwaltungsrecht, 6. Aufl., München 2000
Wustlich, Guido, Die Atmosphäre als globales Umweltgut. Rechtsfragen ihrer Bewirtschaftung im Wechselspiel von Völker-, Gemeinschafts- und nationalem Recht, Berlin 2003

Zander, Wolfgang (u.a.), Wälzungsmechanismus des EEG, Aachen 2004, Studie im Auftrag des Bundesumweltministeriums, www.bmu.de
Zeitler, Helge Elisabeth, Einseitige Handelsbeschränkungen zum Schutz exterritorialer Rechtsgüter. Eine Untersuchung zum GATT, Gemeinschaftsrecht und allgemeinen Völkerrecht, Baden-Baden 2000
Zimmermann, Andreas, Rechtliche Probleme bei der Errichtung seegestützter Windenergieanlagen, DÖV 2003, 133 ff.

Gesetz für den Vorrang Erneuerbarer Energien (Erneuerbare-Energien-Gesetz – EEG)[1]

Vom 21. Juli 2004 (BGBl. I S. 1918)

Geändert durch Art. 3 Abs. 35 Zweites Gesetz zur Neuregelung des Energiewirtschaftsrechts vom 7. Juli 2005 (BGBl. I S. 1970)

FNA 754-19

Nichtamtliche Inhaltsübersicht

	§§
Zweck des Gesetzes	1
Anwendungsbereich	2
Begriffsbestimmungen	3
Abnahme- und Übertragungspflicht	4
Vergütungspflicht	5
Vergütung für Strom aus Wasserkraft	6
Vergütung für Strom aus Deponiegas, Klärgas und Grubengas	7
Vergütung für Strom aus Biomasse	8
Vergütung für Strom aus Geothermie	9
Vergütung für Strom aus Windenergie	10
Vergütung für Strom aus solarer Strahlungsenergie	11
Gemeinsame Vorschriften für Abnahme, Übertragung und Vergütung	12
Netzkosten	13
Bundesweite Ausgleichregelung	14
Transparenz	15
Besondere Ausgleichsregelung	16
Herkunftsnachweis	17
Doppelvermarktungsverbot	18
Clearingstelle	19
Erfahrungsbericht	20
Übergangsbestimmungen	21

Anlage (zu § 10 Abs. 1 und 4)

§ 1 Zweck des Gesetzes

(1) Zweck dieses Gesetzes ist es, insbesondere im Interesse des Klima-, Natur- und Umweltschutzes eine nachhaltige Entwicklung der Energieversorgung zu ermöglichen, die volkswirtschaftlichen Kosten der Energieversorgung auch durch die Einbeziehung langfristiger externer Effekte zu verringern, Natur und Umwelt zu schützen, einen Beitrag zur Vermeidung von Konflikten um fossile Energieressourcen zu leisten und die Weiterentwicklung von Technologien zur Erzeugung von Strom aus Erneuerbaren Energien zu fördern.

(2) Zweck dieses Gesetzes ist ferner, dazu beizutragen, den Anteil Erneuerbarer Energien an der Stromversorgung bis zum Jahr 2010 auf mindestens 12,5 Prozent und bis zum Jahr 2020 auf mindestens 20 Prozent zu erhöhen.

§ 2 Anwendungsbereich

(1) Dieses Gesetz regelt
1. den vorrangigen Anschluss von Anlagen zur Erzeugung von Strom aus Erneuerbaren Energien und aus Grubengas im Bundesgebiet einschließlich der deut-

---

[1] Verkündet als Art. 1 Erneuerbare Energien-Neuregelungsgesetz v. 21. 7. 2004 (BGBl. I S. 1918); Inkrafttreten gem. Art. 4 Satz 1 dieses Gesetzes am 1. 8. 2004.

schen ausschließlichen Wirtschaftszone (Geltungsbereich des Gesetzes) an die Netze für die allgemeine Versorgung mit Elektrizität,
2. die vorrangige Abnahme, Übertragung und Vergütung dieses Stroms durch die Netzbetreiber und
3. den bundesweiten Ausgleich des abgenommenen und vergüteten Stroms.

(2) Dieses Gesetz findet keine Anwendung auf Anlagen, die zu über 25 Prozent der Bundesrepublik Deutschland oder einem Land gehören und die bis zum 31. Juli 2004 in Betrieb genommen worden sind.

§ 3 Begriffsbestimmungen

(1) Erneuerbare Energien sind Wasserkraft einschließlich der Wellen-, Gezeiten-, Salzgradienten- und Strömungsenergie, Windenergie, solare Strahlungsenergie, Geothermie, Energie aus Biomasse einschließlich Biogas, Deponiegas und Klärgas sowie aus dem biologisch abbaubaren Anteil von Abfällen aus Haushalten und Industrie.

(2) [1]Anlage ist jede selbständige technische Einrichtung zur Erzeugung von Strom aus Erneuerbaren Energien oder aus Grubengas. [2]Mehrere Anlagen zur Erzeugung von Strom aus gleichartigen Erneuerbaren Energien oder aus Grubengas, die im Geltungsbereich des Gesetzes errichtet und mit gemeinsamen für den Betrieb technisch erforderlichen Einrichtungen oder baulichen Anlagen unmittelbar verbunden sind, gelten als eine Anlage, soweit sich nicht aus den §§ 6 bis 12 etwas anderes ergibt; nicht für den Betrieb technisch erforderlich sind insbesondere Wechselrichter, Wege, Netzanschlüsse, Mess-, Verwaltungs- und Überwachungseinrichtungen.

(3) Anlagenbetreiber ist, wer unbeschadet des Eigentums die Anlage zum Zweck der Erzeugung von Strom aus Erneuerbaren Energien oder aus Grubengas nutzt.

(4) Inbetriebnahme ist die erstmalige Inbetriebsetzung der Anlage nach Herstellung ihrer technischen Betriebsbereitschaft oder nach ihrer Erneuerung, sofern die Kosten der Erneuerung mindestens 50 Prozent der Kosten einer Neuherstellung der gesamten Anlage einschließlich sämtlicher technisch für den Betrieb erforderlicher Einrichtungen und baulicher Anlagen betragen.

(5) [1]Leistung einer Anlage ist die elektrische Wirkleistung, die die Anlage bei bestimmungsgemäßem Betrieb ungeachtet kurzfristiger geringfügiger Abweichungen ohne zeitliche Einschränkung technisch erbringen kann. [2]Bei der Feststellung der für die Vergütungshöhe maßgebenden Leistung bleibt die nur zur Reserve genutzte Leistung unberücksichtigt.

(6) Netz ist die Gesamtheit der miteinander verbundenen technischen Einrichtungen zur Übertragung und Verteilung von Elektrizität für die allgemeine Versorgung.

(7) [1]Netzbetreiber sind die Betreiber von Netzen aller Spannungsebenen für die allgemeine Versorgung mit Elektrizität. [2]Übertragungsnetzbetreiber sind die regelverantwortlichen Netzbetreiber von Hoch- und Höchstspannungsnetzen, die der überregionalen Übertragung von Elektrizität zu nachgeordneten Netzen dienen.

§ 4 Abnahme- und Übertragungspflicht

(1) [1]Netzbetreiber sind verpflichtet, Anlagen zur Erzeugung von Strom aus Erneuerbaren Energien oder aus Grubengas unverzüglich vorrangig an ihr Netz anzuschließen und den gesamten aus diesen Anlagen angebotenen Strom aus Erneuer-

Erneuerbare-Energien-Gesetz **§ 4 EEG**

baren Energien oder aus Grubengas vorrangig abzunehmen und zu übertragen. ²Die Verpflichtung zur Abnahme nach Satz 1 besteht nach Einrichtung des Anlagenregisters nach § 15 Abs. 3 nur, wenn der Anlagenbetreiber die Eintragung der Anlage in das Register beantragt hat. ³Unbeschadet des § 12 Abs. 1 können Anlagenbetreiber und Netzbetreiber vertraglich vereinbaren, vom Abnahmevorrang abzuweichen, wenn dies der besseren Integration der Anlage in das Netz dient. ⁴Netzbetreiber können infolge der Vereinbarung nach Satz 3 entstehende Kosten im nachgewiesenen Umfang bei der Ermittlung des Netznutzungsentgelts in Ansatz bringen.

(2) ¹Die Verpflichtung nach Absatz 1 Satz 1 trifft den Netzbetreiber, zu dessen technisch für die Aufnahme geeignetem Netz die kürzeste Entfernung zum Standort der Anlage besteht, wenn nicht ein anderes Netz einen technisch und wirtschaftlich günstigeren Verknüpfungspunkt aufweist. ²Ein Netz gilt auch dann als technisch geeignet, wenn die Abnahme des Stroms unbeschadet des Vorrangs nach Absatz 1 Satz 1 erst durch einen wirtschaftlich zumutbaren Ausbau des Netzes möglich wird; in diesem Fall ist der Netzbetreiber auf Verlangen des Einspeisewilligen zum unverzüglichen Ausbau verpflichtet. ³Wenn die Anlage einer Genehmigung nach anderen Rechtsvorschriften bedarf, besteht die Verpflichtung zum Ausbau nach Satz 2 nur, wenn der Anlagenbetreiber eine Genehmigung, eine Teilgenehmigung oder einen Vorbescheid vorlegt. ⁴Die Pflicht zum Ausbau erstreckt sich auf sämtliche für den Betrieb des Netzes notwendigen technischen Einrichtungen sowie die im Eigentum des Netzbetreibers stehenden oder in sein Eigentum übergehenden Anschlussanlagen.

(3) ¹Die Verpflichtung zum vorrangigen Anschluss nach Absatz 1 Satz 1 besteht auch dann, wenn das Netz oder ein Netzbereich zeitweise vollständig durch Strom aus Erneuerbaren Energien oder Grubengas ausgelastet ist, es sei denn, die Anlage ist nicht mit einer technischen Einrichtung zur Reduzierung der Einspeiseleistung bei Netzüberlastung ausgestattet. ²Die Verpflichtung nach Absatz 1 Satz 1 zur vorrangigen Abnahme des in diesen Anlagen erzeugten Stroms besteht nur, soweit das Netz oder der Netzbereich nicht durch Strom aus zeitlich vor diesen Anlagen angeschlossenen Anlagen zur Erzeugung von Strom aus Erneuerbaren Energien oder Grubengas vollständig ausgelastet ist; die Verpflichtung zum unverzüglichen Ausbau nach Absatz 2 Satz 2 bleibt unberührt. ³Der Netzbetreiber ist auf Verlangen des Anlagenbetreibers verpflichtet, bei Nichtabnahme des Stroms das Vorliegen der Voraussetzungen nach Satz 2 innerhalb von vier Wochen schriftlich unter Vorlage nachprüfbarer Berechnungen nachzuweisen.

(4) Soweit es für die Planung des Netzbetreibers oder des Einspeisewilligen sowie für die Feststellung der Eignung des Netzes erforderlich ist, sind auf Antrag die für eine nachprüfbare Netzverträglichkeitsprüfung erforderlichen Netzdaten und Anlagendaten innerhalb von acht Wochen vorzulegen.

(5) Die Verpflichtung zur vorrangigen Abnahme und Übertragung nach Absatz 1 Satz 1 besteht auch dann, wenn die Anlage an das Netz des Anlagenbetreibers oder eines Dritten, der nicht Netzbetreiber im Sinne von § 3 Abs. 7 ist, angeschlossen und der Strom mittels kaufmännisch-bilanzieller Durchleitung durch dieses Netz in ein Netz nach § 3 Abs. 6 angeboten wird.

(6) ¹Der vorgelagerte Übertragungsnetzbetreiber ist zur vorrangigen Abnahme und Übertragung der von dem Netzbetreiber nach Absatz 1 oder 5 aufgenommenen Energiemenge verpflichtet. ²Wird im Netzbereich des abgabeberechtigten Netzbetreibers kein inländisches Übertragungsnetz betrieben, so trifft die Pflicht zur Abnahme und Übertragung nach Satz 1 den nächstgelegenen inländischen Übertragungsnetzbetreiber. ³Satz 1 gilt für sonstige Netzbetreiber entsprechend.

§ 5 Vergütungspflicht

(1) [1] Netzbetreiber sind verpflichtet, Strom, der in Anlagen gewonnen wird, die ausschließlich Erneuerbare Energien oder Grubengas einsetzen und den sie nach § 4 Abs. 1 oder Abs. 5 abgenommen haben, nach Maßgabe der §§ 6 bis 12 zu vergüten. [2] Die Verpflichtung nach Satz 1 besteht bei Anlagen mit einer Leistung ab 500 Kilowatt nur, soweit eine registrierende Leistungsmessung erfolgt.

(2) [1] Der vorgelagerte Übertragungsnetzbetreiber ist zur Vergütung der von dem Netzbetreiber nach § 4 Abs. 6 abgenommenen und von diesem nach Absatz 1 vergüteten Energiemenge entsprechend den §§ 6 bis 12 verpflichtet. [2] Von den Vergütungen sind die nach guter fachlicher Praxis zu ermittelnden vermiedenen Netznutzungsentgelte in Abzug zu bringen. § 4 Abs. 6 Satz 2 gilt entsprechend.

§ 6 Vergütung für Strom aus Wasserkraft

(1) [1] Für Strom aus Wasserkraftanlagen mit einer Leistung bis einschließlich 5 Megawatt beträgt die Vergütung
1. bis einschließlich einer Leistung von 500 Kilowatt mindestens 9,67 Cent pro Kilowattstunde und
2. bis einschließlich einer Leistung von 5 Megawatt mindestens 6,65 Cent pro Kilowattstunde.

[2] Satz 1 findet auf Laufwasserkraftanlagen mit einer Leistung von bis zu 500 Kilowatt, die nach dem 31. Dezember 2007 genehmigt worden sind, nur Anwendung, wenn sie
1. im räumlichen Zusammenhang mit einer ganz oder teilweise bereits bestehenden oder vorrangig zu anderen Zwecken als der Erzeugung von Strom aus Wasserkraft neu errichteten Staustufe oder Wehranlage oder
2. ohne durchgehende Querverbauung

errichtet worden sind und dadurch nachweislich ein guter ökologischer Zustand erreicht oder der ökologische Zustand gegenüber dem vorherigen Zustand wesentlich verbessert worden ist.

(2) [1] Strom aus Wasserkraftanlagen mit einer Leistung ab 5 Megawatt bis einschließlich 150 Megawatt wird nach den Vorschriften dieses Gesetzes nur vergütet, wenn
1. die Anlage zwischen dem 1. August 2004 und dem 31. Dezember 2012 erneuert worden ist,
2. die Erneuerung zu einer Erhöhung des elektrischen Arbeitsvermögens um mindestens 15 Prozent geführt hat sowie
3. nach der Erneuerung nachweislich ein guter ökologischer Zustand erreicht oder der ökologische Zustand gegenüber dem vorherigen Zustand wesentlich verbessert ist.

[2] Abweichend von § 3 Abs. 4 gelten Wasserkraftanlagen mit einer Leistung ab 5 Megawatt mit Erfüllung der Voraussetzungen des Satz 1 als neu in Betrieb genommen. [3] Als Erneuerung im Sinn von Satz 1 gilt auch die erstmalige Inbetriebnahme einer Anlage im räumlichen Zusammenhang mit einer bereits bestehenden Staustufe oder Wehranlage. Vergütet wird nur die zusätzliche Strommenge, die der Erneuerung zuzurechnen ist. [4] Die Vergütung beträgt
1. bis einschließlich einer Leistungserhöhung von 500 Kilowatt mindestens 7,67 Cent pro Kilowattstunde,
2. bis einschließlich einer Leistungserhöhung von 10 Megawatt mindestens 6,65 Cent pro Kilowattstunde,

Erneuerbare-Energien-Gesetz § 7 **EEG**

3. bis einschließlich einer Leistungserhöhung von 20 Megawatt mindestens 6,10 Cent pro Kilowattstunde,
4. bis einschließlich einer Leistungserhöhung von 50 Megawatt mindestens 4,56 Cent pro Kilowattstunde und
5. ab einer Leistungserhöhung von 50 Megawatt mindestens 3,70 Cent pro Kilowattstunde.

[5] Wenn die Anlage vor dem 1. August 2004 eine Leistung bis einschließlich 5 Megawatt aufwies, wird der diesem Leistungsanteil entsprechende Strom zusätzlich nach Absatz 1 vergütet.

(3) Als Nachweis der Erreichung eines guten ökologischen Zustands oder der wesentlichen Verbesserung des ökologischen Zustands gegenüber dem vorherigen Zustand im Sinne von Absatz 1 Satz 2 und Absatz 2 Satz 1 Nr. 3 gilt die Vorlage der behördlichen wasserrechtlichen Zulassung der Anlage.

(4) Die Mindestvergütungen nach Absatz 2 werden beginnend mit dem 1. Januar 2005 jährlich jeweils für nach diesem Zeitpunkt neu in Betrieb genommene Anlagen um jeweils 1 Prozent des für die im Vorjahr neu in Betrieb genommenen Anlagen maßgeblichen Wertes gesenkt und auf zwei Stellen hinter dem Komma gerundet.

(5) Die Absätze 1 bis 4 finden keine Anwendung auf Strom, der durch Speicherkraftwerke gewonnen wird.

§ 7 Vergütung für Strom aus Deponiegas, Klärgas und Grubengas

(1) [1] Für Strom aus Deponiegas-, Klärgas- und Grubengasanlagen beträgt die Vergütung
1. bis einschließlich einer Leistung von 500 Kilowatt mindestens 7,67 Cent pro Kilowattstunde und
2. bis einschließlich einer Leistung von 5 Megawatt mindestens 6,65 Cent pro Kilowattstunde.

[2] Für Strom aus Grubengasanlagen mit einer Leistung ab 5 Megawatt beträgt die Vergütung 6,65 Cent pro Kilowattstunde. [3] Aus einem Gasnetz entnommenes Gas gilt als Deponie-, Klär- oder Grubengas, soweit die Menge des entnommenen Gases im Wärmeäquivalent der Menge von an anderer Stelle im Geltungsbereich des Gesetzes in das Gasnetz eingespeistem Deponie-, Klär- oder Grubengas entspricht.

(2) [1] Die Mindestvergütungssätze nach Absatz 1 erhöhen sich um jeweils 2,0 Cent pro Kilowattstunde, wenn das nach Absatz 1 Satz 3 eingespeiste Gas auf Erdgasqualität aufbereitet worden ist oder der Strom mittels Brennstoffzellen, Gasturbinen, Dampfmotoren, Organic-Rankine-Anlagen, Mehrstoffgemisch-Anlagen, insbesondere Kalina-Cycle-Anlagen, oder Stirling-Motoren gewonnen wird.
[2] Zum Zweck der Anpassung dieser Vorschrift an den Stand der Technik wird das Bundesministerium für Umwelt, Naturschutz und Reaktorsicherheit ermächtigt, im Einvernehmen mit dem Bundesministerium für Verbraucherschutz, Ernährung und Landwirtschaft sowie dem Bundesministerium für Wirtschaft und Arbeit durch Rechtsverordnung weitere Verfahren oder Techniken im Sinne von Satz 1 zu benennen oder einzelne der genannten Verfahren oder Techniken vom Anwendungsbereich des Satzes 1 auszunehmen.

(3) Die Mindestvergütungen nach Absatz 1 werden beginnend mit dem 1. Januar 2005 jährlich jeweils für nach diesem Zeitpunkt neu in Betrieb genommene Anlagen um jeweils 1,5 Prozent des für die im Vorjahr neu in Betrieb genommenen Anlagen maßgeblichen Wertes gesenkt und auf zwei Stellen hinter dem Komma gerundet.

EEG § 8 Erneuerbare-Energien-Gesetz

§ 8 Vergütung für Strom aus Biomasse

(1) ¹Für Strom, der in Anlagen mit einer Leistung bis einschließlich 20 Megawatt gewonnen wird, die ausschließlich Biomasse im Sinne der nach Absatz 7 erlassenen Rechtsverordnung einsetzen, beträgt die Vergütung
1. bis einschließlich einer Leistung von 150 Kilowatt mindestens 11,5 Cent pro Kilowattstunde,
2. bis einschließlich einer Leistung von 500 Kilowatt mindestens 9,9 Cent pro Kilowattstunde,
3. bis einschließlich einer Leistung von 5 Megawatt mindestens 8,9 Cent pro Kilowattstunde und
4. ab einer Leistung von 5 Megawatt mindestens 8,4 Cent pro Kilowattstunde.
²Abweichend von Satz 1 beträgt die Vergütung 3,9 Cent pro Kilowattstunde, wenn die Anlage auch Altholz der Altholzkategorie A III und A IV im Sinne der Altholzverordnung vom 15. August 2002 (BGBl. I S. 3302) einsetzt. ³Aus einem Gasnetz entnommenes Gas gilt als Biomasse, soweit die Menge des entnommenen Gases im Wärmeäquivalent der Menge von an anderer Stelle im Geltungsbereich des Gesetzes in das Gasnetz eingespeistem Gas aus Biomasse entspricht.

(2) ¹Die Mindestvergütungen nach Absatz 1 Satz 1 Nr. 1 und 2 erhöhen sich um jeweils 6,0 Cent pro Kilowattstunde und die Mindestvergütungen nach Absatz 1 Satz 1 Nr. 3 um 4,0 Cent pro Kilowattstunde, wenn
1. der Strom ausschließlich
   a) aus Pflanzen oder Pflanzenbestandteilen, die in landwirtschaftlichen, forstwirtschaftlichen oder gartenbaulichen Betrieben oder im Rahmen der Landschaftspflege anfallen und die keiner weiteren als der zur Ernte, Konservierung oder Nutzung in der Biomasseanlage erfolgten Aufbereitung oder Veränderung unterzogen wurden,
   b) aus Gülle im Sinne der Verordnung (EG) Nr. 1774/2002 des Europäischen Parlaments und des Rates vom 3. Oktober 2002 mit Hygienevorschriften für nicht für den menschlichen Verzehr bestimmte Nebenprodukte (ABl. EG Nr. L 273 S. 1), geändert durch die Verordnung (EG) Nr. 808/2003 der Kommission vom 12. Mai 2003 (ABl. EU Nr. L 117 S. 1), oder aus in einer landwirtschaftlichen Brennerei im Sinne des § 25 des Gesetzes über das Branntweinmonopol in der im Bundesgesetzblatt Teil III, Gliederungsnummer 612-7, veröffentlichten bereinigten Fassung, das zuletzt durch Artikel 2 des Gesetzes vom 23. Dezember 2003 (BGBl. I S. 2924) geändert worden ist, angefallener Schlempe, für die keine anderweitige Verwertungspflicht nach § 25 Abs. 2 Nr. 3 oder Abs. 3 Nr. 3 des Gesetzes über das Branntweinmonopol besteht, oder
   c) aus beiden Stoffgruppen gewonnen wird,
2. die Biomasseanlage ausschließlich für den Betrieb mit Stoffen nach Nummer 1 genehmigt ist oder, soweit eine solche Genehmigung nicht vorliegt, der Anlagenbetreiber durch ein Einsatzstoff-Tagebuch mit Angaben und Belegen über Art, Menge und Herkunft der eingesetzten Stoffe den Nachweis führt, dass keine anderen Stoffe eingesetzt werden und
3. auf demselben Betriebsgelände keine Biomasseanlagen betrieben werden, in denen Strom aus sonstigen Stoffen gewonnen wird.
²Abweichend von Satz 1 erhöhen sich die Mindestvergütungen nach Absatz 1 Satz 1 Nr. 3 um 2,5 Cent pro Kilowattstunde, wenn der Strom durch die Verbrennung von Holz gewonnen wird. ³Die Verpflichtung zur erhöhten Mindestvergütung nach Satz 1 besteht ab dem Zeitpunkt, von dem an die Voraussetzungen des Satzes 1 erfüllt sind. ⁴Sobald die Voraussetzungen des Satzes 1 nicht mehr erfüllt sind, entfällt der Anspruch auf erhöhte Vergütung endgültig.

Erneuerbare-Energien-Gesetz § 9 **EEG**

(3) ¹Die Mindestvergütungen nach Absatz 1 Satz 1 erhöhen sich um jeweils 2,0 Cent pro Kilowattstunde, soweit es sich um Strom im Sinne von § 3 Abs. 4 des Kraft-Wärme-Kopplungsgesetzes handelt und dem Netzbetreiber ein entsprechender Nachweis nach dem von der Arbeitsgemeinschaft für Wärme und Heizkraftwirtschaft – AGFW – e. V. herausgegebenen Arbeitsblatt FW 308 – Zertifizierung von KWK-Anlagen – Ermittlung des KWK-Stromes vom November 2002 (BAnz. Nr. 218a vom 22. November 2002) vorgelegt wird. ²Anstelle des Nachweises nach Satz 1 können für serienmäßig hergestellte KWK-Anlagen mit einer Leistung von bis zu 2 Megawatt geeignete Unterlagen des Herstellers vorgelegt werden, aus denen die thermische und elektrische Leistung sowie die Stromkennzahl hervorgehen.

(4) ¹Die Mindestvergütungen nach Absatz 1 Satz 1 Nr. 1 bis 3 erhöhen sich um jeweils weitere 2,0 Cent pro Kilowattstunde, wenn der Strom in Anlagen gewonnen wird, die auch in Kraft-Wärme-Kopplung betrieben werden, und die Biomasse durch thermochemische Vergasung oder Trockenfermentation umgewandelt, das zur Stromerzeugung eingesetzte Gas aus Biomasse auf Erdgasqualität aufbereitet worden ist oder der Strom mittels Brennstoffzellen, Gasturbinen, Dampfmotoren, Organic-Rankine-Anlagen, Mehrstoffgemisch-Anlagen, insbesondere Kalina-Cycle-Anlagen, oder Stirling-Motoren gewonnen wird. ²Zum Zweck der Anpassung dieser Vorschrift an den Stand der Technik wird das Bundesministerium für Umwelt, Naturschutz und Reaktorsicherheit ermächtigt, im Einvernehmen mit dem Bundesministerium für Verbraucherschutz, Ernährung und Landwirtschaft sowie dem Bundesministerium für Wirtschaft und Arbeit durch Rechtsverordnung weitere Verfahren oder Techniken im Sinne von Satz 1 zu benennen oder einzelne der genannten Verfahren oder Techniken vom Anwendungsbereich des Satzes 1 auszunehmen.

(5) Die Mindestvergütungen nach Absatz 1 werden beginnend mit dem 1. Januar 2005 jährlich jeweils für ab diesem Zeitpunkt neu in Betrieb genommene Anlagen um jeweils 1,5 Prozent des für die im Vorjahr neu in Betrieb genommenen Anlagen maßgeblichen Wertes gesenkt und auf zwei Stellen hinter dem Komma gerundet.

(6) ¹Die Pflicht zur Vergütung entfällt für Strom aus Anlagen, die nach dem 31. Dezember 2006 in Betrieb genommen worden sind, wenn für Zwecke der Zünd- und Stützfeuerung nicht ausschließlich Biomasse im Sinne der Rechtsverordnung nach Absatz 7 oder Pflanzenölmethylester verwendet wird. ²Bei Anlagen, die vor dem 1. Januar 2007 in Betrieb genommen worden sind, gilt der Anteil, der der notwendigen fossilen Zünd- und Stützfeuerung zuzurechnen ist, auch nach dem 31. Dezember 2006 als Strom aus Biomasse.

(7) Das Bundesministerium für Umwelt, Naturschutz und Reaktorsicherheit wird ermächtigt, im Einvernehmen mit dem Bundesministerium für Verbraucherschutz, Ernährung und Landwirtschaft und dem Bundesministerium für Wirtschaft und Arbeit durch Rechtsverordnung, die der Zustimmung des Bundestages bedarf, Vorschriften darüber zu erlassen, welche Stoffe als Biomasse im Sinne dieser Vorschrift gelten, welche technischen Verfahren zur Stromerzeugung angewandt werden dürfen und welche Umweltanforderungen dabei einzuhalten sind.

§ 9 Vergütung für Strom aus Geothermie

(1) Für Strom aus Geothermieanlagen beträgt die Vergütung
1. bis einschließlich einer Leistung von 5 Megawatt mindestens 15 Cent pro Kilowattstunde,

EEG § 10 Erneuerbare-Energien-Gesetz

2. bis einschließlich einer Leistung von 10 Megawatt mindestens 14 Cent pro Kilowattstunde,
3. bis einschließlich einer Leistung von 20 Megawatt mindestens 8,95 Cent pro Kilowattstunde und
4. ab einer Leistung von 20 Megawatt mindestens 7,16 Cent pro Kilowattstunde.

(2) Die Mindestvergütungen nach Absatz 1 werden beginnend mit dem 1. Januar 2010 jährlich jeweils für ab diesem Zeitpunkt neu in Betrieb genommene Anlagen um jeweils 1 Prozent des für die im Vorjahr neu in Betrieb genommenen Anlagen maßgeblichen Wertes gesenkt und auf zwei Stellen hinter dem Komma gerundet.

§ 10 Vergütung für Strom aus Windenergie

(1) [1] Für Strom aus Windenergieanlagen beträgt die Vergütung vorbehaltlich des Absatzes 3 mindestens 5,5 Cent pro Kilowattstunde. [2] Für die Dauer von fünf Jahren gerechnet ab dem Zeitpunkt der Inbetriebnahme erhöht sich die Vergütung nach Satz 1 um 3,2 Cent pro Kilowattstunde für Strom aus Anlagen, die in dieser Zeit 150 Prozent des errechneten Ertrages der Referenzanlage (Referenzertrag) nach Maßgabe der Bestimmungen der Anlage zu diesem Gesetz erzielt haben. [3] Für sonstige Anlagen verlängert sich diese Frist um zwei Monate je 0,75 Prozent des Referenzertrages, um den ihr Ertrag 150 Prozent des Referenzertrages unterschreitet.

(2) Abweichend von Absatz 1 Satz 3 verlängert sich die Frist nach Absatz 1 Satz 2 für Strom aus Anlagen, die
1. im selben Landkreis bestehende Anlagen, die bis zum 31. Dezember 1995 in Betrieb genommen worden sind, ersetzen oder erneuern und
2. die installierte Leistung mindestens um das Dreifache erhöhen (Repowering-Anlagen)
um zwei Monate je 0,6 Prozent des Referenzertrages, um den ihr Ertrag 150 Prozent des Referenzertrages unterschreitet.

(3) [1] Für Strom aus Windenergieanlagen, die in einer Entfernung von mindestens drei Seemeilen gemessen von der Küstenlinie aus seewärts errichtet worden sind (Offshore-Anlagen), beträgt die Vergütung mindestens 6,19 Cent pro Kilowattstunde. [2] Als Küstenlinie gilt die in der Karte Nr. 2920 „Deutsche Nordseeküste und angrenzende Gewässer", Ausgabe 1994, XII., sowie in der Karte Nr. 2921 „Deutsche Ostseeküste und angrenzende Gewässer", Ausgabe 1994, XII., des Bundesamtes für Seeschifffahrt und Hydrographie im Maßstab 1:375 000[1] dargestellte Küstenlinie. [3] Für Strom aus Anlagen, die bis einschließlich des 31. Dezember 2010 in Betrieb genommen worden sind, erhöht sich für die Dauer von zwölf Jahren gerechnet ab dem Zeitpunkt der Inbetriebnahme die Vergütung nach Satz 1 um 2,91 Cent pro Kilowattstunde. [4] Diese Frist verlängert sich für Strom aus Anlagen, die in einer Entfernung von mindestens zwölf Seemeilen und in einer Wassertiefe von mindestens 20 Metern errichtet worden sind, für jede über zwölf Seemeilen hinausgehende volle Seemeile Entfernung um 0,5 Monate und für jeden zusätzlichen vollen Meter Wassertiefe um 1,7 Monate.

(4) [1] Abweichend von § 5 Abs. 1 sind Netzbetreiber nicht verpflichtet, Strom aus Anlagen zu vergüten, für die nicht vor Inbetriebnahme nachgewiesen ist, dass sie an dem geplanten Standort mindestens 60 Prozent des Referenzertrages erzielen können. [2] Der Anlagenbetreiber hat den Nachweis gegenüber dem Netzbetreiber durch Vorlage eines nach Maßgabe der Bestimmungen der Anlage zu diesem

---

[1] **Amtl. Anm.:** Zu beziehen beim Bundesamt für Seeschifffahrt und Hydrographie, 20359 Hamburg.

Erneuerbare-Energien-Gesetz § 11 EEG

Gesetz erstellten Gutachtens eines im Einvernehmen mit dem Netzbetreiber beauftragten Sachverständigen zu führen. ³Erteilt der Netzbetreiber sein Einvernehmen nicht innerhalb von vier Wochen nach Aufforderung des Anlagenbetreibers, bestimmt das Umweltbundesamt den Sachverständigen nach Anhörung der Fördergesellschaft Windenergie e. V. (FGW). ⁴Die Kosten des Gutachtens tragen Anlagen- und Netzbetreiber jeweils zur Hälfte.

(5) Die Mindestvergütungen nach Absatz 1 werden beginnend mit dem 1. Januar 2005 und die Mindestvergütungen nach Absatz 3 beginnend mit dem 1. Januar 2008 jährlich jeweils für nach diesem Zeitpunkt neu in Betrieb genommene Anlagen um jeweils 2 Prozent des für die im Vorjahr neu in Betrieb genommenen Anlagen maßgeblichen Wertes gesenkt und auf zwei Stellen hinter dem Komma gerundet.

(6) Das Bundesministerium für Umwelt, Naturschutz und Reaktorsicherheit wird ermächtigt, zur Durchführung der Absätze 1 bis 4 durch Rechtsverordnung Vorschriften zur Ermittlung und Anwendung des Referenzertrages zu erlassen.

(7) ¹Die Absätze 1 bis 6 finden keine Anwendung auf Strom aus Windenergieanlagen, deren Errichtung nach dem 1. Januar 2005 in einem Gebiet der deutschen ausschließlichen Wirtschaftszone oder des Küstenmeeres genehmigt worden ist, das nach § 38 in Verbindung mit § 33 Abs. 2 des Bundesnaturschutzgesetzes oder nach Landesrecht zu einem geschützten Teil von Natur und Landschaft erklärt worden ist. ²Satz 1 gilt bis zur Unterschutzstellung auch für solche Gebiete, die das Bundesministerium für Umwelt, Naturschutz und Reaktorsicherheit der Kommission der Europäischen Gemeinschaften als Gebiete von gemeinschaftlicher Bedeutung oder als europäische Vogelschutzgebiete benannt hat.

§ 11 Vergütung für Strom aus solarer Strahlungsenergie

(1) Für Strom aus Anlagen zur Erzeugung von Strom aus solarer Strahlungsenergie beträgt die Vergütung mindestens 45,7 Cent pro Kilowattstunde.

(2) ¹Wenn die Anlage ausschließlich an oder auf einem Gebäude oder einer Lärmschutzwand angebracht ist, beträgt die Vergütung
1. bis einschließlich einer Leistung von 30 Kilowatt mindestens 57,4 Cent pro Kilowattstunde,
2. ab einer Leistung von 30 Kilowatt mindestens 54,6 Cent pro Kilowattstunde und
3. ab einer Leistung von 100 Kilowatt mindestens 54,0 Cent pro Kilowattstunde.

²Die Mindestvergütungen nach Satz 1 erhöhen sich um jeweils weitere 5,0 Cent pro Kilowattstunde, wenn die Anlage nicht auf dem Dach oder als Dach des Gebäudes angebracht ist und wenn sie einen wesentlichen Bestandteil des Gebäudes bildet. ³Gebäude sind selbständig benutzbare, überdeckte bauliche Anlagen, die von Menschen betreten werden können und geeignet oder bestimmt sind, dem Schutz von Menschen, Tieren oder Sachen zu dienen.

(3) Wenn die Anlage nicht an oder auf einer baulichen Anlage angebracht ist, die vorrangig zu anderen Zwecken als der Erzeugung von Strom aus solarer Strahlungsenergie errichtet worden ist, ist der Netzbetreiber nur zur Vergütung verpflichtet, wenn die Anlage vor dem 1. Januar 2015
1. im Geltungsbereich eines Bebauungsplans im Sinne des § 30 des Baugesetzbuches oder
2. auf einer Fläche, für die ein Verfahren nach § 38 Satz 1 des Baugesetzbuches durchgeführt worden ist,
in Betrieb genommen worden ist.

(4) Für Strom aus einer Anlage nach Absatz 3, die im Geltungsbereich eines Bebauungsplans errichtet wurde, der zumindest auch zu diesem Zweck nach dem 1. September 2003 aufgestellt oder geändert worden ist, ist der Netzbetreiber nur zur Vergütung verpflichtet, wenn sie sich
1. auf Flächen befindet, die zum Zeitpunkt des Beschlusses über die Aufstellung oder Änderung des Bebauungsplans bereits versiegelt waren,
2. auf Konversionsflächen aus wirtschaftlicher oder militärischer Nutzung befindet oder
3. auf Grünflächen befindet, die zur Errichtung dieser Anlage im Bebauungsplan ausgewiesen sind und zum Zeitpunkt des Beschlusses über die Aufstellung oder Änderung des Bebauungsplans als Ackerland genutzt wurden.

(5) [1]Die Mindestvergütungen nach Absatz 1 und Absatz 2 Satz 1 werden beginnend mit dem 1. Januar 2005 jährlich jeweils für nach diesem Zeitpunkt neu in Betrieb genommene Anlagen um jeweils 5 Prozent des für die im Vorjahr neu in Betrieb genommenen Anlagen maßgeblichen Wertes gesenkt und auf zwei Stellen hinter dem Komma gerundet. [2]Beginnend mit dem 1. Januar 2006 erhöht sich der nach Satz 1 maßgebliche Prozentsatz für Anlagen nach Absatz 1 auf 6,5 Prozent.

(6) Abweichend von § 3 Abs. 2 Satz 2 gelten mehrere Fotovoltaikanlagen, die sich entweder an oder auf demselben Gebäude befinden und innerhalb von sechs aufeinander folgenden Kalendermonaten in Betrieb genommen worden sind, zum Zweck der Ermittlung der Vergütungshöhe nach Absatz 2 für die jeweils zuletzt in Betrieb genommene Anlage auch dann als eine Anlage, wenn sie nicht mit gemeinsamen für den Betrieb technisch erforderlichen Einrichtungen oder baulichen Anlagen unmittelbar verbunden sind.

§ 12 Gemeinsame Vorschriften für Abnahme, Übertragung und Vergütung

(1) Netzbetreiber dürfen die Erfüllung ihrer Verpflichtungen aus den §§ 4 und 5 nicht vom Abschluss eines Vertrages abhängig machen.

(2) [1]Soweit die §§ 6 bis 11 in Abhängigkeit von der Leistung der Anlage unterschiedliche Mindestvergütungssätze festlegen, bestimmt sich die Höhe der Vergütung jeweils anteilig nach der Leistung der Anlage im Verhältnis zu dem jeweils anzuwendenden Schwellenwert. [2]Als Leistung im Sinne von Satz 1 gilt für die Zuordnung zu den Schwellenwerten der §§ 6 bis 9 abweichend von § 3 Abs. 5 der Quotient aus der Summe der im jeweiligen Kalenderjahr nach § 4 Abs. 1 oder Abs. 5 abzunehmenden Kilowattstunden und der Summe der vollen Zeitstunden des jeweiligen Kalenderjahres abzüglich der vollen Stunden vor Inbetriebnahme und nach endgültiger Stilllegung der Anlage.

(3) [1]Die Mindestvergütungen sind vom Zeitpunkt der Inbetriebnahme an jeweils für die Dauer von 20 Kalenderjahren zuzüglich des Inbetriebnahmejahres zu zahlen. [2]Abweichend von Satz 1 sind die Mindestvergütungen für Strom aus Anlagen nach § 6 Abs. 1 für die Dauer von 30 Jahren und für Strom aus Anlagen nach § 6 Abs. 2 für die Dauer von 15 Jahren jeweils zuzüglich des Inbetriebnahmejahres zu zahlen.

(4) [1]Die Aufrechnung von Vergütungsansprüchen der Anlagenbetreiber nach § 5 mit einer Forderung des Netzbetreibers ist nur zulässig, soweit die Forderung unbestritten oder rechtskräftig festgestellt ist. [2]Das Aufrechnungsverbot des § 31 der Verordnung über Allgemeine Bedingungen für die Elektrizitätsversorgung von Tarifkunden vom 21. Juni 1979 (BGBl. I S. 684), die zuletzt durch Artikel 1 Abs. 1 Nr. 11 der Verordnung vom 5. April 2002 (BGBl. I S. 1250) geändert wor-

Erneuerbare-Energien-Gesetz §§ 13, 14 **EEG**

den ist, findet keine Anwendung, soweit mit Ansprüchen aus diesem Gesetz aufgerechnet wird.

(5) [1] Auf Antrag des Anlagenbetreibers kann das für die Hauptsache zuständige Gericht unter Berücksichtigung der Umstände des Einzelfalles nach billigem Ermessen durch einstweilige Verfügung regeln, dass der Schuldner der in den §§ 4 und 5 bezeichneten Ansprüche die Anlage vorläufig anzuschließen und den Strom abzunehmen sowie hierfür einen als billig und gerecht zu erachtenden Betrag als Abschlagszahlung zu leisten hat. [2] Die einstweilige Verfügung kann erlassen werden, auch wenn die in den §§ 935, 940 der Zivilprozessordnung bezeichneten Voraussetzungen nicht zutreffen.

(6) [1] Strom aus mehreren Anlagen kann über eine gemeinsame Messeinrichtung abgerechnet werden. [2] In diesem Fall ist für die Berechnung der Höhe differenzierter Mindestvergütungen die Leistung jeder einzelnen Anlage maßgeblich. [3] Wenn Strom aus mehreren Windenergieanlagen, für die sich unterschiedliche Mindestvergütungshöhen errechnen, über eine gemeinsame Messeinrichtung abgerechnet wird, erfolgt die Zuordnung der Strommengen zu den Windenergieanlagen im Verhältnis der jeweiligen Referenzerträge.

(7) In den Mindestvergütungen nach den §§ 6 bis 11 ist die Umsatzsteuer nicht enthalten.

§ 13 Netzkosten

(1) [1] Die notwendigen Kosten des Anschlusses von Anlagen zur Erzeugung von Strom aus Erneuerbaren Energien oder aus Grubengas an den technisch und wirtschaftlich günstigsten Verknüpfungspunkt des Netzes sowie der notwendigen Messeinrichtungen zur Erfassung der gelieferten und der bezogenen elektrischen Arbeit trägt der Anlagenbetreiber. [2] Bei einer oder mehreren Anlagen mit einer Leistung von insgesamt bis zu 30 Kilowatt, die sich auf einem Grundstück mit bereits bestehendem Netzanschluss befinden, gilt der Verknüpfungspunkt des Grundstücks mit dem Netz als günstigster Verknüpfungspunkt; weist der Netzbetreiber den Anlagen einen anderen Verknüpfungspunkt zu, ist er verpflichtet, die daraus resultierenden Mehrkosten zu tragen. [3] Die Ausführung des Anschlusses und die übrigen für die Sicherheit des Netzes notwendigen Einrichtungen müssen den im Einzelfall notwendigen technischen Anforderungen des Netzbetreibers und § 49 des Energiewirtschaftsgesetzes entsprechen. [4] Der Anlagenbetreiber kann den Anschluss der Anlagen sowie die Errichtung und den Betrieb der Messeinrichtungen von dem Netzbetreiber oder einem fachkundigen Dritten vornehmen lassen.

(2) [1] Die notwendigen Kosten eines nur infolge neu anzuschließender, reaktivierter, erweiterter oder in sonstiger Weise erneuerter Anlagen zur Erzeugung von Strom aus Erneuerbaren Energien oder aus Grubengas erforderlichen Ausbaus des Netzes im Sinne von § 4 Abs. 2 zur Abnahme und Übertragung des Stroms aus Erneuerbaren Energien trägt der Netzbetreiber, bei dem der Ausbau erforderlich wird. [2] Er muss die konkret erforderlichen Investitionen unter Angabe ihrer Kosten im Einzelnen darlegen. [3] Der Netzbetreiber kann die auf ihn entfallenden Kosten bei der Ermittlung des Netznutzungsentgelts in Ansatz bringen.

§ 14 Bundesweite Ausgleichsregelung

(1) Die Übertragungsnetzbetreiber sind verpflichtet, den unterschiedlichen Umfang, den zeitlichen Verlauf der nach § 5 Abs. 2 vergüteten Energiemengen und die Vergütungszahlungen zu erfassen, die Energiemengen unverzüglich untereinander vorläufig auszugleichen sowie die Energiemengen und die Vergütungszahlungen nach Maßgabe von Absatz 2 abzurechnen.

EEG § 14

(2) ¹Die Übertragungsnetzbetreiber ermitteln bis zum 30. September eines jeden Jahres die Energiemenge, die sie im vorangegangenen Kalenderjahr nach § 5 abgenommen und vergütet sowie nach Absatz 1 vorläufig ausgeglichen haben, und den Anteil dieser Menge an der gesamten Energiemenge, die Elektrizitätsversorgungsunternehmen im Bereich des jeweiligen Übertragungsnetzbetreibers im vorangegangenen Kalenderjahr an Letztverbraucher geliefert haben. ²Übertragungsnetzbetreiber, die größere Mengen abzunehmen hatten, als es diesem durchschnittlichen Anteil entspricht, haben gegen die anderen Übertragungsnetzbetreiber einen Anspruch auf Abnahme und Vergütung nach den §§ 6 bis 12, bis auch diese Netzbetreiber eine Energiemenge abnehmen, die dem Durchschnittswert entspricht.

(3) ¹Elektrizitätsversorgungsunternehmen, die Strom an Letztverbraucher liefern, sind verpflichtet, den von dem für sie regelverantwortlichen Übertragungsnetzbetreiber nach den Absätzen 1 und 2 abgenommenen Strom anteilig nach Maßgabe eines rechtzeitig bekannt gegebenen, der tatsächlichen Stromabnahme nach § 4 in Verbindung mit § 5 angenäherten Profils abzunehmen und zu vergüten. ²Satz 1 gilt nicht für Elektrizitätsversorgungsunternehmen, die, bezogen auf die gesamte von ihnen gelieferte Strommenge, mindestens 50 Prozent Strom im Sinne der §§ 6 bis 11 liefern. ³Der nach Satz 1 abzunehmende Anteil wird bezogen auf die von dem jeweiligen Elektrizitätsversorgungsunternehmen gelieferte Strommenge und ist so zu bestimmen, dass jedes Elektrizitätsversorgungsunternehmen einen relativ gleichen Anteil erhält. ⁴Der Umfang der Abnahmepflicht (Anteil) bemisst sich nach dem Verhältnis des nach § 5 Abs. 2 insgesamt vergüteten Stroms zu dem insgesamt an Letztverbraucher abgesetzten Strom. ⁵Die Vergütung im Sinne von Satz 1 errechnet sich aus dem voraussichtlichen Durchschnitt der nach § 5 von der Gesamtheit der Netzbetreiber pro Kilowattstunde in dem vorvergangenen Quartal gezahlten Vergütungen abzüglich der nach § 5 Abs. 2 Satz 2 vermiedenen Netznutzungsentgelte. ⁶Die Übertragungsnetzbetreiber sind verpflichtet, Ansprüche gegen Elektrizitätsversorgungsunternehmen nach Satz 1, die infolge des Ausgleichs nach Absatz 2 entstehen, bis zum 31. Oktober des auf die Einspeisung folgenden Jahres geltend zu machen. ⁷Der tatsächliche Ausgleich der Energiemengen und Vergütungszahlungen erfolgt im Folgejahr bis zum 30. September in monatlichen Raten. ⁸Der nach Satz 1 abgenommene Strom darf nicht unter der nach Satz 5 gezahlten Vergütung verkauft werden, soweit er als Strom aus Erneuerbaren Energien oder als diesem vergleichbarer Strom vermarktet wird.

(4) Ergeben sich durch eine rechtskräftige Gerichtsentscheidung im Hauptsacheverfahren, die erst nach der Abrechnung nach Absatz 2 Satz 1 oder Absatz 3 ergangen ist, Änderungen der abzurechnenden Energiemengen oder Vergütungszahlungen, sind diese Änderungen bei der jeweils nächsten Abrechnung zu berücksichtigen.

(5) Auf die zu erwartenden Ausgleichvergütungen sind monatliche Abschläge zu leisten.

(6) ¹Netzbetreiber, die nicht Übertragungsnetzbetreiber sind, und Elektrizitätsversorgungsunternehmen sind verpflichtet, die für die Berechnungen nach den Absätzen 1 bis 5 erforderlichen Daten unverzüglich zur Verfügung zu stellen und bis zum 30. April eine Endabrechnung für das Vorjahr vorzulegen. ²Netzbetreiber und Elektrizitätsversorgungsunternehmen können verlangen, dass die Endabrechnungen nach Satz 1 bis zum 30. Juni und nach Absatz 2 bis zum 31. Oktober durch einen Wirtschaftsprüfer oder vereidigten Buchprüfer bescheinigt werden. ³Anlagenbetreiber sind verpflichtet, die für die Endabrechnung des Vorjahres erforderlichen Daten bis zum 28. Februar des Folgejahres zur Verfügung zustellen.

Erneuerbare-Energien-Gesetz § 15 **EEG**

(7) Letztverbraucher, die Strom nicht von einem Elektrizitätsversorgungsunternehmen, sondern von einem Dritten beziehen, stehen Elektrizitätsversorgungsunternehmen im Sinne der Absätze 2 und 3 gleich.

(8) Das Bundesministerium für Umwelt, Naturschutz und Reaktorsicherheit wird ermächtigt, im Einvernehmen mit dem Bundesministerium für Wirtschaft und Arbeit durch Rechtsverordnung Vorschriften zur
1. organisatorischen und zeitlichen Abwicklung des Ausgleichs nach Absatz 1, insbesondere zur Bestimmung des dafür Verantwortlichen und zur Sicherstellung bestmöglicher und gleicher Prognosemöglichkeiten hinsichtlich der auszugleichenden Energiemengen und Lastverläufe,
2. Festlegung oder Ermittlung eines einheitlichen Profils nach Absatz 3, zum Zeitpunkt einschließlich des zeitlichen Vorlaufs und zur Art und Weise der Bekanntgabe dieses Profils und der zugrunde liegenden Daten sowie
3. näheren Bestimmung der nach Absatz 6 erforderlichen Daten und zur Art und Weise der Bereitstellung dieser Daten

zu erlassen.

§ 15 Transparenz

(1) [1]Netzbetreiber und Elektrizitätsversorgungsunternehmen, die Strom an Letztverbraucher liefern, sowie deren Zusammenschlüsse sind berechtigt, die Differenz zwischen den nach § 14 Abs. 3 Satz 1 und 5 gezahlten Vergütungen und ihren durchschnittlichen Strombezugskosten pro Kilowattstunde oder den durchschnittlichen Strombezugskosten pro Kilowattstunde der an ihr Netz angeschlossenen Elektrizitätsversorgungsunternehmen im letzten abgeschlossenen Geschäftsjahr (Differenzkosten) gegenüber Dritten anzuzeigen, wenn sie diese durch eine zu veröffentlichende Bescheinigung eines Wirtschaftsprüfers oder vereidigten Buchprüfers nachweisen. [2]Bei der Anzeige von Differenzkosten ist gleichzeitig die der Berechnung nach Satz 1 zugrunde liegende Anzahl der Kilowattstunden Strom aus Erneuerbaren Energien und aus Grubengas in der gleichen Art und Weise anzuzeigen. [3]Kosten, die bei den Netznutzungsentgelten in Ansatz gebracht werden können, dürfen nicht gesondert angezeigt werden.

(2) [1]Netzbetreiber sind verpflichtet, die für die Ermittlung der auszugleichenden Energiemengen und Vergütungszahlungen nach § 14 erforderlichen Angaben bis zum 30. September des Folgejahres zu veröffentlichen. [2]Aus den Angaben muss ersichtlich sein, inwieweit der Netzbetreiber die Energiemengen von einem nachgelagerten Netz abgenommen und inwieweit er sie an Letztverbraucher, Netzbetreiber oder Elektrizitätsversorgungsunternehmen, die Strom an Letztverbraucher liefern, abgegeben oder sie selbst verbraucht hat. [3]Das Bundesministerium für Umwelt, Naturschutz und Reaktorsicherheit wird ermächtigt, im Einvernehmen mit dem Bundesministerium für Verbraucherschutz, Ernährung und Landwirtschaft sowie dem Bundesministerium für Wirtschaft und Arbeit durch Rechtsverordnung Einzelheiten der Veröffentlichungspflicht zu regeln.

(3) [1]Zum Zweck der Erhöhung der Transparenz sowie zur Vereinfachung des bundesweiten Ausgleichsmechanismus kann durch Rechtsverordnung nach Satz 3 ein öffentliches Register errichtet werden, in dem Anlagen zur Erzeugung von Strom aus Erneuerbaren Energien und aus Grubengas registriert werden müssen (Anlagenregister). [2]Für die Registrierung können Gebühren nach Maßgabe der Rechtsverordnung nach Satz 3 erhoben werden. [3]Das Bundesministerium für Umwelt, Naturschutz und Reaktorsicherheit wird ermächtigt, durch Rechtsverordnung die Führung des Anlagenregisters einer nachgeordneten Bundesbehörde zuzuweisen oder einer juristischen Person des Privatrechts zu übertragen sowie das

Nähere über die Ausgestaltung des Anlagenregisters, die zu registrierenden Informationen, das Verfahren zur Registrierung, den Datenschutz, die Veröffentlichung der Daten und die Erhebung der Gebühren sowie deren Höhe zu bestimmen.

§ 16 Besondere Ausgleichsregelung

(1) Das Bundesamt für Wirtschaft und Ausfuhrkontrolle begrenzt auf Antrag für eine Abnahmestelle den Anteil der Strommenge nach § 14 Abs. 3 Satz 1, der von Elektrizitätsversorgungsunternehmen an Letztverbraucher, die Unternehmen des produzierenden Gewerbes oder Schienenbahnen sind, weitergegeben wird, um dadurch die sich aus der Weitergabe der Strommenge für diese Unternehmen ergebenden Kosten zu verringern, soweit hierdurch die Ziele des Gesetzes nicht gefährdet werden und die Begrenzung mit den Interessen der Gesamtheit der Stromverbraucher vereinbar ist.

(2) [1]Die Begrenzung darf bei einem Unternehmen des produzierenden Gewerbes nur erfolgen, soweit es nachweist, dass und inwieweit im letzten abgeschlossenen Geschäftsjahr
1. der von einem Elektrizitätsversorgungsunternehmen nach § 14 Abs. 3 Satz 1 bezogene und selbst verbrauchte Strom an einer Abnahmestelle 10 Gigawattstunden überstiegen hat,
2. das Verhältnis der Stromkosten zur Bruttowertschöpfung des Unternehmens nach der Definition des Statistischen Bundesamtes, Fachserie 4, Reihe 4.3 vom Juni 2003[1] 15 Prozent überschritten hat,
3. die Strommenge nach § 14 Abs. 3 Satz 1 anteilig an das Unternehmen weitergereicht und von diesem selbst verbraucht worden ist und
4. das Unternehmen hierfür Differenzkosten im Sinne von § 15 Abs. 1 entrichtet hat.
[2]Elektrizitätsversorgungsunternehmen sind auf Antrag des Unternehmens verpflichtet, dem Bundesamt für Wirtschaft und Ausfuhrkontrolle unverzüglich die anteilig weitergereichte Strommenge und die Differenzkosten einschließlich der für die Berechnung der Differenzkosten zugrunde gelegten Daten durch Vorlage einer Bescheinigung eines Wirtschaftsprüfers oder vereidigten Buchprüfers für das letzte abgeschlossene Geschäftsjahr nachzuweisen; die Kosten für die Bescheinigung hat das letztverbrauchende Unternehmen zu tragen. [3]Der Nachweis der Voraussetzungen von Satz 1 Nr. 3 sowie der Differenzkosten erfolgt durch Vorlage der Bescheinigung; der Nachweis der übrigen Voraussetzungen von Satz 1 durch Vorlage der Stromlieferungsverträge und die Stromrechnungen für das letzte abgeschlossene Geschäftsjahr sowie Gutachten eines Wirtschaftsprüfers oder vereidigten Buchprüfers auf Grundlage des Jahresabschlusses für das letzte abgeschlossene Geschäftsjahr. [4]Abnahmestelle sind alle räumlich zusammenhängenden elektrischen Einrichtungen des Unternehmens auf einem Betriebsgelände, das über einen oder mehrere Entnahmepunkte mit dem Netz des Netzbetreibers verbunden ist. [5]Die Sätze 1 bis 4 gelten für selbständige Teile des Unternehmens entsprechend.

(3) Für Schienenbahnen gilt Absatz 2 Satz 1 Nr. 1, 3 und 4 sowie Satz 2 bis 4 entsprechend mit folgenden Maßgaben:
1. Es sind nur diejenigen Strommengen zu berücksichtigen, die unmittelbar für den Fahrbetrieb im Schienenbahnverkehr verbraucht werden.
2. Abnahmestelle ist die Summe der Verbrauchsstellen für den Fahrbetrieb im Schienenbahnverkehr des Unternehmens.

---

[1] **Amtl. Anm.:** Zu beziehen beim Statistischen Bundesamt, 65180 Wiesbaden.

Erneuerbare-Energien-Gesetz § 16 **EEG**

(4) ¹Zur Begrenzung der anteilig weitergereichten Strommenge wird mit Wirkung für die Abnahmestelle nach Absatz 2 Satz 1 Nr. 1 oder Absatz 3 Nr. 2 ein bestimmter Prozentsatz festgesetzt. ²Der Prozentsatz ist so zu bestimmen, dass die Differenzkosten für die anteilig weitergereichte Strommenge unter Zugrundelegung der nach § 14 Abs. 3 Satz 1 und 5 zu erwartenden Vergütung 0,05 Cent je Kilowattstunde betragen. ³Für Unternehmen, deren Strombezug im Sinne von Absatz 2 Satz 1 Nr. 1 unter 100 Gigawattstunden oder deren Verhältnis der Stromkosten zur Bruttowertschöpfung unter 20 Prozent lag, sowie für Schienenbahnen gilt dies nur hinsichtlich des gesamten über 10 Prozent den im letzten abgeschlossenen Geschäftsjahr an der betreffenden Abnahmestelle nach Absatz 2 Satz 1 Nr. 3 oder Absatz 3 Nr. 2 bezogenen und selbst verbrauchten Stroms hinaus; der Nachweis des Überschreitens der Werte ist in entsprechender Anwendung von Absatz 2 Satz 3 zu führen. ⁴Wird das Unternehmen im Zeitpunkt des Nachweises nach Absatz 2 Satz 2 von mehreren Elektrizitätsversorgungsunternehmen beliefert, gilt die Beschränkung des Satzes 1 für jedes dieser Elektrizitätsversorgungsunternehmen anteilig nach Maßgabe des Umfangs, in dem sie im Vergleich zueinander diesen Letztverbraucher an dieser Abnahmestelle beliefern; das Unternehmen hat den Elektrizitätsversorgungsunternehmen die für die Anteilsberechnung erforderlichen Informationen zur Verfügung zu stellen. ⁵Wenn die infolge dieser Regelung zu gewährende Begünstigung für alle Schienenbahnen in der Summe 20 Millionen Euro übersteigen würde, ist abweichend von Satz 1 der Prozentsatz für die Schienenbahnen einheitlich so festzusetzen, dass diese Summe nicht überschritten wird.

(5) ¹Sofern das Produkt aus dem Anteil nach § 14 Abs. 3 Satz 4 und der Durchschnittsvergütung nach § 14 Abs. 3 Satz 5 für die von dieser Regelung nicht begünstigten Letztverbraucher infolge der Anwendung dieser Regelung um mehr als 10 Prozent bezogen auf die Daten des der Entscheidung vorangegangenen Kalenderjahres steigen würde, ist der Prozentsatz nach Absatz 4 Satz 2 für sämtliche Unternehmen, deren Anträge nach Absatz 6 die Voraussetzungen nach Absatz 2 oder Absatz 3 erfüllen, unbeschadet des Absatzes 4 Satz 5 einheitlich so zu bestimmen, dass dieser Wert nicht überschritten wird. ²Die Strommenge, die bereits durch eine über den 31. Dezember 2004 hinaus geltende Entscheidung im Sinne des § 21 Abs. 6 begünstigt ist, ist zu berücksichtigen.

(6) ¹Der Antrag einschließlich der vollständigen Antragsunterlagen nach Absatz 2 oder Absatz 3 und der Angabe des Elektrizitätsversorgungsunternehmens und des regelverantwortlichen Übertragungsnetzbetreibers ist jeweils zum 30. Juni des laufenden Jahres zu stellen (Ausschlussfrist). ²Die Entscheidung ergeht mit Wirkung gegenüber dem Antragsteller, dem Elektrizitätsversorgungsunternehmen und dem regelverantwortlichen Übertragungsnetzbetreiber. ³Sie wird zum 1. Januar des Folgejahres mit einer Geltungsdauer von einem Jahr wirksam. ⁴Die durch eine vorangegangene Entscheidung hervorgerufenen Wirkungen bleiben bei der Berechnung des Verhältnisses der Stromkosten zur Bruttowertschöpfung nach Absatz 2 Satz 1 Nr. 2 und Absatz 4 Satz 3 außer Betracht.

(7) Das Bundesamt für Wirtschaft und Ausfuhrkontrolle untersteht bei Wahrnehmung der durch dieses Gesetz übertragenen Aufgaben der Fachaufsicht des Bundesministeriums für Umwelt, Naturschutz und Reaktorsicherheit.

(8) Der Anspruch des für den antragstellenden Letztverbraucher an der betreffenden Abnahmestelle regelverantwortlichen Übertragungsnetzbetreibers aus § 14 Abs. 3 Satz 1 gegenüber den betreffenden Elektrizitätsversorgungsunternehmen wird entsprechend der Entscheidung des Bundesamtes für Wirtschaft und Ausfuhrkontrolle nach den Absätzen 1 bis 6 begrenzt; die Übertragungsnetzbetreiber haben diese Begrenzungen im Rahmen von § 14 Abs. 2 zu berücksichtigen.

(9) Die Anwendung der Absätze 1 bis 8 ist Gegenstand des Erfahrungsberichts nach § 20.

§ 17 Herkunftsnachweis

(1) Anlagenbetreiber können sich für Strom aus Erneuerbaren Energien von einer Person oder Organisation, die nach dem Umweltauditgesetz für den Bereich Elektrizitätserzeugung als Umweltgutachter oder Umweltgutachterorganisation tätig werden darf, einen Herkunftsnachweis ausstellen lassen.

(2) Der Herkunftsnachweis muss Angaben enthalten über
1. die zur Stromerzeugung eingesetzten Energien nach Art und wesentlichen Bestandteilen einschließlich der Angabe, inwieweit es sich um Strom aus Erneuerbaren Energien im Sinne der Richtlinie 2001/77/EG des Europäischen Parlaments und des Rates vom 27. September 2001 zur Förderung der Stromerzeugung aus erneuerbaren Energiequellen im Elektrizitätsbinnenmarkt (ABl. EG Nr. L 283 S. 33), zuletzt geändert durch die Beitrittsakte vom 16. April 2003 (ABl. EU Nr. L 236 S. 586), handelt,
2. bei Einsatz von Biomasse, ob es sich ausschließlich um Biomasse im Sinne der Rechtsverordnung nach § 8 Abs. 7 handelt,
3. Name und Anschrift des Anlagenbetreibers,
4. die in der Anlage erzeugte Strommenge, den Zeitraum, in dem der Strom erzeugt wurde, und inwieweit der Strom nach den §§ 5 bis 12 vergütet worden ist sowie
5. den Standort, die Leistung und den Zeitpunkt der Inbetriebnahme der Anlage.

(3) Der Herkunftsnachweis darf nur unter vollständiger Angabe der nach Absatz 2 erforderlichen Angaben verwendet werden.

§ 18 Doppelvermarktungsverbot

(1) Strom aus Erneuerbaren Energien und aus Grubengas sowie in ein Gasnetz eingespeistes Deponie-, Klär- oder Grubengas sowie Gas aus Biomasse dürfen nicht mehrfach verkauft oder anderweitig überlassen werden.

(2) [1]Anlagenbetreiber, die die Vergütung nach den §§ 5 bis 12 in Anspruch nehmen, dürfen Nachweise für Strom aus Erneuerbaren Energien und aus Grubengas nicht weitergeben. [2]Gibt ein Anlagenbetreiber einen Nachweis für Strom aus Erneuerbaren Energien oder aus Grubengas weiter, darf für diesen Strom keine Vergütung nach den §§ 5 bis 12 in Anspruch genommen werden.

§ 19 Clearingstelle

Zur Klärung von Streitigkeiten und Anwendungsfragen dieses Gesetzes kann das Bundesministerium für Umwelt, Naturschutz und Reaktorsicherheit eine Clearingstelle errichten, an der die betroffenen Kreise beteiligt werden können.

§ 20 Erfahrungsbericht

(1) [1]Das Bundesministerium für Umwelt, Naturschutz und Reaktorsicherheit hat dem Deutschen Bundestag bis zum 31. Dezember 2007 und dann alle vier Jahre im Einvernehmen mit dem Bundesministerium für Verbraucherschutz, Ernährung und Landwirtschaft und dem Bundesministerium für Wirtschaft und Arbeit über den Stand der Markteinführung von Anlagen zur Erzeugung von Strom aus Erneuerbaren Energien und aus Grubengas sowie die Entwicklung der Stromgestehungskosten in diesen Anlagen zu berichten sowie gegebenenfalls eine An-

Erneuerbare-Energien-Gesetz § 21 **EEG**

passung der Höhe der Vergütungen nach den §§ 6 bis 12 und der Degressionssätze entsprechend der technologischen und Marktentwicklung für nach diesem Zeitpunkt in Betrieb genommene Anlagen vorzuschlagen. ²Gegenstand des Erfahrungsberichts sind auch Speichertechnologien sowie die ökologische Bewertung der von der Nutzung Erneuerbarer Energien ausgehenden Auswirkungen auf Natur und Landschaft.

(2) ¹Anlagenbetreiber, deren Anlagen ab dem 1. August 2004 in Betrieb genommen worden sind und die eine Vergütung nach den §§ 5 bis 12 in Anspruch genommen haben, sowie Netzbetreiber sind zum Zweck der stichprobenartigen Ermittlung der Stromgestehungskosten im Sinne von Absatz 1 sowie der Sicherstellung der Funktionsfähigkeit des Ausgleichsmechanismus nach § 14 verpflichtet, dem Bundesministerium für Umwelt, Naturschutz und Reaktorsicherheit und seinen Beauftragten auf Verlangen wahrheitsgemäß Auskunft über sämtliche Tatsachen zu geben, die für die Ermittlung der Stromgestehungskosten sowie der ausgeglichenen Energiemengen und Vergütungszahlungen nach § 14 erheblich sein können. ²Soweit es sich bei den Anlagen- und Netzbetreibern um Kaufleute im Sinne des Handelsgesetzbuches handelt, sind darüber hinaus auf Verlangen die Handelsbücher offen zu legen, soweit sie Aufschluss über Tatsachen geben können, die für die Ermittlung der Stromgestehungskosten sowie der ausgeglichenen Energiemengen und Vergütungszahlungen erheblich sein können. ³Die Grundsätze des Datenschutzes sind zu beachten.

§ 21 Übergangsbestimmungen

(1) Für Strom aus Anlagen, die bis zum 31. Juli 2004 in Betrieb genommen worden sind, sind die bisherigen Vorschriften über die Vergütungssätze, über die Dauer des Vergütungsanspruches und über die Bereitstellung von Messdaten mit folgenden Maßgaben anzuwenden:
1. für Strom aus Wasserkraftanlagen gilt die bisherige Regelung nur bei einer Leistung bis einschließlich 5 Megawatt;
2. für Strom aus Laufwasserkraftanlagen, die vor dem 1. August 2004 eine Leistung bis einschließlich 5 Megawatt aufwiesen, gilt § 6, wenn die Anlage modernisiert wurde und nach der Modernisierung nachweislich ein guter ökologischer Zustand erreicht oder der ökologische Zustand gegenüber dem vorherigen Zustand wesentlich verbessert ist. § 6 Abs. 3 gilt entsprechend. Abweichend von § 3 Abs. 4 gelten diese Anlagen mit Abschluss der Modernisierung als neu in Betrieb genommen;
3. für Strom aus Biomasseanlagen, die nach dem 31. Dezember 2003 in Betrieb genommen worden sind, gelten ab dem 1. August 2004 die Vergütungssätze des § 8 dieses Gesetzes;
4. für Strom aus Biomasseanlagen, die vor dem 1. Januar 2004 in Betrieb gegangen sind, erhöht sich die Mindestvergütung nach Maßgabe des § 8 Abs. 2 dieses Gesetzes;
5. für Strom aus Biomasseanlagen, die vor dem 1. August 2004 in Betrieb genommen worden sind, findet § 8 Abs. 6 Satz 2 dieses Gesetzes Anwendung;
6. für Strom aus Windenergieanlagen, die nach dem 31. März 2000 in Betrieb genommen worden sind, gilt für die Berechnung des Referenzertrages die Anlage zu § 10 Abs. 1 dieses Gesetzes;
7. für Strom aus Anlagen zur Erzeugung von Strom aus solarer Strahlungsenergie, die vor dem 1. Januar 2004 in Betrieb gegangen sind, ist § 8 des Erneuerbare-Energien-Gesetzes vom 29. März 2000 (BGBl. I S. 305), das zuletzt durch das Gesetz vom 22. Dezember 2003 (BGBl. I S. 3074) geändert worden ist, in der am 22. Juli 2003 geltenden Fassung anzuwenden;

EEG Anlage

8. für Strom aus Anlagen zur Erzeugung von Strom aus solarer Strahlungsenergie, die nach dem 31. Dezember 2003 in Betrieb gegangen sind, ist § 8 des Erneuerbare-Energien-Gesetzes vom 29. März 2000 (BGBl. I S. 305), das zuletzt durch das Gesetz vom 22. Dezember 2003 (BGBl. I S. 3074) geändert worden ist, in der am 1. Januar 2004 geltenden Fassung anzuwenden, wobei dessen Absätze 3 und 4 nur für Strom aus einer Anlage anzuwenden sind, die nach dem 30. Juni 2004 in Betrieb genommen worden ist.

(2) [1] § 4 Abs. 1 Satz 2 gilt nur für Strom aus Anlagen, die drei Monate nach Bekanntgabe der Einrichtung des Anlagenregisters im Bundesanzeiger in Betrieb genommen worden sind. [2] Für Strom aus sonstigen Anlagen gilt § 4 Abs. 1 Satz 2 drei Monate nach gesonderter schriftlicher Aufforderung durch den Netzbetreiber unter Angabe der Kontaktdaten des Anlagenregisters und unter Hinweis auf die Rechtsfolgen einer fehlenden Beantragung.

(3) Für Strom aus Biomasseanlagen, die auch Altholz der Altholzkategorie A III und A IV im Sinne der Altholzverordnung vom 15. August 2002 (BGBl. I S. 3302) einsetzen und die vor dem 30. Juni 2006 in Betrieb genommen worden sind, ist anstelle von § 8 Abs. 1 Satz 2 § 8 Abs. 1 Satz 1 anzuwenden.

(4) § 10 Abs. 4 gilt nur für Anlagen, die nach dem 31. Juli 2005 in Betrieb genommen worden sind.

(5) [1] Bis zum Erlass einer Rechtsverordnung nach § 8 Abs. 7 tritt, soweit in diesem Gesetz auf diese Rechtsverordnung verwiesen wird, an deren Stelle die Biomasseverordnung vom 21. Juni 2001 (BGBl. I S. 1234). [2] § 8 Abs. 6 bleibt unberührt.

(6) [1] Abweichend von § 16 Abs. 6 Satz 1 ist der Antrag im Jahr 2004 zum 31. August zu stellen. [2] Anträge auf Begrenzung des Anteils der Strommenge im Rahmen der besonderen Ausgleichsregelung nach dem Erneuerbare-Energien-Gesetz vom 29. März 2000 (BGBl. I S. 305), zuletzt geändert durch das Gesetz vom 22. Dezember 2003 (BGBl. I S. 3074), die vor dem 1. August 2004 gestellt worden sind, sind nach den hierfür bisher geltenden Vorschriften zu behandeln und zu entscheiden, soweit sie nicht von Unternehmen gestellt worden sind, für die der Anteil der Strommenge bereits über den 1. August 2004 hinaus begrenzt ist. [3] Entscheidungen des Bundesamtes für Wirtschaft und Ausfuhrkontrolle über die Begrenzung des Anteils der Strommenge in Anwendung der in Satz 2 bezeichneten Vorschriften, die vor dem 1. August 2004 dem Antragsteller bekannt gegeben worden sind, werden unbeschadet des Satzes 4 bis zum 31. Dezember 2004 verlängert. [4] Entscheidungen im Sinne des Satzes 3, die über den 31. Dezember 2004 hinaus gelten, werden ab dem 1. Januar 2005 unwirksam, wenn das Unternehmen vor dem 1. September 2004 einen Antrag nach § 16 Abs. 1 dieses Gesetzes stellt und dieser Antrag nicht unanfechtbar abgelehnt worden ist.

Anlage
(zu § 10 Abs. 1 und 4)

1. Referenzanlage ist eine Windenergieanlage eines bestimmten Typs, für die sich entsprechend ihrer von einer dazu berechtigten Institution vermessenen Leistungskennlinie an dem Referenzstandort ein Ertrag in Höhe des Referenzertrages errechnet.
2. Der Referenzertrag ist die für jeden Typ einer Windenergieanlage einschließlich der jeweiligen Nabenhöhe bestimmte Strommenge, die dieser Typ bei Errichtung an dem Referenzstandort rechnerisch auf Basis einer vermessenen Leistungskennlinie in fünf Betriebsjahren erbringen würde. Der Referenzertrag ist

Erneuerbare-Energien-Gesetz **Anlage EEG**

nach den allgemein anerkannten Regeln der Technik zu ermitteln; die Einhaltung der allgemein anerkannten Regeln der Technik wird vermutet, wenn die in den Technischen Richtlinien für Windenergieanlagen, Teil 5, der Fördergesellschaft Windenergie e. V. (FGW) in der zum Zeitpunkt der Ermittlung des Referenzertrages jeweils geltenden Fassung[1] enthaltenen Verfahren, Grundlagen und Rechenmethoden verwendet worden sind.
3. Der Typ einer Windenergieanlage ist bestimmt durch die Typenbezeichnung, die Rotorkreisfläche, die Nennleistung und die Nabenhöhe gemäß den Angaben des Herstellers.
4. Referenzstandort ist ein Standort, der bestimmt wird durch eine Rayleigh-Verteilung mit einer mittleren Jahreswindgeschwindigkeit von 5,5 Metern je Sekunde in einer Höhe von 30 Metern über Grund, einem logarithmischen Höhenprofil und der Rauhigkeitslänge von 0,1 Metern.
5. Die Leistungskennlinie ist der für jeden Typ einer Windenergieanlage ermittelte Zusammenhang zwischen Windgeschwindigkeit und Leistungsabgabe unabhängig von der Nabenhöhe. Die Leistungskennlinie ist nach den allgemein anerkannten Regeln der Technik zu ermitteln; die Einhaltung der allgemein anerkannten Regeln der Technik wird vermutet, wenn die in den Technischen Richtlinien für Windenergieanlagen, Teil 2, der Fördergesellschaft Windenergie e. V. (FGW) in der zum Zeitpunkt der Ermittlung der Leistungskennlinie jeweils geltenden Fassung[1] enthaltenen Verfahren, Grundlagen und Rechenmethoden verwendet worden sind. Soweit die Leistungskennlinie nach einem vergleichbaren Verfahren vor dem 1. Januar 2000 ermittelt wurde, kann diese anstelle der nach Satz 2 ermittelten Leistungskennlinie herangezogen werden, soweit nach dem 31. Dezember 2001 nicht mehr mit der Errichtung von Anlagen des Typs, für den sie gelten, im Geltungsbereich dieses Gesetzes begonnen wird.
6. Gutachten nach § 10 Abs. 4 zum Nachweis, dass Anlagen am geplanten Standort mindestens 60 Prozent des Referenzertrages erzielen können, müssen physikalische Standortbeschreibungen enthalten, standortspezifische Windmessungen oder extrapolierbare Betriebsdaten eines benachbarten Windparks zu Grunde legen und diese für eine prognostische Bewertung in einen Langzeitbezug zu vorhandenen Winddatenbanken setzen. Maßgeblich für die Energieertragsberechnung ist die freie Anströmung der Windenergieanlage.
7. Zur Vermessung der Leistungskennlinien nach Nummer 5 und zur Berechnung der Referenzerträge von Anlagentypen am Referenzstandort nach Nummer 2 sowie zur Bestimmung der erzielbaren Energieerträge am geplanten Standort nach Nummer 6 sind für die Zwecke dieses Gesetzes die Institutionen berechtigt, die entsprechend der technischen Richtlinie „Allgemeine Anforderungen an die Kompetenz von Prüf- und Kalibrierlaboratorien" (DIN EN ISO/IEC 17 025), Ausgabe April 2000,[2] entsprechend von einer staatlich anerkannten oder unter Beteiligung staatlicher Stellen evaluierten Akkreditierungsstelle akkreditiert sind.

---

[1] **Amtl. Anm.:** Zu beziehen bei der Fördergesellschaft Windenergie e. V., Stresemannplatz 4, 24103 Kiel.
[2] **Amtl. Anm.:** Zu beziehen bei Beuth Verlag GmbH, 10772 Berlin.

Einführung

Übersicht

	Rn.
A. Vorgeschichte des EEG	1
I. Rechtsentwicklung bis 1990	1
II. Rechtslage 1991 bis 1998	13
III. Rechtslage nach 1998 bis 2000	14
IV. Rechtslage April 2000 bis Juli 2004	16
V. Rechtslage seit August 2004	20
B. Vereinbarkeit mit dem Grundgesetz	22
I. Formelle Verfassungsmäßigkeit des EEG	24
II. Finanzverfassungsrecht	25
1. Formelle Auffassung	27
2. Materielle Auffassung	29
3. Stellungnahme	30
III. Verletzung von Grundrechten	35
1. Grundrechtsfähigkeit der Elektrizitätsversorgungsunternehmen	36
2. Vereinbarkeit mit der Berufsfreiheit (Art. 12 GG)	37
a) Schutzbereich	38
b) Rechtfertigung der Berufsausübungsregelung	42
(1) Legitimität des Zwecks und Geeignetheit	44
(2) Erforderlichkeit	46
(3) Verhältnismäßigkeit im engeren Sinne	52
3. Eigentumsrecht (Art 14 GG)	56
a) Schutzbereich	57
(1) Vertragsfreiheit und Recht am eingerichteten und ausgeübten Gewerbebetrieb	58
(2) Wettbewerbsfreiheit	62
(3) Verfügungsfreiheit über das Eigentum am Versorgungsnetz	63
b) Eigentumsrelevante Maßnahmen	65
c) Verhältnismäßigkeit der Inhalts- und Schrankenbestimmung	66
4. Verletzung des Gleichheitssatzes (Art. 3 Abs. 1 GG)	70
C. Vereinbarkeit mit dem europäischen Gemeinschaftsrecht	71
I. Überblick	71
II. Vereinbarkeit des EEG mit dem Beihilferecht des EGV	72
1. Die Entscheidung PreussenElektra	73
2. Folgerungen für das EEG	76
III. Vereinbarkeit mit der Warenverkehrsfreiheit	78
1. Die Entscheidung PreussenElektra	79
2. Art. 28 EGV auf EEG nicht anwendbar	83
3. Grundsätzliche Vereinbarkeit des EEG mit der EE-RL	85
D. Vereinbarkeit mit dem WTO-Recht	86
I. Überblick	86
II. Vereinbarkeit mit GATT und dem Grundsatz der Inländergleichbehandlung (National Treatment)	87
1. Keine Gleichartigkeit im Sinne von Art. III Abs. 4 GATT	89
2. Hilfsweise: Rechtfertigung nach Art. XX GATT	94
III. Vereinbarkeit mit den Subventionsvorschriften des WTO-Rechts	100
1. Anwendbarkeit des ASCM auf das EEG – EEG als Subvention im Sinne des Übereinkommens	101
a) Kein finanzieller Beitrag der öffentlichen Hand im Sinne des Art. 1.1(a)(1) ASCM	103

Einführung

	Rn.
b) Keine Einkommens- oder Preisunterstützung im Sinne des Art. 1.1(a)(2) ASCM	108
c) Kein Vorteil im Sinne des Art. 1.1(b) ASCM	109
2. Keine Spezifität im Sinne von Art. 2 ASCM	111

Literatur: *Albrecht,* Anmerkungen zur Verfassungsbeschwerde der PreussenElektra Aktiengesellschaft gegen das Stromeinspeisungsgesetz, ZNER 1998, 17 ff.; *Altenmöller,* Handel und Umwelt im Recht der Welthandelsorganisation WTO, Umweltrelevante Streitfälle in der Spruchpraxis zu Artikel III und XX, 1998; *Altrock,* „Subventionierende" Preisregelungen, 2002; *Apfelstedt,* Stromeinspeisung auf dem europarechtlichen Prüfstand: Zur europarechtlichen Bewertung des StrEG und des EEG, ZNER 2000, 200 f.; *ders.,* Vorrangregelungen für Ökostrom unterm Damoklesschwert? Europa- und verfassungsrechtliche Anforderungen an Regelungen zur Vorrangverschaffung für Strom aus umweltentlastender Erzeugungsweise in einem Energiemarkt, ZNER 1997, 3 ff.; *ders.,* Ökoenergie-Pflichtbenutzung und Warenverkehrsrecht: Zur warenverkehrsrechtlichen Bewertung des Stromeinspeisungsgesetzes, des EEG und anderer Pflichtkaufmodelle für Öko(energie)dienstleistungen (ÖDL), ZNER 2001, 2 ff.; *Arndt,* Zur finanzverfassungsrechtlichen Zulässigkeit subventionierender Vergütungen nach dem Stromeinspeisungsgesetz, RdE 1995, 41 ff.; *Armenteros/Lefevere,* ECJ 13 March 2001, Case C-379/98, PreussenElektra v. Schleswag Aktiengesellschaft, Review of European Community & International Environmental Law 2001, 344 ff.; *Badura,* Eigentumsschutz des eingerichteten und ausgeübten Gewerbebetriebes, AöR 98 (1973), 153 ff.; *Bartsch/Dingeldey,* Rechtsprobleme der Einspeisevergütung, ET 1995, 249 ff.; *Bechberger,* Das Erneuerbaren-Energien-Gesetz (EEG), ffu-report 00–06; *ders./Reiche,* Europa setzt auf feste Tarife, neue energie 2/2005, 12 ff.; *Becker,* Stromeinspeisung auf dem europarechtlichen Prüfstand: Zusammenfassende Thesen, ZNER 2000, 205 f.; *ders.,* Das WTO-Subventionsübereinkommen, 2001; *Behrends,* Stromeinspeisung und Verfassungsrecht, 2001; *Benitah,* The Law of Subsidies under the GATT/WTO System, 2001; *Beviglia Zampetti, Americo,* The Uruguay Round on Subsidies, A Forward Looking Assessment, Journal of World Trade 1995, 5 ff.; *Blanke/Peilert,* Zur Verfassungsmäßigkeit energiewirtschaftlicher Subventionsregime, RdE 1999, 96 ff. u. 125 ff.; *Brandt/Reshöft/Steiner,* Erneuerbare-Energien-Gesetz, Handkommentar, 2001; *Breuer,* Die staatliche Berufsregelung und Wirtschaftslenkung, in: Isensee/Kirchhof (Hrsg.), Handbuch des Staatsrechts, Bd. IV, Bd. VI, 1990, § 148; *Britz,* Kurzkommentierung zu Gesetz für den Vorrang Erneuerbarer Energien (Erneuerbare-Energien-Gesetz – EEG), in: Ludwig/Odenthal (Hrsg.), Recht der Elektrizitäts-, Gas- und Wasserversorgung, Kommentar, Loseblatt (Stand: 62. EL/2000); *dies.,* Zur Entwicklung des Rechts der unilateralen Handelsmaßnahmen im GATT: Der welthandelsrechtliche Rahmen für die Regulierung von Stromimporten, in: Büdenbender/Kühne (Hrsg.), Das neue Energierecht in der Bewährung, Bestandsaufnahme und Perspektiven, Festschrift zum 65. Geburtstag von Professor Dr. Jürgen F. Baur, 2002, S. 17 ff.; *Britz/Müller,* Die Kostenabwälzung auf Letztverbraucher im Rahmen der „subventionierenden" Preisregelungen nach KWKG und EEG, RdE 2003, 163 ff.; *Büdenbender,* Die Kartellaufsicht über die Energiewirtschaft, 1995; *ders.,* Die Entwicklung des Energierechts seit In-Kraft-Treten der Energierechtsreform von 1998, DVBl. 2001, 952 ff.; *Bürger/Senger,* Das neue Gesetz für den Vorrang Erneuerbarer Energien und seine verfassungs- und europarechtliche Problematik, UPR 2000, 215 ff.; *Butler,* Die Beteiligung von Privatpersonen am WTO-Streitbeilegungsverfahren, 2002; *Butler/Neuhof,* Comparison of Feed in Tariff, Quota and Auction Mechanisms to Support Wind Power Development, 2005; *Dederer/Schneller,* Garantierte Stromeinspeisungs-Vergütung *versus* Zertifikats-Handelsmodell, Fördermodelle der ökologischen Stromerzeugung auf dem Prüfstand des Verfassungs- und Europarechts, RdE 2000, 214 ff.; *Dürig,* in: Maunz/Dürig (Hrsg.), Grundgesetz, Kommentar, Loseblatt (Stand: 35. EL/Febr. 1999), Bd. 1, Art. 2; *Ebel,* Erneuerbare Energie, Verfassungsmäßigkeit der Mindestpreise/Stromeinspeisungsgesetz II, EWiR 1997, 367 f.; *Ekardt,* Zukunft in Freiheit – eine Theorie der Gerechtigkeit, der Grundrechte und der politischen Steuerung – zugleich eine Grundlegung der Nachhaltigkeit, 2004; *Epiney,* Welthandel und Umwelt – Ein Beitrag zur Dogmatik der Art. III, IX und XX GATT, DVBl. 2000, 77 ff.; *EREF European Renewable Energies Federation,* Missing Targets, How European countries are failing to achieve its renewable electricity targets, report, Brussels, November 2002 (Broschüre); *Faber,* Die Vereinbarkeit des Stromeinspeisungsgesetzes und des Erneuerbare-Energien-Gesetzes mit dem primären Europarecht – Anmerkungen zum Urteil des EuGH, NuR 2000, 249, NuR 2002, 140 ff.; *Falk,* Die materielle Beurteilung des deutschen Stromeinspeisungsgesetzes nach

Einführung

europäischem Beihilferecht, ZIP 1999, 738 ff.; *Fehling,* Mitbenutzungsrechte Dritter bei Schienenwegen, Energieversorgungs- und Telekommunikationsleitungen vor dem Hintergrund staatlicher Infrastrukturverantwortung, AöR 121 (1996), 59 ff.; *Fischbach,* Wirtschaftsrechtliche Hoch- und Tiefpreisbindungen – Die Subventionierung eines Dritten als private Aufgabe, finanzreform 2004–14, 185 ff.; *Fouquet/Prall,* Renewable Energy Sources in the Internal Market, JEEPL 2005, 309 ff.; *Fouquet/Zenke,* Das Stromeinspeisungsgesetz auf dem europarechtlichen Prüfstand, ZNER 1999, 61 ff.; *Frenz,* Energiebeihilfen bei Abnahmegarantien zu Mindestpreisen und Selbstverpflichtungen, RdE 2002, 201 ff.; *ders.,* Quoten, Zertifikate und Gemeinschaftsrecht – Am Beispiel einer Förderung der Kraft-Wärme-Kopplung, DVBl. 2001, 673 ff.; *ders.,* Warenverkehrsfreiheit und umweltbezogene Energiepolitik, NuR 2002, 204 ff.; *Friauf,* Das Stromeinspeisungsgesetz als Mittel einer unzulässigen Zwangssubventionierung zu Lasten privater Unternehmen, ET 1995, 597 ff.; *ders.,* Verfassungsrechtliche Aspekte einer gesetzlich angeordneten Zwangssubventionierung zu Lasten privatwirtschaftlicher Unternehmen (unveröffentlichtes Gutachten), Juli 1995; *Gebauer/Wollenteit/Hack,* Der EuGH und das Stromeinspeisungsgesetz: Ein neues Paradigma zum Verhältnis Grundfreiheiten und Umweltschutz, ZNER 2001, 12 ff.; *Gellermann,* Das Stromeinspeisungsgesetz auf dem Prüfstand des Europäischen Gemeinschaftsrechts, DVBl. 2000, 509 ff.; *GATT,* Basic Instruments and Selected Documents, Ninth Supplement, Decision, Reports, etc., of the Sixteenth and Seventeenth Sessions, Review Pursuant to Article XVI: 5, Report by the Panel adopted 24 May 1960 (L/1160), Geneva 1961, S. 188 ff.; *Gent,* Beihilferechtliche Anforderungen an das Erneuerbaren-Energien-Gesetz, ET 2000, 600 ff.; *ders.,* Deutsches Stromeinspeisungsgesetz und Europäisches Wettbewerbsrecht, ET 1999, 854 ff.; *Grave,* Der Begriff der Subvention im WTO-Übereinkommen über Subventionen und Ausgleichsmaßnahmen, 2002; *Heller,* Stromeinspeisungsgesetz bestätigt – europäisches Beihilferecht kein Allheilmittel gegen ordnungspolitische Fehlentwicklungen, GewArch 2001, 191 ff.; *Hermann,* Anwendungsprobleme des Stromeinspeisungsgesetzes, 1996; *ders.,* Das Recht der Stromeinspeisung in Deutschland, in: Büdenbender/Kühne (Hrsg.), Das neue Energierecht in der Bewährung. Bestandsaufnahmen und Perspektiven. Festschrift zum 65. Geburtstag von Professor Dr. Jürgen F. Baur, 2002, S. 15 ff.; *Heselhaus,* Rechtfertigung unmittelbar diskriminierender Eingriffe in die Warenverkehrsfreiheit, EuZW 2001, 645 ff.; *Hoffmann-Riem,* Umweltschutz als Gesellschaftsziel – illustriert an Beispielen aus der Energiepolitik, GA 1996, 1 ff.; *Höfling,* Vertragsfreiheit, 1991; *House/Tuerk,* The WTO Impact on Internal Regulations – A Case Study of the Canada-EC Asbestos Dispute, in: de Búrca/Scott (Hrsg.), The EU and the WTO, Legal and Constitutional Issues, 2001, S. 283 ff.; *Hucko,* Zum Stromeinspeisungsgesetz, zum Verfassungsrecht als Nothelfer und zur Rechtskultur der alten Griechen, RdE 1995, 141 f.; *Hvelplund,* Renewable Energy Governance Systems, A comparison of the „political price-/amount market" model with the „political quota-/certificate price market" system (The German and Danish cases), 2001; *ders.,* Political prices or political quantities? A comparison of renewable energy support systems, New Energy 5/2001, 18 ff.; *Ipsen,* Völkerrecht, 4. Aufl. 1999; *Iro,* Die Vereinbarkeit des Stromeinspeisungsgesetzes mit dem EG-Vertrag, RdE 1998, 11 ff.; *Jarass/Pieroth* (Hrsg.), Grundgesetz für die Bundesrepublik Deutschland, Kommentar, 6. Aufl. 2002; *Karpenstein/Schneller,* Die Stromeinspeisungsgesetze im Energiebinnenmarkt, RdE 2005, 6 ff.; *Kirchhof,* Staatliche Einnahmen, in: Isensee/Kirchhof (Hrsg.), Handbuch des Staatsrechts, Bd. IV, 1990, § 88; *Klaue,* in: Immenga/Mestmäcker (Hrsg.), Gesetz gegen Wettbewerbsbeschränkungen, GWB, Kommentar, 3. Aufl. 2001, § 103; *Klinger,* Das Stromeinspeisungsgesetz vom 14. 12. 1990 – ein ordnungspolitischer Sündenfall, in: Baur/Müller-Graff/Zuleeg (Hrsg.), Europarecht, Energierecht, Wettbewerb, Festschrift für Bodo Börner zum 70. Geburtstag, 1992, S. 541 ff.; *Klinski,* EEG und Binnenmarkt, 2005; *Kloepfer/Wimmer,* Die Belastung von Endverbrauchern aufgrund der Verpackungsverordnung als Verfassungsproblem, UPR 1993, 409 ff.; *Kluth,* Verfassungs- und abgabenrechtliche Rahmenbedingungen der Ressourcenbewirtschaftung, NuR 1997, 105 ff.; *Koch,* Stellungnahme zur Verfassungsbeschwerde der PreussenElektra AG gegen das Stromeinspeisungsgesetz, Sonderbeilage Neue Energie 1/1999, 1 ff.; *Koch/Schütte,* Zur Verfassungsmäßigkeit des Stromeinspeisungsgesetzes, ZNER 1998, 3 ff.; *Koenig/Kühling,* Das PreussenElektra-Urteil des EuGH: Freibrief für Abnahme- und Vergütungspflichten in der Energiewirtschaft, NVwZ 2001, 768 ff.; *Kord-Ruwisch,* Der überschüssige Industriestrom, ET 1995, 39 ff.; *Kremser,* Verfassungsrechtliche Fragen des Stromeinspeisungsgesetzes, AöR 121 (1996), 406 ff.; *Kube/Palm/Seiler,* Finanzierungsverantwortung für Gemeinwohlbelange – Zu den finanzverfassungsrechtlichen Maßstäben quersubventionierender Preisinterventionen, NJW 2003, 927 ff.; *Kühne,* Anmerkung zu EuGH, Urt. v. 13. 3. 2001 – C-379/98 PreussenElektra ./. Schleswag

Einführung

AG, JZ 2001, 759 ff.; *Lauber,* Regelung von Preisen und Beihilfen für Elektrizität aus erneuerbaren Energieträgern (EEE) durch die Europäische Union, ZNER 2001, 35 ff.; *Lukas,* Antisubventionsrecht, in: Grabitz/Hilf (Hrsg.), Das Recht der Europäischen Union, Loseblatt (15. EL/Jan. 2000), Bd. IV: Sekundarrecht, E. Außenwirtschaftsrecht; *Martínez Soria,* Anmerkung zu EuGH, Urteil vom 13. 3. 2001 – C-379/98, DVBl. 2001, 882 ff.; *März,* Rezension zu Papier, Die Regelung von Durchleitungsrechten, AöR 124 (1999), 166 ff.; *McGovern,* International Trade Regulation, GATT, the United States, and the European Community, Exceter (Loseblatt), Grundwerk 1995; *Moraing,* in: Ludwig/Odenthal (Hrsg.), Recht der Elektrizitäts-, Gas- und Wasserversorgung, Kommentar, Loseblatt (Stand: 2002), Bd. 2, IV, § 103 GWB; *Nagel,* Die Vereinbarkeit des Gesetzes für den Vorrang Erneuerbarer Energien (EEG) mit dem Beihilferecht der EG, ZNER 2000, 100 ff.; *ders.,* EU-Gemeinschaftsrecht und nationales Gestaltungsrecht, ZNER 2000, 3 ff.; *ders.,* Ökostrom darf durch Mindestpreise gefördert werden – Zur Entscheidung des EuGH in Sachen Preußen-Elektra AG/Schleswag AG, ZUR 2001, 263 ff.; *ders.,* Sind Stromeinspeisung nach dem EEG und Emissionshandel kompatibel? ZNER 2004, 162 f.; *Nowak,* Die Grundfreiheiten des EG-Vertrags und der Umweltschutz – Grundfreiheiten im Lichte der EG-Umweltverfassung, VerwArch 2002, 368 ff.; *Ohlhoff,* Entwicklung der Rechtsprechung zum WTO-Recht in den Jahren 2000 und 2001, EuZW 2002, 549 ff.; *ders.,* Verbotene Beihilfen nach dem Subventionsabkommen der WTO im Lichte der aktuellen Rechtsprechung, RdE 2000, 645 ff.; *Oschmann,* Strom aus erneuerbaren Energien im Europarecht, 2002; *ders.,* Das Erneuerbare-Energien-Gesetz im Gesetzgebungsprozess, Die Veränderungen im Erneuerbare-Energien-Gesetz gegenüber dem Gesetzentwurf vom Dezember 1999 und die Beweggründe des Gesetzgebers, ZNER 2000, 24 ff.; *ders.,* in: Danner/Theobald (Hrsg.), Energierecht, Kommentar, Loseblatt (Stand: 48. EL/Okt. 2004), VI EEG B 1 Einf.; *Ossenbühl,* Verfassungsrechtliche Fragen des Stromeinspeisungsgesetzes, ET 1996, 94 ff.; *ders.,* Zur Verfassungswidrigkeit der Vergütungsregelung des Stromeinspeisungsgesetzes, RdE 1997, 46 ff.; *Papier,* Die Regelung von Durchleitungsrechten, 1997; *ders.,* in: Maunz/Dürig, Grundgesetz, Kommentar, Loseblatt (Stand: 35. EL/Febr. 1999), Bd. 2, Art. 14; *Pohlmann,* Rechtsprobleme der Stromeinspeisung nach dem Stromeinspeisungsgesetz, 1996; *ders.,* Der Streit um das Stromeinspeisungsgesetz vor dem GG, NJW 1997, 545 ff.; *Pünder,* EuGH billigt die Förderung von „Öko-Strom", Jura 2001, 591 ff.; *Puwalla,* Qualifikation von Abgaben, 1997; *Reshöft,* Verfassungskonformität von Abnahme- und Vergütungsverpflichtungen nach dem EEG, in: Beck/Brandt/Salander (Hrsg.), Handbuch Energiemanagement, Loseblatt (Stand: 5. EL/Jan. 2002), Bd. 1, Kap. 5303; *ders.,* Verfassungs- und Europarechtskonformität des EEG, 2003; *Reshöft/Steiner/Dreher,* Erneuerbare-Energien-Gesetz, Handkommentar, 2. Aufl. 2005; *Richter,* Grenzen der wirtschaftlichen Förderung regenerativer Stromeinspeisung in Deutschland – Gleichzeitig ein Beitrag zur Reform des Stromeinspeisungsgesetzes in Anlehnung an das britische Förderungsmodell der „Non-Fossil Fuel Obligation" –, 2000; *ders.,* Die Unvereinbarkeit des Stromeinspeisungsgesetzes mit europäischem Beihilferecht (Art. 92 EGV a. F./Art. 87 EGV n. F.) – Dargestellt am Beispiel der Windenergieförderung gemäß § 2 i. V. m. § 3 Stromeinspeisungsgesetz, RdE 1999, 23 ff.; *Ritgen,* Stromeinspeisungsgesetz und europäisches Beihilfenaufsichtsrecht, RdE 1999, 176 ff.; *Ruge,* Anmerkung zu EuGH, Urt. v. 13. 3. 2001 – Rs. C-379/98 (Preussen Elektra/Schleswag AG), EuZW 2001, 247; *Sachs,* in: Sachs (Hrsg.), Grundgesetz, Kommentar, 2. Aufl. 1999, Art. 20; *Salje,* EEG, Erneuerbare-Energien-Gesetz, Gesetz für den Vorrang erneuerbarer Energien (EEG), Kommentar, 3. Aufl. 2005; *ders.,* Die Vereinbarkeit des Stromeinspeisungsgesetzes mit dem EG-Vertrag, RIW 1998, 186 ff.; *ders.,* Preismissbrauch durch Elektrizitätsversorgungsunternehmen, 1978; *ders.,* Stromeinspeisungsgesetz, Gesetz über die Einspeisung von Strom aus erneuerbaren Energien in das öffentliche Netz, Kommentar, 2. Aufl. 1999; *Sánchez Rydelski,* EG und WTO Antisubventionsrecht, 2001; *Sander,* Freihandel und Umweltschutz, in: Koch (Hrsg.), Umweltrecht, 2002, § 16, S. 639 ff.; *Scheuing,* Das Europäische Umweltverfassungsrecht als Maßstab gerichtlicher Kontrolle, Eine Analyse der Rechtsprechung des EuGH, EuR 2002, 619 ff.; *Schmidt-Preuß,* Die Gewährleistung des Privateigentums durch Art. 14 GG im Lichte aktueller Probleme, AG 1996, 1 ff.; *ders.,* Europarechtliche und verfassungsrechtliche Rahmenbedingungen der Energiepolitik, in: Hendler u. a. (Hrsg.), Energierecht zwischen Umweltschutz und Wettbewerb, 2002, S. 27 ff.; *ders.,* Verfassungskonflikt um die Durchleitung?, RdE 1996, 1 ff.; *Schmitz,* Die Nichtgewährung von Einspeisevergütungen in Höhe der Vorlieferantenpreise – Eine unbillige Behinderung i. S. d. GWB?, RdE 1990, 110 ff.; *Schneider,* Energieumweltrecht: Erneuerbare Energien, Kraft-Wärme-Kopplung, Energieeinsparung, in: Schneider/Theobald (Hrsg.), Handbuch zum Recht der Energiewirtschaft (HBEnWR), 2002, § 18 S. 998 ff.; *ders.,* Verfassungs- und euro-

1 Einführung

parechtliche Risiken einer Privilegierung stromintensiver Industrien im Rahmen des Belastungsausgleichs nach dem Erneuerbaren-Energien-Gesetz, ZNER 2003, 93 ff.; *Scholz*, in: Maunz/Dürig (Hrsg.), Grundgesetz, Kommentar, Loseblatt (Stand: 35. EL/Febr. 1999), Bd. 2, Art. 12; *Scholz*, Rechtsgutachten im Auftrag des Bundesverbandes Deutsche Wasserkraftwerke, Windenergie Aktuell 7/1995, 15 ff.; *ders.*, Die Vergütungsregelung des Stromeinspeisungsgesetzes als Mittel verfassungsmäßiger Wirtschaftslenkung und Umweltpolitik, ET 1995, 600 ff.; *ders.*, Die Vergütungsregelung des Stromeinspeisungsgesetzes als Mittel verfassungsmäßiger Wirtschaftslenkung und Umweltpolitik, Rechtsgutachten für den Bundesverband Deutsche Wasserkraftwerke, Windenergie Aktuell, Juli 1995, 15 ff.; *Schreiber*, Stromeinspeisung auf dem europarechtlichen Prüfstand, Eine Neubewertung des Stromeinspeisungsgesetzes?, ZNER 2000, 202 ff.; *Schwaiger*, Die Bindung der Vertragsfreiheit im Elektrizitätsverkehr zwischen öffentlichen Versorgungsunternehmen und industriellen Eigenerzeugern nach französischem, westdeutschem und EWG-Recht, 1967; *Schwintowski*, Stromeinspeisung auf dem europarechtlichen Prüfstand, Stromeinspeisung nach europäischem Recht, ZNER 2000, 204 f.; *Slotboom*, Subsidies in WTO Law and in EC Law, Broad and Narrow Definitions, JWT 2002, 517 ff.; *Soltész*, Die „Belastung des Staatshaushalts" als Tatbestandsmerkmal einer Beihilfe i. S. d. Art. 92 I EGV, EuZW 1998, 747 ff.; *Stanbrook/Bentley*, Dumping and Subsidies, The Law and Procedures Governing the Imposition of Anti-dumping and Countervailing Duties in the European Community, 3. Aufl. 1996; *Stoll*, WTO: Neue Welthandelsorganisation, Ergebnisse der Uruguay-Runde des GATT, ZaöRV 1994, 241 ff.; *Stoll/Schorkopf*, WTO – Welthandelsordnung und Welthandelsrecht, 2002; *Studenroth*, Verfassungswidrigkeit des Stromeinspeisungsgesetzes?, DVBl. 1995, 1216 ff.; *Teske*, Stromeinspeisung, regenerative Energien, Mindestpreis, Sonderabgabe, EWiR 1995, 1123 f.; *Tettinger*, in: Sachs (Hrsg.), Grundgesetz, Kommentar, 2. Aufl. 1999, Art. 12; *Theobald*, Verfassungsmäßigkeit des Stromeinspeisungsgesetzes, NJW 1997, 550 ff.; *Thieme/Rudolf*, PreussenElektra AG vs. Schleswag AG, Case C-379/98, American Journal of International Law 2002, 225 ff.; *Treffer*, Zur Verfassungswidrigkeit des Stromeinspeisungsgesetzes, UPR 1996, 128 ff.; *Trüeb*, Umweltrecht in der WTO, Staatliche Regelungen im Kontext des internationalen Handelsrechts, 2001; *Voigt*, Motor der Energiewende, Neue Energie 10/2003, 24 ff.; *Weck*, Die garantierte Einspeisevergütung für Strom nach dem Gesetz für den Vorrang erneuerbarer Energien, 2004; *Weiher*, Nationaler Umweltschutz und Internationaler Warenverkehr, 1997; *Wenig*, Antidumping und Antisubventionsrecht, in: Dauses (Hrsg.), Handbuch des EU-Wirtschaftsrechts, (Stand: März 2002), Bd. 2, Abschnitt K. II; *Witthohn/Smeddinck*, Die EuGH-Rechtsprechung zum Stromeinspeisungsgesetz – ein Beitrag zum Umweltschutz? ET 2001, 466 ff.; *Zeitler*, Einseitige Handelsbeschränkungen zum Schutz exterritorialer Rechtsgüter, Eine Untersuchung zum GATT, Gemeinschaftsrecht und allgemeinem Völkerrecht, 2000.

Rechtsprechung: EuGH, Urt. v. 13. 3. 2001, PreussenElektra AG gegen Schleswag AG, Rs. C-379/98, Slg. 2001 I-2099, BVerfG, RdE 1996, 105 f.; BVerfG, Beschl. v. 17. 5. 2002 – 2 BvL 6/02 (unveröffentlicht); BVerfG, NVwZ-RR 2002, 321 f.; BVerfG, NVwZ-RR 2002, 322 ff.; BGH, BGHZ 134, 1 ff. = BGH, NJW 1997, 574 ff.; BGH, UPR 2003, 350 ff. = RdE 2003, 78 ff.; BGH, Urt. v. 11. 6. 2003 – VIII ZR 161/02 (unveröffentlicht); OLG Karlsruhe, NJW 1997, 590 ff.; OLG Schleswig, ZNER 1999, 149 ff.; OLG Stuttgart, NJW 1997, 595 ff.; LG Freiburg, ET 1996, 103; LG Karlsruhe, RdE 1996, 75 ff.; LG Karlsruhe, RdE 1996, 200 ff.; LG Karlsruhe, NJW 1997, 590 f.; LG Kiel, EuZW 1999, 29 ff.; LG Koblenz, RdE 2002, 153 ff.; AG Plön, NJW 1997, 591 ff.

A. Vorgeschichte des EEG

I. Rechtsentwicklung bis 1990

Das Recht der Einspeisung und der Vergütung von Strom aus Erneuerbaren 1
Energien entstand im Zusammenhang mit der Einspeisung von Strom aus kleineren Laufwasserkraftwerken und Anlagen zur industriellen oder gewerblichen Eigenerzeugung in das öffentliche Stromnetz. Industrielle Eigenerzeugung erfolgte weit überwiegend auf fossiler Basis. Soweit jedoch die Elektrizität aus eigenen

Einführung 2–5

Anlagen zur Stromproduktion nicht selbst genutzt werden konnte und soweit die Eigenerzeuger auch über kein eigenes Versorgungsnetz verfügten, stellte sich die Frage nach einer wirtschaftlich sinnvollen Verwendung dieses Überschussstromes. Dieser Überschussstrom musste in ein Netz eingespeist werden.[1]

2   Das EnWG,[2] das die gesamte Elektrizitäts- und Gasversorgung unter staatliche Aufsicht stellte, enthielt keine Regelungen über die Überschusseinspeisung aus Eigenanlagen. In diesem Bereich entwickelten sich – mangels Regelung qua lege – zunächst privatrechtliche Lösungen.[3] Die Geschichte der Vergütung von Strom aus Erneuerbaren Energien beginnt daher in etwa mit der Einspeisung von Überschussstrom aus Erzeugungsanlagen unabhängiger Betreiber nach dem zwischen der STEAG und der RWE/VEW im Jahre 1950 abgeschlossenen Einspeisevertrag.[4]

3   Eine erste – regional begrenzte – staatliche Einflussnahme auf die Vertragsverhältnisse von einspeisenden Eigenerzeugern und netzbetreibenden Elektrizitätsversorgungsunternehmen erfolgte durch eine Verordnung des bayerischen Staatsministers für Wirtschaft[5] aus dem Jahre 1952, die für eingespeisten Strom aus Kleinwasserkraftwerken mit einer Leistung von bis zu 500 kW bestimmte Arbeits- und Leistungspreise festsetzte, ohne dabei aber einen Kontrahierungszwang zu begründen. Diese Regelung gilt bis heute, wird nunmehr aber vom EEG überlagert und ist deshalb bedeutungslos geworden.[6]

4   Eine weitere Vereinbarung zwischen den Verbänden der Akteure, dem VIK und dem VDEW, wurde 1959 geschlossen; sie betraf die Bildung einer Gütestelle, die Entscheidungen im Zusammenhang mit der Übernahme freier Leistung aus bestimmten Eigenanlagen zu treffen hatte.

5   Diese Rechtsentwicklung setzte sich mit einem vom Bundeskartellamt (BKartA) gegen die RWE im Jahre 1977 eingeleiteten Missbrauchsverfahren nach §§ 2 Abs. 4 und 5, 26 Abs. 2 GWB a. F.[7] fort. Die Praxis, industrielle Eigenerzeuger, die eine KWK-Anlage betrieben und überschüssigen Strom in das öffentliche Netz einspeisten, mit einer „Parallelfahrgebühr" zu belasten, wenn es zu einem Parallelbetrieb mit Erzeugungsanlagen der Elektrizitätsversorgungsunternehmen kam, wurde vom BKartA als unbillige Behinderung dieser industriellen Sonderabnehmer bewertet. Als missbräuchlich angesehen wurde auch die unterschiedliche Behandlung dieser eigenerzeugenden Zusatzstrombezieher mit gewöhnlichen Vollstrombeziehern bei der Bezahlung der vorgehaltenen Leistung sowie bei Benutzungsdauerrabatten. Das Bundeskartellamt forderte das Elektrizitätsversorgungsunternehmen zudem auf, die Vergütung des einzuspeisenden Überschussstroms an den ersparten beweglichen Kosten zu orientieren. Begründet wurde dies damit, dass die Verwendung des Überschussstroms aus gesamtwirtschaftlichen Gründen

---

[1] Zum Ganzen *Altrock*, „Subventionierende" Preisregelungen, S. 9 f.
[2] Energiewirtschaftsgesetz (EnWG 1935) v. 13. 12. 1935, RGBl. I S. 1451, BGBl. III 752 – Erstes Gesetz zur Neuregelung des Energiewirtschaftsgesetzes (EnWG 1998) v. 24. 4. 1998, BGBl. I S. 730. Zweites Gesetz zur Neuregelung des Energiewirtschaftsrecht (EnWG 2005) v. 7. 7. 2005, BGBl. I S. 1970.
[3] Zum Hintergrund *Schwaiger*, Die Bindung der Vertragsfreiheit im Elektrizitätsverkehr, S. 175; *Kord-Ruwisch*, ET 1995, 39, 41; *Pohlmann*, Rechtsprobleme des StrEG, S. 25; oder statt aller *Altrock*, „Subventionierende" Preisregelungen, S. 10.
[4] Hierzu *Salje*, EEG, 3. Aufl., Einführung Rn. 28 ff.; *Schneider*, in: Schneider/Theobald, HBEnWR, § 18 Rn. 47.
[5] StAnz Bayern Nr. 11 v. 15. 3. 1952 (Nr. By 2/52); geändert durch die VO v. 7. 5. 1957, GVBl. Bayern, S. 97 und v. 2. 2. 1963, GVBl. Bayern, S. 31; dazu auch VGH München, BayStaatZ 1956, Nr. 44, S. 8.
[6] *Klinger*, FS Börner, S. 541, 552; *Pohlmann*, Rechtsprobleme StrEG, S. 188 ff.; *Herrmann*, Anwendungsprobleme StrEG, S. 21; *ders.*, in: Büdenbender/Kühne, FS Baur, S. 153, 155 ff.
[7] Heute §§ 19, 20 GWB; vgl. BKartA Tätigkeitsbericht 1977, BT-Drs. 8/1925, 86 f.

6–8 Einführung

Vorrang vor der allein betriebswirtschaftlich begründbaren Verhaltensweise des marktbeherrschenden Elektrizitätsversorgungsunternehmens genieße.

Die Entscheidung des Bundeskartellamts gab Orientierung für eine Verbändevereinbarung (sog. Verbändevereinbarung I)[8] vom 1. August 1979 über die Intensivierung der stromwirtschaftlichen Zusammenarbeit zwischen Elektrizitätsversorgungsunternehmen und industrieller Kraftwirtschaft.[9] Diese Vereinbarung passte die Ergebnisse des Musterverfahrens gegen RWE für die Kraft-Wärme-Kopplung und für Regenerativstromanlagen an. Sie unterschied zwischen der Einspeisung von Strom mit und ohne Programmlieferverpflichtung des Einspeisers. Den Einspeisern, die ihre Überschusseinspeisungen langfristig vorankündigen konnten, wurde eine höhere Vergütung gewährt. Die Vergütung entsprach der höheren Leistungsqualität und genügte deshalb grundsätzlich den kartellrechtlichen Mindestanforderungen.[10] 6

Die konkrete Höhe der Vergütung war dabei in einem ersten Ausgangspunkt in den Verbändevereinbarungen der Elektrizitätsversorgungsunternehmen vom 1. August 1979 festgelegt, konnte aber zu keinem Zeitpunkt eine kostendeckende Vergütung der Erzeugungskosten für Regenerativstrom sicherstellen. Im Jahr 1988 wurde die Verbändevereinbarung, die seit 1984 über den Bereich der Industrie hinaus auch auf Anlagen Privater angewendet wurde,[11] entsprechend der so genannten „Bodensatztheorie" ergänzt. Eine erhöhte Vergütung hatte danach auch dann zu erfolgen, wenn sich durch eine Vielzahl von Einspeisungen ein gewisser Grad der Verlässlichkeit einstellte, der bei den Elektrizitätsversorgungsunternehmen zur Einsparung von fixen Kosten führte. Diese zukünftig ersparten Leistungskosten sollten also einbezogen sein.[12] Durch diese Regelung wurden die Einspeisevergütungen um etwa 30 Prozent angehoben.[13] 7

Entstehungsgeschichtlich geht dem Einspeisungs- und Vergütungsanspruch des § 4 Abs. 1 Satz 1 EEG[14] also ein kartellrechtlicher Anspruch vor. Der kartellrechtliche Einspeisungsanspruch war in den §§ 26 Abs. 2, 103 Abs. 5 Satz 2 Nr. 3 GWB a. F. verankert, wonach es marktbeherrschenden Unternehmen der Energieversorgungswirtschaft untersagt war, kleinere und von ihnen abhängige Unternehmen in der Verwertung von in eigenen Anlagen erzeugter Energie unbillig zu behindern.[15] Der Anspruch aus § 26 Abs. 2 GWB a. F. stand dem Betreiber einer Erzeugungsanlage gegen den jeweiligen Gebietsversorger zu und war daher nicht auf Regenerativstrom beschränkt. Der konkrete Missbrauchstatbestand des § 103 Abs. 5 Satz 2 Nr. 3 GWB, der eine Regelung über eine unbillige Behinderung in der Verwertung von in eigenen Anlagen erzeugter Energie traf, wurde im Zuge der 4. GWB-Novelle 1980[16] flankierend zur Verbändevereinbarung eingeführt. 8

---

[8] *Herrmann,* in: Büdenbender/Kühne, FS Baur, S. 153, 155 f.
[9] Vgl. VIK-Mitteilungen 1979, S. 71 ff.; beteiligt waren neben VDEW und VIK auch der BDI.
[10] *Moraing,* in: Ludwig/Odenthal, Recht der Elektrizitäts-, Gas- und Wasserversorgung, Bd. 2, IV, § 103 GWB Rn. 205 f.; *Pohlmann,* Rechtsprobleme StrEG, S. 27; *Salje,* EEG, 3. Aufl., Einf. Rn. 32.
[11] *Herrmann,* Anwendungsprobleme StrEG, S. 22.
[12] Vgl. VIK Mitteilungen 1988, S. 97; weiterhin *Klaue,* in: Immenga/Mestmäcker, GWB, § 103 Rn. 74.
[13] Stellungnahme des VI, VIK-Mitteilungen 1990, 107, 108.
[14] Gesetz zur Neuregelung des Recht der Erneuerbaren Energien im Strombereich v. 21. 7. 2004, BGBl. I S. 1918, zuletzt geändert am 7. 7. 2005, BGBl. I S. 1970. Bei Abgrenzungsnotwendigkeit „EEG 2004", ansonsten „EEG".
[15] *Klinger,* in: FS Börner, S. 555 ff.; *Reshöft/Steiner/Dreher,* EEG, § 4 Rn. 4; zusammenfassend *Schneider,* in: Schneider/Theobald, HBEnWR, § 18 Rn. 47.
[16] Neuregelung des Gesetzes gegen Wettbewerbsbeschränkungen v. 26. 4. 1980, BGBl. I S. 458.

Einführung 9–11

Die Norm galt auch für nichtindustrielle Kraftwerke. Die Vorschrift des § 103 Abs. 5 Satz 2 Nr. 3 GWB a. F. gewährte Eigenversorgern Ansprüche auf Reserve- und Zusatzversorgung[17] und Überschussproduzenten solche auf Einspeisung gegen angemessene Vergütung. Nach dem Willen der Bundesregierung sollte die Vorschrift des § 103 Abs. 5 Satz 2 Nr. 3 im Interesse eines sparsamen Umgangs mit den endlichen Primärenergiequellen insbesondere sicherstellen, dass eine technisch mögliche und volkswirtschaftlich sinnvolle Nutzung der im industriellen Produktionsprozess eingesetzten Primärenergien (etwa Produktion von Wärme) auch zur Stromerzeugung (Kraft-Wärme-Kopplung) nicht durch missbräuchliche Behinderungspraktiken erschwert wurde.[18] Die Rechtsprechung billigte nicht nur KWK-Anlagenbetreibern, sondern später auch Produzenten regenerativ erzeugten Stroms im Rahmen des § 26 Abs. 2 i. V. m. § 35 GWB 1990 Vergütungsansprüche zu.

9 Problematisch dabei war und bleibt bei § 26 Abs. 2 GWB a. F. die Annahme des Merkmals der unbilligen Behinderung. In Bezug auf dieses Merkmal kommen nämlich zwei Auslegungen in Betracht: Eine unbillige Behinderung könnte grundsätzlich aus der Verweigerung der Einspeisung oder aus einer unangemessenen Einspeisungsvergütung resultieren. Der BGH optierte unter Hinweis auf § 103 Abs. 5 Satz 2 Nr. 3 GWB a. F. für die erste Möglichkeit und begründete seine Auffassung mit dem Gedanken, dass vorbehaltlich der Abwägung im Einzelfall die Verweigerung der Abnahme eigenerzeugter Energie im Grundsatz als unbillige Behinderung anzusehen ist. Netzbetreiber, die damals noch das Versorgungsmonopol in einem Versorgungsgebiet innehatten, wurden deshalb regelmäßig als zur Abnahme verpflichtet angesehen.

10 Aber auch durch die Bemessung der Höhe der Vergütung konnten Einspeiser im Sinne des § 26 Abs. 2 GWB a. F. unbillig behindert werden. Dies ergab sich aus den divergierenden Interessen von Einspeisern und Elektrizitätsversorgungsunternehmen. Die Einspeiser strebten eine Vergütung an, die zumindest kostendeckend war, daneben aber auch einen gewissen Gewinn versprach. Hingegen hatten die Elektrizitätsversorgungsunternehmen ein Interesse daran, die Vergütungshöhe auf den Wert zu begrenzen, den die Einspeisung für sie hatte. Dieser Wert kann aber gering sein, wenn sich die Stromeinspeisung nicht an den Bedürfnissen des Elektrizitätsversorgungsunternehmens, sondern an den Erzeugungsbedingungen orientiert.[19]

11 Wegen der mangelnden rechtlichen Verbindlichkeit der Verbändevereinbarung von 1979 fühlten sich die Gerichte bei der Berechnung der Höhe der Vergütung – angesichts der soeben genannten Schwierigkeiten – nicht an diese gebunden. Für die Berechnung der Vergütungshöhe, die mit dem Einspeisungsanspruch verbunden war, bediente sich die Rechtsprechung daher des so genannten **Prinzips der vermiedenen Kosten**.[20] Ende 1988 sprach sich auch der Rat der Europäischen Gemeinschaft dafür aus, die Vergütungshöhe für Einspeisungen von eigenerzeugtem Strom in öffentliche Netze eng an dem Maßstab der vermiedenen Kosten zu orientieren.[21] Nach diesem Prinzip mussten die verpflichteten Energieversorgungsunternehmen den Erzeugern von Strom aus Erneuerbaren Energien den

---

[17] Vgl. OLG Koblenz, ZNER 1/1998, 72 ff. mit Anm. *Tönnies*.
[18] BT-Drs. 8/2136, S. 34.
[19] *Schmitz*, RdE 1990, 110, 117.
[20] BGHZ 119, 335; BGH, RdE 1993, 74 – Wasserkraftwerk I; BGH, NJW-RR 1995, 1381 – Wasserkraftwerk II; OLG Schleswig, ET 1994, 382; OLG Karlsruhe, RdE 1995, 206; KG, RdE 1997, 27; hierzu auch *Bartsch/Dingeldey*, ET 1995, 249 ff. oder *Büdenbender*, Kartellaufsicht, S. 277 ff.
[21] Empfehlung des Rates v. 8. 11. 1988, ABl. EU 1988 Nr. L 335, S. 29.

Betrag zahlen, den sie bedingt durch die Einspeisung u. a. bei der eigenen Stromerzeugung einsparen konnten.

Die praktische Umsetzung des Prinzips bereitete aber erhebliche Schwierigkeiten. So standen zum Beispiel verschiedene zeitliche Bezugspunkte zur Wahl, auf die man abstellen konnte (kurzfristig bzw. langfristig vermiedene Kosten).[22] Langfristig vermiedene Fixkosten werden erspart, wenn infolge der Einspeisung im Übrigen weniger Erzeugungs- und Netzkapazität vorgehalten werden muss. Unter vermiedene Kosten fallen aber im Grundsatz auch die etwa für den Brennstoff anfallenden variablen Kosten (kurzfristig vermiedene Kosten).[23] Damit wird klar, dass die Höhe der vermiedenen Kosten wesentlich von den konkreten Umständen des Einzelfalls abhängt.[24]

II. Rechtslage 1991 bis 1998

Eine besondere Wende erfuhr das deutsche Recht der Einspeisung und Vergütung von Regenerativstrom durch das **Stromeinspeisungsgesetz (StrEG)**[25] vom 7. Dezember 1990.[26] Das Gesetz, das am 1. Januar 1991 in Kraft trat, wich ganz bewusst vom Grundsatz der vermiedenen Kosten ab und ging darüber hinaus. Anknüpfungspunkt für die Vergütungshöhe war nicht länger der elektrizitätswirtschaftliche Wert der Einspeisung, sondern – ausweislich der amtlichen Gesetzesbegründung[27] – die nach dem umweltpolitischen Gesetzeszweck der Ressourcenschonung und des Klimaschutzes bestimmte Förderungswürdigkeit des jeweils eingesetzten erneuerbaren Energieträgers. Nach § 2 StrEG waren die Elektrizitätsversorgungsunternehmen verpflichtet, den in ihrem Versorgungsgebiet erzeugten **Strom** aus Erneuerbaren Energien **abzunehmen** und den eingespeisten Strom nach § 3 StrEG **zu vergüten**. Die Vergütung betrug nach § 3 StrEG mindestens 75 Prozent des Durchschnittserlöses je Kilowattstunde aus der Stromabgabe von Elektrizitätsversorgungsunternehmen an alle Letztverbraucher. Der zur Ermittlung der genauen Vergütungen maßgebliche **Durchschnittserlös** ergab sich aus dem Wert, der in der amtlichen Statistik des Bundes jeweils für das vorletzte Kalenderjahr veröffentlicht worden war.[28] § 4 StrEG sah eine **Härteklausel** vor. Danach ging die Abnahme- und Vergütungspflicht auf das vorgelagerte EVU über, wenn die Verpflichtung aus den §§ 2 bis 3 StrEG für das abnahmepflichtige Elektrizitätsversorgungsunternehmen eine unbillige Härte darstellte. Nach § 4 Abs. 2 StrEG lag eine unbilligen Härte vor, wenn eine spürbare Erhöhung der Stromabgabepreise über die Preise gleichartiger oder vorgelagerter Elektrizitätsversorgungsunternehmen eingetreten war. Die Regelung war das Ergebnis einer breiten umweltpolitischen Diskussion über eine verstärkte „Förderung von Zukunftsenergien", die 1990 – in einem sehr straffen Gesetzgebungsverfahren und ohne Gegenstimmen – zur Verabschiedung des StrEG führte.[29] Das StrEG wurde mit Art. 5 des so genannten Energie-Artikelgeset-

---

[22] *Schmitz*, RdE 1990, 110, 116.
[23] *Salje*, Preismissbrauch durch Elektrizitätsversorgungsunternehmen, S. 209.
[24] So auch BGHZ 119, 335 ff., 338 f.
[25] Gesetz über die Einspeisung von Strom aus erneuerbaren Energien in das öffentliche Netz v. 7. 12. 1990, BGBl. I S. 2633.
[26] Allgemein dazu *Herrmann*, in: Büdenbender/Kühne, FS Baur, S. 153, 157 ff.; *Reshöft*, in: Beck/Brandt/Salander, Handbuch Energiemanagement, Bd. 1, Kap. 5303, Rn. 9 ff.
[27] BT-Drs. 11/7816, S. 3.
[28] Vgl. § 3 Abs. 1 Satz 1, Abs. 3 Satz 1 StrEG.
[29] Vgl. Plenarprotokoll 11/229, 18 163.

Einführung 14–16

zes[30] vom 19. Juli **1994** erstmals **novelliert**. Dabei wurde der Anwendungsbereich des StrEG auf die Energiegewinnung aus Biomasse erweitert und die Vergütungshöhe der nach § 3 Abs. 1 StrEG weniger stark geförderten Energieträger von 75 auf 80 Prozent erhöht.

III. Rechtslage nach 1998 bis 2000

14   Wichtige Änderungen brachte die **Energierechtsnovelle 1998.** Das StrEG wurde durch das Gesetz zur Neuregelung des Energiewirtschaftsrechts[31] reformiert. Danach wurde **Biomasse nun** umfassend gefördert und nicht mehr nur beschränkt auf biologische Rest- und Abfallstoffe der Land- und Forstwirtschaft und die gewerbliche Be- und Verarbeitung von Holz. § 2 StrEG wurde grundlegend geändert. Normadressaten waren nicht mehr Elektrizitätsversorgungsunternehmen jeglicher Art, sondern nur solche, die ein Netz für die allgemeine Versorgung betrieben, an das andere angeschlossen waren. Diese Änderung erfolgte als Anpassung an Art. 8 Abs. 3 EltRL 1996.[32] Die Verpflichtung traf denjenigen Versorger, dessen Netz die kürzeste räumliche Entfernung zu der Anlage aufwies. Zudem wurden die Mehrkosten, die aus den §§ 2 und 4 StrEG 1998 resultierten, der Verteilung und Übertragung zugeordnet; sie konnten bei der Ermittlung des Durchleitungsentgeltes nach den §§ 5 und 6 EnWG 1998 in Ansatz gebracht werden.

15   Neu gefasst wurde § 4 StrEG, der die als unpraktikabel apostrophierte **Härteklausel** enthielt. In einem neuen Absatz wurde bestimmt, dass eine über 5 Prozent des Gesamtstromabsatzes hinausgehende Stromeinspeisung vom vorgelagerten Netzbetreiber zu vergüten war. Die Einspeisungs- und Vergütungspflicht des tatsächlichen aufnehmenden EVU blieb bestehen; die insofern eingespeiste Elektrizität wurde damit also nicht im zu erstattenden Vergütungsumfang an den vorgelagerten Netzbetreiber weitergeleitet.[33] Die Erstattungspflicht des vorgelagerten Netzbetreibers endete, wenn wiederum **5 Prozent** des Gesamtstromabsatzes in dessen Versorgungsgebiet erreicht worden war. In § 4 Abs. 4 StrEG 1998 wurde eine erneute Berichtspflicht der Bundesregierung festgelegt, die spätestens 1999, jedenfalls aber so frühzeitig erfolgen sollte, dass vor Eintreten des Wegfalls von Einspeisungs- und Vergütungspflichten eine erneute Novelle der Härteklausel möglich sein sollte.

IV. Rechtslage April 2000 bis Juli 2004

16   Unmittelbarer Anlass für die Schaffung des EEG war folgendes: Am 14. Oktober 1999 teilte der Vorstand der PreussenElektra AG dem Bundeswirtschaftsministerium mit, dass erwartet werde, dass der so genannte **5-Prozent-Deckel** bereits 1999 erreicht werde. Damit wäre die Abnahme- und Vergütungspflicht für Strom aus Erneuerbaren Energien ab dem Jahr 2000 für neue Anlagen in den Versorgungsgebieten der Schleswag[34] (Rendsburg) und von EWE (Oldenburg) entfallen. Zwar teilte das Bundeswirtschaftsministerium die Auffassung der

---

[30] Gesetz zur Sicherung des Einsatzes der Steinkohle in der Verstromung und zur Änderung des Atomgesetzes und des Stromeinspeisungsgesetzes, BGBl. I S. 1618, 1622 f., in Kraft ab dem 1. 8. 1994.
[31] Siehe Art. 3 Abs. 2 des Gesetzes zur Neuregelung des Energiewirtschaftsrechts v. 24. 4. 1998, BGBl. I S. 730 ff., siehe Fn. 2.
[32] Richtlinie 96/92/EG des Europäischen Parlaments und des Rates vom 19. Dezember 1996 betreffend gemeinsame Vorschriften für den Elektrizitätsbinnenmarkt, ABl. EU Nr. L 27 v. 30. 1. 1997, S. 20 ff. (nicht mehr rechtskräftig), siehe Fn. 214.
[33] *Salje*, EEG, 3. Aufl., Einführung Rn. 43.
[34] Heute e.on Hanse.

17 Einführung

PreussenElektra AG nicht und ging auch für Neuanlagen des darauf folgenden Jahres von einem vollen Abnahme- und Vergütungsanspruch nach dem StrEG aus.[35] Gleichwohl wurde die Novellierung des StrEG sogleich in Angriff genommen.

Bereits am 25. Februar 2000 verabschiedete der Deutsche Bundestag das Gesetz für den Vorrang Erneuerbarer Energien,[36] das am 1. April 2000 in Kraft trat. Die **Entstehungsgeschichte** des EEG ist bemerkenswert. Anders als üblich wurde der Gesetzentwurf nicht von dem innerhalb der Bundesregierung damals für Erneuerbare Energien federführenden Bundeswirtschaftsministerium erarbeitet, sondern von einer Arbeitsgruppe der Regierungsfraktionen. Hintergrund dieser von den sonstigen parlamentarischen Gepflogenheiten abweichenden Vorgehensweise waren erhebliche Differenzen über Zeitpunkt, Umfang und Ausrichtung der Novellierung des StrEG zwischen dem zögerlichen und nur zu geringfügigen Änderungen bereiten Wirtschaftsministerium und den Regierungsfraktionen, die an einer raschen und ambitionierten Novelle interessiert waren.[37] Der Gesetzentwurf[38] wurde am 13. Dezember 1999 von den Koalitionsfraktionen in den Bundestag eingebracht und dort noch in der gleichen Woche in erster Lesung behandelt.[39] Nach Anhörung von Sachverständigen[40] beriet der federführende Ausschuss für Wirtschaft und Technologie am 23. Februar 2000 den Gesetzentwurf samt den eingebrachten Änderungsanträgen[41] und empfahl dem Bundestag die Annahme des Gesetzentwurfs in der Fassung der Änderungsanträge der Regierungsfraktionen.[42] Nur zwei Tage später beriet der Bundestag den Gesetzentwurf in zweiter und dritter Lesung und verabschiedete das EEG in der vom Ausschuss empfohlenen Fassung in namentlicher Abstimmung mit 328 zu 217 Stimmen bei fünf Enthaltungen.[43] Bereits am 17. März 2000 stimmte auch der Bundesrat dem Gesetz zu,[44] das damit nach nur dreimonatigem Gesetzgebungsverfahren am 1. April 2000 in Kraft treten konnte.[45]

---

[35] Tagesnachricht BMWi Nr. 10 931 v. 18. 10. 1999.
[36] Gesetz über den Vorrang Erneuerbarer Energien v. 29. 3. 2000, BGBl. I S. 305, siehe Fn. 14.
[37] Vgl. auch *Bechberger*, Das Erneuerbaren-Energien-Gesetz (EEG), ffu-report 00–06; *Schneider*, in: Schneider/Theobald, HBEnWR, § 18 Rn. 54.
[38] Art. 1 des Entwurfs eines Gesetzes zur Förderung der Stromerzeugung aus Erneuerbaren Energien sowie zur Änderung des Mineralölsteuergesetzes, BT-Drs. 14/2341.
[39] Plenarprotokoll 14/79, 7239.
[40] Vgl. Deutscher Bundestag, 14. Wahlperiode, Ausschuss für Wirtschaft und Technologie, Protokoll Nr. 24, Az. 742 2401, abgedruckt in ZNER 2000, 30 ff.
[41] Neben den Änderungsanträgen der Koalitionsfraktionen lag ein Antrag der PDS vor. Vgl. Beschlussempfehlung und Bericht des Ausschusses für Wirtschaft und Technologie, BT-Drs. 14/2776, 21 ff. u. 44.
[42] Vgl. Beschlussempfehlung und Bericht des Ausschusses für Wirtschaft und Technologie, BT-Drs. 14/2776, 16 ff. Zu den Veränderungen gegenüber dem ursprünglichen Gesetzentwurf *Oschmann*, ZNER 2000, 24 ff.; vgl. auch *Brandt/Reshöft/Steiner*, EEG, Einleitung Rn. 14 ff.
[43] Ein erst in das Plenum eingebrachter Änderungsantrag der CDU/CSU-Fraktion (BT-Drs. 14/2805) wurde mit den Stimmen von SPD, BÜNDNIS 90/DIE GRÜNEN und PDS bei Enthaltung der FDP abgelehnt, vgl. Plenarprotokoll 14/91, 8457 (B).
[44] Vgl. Bundesrat, Stenographischer Bericht, 749. Sitzung, 2000, Plenarprotokoll 749, 107. Der Bundesrat hielt das Gesetz wegen der in § 11 Abs. 5 Satz 3 enthaltenen Aufgabenzuweisung an die Präsidenten der zuständigen Oberlandesgerichte für zustimmungspflichtig. Für das Gesetz stimmten auch die zu diesem Zeitpunkt von großen Koalitionen regierten Stadtstaaten Berlin, Bremen und Hamburg, sowie das CDU-regierte Land Thüringen.
[45] Zum Gesetzgebungsverfahren auch *Brandt/Reshöft/Steiner*, EEG, Einleitung Rn. 13, u. *Salje*, EEG, 2. Aufl., Einführung Rn. 15. Aus politikwissenschaftlicher Perspektive ausführlich *Bechberger*, Das Erneuerbaren-Energien-Gesetz (EEG), ffu-report 00–06.

Einführung 18–20

18   Das EEG führte in den ersten vier Jahren zu einem deutlichen **Zuwachs des Anteils der Erneuerbaren Energien** an der Stromerzeugung. Er stieg von 4,6 Prozent im Jahr 1998 auf rund 10 Prozent Ende 2004.[46] Auf diese Weise konnte alleine im Jahr 2003 rund 53 Mio. t der klimaschädlichen Kohlendioxid-Emission vermieden werden. Zudem wurden so erhebliche Ressourcenmengen geschont und die deutsche Energieversorgung ein Stück unabhängiger von auch sicherheitsrelevanten Energieimporten gemacht. Die Ziele des EEG wurden in den ersten Jahren seiner Geltung in einem sehr erfreulichen Maße erreicht. Bis zum Jahr 2010 wird bei Fortschreibung der geltenden Rahmenbedingungen ein Anstieg der eingespeisten Strommenge aus Erneuerbaren Energien auf etwa 75 Mrd. kWh (davon ca. 55 Mrd. kWh nach EEG), entsprechend etwa 12,5 Prozent des Stromverbrauchs, erwartet.[47]

19   Das stärkste Wachstum fand bei der Windenergie statt. Ende 2004 waren in Deutschland etwa **16 500** MW **Windleistung** in Betrieb. Sie hat sich damit infolge des EEG gegenüber dem Jahr 2000 mehr als verdoppelt und entspricht etwa einem Drittel der weltweit installierten Windkraftkapazität. Die Windenergieanlagen erzeugten im Jahr 2003 etwa 18,5 Mrd. kWh Strom. Die **Wasserkraft** trug im Jahr 2003 mit rund 20 Mrd. kWh zur Stromerzeugung bei. Die **Fotovoltaik** hat seit Einführung des EEG sowie infolge des 100 000-Dächer-Solarstrom-Programms ähnlich der Windenergie, allerdings auf deutlich niedrigerem Niveau, einen beachtlichen Aufschwung erfahren. Die installierte Leistung stieg seit dem Jahr 2000 bis Ende 2003 um fast 700 Prozent und lag damit bei etwa 390 MW$_{peak}$, die 323 Mio. kWh Strom erzeugten. Die installierte Leistung an **Biomasse**kraftwerken nahm bis Ende 2003 um über 100 Prozent auf 950 MW zu. Im Jahr 2003 wurden aus Biomasse etwa 5 Mrd. kWh Strom erzeugt.[48] Deponiegasanlagen mit einer installierten elektrischen Leistung von etwa 250 MW erzeugten rund 1,5 Mrd. kWh. Klärgas wird in rund 600 Anlagen verstromt. Die installierte elektrische Leistung lässt sich auf 170 MW bei einer Stromerzeugung von 700 Mio. kWh abschätzen.[49] **Geothermie** (Erdwärme) wurde nur in geringem Umfang zur Stromerzeugung genutzt. Die erste Stromerzeugungsanlage ging im November 2003 in Betrieb. Aus Grubengas wurden im Jahr 2003 rund 87 Mio. kWh Strom erzeugt.[50]

V. Rechtslage seit August 2004

20   Am 12. August 2003 veröffentlichte das seit Oktober 2002 für Erneuerbare Energien zuständige Bundesumweltministerium einen Referentenentwurf, mit dem eine umfassende Novellierung des EEG 2000 vorgenommen werden sollte. Anlass dieses Entwurfs war nicht die Überarbeitung der erst am 22. Juli 2003 in Kraft getretenen, jedoch heftig kritisierten Vorschrift des § 11 a – so ging der Entwurf von einem wortgleichen Konzept der Entlastung von den EEG-Aufwendungen aus. Anlass war vielmehr die Umsetzung verbindlicher Vorgaben aus der **EE-RL**[51] sowie – neben der erforderlichen Änderung verschiedener Ver-

---

[46] Vgl. jeweils die aktuellen Zahlenangaben des Bundesumweltministeriums unter www.erneuerbare-energien.de.
[47] Vgl. *BMU*, Erneuerbare Energien in Zahlen, 2004, S. 8 f.
[48] Ebenda, S. 13.
[49] Vgl. *BMU*, Entwicklung der Erneuerbaren Energien, 2003, S. 8 ff.
[50] Ebenda.
[51] Richtlinie 2001/77/EG des Europäischen Parlaments und des Rates vom 27. 9. 2001 zur Förderung der Stromerzeugung aus erneuerbaren Energiequellen im Elektrizitätsbinnenmarkt, ABl. EU Nr. L 283 v. 27. 10. 2001, S. 33 ff.

21–23 Einführung

gütungen – die Klarstellung zahlreicher Streitpunkte, die im Zusammenhang mit dem EEG 2000 entstanden waren. In den darauf folgenden Monaten konzentrierte sich die Kritik am EEG 2000 in der Öffentlichkeit insbesondere auf die Ausgestaltung des § 11 a: Vor allem die Grenzziehung für das Greifen der Härtefallklausel bei 100 Mio. kWh Stromverbrauch an einer Abnahmestelle wurde von vielen Unternehmen als zu hoch angesehen.[52] Vielfach wurden aber auch Vorschläge für andere Vergütungshöhen bei verschiedenen Energieträgern gemacht.[53] Zudem wurde etwa die Einführung von Ausschreibungsmodellen im Bereich der Windenergie vorgeschlagen, also ein Absehen vom System der Mindestvergütungen.[54]

Am 5. November 2003 formulierten das Bundesumweltministerium und das Bundeswirtschaftsministerium ihre gemeinsame Absicht zu einer umfassenden Novellierung und Weiterentwicklung des EEG.[55] Hiernach sollten die Höhe der festen Vergütungen für Wind, Biomasse, Fotovoltaik und die übrigen Erneuerbaren Energien überdavid und die Anforderungen an die Effizienz der Anlagen erhöht werden. Ziel sollte es – neben der mittelfristigen Erreichung der Wettbewerbsfähigkeit der Erneuerbaren Energien – auch sein, die Kostensteigerungen für die Stromverbraucher in Grenzen zu halten. Die besondere Ausgleichsregelung für stromintensive Unternehmen des § 11 a EEG 2000 sollte in Zukunft nicht nur Großunternehmen umfassen, sondern sie sollte auch die Kosten stromintensiver mittelständischer Unternehmen begrenzen. Außerdem sollte eine Obergrenze für die zusätzliche Belastung der nicht begünstigten Stromverbraucher eingeführt werden.

B. Vereinbarkeit mit dem Grundgesetz

Die Kernregelungen des EEG, die Pflichten zum Anschluss der Anlagen sowie zur vorrangigen Abnahme des Stroms gegen eine gesetzliche Mindestvergütung sowie weiter die Netzausbauverpflichtung sind Sachverhalte, die mit Eingriffen in grundrechtlich geschützte unternehmerische Freiheit verbunden sein können. Die verfassungsrechtliche Zulässigkeit des EEG ist daher nicht selbstverständlich. **Prüfungsmaßstäbe** sind insbesondere die typischen Wirtschaftsgrundrechte Berufsfreiheit und Eigentumsrecht sowie der Gleichheitsgrundsatz.

Das BVerfG hat sich – anders als der BGH[56] – zur Verfassungsmäßigkeit des Förderungsmechanismus des EEG bislang nicht ausdrücklich geäußert. Die bisherige **verfassungsrechtliche Rechtsprechung** zum StrEG bzw. zum EEG 2000 verneinte jeweils schon die Zulässigkeit von Vorlagebeschlüssen nach Art. 100 GG[57]

---

[52] Vgl. *WirtschaftsVereinigung Metalle,* Stellungnahme zum Entwurf eines ersten Gesetzes zur Änderung des EEG 2000 v. 8. 4. 2003, Ausschuss-Drs. 15/104; E&M v. 20. 10. 2003, 2 und 3.
[53] Z. B. *Fachverband Biogas,* Stellungnahme zum Referentenentwurf des Umweltministeriums zur EEG-Novelle vom 12. 8. 2003.
[54] Antrag der FDP-Fraktion, Perspektiven für eine marktwirtschaftliche Förderung erneuerbarer Energien, BT-Drs. 15/1813, S. 3 und 5; kritisch dazu *Voigt,* Motor der Energiewende, Neue Energie 10/2003, 24, 27.
[55] *BMU,* Gemeinsame Pressmitteilung von BMU und BMWA, Nr. 205/03; *BMU,* Novelle des Erneuerbare-Energien-Gesetzes. Hintergrundpapier zur Ressorteinigung beim EEG vom 7. 11. 2003.
[56] Vgl. zum StrEG, BGHZ 134, 1 ff.
[57] Grundgesetz, v. 23. 5. 1949, BGBl. S. 1, zuletzt geändert am 26. 7. 2002, BGBl I S. 2863. BVerfG, RdE 1996, 105 f. zum Vorlagebeschluss des LG Karlsruhe, RdE 1996, 75 f.; sowie BVerfG, Beschl. v. 17. 5. 2002, Az. 2 BvL 6/02 (unveröffentlicht), zum Vorlagebeschluss des AG Plön, NJW 1997, 591 ff.

Einführung 24–26

bzw. von Verfassungsbeschwerden nach Art. 93 Abs. 1 Nr. 4a GG.[58] Allerdings enthalten die genannten Entscheidungen des BVerfG auch materiell-rechtliche Anhaltspunkte für die Beurteilung des EEG.[59] Auf diese wird nachfolgend noch einzugehen sein.

I. Formelle Verfassungsmäßigkeit des EEG

24 Das EEG ist in formeller Hinsicht ein verfassungsmäßiges Parlamentsgesetz. Das Gesetz stützt sich auf die weit zu verstehende konkurrierende Gesetzgebungskompetenz des Bundes für das Energiewirtschaftsrecht nach **Art. 74 Abs. 1 Nr. 11 GG** sowie den Bereich der Luftreinhaltung nach **Art. 74 Abs. 1 Nr. 24 GG**[60] und ist formell verfassungsgemäß zustande gekommen.

II. Finanzverfassungsrecht

25 Vergegenwärtigt man sich, dass das EEG preisrechtliche Bestimmungen enthält, die Zahlungspflichten begründen, ist zu fragen, inwieweit dies von finanzverfassungsrechtlicher Relevanz ist. Die Finanzverfassung befasst sich vorwiegend mit der Zulässigkeit der Erhebung von gegenleistungslosen öffentlich-rechtlichen Abgaben.[61] Damit sind die Steuern und die Sonderabgaben gemeint.[62] Während die Steuern ihre Kompetenzgrundlage in den Art. 105 GG ff. finden, stützen sich die Sonderabgaben stets auf die allgemeinen Kompetenztitel der Art. 70 GG ff. Dabei verletzt eine aus kompetenziellen Gründen verfassungswidrige Sonderabgabe nicht nur das formelle Verfassungsrecht, sondern stellt zugleich auch einen Grundrechtsverstoß dar.[63] Die Finanzverfassung will somit neben der bundesstaatlichen Kompetenzzuordnung auch Grundrechtspositionen Privater davor schützen, dass Einnahmen- und Ausgabenkreisläufe am staatlichen Haushaltsregime vorbei zustande kommen.

26 Bevor das EEG auf seine Vereinbarkeit mit der Finanzverfassung geprüft werden kann, ist der **methodische Zugang** zu dieser Prüfung zu klären. Die Reichweite des Finanzverfassungsrechts ist umstritten. Im Wesentlichen kreisen die einschlägigen Diskussionen um den Begriff der „öffentlichen Einnahmen" aus Art. 110 GG. Am engsten werden die Grenzen des Anwendungsbereichs der Finanzverfassung von der **„Theorie der durchlaufenden Posten"**[64] gezogen. Diese Auffassung geht davon aus, dass dem Staat selbst bei Zwischenschaltung eines Sonderfonds lediglich die Rolle eines Vermittlers und Gestalters einer „freiwilligen Selbsthilfeaktion" zwischen Privaten zukomme, weil die Einnahme sofort wieder an den Begünstigten ausgekehrt werde.[65] Für die für das EEG vorzunehmende Abgrenzung zwischen abgaberechtlich relevanten öffentlichen Geldleistungspflichten und abgaberechtlich uninteressanten privaten Geldleistungspflichten ist diese Ansicht

---

[58] BVerfG, NVwZ-RR 2002, 321 f.; BVerfG, NVwZ-RR 2002, 322 ff.
[59] So für das EEG 2000 bereits *Schneider,* ZNER 2003, 93; zu den Verfahren über die Verfassungsbeschwerden *Albrecht,* ZNER 1998, 17 ff.
[60] BT-Drs. 15/2864, S. 21.
[61] Vgl. auch *Hoffmann-Riem,* GewArch 1996, 1 ff., der finanzverfassungsrechtliche Maßstäbe nicht auf das StrEG anwenden will, weil mit dem Umweltschutz eine gesellschaftliche Aufgabe erfüllt wird. Zum Anwendungsbereich der Finanzverfassung ausführlich *Altrock,* „Subventionierende" Preisregelungen, S. 116 ff.
[62] Hierzu statt vieler *Kirchhof,* in: Isensee/Kirchhof, Handbuch Staatsrecht, Bd. IV, Rn. 45 ff., 221 ff.
[63] Dies ist die Folge der sog. „Elfes"-Rechtsprechung: BVerfGE 6, 32 ff. und BVerfGE 38, 281, 298 f.
[64] Dazu *Puwalla,* Qualifikation von Abgaben, S. 81 f. m. w. N.
[65] Vgl. BVerfGE 4, 7, 14; 6, 134, 138; 18, 315, 328.

27, 28 **Einführung**

von geringem Nutzen.⁶⁶ Mit der Eingrenzung des Anwendungsbereichs der Finanzverfassung beschäftigen sich zwei weitere Ansichten, die im Folgenden als **formelle** und **materielle Auffassung** bezeichnet werden. Während Erstere an die förmliche Beteiligung der öffentlichen Hand an der Erhebung, Verwaltung und Allokation bestimmter Finanzmittel anknüpft,⁶⁷ rekurriert die materielle Sicht auf die wirtschaftlichen Wirkungen eines Instruments. Hiernach soll es auch private Geldleistungspflichten geben, die wegen ihrer insbesondere wirtschaftlichen Wirkungen wie öffentliche Geldleistungspflichten zu behandeln seien.⁶⁸

1. Formelle Auffassung

Für die Vertreter der **formellen** Position existieren lediglich zwei Gruppen von 27 Geldleistungspflichten: Diejenigen Geldleistungspflichten, die unter Beteiligung von öffentlich-rechtlichen Rechtspersonen erhoben werden und diesen zumindest zufließen, seien öffentlich-rechtliche und unterfielen deshalb dem Finanzverfassungsrecht. Alle anderen würden nur durch das Privatrecht erfasst, auf sie finde das Abgabenrecht keine Anwendung.⁶⁹ Bei diesem Ansatz spielen somit weder der Zweck noch die erzielte wirtschaftliche Wirkung der Geldleistungspflicht eine Rolle. Dabei knüpft die formelle Auffassung an den in Art. 110 Abs. 1 GG enthaltenen Grundsatz der Vollständigkeit des Haushaltsplanes an, der das gesamte staatliche Finanzvolumen der Budgetplanung und -entscheidung von Parlament und Regierung unterstellt. So soll sichergestellt werden, dass das Parlament in regelmäßigen Abständen den vollen Überblick über das dem Staat zur Verfügung stehende Finanzvolumen und dem Bürger dadurch auferlegte Abgabenlast erhält.

Legt man bei der Beurteilung der Frage, ob das EEG unter die „öffentlichen 28 Einnahmen" im Sinne des Art. 110 GG fällt, die formelle Auffassung zugrunde, so ergibt sich folgendes Bild: Im Falle des EEG fehlt es an einem nach der formellen Betrachtungsweise vorausgesetzten „Abgabengläubiger".⁷⁰ Stattdessen werden Privatrechtssubjekten unmittelbar gesetzliche Handlungspflichten („Umweltdienstleistungen"⁷¹) auferlegt.⁷² Aus formeller Sicht liegt zudem keine Umgehung des Verfassungsgrundsatzes der Vollständigkeit des Haushaltsplanes nach Art. 110 GG vor. Denn die (privatrechtsgestaltenden) Regelungen über die verschiedenen Zahlungsflüsse im EEG umschreiben keinen Einnahme- und Abgabenkreislauf außerhalb des Budgets, sondern sind nur der Reflex auf die Festlegung öffentlicher Preise für Strom aus Erneuerbaren Energien zur Senkung von Umweltbelastungen durch die konventionelle Energieerzeugung.⁷³ Diese Sicht nimmt deshalb keine finanzverfassungsrechtliche Prüfung vor.⁷⁴

---

⁶⁶ *Altrock*, „Subventionierende" Preisregelungen, S. 122.
⁶⁷ Vgl. BVerfGE 77, 308, 309; aus der Literatur vgl. *Kloepfer/Wimmer*, UPR 1993, 409, 411; *Reshöft*, in: Beck/Brandt/Salander, Handbuch Energiemanagement, Bd. 1, Kap. 5303, Rn. 78 f.
⁶⁸ Dazu im Kontext des StrEG statt aller *Arndt*, RdE 1995, 41, 42; dagegen *Koch/Schütte*, ZNER 1998, 3, 4 ff.; zusammenfassend *Altrock*, „Subventionierende" Preisregelungen, S. 123 ff.
⁶⁹ Vgl. BVerfGE 77, 308, 339; *Kloepfer/Wimmer*, UPR 1993, 409, 411.
⁷⁰ Siehe auch *Altrock*, „Subventionierende" Preisregelungen, S. 126; *Reshöft/Steiner/Dreher*, EEG, Einleitung Rn. 52 ff.
⁷¹ *Apfelstedt*, ZNER 1/1997, 3, 7; *ders.*, ZNER 2001, 2 ff.
⁷² Vgl. BGH, RdE 2003, 268, 270 f., der bereits mit dem Begriff der Sonderabgabe und daher mit dem Kriterium der Aufkommenswirkung zugunsten der öffentlichen Hand operiert.
⁷³ Vgl. *Apfelstedt*, ZNER 1/1997, 3, 7.
⁷⁴ Vgl. insb. *Scholz*, ET 1995, 600 ff., sowie *Koch*, Sonderbeilage Neue Energie 1/99, 1 ff.; *Koch/Schütte*, ZNER 1998, 3 ff. u. *Albrecht*, ZNER 1998, S: 17 ff.; *Apfelstedt*, ZNER 1/1997,
(Fortsetzung siehe nächste Seite)

2. Materielle Auffassung

29 Vom Gegenteil geht die materielle Ansicht aus. Der materielle Ansatz verlangt auch im Bereich des Privatrechts eine Überprüfung einfachgesetzlicher Regelungen am Maßstab der Art. 104 ff. GG, wenn die privatrechtliche Geldleistungspflicht die gleiche Wirkung wie eine hoheitlich auferlegte Geldleistungspflicht hat; die jeweiligen privatrechtlichen Regelungen sind nach dieser Auffassung Abgabe im Sinne der Verfassung. Dieser materiellen Auffassung zufolge entfaltet das EEG die gleiche Wirkung wie eine hoheitlich auferlegte Geldleistungspflicht und muss daher auch den Anforderungen des Finanzverfassungsrechts genügen.[75]

3. Stellungnahme

30 Das EEG legt EVU die Pflicht auf, bestimmte Handlungen, die als Umweltdienstleistungen verstanden werden können – die Abnahme von Strom aus Erneuerbaren Energien- und die sie selbst nicht ausreichend erbringen, von Dritten erbringen zu lassen. Der Regenerativstrom ist von den Erzeugern zu einem gesetzlich festgesetzten Preis aufzukaufen. Das EEG bewirtschaftet auf diese Weise mittelbar insbesondere die Ressourcen „Energie" und „Klima".[76] Wie jede andere Preisregelung auch, führt die Umweltdienstleistungspflicht des EEG im Gegenzug für die Einspeisung des Stroms zu einem dem Umfang nach festgelegten Finanztransfer vom Verpflichteten zum Begünstigten. Rein **wirtschaftlich** betrachtet ist die **Wirkung** – wiederum wie bei jeder anderen an den Leistungstransfer gekoppelte Preisregelung auch[77] – der Beitragspflicht zu einem Fonds oder einer (Zweck-)Steuer vergleichbar. Das EEG unterscheidet sich von anderen Preisregelungen auch nicht dadurch, dass dem Preis keine ausreichende Gegenleistung gegenübersteht.[78] Denn dem Preisrecht kommt naturgemäß eine Steuerungsfunktion zu; Preisregelungen dienen dazu, Defizite im Marktmechanismus zu bereinigen und führen einen staatlichen Interessenausgleich herbei, den die Marktbedingungen nicht leisten können.[79] Preisregelungen sind daher stets sowohl durch Gegenleistung als auch durch Gegenleistungslosigkeit gekennzeichnet.[80]

31 Zudem fehlt es beim EEG an der auch nach der materiellen Auffassung erforderlichen Aufkommenswirkung zu Gunsten der öffentlichen Hand. Dass das EEG – wie zahllose andere zivilrechtliche (Preis-)Regelungen – zumindest *auch* **öffentliche Zwecke** verfolgt,[81] reicht nicht aus, um eine solche Aufkommenswirkung zugunsten der öffentlichen Hand annehmen zu können. Es gibt keinen verfassungsrechtlichen Grundsatz, wonach öffentliche Zwecke stets durch den Staat zu

---

(Fortsetzung Fußnote 74)
3, 7; *Ebel,* EwiR 1997, 367 f.; *Hoffmann-Riem,* GA 1996, 1 ff.; *Hucko,* RdE 1995, 141 ff.; *Kremser,* AöR 121 (1996), 406 ff.; *Reshöft,* in: Beck/Brandt/Salander, Handbuch Energiemanagement, Bd. 1, Kap. 5303; *ders.,* Verfassungs- und Europarechtskonformität des EEG, S. 65 ff.; *Reshöft/Steiner/Dreher,* EEG, Einleitung Rn. 47 ff.; *Schneider,* ZNER 2003, 93 ff.; *ders.,* in: Schneider/Theobald, HBEnWR, § 18 Rn. 164 ff.; *Studenroth,* DVBl. 1995, 1216 ff.; *Teske,* EwiR 1995, 1123 f.; *Theobald,* NJW 1997, 550 ff.

[75] Vgl. *Arndt,* RdE 1995, 41 ff., sowie *Pohlmann,* NJW 1997, 545 ff.; *Kube/Palm/Seiler,* NJW 2003, 927, 929 f., u. *Dederer/Schneller,* RdE 2000, 214 ff.

[76] Vgl. *Apfelstedt,* ZNER 1/1997, 1, 7.

[77] Dies übersieht *Fischbach,* finanzreform 2004–14, 185, 192.

[78] So aber *Fischbach,* finanzreform 2004–14, 185, 193 f.

[79] Der Marktpreis ist daher auch nur ein Preis unter vielen volkswirtschaftlich möglichen.

[80] Vgl. *Weck,* Die garantierte Einspeisevergütung für Strom nach dem Gesetz über den Vorrang erneuerbarer Energien, S. 193 ff. m. w. N.

[81] Vgl. *Kube/Palm/Seiler,* NJW 2003, 927, 929.

32–35 Einführung

verfolgen wären.[82] Dies wäre aber eine notwenige Voraussetzung dafür, zivilrechtliche Verpflichtungen dem Staat zurechnen zu können. Vielmehr steht es dem Gesetzgeber im Rahmen seiner Entscheidungsprärogative frei, die Bewältigung von Umweltentlastungsaufgaben im Rahmen ihrer Verursacherverantwortung[83] Privaten aufzuerlegen.[84]

Darüber hinaus würde die analoge Anwendung der Maßstäbe für Sonderabgaben auf Preisregelungen wie das EEG voraussetzen, dass die Tatbestandsmerkmale einer Analogie (Regelungslücke, Vergleichbarkeit der Interessenslagen) erfüllt wären. Die **Etathoheit** des Parlaments auf der einen Seite wird durch Geldleistungspflichten ohne Einbeziehung staatlicher Mittel **nicht berührt.** Das Gleiche gilt für die Frage des bundesfinanzrechtlichen Ausgleichs, da durch das EEG keine Einnahmen erzielt werden, die zwischen den Beteiligten des Finanzausgleichs – Bund und Länder – verteilt werden könnten. Beide Schutzgüter sind, anders als bei Sonderabgaben, durch Regelungen ohne Aufkommenswirkung für die öffentliche Hand nicht betroffen. Insoweit fehlt es bereits an einer vergleichbaren Interessenlage. Die Rechte der Zahlungspflichtigen auf der anderen Seite werden durch die **Grundrechte** gewahrt, an denen sich jede staatliche Maßnahme messen lassen muss. Mit den Freiheitsgrundrechten und dem Gleichheitssatz ist damit ein tauglicher und ausreichender verfassungsrechtlicher Prüfungsmaßstab vorhanden.[85] 32

Führt man sich dies vor Augen, muss das EEG aus finanzverfassungsrechtlicher Perspektive alleine an **formellen Kriterien** zur Feststellung des Vorliegens einer Abgabe gemessen werden. Das EEG ist damit mangels Aufkommenswirkung für die öffentliche Hand[86] zwar keine Einnahme im Sinne des Art. 110 GG; es ist als Preisgesetz jedoch am Maßstab der Grundrechte zu messen. 33

Der BGH hat folgerichtig in mehreren Urteilen entschieden, dass das EEG nicht gegen die in den Art. 105 ff. GG festgelegten Grundsätze der staatlichen Finanzverfassung verstößt, da es insoweit an einer Aufkommenswirkung zugunsten der öffentlichen Hand und damit an einer Sonderabgabe fehlt, und dass auch eine entsprechende Heranziehung dieser Voraussetzungen nicht in Betracht kommt.[87] 34

III. Verletzung von Grundrechten

In materiell-rechtlicher Hinsicht ist das EEG darüber hinaus auf seine Vereinbarkeit mit den Grundrechten zu untersuchen. Insbesondere ist die Verpflichtung von netzbetreibenden und letztversorgenden Elektrizitätsversorgungsunternehmen im Hinblick auf Art. 3, 12 und 14 GG zu untersuchen. 35

---

[82] Vgl. *Apfelstedt,* ZNER 1/1997, 3, 7, Fn. 36, der zudem darauf hinweist, dass Art. 20 a GG Auflagen an die Grundrechtssubjekte zusätzlich legitimiert; *Behrends,* Stromeinspeisung und Verfassungsrecht, S. 164; *Hoffmann-Riem,* GewArch 1996, 1, 4.
[83] Vgl. dazu etwa *Britz/Müller,* RdE 2003, 163, 167 f.
[84] Vgl. *Apfelstedt,* ZNER 1/1997, 3, 7.
[85] Vgl. *Koch/Schütte,* ZNER 1998, 3, 4 ff.; *Reshöft,* Verfassungs- und Europarechtskonformität des EEG, S. 79 f.; *Weck,* Die garantierte Einspeisevergütung für Strom nach dem Gesetz über den Vorrang erneuerbarer Energien, S. 205 f. S. auch *Reshöft/Steiner/Dreher,* EEG, Einleitung, Rn. 55, sowie die bei Fn. 74 m. w. N. u. allg. *Kluth,* NuR 1997, 105, 112.
[86] Das EEG impliziert keine staatlichen Mittel; vgl. *Schneider,* in: Schneider/Theobald, HBEnWR, § 18 Rn. 166; zum StrEG bereits *Koch/Schütte,* ZNER 1998, 3 ff.
[87] Vgl. BGH, Entscheidungen v. 11. 6. 2003, RdE 2003, 168 ff. = DVBl. 2003, 1323, gleichlautende Entscheidungen VIII ZR 161/02, ZNER 2003, 234 und VIII ZR 322/02. I. E. ebenso bereits in BGHZ 134, 1 ff.; OLG Karlsruhe, NJW 1997, 590; OLG Kiel – 6 U Kart 87/97, u. OLG Stuttgart, NJW 1997, 595.

Einführung 36–39

1. Grundrechtsfähigkeit der Elektrizitätsversorgungsunternehmen

36 Voraussetzung für die Einschlägigkeit der genannten Grundrechte ist, dass es sich bei den Elektrizitätsversorgungsunternehmen um Rechtssubjekte handelt, die überhaupt grundrechtsfähig sind. Gemäß Art. 19 Abs. 3 GG gelten die Grundrechte auch für inländische juristische Personen, soweit sie ihrem Wesen nach auf diese anwendbar sind. Während dieser Satz unproblematisch auf die Elektrizitätsversorgungsunternehmen Anwendung findet, soweit diese sich in **privater Hand** befinden und sich auf die „Wirtschaftsgrundrechte" der Art. 12 und 14 GG berufen, ist die Anwendung des Art. 3 Abs. 1 GG auf diese Unternehmen nicht unproblematisch; diese wird vom BVerfG jedoch mit bestimmten Einschränkungen angenommen.[88] Zweifel hinsichtlich der Grundrechtsfähigkeit der Elektrizitätsversorgungsunternehmen ergeben sich vorliegend lediglich vor dem Hintergrund, dass viele von ihnen über staatliche Anteilsgegner verfügen und deshalb als **gemischtwirtschaftliche** oder gar als **öffentliche** Unternehmen anzusehen sind. Während für die rein öffentlichen Unternehmen ein Grundrechtsschutz nach der Rechtsprechung des BVerfG gar nicht in Frage kommt,[89] ist den gemischtwirtschaftlichen Unternehmen Grundrechtsfähigkeit zuzuerkennen.[90]

2. Vereinbarkeit mit der Berufsfreiheit (Art. 12 GG)

37 Das EEG muss mit dem Grundrecht der Berufsfreiheit (Art. 12 GG) vereinbar sein. Bedenken wurden insoweit bereits im Zusammenhang mit dem StrEG und dem EEG 2000 geltend gemacht.[91] Privatwirtschaftliche und gemischtwirtschaftliche Unternehmen können sich im Einklang mit Art. 19 Abs. 3 GG auf Art. 12 Abs. 1 GG berufen. Auch wenn Elektrizitätsversorgungsunternehmen als juristische Personen keinen Beruf im herkömmlichen Sinne ausüben, können sie sich hierauf stützen, wenn und soweit sie einer bestimmten Tätigkeit nachgehen, die Erwerbszwecken zu dienen bestimmt ist und grundsätzlich ebenso von einer natürlichen Person ausgeübt werden könnte.[92] Das Gegenteil gilt allerdings für solche Unternehmen, die sich gänzlich in öffentlicher Hand befinden: Diesen kommt der grundrechtliche Schutz nicht zugute.[93] Nicht auf Art. 12 Abs. 1 GG können sich ebenfalls die ausländischen Elektrizitätsversorgungsunternehmen berufen.

38 **a) Schutzbereich.** Die Prüfung der Vereinbarkeit des EEG mit Art. 12 GG konzentriert sich im Wesentlichen auf folgende **Gesichtspunkte:** (1) Zum einen betreffend die Anschluss-, Abnahme- und Vergütungspflicht, die von der Berufsfreiheit geschützte **Vertragsfreiheit** der jeweils verpflichteten Elektrizitätsversorgungsunternehmen. (2) Zum anderen betrifft das EEG die von Art. 12 Abs. 1 GG geschützte **Wettbewerbsfreiheit** in der Stromerzeugung mit den Einspeisern konkurrierender Elektrizitätsversorgungsunternehmen.

39 Der sachliche Anwendungsbereich des Art. 12 Abs. 1 GG umfasst den **„Beruf"** als jede erlaubte Tätigkeit, die auf Dauer angelegt ist und der Schaffung und Er-

---

[88] BVerfGE 35, 348, 354; hierzu auch *Altrock*, „Subventionierende" Preisregelungen, S. 174.
[89] BVerfGE 34, 63, 80; 61, 82, 102; sowie BVerfG, DVBl. 1987, 844 f.; NJW 1995, 582, 583.
[90] Ausführlich hierzu *Altrock*, „Subventionierende" Preisregelungen, S. 183 ff.
[91] Gegen einen Verstoß gegen die Berufsfreiheit BGHZ 134, 1, 16 ff.; LG Karlsruhe, NJW 1997, 590 f.; *Pohlmann*, Rechtsprobleme StrEG, S. 129 ff.; *Kremser*, AöR 121 (1996), 406, 426 ff.; *Theobald*, NJW 1997, 550, 553; *Studenroth*, DVBl. 1995, 1216, 1221; vgl. auch *Salje*, StrEG, Einführung Rn. 134; für einen Verstoß gegen die Berufsfreiheit AG Plön, NJW 1997, 591, 592 f.; *Frauf*, ET 1995, 597, 599.
[92] BVerfGE 74, S. 129, 148; *Tettinger*, in: *Sachs*, GG, Art. 12 Rn. 22, 25.; *Kremser*, AöR 121 (1996), 406, 426.
[93] Zur Grundrechtfähigkeit der Elektrizitätsversorgungsunternehmen siehe oben Rn. 36.

haltung einer Lebensgrundlage dient.⁹⁴ Der Berufsbegriff schließt die sog. Unternehmerfreiheit als die Freiheit, ein Unternehmen zu gründen und zu führen, ein. Deren Teilaspekte sind die aus der Privatautonomie erwachsende unternehmerische Dispositions- und Investitionsfreiheit sowie die Wettbewerbs-, Vertrags- und Preisfreiheit.⁹⁵ Diese Teilaspekte fallen nicht unter Art. 2 Abs. 1 GG, sondern unter Art. 12 Abs. 1 GG, soweit Regelungen zur berufsbezogenen Vertragsgestaltung getroffen werden.⁹⁶

Die Verpflichtungen zum vorrangigen Anschluss, zur vorrangigen Abnahme und Vergütung aus §§ 4, 5 drängen den Netzbetreibern ein gesetzliches Schuldverhältnis mit den Anlagenbetreibern bzw. zwischen Verteilnetz- und Übertragungsnetzbetreibern auf. § 14 führt zu gesetzlichen Schuldverhältnissen unter den Übertragungsnetzbetreibern sowie zwischen Übertragungsnetzbetreibern und Letztversorgern. Insofern wird die **Vertragsfreiheit** der jeweils Verpflichteten berührt.⁹⁷ Diese schützt als Bestandteil der Privatautonomie private Wirtschaftssubjekte bei der Begründung, inhaltlichen Gestaltung und Aufhebung von Rechten und Pflichten durch autonome rechtsgeschäftliche Erklärungen vor staatlicher Intervention und umfasst die sog. Abschluss- wie die inhaltliche Gestaltungsfreiheit. Eine so verstandene Vertragsfreiheit ist im Ausgangspunkt ein Problem des Art. 2 Abs. 1 GG.⁹⁸ Lediglich dann, wenn durch die Vertragsfreiheit auch Lebensbereiche erfasst werden, die wie bei dem EEG speziellere Grundrechte betreffen, ist der Schutz der Vertragsfreiheit ein Problem dieser Rechtsposition. Die Mindestpreisfestsetzung der §§ 6 ff. betrifft gleichzeitig ihre Preisgestaltungsfreiheit. Damit greift das Gesetz unter dem Gesichtspunkt der Vertragsfreiheit in den Schutzbereich von Art. 12 Abs. 1 GG ein. 40

Das EEG beeinflusst als Reflex der Abnahme- und Vergütungspflicht der Netzbetreiber die marktmäßig relevante Ausgangsposition der Erzeuger von Strom aus Erneuerbaren Energien positiv. Das Gesetz stellt die Anlagenbetreiber im Wettbewerb damit besser. Diese Besserstellung geht mit einer Berührung der Wettbewerbsposition der konventionellen Erzeuger einher. Insoweit werden diese in ihrer ebenfalls durch Art. 12 Abs. 1 GG geschützten **Wettbewerbsfreiheit** beschwert.⁹⁹ 41

b) Rechtfertigung der Berufsausübungsregelung. Der durch den Abnahme- und Vergütungsmechanismus des EEG hervorgerufene Eingriff in die Teilaspekte der Berufsfreiheit (Vertragsfreiheit und Wettbewerbsfreiheit) ist gerechtfertigt, wenn er dem verfassungsmäßigen Grundsatz der **Verhältnismäßigkeit** gerecht wird. Im Bereich des Art. 12 Abs. 1 GG wird dieser nach der Rechtsprechung des BVerfG durch eine Prüfung anhand verschiedener Stufen der Eingriffsintensität spezifiziert.¹⁰⁰ Dabei ist zu beachten, dass Art. 12 Abs. 1 GG 42

---

⁹⁴ BVerfGE 7, 377, 397; 54, 301, 313; *Scholz*, in: Maunz/Dürig, GG, Bd. 2, Art. 12 Rn. 18.
⁹⁵ *Scholz*, in: Maunz/Dürig, GG, Bd. 2, Art. 12 Rn. 124, 130 f.
⁹⁶ BGHZ 134, 1, 125; vgl. auch *Reshöft*, in: Beck/Brandt/Salander, Handbuch Energiemanagement, Bd. 1, Kap. 5303, Rn. 94, 97.
⁹⁷ *Reshöft*, in: Beck/Brandt/Salander, Handbuch Energiemanagement, Bd. 1, Kap. 5303, Rn. 97; vgl. auch *Altrock*, „Subventionierende" Preisregelungen, S. 231. Allgemein zur Vertragsfreiheit BVerfGE 8, 274, 328; 50, 290, 366; 65, 196, 210; *Höfling*, Vertragsfreiheit, S. 9 ff.
⁹⁸ BVerfGE 8, 274, 328 ff.; 10, 89, 99; 29, 260, 266 ff.; 50, 290, 366; *Dürig*, in: Maunz/Dürig, GG, Art. 2 Abs. 1 Rn. 11.
⁹⁹ *Reshöft*, in: Beck/Brandt/Salander, Handbuch Energiemanagement, Bd. 1, Kap. 5303, Rn. 97.
¹⁰⁰ Siehe nur BVerfGE 19, 330, 337; 46, 120, 138; hierzu *Tettinger*, in: Sachs, GG, Art. 12 Rn. 114 ff.

Einführung 43, 44

heute allgemein als einheitliches Grundrecht der Berufsfreiheit angesehen wird; der Regelungsvorbehalt des Satzes 2 lässt sich auch auf Satz 1 ausdehnen. Seit dem sog. Apotheken-Urteil des BVerfG aus dem Jahre 1958[101] beruht die Verhältnismäßigkeitsprüfung jeglichen Eingriffs in die als Einheit zu verstehende Berufsfreiheit auf der **Drei-Stufen-Theorie.** Hiernach wird zwischen Regelungen zur Berufsausübung und Regelungen zur Berufswahl unterschieden, wobei Letztere subjektive oder objektive Schranken darstellen können. Eingriffe in die **Berufsausübung,** wie vorliegend, sind danach durch **vernünftige Erwägungen des Gemeinwohls** legitimierbar.[102] Das Gesetz betrifft nicht den Zugang zum Gewerbe eines Elektrizitätsversorgungsunternehmens. Stattdessen berührt es mit der Anschluss-, Abnahme- und Vergütungspflicht nur die Art und Weise der Berufsausübung.[103]

43 Teilweise werden zur Prüfung der Rechtfertigung der Berufsausübung oder an anderer Stelle der Grundrechtsprüfung in der Literatur unter dem Stichwort der „Lastengerechtigkeit" die zur Prüfung der Rechtmäßigkeit von Sonderabgaben entwickelten Maßstäbe der Gruppenverantwortlichkeit und Gruppennützigkeit herangezogen.[104] Wie oben gezeigt, sind bei der Prüfung des EEG an der Finanzverfassung die Kriterien für Sonderabgaben jedoch weder direkt noch analog anwendbar; für eine analoge Anwendung fehlt es bereits an der Regelungslücke und einer vergleichbaren Interessenlage. Erst recht können dann die Kriterien für die Prüfung von Sonderabgaben nicht mittelbar zu einer Erweiterung des Prüfungsmaßstabs für Grundrechtseingriffe herangezogen werden. Andernfalls müssten sämtliche Auflagen im Umweltverwaltungsrecht im Rahmen der Grundrechtsprüfung unter den Gesichtspunkten des Finanzverfassungsrechts geprüft und – folgte man den Kritikern des EEG konsequent[105] – als verfassungswidrig eingeordnet werden, weil die Auflagen im Interesse des Allgemeinwohls – nämlich des Umweltschutzes – gefordert werden, die Unternehmen mithin zu fremdnützigen Ausgaben gezwungen würden.[106] Darüber hinaus besteht kein materielles Bedürfnis für eine Ausdehnung des Prüfungsmaßstabs von Grundrechtseingriffen. Aspekte der Belastungsgerechtigkeit können im Rahmen der grundrechtlichen Prüfung anhand von Art. 3 GG und im Rahmen der Verhältnismäßigkeitsprüfung, insbesondere der Zumutbarkeit, angemessen berücksichtigt werden.[107]

44 **(1) Legitimität des Zwecks und Geeignetheit.** Als Maßnahme zur Regelung der Berufsausübung müssten die §§ 4, 5 und 14 vernünftigen Erwägungen des Gemeinwohls gerecht werden. Zweck des EEG ist es, den Anteil Erneuerbarer

---

[101] BVerfGE 7, 377, 400 ff.
[102] BVerfGE 7, 377, 408; aus der Literatur nur *Breuer,* in: Isensee/Kirchhof, Handbuch Staatsrecht, Bd. VI, § 148 Rn. 6 ff.; speziell im Zusammenhang mit dem EEG 2000 auch: *Schneider,* in: Schneider/Theobald, HBEnWR, § 18 Rn. 168 ff.
[103] BGH, UPR 2003, 350 ff. = RdE 2003, 268 ff. (VIII ZR 160/02); BGH, Urt. v. 11. 6. 2003 – VIII ZR 161/02 (unveröffentlicht); *Reshöft,* in: Beck/Brandt/Salander, Handbuch Energiemanagement, Bd. 1, Kap. 5303, Rn. 100.
[104] Hierzu für das StrEG *Ossenbühl,* RdE 1997, 46, 50 ff.; *ders.,* ET 1996, 94, 97 f.; ähnlich *Blanke/Peilert,* RdE 1999, 96, 99 f.; vgl. auch *Richter,* Grenzen der wirtschaftlichen Förderung, S. 225 ff.; zusammenfassend *Altrock,* „Subventionierende" Preisregelungen, S. 245 ff., 254 u. (ablehnend) *Schneider,* in: Schneider/Theobald, HBEnWR, § 18 Rn. 175.
[105] Vgl. etwa *Fischbach,* finanzreform 2004–14, 185, 210 ff. m. w. N.
[106] *Koch/Schütte,* ZNER 1/1998, 3, 7.
[107] Vgl. *Schneider,* ZNER 2003, 93, 94; *ders.,* in: Schneider/Theobald, HBEnWR, § 18 Rn. 175. Ähnlich *Reshöft,* in: Beck/Brandt/Salander, Handbuch Energiemanagement, Bd. 1, Kap. 5303, Rn. 154 ff.; *Reshöft,* Verfassungs- und Europarechtskonformität des EEG, S. 131 f., u. *Reshöft/Steiner/Dreher,* EEG, Einleitung Rn. 54 f., sowie allg. *Kluth,* NuR 1997, 105, 112.

45, 46 Einführung

Energien am Gesamtstromverbrauch zu erhöhen. Damit soll ein Beitrag zu Ressourcenschonung, Versorgungssicherheit und Klimaschutz geleistet werden.[108] Diese Zwecke stehen im Einklang mit der Staatszielbestimmung des Art. 20 a GG. Vor diesem Hintergrund verfolgt das EEG unzweifelhaft ein öffentliches Interesse von hohem Rang. Die Regelungen der §§ 4, 5 und 14 werden daher in ihrer Zielrichtung von vernünftigen, der Wertordnung des GG nicht widersprechenden Erwägungen des Gemeinwohls gedeckt.[109]

Sowohl der Kontrahierungszwang der §§ 4 und 14 als auch die in den §§ 5 bis 11 geregelten Mindestpreise müssten **geeignet** sein, den erklärten Gesetzeszweck zu erreichen. Davon ist dann auszugehen, wenn die Wahrscheinlichkeit, dass mit der zu prüfenden Regelung der angestrebte Erfolg eintritt, erhöht wird.[110] Dabei wird dem Gesetzgeber ein Entscheidungs- und Gestaltungsspielraum eingeräumt. Das BVerfG prüft in diesem Zusammenhang lediglich, ob das Gesetz eindeutig zweckuntauglich ist. Vor diesem Hintergrund erscheint die Eignung des EEG zur Erreichung des zuvor genannten Zweckes unproblematisch. Denn eine Preis- und Abnahmezwangregelung erhöht durch die Schaffung von Investitionssicherheit die Wahrscheinlichkeit, dass immer mehr Unternehmer Strom aus Erneuerbaren Energien erzeugen. Diese Prognose wird durch die Erfahrungen mit dem StrEG und dem EEG 2000 auf eindrucksvolle Art bestätigt.[111] 45

(2) Erforderlichkeit. Der Gesichtspunkt der Erforderlichkeit unter dem Blickwinkel des Art. 12 Abs. 1 GG war im Zusammenhang mit dem StrEG Gegenstand einer umfangreichen Debatte. Zum Teil wurde darauf hingewiesen, dass eine – als ebenso geeignet bewertete – direkte staatliche Subventionierung von Technologien zur Produktion von Strom aus Erneuerbaren Energien aus öffentlichen Mitteln einen geringeren Eingriff in die Berufsausübungsfreiheit darstelle als eine mit einem Kontrahierungszwang verbundene Mindestpreisregelung.[112] Erforderlich ist ein Grundrechtseingriff, wenn der verfolgte Zweck kein anderes, zumindest gleich wirksames Mittel hätte wählen können, das das Grundrecht nicht oder doch weniger fühlbar eingeschränkt hätte.[113] Eine **direkte Subventionierung der Anlagenbetreiber aus Steuermitteln** ist jedoch nicht gleichermaßen geeignet. Denn die direkte Subventionierung fördert nicht alle Nebenzwecke des EEG. Dieses bezweckt auch die Modifizierung der Kräfteverhältnisse im Strommarkt. Eine direkte Subventionierung würde zwar auch dem Klima- und Umweltschutz dienen, jedoch würde sie angesichts der Indienstnahme der Allgemeinheit – statt der Netzbetreiber als solchen – nicht dazu führen, dass sich auch die Marktverhältnisse im Strommarkt ändern.[114] Zudem wäre die direkte Subventionierung kein milderes Mittel. Denn die direkte staatliche Subventionierung könnte nur den Eingriff durch die Mindestpreisregelung ersetzen, nicht aber den Eingriff 46

---

[108] Siehe oben § 1. Insoweit unterscheidet sich das EEG auch vom Emissionshandel, der lediglich die Kohlendioxidreduktion bezweckt. Vgl. *Nagel,* ZNER 2004, 162 f.

[109] BGHZ 134, 1, 133 ff.; vgl. auch BGH, UPR 2003, 350 ff. = RdE 2003, 268 ff. (Az. VIII ZR 160/02); BGH, Urt. v. 11. 6. 2003, ZNER 2003, 234; *Altrock,* „Subventionierende" Preisregelungen, S. 255.

[110] BVerfGE 30, 250, 263; 39, 210, 230; vgl. hierzu auch *Sachs,* in: Sachs, GG, Art. 20 Rn. 151 m. w. N.

[111] Vgl. dazu bereits oben Rn. 18 f.

[112] *Scholz,* Windenergie Aktuell 1995, S. 15, 23; *Friauf,* Zwangssubventionierung (Rechtsgutachten StrEG), S. 147 f.; *ders.,* ET 1995, 597, 599; AG Plön, NJW 1997, 591, 592 f.; vgl. auch *Richter,* Grenzen der wirtschaftlichen Förderung, S. 204 ff.

[113] Statt aller *Jarass/Pieroth,* GG, Art. 20 Rn. 60.

[114] So wohl auch *Hucko,* RdE 1995, 141 f.; *Kremser,* AöR 121 (1996), 406, 429; vgl. auch *Altrock,* „Subventionierende" Preisregelungen, S. 257; *Reshöft,* in: Beck/Brandt/Salander, Handbuch Energiemanagement, Bd. 1, Kap. 5303, Rn. 125 ff.

Einführung 47–50

aus der Anordnung der Anschluss- und Abnahmeverpflichtung.[115] Die Mindestpreise selbst stellen für die Netzbetreiber jedoch bloße Durchlaufposten dar, so dass insoweit kein milderer Eingriff vorläge. Die Einschränkung der Verfügungsfreiheit über das Versorgungsnetz hat mit der Herkunft der Mittel oder mit dem Wesen des gesetzlichen Schuldverhältnisses zwischen einem Anlagenbetreiber und einem Netzbetreiber nichts zu tun. Die Einschränkung der Verfügungsfreiheit über das Versorgungsnetz – sei es durch Duldung der Einspeisung oder der Durchleitung – stellt sich deshalb zumindest solange mit der gleichen Intensität, wie netzbetreibende Elektrizitätsversorgungsunternehmen über ein (nunmehr faktisches) Netzmonopol verfügen.[116]

47   Auch die Erhebung einer **Sonderabgabe** stellt keinen milderen Eingriff als das EEG dar.[117] Zwar könnte das Aufkommen einer entsprechenden Abgabe in einem Fonds zusammengefasst und entsprechend dem EEG verwendet werden. Zur Zahlung der Abgabe könnten wie beim EEG ebenfalls die Netzbetreiber verpflichtet werden. Eine solche Regelung wäre jedoch schwerfälliger, denn die Aufstellung eines Fonds wäre mit einem höheren Verwaltungsaufwand verbunden als das EEG. Während dieses Gesetz sich in Mittelverschiebungen zwischen Privaten erschöpft, bei denen die öffentlichen Haushalte verschont bleiben, würde die Aufstellung eines Fonds, dem etwa Investitionszuschüsse gezahlt werden, zu einem Abfluss staatlicher Mittel führen. Es ist daher zweifelhaft, ob die Erhebung einer Sonderabgabe genauso effizient wäre wie der Mechanismus des EEG.[118] Im Gegenteil, die Transaktionskosten zu Lasten des Staates sind bei der Schaffung eines Fonds höher einzustufen als beim EEG. Schon aus diesem Grunde ist die Erhebung einer Sonderabgabe kein milderes Mittel.[119]

48   Die Erforderlichkeit des EEG könnte weiterhin vor dem Hintergrund der sich aus **§§ 1, 19, 20 GWB** ergebenden Pflicht angezweifelt werden. Die Vorschriften des GWB laufen – anders als das EEG, das einen Vorrang der Einspeisung auch vor nicht freien Kapazitäten anordnet – nur auf eine Duldung des Verlustes von frei verfügbarer Netzkapazität hinaus. Die Regelungen des GWB sind jedoch nicht gleich effektiv, da sie nur den Zugang zu freien Kapazitäten sicherstellen und daher keine vergleichbare Rechtssicherheit herstellen und dementsprechend keine vergleichbare Ausbauentwicklung für Erneuerbare Energien induzieren können.

49   Auch eine **indirekten Förderung durch steuerliche Begünstigungen für die Anlagenbetreiber** würde an der Erforderlichkeit des EEG nichts ändern. Steuerliche Begünstigungen sind ein Förderinstrument, das bereits angewendet wird. Sie können nur Anreize zur Investition in bestimmte Projekte bieten. Sie können aber nicht, wie ein Preissteuerungsinstrument wie das EEG, zu einer kontinuierlichen Finanzierung des Anlagenbetriebs beitragen.[120]

50   Auch ein Verweis auf die sog. **Quotenmodelle** zur Förderung Erneuerbarer Energien führt nicht weiter.[121] Quotenregelungen können unterschiedlich ausgestaltet sein. Kerngedanke einer solchen Regelung ist, dass bestimmte Energiewirt-

---

[115] *Richter*, Grenzen der wirtschaftlichen Förderung, S. 205.
[116] *Altrock*, „Subventionierende" Preisregelungen, S. 220 ff.
[117] Ebenso *Kremser*, AöR 121 (1996), 406, 429; *Reshöft*, in: Beck/Brandt/Salander, Handbuch Energiemanagement, Bd. 1, Kap. 5303, Rn. 129 ff.; a. A. *Dederer/Schneller*, RdE 2000, 214, 216.
[118] Ähnlich *Studenroth*, DVBl. 1995, 1216, 1221.
[119] *Altrock*, „Subventionierende" Preisregelungen, S. 259; ähnlich *Schneider*, in: Schneider/Theobald, HBEnWR, § 18 Rn. 170.
[120] Ähnlich *Reshöft/Steiner/Dreher*, EEG, Einleitung Rn. 69.
[121] Allgemein dazu *Reshöft*, in: Beck/Brandt/Salander, Handbuch Energiemanagement, Bd. 1, Kap. 5303, Rn. 132; *Reshöft/Steiner/Dreher*, EEG, Einleitung Rn. 71 ff., u. *Oschmann*, Strom aus Erneuerbaren Energien, S. 71 ff.

schaftsteilnehmer (Elektrizitätsversorgungsunternehmen, Verbraucher etc.) in einem ersten Schritt verpflichtet werden, eine festgelegte Menge Stroms aus Erneuerbaren Energien zu beziehen, zu verkaufen oder zu erzeugen. Alternativ zum physikalischen Strombezug können dieselben Quotenverpflichteten auch sog. Zertifikate kaufen, die die Erzeuger von Strom aus Erneuerbaren Energien für eine bestimmte produzierte Menge erhalten haben. In einem quotengestützten Zertifikatshandelsmodell können die Erzeuger von Regenerativstrom ihren Strom auf dem Strommarkt zu Preisen verkaufen, die auch für den konventionellen Strom gelten. Andererseits können die Erzeuger von Strom aus Erneuerbaren Energien ihre Zertifikate auf einem eigens hierfür kreierten Markt absetzen.

Derzeit werden in verschiedenen Mitgliedstaaten der Europäischen Union verschiedene Modelle eingesetzt. Sie sind jedoch sämtlich deutlich hinter den Erwartungen zurückgeblieben. Im europäischen Vergleich schneiden Mindestpreissysteme im Hinblick auf installierte Kapazität und Zubauraten bislang deutlich besser ab als Quotenregelungen. Darüber hinaus haben im Auftrag der EU-Kommission zur Vorbereitung des für Ende 2005 erwarteten Monitoringberichts nach Art. 4 EE-RL erarbeitete Studien gezeigt, dass Preisregelungen wie das EEG zu geringeren Preisen für Strom aus Erneuerbaren Energien und zu insgesamt niedrigeren volkswirtschaftlichen Kosten führen als Mengenmodelle.[122] Dies sei auch darauf zurückzuführen, dass bei Preismodellen ein stärkerer Wettbewerb unter den Herstellern herrsche als bei Mengenmodellen.[123] Das Quotenmodell sei insgesamt weit davon entfernt, ein Marktmechanismus zu sein.[124] Quotenmodelle sind daher bereits nicht gleichermaßen geeignet für die Markteinführung Erneuerbarer Energien wie das Preismodell des EEG.[125] Die Regelung des EEG ist daher erforderlich.[126]

(3) Verhältnismäßigkeit im engeren Sinne. Der Abnahme-, Vergütungs- und Ausgleichsmechanismus des EEG ist als eine verhältnismäßige Berufsausübungsregelung einzustufen, da die mit ihr einhergehenden Eingriffe nicht außer Verhältnis zum angestrebten Zweck stehen.[127] Das ergibt die Gegenüberstellung der geförderten Interessen und Zwecke sowie das Ausmaß des angestrebten Nutzens der beeinträchtigten Rechtspositionen, die der Gesetzgeber in ein ausgewogenes Verhältnis gebracht hat.[128] Beim EEG steht das Ziel des Ausbaus der Erneuerbaren Energien als Unterziel des Klima- und Umweltschutzes und als gemeinwohlorientiertes Interesse dem Interesse der Netzbetreiber und Stromhändler an einer unbeschwerten Ausübung ihres Berufs gegenüber.[129] Letztere werden in den aus Art. 12 Abs. 1 GG abgeleiteten Teilgewährleistungen – Vertrags-, Preis- und Wettbewerbsfreiheit – betroffen.

Die den Netzbetreibern und Stromlieferanten durch das EEG auferlegten Verpflichtungen sind vor diesem Hintergrund **zumutbar.** Insofern sind einerseits die

---

[122] Zum gleichen Ergebnis kommt eine Studie des Massachusetts Institute of Technology, vgl. *Butler/Neuhoff,* Comparison of Feed in Tariff, Quota and Auction m. w. N. aus der aktuellen Forschungsliteratur; s. a *Ragewitz,* Zusammenfassende Analyse zur Effektivität und ökonomischen Effizienz von Instrumenten zum Ausbau der Erneuerbaren Energien im Strombereich, 2005 (abrufbar unter www.bmu.de).
[123] Vgl. ebenda.
[124] Vgl. *Hvelplund,* New Energy 5/2001, 18 ff.
[125] Ebenso *Reshöft,* in: Beck/Brandt/Salander, Handbuch Energiemanagement, Bd. 1, Kap. 5303, Rn. 136 ff.
[126] BGH, UPR 2003, 350 ff.; BGH, Urt. v. 11. 6. 2003 – VIII ZR 161/02, ZNER 2003, 234.
[127] Allgemein zu diesem Erfordernis BVerfGE 50, 217, 227; 80, 103, 107; 92, 262, 274.
[128] Allgemein zu dieser Abwägung BVerfGE 92, 277, 327 ff.
[129] BGH, UPR 2003, 350 ff.; BGH, Urt. v. 11. 6. 2003 – VIII ZR 161/02, ZNER 2003, 234.

geringe Eingriffstiefe und andererseits die besondere Verantwortung der Elektrizitätswirtschaft für eine umweltschonende Energieversorgung ausschlaggebend.

54 Sowohl in die Berufausübung der Netzbetreiber als auch der Stromversorger wird nur unerheblich eingegriffen. Die unternehmerische Entscheidungsfreiheit der Netzbetreiber wird durch das EEG ohnehin nur geringfügig eingeschränkt. Denn sie sind nach § 20 EnWG verpflichtet, diskriminierungsfreien Netzzugang zu gewähren, so dass die EEG-Strommengen nur auf der Zeitachse relevant werden können, weil EEG-Strom „vorrangig" abzunehmen und zu vergüten ist. Zudem ist nach § 3 Abs. 2 EEG der vorgelagerte Übertragungsnetzbetreiber zur vollständigen Abnahme und entsprechenden Vergütung der von dem Netzbetreiber nach Abs. 1 aufgenommenen Strommenge verpflichtet. Diese reicht er an die ihm nachgelagerten Stromlieferanten weiter. Für die **Netzbetreiber** handelt es sich bei den EEG-Strom- und Geldmengen insofern um rein **durchlaufende Posten.** Die Verpflichtung der in Übertragungsnetzen nachgelagerten Stromlieferanten, zur Abnahme und Vergütung des ihnen vom Übertragungsnetzbetreiber weitergereichten Stroms wiederum beschränkt sich auf den durchschnittlichen Anteil des bundesweit abgesetzten Stroms aus regenerativen Energiequellen gemäß der Berechnung nach § 14 Abs. 3 Satz 3 und 4 EEG. Damit können, jedenfalls solange dieser Strom weniger als die Hälfte des insgesamt abgesetzten Stroms ausmacht, die Stromlieferanten für den überwiegenden Teil des von ihnen benötigten Stroms frei entscheiden, von wem sie ihn beziehen.[130] Die mit der Verpflichtung zur Abnahme der EEG-Quote verbundenen Strommengen und Kosten können im Rahmen des Marktgeschehens grundsätzlich an die Letztverbraucher weitergegeben werden, so dass auch hier nur eine temporäre Inanspruchnahme der Stromlieferanten erfolgt.[131] Soweit diese nicht an die Stromverbraucher weitergegeben werden können – wofür derzeit keine tatsächlichen Anhaltspunkte bestehen –, sind sie durch die bundesweite Ausgleichsregelung nach § 14 EEG noch stärker begrenzt und im Hinblick auf regionale Unterschiede bei der Einspeisung von Windenergie verteilt worden, als dies nach der Härteklausel des § 4 StrEG 1998 der Fall gewesen ist.[132] Darüber hinaus ist zu berücksichtigen, dass die Vergütungen für Strom aus Erneuerbaren Energien gemäß dem EEG aufgrund der Degression und dem bei den Vergütungssätzen nicht vorgesehenen Ausgleich für den inflationsbedingten Wertverlust sinken, während sich eine deutliche und konstante Preissteigerungsentwicklung für den ansonsten vom Stromlieferanten zu beziehenden Strom abzeichnet.[133] Bereits in der nächsten Dekade kann damit gerechnet werden, dass die im EEG garantierte Vergütung für relevante Strommengen unter den am Markt zu erzielenden Preis rutschen wird, so dass insoweit keine finanzielle Belastung der zur Abnahme verpflichteten Stromlieferanten – und letztlich der Stromkunden – mehr vorliegt.

55 Auch unter der zeitlichen Geltung des EEG ist die besondere Verantwortung der Netzbetreiber und Stromlieferanten als wesentlicher Teil der Stromwirtschaft für eine ressourcenschonende und umweltgerechte Stromerzeugung bestehen geblieben. Insbesondere haben die etablierten Energieversorger ihre marktbeherrschende Position als Netzbetreiber durch ihr **„natürliches" Monopol** in

---

[130] Vgl. BGH, Entscheidungen v. 11. 6. 2003, RdE 2003, 168 ff. = DVBl. 2003, 1323, gleichlautend ZNER 2003, 234 und Az. VIII ZR 322/02.
[131] BGH, UPR 2003, 350 ff.; BGH, Urt. v. 11. 6. 2003, ZNER 2003, 234; *Schneider,* in: Schneider/Theobald, HBEnWR, § 18 Rn. 171.
[132] Vgl. BGH, Entscheidungen v. 11. 6. 2003, RdE 2003, 168 ff. = DVBl. 2003, 1323, gleichlautend, ZNER 2003, 234 und Az. VIII ZR 322/02.
[133] Vgl. die Entwicklung des Stromterminmarkts der Strombörse EEX, abrufbar unter www.eex.de.

ihrem jeweiligen Versorgungsgebiet behalten und ihre monopolähnliche Position als Stromlieferanten bislang auch durch ihre Entflechtung und die Liberalisierung des Strommarktes in der Praxis nicht verloren.[134] Der besonderen Verantwortung der Energieversorger steht nicht entgegen, dass es sich bei der Ressourcenschonung und dem Klima- und Umweltschutz – gemäß Art. 20 a GG – auch um eine Staatsaufgabe handelt.[135] Diese besondere Verantwortung besteht nicht nur für die Stromerzeuger, sondern gerade auch für die Netzbetreiber und Stromlieferanten als Bindeglied zwischen den Stromerzeugern und den Stromverbrauchern. Die Netzbetreiber sind aufgrund ihres weit verzweigten Netzes auf der unteren Spannungsebene aus geographischen und technischen Gründen vorzugsweise in der Lage, den Strom aus Erneuerbaren Energien aufzunehmen und mit möglichst geringen Verlusten an die Abnehmer weiterzuleiten. Den Stromlieferanten ist es wegen ihrer unmittelbaren Vertragsbeziehungen zu den Stromverbrauchern am einfachsten möglich, die Kosten, die durch die Abnahme und Vergütung des Stroms aus Erneuerbaren Energien entstehen, auf die Stromverbraucher zu verlagern.[136] Die Verantwortungszuweisung an die Stromlieferanten ist insbesondere auch nach Aspekten der Praktikabilität und Transaktionskostenminimierung sinnvoll.[137] Die Regelung des EEG ist daher mit Art. 12 Abs. 1 GG vereinbar.[138]

3. Eigentumsrecht (Art. 14 GG)

Die Pflichten aus §§ 4, 5 und 14 EEG besitzen auch eine gewisse Relevanz im Hinblick auf Art. 14 GG. So haben die verpflichteten Netzbetreiber die betreffenden Anlagen anzuschließen, den Strom abzunehmen, und hierfür Netzkapazität zur Verfügung zu stellen sowie Mindestvergütungen zu zahlen. Ein Teil der Literatur sieht in diesem – weitgehend auch dem StrEG und dem EEG 2000 entsprechenden – Tatbestand einen Verstoß gegen Art. 14 GG.[139]

a) Schutzbereich. Eigentum im Sinne des Art. 14 GG ist jede vermögenswerte Rechtsposition, die der persönlichen Lebensführung oder der wirtschaftlichen Betätigung als Grundlage dient und auf dessen Fortbestand der Berechtigte vertrauen kann, um ihm die Entfaltung einer eigenverantwortlichen Lebensgestaltung zu ermöglichen. Dabei umfasst die Eigentumsgarantie nicht nur Sacheigentum, sondern jede vermögenswerte Rechtsstellung, die eines Schutzes wie das Sacheigentum fähig und bedürftig ist.[140] Die Pflichten der Netzbetreiber aus den §§ 4 und 5 greifen in die Entstehung und Ausgestaltung möglicher

---

[134] Vgl. BGH, Entscheidungen v. 11. 6. 2003, RdE 2003, 168 ff. = DVBl. 2003, 1323 gleichlautend ZNER 2003, 234 und VIII ZR 322/02.
[135] Vgl. auch *Ekardt*, Zukunft in Freiheit, S. 637.
[136] Vgl. BGH, Entscheidungen v. 11. 6. 2003, RdE 2003, 168 ff. = DVBl. 2003, 1323 gleichlautend ZNER 2003, 234 und Az. VIII ZR 322/02; s. a. *Altrock*, „Subventionierende" Preisregelungen, S. 264.
[137] Vgl. *Schneider*, in: Schneider/Theobald, HBEnWR, § 18 Rn. 175.
[138] BGH, RdE 2003, 168 ff. = DVBl. 2003, 1323; aus der Literatur: *Schneider*, in: Schneider/Theobald, HBEnWR, § 18 Rn. 175 a. E.; i. E. so auch *Reshöft/Steiner/Dreher*, EEG, Einleitung Rn. 89; für das StrEG vgl. statt vieler *Koch/Schütte*, ZNER 1998, 3, 9.
[139] So *Klinger*, in: FS Börner, S. 541, 555 f.; *Ossenbühl*, ET 1996, 94, 98; *ders.*, RdE 1997, 46, 54; *Treffer*, UPR 1996, 128, 130; a. A. *Altrock*, „Subventionierende" Preisregelungen, S. 198 ff., *Scholz*, Die Vergütungsregelung des Stromeinspeisungsgesetzes als Mittel verfassungsmäßiger Wirtschaftslenkung und Umweltpolitik, S. 8 ff.; *ders.*, ET 1995, 600, 602; *Pohlmann*, Rechtsprobleme StrEG, S. 112 ff., 118 f.; *Studenroth*, DVBl. 1995, 1216, 1221 f.; *Theobald*, NJW 1997, 550, 553; *Salje*, StrEG, Einführung Rn. 134; *ders.*, EEG, 2. Aufl., Einführung Rn. 108 ff.; *Richter*, Grenzen der wirtschaftlichen Förderung, S. 238 ff.
[140] BVerfGE 1, 264, 278; 51, 193, 218; 83, 201, 208; *Papier*, in: Maunz/Dürig, GG, Bd. 2, Art. 14 Rn. 56.

Einführung 58–60

Vertragsverhältnisse zwischen Anlagenbetreiber und Netzbetreiber ein. Die Anschluss-, Abnahme- und Vergütungspflicht bewirkt, dass der Netzbetreiber – bei konstanter Netzkapazität – über sein Netz nicht anderweitig verfügen kann.

58 **(1) Vertragsfreiheit und Recht am eingerichteten und ausgeübten Gewerbebetrieb.** Wenn durch die Vertragsfreiheit auch Lebensbereiche erfasst werden, die speziellere Grundrechte betreffen, ist der Schutz der Vertragsfreiheit ein Problem dieser Rechtsposition. Regelungen zu eigentumsbezogenen Vertragsgestaltungen können deshalb grundsätzlich nicht nur die Berufsfreiheit, sondern auch die Eigentumsfreiheit betreffen.[141] Voraussetzung für die Anwendung des Art. 14 GG ist mithin, dass sich der von der Vertragsfreiheit geschützte Aspekt auf ein vorhandenes Vermögensgut bezieht. Das EEG tangiert also die Vertragsfreiheit, wenn es Einfluss auf die Substanz bereits erworbener Vermögensgüter nimmt.

59 Insoweit wurde vertreten, dass die Vertragsfreiheit bei Gesetzen, die eine öffentlich-rechtliche Geldleistungspflicht auferlegen, kein Problem des Art. 14 GG, sondern ausschließlich ein Aspekt der Berufsfreiheit und damit des Art. 12 GG sei.[142] In der Konsequenz wird die Einschlägigkeit des Art. 14 GG abgelehnt; der Konflikt der Vergütungsregelung mit der Vertragsfreiheit wird allein am Maßstab des Art. 12 Abs. 1 GG gemessen.[143] Die Gegenansicht nimmt an, dass Preisregelungen grundsätzlich geeignet sind, die Unternehmenssubstanz eines zur Vergütung Verpflichteten zu gefährden. Nach dieser Ansicht können solche Regelungen Gegenstand einer Prüfung nach Art. 14 GG sein.[144]

60 Als von Art. 14 Abs. 1 GG geschützte Rechtsposition wird teilweise das **Recht am eingerichteten und ausgeübten Gewerbebetrieb** angesehen.[145] Während das BVerfG diese Frage bislang offen gelassen hat und damit eine zurückhaltende Haltung erkennen lässt,[146] wird in der übrigen höchstrichterlichen Rechtsprechung von BGH, BVerwG und BSG sowie in der überwiegenden Literatur davon ausgegangen, dass Art. 14 Abs. 1 GG auch ein „Recht am eingerichteten und ausgeübten Gewerbebetrieb" schützt.[147] Mit dem Gewerbebetrieb ist die Gesamtheit der sachlichen, persönlichen und sonstigen Mittel zu schützen, die in der Hand des Betriebsinhabers zu einem einheitlichen Organismus zusammengefasst werden, also etwa auch tatsächliche Gegebenheiten wie die Marktstellung eines Unternehmens. Der Schutz des unternehmerischen Eigentums erfasst neben dem zivilrechtlichen Eigentum am Unternehmen und einzelnen Vermögensgegenständen wie Grundstücken und Maschinen auch die organisatorische Einheit dieser Elemente:

---

[141] Vgl. BVerfGE 6, 32, 41 f.; *Scholz,* in: Maunz/Dürig, GG, Bd. 2, Art. 12 Rn. 114 f.; 131 ff.; *Höfling,* Vertragsfreiheit, S. 9 ff., 14 ff.
[142] Vgl. etwa BVerfGE 4, 7, 17; 81, 108, 122; 89, 48, 61; zum StrEG, BGHZ 134, 1, 25.
[143] *Salje,* StrEG, Einführung Rn. 134; *Reshöft/Steiner/Dreher,* EEG, Einleitung Rn. 57 ff.; *Oschmann,* in: Danner/Theobald, VI EEG B1 Einf. Rn. 44; *Studenroth,* DVBl. 1995, 1216, 1221 f.; vgl. auch *Scholz,* ET 1995, 600, 602.
[144] Zum StrEG *Ossenbühl,* ET 1996, 94, 98; zum EEG 2000: *Altrock,* „Subventionierende" Preisregelungen, S. 202 ff.; grundsätzlich kritisch zur Annahme eines Spezialitätsverhältnisses zwischen Art. 12 und Art. 14 GG bezüglich der wirtschaftlichen Betätigungsfreiheit *Scholz,* in: Maunz/Dürig, GG, Bd. 2, Art. 12 Rn. 138 ff.
[145] Z. B. *Papier,* in: Maunz/Dürig, GG, Bd. 2, Art. 14 Rn. 95 ff.
[146] Vgl. BVerfGE 13, 225, 229; 45, 272, 296; offen gelassen in BVerfGE 66, 116, 145; 68, 190, 192; 77, 84, 118; 81, 208, 228.
[147] Etwa BGHZ 23, 157, 162 f.; 76, 394 ff.; 92, 34, 37; BVerwGE 62, 224, 226; BSGE 5, 40, 54; aus der Literatur *Papier,* in: Maunz/Dürig, GG, Bd. 2, Art. 14 Rn. 95 ff. m. w. N.

Erst die Gesamtheit aller genannten Aspekte macht den besonderen Wert des Unternehmens aus. Damit soll Art. 14 Abs. 1 GG ein Unternehmen nicht seiner selbst wegen schützen, sondern wesentlich gerade auch dessen Funktionsfähigkeit gewährleisten. Damit wird aber nicht ein Recht „auf freie Betätigung als Unternehmer überhaupt"[148] kreiert. Ausgangspunkt, aber auch Grenze des Schutzbereichs des Art. 14 GG ist der vorhandene Bestand an vermögenswerten Rechtspositionen.[149]

61 Das EEG trifft das unternehmerische Eigentum jedoch nicht in seiner **„wesentlichen Funktionssubstanz"**. Eine Gefahrsituation für die Unternehmen durch die Preisregelung ist beim EEG nicht denkbar: Was beim StrEG aufgrund der Härteklausel in § 4 (5 Prozent-Deckel) ausgeschlossen erschien, ist beim EEG noch weniger anzunehmen: Denn nach § 4 i. V. m. § 14 wird die Kostenlast des Gesetzes sehr breit gleichmäßig auf alle letztversorgenden Elektrizitätsversorgungsunternehmen verteilt. Unter diesen Umständen ist die Substanz des primär aufnahmepflichtigen Netzbetreibers ebenso wenig gefährdet wie die der am Ende des bundesweiten Ausgleichs stehenden Stromhändler.

62 **(2) Wettbewerbsfreiheit.** Durch den Preis- und Abnahmemechanismus des EEG wird die vorgefundene Gewichtung der Wettbewerber zugunsten der Einspeiser von Strom aus Erneuerbaren Energien gezielt verändert. Die Wettbewerbsfreiheit wird aber nicht durch Art. 14 GG, sondern als Teil der allgemeinen Handlungsfreiheit von Art. 2 Abs. 1 GG[150] und über Art. 12 Abs. 1 GG[151] geschützt.

63 **(3) Verfügungsfreiheit über das Eigentum am Versorgungsnetz.** Eine weitere Frage, die sich vorliegend stellt, ist die, ob der Schutzbereich des Art. 14 Abs. 1 GG unter dem Aspekt einer Einschränkung des Netzeigentums eröffnet ist. Versorgungsnetze sind nach allgemeiner Ansicht auch dann von Art. 14 Abs. 1 GG geschützt, wenn die Grundstücke, über die das Netz verlegt ist, wie regelmäßig der Fall, nicht im Eigentum des Netzbetreibers stehen. Insoweit findet § 94 BGB keine Anwendung, die Leitungen werden also nicht Bestandteil der Grundstücke, sie bilden vielmehr einen Scheinbestandteil im Sinne des § 95 BGB. Diese Diskussion ist vor allem aus dem Bereich des § 6 EnWG a. F. bekannt.[152]

64 Sowohl § 20 EnWG als auch § 4 EEG sind **Netzzugangsregelungen.** Sie dienen der Gewährleistung des Zugangs zu den Versorgungsnetzen für konkurrierende Stromerzeuger. Allerdings handelt es sich in beiden Fällen nicht um einen Eingriff in das Sacheigentum selbst. An der sachenrechtlichen Zuordnung ändert sich durch die Einspeisung nichts. Auch in diesem Fall erscheint die Substanz eines Unternehmens nicht als gefährdet. Allerdings kann nicht unberücksichtigt bleiben, dass die Abnahmepflicht aus § 4 mit einem Vorrang der Einspeisung von Strom aus Erneuerbaren Energien gekoppelt ist. Der Einspeisungsvorrang bewirkt – ebenso wie die Pflicht zur Durchleitung bzw. Netznutzung – dass Netzbetreiber in ihrer Möglichkeit beschnitten werden, mit ihrem Eigentum so zu verfahren, wie sie wünschen. Der Einspeisungsvorrang hindert die Netzbetreiber insbesondere daran, Dritte von der Nutzung ihrer Netze auszuschließen. Soweit man das Recht zur Nutzung der Netze nicht dem Schutzbereich des Art. 12 GG zuord-

---

[148] Vgl. *Badura,* AöR 98 (1973), 153, 165 f.
[149] Zusammenfassend *Altrock,* „Subventionierende" Preisregelungen, S. 202 ff.
[150] BVerfGE, 8, 274, 328; 65, 196, 210; vgl. auch *Dürig,* in: Maunz/Dürig, GG, Bd. 1, Art. 2 Abs. 1 Rn. 48 ff.
[151] Dazu *Scholz,* in: Maunz/Dürig, GG, Bd. 2, Art. 12 Rn. 115; zusammenfassend auch *Altrock,* „Subventionierende" Preisregelungen, S. 207.
[152] Hierzu *Papier,* Die Regelung von Durchleitungsentgelten, S. 20, 47; *Schmidt-Preuß,* AG 1996, 1, 5 ff.; *ders.,* RdE 1996, 1 ff. m. w. N.

Einführung 65–68

nen will, berühren die Regelungen der §§ 4 und 14 über die vorrangige Abnahme- und Übertragungspflicht das Eigentum der Netzbetreiber an ihren Netzen.[153]

65 **b) Eigentumsrelevante Maßnahmen.** Die vorrangigen Abnahme- und Übertragungspflicht des § 4 EEG ist keine Enteignung, sondern eine grundsätzlich entschädigungslos hinzunehmende Inhalts- und Schrankenbestimmung. Denn es handelt sich beim EEG um eine Regelung, die abstrakt-generell Rechte bzw. Pflichten eines netzbetreibenden Unternehmens im Sinne einer bestimmten Eigentumsordnung umschreibt. Damit geht es beim EEG nicht um eine einzelfallbezogene Eigentumsentziehung, sondern um eine Neugestaltung individueller Zuordnungsverhältnisse. Letzteres sind aber die Merkmale einer Inhalts- und Schrankenbestimmung im Sinne des Art. 14 Abs. 1 GG,[154] die an der Sozialbindung und an Art. 14 Abs. 2 GG zu messen ist.

66 **c) Verhältnismäßigkeit der Inhalts- und Schrankenbestimmung.** Die Verfassungsgrenzen von Inhalts- und Schrankenbestimmungen sind insbesondere dem Verhältnismäßigkeitsgrundsatz zu entnehmen.

67 Wie bereits im Rahmen der Prüfung des Art. 12 GG herausgearbeitet, dienen die Regelungen des EEG einem verfassungsrechtlich legitimen Zweck und sind für die Erreichung dieses Zwecks ohne weiteres geeignet und dazu auch erforderlich.

68 Die Regelungen sind auch verhältnismäßig im engeren Sinne, weil die von den Regelungen ausgehenden Beeinträchtigungen **angemessen** und **für die nachteilig Betroffenen zumutbar** sind.[155] Der Beschränkung der eigentumsrechtlich geschützten Verfügungsfreiheit über das Versorgungsnetz steht ein entsprechend weitreichendes öffentliches Interesse an der Schonung knapper Ressourcen sowie dem Klimaschutz und damit einer nachhaltigen Entwicklung der Versorgung mit Energie gegenüber, die von der in der Art. 20a GG verankerten Staatsschutzbestimmung umfasst werden. Das EEG ermöglicht Erneuerbaren Energien darüber hinaus erst den Marktzugang im relevanten Umfang und intensiviert so den Wettbewerb auf dem Strommarkt, der ebenfalls im öffentlichen Interesse darstellt. Demgegenüber beschneidet das EEG die Netzbetreiber in ihrer Freiheit, über die Verwendung ihrer Netzkapazität selbst zu bestimmen. Hieraus ergibt sich jedoch keine Unzumutbarkeit. Denn das Eigentum an **Energieversorgungsnetzen** ist durch einen besonderen sozialen Bezug und eine **gesteigerte soziale Funktion** geprägt.[156] Bedeutsam ist insoweit, dass die Nichteigentümer auf die Bereitstellung von Netzkapazitäten angewiesen sind[157] und Strom aus Erneuerbaren Energien nur dann in relevantem Umfang erzeugt werden kann, wenn ihm Zugang zu Netzen verschafft wird. Die **Belastbarkeit** der Netzbetreiber wird **nicht** dadurch **überschritten,** dass sie ihre Netze bei Kapazitätsengpässen vorrangig Erneuerbaren Energien zur Verfügung stellen müssen. Insbesondere ist die Rechtsprechung des

---

[153] So etwa *Richter,* Grenzen der wirtschaftlichen Förderung, S. 253; *Altrock,* „Subventionierende" Preisregelungen, S. 210. A. A. etwa *Behrends,* Stromeinspeisung und Verfassungsrecht, S. 262 f. Auch der BGH (vgl. Entscheidungen v. 11. 6. 2003 – VIII ZR 160/02, S. 10 ff., sowie Az. VIII ZR 161/02 und VIII ZR 322/02) hält den Schutzbereich des Art. 14 GG offensichtlich nicht für eröffnet.

[154] Zur Definition der Inhalts- und Schrankenbestimmungen vgl. BVerfGE 37, 132, 140; 91, 294, 308; 95, 48, 58.

[155] Allgemein zu diesem Erfordernis BVerfGE 50, 217, 227; 80, 103, 107; 92, 262, 274.

[156] *März,* AöR 124 (1999), 166, 167 f.; ihm folgend *Altrock,* „Subventionierende" Preisregelungen, S. 224.

[157] *Papier,* Die Regelung von Durchleitungsrechten, S. 21; *Altrock,* „Subventionierende" Preisregelungen, S. 224; a. A. wohl *Schmidt-Preuß,* RdE 1996, 1, 4.

69–71 Einführung

BVerfG zum mietrechtlichen Eigenbedarf[158] nicht auf das Netzeigentum übertragbar.[159] Denn der Netzbetreiber, der infolge der Entflechtung der Energieversorgungsunternehmen seit 1998 nicht mehr selbst Strom erzeugen und vermarkten darf, kann daher grundsätzlich auch keine Eigennutzung ausüben. Er kann ohnehin nur von anderen Unternehmen erzeugten Strom an Dritte weiterleiten. Dabei muss er sich „neutral" und diskriminierungsfrei verhalten.

Damit ist das EEG insgesamt **verhältnismäßig**, soweit es die in Art. 14 GG geschützte Eigentumsfreiheit überhaupt betrifft.[160]   **69**

4. Verletzung des Gleichheitssatzes (Art. 3 Abs. 1 GG)

Dem StrEG wurden Bedenken unter dem Gesichtspunkt des Gleichheitssatzes   **70**
(Art. 3 Abs. 1 GG) entgegengehalten.[161] Stein des Anstoßes war insbesondere eine einseitige regional bedingte Inanspruchnahme norddeutscher Elektrizitätsversorgungsunternehmen aufgrund der in diesem Gebiet häufig anzutreffenden Windräder. Nicht zuletzt wegen dieser Bedenken hat der Gesetzgeber zunächst mit den §§ 3 und 11 EEG 2000 und danach mit den §§ 4 und 14 eine Regelung geschaffen. Durch diese bundesweite Ausgleichsregelung, die die unterschiedliche Belastung einzelner Elektrizitätsversorger aufgrund regionaler Unterschiede insbesondere bei der Einspeisung von Windenergie gleichmäßig auf alle Letztverbraucher beliefernden Elektrizitätsversorgungsunternehmen verteilt, ist eine Verletzung des allgemeinen Gleichheitssatzes durch die Abnahme- und Vergütungspflicht nach § 3 Abs. 1 und 2 EEG ausgeschlossen. Auch auf Ebene der Übertragungsnetzbetreiber ist durch die Einführung des vorläufigen unverzüglichen Ausgleichs, der durch die geografischen Gegebenheiten bedingten unterschiedliche Aufnahme von Strom aus Erneuerbaren Energien nach § 14 Abs. 1 EEG, eine bisher möglicherweise für den Abrechnungszeitraum von 15 Monaten verbleibende geringfügige und gerechtfertigte Ungleichbehandlung entfallen. Vor diesem Hintergrund ist der BGH zutreffend zu dem Ergebnis gekommen, dass die Abnahme- und Vergütungspflicht auch nicht gegen den allgemeinen Gleichheitssatz des Art. 3 Abs. 1 GG verstößt.[162]

C. Vereinbarkeit mit dem europäischen Gemeinschaftsrecht

I. Überblick

In der juristischen Literatur war zunächst umstritten, ob ein Mindestpreissystem,   **71**
wie es das EEG vorsieht, mit den Vorgaben des europäischen Gemeinschaftsrechts

---

[158] BVerfGE 79, 292, 303 ff.
[159] Dazu *Fehling*, AöR 121 (1996), 59, 92; *Altrock*, „Subventionierende" Preisregelungen, S. 225.
[160] Ähnlich für das StrEG statt vieler *Koch/Schütte*, ZNER 1998, 3, 10; für das EEG 2000 *Altrock*, „Subventionierende" Preisregelungen, S. 228.
[161] Für einen Verstoß gegen Art. 3 Abs. 1 GG: *Ossenbühl*, RdE 1997, 46, 54 ff.; *ders.*, ET 1996, 94, 98; *Treffer*, UPR 1996, 128, 131; AG Plön, NJW 1997, 591 ff.; gegen einen Verstoß gegen Art. 3 Abs. 1 GG, BGH, UPR 2003, 350 ff.; BGH, Urt. v. 11. 6. 2003 – VIII ZR 161/02 (unveröffentlicht); *Salje*, StrEG, Einf. Rn. 134, 155; *Pohlmann*, Rechtsprobleme StrEG, S. 143 ff.; *Kremser*, AöR 121 (1996), 406, 432 ff.; *Studenroth*, DVBl. 1995, 1216, 1222 f.
[162] Vgl. BGH, Entscheidungen v. 11. 6. 2003 – VIII ZR 160/02, S. 17 f., gleichlautend Az. VIII ZR 161/02 und VIII ZR 322/02; *Altrock*, „Subventionierende" Preisregelungen, S. 280.

Einführung 72, 73

vereinbar ist.[163] Der EuGH hat diese Streitfrage in der Entscheidung **Preussen-Elektra**[164] für das frühere StrEG beantwortet und entschieden: Das Gesetz verstößt weder gegen die Beihilfevorschriften noch die Regelungen über den freien Warenverkehr. Das EEG, welches den StrEG am 1. April 2000 abgelöst hat, ist – soweit es für die europarechtliche Beurteilung relevant ist – mit der Konstruktion des StrEG identisch und daher ebenfalls mit dem Beihilfenrecht des EGV vereinbar. Folgerichtig hat die Europäische Kommission am 22. Mai 2002 entschieden, dass das EEG keine staatliche Beihilfe im Sinne des EGV darstellt. Die Ausführungen des Gerichtshofs, mit denen er die Vereinbarkeit des StrEG mit der Warenverkehrsfreiheit bejaht hat, sind grundsätzlich ebenfalls auf das EEG übertragbar. Allerdings geht seit dem 27. Oktober 2001 die EE-RL als Sonderregelung den Vorschriften des EGV über den freien Warenverkehr vor. Mit den Vorschriften dieser Richtlinie ist das EEG – zumindest soweit der Warenverkehr betroffen ist – ebenfalls vereinbar.

II. Vereinbarkeit des EEG mit dem Beihilferecht des EGV

72 Art. 87 Abs. 1 EGV, die zentrale Vorschrift des Beihilfenrechts des EGV, erklärt staatliche oder aus staatlichen Mitteln gewährte Beihilfen – gleich welcher Art –, die durch die Begünstigung bestimmter Unternehmen oder Produktionszweige den Wettbewerb verfälschen oder zu verfälschen drohen, grundsätzlich für mit dem Gemeinsamen Markt unvereinbar, soweit sie den Handel zwischen den Mitgliedstaaten beeinträchtigen. Im Schrifttum gab es anfangs unterschiedliche Auffassungen darüber, ob die Vergütungspflicht nach §§ 3 ff. EEG eine solche Beihilfe darstellt. Auch die Generaldirektion Wettbewerb der **EU-Kommission** hatte nur wenige Tage nach der Verabschiedung des EEG im Deutschen Bundestag auf Drängen der deutschen Energiewirtschaft mit Schreiben vom 7. März 2000 der Ständigen Vertretung der Bundesrepublik Deutschland bei der EU mitgeteilt, dass sie das EEG als nicht notifizierte Beihilfe registriert habe.

1. Die Entscheidung PreussenElektra

73 Für Klarheit sorgte schließlich das Urteil des EuGH in der Rechtssache **PreussenElektra**,[165] das das frühere deutsche StrEG zum Gegenstand hatte.[166] Der Gerichtshof stellte fest, dass eine Verpflichtung zur Abnahme von Strom aus erneuerbaren Energiequellen zu Mindestpreisen, wie sie auch das EEG vorsieht, den Erzeugern dieser Stromart zwar einen wirtschaftlichen Vorteil verschaffe.[167] Unter Verweis auf seine bisherige Rechtsprechung betonte er jedoch, dass nur solche Vorteile als Beihilfen im Sinne des EGV anzusehen sind, die unmittelbar oder mittelbar aus staatlichen Mitteln gewährt werden.[168] Die Verpflichtung privater Elektrizitätsversorgungsunternehmen zur Abnahme von Strom aus erneuerbaren Energiequellen zu festgelegten Mindestpreisen führe aber nicht zu einer unmittel-

---

[163] Exemplarisch *Becker*, ZNER 2000, 205 f.; *Bürger/Senger*, UPR 2000, 215 ff.; *Dederer/Schneller*, RdE 2000, 214 ff.; *Falk*, ZIP 1999, 738 ff.; *Gellermann*, DVBl. 2000, 509 ff.; *Gent*, ET 2000, 600 ff.; *ders.*, ET 1999, 854 ff.; *Iro*, RdE 1998, 11 ff.; *Nagel*, ZNER 2000, 100 ff.; *Richter*, RdE 1999, 23 ff.; *Ritgen*, RdE 1999, 176 ff.; *Salje*, RIW 1998, 186 ff.; *Schreiber*, ZNER 2000, 202 ff.; *Schwintowski*, ZNER 2000, 204 ff.; *Soltész*, EuZW 1998, 747 ff.
[164] EuGH, Rs. C-379/98, Slg. I-2001, 2099 – PreussenElektra.
[165] Ebenda.
[166] Zur Genese des Rechtsstreits Generalanwalt *Jacobs*, Rn. 16 ff.; *Lauber*, ZNER 2001, 35, 42; *Nagel*, ZUR 2001, 263 f.
[167] EuGH, Rs. C-379/98, Slg. I-2001, 2099, Rn. 54 – PreussenElektra.
[168] EuGH, Rs. C-379/98, Slg. I-2001, 2099, Rn. 58 – PreussenElektra.

74–76 **Einführung**

baren oder mittelbaren Übertragung staatlicher Mittel auf die Unternehmen, die diesen Strom erzeugen.[169]

Das Urteil des EuGH wurde in der **Literatur** weit überwiegend zustimmend aufgenommen. Nur vereinzelt wurde aus rechtspolitischer Sicht kritisiert, der EuGH habe mit seiner Entscheidung die Möglichkeit zur Umgehung des Beihilferegimes eröffnet.[170] Mit dem gleichen Argument hatte die EU-Kommission im Verfahren versucht, den EuGH zu einer weiten Auslegung des Beihilfebegriffs zu bewegen: Zur Sicherung der praktischen Wirksamkeit der Beihilfevorschriften sei es erforderlich, den Begriff der staatlichen Beihilfe so zu interpretieren, dass auch Unterstützungsmaßnahmen wie die des StrEG erfasse.[171] Der EuGH wies demgegenüber darauf hin, dass sich die Beihilferegelung des EGV unmittelbar nur auf Maßnahmen der Mitgliedstaaten bezieht.[172] Von dieser eher formalen, aber gleichwohl zutreffenden Begründung abgesehen, besteht auch aus rechtspolitischer Sicht keine Notwendigkeit zur Ausdehnung des Beihilfebegriffs über den klaren Wortlaut des Art. 87 EGV hinaus. Gegen wettbewerbsverzerrende staatliche Begünstigungen, die nicht zu einer unmittelbaren oder mittelbaren Übertragung staatlicher Mittel führen, stellen der EGV – insbesondere mit den Grundfreiheiten und den Möglichkeiten zur Rechtsangleichung – auf der einen Seite und das nationale Verfassungsrecht auf der anderen Seite ausreichende Instrumente zur Verfügung.[173] 74

Kritik aus der Warte des Umweltrechts an der Entscheidung entzündete sich daran, dass der EuGH überhaupt zur Anwendbarkeit der Beihilfevorschriften gelangt war.[174] Seit der Einfügung der Umwelt-Querschnittsklausel des Art. 6 EGV sei Umweltpolitik nicht mehr als Einschränkung der Wettbewerbspolitik aufzufassen, sondern mit ihr abzugleichen. Dieser Abgleich führe im vorliegenden Fall zu dem Ergebnis, dass die gesetzliche Festsetzung der Kaufpflicht, die zu einer Erhöhung des Anteils Erneuerbarer Energien an der Stromerzeugung führen solle, terminologisch nicht als Beihilfe eingeordnet werden könne. Denn die Tatsache, dass die Vergütungen bestimmten Unternehmen zugute kämen, sei eine bloße Nebenfolge der umweltpolitischen Zielsetzungen des Gesetzgebers, die negativen Umweltfolgen der Stromerzeugung zu verringern. Die Anwendung des Beihilferechts scheide daher von vornherein aus.[175] Der Gesetzgeber hatte in der Begründung zum EEG ähnlich argumentiert und die Kaufpflicht als Schutzstandard zugunsten der Umwelt begriffen[176] und war vor diesem Hintergrund ebenfalls davon ausgegangen, dass es sich bei der Abnahmepflicht des EEG bereits begrifflich nicht um eine Beihilfe handle. 75

2. Folgerungen für das EEG

Das EEG muss sich ebenso wie das StrEG am Maßstab des Beihilferechts des EGV messen lassen. Daran ändert auch die am 27. Oktober 2002 in Kraft getrete- 76

---

[169] EuGH, Rs. C-379/98, Slg. I-2001, 2099, Rn. 59 – PreussenElektra.
[170] Etwa *Witthohn/Smeddinck*, ET 2001, 466, 467 f.
[171] *EU-Kommission – Juristischer Dienst*, Schriftsatz vom 21. 1. 1999, Rs. C-379/98, Preussen-Elektra ./. Schleswag, JURM (99) 2002; Rn. 49 ff.
[172] EuGH, Rs. C-379/98, Slg. I-2001, 2099, Rn. 64 – PreussenElektra.
[173] *Armenteros/Lefevere*, Review of European Community & International Environmental Law 2001, 344, 347; *Koenig/Kühling*, NVwZ 2001, 768, 770; *Martínez Soria*, DVBl. 2001, 882, 883; *Schneider*, in: Schneider/Theobald, HBEnWR, § 18 Rn. 153; *Soltész*, EuZW 1998, 747, 753.
[174] So etwa *Nagel*, ZUR 2001, 263, 264.
[175] So *Apfelstedt*, ZNER 2000, 200; *Nagel*, ZUR 2001, 263, 264; allgemein *Scheuing*, EuR 2002, 619, 629 ff.
[176] BT-Drs. 14/2776, S. 20; ähnlich *Apfelstedt*, ZNER 2000, 200; *ders.*, ZNER 2001, 2, 8; *Becker*, ZNER 2000, 205 f.; *Schreiber*, ZNER 2000, 202, 204.

Einführung 77, 78

ne EE-RL nichts. Denn Art. 4 Abs. 1 EE-RL erklärt Art. 87 und 88 EGV ausdrücklich für weiterhin anwendbar. Das EEG unterscheidet sich – soweit es für die beihilferechtliche Beurteilung relevant ist – jedoch ohnehin nicht von den Regelungen des StrEG. Auch das EEG sieht eine Vergütung des eingepeisten Stroms aus Mitteln der privaten Netzbetreiber vor, ohne dass es mittelbar oder unmittelbar zu einem staatlichen Mittelfluss kommt. Die Feststellungen des EuGH zum StrEG lassen sich daher unmittelbar auf das EEG übertragen. Die nach §§ 3 ff. EEG gezahlten Vergütungen sind demzufolge **keine Beihilfen** im Sinne von Art. 87 EGV.[177]

77 Die Generaldirektion Wettbewerb der **EU-Kommission** beendete das laufende Prüfverfahren gegen das EEG dennoch zunächst nicht. Zur Begründung gab das zum damaligen Zeitpunkt zuständige Kommissionsmitglied *Mario Monti* an, der EuGH habe in der Rechtssache PreussenElektra das System der Einspeisevergütungen lediglich insoweit für beihilfefrei erklärt, als es sich bei den Zahlungsverpflichteten um private Unternehmen handle.[178] Für öffentliche Unternehmen habe das Urteil keine Aussage getroffen. Erst mit Schreiben vom 22. Mai 2002[179] stellte Monti fest, dass das EEG keine staatliche Beihilfe darstellt, weil es ohne Unterschied für private wie für öffentliche Netzbetreiber und Elektrizitätsversorgungsunternehmen gelte und nicht darauf abziele, speziell mit Mitteln öffentlich-rechtlicher Unternehmen die Stromerzeugung aus Erneuerbaren Energien zu fördern.[180] Dieser Entscheidung der Kommission ist zuzustimmen. Jedes andere Ergebnis hätte zu einer auch Art. 86 EGV widersprechenden Verzerrung des Wettbewerbs zwischen privaten und öffentlichen Unternehmen geführt[181] und entgegen Art. 295 EGV die Eigentumsordnung Deutschlands berührt.

III. Vereinbarkeit mit der Warenverkehrsfreiheit

78 **Art. 28 EGV**,[182] die zentrale Vorschrift für die Verwirklichung des freien Warenverkehrs in der Europäischen Gemeinschaft, verbietet grundsätzlich mengenmäßige Einfuhrbeschränkungen sowie alle Maßnahmen gleicher Wirkung. In der Fachliteratur war umstritten, ob das EEG eine derartige verbotene Maßnahme darstellt und inwieweit im Falle des EEG eine Ausnahme von diesem grundsätzlichen Verbot zum Tragen kommt. Hintergrund der Diskussion ist die Tatsache, dass die in Deutschland tätigen Stromhändler nach § 14 Abs. 3 EEG verpflichtet werden, einen gewissen Teil (EEG-Quote) des von ihnen gehandelten Stroms aus Erneuerbaren Energien bereitzustellen, der nach § 2 Abs. 1 Satz 1 EEG im Geltungsbereich des EEG oder der deutschen AWZ erzeugt wird. In Höhe der EEG-Quote wird also unter Berufung auf Umweltschutzgründe theoretisch die Möglichkeiten der Stromhändler beschränkt, Strom aus anderen Mitgliedstaaten zu importieren.

---

[177] *Reshöft/Steiner/Dreher*, EEG, Einleitung Rn. 114; *Büdenbender*, DVBl. 2001, 952, 957; *Faber*, NuR 2002, 140, 142; *Frenz*, RdE 2002, 201; *Heller*, GewArch 2001, 191, 193; *Kühne*, JZ 2001, 759; *Martínez Soria*, DVBl. 2001, 882, 885; *Nagel*, ZUR 2001, 263, 265; *Pünder*, Jura 2001, 591, 592 f.; *Schneider*, in: Schneider/Theobald, HBEnWR, § 18 Rn. 150.
[178] Schreiben vom 7. 6. 2001 an Bundesfinanzminister *Hans Eichel*, veröffentlicht unter http://www.sfv.de/lokal/mails/wvf/monti.htm.
[179] Veröffentlicht unter http://www.europa.eu.int/comm/secretariat_general/sgb/state_aids/industrie/nn027–00.pdf.
[180] Vgl. ABl. EU 2002 Nr. C 164, S. 5.
[181] *Schmidt-Preuß*, in: Hendler, Energierecht zwischen Umweltschutz und Wettbewerb, S. 27, 44.
[182] Zur Vereinbarkeit des EEG mit der Warenverkehrsfreiheit ausführlich *Altrock*, „Subventionierende" Preisregelungen, S. 86 ff.

1. Die Entscheidung PreussenElektra

Der EuGH äußerte sich in der Rechtssache **PreussenElektra**[183] auch zu diesem 79 Aspekt und urteilte, dass eine Regelung wie das Stromeinspeisungsgesetz nicht gegen Art. 28 EGV verstößt. Der Gerichtshof ging davon aus, dass Strom aus Erneuerbaren Energien als Ware zu behandeln sei[184] und stellte fest, dass die Abnahmepflicht des EEG für im Inland erzeugten Strom aus Erneuerbaren Energien den innergemeinschaftlichen Handel im Sinne der sog. **Dassonville**-Formel[185] zumindest potenziell behindern könne und sich daher als Maßname gleicher Wirkung wie eine mengenmäßige Einfuhrbeschränkung im Sinne des Art. 28 EGV darstelle.[186] Diese Feststellung des EuGH ist problematisch. Denn bei der Pflicht zur Abnahme des erzeugten Stroms aus Erneuerbaren Energien handelt es sich um eine Umweltauflage mit dem mittelbaren Zweck, die Klimabilanz des Stromverbrauchs zu verbessern. Eine solche Verbesserung kommt jedoch nur zustande, wenn durch den abgenommenen Ökostrom im gleichen Umfang klimaschädlicher Normalstrom verdrängt wird. Zumindest derzeit wird aber nur durch im Inland erzeugten Ökostrom konventioneller Strom ersetzt. Der Import von Strom aus Erneuerbaren Energien aus anderen Ländern führt lediglich zu einer Umbuchung im Herkunftsland und verbessert die europäische Klimabilanz nicht. Die (theoretische) Beschränkung des Imports von Strom aus anderen Ländern im Umfang der gesetzlichen Abnahmepflicht ist nur ein Reflex dieser Umweltauflage.[187] Darüber hinaus lässt der EuGH eine Auseinandersetzung mit der in der Literatur aufgeworfenen These vermissen, die **Keck**-Rechtsprechung dürfe nicht auf Verkaufs- und Vertriebsfragen beschränkt bleiben, sondern müsse in gleicher Weise auch für Einkaufs- und Beschaffungsregelungen gelten, wie sie das StrEG normiert hat.[188] Der EuGH hatte in der Rechtssache Keck[189] entschieden, dass nationale Bestimmungen, die bestimmte Verkaufsmodalitäten beschränken oder verbieten, keine Maßnahmen gleicher Wirkung wie mengenmäßige Einfuhrbeschränkungen sind, sofern sie den Absatz der inländischen Erzeugnisse und der Erzeugnisse aus anderen Mitgliedstaaten rechtlich wie tatsächlich in der gleichen Weise berühren.[190]

Aber auch der Gerichtshof sah die von ihm angenommene potenzielle Behinderung des innergemeinschaftlichen Handels als **mit Art. 28 EGV vereinbar** an. 80 Er begründet es damit, dass die Nutzung Erneuerbarer Energien dem Umweltschutz dient und zugleich den Schutz der Gesundheit und des Lebens von Menschen, Tieren und Pflanzen bezweckt.[191]

Im Ergebnis hat der Gerichtshof mit dieser Entscheidung in der Literatur unge- 81 teilte Zustimmung gefunden. Die Herleitung dieses Ergebnisses hat jedoch in methodischer und dogmatischer Hinsicht mehr Fragen aufgeworfen als Antworten gegeben. Denn der Gerichtshof äußerte sich zum einen nicht ausdrücklich zu der Frage, ob er das StrEG für eine unterschiedslos geltende Maßnahme hält.[192] Zum anderen lässt er nicht eindeutig erkennen, ob er **Umweltschutz als zwingendes**

---

[183] EuGH, Rs. C-379/98, Slg. I-2001, 2099 – PreussenElektra.
[184] *Oschmann*, Strom aus erneuerbaren Energien, S. 196 ff.
[185] Vgl. EuGH, Rs. 8/74, Slg. 1974, 837 – Dassonville.
[186] EuGH, Rs. 8/74, Slg. 1974, 837, Rn. 71 – Dassonville.
[187] Vgl. *Apfelstedt*, ZNER 2000, 200 f., u. *ders.*, ZNER 2001, 2, 8 ff.
[188] *Britz*, in: Ludwig/Odenthal, Recht der Elektrizitäts-, Gas- und Wasserversorgung, Rn. 30; *Nagel*, ZNER 2000, 3, 5; *Schreiber*, ZNER 2000, 202, 203.
[189] EuGH, Rs. C-267/91, Slg. I-1993, 6097 – Keck.
[190] EuGH, Rs. C-267/91, Slg. I-1993, 6097, Rn. 16 – Keck.
[191] EuGH, Rs. C-379/98, Slg. I-2001, 2099, Rn. 72 ff. – PreussenElektra.
[192] So *Altrock*, „Subventionierende" Preisregelungen, S. 93 ff.; *Faber*, NuR 2002, 140, 143; *Nagel*, ZNER 2000, 3, 5; *Pünder*, Jura 2001, 591, 595; a. A.: *Frenz*, NuR 2002, 204, 211 ff.; *Kühne*, JZ 2001, 759, 760; *Ruge*, EuZW 2001, 247, 248; *Scheuing*, EuR 2002, 619, 644 f.

Einführung

Erfordernis im Sinne der **Cassis**-Formel ansieht, Art. 30 EGV also erweiternd auslegt,[193] oder ob er die Unterscheidung zwischen zwingenden Erfordernissen und Rechtfertigungsgründen völlig aufgegeben hat[194] und nunmehr eine außerhalb des Art. 30 EGV angesiedelte generelle Möglichkeit zur Rechtfertigung durch Gründe des Umweltschutzes bejaht.[195]

82 Auch die **Verhältnismäßigkeitsprüfung** des EuGH fällt relativ knapp aus.[196] Nur mit der Legitimität des mit dem StrEG verfolgten Ziels befasst sich der Gerichtshof ausführlich[197] und stellt fest, dass die Entwicklung der Nutzung erneuerbarer Energieträger aus Gründen des Umwelt- und Klimaschutzes zu den vorrangigen Zielen der Gemeinschaft gehöre.[198] Die **Eignung** des StrEG für die Erreichung des gesetzten Ziels bejaht der EuGH implizit durch einen Verweis auf die in der EltRL 1996 enthaltene Ermächtigung, aus Gründen des Umweltschutzes der Elektrizitätserzeugung aus Erneuerbaren Energien Vorrang einzuräumen.[199] Die **Erforderlichkeit,** d. h. ob es zur Zielerreichung gleich geeignete, aber mildere Instrumente als das StrEG gibt, prüft der EuGH regelmäßig nicht, weil er dem Gesetzgeber ein weites Ermessen zubilligt. Insoweit scheint für den EuGH im Urteil PreussenElektra entscheidend gewesen zu sein, dass überhaupt ein Mitgliedstaat aktiv wurde.[200] Das StrEG hätte indes auch einer strengen Erforderlichkeitsprüfung Stand gehalten. Von den derzeit in den EU-Mitgliedstaaten praktizierten Modellen zur Förderung Erneuerbarer Energien hat sich bislang keines als gleichermaßen geeignet erwiesen, den Anteil Erneuerbarer Energien an der Stromerzeugung im Einklang mit den Zielen der Gemeinschaft zu erhöhen.[201] Auch eine Modifizierung des EEG dergestalt, dass auch für importierten Strom aus Erneuerbaren Energien ein Abnahme- und Vergütungsanspruch bestünde, ist schon nicht gleichermaßen geeignet. Denn der Import von Strom aus Erneuerbaren Energien aus anderen Ländern würde nicht zu einer mit der Umweltauflage intendierten Verdrängung von klimaschädlichem Normalstrom führen, sondern lediglich zu einer Umbuchung des Umweltvorteils in anderen Ländern auf das Konto Deutschlands mit der Folge, dass sich durch den Import in gleichem Umfang die Umweltbilanz der Herkunftslandes verschlechtert und global gesehen keine Verbesserung erfolgt.[202] Die **Angemessenheit** des StrEG zur Erreichung des Ziels wird vom EuGH ebenfalls nur indirekt angesprochen. Zu berücksichtigen sei, dass die EltRL 1996 Hemmnisse für den Elektrizitätshandel zwischen den Mitgliedstaaten nicht völlig beseitigt habe.[203] Auch lasse sich die Herkunft von Strom und insbesondere die Energiequelle, aus der er gewonnen wurde, kaum bestimmen,[204]

---

[193] So etwa *Thieme/Rudolf,* American Journal of International Law 2002, 225, 230.
[194] Vgl. *Gebauer/Wollenteit/Hack,* ZNER 2001, 12, 16 f., *Koenig/Kühling,* NVwZ 2001, 768, 770; *Kühne,* JZ 2001, 759, 760.
[195] So *Scheuing,* EuR 2002, 619, 643 f.; vgl. allg. *Heselhaus,* EuZW 2001, 645 f.; *Nowak,* VerwArch 2002, 368, 370 ff.
[196] EuGH, Rs. C-379/98, Slg. I-2001, 2099, Rn. 72 ff. – PreussenElektra.
[197] EuGH, Rs. C-379/98, Slg. I-2001, 2099, Rn. 73 ff. – PreussenElektra.
[198] EuGH, Rs. C-379/98, Slg. I-2001, 2099, Rn. 74 – PreussenElektra; vgl. *Oschmann,* Strom aus erneuerbaren Energien, S. 49 f., 91 ff.
[199] EuGH, Rs. C-379/98, Slg. I-2001, 2099, Rn. 77 – PreussenElektra; siehe auch *Frenz,* NuR 2002, 204, 214; *Gellermann,* DVBl. 2000, 509, 517.
[200] *Schmidt-Preuß,* in: Hendler, Energierecht zwischen Umweltschutz und Wettbewerb, S. 27, 50.
[201] Hierzu *EREF,* Missing Targets, 7 ff.; *Oschmann,* Strom aus erneuerbaren Energien, S. 65 ff.
[202] *Apfelstedt,* ZNER 2001, 3, 9 f. Irrig daher die Annahme von *Salje,* EEG, 3. Aufl., § 2 Rn. 64 u. 66.
[203] EuGH, Rs. C-379/98, Slg. I-2001, 2099, Rn. 78 – PreussenElektra.
[204] EuGH, Rs. C-379/98, Slg. I-2001, 2099, Rn. 79 – PreussenElektra.

weshalb nach Auffassung der Kommission ein System von Herkunftszertifikaten unabdingbar sei, um den Handel mit Strom aus Erneuerbaren Energien möglich zu machen.[205]

2. Art. 28 EGV auf EEG nicht anwendbar

Aus den Ausführungen des EuGH zum StrEG wurde in der Literatur der zutreffende Schluss gezogen, dass auch das **EEG mit Art. 28 EGV vereinbar** sei, weil es ebenfalls eine verhältnismäßige Maßnahme zum Schutz der Umwelt und des Klimas darstelle.[206] 83

Nach ständiger Rechtsprechung des EuGH sind allerdings nationale Maßnahmen nicht mehr an Art. 28 ff. EGV zu beurteilen, wenn eine Richtlinie der Gemeinschaft, die selbst mit Art. 28 ff. EGV vereinbar sein muss, eine harmonisierte Regelung geschaffen hat.[207] Eine solche harmonisierte Regelung für die Förderung der Stromerzeugung aus Erneuerbaren Energien hat zwar nicht schon die EltRL 1996 geschaffen.[208] Allerdings gilt seit dem 27. Oktober 2001[209] die **EE-RL.** Diese Richtlinie, die selbst mit der Warenverkehrsfreiheit vereinbar ist,[210] dient zwar vorrangig dem Umwelt- und Klimaschutz, sie **harmonisiert** jedoch gleichzeitig auch unterschiedliche mitgliedstaatliche Vorschriften zur Förderung Erneuerbarer Energien.[211] Art. 4 Abs. 1 EE-RL befasst sich mit der Frage nach dem Fortbestand und dem Zusammenspiel der unterschiedlichen nationalen Förderregelungen für Strom aus Erneuerbaren Energien und erkennt an, dass diese Instrumente, zu denen auch Preisstützungssysteme wie das EEG zählen,[212] eine Beschränkung des Handels zur Folge haben könnten. Daher sind mitgliedstaatliche Regelungen wie das EEG zukünftig nicht mehr nach Art. 28 ff. EGV zu beurteilen, sondern nur noch an der EE-RL zu messen.[213] An dieser Beurteilung haben auch die EltRL 2003[214] und die StromhandelVO[215] nichts geändert. Denn EE-RL geht als speziellere Regelung den letztgenannten allgemeinen Regelungen vor.[216] 84

---

[205] EuGH, Rs. C-379/98, Slg. I-2001, 2099, Rn. 80 – PreussenElektra 80; vgl. auch *Gellermann*, DVBl. 2000, 509, 517 f.; a. A. *Frenz*, NuR 2002, 204, 215.

[206] *Schmidt-Preuß*, in: Hendler, Energierecht zwischen Umweltschutz und Wettbewerb, S. 27, 51; *Reshöft/Steiner/Dreher*, Einleitung, Rn. 123; *Büdenbender*, DVBl. 2001, 952, 957; *Faber*, NuR 2002, 140, 144; *Frenz*, RdE 2002, 201; *Kühne*, JZ 2001, 759, 760; *Schneider*, in: Schneider/Theobald, HBEnWR, § 18 Rn. 150, a. A. *Altrock*, „Subventionierende" Preisregelungen, S. 86 ff.

[207] EuGH, Rs. C-37/92, Slg. I-1993, 4947, Rn. 9 – Vanacker und Lesage; EuGH, Rs. C-297/94, Slg. I-1996, 1551, Rn. 18 – Bruyère; EuGH, vb. Rs. C 427/93, C-429/93 u. C-436/93, Slg. I-1996, 3457, Rn. 25 – Paranova.

[208] Zweifelnd *Fouquet/Zenke*, ZNER 1999, 61, 65.

[209] Das Urteil in der Rechtssache *PreussenElektra* erging bereits am 13. 3. 2001.

[210] *Oschmann*, Strom aus erneuerbaren Energien, S. 199 ff.

[211] *Oschmann*, Strom aus erneuerbaren Energien, S. 90 ff. u. 135 ff.

[212] Vgl. Erwägungsgrund 14 EE-RL.

[213] *Oschmann*, Strom aus erneuerbaren Energien, S. 94 ff.

[214] Richtlinie 2003/54/EG des Europäischen Parlaments und des Rates vom 26. 6. 2003 über gemeinsame Vorschriften für den Elektrizitätsbinnenmarkt und zur Aufhebung der Richtlinie 96/92/EG, ABl. EU Nr. L 176, v. 15. 7. 2003, S. 37 ff.

[215] Verordnung (EG) Nr. 1228/2003 des Europäischen Parlaments und des Rates vom 26. 6. 2003 über die Netzzugangsbedingungen für den grenzüberschreitenden Stromhandel, ABl. EU Nr. L 176, v. 15. 7. 2003, S. 1 ff.

[216] Dies ergibt sich unter anderem aus dem jeweils in Art. 1 geregelten Anwendungsbereichen der beiden Rechtsvorschriften. Ebenso *Klinski*, EEG und Binnenmarkt, S. 20 und *Fouquet/Prall*, JEEPL 2005, 309 f.; i. E. *Salje*, EEG, 3. Aufl., § 2 Rn. 69 ff. A. A. wohl *Karpenstein/Schneller*, RdE 2005, 6 ff.

Einführung

3. Grundsätzliche Vereinbarkeit des EEG mit der EE-RL

85 Das gemeinschaftliche Sekundärrecht enthält nur wenige Regelungen, die für das EEG von Bedeutung sind. Hierzu zählen insbesondere die EltRL 2003 und die EE-RL. Nach Art. 11 Abs. 3 EltRL 2003 kann jeder Mitgliedstaat dem Betreiber des Übertragungsnetzes zur Auflage machen, dass er bei der Inanspruchnahme von Erzeugungsanlagen solchen den Vorrang gibt, in denen erneuerbare Energieträger eingesetzt werden.[217] Als speziellere Vorschrift geht der EltRL 2003 jedoch die **EE-RL** vor. Diese EE-RL schreibt kein bestimmtes Fördermodell vor, sondern überlässt die Wahl der Mittel den Mitgliedstaaten, weil es für eine Entscheidung über einen Gemeinschaftsrahmen noch zu früh sei[218] und zunächst weitere Erfahrungen mit den in den Mitgliedstaaten eingesetzten Instrumenten gesammelt werden sollten. Erwägungsgrund 14 EE-RL nennt ausdrücklich Preisregelungen wie das EEG als eines der von der Richtlinie gemeinschaftsrechtlich grundsätzlich sanktionierten Fördersysteme. Die Begründung des Gesetzgebers zu § 2[219] verweist darüber hinaus auf Art. 7 Abs. 1 Satz 3 EE-RL, wonach Vorrang nur gewährt werden muss, soweit der Betrieb des nationalen Elektrizitätssystem dies zulässt und impliziert damit, dass die Vergütung von Strom aus anderen Mitgliedstaaten einen nationalen Mechanismus etwa aus Akzeptanzgründen zum Erliegen bringen kann. Vor diesem gesamten Hintergrund betont Art. 4 Abs. 1 der Richtlinie zusätzlich ausdrücklich, dass die von den Mitgliedstaaten genutzten Mechanismen zur Erfüllung der aus der Richtlinie folgenden Verpflichtungen „eine Beschränkung des Handels zur Folge haben könnten."[220] Auch wenn das EEG also eine Beschränkung des innergemeinschaftlichen Handels zur Folge haben sollte, wäre es demzufolge von der EE-RL gedeckt. Das EEG ist daher insgesamt hinsichtlich seiner Grundkonstruktion mit dem gemeinschaftlichen Sekundärrecht vereinbar.[221]

D. Vereinbarkeit mit dem WTO-Recht

I. Überblick

86 Neben dem nationalen Verfassungsrecht und dem supranationalen Recht der europäischen Gemeinschaften beschränkt auch das Völkerrecht den Spielraum des nationalen Gesetzgebers. Zu den völkerrechtlichen Vorgaben, die als Schranken des EEG zu beachten sind, gehört insbesondere das in Marrakesch am 15. April 1994 unterzeichnete und am 1. Januar 1995 in Kraft getretene Übereinkommen zur Errichtung der Welthandelsorganisation.[222] Nach Art. XVI Abs. 4 des nur in englischer, französischer und spanischer Sprache verbindlichen WTO-Abkommens stellt jedes Mitglied sicher, dass seine Gesetze, sonstigen Vorschriften und Verwaltungsverfahren mit seinen Verpflichtungen aufgrund der als Anlage beigefügten Übereinkommen in Einklang stehen.[223] Zu diesen Übereinkommen zählen insbesondere das Allgemeine Zoll- und Handelsabkommen 1994 **(GATT)**[224] und das

---

[217] Vgl. auch *Oschmann*, Strom aus erneuerbaren Energien, S. 62 f.
[218] Erwägungsgrund 5 EE-RL. In Europa dominieren derzeit Preissysteme. Nur sechs Staaten haben sich für ein Quotenmodell entschieden; vgl. *Bechberger/Reiche*, neue energie 2/2005, 12 ff.
[219] Enthalten in BT-Drs. 15/2864, S. 28 f.
[220] Dies übersehen *Karpenstein/Schneller*, RdE 2005, 6, 10 f.
[221] Ebenso *Salje*, EEG, 3. Aufl., § 2 Rn. 69 ff. und *Klinski*, EEG und Binnenmarkt, 2005, S. 20 sowie *Fouquet/Prall*, JEEPL 2005, 309 ff.
[222] WTO-Abkommen, s. deutsches Zustimmungsgesetz, v. 30. 8. 1994, BGBl. II S. 1438.
[223] Vgl. *Butler*, Die Beteiligung von Privatpersonen, S. 64.
[224] General Agreement on Tariffs and Trade 1994 – GATT.

87–89 Einführung

Übereinkommen über Subventionen und Ausgleichsmaßnahmen (**ASCM**).[225] Beide Übereinkommen enthalten Vorschriften, an denen sich das EEG messen lassen muss. Die folgende Erörterung macht deutlich, dass das EEG zum einen mit dem GATT vereinbar ist. Insbesondere verstößt es nicht gegen den Grundsatz des Art. III Abs. 4 GATT, wonach ausländische Erzeugnisse nicht weniger günstig behandelt werden dürfen, als gleichartige inländische Erzeugnisse.[226] Denn bei dem nach EEG abzunehmenden und vergütenden Strom und ausländischem Importstrom handelt es sich schon nicht um gleichartige Produkte. Zum anderen ist die Abnahme- und Vergütungspflicht keine Subvention im Sinne des ASCM. Das EEG bewegt sich also insgesamt innerhalb der Grenzen, die das WTO-Recht staatlichem Handeln zieht.

II. Vereinbarkeit mit GATT und dem Grundsatz der Inländergleichbehandlung (National Treatment)

Bei dem GATT handelt es sich um eine grundlegend überarbeitete Fassung des GATT 1947.[227] Es zielt auf die Liberalisierung des grenzüberschreitenden Warenhandels. Das GATT enthält u. a. allgemeine Vorschriften, die die Zulässigkeit von mengenmäßigen Beschränkungen und anderen nichttarifären Handelshemmnissen begrenzen, insbesondere durch den für das EEG relevanten **Grundsatz der Inländergleichbehandlung** in Art. III GATT.[228]

Art. III Abs. 4 GATT als spezielle Ausprägung des Grundsatzes der Inländergleichbehandlung verpflichtet die Mitgliedstaaten, Produkte aus anderen Mitgliedstaaten nicht schlechter (no less favorable) zu behandeln als inländische Produkte (Diskriminierungsverbot). Elektrizität ist zwar physikalisch betrachtet kein körperlicher Gegenstand. Da Strom aber im Wirtschaftsverkehr weitgehend wie eine Ware behandelt wird,[229] wird er im Rahmen des GATT als Produkt im Sinne des Art. III GATT zu behandeln sein.[230]

1. Keine Gleichartigkeit im Sinne von Art. III Abs. 4 GATT

Der Grundsatz der Gleichbehandlung gilt nur für gleichartige Produkte (like products). Es kommt daher darauf an, ob es sich bei Strom, der aus anderen Mitgliedstaaten der WTO importiert wird, um gleichartige Waren im Sinne des Art. III Abs. 4 GATT handelt. Wann dies der Fall ist, muss anhand objektiver Kriterien im Einzelfall beurteilt werden.[231] In dem Verfahren **European Communities – Measures Affecting Asbestos and Asbestos Containing Products** aus dem Jahr 2001[232] stellte der Appellate Body, die „Revisionsinstanz" der WTO,[233] klar, dass die Gleichartigkeit vor allem aus ökonomischer Perspektive beurteilt werden muss.[234] Denn es sei Ziel des Art. III GATT, die Mitgliedstaaten

---

[225] Agreement on Subsidies and Countervailing Measures – ASCM: Übereinkommen über Subventionen und Ausgleichsmaßnahmen, völkerrechtlich nicht-verbindliche deutsche Übersetzung in ABl. EU Nr. L 336 v. 23. 12. 1994, S. 156 ff.
[226] Grundsatz der Inländergleichbehandlung.
[227] *Stoll*, ZaöRV 1994, 241, 265.
[228] Hierzu *Butler*, Die Beteiligung von Privatpersonen, S. 53; zur Abgrenzung von Art. XI GATT *Britz*, Der welthandelsrechtliche Rahmen, S. 21 f.; *Zeitler*, Einseitige Handelsbeschränkungen, S. 56 ff.
[229] *Oschmann*, Strom aus erneuerbaren Energien, S. 197 ff.
[230] *Britz*, Der welthandelsrechtliche Rahmen, S. 20, Fn. 15.
[231] *Ohlhoff*, EuZW 2002, 549, 550; *Stoll/Schorkopf*, WTO, Rn. 138.
[232] WT/DS135/AB/R – Asbestos.
[233] *Stoll/Schorkopf*, WTO, Rn. 441.
[234] *Ohlhoff*, EuZW 2002, 549 f.

Einführung 90–92

von Maßnahmen abzuhalten, die sich auf die Wettbewerbsbeziehung auf dem Markt zwischen den einheimischen und den importierten Produkten auswirken.[235] In diesem Zusammenhang hat der Appellate Body anerkannt, dass insofern auch „consumer tastes and habits – more comprehensiveley termed **consumers' perceptions and behaviour** – in respect of the products"[236] eine Rolle für die Beurteilung der „likeness" spielen. Weil in zunehmendem Maße auch die Produktionsmethoden die Konkurrenzsituation von im Übrigen gleichartigen Produkten auf dem Markt beeinflussen, hat sich der Appelate Body mit dieser Sichtweise ein großes Stück hin zur Berücksichtigung von Produktionsmethoden bei der Beurteilung der „likeness" bewegt.[237]

90   Denkt man den Marktansatz des Appellate Body zu Ende, muss man konventionellen Strom (Normalstrom) und Strom aus Erneuerbaren Energien (Ökostrom) als **unterschiedliche Produkte** im Sinne des Art. III Abs. 4 GATT ansehen. Denn Normalstrom und Ökostrom stehen nicht im Wettbewerb. Für die Nachfrager von Ökostrom kommt es maßgeblich auf die Produktionsweise an. Der Preis spielt nur eine untergeordnete Rolle. Demgegenüber steht für die Nachfrager von Normalstrom der Preis im Vordergrund. Die Produktionsweise des Stroms ist nachrangig. Normalstrom kann also wegen der Produktionsweise auf dem Ökostrommarkt nicht mit Strom aus Erneuerbaren Energien konkurrieren. Umgekehrt kann Ökostrom wegen der etwa vierfach höheren Erzeugerpreise auf dem Normalstrommarkt nicht mit konventionell erzeugter Elektrizität konkurrieren.

91   Dagegen steht Strom, der im Ausland aus Erneuerbaren Energien erzeugt und nach Deutschland eingeführt wird, grundsätzlich im **Wettbewerb mit inländischem Ökostrom** um Kunden, die Strom aus Erneuerbaren Energien beziehen wollen. Einheimischer Strom aus Erneuerbaren Energien und importierter Ökostrom sind daher grundsätzlich gleichartig im Sinne des Art. III Abs. 4 GATT. Im Falle des EEG ist aber eine Besonderheit zu beachten: Durch den Regelungsmechanismus der §§ 4, 5 und 14 EEG wird der Strom aus Erneuerbaren Energien im Sinne des § 3 Abs. 1 EEG mit dem Normalstrom vermischt und kann von diesem in der Praxis wegen § 14 nicht mehr getrennt werden. Die letztgenannte Vorschrift erlaubt die Vermarktung von EEG-Strom als Ökostrom nur, soweit der Preis für den Strom selbst mindestens dem EEG-Durchschnittspreis in Höhe von gegenwärtig etwa 9 Ct/kWh verkauft wird. Bislang ist kein Fall bekannt geworden, in dem ein Elektrizitätsversorger Strom aus der EEG-Ausgleichsmenge als Ökostrom verkauft hätte, weil § 14 zu Preisen führt, die selbst auf dem Ökostrommarkt nicht wettbewerbsfähig sind. Stattdessen wird er anteilig dem sonstigen Strom „untergemischt". Daher steht EEG-Strom auch nicht im Wettbewerb mit importiertem Ökostrom um Kunden auf dem Ökostrommarkt. Im Ergebnis handelt es sich daher bei EEG-Strom und importiertem Öko- oder Normalstrom gleichermaßen nicht um gleichartige Produkte im Sinne des Art. III Abs. 4 GATT.

92   Grundsätzlich verboten ist ohnehin nur die weniger günstige Behandlung von gleichartigem Strom. Das Gebot der nicht weniger günstigen Behandlung verlangt nicht zwingend eine *formale* Gleichbehandlung der verschiedenen Stromarten.[238] In der **Asbestos**-Streitsache stellte der Appellate Body ausdrücklich klar, dass

---

[235] WT/DS135/AB/R, Rn. 98 – Asbestos; ähnlich bereits Appellate Body in „Korea – Measures Affecting Imports of Fresh, Chilled and Frozen Beef" aus 2000, WT/DS161/AB/R, Rn. 135 ff.
[236] WT/DS135/AB/R, Rn. 101 f. – Asbestos.
[237] Vgl. *Howse/Tuerk*, in: de Búrca/Scott, WTO Impact, S. 288.
[238] Allg. *Stoll/Schorkopf*, WTO, Rn. 141; *Trüeb*, Umweltrecht in der WTO, S. 45 f.

93–95 **Einführung**

„a Member may draw distinctions between products which have been found to be like",[239] vorausgesetzt, diese Unterscheidung ist **keine protektionistische Maßnahme** eines Mitgliedstaats.[240] Unter dieser Bedingung ist nunmehr auch auf dieser Prüfungsebene die Berücksichtigung der Produktionsmethoden von Elektrizität grundsätzlich zulässig.[241] Für die Beurteilung des EEG kommt es daher darauf an, ob es das Wettbewerbsverhältnis in einer Art und Weise betrifft „so as to afford protection to domestic production".[242] Entscheidende Kriterien zur Beurteilung sind insoweit in Anknüpfung an diesen Wortlaut des Art. III Abs. 1 GATT („so as to") **Ziel und Wirkung** des EEG.[243] Das EEG zielt aber in keiner Weise auf den Schutz der einheimischen Produktion ab, sondern allein auf den Aufbau einer nachhaltigen Energieversorgung und den Klimaschutz durch die verstärkte Nutzung Erneuerbarer Energien.[244] Auch die Wirkungsweise des EEG führt nicht zu einem Schutz der einheimischen Produktion. Denn ein Schutz der einheimischen Produktion auf dem Ökostrommarkt wird nur erreicht, wenn die Nachfrage nach Strom aus Erneuerbaren Energien im Sinne des § 3 in irgendeiner Weise durch das EEG beeinflusst wird. Das ist aber nicht der Fall. Die Nachfrage nach Ökostrom besteht auf der Verbraucherseite. Diese Nachfrage kann durch das EEG nicht befriedigt werden, weil § 14 durch seine Preisregelung – wie gezeigt – den Verkauf von Strom im Sinne des EEG in der Praxis völlig ausschließt. Im Ergebnis ist wegen der Regelung des § 14 Strom nach § 3 Abs. 1 kein marktgängiges Gut. Insofern führt das EEG also auch nicht zu einem Schutz des einheimischen Ökostroms auf dem deutschen Ökostrommarkt.

Die zweistufige Prüfung macht demnach deutlich, dass es weder Ziel des 93 EEG ist, einheimischen Strom aus Erneuerbaren Energien auf dem deutschen Strommarkt zu schützen, noch eine entsprechende Wirkung erzielt wird. Vor diesem Hintergrund stellt die Beschränkung der Abnahme- und Vergütungspflicht des EEG auf in Deutschland produzierten Ökostrom **keine weniger günstige Behandlung** eines gleichartigen Produkts im Sinne des Art. III Abs. 4 GATT dar.

2. Hilfsweise: Rechtfertigung nach Art. XX GATT

Selbst wenn das EEG eine protektionistische Ungleichbehandlung im Sinne des 94 Art. III Abs. 4 GATT darstellen würde, wäre es nicht automatisch verboten. Denn Art. XX lit. b und g GATT nennt den vom EEG bewecktem und bewirkten **Umweltschutz** als einen besonderen Ausnahmegrund bei dessen Vorliegen die Mitglieder nicht gehindert sind, protektionistische Ungleichbehandlungen zu beschließen und anzuwenden. Ob die betreffende Maßnahme an das Produkt als solches oder seine Produktion anknüpft, ist unerheblich.[245]

Art. XX lit. b GATT erwähnt zwar den Begriff „Umweltschutz" nicht aus- 95 drücklich. Allerdings sind die genannten Schutzgüter Leben und Gesundheit von Personen und Tieren sowie die Erhaltung des Pflanzenwuchses umfassend in dem Sinn zu verstehen, dass auch (nur) mittelbar den ausdrücklich erwähnten Rechtsgütern dienende Maßnahmen vom Anwendungsbereich dieser Bestimmung erfasst

---

[239] WT/DS135/AB/R, Rn. 100 – Asbestos.
[240] WT/DS135/AB/R, Rn. 98 ff. – Asbestos, ähnlich WT/DS161/AB/R, Rn. 137 – Beef; WT/DS8/AB/R – Japan – Taxes on Alcoholic Beverages, aus 1996; s. a. *Ohlhoff,* EuZW 2002, 549, 550 f.; *Stoll/Schorkopf,* WTO, Rn. 136.
[241] Allg. *Howse/Tuerk,* in: de Búrca/Scott, WTO Impact, S. 288 f., u. 297 f.
[242] WT/DS135/AB/R, Rn. 98 – Asbestos.
[243] Allgemein *Epiney,* DVBl. 2000, 77, 79; *Stoll/Schorkopf,* WTO, Rn. 141 f.; *Altenmöller,* Handel und Umwelt, S. 138 ff.
[244] Vgl. § 1 EEG.
[245] *Britz,* Der welthandelsrechtliche Rahmen, S. 29.

Einführung

werden.²⁴⁶ Dies gilt insbesondere für Regelungen zur Abschwächung der globalen Klimaerwärmung wie das EEG.²⁴⁷

96 **Art. XX lit. g GATT** wiederum erfasst Maßnahmen zur Erhaltung erschöpflicher natürlicher Ressourcen, zu denen die fossilen Energiereserven zählen.²⁴⁸ Das EEG dient (zumindest auch) der Erhaltung dieser Energieressourcen.²⁴⁹ Art. XX lit. g GATT verlangt jedoch zusätzlich, dass die betreffenden Maßnahmen im Zusammenhang mit („in conjunction with") Beschränkungen der inländischen Produktion oder des inländischen Verbrauchs angewendet werden.²⁵⁰ EEG-Strom verdrängt in zunehmendem Maße aus fossilen Energiereserven erzeugten Strom. Auf diese Weise erfolgt eine Beschränkung sowohl der inländischen Produktion als auch des inländischen Verbrauchs von Strom aus fossilen Energieträgern. Zwischen der Abnahme- und Vergütungspflicht des EEG und der Beschränkung von Produktion und Verbrauch fossiler Energieträger besteht so ein unmittelbarer Zusammenhang. Die Voraussetzungen des Art. XX lit. g GATT sind insoweit also erfüllt.

97 Nach Art. XX lit. b GATT muss das EEG für den Umweltschutz aber notwendig (**„necessary"**) und nach Art. XX lit. g GATT auf die Erhaltung der Ressourcen bezogen sein (**„relating to the conservation"**). In der Praxis des Appellate Body haben sich diese Voraussetzungen zunehmend zu einem allgemeinen Verhältnismäßigkeitstest entwickelt.²⁵¹ Eine Schutzmaßnahme ist danach dann erforderlich, wenn keine alternative Handlungsmöglichkeit besteht, die mit den GATT-Bindungen harmoniert und vernünftigerweise hätte verfolgt werden müssen.²⁵² Im Rahmen dieses Tests nimmt der Appellate Body eine Abwägung vor, die die Bedeutung des Schutzguts berücksichtigt. Je wichtiger das jeweilige Schutzgut, desto eher wird die jeweilige Maßnahme als notwendig akzeptiert.²⁵³ Das EEG dient dem Schutz des Klimas und damit einem Schutzgut von überragender Bedeutung für die Zukunft der Menschheit.²⁵⁴ Darüber hinaus existiert im internationalen Vergleich bislang kein Instrument, das in gleicher Weise seine Wirkung zum Schutz des Klimas bewiesen hätte wie Preisregelungen. Insbesondere gibt es bislang auch kein mengengesteuertes Modell (Quoten- oder Ausschreibungsmodell), das ähnlich effektiv zum Klimaschutz durch Erneuerbare Energien beiträgt wie preisgesteuerte Modelle wie das EEG.²⁵⁵ Es ist zwar nicht denklogisch ausgeschlossen, dass mengengesteuerte Modelle in einer Weise ausgestaltet werden könnten, die vergleichbar effektiv wäre. Dennoch muss sich der Gesetzgeber auf eine dergestalt ungewisse Alternative angesichts der überragenden Bedeutung des Schutzgutes nicht verweisen lassen, zumal es sich bei mengengesteuerten Modellen keineswegs automatisch um mildere Mittel als Preisregelungen handelt.²⁵⁶ Auch bilaterale und

---

²⁴⁶ *Sander*, in: Koch, Umweltrecht, § 16 Rn. 28.
²⁴⁷ Allg. *Epiney*, DVBl. 2000, 77, 81.
²⁴⁸ Vgl. auch *Epiney*, DVBl. 2000, 77, 81; *Weiher*, Nationaler Umweltschutz, S. 166 f.; *Britz*, Der welthandelsrechtliche Rahmen, S. 24, fasst auch Maßnahmen gegen die Klimaerwärmung unter lit. g.
²⁴⁹ *Britz*, in: Ludwig/Odenthal, Recht der Elektrizitäts-, Gas- und Wasserversorgung, Rn. 3.
²⁵⁰ *Trüeb*, Umweltrecht, S. 62 ff.
²⁵¹ *Epiney*, DVBl. 2000, 77, 84; *Ohlhoff*, EuZW 2002, 549, 551.
²⁵² *Trüeb*, Umweltrecht, S. 61.
²⁵³ WT/DS161/AB/R, Rn. 167 ff. – *Beef*; siehe auch *Ohlhoff*, EuZW 2002, 549, 551.
²⁵⁴ „*Global common*"; zur Rechtfertigung einseitiger Maßnahmen zum Schutz exterritorialer Güter *Britz*, Der welthandelsrechtliche Rahmen, S. 25 ff. m. w. N.
²⁵⁵ *EREF*, Missing Targets, S. 7 ff.; *Oschmann*, Strom aus erneuerbaren Energien, S. 65 ff.
²⁵⁶ *Hvelplund*, New Energy 2001, 18 ff., *ders.*, Renewable Energy Governance Systems, S. 56 ff.; zur eingreifenden Wirkung von Quoten *Frenz*, DVBl. 2001, 673, 674 f. Siehe auch bereits oben die Ausführungen zur Erforderlichkeit im Rahmen der Prüfung der Art. 12 und 14 GG.

multilaterale Abkommen sind jedenfalls im Bereich des Klimaschutzes keine praktikable Alternative.[257] Das verdeutlicht insbesondere das erst nach langwierigen Verhandlungen zustande gekommene und im Ergebnis dennoch aus Sicht des Klimaschutzes völlig unzureichende Kyoto-Protokoll.[258] Insgesamt ist daher das EEG eine im Sinne des Art. XX GATT **verhältnismäßige Maßnahme** zum Schutz der Umwelt und der Ressourcen.

Nach dem Einleitungssatz zu Art. XX GATT (Chapeau) ist darüber hinaus zu gewährleisten, dass die Art und Weise der Umsetzung einer Maßnahme nicht zu einer ungerechtfertigten oder willkürlichen Diskriminierung und versteckten Beschränkung des Handels führt.[259] Die **Unterscheidung** des EEG nach inländisch erzeugtem Ökostrom und Importstrom ist **sachlich gerechtfertigt.** Denn es ist das Ziel des EEG, die Umweltbilanz der Stromerzeugung durch den Einsatz Erneuerbarer Energien zu verbessern. Im Ausland erzeugter und nur aus wirtschaftlichen Gründen nach Deutschland exportierter Ökostrom führt zu keinem Umweltgewinn, sondern lediglich zu einer bilanzneutralen Umbuchung auf Kosten der in Deutschland tätigen Stromhändler mit der Folge, dass sich durch den Import die Umweltbilanz der Herkunftslandes verschlechtert.[260] Da **Klimaschutz global** betrachtet und betrieben werden muss, ist der Ausschluss von Importstrom aus dem Anwendungsbereich des EEG geboten. Andere Absatzwege etwa auf dem deutschen Ökostrommarkt stehen dem importierten Strom aus Erneuerbaren Energien weiterhin offen. Auch bilaterale und multilaterale Abkommen sind jedenfalls im Bereich des Klimaschutzes keine praktikable Alternative.

Das EEG wäre daher selbst dann, wenn es eine protektionistische Ungleichbehandlung im Sinne des Art. III Abs. 4 GATT darstellen würde, **nach Art. XX lit. b und g GATT gerechtfertigt** und mit dem GATT vereinbar.

III. Vereinbarkeit mit den Subventionsvorschriften des WTO-Rechts

Eine weitere im Rahmen der Prüfung des EEG zu beachtende Schranke staatlicher Maßnahmen sind die im WTO-Recht enthaltenen Vorschriften für staatliche Subventionen. Das GATT 1994 enthält nur in den Art. III Abs. 8 lit. b und Art. XVI Abs. 1 – recht großzügige – Vorgaben für Subventionen,[261] die das EEG ohne weiteres einhält.[262] Das EEG muss sich darüber hinaus jedoch am **ASCM** messen lassen, das wiederum im Zusammenhang mit Art. XVI GATT gelesen werden muss.[263] Dieses Übereinkommen regelt umfassend die Zulässigkeit von Subventionen und entsprechender Gegenmaßnahmen.[264]

---

[257] Allg. *Britz,* Der welthandelsrechtliche Rahmen, S. 31 f.; *Epiney,* DVBl. 2000, 77, 85; *Weiher,* Nationaler Umweltschutz, S. 163.
[258] Protokoll von Kyoto zum Rahmenübereinkommen der Vereinten Nationen über Klimaänderungen, BGBl. II 2002 S. 967 ff.
[259] Reports of the Appellate Body „United States – Standards for Reformulated and Conventional Gasoline" aus 1996, WT/DS2/AB/R, IV, u. „United States – Import Prohibition of Certain Shrimp and Shrimp Products" aus 1998, WT/DS58/AB/R, Rn. 115 u. 150; siehe auch *Stoll/Schorkopf,* WTO, Rn. 169, 190 f.; *Trüeb,* Umweltrecht in der WTO, S. 59.
[260] *Apfelstedt,* ZNER 2001, 2, 9 f.
[261] Hierzu *Trüeb,* Umweltrecht in der WTO, S. 38.
[262] Vgl. allg. *Sánchez Rydelski,* EG und WTO Antisubventionsrecht, S. 278 f.
[263] *McGovern,* International Trade Regulation, § 11 311.
[264] *Sánchez Rydelski,* EG und WTO Antisubventionsrecht, S. 282 ff.; *Stoll/Schorkopf,* WTO, Rn. 370 ff.; *Becker,* WTO-Subventionsübereinkommen, S. 30 ff.

Einführung

1. Anwendbarkeit des ASCM auf das EEG – EEG als Subvention im Sinne des Übereinkommens

101 Im Rahmen der Überprüfung des EEG anhand des ASCM ist bereits die Anwendbarkeit des Übereinkommens auf das EEG **problematisch.** Denn die Vorschriften des ASCM finden nur Anwendung, wenn es sich bei dem EEG um eine Subvention im Sinne des Übereinkommens handelt.

102 Nach Artikel 1.1(a) ASCM liegt eine Subvention dann vor, wenn eine Regierung oder öffentliche Körperschaft einen **finanziellen Beitrag** leistet (a)(1)[265] oder alternativ irgendeine Art von **Einkommen- oder Preisunterstützung** im Sinne des Art. XVI GATT 1994 besteht (a)(2)[266] und jeweils kumulativ dadurch einen Vorteil gewährt wird (b).[267]

103 a) **Kein finanzieller Beitrag der öffentlichen Hand im Sinne des Art. 1.1(a)(1) ASCM.** Es ist eine Besonderheit des Finanzierungsmechanismus des EEG, dass gerade **keine staatlichen Mittel** fließen. Vielmehr findet – dem Verursacherprinzip folgend – eine Finanzierung der Vergütungszahlungen nach §§ 3 ff. aus Mitteln der Stromhändler statt. Vor diesem Hintergrund scheint die erste Alternative des Art. 1.1 ASCM von vornherein auszuscheiden. Für Diskussion hat allerdings Art. 1.1(a)(1)(iv) ASCM gesorgt. Danach soll auch dann eine Subvention vorliegen, wenn eine Regierung eine private Einrichtung damit betraut oder dazu anweist, einen normalerweise der Regierung obliegenden direkten Transfer von Geldern vorzunehmen, Dienstleistungen zur Verfügung zu stellen oder Waren anzukaufen und sich diese Praktik in keiner Weise von den Praktiken unterscheidet, die normalerweise von den Regierungen ausgeübt werden. Art. 1.1(a)(iv) ASCM wiederholt nicht ausdrücklich, dass auch in dieser Alternative zumindest mittelbar ein finanzieller Beitrag der öffentlichen Hand vorliegen muss.

104 Die Streitbeilegungsorgane der WTO haben zu dieser Frage bislang nicht ausdrücklich Stellung genommen. Der Appellate Body hat in dem Verfahren „Canada – Measures Affecting the export of civilian aircraft"[268] anlässlich der Interpretation des Begriffs „benefit" lediglich ausgeführt, es sei nicht davon überzeugt, dass ein solcher Vorteil verlange, dass Kosten für die Regierung entstünden, weil Art. 1.1(a)(iv) ASCM ausdrücklich einschließe, dass ein Vorteil auch von einer privaten Stelle vergeben werden.[269] Demgegenüber hat allerdings das Panel in dem Verfahren „United States – Measures Treating Exports Restraints as Subsidies" klargestellt, dass **nicht jede Maßnahme einer Regierung,** die günstige Marktbedingungen schaffe und im ökonomischen Sinn als Subvention verstanden werde, einen finanziellen Beitrag oder eine Subvention im Sinne des Art. 1.1(a) ASCM darstelle.[270] Der Terminus „financial contribution" müsse so verstanden werden, dass es zu einem **Transfer** ökonomischer Ressourcen **durch eine Regierung** zu privaten Einheiten komme. Dieser Transfer könne entweder durch eine Regierung direkt oder indirekt durch Private durchgeführt werden.[271]

---

[265] Engl.: „financial contribution by a government or any public body"; franz.: „contribution financière des pouvoirs publics ou de tout organisme public"; span.: „contribución financiera de un gobierno o de cualquier organismo público".
[266] Engl.: „income or price support"; franz.: „soutien des revenus ou des prix"; span.: „sostenimiento de los ingresos o de los precios".
[267] Hierzu *Sánchez Rydelski,* EG und WTO Antisubventionsrecht, S. 284 f.
[268] WT/DS70/AB/R, v. 2. 8. 1999 – Aircraft.
[269] WT/DS70/AB/R, Rn. 160, – Aircraft; dazu *Slotboom,* JWT 2002, 517, 534 ff.
[270] WT/DS194/R, angenommen am 28. 8. 2001, WT/DS194/4, Rn. 8.31 ff. u. 8.62 – Export Restraints.
[271] WT/DS194/R, angenommen am 28. 8. 2001, WT/DS194/4, Rn. 8.40, Fn. 135 – Export Restraints.

Für diese Auslegung[272] durch das Panel sprechen verschiedene Argumente. Zum einen ist der **Wortlaut** des ersten Halbsatzes des Art. 1.1(a)(1) ASCM eindeutig: Eine Subvention liegt nur vor, wenn es einen finanziellen Beitrag einer Regierung gibt.[273] Dieser Halbsatz ist gesetzestechnisch der abschließenden[274] Aufzählung der Subventionsalternativen vorgeschaltet und daher konstitutives Tatbestandsmerkmal aller vier Alternativen. Selbst innerhalb der Ziffer (iv) wird durch die Alternative der Zahlungen einer Regierung an einen „funding mechanism" deutlich, dass eine Subvention im Sinne des ASCM einen Beitrag der öffentlichen Hand voraussetzt.[275] 105

Dieses durch die Auslegung nach Art. 31 WVK gefundene Ergebnis wird von den nach **Art. 32 WVK** heranzuziehenden Umständen des Vertragsschlusses bestätigt. Nach anlässlich des Vertragsschlusses ausführlich diskutierter Auffassung der Vertragspartner sollte nicht alles Regierungshandeln eine Subvention im Sinne des ASCM darstellen. Vielmehr sollte nur solches Regierungshandeln, das zu Lasten der öffentlichen Haushalte geht, den Regeln des Übereinkommens unterworfen werden.[276] 106

Da das EEG die **öffentlichen Haushalte nicht belastet,** handelt es sich demnach bei den Vergütungszahlungen nach §§ 5 ff. bereits aus diesem Grund nicht um Subventionen im Sinne der ersten Alternative des ASCM. Unabhängig davon würde die Alternative (iv) auch deshalb ausscheiden, weil auch die weiteren Tatbestandsmerkmale nicht vorliegen. Art. 1.1(a)(1)(iv) ASCM verlangt nämlich zusätzlich, dass die den Privaten übertragene Aufgabe normalerweise der Regierung obliegt und sich die gewählte Praktik in keiner Weise von den Praktiken unterscheidet, die normalerweise von den Regierungen ausgeübt wird. Die Erfüllung einer Umweltauflage wie die Pflicht zur Abnahme einer bestimmten Quote an Strom aus Erneuerbaren Energien nach § 14 obliegt aber nicht der Regierung, sondern immer dem jeweiligen Wirtschaftsteilnehmer. Soweit ersichtlich, gibt es darüber hinaus derzeit keinen einzigen Staat, der die effektive Umstellung der Stromversorgung auf umwelt- und klimafreundliche Erzeugungsmethoden Strom aus Erneuerbaren Energien aus dem Staatshaushalt finanziert. Dies ist angesichts eines EEG-Vergütungsvolumens in Höhe von 2,5 Mrd. EUR alleine im Jahr 2003 nicht nur in Zeiten knapper Haushalte auch praktisch kaum vorstellbar.[277] 107

b) Keine Einkommens- oder Preisunterstützung im Sinne des Art. 1.1(a)(2) ASCM. Nach Art. 1.1(a)(2) ASCM wäre das EEG aber auch dann eine Subvention, wenn irgendeine Form der Einkommens- oder Preisstützung im Sinne des Art. XVI GATT bestünde. Das Panel „Review Pursuant to Article XVI: 5" stellte jedoch bereits 1960 klar, dass nur solche Stützungsmaßnahmen Art. XVI GATT unterfallen, die zu einem Ankauf von Waren durch die Regierung und ein „loss to the government" beinhalten.[278] Das EEG ist keine **Preisstützungsregelung** in diesem Sinne, sondern legt einen Preis für das Produkt Strom aus Erneu- 108

---

[272] Zur Auslegung völkerrechtlicher Verträge *Ipsen,* Völkerrecht, S. 114 ff. und Art. 31 ff. des Wiener Übereinkommens über das Recht der Verträge – WVK, BGBl. 1987 II 757.
[273] *Slotboom,* JWT 2002, 517, 533.
[274] Vgl. *Grave,* Begriff der Subvention, S. 129.
[275] Vgl. auch EuGH, Rs. 187/85, Slg. 1988, 4155, Rn. 11 – FEDIOL.
[276] Vgl. WT/DS194/R, angenommen am 28. 8. 2001, WT/DS194/4, Rn. 8.65 – Export Restraints m. w. N. aus der Entstehungsgeschichte sowie *McGovern,* International Trade Regulation, § 11 313.
[277] Im Ergebnis ebenso *Grave,* Begriff der Subvention, S. 156 f.; *Beviglia Zampetti,* Uruguay Round Agreement, S. 27, u. *Wenig,* in: Dauses, Antidumping- und Antisubventionsrecht, K. II Rn. 71.
[278] Vgl. *Grave,* Begriff der Subvention, S. 252; *Lukas,* in: Grabitz/Hilf, Recht der Europäischen Union, Rn. 35; *Stanbrook/Bentley,* Dumping and Subsidies, S. 88.

erbaren Energien im Sinne des § 3 Abs. 1 EEG fest, der unabhängig von Schwankungen eines (im Übrigen auch nicht existenten) allgemeinen (Welt-)Marktpreises für Strom aus Erneuerbaren Energien gezahlt werden muss. Das EEG stützt nicht den Preis für den Fall des Absinkens des Marktpreises, sondern ermöglicht durch seine Preisfestsetzung überhaupt erst die wirtschaftliche Produktion von Strom aus Erneuerbaren Energien.

109 **c) Kein Vorteil im Sinne des Art. 1.1(b) ASCM.** Eine Subvention liegt nach ASCM ohnehin nur dann und in dem Ausmaß vor, in dem ein Vorteil (benefit) im Sinne des Art. 1.1.(b) ASCM gewährt wird, der kausal auf den finanziellen Beitrag der Regierung zurückgeführt werden kann.[279] Das ASCM definiert nicht, wann ein solcher Vorteil vorliegt, nennt aber verschiedene Beispielsfälle (Art. 14 lit. a bis d ASCM). Aus diesen Beispielsfällen ergibt sich, dass grundsätzlich der freie Markt das Vergleichskriterium darstellt.[280] Ein Vorteil liegt mithin vor, wenn ein Unternehmen auf dem Markt höhere Aufwendungen hätte tätigen müssen, wenn also das Eingreifen der Regierung die Ausgaben des Unternehmens reduziert.[281]

110 Sowohl bei einem Kauf des EEG-Stroms (Art. 1.1(a)(1)(iv) ASCM) als auch im Falle des Vorliegens von Preisstützungen (Art. 1.1(a)(2) ASCM) läge der Vorteil in der Differenz zwischen den jeweiligen Vergütungen nach §§ 5 ff. EEG und dem Preis für diesen Strom auf dem freien Markt.[282] Auf dem freien Markt steht Strom aus Wasserkraft, Biomasse, Wind- und Sonnenenergie aus den betreffenden Anlagen unter den im EEG festgelegten Preisen nicht zur Verfügung. Auf dem so genannten Ökostrommarkt wird vielmehr dieser Strom tendenziell zu einem noch höheren Preis gehandelt. Hintergrund dafür ist die Tatsache, dass das EEG Preise festlegt, die – eine rationale Betriebsführung vorausgesetzt – den wirtschaftlichen Betrieb der Anlagen zur Erzeugung von Strom aus Erneuerbaren Energien überhaupt erst möglich machen.[283] Insofern handelt es sich bei den gesetzlichen Vergütungssätzen lediglich um ein **angemessenes Entgelt** im Sinne des Art. 14 lit. d ASCM, das die Anlagenbetreiber erst zu einer für ihn an sich unvorteilhaften Entscheidung (dem Betrieb der Anlagen) bewegt hat,[284] und keinen Vorteil im Sinne des Art. 1.1(b) ASCM.

2. Keine Spezifität im Sinne von Art. 2 ASCM

111 Selbst wenn die Vergütungszahlungen des EEG Subventionen im Sinne des Art. 1.1 ASCM darstellen würden, würde das EEG gemäß Art. 1.2 ASCM nur dann verboten oder anfechtbar sein, wenn es sich dabei um eine spezifische Subvention im Sinne des Art. 2 ASCM handeln würde.

112 Nach Art. 2.1 lit. b ASCM ist eine Subvention grundsätzlich nicht spezifisch, wenn sie aufgrund **gesetzlich normierter objektiver Kriterien** vergeben wird, ein automatischer Anspruch besteht und die Bedingungen genau eingehalten werden. Das EEG gewährt einen gesetzlichen Vergütungsanspruch nach objektiven Kriterien, dessen Einhaltung grundsätzlich bei den nach der ZPO[285] zuständigen

---

[279] Vgl. *Grave*, Begriff der Subvention, S. 182.
[280] *Sánchez Rydelski*, EG und WTO Antisubventionsrecht, S. 285; im Ergebnis ebenso Appellate Body in United States – Hot-Rolled Lead and Bismuth Carbon Steel, WT/DS138/AB/R, Rn. 67; siehe auch *Benitah*, Law of Subsidies, S. 214 ff.
[281] *Grave*, Begriff der Subvention, S. 175, 253 f.
[282] Allgemein dazu *Lukas*, in: Grabitz/Hilf, Recht der Europäischen Union, Rn. 40 f. u. 95, sowie *Sánchez Rydelski*, EG und WTO Antisubventionsrecht, S. 38.
[283] Vgl. BT-Drs. 14/2776, S. 1.
[284] Dazu allg. *Wenig*, in: Dauses, Antidumping und Antisubventionsrecht, K II. Rn. 74.
[285] Zivilprozessordnung, v. 12. 9. 1950, BGBl. I S. 455, 512, 533, zuletzt geändert am 22. 3. 2005, BGBl. I S. 837.

Gerichten einklagbar ist. Darüber hinaus besteht kein Grunde zur Annahme, dass es sich in Wirklichkeit um spezifische Subventionen handeln könnte. Denn das EEG beschränkt den Zugang zu den Vergütungszahlungen gerade nicht auf bestimmte Unternehmen. Bei den Anspruchsinhabern nach §§ 4 ff. handelt es sich nicht um eine begrenzte Zahl bestimmter Unternehmen, sondern um mehrere tausend Anlagenbetreiber, die darüber hinaus sowohl hinsichtlich ihrer Eigentümerstruktur und Finanzkraft als auch der Größe und Handlungsintention in höchstem Maße heterogen sind. Sie umfassen Einzelpersonen, die aus idealistischen Gründen eine Fotovoltaikanlage mit einer Leistung von wenigen Kilowatt$_{peak}$ auf ihrem Hausdach errichtet haben, bis hin zu milliardenschweren gewinnorientierten Kapitalgesellschaften, die Windparks mit Investitionen im Bereich mehrerer Millionen Euro und installierten Leistungen in der Größenordnung von 20 MW oder mehr betreiben. Da das EEG auch keine Ausfuhrsubventionen gewährt und keine Beihilfen für die Verwendung inländischer Waren gibt (Art. 3.1 ASCM),[286] ist es nicht spezifisch im Sinne des Art. 2.3 ASCM.[287]

Das EEG wäre daher – selbst wenn es sich bei ihm um eine Subvention handeln würde, die den Anlagenbetreibern einen Vorteil gewähren würde – in jedem Fall keine spezifische Subvention im Sinne des Art. 2 ASCM und folglich weder verboten, noch nach Art. 5 ff. ASCM anfechtbar.

---

[286] Vgl. allg. *Ohlhoff,* EuZW 2000, 645, 648 ff.
[287] Zum Ganzen allg. *Grave,* Begriff der Subvention, S. 189 ff.; *Lukas,* in: Grabitz/Hilf, Recht der Europäischen Union, Rn. 44 ff.; *Sánchez Rydelski,* EG und WTO Antisubventionsrecht, S. 38 ff.

§ 1

Gesetz für den Vorrang Erneuerbarer Energien (Erneuerbare-Energien-Gesetz – EEG)
Kommentar

§ 1 Zweck des Gesetzes

(1) Zweck dieses Gesetzes ist es, insbesondere im Interesse des Klima-, Natur- und Umweltschutzes eine nachhaltige Entwicklung der Energieversorgung zu ermöglichen, die volkswirtschaftlichen Kosten der Energieversorgung auch durch die Einbeziehung langfristiger externer Effekte zu verringern, Natur und Umwelt zu schützen, einen Beitrag zur Vermeidung von Konflikten um fossile Energieressourcen zu leisten und die Weiterentwicklung von Technologien zur Erzeugung von Strom aus Erneuerbaren Energien zu fördern.

(2) Zweck dieses Gesetzes ist ferner, dazu beizutragen, den Anteil Erneuerbarer Energien an der Stromversorgung bis zu Jahr 2010 auf mindestens 12,5 Prozent und bis zum Jahr 2020 auf mindestens 20 Prozent zu erhöhen.

Übersicht

	Rn.
A. Überblick	1
B. Hintergrund	4
I. Normzweck	4
II. Entstehungsgeschichte der Norm	6
C. Rechtliche Bindungswirkung der Gesetzesziele	8
D. Die abstrakten Gesetzesziele (Abs. 1)	11
I. Pluralität der Zielsetzungen – Mittel-Zweck-Kette	11
II. Klima-, Natur- und Umweltschutz	17
III. Internalisierung externer Effekte	21
IV. Nachhaltigkeit	24
1. Nachhaltigkeit und Erneuerbare Energien	24
2. Rechtliche Verankerung des Nachhaltigkeitsgedankens	30
3. Bedeutung des EEG vor dem Hintergrund des Nachhaltigkeitsprinzips	32
V. Schutz von Natur und der Umwelt	34
VI. Vermeidung von Konflikten um fossile Energieressourcen	38
VII. Weiterentwicklung von Technologien zur Erzeugung von Strom aus Erneuerbaren Energien	39
E. Die konkreten Ziele für die Jahre 2010 und 2020 (Abs. 2)	41
I. Europarechtlicher Hintergrund	43
II. Völkerrechtlicher Hintergrund	48
F. Abgrenzung vom Emissionshandel	54

Literatur: *Altrock,* „Subventionierende" Preisregelungen, 2002; *Bail/Marr/Oberthür,* Klimaschutz und Recht, in: Rengeling (Hrsg.), Handbuch zum europäischen und deutschen Umweltrecht (EUDUR), Bd. II, 1. Teilband Besonderes Umweltrecht, 2. Aufl. 2003, § 54, S. 254 ff.; *Bartling/Luzius,* Grundzüge der Volkswirtschaftslehre, Einführung in die Wirtschaftstheorie und Wirtschaftspolitik, 3. Aufl. 2000; *Bender/Sparwasser/Engel,* Umweltrecht: Grundzüge des öffentlichen Umweltschutzrechts, 4. Aufl. 2000; *Beyerlein,* Umweltvölker-

§ 1 Erneuerbare-Energien-Gesetz

recht, 2000; *BMU,* Umwelt 4/2002, S. 290 f.; *Brandt/Steiner/Reshöft,* Erneuerbare-Energien-Gesetz, Handkommentar, 2001; *Britz/Müller,* Die Kostenabwälzung auf Letztverbraucher im Rahmen der „subventionierenden Preisregelungen" nach KWKG und EEG, RdE 2003, 163 ff.; *Calliess,* in: Calliess/Ruffert, Kommentar des Vertrages über die Europäische Union und des Vertrages zur Gründung der Europäischen Gemeinschaft (EUV/EGV), 2. Aufl. 2002, Art. 6; *Endres,* Umweltökonomie – Eine Einführung, 1994; *Fouquet/Kuhbier,* Ecological Goals for Germany with emphasis on Climate Protection Policy, in: Associated European Energy Consultants (AEEC) (Hrsg.), Der Energiebinnenmarkt in Europa, 2003, S. 225 ff.; *Franke,* Zulassung von Energieversorgungsunternehmen, in: Schneider/Theobald (Hrsg.), Handbuch zum Recht der Energiewirtschaft (HBEnWR), 2003, § 3, S. 111 ff.; *Frenz,* Völkerrechtliche Vorgaben für eine nachhaltige Energiewirtschaft, ET 2002, 788 ff.; *Heinloth,* Die Energiefrage, Bedarf und Potentiale, Nutzung, Risiken und Kosten, 1997; *Hohmeyer,* Vergleich externer Kosten der Stromerzeugung in Bezug auf das Erneuerbare Energien Gesetz, Gutachten im Auftrag des Umweltbundesamtes, 2001; *Hoppe/Beckmann/Kauch,* Umweltrecht, Juristisches Kurzlehrbuch für Studium und Praxis, 2. Aufl. 2000; *Jännicke,* Ökologisch tragfähige Entwicklung – Kriterien und Steuerungsansätze ökologischer Ressourcenpolitik, Schriftenreihe des Zentrums für europäische Studien, 1994; *Kloepfer,* Umweltrecht, 3. Aufl. 2003, § 4; *Klocke,* Klimaschutz durch ökonomische Instrumente, 1995; *Lamprecht,* Kein Stillstand in Johannesburg, ET 2002, 734 ff.; *Lehmann/Reetz,* Zukunftsenergien; Strategien einer neuen Energiepolitik, 1995; *Möstl,* Der Vorrang Erneuerbarer Energien: Ein Prinzip des Energiewirtschaftsrechts nimmt Gestalt an, RdE 2003, 90 ff.; *Murswiek,* „Nachhaltigkeit" – Probleme der rechtlichen Umsetzung eines umweltpolitische Leitbildes, NuR 2002, 641 ff.; *Murswiek,* in: Sachs (Hrsg.), Grundgesetz – Kommentar, 3. Aufl. 2003, Art. 20 a; *Oschmann,* in: Danner/Theobald (Hrsg.), Energierecht, Kommentar, Loseblatt (Stand: 48. EL/Okt. 2004), VI EEG B1 Einf.; *ders.,* Die Novelle des Erneuerbare-Energien-Gesetzes, NVwZ 2004, 910 ff.; *ders.,* Die Richtlinie zur Förderung der Stromerzeugung aus Erneuerbaren Energien und ihrem Umsetzung in Deutschland, RdE 2002, 131 ff.; *ders.,* Strom aus Erneuerbaren Energien im Europarecht, Die Richtlinie 2001/77/EG des Europäischen Parlaments und des Rates zur Förderung der Stromerzeugung aus Erneuerbaren Energiequellen im Elektrizitätsbinnenmarkt, 2002; *ders./Müller,* Neues Recht für Erneuerbare Energien – Grundzüge der EEG-Novelle, ZNER 2004, 24 ff.; *Rat von Sachverständigen für Umweltfragen (SRU),* Umweltgutachten 1998; *Rat von Sachverständigen für Umweltfragen (SRU),* Umweltgutachten 2000, BT-Drs. 14/3363; *Rehbinder,* Nachhaltigkeit als Prinzip des Umweltrechts: konzeptionelle Fragen, in: Dolde (Hrsg.), Umweltrecht im Wandel: Bilanz und Perspektiven aus Anlass des 25 jährigen Bestehens der Gesellschaft für Umweltrecht, 2001, S. 721 ff.; *Reshöft/Steiner/Dreher,* Erneuerbare-Energien-Gesetz, Handkommentar, 2. Aufl. 2005; *Schafhausen,* Rio de Janeiro und kein Ende!, ET 2002, 738 ff.; *Schindler/Zittel,* Fossile Energiereserven (nur Erdöl und Erdgas) und mögliche Versorgungsengpässe aus Europäischer Perspektive, Endbericht, Studie im Auftrag des Deutschen Bundestages, des Ausschusses für Bildung, Technik und Technikfolgenabschätzung, 2000; *Schneider,* Energieumweltrecht: Erneuerbare Energien, Kraft-Wärme-Kopplung, Energieeinsparung, in: Schneider/Theobald (Hrsg.), Handbuch zum Recht der Energiewirtschaft (HBEnWR), 2003, § 18, S. 995 ff.; *Schröder,* Umweltschutz als Gemeinschaftsziel und Grundsätze des Umweltschutzes, in: Rengeling (Hrsg.), Handbuch zum europäischen und deutschen Umweltrecht (EUDUR), Bd. I Allgemeines Umweltrecht, 2. Aufl., 2003, § 9, S. 199 ff.; *Sieben,* Was bedeutet Nachhaltigkeit als Rechtsbegriff?, NVwZ 2003, 1173 ff.; *Theobald,* Sustainable Development – ein Rechtsprinzip der Zukunft?, ZRP 1997, 439 ff.; *Wissenschaftlicher Beirat der Bundesregierung Globale Umweltveränderungen (WBGU),* Welt im Wandel: Energiewende zur Nachhaltigkeit, 2003; *Wissenschaftlicher Beirat der Bundesregierung Globale Umweltveränderungen (WBGU),* Erneuerbare Energien für eine nachhaltige Entwicklung: Impulse für die renewables 2004, Politikpapier, März 2004; *Wicke,* Umweltökonomie, in: Rengeling (Hrsg.), Handbuch zum europäischen und deutschen Umweltrecht (EUDUR), Bd. I Allgemeines Umweltrecht, 2. Aufl. 2003, § 5, S. 54 ff.; *Wustlich,* Die Atmosphäre als globales Umweltgut. Rechtsfragen ihrer Bewirtschaftung im Wechselspiel von Völker-, Gemeinschafts- und nationalem Recht, 2003.

Zweck des Gesetzes 1–5 § 1

A. Überblick

Wie andere moderne Gesetze im Bereich des Energiewirtschafts- und Energie- 1
umweltrechts, wie z. B. das EnWG und das KWKG 2002,[1] benennt das „Gesetz
für den Vorrang Erneuerbarer Energien (Erneuerbare-Energien-Gesetz)" – wie das
EEG 2004 durchaus gezielt, politisch übertitelt wurde – gleich zu Beginn den
Gesetzeszweck. Nicht anders als die genannten Gesetze enthält das EEG programmatisch anmutende Aussagen über die übergeordneten Ziele des gesamten
nachfolgenden Regelungswerkes: Ausweislich des **§ 1 Abs. 1** ist es Ziel des EEG,
im Interesse des Klima- und Umweltschutzes eine nachhaltige Entwicklung der
Energieversorgung zu ermöglichen, die volkswirtschaftlichen Kosten der Energieversorgung auch durch die Internalisierung langfristiger externer Effekte zu verringern, Natur und Umwelt zu schützen, einen Beitrag zur Vermeidung von Konflikten um fossile Energieressourcen zu leisten und die Weiterentwicklung von
Technologien zur Erzeugung von Strom aus Erneuerbaren Energien zu fördern.

Das EEG verbindet die umweltrechtlichen Zielsetzungen des Klima- und At- 2
mosphärenschutzes unter Einschluss des Gedankens der Internalisierung externer
Effekte[2] und der Ressourcenschonung mit den energierechtlichen Zielen der
Versorgungssicherheit und der Preisgünstigkeit. Dabei ist zu beachten, dass die in
§ 1 genannten **Zweckbestimmungen nicht gleichberechtigt nebeneinander,**
sondern in einem Über- und Unterordnungsverhältnis stehen und eine Mittel-
Zweck-Kette bilden.[3]

§ 1 Abs. 1 schöpft seinen Inhalt aus dem europäischen energiepolitischen Kon- 3
text. Deutlich wird die Anlehnung an die europäische Gesetzgebung insbesondere
in § 1 Abs. 2, der ausdrücklich auf energiepolitische Ziele der Europäischen Union
Bezug nimmt. Nach **§ 1 Abs. 2** – der eine Konkretisierung des Abs. 1 darstellt[4] –
soll das Gesetz wesentlich dazu beitragen, den **Anteil Erneuerbarer Energien
an der Stromversorgung** bis zum Jahr 2010 auf mindestens 12,5 Prozent und
bis zum Jahr **2020 auf mindestens 20 Prozent** zu erhöhen, um entsprechend
den Zielen der Europäischen Union und der Bundesrepublik Deutschland den
Anteil Erneuerbarer Energien am gesamten Energieverbrauch bis zum Jahr 2010
gegenüber dem Jahr 2000 mindestens zu verdoppeln.

B. Hintergrund

I. Normzweck

§ 1 dient der abstrakten Beschreibung des mit dem Gesetz verfolgten Zwecks 4
und der angestrebten Ziele. Er benennt so die wichtigsten Rechtfertigungsgründe
für die mit den folgenden Regelungen teilweise erfolgenden Grundrechtseingriffe
und ist **zentraler Maßstab für Interpretation und Auslegung** des Gesetzes.

Durch die Voranstellung des Gesetzeszwecks wird zudem die Bedeutung der 5
Förderung und des Ausbaus von Technologien zur Gewinnung von Strom aus

---

[1] Gesetz für die Erhaltung, die Modernisierung und den Ausbau der Kraft-Wärme-Kopplung (sog. KWKModG) v. 19. 3. 2002, BGBl. I S. 1092, zuletzt geändert am 22. 9. 2005, BGBl. I S. 2826.
[2] Allgemein zur Internalisierung externer Effekte vgl. statt vieler instruktiv *Wustlich,* Die Atmosphäre als globales Umweltgut, S. 89 ff.
[3] Vgl. unten Rn. 11 ff., sowie *Oschmann,* in: Danner/Theobald, Energierecht, VI EEG B 1 Einf Rn. 18.
[4] Vgl. BT-Drs. 15/2864, S. 27.

§ 1 6–9 Erneuerbare-Energien-Gesetz

Erneuerbaren Energien als Steuerungsobjekt des deutschen Energierechts besonders hervorgehoben und durch die zeitliche Zielvorgabe bis zum Jahr 2020 Planungssicherheit für die Industrie geschaffen.[5]

II. Entstehungsgeschichte der Norm

6 Das Gesetz über die Einspeisung von Strom aus erneuerbaren Energien in das öffentliche Netz (**Stromeinspeisungsgesetz – StrEG**) vom 7. Dezember 1990 enthielt keine ausdrückliche Zielformulierung. Auch der Entwurf der Koalitionsfraktionen für das **Erneuerbare-Energien-Gesetz (EEG)**[6] vom 13. Dezember 1999, sah keine ausdrückliche Zielbestimmung vor. Erst mit der Beschlussempfehlung des Wirtschaftsausschusses vom 23. Februar 2000[7] wurde der dann auch unverändert Gesetz gewordene § 1 mit dem Titel „Ziel des Gesetzes" aufgenommen.

7 Die Regelung des § 1 EEG 2000 wurde im Gesetzentwurf der Bundesregierung zur Novellierung des EEG 2004[8] aufgegriffen und weiter spezifiziert. Im Laufe der Ausschussberatungen)[9] wurde der Naturschutz als dem Klimaschutz gleichrangiger Bestandteil des Umweltschutzes integriert und beide Teilzwecke der nachhaltigen Entwicklung der Energieversorgung insgesamt gestärkt.[10]

C. Rechtliche Bindungswirkung der Gesetzesziele

8 Unmittelbare Rechtsfolgen lassen sich aus § 1 Abs. 1 und 2 nicht ableiten; jedenfalls ist § 1 keine Grundlage für zivilrechtliche Ansprüche oder Ermächtigungsgrundlage für einen hoheitlichen Eingriff in Rechtspositionen des Bürgers.[11] In § 1 ist gleichwohl nicht nur eine rechtspolitische Aussage enthalten. Die Vorschrift stellt vielmehr eine normativ-bindende Regelung im Sinne eines vorgegebenen **Auslegungsgebots** dar.

9 Sind die Auslegungsmethoden Wortlaut, Historie und Systematik des Gesetzes nicht zur Interpretation von vermeintlichen Lücken und redaktionellen Unklarheiten des Gesetzes ausreichend, so ist nach heutiger juristischer Prüfungsmethodik geboten, eine teleologisch geleitete Untersuchung anzustellen.[12] Für diesen teleologischen Ansatz enthält § 1 Abs. 1 das entscheidende Instrumentarium. § 1 ist damit insbesondere von der Rechtsprechung bei allen Auslegungsstufen des Gesetzes (etwa für die Fragen über die Mindestvergütungen, die Fragen der Netzanschluss- und Netzausbaukosten, der Umwälzung der gesetzlichen Kostenlast auf Elektrizitätsversorgungsunternehmen und Stromverbraucher etc.) heranzuziehen. Im Zweifel ist dann derjenigen Auslegung der Vorzug zu geben, mit der die in § 1 genannten Ziele am ehesten erreicht werden können.[13] § 1 Abs. 1 ist also der **zentrale Maßstab für Interpretation und Auslegung des EEG** und besitzt

---

[5] Vgl. *Oschmann/Müller,* ZNER 2004, 24, 25.
[6] BT-Drs. 14/2341.
[7] BT-Drs. 14/2776.
[8] BT-Drs. 15/2327.
[9] BT-Drs. 15/2845 und 15/2864.
[10] Der Regierungsentwurf lautete noch „Natur und Umwelt zu schonen". Aus dem Wort „schonen" wurde im Ausschussverfahren das Wort „schützen". Vgl. auch *Reshöft/Steiner/Dreher,* EEG, § 1 Rn. 7
[11] So bereits für § 1 EEG: *Brandt/Reshöft/Steiner,* EEG, § 1 Rn. 3.
[12] Vgl. allgemein hierzu statt aller *Heinrichs,* in: Palandt, BGB, Einleitung Rn. 35 ff.
[13] Vgl. *Reshöft/Steiner/Dreher,* EEG, § 1 Rn. 5.

Zweck des Gesetzes   10–12 § 1

trotz eines in sich nicht justiziablen Inhalts sehr wohl **Bindungswirkung.** § 1 kommt darüber hinaus im Rahmen von Ermessensentscheidungen – etwa beim Erlass einer Rechtsverordnung, bei Entscheidungen der Clearingstelle bzw. beim Verfassen des Erfahrungsberichts – **ermessenslenkende Funktion** zu.

§ 1 begründet weiterhin ein **Berücksichtigungsgebot** für Entscheidungen im 10 Zusammenhang mit nach § 2 zu fördernden Anlagen, die die Exekutive auf andere Gesetze stützt. So werden etwa bei Errichtungsgenehmigungen nach dem BImSchG[14] oder nach den landesrechtlichen Wasserhaushaltsgesetzen für Anlagen, die unter das EEG fallen, auch die Ziele des § 1 heranzuziehen sein. Dies folgt – zur Vermeidung widersprüchlicher Entscheidungen – aus dem Gedanken der Einheit der Rechtsordnung. Damit hat das EEG **Ausstrahlungswirkung** auf die Anwendung anderer Gesetze.

D. Die abstrakten Gesetzesziele (Abs. 1)

I. Pluralität der Zielsetzungen – Mittel-Zweck-Kette

Wenn § 1 als **Gesetzesziele** ausdrücklich den Klima- und Umweltschutz sowie 11 die Ermöglichung einer nachhaltigen Entwicklung der Energieversorgung durch die Erhöhung des Beitrages Erneuerbarer Energien an der Stromversorgung nennt, so werden Themen angesprochen, die sich **auf unterschiedlichen Ebenen** befinden: Bei der Implementierung des Gedankens der Nachhaltigkeit in der Energieversorgung handelt es sich um das globalere Ziel des Gesetzes. Der Klima- und Umweltschutz sowie die Erhöhung des Anteils Erneuerbarer Energien an der Stromversorgung in Deutschland stellen dagegen Zielsetzungen mit zunehmender Konkretheit dar.

Dabei ist die sprachliche Aneinanderstellung der Erreichung einer nachhaltigen 12 Entwicklung der Energieversorgung und der „deutlichen" Erhöhung des Beitrages Erneuerbarer Energien an der Stromversorgung **nicht im Verhältnis der Gleichrangigkeit** anzusehen. Vielmehr erscheint die Zielsetzung der Erhöhung des Anteils der Erneuerbaren Energien als der Strategie der nachhaltigen Entwicklung untergeordnet.[15] Die Realisierung der zweiten Zielsetzung ist hierbei eine notwendige, jedoch keine hinreichende Bedingung der Verwirklichung des ersten. Damit geht es bei der Steigerung des Anteils Erneuerbarer Energien an der Energieversorgung zugleich um ein Mittel zur Erreichung einer nachhaltigen, an den Umweltbelangen orientierten Energieversorgung. Daher betont nunmehr der Koalitionsentwurf, dass die in Absatz 1 genannten Zweckbestimmungen nicht gleichberechtigt nebeneinander, sondern in einem Stufenverhältnis stehen:[16] „Es bleibt zentraler Zweck des Gesetzes, eine nachhaltige Entwicklung der Energieversorgung zu ermöglichen. Dabei ist die Steigerung des Anteils Erneuerbarer Energien zur Erreichung dieses Zieles kein Selbstzweck, sondern dient dem gesondert herausgehobenen Klima- und Umweltschutz. Das Gesetz stellt damit ein Instrument zur Umsetzung der in der Klimarahmenkonvention der Vereinten

---

[14] Gesetz zum Schutz vor schädlichen Umwelteinwirkungen durch Luftverunreinigungen, Geräusche, Erschütterungen und ähnliche Vorgänge (Bundesimmissionsschutzgesetz) v. 15. 3. 1974, BGBl. 1974, S. 721/1193, neu gefasst am 26. 9. 2002, BGBl. I S. 3830; zuletzt geändert am 22. 12. 2004, BGBl. I S. 3704.
[15] So bereits für das EEG *Brandt/Reshöft/Steiner*, EEG, § 1 Rn. 1; *Oschmann*, in: Danner/Theobald, Energierecht, VI EEG B 1 Einf Rn. 18.
[16] BT-Drs. 15/2864, S. 26; vgl. zum Ganzen *Altrock*, „Subventionierende" Preisregelungen, S. 159 f.

Nationen vereinbarten Ziele und der Klimastrategie der Europäischen Union und der Bundesrepublik Deutschland dar."

13 Insgesamt steht die umwelt- und energierechtliche Zweckbestimmung in § 1 dogmatisch recht unverbunden neben den preisrechtlichen Mindestvergütungs- und Belastungsausgleichsregelungen der §§ 4 bis 16. Nimmt man die Regelungen des EEG insgesamt in den Blick, zeigt sich, dass ein weiterer unmittelbarer Zweck des Gesetzes die **Verbesserung der Marktsituation regenerativer Energieträger** gegenüber nicht regenerativer, aber rentablen Konkurrenten ist. Dabei ist jeder untergeordnete Zweck zugleich Mittel zur Erreichung des übergeordneten Zwecks: Die Förderung der Technologien zur Stromerzeugung aus Erneuerbaren Energien dient dem Umwelt- und Klimaschutz und Letzterer dient der Gewährleistung der Nachhaltigkeit: Die verschiedenen Zweckebenen bilden eine Zweck-Mittel-Kette. Als unmittelbares Mittel zur Umsetzung des wirtschaftlichen Nahziels des EEG für den Vorrang Erneuerbarer Energien – der wettbewerblichen Besserstellung Erneuerbarer Energien – ist schließlich die Förderregelung der §§ 4 ff.[17] Indem bestimmte Energieversorgungsunternehmen dazu verpflichtet werden, den auf Basis Erneuerbarer Energien erzeugten Strom aufzunehmen und mit bestimmten Mindestpreisen zu vergüten, wird der Betrieb von Gestehungsanlagen auf der Basis der vom Anwendungsbereich des § 2 umfassten regenerativen Primärenergieträger ökonomisch erst sinnvoll: Durch die Festsetzung von Mindestpreisen in Kombination mit einer Abnahmeverpflichtung werden bestehende Marktzutrittsbarrieren für Erneuerbare Energien egalisiert und dadurch ein wirtschaftlicher Betrieb entsprechender Erzeugungsanlagen überhaupt erst möglich.[18] Folglich schafft das EEG durch einen Eingriff in den Wettbewerb zwischen den verschiedenen Primärenergieträgern, die Basis für die Erzeugung von Elektrizität sind (Kernenergie, Kohle, Erdgas, Erneuerbare Energien), erst die ökonomische Voraussetzung für die Erreichung der letztlich angestrebten ökologischen Zielsetzung.

14 Eng mit dem Förderungszweck verbunden sind auch die **Differenzierung und die degressive Ausgestaltung der Vergütungssätze** des Gesetzes nach Energieträgern und teilweise nach Technologien. In der Justierung der monetären Förderungsanteile, die den verschiedenen Anlagenbetreibern zugute kommen sollen, nach Energiequelle und Technologie wird deutlich, dass das Gesetz mittelbar auch einen **Anreiz zur Innovation und Effizienz** bezweckt. Die Technologien zur Stromerzeugung aus Erneuerbaren Energien sollen möglichst schnell zu einer vollständigen preislichen Konkurrenzfähigkeit gegenüber den konventionellen Energien kommen. Allerdings soll zugleich die Grundlage dafür geschaffen werden, dass die Erneuerbaren Energien sich von der Preisregelung abkoppeln und sich selbstständig im Wettbewerb behaupten. Eine „ewige" Förderung wird durch das Gesetz nicht verfolgt.

15 Die vom EEG in seinen Regelungen insgesamt verfolgte **Mittel-Zweck-Kette** lautet also: Indem Energieversorgungsunternehmen verpflichtet werden, regenerativ erzeugten Strom aufzunehmen und zu bestimmten Mindestpreisen zu vergüten, werden Erneuerbare Energien konkurrenzfähig gemacht. Indem regenerative Primärenergieträger so also über die individuelle Wirtschaftlichkeitsgrenze gehoben werden, wird eine Vergrößerung des Anteils Erneuerbarer Energien an der Stromversorgung Deutschlands erst möglich. Dabei ist die Steigerung des Anteils Erneuerbarer Energien kein Selbstzweck, sondern sie dient – wie gesagt – dem Klima- und Umweltschutz und damit letztlich der Steigerung der Nachhaltigkeit der Energieversorgung.

---

[17] Vgl. zu diesem Gesetzeszweck auch BT-Drs. 15/2864.
[18] Für die Auswirkungen des EEG auf die Beschäftigungsstrukturen vgl. knapp *Fouquet/Kuhbier*, in: AEEC, Der Energiebinnenmarkt in Europa, S. 225 ff., 233.

Die letztlich angestrebten Ziele des Schutzes des Klimas und der Umwelt hat 16
das EEG mit vielen umweltrechtlichen, insbesondere immissionsschutzrechtlichen
Bundes- und Landesgesetzen gemein. Zu nennen sind hier so unterschiedliche
Gesetze wie das BImSchG, das UVPG[19] oder auch die unter dem Topos „Einstieg
in die ökologische Steuerreform" firmierende Ergänzung des MinÖlStG[20] sowie
des StromStG[21] (Ökosteuer). Das vom EEG vorgehaltene Mittel zu einer nachhaltigen Entwicklung der Energieversorgung ist im Gegensatz zu den anderen Umweltschutzgesetzen die Förderung Erneuerbarer Energien. Dieses Ziel verfolgt
allerdings nicht nur das EEG, sondern teilt es mit einigen u. a. landesrechtlichen
Vorschriften zur Förderung regenerativer Energieträger.

II. Klima-, Natur- und Umweltschutz

Nach dem Wortlaut des Abs. 1 dient das EEG dem Klima-, Natur- und Um- 17
weltschutz. Der Umgang mit Energie ist von besonderer Umweltrelevanz; dies
betrifft die Energiegewinnung, den Energietransport sowie den Energieverbrauch
als potenzielle Quellen von Umweltbeeinträchtigungen einerseits und den mit der
Energieerzeugung einhergehenden Verbrauch fossiler Energieressourcen andererseits.[22]

Die Nutzung fossiler Energieträger Kohle, Erdöl und Erdgas geht mit der Bil- 18
dung anthropogener Klimagase, insbesondere Kohlendioxid, Methan und Schwefeldioxid einher. Diese Gase führen nach Erkenntnissen der Klimaforschung zu
einer langfristigen **globalen Erwärmung der Erdatmosphäre**. In der einschlägigen Literatur wird mit generationenübergreifenden gravierenden Umweltbelastungen, wie Zunahme von Sturmschäden, Überflutungen, Epidemien, Dürren,
Ernteausfällen, Artensterben, Ausbreitung von Tropenkrankheiten und damit zusammenhängenden sozialen und ökonomischen Schäden gerechnet.[23] Der Abbau
von Energierohstoffen wie Braun- und Steinkohle, Uranerzen, aber auch von
Erdöl und Erdgas hat zudem negative Auswirkungen auf Biotope und Ökosysteme.[24]

Anders als bei der Nutzung fossiler Energieträger entsteht bei der Energiefreiset- 19
zung durch Kernspaltung kein Kohlendioxid. Allerdings führt bereits der störungsfreie Normalbetrieb kerntechnischer Anlagen lokal, regional und überregional zu **anderen unerwünschten Umwelteinwirkungen**. Hierzu zählen: Immissionen bei der Förderung, der Umwandlung und dem Transport von Uran, die
Erwärmung von Gewässern durch das Einleiten von Kühlwasser, die additive
Strahlenbelastung der Bevölkerung aus dem Betrieb der Anlagen, dem Transport
und der Lagerung abgebrannter Brennelemente sowie aus der Einflussnahme auf

---

[19] Gesetz über die Umweltverträglichkeitsprüfung (Umweltverträglichkeitsprüfungsgesetz)
v. 12. 2. 1990, BGBl. I S. 205, neu gefasst am 5. 9. 2001, BGBl. I S. 2350; zuletzt geändert
am 24. 6. 2004, BGBl. I S. 1359.
[20] Mineralölsteuergesetz v. 21. 12. 1992, BGBl. I S. 2150, 2185 (BGBl. 1993, S. 169), zuletzt geändert am 22. 12. 2004, BGBl. I S. 3702.
[21] Stromsteuergesetz, v. 24. 3. 1999, BGBl. I S. 378, zuletzt geändert am 29. 12. 2003,
BGBl. I S. 3076.
[22] Vgl. hierzu *Schneider*, in: Schneider/Theobald, HBEnWR, § 18 Rn. 1; vgl. weiterhin
Oschmann, Strom aus Erneuerbaren Energien im Europarecht, S. 31 ff., 37 ff.; *Fouquet/Kuhbier*,
in: AEEC, Der Energiebinnenmarkt in Europa, S. 225 ff., 227 ff.
[23] Aus naturwissenschaftlicher Sicht vgl. statt vieler *WBGU*, Energiewende zur Nachhaltigkeit, S. 112 ff., u. *SRU*, Umweltgutachten 1998, S. 228; zusammenfassend auch *Oschmann*,
Strom aus Erneuerbaren Energien im Europarecht, S. 38 m. w. N. u. *Wustlich*, Die Atmosphäre als globales Umweltgut, S. 44 ff.
[24] Vgl. *SRU*, Umweltgutachten 2000, BT-Drs. 14/3363, Rn. 1250.

die Nahrungskette infolge der Einleitung radioaktiv belasteter Abwässer.[25] Darüber hinaus besteht bei den in Gebrauch befindlichen Reaktortypen das Risiko eines Reaktorunfalls mit erheblichen lokalen, regionalen und überregionalen Auswirkungen auf Menschen und Umwelt. Schließlich stellt sich das generationenübergreifende Problem der Endlagerung der radioaktiven Spaltprodukte und der ausgedienten Kraftwerke, das nach wie vor nicht gelöst ist.[26]

20 Die Verfahren zur Stromerzeugung aus Erneuerbaren Energien sind demgegenüber nicht mit vergleichbaren Risiken behaftet und gleichzeitig **kohlendioxidneutral**. Dies gilt auch für die Biomasse, handelt es sich bei diesem Verfahren doch um einen Verbrennungsprozess von organischen Stoffen, bei dem nur so viel Kohlendioxid freigesetzt wird, wie vorher in der Biomasse gebunden war.[27] Gleichwohl hat auch die Nutzung Erneuerbarer Energien **negative Umwelteinwirkungen;** dazu zählen etwa die Einwirkungen auf die Flora und Fauna durch Wasserkraftanlagen.[28] Weitere Umweltbeeinträchtigungen sind etwa bei der Produktion, dem Transport und der Errichtung von Stromerzeugungsanlagen zu verzeichnen. Allerdings lassen sich diese Umwelteinwirkungen weitgehend reduzieren. Sie erwecken – im Gegensatz zu den fossilen Energieträgern – **keine Konflikte aus intergenerationeller Sicht.** Generationengrenzen überschreitende Risiken aus der Verwendung regenerativer Energie sind nicht bekannt.[29]

III. Internalisierung externer Effekte

21 Mit dem EEG wird ausweislich des Abs. 1 die Verringerung volkswirtschaftlicher Kosten im Wege der „Einbeziehung langfristiger externer Effekte" angestrebt. Diese Formulierung tauchte im Gesetzgebungsverfahren erst im zweiten Referentenentwurf vom 18. November 2003 auf. Mit dem Begriff der „Einbeziehung" bezeichnet das EEG eines der Hauptanliegen der Umweltökonomik,[30] nämlich die sog. „Internalisierung externer Effekte". **„Externe Effekte"** sind „Einwirkungen einer Wirtschaftseinheit auf eine andere Wirtschaftseinheit, die – wie bei der Umweltverschmutzung – physikalisch direkt und nicht über Marktprozesse erfolgen".[31] Aus der monetären Bewertung der externen Effekte ergeben sich die sog. **externen Kosten.**[32] Mit einer Internalisierung (negativer) externer Effekte ist eine Verlagerung ebendieser volkswirtschaftlichen externen Zusatzkosten in die Entscheidungsprozesse der einzelwirtschaftlichen Kalkulationsebene gemeint.[33] Die Internalisierung (negativer) externer Effekte meint damit eine bestimmte kostenmäßige Behandlung der Umweltschäden (in der Sprache der Ökonomen auch als „negative Umweltexternalitäten" bezeichnet).

22 Dass der Ausbau der Erneuerbaren Energien **auch tatsächlich** zu einer **Internalisierung** negativer Umweltexternalitäten führt, ist unumstritten. Nach Datenerhebungen der letzten 15 Jahre steht fest, dass die externen Kosten der Stromerzeugung aus Erneuerbaren Energieträger erheblich niedriger sind als die externen

---

[25] Vgl. hierzu *Heinloth,* Die Energiefrage, S. 261 ff.; KOM (1989) 369, S. 8.
[26] Vgl. *Heinloth,* Die Energiefrage, S. 241 ff.; zusammenfassend auch *Oschmann,* Strom aus Erneuerbaren Energien im Europarecht, S. 38 f.
[27] Vgl. *Oschmann,* Strom aus Erneuerbaren Energien im Europarecht, S. 39.
[28] Vgl. dazu *Lehmann/Reetz,* Zukunftsenergien, S. 48, 216 f.
[29] *Lehmann/Reetz,* Zukunftsenergien, S. 48, 216 f.
[30] Vgl. hierzu *Endres,* Umweltökonomie, S. 19 ff.
[31] *Bartling/Luzius,* Grundzüge der Volkswirtschaftslehre, S. 130.
[32] Vgl. hierzu auch *Endres,* Umweltökonomie, S. 14 f.
[33] Vgl. *Endres,* Umweltökonomie, passim; *Klocke,* Klimaschutz durch ökonomische Instrumente, S. 41; *Kloepfer,* Umweltrecht, § 4 Rn. 29; oder statt aller *Wustlich,* Die Atmosphäre als globales Umweltgut, S. 89.

Kosten der konventionellen Stromerzeugung; auch die Vorgängerregelungen des EEG 2004 – also das StrEG und das EEG 2000 – verfolgten implizit das Ziel, zusätzlich zu den vermiedenen internen Kosten der konventionellen Stromproduktion einen Ausgleich für die nicht berücksichtigte Differenz in den externen Kosten zu schaffen.[34] Dieses Ziel wird vom EEG 2004 uneingeschränkt – nunmehr, wie erörtert, sogar ausdrücklich – weiter verfolgt.

Nicht anders als seine Vorgänger quantifiziert das Gesetz die Differenz zwischen den durch den Einsatz Erneuerbarer Energieträger entstandenen externen Kosten und den externen Kosten aus der konventionellen Stromerzeugung nicht ausdrücklich. Allerdings verglich *Hohmeyer* in einem Gutachten die unterschiedlichen externen Kosten der Stromerzeugung auf der Basis einer Nettoanalyse der externen Kosten sowohl des anthropogenen Treibhauseffekts als auch der Luftschadstoffemissionen. Danach lagen die netto vermiedenen externen Kosten im Jahre 2001 zwischen 2,4 und 19,9 Ct/kWh. Dabei wurde davon ausgegangen, dass sich die eingesparten externen Kosten zwischen den verschiedenen regenerativen Energiequellen wenig unterscheiden. Somit lag der **Mittelwert** für die **eingesparten** gesamtwirtschaftlichen (volkswirtschaftlichen) **Kosten** (Strommix 1998) bei rund **14 Ct/kWh**.[35] Mit jeder erzeugten Kilowattstunde Strom auf regenerativer Basis wurden also rund 14 Ct externe Kosten eingespart.

IV. Nachhaltigkeit

1. Nachhaltigkeit und Erneuerbare Energien

Ausweislich Abs. 1 soll mit Hilfe des Gesetzes eine **nachhaltige Entwicklung der Energieversorgung** ermöglicht werden. Die **Energieversorgung** meint grundsätzlich die Belieferung mit Energie. Bezogen auf Elektrizität ist dies auch das Verständnis des Art. 2 Nr. 19 EltRL 2003. Dieser sieht ausdrücklich vor, dass die Versorgung „den Verkauf einschließlich des Weiterverkaufs von Elektrizität an Kunden" bedeutet.[36] Der Begriff ist allerdings weit auszulegen, er umfasst die gesamte Bereitstellung von Energie, beginnend bei der Energieproduktion, über die Energieverteilung und den Transport bis hin zur Inanspruchnahme durch industrielle, gewerbliche oder private Verbraucher.[37]

Das Konzept der **Nachhaltigkeit** entwickelte sich in seiner ursprünglichen Fassung zunächst als Grundsatz der nationalen Forstwirtschaft des 19. Jahrhunderts.[38] Nachdem es eine besondere Stellung im Umweltvölkerrecht in den vergangenen 15 Jahren erlangte, wird es in letzter Zeit zunehmend mit der Energieversorgung in Verbindung gebracht. Denn spätestens seit 1987 taucht der Nachhaltigkeitsgedanke (auch: „sustainable development", nachhaltig zukunftsverträgliche Entwicklung) überhaupt in jedem Wirtschaftsbereich mit Umweltrelevanz auf. In einem Bericht, den die Weltkommission für Umwelt und Entwicklung (WCED) (sog. Brundtland-Kommission) „Our Common Future" 1987 vorgelegt hatte, wird unter diesem Begriff eine Entwicklung verstanden, „die den Bedürfnissen der heutigen Generation entspricht, ohne die Möglichkeiten künftiger Generationen zu gefährden, ihre eigenen Bedürfnisse zu befriedigen und ihren

---

[34] Vgl. das vom Umweltbundesamt im Auftrag gegebene Gutachten von *Hohmeyer,* Vergleich externer Kosten der Stromerzeugung, S. 4 ff.
[35] Zusammenfassend auch *BMU,* Umwelt 4/2002, S. 290 f., 291.
[36] Vgl. auch *Franke,* in: Schneider/Theobald, HBEnWR, § 3 Rn. 4.
[37] Vgl. auch *Brandt/Reshöft/Steiner,* EEG, § 1 Rn. 7.
[38] Vgl. *Wustlich,* Die Atmosphäre als globales Umweltgut, S. 159; *Sieben,* NVwZ 2003, 1173 ff., 1173.

Lebensstil zu wählen."[39] Als tragendes, alle dort genannten Maßnahmen übergreifendes Leitmotiv hielt das Konzept der nachhaltigen zukunftsfähigen Entwicklung zuletzt auch in der Klimarahmenkonvention von 1992 (vgl. Art. 1 und 2 KRK) und im Kyoto-Protokoll (vgl. Art. 2 KP) Einzug.[40]

26   Der Schwierigkeit der Konkretisierung und Operationalisierung des auf legislativer Ebene wie auch in der Literatur bewusst oder unbewusst vage gehaltenen Nachhaltigkeitskonzeptes versucht man durch die Erarbeitung verschiedener sog. Indikatoren zu begegnen. Es wird eine Differenzierung vorgeschlagen in (1) **ökologische**, (2) **soziale** und (3) **wirtschaftliche** Komponenten des Konzepts des **sustainable development** (sog. **Drei-Säulen-Modell**).[41] Offensichtlich geht es hierbei um eine – zumindest vorübergehende – Aufspaltung des Begriffes nach den betroffenen gesellschaftlichen und physischen Bereichen.

27   Innerhalb der **wirtschaftlichen Komponente** liegt die Betonung auf der Preisgünstigkeit und der Induzierung von Wettbewerb; hier verspricht man sich die Anregung von Innovationen und die Steigerung der ökonomischen Leistungsfähigkeit der Gesellschaft und ihres Produktiv-, Sozial- und Humankapitals. Innerhalb der **sozialen Komponente** werden die soziale Solidarität und die Notwendigkeit des Aufbaus sozialer Sicherungssysteme thematisiert. In **ökologischer** Sicht werden drei Ebenen zur Messung und Bewertung ökologischer Tragfähigkeit differenziert: Einerseits die Ressourceninputs (Materialien, Energieträger, Wasser, Boden), andererseits die umweltwirksamen Outputs des Produktionsprozesses (Abfälle, Emissionen und Stoffeinträge) sowie schließlich Impacts in Gestalt von räumlich wirksamen Umweltbelastungen (Immissionen, Bodenbelastungen etc.).[42]

28   Für die Ausfüllung des Nachhaltigkeitskonzepts mit **konkreten Maßgaben** bieten sich eine Reihe von Anwendungsfeldern an: Hauptanwendungsfelder sind neben den klassischen Bereichen der Forst- und Agrarwirtschaft die Abfallwirtschaft bzw. -entsorgung und die Wasserwirtschaft. Dazu kommen die – weitläufigere – Raum- und Flächenutzung, die – konkrete – Stadtplanung und schließlich der Einsatz regenerativer Energieträger. Insgesamt kann sustainable development als eine Wirtschaftsweise verstanden werden, bei der (1) der Verbrauch erneuerbarer Ressourcen deren Regenerationsfähigkeit nicht übersteigt, (2) Flächen-, Wasserverbrauch und Transportleistung auf einem Niveau stabilisiert werden, das Langzeitschäden ausschließt, (3) der Verbrauch nicht Erneuerbarer Ressourcen absolut reduziert wird, (4) die Absorptionsfähigkeit der Umwelt nicht überfordert und die Artenvielfalt nicht verringert werden und (5) Großrisiken vermieden werden.[43]

29   Speziell mit Blick auf die **Energieversorgung** bedeutet die Nachhaltigkeit, dass die Abbaurate Erneuerbarer Ressourcen deren Regenerationsrate nicht überschreiten soll, nicht erneuerbare Ressourcen nur in dem Umfang genutzt werden, in dem ein gleichwertiger Ersatz in Form Erneuerbarer Ressourcen oder höherer Produktivität der regenerativen sowie der fossilen und nuklearen Energieträger geschaffen wird und sich schließlich die Stoffeinträge in die Umwelt an der Belastbarkeit der Umweltmedien orientieren. Eine Benutzung fossiler Primärenergie-

---

[39] Vgl. dazu grundlegend *Theobald*, ZRP 1997, 439 ff., 439; oder *Murswiek*, NuR 2002, 641 ff., 641.
[40] Allgemein zum Entstehen und den Regelungszielen der KRK und des Kyoto-Protokolls, vgl. *Bail/Marr/Oberthür*, in: Rengeling, EUDUR, § 54 Rn. 6 ff., 32 ff.
[41] Vgl. hierzu *Murswiek*, NuR 2002, 641 ff., 642; zu den Interpretationsproblemen des Drei-Säulen-Modells, vgl. *Rehbinder*, in: Dolde, Umweltrecht im Wandel, S. 721 ff., 730 ff.; vgl. auch *WBGU*, Erneuerbare Energien für eine nachhaltige Entwicklung: Impulse für die renewables 2004, S. 4 f.
[42] Vgl. *Jännicke*, Ökologisch tragfähige Entwicklung – Kriterien und Steuerungsansätze ökologischer Ressourcenpolitik, S. 1 f.
[43] Vgl. *Theobald*, ZRP 1997, 439 ff., 440.

quellen, die bei vergleichsweise niedriger Produktivität eingesetzt werden und deren Verbrauch mit Umweltbelastungen einhergeht, führt dagegen zu Inkompatibilitäten mit den ökologischen Gehaltskomponenten der nachhaltigen Entwicklung. Jedenfalls kann jede Maßnahme zum Ausbau regenerativer Energiequellen als ein Beitrag zur Verwirklichung des sustainable development gelten.[44]

2. Rechtliche Verankerung des Nachhaltigkeitsgedankens

Während der Nachhaltigkeitsgedanke – so, wie er in der Klimarahmenkonvention und im **Kyoto-Protokoll** Ausdruck fand – auf völkerrechtlicher Ebene als *soft law* einzustufen ist, ist er auf europäischer Ebene im Primärrecht verankert: **Art. 6 EGV**[45] gibt – als Querschnittsklausel und in Ergänzung zum lediglich aufgabenbezogenen Art. 2 EGV – vor, dass die Erfordernisse des Umweltschutzes im Rahmen der Gemeinschaftspolitiken und -maßnahmen insbesondere zur Förderung einer nachhaltigen Entwicklung einbezogen werden müssen.[46] Als wesentliches Anliegen des Nachhaltigkeitsprinzips im Gemeinschaftsrecht ist die Erhaltung der natürlichen Ressourcen auch in allen anderen Bereichen der Gemeinschaftspolitik zu verfolgen. Daher können die speziell umweltrechtlichen Vorschriften des EGV (Art. 174 ff. EGV) nur teilweise als konkretere Ausprägungen des Nachhaltigkeitspostulats verstanden werden.[47]

Im deutschen Recht findet der Nachhaltigkeitsgedanke bereits im Rahmen des **Art. 20a GG** Berücksichtigung.[48] Gemäß Art. 20a GG sind alle Staatsorgane gehalten, die natürlichen Lebensgrundlagen zu schützen; besonderes Augenmerk ist dabei den Belangen künftiger Generationen zu widmen. Von Verfassungswegen ist bereits im Rechtssinne – und nicht nur im Sinne einer Floskel politischer Couleur – eine langfristige, generationenübergreifende Ressourcenbewirtschaftung geboten. Doch begründet der als rechtlicher Bestandteil des GG zu verstehende Nachhaltigkeitsgrundsatz keine Rechte oder Pflichten für den einzelnen Bürger. Vielmehr handelt es sich hierbei um einen Auftrag an den Staat. Zu Recht wird im Grundsatz der zukünftigen nachhaltigen Entwicklung „rechtsetzungsorientiertes Recht"[49] bzw. ein „rechtssatzförmiges Prinzip" gesehen, d. h. ein Prinzip, das zu einem unmittelbar anwendbaren Maßstab verdichtet ist und die Funktion einer Norm hat.[50] Als solches umschreibt der **Nachhaltigkeitsgedanke** im deutschen Verfassungsrecht eine **Gesetzgebungspflicht.** Ihrem Inhalt nach lässt diese Verpflichtung dem Gesetzgeber die Freiheit in der Wahl der Mittel zur Erreichung dieses Ziels und damit auch einen erheblichen politischen Gestaltungsspielraum.[51]

3. Bedeutung des EEG vor dem Hintergrund des Nachhaltigkeitsprinzips

Das EEG ist ein Instrument zur Umsetzung des verfassungsrechtlichen Ziels der Nachhaltigkeit aus Art. 20a GG. Zugleich ist es ein Instrument zur Umsetzung der in der Klimarahmenkonvention der Vereinten Nationen vereinbarten Ziele und der Klima- und Versorgungssicherheitsstrategie der Europäischen Gemeinschaften

---

[44] Zum Ganzen: *Murswiek,* NuR 2002, 641 ff., 642 ff.; *Britz/Müller,* RdE 2003, 163 ff., 168.
[45] Vertrag zur Gründung der Europäischen Gemeinschaft vom 25. 3. 1957 i. d. F. von Nizza v. 26. 1. 2001, ABl. EU Nr. C 325 v. 24. 12. 2002, S. 37 ff.
[46] Vgl. *Calliess,* in: Calliess/Ruffert, EUV/EGV, Art. 6 Rn. 13 f.; *Schröder,* in: Rengeling, EUDUR, § 9 Rn. 23 ff.; *Rehbinder,* in: Dolde, Umweltrecht im Wandel, S. 721 ff., 722; knapp auch *Britz/Müller,* RdE 2003, 163 ff., 168.
[47] Vgl. *Murswiek,* NuR 2002, 641 ff., 644.
[48] Vgl. *Murswiek,* in: Sachs, GG, Art. 20a Rn. 37 f.; *ders.,* NuR 2002, 641 ff., 644 f.
[49] Vgl. *Murswiek,* NuR 2002, 641 ff., 647.
[50] So *Rehbinder,* in: Dolde, Umweltrecht im Wandel, S. 721 ff., 723, 739 ff.
[51] Vgl. *Murswiek,* NuR 2002, 641 ff., 647.

und der Bundesrepublik Deutschland.[52] Das Gesetz ist – durch seine Einflussnahme auf Elektrizitätspreise – marktordnungstheoretisch als ein **marktorientiertes Instrument** zu verstehen, wodurch für diejenigen, die sich umweltfreundlicher verhalten, ohne direkten staatlichen Eingriff ein monetärer Anreiz entsteht.[53] Damit ist das Gesetz vom Nachhaltigkeitsgrundsatz gedeckt und verfassungsrechtlich gesehen Ausfluss des Gestaltungsspielraums des Gesetzgebers bei der legislatorischen Umsetzung des Nachhaltigkeitsgedankens.

33 In diesem Lichte ist auch die Aussage des § 1 des Gesetzes zu sehen. Das EEG 2004 greift ein Kernelement der Nachhaltigkeitsstrategie auf, und zwar den Ausbau der Erneuerbaren Energien bei der Stromerzeugung auf.[54] Die Förderung der Technologien zur Umwandlung Erneuerbarer Energien in Strom nimmt Bezug auf den Begriff der nachhaltigen Entwicklung und dient sowohl dem **Klimaschutz** als auch der **Schonung endlicher Ressourcen.**[55] Das Gesetz kann daher uneingeschränkt auch als Instrument des Klimaschutzes und der Strategie zur Ressourcenschonung angesehen werden. Dieser Förderung liegt ein inzwischen seit über einem Jahrzehnt erprobter Mechanismus zugrunde (vgl. die Vorgängerregelungen des StrEG und des EEG 2000), wonach Betreibern von Anlagen zur Produktion von Strom aus Erneuerbaren Energien für die erzeugten Mengen Mindestpreise und die Abnahme ihres Stromes garantiert werden.

V. Schutz von Natur und der Umwelt

34 Ausweislich des Abs. 1 dient das EEG auch dem Schutz von Natur und Umwelt. Der Terminus **Natur** umfasst sowohl die Lebensgrundlagen aller lebendigen Geschöpfe der Erde, also die „freie" Natur, den Kulturraum sowie die besiedelten Bereiche einschließlich der nichtlebenden Naturbestandteile und -ressourcen, als auch die wild lebenden Tiere und Pflanzen. Erscheinungsformen der Natur sind insbesondere die Umweltmedien bzw. Naturgüter Boden, Luft und Wasser, der Naturhaushalt als das gesamte vernetzte und dynamische Beziehungs- und Wirkungsgefüge aller belebten und unbelebten Komponenten der Ökosysteme und die durch den Gesetzestext besonders hervorgehobene Landschaft als individuell geprägter, abgrenzbarer Teilraum der Erdoberfläche, der in Deutschland in aller Regel menschlich überformt und zu einer so genannten Kulturlandschaft geworden ist.[56]

35 Die **Umwelt,** die der Gesetzgeber bei § 1 vor Augen hatte, ist die *natürliche Umwelt*. Diese umfasst unter Außerachtlassung der vom Menschen selbst geschaffenen, gegenständlichen Umwelt und der sozialen Umwelt Pflanzen, Tiere und Mikroorganismen in ihren Lebensräumen, Boden, Luft und Wasser.[57] Bislang verzichtete der deutsche Gesetzgeber auf eine einheitliche Definition der Umwelt. Der Begriff taucht in diversen gesetzlichen Regelungen auf. So erfordert § 1 Abs. 4 Satz 1 BauGB,[58] dass Bauleitpläne u.a. dazu beitragen sollen, eine „menschenwürdige Umwelt" zu sichern. Weiterhin trägt der 28. Abschnitt des

---

[52] Vgl. auch BT-Drs. 15/2864, S. 26.
[53] Allgemein zur Stellung marktorientierter Instrumente im deutschen Recht und in der Umweltökonomik vgl. nur *Wicke*, in: Rengeling, EUDUR, § 5 Rn. 13 ff.
[54] Vgl. BT-Drs. 15/2864, S. 20.
[55] So zutreffend bereits für das EEG *Schneider,* in: Schneider/Theobald, HBEnWR, § 18 Rn. 55.
[56] Vgl. *Bender/Sparwasser/Engel,* Umweltrecht, Kapitel 5 Rn. 1 ff.
[57] *Hoppe/Beckmann/Kauch,* Umweltrecht, § 1 Rn. 1 ff.
[58] Baugesetzbuch v. 23. 6. 1960, BGBl. I S. 341, neu gefasst am 23. 9. 2004, BGBl. I S. 2414.

Zweck des Gesetzes 36–38 § 1

StGB[59] die Überschrift „Straftaten gegen die Umwelt". Hinzu wird der Begriff der Umwelt im Immissionsschutz- und im Kreislaufwirtschaft- und Abfallrecht in der Wortverbindung „schädliche Umwelteinwirkungen" verwendet (vgl. §§ 3 Abs. 1 BImSchG, 19 Abs. 4 KrW-/AbfG[60]).[61]

In dieser Allgemeinheit umfasst der Begriff der Umwelt auch die Problematik 36 der **Ressourcenschonung**. Denn der Einsatz fossiler endlicher Energiequellen ist gerade auch vor dem Hintergrund des Ressourcenverbrauchs problematisch. Da in diesem Bereich noch beträchtliche Unsicherheiten und Unklarheiten herrschen, können lediglich Entwicklungstendenzen dargestellt werden. Ungeachtet bestehender Unsicherheiten wird unter Zugrundelegung menschheitsgeschichtlicher Dimensionen bereits heute von dramatischen Szenarien ausgegangen. Dabei wird zwischen **Reserven** und **Ressourcen** unterschieden; während Erstere eindeutig identifizierbare Vorräte bezeichnen, sind Letztere solche, die zwar nachgewiesen oder mit Wahrscheinlichkeit vorhanden, jedoch noch nicht gewinnbar sind.[62]

Der Einsatz Erneuerbarer Energien dient auch tatsächlich der Schonung natürli- 37 cher Ressourcen und Reserven. Sie bewirken zumindest teilweise eine **Substitution der fossilen Energieträger**. Da dies mit positiven Auswirkungen auf das Ökosystem einhergeht,[63] lassen sich hierbei auch positive Effekte auf die Landschaft, also auf die Natur ausmachen: Wird etwa weniger Kohle abgebaut, so führt dies zu einer Minimierung der an der Erdoberfläche feststellbaren Belastungen aus dem Betrieb der Bergwerke.

VI. Vermeidung von Konflikten um fossile Energieressourcen

Absatz 1 versteht sich zugleich als Instrument der Vermeidung von Konflikten 38 um fossile Energieressourcen. Dabei hatte der Gesetzgeber die Situation vor Augen, dass der weltweit steigende Energiebedarf aufgrund des Wachstums der Weltbevölkerung bei gleichzeitig abnehmender Verfügbarkeit fossiler Ressourcen das Risiko vermehrter **internationaler Konflikte um** diese **Ressourcen** birgt. Dieses Risikoprofil wird dadurch intensiviert, dass die Klimaerwärmung mit ernsthaften Umweltereignissen wie Fluten und Dürren und daraus resultierende Flüchtlingsströme einhergeht. Daher verspricht man sich von einer verstärkten Nutzung Erneuerbarer Energien eine Verringerung dieses Risikos.[64]

---

[59] Strafgesetzbuch v. 15. 5. 1871, RGBl. 1871 S. 127, neu gefasst am 13. 11. 1998, BGBl. I S. 3322; zuletzt geändert am 11. 2. 2005, BGBl. I S. 239.
[60] Gesetz zur Förderung der Kreislaufwirtschaft und Sicherung der umweltverträglichen Beseitigung von Abfällen v. 27. 9. 1994, BGBl. I S. 2705, zuletzt geändert am 22. 12. 2004, BGBl. I S. 3704.
[61] Für weitere gesetzliche Regelungen, in denen der Begriff der Umwelt auftaucht, vgl. statt vieler *Hoppe/Beckmann/Kauch*, Umweltrecht, § 1 Rn. 6 m. w. N.
[62] Hierzu vgl. *Schneider*, in: Schneider/Theobald, HBEnWR, § 18 Rn. 2; eingehend *Schindler/Zittel*, Fossile Energiereserven (nur Erdöl und Erdgas) und mögliche Versorgungsengpässe aus Europäischer Perspektive, S. 6 ff.; für Datenerhebungen im Bereich des Erdöls, des Erdgases und der Kohle vgl. *BP*, A consistent and objective series of historical energy market data, S. 3 ff.
[63] Vgl. BT-Drs. 15/2854, S. 20 f.
[64] Vgl. BT-Drs. 15/2864, S. 20 ff.; vgl. auch die Begründung zum Referentenentwurf v. 17. 12. 2003, Allgemeines, BR-Drs. 15/04, S. 26 f.

VII. Weiterentwicklung von Technologien zur Erzeugung von Strom aus Erneuerbaren Energien

39 Die weiteren Vorteile der Nutzung Erneuerbarer Energien zur Stromerzeugung neben der Erreichung von Umweltschutz und Ressourcenschonung liegen auf der Hand: Die Erneuerbaren Energien sind primäre **heimische Energieträger,** die einen wesentlichen Beitrag dazu leisten (können), die Abhängigkeit Deutschlands von Primärenergieimporten zu verringern und dadurch die **Versorgungssicherheit** zu erhöhen. Da die gemeinschaftsweite Abhängigkeit von Energieimporten heute bei etwa 50 Prozent liegt, wird davon ausgegangen, dass bei einem Fortbestand der heutigen konventionellen Stromerzeugungsverfahren und ohne eine signifikante Mobilisierung der Erneuerbaren Energien die angesprochene Importabhängigkeit bis zum Jahr 2010 auf 60 Prozent und bis zum Jahr 2020 auf 70 Prozent steigen wird.

40 Vom verstärkten Einsatz Erneuerbarer Energien verspricht man sich zudem die Schaffung von **Arbeitsplätzen,** insbesondere im Bereich der kleineren und mittleren Unternehmen. Nach einer Studie des Deutschen Instituts für Wirtschaftsforschung (DIW) bestehen im Bereich Erneuerbare Energien derzeit etwa 120 000 Arbeitsplätze. Damit gehen Impulse für diverse Industriebranchen einher. So wird davon ausgegangen, dass von einer erhöhten Nachfrage nach Technologien zur Stromerzeugung aus Erneuerbaren Energien etwa die Metallindustrie, die elektrotechnische und die Maschinen-, Motoren- und Apparatebauindustrie sowie – neben der Baustoffbranche – die Land- und Forstwirtschaft profitieren können. Ein Ausbau der Erneuerbaren Energien kann die **Exportchancen** der Anlagenhersteller und Zulieferer verbessern und wichtige Anstöße zum Aufbau einer nachhaltigen Energieversorgung in andern Industrie- und Entwicklungsländern geben.[65]

E. Die konkreten Ziele für die Jahre 2010 und 2020 (Abs. 2)

41 Für einen Normtext besonders ungewöhnlich ist es, dass das mit der Regelung angestrebte politische Ziel **auch quantitativ** konkretisiert wird. Unmittelbare rechtliche Wirkungen – etwa eine Verpflichtung, über das EEG hinausgehende Maßnahmen für den Fall zu ergreifen, dass sich eine Verfehlung des Verdopplungsziels abzeichnen sollte – wird man aus Abs. 2 aber nicht ableiten können.[66]

42 Gemäß § 1 soll das EEG dazu beitragen, den Anteil der Erneuerbaren Energien an der Stromversorgung bis zum Jahr 2010 auf mindestens 12,5 Prozent und bis zum **Jahr 2020** auf mindestens **20 Prozent** zu erhöhen.[67] Hierbei werden sowohl die Nachhaltigkeitsstrategie der Bundesregierung weiter konkretisiert als auch europarechtliche Vorgaben umgesetzt. Nach der Nachhaltigkeitsstrategie soll der Anteil Erneuerbarer Energien bis zur Mitte des 21. Jahrhunderts auf 50 Prozent steigen.[68] Die Vorgaben für 2010 und 2020 in Abs. 2 sind Etappenziele zur Erreichung des Fernziels.

---

[65] Zu den Vorteilen der Erneuerbaren Energien vgl. auch BT-Drs. 15/2864, S. 21 f.
[66] Vgl. zur Bindungswirkung bereits oben Rn. 8 ff.
[67] Vgl. auch *Oschmann/Müller,* ZNER 2004, 24 ff., 25.
[68] Vgl. *Bundesregierung,* Perspektiven für Deutschland, Nachhaltigkeitsstrategie, S. 70, s. a. *Oschmann,* NVwZ 2004, 910, 911.

Zweck des Gesetzes

I. Europarechtlicher Hintergrund

Von Europäischer Seite wird das sog. **Verdoppelungsziel vorgegeben,** das 43
sowohl in verbindlichen Rechtsakten als auch in Arbeitsdokumenten enthalten ist.
Zentrale Bedeutung hat in diesem Zusammenhang die EE-RL.[69] Diese konkretisiert die umweltpolitischen Ziele der Gemeinschaft im Bereich der regenerativen
Energieträger. Sie spricht diesen den Status eines „wesentlichen Elements des
Maßnahmebündels, das zur Einhaltung des Protokolls von Kyoto zum Rahmenübereinkommen der Vereinten Nationen über Klimaänderungen benötigt wird"
zu (Erwägungsgrund 3 EE-RL) und geht in ihrem Art. 1 von einer vorrangigen
Förderung der regenerativen Energien als schutzwürdigen umweltpolitischen
Zweck aus.[70] Die EE-RL – die am 27. 10. 2001 in Kraft trat – zielt auf die Erhöhung des Anteils Erneuerbarer Energien bis 2010 auf 22,1 Prozent am Gesamtelektrizitätsverbrauch der Gemeinschaft und gibt das „globale Richtziel" von
12 Prozent des gesamten Bruttoenergieverbrauchs (also einschließlich der Sektoren
Wärme und Verkehr) bis zum Jahr 2010 vor.

Zur Erreichung der genannten quantitativen Vorgaben verpflichtet die EE-RL 44
die Mitgliedstaaten, sich selbst entsprechende Richtziele für den Ausbau der Erneuerbarer Energien zu setzen. Diese haben insbesondere dem Weißbuch „Energie für die Zukunft"[71] sowie dem Zielrahmen des Kyoto-Protokolls zu entsprechen. Das **Weißbuch** geht seinerseits von dem grundsätzlichen Verständnis aus,
dass die Erneuerbaren Energien eine besondere Bedeutung für die Versorgungssicherheit und für den Umweltschutz haben. In diesem Dokument setzte sich die
Kommission erstmals zum Ziel, den Marktanteil Erneuerbarer Energieträger am
Bruttoinlandsenergieverbrauch der Europäischen Union von 6 Prozent bis zum
Jahre 2010 auf 12 Prozent zu erhöhen (so genanntes „Verdoppelungsziel"). Dieses
Ziel wurde unter anderem in der Entscheidung Nr. 1230/2003/EG des Europäischen Parlaments und des Rates vom 26. Juni 2003 zur Festlegung eines mehrjährigen Programms für Maßnahmen im Energiebereich: „Intelligente Energie –
Europa" (2003–2006)[72] bestätigt.

Die **Richtlinie** sieht in ihrem Art. 3 Abs. 4 EE-RL vor, dass die Kommission 45
anhand von Berichten, die Mitgliedstaaten auszugeben haben, darzulegen ist, inwieweit
die Mitgliedstaaten bei der Erreichung ihrer nationalen Richtziele Fortschritte
gemacht haben und inwieweit die nationalen Richtziele mit dem „globalen Richtziel" von 12 Prozent des Bruttoenergieverbrauchs bis zum Jahr 2010 und insbesondere mit dem Richtziel von 22,1 Prozent für den Anteil von Strom aus Erneuerbaren Energien am gesamten Stromverbrauch der Gemeinschaft bis zum Jahr
2010 vereinbar sind. Die Richtlinie macht allerdings keine inhaltlichen Vorgaben,
wie die Mitgliedstaaten diese Zielsetzungen erreichen sollen. Damit wird dem
Umstand Rechnung getragen, dass in den Mitgliedstaaten eine Fülle von verschiedenen Förderinstrumenten zugunsten der Erneuerbaren Energien besteht.

Inhaltliche Vorgaben für die Mitgliedstaaten dahingehend, wie diese ihre Richt- 46
ziele erreichen wollen, enthält die Richtlinie nicht. Sie belässt es vielmehr bei den
von den Mitgliedstaaten praktizierten, **unterschiedlichen Fördermodellen.**
Immerhin enthält die Richtlinie einige Ansätze zur Rechtsangleichung, indem sie
die Mitgliedstaaten verpflichtet, ein System von gegenseitig anzuerkennenden
Herkunftsnachweisen für Strom aus Erneuerbaren Energien einzuführen und dafür

---

[69] Hierzu grundlegend *Oschmann,* Strom aus Erneuerbaren Energien im Europarecht,
S. 79 ff.; *Oschmann,* RdE 2002, 131 ff., 132; *Oschmann/Müller,* ZNER 2004, 24 ff., 25.
[70] Grundlegend zum Vorrangprinzip *Möstl,* RdE 2003, 90 ff.
[71] KOM (1997) 599 endg.
[72] ABl. EU Nr. L 176 v. 15. 7. 2003, S. 29 ff.

zu sorgen, dass die Netzbetreiber die Übertragung und Verteilung von Strom aus Erneuerbaren Energien gewährleisten (vgl. Art. 5 und 7 EE-RL).[73]

47 Die Bundesrepublik hat verschiedene Regelungen geschaffen, um den Vorgaben der EE-RL zu entsprechen. Neben dem an erster Stelle zu nennenden EEG kommen der BiomasseV[74] sowie speziellen Bundesförderprogrammen, wie dem „100 000 Dächer-Solarstrom-Programm"[75] und den Richtlinien zur Förderung von Maßnahmen zur Nutzung Erneuerbarer Energien,[76] aber auch den verschiedenen Förderprogrammen der Länder besondere Bedeutung zu.[77] Auch damit wird der allgemeinen Verpflichtung der Bundesrepublik zur Förderung der Erneuerbaren Energien entsprochen.

II. Völkerrechtlicher Hintergrund

48 Auf internationaler Ebene ist der von § 1 adressierte Klimaschutz seit Ende der 1980er Jahre zum Thema geworden. Als Reaktion auf die beginnende Debatte über den globalen Klimawandel wurde 1988 von der World Meteorological Organization (WMO) und dem United Nations Environment Programm (UNEP) das **Intergovernmental Panel on Climate Change** (IPCC) ins Leben gerufen. Zwei Jahre nach seiner Gründung prognostizierte das IPCC in seinem ersten Bericht bei gleichbleibenden Emissionen von Treibhausgasen eine globale Erwärmung von 2 bis 5 Grad Celsius bis zum Jahr 2100.[78] Der dritte Bericht aus dem Jahr 2001 bestätigt diese Ergebnisse im Wesentlichen.

49 Vor dem Hintergrund des Berichts des IPCC setzte sich die Völkergemeinschaft daraufhin auf der **Konferenz der Vereinten Nationen über Umwelt und Entwicklung** (United Nations Conference on Environment and Development – UNCED) vom 3. bis 14. Juni 1992 in Rio de Janeiro in der **Rio Declaration** on Environment and Development (Rio-Deklaration) und in der **Agenda 21** erstmals umfassende und ehrgeizige Ziele für das gleichzeitige Erreichen von menschlicher Entwicklung und Umweltschutz. Die Agenda 21 widmet zwar keines ihrer 40 Kapitel explizit dem Thema Energie als bedeutendster Quelle für das Klimagas Kohlendioxid. Es wird jedoch als ein Abschnitt in Kapitel 9 (Schutz der Erdatmosphäre) und Kapitel 14 (Förderung einer nachhaltigen Landwirtschaft und ländlichen Entwicklung) aufgegriffen. Darin wird das Ziel formuliert, klimaschädliche Auswirkungen des Energiesektors durch die Förderung von Politiken und Programmen zu verringern, die geeignet sind, den Anteil neuer und erneuerbarer Energien zu erhöhen (Ziffer 9.11). Sowohl die Rio-Deklaration, als auch die Agenda 21 sind allerdings ohne unmittelbare völkerrechtliche Bindungswirkung.[79]

50 Demgegenüber ist die auf dem Rio-Gipfel unterzeichnete **Klimarahmenkonvention** der Vereinten Nationen (Framework Convention on Climate Change – FCCC)[80] völkerrechtlich verbindlich. Sie legt Ziele und Prinzipien der Klimaschutzpolitik der internationalen Gemeinschaft fest. Nach Art. 2 FCCC ist es Ziel,

---

[73] Ausführlich und instruktiv hierzu *Oschmann*, Strom aus Erneuerbaren Energien im Europarecht, S. 250 ff., 253 ff.
[74] Verordnung über die Erzeugung von Strom aus Biomasse v. 21. 6. 2001, BGBl. I S. 1234, zuletzt geändert am 7. 7. 2005, BGBl. I S. 1970.
[75] Vgl. BAnz Nr. 54 v. 17. 3. 2001.
[76] Vgl. BAnz Nr. 136 v. 25. 7. 2001, S. 15 434.
[77] Vgl. zum Ganzen knapp und einführend *Oschmann*, RdE 2002, 131 ff., 134.
[78] Vgl. *Beyerlein*, Umweltvölkerrecht, Rn. 361.
[79] Vgl. *Beyerlein*, Umweltvölkerrecht, Rn. 38.
[80] BGBl. II 1993, S. 1784 ff.

Zweck des Gesetzes **51, 52 § 1**

die Treibhausgaskonzentration in der Atmosphäre auf einem Niveau zu stabilisieren, das eine gefährliche anthropogene Störung des Klimasystems verhindert. Als in Anlage I FCCC aufgeführter Staat muss Deutschland nach Art. 4 Abs. 2 nationale Politiken und Maßnahmen zum Klimaschutz festlegen, um durch eine Begrenzung seiner anthropogenen Treibhausgasemissionen sowie durch den Schutz und die Erweiterung der Treibhausgassenken und -speicher eine Abschwächung der Klimaänderungen zu erreichen. Konkretere und justiziable Vorgaben enthält die Klimarahmenkonvention allerdings nicht. Als Rahmenvertrag bedarf sie vielmehr der weiteren inhaltlichen Ausfüllung.[81] Das zu diesem Zweck im Jahr 1997 verabschiedete **Kyoto-Protokoll** verpflichtet die Industriestaaten, die Treibhausgasemissionen im Zeitraum 2008 bis 2012 insgesamt um mindestens 5 Prozent gegenüber dem Niveau des Jahres 1990 zu reduzieren (Art. 3 Abs. 1 KP). Die individuelle Reduktionsverpflichtung für die Europäische Gemeinschaft und ihre 15 Mitgliedstaaten beträgt nach Art. 3 Abs. 1 i.V.m. Anlage B KP 8 Prozent.[82] Gemeinschaftsintern müssen die 15 Mitgliedstaaten gemäß der EU-internen Lastenverteilung vom 16. Juni 1998 (vgl. Art. 4 KP) unterschiedlich hohe Reduktionsleistungen erbringen. Danach hat Deutschland einen Anteil von 21 Prozent der von der Europäischen Union insgesamt geschuldeten Emissionsreduktion zu tragen. Nach Art. 2 Abs. 1 (a) (iv) KP soll dazu, wie von § 1 EEG angestrebt, auch die Nutzung Erneuerbarer Energien verstärkt werden. Welche Schritte Deutschland konkret einzuleiten hat, wird aber weder vom Kyoto-Protokoll noch der EU-internen Lastenverteilung völkerrechtlich verbindlich vorgegeben.

Auch der **Weltgipfel für nachhaltige Entwicklung** im Jahr 2002 in Johannesburg, Südafrika, (World Summit on Sustainable Development – WSSD), der Energie erstmals zu einem eigenständigen Verhandlungsgegenstand erhob und einen Schwerpunkt auf Erneuerbare Energien setzte, legte keine verbindlichen Ziele und Zeitpläne für Erneuerbare Energien fest. Eine entspreche Initiative Deutschlands und der Europäischen Union, einen Beschluss über den Ausbau Erneuerbarer Energien auf weltweit 15 Prozent bis 2010 herbeizuführen, scheiterte an der Blockadehaltung der USA, Australiens und der OPEC-Staaten. Der von der Konferenz beschlossene **Aktionsplan** („Plan of Implementation of the World Summit on Sustainable Development") sieht daher lediglich eine bedeutsame Steigerung („substantially increase") des Anteils Erneuerbarer Energien vor, die dringend („with a sense of urgency") zu geschehen habe (Ziffer 19 c des Aktionsplans).[83] Ergänzend initiierte die EU eine Erklärung, in der sich rund 100 Staaten in **Joint Renewable Energy Coalition** (JREC) unter der Überschrift „The way forward on Renewable Energy" dazu verpflichten, ambitionierte Ziele mit klaren Zeitplänen („clear and ambitious time bound targets") für den Ausbau Erneuerbarer Energien festzulegen.[84] **51**

Die erste **Internationale Konferenz für Erneuerbare Energien** vom 2. bis 4. Juni 2004 in Bonn war wiederum eine Premiere. Auf ihr waren Erneuerbare Energien erstmals alleiniger Gegenstand einer hochrangigen Regierungskonferenz. Sie verstand sich als eine auf der in Johannesburg geschlossenen Joint Renewable Energy Coalition aufbauende Veranstaltung, die auch die dort als Blockierer aufgetretenen Staaten wie die USA erfolgreich integrieren konnte. Die 154 in Bonn **52**

---

[81] Vgl. *Bail/Marr/Oberthür*, in: Rengeling, Handbuch zum europäischen und deutschen Umweltrecht (EUDUR), Band II, S. 1. Teilband Besonderes Umweltrecht, § 54 Rn. 10 ff.; *Beyerlein*, Umweltvölkerrecht, Rn. 361 ff.
[82] Vgl. *Bail/Marr/Oberthür*, in: Rengeling, Handbuch zum europäischen und deutschen Umweltrecht (EUDUR), Band II, S. 1. Teilband Besonderes Umweltrecht, § 54 Rn. 43 ff.
[83] Vgl. *Frenz*, ET 2002, 788, 790.
[84] Vgl. *Lamprecht*, ET 2002, 734, 735, u. *Schafhausen*, ET 2002, 738, 742.

vertretenen Regierungen bekräftigten in der **Political Declaration**[85] unter anderem die in Johannesburg und den Vorgängerkonferenzen eingegangenen Verpflichtungen, weltweit mit hoher Dringlichkeit den Anteil der Erneuerbaren Energien deutlich zu erhöhen. Darüber hinaus verabschiedete die Konferenz das **International Action Programme**,[86] das rund 200 konkrete Aktionen und Verpflichtungen von Regierungen, internationalen Organisationen, Finanzierungsinstitutionen, Unternehmen, Verbänden und Nichtregierungsorganisationen enthält, die Erneuerbare Energien weltweit voranbringen sollen. Zu diesem Zweck beschloss die Konferenz darüber hinaus nicht bindende **Policy Recommendations for Renewable Energies**.[87] Sie sollen Entscheidungsträgern ein Set von Politikmaßnahmen zur Förderung Erneuerbarer Energien auf Basis vorhandener Erfahrungen und Kenntnisse anbieten.

53   Auch wenn die Konferenz von Bonn die weltweite Bedeutung Erneuerbarer Energien für Klimaschutz und Armutsbekämpfung angemessen herausgestellt und so neue Maßstäbe für das internationale Recht gesetzt hat, können die genannten Ergebnisse konkrete völkerrechtliche Vorgaben für die Förderung Erneuerbarer Energien nicht ersetzen.

F. Abgrenzung vom Emissionshandel

54   Ausfluss der einschlägigen europäischen Gesetzgebung ist auch das TEHG.[88] Das EEG und das TEHG sind in ihren Zielsetzungen allerdings nur partiell deckungsgleich. Während die Erneuerbaren Energien einen eindeutigen zusätzlichen Schwerpunkt bei der Ressourcenschonung haben und das EEG langfristig angelegt ist, behandelt der Mechanismus des Emissionshandels diese Frage nicht und betrifft lediglich den Zeitraum bis 2012. Eine Überschneidung zwischen den beiden Regelungswerken ergibt sich lediglich, soweit beide Instrumente – die Förderung von Technologien zur Stromerzeugung aus Erneuerbaren Energien einerseits und die Allokation von Emissionsrechten andererseits – zu einer Verringerung von Treibhausgasemissionen führen.

---

[85] Abrufbar unter www.renewables2004.de.
[86] Ebenda.
[87] Ebenda.
[88] Gesetz zur Umsetzung der Richtlinie 2003/87/EG über ein System für den Handel mit Treibhausgasemissionszertifikaten in der Gemeinschaft vom 8. 7. 2004, BGBl. I S. 1578, zuletzt geändert am 22. 9. 2005, BGBl. I S. 2826.

§ 2 Anwendungsbereich

(1) Dieses Gesetz regelt
1. den vorrangigen Anschluss von Anlagen zur Erzeugung von Strom aus Erneuerbaren Energien und aus Grubengas im Bundesgebiet einschließlich der deutschen ausschließlichen Wirtschaftszone (Geltungsbereich des Gesetzes) an die Netze für die allgemeine Versorgung mit Elektrizität,
2. die vorrangige Abnahme, Übertragung und Vergütung dieses Stroms durch die Netzbetreiber und
3. den bundesweiten Ausgleich des abgenommenen und vergüteten Stroms.

(2) Dieses Gesetz findet keine Anwendung auf Anlagen, die zu über 25 Prozent der Bundesrepublik Deutschland oder einem Land gehören und die bis zum 31. Juli 2004 in Betrieb genommen worden sind.

Übersicht

	Rn.
A. Überblick	1
B. Hintergrund	7
I. Normzweck	7
II. Entstehungsgeschichte der Norm	8
C. Räumlicher Anwendungsbereich und vorrangige Anschlusspflicht (Abs. 1 Nr. 1)	12
D. Sachlicher Anwendungsbereich – Vorrangregelung (Abs. 1 Nr. 1 und Nr. 2)	15
I. Europarechtlicher Hintergrund	21
II. Rechtsnatur des § 2 – Absoluter Vorrang (Schutz vor Wettbewerb)	26
III. Abgrenzung zu anderen Regelungen	31
1. Diskriminierungsfreier Stromhandel in Art. 6 Stromhandel-VO	31
2. Relativer (Durchleitungs-)Vorrang in §§ 2 Abs. 2, 13 Abs. 1 EnWG	32
3. Relativer (Durchleitungs-)Vorrang in § 20 EnWG	33
4. Verhältnis zwischen dem absoluten Vorrang des § 2 und dem relativen Vorrang aus anderen Regelungen	35
IV. Verhältnis des Vorrangprinzips zu weiteren Zielen des Energierechts	36
E. Bundesweite Ausgleichsregelung (Abs. 1 Nr. 3)	43
F. Ausschlusstatbestand (Abs. 2)	44

Literatur: *Altrock,* „Subventionierende" Preisregelungen, 2002; *Bartsch/Pohlmann,* Grundprinzipien des EEG, in: Bartsch, u. a. (Hrsg.), Stromwirtschaft, Ein Praxishandbuch, 2002, Kap. 40, S. 325 ff.; *Brandt/Steiner/Reshöft,* Erneuerbare-Energien-Gesetz, Handkommentar, 1. Aufl. 2001; *Britz,* Kurzkommentierung zu Gesetz für den Vorrang Erneuerbarer Energien (Erneuerbare-Energien-Gesetz – EEG), in: Ludwig/Odenthal (Hrsg.), Recht der Elektrizitäts-, Gas- und Wasserversorgung, Kommentar, Loseblatt (Stand: 2002); *Büdenbender,* Durchleitungsverweigerungsrechte aus Gründen des Umweltschutzes, in: Hendler, u. a. (Hrsg.), Energierecht zwischen Umweltschutz und Wettbewerb, 17. Trier Kolloquium zum Umwelt- und Technikrecht vom 9. bis 11. September 2001 (UTR 61), S. 121 ff.; *ders.,* Generelle und energierechtliche Konflikte zwischen Wettbewerb und Umweltschutz, DVBl. 2002, 800 ff.; *ders.,* Umweltschutz in der Novelle des Energiewirtschaftsgesetzes, DVBl. 2005, 1161 ff.; *Cronenberg,* Das neue Energiewirtschaftsrecht, RdE 1998, 85 ff.; *Gent/Maring,* Anschluss- und Abnahmeverweigerung im Rahmen des § 3 EEG, ZNER 2003, 289 ff.; *Harms,* Zur Anwendung der Schutzklauseln für Öko-, KWK- und Braunkohlestrom im Neuregelungsgesetz vom 24. 1. 1998, RdE 1999, 165 ff.; *Horstmann,* Netzzugang in der Energiewirtschaft, 2001;

Lippert, Energiewirtschaftsrecht, Gesamtdarstellung für Wissenschaft und Praxis, 2002; *Mengers,* Zu den Pflichten nach § 3 Erneuerbare-Energien-Gesetz, ZNER 2001, 45 f.; *Möstl,* Der Vorrang erneuerbarer Energien, Ein Prinzip des Energiewirtschaftsrechts nimmt Gestalt an, RdE 2003, 90 ff.; *Müller,* Das novellierte Erneuerbaren-Energien-Gesetz, RdE 2004, 237 ff.; *Niedersberg,* Das Gesetz für den Vorrang erneuerbarer Energien (Erneuerbare-Energien-Gesetz, EEG), NVwZ 2001, 21 ff.; *Nill-Theobald,* in: Nill-Theobald/Weißenborn, Energie im Dialog, Bd. 1, 2004; *Oschmann,* Das Gesetz für den Vorrang Erneuerbarer Energien, ET 2000, 446 ff.; *ders.,* Strom aus erneuerbaren Energien im Europarecht, 2002; *Oschmann/Müller,* Neues Recht für Erneuerbare Energien – Grundzüge der EEG-Novelle, ZNER 2004, 24 ff.; *Reshöft,* Zur Novellierung des EEG – was lange wird, wird endlich (gut), ZNER 2004, 240 ff.; *Reshöft/Steiner/Dreher,* Erneuerbare-Energien-Gesetz, Handkommentar, 2. Aufl. 2005; *Salje,* Erneuerbare-Energien-Gesetz, 3. Aufl. 2005; *Salje,* Vorrang für Erneuerbare Energien, Das neue Recht der Stromeinspeisung, RdE 2000, 125 ff.; *Schneider,* Energieumweltrecht: Erneuerbare Energien, Kraft-Wärme-Kopplung, Energieeinsparung, in: Schneider/Theobald (Hrsg.), Handbuch zum Recht der Energiewirtschaft (HBEnWR), 2003, § 18, S. 995 ff.; *Schrader/Krzikalla/Müller-Kirchenbauer,* Netznutzungsentgelte und Lastprofile im Erneuerbare Energien Gesetz, ZNER 2001, 89 ff.; *Theobald/Nill-Theobald,* Grundzüge des Energiewirtschaftrechts, 2001; *Weißenborn,* Streitfragen zum Erneuerbare-Energien-Gesetz, in: Böhmer (Hrsg.) Erneuerbare Energien – Perspektiven für die Stromerzeugung – Energie im Dialog, Bd. 3, 2003, S. 71 ff.

A. Überblick

1 § 2 gibt deklaratorisch einen Überblick über den Inhalt des Gesetzes und enthält konstitutiv materielle Regelungen zum räumlichen, sachlichen und personalen Geltungsbereich des Gesetzes sowie zum Konkurrenzverhältnis von Strom aus Erneuerbaren Energien zu konventionell erzeugtem Strom.

2 § 2 Abs. 1 regelt Aspekte des sachlichen und räumlichen **Anwendungsbereichs**.[1] Zudem werden in den drei Ziffern des § 2 Abs. 1 die wesentlichen Regelungen des Gesetzes überblicksartig zusammengefasst und das energiewirtschaftlich folgenreiche **Vorrangprinzip** hervorgehoben.

3 In **sachlicher** Hinsicht behandelt § 2 Abs. 1 Nr. 1 den vorrangigen Anschluss von Anlagen zur Erzeugung von Strom aus Erneuerbaren Energien und aus Grubengas an die Elektrizitätsnetze für die allgemeine Versorgung. Nr. 2 dieses ersten Absatzes regelt die vorrangige Abnahme, Übertragung einschließlich der Verteilung und die Vergütung des Stroms aus diesen Anlagen durch den aufnahmepflichtigen Netzbetreiber. Die Einzelheiten der Abnahmepflicht des Netzbetreibers sind in § 4 geregelt, die Vergütungspflicht in § 5 sowie die §§ 6 bis 11. Schließlich finden sich in § 12 gemeinsame Vorschriften für diese Kardinalpflichten der Netzbetreiber aus dem EEG. § 2 Abs. 1 Nr. 3 verweist auf den in § 14 geregelten bundesweiten physikalischen und finanziellen Ausgleichsmechanismus.

4 Durch die Betonung der Vorrangigkeit der Anschluss- wie der Abnahmeverpflichtung in § 2 Abs. 1 Nr. 1 und 2 wird klargestellt, dass der Vorrang Erneuerbarer Energien vor konventionell erzeugtem Strom sich auf sämtliche Schritte vom Anschluss über die Abnahme und Übertragung bis hin zur vom Begriff der Übertragung umfassten Verteilung des Stroms aus Erneuerbaren Energien erstreckt **(Vorrangprinzip).** Damit wird die EE-RL umgesetzt.[2]

5 Durch § 2 Abs. 1 Nr. 1 wird gleichzeitig der **räumliche** Anwendungsbereich des Gesetzes vorgegeben: Vom Anwendungsbereich des EEG 2004 wird nicht nur der auf dem Festland oder küstennah erzeugte Strom erfasst, sondern auch solcher, der in Anlagen erzeugt wird, die in der deutschen Ausschließlichen Wirtschaftszone (AWZ) errichtet und betrieben werden.

---

[1] Vgl. Begründung, BT-Drs. 15/2864, S. 48.
[2] Vgl. Gesetzesbegründung, BT-Drs. 15/2864, S. 23 f.

In § 2 Abs. 2 EEG 2004 findet sich – als letzter verbliebener **personaler** Ausschlusstatbestand des früheren StrEG, das durch das EEG 2000 abgelöst wurde – der Ausschluss von Anlagen aus dem Anwendungsbereich des Gesetzes, die zu über 25 Prozent der Bundesrepublik Deutschland oder einem Bundesland gehören und vor dem Inkrafttreten des EEG 2004 in Betrieb genommen wurden.

B. Hintergrund

I. Normzweck

§ 2 dient einerseits der Übsicht über den Regelungsgehalt des Gesetzes und andererseits der Begrenzung des Anwendungsbereichs des Gesetzes in sachlicher, personaler und räumlicher Hinsicht. Darüber hinaus dient es der Betonung des Vorrangprinzips an prominenter Stelle.

II. Entstehungsgeschichte der Norm

Vorläufer des § 2 EEG 2004 sind die § 1 StrEG und § 2 EEG 2000. Diese Regelungen blieben in ihren Grundzügen seit der Verabschiedung des StrEG im Jahr 1990 bis zum Jahr 2004 praktisch unverändert. Danach umfasste der **sachliche Anwendungsbereich** des § 1 StrEG wie des § 2 EEG 2000 Strom, der ausschließlich aus Wasserkraft, Windkraft, solarer Strahlungsenergie, Deponiegas und Klärgas erzeugt worden war. § 2 EEG 2000 hatte dabei den ungenaueren Begriffs der „Sonnenenergie" durch die physikalisch präzisere Bezeichnung „solare Strahlungsenergie" ersetzt. Auch Strom aus Biomasse war – unterschiedlich bezeichnet[3] – von Anfang an in den Vergütungsmechanismus eingeschlossen.[4] In Abweichung von § 1 StrEG erstreckte sich der sachliche Anwendungsbereich nach § 2 EEG 2000 auch auf Grubengas und Geothermie. Grubengas kann bei genauerer Betrachtung nicht zu den erneuerbaren Energieträgern gezählt werden. Die Aufnahme von Grubengas in den Anwendungsbereich des EEG im Jahr 2000 wurde vom Gesetzgeber damit begründet, dass die energetische Verwertung des Grubengases die Kohlendioxid- und Methanbilanz gegenüber der unverwerteten Abgabe an die Atmosphäre verbessere.[5] Zudem ist die energetische Nutzung von Grubengas gegenüber der ungenutzten Abgabe auch aus Gründen der Ressourcenschonung sinnvoll. Damit entspricht die Verstromung von Grubengas dem Zweck des EEG.

In § 2 EEG 2004 findet sich die aus StrEG und aus § 2 EEG 2000 bekannte Definition des sachlichen Anwendungsbereichs über eine abschließende Enumeration der erfassten Erneuerbaren Energien nicht mehr. Stattdessen beließ es der Gesetzgeber bei dem aus sich selbst heraus nicht zweifelsfrei bestimmbaren Begriff der **„Erneuerbaren Energien"**. Die Aufzählung der erfassten Energieträger wurde vielmehr Bestandteil der Legaldefinition für „Erneuerbare Energien" in § 3 Abs. 1.

Hinter dieser neuen Gesetzessystematik, die die Bestimmung des sachlichen Anwendungsbereich in § 2 und die Legaldefinition der Erneuerbaren Energien in § 3 trennt, steht das Anliegen, das Gesetz redaktionell und stilistisch zu entschlacken und übersichtlicher zu gestalten.

---

[3] Vgl. dazu die Kommentierung zu § 8 Rn. 23 ff.
[4] Vgl. unten Rn. 9.
[5] BT-Drs. 14/2776, S. 21, vgl. auch Begründung zum EEG 2004, BT-Drs. 15/2864, S. 29 u. die Kommentierungen zu § 3 Rn. 33 u. § 7 Rn. 5, 12.

11 Während in § 2 Abs. 1 EEG 2000 noch geregelt war, dass sich die Anwendung des EEG insgesamt auf Strom beschränkte, der „ausschließlich" aus Erneuerbaren Energien gewonnen wird, ist die Einhaltung des so genannten **Ausschließlichkeitsprinzips** nunmehr nur noch Voraussetzung für das Entstehen der in § 5 Abs. 1 geregelten Vergütungspflicht und daher auch dort normiert.[6] Dies bedeutet, dass die übrigen im EEG geregelten Pflichten – Anschluss-, Abnahme- und Übertragungspflicht – anteilig auch für Strom aus Anlagen gelten, die nicht ausschließlich Erneuerbare Energien einsetzen.[7] Diese Änderung ist eine Folge der EE-RL.[8] Zudem nimmt § 2 insoweit eine Korrektur vor, als **Grubengas** als fossiler Energieträger nun zutreffend nicht mehr als Erneuerbare Energie bezeichnet wird. Im EEG 2004 wird vielmehr begrifflich jeweils differenziert zwischen Strom aus Erneuerbaren Energien und Strom aus Grubengas, um zu verdeutlichen, dass die Vergütung von Strom aus Grubengas zwar aus Umweltgesichtspunkten sinnvoll, aber keine Erneuerbare Energie ist.[9]

C. Räumlicher Anwendungsbereich und vorrangige Anschlusspflicht (Abs. 1 Nr. 1)

12 Absatz 1 Nr. 1 definiert u. a. den **räumlichen Anwendungsbereich** des EEG. Danach gilt das Gesetz für den Strom aus Erneuerbaren Energien oder aus Grubengas, der im Bundesgebiet einschließlich der deutschen AWZ gewonnen wird. Das Gesetz bezieht sich auf den gesamten Erzeugungsprozess. Der Strom muss im Einklang mit Art. 7 Abs. 1 Satz 3 EE-RL[10] im Inland bzw. in der deutschen AWZ erzeugt worden sein.[11]

13 Nicht von Abs. 1 Nr. 1 geregelt wird die Frage, ob die Energieträger, die zur Verstromung benutzt werden, ebenfalls aus dem Geltungsbereich des Gesetzes stammen müssen (einheimische **Herkunft der Primärenergieträger**). So ist denkbar, regenerative Energieträger wie Altholz oder Biomasse aus dem Ausland nach Deutschland zu verbringen, um sie dann in Deutschland zur Stromerzeugung einzusetzen. Gegen eine Begrenzung des Herkunftsbereichs der verstromten Erneuerbaren Energien spricht aber bereits der Wortlaut der Vorschrift, wonach eben lediglich der Stromgestehungsprozess im Geltungsbereich des Gesetzes stattfinden muss. Soweit etwa das zu verbrennende Holz oder Rapsöl aus einem Mitgliedstaat der Europäischen Union eingeführt wird, steht dem außerdem die in Art. 28 EGV geregelte Freiheit des Warenverkehrs entgegen: Eine solche beschränkende Deutung des Anwendungsbereichs des EEG dürfte eine unzulässige Handelsbeschränkung darstellen. Im Ergebnis sind auch solche Energieträger erfasst, die zum Zwecke der Verstromung nach Deutschland aus dem Ausland gebracht werden; ihre Herkunft ist unerheblich.[12]

14 Erheblich ist nach Abs. 1 Nr. 1 nur der Standtort der Anlage. Hierbei handelt es sich um einen **einheitlichen örtlichen Anwendungsbereich**. Die Ausschließliche Wirtschaftszone (AWZ) verläuft seewärts der 12-Seemeilen-Begrenzung des Hoheitsgebiets der Bundesrepublik und erstreckt sich maximal bis 200 Seemeilen in das Meer hinein. Sie ist kein Bestandteil des Hoheitsgebiets der Bundesrepublik.

---

[6] Zum Ausschließlichkeitsgrundsatz vgl. die Kommentierung zu § 5 Rn. 16 ff.
[7] Gesetzesbegründung, BT-Drs. 15/2864, S. 48.
[8] Vgl. *Oschmann/Müller*, ZNER 2004, 24, 25 und *Reshöft*, ZNER 2004, 240, 243.
[9] Vgl. *Reshöft*, ZNER 2004, 240, 242.
[10] Vgl. Begründung, BT-Drs. 15/2864, S. 28.
[11] Vgl. *Salje*, EEG, § 2 Rn. 57.
[12] So auch *Salje*, EEG, § 2 Rn. 58.

Für die AWZ stehen der Bundesrepublik diejenigen Rechte zu, die den Nationalstaaten durch das VN SRÜ[13] zugestanden wurden. Das Abkommen wurde von Deutschland 1994 ratifiziert und 1995 durch das AusfG-SRÜ in das nationale Recht eingefügt.[14] Dass der nationale Gesetzgeber (Bundestag und Bundesrat) auch die Stromerzeugung in der AWZ regeln darf, ergibt sich auch aus der SeeAnlV,[15] die ihrerseits auf dem SeeAufG[16] beruht. Bei den Anlagen, die in diesem Gebiet entstehen können, handelt es sich für absehbare Zeiträume hauptsächlich um Windenergieanlagen in Offshore-Windparks; in Zukunft können etwa auch Wellenkraftwerke an Bedeutung gewinnen.

D. Sachlicher Anwendungsbereich – Vorrangregelung (Abs. 1 Nr. 1 und Nr. 2)

Mit dem ausdrücklichen Hinweis auf einen **vorrangigen Anschluss** wiederholt das Gesetz in Abs. 1 Nr. 1 eine Bestimmung, die sich bereits aus Vorgängerregelungen wie dem § 3 EEG 2000 ergab. Ähnlich regelt Abs. 1 Nr. 2 die vorrangige Behandlung von Strom aus Erneuerbaren Energien bei der **Abnahme, Übertragung und Vergütung** durch die Netzbetreiber. Der Begriff Übertragung ist untechnisch zu verstehen und nicht auf das Übertragungsnetz beschränkt, sondern umfasst den gesamten Prozess der Stromdurchleitung vom Erzeuger bis zu den Endverbrauchern und somit auch die Verteilung innerhalb der Verteilnetze.[17] Sowohl Abs. 1 Nr. 1 als auch Nr. 2 werden in den §§ 4ff. konkretisiert. Alle diese Vorschriften bauen auf dem sog. **Vorrangprinzip** auf. Inhaltlich hat das Vorrangprinzip zur Folge, dass Anlagen zur Erzeugung von Strom aus Erneuerbaren Energien und der in ihnen erzeugte Strom im Konkurrenzfall mit sonstigen Anlagen und sonstigem Strom zeitlich und sachlich vorrangig behandelt werden müssen.[18] Der Vorrang des Stroms aus Erneuerbaren Energien beim Anschluss sowie bei Abnahme, Übertragung und Vergütung bedeutet, dass die Netzbetreiber durch besondere technische Steuerungsvorrichtungen dafür Sorge tragen müssen, dass konventionell erzeugter Strom erst und nur dann in ihr Netz eingespeist wird, wenn der Bedarf nicht durch eine Einspeisung von Strom aus Erneuerbaren Energien gedeckt werden kann oder aus Gründen der Systemstabilität zwingend erforderlich ist.[19]

Die prioritäre Behandlung umfasst damit **alle Stufen der Wertschöpfungskette** des Stroms aus Erneuerbaren Energien, also den Anschluss der Anlagen und die Abnahme des Stroms, aber auch die Übertragung und die Verteilung des

---

[13] Seerechtsübereinkommen der Vereinten Nationen vom 10. 12. 1982, BGBl. II (1994), S. 1798.
[14] Gesetz zur Ausführung des Seerechtsübereinkommens der Vereinten Nationen vom 10. 12. 1982 sowie des Übereinkommens vom 28. 7. 1994 zur Durchführung des Teils XI des Seerechtsübereinkommens v. 6. 6. 1995, BGBl. I S. 778.
[15] Verordnung über Anlagen seewärts der Begrenzung des deutschen Küstenmeeres (Seeanlagenverordnung) v. 23. 1. 1997, BGBl. I S. 57f., zuletzt geändert am 25. 3. 2002, BGBl. I S. 1193.
[16] Gesetz über die Aufgaben des Bundes auf dem Gebiet der Seeschifffahrt v. 24. 5. 1965, BGBl. II S. 833, neu gefasst am 26. 7. 2002, BGBl. I S. 2876; zuletzt geändert am 24. 8. 2004, BGBl. I S. 2198.
[17] Vgl. Begründung zu § 2, BT-Drs. 15/2864, S. 28.
[18] Gesetzesbegründung, BT-Drs. 15/2864, S. 48.
[19] Vgl. *Reshöft/Steiner/Dreher*, EEG, § 2 Rn. 7; *Salje*, EEG, § 2 Rn. 41; *Weißenborn*, in: Böhmer, Erneuerbare Energien, S. 71ff., 90.

Stroms.[20] Dies gilt sogar für Anlagen, die lediglich anteilig Erneuerbare Energien verstromen und damit nicht vollständig oder nur bedingt dem Ausschließlichkeitsgrundsatz entsprechen.[21]

17 Der Vorrang des Stroms aus Erneuerbaren Energien gilt auch gegenüber Strom aus einer mit einem konventionellen Brennstoff betriebenen **KWK-Anlage**.[22] Die Frage nach dem Vorrang von EEG-Strom gegenüber KWK-Strom stellt sich ohnehin nur dann, wenn das Netz des zur Abnahme des Stroms verpflichteten Netzbetreibers – unbeschadet der technischen Sicherstellung der Versorgungssicherheit – vollständig durch KWK-Strom und Strom aus Erneuerbaren Energien ausgelastet ist und kein konventioneller Strom mehr im Netz vorhanden ist.[23]

18 Jedenfalls ist zu beachten, dass die **Verpflichtung** der Netzbetreiber nach § 4 Abs. 1 KWKG 2002 **zur vorrangigen Abnahme von KWK-Strom** im Sinne von § 3 Abs. 4 KWKG 2002 im Verhältnis zu konventionellem Strom aus Kondensationskraftwerken **unberührt** bleibt. So betont die Gesetzesbegründung ausdrücklich, dass für eine umweltverträgliche Energieversorgung neben Erneuerbaren Energien auch der Kraft-Wärme-Kopplung besondere Bedeutung zukomme. In der Tat sieht die KWK-RL,[24] die allerdings insoweit keine unmittelbare Direktwirkung entfaltet, auch einen Vorrang von KWK-Strom gegenüber konventionell erzeugtem Strom vor.[25] Darüber hinaus besteht auch für KWK-Anlagen ein Anspruch auf Netzausbau nach § 3 Abs. 6 Satz 2 KWKG 2002.

19 Insgesamt steht das **EEG zum allgemeinen Energiewirtschaftsrecht im Verhältnis der Spezialität.** Die Einspeiseregelungen des EEG gehen – wie auch sonst im Fall des Zusammentreffens mit Regelungen des Energiewirtschaftsrechts – vor. Nach Aussage der Gesetzesbegründung gilt dies sogar im Verhältnis zu zeitlich nach dem EEG erlassenen allgemeinen Regelungen des Energiewirtschaftsrechts.[26]

20 Dabei findet das Vorrangprinzip des EEG eine notwendige immanente Schranke in technischen Netzanforderungen, die zur Sicherstellung einer versorgungssicheren Energieversorgung zwingend erforderlich sind.[27] Soweit sich ein Netzbetreiber **bei der Verweigerung der Abnahme von Strom aus Erneuerbaren Energien auf die Gewährleistung der Versorgungssicherheit** beruft, trifft ihn die volle Nachweispflicht. Er hat zweifelsfrei nachzuweisen, dass technische Gründe, insbesondere der Netzstabilität die Abnahme von Strom aus Erneuerbaren Energien vorübergehend unmöglich machen (akute Gefahr des Zusammenbruchs des Netzes). Das Vorrangprinzip des EEG ist aber nicht relativ in dem Sinne, dass der Netzbetreiber eine Abwägung zwischen dem EEG-Vorrangprinzip und dem Grundsatz der Versorgungssicherheit (§ 1 EnWG) vorzunehmen hätte. Das Vorrangprinzip ist vielmehr grundsätzlich absolut und findet seine Grenze nur in

---

[20] Gesetzesbegründung, BT-Drs. 15/2864, S. 23.
[21] Gesetzesbegründung, BT-Drs. 15/2864, S. 48.
[22] Vgl. *Weißenborn,* in: Böhmer, Erneuerbare Energien, S. 71 ff., 90; *Salje,* EEG, § 2 Rn. 35.
[23] Gesetzesbegründung, BT-Drs. 15/2864, S. 48 f.
[24] Richtlinie 2004/8/EG des Europäischen Parlaments und des Rates vom 11. 2. 2004 über die Förderung einer am Nutzwärmebedarf orientierten Kraft-Wärme-Kopplung im Energiebinnenmarkt und zur Änderung der Richtlinie 92/42/EWG, ABl. EU Nr. L 052 v. 21. 2. 2004, S. 50 ff. i. d. F. ABl. EU Nr. L 192 v. 29. 5. 2004, S. 34.
[25] Art. 8 Abs. 1 KWK-RL sieht die Anwendbarkeit der Regelungen über den Netzzugang und die Netzübertragung aus EE-RL auf Strom aus KWK-Anlagen vor. Dieser Verweis betrifft insbesondere die Möglichkeit eines vorrangigen Netzanschlusses und die Pflicht zur vorrangigen Behandlung der Erzeugungsanlagen durch die Netzbetreiber in Art. 7 Abs. 1 EE-RL.
[26] Gesetzesbegründung, BT-Drs. 15/2864, S. 24 und 49.
[27] Gesetzesbegründung, BT-Drs. 15/2864, S. 49.

Anwendungsbereich 21–24 § 2

zwingenden technischen Notwendigkeiten, ohne deren Beachtung der Vorrang
– mangels funktionsfähigen Netzes – leer liefe. Insbesondere dürfen Netzbetreiber
die Aufnahme etwa von Windstrom nicht unter pauschalem Hinweis auf eine
Gefährdung der Versorgungssicherheit verweigern.[28]

I. Europarechtlicher Hintergrund

Entstehungsgeschichtlicher Hintergrund dieser Regelung sind die gemein- 21
schaftsrechtlichen Vorgaben aus der **EE-RL**. Diese sieht in **Art. 7 Abs. 1 Satz 1
EE-RL** vor, dass die Mitgliedstaaten die notwendigen Maßnahmen ergreifen,
um sicherzustellen, dass die Betreiber der Übertragungs- und Verteilungsnetze
– „unbeschadet der Wahrung der Zuverlässigkeit und Sicherheit des Netzes" – die
Übertragung und Verteilung von Elektrizität aus Erneuerbaren Energien gewährleisten.

Mit Art. 7 Abs. 1 EE-RL soll in **allgemeiner** Weise sichergestellt werden, dass 22
die regenerativ erzeugte Energie in die Netze eingespeist werden kann. Dies ist
nur dann sichergestellt, wenn auch ein entsprechender **vorrangiger Netzzugang**
vorhanden ist und dem Transport dieses Stroms bis zum Kunden keine Hindernisse entgegenstehen. Damit hat Art. 7 Abs. 1 EE-RL über seinen Wortlaut hinaus
auch für den Zugang von Strom aus Erneuerbaren Energien zu den Übertragungs-
und Verteilungsnetzen Bedeutung.[29]

Gestützt wird die **Vorrangregelung** des § 2 außerdem auf Art. 11 Abs. 3 und 23
Art. 14 Abs. 4 EltRL sowie auf die Vorgänger dieser Regelungen, die Art. 8
Abs. 3 und Art. 11 Abs. 3 EltRL 1996.[30] Nach Art. 11 Abs. 3, Art. 14 Abs. 4
EltRL kann ein Mitgliedstaat dem Übertragungs- und Verteilnetzbetreiber zur
Auflage machen, dass er bei der Inanspruchnahme von Erzeugungsanlagen solchen
den Vorrang gibt, in denen Erneuerbare Energien oder Abfälle eingesetzt werden.[31] Flankierend zum Vorrangprinzip gestattet es die EltRL den Mitgliedstaaten
in Art. 3 Abs. 2 EltRL, Elektrizitätsversorgungsunternehmen sog. gemeinwirt-
schaftliche Verpflichtungen im allgemeinen Interesse aufzuerlegen, die sich auch
und insbesondere auf den Klima- und Umweltschutz beziehen dürfen.

Art. 11 Abs. 4 EltRL sieht vor, dass der nationale Gesetzgeber das Vorrang- 24
prinzip bei der Primär-Energiebedarfsdeckung in Höhe einer Quote von
15 Prozent auf einheimische Energieträger als Brennstoffe zu erstrecken berechtigt
ist. Offen bleibt, ob mit „einheimischen Primärenergieträger[n]" **auch Erneuerbaren Energien** gemeint sind. So könnte die Richtlinie nur Energiequellen wie
Erdgas und Kohle meinen.[32] Unter Rückgriff auf die Entstehungsgeschichte ergibt
sich aber, dass die Richtlinie mit „einheimischen" Energiequellen auch Erneuerbare Energien meint. Dies ergibt sich aus den Dokumenten, die diesem Rechtsakt
– wie auch der inzwischen überholten EltRL 1996 – vorausgingen. So betonte die
Kommission in ihrem Weißbuch „Energie für die Zukunft: Erneuerbare Ener-

---

[28] Vgl. näher unten Rn. 31 ff. sowie die Kommentierung zu § 4 Rn. 87 ff.
[29] Hierzu ausführlich *Oschmann,* Strom aus erneuerbaren Energien im Europarecht,
S. 97 ff.; *ders.,* ET 2000, 446 ff.
[30] Richtlinie 96/92/EG des Europäischen Parlaments und des Rates vom 19. 12. 1996
betreffend gemeinsame Vorschriften für den Elektrizitätsbinnenmarkt, ABl. EU Nr. L 27 v.
30. 1. 1997, S. 20 ff. – nicht mehr rechtskräftig: ersetzt durch EltRL (2003/54/EG), siehe
dazu § 1 Rn. 84.
[31] Vgl. zu den wortgleichen Art. 8 Abs. 3 und Art. 11 Abs. 3 EltRL 1996 *Schneider,* in:
Schneider/Theobald, HBEnWR, § 18 Rn. 84 ff.; *Bartsch/Pohlmann,* in: Bartsch u. a., Stromwirtschaft, Kap. 40 Rn. 11 ff.
[32] Zweifelnd zum wortgleichen Art. 8 Abs. 4 EltRL 1996: *Salje,* EEG, § 2 Rn. 14; *Bartsch/
Pohlmann,* in: Bartsch u. a., Stromwirtschaft, Kap. 40 Rn. 12 a. E.

gien": „Erneuerbare Energiequellen sind heimische Energiequellen, die dazu beitragen können, die Abhängigkeit von Energieeinfuhren zu verringern und somit die Versorgungssicherheit zu verbessern ..."[33]

25 Für das Verhältnis zwischen dem Vorrangprinzip aus der EE-RL und den Vorrangregelungen der EltRL ergibt sich Folgendes: Während die EltRL in ihren Art. 11 Abs. 3 und 14 Abs. 4 EltRL den Vorrang der Erneuerbaren Energien beim Netzzugang lediglich **„passiv"** – und zwar im Sinne einer Duldungspflicht der Netzbetreiber – erlauben, geht die EE-RL unter Hervorhebung der Notwendigkeit, „Erneuerbare Energien prioritär zu fördern", von einer **aktiven** Unterstützung des Vorrangprinzips aus. So wird – wie bereits erörtert – nach deren Art. 3 Abs. 1 EE-RL den Mitgliedstaaten die Pflicht auferlegt, den Verbrauch von Strom aus Erneuerbaren Energien im Rahmen selbst gesetzter Ziele zu steigern. Eine Steigerung der Marktanteile der Erneuerbarer Energien ist aber ohne eine aktive Unterstützung des Vorrangprinzips gar nicht möglich. Zentrale Bedeutung in diesem Zusammenhang hat der bereits erwähnte Art. 7 Abs. 1 Satz 3 EE-RL. Er normiert in seinem Absatz 1 die Verpflichtung der Mitgliedstaaten, im Normalfall den einfachen und im Konfliktfall den (durch Zuverlässigkeit und Sicherheit des Netzes bedingten) absolut vorrangigen Zugang bzw. die vorrangige Übertragung und Verteilung von Strom aus Erneuerbaren Energien zu den Übertragungs- und Verteilungsnetzen sicherzustellen.[34]

II. Rechtsnatur des § 2 – Absoluter Vorrang (Schutz vor Wettbewerb)

26 § 2 bringt als **Sondergesetz** für den Strom aus Erneuerbaren Energien eine deutliche Verbesserung im Strommarkt. Der Vorrang der Anlagen zur Verstromung Erneuerbarer Energien beim Netzanschluss – so, wie er in Abs. 1 Nr. 1 geregelt wird – steht in engem Zusammenhang mit der in Abs. 1 Nr. 2 normierten vorrangigen Abnahme, Übertragung, Verteilung und Vergütung. Der Anschluss ist den weiteren Vorgängen denknotwendig vorgelagert.

27 Das in § 2 geregelte Vorrangprinzip ist ein **absolutes Vorrangprinzip** (im Zusammenhang mit der Vorgängerregelung des § 3 Abs. 1 EEG 2000 sprach *Britz* insoweit zutreffend von einem *„echten* Vorrang von Strom aus Erneuerbaren Energien".[35] **Absolut** ist der Vorrang des § 2 deswegen, weil danach die Einspeisung des Stroms aus Erneuerbaren Energien grundsätzlich ohne Ausnahmen und ohne die Möglichkeit einer Interessenabwägung im Einzelfall mit anderen energiewirtschaftlichen Zielen zu einer vollständigen Verdrängung des konventionellen Stroms führt.

28 Durch das Recht zum vorrangigen Anschluss der Anlagen sowie der vorrangigen Abnahme, Übertragung, Verteilung und Vergütung des Stroms werden die Erneuerbaren Energien **vor** dem **Wettbewerb mit** den **konventionellen Energieträgern** geschützt.[36] § 2 ordnet damit an, dass Übertragungs- und Verteilernetzbetreiber Anbieter von konventionellem Strom ggf. vom Netz zu nehmen haben, um dem Anbieter von Strom aus Erneuerbaren Energien die Möglichkeit der vorrangigen Abnahme, Übertragung und Verteilung zu schaffen. Dies war bereits im EEG 2000 geregelt. Nach der Gesetzesbegründung zum EEG 2000 hatte das Vorrangprinzip die Folge, „dass die Abnahme und Vergütung nicht unter

---

[33] Vgl. KOM (97) 599, S. 5.
[34] Vgl. hierzu auch *Möstl*, RdE 2003, 90 ff., 92; *Oschmann*, Strom aus erneuerbaren Energien und Europarecht, S. 97 ff.
[35] Vgl. *Britz*, in: Ludwig u. a., Recht der Elektrizitäts-, Gas- und Wasserversorgung, EEG, Rn. 56; Hervorhebung des Verf.
[36] Vgl. auch *Möstl*, RdE 2003, 90 ff., 92, 95.

Anwendungsbereich

Berufung auf eine anderweitige Auslastung des Netzes durch konventionell erzeugten Strom verweigert werden kann."[37] Der Netzbetreiber hat daher aufgrund des Vorrangprinzips die Pflicht und das Recht, die Einspeisung aus konventionellen Kraftwerken zu reduzieren.[38] Dies bedeutet unter Umständen eine vollständige (temporäre) Verdrängung von konventionellen Kraftwerken vom Netz. Der Netzbetreiber kann nicht einwenden, dass das Netz ausgelastet ist. Dies gilt auch, wenn eine KWK-Anlage nicht im möglichen Umfang Strom einspeisen kann.[39] Ist ein Produzent von Strom aus Erneuerbaren Energien in der Lage, Spannungshaltung und Nachfrage in einem Netz zu decken, so läuft das Vorrangprinzip darauf hinaus, dass in jenem Netz nur noch „grüner" Strom fließt.[40] Dieser – derzeit seltene – Fall dürfte vor allem in sog. Schwachlastzeiten eintreten, wenn etwa nachts oder an Sommerwochenenden die Nachfrage nach Strom und Netzspannung sehr schwach ist.[41]

Wie der Netzbetreiber seiner Pflicht zur vorrangigen Abnahme des Stroms aus einer Anlage zur Verstromung Erneuerbarer Energien nachkommt, ist im Gesetz nicht geregelt. In der Praxis ist denkbar, dass der Netzbetreiber sich einer prioritätengesteuerten Abschaltautomatik bedient.[42] Welche Kraftwerke zurückgefahren werden müssen, regelt das Gesetz nicht.[43] Jedenfalls hat das **Zurückfahren in nicht diskriminierender Weise** zu erfolgen.[44] 29

Das Vorrangprinzip stellt mit diesem Inhalt ein unentbehrliches **Instrument zur Auslegung und Anwendung** des EEG 2004 dar.[45] Rechtsdogmatisch handelt es sich um ein **zivilrechtliches Instrument,** und zwar um die Antwort des Energieumweltrechs auf den bestehenden Wettbewerbsnachteil Erneuerbarer Energien. Es hat auch Auswirkung auf die Kardinalzieltrias der „sicheren, preisgünstigen, effizienten und umweltverträglichen leistungsgebundenen Versorgung der Allgemeinheit mit Elektrizität und Gas" (§ 1 EnWG); es verschiebt die Gewichtung dieser Ziele zugunsten der Umweltverträglichkeit.[46] 30

III. Abgrenzung zu anderen Regelungen

1. Diskriminierungsfreier Stromhandel in Art. 6 StromhandelVO

Art. 6 StromhandelVO verpflichtet die Netzbetreiber, Transaktionen „nur in Notfällen" einzuschränken (Abs. 2 Satz 1) und den Marktteilnehmern „die maximale Kapazität der Verbindungsleitungen und/oder der die grenzüberschreitenden Stromflüsse betreffenden Übertragungsnetze zur Verfügung zu stellen" (Abs. 3). Auf den ersten Blick könnte die Vorschrift zu der Annahme verleiten, der Stromhandel habe infolge der Regelung des Art. 6 StromhandelVO Vorrang vor dem Recht zur vorrangigen Einspeisung von Strom aus Erneuerbaren Energien. Diese 31

---

[37] Vgl. BT-Drs. 14/2776, Kommentierung zu § 3 Abs. 1, S. 22.
[38] Vgl. zu § 3 EEG 2000 auch *Britz*, in: Ludwig/Odenthal, Recht der Elektrizitäts-, Gas- und Wasserversorgung, EEG, Rn. 56; *Niedersberg*, NVwZ 2001, 21 ff., 22; *Salje*, EEG, § 2 Rn. 41; *Salje*, RdE 2000, 125 ff., 127 f.; *Schneider*, in: Schneider/Theobald, HBEnWR, § 18 Rn. 85 a. E.
[39] Vgl. Begründung des Gesetzgebers, BT-Drs. 15/2864, S. 32.
[40] Vgl. zu Einschränkungen oben Rn. 38.
[41] *Brandt/Reshöft/Steiner*, EEG, § 3 Rn. 22; *Bartsch/Pohlmann,* in: Bartsch u. a., Stromwirtschaft, Kap. 40 Rn. 13; vgl. auch *Mengers*, ZNER 2001, 45 f., 46.
[42] Vgl. LG Frankfurt (Oder), Urt. v. 30. 4. 2004 – 31 O 58/03 (noch nicht rechtskräftig).
[43] Anderes gilt für das Verhältnis von regenerativen Erzeugungsanlagen, vgl. § 4 Rn. 87 ff., 94 ff.
[44] Vgl. *Mengers,* ZNER 2001, 45 f., 46.
[45] Vgl. für das EEG 2000 bereits *Möstl*, RdE 2003, 90 ff., 91, 95.
[46] Vgl. unten, Rn. 36 ff.; a. A. *Weißenborn,* in: Böhmer, Erneuerbare Energien, S. 71 ff., 90.

§ 2   32   Erneuerbare-Energien-Gesetz

Regelungen dient jedoch nur dazu, gleiche Wettbewerbsbedingungen für den Stromhandel auf vertraglicher Basis sicherzustellen und Diskriminierungen zu unterbinden (es darf kein Unterschied „zwischen den Verträgen einzelner Marktteilnehmer" gemacht werden (Abs. 1 Satz 2)). Das **Vorrangrecht** für Strom aus Erneuerbaren Energien ist jedoch ein auf Art. 4 EE-RL zurückgehender *gesetzlicher* Vorrang vor konventionellem Strom, der von **Art. 6 StromhandelVO** nicht eingeschränkt wird. Das Diskriminierungsverbot des Art. 6 StromhandelVO gilt damit nur im Verhältnis zu konventionell erzeugtem Strom.[47]

2. Relativer (Durchleitungs-)Vorrang in §§ 2 Abs. 2, 13 Abs. 1 EnWG

32   Absatz 1 Nr. 1 unterscheidet sich in qualitativer Hinsicht von den Regelungen des EnWG. Das EnWG – als allgemeines Gesetz für das deutsche Energiewirtschaftsrecht – geht zwar an keiner Stelle ausdrücklich von einem Vorrang für Erneuerbare Energien aus. Allerdings enthält es in seinem § 1 die Zieltrias der Sicherheit, Preisgünstigkeit und Umweltverträglichkeit.[48] Dem Ziel der Umweltverträglichkeit wird im neuen EnWG 2005 unter anderem durch die §§ 2 Abs. 2 und 13 Abs. 1 Satz 2 Rechnung getragen. Nach § 13 EnWG haben Netzbetreiber etwa beim Engpassmanagement die Verpflichtungen nach § 4 Abs. 1 EEG zu berücksichtigen. Zudem stellt § 2 Abs. 2 EnWG klar, dass die Verpflichtungen nach EEG und KWKG vorbehaltlich des § 13 EnWG unberührt bleiben. Aus diesem Zusammenspiel der §§ 1 Satz 1 (Umweltverträglichkeit), 2 Abs. 2 und 13 Abs. 1 EnWG ergibt sich damit, dass der Nutzung von Erneuerbaren Energien im EnWG weiter eine besondere Bedeutung beigemessen wird und ihnen bei einer Abwägung zwischen den drei Zielen eine herausgehobene Stellung zukommt.[49] § 13 Abs. 1 EnWG schränkt das Vorrangprinzip des EEG insoweit ein, als dass eine Gefährdung der Versorgungssicherheit grundsätzlich durch netzbezogene Maßnahmen abgestellt werden darf. Da dort zugleich aber auch die EEG-Pflicht zur vorrangigen Abnahme von EEG-Strom gegenüber KWK-Strom und sonstigem Strom sowie die Vorrangregelung aus § 4 KWKG gegenüber sonstigem Strom ausdrücklich angesprochen werden, bestätigt sich hier die bereits aus § 6 Abs. 3 EnWG 1998 bekannte Hierarchie der Einspeisung in Versorgungsnetze: Weiter ist zunächst EEG-Strom, dann KWK-Strom und erst zuletzt sonstiger Strom aufzunehmen. Dabei gilt die Regelung in § 13 Abs. 1 S. 1 und 2 EnWG nach § 14 Abs. 1 EnWG auch für Betreiber von Verteilnetzen. Bereits das EnWG 1998 enthielt in § 6 Abs. 3 eine Regelung, die deutlich machte, welche Folgen der besondere Stellenwert der Erneuerbaren Energie im Rahmen der Abwägung zwischen den Zielen des § 1 EnWG bei der Frage des Netzzugangs hat. Aus **§ 6 Abs. 3 EnWG 1998** ergab sich, dass Netzbetreiber dem (billigeren) konventionellen Strom die Durchleitung verweigern konnten, sofern andernfalls Elektrizität aus Anlagen zur Nutzung Erneuerbarer Energien verdrängt und ein wirtschaftlicher Betrieb dieser Anlagen verhindert würde.[50] Somit wurde letztlich auch hier ein Vorrang zugunsten der Elektrizität aus Erneuerbaren Energien angeordnet. Dieser setzte allerdings eine **Interessenabwägung** voraus. Daher sprach man insoweit von einem **relativen Vorrang:** Die Aspekte des § 6 Abs. 3 EnWG 1998 waren bei der

---

[47] Vgl. *Müller*, RdE 2004, 237, 239; *Oschmann*, NVwZ 2004, 911, 912, Fn. 25. Dies übersieht *Salje*, EEG, § 2 Rn. 35 ff., der jedoch auf anderem Wege zum gleichen Ergebnis gelangt (Rn. 39).
[48] Hierzu auch *Nill-Theobald*, in: Nill-Theobald/Weißenborn, Energie im Dialog, Bd. 1, 2004, S. 3–4, 4–5 f.; zum EnWG 2005 *Büdenbender*, DVBl. 2005, 1161, 1171.
[49] *Theobald/Theobald*, Grundzüge des Energiewirtschaftsrechts, S. 324; *Möstl*, RdE 2003, 90 ff., 92; *Horstmann*, Netzzugang in der Energiewirtschaft, S. 103 f.
[50] Zu den Tatbestandsvoraussetzungen des § 6 Abs. 3 EnWG 1998 im Einzelnen *Büdenbender*, DVBl. 2002, 800, 807 f.; *Harms*, RdE 1999, 165, 169 ff.

Anwendungsbereich   33–35 § 2

Abwägung aller Argumente für und gegen die Durchleitung zu beachten, konnten aber nicht allein die Zurückweisung des Netzzugangs für konventionell erzeugten Strom begründen.[51] Folge war, dass die anderen Ziele des § 1 EnWG das Ziel der Umweltverträglichkeit – so, wie dieses im Schutz der Erneuerbaren Energien zum Ausdruck kommt – im Einzelfall verdrängen konnten.[52] § 6 Abs. 3 EnWG 1998 wollte die Erneuerbaren Energien nicht generell vor Wettbewerb schützen.[53] Denn eine bloße Reduzierung der Stromerzeugung in regenerativen Anlagen aufgrund von Netzengpässen reichten zur Anwendung des Durchleitungsverweigerungsrechts nicht aus.[54] Erforderlich war vielmehr, dass ein **wirtschaftlicher Betrieb der Anlagen verhindert** wird. Hieran wird aber zugleich deutlich, dass § 6 Abs. 3 EnWG 1998 – im Gegensatz zum EEG 2004 – die Errichtung der Anlagen zur Nutzung Erneuerbarer Energie nicht attraktiver machen und stimulieren sollte, sondern lediglich einen Mindest-Bestandsschutz garantieren wollte.[55]

3. Relativer (Durchleitungs-)Vorrang in § 20 EnWG

In Situationen, in denen die **Netzkapazität** zur Erfüllung aller **Netznut- 33 zungsbegehren** nicht ausreicht und daher eine Auswahlentscheidung darüber getroffen werden muss, wessen Netzzugangswunsch entsprochen wird,[56] ist ebenfalls von einem **relativen Vorrang** dieser Energieträger die Rede. Allerdings bezieht sich die Privilegierung der Erneuerbaren Energien auf den Eintritt in den Wettbewerb. Denn mit dieser Frage wird deutlich gemacht, wer die Chance erhält, in den Wettbewerb einzutreten.[57] § 6 Abs. 1 Satz 2 EnWG 1998 regelte unter anderem den Fall des Kapazitätsengpasses. Auch für diesen Fall wurde ein Vorrang der Erneuerbaren Energien postuliert, denn die Entscheidung, wessen Durchleitungsanspruch bei einem Kapazitätsengpass erfüllt wird, musste die in § 1 EnWG genannten Ziele berücksichtigen.

Dieser Gedanke lässt sich auf die neuen Netzzugangsregelungen im neuen 34 EnWG 2005 (dort § 20) übertragen. Dabei ergibt sich das besondere Gewicht der Erneuerbaren Energien wiederum aus § 2 Abs. 2 EnWG.[58]

4. Verhältnis zwischen dem absoluten Vorrang des § 2 und dem relativen Vorrang aus anderen Regelungen

Fragt man nach der Bedeutung des relativen Vorrangs aus dem EnWG ne- 35 ben dem weiterreichenden Schutz des § 2, so muss man sich vergegenwärtigen, dass das EEG **nur eine Modalität** der Vermarktung von Strom aus Erneuerbaren Energien unter anderen darstellt. Betreiber von Anlagen zur Verstromung Erneuerbarer Energien müssen ihren Strom nicht nach dem EEG vergüten lassen. Vielmehr können sie individuelle Verträge mit Stromhändlern und Netzbetreibern

---

[51] *Büdenbender*, DVBl. 2002, 800, 808.
[52] So auch *Horstmann*, Netzzugang in der Energiewirtschaft, S. 108.
[53] *Horstmann*, Netzzugang in der Energiewirtschaft, S. 107 f. m. w. N.
[54] *Büdenbender*, DVBl. 2002, 800, 807 f.; *Harms*, RdE 1999, 165, 172.
[55] *Möstl*, RdE 2003, 90 ff., 96; zu den hohen Voraussetzungen des § 6 Abs. 3 EnWG 1998 auch BVerfG, RdE 2000, 194 ff. Zu § 6 EnWG 1998 als relativer Vorrangregelung vgl. *Möstl*, RdE 2003, 90 ff., 92, 96; *Büdenbender*, in: Hendler u. a., Energierecht zwischen Umweltschutz und Wettbewerb, S. 121 ff., 137 ff.; *ders.*, DVBl. 2002, 800 ff., 808; *Harms*, RdE 1999, 165 ff., 167 f.; *Horstmann*, Netzzugang in der Energiewirtschaft, S. 107 ff.; *Lippert*, Energiewirtschaftsrecht, S. 529, 532 ff.
[55] Allgemein zur Problematik der Netzkapazitätsengpässe *Cronenberg*, RdE 1998, 85 ff., 89; *Theobald/Theobald*, Grundzüge des Energiewirtschaftsrechts, S. 201 f.; *Lippert*, Energiewirtschaftsrecht, S. 526 ff.
[56] Ebenda.
[57] *Möstl*, RdE 2003, 90 ff., 97.
[58] Vgl. dazu auch *Büdenbender*, DVBl. 2005, 1161 ff.

schließen.[59] Denn kein Anlagenbetreiber ist gezwungen, den Vergütungsmechanismus des EEG in Anspruch zu nehmen.[60] Die Verpflichtung des Netzbetreibers zu Anschluss, Abnahme und Vergütung ist vielmehr eine einseitige.[61] Anders, als unter Geltung des EEG 2000 teilweise angenommen,[62] erstreckt sich der Vorrang des EEG aber auch auf Strom aus EEG-Anlagen im Sinne der Definitionen des § 3 Abs. 1 und 2 EEG 2004, der nicht nach dem EEG an den anschlusspflichtigen Netzbetreiber veräußert wird.[63]

IV. Verhältnis des Vorrangprinzips zu weiteren Zielen des Energierechts

36   Das Vorrangprinzip modifiziert die in § 1 EnWG angeordnete Gleichrangigkeit der Ziele der Umweltverträglichkeit, Energieversorgungssicherheit, Effizienz und Preisgünstigkeit zugunsten der **Umweltverträglichkeit**,[64] führt aber nicht zu einer Kollision mit diesen Zielen.

37   Beispielsweise führen die Vergütungssätze für Strom aus solarer Strahlungsenergie zwar zu einer – wenn auch geringfügigen – Verteuerungen des Stromendpreises. Dadurch wird das Ziel der **Preisgünstigkeit** aber nicht hinten angestellt.[65] Denn das Ziel der Preisgünstigkeit kann insbesondere in einer marktwirtschaftlich organisierten Energiewirtschaft nicht gleichgesetzt werden mit dem Ziel eines Stromangebots zu einem bestimmten, eventuell sogar unter den Produktionskosten liegenden Preis. Ziel kann nur ein möglichst niedriger Preis sein. Die durch ökologische Anforderungen entstehenden notwendigen Kosten definieren dabei ihrerseits diesen möglichst niedrigen Preis mit,[66] ebenso wie die Preisschwankungen bei konventioneller Energieversorgung oder für technische Sicherheitsvorkehrungen.

38   Auch an die Sicherstellung der **Energieversorgungssicherheit** werden zwar neue Anforderungen gestellt, wenn Kraftwerke zur Erzeugung von konventionellem Strom, welche die **Grundlast** sicherstellen, vom Netz genommen werden, obwohl die Mengen an vorrangig einzuspeisendem regenerativ erzeugten Strom nicht ständig verfügbar sind.[67] Falls jedoch die Sicherheit des Stromnetzes ernsthaft gefährdet wird, kann es zu einer **teleologischen Reduktion der Vorrangregel des Abs. 1 Nr. 1** und des § 4 kommen.[68] Der Gesetzgeber hat in der Begründung darauf hingewiesen, dass der Vorrang im Sinne einer praktischen Konkordanz allerdings dort seine Grenze finde, wo die Sicherheit und Funktionsfähigkeit des Netzes nicht mehr aufrecht erhalten werden könnten. Das gleiche gelte im Hinblick auf die Versorgungsfunktion für Netzbereiche, die unmittelbar der Versorgung von Letztverbrauchern dienen. Bloße Veränderungen der Versorgungs-

---

[59] *Britz*, in: Ludwig/Odenthal, Recht der Elektrizitäts-, Gas- und Wasserversorgung, EEG, Rn. 42.
[60] Zum wirtschaftlichen Sinn solcher Verträge vgl. *Schrader/Krzikalla/Müller-Kirchenbauer*, ZNER 2001, 89 ff., 91.
[61] Vgl. dazu *Altrock*, „Subventionierende" Preisregelungen, S. 24 ff.
[62] *Möstl*, RdE 2003, 90 ff., 96.
[63] Zur Konkurrenzsituation zwischen mehreren EEG-Anlagenbetreibern, die gleichzeitig Netzanschluss und Abnahme von Strom an einer bestimmten Netzstelle begehren, vgl. die Kommentierung zu § 4 Rn. 94 ff.
[64] Vgl. *Salje*, EEG, § 2, Rn. 26 u. 35; bereits für das EEG 2000 auch *Bartsch/Pohlmann*, in: Bartsch u. a., Stromwirtschaft, Kap. 40 Rn. 15. Vgl. auch oben Rn. 30.
[65] Vgl. *Bartsch/Pohlmann*, in: Bartsch u. a., Stromwirtschaft, Kap. 40 Rn. 15.
[66] *Büdenbender*, DVBl. 2002, 800, 800.
[67] *Bartsch/Pohlmann*, in: Bartsch u. a., Stromwirtschaft, Kap. 40 Rn. 16.
[68] Vgl. hierzu *Schneider*, in: Schneider/Theobald, HBEnWR, § 18 Rn. 87.

Anwendungsbereich 39–42 § 2

qualität in den Grenzen der allgemein anerkannten Regeln der Technik rechtfertigen dagegen keine Einschränkung des Vorrangs Erneuerbarer Energien.[69]

Dies bedeutet nicht, dass die Vorrangregelung des Abs. 1 Nr. 1 – wie teilweise 39 in der Literatur angenommen[70] – keine **absolute Geltung** beanspruchen darf. Denn es geht hier nicht darum, dass das Vorrangprinzip hinter die Versorgungssicherheit zurücktreten würde. Vielmehr handelt es sich um eine begrenzte und vorübergehende Nichtanwendung der Vorrangregelung bei Gefährdung der technischen Sicherheit und der Energieverfügbarkeit. Eine solche Auslegung wird auch von Art. 7 Abs. 1 EE-RL unterstützt, der Ausnahmen von der Anwendung des Vorrangprinzips zulässt, wenn die „Sicherheit des Netzes" nachteilig betroffen ist.[71]

Der seltene Konflikt von vorrangiger Abnahmepflicht aufgrund des Vorrang- 40 prinzips und dem Grundsatz der Versorgungssicherheit lässt sich auch als Fall einer **Unmöglichkeit** begreifen: Dem Netzbetreiber wird die Abnahme von EEG-Strom im Fall einer akuten Gefährdung der Netzstabilität nachträglich unmöglich: Ein zusammengebrochenes Netz kann nicht zur Abnahme von Strom dienen. Dann kann der Anlagenbetreiber aber nicht zu einem Verhalten berechtigt sein, das unmittelbar in einen Netzzusammenbruch führen würde. Der Netzbetreiber wird in einer solchen Ausnahmesituation vielmehr trotz grundsätzlich uneingeschränkter Geltung des Vorrangprinzips in engen Grenzen von seiner vorrangigen Abnahmepflicht befreit.[72]

Umgekehrt gilt für die Behandlung von bestehenden vertraglichen Verpflich- 41 tungen, insbesondere für **bestehende Netzkapazitätsreservierungen** aufgrund von Stromlieferverträgen zwischen Energieversorgern und etwa von Betreibern von konventionellen Kraftwerken oder anderen Anbietern von Strom: Soweit ein Netzbetreiber sich zur Zurverfügungstellung von Netzkapazität für die Lieferung von Strom aus einem solchen Kraftwerk vertraglich verpflichtet hat, wird es ihm durch die Anwendung des Vorrangsprinzips zugunsten von EEG-Strom im Einzelfall unmöglich, den konventionellen Strom vollständig abzunehmen. In einem solchen Fall ist der Anwendungsbereich des allgemeinen Schuldrechts eröffnet: Gemäß § 275 Abs. 1 BGB[73] führt die **nachträgliche Unmöglichkeit** zum Entfallen der Leistungspflicht des Netzbetreibers (Einwendung). Der konventionelle Strom muss dann nicht abgenommen werden. Da die Unmöglichkeit auf eine gesetzliche Anordnung zurückzuführen ist und somit nicht in den Einflussbereich des Netzbetreibers fällt, ist sie vom Netzbetreiber nicht zu vertreten. Das hat zur Folge, dass zum einen die Gegenleistungspflicht des Produzenten von konventionellem Strom gemäß § 326 Abs. 1 Satz 1 BGB entfällt und zum anderen sich der Netzbetreiber nicht gemäß § 283 BGB schadensersatzpflichtig macht. Das Vorrangprinzip ist so auch zivilrechtlich abgesichert.[74]

Im Ergebnis kollidiert das Vorrangprinzip folglich nicht mit den Zielen der 42 Energieversorgung nach § 1 EnWG.[75]

---

[69] Vgl. Begründung, BT-Drs. 15/2864, S. 28.
[70] So zum EEG 2000 *Weißenborn*, in: Böhmer, Erneuerbare Energien, S. 71 ff., 90.
[71] Vgl. pointiert *Bartsch/Pohlmann*, in: Bartsch u. a., Stromwirtschaft, Kap. 40 Rn. 16. Weitergehend LG Krefeld, RdE 2002, 109, 109; vgl. *Gent/Maring*, ZNER 2003, 289 ff., 291.
[72] Vgl. *Gent/Maring*, ZNER 2003, 289 ff., 291.
[73] Bürgerliches Gesetzbuch v. 18. 8. 1896, RGBl. S. 195, neu gefasst am 2. 1. 2002, BGBl. I S. 42, 2909, BGBl. 2003 S. 738, zuletzt geändert am 7. 7. 2005, BGBl. I S. 1970.
[74] *Schneider*, in: Schneider/Theobald, HBEnWR, § 18 Rn. 86; *Salje*, EEG, § 2 Rn. 41 a. E.; vgl. *Weißenborn*, in: Böhmer, Erneuerbare Energien, S. 71 ff., 90; zu weitgehend und daher bedenklich *Mengers*, ZNER 2001, 45 f., 46, der davon ausgeht, dass der (konventionelle) Kraftwerksbetreiber seinen vertraglichen Vergütungsanspruch behält.
[75] Vgl. *Reshöft/Steiner/Dreher*, EEG, § 2 Rn. 8.

E. Bundesweite Ausgleichsregelung (Abs. 1 Nr. 3)

43 Absatz 1 Nr. 3 EEG 2004 verweist auf den in den §§ 4 Abs. 6, 5 Abs. 2 und 14 geregelten **bundesweiten** physikalischen und finanziellen **Ausgleich**. Dabei wird nur der Strom erfasst, der sowohl nach §§ 4 und 12 abgenommen, als auch nach den §§ 5 bis 12 vergütet wird. Eine Ausweitung des Ausgleichsmechanismus auf sonstigen Strom aus Erneuerbaren Energien, etwa aus Wasserkraftwerken mit einer Leistung von mehr als 150 MW installierter elektrischer Leistung, erfolgt durch die Nr. 3 nicht.[76]

F. Ausschlusstatbestand (Abs. 2)

44 Gemäß Abs. 2 Nr. 2 werden Anlagen, die zu über **25 Prozent** der **Bundesrepublik** Deutschland oder einem Land „gehören", ausgeschlossen.

45 Die Ausnahme des **§ 1 Satz 2 Nr. 2 StrEG**, wonach Anlagen zur Verstromung Erneuerbarer Energien, an denen öffentliche Elektrizitätsversorgungsunternehmen zu mindestens 25 Prozent beteiligt sind, aus dem Anwendungsbereich des Gesetzes ausfallen, wurde bereits im EEG 2000 gestrichen. Dies wurde damit begründet, dass das Unbundling zwischen Produzenten, überörtlichen Netzbetreibern und Verteilern, zu dem das neue Energierecht auffordert,[77] rechtlich Produzenten von Strom aus Erneuerbaren Energien gleichstellt. Damit würden alle Stromerzeuger motiviert, in Erneuerbare Energien zu investieren.[78]

46 Für **Kommunen** (Städte und Gemeinde, Landkreise) gilt die Einschränkung des Abs. 2 Nr. 2 nicht, so dass ihre Stromerzeugung aus Erneuerbaren Energien ebenfalls erfasst wird. Allerdings muss der Betrieb von Wirtschaftunternehmen mit dem Ziel der Stromerzeugung aus Erneuerbaren Energien im kommunalen Wirtschaftsverfassungsrecht der jeweiligen Kommune nach der Gemeindeordnung enthalten sein.[79]

47 Problematisch kann zuweilen sein, was bei Abs. 2 Nr. 2 unter dem Begriff des „**Gehörens**" zu verstehen ist.

48 Einerseits könnte man hier auf eine wirtschaftliche Betrachtungsweise abstellen, nach welcher sich die Zurechenbarkeit zum Bund oder zu einem Land aus dem Tragen der **wirtschaftlichen Letztverantwortung** für den Betrieb der Anlage ergibt. Dies wiederum bedeutet das Tragen des wirtschaftlichen Risikos für den Anlagenbetrieb und kann aus einem Bündel unterschiedlicher Indizien (etwa Grad der Einflussnahme der jeweiligen öffentlich-rechtlichen Körperschaft auf den Betreiber einer Anlage, Beteiligung des Bundes oder eines Landes an einem Unternehmen, Abgabe von Garantien, Bürgschaften oder sonstigen Förderinstrumenten durch den Bund bzw. durch ein Land) abgeleitet werden.

49 Andererseits kann man bei der Auslegung des Begriffs des „Gehörens" auf die zivilrechtliche Eigentumszuordnung abstellen. Hiernach wäre allein maßgeblich, inwieweit der Bund oder ein Land **zivilrechtliches Eigentum** an einer Anlage zur Erzeugung von Strom aus Erneuerbaren Energien haben. Folge dieses engen

---

[76] Gesetzesbegründung, BT-Drs. 15/2864, S. 48.
[77] Art. 10 und 15 EltRL schreiben die Entflechtung von vertikal integrierten Übertragungs- und Verteilernetzbetreibern vor.
[78] Vgl. BT-Drs. 14/2776, S. 35.
[79] Allgemein zu den Grenzen der wirtschaftlichen Betätigung von Gemeinden aus den Gemeindeordnungen *Lippert,* Energiewirtschaftsrecht, S. 601.

Verständnisses wäre im Einzelfall die Notwendigkeit der Aufschlüsselung der Eigentumsverhältnisse an einer Anlage. Ist die direkte Anteilseignerschaft des Bundes oder eines Landes an der Anlage höher als 25 Prozent, so ist eine Vergütung nach dem EEG ausgeschlossen.

Gegen eine extensive Auslegung des Begriffes **„Gehören"** im Sinne einer Abstellung auf die Letztverantwortung des Bundes oder eine Landes für die Bewirtschaftung einer Anlage spricht aber der allgemeine Rechtsgedanke, dass Ausnahmevorschriften im Zweifel gerade eng auszulegen sind.[80] Dabei muss insbesondere dem allgemeinen Wortverständnis Rechnung getragen werden. Im allgemeinen Sprachgebrauch wird mit dem Wort „Gehören" auf die **eigentumsrechtliche Zuordnung** hingewiesen. Eine Deutung, dass eine Anlage auch dann einem Rechtssubjekt „gehöre", wenn dieses zwar nicht Eigentümer ist, es jedoch das wirtschaftliche Risiko des Betriebs der Anlage trägt oder Beteiligungen am Rechtssubjekt hält, überdehnt den Wortlaut des Abs. 2 Nr. 2. Eine Auslegung, die darauf hinausläuft, dass eine Anlage – obwohl zivilrechtlich im Eigentum eines bestimmten Unternehmens stehend – gleichwohl dem Bund oder einem Land „gehöre", weil dieses Unternehmen als Eigentümer der Anlage (ganz oder teilweise) im Eigentum des Bundes oder eines Landes steht oder weil das wirtschaftliche Risiko für dieses Unternehmen durch den Bund oder ein Bundesland getragen wird, liegt außerhalb des allgemeinen Sprachgebrauchs.

Der Begriff des „Gehörens" in Abs. 2 Nr. 2 meint folglich lediglich die zivilrechtliche Eigentumszuordnung, **nicht** dagegen die verschiedenen, vielfältig erdenklichen Weisen der **öffentlichen Beteiligung** des Bundes oder eines Landes am Betrieb einer Anlage zur Erzeugung von Strom aus Erneuerbaren Energien.[81]

§ 3 Abs. 4 behandelt die Inbetriebnahme nach einer **wesentlichen Erneuerung** wie die erstmalige Inbetriebnahme. Wurde eine Altanlage mit entsprechender Bundes- oder Landesbeteiligung nach Inkrafttreten der Novelle des EEG 2004 wesentlich erneuert im Sinne des § 3 Abs. 4, liegt damit eine neue Inbetriebnahme mit der Folge vor, dass die jeweilige Anlage in den Anwendungsbereich des Gesetzes fällt. Von Abs. 2 werden damit nur solche Anlagen mit einer Bundes- oder Landesbeteiligung über 25 Prozent ausgeschlossen, die (noch) nicht wesentlich erneuert wurden.[82]

---

[80] Vgl. RGZ 153, 23; BGHZ 2, 237, 244; BGHZ 11, 135, 143; BGH, NJW 1989, 460.
[81] Zum EEG 2000: BGH (Urteile vom 16. 3. 2005 – VIII ZR 25/04 und VIII ZR 35/04) IR 2005, 104 m. Anm. *Schönrock.* A. A. *Weißenborn,* in: Böhmer, Erneuerbare Energien, S. 71 ff., 125.
[82] Vgl. *Reshöft,* ZNER 2004, 240, 243.

§ 3 Begriffsbestimmungen

(1) **Erneuerbare Energien sind Wasserkraft einschließlich der Wellen-, Gezeiten-, Salzgradienten- und Strömungsenergie, Windenergie, solare Strahlungsenergie, Geothermie, Energie aus Biomasse einschließlich Biogas, Deponiegas und Klärgas sowie aus dem biologisch abbaubaren Anteil von Abfällen aus Haushalten und Industrie.**

(2) [1]Anlage ist jede selbständige technische Einrichtung zur Erzeugung von Strom aus Erneuerbaren Energien oder aus Grubengas. [2]Mehrere Anlagen zur Erzeugung von Strom aus gleichartigen Erneuerbaren Energien oder aus Grubengas, die im Geltungsbereich des Gesetzes errichtet und mit gemeinsamen für den Betrieb technisch erforderlichen Einrichtungen oder baulichen Anlagen unmittelbar verbunden sind, gelten als eine Anlage, soweit sich nicht aus den §§ 6 bis 12 etwas anderes ergibt; nicht für den Betrieb technisch erforderlich sind insbesondere Wechselrichter, Wege, Netzanschlüsse, Mess-, Verwaltungs- und Überwachungseinrichtungen.

(3) Anlagenbetreiber ist, wer unbeschadet des Eigentums die Anlage zum Zweck der Erzeugung von Strom aus Erneuerbaren Energien oder aus Grubengas nutzt.

(4) Inbetriebnahme ist die erstmalige Inbetriebsetzung der Anlage nach Herstellung ihrer technischen Betriebsbereitschaft oder nach ihrer Erneuerung, sofern die Kosten der Erneuerung mindestens 50 Prozent der Kosten einer Neuherstellung der gesamten Anlage einschließlich sämtlicher technisch für den Betrieb erforderlicher Einrichtungen und baulicher Anlagen betragen.

(5) [1]Leistung einer Anlage ist die elektrische Wirkleistung, die die Anlage bei bestimmungsgemäßem Betrieb ungeachtet kurzfristiger geringfügiger Abweichungen ohne zeitliche Einschränkung technisch erbringen kann. [2]Bei der Feststellung der für die Vergütungshöhe maßgebenden Leistung bleibt die nur zur Reserve genutzte Leistung unberücksichtigt.

(6) Netz ist die Gesamtheit der miteinander verbundenen technischen Einrichtungen zur Übertragung und Verteilung von Elektrizität für die allgemeine Versorgung.

(7) [1]Netzbetreiber sind die Betreiber von Netzen aller Spannungsebenen für die allgemeine Versorgung mit Elektrizität. [2]Übertragungsnetzbetreiber sind die regelverantwortlichen Netzbetreiber von Hoch- und Höchstspannungsnetzen, die der überregionalen Übertragung von Elektrizität zu nachgeordneten Netzen dienen.

Übersicht

	Rn.
A. Überblick	1
B. Hintergrund	2
I. Normzweck	2
II. Entstehungsgeschichte der Norm	3
1. Vorläuferregelungen	4
2. Entstehung der Norm im Zuge der Novellierung 2004	6
C. Erneuerbare Energien (Abs. 1)	7
I. Wasserkraft	8
II. Windenergie	14
III. Solare Strahlungsenergie	16

Begriffsbestimmungen **§ 3**

	Rn.
IV. Geothermie	18
V. Biomasse	19
1. Begriff	19
2. Energie aus Biomasse	23
3. Biogas	25
4. Deponiegas und Klärgas	27
5. Biologisch abbaubarer Anteil von Abfällen	30
VI. Grubengas	32
VII. Gas aus Erneuerbaren Energien	34
VIII. Strom aus Speichermedien	35
D. Anlagenbegriff (Abs. 2)	36
I. Definition „Anlage" (Abs. 2 Satz 1)	37
II. Behandlung mehrerer Anlagen (Abs. 2 Satz 2)	39
E. Anlagenbetreiber (Abs. 3)	46
F. Inbetriebnahme und Erneuerung (Abs. 4)	50
I. Bedeutung des Begriffs	51
II. Technische Betriebsbereitschaft	53
III. Erstmalige Inbetriebsetzung	59
IV. Wesentliche Erneuerung	61
V. Ergebnis	67
G. Leistung (Abs. 5)	69
I. Leistungsbegriff	69
II. Reserveleistung	73
H. Netz (Abs. 6)	75
I. Netzbetreiber (Abs. 7)	87

Literatur: *Altrock,* „Subventionierende" Preisregelungen, 2002; *BINE-Informationsdienst,* Photovoltaik, bildung & energie, hrsg. v. Fachinformationszentrum Karlsruhe, Stand Oktober 1999; *BMU,* Erneuerbare Energien, 5. Aufl. 2004 (Broschüre); *Böwing,* Gesetz für den Vorrang erneuerbarer Energien (EEG), in: Säcker (Hrsg.), Berliner Kommentar zur Energierecht, 2004, S. 1416 ff.; *Brandt/Reshöft/Steiner,* Erneuerbare-Energien-Gesetz, Handkommentar, 2001, § 2; *Britz,* Kurzkommentierung zum Gesetz für den Vorrang Erneuerbarer Energien (Erneuerbare-Energien-Gesetz – EEG), in: Ludwig/Odenthal, Recht der Elektrizitäts-, Gas- und Wasserversorgung, Loseblattwerk (Stand: 62. EL, 2000); *Büdenbender/Heintschel von Heinegg/Rosin,* Energierecht I, Recht der Energieanlagen, 1999; *Büdenbender,* EnWG, Kommentar zum Energiewirtschaftsgesetz, 2003; *Büdenbender/Rosin,* KWK-AusbauG, Kommentar zum Gesetz für die Erhaltung, die Modernisierung und den Ausbau der Kraft-Wärme-Kopplung, 2003; *Danner/Theobald,* in: Danner/Theobald (Hrsg.), Energierecht, Kommentar, Loseblatt (Stand: 46. EL/Jan. 2004 sowie 36. EL/März 2000), I EnWG B 1, §§ 2, 10; *Herrmann,* Anwendungsprobleme des Stromeinspeisungsgesetzes, 1996; *Hirschl, u.a.,* Markt- und Kostenentwicklung erneuerbarer Energien, 2 Jahre EEG – Bilanz und Ausblick, 2002; *Kaltschmitt/Hartmann* (Hrsg.), Energie aus Biomasse, Grundlagen, Techniken und Verfahren, 2001; *Kleemann,* Windenergie, Wasserkraft, Gezeitenenergie und Erdwärme, in: Rebhan (Hrsg.), Energiehandbuch, 2002, S. 365 ff.; *Langbein/Weißenborn,* Netzanschluss und Netzausbau nach dem Erneuerbaren-Energien-Gesetz, ew 19–20/2004, 20 ff.; Lippert, Energiewirtschaftsrecht, 2002; *Müller,* Das novellierte Erneuerbaren-Energien-Gesetz, RdE 2004, 237 ff.; *Niedersberg,* Schwachstellenanalyse zum EEG für den Bereich Windenergienutzung, 2002; *Nitsch, u.a.* Klimaschutz durch Nutzung erneuerbarer Energien, hrsg. v. Umweltbundesamt, 2000; *Ortmaier/Ortinger,* Energie aus Biomasse, in: Rebhan (Hrsg.), Energiehandbuch, 2002, S. 401 ff.; *Oschmann,* Strom aus erneuerbaren Energien im Europarecht, 2002; *Oschmann/ Müller,* Neues Recht für Erneuerbare Energien – Grundzüge der EEG-Novelle, ZNER 2004, 24 ff.; *Pohlmann,* Anwendungsprobleme des Stromeinspeisungsgesetzes – Geltungsbereich, Anschluß- und Netzverstärkungskosten, RdE 1997, 93 ff.; *ders.,* Rechtsprobleme der Stromeinspeisung nach dem Stromeinspeisungsgesetz 1996, Quaschning, Systemtechnik einer klimaverträglichen Elektrizitätsversorgung in Deutschland für das 21. Jahrhundert, 2000; *Reshöft,* Zur Novellierung des EEG – was lange wird, wird endlich (gut), ZNER 2004, 240 ff.; *Reshöft/Steiner/Dreher,* Erneuerbare-Energien-Gesetz, Handkommentar, 2. Aufl., 2005; *Salje,* Erneuerbare-Energien-Gesetz, 3. Aufl. 2005; *ders.,* Kraft-Wärme-Kopplungsgesetz 2002, 2. Aufl. 2004; *ders.,* Der Kontrahierungszwang nach Stromeinspeisungs- und Erneuerbare-

Energien-Gesetz, LMK 2004, 23 f.; *Schneider,* Energieumweltrecht: Erneuerbare Energien, Kraft-Wärme-Kopplung, Energieeinsparung, in: Schneider/Theobald (Hrsg.), Handbuch zum Recht der Energiewirtschaft (HBEnWR), 2003, § 18, S. 998 ff.; *Topp,* Gesetz für die Erhaltung, Modernisierung und den Ausbau der Kraft-Wärme-Kopplung (Kraft-Wärme-Kopplungsgesetz), in: Säcker (Hrsg.), Berliner Kommentar zum Energierecht, 2004; *Weißenborn,* Die Entwicklung des Rechts der Stromeinspeisung, in: Schmidt-Schlaeger/Zinow (Hrsg.), Grundlagen des Energierechts, Festschrift für Manfred Rebentisch, 2004, S. 121 ff.; *Weißenborn,* Streitfragen zum Erneuerbaren-Energien-Gesetz, in: Böhmer (Hrsg), Erneuerbare Energien – Perspektiven für die Stromerzeugung, 2003, S. 71 ff.

Rechtsprechung: BGH, Urt. v. 10. 11. 2004 – VIII ZR 391/03, IR 2005, 13 f. Abstract m. Anm. *Altrock* (abrufbar unter www.bundesgerichtshof.de); BGH, Urt. v. 8. 10. 2003 – VIII ZR 165/01, NVwZ 2004, 251 ff. (= LMK 2004, 23 m. Anm. *Salje*); BGH, Urt. v. 10. 3. 2004 – VIII ZR 213/02, ZNER 2004, 182 ff. m. Anm. *Riedel* (= RdE 2004, 167 ff. m. Anm. *Reichert-Clauß*); OLG München, Urt. v. 23. 9. 2003 – 15 U 1772/03 (unveröffentlicht); OLG Naumburg, Urt. v. 9. 3. 2004 – 1 U 91/03, RdE 2004, 266 ff. (= IR 2004, 84 f. Abstract m. Anm. *Altrock*); OLG Nürnberg, Urt. v. 28. 5. 2002 – 3 U 4066/01, ZNER 2002, 225 ff; OLG Stuttgart, Urt. v. 26. 6. 2003 – 2 U 43/3, RdE 2004, 23 ff.; LG Braunschweig, Urt. v. 6. 2. 2003 – 4 O 417/02; LG Dortmund, Urt. v. 17. 4. 2002 – 6 O 53/02, RdE 2002, 293 ff.; LG Frankfurt (Oder), Urt. v. 20. 2. 2004 – 13 O 91/03, IR 2004, 110 Abstract m. Anm. *Altrock*; LG Krefeld, Urt. v. 19. 4. 2001 – 3 O 355/00, ZNER 2001, 186 ff.; LG München, Urt. v. 17. 12. 2002 – 26 O 7485/01, RdE 2003, 215 ff.; LG Regensburg, Urt. v. 30. 1. 2001 – 4 O 1618/01, ZNER 2001, 270 ff.

A. Überblick

1   § 3 enthält die Definitionen für verschiedene, häufig wiederkehrende Begriffe. Er bestimmt den Terminus **Erneuerbare Energien** näher (Abs. 1), klärt, was unter dem Begriff der **Anlage** im Sinne des EEG zu verstehen ist und wie mehrere verbundene Anlagen zu behandeln sind (Abs. 2), wer **Anlagenbetreiber** im Sinne des Gesetzes ist (Abs. 3), welcher Zeitpunkt der unter anderem für das Ende des zwanzigjährigen Vergütungszeitraum maßgebliche **Inbetriebnahmezeitpunkt** ist und wann eine Erneuerung als erneute Inbetriebnahme zu behandeln ist (Abs. 4), wie die **Leistung** einer Anlage zu ermitteln ist (Abs. 5), was zum **Netz** zählt (Abs. 6) und wer als **Netzbetreiber** anzusehen ist (Abs. 7).

B. Hintergrund

I. Normzweck

2   Die Norm verfolgt zwei wesentliche Ziele: Erstens dient sie der stärkeren **Systematisierung** des EEG und soll so im Interesse der Rechtsanwender die Übersichtlichkeit des Gesetzes verbessern. Zweitens bezweckt § 3 die **Klärung verschiedener,** bereits im EEG 2000 enthaltener **Begriffe,** die nur teilweise näher bestimmt waren und daher in der Praxis zu Auslegungsschwierigkeiten geführt hatten.[1]

II. Entstehungsgeschichte der Norm

3   Eine zentrale Norm mit Begriffsbestimmungen war weder im StrEG noch im EEG 2000 enthalten. Lediglich einzelne der nun in § 3 zentral definierten Termini waren im EEG 2000 über dessen § 2 verstreut näher bestimmt.

---

[1] Vgl. *Oschmann/Müller,* ZNER 2004, 24, 26; *Reshöft,* ZNER 2004, 240, 243.

Begriffsbestimmungen   4–9 § 3

1. Vorläuferregelungen

§ 2 Abs. 1 Satz 1 EEG 2000 enthielt, wie bereits **§ 1 Satz 1 StrEG** unter der 4
Überschrift „Anwendungsbereich", eine Aufzählung der erfassten Energieträger
(„Wasserkraft, Windkraft, solarer Strahlungsenergie, Geothermie, Deponiegas,
Klärgas, Grubengas oder aus Biomasse"), die weitgehend der Definition des Begriffs Erneuerbare Energien in § 3 Abs. 1 entspricht. Die gleiche Norm definierte
auch den Terminus Netzbetreiber, die § 3 Abs. 7 ohne inhaltliche Änderung weiter präzisiert. Auch der Terminus der Erneuerung (§ 3 Abs. 4) war bereits im EEG
2000 (dort § 2 Abs. 3 Satz 3) in etwas veränderter Form enthalten. Darüber hinaus
definierte § 2 Abs. 3 Satz 4 EEG 2000 den Begriff der Altanlage, die für das EEG
2004 nur noch über den Verweis in § 21 Abs. 1 auf die bisherigen Vorschriften
über die Vergütungssätze für Anlagen relevant ist, die vor dem 1. April 2000 in
Betrieb genommen worden sind.

Die Begriffe der Anlage (§ 3 Abs. 2), des Anlagenbetreibers (§ 3 Abs. 3), der In- 5
betriebnahme (§ 3 Abs. 4), der Leistung (§ 3 Abs. 5) und des Netzes (§ 3 Abs. 6)
waren weder im StrEG, noch im EEG 2000 näher bestimmt.

2. Entstehung der Norm im Zuge der Novellierung 2004

Der Gesetzgeber nutzte die Novelle 2004 zu einer umfassenden Umgestaltung 6
der Vorschriften des Gesetzes und führte in diesem Zusammenhang eine **zentrale
Norm für Begriffsbestimmungen** ein. Sie war bereits im Entwurf der Bundesregierung enthalten und ist vom Gesetzgeber im Wesentlichen unverändert übernommen worden.

C. Erneuerbare Energien (Abs. 1)

Absatz 1 definiert den Begriff **Erneuerbare Energien**.[2] Nach Abs. 1 sind Er- 7
neuerbare Energien Wasserkraft einschließlich der Wellen-, Gezeiten-, Salzgradienten- und Strömungsenergie, Windenergie, solare Strahlungsenergie, Geothermie, Energie aus Biomasse einschließlich Biogas, Deponiegas und Klärgas sowie
aus dem biologisch abbaubaren Anteil von Abfällen aus Haushalten und Industrie.

I. Wasserkraft

Als **Wasserkraft** wird die kinetische und potenzielle Energie einer Wasserströ- 8
mung bezeichnet. Die heute genutzten Formen der Wasserkraft sind, wie auch die
Windenergie und die Bioenergie, auf die Sonne zurückzuführen. Durch die Sonnenstrahlung wird Wasser verdunstet, das dadurch eine potenzielle Energie erhält,
die teilweise durch Niederschläge und den Ablauf des Wassers auf der Erdoberfläche wieder abgegeben wird.[3]

Zur Stromerzeugung aus Wasserkraft wird klassischerweise die kinetische und 9
potenzielle Energie einer Wasserströmung über ein Turbinenrad in mechanische
Rotationsenergie umgewandelt und zum Antrieb von Generatoren genutzt. Man

---

[2] Er wird an folgenden Stellen im Gesetz verwendet: § 1 Abs. 1 und 2, § 2 Abs. 1 Nr. 1,
§ 3 Abs. 2, Abs. 3, § 4 Abs. 1 Satz 1, Abs. 3, § 5 Abs. 1, § 13 Abs. 1 und 2, § 14 Abs. 3
Satz 8, § 15 Abs. 1 Satz 2, Abs. 3 Satz 1, § 17 Abs. 1 und Abs. 2 Nr. 1, § 18 Abs. 1 und 2,
§ 20 Abs. 1 und § 21 Abs. 1 Nr. 8.
[3] Vgl. *Kleemann,* in: Rebhan, Energiehandbuch, S. 365, 385; *Oschmann,* Strom aus erneuerbaren Energien, S. 27, Fn. 36. Für Wellen- und Gezeitenwasserkraft wird neben der Sonnenenergie auch die Anziehungskraft des Mondes nutzbar gemacht, vgl. *Böwing,* in: Säcker,
Berliner Kommentar zum Energierecht, § 2 Rn. 30.

unterscheidet **Laufwasserkraftwerke, Speicherkraftwerke** und **Pumpspeicherkraftwerke.** Laufwasserkraftwerke nutzen – oft in Verbindung mit Schleusen – die Strömung eines Flusses oder Kanals zur Stromerzeugung. Charakteristisch ist eine niedrige Fallhöhe bei relativ großer, oft jahreszeitlich mehr oder weniger stark schwankender Wassermenge. Speicherkraftwerke nutzen das hohe Gefälle und die Speicherkapazität von Talsperren und Bergseen, die ausschließlich einen natürlichen Wasserzufluss haben. Sie können sowohl zur Deckung der elektrischen Grundlast als auch im Spitzenlastbetrieb eingesetzt werden. Pumpspeicherkraftwerke funktionieren nach dem gleichen Prinzip wie Speicherkraftwerke, werden aber im Unterschied zu diesen nicht ausschließlich durch natürliche Wasservorkommen gespeist, sondern durch aus dem Tal gepumptes Wasser aufgefüllt. Damit wird in Schwachlastzeiten erzeugter elektrischer Strom als potenzielle Energie des hochgepumpten Wassers zwischengespeichert und kann in Spitzenlastzeiten wieder über eine Turbine abgerufen werden.[4]

10 Von den genannten Techniken fallen jedoch ohne weiteres nur Laufwasser- und Speicherkraftwerke in den Anwendungsbereich des EEG.[5] Strom aus **Pumpspeicherkraftwerken** ist eine Erneuerbare Energie, soweit das zur Stromerzeugung genutzte Wasser auf natürliche Zuflüsse zurückzuführen ist. Hinsichtlich des Energiegehalts des durch den Pumpvorgang aus dem Tal gepumpten Wassers ist dagegen zu unterscheiden. Soweit es sich bei dem zum Hochpumpen genutzten Strom um Elektrizität aus nuklearen oder fossilen Energieträgern handelt, ist der Energiegehalt des gepumpten Wassers nicht erneuerbar. Daher handelt es sich insoweit nicht um eine Erneuerbare Energie.[6] Pumpstrom aus Erneuerbaren Energien ist dagegen selbst erneuerbar. Der Energiegehalt des gepumpten Wassers ist daher ebenfalls mittelbar erneuerbar. Deshalb handelt es sich bei Strom aus Pumpspeicherkraftwerken, soweit sie mit Strom aus Erneuerbaren Energien gefüllt werden, ebenfalls um eine Erneuerbare Energie. Zu beachten ist allerdings, dass von dieser Regel im beschränkten Anwendungsbereich der **EE-RL** eine Ausnahme gilt. Denn nach Art. 2 lit. c EE-RL ist Strom aus Erneuerbaren Energien, der als Ergebnis der Speicherung in Speichersystemen genutzt wird, zu denen Pumpspeicher gehören, kein Strom aus erneuerbaren Energiequellen. Für das EEG selbst ist diese Ausnahme allerdings nicht relevant, da die Begriffsbestimmungen der Richtlinie selbst von Deutschland nicht umgesetzt werden müssen und ein weiterer Begriff der Erneuerbaren Energien verwendet werden darf.[7] Im Ergebnis gilt die Einschränkung der Richtlinie daher nur für die deutschen Richtziele nach Art. 3 EE-RL und die diesbezüglichen Berichtspflichten.[8]

11 Die Frage, ob es sich bei Pumpspeicherwasserkraft um eine Erneuerbare Energie handelt, ist von der Frage zu trennen, ob der aus dieser Wasserkraft gewonnene

---

[4] Vgl. *BMU,* Erneuerbare Energien, S. 31 ff.; *Reshöft/Steiner/Dreher,* EEG, § 6 Rn. 8 ff. u. *Büdenbender/Heintschel von Heinegg/Rosin,* Energierecht I, Rn. 1435 ff.
[5] Vgl. Begründung zu § 3 Abs. 1, BT-Drs. 15/2864, S. 29.
[6] Vgl. auch Begründung zu § 3 Abs. 1, BT-Drs. 15/2864, S. 29. Dort wird betont, wie bisher werde nur die originäre, regenerative Wasserkraftnutzung in – auch tidenabhängigen – Lauf- und Speicherkraftwerken erfasst. Vgl. auch *Salje,* EEG, § 3 Rn. 12, u. ausführlich *Reshöft/Steiner/Dreher,* EEG, § 6 Rn. 12; *Hermann,* Anwendungsprobleme des Stromeinspeisungsgesetzes, S. 40 ff.; *Pohlmann,* Rechtsprobleme, S. 147 f. u. 154 ff.; s. a. *Altrock,* „Subventionierende" Preisregelungen, S. 23 Fn. 94; *Böwing,* in: Säcker, Berliner Kommentar zum Energierecht, § 2 Rn. 32; *Britz,* in: Ludwig/Odenthal, Recht der Elektrizitäts-, Gas- und Wasserversorgung, EEG, Rn. 46; *Pohlmann,* RdE 1997, S. 93; *Schneider,* in: Schneider/Theobald, HBEnWR, § 18 Rn. 64.
[7] Vgl. *Oschmann,* Strom aus erneuerbaren Energien im Europarecht, S. 244 ff.
[8] Vgl. *Oschmann,* Strom aus erneuerbaren Energien im Europarecht, S. 100 f.; siehe auch unten Rn. 39.

Strom nach §§ 5 ff. zu vergüten ist. Insoweit sind insbesondere das **Ausschließlichkeitsprinzip** des § 5 Abs. 1 Satz 1 und der Ausschluss des in Speicherkraftwerken erzeugten Stroms in § 6 Abs. 5 zu beachten.[9]

Unerheblich ist, ob es sich bei dem zur Energieumwandlung genutzten Wasser um Süß- oder Salz-, Regen-, Quell-, Fluss-, Meeres- oder Abwasser handelt.[10] Auch ein in einer Frischwasserzuleitung oder der Kanalisation errichtetes Kraftwerk, das das vorhandene Gefälle nutzt, gewinnt daher Strom aus „Wasserkraft" im Sinne des EEG.[11]

Ebenfalls erfasste Sonderformen der Wasserkraftnutzung sind **Gezeiten-, Wellen-, Strömungs-, Depressions- und Gletscherkraftwerke,** die bislang in Deutschland allerdings keine Bedeutung haben.[12] Auch die durch den Bundestagsausschuss für Umwelt, Naturschutz und Reaktorsicherheit ausdrücklich in den Gesetzestext integrierte **Salzgradientenenergie,** die beim osmotischen Übergang von Salz- zu Süßwasser entsteht, fällt unter den Begriff Wasserkraft.[13]

II. Windenergie

Mit der Novelle 2004 änderte der Gesetzgeber die bis dahin im StrEG und im EEG 2000 verwendete Bezeichnung „Windkraft" in **„Windenergie".** Diese Änderung beinhaltet jedoch keine inhaltliche Änderung, sondern dient lediglich der Anpassung des Gesetzes an den allgemeinen Sprachgebrauch.[14]

Der Begriff Windenergie bezeichnet die **horizontale Bewegungsenergie** (kinetischen Energie) der Luftmassen der Erde. Die ursprüngliche Energiequelle für die Windenergie ist eingestrahlte Lichtenergie der Sonne, die zu Differenzen im regionalen Strahlungshaushalt der Erde führt. Die Sonnenstrahlung führt zur Erwärmung der Erdoberfläche, die diese Wärme zum Teil an untere Bodenschichten weitergibt (Wärmespeicherung), überwiegend jedoch durch Abstrahlung von Wärme die unteren Luftmassen erwärmt. Warme Luft steigt regelmäßig auf (vertikale Konvektion) und bewirkt ein Absinken von kälterer Luft an benachbarter oder anderer Stelle. Die daraus entstehenden Energiegefälle äußern sich als Luftdruckunterschiede und führen zu Luftmassenbewegungen, um die Energiegefälle auszugleichen. Bei der Windenergie handelt es sich daher – wie bei der Wasserkraft und der Biomasse – um eine **indirekte Form der Sonnenenergie.**[15]

Die Nutzung der Windenergie durch eine Windenergieanlage erfolgt, indem der Wind den Rotor einer Windenergieanlage dreht, der wiederum einen Generator antreibt.

---

[9] Vgl. dazu die Kommentierung bei § 6 Rn. 46. Die teilweise unter Geltung des EEG 2000 problematisierte Frage einer Doppelförderung, vgl. *Böwing,* in: Säcker, Berliner Kommentar zum Energierecht, § 2 Rn. 32 u. *Brandt/Reshöft/Steiner,* EEG, § 2 Rn. 12, stellt sich zumindest nach EEG 2004 nicht. Der aus einem Pumpspeicherkraftwerk gewonnene Strom kann nicht nach EEG vergütet werden (§ 6 Abs. 5) und dürfte in der Praxis ohnehin am Markt einen höheren Preis erzielen. Bei bereits nach EEG vergütetem Strom würde zwar eine zweite Vergütung vorliegen. Diese hätte jedoch auf das Gesamtvergütungsvolumen keinen Einfluss, da der betreffende Strom aus dem Ausgleichssystem entnommen werden müsste.
[10] Vgl. Begründung zu § 3 Abs. 1, BT-Drs. 15/2864, S. 29.
[11] Soweit Frisch- oder Abwasser zu einem früheren Zeitpunkt aus Gründen der Frischwasserversorgung oder Abwasserentsorgung gepumpt wurde, ist dies unschädlich.
[12] Vgl. *Reshöft/Steiner/Dreher,* EEG, § 6 Rn. 15. S. zu den verschiedenen Techniken die Beiträge in der Zeitschrift Photon, 12/2004, 43 ff.
[13] Vgl. Begründung zu § 3 Abs. 1, BT-Drs. 15/2864, S. 29 u. Photon 12/2004, 51.
[14] Ebenda.
[15] Vgl. *Kleemann,* in: Rebhan, Energiehandbuch, S. 365 ff.; *Büdenbender/Heintschel von Heinegg/Rosin,* Energierecht I, Rn. 1388.

III. Solare Strahlungsenergie

16 Der vom EEG 2000 eingeführte Begriff **solare Strahlungsenergie** ist von dem Begriff Sonnenenergie, der noch im StrEG Verwendung gefunden hatte, zu unterscheiden. **Sonnenenergie** ist nach dem Begriffsverständnis des EEG der Überbegriff für sämtliche Energien, die sich direkt oder indirekt auf die Sonne zurückführen lassen.[16] Sonnenenergie kommt auf der Erde zum einen in gespeicherter und stark verwandelter Gestalt vor **(indirekte Sonnenenergie)**: z. B. in Form der fossilen Energieträger Kohle, Erdöl und Erdgas oder der erneuerbaren Energieträger Biomasse, Wasser und Wind. Die Sonne stellt der Erde aber auch Energie in Form von diffuser und direkter solarer Strahlung (auch – überwiegend nachts – als vom Mond reflektiertes Sonnenlicht[17]) zur Verfügung. Diese **direkte Sonnenenergie** kann durch Fotovoltaikanlagen und solarthermische Kraftwerke zur Stromerzeugung, durch Solarkollektoren zur Gewinnung von Warmwasser- und Heizungswärme **(thermische Sonnenenergie)** sowie durch architektonische Maßnahmen zur passiven Unterstützung des Wärmehaushalts von Gebäuden **(Solararchitektur)** genutzt werden.[18] Der Begriff solare Strahlungsenergie des § 3 Abs. 1 des EEG 2004 umfasst lediglich die direkte Sonnenenergie. Der Gesetzgeber ging daher davon aus, dass der Begriff Sonnenenergie physikalisch nicht korrekt ist und hat ihn bereits im EEG 2000 durch den Terminus solare Strahlungsenergie ersetzt.[19]

17 Die gegenwärtig eingesetzten Techniken wandeln solare Strahlungsenergie entweder direkt oder indirekt über die Wärmeerzeugung als Zwischenstufe in elektrische Energie um. Die gängigste Technologie zur direkten Umwandlung ist die **Fotovoltaik;** die **solarthermische Stromerzeugung** stellt die am weitesten fortgeschrittene Form der indirekten Umwandlung solarer Strahlungsenergie dar.[20]

IV. Geothermie

18 **Geothermie** oder Erdwärme ist Wärme, die vom flüssigen Kern im Innern der Erde an die Erdoberfläche dringt. Dabei werden sowohl die auf dem Weg nach oben liegenden Gesteins- und Erdschichten als auch unterirdischen Wasserreservoirs erhitzt. An manchen Stellen dringen heißes Wasser und Dampf als heiße Quelle oder Geysir bis an die Erdoberfläche.[21]

V. Biomasse

1. Begriff

19 **Biomasse** ist der Oberbegriff für sämtliche Stoffe organischer Herkunft (d. h. kohlenstoffhaltige Materie). Dazu gehören die in der Natur lebende und die abgestorbene (aber noch nicht fossile) Phyto- und Zoomasse (Pflanzen und Tiere), die daraus resultierenden Rückstände (wie zum Beispiel tierische Ausscheidungsprodukte wie Gülle) und alle Stoffe, die durch eine technische Umwandlung und/oder stoffliche Nutzung dieser Biomassen entstanden sind oder anfallen (z. B. Pa-

---

[16] Vgl. *Oschmann,* Strom aus erneuerbaren Energien im Europarecht, S. 26 f.
[17] Vgl. *Böwing,* in: Säcker, Berliner Kommentar zum Energierecht, § 2 Rn. 34.
[18] Vgl. *BINE-Informationsdienst,* Photovoltaik, S. 1.
[19] Vgl. BT-Drs. 14/2776, S. 20 f.
[20] Vgl. *Quaschning,* Systemtechnik einer klimaverträglichen Elektrizitätsversorgung in Deutschland für das 21. Jahrhundert, S. 24.
[21] Vgl. *BMU,* Erneuerbare Energien, 70 ff.; *Kleemann,* in: Rebhan, Energiehandbuch, S. 394 f.

Begriffsbestimmungen 20–22 § 3

pier, Schlachtabfälle, organischer Hausmüll und Pflanzenöl). Biomasse entsteht, indem der sichtbare Teil des Sonnenlichts von Pflanzen im Wege der **Photosynthese** in organische Materie umgewandelt und so in ihr gespeichert wird. Biomasse wird daher auch als gespeicherte Sonnenenergie bezeichnet.[22] Im Unterschied zu anderen erneuerbaren Energieträgern – insbesondere Windenergie und Fotovoltaik – ist die Stromerzeugung aus Biomasse von natürlichen Witterungseinflüssen unabhängig und daher kontinuierlich möglich. Denn die Biomasse kann anders als Wind und Sonne gelagert und zu dem gewünschten Zeitpunkt für die Stromerzeugung eingesetzt werden.[23]

20 Biomassen lassen sich nach ihrem **physikalischen Aggregatszustand** in feste (z.B. Holz), flüssige (z.B. Pflanzenöl) und gasförmige Brennstoffe (z.B. Biogas) klassifizieren.[24] Den **festen Brennstoffen** ist gemeinsam, dass sie entweder direkt oder nach einer verhältnismäßig einfachen und somit mit geringem Energieaufwand verbundenen mechanischen Umformung als Energieträger verwendbar sind. Die Halmgüter (Getreidearten und Gräser) werden dabei in der Brennstoffform Häcksel, Ballen und Brikett bzw. Pellet bereitgestellt. Holz kann als Scheitholz oder Hackschnitzel und als Reststoff in Form von Spänen, Sägemehl, Schleifstäuben und Pellets Verwendung finden.[25] Zu den **flüssigen biogenen Brennstoffen** zählen Alkohole und Pflanzenöle. Bei den Ausgangsstoffen handelt es sich in der Regel um speziell angebaute zucker-, stärke- oder ölhaltige Pflanzen wie Zuckerrüben, Kartoffeln, Rapssaat und Sonnenblumen. Die Extrahierung der Ölpflanzeninhaltsstoffe und deren anschließende Konversion erfordern teilweise aufwändige Verfahrensschritte. Die Produktion flüssiger biogener Energieträger ist daher deutlich anspruchsvoller als die Bereitstellung von Festbrennstoffen.[26] Auch die Produktion **gasförmiger biogener Brennstoffe** wie Biogas und Pyrolyse- oder Schwachgas erfordert einen hohen technischen Aufwand. Biogas, dessen nutzbarer Bestandteil vorwiegend aus Methan besteht, fällt bei der anaeroben Vergärung biogener Stoffe an. Pyrolyse- oder Schwachgas entsteht durch Erhitzen biogener Festbrennstoffe unter Sauerstoffdefizit, wobei die leicht flüchtigen, brennbaren Bestandteile in der Festphase übergehen und zur weiteren thermischen Nutzung zur Verfügung stehen. Gasförmige biogene Brennstoffe werden aus Rest- und Abfallstoffen gewonnen, die günstig zur Verfügung stehen, z.B. Biogas aus Gülle oder Pyrolysegas, das aus Altholz oder aus speziell angebauten Pflanzen erzeugt werden kann. Die technisch anspruchsvollen Verfahrensschritte zur Gasgewinnung führen jedoch zu einer Verteuerung des Brennstoffs.[27]

21 Für die Energieerzeugung **relevante Biomassen** sind insbesondere Industrierestholz, Altholz, Reststoffe aus der Land- und Forstwirtschaft sowie der Landschaftspflege (Waldrestholz, tierische Reststoffe, Heu, etc.), Energiepflanzen (z.B. Einjahreskulturen wie Mais, Getreide, Zuckerrüben oder Raps, Mehrjahreskulturen wie schnellwachsende Hölzer) oder tierische und organische Rückstände (Gülle etc.).[28]

22 Der **naturwissenschaftliche Biomassebegriff** ist – das wird aus den vorstehenden Ausführungen deutlich – **sehr weit** gefasst und nahezu konturlos. Zum Zweck der praktischen Handhabung des Begriffs im Rahmen des EEG ist jedoch

---

[22] Vgl. *Kaltschmitt/Hauser*, in: Kaltschmitt/Harmann, Energie aus Biomasse, S. 2 u. 35 ff.
[23] Vgl. *Quaschning*, Systemtechnik einer klimaverträglichen Elektrizitätsversorgung in Deutschland für das 21. Jahrhundert, S. 84.
[24] Vgl. *Ortmaier/Ortinger*, in: Rebhan, Energiehandbuch, S. 401, 402.
[25] Ebenda.
[26] Ebenda.
[27] Vgl. *Ortmaier/Ortinger*, in: Rebhan, Energiehandbuch, S. 401, 403.
[28] Vgl. *Nitsch* u.a., Klimaschutz durch Nutzung erneuerbarer Energien, S. 37 f.

eine genauere Abgrenzung erforderlich. Das EEG selbst definiert den Begriff weder in Abs. 1 noch in der Vergütungsvorschrift des § 8. Stattdessen enthält § 8 Abs. 7 für die Definition von „Biomasse" im Rahmen der Vergütungsbestimmungen eine spezielle **Verordnungsermächtigung**.[29] Diese Definition ist allerdings nur für den Anwendungsbereich des § 8 abschließend.[30] In der Begründung zu Abs. 1 gibt der Gesetzgeber allerdings Hinweise darauf, was seiner Ansicht nach unter dem Begriff Biomasse zu subsumieren ist: „Der (...) allgemeine Begriff „Biomasse" umfasst biogene Energieträger in festem, flüssigem und gasförmigem Aggregatszustand. Es handelt sich allgemein um biologisch abbaubare Erzeugnisse, Rückstände und Abfälle pflanzlichen und tierischen Ursprungs aus der Landwirtschaft, der Forstwirtschaft und damit verbundener Industriezweige."[31] Nicht als Biomasse anzusehen seien demgegenüber im Hinblick auf den in § 1 normierten Zweck des Gesetzes und entsprechend dem allgemeinen Sprachgebrauch die fossilen Brennstoffe wie Öl, Kohle, Gas und Torf, die sich nicht in überschaubaren Zeiträumen regenerieren.[32]

2. Energie aus Biomasse

23 Absatz 1 definiert nicht Biomasse selbst als Erneuerbare Energie, sondern spricht von **Energie aus Biomasse**. Die Ergänzung bezweckt keine inhaltliche Änderung, sondern soll die Eigenschaft von Biomasse als Energieträger hervorheben.[33]

24 Biomasse kann zum Teil direkt, zum Teil nach spezifischer Aufarbeitung (mechanische, physikalisch-chemische, thermochemische und biochemische Umwandlung) in Form fester, flüssiger und gasförmiger Brennstoffe zur Stromerzeugung verwendet werden.[34]

3. Biogas

25 Biogas ist ein aus Biomasse durch **anaerobe Vergärung** gewonnenes Gas. Als solches ist es bereits vom Oberbegriff „Biomasse" erfasst. Die Klarstellung, dass auch Biogas als Biomasse zu verstehen ist, geht auf die EE-RL zurück, die Biogas gesondert als Erneuerbare Energie aufführt.[35]

26 Biogas besteht zu 50 bis 75 Volumenprozent aus **Methan** (CH_4), Kohlendioxid (CO_2) (25 bis 50 Volumenprozent) sowie Sauerstoff, Stickstoff und Spurengasen (u. a. Schwefelwasserstoff) und kann u. a. direkt für Heizzwecke oder mittels eines Blockheizkraftwerks (BHKW) zur gekoppelten Produktion von Strom und Wärme genutzt werden. Die Erzeugung des Gases erfolgt in Biogasanlagen durch anaerobe Vergärung organischer Stoffe. Landwirtschaftliche Biogasanlagen setzen als Basismaterial in der Regel Gülle oder auch Festmist ein, teilweise auch Schlempe, Zuckerwasser und ähnliches. Zur Erhöhung des Gasertrags kommen regelmäßig Ko-Fermente zum Einsatz (z. B. nachwachsende Rohstoffe oder Abfälle aus der Lebensmittelindustrie). Das vergorene organische Material kann als hochwertiger Dünger landbaulich verwertet werden.

---

[29] Vgl. Kommentierung zu § 8 Rn. 124 sowie BiomasseV Rn. 12 ff.
[30] Für die anderen Vorschriften des Gesetzes gibt die BiomasseV dagegen nur den Mindestbestand dessen vor, was Biomasse ist. Daher sind die Netzbetreiber etwa nach § 4 auch zum Anschluss von Anlagen verpflichtet, die andere als in der BiomasseV genannte Biomassen verwenden.
[31] Begründung zu § 3 Abs. 1, BT-Drs. 15/2864, S. 29.
[32] Ebenda.
[33] Ebenda.
[34] Vgl. *Hirschl* u. a., Markt- und Kostenentwicklung erneuerbarer Energien, S. 53, sowie *Nitsch* u. a., Klimaschutz durch Nutzung erneuerbarer Energien, S. 38.
[35] Vgl. Begründung zu § 3 Abs. 1, BT-Drs. 15/2864, S. 29.

Begriffsbestimmungen 27–33 § 3

4. Deponiegas und Klärgas

Deponiegas und Klärgas sind Biogase, die ebenfalls **vom Biomassebegriff erfasst** werden. Da Strom aus Deponie- und Klärgas (§ 7) aber niedriger vergütet wird als Strom aus Biomasse (§ 8), werden Deponie- und Klärgas in Abs. 1 gesondert aufgeführt.[36] 27

Deponiegas entsteht durch den mikrobiellen Abbau von organischen Abfällen auf Deponien in den ersten 15 bis 20 Jahren nach der Deponierung.[37] Das sehr geruchsintensive Gas besteht wie Biogas hauptsächlich aus brennbarem **Methan** und Kohlendioxid. Die exakte Zusammensetzung des Gases ist abhängig von der Art der zu deponierenden Abfälle. Wegen des hohen Methangehaltes ist Deponiegas brennbar und kann zur Wärme- oder Stromerzeugung genutzt werden. Durch technisch aufwändige Einrichtungen kann das Deponiegas weitestgehend aufgefangen und zur Stromerzeugung genutzt werden. Deponiegas ist, anders als Hausmüll, eine ausschließlich Erneuerbare Energie, da sein Energiegehalt ausschließlich auf organische Substanzen und nicht auch auf fossile Bestandteile zurückzuführen ist. 28

Klärgas entsteht bei der anaeroben Ausfaulung von Klärschlamm durch einen biochemischen Abbauprozess (Vergärung). Dieser Prozess gleicht dem Prozess, der zur Entstehung von Deponie- und Biogas führt.[38] Die Nutzung von Deponie- und Klärgas zur Stromerzeugung erfolgt – ebenso wie bei Biogas – in einem technischen Prozess in Gasmotoren und Gasturbinen.[39] 29

5. Biologisch abbaubarer Anteil von Abfällen

In Umsetzung der EE-RL definiert Abs. 1 auch den biologisch abbaubaren Anteil von Abfällen aus Industrie und Haushalten als Erneuerbare Energie.[40] Dieser biologisch abbaubare Anteil ist ebenfalls **organischer Herkunft** und damit Biomasse im Sinne des Abs. 1. 30

Es gilt allerdings zu beachten, dass **nur die anteilige Energie** aus dem biologisch abbaubaren Anteil von Abfällen aus Industrie und Haushalten, also aus der Biomasse selbst, von Abs. 1 erfasst wird und so in den Anwendungsbereich des Gesetzes fällt und nicht die gesamte aus Abfällen gewinnbare Energie, die etwa in Kunststoffabfällen enthalten ist. Darüber hinaus ist zu berücksichtigen, dass für die Vergütung von Strom nach § 5 weiterhin das sog. **Ausschließlichkeitsprinzip** gilt, wonach nur solcher Strom vergütet werden muss, der ausschließlich aus Erneuerbaren Energien oder aus Grubengas gewonnen wird. Daher besteht für Strom aus gemischten Abfällen aus Industrie und Haushalten auch in Zukunft kein Vergütungsanspruch nach §§ 5 ff. 31

VI. Grubengas

Nicht in der Definition des Abs. 1 enthalten ist Grubengas, das ein **fossiler Energieträger** und damit keine Erneuerbare Energie ist. Es wird allerdings an nahezu allen sonstigen Stellen[41] in einem Zug mit den Erneuerbaren Energien genannt und es existiert mit § 7 auch eine Vergütungsregelung. 32

Grubengas ist ein Gasgemisch, das hauptsächlich aus Methan besteht und daneben vor allem Stickstoff und Kohlendioxid enthält. Es wird bei der untertägi- 33

---

[36] Ebenda.
[37] Vgl. *Böwing,* in: Säcker, Berliner Kommentar zum Energierecht, § 2 Rn. 36.
[38] Vgl. *Reshöft/Steiner/Dreher,* EEG, § 7 Rn. 10.
[39] Vgl. *Reshöft/Steiner/Dreher,* EEG, § 7 Rn. 10 f.; *Schneider,* in: Schneider/Theobald, HBEnWR, § 18 Rn. 21 f.
[40] Vgl. Begründung zu § 3 Abs. 1, BT-Drs. 15/2864, S. 29.
[41] Eine weitere Ausnahme ist lediglich § 17.

gen Gewinnung von Steinkohle frei und ist eine unvermeidbare **Begleiterscheinung des Steinkohlenbergbaus**. Es handelt sich daher streng genommen nicht um eine Erneuerbare Energie, sondern um das Beiprodukt des Abbaus fossiler Rohstoffe. Dennoch hat der Gesetzgeber Grubengas in das EEG aufgenommen, weil es zuvor häufig ohne energetische Nutzung in die Atmosphäre abgegeben und dort als besonders schädliches Treibhausgas wirksam wurde (Methan trägt etwa 23 Mal stärker zum Treibhauseffekt bei als Kohlendioxid).[42] Das EEG setzt Anreize, den Energiegehalt des Methans zur Stromerzeugung in Gasmotoren und Gasturbinen zu nutzen. Bei diesem Verbrennungsprozess entstehen Kohlendioxid und Wasser. Auf diese Weise erfolgt grundsätzlich eine Verbesserung der Klimabilanz.[43] Diese Bilanz wird allerdings nur dann tatsächlich verbessert, wenn es sich bei dem genutzten Grubengas um Gas handelt, das beim Abbau fossiler Rohstoffe entsteht. Die Verbrennung von Gas, das unabhängig von solchen Abbauprozessen entsteht und sich in abgeschlossenen natürlichen Speichern befindet (sogenanntes „Grubengas aus untertägigen Speichern"), verbessert die Klimabilanz nicht und ist daher kein Grubengas im Sinne des EEG.

VII. Gas aus Erneuerbaren Energien

34 § 7 Abs. 1 und § 8 Abs. 1 ordnen an, dass auch Gas, das aus einem Gasnetz entnommen wird, als Erneuerbare Energie bzw. Grubengas gilt (gesetzliche Fiktion), soweit die Menge des entnommenen Gases im **Wärmeäquivalent** der Menge von an anderer Stelle im räumlichen Geltungsbereich dieses Gesetzes in das Gasnetz eingespeistem Gas aus Biomasse, Deponie-, Klär- oder Grubengas entspricht. Auf diese Weise soll im Sinne einer nachhaltigen und effizienten Energieversorgung, insbesondere die Nutzung der bei der Stromerzeugung anfallenden Wärme ermöglicht werden. Da das Gasnetz als Speicher fungieren kann, ist es nicht erforderlich, dass die Entnahme des Gases gleichzeitig mit der Einspeisung des Biogases erfolgt.[44] Allerdings muss auch bei Nutzung der **Speicherfunktion** die Einspeisung zeitlich vor der Entnahme erfolgen.

VIII. Strom aus Speichermedien

35 Strom aus Erneuerbaren Energien kann in verschiedenen Medien gespeichert werden. Dazu zählen zunächst Akkumulatoren, aber auch die Umwandlung elektrischer Energie in mechanische Energie durch Schwungräder oder in chemische Energie des Wasserstoffs durch Elektrolyse. Die in diesen Medien gespeicherte Energie kann wiederum – in der Regel mit Leistungsverlusten – in elektrische Energie umgewandelt werden. Dieser Strom stammt **mittelbar** aus Wasserkraft, Windenergie, solarer Strahlungsenergie, Geothermie oder Biomasse und ist daher selbst **eine Erneuerbare Energie** im Sinne des Abs. 1. Wie bei der Behandlung von Pumpspeicher-Wasserkraft[45] ist allerdings zu beachten, dass von dieser Regel im beschränkten Anwendungsbereich der EE-RL eine Ausnahme gilt: Nach Art. 2 lit. c EE-RL ist Strom aus Erneuerbaren Energien, der als Ergebnis der Speicherung in Speichersystemen genutzt wird, kein Strom aus erneuerbaren Energiequellen. Für das EEG selbst ist diese Ausnahme allerdings nicht relevant, da die Begriffsbestimmungen der Richtlinie selbst von Deutschland nicht umgesetzt wer-

---

[42] Vgl. Begründung zu § 3 Abs. 1, BT-Drs. 15/2864, S. 29.
[43] Vgl. *Reshöft/Steiner/Dreher,* EEG, § 7 Rn. 12; *Schneider,* in: Schneider/Theobald, HBEnWR, § 18 Rn. 23; *Salje,* EEG, § 3 Rn. 50.
[44] Vgl. Begründung zu § 3 Abs. 1, BT-Drs. 15/2864, S. 29.
[45] Vgl. oben Rn. 10.

Begriffsbestimmungen 36–38 **§ 3**

den müssen und ein weiterer Begriff der Erneuerbaren Energien verwendet werden darf.[46] Im Ergebnis gilt die Einschränkung der Richtlinie daher nur für die deutschen Richtziele nach Art. 3 EE-RL und die diesbezüglichen Berichtspflichten.[47]

D. Anlagenbegriff (Abs. 2)

Der Begriff der Anlage wird zwar in vielen Rechtsgebieten wie etwa dem Baurecht oder dem Immissionsschutzrecht verwendet. Es gibt im deutschen Recht aber keinen einheitlichen Anlagenbegriff. Absatz 2 definiert daher lediglich, was unter einer **Anlage im Sinne des EEG** zu verstehen ist.[48] Einer Anlage ist danach jede selbständige technische Einrichtung zur Erzeugung von Strom aus Erneuerbaren Energien oder aus Grubengas. Dieser Anlagenbegriff **unterscheidet sich** – zumindest teilweise – sowohl **vom allgemeinen Sprachgebrauch,** als auch von den Anlagenbegriffen anderer Regelungsmaterien. Der Begriff der Anlage ist insbesondere von Bedeutung für die Konkretisierung der Anschlusspflicht des Netzbetreibers nach § 4 sowie für die Berechnung der für die Vergütungsstufen relevanten Leistung in den §§ 6 ff. 36

I. Definition „Anlage" (Abs. 2 Satz 1)

Um eine **selbständige technische Einrichtung** zur Erzeugung von Strom handelt es sich bei jeder – nicht notwendig ortsfesten[49] – Einrichtung, die für sich allein, ohne weitere technische Installationen zu benötigen,[50] unmittelbar in einem technischen Prozess aus Erneuerbaren Energien im Sinne des Abs. 1 oder aus Grubengas Strom erzeugen kann; technische Einrichtungen zur Umformung des Stroms sowie zur Steuerung, Regelung oder Überwachung der Anlage werden nicht berücksichtigt. Sie ist **abzugrenzen von unselbständigen technischen Einrichtungen,** die für sich genommen nicht in der Lage sind, Strom zu erzeugen, und anderen, insbesondere **baulichen** Einrichtungen, die nur mittelbar der Stromerzeugung dienen. 37

Unmittelbar wird Strom durch **Generatoren,** Brennstoffzellen oder Solarzellen erzeugt. Brennstoffzellen und Solarzellen wandeln die in den Erneuerbaren Energien oder in Grubengas enthaltene Energie direkt um. Generatoren benötigen einen Antrieb (Turbine einer Wasserkraftanlage, Rotor einer Windenergieanlage, Motor eines Biogas- oder Geothermie-Blockheizkraftwerks oder einer Holzverbrennungsanlage etc.). Nur die Solar- und die Brennstoffzelle sind also für sich genommen selbständige technische Einrichtungen zur Erzeugung von Strom und damit „Anlage" im Sinne des Abs. 1. Demgegenüber ist der Generator nie allein die Anlage im Sinne des Abs. 2, sondern nur eine unselbständige Einrichtung. Erst die **Kombination mit der Antriebseinrichtung** macht den Generator zur Anlage im Sinne des EEG. Anlage bei der Wasserkraft ist damit die Turbine zusammen mit dem Generator, bei der Windenergie der Rotor mit dem Generator und bei Energie aus Biomasse sowie Geothermie der Motor (bzw. je nach Anlagentechnik auch die Turbine) einschließlich des Generators. Beispiele für bauliche 38

---

[46] Vgl. *Oschmann,* Strom aus erneuerbaren Energien im Europarecht, S. 244 ff.
[47] Vgl. *Oschmann,* Strom aus erneuerbaren Energien im Europarecht, S. 100 f.
[48] Der Begriff der Anlage wird in jede Bestimmung des Gesetzes mit Ausnahme der §§ 1, 16 und 19 verwendet.
[49] Vgl. *Salje,* EEG, § 3 Rn. 56.
[50] A. A. wohl *Salje,* EEG, § 3 Rn. 63; anders aber ebenda Rn. 66.

Anlagen, die nicht unmittelbar der Stromerzeugung dienen, sind etwa der Fermenter einer Biogasanlage, die Staumauer einer Wasserkraftanlage, der Turm oder die Gondel einer Windenergieanlage, der Montagerahmen einer Fotovoltaikanlage oder das Bohrloch einer Geothermieanlage.[51] Im Umkehrschluss zu Abs. 2 Satz 2 sind **bauliche Anlagen keine Bestandteile der (Einzel-)Anlage**.[52]

II. Behandlung mehrerer Anlagen (Abs. 2 Satz 2)

39   Absatz 2 Satz 2 Halbsatz 1 enthält eine **Fiktion**. Danach gelten mehrere Anlagen zur Erzeugung von Strom aus **gleichartigen Erneuerbaren Energien** oder aus Grubengas, die im Geltungsbereich des Gesetzes errichtet und mit **gemeinsamen** für den Betrieb technisch erforderlichen **Einrichtungen** oder baulichen Anlagen unmittelbar **verbunden** sind, als eine Anlage, soweit sich nicht aus den §§ 6 bis 12 etwas anderes ergibt. Absatz 2 Satz 2 dient auch dazu, die dem Gesetzeszweck widersprechende Umgehung der für die Vergütungshöhe geltenden Leistungsschwellen durch Aufteilung in kleinere Einheiten zu verhindern. Dabei soll es darauf ankommen, ob die Stromerzeugung auf dem Einsatz gleichartiger Energieträger (d. h. der jeweiligen Arten von Erneuerbaren Energien im Sinne dieses Gesetzes) beruht.[53]

40   Tatbestandsvoraussetzung ist zunächst das Vorliegen **mehrere Anlagen** im Sinne des Abs. 2 Satz 1, also etwa mehrere Generatoren einer Wasserkraftanlage oder mehrere Blockheizkraftwerke. Diese Anlagen müssen sämtlich **gleichartige Erneuerbare Energien** oder Grubengas einsetzen. Das ist bei Wasserkraftanlagen, Windenergieanlagen, Solaranlagen und Geothermieanlagen regelmäßig der Fall. Lediglich bei Biomasseanlagen ist es praktisch möglich, unterschiedliche Biomassen einzusetzen, also etwa ein Blockheizkraftwerk gleichzeitig mit Biogas aus einem Fermenter, in dem nachwachsenden Rohstoffen vergärt werden, und aus einem Fermenter, in dem aus Bioabfällen Gas erzeugt wird, zu betreiben. Da die Pflicht zur Vergütung nicht für jede Biomasse im Sinne des Abs. 1, sondern nur für Biomasse im Sinne der BiomasseV entsteht und nach § 8 ggf. ein unterschiedlicher Vergütungssatz bzw. Bonus gewährt wird, gelten mehrere Biomasseanlagen nur dann als eine Anlage, wenn gleichartige Biomassen eingesetzt werden.

41   Die Anlagen müssen im (räumlichen) **Geltungsbereich des Gesetzes,** also nach § 2 Abs. 1 Nr. 1 im Bundesgebiet oder der deutschen AWZ errichtet worden sein. Es ist insbesondere nicht ausreichend, wenn bauliche Anlagen wie Staumauern, in die die Generatoren integriert sind, auch auf deutschem Gebiet stehen. Maßgeblich ist alleine der **Standort der einzelnen Anlage** (also der Solarzelle, Brennstoffzelle bzw. des Generators samt Antriebseinrichtung).[54]

---

[51] Die Begründung zu § 3 Abs. 2 zählt auch sämtliche technisch für den Betrieb erforderlichen Installationen, Geräte und baulichen Anlagen wie etwa unterirdische geothermische Betriebseinrichtungen, Staumauern oder Türme von Windenergieanlagen zur Anlage. Sie wurde nicht den Veränderungen im Gesetzestext angepasst und ist, da sie im klaren Gegensatz zum Wortlaut der Vorschrift steht, nicht maßgeblich.
[52] A. A. *Reshöft,* ZNER 2004, 240, 246; *Reshöft/Steiner/Dreher,* EEG, § 3 Rn. 15.
[53] Vgl. Begründung zu § 3 Abs. 2, BT-Drs. 15/2864, S. 30.
[54] Dies ergibt sich auch aus § 2 Abs. 1 Nr. 1, vgl. Begründung zu § 2 Abs. 1, BT-Drs. 15/2864, S. 28 sowie Begründung zu § 3 Abs. 2, BT-Drs. 15/2864, S. 29 f. Die Begründung zu § 3 Abs. 2 ist allerdings teilweise missverständlich formuliert, als sie nahe zu legen scheint, Strom aus Grenzkraftwerken falle selbst dann in den Anwendungsbereich des EEG, wenn sich die Turbinen nicht im Geltungsbereich des Gesetzes befänden, der Stromanteil aber nach Völkerrecht dem Bundesgebiet „zuzurechnen sei". Dies kann wegen des eindeutigen Wortlauts der §§ 2 Abs. 1 Nr. 1 u. 3 Abs. 2 Satz 1 EEG-E nur für Strom aus Turbinen im Geltungsbereich des Grundgesetzes gelten; vgl. *Oschmann/Müller,* ZNER 2004, 24, 26.

Die Anlagen müssen **unmittelbar verbunden** sein[55] und zwar mit **gemein-** 42
samen Einrichtungen oder mit baulichen Anlagen. Diese müssen im konkreten Fall **für den Betrieb technisch erforderlich** sein. Technisch für den Betrieb erforderlich sind Einrichtungen oder bauliche Anlagen dann, wenn im Einzelfall die bestimmungsgemäße Stromerzeugung aus der betreffenden Erneuerbaren Energie nicht möglich ist, wenn also verschiedene technische Einzelkomponenten zur Stromerzeugung zusammenwirken müssen.[56] Der Begriff der Einrichtung im Sinne des Abs. 2 Satz 2 ist weiter als derjenige der *technischen* Einrichtung im Sinne des Satzes 1. Erfasst sind davon **Geräte und Installationen jeder Art,** die für die Stromerzeugung **notwendig** sind.[57] Umfasst sind grundsätzlich auch bauliche Anlagen, die der Gesetzgeber gesondert hervorgehoben hat. Zu solchen baulichen Einrichtungen zählen grundsätzlich etwa die Fermenter von Biogasanlagen. Die Einrichtungen einschließlich der baulichen Anlagen müssen **gemeinsam** sein, also allen fraglichen Anlagen gleichermaßen zugehören und dienen.[58]

Das Gesetz stellt im zweiten Halbsatz des Abs. 2 Satz 2 ausdrücklich klar, dass 43
Wechselrichter,[59] **Wege, Netzanschlüsse, Mess-, Verwaltungs- und Überwachungseinrichtungen keine** für den Betrieb **erforderlichen Einrichtungen** sind. Denn bei diesen handelt es sich lediglich um Infrastruktureinrichtungen, die für den unmittelbaren Betrieb der Anlagen nicht erforderlich sind und daher nicht zur Anlage im Sinne des Abs. 2 zählen. Zu diesen Infrastruktureinrichtungen gehören auch Anschlussleitungen, eine Stromabführung in gemeinsamer Leitung und Transformatoren.[60]

Die Fiktion des Abs. 2 Satz 2 wirkt nur, **soweit sich nicht aus den §§ 6** 44
bis 12 etwas anders ergibt. Diese Vorschrift soll als Kollisionsnorm Spezialregelungen in den §§ 6 bis 12 ausdrücklich und deklaratorisch zu Vorrang verhelfen. Die §§ 6 bis 10 und § 12 enthalten keine von Abs. 2 Satz 2 divergierenden Regelungen. Lediglich § 11 Abs. 6 enthält für **Fotovoltaikanlagen** eine ausdrücklich von Abs. 2 Satz 2 **abweichende Regelung.** Danach gelten mehrere Fotovoltaikanlagen (i. e. Module) auch dann als eine Anlage, wenn sie nicht mit gemeinsamen für den Betrieb technisch erforderlichen Einrichtungen oder baulichen Anlagen unmittelbar verbunden sind. Dies ist in aller Regel der Fall. Ein Dach etwa, auf dem die Module befestigt sind, ist keine für den Betrieb technisch erforderliche Anlage, da es durch andere Einrichtungen ersetzt werden könnte. Dies gilt allerdings auch für Fotovoltaik nur hinsichtlich der Ermittlung der Vergütungshöhe nach § 11 Abs. 2.

Beispiele für gemeinsame bauliche Anlagen, die technisch für den Betrieb er- 45
forderlich sind, sind Staumauern, in die mehrere Turbinen zur Stromerzeugung aus Wasserkraft integriert sind, Fermenter von Biogasanlagen, die gleichzeitig mehrere Blockheizkraftwerken mit Biogas versorgen, sofern nicht aufgrund einer räumlichen Trennung dieser Einrichtungen von einer betriebstechnischen Selbst-

---

[55] Dies setzt eine gewisse räumliche Nähe voraus; vgl. *Salje,* EEG, § 3 Rn. 59.
[56] Vgl. zur alten Rechtslage *Böwing,* in: Säcker, Berliner Kommentar zum Energierecht, § 2 Rn. 51.
[57] Vgl. Begründung zu § 3 Abs. 2, BT-Drs. 15/2864, S. 29.
[58] Ein „wirtschaftlicher Zusammenhang", wie ihn *Salje,* EEG, § 3 Rn. 62, fordert, ist dagegen wohl nicht erforderlich.
[59] Die Klarstellung, dass Wechselrichter nicht für den Betrieb technisch erforderlich sind, führt nicht zu dem von *Reshöft,* ZNER 2004, 240, 244 f. u. *Reshöft/Steiner/Dreher,* EEG, § 3 Rn. 10 ff. befürchteten Normwiderspruch zu § 11 Abs. 2. Denn erst über § 3 Abs. 2 Satz 2 wird aus einem Solarmodul mit mehreren Solarzellen eine Anlage. § 11 Abs. 6 besitzt daher entgegen der zitierten Auffassung durchaus eine eigenständige Bedeutung. Der Ausschluss des Wechselrichters in § 3 Abs. 2 Satz 2 Halbs. 2 ist insoweit unerheblich.
[60] Vgl. Begründung zu § 3 Abs. 2, BT-Drs. 15/2864, S. 30.

ständigkeit und damit von verschiedenen Anlagen ausgegangen werden muss,[61] oder Dampfsammelschienen, auf die mehrere Brennkammern eines Kraftwerks speisen.[62] Vor diesem Hintergrund ist es praktisch nicht vorstellbar, dass z.B. mehrere Windenergieanlagen eine Anlage darstellen, da es in aller Regel an gemeinsamen betriebstechnischen Einrichtungen fehlen wird.[63] Auch Solarmodule sind für sich betrachtet als modulare Technik in der Lage, Strom zu erzeugen. Ein Beispiel für getrennte bauliche Anlagen ist etwa ein Ausleitungskraftwerke und ein Hauptkraftwerk zur Wasserkraftnutzung.

E. Anlagenbetreiber (Abs. 3)

46   Absatz 3 definiert den Begriff des Anlagenbetreibers.[64] Anlagenbetreiber ist danach, wer unbeschadet des Eigentums die Anlage **zum Zwecke der Erzeugung von Strom aus Erneuerbaren Energien oder aus Grubengas** nutzt. Die Definition ist für die Bestimmung des Inhabers des Anspruchs auf Anschluss der Anlage sowie auf Abnahme, Übertragung und ggf. Vergütung des Stroms aus Erneuerbaren Energien von Bedeutung. Darüber hinaus wird der Anlagenbetreiber von § 12 Abs. 5 im Rahmen des einstweiligen Rechtsschutzes begünstigt und ist berechtigt, sich nach § 17 einen Herkunftsnachweis ausstellen zu lassen. Er ist aber auch Adressat belastender Regelungen, wie der Pflicht zur Tragung der Kosten des Netzanschlusses (§ 13 Abs. 1) oder zur Auskunftserteilung für den Erfahrungsbericht (§ 20 Abs. 2).

47   Anlage im Sinne des Abs. 3 ist die in Abs. 2 definierte selbständige technische Einrichtung zur Erzeugung von Strom aus Erneuerbaren Energien oder aus Grubengas.

48   Die Definition des Abs. 3 stellt ähnlich wie § 3 Abs. 10 Satz 2 KWKG 2002 klar, dass die – natürliche oder juristische[65] – Person des Anlagenbetreibers **nicht notwendig mit dem Eigentümer der Anlage identisch** sein muss.[66] So kann etwa der Betreiber einer Fotovoltaikanlage, die in eine Gebäudehülle integriert ist, verschieden vom Hauseigentümer sein. Ähnlich wie bei § 3 Abs. 10 KWKG 2002[67] ist zur Bestimmung des Anlagenbetreibers darauf abzustellen, wer die **Kosten** und das wirtschaftliche **Risiko** des Anlagenbetriebes trägt und das Recht hat, die Anlage auf eigene Rechnung zur Stromerzeugung zu nutzen,[68] also über den Einsatz der Anlage bestimmt, zumindest aber bestimmenden Einfluss hat.[69] Die Person des Anlagenbetreibers ist vom bloßen **Betriebsführer** als Inhaber der technischen Gewalt über die Anlage zu unterscheiden, der zwar tatsächlich über den konkreten Einsatz der Anlage bestimmt, aber weder die Kosten noch das wirtschaftliche Risiko des Anlagenbetriebs trägt und die Anlage nicht auf eigene,

---

[61] Vgl. Begründung zu § 3 Abs. 2, BT-Drs. 15/2864, S. 29 f.
[62] Vgl. *Weißenborn*, in: Schmidt-Schlaeger/Zinow, Grundlagen des Energierechts, S. 121, 126.
[63] Vgl. Begründung zu § 3 Abs. 2, BT-Drs. 15/2864, S. 30, LG Frankfurt (Oder), Urt. v. 20. 2. 2004 – 13 O 91/03, S. 7 ff. (= IR 2004, 110 Abstract m. Anm. *Altrock*), u. *Weißenborn*, in: Schmidt-Schlaeger/Zinow, Grundlagen des Energierechts, S. 121, 126.
[64] Der Begriff findet in den §§ 4, 8, 12 bis 14 sowie 17, 18 und 20 Verwendung.
[65] Vgl. *Salje*, EEG, § 3 Rn. 107 ff.
[66] Vgl. *Weißenborn*, in: Schmidt-Schlaeger/Zinow, Grundlagen des Energierechts, S. 121, 126.
[67] Vgl. *Büdenbender/Rosin*, KWK-AusbauG, § 3 Rn. 182 ff.
[68] Vgl. *Salje*, EEG, § 3 Rn. 111 ff.
[69] Vgl. Begründung zu § 3 Abs. 3, BT-Drs. 15/2864, S. 30; *Salje*, EEG, § 3 Rn. 119 ff. sowie bereits zum alten Rechtszustand *Niedersberg*, Schwachstellenanalyse, S. 14.

sondern auf fremde Rechnung betreibt.[70] Ebenfalls vom Anlagenbetreiber zu unterscheiden ist die Person des „Einspeisewilligen" in § 4 Abs. 2 Satz 2, der nicht notwendig der spätere Anlagenbetreiber sein muss. Auch der Betreiber eines zwischengelagerten Netzes, einer Umspannanlage oder einer ähnlichen Einrichtung ist kein Anlagenbetreiber, wenn er nicht gleichzeitig die an diese Einrichtungen angeschlossene Stromerzeugungsanlage betreibt.[71] Anders als bei § 3 Abs. 10 Satz 1 KWKG 2002 ist für die Betreibereigenschaft nicht erforderlich, dass der Strom tatsächlich in das Stromnetz eingespeist wird.

Sind mehrere natürliche oder juristische Personen an Finanzierung, Errichtung 49 und Nutzung der Anlage beteiligt, ist Anlagenbetreiber diejenige Person, die unmittelbaren Einfluss auf Einsatz und Fahrweise der Anlage hat und das wirtschaftliche Risiko der Stromerzeugung trägt. Daher sind etwa Finanzierungsgesellschaften nicht als Anlagenbetreiber anzusehen, die zwar keinen unmittelbaren Einfluss auf die Anlage besitzen und auch das wirtschaftliche Risiko nur mittelbar tragen. Dagegen sind Mieter oder Pächter, denen die Anlage zur Nutzung in eigener wirtschaftlicher Verantwortung und nicht nur zur Betriebsführung auf Rechnung und im Auftrag des Eigentümers überlassen wird, Anlagenbetreiber im Sinne des Abs. 3. Bei Gemeinschaftsanlagen von Betreibergesellschaften, die sich zum Zweck der Errichtung und des Betriebs der Anlagen und nicht nur zu Finanzierungszwecken zusammengefunden haben und keine eigenständige juristische Person sind (etwa bei Gesellschaften bürgerlichen Rechts), ist in gleicher Weise zu unterscheiden: Trägt die Betreibergesellschaft nicht nur das wirtschaftliche Risiko, sondern betreibt sie die Anlage auch selbst oder durch einen mit der reinen Betriebsführung betrauten Dritten, ist sie Anlagenbetreiber. Trägt der Dritte das unmittelbare wirtschaftliche Risiko, handelt es sich bei der Betreibergesellschaft in Wahrheit um eine bloße Finanzierungsgesellschaft, die nicht Anlagenbetreiber im Sinne des Abs. 3 ist.[72]

F. Inbetriebnahme und Erneuerung (Abs. 4)

Absatz 4 bestimmt den Begriff der Inbetriebnahme,[73] der bis zur Novellierung 50 im Jahr 2004 nicht näher definiert war. Das Gesetz versteht unter Inbetriebnahme die **erstmalige Inbetriebsetzung** der Anlage nach Herstellung ihrer technischen Betriebsbereitschaft oder nach ihrer Erneuerung, sofern die Kosten der Erneuerung mindestens 50 Prozent der Kosten einer Neuherstellung der gesamten Anlage einschließlich sämtlicher technisch für den Betrieb erforderlicher Einrichtungen und baulicher Anlagen betragen.

I. Bedeutung des Begriffs

Der Begriff der Inbetriebnahme ist insbesondere für die Bestimmung des Zeit- 51 punkts relevant, an dem der **Vergütungsanspruch** entsteht.[74] Er ist darüber hinaus von Bedeutung für die Ermittlung der jeweiligen **Vergütungshöhe** für Biomasse (§ 5 Abs. 2 Halbsatz 1), Windkraft (§ 7 Abs. 1 Satz 1 u. 3, sowie Abs. 2 Satz 1 u. Abs. 3), Solarenergie (§ 8 Abs. 1 Satz 2 Halbsatz 1), das Einsetzen der

---

[70] Vgl. *Weißenborn*, in: Böhmer, Erneuerbare Energien, S. 71, 81; *Salje*, EEG, § 3 Rn. 121.
[71] Vgl. *Weißenborn*, in: Böhmer, Erneuerbare Energien, S. 71, 82.
[72] Vgl. ausführlich zum insoweit gleich gelagerten KWKG 2002 *Büdenbender/Rosin*, KWK-AusbauG, § 3 Rn. 230 ff.; s. a. *Salje*, EEG, § 3 Rn. 119 ff.
[73] Er wird von den §§ 2, 6, 7, 8, 9, 10, 11, 12, 17, 20 und 21 verwendet.
[74] Vgl. Begründung zu § 3 Abs. 4, BT-Drs. 15/2864, S. 30.

jeweiligen **Degression** und den **Endtermin** für die Vergütungszahlung (§ 9 Abs. 1). Die Entscheidung über den Zeitpunkt der Inbetriebnahme kann vor diesem Hintergrund nicht unerhebliche wirtschaftliche Auswirkungen haben. Beispielsweise ist es erheblich, ob eine auf einem Gebäudedach installierte Fotovoltaikanlage mit einer Leistung von 5 kW am 31. Dezember 2004 in Betrieb gegangen ist oder erst am 1. Januar 2005. Im ersten Fall erhält sie bis zum 31. Dezember 2024 57,5 Ct/kWh Strom, im zweiten Fall bis zum 31. Dezember 2025 54,53 Ct/kWh. Der Begriff der Inbetriebnahme erfordert das Vorliegen des objektiven Tatbestandsmerkmals der **technischen Betriebsbereitschaft** und das subjektive Element der **Inbetriebsetzung** durch den Anlagenbetreiber, die zeitlich aufeinander folgen müssen.

52 Der Begriff der **wesentlichen Erneuerung** ist ebenfalls von erheblicher wirtschaftlicher Tragweite. Denn er entscheidet darüber, ob eine Anlage nach einer Erneuerungsmaßnahme als neue Anlage behandelt wird oder nicht. Ist eine Anlage wesentlich erneuert worden, gilt sie als neu in Betrieb genommen. Der Vergütungszeitraum beginnt neu zu laufen – allerdings regelmäßig mit einem dann infolge der Degressionsvorschriften des Gesetzes niedrigeren Vergütungssatz. Ist die Erneuerung dagegen nicht wesentlich, bleibt es bei dem ursprünglichen Inbetriebnahmedatum, allerdings sinkt die Vergütung für die Restlaufzeit in diesem Fall nicht.[75]

II. Technische Betriebsbereitschaft

53 Der Einsatz der Anlage zur Stromerzeugung setzt die vom Gesetz geforderte, zeitlich (um zumindest eine juristische Sekunde) der Inbetriebsetzung vorausgehende **Herstellung ihrer technischen Betriebsbereitschaft,** also die Fertigstellung der Anlage, voraus (objektives Element).[76] Die betreffende Stromerzeugungsanlage muss zu einer ihrer Bestimmung gemäßen Funktion eingesetzt werden können. Es ist daher grundsätzlich erforderlich, dass die Anlage auch tatsächlich Strom erzeugen kann.

54 Der Wortlaut des Gesetzes erfordert allerdings nur die technische **Bertriebsbereitschaft.** Der Gesetzgeber bringt mit dieser Wortwahl zum Ausdruck, dass es zwar notwendig, aber auch ausreichend ist, wenn die Anlage Strom erzeugen *kann*. Auf eine Mitwirkung durch den Netzbetreiber kommt es nach dem in der amtlichen Begründung manifestierten ausdrücklichen Willen des Gesetzgebers nicht an, „um willkürliche Verzögerungen ausschließen zu können."[77] Auch der Anschluss der Anlage oder eine Abnahme der Anlage durch den Netzbetreiber sind für die Herstellung der technischen Betriebsbereitschaft nicht erforderlich.[78] Andernfalls würde der Inbetriebnahmezeitpunkt von Umständen abhängen, die nicht in der Sphäre des Anlagenbetreibers liegen, wie etwa eine Verweigerung der Abnahme des Stroms durch den Netzbetreiber oder ungünstige klimatische Verhältnisse wie Windstille bei Windenergieanlagen oder Bewölkung bei Solaranlagen.

55 Das Anfahren der Anlage durch den Anlagenhersteller mit dem Ziel, die grundsätzliche Funktionsfähigkeit festzustellen, ist nicht in jedem Fall ausreichend.

---

[75] Vgl. auch das Beispiel bei *Böwing,* in: Säcker, Berliner Kommentar zum Energierecht, § 2 Rn. 61.
[76] Damit ist zugleich klargestellt, dass der Zeitpunkt der Fertigstellung der Anlage selbst nicht maßgeblich ist; vgl. zum EEG 2000 *Salje,* EEG, § 3 Rn. 128; *Weißenborn,* in: Böhmer, Erneuerbare Energien, S. 71, 109.
[77] Begründung zu § 3 Abs. 4, BT-Drs. 15/2864, S. 30.
[78] Ebenda; vgl. auch *Reshöft/Steiner/Dreher,* EEG, § 3 Rn. 19; ebenso LG Braunschweig, Urt. v. 6. 2. 2003 – 4 O 417/02, S. 5 ff.; a. A. zum EEG 2000 *Weißenborn,* in: Böhmer, Erneuerbare Energien, S. 71, 110.

Regelmäßig wird jedoch der **Funktionstest** unmittelbar in die Inbetriebnahme münden. Von diesem Funktionstest zu unterscheiden, ist der so genannte **Probebetrieb** durch den Anlagenbetreiber, bei dem noch Betriebsunterbrechungen möglich sind. Er erfolgt *nach* Fertigstellung der Anlage durch den Hersteller, mit dem überprüft werden soll, ob die Anlage Mängel aufweist.[79]

Ob die jeweilige Anlage über die erforderlichen öffentlich-rechtlichen Genehmigungen (z. B. Baugenehmigung, immissionsschutzrechtliche Genehmigung) verfügt, ist unerheblich.[80] Ebenso wenig setzt der Begriff der *technischen Betriebsbereitschaft* den Anschluss der Anlage an das Netz voraus. Der Anlagenbetreiber muss zwar für den Netzanschluss **alle erforderlichen Maßnahmen** treffen, damit die Anlage an das Netz angeschlossen werden kann und der Netzbetreiber den gesamten angebotenen Strom abnehmen und übertragen kann. Zu diesen erforderlichen Maßnahmen gehört etwa die Errichtung der **Anschlussleitungen** zum technisch und wirtschaftlich günstigsten Verknüpfungspunkt und insbesondere, dass die technischen Voraussetzungen der Anlage für die erstmalige Einspeisung in das Netz nach den anerkannten **Regeln der Technik** erfüllt sind. Außerdem muss die Anlage alle allgemein anerkannten technischen sowie die gesetzlichen Anforderungen für einen Dauerbetrieb einhalten.[81] Andernfalls macht sich der Anlagenbetreiber gegenüber dem Netzbetreiber ggf. schadensersatzpflichtig. Dies alles ist zwar für den Netzanschluss, aber **nicht für den Zeitpunkt der Inbetriebnahme relevant.** Daher können Inbetriebnahme, Netzanschluss und erstmalige Stromerzeugung durchaus zeitlich auseinander fallen. 56

Wenn der Zeitpunkt der Inbetriebnahme und der Zeitpunkt der ersten Stromeinspeisung differieren und zwischen beiden Zeitpunkten ein **Jahreswechsel** liegt, ist für die Kalkulation der Vergütungshöhe sowie die Berechnung des Vergütungszeitraums nach § 12 Abs. 3 der Zeitpunkt der Inbetriebnahme maßgeblich. Verweigert der Netzbetreiber rechtswidrig den unverzüglichen, vorrangigen Anschluss der Anlage und Abnahme des Stroms, besteht darüber hinaus ein zivilrechtlicher Anspruch des Anlagenbetreibers gegen den Netzbetreiber auf Ersatz des Schadens, der durch die verspätete Einspeisung entstanden ist.[82] 57

Ein Indiz für die Inbetriebnahme ist die Unterzeichnung eines **Inbetriebnahmeprotokolls** durch den Anlagenbetreiber und den Netzbetreiber und die Einspeisung von Strom in das Netz des Netzbetreibers.[83] Dabei kommt es bei mehreren Anlagen, auch wenn sie über einen Verknüpfungspunkt mit dem Netz verbunden sind, etwa bei einem Windpark, auf die Verhältnisse jeder einzelnen Anlage an. 58

III. Erstmalige Inbetriebsetzung

Inbetriebsetzung ist nach dem allgemeinen Wortsinn der Vorgang, mit dem eine Anlage in Betrieb gesetzt wird. Es handelt sich hierbei um ein **subjektives Element,** einen willensgesteuerter Akt, ohne dass es auf Eigenschaften der Anlage ankommt. Das Gesetz lässt offen, wer die Anlage aktiv („Inbetriebsetzung") in 59

---

[79] Vgl. Begründung zu § 3 Abs. 4, BT-Drs. 15/2864, S. 30; s. a. *Weißenborn,* in: Böhmer, Erneuerbare Energien, S. 71, 109.
[80] Vgl. *Weißenborn,* in: Böhmer, Erneuerbare Energien, S. 71, 109.
[81] Vgl. Begründung zu § 3 Abs. 4, BT-Drs. 15/2864, S. 30.
[82] Vgl. *Weißenborn,* in: Schmidt-Schlaeger/Zinow, Grundlagen des Energierechts, S. 121, 126.
[83] Zu weit gehend *Weißenborn,* in: Böhmer, Erneuerbare Energien, S. 71, 109, der die Inbetriebnahme von der Unterzeichnung eines Inbetriebnahmeprotokolls abhängig machen will.

Betrieb nimmt. Der Anlagenbetreiber kann sich auch eines Beauftragten – etwa des Herstellers oder Installateurs – bedienen.

60 Entscheidend ist die **erstmalige Inbetriebsetzung.** Eine Anlage, die bereits an einem anderen Standort betrieben worden ist und an einen neuen Standort verbracht und dort wieder in Betrieb genommen wird, gilt nach Sinn und Zweck des EEG, einen wirtschaftlichen Betrieb der Anlage über den Vergütungszeitraum des § 12 Abs. 3 zu ermöglichen, nicht als neu in Betrieb genommen.[84] Maßgeblich für die Vergütungshöhe und den Beginn des Vergütungszeitraums ist vielmehr die erstmalige Inbetriebnahme der Anlage **am ursprünglichen Standort.** Wird also etwa eine Solaranlage nach ihrer Inbetriebnahme abgebaut, veräußert und an einem neuen Standort neu errichtet, ist für Vergütungshöhe und -dauer weiter das ursprüngliche Inbetriebnahmedatum entscheidend.[85]

IV. Wesentliche Erneuerung

61 Eine **wesentliche Erneuerung** liegt nach Abs. 4 Alt. 2 vor, wenn die Kosten der Erneuerung der Anlage mindestens 50 Prozent der Kosten einer Neuherstellung der gesamten Anlage einschließlich sämtlicher technisch für den Betrieb erforderlicher Einrichtungen und baulicher Anlagen betragen. Ins Verhältnis gesetzt werden müssen also die Kosten der Erneuerung der Anlage auf der einen Seite und die Kosten einer Neuherstellung der Anlage, einschließlich sämtlicher technisch für den Betrieb erforderlicher Einrichtungen und baulicher Anlagen.

62 Der Begriff der **Erneuerung** umfasst einerseits den Austausch oder die Ertüchtigung von einzelnen Anlagenteilen und andererseits die Erweiterung um neue Anlagen.[86] Bei der Ermittlung der **Kosten** der Erneuerung der Anlage ist vom Anlagenbegriff des Abs. 2 auszugehen. Anlage ist also im Fall des Abs. 2 Satz 1 (nur eine Anlage vorhanden) bei Fotovoltaikanlagen die Zelle, die Brennstoffzelle, der Generator samt Antrieb und im Fall des Abs. 2 Satz 2 (mehrere Anlagen, die als eine Anlage fingiert werden) mehrere verbundene Solarzellen (Module), Brennstoffzellen oder Generatoren samt Antriebsanlagen. Die Regelung des § 11 Abs. 6 kann nicht herangezogen werden, da sie lediglich zum Zweck der Ermittlung der Vergütungshöhe nach § 11 Abs. 2 eine von § 3 Abs. 2 abweichende Regelung trifft. Deshalb wird bei Fotovoltaikanlagen in der Regel bei einer Erweiterung im umgangssprachlichen Sinn keine Erweiterung im Sinne des Gesetzes vorliegen. Anders kann der Fall nur dann zu beurteilen sein, wenn das einzelne Modul einer Fotovoltaikanlage aus neuen und gebrauchten Zellen besteht.[87] Zu den Kosten der Erneuerung der Anlage zählen sowohl die Sachkosten für die Anlagenteile bzw. Anlagen selbst als auch die Verwaltungs- und Arbeitskosten u. ä. für die Erneuerung.

63 Die **Neuherstellung** der gesamten Anlage einschließlich sämtlicher technisch für den Betrieb erforderlicher Einrichtungen und baulicher Anlagen ist das Ergebnis der Erneuerung. Abzustellen ist für die Ermittlung der **Kosten** hierbei auf die Anlage im Sinne des Abs. 2 zuzüglich sämtlicher technisch für den Betrieb erforderlicher Einrichtungen und baulichen Anlagen wie Staumauern und Fermentern.[88]

---

[84] Anders nur bei einer wesentlichen Erneuerung, siehe dazu unten Rn. 61 ff.
[85] Vgl. Begründung zu § 3 Abs. 4, BT-Drs. 15/2864, S. 30; *Weißenborn*, in: Böhmer, Erneuerbare Energien, S. 71, 110.
[86] Vgl. Begründung zu § 3 Abs. 4, BT-Drs. 15/2864, S. 30.
[87] Ebenda.
[88] Vgl. dazu bereits oben Rn. 37 ff.

Begriffsbestimmungen

Bezugsgrößen für die Ermittlung des Verhältnisses sind die aktuellen Kosten für 64 die Erneuerung und die theoretischen Kosten für eine Neuinvestition der erneuerten Gesamtanlage zu aktuellen Preisen.[89] Die theoretischen Kosten können etwa durch ein entsprechendes Angebot eines Anlagenbauers nachgewiesen werden.

Abweichend von Abs. 4 ist die Erweiterung einer **Wasserkraftanlage** mit ei- 65 ner Leistung von mehr als 5 MW auch dann keine Erneuerung, wenn die Kosten mehr als 50 Prozent der Kosten einer Neuinvestition betragen, es sei denn die Voraussetzungen des § 6 Abs. 2 Satz 1 liegen vor. Die Regelung des § 6 Abs. 2 stellt besondere Anforderungen, unter denen eine Vergütungspflicht bei einer Erweiterung einer Wasserkraftanlage entsteht, und geht insoweit als speziellere Regelung dem Abs. 4 vor.[90] Die Vorschrift gilt nach § 21 Abs. 1 Nr. 2 auch für kleine modernisierte Wasserkraft-Anlagen.

Im Gegensatz zur Versetzung einer Anlage wirkt sich eine wesentliche Erneue- 66 rung einer Anlage im Sinne des Abs. 2 auf den Zeitpunkt der Inbetriebnahme aus. Ist eine Anlage wesentlich erneuert, gilt der Zeitpunkt der Inbetriebsetzung nach der Erneuerung als **neue Inbetriebnahme** mit der Folge, dass der Vergütungszeitraum unter Berücksichtigung der in der Zwischenzeit eingetretenen Degressionsschritte neu zu laufen beginnt und die Vergütungshöhen neu zu berechnen sind. Auch bei einer wesentlich erneuerten Anlage ist die Herstellung ihrer technischen Betriebsbereitschaft, also die Fertigstellung der Anlage, logische Voraussetzung für die Inbetriebnahme.[91]

V. Ergebnis

Im Ergebnis liegt die Inbetriebnahme zu dem Zeitpunkt vor, an dem die **Anla-** 67 **ge** – sei es erstmals oder nach einer wesentlichen Erneuerung – **fertiggestellt** ist, d. h. bei entsprechenden natürlichen Bedingungen (Wind, Solareinstrahlung etc.) technisch in der Lage ist, Strom zu erzeugen. Es kommt für die Feststellung des Zeitpunkts der Inbetriebnahme nicht darauf an, ob der erzeugte Strom tatsächlich in das Netz des abnahme- und vergütungsverpflichteten Netzbetreibers eingespeist werden kann oder wird. Davon zu unterscheiden ist allerdings die Frage, ab wann der Vergütungsanspruch des Anlagenbetreibers entsteht. Dieser entsteht gemäß § 5 Abs. 1 Satz 1 erst mit der tatsächlicher Einspeisung, wofür zusätzlich erforderlich ist, dass der Anlagenbetreiber das seinerseits Erforderliche getan hat, um den Strom in das Netz einspeisen zu können.[92]

Die **Umstellung** einer konventionell befeuerten Anlage auf Einsatzstoffe nach 68 §§ 6 ff. ("Umwidmung") führt daher per se nicht dazu, dass die Anlage mit dem Zeitpunkt der Brennstoffumstellung neu in Betrieb geht.

G. Leistung (Abs. 5)

I. Leistungsbegriff

Absatz 5 Satz 1 definiert den Leistungsbegriff von Anlagen im Sinne des Abs. 2. 69 Er ist für die Anlagenobergrenzen des § 6 Abs. 1 und 2, des § 7 und des § 8 sowie

---

[89] Vgl. Begründung zu § 3 Abs. 4, BT-Drs. 15/2864, S. 30; *Reshöft,* ZNER 2004, 240, 245; *Salje,* EEG, § 3 Rn. 133 ff.
[90] Vgl. Begründung zu § 3 Abs. 4, BT-Drs. 15/2864, S. 30.
[91] Damit ist zugleich klargestellt, dass der Zeitpunkt der Fertigstellung der Anlage selbst nicht maßgeblich ist; vgl. *Salje,* EEG, § 3 Rn. 128 u. zum EEG 2000 *Weißenborn,* in: Böhmer, Erneuerbare Energien, S. 71, 109.
[92] Vgl. Kommentierung zu § 5 Rn. 19 f.

die Bestimmung der Leistungsstufen des § 11 maßgeblich. Die Zuordnung von Anlagen zu den einzelnen Vergütungsstufen der §§ 6 bis 9 richtet sich dagegen nach § 12 Abs. 2 Satz 2. Bis zur Novellierung im Jahr 2004 war der bereits im EEG 2000 verwandte Leistungsbegriff nicht näher bestimmt. Nach der gesetzlichen Definition in Abs. 5 ist die Leistung einer Anlage die **elektrische Wirkleistung,** die die Anlage bei bestimmungsgemäßem Betrieb ungeachtet kurzfristiger geringfügiger Abweichungen ohne zeitliche Einschränkung technisch erbringen kann.

70 Die in Watt, Kilowatt oder Megawatt gemessene **elektrischen Wirkleistung** ist – in Abgrenzung zur in der Regel höheren, in Voltampere, Kilovoltampere oder Megaampere gemessenen Scheinleistung[93] – die tatsächlich erreichbare Nutzleistung einer Anlage. Maßgeblich ist in diesem Zusammenhang nach der gesetzlichen Definition die Wirkleistung der Anlage bei **bestimmungsgemäßem Betrieb ohne zeitliche Einschränkungen.** Ein bestimmungsgemäßer Betrieb liegt nur vor, wenn Lebensdauer und Sicherheit der Anlage durch die Betriebsführung nicht über das normale Maß hinaus beeinträchtigt werden und die Anlage also so genutzt wird, wie sie vom Hersteller konzipiert wurde. Die Leistung entspricht damit der aufgrund der technischen Beschaffenheit unter den gegebenen Verhältnissen möglichen maximalen Dauerleistung.[94] Mit dieser Bestimmung trägt das Gesetz der Tatsache Rechnung, dass Generatoren eine gewisse Schwankungsbreite aufweisen und in Einzelfällen auch kurzzeitig eine höhere Leistung erbringen können. Diese kurzfristigen geringfügigen Abweichungen über die Obergrenze hinaus sind unerheblich. Der Begriff „ohne zeitliche Einschränkungen" bezieht sich dabei nicht auf das gegebenenfalls zeitlich beschränkte Angebot natürlicher Ressourcen, sondern ausschließlich auf die technischen Bedingungen der Anlage selbst. Schwankungen des vorhandenen Energieangebots sind nicht maßgeblich.[95]

71 Die elektrische Wirkleistung entspricht in der Regel der auf dem **Typenschild** des Generators ausgewiesenen Leistung in Watt/Kilowatt/Megawatt.[96] Häufig werden die Begriffe „installierte elektrische Leistung" und „installierte elektrische Wirkleistung" synonym verwendet.[97]

72 Soweit es erforderlich ist, die Wirkleistung einer Anlage zu bestimmen, kann – von der Bestimmung der Modulleistung bei Fotovoltaik abgesehen – dies aus Praktikabilitätsgründen regelmäßig an der Stelle erfolgen, an der die Messung der Arbeit erfolgt, d.h. im Regelfall **am Verknüpfungspunkt mit dem Netz,** um volkswirtschaftlich unsinnige Zwischenmessungen zu ersparen. Soweit die jeweilige Leistung einer Anlage sich nicht bereits aus einer Bescheinigung des Herstellers oder einem vergleichbaren sonstigen Nachweis ergibt und deshalb streitig ist, hat der Anlagenbetreiber gegenüber dem Netzbetreiber diese nachvollziehbar darzulegen.

II. Reserveleistung

73 Nach Abs. 5 Satz 2 bleibt bei der Feststellung der für die Vergütungshöhe maßgebenden Leistung die nur zur Reserve genutzte Leistung unberücksichtigt. Hintergrund dieser Vorschrift ist, dass von den Betreibern von Biogasanlagen häufig ein unmittelbar mit dem Hauptaggregat im Sinne von Abs. 2 Satz 2 verbundenes **Reserveaggregat** vorgehalten werden muss, um bei Ausfällen oder Wartungsarbeiten an einem Blockheizkraftwerk das entstehende Biogas nicht ungenutzt an die

---

[93] Die Differenz zwischen der Wirk- und der Scheinleistung bildet die sog. Blindleistung.
[94] Vgl. Begründung zu § 3 Abs. 5, BT-Drs. 15/2864, S. 31; vgl. zum EEG 2000 auch *Böwing,* in: Säcker, Berliner Kommentar zum Energierecht, § 2 Rn. 45.
[95] Vgl. Begründung zu § 3 Abs. 5, BT-Drs. 15/2864, S. 31.
[96] *Weißenborn,* in: Schmidt-Schlaeger/Zinow, Grundlagen des Energierechts, S. 121, 126.
[97] *Brandt/Reshöft/Steiner,* EEG, vor §§ 4 bis 8 Rn. 6.

Begriffsbestimmungen 74–77 § 3

Umgebung abgeben zu müssen. Es erschien dem Gesetzgeber sachgerecht, diese bloße Reserveleistung nicht für die Bestimmung der Leistung einer Anlage heranzuziehen.

Eine Reservenutzung ist dann anzunehmen, wenn Anlagenteile nicht für einen 74 dauerhaften oder regelmäßigen Betrieb genutzt werden, sondern – als Kalt- oder Warmreserve[98] – nur in technisch bedingten Momenten **alternativ** zu der unter gewöhnlichen Umständen genutzten Stromerzeugungseinheit eingesetzt werden, etwa während Revisionsphasen.[99]

H. Netz (Abs. 6)

Abs. 6 definiert den Begriff des Netzes, der von den §§ 2, 4, 13, 15 und 16 75 verwendet wird. Ein Netz ist danach die **Gesamtheit der miteinander verbundenen technischen Einrichtungen** zur Übertragung und Verteilung von Elektrizität für die allgemeine Versorgung. Diese Definition knüpft an die Begriffsbestimmungen im EnWG an, definiert aber einen davon unabhängigen Begriff für das EEG in Anlehnung an Begriffsbestimmungen der Energiewirtschaft selbst.[100] Die gewählte Begriffsbestimmung dient dem Ziel, die Anschlusskosten für EEG-Anlagen möglichst niedrig zu halten und für eine gute Erreichbarkeit des allgemeinen Versorgungsnetzes zu sorgen.[101]

Technische Einrichtungen zur Übertragung und Verteilung von Elektri- 76 **zität** sind etwa Freileitungen, Erdkabel, Transformatoren, Umspannwerke, Schaltanlagen mit ihren Sicherungs- und Überwachungseinrichtungen, Schaltern und Ähnlichem, die zur Übertragung und Verteilung von Elektrizität notwendig sind.[102]

Zu einem Netz werden die technischen Einrichtungen zur Übertragung und 77 Verteilung der Elektrizität erst in ihrer **Gesamtheit** durch die Verknüpfung miteinander zu einem System von Leitungen.[103] Eine einzelne Leitung ohne Verbindung zu anderen Netzbestandteilen ist daher kein Netz im Sinne des Gesetzes. Demnach ist eine Direktleitung zwischen einem Kraftwerk und einem Kunden, die keine Verbindung zu anderen Stromleitungen aufweist, kein Netz im Sinne des Abs. 5.[104] Davon zu unterscheiden ist der Fall, dass von einem Netz eine Stichleitung zu einem Kunden führt (Kundenanschlussleitung). Eine solche Stichleitung ist als dessen Bestandteil dem Netz zuzurechnen, da ohne sie eine Stromversorgung nicht möglich wäre.[105] Ebenso ist ein **Strahlennetz** zu behandeln, bei dem von einem Einspeisepunkt z. B. einer Ortsnetzstation die Leitungen strahlen-

---

[98] *Salje,* EEG, § 3 Rn. 145.
[99] Vgl. Begründung zu § 3 Abs. 5, BT-Drs. 15/2864, S. 31; *Salje,* EEG, § 3 Rn. 145 f., der als Faustregel dann von einer Reserveanlage ausgehen will, wenn sie im langjährigen Durchschnitt weniger als 10 Prozent der Jahresnutzungsstunden der Hauptanlage in Betrieb gewesen ist.
[100] Vgl. Begründung zu § 3 Abs. 6, BT-Drs. 15/2864, S. 31.
[101] BGH, Urt. v. 10. 11. 2004 – VIII ZR 391/03, Umdruck S. 11; *Salje,* EEG, § 3 Rn. 76.
[102] Vgl. *Büdenbender/Rosin,* KWK-AusbauG, § 3 Rn. 144.
[103] *Weißenborn,* in: Böhmer, Erneuerbare Energien, S. 71, 79.
[104] *Böwing,* in: Säcker, Berliner Kommentar zum Energierecht, § 2 Rn. 6.
[105] Vgl. Begründung zu § 3 Abs. 6, BT-Drs. 15/2864, S. 31; *Reshöft/Steiner/Dreher,* EEG, § 3 Rn. 25 f.; *Büdenbender/Rosin,* KWK-AusbauG, § 3 Rn. 145; *Salje,* EEG, § 3 Rn. 70 sowie aus der Rechtsprechung BGH, IR 2005, 19 f. Abstract m. Anm. *Altrock;* OLG Stuttgart, RdE 2004, 23 ff.; OLG München, Urt. v. 23. 9. 2003 – 15 U 1772/03; OLG Nürnberg, ZNER 2002, 225 ff.; LG München, RdE 2003, 215 ff.; LG Regensburg, ZNER 2001, 270 ff.; a. A. für lange Anschlussleitungen zu abgelegenen Grundstücken *Langbein/Weißenborn,* ew 19–20/2004, 20, 24.

förmig auseinander laufen. Obwohl es an keine Stelle eine Verbindung zwischen den einzelnen Leitungssträngen gibt, ist der einzelne Leitungsstrang auf Grund seiner Verbindung mit dem Gesamtsystem als Netz anzusehen. Es ist nicht erforderlich, dass jede einzelne Versorgungsleitung wieder in das allgemeine Netz zurückführt.[106] Auch auf § 10 AVBEltV,[107] wonach **Hausanschlüsse** nicht als Bestandteile des Versorgungsnetzes gelten, ist wegen der unterschiedlichen Zweckrichtung von AVBEltV und EEG nicht abzustellen.[108]

78 Von der Begriffsbestimmung des Abs. 6 werden nicht alle Netze umfasst, sondern wie in § 3 Abs. 9 KWKG 2002[109] nur solche **für die allgemeine Versorgung.** Wann ein Netz für die allgemeine Versorgung vorliegt, ist im Gesetz nicht definiert, aber von nicht unerheblicher Bedeutung, da Anschluss-, Netzausbau-, Abnahme-, Übertragungs- und Vergütungspflichten nach den §§ 4 ff. nur den jeweiligen Betreiber von Netzen für die allgemeine Versorgung betreffen. Gegenstück der allgemeinen Versorgung ist die individuelle[110] Versorgung Einzelner.[111]

79 Nach der Rechtsprechung des **Bundesgerichtshofs** unter Bezugnahme auf § 2 Abs. 3 EnWG 1998 ist das Merkmal der „allgemeinen Versorgung" weit auszulegen und bezeichnet alle Netze, „die dem Bezug von Energie durch andere dienen."[112] Ausgeschlossen seien lediglich solche Netze, „die ausschließlich zur eigenen Versorgung des Netzbetreibers (Eigenanlagen) vorgesehen sind."[113]

80 Dem **Bezug von Energie durch andere,** insoweit ist dem BGH uneingeschränkt zu folgen, dienen nicht nur Netze, die unmittelbar der Versorgung von Letztverbrauchern dienen, sondern auch solche Netze, die dazu bestimmt sind, mittelbar oder unmittelbar andere Netzbetreiber zu beliefern, die ihrerseits Netze für die allgemeine Versorgung von Letztverbrauchern betreiben.[114] Netze, an die lediglich Einspeiser und keine Letztverbraucher angeschlossen sind, dienen ebenso mittelbar dem Bezug von Energie durch andere und können daher Netze für die allgemeine Versorgung sein. Welcher **Spannungsebene** das betreffende Netz angehört, ist für die Beurteilung, ob es mittelbar oder unmittelbar dem Bezug von Energie durch andere dient, **unerheblich.** Denn für die Funktionsfähigkeit des Gesamtsystems werden Netze aller Spannungsebenen benötigt; davon geht auch Abs. 7 Satz 1 aus, wenn er Netzbetreiber als „Betreiber von Netzen aller Spannungsebenen für die allgemeine Versorgung" definiert. Ein Netz für die allgemeine Versorgung kann daher jedes Nieder-, Mittel-, Hoch- und Höchstspannungsnetze sein, das mit anderen Netzbereichen verknüpft ist, unabhängig davon, ob es unmittelbar oder mittelbar dem Bezug von Energie durch andere dient.[115]

---

[106] Vgl. BGH, Urt. v. 10. 11. 2004 – VIII ZR 391/03, Umdruck S. 8; *Büdenbender/Rosin,* KWK-AusbauG, § 3 Rn. 145.
[107] Verordnung über Allgemeine Bedingungen für die Elektrizitätsversorgung von Tarifkunden v. 21. 6. 1979, BGBl. I S. 684, zuletzt geändert am 9. 12. 2004, BGBl. I S. 3214.
[108] Vgl. BGH, Urt. v. 10. 11. 2004 – VIII ZR 391/03, Umdruck S. 10 f.
[109] Gleichlautend insoweit auch § 2 Abs. 3 und 5 EnWG 1998.
[110] *Salje,* LMK 2004, 23, 24, spricht von „spezieller" Versorgung.
[111] Vgl. zum Ganzen auch *Salje,* EEG, § 3 Rn. 86 ff.
[112] BGH, NVwZ 2004, 251, 252.
[113] Ebenda. Vgl. zum EnWG *Büdenbender,* EnWG 1998, § 2 Rn. 36; *Danner/Theobald,* in: Danner/Theobald, Energierecht, I EnWG B 1, § 2 Rn. 41.
[114] Vgl. Begründung zu § 3 Abs. 6, BT-Drs. 15/2864, S. 31 u. zum EEG 2000 BGH, NVwZ 2004, 251, 252.
[115] Vgl. Begründung zu § 3 Abs. 6, BT-Drs. 15/2864, S. 31; allg. Meinung; vgl. *Reshöft/Steiner/Dreher,* EEG, § 3 Rn. 27 u. zum EEG 2000 BGH, NVwZ 2004, 251, 252; *Böwing,* in: Säcker, Berliner Kommentar zum Energierecht, § 2 Rn. 9; *Lippert,* Energiewirtschaftsrecht, S. 458; *Niedersberg,* Schwachstellenanalyse, S. 16 f.; *Oschmann,* ZNER 2000, 24, 26 sowie § 3 Rn. 1; *Weißenborn,* in: Böhmer, Erneuerbare Energien, S. 71, 79; s. a. zum EnWG 1998 *Danner/Theobald,* in: Danner/Theobald, Energierecht, I EnWG B 1, § 2 Rn. 40.

Missverständlich ist die Formulierung des BGH, lediglich solche Netze seien 81 keine für die allgemeine Versorgung, „die ausschließlich zur eigenen Versorgung des Netzbetreibers (Eigenanlagen) vorgesehen sind."[116] Denn damit wird impliziert, auch die Versorgung eines einzelnen oder mehrerer von vornherein bestimmter Dritter sei in jedem Fall eine allgemeine Versorgung. Eine solche Auslegung wäre zu weit gehend. Da in dem vom BGH entschiedenen Fall die Frage nicht entscheidungserheblich war, ob die Versorgung einzelner von vornherein bestimmter Verbraucher ebenfalls eine Form der allgemeinen Versorgung darstellt, kann aus diesem obiter dictum wohl nicht geschlossen werden, dass der BGH tatsächlich nur die Eigenversorgung als Fall der individuellen Versorgung ansieht. In einer Entscheidung zum KWKG 2000,[117] in der ebenfalls der Begriff der allgemeinen Versorgung relevant war, kam der BGH – wiederum unter Bezugnahme auf § 2 Abs. 3 EnWG 1998 – denn auch, dem Wortlaut der Vorschrift gerecht werdend, zu dem Schluss, dass die Versorgung **nicht von vornherein auf bestimmte Abnehmer begrenzt** sein dürfe.[118] Entscheidend sei, „dass die Stromversorgung **grundsätzlich für jeden Abnehmer offen** ist."[119] Die zusätzlichen von § 10 Abs. 1 Satz 1 EnWG 1998 aufgestellten Tatbestandsmerkmale wie die räumliche Beziehung zu einem Gemeindegebiet, die Versorgung von Letztverbrauchern oder die Anschluss- und Versorgungspflicht nach Allgemeinen Bedingungen und Tarifen müssten dagegen nicht vorliegen.[120]

Zu der Frage, wann davon auszugehen ist, dass die Stromversorgung grundsätz- 82 lich für jeden Abnehmer offen ist, äußerte sich der BGH bislang nicht. Die Abgrenzung zwischen grundsätzlich für jeden Abnehmer offenen Netzen für die allgemeine Versorgung und von vornherein auf bestimmte Abnehmer begrenzten Netzen für die individuelle Versorgung ist insbesondere für so genannte **Areal- oder Industrienetze** problematisch. Solche Areal- oder Industrienetze reichen vom Hausverteilungsnetz in einem Miethaus oder in einem Industriebetrieb über kleine Arealnetze mit zwei oder drei auf einem Grundstück angeschlossenen Gewerbekunden bis hin zu großen Gewerbegeländen mit mehreren hundert Kilometern Netzlängen und mehreren hundert angeschlossenen Verbrauchern reichen.[121] Diese Netze versorgen in der Regel einen räumlich abgegrenzten Bereich, in dem teilweise auch eigene Kraftwerke vorhanden sind. Sie sind jedoch regelmäßig auch mit anderen vorgelagerten Netzen für die allgemeine Versorgung verbunden, um so den Reserve- und Zusatzstrombezug sicherzustellen, da das eigene Kraftwerke – wie alle anderen Kraftwerke auch – die Versorgung der Kunden im Areal keinesfalls zu 100 Prozent gewährleisten kann.

Die **Abgrenzung** von Netzen für die allgemeine Versorgung zu Netzen für die 83 individuelle Versorgung ist eine Frage des Einzelfalls. Allenfalls **Indizien** für das Vorliegen eines Netzes für die allgemeine Versorgung sind etwa eine größere An-

---

[116] BGH, NVwZ 2004, 251, 252. Vgl. zum EnWG 1998 *Büdenbender*, EnWG, § 2 Rn. 36; *Danner/Theobald*, in: Danner/Theobald, Energierecht, I EnWG B 1, § 2 Rn. 41.
[117] Gesetz zum Schutz der Stromerzeugung aus Kraft-Wärme-Kopplung (Kraft-Wärme-Kopplungsgesetz) v. 12. 5. 2000, BGBl. I S. 703.
[118] Vgl. BGH, NVwZ 2004, 251, 251.
[119] BGH, ZNER 2004, 182, 184. Ähnlich zum EnWG 1998 *Danner/Theobald*, in: Danner/Theobald, Energierecht, I EnWG B 1, § 2 Rn. 41; *Danner*, in: Danner/Theobald, Energierecht, I EnWG B 1, § 10 Rn. 7.
[120] Vgl. BGH, ZNER 2004, 182, 183, u. (weniger deutlich) BGH, NVwZ 2004, 251, 252. Einen Schritt zu weit gehend daher unter dem EEG 2000 *Böwing*, in: Säcker, Berliner Kommentar zum Energierecht, § 2 Rn. 9 f., der verlangen will, dass das Netz auf den Anschluss und die Versorgung aller räumlich erreichbaren Verbraucher bzw. Erzeuger *gerichtet* sein muss und zur *flächendeckenden* Versorgung dienen soll. Ähnlich LG Dortmund, RdE 2002, 293, 294.
[121] Vgl. *Salje*, KWKG, § 3 Rn. 128.

zahl angeschlossener Endverbraucher, die Bereitschaft, beliebige Dritte im Einzugsbereich des Netzes anzuschließen oder die Durchleitung von Elektrizität von außerhalb seines Netzbereichs an einzelne Verbraucher.[122] Auch die Existenz eines Konzessionsvertrags nach § 13 Abs. 2 EnWG 1998, das Vorliegen einer Genehmigung im Sinne des § 4 EnWG 2005 oder eine Tarifgenehmigung sowie die Teilnahme an Bilanzkreisen oder die Erfüllung von Regelaufgaben haben allenfalls Indizwirkung für das Vorliegen eines Netzes für die allgemeine Versorgung.[123] In solchen Fällen ist die Qualifikation als Netz für die allgemeine Versorgung jedoch regelmäßig unstreitig. Ein **Umkehrschluss,** dass eine allgemeine Versorgung einzelne oder mehrere der genannten Indizien voraussetzt, ist jedoch **unzulässig.** Insbesondere ist das Vorliegen eines Konzessionsvertrages oder die Erteilung von Genehmigungen für die Qualifikation eines Netzes für die allgemeine Versorgung nicht erforderlich.[124] Auch muss es sich bei den Verbrauchern nicht um Tarifkunden handeln.[125] Ferner der räumlichen Ausdehnung des Netzes dürfte für sich genommen ebenfalls keine Bedeutung zukommen.[126]

84   Im Ergebnis liegt es daher eher fern, ein **Hausverteilernetz,** mit dem nur die bestimmten, in dem Haus ansässigen Letztverbraucher versorgt werden, als Netz für die allgemeine Versorgung einzuordnen.[127] Umgekehrt wird bei **Areal- oder Industrienetzen,** die ein bestimmtes größeres räumliches Gebiet unabhängig von der konkreten Person des Letztverbrauchers versorgen, eher von einem Netz für die allgemeine Versorgung im Sinne des Abs. 6 auszugehen sein.[128] Ein **Umspannwerk,** das den von mehreren Windparks erzeugten Strom aufnimmt und in ein vorgelagertes Netz weitertransportiert, ist jedenfalls dann kein Netz für die allgemeine Versorgung, wenn es nur für einen von vornherein bestimmbaren Kreis von Einspeisern zugänglich ist und nur auf die Weigeitung des erzeugten Stroms und nicht auf die Versorgung von Verbrauchern gerichtet ist.[129]

85   Das Netz muss diese allgemeine Versorgung **nicht bereits tatsächlich** vornehmen. Denn die Vorschrift spricht nicht von einem Netz *der* allgemeinen Versorgung,[130] sondern *für* die allgemeine Versorgung.[131] Mit der Verwendung der Präposition „für" vor den Wörtern „die allgemeine Versorgung" bezeichnet das Gesetz den bestimmten Zweck des Netzes. Es muss von seiner **Funktion** her der allgemeinen Versorgung zu dienen bestimmt sein.[132] Ob durch das Netz zu einem gegebenen Zeitpunkt tatsächlich die Allgemeinheit versorgt wird, ist unerheblich.

---

[122] Vgl. *Salje,* EEG, § 3 Rn. 87; zum KWKG 2002 *Büdenbender/Rosin,* KWK-AusbauG, § 3 Rn. 163 ff.; *Salje,* KWKG, § 3 Rn. 125, 127 u. 132, sowie *Topp,* in: Säcker, Berliner Kommentar zum Energierecht, § 3 Rn. 75.
[123] Vgl. *Weißborn,* in: Böhmer, Erneuerbare Energien, S. 71, 79 f.; zum KWKG *Salje,* KWKG, § 3 Rn. 133; *Topp,* KWKG, § 3 Rn. 75.
[124] Vgl. für das KWKG 2002 *Büdenbender/Rosin,* KWK-AusbauG, § 3 Rn. 164; *Salje,* KWKG, § 3 Rn. 132.
[125] Vgl. *Salje,* EEG, § 3 Rn. 91. A. A. zum EEG 2000 *Weißborn,* in: Böhmer, Erneuerbare Energien, S. 71, 79 f. Auf eine privatrechtliche Verpflichtung kommt es ebenfalls nicht an.
[126] Vgl. zum KWKG *Salje,* KWKG, § 3 Rn. 135.
[127] Vgl. *Weißborn,* in: Böhmer, Erneuerbare Energien, S. 71, 80 f.
[128] Offen gelassen bei *Reshöft/Steiner/Dreher,* EEG, § 2 Rn. 22 ff., 27.
[129] Vgl. *Niedersberg,* Schwachstellenanalyse, S. 17; *Weißborn,* in: Böhmer, Erneuerbare Energien, S. 71, 80.
[130] § 9 Abs. 1 Satz 1 und Abs. 2 Satz 1 EnWG 1998 sprechen von „Elektrizitätsversorgungsunternehmen der allgemeinen Versorgung" und § 13 Abs. 2 Satz 1 EnWG 1998 von „Leitungen zur Durchführung der allgemeinen Versorgung".
[131] Demgegenüber gehen etwa § 7 Abs. 1 Satz 3 und § 10 Abs. 1 Satz 1 EnWG 1998 davon aus, dass die allgemeine Versorgung tatsächlich durchgeführt wird.
[132] Vgl. im Ergebnis ebenso für das KWKG 2002 *Büdenbender/Rosin,* KWK-AusbauG, § 3 Rn. 153 ff., insbesondere Rn. 158.

Es kommt nur darauf ab, dass es grundsätzlich für jeden Abnehmer im Bereich des Netzes offen ist.[133]

Zusammenfassend ist festzuhalten, dass ein Netz für die allgemeine Versorgung vorliegt, wenn es ausgehend von seiner **Funktion** für jeden Abnehmer ohne Berücksichtigung seiner Individualität im räumlich von dem Netz umfassten Bereich offen steht. 86

I. Netzbetreiber (Abs. 7)

Absatz 7 bestimmt den häufig wiederkehrenden Terminus Netzbetreiber[134] und definiert näher, was ein Übertragungsnetzbetreiber ist. 87

Netzbetreiber im Sinne des EEG sind die Betreiber von Netzen aller Spannungsebenen für die allgemeine Versorgung mit Elektrizität. Der Begriff des Netzbetreibers in Abs. 7 wird im Anschluss an § 3 Abs. 9 KWKG 2002 unter Bezugnahme auf den Betrieb von Netzen für die allgemeine Versorgung mit Elektrizität im Sinne des § 2 Abs. 4 EnWG 1998 definiert.[135] **Betreiber** ist diejenige natürliche oder juristische Person, die unabhängig von den Eigentumsverhältnissen für die Inbetriebnahme und die Aufrechterhaltung des Netzbetriebs verantwortlich ist und alle Tätigkeiten im Zusammenhang mit dem Zweck des Netzes, Elektrizität aufzunehmen, zu übertragen und zu verteilen, von der Inbetriebnahme bis zur Außerbetriebnahme durchführt. Maßgeblich ist also die tatsächliche Gewalt über das Netz und nicht das Eigentum am Netz.[136] 88

Übertragungsnetzbetreiber sind die regelverantwortlichen Netzbetreiber von Hoch- und Höchstspannungsnetzen, die der überregionalen Übertragung von Elektrizität zu nachgeordneten Netzen dienen. Übertragungsnetzbetreiber sind Netzbetreiber im Sinne des Satzes 1, weil sie zumindest mittelbar Aufgaben der allgemeinen Versorgung wahrnehmen.[137] Die Aufnahme dieser Begriffsbestimmung im Zuge der Novelle im Jahr 2004 war rein deklaratorisch und erfolgte lediglich im Interesse der Rechtsklarheit. 89

---

[133] Ähnlich *Niedersberg*, Schwachstellenanalyse, S. 16 f.; vgl. BGH, ZNER 2004, 182, 183 f.
[134] §§ 2, 4, 5, 11–16, 20.
[135] Vgl. Begründung zu § 3 Abs. 7, BT-Drs. 15/2864, S. 31.
[136] Vgl. *Weißenborn*, in: Schmidt-Schlaeger/Zinow, Grundlagen des Energierechts, S. 121, 127, zum EEG 2000 *Böwing*, in: Säcker, Berliner Kommentar zum Energierecht, § 2 Rn. 5; zum KWKG 2002 *Büdenbender/Rosin*, KWK-AusbauG, § 3 Rn. 169 ff.; zum EnWG *Danner/Theobald*, in: Danner/Theobald, Energierecht, I EnWG B 1, § 2 Rn. 40.
[137] Vgl. Begründung zu § 3 Abs. 7, BT-Drs. 15/2864, S. 31.

§ 4 Abnahme- und Übertragungspflicht

(1) [1]Netzbetreiber sind verpflichtet, Anlagen zur Erzeugung von Strom aus Erneuerbaren Energien oder aus Grubengas unverzüglich vorrangig an ihr Netz anzuschließen und den gesamten aus diesen Anlagen angebotenen Strom aus Erneuerbaren Energien oder aus Grubengas vorrangig abzunehmen und zu übertragen. [2]Die Verpflichtung zur Abnahme nach Satz 1 besteht nach Einrichtung des Anlagenregisters nach § 15 Abs. 3 nur, wenn der Anlagenbetreiber die Eintragung der Anlage in das Register beantragt hat. [3]Unbeschadet des § 12 Abs. 1 können Anlagenbetreiber und Netzbetreiber vertraglich vereinbaren, vom Abnahmevorrang abzuweichen, wenn dies der besseren Integration der Anlage in das Netz dient. [4]Netzbetreiber können infolge der Vereinbarung nach Satz 3 entstehende Kosten im nachgewiesenen Umfang bei der Ermittlung des Netznutzungsentgelts in Ansatz bringen.

(2) [1]Die Verpflichtung nach Absatz 1 Satz 1 trifft den Netzbetreiber, zu dessen technisch für die Aufnahme geeignetem Netz die kürzeste Entfernung zum Standort der Anlage besteht, es sei denn, ein anderes Netz einen technisch und wirtschaftlich günstigeren Verknüpfungspunkt aufweist. [2]Ein Netz gilt auch dann als technisch geeignet, wenn die Abnahme des Stroms unbeschadet des Vorrangs nach Absatz 1 Satz 1 erst durch einen wirtschaftlich zumutbaren Ausbau des Netzes möglich wird; in diesem Fall ist der Netzbetreiber auf Verlangen des Einspeisewilligen zum unverzüglichen Ausbau verpflichtet. [3]Wenn die Anlage einer Genehmigung nach anderen Rechtsvorschriften bedarf, besteht die Verpflichtung zum Ausbau nach Satz 2 nur, wenn der Anlagenbetreiber eine Genehmigung, eine Teilgenehmigung oder einen Vorbescheid vorlegt. [4]Die Pflicht zum Ausbau erstreckt sich auf sämtliche für den Betrieb des Netzes notwendigen technischen Einrichtungen sowie die im Eigentum des Netzbetreibers stehenden oder in sein Eigentum übergehenden Anschlussanlagen.

(3) [1]Die Verpflichtung zum vorrangigen Anschluss nach Absatz 1 Satz 1 besteht auch dann, wenn das Netz oder ein Netzbereich zeitweise vollständig durch Strom aus Erneuerbaren Energien oder Grubengas ausgelastet ist, es sei denn, die Anlage ist nicht mit einer technischen Einrichtung zur Reduzierung der Einspeiseleistung bei Netzüberlastung ausgestattet. [2]Die Verpflichtung nach Absatz 1 Satz 1 zur vorrangigen Abnahme des in diesen Anlagen erzeugten Stroms besteht nur, soweit das Netz oder der Netzbereich nicht durch Strom aus zeitlich vor diesen Anlagen angeschlossenen Anlagen zur Erzeugung von Strom aus Erneuerbaren Energien oder Grubengas vollständig ausgelastet ist; die Verpflichtung zum unverzüglichen Ausbau nach Absatz 2 Satz 2 bleibt unberührt. [3]Der Netzbetreiber ist auf Verlangen des Anlagenbetreibers verpflichtet, bei Nichtabnahme des Stroms das Vorliegen der Voraussetzungen nach Satz 2 innerhalb von vier Wochen schriftlich unter Vorlage nachprüfbarer Berechnungen nachzuweisen.

(4) Soweit es für die Planung des Netzbetreibers oder des Einspeisewilligen sowie für die Feststellung der Eignung des Netzes erforderlich ist, sind auf Antrag die für eine nachprüfbare Netzverträglichkeitsprüfung erforderlichen Netzdaten und Anlagendaten innerhalb von acht Wochen vorzulegen.

Abnahme- und Übertragungspflicht § 4

(5) Die Verpflichtung zur vorrangigen Abnahme und Übertragung nach Absatz 1 Satz 1 besteht auch dann, wenn die Anlage an das Netz des Anlagenbetreibers oder eines Dritten, der nicht Netzbetreiber im Sinne von § 3 Abs. 7 ist, angeschlossen und der Strom mittels kaufmännisch-bilanzieller Durchleitung durch dieses Netz in ein Netz nach § 3 Abs. 6 angeboten wird.

(6) ¹Der vorgelagerte Übertragungsnetzbetreiber ist zur vorrangigen Abnahme und Übertragung der von dem Netzbetreiber nach Absatz 1 oder 5 aufgenommenen Energiemenge verpflichtet. ²Wird im Netzbereich des abgabeberechtigten Netzbetreibers kein inländisches Übertragungsnetz betrieben, so trifft die Pflicht zur Abnahme und Übertragung nach Satz 1 den nächstgelegenen inländischen Übertragungsnetzbetreiber. ³Satz 1 gilt für sonstige Netzbetreiber entsprechend.

Übersicht

	Rn.
A. Überblick	1
B. Hintergrund der Norm	3
I. Normzweck	3
II. Entstehungsgeschichte	4
III. Das Grundkonzept des EEG	7
C. Die Grundpflichten des Netzbetreibers (Abs. 1)	15
I. Überblick	15
II. Anschlusspflicht (Abs. 1)	19
1. Anlage nach § 3 Abs. 2	20
2. Anlagenbetreiber nach § 3 Abs. 3	26
3. Netzbetreiber	27
4. Zeitkomponente	29
5. Dauercharakter der Anschlusspflicht	30
6. Notwendigkeit des unmittelbaren Anschlusses	31
7. Vorrangiger Anschluss	32
III. Pflicht zur vorrangigen Abnahme und Übertragung (Abs. 1 Satz 1)	33
1. Gesamtabnahme	34
2. Vorrangprinzip	37
3. Ausnahme bei Nicht-Eintragung der Anlage in das Register (Abs. 1 Satz 2)	38
4. Abweichungen von der Abnahmepflicht zur besseren Integration der Anlage ins Netz (Abs. 1 Satz 3 und 4)	39
D. Bestimmung des geeigneten Netzes und Netzausbaupflicht (Abs. 2)	44
I. Überblick	44
II. Technische Eignung des Netzes (Abs. 2 Satz 2 Halbsatz 1)	49
1. Widerlegliche Vermutung der technischen Eignung bei geeigneter Netzspannung	50
2. Widerlegung der Vermutung	52
3. Beweislastprobleme	54
III. Pflicht zum Netzausbau (Abs. 2 Satz 2 Halbsatz 2, Satz 3)	55
1. Adressaten der Netzausbauverpflichtung	56
2. Erforderlichkeit des Netzausbaus	57
3. Netzausbau in den Grenzen der Zumutbarkeit	58
4. Zeitliche Komponente – Unverzüglichkeit	70
5. Netzausbaupflicht und Anlagengenehmigungen (Abs. 2 Satz 3)	71
6. Abgrenzung des Netzausbaus von Anschlussmaßnahmen (Abs. 2 Satz 4)	72
IV. Kürzeste Entfernung zwischen geeignetem Netz und Standort	76

	Rn.
V. Prüfungsschema zur Bestimmung des verpflichteten Netzbetreibers	85
E. Anschluss- und Abnahmepflichten bei zeitweilig ausgelastetem Netz (Abs. 3)	89
I. Regelung des Netzanschlusses an ein vorübergehend ausgelastetes Netz	89
II. Änderungen für das bisherige Netzkapazitäts-Zuweisungsregime	96
F. Die gegenseitigen Auskunftspflichten der Netz- und Anlagenbetreiber (Abs. 4)	101
G. Arealnetze (Abs. 5)	110
H. Pflichten der Übertragungsnetzbetreiber (Abs. 6)	115
I. Vorgelagerter Übertragungsnetzbetreiber (Abs. 6 Satz 1)	117
II. Ansprüche der Anlagenbetreiber bei Insolvenz des primärverpflichteten Netzbetreibers	122
III. Nächstgelegener inländischer Netzbetreiber (Abs. 6 Satz 2)	123
IV. Sonstige Netzbetreiber (Abs. 6 Satz 3)	124

Literatur: *Altrock,* „Subventionierende" Preisregelungen – Die Förderung Erneuerbarer Energieträger durch das EEG, 2002; *Altrock/Krzikalla/Zander,* Das Gesetz für den Vorrang Erneuerbarer Energien, in: Zander/Riedel/Kraus (Hrsg.), Praxishandbuch Energiebeschaffung, Loseblatt (Stand: Sept. 2003), II-6.1.1; *Apfelstedt,* Ökoenergie-Pflichtbenutzung und Warenverkehrsrecht: Zur warenverkehrsrechtlichen Bewertung der Stromeinspeisungsgesetz, des EEG und anderer Pflichtkaufmodelle für Öko(energie)dienstleistungen (ÖDL), ZNER 2001, 2 ff.; *Bartsch/Pohlmann,* Grundprinzipien des EEG, in: Bartsch u. a. (Hrsg.), Stromwirtschaft. Ein Praxishandbuch, 2002, Kap. 40, S. 325 ff.; *BMU,* Novelle des Erneuerbare-Energien-Gesetzes (EEG) – Überblick über das vom Deutschen Bundestag beschlossene Gesetz, Umwelt, 5/2004, S. 262 ff.; *Bönning,* Netzanschluss-/Netzausbaukosten – Überblick über die Rechtsprechung, ZNER 2003, 296 ff.; *Britz,* in: Ludwig/Odenthal (Hrsg.), Recht der Elektrizitäts-, Gas- und Wasserversorgung, Kommentar, EEG, Loseblatt (Stand: 2002); *Busmann,* Anmerkung zum Urteil des OLG Hamm v. 11. 10. 2002, ZNER 2003, 49 f.; *von Fabeck,* Kommentar des Solarenergie-Förderverein (SFV) zum Hinweispapier der Clearingstelle, Solarbrief 2/2001, S. 13 f., *Held/Altrock,* Freier Markt für Strom aus Erneuerbarer Energie, powernews.org, 23. 3. 2004, 17; *Hermes,* Staatliche Infrastrukturverantwortung – Rechtliche Grundstrukturen netzgebundener Transport- und Übertragungssysteme zwischen Daseinsvorsorge und Wettbewerbsregulierung am Beispiel der leitungsgebundenen Energieversorgung in Europa, 1998 (Habilitationsschrift); *Jahn,* Inkrafttreten des novellierten EEG: Was ändert sich für die Netzbetreiber, IR 2004, 199 ff.; *Lackmann,* Erfahrungen von Erzeugern mit dem EEG, ZNER 2002, 124 ff.; *Lippert,* Energiewirtschaftsrecht, Gesamtdarstellung für Wissenschaft und Praxis, 2002; *Mengers,* Zu den Pflichten nach § 3 Erneuerbare-Energien-Gesetz, ZNER 2001, 45 ff.; *Möstl,* Der Vorrang Erneuerbarer Energien, Ein Prinzip des Energiewirtschaftsrechts nimmt Gestalt an, RdE 2003, 90 ff.; *Müller,* Das novellierte Erneuerbaren-Energien-Gesetz, RdE 2004, 237 ff.; *Niedersberg,* Das Gesetz für den Vorrang Erneuerbarer Energien (Erneuerbare-Energien-Gesetz, EEG), NVwZ 2001, 21 ff.; *Oschmann,* Das Erneuerbare-Energien-Gesetz im Gesetzgebungsprozess, ZNER 2000, 24 ff.; *ders.,* Die Novelle des Erneuerbare-Energien-Gesetzes, NVwZ 2004, 910 ff.; *ders.,* Strom aus erneuerbaren Energien im Europarecht, 2002 (Zugl.: Würzburg, Univ., Diss., 2001); *ders.,* in: Danner/Theobald (Hrsg.), Energierecht, Kommentar, Loseblatt (Stand. 49. EL/Jan. 2005), IV EEG B1 Einf.; *Oschmann/Müller,* Neues Recht für Erneuerbare Energien – Grundzüge der EEG-Novelle, ZNER 2004, 24 ff.; *Pohlmann,* Rechtsprobleme der Stromeinspeisung nach dem Stromeinspeisungsgesetz, 1996; *Reshöft/Steiner/Dreher,* Erneuerbare-Energien-Gesetz, Handkommentar, 2. Aufl., 2005; *Reshöft,* Zur Novellierung des EEG – was lange wird, wird endlich (gut), ZNER 2004, 240 ff.; *Richter,* Anmerkung zum Kommentar von Peter Salje zum Kommentar EEG, RdE 2001, 39 f.; *Salje,* Das neue Recht der Stromeinspeisung, Versorgungswirtschaft 2000, 173 ff.; *ders.,* Der Stromeinspeisungsvertrag, Versorgungswirtschaft 2002, 77 ff.; *ders.,* Netzverträglichkeitsprüfung und Anspruch auf Anschluss regenerativer Energieerzeugungsanlagen, Versorgungswirtschaft 2001, 225 ff.; *ders.,* Vorrang für Erneuerbare Energien, – Das neue Recht der Stromeinspeisung, RdE 2000, 125 ff.; *ders.,* Erneuerbare-Energien-Gesetz, Gesetz für den Vorrang erneuerbarer Energien (EEG), Kommentar,

Abnahme- und Übertragungspflicht **1 § 4**

3. Aufl. 2005; *Schneider,* Energieumweltrecht: Erneuerbare Energien, Kraft-Wärme-Kopplung, Energieeinsparung, in: Schneider/Theobald (Hrsg.), Handbuch zum Recht der Energiewirtschaft (HBEnWR), 2003, § 18, S. 995 ff.; *Schrader/Krzikalla/Müller-Kirchenbauer,* Netznutzungsentgelte und Lastprofile im Erneuerbare Energien Gesetz, ZNER 2001, 89 ff.; *Thomas/Putzo,* Zivilprozessordnung mit Gerichtsverfassungsgesetz, den Einführungsgesetzen und europarechtlichen Vorschriften, Kommentar, 26. Aufl. 2004; *VDEW/DGV,* Richtlinie „Datenaustausch und Energiemengenbilanzierung (3/2001); *Weißenborn,* Anmerkung zum Urteil des LG Frankfurt (Oder) vom 14. 9. 2001 – 6 (b) S 22/01, RdE 2003, 49 f.; *ders.,* Die Entwicklung des Rechts der Stromeinspeisung, in: Schmidt-Schlaeger/Zinow (Hrsg.), Grundlagen des Energierechts, 2004, S. 121 ff.; *ders.,* Streitfragen zum Erneuerbare-Energien-Gesetz, in: Böhmer (Hrsg.), Erneuerbare Energien – Perspektiven für die Stromerzeugung [Energie im Dialog, Band 3], 2003, S. 71 ff.

Rechtsprechung: BGH, Urt. v. 6. 10. 1992 – KZR 10/91, BGHZ 119, 335 ff.; BGH, Urt. v. 22. 10. 1996 – KZR 19/95, BGHZ 134, 1 ff., NJW 1997, 574 ff.; BGH, NJW 1997, 573; BGH, Urt. v. 11. 6. 2003 – VIII ZR 160/02, UPR 2003, 350 ff.; BGH, Urt. v. 11. 6. 2003 – VIII ZR 161/02, ZNER 2003, 234 ff., NVwZ 2003, 1143 ff.; BGH, Urt. v. 11. 6. 2003 – VIII ZR 322/02 (unveröffentlicht); BGH, Urt. v. 8. 10. 2003 – VIII ZR 165/01, RdE 2004, 46 ff. = ZNER 2003, 331 ff.; OLG Schleswig-Holstein, ET 1994, 382 ff.; OLG Karlsruhe, Urt. v. 22. 3. 1995 – 6 U 8/94 (Kart), RdE 1995, 206 ff.; KG Berlin, Beschl. v. 14. 2. 1996 – Kart 6/95, RdE 1997, 27 ff.; OLG Koblenz, Urt. v. 28. 9. 1999 – 1 U 1044/96, NJW 2000, 2031 ff. = RdE 2000, 70 ff.; Thüringer OLG, Schleswig-Holsteinisches OLG, Urt. v. 17. 5. 2002 – 1 U 166/98, ZNER 2002, 227 ff. = RdE 2003, 78 ff.; Brandenburgisches OLG, Beschl. v. 10. 12. 2002 – 6 U 124/01 (unveröffentlicht); Schleswig-Holsteinisches OLG, RdE 2003, 214; OLG Hamm, Urt. v. 11. 10. 2002 – 29 U 28/02, ZNER 2003, 49 f.; OLG Hamm, Urt. v. 12. 9. 2003 – 29 U 14/03, ZNER 2003, 335 ff.; OLG Stuttgart, Urt. v. 16. 6. 2003 – 2 U 43/03, RdE 2004, 23 ff. = ZNER 2003, 333 ff.; OLG Stuttgart, Urt. v. 30. 9. 2004 – 2 U 58/04 (unveröffentlicht); OLG Nürnberg, Urt. v. 30. 4. 2002 – 3 U 4066/01, ZNER 2002, 225 ff.; LG Itzehoe, Urt. v. 1. 9. 1998 – 5 O 50/98, ZNER 4/1998, 53 ff.; LG Mannheim, Urt. v. 26. 2. 1999 – 7 O 180/97, ZNER 1/1999, 31 ff.; LG Krefeld, Urt. v. 19. 4. 2001 – 3 O 355/00, ZNER 2001, 186 ff. = RdE 2002, 109 ff.; LG Frankfurt (Oder), Urt. v. 5. 2. 2001 – 31 O 25/01 (unveröffentlicht); LG Frankfurt (Oder), Urt. v. 14. 9. 2001 – 6 (b) S 22/01, ZNER 2001, 269 ff. = RdE 2003, 47 ff.; LG Dortmund, Urt. v. 17. 4. 2002 – 6 O 53/02, RdE 2002, 293 ff.; LG Oldenburg, Beschl. v. 24. 5. 2002 – 13 S 52/02 (unveröffentlicht); LG Frankfurt (Oder), Urt. v. 24. 7. 2002 – 11 O 120/02, RdE 2003, 50 f.; LG Dortmund, Urt. v 13. 12. 2002 – 6 O 237/02, ZNER 2003, 70 f.; LG München I, Urt. v. 17. 12. 2002 – 26 O 7485/01, RdE 2003, 215 ff.; LG Braunschweig, Urt. v. 6. 2. 2003 – 4 O 417/02 (unveröffentlicht); LG Frankfurt (Oder), Urt. v. 30. 4. 2004 – 31 O 58/03 (unveröffentlicht); AG Friedberg/Hessen, Urt. v. 15. 11. 2000 – 2 C 1094/00, RdE 2001, 198; AG Fürstenwalde, Urt. v. 12. 12. 2000 – 1 C 19/00, RdE 2001, 161 f.; AG Bergisch-Gladbach, Urt. v. 8. 5. 2002 – 63 C 89/02, RdE 2002, 295 ff.; AG Hamburg, Urt. v. 11. 12. 2002 – 12 C 472/2001, ZNER 2002, 145 f.; AG Bergisch-Gladbach, Urt. v. 27. 3. 2003 – 63 O 383/02, RdE 2003, 218 f.; AG Cochem, Urt. v. 26. 6. 2003 – 2 C 743/02, RdE 2003, 314 f.

A. Überblick

§ 4 regelt die Anschluss-, Abnahme- und Übertragungspflicht des Netzbetreibers gegenüber dem Erzeuger von Strom aus Erneuerbaren Energien. Damit ist diese Vorschrift für Anlagenbetreiber eine der zentralen Normen des EEG – neben den allgemeinen (§ 5) und besonderen (§§ 6 bis 11) Regelungen zur Vergütungshöhe, den gemeinsamen Vorschriften des § 12 und der Vorschrift des § 13, die den Netzanschluss regelt. Zusammen mit § 5 stellt § 4 das **Hauptinstrument zur Markteinführung Erneuerbarer Energien** im deutschen Recht dar: Während § 1 das Ziel des Gesetzes konkretisiert, geben die §§ 4 und 5 die Art und Weise der Markteinführung durch die Pflicht zum Anschluss der Anlage und zur Abnahme des Stroms zu Mindestvergütungen, die für die Abschreibungszeiträume garantierte werden, vor.[1] Der Gesetzgeber greift damit durch Schaffung einer „subventionierenden" Preisregelung zivilrechtsgestaltend in das Verhältnis Anlagenbetreiber – Netzbetreiber ein: Die Betreiber von Elektrizitätsversorgungs- oder Übertragungsnetzen werden zu der Umweltdienstleistung[2] verpflichtet, Strom aus genau definierten regenerativen Erzeugungsanlagen, die sie an ihr Netz anschließen müssen, vorrangig aufzunehmen und gemäß § 5 in Höhe der im EEG genannten Mindestpreise zu vergüten.[3]

2 § 4 normiert in Verbindung mit § 14 einen **vierstufigen gesetzlichen Vergütungs- und Verteilmechanismus,** der aus einer Verflechtung von Anschluss-, vorrangiger Abnahme-, Übertragungs- und Vergütungspflichten besteht.[4] In den §§ 4 und 5 werden dabei die erste und zweite Stufe dieses Mechanismus geregelt. Die dritte und vierte Stufe bis hin zum letztversorgenden Stromhändler findet sich in § 14. Ergänzende Regelungen zur gesetzlich ansonsten nicht geregelten „fünften Stufe" – der Weitergabe der Stromengen und der damit verbundenen Kosten an die Endkunden, die vertraglich zu regeln ist – trifft die Besondere Ausgleichsregelung des § 16 (sog. Härtefallregelung). Zu den Einzelheiten sogleich unten (Rn. 6 ff.).

B. Hintergrund der Norm

I. Normzweck

3 § 4 dient dazu, die Anschluss-, Abnahme- und Übertragungspflicht als Elemente der **Umweltdienstleistungspflichten des Netzbetreibers** gegenüber dem Betreiber von Anlagen zur Erzeugung von Strom aus Erneuerbaren Energien umfassend zu regeln.

II. Entstehungsgeschichte

4 Das **Konzept** der §§ 4, 5 und 14 beruht grundsätzlich auf dem des **StrEG,** wonach bei Einspeisung von Strom aus Erneuerbaren Energien eine Abnahme- und Vergütungspflicht zu festen Entgelten besteht. Es sind aber auch Abweichungen vom StrEG zu registrieren: So enthielt das StrEG noch **keinen bundesweiten Ausgleich** des aus der Mindestvergütungspflicht resultierenden **Aufwands** der abnahmepflichtigen Netzbetreiber. Bei dem im StrEG festgeschriebenen **„Deckel-Modell"** der Kostenumlage wurden die Kosten für die Vergütung des Stroms aus Erneuerbaren Energien ausschließlich auf die Netzkunden des Netzbetreibers umgelegt, in dessen Netz die Einspeisung erfolgte. Erst wenn die vergütete Strommenge 5 Prozent der Strommenge überstieg, die an die Kunden des jeweiligen Netzes abgegeben wurde, konnten die zusätzlichen Kosten an den vorgelagerten Netzbetreiber weitergewälzt werden. Erreichte dieser ebenfalls den 5-Prozent-Deckel, wurden keine weiteren Anlagen in diesem Netzgebiet mehr

---

[1] Vgl. auch *Bartsch/Pohlmann,* in: Bartsch u. a., Stromwirtschaft, Kap. 40 Rn. 2, die von einem Einspeise- und Vergütungsmodell sprechen.
[2] Vgl. *Apfelstedt,* ZNER 2001, 2; *Möstl,* RdE 2003, 94; *Oschmann,* in: Danner/Theobald, Energierecht, VI EEG B1 Einf, Rn. 19.
[3] Vgl. hierzu *Altrock,* „Subventionierende" Preisregelungen, S. 35; *Altrock/Krzikalla/Zander,* in: Zander/Riedel/Kraus, Praxishandbuch Energiebeschaffung, II-6.1.1, S. 1.
[4] Vgl. *Altrock/Krzikalla/Zander,* in: Zander/Riedel/Kraus, Praxishandbuch Energiebeschaffung, II-6.1.1., S. 1; dagegen sprechen *Schneider,* in: Schneider/Theobald, HBEnWR, § 18 Rn. 57 ff.; *Oschmann,* NVwZ 2004, 910, 912, und *Reshöft/Steiner/Dreher,* EEG, Einleitung, Rn. 36 von einem fünfstufigen Mechanismus.

Abnahme- und Übertragungspflicht

vergütet. Damit wurde aber das StrEG dem Umstand nicht gerecht, dass die Standorte für Windanlagen nicht gleichmäßig über das Bundesgebiet verteilt sind, sondern insbesondere Küstenstandorte bessere Erträge ermöglichen.[5] Mit dem bundesweiten Ausgleichsmechanismus, im EEG 2000 geregelt in den §§ 3 und 11, korrigierte der Gesetzgeber dies. Im aktuellen EEG 2004 finden sich diese Regelungen in kaum veränderter Fassung in den §§ 4, 5 und 14.

Während das EEG 2000 in § 3 noch eine einheitliche Regelung von Anschluss, 5 Abnahme und Vergütung enthielt, spaltet das EEG 2004 diesen Regelungsbereich auf zwei Paragraphen auf, die §§ 4 und 5. Hintergrund dafür ist die **EE-RL.** Diese enthält einen weiteren Begriff der Erneuerbaren Energien,[6] als der Anwendungsbereich der Mindestvergütungspflichten des EEG 2004 nach Vorstellung des Gesetzgebers reichen soll. Da die Richtlinie aber vorschreibt, dass alle Anlagen zur Erzeugung von Strom aus Erneuerbaren Energien nach dem **weiteren europäischen Erneuerbare-Energien-Begriff** angeschlossen werden und der erzeugte Strom vorrangig abzunehmen ist, hat der Gesetzgeber Anschluss- und Abnahmepflicht einerseits und die darüber hinausgehende Mindestvergütungspflicht andererseits in getrennten Paragraphen geregelt.[7] Für den über die Definition des EEG 2000 hinausgehenden Strom enthält das EEG 2004 deshalb lediglich eine Abnahme- und Übertragungspflicht, bezieht diesen Strom aber nicht in die Vergütungsregelungen der §§ 5ff. ein; der jeweilige Anlagenbetreiber ist daher für die Vermarktung seines Stroms selbst verantwortlich. Künftig besteht die gesetzliche Vergütungspflicht lediglich dann, wenn die jeweilige Energiemenge ausschließlich und vorbehaltlich bestimmter Anlagenleistungen[8] aus Erneuerbaren Energien bzw. Grubengas gewonnen wird.

Die Abnahmepflicht wurde mit § 3 EEG 2000 gegenüber der Vorgängerregelung 6 des § 2 StrEG insoweit verschärft, als der Strom aus Anlagen nach § 3 Abs. 2 EEG 2000 **vorrangig** aufzunehmen war. Konventioneller Strom darf dagegen erst nachrangig in das Netz eingespeist werden, er kann unter Umständen also verdrängt werden.[9] Die **Netzverstärkungspflicht** greift deshalb erst dann, wenn ausschließlich regenerativ erzeugter Strom das Netz zu überlasten droht und Sicherheit und Funktionsfähigkeit des Netzes nicht mehr aufrechterhalten werden können oder die Versorgungsfunktion in Netzbereichen, die unmittelbar der Versorgung von Letztverbrauchern dienen, nicht mehr wahrgenommen werden kann. Es bleibt dem Netzbetreiber allerdings unbenommen, das Netz auszubauen, um Kapazitäten für konventionelle erzeugten Strom zu schaffen.

III. Das Grundkonzept des EEG

Das EEG 2004 ist durch seine **Zweistufigkeit** gekennzeichnet: § 4 und die in 7 ihm geregelten Pflichten zum unverzüglichen vorrangigen Anschluss der Anlage und zur vorrangiger Abnahme und Übertragung des Stroms gelten für eine größere Zahl von Anlagen als die Mindestvergütungspflicht des § 5 i.V.m. den Einzelregelungen für die verschiedenen Primärenergieträger in den §§ 6 bis 11.[10]

---

[5] Vgl. *Oschmann,* in: Danner/Theobald, Energierecht, VI EEG B1 Einf, Rn. 7.
[6] Vgl. dazu die Kommentierung zu § 3 Rn. 10 und § 17 Rn. 10ff.
[7] Vgl. BT-Drs. 15/2327, S. 23; *Oschmann/Müller,* ZNER 2004, 24, 25.
[8] Vgl. Kommentierung zu § 5 Rn. 16ff.
[9] Zum Vorrangprinzip und seinem gemeinschaftsrechtlichem Hintergrund in Art. 8 Abs. 3 und 11 Abs. 3 EltRL; vgl. § 2 Rn. 28; vgl. weiterhin *Möstl,* RdE 2003, 90ff.; *Salje,* RdE 2000, 125, 126ff.
[10] Was unter den Begriff Strom aus Erneuerbaren Energien fällt, ergibt sich dabei aus der Begriffsbestimmung in § 3 Abs. 1. § 3 Abs. 2 definiert den Terminus Anlage, Abs. 6 den Begriff Netz und Abs. 7 bestimmt, wer Netzbetreiber ist; vgl. Kommentierung zu § 3.

8 Absatz 1 Satz 1 begründet i. V. m. § 5 die **erste Stufe** der vom EEG geregelten, vier Abschnitte umfassenden Kette von hintereinander geschalteten Lieferverhältnissen. Mit dieser gesetzlichen Lieferkette wird der vom zunächst aufnahmeverpflichteten, nächstgelegenen Netzbetreiber abgenommene EEG-Strom gleichmäßig auf alle Stromhändler in Deutschland verteilt, die Endkunden beliefern. Absatz 1 Satz 1 regelt die **primäre Abnahmepflicht des Netzbetreibers,** der das nächstgelegene, technisch geeignete Netz zur Anlage betreibt und die Anlage deshalb auch anzuschließen hat. Diese Anschlusspflicht wird von der Pflicht flankiert, das Netz im Rahmen des wirtschaftlich Zumutbaren zu verstärken (Netzausbaupflicht). Auf diese Weise soll sichergestellt werden, dass Strom aus Erneuerbaren Energien in jedem Fall auch tatsächlich aufgenommen werden kann.

9 Absatz 1 Satz 1 normiert ein **einseitiges gesetzliches Schuldverhältnis.** Nur soweit ein Anlagenbetreiber nach § 3 Abs. 3 sich entschließt, den in der Anlage erzeugten Strom dem Netzbetreiber zur Einspeisung anzubieten, ist der Netzbetreiber gesetzlich verpflichtet, diesen Strom auch tatsächlich abzunehmen und zu den von den §§ 6 bis 12 festgesetzten Preisen zu vergüten. Absatz 2 regelt, welchen Netzbetreiber die Primärverpflichtung aus Absatz 1 trifft.

10 Absatz 3 enthält eine Sonderregelung für die immer stärker praxisrelevant werdende Problematik des Anschlusses von Anlagen an ein **Netz** oder einen Netzbereich, das bzw. der zeitweise vollständig durch Strom aus Erneuerbaren Energien oder Grubengas **ausgelastet** ist.

11 Absatz 4 verpflichtet Netzbetreiber und Anlagenbetreiber wechselseitig, die für die Planung von Anlage und Netzanschluss, aber auch für die Feststellung der Eignung des Netzes erforderlichen **Daten** innerhalb von acht Wochen vorzulegen.

12 Absatz 5 enthält eine Sonderregelung für die **mittelbare Einspeisung** von Strom über Netze Dritter in ein Netz für die allgemeine Vorsorgung.

13 Absatz 6 schreibt die Lieferkette des EEG-Stroms vom primär einspeiseverpflichteten Netzbetreiber zum vorgelagerten Übertragungsnetzbetreiber fort. Soweit der Strom zu den Mindestvergütungssätzen der §§ 5, 6 bis 11 abgenommen werden muss, enthält § 5 Abs. 2 die Regelung der **zweiten Stufe** des EEG-Mechanismus. Auf dieser Stufe haben alle **Übertragungsnetzbetreiber,** die in ihrer Regelzone aufgenommene elektrische Energie aus EEG-Anlagen vom primär zur Aufnahme verpflichteten Netzbetreiber abzunehmen und zu vergüten. Absatz 6 Satz 2 weist die Verpflichtung für den Fall, dass der verpflichtete Netzbetreiber nicht an ein inländisches Übertragungsnetz unmittelbar angeschlossen ist, dem räumlich nächstgelegenen inländischen Übertragungsnetzbetreiber zu. Die Hochwälzung der Strommengen und der Vergütungssätze auf den vorgelagerten Übertragungsnetzbetreiber gleicht lokale Ungleichgewichte vertikal aus.[11]

14 Die **dritte** und **vierte Stufe** des gesetzlichen Ausgleichsmechanismus ergibt sich aus § 14, Abs. 1, 2 und 4; dort ist ein horizontaler bundesweiter Ausgleich zwischen den Übertragungsnetzbetreibern geregelt, der regional ungleichmäßigen Auswirkungen entgegenwirkt. Mit dem gemäß § 14 Abs. 1 geregelten Ausgleich zwischen den Übertragungsnetzbetreibern **(dritte Stufe)** kommt es zu einer Verschiebung von den vom EEG-Strom überdurchschnittlich betroffenen küstennahen Regionen hin zu den Übertragungsnetzen in West- und Süddeutschland, die regelmäßig weniger Strom aus Erneuerbaren Energien aufzunehmen haben.[12] In der **vierten Stufe** setzt sich die Lieferkette des dann bundesweit gleichmäßig ver-

---

[11] Vgl. *Oschmann,* in: Danner/Theobald, Energierecht, VI EEG B1 Einf, Rn. 41; *Schneider,* in: Schneider/Theobald, HBEnWR, § 18 Rn. 59.
[12] Vgl. auch *Oschmann,* NVwZ 2004, 910, 914; *Schneider,* in: Schneider/Theobald, HBEnWR, § 18 Rn. 59.

teilten EEG-Stroms fort: Abnahme- und vergütungsverpflichtet – nunmehr zu einem bundesweit einheitlichen, jeweils anzupassenden EEG-Durchschnittsstrompreis – sind diejenigen Stromhändler, die Letztverbraucher versorgen. Dieser Mechanismus aus § 14 Abs. 3 verteilt die von den Übertragungsnetzbetreibern abgenommenen Strommengen an die Stromlieferanten weiter (**vertikale Rückwälzung**). Auf diese Weise trägt das Gesetz der funktionalen Trennung zwischen Netzbetrieb und Stromhandel bzw. Stromlieferung Rechnung; eine andere Vorgehensweise würde den Netzbetreiber in die Rolle eines Stromlieferanten drängen.[13] § 14 regelt dabei allerdings nicht, inwieweit die Stromhändler die Strom- und Vergütungsmengen an ihre Endkunden weitergeben können. Mit Blick auf die Vermarktung des Strom aus Erneuerbaren Energien durch die Elektrizitätsversorgungsunternehmen an die Endkunden statuiert das Gesetz in § 14 Abs. 3 Satz 6 lediglich, dass dieser Strom nicht unter der nach § 14 Abs. 3 Satz 4 gezahlten Vergütung verkauft werden darf.

C. Die Grundpflichten des Netzbetreibers (Abs. 1)

I. Überblick

Absatz 1 Satz 1 **verpflichtet** die Netzbetreiber allgemein, die unter § 3 Abs. 2 fallenden Anlagen **unverzüglich** an ihr Netz **anzuschließen,** den **gesamten** aus diesen Anlagen stammenden Strom **vorrangig abzunehmen** und zu **übertragen.** Welchen Netzbetreiber speziell die Anschluss-, Abnahme- und Übertragungspflicht des Abs. 1 trifft, ergibt sich aus Abs. 2: Verpflichtet ist der Netzbetreiber, zu dessen technisch für die Aufnahme geeignetem Netz die kürzeste Entfernung zum Standort der Anlage besteht.[14] Satz 1 des Abs. 2 enthält eine – alle anderen Pflichten des Netzbetreibers flankierende – **Netzausbauverpflichtung** für den Fall, dass ein Netz zur Abnahme des EEG-Stroms erst geeignet ist, nachdem der Netzbetreiber dieses – bei wirtschaftlich zumutbarem Aufwand – ausgebaut hat.

Damit übernimmt § 4 Regelungen des **§ 3 EEG 2000,** soweit es um die Verpflichtungen der Netzbetreiber zum Anschluss, zur Abnahme und zur Übertragung geht. Die Regelungstiefe wurde aber erheblich **ausgebaut.** Dies betrifft insbesondere Regelungen zur Netzintegration der Erzeugungsanlagen und dabei einerseits die Zulässigkeit einer vertraglichen Relativierung des Vorrangprinzips (Abs. 1 Satz 3 und 4). Andererseits finden sich Vorgaben für eine bis zum Abschluss von Netzausbaumaßnahmen auftretende zwischenzeitliche Netzkapazitätsverknappung (Abs. 3). Auch die Regelungen zum Netzausbau durch den Netzbetreiber im Fall eines Engpasses sind nun detaillierter ausgefallen (Abs. 2 Satz 2 und 3). Damit sollen bisher aufgetretene Streitigkeiten zwischen Anlagenbetreibern und Netzbetreibern zukünftig vermieden werden.[15] Zur besseren Übersichtlichkeit und Verständlichkeit wurden die vielfältigen Regelungen des § 4 in sechs Absätze aufgeteilt.

Die **Inpflichtnahme** der Netzbetreiber **rechtfertigt** sich allgemein aus ihrer Infrastrukturverantwortung.[16] Diese erwächst ihnen als mit einem natürlichen

---
[13] Vgl. *Oschmann,* in: Danner/Theobald, Energierecht, VI EEG B1 Einf, Rn. 41; *Schneider,* in: Schneider/Theobald, HBEnWR, § 18 Rn. 60.
[14] Vgl. dazu nachfolgend unten Rn. 18.
[15] Vgl. BT-Drs. 15/2327, S. 23.
[16] Vgl. dazu *Hermes,* Staatliche Infrastrukturverantwortung.

Monopol ausgestatteten Betreibern von Stromnetzen, die grundsätzlich allein über die Netzkapazitäten in ihrem Netz, das in der Regel von der öffentlichen Hand finanziert wurde, verfügen können. Die Infrastrukturverantwortung der Netzbetreiber, als Teil der Energiewirtschaft, umschließt auch die **Verantwortung für eine umweltfreundliche Energieversorgung**.[17] Das natürliche Monopol ist ausweislich der Gesetzesbegründung zum EEG 2000 „auch durch die Entflechtung der Elektrizitätsversorgungsunternehmen und die Liberalisierung des Strommarktes in der Praxis [weiterhin] nicht gefährdet".[18]

18 Die Inpflichtnahme gerade des Betreibers **des nächstgelegenen, wirtschaftlich und technisch geeigneten Netzes** ist insofern gerechtfertigt, als die Errichtung von parallelen Netzen volkswirtschaftlich unsinnige Kosten verursachen würde und deshalb möglichst unterbleiben soll. Damit kommt aber zum Anschluss der regenerativen Erzeugungsanlagen regelmäßig nur dieser eine Betreiber des nächstgelegenen geeigneten Netzes in Betracht. Die Verpflichtung des Netzbetreibers wird ohnehin dadurch relativiert, dass er die zu zahlenden Mindestvergütungssätze über den bundesweiten Ausgleichsmechanismus wieder erstattet erhält. Bei ihm verbleiben lediglich die mit dem Netzbetrieb als solchem zusammenhängenden Aufwendungen (u. a. für einen Netzausbau). Diese kann er, soweit er sie nachweist, bei der Ermittlung der Netznutzungsentgelte in Ansatz bringen, Abs. 1 Satz 4, § 13 Abs. 2 Satz 3.[19]

II. Anschlusspflicht (Abs. 1)

19 Nach Abs. 1 Satz 1 ist der Netzbetreiber verpflichtet, **Anlagen** zur Erzeugung von Strom aus Erneuerbaren Energien im Sinne des § 3 Abs. 1[20] oder aus Grubengas **unverzüglich vorrangig anzuschließen**. Die einzelnen Voraussetzungen des Anschlusses, so wie er in Abs. 1 Satz 1 angeordnet wird, sind – im Gegensatz zum § 3 EEG 2000 – angesichts der Legaldefinitionen des Gesetzes in § 3 deutlicher formuliert. Zugleich wird durch Abs. 1 Satz 1 – gegenüber dem § 3 Abs. 1 Satz 1 EEG 2000 – der Kreis der Anlagen, die angeschlossen werden müssen, gemäß der EE-RL.[21]

1. Anlage nach § 3 Abs. 2

20 **Begünstigt** werden durch die Regelung des Abs. 1 Satz 1 Anlagen, die unter den gesetzlich definierten Anlagenbegriff des § 3 Abs. 2 fallen. Erfasst sind danach nur Anlagen, die – zumindest anteilig – Strom aus Wasserkraft (einschließlich der Wellen-, Gezeiten- und Strömungsenergie), Windkraft, solarer Strahlungsenergie, Deponiegas, Klärgas, Geothermie, Grubengas oder Biomasse (einschließlich durch anaerobe Vergärung erzeugtem Gas) erzeugen. Die begünstigten Anlagen werden regelmäßig ortsfest sein; sie können indes auch solche sein, die nur für einen beschränkten Zeitraum an das Netz gehen, um später anderenorts erneut in Betrieb genommen zu werden.[22]

21 Prozessual setzt eine Klage auf tatsächliche Realisierung eines Netzanschlusses gegen den Netzbetreiber nach Abs. 1 **nicht** voraus, dass die Anlage **anschluss-**

---

[17] Vgl. dazu Einführung Rn. 55.
[18] Vgl. die Gesetzesbegründung des EEG 2000, BT-Drs. 14/2776, S. 22; Zusatz des Verf.
[19] Zur verfassungsrechtlichen Zulässigkeit der Indienstname der Netzbetreiber ausführlich Altrock, „Subventionierende" Preisregelungen, S. 197 ff., 228 ff., 270 ff. sowie Einführung Rn. 67 ff. bzw. 37 ff.
[20] Vgl. Kommentierung zu § 3 Rn. 7 bis 35.
[21] Vgl. BT-Drs. 15/2327, S. 24.
[22] Vgl. Kommentierung zu § 3 Rn. 36 ff.

Abnahme- und Übertragungspflicht 22–24 § 4

bereit ist.[23] Voraussetzung ist jedoch, dass sich das Vorhaben so hinreichend konkretisiert hat, dass der Netzbetreiber das Anschlussbegehren prüfen muss.

Von den Netzbetreibern wurde dies bisher regelmäßig dann angenommen, 22 wenn eine behördliche Errichtungsgenehmigung, und sei es ein Bauvorbescheid oder eine Teilgenehmigung, vorliegt. Verweigert der Netzbetreiber den **zukünftigen Anschluss** der Anlage und die Abnahme des Stroms, kommt eine Klage auf Anschluss und Abnahme also bereits vor Errichtung in Betracht. Ein solcher Antrag ist zumindest gem. **§ 259 ZPO** zulässig. So findet ein Anspruch auf Vornahme des Anschlusses der noch zu errichtenden Anlage und auf Abnahme des noch zu erzeugenden Stroms seine Grundlage in einem bestehenden Rechtsverhältnis, dessen rechtserzeugenden Tatsachen bereits eingetreten sind. Dass die Anlagen noch nicht errichtet sind, steht dem nicht entgegen. Die darauf beruhende Verpflichtung zum Anschluss der Anlage und zur Abnahme des Stroms stellt ein gesetzliches Schuldverhältnis dar.[24] Liegt eine Errichtungsgenehmigung vor, ist das Rechtsverhältnis **hinreichend konkretisierbar** und allenfalls durch die noch durchzuführende Errichtung der Anlage aufschiebend bedingt. Diese ist für die Anwendung des § 259 ZPO ausreichend, da der eingeklagte Anspruch zwar entstanden, aber nicht bereits wirksam sein muss.[25] Bei Anlagen, die keiner Genehmigung bedürfen, ist die Vorlage einer Genehmigung demgegenüber naturgemäß nicht Voraussetzung der Zulässigkeit der Klage.

Schon vor der Anlagenerrichtung besteht zwischen dem Anlagenbetreiber, der 23 Netzanschluss begehrt, und dem Netzbetreiber, dessen Pflichtenstellung grundsätzlich unstrittig ist, ein **gesetzliches Schuldverhältnis** aus Abs. 1.[26] Aus diesem Schuldverhältnis resultieren gegenseitige Pflichten. Behinderungen der Planung der Anlagenerrichtung durch den Netzbetreiber können deshalb über einen kartellrechtlichen Missbrauch seiner marktbeherrschenden Stellung hinaus – sanktioniert nach §§ 19, 20 GWB – eine Verletzung dieses Schuldverhältnisses darstellen. Hieraus können Schadenersatzansprüche erwachsen. Für eine noch nicht anschlussbereite Anlage kommt jedenfalls auch eine Feststellungsklage in Frage. Die Klage ist darauf gerichtet, festzustellen, dass der Netzbetreiber an der gewünschten Stelle Netzanlagen für die Einspeisung mit der beabsichtigen Anlagengröße zur Verfügung zu stellen hat.[27]

In Anbetracht der Regelung in Abs. 3 Satz 1 kommt der bisher in der Praxis 24 häufig problematischen Frage nach einer **verbindlichen Anschlusszusage** vor Errichtung der Anlage bei knappen Netzkapazitäten keine entscheidende Rolle mehr zu. Nach Abs. 3 Satz 1 ist der Anschluss selbst dann vorzunehmen, wenn das Netz zeitweise vollständig durch Strom aus Erneuerbaren Energien oder Grubengas ausgelastet ist. Voraussetzung ist, dass die Anlage mit einer prioritätengesteuerten Abschaltautomatik ausgerüstet ist.[28] Mit dem Anschluss ist nunmehr aber nicht mehr notwendig die verbindliche Zusage verbunden, dass der gesamte Strom aus der angeschlossenen Anlage tatsächlich abgenommen wird. Nach Abs. 3 Satz 2 besteht die Abnahmeverpflichtung dann vielmehr lediglich, soweit das Netz nicht bereits durch Strom aus zeitlich früher angeschlossenen Anlagen vollständig ausgelastet ist.[29] Die von Anlagenbetreibern nicht zuletzt für die Finanzierung benötigte

---

[23] Vgl. LG Frankfurt (Oder), Urt. v. 30. 4. 2004 – 31 O 58/03.
[24] LG Frankfurt (Oder), Urt. v. 30. 4. 2004 – 31 O 58/03 unter Hinweis auf BGH, Urt. v. 29. 9. 1993 – VIII ZR 107/93.
[25] Vgl. *Thomas/Putzo*, ZPO, § 259 Rn. 3.
[26] Vgl. *Salje*, EEG, § 4 Rn. 93.
[27] Vgl. hierzu BGH, NVwZ 2003, 1143 ff., 1147; *Bönning*, ZNER 2003, 296 ff., 296 f.
[28] Vgl. so bereits LG Itzehoe, ZNER 4/1998, Nr. 1, 75 ff., Nr. 4, S. 53 ff.
[29] Zu den Einzelheiten unten Rn. 92.

Abnahmezusage des Netzbetreibers betrifft nunmehr die Frage, in welchem Ausmaß aufgrund der Rangstelle des Anschlusses und der konkreten Netzsituation mit Einschränkungen der tatsächlichen Stromabnahme zu rechnen ist.[30]

25 Nach dem Wortlaut des § 3 Abs. 3 i. V. m. § 2 Abs. 1 muss der nach Abs. 1 Satz 1 durch einen Anschluss der Anlage privilegierte Erzeugungsprozess im Inland erfolgen: Im **Ausland** gelegene **Anlagen,** die Strom erzeugen, werden nicht von Abs. 1 Satz 1 erfasst. Unschädlich ist es aber, wenn die vom sachlichen Anwendungsbereich erfassten Energiequellen (etwa **Biomasse**) in den Geltungsbereich des Gesetzes **importiert** werden, um dort verstromt zu werden.[31]

2. Anlagenbetreiber nach § 3 Abs. 3

26 Das EEG enthält nunmehr eine Definition des Begriffs des „**Anlagenbetreibers**". Dieser ist der „Einspeiser" bzw. der Netzanschlusspetent, dessen Anlage nach Abs. 1 Satz 1 angeschlossen werden soll. Er ist der Inhaber des Anspruchs auf Anschluss gemäß dieser Vorschrift. Gemäß der Legaldefinition des § 3 Abs. 3 muss er die Anlage zum Zwecke der Erzeugung von Strom aus Erneuerbaren Energien oder aus Grubengas nutzen.[32]

3. Netzbetreiber

27 Adressat in Abs. 1 Satz 1 ist der **Netzbetreiber.** Der Begriff ist in § 3 Abs. 7 legaldefiniert:[33] Hiernach sind Netzbetreiber die Betreiber von Netzen aller Spannungsebenen für die allgemeine Versorgung mit Elektrizität. Diese Definition entspricht dem § 2 Abs. 3 EEG 2000.[34] Unter die allgemeine Versorgung fällt dabei nach der Rechtsprechung des BGH nicht nur die Versorgung von Endkunden, sondern auch die Belieferung von Elektrizitätsversorgungsunternehmen, die ihrerseits Letztverbraucher versorgen.[35]

28 Unerheblich ist bei Abs. 1, ob das fragliche Netz ein Verteilnetz oder ein Übertragungsnetz ist.[36] Regelmäßig werden Anlagenbetreiber versuchen, ihren **Anschluss** an ein **Nieder- oder Mittelspannungsnetz** durchzusetzen. Etwa bei großen Windparks ist aber auch denkbar, dass ein **Hoch- oder Höchstspannungsnetz** das (allein) technisch geeignete Netz darstellt.[37] Dabei hatte der Gesetzesentwurf vom 13. Dezember 2000 zum EEG 2000 in § 2 Abs. 1 Satz 3 EEG 2000[38] noch ausdrücklich vorgesehen, dass Netze, „an die Letztverbraucher nicht unmittelbar angeschlossen sind" – also Übertragungsnetzbetreiber – ebenfalls in den Verpflichtetenkreis des Gesetzes fallen sollen. Eine Aufnahme dieses Passus in das EEG 2000 war allerdings redundant und daher entbehrlich: Bereits nach dem EEG 2000 waren die Übertragungsnetzbetreiber in den Pflichtenkreis des EEG einbezogen.[39]

---

[30] Hierzu genauer unten Rn. 96 ff.
[31] Vgl. *Schneider,* in: Schneider/Theobald, HBEnWR, § 18 Rn. 75; *Salje,* EEG, § 2 Rn. 57 f.
[32] Vgl. Kommentierung zu § 3 Rn. 45 ff.
[33] Vgl. Kommentierung zu § 3 Rn. 86 ff.
[34] *Salje,* Versorgungswirtschaft 2000, 173; *Schneider,* in: Schneider/Theobald, HBEnWR, § 18 Rn. 77.
[35] BGH, RdE 2004, 46 ff., 48 = ZNER 2003, 331, 332; vgl. die Kommentierung zu § 3 Rn. 79.
[36] Vgl. auch *Salje,* Versorgungswirtschaft 2000, 173; siehe Kommentierung zu § 3 Rn. 74 f.
[37] *Oschmann,* ZNER 2000, 24, 26; *Salje,* EEG, § 4 Rn. 14
[38] BT-Drs. 14/2341, S. 3.
[39] Dies zeigte der Rückgriff auf die Regelung des § 3 Abs. 1 Satz 2 EEG 2000, wonach die Verpflichtung des Gesetzes nur denjenigen Netzbetreiber traf, dessen technisch für die Auf-

(Fortsetzung nächste Seite)

4. Zeitkomponente

Der Anschluss nach Abs. 1 Satz 1 hat **unverzüglich** zu erfolgen. Damit haben 29
Netzbetreiber – entsprechend § 121 Abs. 1 Satz 1 BGB – den Anschluss einer
Anlage ohne schuldhaftes Zögern zu veranlassen, wenn der Anschlusspetent seinen
Wunsch, die Anlage ans Netz zu binden, geäußert hat. Verletzt der Netzbetreiber
diese gesetzliche Pflicht schuldhaft, so macht er sich gegenüber dem Anlagen-
betreiber schadensersatzpflichtig.[40]

5. Dauercharakter der Anschlusspflicht

Der Anspruch des Anlagenbetreibers auf Netzanschluss erschöpft sich nicht in 30
der Herstellung des Anschlusses.[41] Er **verbietet** es dem Netzbetreiber – ähnlich
dem § 10 Abs. 1 EnWG 1998 (Kontrahierungszwang des Netzbetreibers gegenüber Tarifabnehmern) – auch, die **Anlage vom Netz zu nehmen.** Die Anschlusspflicht des Netzbetreibers stellt demnach ein **Dauerschuldverhältnis** dar.
Inhalt dieser Dauerverpflichtungseigenschaft ist ebenfalls, dass bei künftigen An-
schlüssen der Netzbetreiber vorhandene Anschlüsse beachten und dafür Sorge
tragen muss, dass von neu anzuschließenden Anlagen keine schädigenden Rück-
wirkungen auf die bereits mit dem Netz verbundenen Anlagen ausgehen.[42]

6. Notwendigkeit des unmittelbaren Anschlusses

Absatz 1 (i. V. m. § 13 Abs. 1) verlangt, dass die Anlage **unmittelbar** mit dem 31
Netz verbunden wird. Die Verbindung einer Anlage mit einem Netz über weitere
Netze bzw. Leitungen – also der sog. mittelbare Anschluss[43] – ist kein Anschluss
im Sinne des § 4. Dies beruht in erster Linie darauf, dass lediglich die Strommenge als übergeben (und übereignet) angesehen werden kann, die auch physikalisch ins Netz gelangt.[44] Die davon zu unterscheidende Frage einer mittelbaren
Abnahme von Strom etwa durch ein Objekt- bzw. Arealnetz hat der Gesetzgeber
nun in Abs. 5 geregelt.[45]

7. Vorrangiger Anschluss

Der **Anschluss** der regenerativen Erzeugungsanlagen muss im Zweifel **vorran-** 32
gig vor anderen Erzeugungsanlagen erfolgen. Begehren also zwei Erzeugungsanlagen Anschluss an ein Netz und können etwa aus technischen oder aus Kapazitäts-
gründen nicht beide Anlagen angeschlossen werden, ist der regenerativen Erzeugungsanlage der Netzzugang zu gewähren. Die andere Anlage kann dann erst nach
der Regenerativanlage und unter Umständen erst nach einem erforderlichen Netzausbau an das Netz oder erst nach Unterwerfung unter eine **Netzmanagement-
vereinbarung** angeschlossen werden.[46]

(Fortsetzung Fußnote 39)
nahme geeignetes Netz die kürzeste Entfernung zu der Anlage nach § 2 EEG 2000 aufwies.
Die Eingrenzung des Kreises der Verpflichteten erfolgte also nicht etwa über eine Berücksichtigung der Netzspannungsstufe, sondern allein über die auslegungsfähigen Begriffe des
„geeigneten Netzes" und der „kürzesten Entfernung"; vgl. dazu *Oschmann,* ZNER 2000, 24,
26.
[40] Vgl. BT-Drs. 15/2864, Begründung zu § 4, Zu Absatz 1, S. 32; *Oschmann/Müller,*
ZNER 2004, 24, 27.
[41] Vgl. zur Anschlussherstellung und zum dies regelnden Netzanschlussvertrag § 13
Rn. 46 ff.
[42] Vgl. *Salje,* Versorgungswirtschaft 2001, 225, 227.
[43] Für diesen Begriff *Bönning,* ZNER 2003, 296, 297.
[44] So überzeugend *Lackmann,* ZNER 2002, 146, 147.
[45] Vgl. hierzu unten Rn. 110 ff.
[46] Vgl. unten Rn. 39 ff., auch § 2 Rn. 28 f., sowie *Oschmann,* NVwZ 2004, 910, 912.

III. Pflicht zur vorrangigen Abnahme und Übertragung (Abs. 1 Satz 1)

33   Nach Abs. 1 Satz 1 hat der Netzbetreiber weiterhin die Pflicht, den **gesamten** angebotenen Strom **vorrangig** abzunehmen.

1. Gesamtabnahme

34   Nach Abs. 1 muss der Netzbetreiber grundsätzlich sämtlichen vom Anlagenbetreiber angebotenen Strom aus Erneuerbaren Energien abnehmen[47] (sog. **Prinzip der Gesamtabnahme**).[48] Umgekehrt bedeutet die Gesamtabnahmepflicht des Netzbetreibers nicht, dass der Anlagenbetreiber seinerseits verpflichtet ist, den gesamten in seiner Anlage produzierten Strom einzuspeisen. Vielmehr darf er ein Teil davon auch für andere Zwecke gebrauchen. Er ist m. a. W. dazu berechtigt, nur einen Teil nach § 4 anzubieten und kann den anderen Teil für andere Zwecke verwenden, insbesondere selbst verbrauchen oder an Dritte veräußern. Aufgrund der meist über den eigenen Bezugspreisen liegenden Einspeisevergütung wird der Anlagenbetreiber grundsätzlich seinen Strom einspeisen und den eigenen Strombedarf mit dem günstigeren Normalmixstrom decken.[49] Allerdings ist zu Zeiten hoher Stromkosten eine alternative Vermarktung des Stromes durch den Anlagenbetreiber durchaus denkbar.[50] Für den Anlagenbetreiber ergibt sich insoweit die Möglichkeit eines „**virtuellen Lastmanagements**".[51] Mit dessen Hilfe kann der Anlagenbetreiber aus seiner Erzeugung und seinem Bedarf ein persönliches Angebot unterbreiten und einen Bezug generieren, bei dem die Bezugskosten des eigenen Bedarfs mit EEG-Strom geglättet werden und damit Kosten des Leistungsbezugs gespart werden können.

35   Physikalische Voraussetzung für die Abnahme des gesamten erzeugten bzw. erzeugbaren Stroms ist der **Anschluss** der Anlage an das Netz – Strom als Spannungszustand entsteht erst dann und nur insoweit ein funktionsfähiger Anschluss vorhanden ist und hierüber die erzeugte Leistung eingespeist werden kann.

36   Bei Anlagen, in denen Strom sowohl aus regenerativen als auch **sonstigen Energieträgern** gewonnen wird, ist der den sonstigen Energieträgern zuzurechnende Strom nicht von der Abnahmepflicht erfasst.

2. Vorrangprinzip

37   Dem in Abs. 1 Satz 1 verankerten **Vorrangprinzip** liegt der tragende Gedanke des liberalisierten Energiewirtschaftsrechts zugrunde, dass die Erneuerbaren Energien gegenüber den konventionellen Energien einem stetigen Wettbewerbsnachteil im Strombereich ausgesetzt sind. Das Vorrangprinzip dient daher zugleich dazu, durch den Ausgleich des Nachteils faire Wettbewerbsbedingungen in dieser Wirtschaftsbranche zu schaffen und so das Wettbewerbsprinzip zu verwirklichen.[52] In Umsetzung der EE-RL enthält Abs. 1 Satz 1 – im Gegensatz zu § 3 Abs. 1 Satz 1 EEG 2000 – nicht nur die Verpflichtung zur vorrangigen Abnahme, sondern auch die Verpflichtungen zur **vorrangigen Übertragung,** wobei der Begriff

---

[47] So auch die Rechtsprechung, vgl. LG Krefeld, ZNER 2001, 186 ff.
[48] *Schneider,* in: Schneider/Theobald, HBEnWR, § 18 Rn. 88; *Oschmann,* in: Danner/Theobald, Energierecht, VI EEG B1 Einf. Rn. 31.
[49] *Schneider,* in: Schneider/Theobald, HBEnWR, § 18 Rn. 88; *Salje,* EEG, § 4 Rn. 92.
[50] Zu den daraus erwachsenden Vermarktungsmöglichkeiten außerhalb des EEG *Held/Altrock,* powernews.org, 23. 3. 2004.
[51] *Schrader/Krzikalla/Müller-Kirchenbauer,* ZNER 2001, 89, 91.
[52] Zum Vorrangprinzip ausführlich siehe Kommentierung zu § 2 Rn. 15 ff.; vgl. auch *Müller,* RdE 2004, 237, 239; *Oschmann,* in: Danner/Theobald, Energierecht, VI EEG B1 Einf. Rn. 31.

Abnahme- und Übertragungspflicht 38, 39 § 4

der Übertragung in richtlinienkonformer Auslegung der Vorschrift auch die Verteilung des Stroms umfasst.[53] Dies ist eine Ergänzung gegenüber dem ehemaligen § 3 Abs. 1 Satz 1 EEG 2000, der die Übertragung und Verteilung nicht ansprach.[54]

3. Ausnahme bei Nicht-Eintragung der Anlage in das Register (Abs. 1 Satz 2)

Nach Einrichtung des Registers zur Erfassung der Anlagen zur Verstromung Erneuerbarer Energien und von Grubengas nach § 15 Abs. 3 entsteht die Abnahmepflicht nach Abs. 1 Satz 1 gemäß Satz 2 lediglich dann, wenn der jeweilige Anlagenbetreiber die Eintragung seiner Anlage in das Register beantragt hat. Diese Bedingung gilt zunächst nur für Strom aus Anlagen, die drei Monate nach Bekanntgabe der Einrichtung des **Anlagenregisters** im Bundesanzeiger in Betrieb genommen worden sind, § 21 Abs. 2 Satz 1. Maßgeblich ist nicht die Eintragung selbst, sondern der Antrag des jeweiligen Anlagenbetreibers. Für Bestandsanlagen enthält § 21 Abs. 2 eine Übergangsvorschrift.[55] Für Strom aus diesen Anlagen gilt die Bedingung des Abs. 1 Satz 2 erst drei Monate nach gesonderter schriftlicher Aufforderung durch den Netzbetreiber unter Angabe der Kontaktdaten des Anlagenregisters und unter Hinweis auf die Rechtsfolgen einer fehlenden Beantragung als zusätzlichen Voraussetzungen zum Schutz dieses Anlagenbetreiberkreises. Die Pflicht zum unverzüglichen vorrangigen Anschluss der Anlage durch den Netzbetreiber bleibt davon unberührt und gilt unabhängig von der Beantragung der Eintragung in das Anlagenregister. 38

4. Abweichungen von der Abnahmepflicht zur besseren Integration der Anlage ins Netz (Abs. 1 Satz 3 und 4)

Der Satz 3 des Abs. 1 bringt eine **Ausnahmesituation** zum Ausdruck. Hiernach können Anlagen- und Netzbetreiber vertraglich vereinbaren, dass die **Abnahme** von Strom aus einer bestimmten Anlage nicht vorrangig erfolgen soll. Absatz 1 Satz 3 und 4 sind nunmehr die Rechtsgrundlage für die bislang unter dem Namen **Last- bzw. Erzeugungsmanagement-Vereinbarungen** abgeschlossenen Verträge zwischen Netzbetreiber und Anlagenbetreiber. Solche Verträge sind für den Netzausbau und die Regel- sowie Ausgleichsenergie relevant.[56] Voraussetzung für die Zulässigkeit dieser **Abweichung vom − absoluten**[57] **− Vorrangprinzip** der §§ 2, 4 Abs. 1 Satz 1 ist, dass dies der besseren **Integration der Anlage in das Netz** dient. Eine solche Situation entsteht **zum Beispiel,** wenn ein Netzausbau dadurch vermieden werden kann, dass die Anlagen an einigen wenigen Tagen im Jahr, bei denen beispielsweise aufgrund einer besonders geringen Stromabnahme der Endkunden aus dem Netz die mögliche Einspeisungsleistung das **Aufnahmepotenzial übersteigt,** befristet gedrosselt werden können.[58] Denkbar wäre eine Regelung etwa auch, um kurzzeitig einen extrem großen Bedarf an Regelenergie durch das Drosseln von Anlagen zu verringern. Eine Vereinbarung nach Abs. 1 Satz 2 kann etwa auch dann erfolgen, wenn es um die Bereitstellung von zusätzlichen Leistungen durch den Anlagenbetreiber – wie etwa die Lieferung von **Blindstrom** oder bestimmter für den Netzbetrieb vorteil- 39

---

[53] *Oschmann,* Strom aus Erneuerbaren Energien und Europarecht, S. 97 ff., sowie BT-Drs. 15/2864, zu § 4 Abs. 1, S. 32.
[54] Vgl. BT-Drs. 15/2864, Begründung zu § 4, S. 31/32 und § 5, S. 35 f.
[55] Vgl. Kommentierung zu § 21 Rn. 2.
[56] *BMU,* Umwelt 5/2004, S. 262, 264.
[57] Vgl. hierzu bereits Kommentierung zu § 2 Rn. 27.
[58] BT-Drs. 15/2864, Begründung zu § 4, S. 32 f.

hafter Daten und Informationen in einer vom Netzbetreiber und dem Anlagenbetreiber näher definierten Form – geht.[59]

40 Unberührt von der Regelung des Abs. 1 Satz 3 bleiben die gemeinsamen Vorschriften für Abnahme, Übertragung und Vergütung gemäß § 12 Abs. 1. Dies bedeutet vor allem, dass eine Vertragsregelung über eine vom Vorranggrundsatz abweichende Abnahme von Strom aus Erneuerbaren Energien **keine Pflicht** begründet, sondern lediglich eine Möglichkeit der Ausgestaltung von Rechtsbeziehungen zwischen Anlagen- und Netzbetreiber darstellt. Ausweislich der Gesetzesbegründung ist die Regelung des Abs. 1 Satz 3 lediglich als „Angebot [des Gesetzgebers] an die Beteiligten" zu verstehen. Die Norm soll den Beteiligten nur „sinnvolle Möglichkeit" bieten, „im Sinne eines gegenseitigen Gebens und Nehmens Vereinbarungen zu treffen, die für beide Seiten und letztlich für Stromkunden vorteilhaft sind."[60] Ausfluss dieser **Entscheidungsfreiheit** ist auch, dass eine vertragliche Regelung im Sinne des Abs. 1 Satz 3 auch so aussehen kann, dass mehrere Anlagenbetreiber auf der einen Seite mit einem Netzbetreiber auf der anderen Seite kontrahieren, um dabei eine bestimmte Reihenfolge der Einspeisungsvorgänge zu bestimmen.[61]

41 Die Wortwahl der Gesetzesbegründung erinnert mit dem Verweis auf das gegenseitige Geben und Nehmen an eine Vergleichsregelung im Sinne des § 779 BGB. Das Anstreben von Vorteilen auf beiden Seiten (gemeint sind Anlagen- und Netzbetreiber) und das formulierte Ziel der Vorteilhaftigkeit für Stromkunden geben dem Rechtsanwender einige Gesichtspunkte an die Hand, wie einzelne Klauseln solcher Verträge auszulegen sind: Der Gesetzgeber stellt auf die Interessen beider unmittelbar am Vertrag Beteiligten ab, wobei das jeweilige Regelungswerk auch dem Interesse der Stromverbraucher dienen soll. Gemeint ist dabei insbesondere die **Kostenfrage**. So setzt der Anlagenbetreiber durch einen partiellen Verzicht auf seine Rechte aus Abs. 1, zu bestimmten Zeiten einzuspeisen, den Netzbetreiber in die Lage, Kosten, die im Zusammenhang mit dem Einspeisungsvorgang entstehen können – etwa Kosten für Ausgleichsenergie – zu senken. Eine Vereinbarung zwischen Anlagen- und Netzbetreiber nach Abs. 1 Satz 3 macht etwa auch in folgendem Fall Sinn: Mit Hilfe einer vertraglichen Regelung unter Betreibern von Anlagen, die *verschiedene* Energieträger verstromen, und Netzbetreiber, kann ein **Erzeugungsmanagement** in der Weise realisiert werden, dass die verschiedenen Erzeuger zu verschiedenen Zeitpunkten – und zwar dann, wenn ihnen das möglich ist – ins Netz einspeisen. So könnte beispielsweise eine Regelung getroffen werden, wonach ein Biomasseanlagenbetreiber dafür sorgt, dass Strom gerade dann eingespeist wird, wenn ein Windkraftanlagebetreiber dazu wegen fehlenden Windes nicht in der Lage ist. Durch eine solche Vereinbarung spart der Netzbetreiber Kosten für Ausgleichsenergie ein. Dem Anlagenbetreiber, der zur Kostensenkung beigetragen hat, kann der Netzbetreiber dann einen finanziellen Ausgleich für seinen Verzicht auf eine Einspeisung durch den Netzbetreiber gewähren. So soll der Anlagenbetreiber in der Summe am Ende nicht schlechter stehen, als wenn er seine Rechte nach Abs. 1 Satz 1 vollständig ausüben würde. Denn auf diese Weise sollen die Gesamtkosten für Stromerzeugung und -verteilung gesenkt werden, wovon letztlich – durch niedrigere Gesamtkosten – auch die Verbraucher profitieren können.[62]

42 Die **Abweichung** von Abs. 1 Satz 1 im Wege einer vertraglichen Regelung nach Abs. 1 Satz 3 ist **nicht möglich,** wenn es um die **Anschlusspflicht** geht.

---

[59] BT-Drs. 15/2864, zu § 4, S. 32 f.; s. a. *Reshöft*, ZNER 2004, 240, 246.
[60] BT-Drs. 15/2864, zu § 4, S. 32 f.
[61] Ebenda.
[62] Vgl. BT-Drs. 15/2864, zu § 4 Abs. 1, S. 31, 32 f.; *Oschmann/Müller*, ZNER 2004, 24, 28.

Denn die Einschränkung des Abs. 1 Satz 3, wonach die Anlage sich besser ins Netz integrieren lassen muss, ist auf diese Pflicht denklogisch nicht anwendbar: Nur eine bereits angeschlossene Anlage kann ins Netz integriert werden.

Schließlich können die Netzbetreiber gemäß **Abs. 1 Satz 4** Kosten, die infolge 43 der Vereinbarung nach Satz 3 entstanden sind, im nachgewiesenen Umfang bei der Ermittlung des **Netznutzungsentgelts** in Ansatz bringen. Diese Kostenregelung soll die Bereitschaft der Netzbetreiber erhöhen, solche Verträge zu schließen.[63] Die sich nach allgemeinen energierechtlichen Vorschriften ergebende konkrete Höhe der anzusetzenden Kosten unterliegt der Überprüfung durch die Regulierungsbehörde.[64]

D. Bestimmung des geeigneten Netzes und Netzausbaupflicht (Abs. 2)

I. Überblick

Absatz 2 bestimmt zum einen in Satz 1, **welchen Netzbetreiber** die Pflichten 44 aus Abs. 1 treffen, nämlich den Betreiber des wirtschaftlich und technisch geeigneten, nächstgelegenen Netzes. Daneben wird in Satz 2 die zunehmend bedeutsame Netzausbauverpflichtung geregelt. Danach gilt ein Netz auch dann als geeignet, wenn es erst durch einen wirtschaftlich zumutbaren Netzausbau zur Aufnahme des Stroms in die Lage versetzt wird.

Das Gesetz gibt damit verschiedene Kriterien vor, die bei der Feststellung des 45 Verknüpfungspunktes von Bedeutung sind: So muss das **Netz** zunächst überhaupt **technisch** zur Aufnahme des Stroms **geeignet** sein. Zudem spielt die Entfernung der Anlage zum Netz eine Rolle: Im Zweifel soll die Anlage an den **nächstgelegenen** Anschlusspunkt angeschlossen werden. Das gilt jedoch dann nicht, wenn ein Anschluss an ein anderes Netz einen technisch und wirtschaftlich günstigeren Verknüpfungspunkt aufweist. Dies ist dann der Fall, wenn der Anschluss der Anlage an dem anderen, geographisch nicht nächstgelegenen Netz mit geringeren volkswirtschaftlichen Kosten verbunden ist. Dabei ist nach Satz 2 auch ein wirtschaftlich zumutbarer Netzausbau zu berücksichtigen.

Damit kommt es letztlich darauf an, an welche Stelle der Anschluss der Anlagen 46 an ein technisch für die Aufnahme – ggf. mit zumutbarem Netzausbau – geeignetes Netz mit den insgesamt **geringsten volkswirtschaftlichen Kosten** verbunden ist. Entscheidend ist also, welche der grundsätzlich im Betracht kommenden **Anschlussvarianten** die insgesamt kostengünstigste ist. Dort kann der Anlagenbetreiber dann den Anschluss vom Netzbetreiber verlangen. Nur wenn zwei Varianten mit identischen Kosten verbunden sind – was in der Praxis kaum eintreten wird –, hat der Anschluss an das näher gelegene Netz zu erfolgen.

Diese Regelung erklärt sich vor dem Hintergrund des ökonomischen Gebots 47 der **Kostenminimierung** und war im EEG 2000 ebenfalls enthalten, dort in § 3 Abs. 1 Satz 2. Sie war in ähnlicher Weise bereits im Zuge der Änderung des StrEG im Jahr 1998 vom Land Schleswig-Holstein vorgeschlagen worden.[65] Nach Art. 1 Nr. 1) a) des Entwurfs von Schleswig-Holstein sollte „für Strom aus Erzeugungsanlagen, die sich nicht im Versorgungsgebiet eines Elektrizitätsversorgungsunternehmens befinden ... dasjenige Unternehmen ... verpflichtet [werden], zu dessen

---

[63] Vgl. *Müller*, RdE 2004, 237, 239; kritisch (zur Anwendbarkeit in der Praxis) *Reshöft*, ZNER 2004, 240, 246.
[64] Vgl. BT-Drs. 15/2864, zu § 4 Abs. 1, S. 33.
[65] Vgl. BR-Drs. 220/96.

Versorgungsgebiet die kürzeste Entfernung vom Standort der Anlage besteht."[66] Die Gesetzesbegründung zum EEG 2000 betonte, dass es „volkswirtschaftlich sinnvoller" sei, den nächstgelegenen Netzbetreiber in Anspruch zu nehmen, als eine Anschlusspflicht unter Bezugnahme auf Versorgungsgebiete (wie in der davor geltenden Regelung des StrEG) zu statuieren.[67] Die Anordnung des § 3 Abs. 1 Satz 2 EEG 2000 – also die Ausrichtung an der Entfernung zwischen Anlage und Netz – entsprach damit dem ökonomischen Prinzip bei gegebenem Ziel den Aufwand zu minieren.[68]

48 An diesen Motiven hat sich auch für die Zwecke des Abs. 2 (EEG 2004) – und dadurch mittelbar für die Anschlusspflicht nach Abs. 1 Satz 1 – nichts geändert. Auf eine **volkswirtschaftlich sinnvollen Ausgestaltung der Anschlusspflicht** kann weiterhin nicht verzichtet werden; an der Minimierung der Kosten des Anschlusses besteht ein öffentliches Interesse.

II. Technische Eignung des Netzes (Abs. 2 Satz 2 Halbsatz 1)

49 Das Netz muss zunächst **technisch geeignet** sein.

1. Widerlegliche Vermutung der technischen Eignung bei geeigneter Netzspannung

50 Ausgangspunkt der technischen Eignung für die Einspeisung ist die geeignete **Netzspannung.** Das Netz muss aufgrund seiner Spannungsstufe geeignet sein, den angebotenen Strom aus der Erzeugungsanlage entsprechend der Spannung und der Menge des erzeugten Stroms aufzunehmen. Die **technische Eignung** zur Aufnahme von Strom im Sinne des Abs. 2 Satz 2 Halbsatz 1 wird bei allen Netzen, die aufgrund ihrer Spannung zur Aufnahme der angebotenen Strommenge grundsätzlich in der Lage sind, **in der Regel gegeben** sein,[69] selbst wenn sie tatsächlich nicht für Fremdstromaufnahme konstruiert wurden. Das Gesetz geht davon aus, dass das Netz auch dann technisch geeignet ist, wenn es zum späteren Abbau vorgesehen ist/war[70] oder es noch ausgebaut werden muss.[71] Insofern statuiert Abs. 2 Satz 1 eine **widerlegliche gesetzliche Vermutung.**[72] Dies gilt unabhängig davon, ob ein Netzbetreiber mit einer Kommune einen **Konzessionsvertrag** abgeschlossen hat.[73]

51 Die grundsätzliche technische Eignung ist **allein** mit Blick auf **Strom aus regenerativen Erzeugungsanlagen** zu beurteilen.[74] Die bestehende Netzauslastung durch konventionell erzeugten Strom bleibt bei der Prüfung der technischen Eignung wegen des Vorrangprinzips grundsätzlich außer Betracht (vgl. Abs. 2 Halbsatz 1 und 2).

2. Widerlegung der Vermutung

52 Maßgeblich für die Feststellung der technischen Eignung im Rahmen des § 4 – und damit der Widerlegung der grundsätzlichen technischen Eignungsvermu-

---

[66] Vgl. BR-Drs. 220/96, S. 3.
[67] Vgl. BT-Drs. 14/2776, S. 22.
[68] Vgl. *Salje*, EEG, § 4 Rn. 20.
[69] *Salje*, EEG, § 4 Rn. 19; *Reshöft/Steiner/Dreher*, EEG, § 4 Rn. 21.
[70] Vgl. *Salje*, EEG, § 4 Rn. 15.
[71] Zum Netzausbau siehe unten Rn. 55 ff.
[72] BT-Drs. 15/2864, zu § 4, S. 33; vgl. auch BGH, Urt. v. 11. 6. 2003 – VIII ZR 322/02 (unveröffentlicht) zu § 3 Abs. 2 Satz 1 EEG 2000.
[73] So aber *Reshöft/Steiner/Dreher*, EEG, § 4 Rn. 17; zustimmend *Richter*, RdE 2001, 39 ff., 40.
[74] Vgl. *Bönning*, ZNER 2003, 296, 298.

tung – ist die Aufnahmefähigkeit des fraglichen Netzes. Hierfür entscheidend ist neben der **Netzspannung** auch die **Netzkapazität.**[75] Netzspannung und Netzkapazität stehen dabei in einem engen technischen Zusammenhang: Je höher die Spannung, desto größere Strommengen können vom Netz aufgenommen werden. Erzeugt eine Anlage Strom mit einer Spannung, die eine Einspeisung in das Netz ausschließt, ist von mangelnder technischer Eignung auszugehen.[76] Insoweit ist auch die gesetzliche Vermutung des Abs. 2 Satz 1 aus physikalisch-technischen Gründen als widerlegt anzusehen. Gleiches gilt, wenn das Netz nicht über genügend Kapazität verfügt, um die gesamte angebotene bzw. zu erwartende Strommenge abzunehmen.[77]

Der Anschluss der Anlage an ein, insbesondere aus Gründen mangelnder Netzkapazität technisch **ungeeignetes Netz** kommt unter Umständen gleichwohl in Betracht. Es stellt sich dann immer noch die Frage eines wirtschaftlich zumutbaren **Netzausbaus,** durch den das technisch zunächst ungeeignete Netz zur Aufnahme des Stroms ertüchtigt werden kann. 53

3. Beweislastprobleme

Die widerlegliche Vermutung zu Lasten des Netzbetreibers, dass sein Netz technisch geeignet ist zum Anschluss einer Anlage (und zur Abnahme) von Strom aus Erneuerbaren Energien, legt ihm im Prozess mit dem Anlagenbetreiber um die Anschlusspflicht die **Beweislast des vollen Gegenteils** (vgl. § 292 ZPO) auf. Will der Netzbetreiber die Vermutung widerlegen, muss er **substantiiert darlegen** und – gemäß der Schutzrichtung des EEG ggf. auch **voll beweisen** –, dass ein anderes als das Elektrizitätsversorgungsunternehmen, das näher am Sitz der Anlage gelegen ist, die Anschlusspflicht trifft.[78] Ist seine Darlegung – die im Zweifel vor allem durch private Gutachten zu bewerkstelligen ist – nicht substantiiert oder gelingt der (volle) Beweis nicht, so wandelt sich die zunächst widerlegliche Vermutung in die sich aus Abs. 2 Satz 1 ergebende Pflicht um.[79] 54

III. Pflicht zum Netzausbau (Abs. 2 Satz 2 Halbsatz 2, Satz 3)

Absatz 2 Satz 2 Halbsatz 2, der eine **Netzausbaupflicht** zu Lasten des Netzbetreibers statuiert, ist die logische Folge der Anwendung des in Abs. 1 Satz 1 verankerten Vorrangsprinzips. Der Begriff des Netzausbaus umfasst alle Maßnahmen der Berechnung, Planung, Ausschreibung und tatsächlichen Realisierung, die dazu dienen, die Lastfähigkeit des Netzes zu verstärken.[80] 55

1. Adressaten der Netzausbauverpflichtung

Adressat der Netzausbaupflicht ist zunächst der **Netzbetreiber,** an dessen Netz die Anlage angeschlossen werden soll. Ist die Aufnahmekapazität aber dadurch begrenzt, dass die Ableitung des Stroms durch mangelnde Kapazität der Kuppelstellen des vorgelagerten Netzes oder des vorgelagerten Netzes selbst begrenzt ist, erstreckt sich die Ausbaupflicht alternativ bzw. auch kumulativ auf den 56

---

[75] *Salje,* EEG, § 4 Rn. 19.
[76] Dazu, ob dann ein Netzausbau erfolgen muss, der den Umbau zu einem Netz einer höheren Ebene erforderlich machen würde, siehe unten Rn. 88.
[77] Wiederum ist dann ein möglicher Netzausbau zu prüfen.
[78] Hierzu vgl. auch LG Frankfurt (Oder), Urt. v. 30. 4. 2004 – 31 O 58/03 (unveröffentlicht).
[79] *Salje,* EEG, § 4 Rn. 18 u. 43.
[80] Vgl. *Salje,* EEG, § 4 Rn. 28, sowie zur Verfassungskonformität *Reshöft/Steiner/Dreher,* EEG, § 4 Rn. 27.

Betreiber der **Kuppelstelle** bzw. des **vorgelagerten Netzes**.[81] Dies folgt zum einen aus der Definition des Terminus Netz in § 3 Abs. 6 und ergibt sich darüber hinaus aus dem Sinn und Zweck der Ausbauverpflichtung im Hinblick auf die in § 1 verankerten Ziele des Gesetzes.

2. Erforderlichkeit des Netzausbaus

57   Der Gesetzgeber geht davon aus, dass ein Netzausbau aufgrund einer völligen Auslastung eines Netzes mit Strom aus Erneuerbaren Energien die Ausnahme bleibt.[82] Zur Feststellung der **Erforderlichkeit** bedarf es einer Untersuchung darüber, ob der Anschluss einer Anlage den Ausbau des Netzes für die allgemeine Versorgung unabdingbar notwendig macht[83] bzw. ob zwischen dem Anspruchsverlangen des Anlagenbetreibers und der erforderlichen Netzverstärkung ein **enger kausaler Zusammenhang** besteht; Letzteres wird anzunehmen sei, wenn die Netzverstärkung aufgrund des Anschlussverlangens unumgänglich ist.[84]

3. Netzausbau in den Grenzen der Zumutbarkeit

58   Die Netzausbaupflicht unterliegt ausweislich des Wortlauts des § 4 angesichts eines mit ihr einhergehenden Eingriffs in grundrechtsgeschützte Rechtspositionen des Netzbetreibers, dem **Vorbehalt der wirtschaftlichen Zumutbarkeit**.[85]

59   Rechtstechnisch handelt es sich bei Abs. 2 Satz 2 Halbsatz 2 um eine **Fiktion:**[86] Selbst wenn das Netz tatsächlich technisch nicht (mehr) zur Aufnahme von Strom geeignet ist, wird – unter der Annahme der wirtschaftlichen Zumutbarkeit für den Netzbetreiber – diese Eignung unterstellt. Der Vorbehalt der „wirtschaftlichen Zumutbarkeit" ist dagegen eine **tatbestandliche Voraussetzung** der in Abs. 2 Satz 2 Halbsatz 2 enthaltenen Fiktion: Sofern der Netzausbau wirtschaftlich nicht zumutbar erscheint, gilt die Fiktion nicht.[87] Dabei wird durch die Konditionalformulierung des Abs. 2 Satz 2 Halbsatz 2 **widerleglich gesetzlich vermutet,** dass der Ausbau wirtschaftlich zumutbar ist. Der Netzbetreiber hat allerdings die Möglichkeit, diese gesetzliche Vermutung zu widerlegen, indem er das Gegenteil beweist.[88]

60   Infolge der Fiktion des Abs. 2 Satz 2 Halbsatz 2 kann der Netzbetreiber dem Betreiber einer Anlage nach § 3 Abs. 2 nicht entgegen halten, sein Netz sei technisch nicht zur Aufnahme des Stroms geeignet. Der Anlagenbetreiber kann vielmehr entgegen der tatsächlich vorhandenen, fehlenden technischen Eignung des Netzes zur Stromaufnahme auf Erfüllung bestehen. Der Netzbetreiber kann die Ansprüche des Anlagenbetreibers zwar wegen der fehlenden technischen Eignung wegen **Unmöglichkeit** nicht erfüllen. Doch schuldet er aufgrund der Fiktion des § 4 dem Anlagenbetreiber bis zum Ausbau seines Netzes **Schadensersatz** (wenn der Anlagebetreiber bereits in der Lage ist, Strom einzuspeisen, er dies auch nachweisen kann und der Netzausbau nicht wirtschaftlich unzumutbar ist).

---

[81] Ebenso *Salje,* EEG, § 5 Rn. 49.
[82] Vgl. die Kommentierung zu § 3 EEG 2000 in der Gesetzesbegründung zum Entwurf vom 23. 2. 2000, BT-Drs. 14/2776, S. 22; *Bartsch/Pohlmann,* in: Bartsch u. a., Stromwirtschaft, Kap. 40 Rn. 14 a. E.; *Niedersberg,* NVwZ 2001, 21, 22; vgl. auch Kommentierung zu § 13 Rn. 17 ff.; skeptisch *Weißenborn,* in: Böhmer, Erneuerbare Energien, S. 71 ff., 118.
[83] *Reshöft/Steiner/Dreher,* EEG, § 13 Rn. 41.
[84] *Salje,* EEG, § 13 Rn. 26.
[85] Hierzu auch *Schneider,* in: Schneider/Theobald, HBEnWR, § 18 Rn. 100; *Niedersberg,* NVwZ 2001, 21, 22.
[86] So auch OLG Stuttgart, RdE 2004, 23, 24.
[87] Vgl. *Reshöft/Steiner/Dreher,* EEG, § 4 Rn. 22, a. E.
[88] So auch *Reshöft/Steiner/Dreher,* EEG, § 4 Rn. 23.

Nach der Gesetzesbegründung ist die wirtschaftliche Zumutbarkeit eine „Aus- 61 prägung des Verhältnismäßigkeitsgrundsatzes".[89] Allerdings hat das staatsrechtliche Verhältnismäßigkeitsprinzip genau genommen seinen Platz nur im Verhältnis Staat-Bürger und kann als solches keine Geltung bei der Ausgestaltung privatrechtlicher Verhältnisse beanspruchen. Dies gilt auch dann, wenn dieses privatrechtliche Rechtsverhältnis durch eine normativ verankerte Ausprägung in Form eines gesetzlichen Schuldverhältnisses erfahren hat. Der Verweis des Gesetzgebers auf den Verhältnismäßigkeitsgrundsatz ist daher im Sinne einer Einzelfallprüfung aufzufassen: Weil die Netzausbaupflicht einen Eingriff in die Grundrechte des Netzbetreibers darstellt, ist die für die Feststellung der wirtschaftlichen Zumutbarkeit eine **einzelfallbezogene Abwägung** durchzuführen. Im Rahmen dieser Abwägung ist den Interessen des Anlagenbetreibers und denjenigen des Netzbetreibers gebührend Rechnung zu tragen. Es ist daher zunächst dem Zweck des Gesetzes (Erhöhung des Anteils Erneuerbarer Energien an der Stromversorgung) zu entsprechen.[90] Dieses Ziel muss sodann – unter Zugrundelegung der Auffassung des Gesetzgebers, dass der Netzausbau den Ausnahmefall darstellt[91] – den Netzausbaukosten gegenüber gestellt werden. So wird etwa eine geringe Betriebszeit der Anlage oder eine geringe Stromeinspeisung bei Vorhandensein hoher Ausbaukosten grundsätzlich dazu führen, dass ein Netzausbau wirtschaftlich unzumutbar ist. Dann ist der einzelne Eingriff in die Rechte des Netzbetreibers aus Art. 12, 14 GG nicht verhältnismäßig. Jedoch verbieten sich in diesem Zusammenhang pauschale Lösungen: Vielmehr wird es vom Einzelfall abhängen, inwieweit eine wirtschaftliche Unzumutbarkeit für den Netzbetreiber vorliegt.

Bei Durchführung der Einzelfallprüfung muss im Einzelfall auch eine Abwägung 62 zwischen einem möglichen Ausbau des Netzes des nächst gelegenen Netzbetreibers und weiteren günstigeren Alternativlösungen angestellt werden (**relative Zumutbarkeit** des Netzausbaus). Tragender Maßstab ist dabei ausweislich der Gesetzesbegründung die **Minimierung der gesamtwirtschaftlichen Kosten**.[92] Dabei sind neben den direkten Ausbaukosten für die Netzvarianten auch alle anderen (indirekten) gesamtwirtschaftlichen Kosten zu berücksichtigen, beispielsweise zusätzliche Planungs- und Verfahrenskosten einer neuen Netztrasse oder die externen Kosten fossiler Energieträger, die durch den notwendigen längeren Zeitraum eines Ausbaus erst später durch Erneuerbarer Energien ersetzt werden könnten. Ein Netzausbau ist danach in der Regel dann zumutbar, wenn durch den Ausbau die Gesamtkosten der Anbindung und Einbindung einer Anlage in das Netz (losgelöst von der jeweiligen Kostentragungspflicht) geringer sind als eine Anbindung an einer anderen Stelle des Netzes, an der das Netz unmittelbar (ohne Ausbau) technisch geeignet ist. Es ist daher stets eine Kostenanalyse anzustellen. Nach der Gesetzesbegründung können mehrere **Gesichtspunkte/Kriterien** zur Feststellung der Zumutbarkeit herangezogen werden. So ist nicht nur auf den Anschluss der einzelnen Anlage abzustellen, sondern vielmehr zu prüfen und ggf.

---

[89] Vgl. BT-Drs. 15/2327, S. 25; vgl. auch die Begründung zum Referentenentwurf vom 17. 12. 2003, Besonderer Teil, zu § 4, BR-Drs. 15/04, S. 53; so bereits auch die Kommentierung zu § 3 in der Gesetzesbegründung v. 23. 2. 2000, BT-Drs. 14/2776, S. 22; vgl. auch *Weißenborn*, in: Böhmer, Erneuerbare Energien, S. 71, 114.
[90] A. A. *Weißenborn*, in: Böhmer, Erneuerbare Energien, S. 71, 116 f., der die Grundrechte der Netzbetreiber „den Nutzen der Einspeisungen für die Allgemeinheit" gegen die „Beeinträchtigungen bzw. Belastungen des Netzbetreibers" abwägen will.
[91] BT-Drs. 14/2776, S. 23.
[92] Vgl. BT-Drs. 15/2864, zu § 4 Abs. 2, S. 33 f.; *Reshöft/Steiner/Dreher*, EEG, § 4, Rn. 28 ff.; ähnlich auch *Weißenborn*, in: Böhmer, Erneuerbare Energien, S. 71, 117. Kritisch *Jahn*, IR 2004, 199, 200.

zu berücksichtigen, ob der **Anschluss weiterer Anlagen** geplant ist, insbesondere dann, wenn bereits konkrete Netzprüfungsanfragen vorliegen. In diesem Rahmen sind die Gesamtkosten aller Anschlüsse mit denen eines Netzausbaus zu vergleichen. Ferner ist auch zu beachten, dass der Netzbetreiber die ihm entstehenden Kosten über die **Netznutzungsentgelte umlegen** kann.

63 Eine **Grenze** findet die Zumutbarkeit dort, wo der sich aus den Vergütungssummen im Vergütungszeitraum voraussichtlich ergebende Wert der Gesamtstrommenge aus den durch den Ausbau anschließbaren Erzeugungsanlagen die Kosten des Ausbaus nicht deutlich übersteigt **(absolute Zumutbarkeitsgrenze)**.[93] Etwa bei **Kleineinspeisungen** muss ebenfalls eine günstigere Alternative als ein Netzausbau gesucht werden (etwa Stichleitungen). Je höher die Mengen an regenerativ erzeugtem Strom und je höher damit der Umweltnutzen der Anlage ist, desto eher ist die wirtschaftliche Zumutbarkeit eines Netzausbaus anzunehmen. Da der Wert des Stromes, der aus einer Erzeugungsanlage gewonnen werden kann, in der Regel näherungsweise in einem festen Verhältnis zu den Investitions- und Betriebesaufwendungen der Anlage steht, die **Investitions-** und erwarteten **Betriebskosten** etwa für den Brennstoffeinsatz der Erzeugungsanlage aber zu Projektbeginn sicherer abzuschätzen sind als das gesamte Vergütungsvolumen, ist die Bezugnahme auf die Höhe dieser Kosten der Anlage ein weiterer geeigneter Anhaltspunkt für die Beurteilung der wirtschaftlichen Zumutbarkeit. In Zahlen ausgedrückt ist der Ausbau insbesondere dann zumutbar, wenn die Kosten des Ausbaus 25 Prozent der Kosten der Errichtung der Stromerzeugungsanlage nicht überschreiten.[94]

64 Bisweilen muss zudem geklärt werden, was zu gelten hat, wenn der Ausbau des **weiter entfernten Netzes** weniger kostenintensiv ausfällt als der Ausbau des nächstgelegenen Netzes. Erste Hürde in diesem, soweit ersichtlich, noch nicht gerichtlich geklärten Fall einer relativen Zumutbarkeitsprüfung ist hier, dass es in der Praxis schwierig sein dürfte, zu ermitteln, welcher von mehreren in Frage kommenden Netzbetreibern mit einem Netzausbau mit welchen Kosten konfrontiert würde. Es steht im Übrigen zu befürchten, dass alle ins Auge gefassten Netzbetreiber die Kosten für einen Netzausbau als sehr hoch veranschlagen, damit sie bei der Abwägung ausfallen und ihr Netz nicht ausbauen müssen.

65 Auch dann, wenn eine **Anlage** nur noch eine **kurze** Zeit (d. h. i. d. R. weniger als die Hälfte der gesetzlichen Höchstvergütungsdauer) Strom produziert, ist bei einer Ex-ante-Betrachtung fraglich, ob ein teurer Netzausbau verlangt werden kann. Hier bietet sich ein Abstellen auf den wirklichen voraussichtlichen Nutzen dieser Anlagen an, die nur noch für kurze Zeit Strom produzieren können, also eine absolute Zumutbarkeitsbetrachtung.

66 Von besonderer Bedeutung bei der Abwägung ist der Umstand, dass der Netzbetreiber die **Netzausbaukosten** nach § 13 Abs. 2 **abwälzen** kann, sie also nicht selbst tragen muss.[95]

67 Fraglich ist, ob eine Unzumutbarkeit auch aus **möglichen Folgen** eines Netzausbaus resultieren kann. So wird vertreten, dass bestimmte Investitionspla-

---

[93] Vgl. Begründung zu § 4 Abs. 2, BT-Drs. 15/2864, S. 34, sowie *Weißborn,* in: Böhmer, Erneuerbare Energien, S. 71, 117.
[94] BT-Drs. 15/2864, zu § 4 Abs. 2, S. 34; a. A. *Weißborn,* in: Schmidt-Schlaeger/Zinow, Grundlagen des Energierechts, S. 121, 128, u. *ders.,* in: Böhmer, Erneuerbare Energien, S. 71, 117, für den die Gegenüberstellung der voraussichtlichen Netzausbaukosten zu den Kosten der Gesamtinvestition in die EEG-Anlagen nicht geeignet sei für die Bestimmung der wirtschaftlichen Zumutbarkeit eines Netzausbaus. Diese liege daran, dass dabei die Interessen des Netzbetreibers überhaupt nicht berücksichtigt würden.
[95] Vgl. *Müller,* RdE 2004, 237, 241 f.

nungen im Einzelfall gegen die Zumutbarkeit des Netzausbaus sprechen können sollen. Der Fall einer (vorübergehenden) Unzumutbarkeit wäre danach anzunehmen, wenn dem Netzbetreiber aufgrund des Netzausbaus die Finanzmittel fehlten, die er für eine andere Netzmaßnahme benötigt, um das Netz versorgungssicher und stabil zu halten,[96] oder er in seiner Position als Netzbetreiber gefährdet wäre.[97] Zudem wird vertreten, es sei auch dann von der Unzumutbarkeit eines Netzausbaus auszugehen, wenn aufgrund der Netzausbaukosten die **Netznutzungsentgelte unangemessen hoch wären**[98] oder so steigen würden, dass ein Netzkunde zur Umgehung dieser Kostenlast eine eigene Direktleitung errichtet oder Produktionskapazitäten an einem anderem Standort außerhalb dieses Netzes verlagert.[99]

Solche schwer sicher zu prognostizierenden wirtschaftlichen Folgewirkungen können einen geplanten Netzausbau jedoch **nicht unzumutbar machen.** Weder das Gesetz noch die Gesetzesbegründung geben zu erkennen, dass für die Beurteilung der Zumutbarkeit andere Umstände eine Rollen spielen dürften als das Verhältnis der Netzausbaukosten zu den Anschlusskosten an einem entfernteren möglichen Anschlusspunkt (**relative Zumutbarkeit**) bzw. zu dem sich aus den Vergütungssummen im Vergütungszeitraum ergebenden Wert der Gesamtstrommenge aus den durch den Ausbau anschließbaren Erzeugungsanlagen (**absolute Zumutbarkeit**). 68

Der Netzbetreiber trägt schließlich die **Beweislast** dafür, ob ihm der Ausbau seines Netzes zumutbar bzw. unzumutbar ist. Ein rechtswidriges Bestreiten der Ausbaupflicht kann zu einer Schadensersatzpflicht nach §§ 280 ff. BGB führen. 69

4. Zeitliche Komponente – Unverzüglichkeit

Der wirtschaftlich zumutbare Netzausbau ist nach dem Wortlaut des Abs. 2 Satz 2 Halbsatz 2 jedenfalls **unverzüglich** vorzunehmen: In analoger Anwendung des § 121 Abs. 1 Satz 1 BGB ist dies anzunehmen, wenn mit dem Ausbau ohne schuldhaftes Zögern begonnen wird.[100] Dabei bedeutet „unverzüglich" nicht, dass innerhalb kürzester Zeit auch mit der tatsächlichen Netzverstärkung angefangen werden muss; vielmehr sind bei diesem Merkmal auch die üblichen Planungs- und Berechnungsphasen sowie Ausschreibungsfristen nach Erstellung des Pflichten- und Lastenheftes zu berücksichtigen.[101] 70

5. Netzausbaupflicht und Anlagengenehmigungen (Abs. 2 Satz 3)

Satz 3 des § 4 stellt zugleich klar, dass die **Netzausbaupflicht** erst dann besteht, wenn der Betreiber einer genehmigungsbedürftigen Anlage bereits einen anlagenbezogenen Vorbescheid, eine Teilgenehmigung oder eine umfassende **Genehmigung** vorweisen kann. Bei nicht genehmigungsbedürftigen Anlagen entfällt diese Beschränkung. Da es sich um eine für den Netzbetreiber günstige Abweichung von der Ausbaupflicht handelt, muss er darlegen und ggf. beweisen, dass eine Genehmigung erforderlich ist.[102] Korrektiv ist in diesem Fall das Kriterium der Unzumutbarkeit des Abs. 2 Satz 2 Halbsatz 2. Von der Zumutbarkeit ist auszugehen, wenn die Planung nicht mehr unverbindlich ist, sondern bereits konkretisiert wur- 71

---

[96] *Weißenborn,* in: Böhmer, Erneuerbare Energien, S. 71, 118.
[97] Vgl. (obiter dictum) OLG Stuttgart, Urt. v. 30. 9. 2004 – 2 U 58/04, S. 6.
[98] Vgl. (obiter dictum) OLG Stuttgart, Urt. v. 30. 9. 2004 – 2 U 58/04, S. 6.
[99] *Mengers,* ZNER 2001, 45; ihm folgend *Weißenborn,* in: Böhmer, Erneuerbare Energien, S. 71, 118.
[100] *Weißenborn,* in: Böhmer, Erneuerbare Energien, S. 71, 118.
[101] *Salje,* EEG, § 4 Rn. 27.
[102] BT-Drs. 15/2864, zu § 4 Abs. 2, S. 33.

de, z. B. Aufträge für Detailplanungen vergeben oder Verträge zur Herstellung unterzeichnet wurden.[103]

6. Abgrenzung des Netzausbaus von Anschlussmaßnahmen (Abs. 2 Satz 4)

72 Nach Abs. 2 Satz 4 erstreckt sich die Pflicht zum Netzausbau jedenfalls auf sämtliche für den Betrieb des Netzes unmittelbar oder mittelbar[104] **notwendigen technischen Einrichtungen** sowie die im **Eigentum** des Netzbetreibers stehenden oder in sein Eigentum übergehenden Anschlussanlagen.[105] Die von der Rechtsprechung in der Vergangenheit als Netzausbau definierten Fälle werden durch die Neuregelung nicht berührt.[106]

73 Durch die in Abs. 2 Satz 4 aufgestellten Kriterien soll die **Abgrenzung** zwischen einem **Netzausbau** und einem **Anschluss** erleichtert werden. Denn insoweit traten in der Vergangenheit oft Streitigkeiten darüber auf, was Netzausbau und Netzanschluss ist. Diese Streitigkeiten – die von der Clearingstelle nicht zufrieden stellend gelöst wurden – entstanden im Zusammenhang mit der Kostentragungspflicht nach dem damaligen § 10 EEG 2000.[107]

74 Ausweislich der Gesetzesbegründung ist der Begriff der **technischen Einrichtung** dabei weit zu verstehen und umfasst z. B. auch ein ggf. notwendiges Schaltgebäude.[108] **Notwendig** ist die technische Einrichtung dann, wenn sie für die Funktionsfähigkeit des Netzes – vor oder nach der Ausführung des Anschlusses – unentbehrlich ist. Dies kann zumindest in dem Fall angenommen werden, dass der störungsfreie Betrieb des Netzes nach dem Anschluss der Anlage von der Funktionsfähigkeit des neu eingefügten Bestandteils abhängt und ohne dieses nicht mehr gewährleistet erscheint. Gleiches gilt auch dann, wenn der störungsfreie Betrieb bei Entfernung der neuen Komponenten nur durch eine technische Veränderung des Netzes wiederhergestellt werden könnte.[109] Erfasst werden also auch im Rahmen eines Anlagenanschlusses neu geschaffene technische Einrichtungen.[110] Entbehrliche Anlageteile wird es daher praktisch kaum geben.[111]

75 Ziel des Abs. 2 Satz 4 ist dabei die Vermeidung unnötiger Kosten, die daraus entstehen könnten, dass Netzbetreiber und Anlagenbetreiber wegen des Umfangs des Netzausbaus bzw. Netzanschlusses und Zuständigkeiten streiten. Damit erledigt sich ein Problem, das in der Vergangenheit daraus entstand, dass Netzbetreiber auch dann dem Anlagenbetreiber Kosten in Rechnung stellte, wenn die neu installierten Einrichtungen ins **Eigentum** des Netzbetreibers übergingen.[112] Mit dieser Vorschrift soll daher eine Aufspaltung von finanziellem Aufwand (beim Anlagenbetreiber) und Vermögenszuwachs (beim Netzbetreiber) vermieden werden. Absatz 2 Satz 4 knüpft nicht nur an bereits bestehendes Eigentum der Netzbetreiber an. Er befasst sich auch mit noch zu errichtenden Anlagenteilen, die erst dann als Bestandteil des Netzes anzusehen sind, wenn sie ins Eigentum des Netzbetreibers übergehen. Unerheblich ist hierbei, ob der Eigentumsübergang kraft Gesetzes oder durch Rechtsgeschäft erfolgt.[113]

---

[103] Vgl. BT-Drs. 15/2864, zu § 4, zu Absatz 2, S. 33; *Oschmann/Müller*, ZNER 2004, 24, 27.
[104] *Salje*, EEG, § 4 Rn. 31.
[105] *Müller*, RdE 2004, 237, 242.
[106] Ebenda.
[107] BT-Drs. 15/2327, S. 25; *Oschmann/Müller*, ZNER 2004, 24, 27.
[108] BT-Drs. 15/2864, zu § 4 Abs. 2, S. 34.
[109] Vgl. auch BT-Drs. 15/2327, S. 25.
[110] *Oschmann/Müller*, ZNER 2004, 24, 27.
[111] *Salje*, EEG, § 4 Rn. 33 ff.
[112] Vgl. ausführlich dazu Kommentierung zu § 13 Rn. 14 ff.
[113] BT-Drs. 15/2864, zu § 4, Zu Absatz 2, S. 34.

IV. Kürzeste Entfernung zwischen geeignetem Netz und Standort

Nach Abs. 2 Satz 1 trifft die Verpflichtung nach Abs. 1 von zwei Netzbetreiber, 76
die beide über einen gleichermaßen technisch und wirtschaftlich geeigneten Verknüpfungspunkt verfügen, denjenigen, zu dessen Netz die **kürzeste Entfernung zum Standort** der Anlage besteht.

Nicht an jeder Stelle eines Netzes ist der Anschluss von Anlagen möglich, sondern 77 nur an so genannten **Verknüpfungspunkten.** Für die Ermittlung des nächstgelegenen Netzes ist daher, wie auch in der Vorschrift des Abs. 2 Satz 1 zum Ausdruck kommt, auf den Vergleich zweier Verknüpfungspunkte abzustellen. Diese Netzverknüpfungspunkte müssen allerdings nicht bereits existieren, sondern nur möglich sein. Es handelt sich daher bei dem Netzverknüpfungspunkt um die *gedachte* Schnittstelle zwischen Anlagenanschluss und Netz.[114]

Der Wortlaut („kürzeste Entfernung") ist auf den ersten Blick eindeutig: Kennt 78 man den Standort der Anlage und den Standort des Netzes, könnte man vermuten, dass die kürzeste Entfernung und damit der Verknüpfungspunkt „quasi mit einem Zirkelschlag"[115] ermittelt werden könnte. In der Praxis ist es dagegen oft zweifelhaft, wo der **technisch und wirtschaftlich günstigere Verknüpfungspunkt** anzunehmen ist. Überzeugend erscheint die Ermittlung des Verknüpfungspunktes gemäß dem **Grundsatz der Kostenminimierungspflicht aller Beteiligten** (also unter Berücksichtigung der Kosten für den Netzanschluss und den Netzausbau) und zwar unabhängig von der jeweiligen Kostentragungspflicht (sog. **gesamtwirtschaftliche Betrachtung**).[116]

Folge dieses Verständnisses ist es, dass im Einzelfall die notwendigen Netzaus- 79 baukosten und die Kosten, die dem Anlagenbetreiber zusätzlich entstehen würden, wenn er seine Stromerzeugungsanlage an einem anderen Netzpunkt anschließen würde, bei dem kein Netzausbau erforderlich wäre, gegeneinander **abgewogen** werden müssen. Sind die zusätzlichen Anschlusskosten an einem anderen Netzverknüpfungspunkt günstiger als die voraussichtlichen Netzausbaukosten, ist nicht der ursprünglich geplante Netzverknüpfungspunkt der technisch und wirtschaftlich günstigste, sondern der weiter entfernt gelegene.[117]

Bei der Bemessung der **kürzesten Entfernung** im Vergleich zwischen zwei 80 gleich geeigneten Netzen bieten sich dabei in räumlicher Hinsicht und unabhängig von der Frage der Kosten zwei Abschätzungsmöglichkeiten an: zum einen die Luftlinienentfernung von der Anlage aus gesehen zum Netz und zum anderen die Wegstrecke, die etwa eine ordnungsgemäß **verlegte Direktleitung** (bspw. in einer öffentlichen Straße) in Anspruch nimmt.[118] Auch hier wird deutlich, dass die **Entscheidung** darüber, was die kürzeste Entfernung" ist, eine **wertende** ist: Abzustellen ist daher in aller Regel nicht auf die Luftlinie, sondern auf die tatsächliche Wegstrecke.[119]

---

[114] Vgl. BT-Drs. 15/2327, S. 24.
[115] *Bönning,* ZNER 2003. 296, 297.
[116] Vgl. BT-Drs. 15/2864, zu § 4 Abs. 2, S. 33. So für das EEG 2000: BGH, RdE 2004, 46, 48; OLG Nürnberg, ZNER 2000, 225, 226 f.; *Salje,* EEG, § 4 Rn. 21 ff.; *Richter,* RdE 2001, 39, 40; *Reshöft/Steiner/Dreher,* EEG, § 4 Rn. 30; *Klemm,* RdE 2004, 48; *Lippert,* Energiewirtschaftrecht, S. 449; *Weißenborn,* in: Böhmer, Erneuerbare Energien, S. 71 ff., 113; vgl. Kommentierung zu § 13 Abs. 1 Satz 1 Rn. 23 ff.
[117] Zum Grundsatz der Kostenminimierung aller Beteiligten vgl. auch Kommentierung zu § 13 Rn. 9 ff.
[118] *Schneider,* in: Schneider/Theobald, HBEnWR, § 18 Rn. 98; *Salje,* EEG, § 4 Rn. 20; *Weißenborn,* in: Schmidt-Schlaeger/Zinow, Grundlagen des Energierechts, S. 121, 127 f.
[119] *Salje,* EEG, § 4 Rn. 20; *Weißenborn,* in: Böhmer, Erneuerbare Energien, S. 71 ff., 113.

81 So ist in Situationen, in denen das nächstgelegene Netz nur unter Überwindung eines **Hindernisses** (etwa Gewässerquerung o.ä.) erreichbar und der Anschluss daran für den Anlagenbetreiber kostenintensiver ist, dem Anlagenbetreiber zu gestatten, seinen Anschluss bei einem **entfernteren Netzbetreiber** zu suchen, wenn die damit verbundenen Kosten für den Anschluss – die er nach § 13 selbst zu tragen hat – geringer ausfallen.[120] Dies ist die Konsequenz des Grundsatzes der Minimierung aller Kosten des Netzanschlusses und des Netzausbaus,[121] die vornehmlich im Halbsatz 2 des Abs. 2 Satz 1 zum Ausdruck kommt („... wenn nicht ein anderes Netz einen technisch und wirtschaftlich günstigeren Verknüpfungspunkt aufweist"). Der entferntere Netzbetreiber darf sich nicht etwa auf die Position zurückziehen, dass sein Netz nicht die kürzeste Entfernung zur Anlage aufweist, wenn der Anschluss an sein Netz mit niedrigeren Kosten für alle Beteiligten verbunden ist.[122] Ein solches Verhalten wäre – vor dem Hintergrund, dass die Anschlusskosten ohnehin nicht vom Netzbetreiber, sondern von Anlagenbetreiber zu tragen sind – treuwidrig und damit rechtsmissbräuchlich. Eine unberechtigte Verweisung des Anlagenbetreibers auf einen anderen Anschlusspunkt, ein anderes Netz oder gar eine Anschlussverweigerung würde also eine Pflichtverletzung darstellen.[123]

82 Etwas anderes kann nur dann gelten, wenn der **entferntere Netzbetreiber seinerseits kostenmäßig in Anspruch genommen** wird, so etwa im Falle, dass durch den Anschluss an sein entferntes Netz ein Netzausbau erforderlich wird. In diesem Fall ist im Rahmen der Abwägung ein Vergleich der Netzausbaukosten des entfernteren Netzbetreibers, der nun vom Anlagenbetreiber in Anspruch genommen wird, mit den Netzanschlusskosten des Anlagenbetreibers zum nächstgelegenen, jedoch nur unter Überwindung von Hindernissen erreichbaren Netzes, anzustellen. Übersteigen die Netzanschlusskosten des Anlagenbetreibers die Netzausbaukosten des räumlich entfernteren Netzbetreibers, so hat der Anlagenbetreiber Anspruch auf Netzanschluss an das räumlich entferntere Netz.[124]

83 Umgekehrt kann ein Netzbetreiber wegen des Prinzips der Gesamtkostenminimierung **nicht** verlangen, dass der EEG-Strom **ausschließlich über gesonderte Leitungen** in sein Netz eingespeist wird. Vielmehr muss dem Anlagenbetreiber ein Anspruch darauf zuerkannt werden, seinen Strom über ein **Kundennetz**, in dessen Nähe sich die Anlage befindet, bis zum Anschlusspunkt in das öffentliche Versorgungsnetz „durchzuleiten". Voraussetzung hierfür ist allerdings, dass die entstehenden Kosten bei einer gesamtwirtschaftlichen Betrachtungsweise in diesem Fall geringer ausfallen. Dabei kann zwar nicht unberücksichtigt bleiben, dass die Einspeisung aufgrund physikalischer Gegebenheiten bei gleichzeitigem Stromverbrauch innerhalb des Kundennetzes ggf. teilweise nur virtuell – also lediglich **bilanziell** – erfolgt. Der Strom, der produziert und eingespeist werden soll, wird im Falle, dass der Anlagenbetreiber auch als Stromkunde an das Netz angeschlossen ist, unter Umständen nicht mehr vollständig tatsächlich eingespeist, sondern vom Anlagenbetreiber bzw. im Arealnetz ggf. teilweise sofort wieder verbraucht. In einem solchen Fall bleibt dem Anlagenbetreiber und dem Netzbetreiber die Möglichkeit, die erzeugten und sogleich verbrauchten Strommengen kaufmännisch

---

[120] In diesem Sinne auch die Begründung zum Referentenentwurf vom 17. 12. 2003, Besonderer Teil, zu § 4, BR-Drs. 15/04, S. 53.
[121] Vgl. insoweit auch *Schneider*, in: Schneider/Theobald, HBEnWR, § 18 Rn. 98; vgl. im Einzelnen unten Kommentierung zu § 13 Rn. 9 ff.
[122] Vgl. *Reshöft/Steiner/Dreher*, EEG, § 4 Rn. 23.
[123] Vgl. BT-Drs. 15/2864, zu § 4 Abs. 2, S. 33.
[124] Vgl. *Reshöft/Steiner/Dreher*, EEG, § 4 Rn. 20; *Salje*, EEG, § 4 Rn. 21.

bilanziell zu ermitteln. Zu einer tatsächlichen Einspeisung kommt es dagegen nicht. Dieser Fall ist nun Abs. 5 ausdrücklich geregelt.[125]

Insoweit ist auch zu beachten,[126] dass auch für den übrigen Stromhandel strikt zwischen **physikalischem „Stromfluss"** und bilanzieller Abrechnung getrennt werden kann. Für die Fälle der Einspeisung über ein Kundennetz kann – unter der soeben genannten Voraussetzung der Beachtung des Grundsatzes der Gesamtkostenminimierung – lediglich von der weiteren Voraussetzung abhängig gemacht werden, dass geeignete Messeinrichtungen für eine verlässliche Abrechnung der Stromeinspeisung vorhanden sind und deren Saldierung mit der Netzstromabnahme erfolgt.[127] 84

V. Prüfungsschema zur Bestimmung des verpflichteten Netzbetreibers

Zusammenfassend ist folgendes **Prüfungsschema** anzuwenden, um den zum Anschluss und zur Abnahme verpflichteten Netzbetreiber i. S. d. Abs. 2 zu ermitteln: 85

Oberste Maxime bei der Auswahl des verpflichteten Netzbetreibers ist die Verursachung **möglichst geringer Anschluss- und Netzausbaukosten.** Daher ist zu ermitteln, durch welchen Netzanschlusspunkt die volkswirtschaftlich geringsten Kosten verursacht werden. Dabei sind die Kosten für einen ggf. erforderlichen Netzausbau mit einzubeziehen. Die Prüfung erfolgt in zwei Schritten. 86

Erster Schritt: Zunächst ist zu prüfen, ob das Netz, an das der Anschluss begehrt wird, überhaupt technisch geeignet ist **(relative technische Eignung).** Ist dies nicht der Fall ist gleichzeitig zu prüfen, ob Anschluss und Stromabnahme durch einen Netzausbau möglich werden und der Netzausbau wirtschaftlich zumutbar ist. Zumutbar ist der Ausbau nach der Gesetzesbegründung letztlich dann, wenn die Kosten des Ausbaus 25 Prozent der Kosten der Errichtung der Stromerzeugungsanlage nicht überschreiten.[128] Andernfalls liegt **absolute technische Ungeeignetheit vor** und es muss ein anderes technisch geeignetes Netz gefunden werden. 87

Zweiter Schritt: Ist im ersten Schritt ein technisch geeignetes Netz ausfindig gemacht worden, ist in einem zweiten Schritt zu prüfen, ob der Anschluss an ein anderes Netz (ggf. ebenfalls nach wirtschaftlich zumutbarem Netzausbau) mit niedrigeren volkswirtschaftlichen Kosten verbunden wäre **(absolute technische Eignung).** Dabei wird sich regelmäßig ergeben, dass der näher gelegene Anschlusspunkt geringere Kosten verursacht als weiter entfernt liegende. Zudem wird der Anschluss an ein im Hinblick auf Spannungsstufe und Netzkapazität bereits vor einem Ausbau technisch geeignetes Netz in der Regel günstiger sein als der Anschluss an ein Netz, das erst noch ausgebaut werden muss. So ist beispielsweise der Anschluss einer leistungsstarken Erzeugungsanlage, etwa eines Windparks mit 70 MW elektrischer Leistung, an ein nicht genügend Kapazität vorhaltendes 800-Volt-Niederspannungsnetz wohl erheblich teurer als der Anschluss an ein leis- 88

---

[125] Vgl. im Einzelnen dort, Rn. 110 ff.
[126] Vgl. dazu bisher Verbändevereinbarung über Kriterien zur Bestimmung von Netznutzungsgelten für elektrische Energie und über Prinzipien der Netznutzung v. 13. 12. 2001, BAnZ Nr. 85 b v. 8. 5. 2002.
[127] Vgl. hierzu *Bundesclearingstelle,* Hinweispapier v. 8. 5. 2001 zur Einspeisung von Strom aus Photovoltaik-Anlagen ins Kundennetz; *von Fabeck,* Solarbrief 2/2001, S. 13 f.; *Schneider,* in: Schneider/Theobald, HBEnWR, § 18 Rn. 99.
[128] Vgl. genauer zur Zumutbarkeitsgrenze des Netzausbaus aus dem Verhältnis des sich aus den Vergütungssummen im Vergütungszeitraum ergebenden Werts der Gesamtstrommenge zu den Ausbaukosten vgl. oben Rn. 58 und BT-Drs. 15/2864, zu § 4 Abs. 3, S. 34.

tungsstarkes 110-kV-Netz. Zwar könnte der Windpark theoretisch an ein Niederspannungsnetz angeschlossen werden, nachdem dieses zu einem Hochspannungsnetz ausgebaut worden wäre. Der Anschluss an ein weiter entferntes Hochspannungsnetz wird dann aber in aller Regel günstiger sein als der Umbau der gesamten Netzstruktur. Das Niederspannungsnetz scheidet deshalb in diesen Fällen regelmäßig für den Anschluss aus. Stattdessen wird man entsprechend der geringsten volkswirtschaftlichen Anschlusskosten den technisch und wirtschaftlich günstigsten Netzanschlusspunkt i. S. d. Abs. 2 Satz 1 zum Beispiel am nächstgelegene Punkt eines 110-kV-Netzes finden.

E. Anschluss- und Abnahmepflichten bei zeitweilig ausgelastetem Netz (Abs. 3)

I. Regelung des Netzanschlusses an ein vorübergehend ausgelastetes Netz

89   Die Regelung stellt klar, dass der Netzbetreiber den Netzanschluss nicht mit dem Verweis auf mögliche zeitliche Netzauslastungen verweigern kann. Die **Anschlusspflicht** besteht vielmehr auch dann, wenn das Netz oder ein Netzbereich **zeitweise vollständig** durch Strom aus Erneuerbaren Energien oder Grubengas **ausgelastet** ist. Netzbetreiber können folglich den Anschluss von Anlagen nicht mit dem Verweis auf **zeitlich befristete Netzengpässe,** die durch die Aufnahme von Strom aus Erneuerbare Energien hervorgerufen werden, verweigern.[129] Unberührt hiervon bleibt die Verpflichtung zum unverzüglichen Ausbau nach Abs. 2 Satz 2 (Abs. 3 Satz 2 Halbsatz 2). Die mit der Novelle 2004 neu eingefügte Regelung ist deklaratorischer Natur; Abs. 3 kodifiziert lediglich die bisherige Rechtslage.[130]

90   Netzauslastungen ausschließlich durch Erneuerbare Energien liegen nur extrem selten vor, etwa bei einem Zusammentreffen sehr hoher Einspeisung bei Starkwind und gleichzeitigem niedrigen Verbrauch in der Nacht. Unabhängig davon ist der Netzbetreiber **in jedem Fall und jederzeit** dazu verpflichtet, Anlagen zur Erzeugung von Strom aus Erneuerbaren Energien **anzuschließen** und den Strom **immer dann abzunehmen,** wenn das Netz nicht bereits durch zeitlich früher in Betrieb gegangene Anlagen zur Erzeugung von Strom aus Erneuerbaren Energien ausgelastet ist. Die Sicherheit und Funktionsfähigkeit des Netzes wird dadurch nicht berührt.[131]

91   Die Vorschrift findet insbesondere auf die **Zwischenphase** bis zum **Abschluss von Netzausbaumaßnahmen** nach Abs. 2 Satz 2 Anwendung. Absatz 3 stellt insoweit klar, dass auch in dieser Zwischenphase alle Anlagen anzuschließen sind. Voraussetzung der **Anschlusspflicht** bei einem zeitweise vollständig mit EEG-Strom ausgelasteten Netz ist lediglich, dass die anzuschließende Anlage mit einer **technischen Einrichtung** zur Reduzierung der Einspeiseleistung bei Netzüberlastung versehen ist, sie also die technische Sicherheit des Netzes und damit die Versorgungssicherheit nicht beeinträchtigt.[132]

92   Die **Abnahmepflicht** besteht nach Abs. 3 Satz 2, soweit das Netz oder der Netzbereich nicht durch Strom aus zeitlich vor diesen Anlagen angeschlossenen

---

[129] So die Gesetzesbegründung, BT-Drs. 15/2864, zu § 4 Abs. 3, S. 34; vgl. auch *Salje,* EEG, § 4 Rn. 63.
[130] BT-Drs. 15/2864, zu § 4 Abs. 3, S. 34; siehe auch *Müller,* RdE 2004, 237, 240 f.
[131] Ebenda.
[132] Hierzu *Oschmann/Müller,* Ergänzung zur ZNER 1/2004 (ohne Seitenangabe).

Anlagen zur Erzeugung von Strom aus Erneuerbaren Energien oder Grubengas vollständig ausgelastet ist. Bei der Überprüfung, ob ein Netz mit Strom aus Erneuerbaren Energien ausgelastet ist, werden die Anlagen jeweils in der zeitlichen Reihenfolge berücksichtigt. Abweichungen von diesem Prinzip sind nur im Rahmen vertraglicher Vereinbarungen nach Abs. 1 Satz 3 möglich.

Folge der gesetzlichen Formulierung in Abs. 3 Satz 1 und 2 ist, dass der Netzbetreiber – wie auch bei der Frage der Voraussetzungen des Netzausbaus[133] – **beweispflichtig** dafür ist, dass das Netz zumindest zeitweise vollständig durch Strom aus Erneuerbaren Energien oder aus Grubengas **ausgelastet** ist. Gelingt ihm der Nachweis nicht, hat er eine unbedingte Anschluss- und Abnahmepflicht. Erst wenn ihm der Nachweis gelingt, kann er verlangen, dass die Anlage mit einer technischen Einrichtung zur Reduzierung der Einspeiseleistung bei Netzüberlastung ausgestattet ist. Vor Gericht muss der Netzbetreiber im Streitfall beweisen, dass die Anlage nicht entsprechend ausgestattet ist, da das Erfordernis der technischen Einrichtung zur Reduzierung der Einspeiseleistung bei Netzüberlastung durch die Wendung „es sei denn" als negative Tatsache eingeführt wird. 93

Hiervon unberührt bleibt die Verpflichtung des Netzbetreibers zum **unverzüglichen Netzausbau** nach Abs. 2 Satz 2. 94

Auf Verlangen des Anlagenbetreibers hat der Netzbetreiber nach **Abs. 3 Satz 3** bei Nichtabnahme des Stroms das Vorliegen der Voraussetzungen nach Satz 2 innerhalb von vier Wochen schriftlich unter **Vorlage nachprüfbarer Berechnungen** nachzuweisen. Damit ist der Netzbetreiber darlegungs- und beweispflichtig, dass und warum Strom in einer bestimmten Situation nicht abgenommen werden konnte. Verweigert ein Netzbetreiber die Abnahme von Strom unter Hinweise auf seine angebliche Netzauslastung und kann er nicht innerhalb der Frist von vier Wochen durch Vorlage aussagekräftiger und für einen kundigen Dritten nachprüfbare Berechnungen nachweisen, macht er sich unter Umständen schadenersatzpflichtig. Die Vorlage nachprüfbarer Berechnungen darf sich dabei nicht auf die Präsentation von Rechenergebnissen auf der Basis nicht belegter Netzdaten beschränken. Eine tatsächliche Nachprüfbarkeit setzt vielmehr voraus, dass der Netzbetreiber dem Anlagenbetreiber oder einem von diesem beauftragten Dritten **alle erforderlichen Daten** über die Netzauslastung wie Leitungskapazitäten, Umspannleistungen, Einspeiseprofile, Entnahmeprofile und Ursprung der Einspeisungen (u. a. regenerativ/konventionell) zur Verfügung stellt. 95

II. Änderungen für das bisherige Netzkapazitäts-Zuweisungsregime

Bisher haben sich die Netzbetreiber mangels ausdrücklicher gesetzlicher Regelungen eines eigenen Modells zur Zuteilung der Netzkapazitäten für EEG-Einspeisungen bedient.[134] Danach wurde maßgeblich auf die Beantragung von **Netzkapazität** nach Erteilung einer **behördlichen Genehmigung** abstellt: Begehrte ein Anlagenbetreiber unter Vorlage einer sein Baurecht ausweisenden behördlichen Genehmigung Anschluss und Reservierung von Netzkapazität, ging der Netzbetreiber davon aus, dass sich das Vorhaben soweit konkretisiert hat, dass mit einem Abschluss zu rechnen ist. Er setzte ihn dann auf eine interne Liste (**„Windhundliste")**. In der Reihenfolge dieser Anfrageliste wurden dann die Netzkapazitäten reserviert und nach Errichtung und Anschluss zugewiesen. Das System zeichnete sich dadurch aus, dass es nicht auf die von der jeweiligen Netzlast abhängige, jeweils aktuell zur Verfügung stehende Netzkapazität abstellte. Die Kapazität des Netzes wurde vielmehr so berechnet und zugeteilt, dass es immer, also 96

---

[133] Vgl. oben Rn. 56 ff.
[134] Vgl. *Pingel/Pohlmann/Wehlmann,* Stromeinspeisungsgesetz 1998, § 2 2.4.3.

auch unter seltenen und ungünstigsten Umständen (Schwachlastsituation: volle Einspeisung bei extrem niedriger Entnahme), durch die Einspeisungen keinesfalls zu einer Gefährdung der Netzstabilität kommen konnte. Dabei wurde eine kurzzeitige Abregelung von Anlagen aus Gründen der Netzstabilität, die vielfach bereits vertraglich möglich ist, nicht in Betracht gezogen.[135]

97 Nach dem neuen Abs. 3 besteht die Pflicht zum vorrangigen **Anschluss** einer Anlage – wie dargestellt – aber auch dann, wenn das Netz oder ein Netzbereich zeitweise vollständig durch Strom aus Erneuerbaren Energien ausgelastet ist – vorausgesetzt, die Anlage verfügt über eine technische Einrichtung zur Reduzierung der Einspeiseleistung bei Netzüberlastung. Davon zu unterscheiden ist die Pflicht zur vorrangigen **Abnahme** des Stroms. Nach Abs. 3 Satz 2, 2. Halbsatz sollen knappe Netzkapazitäten in einem Netz, an das eine höhere Leistung angeschlossen ist, als über es abgeleitet werden kann, in der Reihenfolge des tatsächlichen Anschlusses der Anlage an das Netz zugeteilt werden. Danach ist die Netzkapazität also in der Reihenfolge des tatsächlichen Anschlusses der Anlagen an das Netz zu verteilen. Auf die von den Netzbetreibern bislang abgestellte Reihenfolge der Aufnahme in die Reservierungsliste, die wiederum von der Vorlage einer behördlichen Genehmigung abhing, stellt das Gesetz also gerade nicht ab.

98 **Maßgeblicher Zeitpunkt** für die Zuteilung von knapper Netzkapazität in einem noch nicht ausgebauten Netz ist damit der **tatsächliche Anschluss** der Anlage, nicht mehr die Erteilung einer behördlichen Genehmigung. Auf die Vorlage einer behördlichen Genehmigung kommt es zukünftig lediglich im Zusammenhang mit der Netzausbauverpflichtung des Netzbetreibers an.[136] So ist der Netzbetreiber ab der Vorlage einer Genehmigung, einer Teilgenehmigung oder eines Vorbescheids zum unverzüglichen Ausbau des Netzes verpflichtet.

99 Da das Gesetz die Anschlussverpflichtung von einer technischen Einrichtung zur Reduzierung der Einspeiseleitung bei Netzüberlastungen abhängig macht, kann daraus geschlossen werden, dass der Netzbetreiber **zukünftig ein an der jeweils aktuellen tatsächlichen Netzauslastung orientiertes Netzmanagement** vorzunehmen hat; dies gilt jedenfalls hinsichtlich neu angeschlossener Anlagen. Die Zuweisung von Netzkapazität darf danach nicht mehr auf der Grundlage einer Betrachtung von seltenen Ausnahmefällen erfolgen, während wertvolle Netzkapazitäten in den meisten Einspeise- und Netzsituationen ungenutzt bleiben.[137] Der Netzbetreiber muss vielmehr seine gesamte und u. a. von der aktuellen Entnahme aus dem Netz abhängende aktuell vorhandene Netzkapazität zur Erfüllung seiner Pflicht zur vorrangigen Abnahme von Regenerativstrom zur Verfügung stellen.

100 Die für ein besseres **Netzmanagement** möglichen **Vereinbarungen** (Abs. 1 Satz 3, 4),[138] die Ausnahmen von der Vorrangpflicht des EEG zulassen, ermöglichen darüber hinaus, dass noch mehr Erzeugungsanlagen an ein vorhandenes Netz angeschlossen werden können.

F. Die gegenseitigen Auskunftspflichten der Netz- und Anlagenbetreiber (Abs. 4)

101 Gemäß Abs. 4 sind auf Antrag die für eine nachprüfbare Netzverträglichkeitsprüfung erforderlichen **Netz- und Anlagedaten** innerhalb von acht Wochen

---

[135] Vgl. zum Lastmanagement auch oben die Kommentierung zu Abs. 1 Satz 3 und 4 Rn. 39 ff.
[136] Genauer siehe oben Rn. 71 ff.
[137] So ausdrücklich BT-Drs. 15/2864, zu § 4 Abs. 3, S. 34.
[138] Dazu oben Rn. 39 ff.

vorzulegen, soweit dies für die Planung des Netzbetreibers und des Einspeisewilligen und für die Feststellung der technischen Eignung des Netzes erforderlich ist. Die Regelung nimmt so Bezug auf den Umstand, dass sowohl Netzbetreiber als auch Einspeisewillige aufwendige Planungen und Vermögensdispositionen treffen müssen, wenn es zum Netzausbau bzw. zum Netzanschluss kommt.

Die Vorschrift greift § 3 Abs. 1 Satz 4 EEG 2000 auf und ergänzt diesen. Sie bestimmt den Anspruchsberechtigten und den Anspruchsverpflichteten eines **Auskunftsanspruchs,** auf den die § 666 BGB und §§ 809 ff. ZPO anwendbar sind. Anspruchsberechtigte bzw. -verpflichtete sind der Einspeisewillige und der Netzbetreiber. Absatz 4 stellt zugleich klar, dass die Pflichten **nur auf Antrag** zu erfüllen sind und dass die Daten geeignet sein müssen, eine nachprüfbare Netzverträglichkeitsprüfung durchzuführen. 102

Welche Daten konkret vorzulegen sind, wird im Gesetz nicht explizit geregelt. Maßgeblich ist insoweit der Begriff der **Erforderlichkeit:** Der Auskunftsanspruch bezieht sich auf alle Daten, die der andere für seine Planung und Investitionsabschätzung benötigt.[139] Daher können keine „Auskünfte ins Blaue hinein" erwartet werden. Der Netzbetreiber schuldet dem Einspeisewilligen etwa nicht diejenigen Daten, die – wie auch das AG Fürstenwalde in einem Fall ausführte[140] – der Einspeiser mit zumutbarem Aufwand selber beschaffen kann.[141] Weiterhin umfasst der Offenlegungsanspruch nach Abs. 4 nicht jene Daten, die auch fachkundige Dritte auf Basis der vom Netzbetreiber zur Verfügung gestellten Daten berechnen können.[142] 103

Zu den erforderlichen **Anlagedaten** zählen zum einen die die Anlage selbst beschreibenden technischen Merkmale, zum anderen der Standort der Anlagen, die dort herrschenden Standortbedingungen sowie die geplante Ausführung der Anschlussleitung samt Messeinrichtungen. Erforderliche **Netzdaten** sind Daten, die die **Eigenschaften** eines Verteilungs- bzw. Übertragungsnetzes beschreiben, die – wie Kurzschlussleitung, Spannungsebene und Ausbauzustand des Netzes – unbedingt erforderlich sind, um eine Regenerativstromanlage zu planen und die Investitionskosten einschätzen zu können.[143] Erforderlich sind darüber hinaus unter anderem auch die Daten über die **Netzauslastung** wie Leitungskapazitäten, Umspannleistungen, Einspeiseprofile, Entnahmeprofile und Ursprung der Einspeisungen (u. a. regenerativ/konventionell) sowie Anlagenplanungen im Bereich seines Netzes.[144] Der Anlagenbetreiber benötigt die Angaben über die Netzauslastung, insbesondere um abschätzen zu können, inwieweit sein Strom im Rahmen der anschlusszeitpunktabhängigen Einspeisung in Netze mit knappen Kapazitäten aufgenommen werden kann; sie sind für den Anlagenbetreiber regelmäßig für die Sicherstellung der Finanzierung von großer Bedeutung.[145] 104

Das LG Frankfurt (Oder) hat in einem Urteil zur Rechtslage unter Geltung des EEG 2000[146] eine beklagte Netzbetreiberin verpflichtet, über folgende **Tatsachen Auskunft** zu gegeben: 105

---

[139] Vgl. *Salje,* EEG, § 4 Rn. 137.
[140] Vgl. allgemein AG Fürstenwalde, RdE 2001, 161 f.
[141] Vgl. BGH, WM 1971, 1196; OLG Karlsruhe, NJW-RR 1996, 1059.
[142] Insoweit zutreffend auch AG Fürstenwalde, RdE 2001, 161 f.
[143] *Salje,* EEG, § 4 Rn. 140; *Schneider,* in: Schneider/Theobald, HBEnWR, § 18 Rn. 102.
[144] Zum Letzten ausdrücklich die Gesetzesbegründung, BT-Drs. 15/2864, zu § 4 Abs. 4, S. 35.
[145] Vgl. schon oben zum Auskunftsanspruch nach § 4 Abs. 3 Satz 3 Rn. 95.
[146] LG Frankfurt (Oder), Urt. v. 14. 9. 2001 zum § 3 Abs. 1 Satz 4 EEG 2000, ZNER 2001, 269 f. = RdE 2003, 47 ff., m. krit. Anm. *Weißenborn,* 49 ff.

- die Darlegung der Möglichkeit des Anschlusses der streitigen Anlage ans Netz in Form einer „nachprüfbaren Netzberechnung";
- die Ermittlung der am betreffenden Standort abnehmbaren Strommengen ebenfalls in Form einer „nachprüfbaren Netzberechnung";
- die voraussichtliche Höhe der Kosten eines Netzanschlusses am jeweiligen Standort mittels einer durch die Netzbetreiberin durchzuführenden Ermittlung unter genauer Darlegung der einzelnen Positionen.

106 Aus der Zusammenschau der zwei in Abs. 4 enthaltenen Ansprüche ergibt sich außerdem, dass diese jeweils **nur bei Bestehen einer gewissen Planungsreife** geltend gemacht werden können. Soweit diese Planungsreife nicht vorliegt, kann eine Offenlegung der Daten nicht verlangt werden. Wann diese Planungsreife angenommen werden kann, war unter dem EEG 2000 noch ungeklärt: Als frühester Zeitpunkt wurde unter Geltung des EEG 2000 einerseits der Zeitpunkt der Genehmigungsantragstellung vorgeschlagen;[147] andererseits kam die Erteilung der Anlagenerrichtungsgenehmigung in Frage. Aus dem Wortlaut der aktuellen Vorschrift („Einspeisewilligen") kann jedenfalls darauf geschlossen werden, dass Investoren berechtigt sind, vom Netzbetreiber Offenlegung zu beanspruchen. Damit steht immerhin fest, dass der Netzbetreiber nicht berechtigt ist, die Auskunftserteilung zu verweigern, bis etwa die Anlage fertig gestellt ist. Denn mit der Vorschrift soll Investitionssicherheit gewährleistet werden. Für diesen Auskunftsanspruch kann es also nicht darauf ankommen, dass der Anlagenbetreiber bereits die Errichtungsgenehmigung erhalten hat. Denn wer eine Anlage nach § 3 Abs. 2 errichten will, sieht sich immer komplizierteren und umfassenderen Genehmigungsverfahren ausgesetzt; Änderungsanträge und Neuanträge müssen zur Klärung diverser Details im Zusammenhang mit dem Bau der Anlage gestellt werden. Daher muss der Anlagenbetreiber auch so frühzeitig wie möglich wissen, welche Mengen an Strom er zu welchen Kosten, an welchem Verknüpfungspunkt ins Netz für die allgemeine Versorgung einspeisen kann. Vor diesem Hintergrund kann für das Entstehen des Auskunftsanspruchs des Anlagenbetreibers gemäß § 4 Abs. 1 Satz 4 nur ein sehr frühes Planungsstadium in Frage kommen.

107 Die **Gesetzesbegründung** des aktuellen EEG 2004 betont nunmehr sogar, dass ein Einspeisungswilliger seinerseits nicht bereits die Genehmigungsanträge zum Bau einer Anlage gestellt haben oder gar eine solche vorweisen muss. Damit genügt nunmehr wohl bereits ein **ernsthaftes Planungsinteresse** des Anlagenbetreibers. Diese frühe zeitliche Bezugnahme erfolgt deswegen, da es bereits für die ersten Schritte der Anlagenplanung unverzichtbar ist, die erforderlichen Daten zu kennen. Der Anlagenbetreiber wird erst mit dieser Kenntnis in der Lage sein, zu entscheiden, ob er sein Vorhaben an die Netzkapazität anpassen muss und die Planungen zu Ende führen kann. Entsprechend gilt dies bei mehreren Einspeisewilligen, die etwa zum Zwecke der Ermittlung volkswirtschaftlich günstiger Netzausbau- und Anbindungsmöglichkeiten, gemeinsam einen Antrag stellen.[148] Netzbetreiber ist zunächst der Betreiber des Netzes, an das die Anlage angeschlossen werden muss. Wenn der Anschluss aufgrund von Netzengpässen an Verbindungen zu vorgelagerten Netzen fraglich ist, sind auch die Betreiber dieser Netze verpflichtet. Nur so kann der vom Gesetz bezweckte Ausbau sichergestellt werden.

---

[147] So OLG Hamm, ZNER 2003, 49; m. Anm. *Busmann,* ZNER 2003, 49 f.
[148] BT-Drs. 15/2864, S. 35; offen gelassen in OLG Hamm, ZNER 2003, 49, m. Anm. *Busmann,* 49 f., der davon ausgeht, dass das OLG Hamm bestätigt habe, dass der Auskunftsanspruch schon in einem frühern Planungsstadium – etwa Genehmigungsantragstellung – bestehe und nicht mit der Vorlage eines Genehmigungsbescheides oder nur gegen Kostenerstattung.

Bei der Erteilung und Verwertung der gesetzlichen Offenlegungsansprüche nach 108
Abs. 4 müssen stets die allgemeinen Schranken aller zivilrechtlichen Ansprüche
beachtet werden; damit sind vor allem die **Geheimhaltungsschranken** gemeint.
Bei der Entscheidung, ob Daten aus Gründen der Geheimhaltung ausnahmsweise
nicht mitgeteilt werden können, ist eine Einzelfallprüfung vorzunehmen. Anlagenbetreiber wie Netzbetreiber haben wechselseitig das Verbot des Verrats von
Betriebesgeheimnissen nach § 17 UWG zu beachten. Die Anlagenbetreiber sind
jedoch nach Treu und Glauben gehalten, in die Weitergabe auch der Daten, die
eine Individualisierung der potentiellen Anlagenbetreiber ermöglichen, einzuwilligen. Die Kenntnis anderer geplanter Projekte ermöglicht es den Einspeisewilligen
untereinander und mit dem Netzbetreiber im Sinne einer gesamtwirtschaftlichen
Optimierung den jeweiligen Anschluss zu koordinieren.[149]

Für die Bereitstellung der Daten darf auch in Zukunft **kein Entgelt** verlangt 109
werden. Bereits für die Vorgängerregelung war dies in der Rechtsprechung anerkannt.[150] Denn der notwendige Aufwand ist verhältnismäßig gering und gehört zu
den vom Gesetzgeber den Netzbetreibern aufgrund ihrer durch die Netzsituation
bedingten marktbeherrschenden Stellung im Energiesystem zugewiesenen Aufgaben.[151]

G. Arealnetze (Abs. 5)

Mit Abs. 5 betrat der Gesetzgeber Neuland:[152] Die Vorschrift ergänzt die Ver- 110
pflichtungen der Netzbetreiber zur vorrangigen Abnahme und Übertragung nach
Abs. 1 für den Fall, dass die Anlage selbst nicht unmittelbar an ein Netz für die
allgemeine Versorgung mit Elektrizität, sondern an das **Netz eines Dritten** angeschossen und der Strom mittels kaufmännisch-bilanzieller[153] Durchleitung durch
dieses Drittnetz in ein Netz nach § 3 Abs. 6 angeboten wird. Mit dem Netz eines
Dritten meint das Gesetz insbesondere den Fall des sog. Objektnetzes bzw. **Arealnetzes.** Darüber hinaus zielt Abs. 5 u. a. auch auf Situationen ab, in denen ein
größerer Windpark ein gemeinsames Umspannwerk, das von einer Betreibergesellschaft betrieben wird, benutzt. Auch in letzterem Falle ist ebenfalls der Netzbetreiber des Netzes für die allgemeine Versorgung Verpflichteter im Sinne der
§§ 4 und 5.[154]

Hintergrund der Regelung war – zumindest soweit sie die sog. Arealnetze 111
umfasst – der Umstand, dass sich in der Vergangenheit einzelne Netzbetreiber
geweigert hatten, den erzeugten und in ein Arealnetz eingespeisten Strom aus
Erneuerbaren Energien von dem aufnehmenden Arealnetzbetreiber abzunehmen
und zu vergüten.[155] Dabei hatte der Gesetzgeber in seiner Begründung zu § 10
EEG 2000[156] diesen Fall als mit geregelt angesehen. Anlagen, die Strom in Arealnetze abgaben, konnten in der Praxis häufig zwar nur kaufmännisch-bilanziell vom
Betreiber eines Netzes nach § 3 Abs. 6 berücksichtigt werden, da dieser Strom

---

[149] So ausdrücklich die Gesetzesbegründung, BT-Drs. 15/2864, zu § 4 Abs. 4, S. 35.
[150] Insb. LG Frankfurt (Oder), Urt. v. 14. 9. 2001 zum § 3 Abs. 1 Satz 4 EEG 2000, ZNER 2001, 269 f. = RdE 2003, 47 ff., m. krit. Anm. *Weißenborn,* 49 ff.; vgl. *Reshöft/Steiner/Dreher,* EEG, § 4 Rn. 13. Demgegenüber hatten LG Frankfurt (Oder), RdE 2003, 50 f. und ihm folgend AG Cochem, RdE 2003, 314 f., Verträge über netztechnische Anschlussmöglichkeiten nicht beanstandet.
[151] Ausdrücklich die Gesetzesbegründung, BT-Drs. 15/2864, zu § 4 Abs. 4, S. 35.
[152] Vgl. dazu auch *Oschmann/Müller,* ZNER 2004, 24, 27.
[153] Hierzu die Gesetzesbegründung, BT-Drs. 15/2864, zu § 4 Abs. 5, S. 35.
[154] Vgl. auch *Müller,* RdE 2004, 237, 240.
[155] *Oschmann/Müller,* ZNER 2004, 24, 27.
[156] BT-Drs. 14/2776, S. 24.

physikalisch in der Regel nicht in ein solches Netz gelangte. Aber auch hier ist maßgeblich, dass der Anschluss einer Anlage an ein bestehendes Arealnetz „im Interesse der Allgemeinheit"[157] dazu beitragen kann, volkswirtschaftlich unnötige Kosten zu vermeiden.

112 Für die Bemessung des Stroms aus einer Anlage nach Abs. 5 ist – sofern § 5 Abs. 1 Satz 2 nicht zur Anwendung kommt – eine Ermittlung der **eingespeisten elektrischen Arbeit** ausreichend. Dabei soll es keine Rolle spielen, ob die Messung der eingespeisten Strommenge vor oder unmittelbar am Verknüpfungspunkt der Anlage mit dem Netz des Anlagenbetreibers oder des Dritten erfolgt. Soweit eine Leistungserfassung zwingend geboten ist, soll eine Abrechnung aufgrund von Schätzungen oder von Norm-Lieferprofilen erfolgen.[158] Ziel dieses Verfahrens ist wiederum die Minimierung der volkswirtschaftlichen Kosten. So kann der Aufwand insbesondere bei kleineren Fotovoltaikanlagen begrenzt werden. Das Verfahren macht es erforderlich, sowohl den Händler als auch den Lieferanten des Arealnetzes darüber zu informieren, damit sowohl die Bezugs- als auch die Einspeisewerte rechnerisch ermittelt werden können.[159]

113 Aufgrund von Abs. 5 verbleibt der Strom **physikalisch** im Arealnetz und wird ausnahmsweise nicht physikalisch in das Netz des abnahmepflichtigen Netzbetreibers für die allgemeine Versorgung eingespeist. Da die Belieferung der Kunden im Arealnetz physikalisch aus der EEG-Anlage erfolgt, muss und kann der Strom zu deren Belieferung nicht zusätzlich in das Arealnetz aufgenommen werden. Der nach Abs. 5 abnahmepflichtige Netzbetreiber für die allgemeine Versorgung stellt den EEG-Strom, der ihm lediglich „kaufmännisch-bilanziell durchgeleitet" wird, in den EEG-Bilanzkreis ein, in den er auch den sonstigen EEG-Strom einstellt, der physikalisch in sein Netz gelangt.

114 Auf der **Bezugsseite der Kunden** im Arealnetz wird die rein bilanzielle Zuordnung des kaufmännisch-bilanziell gelieferten EEG-Stroms, der im Arealnetz verbleibt, dadurch erreicht, dass der Bezugsstrom der Kunden im Arealnetz – die physikalisch ja aus der EEG-Anlage versorgt werden – kaufmännisch-bilanziell Strom aus einem Bilanzkreis eines beliebigen Lieferanten erwerben. Damit ist die kaufmännisch-bilanzielle Zuordnung insgesamt ausgeglichen.

H. Pflichten der Übertragungsnetzbetreiber (Abs. 6)

115 Absatz 6 regelt die zweite Stufe des gesetzlichen Ausgleichsmechanismus in Bezug auf die Abnahme- und Übertragungspflicht. Den **vorgelagerte Netzbetreiber,** dessen Netz ein **Übertragungsnetz** ist, **trifft die Pflicht,** die Energiemengen abzunehmen und zu übertragen, die gemäß Abs. 1 und 5 durch den primäre verpflichteten Verteiler- oder Übertragungsnetzbetreiber abgenommen wurden. Absatz 6 i. V. m. § 14 begründen einen sog. **„Erstattungsanspruch"** des nach Abs. 1 und 5 aufnahmepflichtigen Netzbetreibers gegen den Übertragungsnetzbetreiber.[160]

116 Die Regelung geht zurück auf eine in einem Ausgangsentwurf zum EEG 2000 enthaltene Vorschrift,[161] wonach für den Fall, dass ein Netz technisch nicht in der Lage sein sollte, die Einspeisung aufzunehmen, ein Eintreten des Betreibers des

---

[157] Vgl. Gesetzesbegründung, BT-Drs. 15/2864, zu § 4 Abs. 5, S. 35.
[158] Vgl. Gesetzesbegründung, BT-Drs. 15/2864, zu § 4 Abs. 5; kritisch *Weißenborn,* in: Schmidt-Schlaeger/Zinow, Grundlagen des Energierechts, S. 121, 129.
[159] Ebenda.
[160] *Salje,* Versorgungswirtschaft 2000, 173 ff., 175.
[161] BT-Drs. 14/2341, § 2 Abs. 2, S. 1.

Abnahme- und Übertragungspflicht **117–120 § 4**

nächstgelegenen Netzes einer höheren Spannungsebene in die Anschluss-, Abnahme- und Vergütungspflichten vorgesehen war.[162]

I. Vorgelagerter Übertragungsnetzbetreiber (Abs. 6 Satz 1)

Das EEG 2004 bietet – anders als das EEG 2000 – in § 3 Abs. 7 Satz 2 eine gesetzliche Definition für den Begriff des **Übertragungsnetzbetreibers.** Hiernach sind die Übertragungsnetzbetreiber die regelverantwortlichen Netzbetreiber von Hoch- und Höchstspannungsnetzen, die der überregionalen Übertragung von Elektrizität zu nachgeordneten Netzen dienen. 117

Damit entspricht der Begriff des Übertragungsnetzbetreibers Art. 2 Nr. 3 EltRL, wonach „Übertragung" den Transport von Elektrizität über ein Höchstspannungs- und Hochspannungsverbundnetz zum Zwecke der Belieferung von Endkunden oder Verteilern, jedoch mit Ausnahme der Versorgung meint. Zugleich ist durch § 3 Abs. 7 Satz 2 auch das Verständnis des Art. 2 Nr. 4 EltRL übernommen worden. Danach ist ein Übertragungsnetzbetreiber eine natürliche oder juristische Person, die verantwortlich ist für den Betrieb, die Wartung sowie erforderlichenfalls den Ausbau des Übertragungsnetzes in einem bestimmten Gebiet und ggf. für die Verbindungsleitungen zu anderen Netzen sowie die Sicherstellung der langfristigen Fähigkeit des Netzes, eine angemessene Nachfrage nach Übertragung von Elektrizität zu befriedigen. 118

In Deutschland sind dies die Betreiber von Hochspannungsverbundnetzen, die dem Transport von Elektrizität zum Zwecke der Stromversorgung von Endverbrauchern oder Verteilerunternehmen dienen. Dem bundesweiten Ausgleichsmechanismus des EEG 2004 liegt also das System der Regelzonen zugrunde. Dies ergibt sich aus der **VV II plus** bzw. dem Netzzugangsregime der neuen EnWG 2005 und der dazu ergangenen Verordnungen. Diese beschränkt den Begriff des Übertragungsnetzbetreibers auf Betreiber von Netzen mit einer Spannungsebene von 220 bis 380 kV. Nur in Ausnahmefälle kann ein 110-kV-Netz als Übertragungsnetz angesehen werden.[163] Solche Netze betreiben in Deutschland die EnBW Transportnetze AG, E.ON Netz GmbH, RWE Net AG und Vattenfall Europe Transmission GmbH. Diese Unternehmen sind jeweils systemverantwortlich für eine so genannte Regelzone, die sich physikalisch durch die Orte der Verbundübergabemessungen bestimmt, wobei die Systemverantwortung der Übertragungsnetzbetreiber die Primär- und Sekundärregelung sowie die Minutenreserve umfasst.[164] 119

Zur Individualisierung des nach Abs. 6 verpflichteten Netzbetreibers bedient sich das Gesetz des Terminus des **vorgelagerten** Übertragungsnetzbetreibers. Der Begriff war noch in Abs. 1 und 2 sowie § 3 StrEG 1998 und in § 3 Abs. 2 EEG 2000 zu finden. Weder diese Gesetze noch die jeweiligen Gesetzesmaterialien gaben Auskunft darüber, was darunter zu verstehen sei.[165] § 15 wiederum verwendet den Begriff des nachgelagerten Netzes. Da der Strom aufgrund seiner physikalischen Beschaffenheit keine Fließrichtung hat, ist der Begriff des vor- wie des nachgelagerten Netzes nicht im räumlichen Sinne zu verstehen. Er dient vielmehr der Umschreibung sämtlicher Übertragungsnetze, die einer der vier regelverantwortlichen Übertragungsnetzbetreiber in seiner Regelzone betreibt und zu deren Regelzone das betreffende Netz direkt oder indirekt gehört. 120

---

[162] Hierzu auch *Salje,* EEG, § 4 Rn. 158 f.
[163] Vgl. hierzu auch *Schneider,* in: Schneider/Theobald, HBEnWR, § 18 Rn. 123.
[164] Vgl. hierzu VDEW/DGV, Richtlinie „Datenaustausch und Energiemengenbilanzierung (3/2001), S. 44.
[165] Vgl. die Gesetzesbegründung zum StrEG 1998, BT-Drs. 11/7978, S. 4 a. E. von Ziff. 2; vgl. weiterhin BT-Drs. 14/2776, S. 37.

121 Die Abwälzung auf der zweiten Stufe des Mechanismus des EEG 2004 ist eine **virtuelle,** also rein rechnerische Abwälzung.[166] In der Regel kommt es nicht zu einer physikalischen Weitergabe des eingespeisten Stroms aus Erneuerbaren Energien aus dem Verteilungsnetz in das Übertragungsnetz, da bei Einspeisung in das Übertragungsnetz auch Strom aus diesem entnommen wird. Letzteres führt aber dazu, dass der Strom aus Erneuerbaren Energien regelmäßig noch auf der Ebene des Verteilernetzes bleibt. Tatsächlich wird nur dann Strom aus Erneuerbaren Energien in das Übertragungsnetz eingespeist, wenn auf der Ebene des aufnehmenden Netzes ein Überschuss von eingespeisten gegenüber dem dort nachgefragten Strom entsteht. Anderenfalls wird lediglich weniger Strom aus dem vorgelagerten Übertragungsnetz entnommen. Eine tatsächliche (vollständige) Einspeisung des Stroms aus Erneuerbaren Energien in das Übertragungsnetz erfolgt etwa nur dann, wenn mehrere Windparks (vor allem in der Nacht, wenn weniger Strom aus dem Verteilernetz entnommen wird) mehr Regenerativstrom in ein Verteilernetz einspeisen, als zu der gleichen Zeit aus dem Übertragungsnetz entnommen wird.

II. Ansprüche der Anlagenbetreiber bei Insolvenz des primär verpflichteten Netzbetreibers

122 Fällt der nach §§ 4, 5 zur Abnahme- und Vergütung von Strom verpflichtete Netzbetreiber (typischerweise der Netzbetreiber) in Insolvenz, so stehe dem Anlagenbetreiber **keine subsidiären Direktansprüche** gegen den vorgelagerten Übertragungsnetzbetreiber zu. Dies ergibt sich aus dem Wortlaut der §§ 4, 5, die nur von Ansprüchen der Anlagenbetreiber gegen den jeweils primär verpflichteten (Verteil-)Netzbetreiber aus Anlass der Stromeinspeisung sprechen. Auch eine analoge Anwendung des für Verkaufskommissionen zum Schutz des Kommittenten vor der Insolvenz des Kommissionärs geltenden § 392 Abs. 2 HGB ist im Verhältnis Anlagenbetreiber/Primärverpflichteter Netzbetreiber abzulehnen: Sieht man in der Abnahme von Strom aus Erneuerbaren Energien durch den primär verpflichteten Netzbetreiber eine Tätigkeit auf Rechnung des Übertragungsnetzbetreibers, so könnte man folgern, der Gesetzgeber habe mit Abs. 6 (und bei § 5 Abs. 2) eine Art Kommissionsmodell geschaffen. Bei diesem Kommissionsmodell handelt der primär verpflichtete Netzbetreiber nach Art eines Kommissionärs für den vorgelagerten Übertragungsnetzbetreiber (als Kommittenten).[167] Die Konstellation der ersten vertikalen Belastungsstufe des EEG 2004 ist jedoch ganz anders gelagert:[168] Beim EEG 2004 geht es nicht um eine provisionspflichtige Tätigkeit des primär verpflichteten Netzbetreibers; dieser Netzbetreiber ist also nicht Inhabers eines Provisionsanspruch nach § 396 HGB.

III. Nächstgelegener inländischer Netzbetreiber (Abs. 6 Satz 2)

123 Soweit im Netzbereich des aufnahmepflichtigen und abgabeberechtigten Verteilernetzbetreibers **kein inländisches Übertragungsnetz** vorhanden ist, treffen die Pflichten aus **Abs. 6 Satz 2** den nächstgelegenen Übertragungsnetzbetreiber. Damit ist eine Lösung gefunden worden, die das Territorialitätsprinzip wahrt, da der Geltungsbereich des Gesetzes sich nicht auf ausländische (systemverantwortliche) Übertragungsnetzbetreiber erstrecken kann. Die Regelung ist damit eine

---

[166] Zu § 3 Abs. 2 EEG 2000: *Reshöft/Steiner/Dreher,* EEG, § 4 Rn. 56.
[167] Vgl. *Salje,* EEG, § 5 Rn. 56.
[168] *Salje,* EEG, § 5 Rn. 56; *Schneider,* in: Schneider/Theobald, HBEnWR, § 18 Rn. 131.

gemeinschaftsrechtliche zulässige Inländerdiskriminierung.[169] Absatz 6 Satz 2 enthält allerdings keine Anschlusspflicht des nächstgelegenen Übertragungsnetzbetreibers zugunsten des Verteilernetzbetreibers. Die Anwicklung der Abnahme- und Vergütungsverpflichtung ist daher vertraglich ggf. unter Einbeziehung des ausländischen Übertragungsnetzbetreibers zu regeln.[170]

IV. Sonstige Netzbetreiber (Abs. 6 Satz 3)

Mit dem Satz 3 des Abs. 6 werden Vorgaben aus der EE-RL umgesetzt; mit der Vorschrift soll die Vorrangregelung auf sämtliche Netze erstreckt werden. Danach gilt die vorrangige Abnahme- und Übertragungspflicht der vom Netzbetreiber nach Abs. 1 oder 4 aufgenommenen Energiemenge auch für **sonstige Netzbetreiber, die nicht** bereits durch Abs. 6 Satz 1 und 2 verpflichtet werden. Diese Regelung ist für Strom, der nach EEG auch vergütet werden muss, nicht relevant, sondern nur für Strom aus Erneuerbaren Energien, etwa für Strom aus Biomassekraftwerken mit einer Leistung größer 20 MW. Dieser Strom muss von allen Netzbetreibern in Zukunft vorrangig behandelt werden.

---

[169] So auch *Britz*, in: Ludwig/Odenthal, Recht der Elektrizitäts-, Gas- und Wasserversorgung, EEG, Rn. 61.
[170] Ebenda.

§ 5 Vergütungspflicht

(1) ¹Netzbetreiber sind verpflichtet, Strom, der in Anlagen gewonnen wird, die ausschließlich Erneuerbare Energien oder Grubengas einsetzen und den sie nach § 4 Abs. 1 oder Abs. 5 abgenommen haben, nach Maßgabe der §§ 6 bis 12 zu vergüten. ²Die Verpflichtung nach Satz 1 besteht bei Anlagen mit einer Leistung ab 500 Kilowatt nur, soweit eine registrierende Leistungsmessung erfolgt.

(2) ¹Der vorgelagerte Übertragungsnetzbetreiber ist zur Vergütung der von dem Netzbetreiber nach § 4 Abs. 6 abgenommenen und von diesem nach Absatz 1 vergüteten Energiemenge entsprechend den §§ 6 bis 12 verpflichtet. ²Von den Vergütungen sind die nach guter fachlicher Praxis zu ermittelnden vermiedenen Netznutzungsentgelte in Abzug zu bringen. ³§ 4 Abs. 6 Satz 2 gilt entsprechend.

Übersicht

	Rn.
A. Überblick	1
B. Hintergrund	3
I. Normzweck	3
II. Entstehungsgeschichte	4
C. Vergütungspflicht (Abs. 1 Satz 1)	6
I. Allgemeines	6
II. Bemessung der Vergütungshöhe	9
III. Degression	12
IV. Charakter als unabdingbare Mindestvergütungen	13
V. Zu vergütende Strommenge – Gesamtabnahme und Ausschließlichkeit	15
VI. Zeitpunkt der Entstehung und Fälligkeit	19
VII. Verjährung	21
1. Forderungen nach dem EEG 2000	22
2. Forderungen nach dem EEG 2004	27
D. Registrierende Leistungsmessung ab 500 kW (Abs. 1 Satz 2)	29
E. Vergütungspflicht der Übertragungsnetzbetreiber (Abs. 2)	32
I. Vorgelagerte Übertragungsnetzbetreiber (Abs. 2 Satz 1)	34
II. Zu vergütende Strommengen	35
III. Abzug vermiedener Netznutzungsentgelte (Abs. 2 Satz 2)	36
IV. Nächstgelegener inländischer Netzbetreiber (Abs. 2 Satz 3)	40

Literatur: *Bartsch/Pohlmann,* Grundprinzipien des EEG, in: Bartsch u.a. (Hrsg.), Stromwirtschaft, Ein Praxishandbuch, 2002, Kap. 40, S. 325 ff.; *BMU,* Erneuerbare Energien in Zahlen – nationale und internationale Entwicklung – Stand März 2004, (Broschüre); *Heinrichs,* in: Palandt, Bürgerliches Gesetzbuch mit Einführungsgesetz etc., 63. Aufl. 2004, Art. 229, § 5 EGBGB; *Mühlstein,* Vermiedene Netznutzungsentgelte der dezentralen Einspeisung, 2003; *Müller,* Das novellierte Erneuerbare-Energien-Gesetz, RdE 2004, 237 ff.; *Oschmann,* Das Gesetz für den Vorrang Erneuerbarer Energien, ET 2000, 460 ff.; *ders.,* in: Danner/Theobald (Hrsg.), Energierecht, Kommentar, Loseblatt (Stand: EL 48/Okt. 2004), VI EEG B1 Einf.; *ders.,* Strom aus erneuerbaren Energien im Europarecht, 2002; *Oschmann/Müller,* Neues Recht für Erneuerbare Energien – Grundzüge der EEG-Novelle, ZNER 2004, 24 ff.; *Reshöft,* Zur Novellierung des EEG – was lange wird, wird endlich (gut), ZNER 2004, 240 ff.; *Reshöft/Steiner/Dreher,* Erneuerbare-Energien-Gesetz, Handkommentar, 2. Aufl. 2005; *Salje,* Das neue Recht der Stromeinspeisung, Versorgungswirtschaft 2000, 173 ff.; *ders.,* Erneuerbare-Energien-Gesetz, Gesetz für den Vorrang erneuerbarer Energien (EEG), Kommentar, 3. Aufl. 2005; *Schneider,* Energieumweltrecht: Erneuerbare Energien, Kraft-Wärme-Kopplung, Energieeinsparung, in: Schneider/Theobald (Hrsg.), Handbuch zum Recht der Energiewirtschaft (HBEnWR), 2003, § 18, S. 998 ff.; *Zander* (u.a.), Wälzungsmechanismus des EEG, Aachen 2004 (Studie im Auftrag des Bundesumweltministeriums).

Vergütungspflicht 1–4 § 5

Rechtsprechung: BGH, Urt. v. 11. 6. 2003 – VIII ZR 161/02, ZNER 2003, 234 ff. = NVwZ 2003, 1143 ff.; BGH, Urt. v. 11. 6. 2003 – VIII ZR 160/02, UPR 2003, 350 ff. = RdE 2003, 268 ff. (veröffentlicht in BGHZ 155, 141 ff.); OLG Koblenz, Urt. v. 28. 9. 1999 – 1 U 1044/96, RdE 2000, 74 ff.; LG Krefeld, Urt. v. 19. 4. 2001 – 3 O 355/00, ZNER 2001, 186 f.; LG Mannheim, Urt. v. 26. 2. 1999 – 7 O 180/97, ZNER 1999, 31 ff.; LG Braunschweig, Urt. v. 6. 2. 2003 – 4 O 417/02 (unveröffentlicht); LG Stuttgart, Urt. v. 2. 11. 2004 – 17 O 397/04 (unveröffentlicht); LG Frankfurt (Oder), Urt. v. 1. 10. 2004 – 17 O 57/04 (unveröffentlicht).

A. Überblick

Während § 5 Abs. 1 Satz 1 die grundsätzliche **Vergütungspflicht** der an- 1
schluss- und abnahmepflichtigen Netzbetreiber für Strom vorsieht, der **ausschließlich** aus Erneuerbaren Energien oder Grubengas erzeugt wurde, enthält Abs. 2 Satz 1 eine zusätzliche Bedingung für Strom aus Anlagen ab 500 kW. Für diesen Strom besteht die Vergütungspflicht nur, wenn der erzeugte Strom im Wege der ¼-h-Leistungsmessung erfolgt. Für Kleinanlagen unter einer Leistung von 500 kW gilt diese Bedingung nicht. Für sie genügt eine einfache Messung der eingespeisten elektrischen Arbeit.

§ 5 Abs. 2 enthält, in Ergänzung zu § 4 Abs. 6, die korrespondierende Vergü- 2
tungspflicht für den Übertragungsnetzbetreiber, der den nach § 5 Abs. 1 vergüteten Strom aufgrund seiner Abnahmepflicht im Rahmen der zweiten Stufe des **EEG-Ausgleichsmechanismus** zu den Mindestsätzen der §§ 6 bis 11 zu vergüten hat. Soweit der nach § 5 Abs. 1 vergütungspflichtige Netzbetreiber infolge der dezentralen Einspeisung – wie regelmäßig – Netzentgelte erspart, sind diese **vermiedenen Netznutzungsentgelte** jedoch von den gesetzlichen Vergütungssätzen in Abzug zu bringen, § 5 Abs. 2 Satz 2.

B. Hintergrund

I. Normzweck

Die Aufspaltung der Pflichten des Netzbetreibers in die Anschluss-, Abnahme- 3
und Übertragungspflicht in § 4 einerseits und die Vergütungspflicht in § 5 andererseits folgt dem erweiterten Begriff „Erneuerbaren Energien" des EEG 2004 und der sich daraus ergebenden **Zweistufigkeit** des Gesetzes.[1] Der Gesetzgeber wollte im Hinblick auf die Vergütung daran festhalten, dass grundsätzlich nur diejenige Art der Stromerzeugung privilegiert wird, die vollständig auf dem Einsatz Erneuerbarer Energien beruht.[2]

II. Entstehungsgeschichte

Im Gegensatz zum früheren **StrEG** ist die Höhe der Vergütungen nach dem 4
EEG gesetzlich fixiert und nicht der allgemeinen Strompreisentwicklung abhängig. Im StrEG errechnete sich die Vergütung – gestaffelt für unterschiedliche Erneuerbare Energien – prozentual im Verhältnis zum allgemeinen Durchschnittserlös, den die Elektrizitätsversorgungsunternehmen aus der Stromabgabe an

---
[1] Zum zweistufigen System des EEG vgl. Kommentierung zu § 4 Rn. 3 und Rn. 4 ff. sowie *Oschmann/Müller*, ZNER 2004, 24, 25.
[2] BT-Drs. 15/2864, Begründung zu § 5 Abs. 1, S. 36.

Letztverbraucher pro Kilowattstunde im Bundesdurchschnitt erzielten.[3] Da der Strompreis mit der Liberalisierung des Energiemarktes ab 1999 fiel, hätte eine Aufrechterhaltung der Abhängigkeit der StrEG-Vergütung vom aktuellen Marktpreisniveau für Strom für diese Anlagen nicht mehr zu ausreichenden Vergütungen geführt. Zudem widersprach die variable Bezugnahme der Bemessungsmaxime des EEG, nach der die Vergütungssätze bei rationeller Betriebsführung einen wirtschaftlichen Betrieb garantieren sollen. Da von der Marktpreisentwicklung unabhängige, fixe Vergütungen für Investitionsentscheidungen – und damit für die Erreichung des Gesetzeszwecks eines möglichst schnellen und weitreichenden Ausbaus Erneuerbarer Energien – von entscheidender Bedeutung sind, entschied sich der Gesetzgeber beim EEG für **feste Mindestvergütungen** – mit großem Erfolg, wie die Zubauzahlen gerade ab 2000 zeigen.[4]

5 Die in der Novellierung des EEG im Jahr 2004 vorgenommene **Entkopplung** zwischen dem Anwendungsbereich des Gesetzes als solchem und dem Anwendungsbereich der Vergütungspflicht war Folge der EE-RL. Da die Richtlinie den Mitgliedstaaten keine Vorgaben über Umfang und Art der Unterstützung macht,[5] steht gemeinschaftsrechtlich der in § 5 EEG 2004 vorgenommenen Beschränkung der Vergütung auf Strom, der ausschließlich aus Erneuerbaren Energien gewonnen wurde, nichts entgegen.

C. Vergütungspflicht (Abs. 1 Satz 1)

I. Allgemeines

6 Gemäß Abs. 1 Satz 1 haben Netzbetreiber denjenigen nach § 4 aufgenommenen Strom nach Maßgabe der §§ 6 bis 12 zu vergüten, der in Anlagen gewonnen wird, die **ausschließlich** Erneuerbare Energien oder ausschließlich Grubengas oder ausschließlich beide Energieträgern gleichzeitig einsetzen.[6] Die Begriffe des Netzbetreibers, der Anlage und der Erneuerbaren Energien werden in § 3 Abs. 1, 2 und 7 definiert.[7]

7 Die **Vergütungspflicht** in Abs. 1 ist, neben der in § 4 geregelten Anschluss-, Abnahme- und Übertragungspflicht, einer der Hauptbestandteile des im EEG 2004 angelegten Markteinführungsmechanismus.[8] Sie ist zugleich Teil des in § 1 enthaltenen „Förderprinzips".[9] Das Vergütungssystem des EEG besteht im Gegensatz zum Vergütungssystem des StrEG in einer degressiv ausgestalteten und zeitlich befristeten Aufstellung von festen, gesetzlich vorgegebenen Mindestpreisen (Vergütungssätze). Die Vergütungshöhe ist so bemessen, dass bei rationeller Betriebsführung der **wirtschaftliche Betrieb** der verschiedenen Anlagentypen zur Erzeugung von Strom aus Erneuerbaren Energien **ermöglicht** wird.[10] Von der

---

[3] Vgl. *Oschmann,* in: Danner/Theobald, Energierecht, VI EEG B1 Einf. Rn. 4.
[4] Vgl. die Übersicht in „Erneuerbare Energien in Zahlen", Broschüre des BMU, Stand März 2004, S. 13, sowie *Oschmann,* in: Danner/Theobald, Energierecht, VI EEG B1 Einf. Rn. 10 ff.
[5] Vgl. *Oschmann,* Strom aus erneuerbaren Energien und Europarecht, S. 94 f. u. 250.
[6] Vgl. BT-Drs. 15/2864, zu § 5 zu Abs. 1, S. 35, u. *Müller,* RdE 2004, 237, 239.
[7] Vgl. Kommentierung zu § 3 Rn. 7 ff., 36 ff. und 87 ff.
[8] Dazu ausführlich Kommentierung zu § 4 Rn. 2 ff., 33 ff.
[9] Zum Prinzip der Gesamtabnahme ausführlich vgl. § 4 Rn. 34 ff.; aus der Literatur vgl. *Bartsch/Pohlmann,* Stromwirtschaft, Kap. 40 Rn. 2.
[10] *Oschmann,* ET 2000, 460 ff., 461.

Vergütung dürfen daher keine Abzüge etwa für die Netznutzung oder Blindarbeit-/leistungsbereitstellung vorgenommen werden.[11]

Die **Konkretisierung** der Höhe der Vergütungen ergibt sich dabei aus den §§ 6 bis 11. Die Vergütungsdauer von regelmäßig 20 Kalenderjahren[12] ergibt sich aus § 12 Abs. 3.

II. Bemessung der Vergütungshöhe

Die §§ 5 i. V. m. 6 bis 11 sehen Mindestvergütungen vor, mit deren Hilfe den Betreibern von regenerativen Erzeugungsanlagen ein **wirtschaftlicher Betrieb** der Anlagen ermöglicht werden soll.[13] Dabei unterscheidet sich die absolute Vergütungshöhe von Energieträger zu Energieträger und innerhalb einzelner Energiequellen mit der Anlagengröße. Dies ist für jeden Energieträger getrennt in den §§ 6 bis 11 festgelegt. Die unterschiedlichen Mindestvergütungen für die einzelnen Erneuerbaren Energien bringen zum Ausdruck, dass die Vergütungshöhen für die einzelnen erneuerbaren Stromerzeugungstechniken grundsätzlich an den **tatsächlichen Kosten** von Anlagenerrichtung und Anlagenbetrieb ausgerichtet sind.

Dazu zählen insbesondere die **Investitions-, Betriebs-, Mess- und Kapitalkosten** eines bestimmten **Anlagentyps**, bezogen auf die durchschnittliche Lebensdauer sowie eine marktübliche Verzinsung des eingesetzten Kapitals.[14] Um Verwaltungsaufwand zu begrenzen, entschied sich der Gesetzgeber für bundeseinheitliche Mindestvergütungen. Auf eine Kosten- und Wirtschaftlichkeitsprüfung im Einzelfall wurde verzichtet. Die Vergütungssätze sollen damit den wirtschaftlichen Anlagenbetrieb grundsätzlich ermöglichen, **ohne** dass damit eine **Gewinngarantie** verbunden wäre oder auch nur ein rentabler Betrieb in jeden Einzelfall ermöglicht würde.[15] Dabei soll andererseits eine unnötig hohe Vergütung vermieden werden, um die betriebswirtschaftlichen Differenzkosten der Stromerzeugung aus Erneuerbaren Energien möglichst gering zu halten. Die Gesetzesbegründung verweist insoweit ausdrücklich auf den verbraucherschützenden Charakter von § 5.[16]

Das Bundesumweltministerium hat nach § 20[17] die Entwicklung der den Vergütungssätzen zugrunde liegenden Parameter zu beobachten. Gegebenenfalls ist im Einvernehmen mit den anderen beiden sachnahen Ministerien, dem Bundeswirtschaftsministerium sowie dem Bundesverbraucherministerium, gemäß § 20 eine differenzierte **Anpassung der Vergütungshöhen** für Neuanlagen vorzuschlagen.[18]

III. Degression

Die Vergütungssätze sind **degressiv** ausgestaltet. Sie sinken – jeweils nur bei Neuanlagen – von Inbetriebnahmejahr zu Inbetriebnahmejahr ab. Während des Ablaufs der Vergütungszeit erhält eine Anlage jedoch eine konstante Vergütung, die Degression spielt jeweils nur eine Rolle für neu in Betrieb genommene Anlagen. Damit soll der **technologische Fortschritt** und erwartete Kostensenkun-

---

[11] Vgl. *Salje*, EEG, § 5 Rn. 20 ff.
[12] Ausnahmen gibt es für Strom Wasserkraftanlagen, vgl. die Kommentierung zu § 12 Rn. 43 ff.
[13] Gesetzesbegründung zu den §§ 6 bis 11, BT-Drs. 15/2864, S. 36 f.
[14] Vgl. die Gesetzesbegründung BT-Drs. 15/2864, zu den §§ 6 bis 11, S. 36 f.
[15] BT-Drs. 15/2864, zu den §§ 6 bis 11, S. 36 f.
[16] BT-Drs. 15/2864, zu § 5, zu Absatz 1, S. 35.
[17] Vgl. die Kommentierung zu § 20 Rn. 18 ff.
[18] So ausdrücklich in der Gesetzesbegründung BT-Drs. 15/2864, zu den §§ 6 bis 11, S. 36 f.

gen baujahreinheitlich, durch eine jährliche Absenkung der Vergütungssätze berücksichtigt werden. Diese Degressionsstufen sind wiederum von Energieträger zu Energieträger unterschiedlich und ergeben sich aus den §§ 6 bis 11. Sie betragen etwa bei Biomasse 1,5 Prozent und bei Windenergie 2 Prozent.[19]

IV. Charakter als unabdingbare Mindestvergütungen

13 Wie sich ebenfalls aus den §§ 6 bis 11 ergibt, handelt es sich bei den dort genannten Preisen um **Mindestvergütungen.** Es bleibt den Beteiligten also unbenommen, höhere Vergütungen zu vereinbaren. In diesem Fall besteht jedoch kein Anspruch auf Vergütung der über die gesetzliche Mindestvergütung hinausgehenden Leistungen über den Ausgleichsmechanismus des EEG.[20] Absatz 2 macht dies deutlich, indem er die Übertragungsnetzbetreiber zwar zur Vergütung des nach Abs. 1 aufgenommenen Stroms verpflichtet, zugleich aber regelt, dass die Vergütung (lediglich) **entsprechend** den §§ 6 bis 11 erfolgen soll.

14 Netzbetreiber und Anlagenbetreiber können die gesetzlich vorgesehene Mindestvergütung andererseits **nicht** vertraglich **unterschreiten.** Die gesetzlichen Regelungen sind vielmehr unabdingbares, zwingendes Recht. Eben dies hatte die Rechtsprechung bereits zu § 3 Abs. 1 EEG 2000 herausgearbeitet.[21] Zur Begründung wurde darauf verwiesen, dass ansonsten die Gefahr bestünde, dass der Zweck des EEG – nämlich die rentable Nutzung von EEG-Anlagen – unterlaufen und ausgehebelt werden könnte.

V. Zu vergütende Strommenge – Gesamtabnahme und Ausschließlichkeit

15 Mit Blick auf die zu vergütende Strommenge ist von dem in § 4 Abs. 1 Satz 1 statuierten **Prinzip der Gesamtabnahme** auszugehen.[22] Danach hat der Netzbetreiber grundsätzlich den ganzen vom Anlagenbetreiber angebotenen Strom aus Erneuerbaren Energien abzunehmen[23] und entsprechend zu vergüten.[24] Dabei ist jedoch der Anlagenbetreiber nicht verpflichtet, den gesamten erzeugten Strom an den Netzbetreiber zu veräußern. § 4 Abs. 1 Satz 1 sieht nur eine einseitige Verpflichtung des Netzbetreibers vor. Gesetzlich geregelt ist also lediglich ein **einseitig** verpflichtendes gesetzliches Schuldverhältnis.[25]

16 Das EEG 2004 hält zugleich an dem Grundsatz fest, wonach grundsätzlich nur diejenige Stromerzeugung privilegiert wird, die vollständig auf dem Einsatz der genannten Energieträger beruht **(Ausschließlichkeitsgrundsatz).**[26] Ob ein Wechsel in der Betriebsführung zwischen der ausschließlichen Nutzung Erneuerbarer Energien und Phasen, in denen auch andere Energieträger eingesetzt werden,

---

[19] Vgl. die Kommentierung der §§ 6 bis 11 und erneut BT-Drs. 15/2864, Gesetzesbegründung zu den §§ 6 bis 11, S. 36 f.
[20] Vgl. oben Rn. 9.
[21] BGH, RdE 2003, 268 ff.; OLG Koblenz, RdE 2000, 75, 76; LG Krefeld, ZNER 2001, 186 ff.; LG Stuttgart, Urt. v. 2. 11. 2004 – 17 O 397/04, S. 9 ff.; LG Frankfurt (Oder), Urt. v. 1. 10. 2004 – 17 O 57/04, S. 5.
[22] *Schneider*, in: Schneider/Theobald, HBEnWR, § 18 Rn. 88.
[23] So auch die Rechtsprechung; vgl. LG Krefeld, ZNER 2001, 186 ff.; LG Frankfurt (Oder), Urt. v. 1. 10. 2004 – 17 O 57/04, Umdruck S. 6.
[24] Zu den Konsequenzen einer unberechtigten Verweigerung der Abnahme des angebotenen Stroms für den Netzbetreiber vgl. *Salje*, EEG, § 5, Rn. 26 ff.
[25] Wobei aber der Abschluss eines Vertrages zur Entstehung der Primärverpflichtungen aus den §§ 4 und 5 nicht erforderlich ist, wie § 12 Abs. 1 unmissverständlich klarstellt.
[26] BT-Drs. 15/2864, zu § 5, zu Absatz 1, S. 35 f.

möglich ist, ist im Gesetz nicht ausdrücklich geregelt.[27] Dieses Prinzip wird auch dann eingehalten, wenn etwa bei Biogas – unbeschadet der Vorschrift des § 8 Abs. 5 – die Stromerzeugung aus Erneuerbaren Energien erst durch eine notwendige Zünd- oder Stützfeuerung[28] oder durch einen konventionellen Anfahrbetrieb ermöglicht wird oder wie bei Geothermie für die die Stromgewinnung vorbereitende Pumpleistung zunächst Energie aufgewendet werden muss.[29] Hauptanwendungsfall des Ausschließlichkeitsgrundsatzes ist die Biomasseverstromung.[30] Ausweislich der Gesetzgebungsmaterialien bezieht sich das Ausschließlichkeitskriterium auf den Prozess der Stromerzeugung selbst, nicht bezüglich der vorbereitenden Schritte. Da insoweit der in § 1 vorgegebene Zweck der Umwelt- und Klimafreundlichkeit maßgeblich ist, kommt es nicht darauf an, dass beispielsweise eine Windenergieanlage für das sog. Anfahren noch Strom aus dem Netz benötigt. Entscheidend ist vielmehr, ob die Bilanz des jeweiligen Verfahrens noch dem Umwelt- und Klimaschutz entspricht.[31]

Der Vergütungsanspruch besteht, wie auch schon unter Geltung des EEG 2000, **in voller Höhe** und nicht nur für den Anteil, der rechnerisch – nach einem etwaigen Abzug der konventionellen Energiezufuhr – aus Erneuerbaren Energien stammt.[32]

§ 5 enthält dagegen **kein Verbot,** Strom, der nicht dem Ausschließlichkeitsprinzip entspricht, nach dem EEG 2004 zu vergüten. Wiederum kann für eine solche freiwillige Vergütungszahlung der Ausgleichsmechanismus der §§ 4, 5 und 16 jedoch nicht in Anspruch genommen werden. Hiervon kann aus Gründen des Verbraucherschutzes auch nicht durch ein übereinstimmendes Zusammenwirken der Anlagen-, Netz- und Übertragungsnetzbetreiber abgewichen werden.[33]

VI. Zeitpunkt der Entstehung und Fälligkeit

Der Vergütungsanspruch entsteht im **Zeitpunkt der Einspeisung der ersten Kilowattstunde Strom** aus einer Anlage nach § 3 Abs. 2.

Fällig wird der Anspruch mit der **ersten Möglichkeit zur Kenntnisnahme der eingespeisten Strommenge** durch den Netzbetreiber. Betreibt der Anlagenbetreiber oder ein von ihm beauftragter Dritter die Messeinrichtung, erlangt der Netzbetreiber in der Regel erst durch eine Mitteilung des Anlagenbetreibers Kenntnis von der relevanten Strommenge („Rechnungsstellung"). Ist dagegen der Netzbetreiber selbst Betreiber der Zähler und kann er sie jederzeit ablesen, ist der Anspruch bereits im Zeitpunkt der Einspeisung fällig.[34] Die Abwicklung der Zahlungen aufgrund der Vergütungspflicht fällt dabei unter die Regelungen des allgemeinen Schuldrechts. Die §§ 269 bis 271 BGB sind auch hier das Leitbild der Regelungen über Fälligkeit und Leistungsort für die Forderungen aus §§ 5 Abs. 1 i. V. m. §§ 6 bis 12.

VII. Verjährung

Nicht im EEG 2004 geregelt ist die Frage, wann der Vergütungsanspruch eines Anlagenbetreibers gegen den Netzbetreiber gemäß § 5 i. V. m. §§ 6 bis 12 verjährt.

---

[27] Vgl. *Müller,* RdE 2004, 237, 239 (Fn. 23), der dies ablehnt.
[28] Hierzu näher in der Kommentierung zu § 8 Rn. 114.
[29] Hierzu näher in der Kommentierung zu § 9 Rn. 10, 14 f.
[30] Vgl. die Ausführungen zu § 8 Rn. 64 ff.
[31] BT-Drs. 15/2864, zu § 5, zu Absatz 1, S. 35 f.
[32] Ebenda.
[33] So ausdrücklich die Gesetzesbegründung: BT-Drs. 15/2864, zu § 5, zu Absatz 1, S. 35 f.; vgl. *Oschmann,* in: Danner/Theobald, Energierecht, VI EEG B1 Einf. Rn. 35.
[34] Teilweise abweichend *Salje,* EEG, § 5 Rn. 17.

Die Verjährung dieses Anspruchs richtet sich deshalb nach den **allgemeinen Verjährungsregelungen** des BGB, so, wie diese durch das Gesetz zur Modernisierung des Schuldrechts[35] mit Wirkung ab 1. Januar 2002 geändert wurden. Das Inkrafttreten des Gesetzes zur Modernisierung des Schuldrechts hatte zur Folge, dass zur Berechnung der Verjährung von Forderungen nunmehr zwischen Ansprüchen unterschieden werden muss, die am 1. Januar 2002 bereits bestanden haben, und solchen, die nach diesem Datum entstanden sind. Bei der Prüfung der Verjährung der Forderungen nach dem EEG muss entsprechend differenziert werden:

1. Forderungen nach dem EEG 2000

22   Auf Forderungen, die nach dem 1. Januar 2002, jedoch vor Inkrafttreten des EEG 2004 entstanden, findet gemäß der **Übergangsbestimmung** in § 21 Abs. 1 EEG 2004 noch das **EEG 2000** Anwendung. Auf diese Ansprüche ist uneingeschränkt das neue Verjährungsrecht des BGB anzuwenden. Gemäß § 195 BGB gilt für diese Forderungen die regelmäßige Verjährungsfrist von drei Jahren. Gemäß § 199 Abs. 1 BGB beginnt die Verjährung mit dem Schluss des Jahres, in dem einerseits der Anspruch entstanden ist und andererseits der Gläubiger von den Anspruch begründenden Umständen und der Person des Schuldners Kenntnis erlangt hat oder ohne grobe Fahrlässigkeit erlangen musste. Der Beginn der Verjährungszeit für die Vergütungsansprüche nach dem EEG, die im Jahre 2002 entstanden sind, dürfte demnach in der Regel der 1. Januar 2003 sein, da dieses Datum auf den Schluss des Jahres 2002 folgt und angenommen werden kann, dass der Anlagenbetreiber Kenntnis von den anspruchsbegründenden Umständen und der Person des Netzbetreibers hatte. Diese Ansprüche verjähren dann am 31. Dezember 2005.

23   Das EEG 2000 findet gemäß § 21 weiterhin Anwendung auf **Forderungen, die am 1. Januar 2002** bestanden und zu diesem Zeitpunkt noch nicht verjährt waren. Für diese Ansprüche stellt sich die Verjährungsprüfung wie folgt dar: Zurückzugreifen ist zunächst auf Art. 229 EGBGB. Dieser enthält verschiedene Überleitungsvorschriften. Art. 229 § 5 EGBGB ist hierbei eine allgemeine Überleitungsvorschrift für Schuldverhältnisse und Dauerschuldverhältnisse. Für die Verjährung stellt Art. 229 § 6 EGBGB jedoch eine Spezialregelung dar. Diese geht der allgemeinen Überleitungsvorschrift des Art. 229 § 5 EGBGB vor.[36] Nach Art. 229 § 6 EGBGB finden die Vorschriften des BGB über die Verjährung in der seit dem 1. Januar 2002 geltenden Fassung auf die an diesem Tag bestehenden und noch nicht verjährten Ansprüche Anwendung. Ist jedoch ausnahmsweise die Verjährungsfrist nach dem neuen BGB länger als die Frist nach dem alten BGB, gilt gemäß Art. 229 § 6 Abs. 3 EGBGB die kürzere Frist nach dem alten BGB. Sofern die Verjährungsfrist nach dem neuen BGB kürzer ist als die Frist nach dem alten BGB, wird allerdings gemäß Art. 229 § 6 Abs. 4 Satz 1 EGBGB die neue kürzere Frist von dem 1. Januar 2002 an berechnet. Im Ergebnis sind bei am 1. Januar 2002 bestehenden (und noch nicht verjährten) Forderungen die Verjährungsfristen nach dem alten und dem neuen BGB zu bestimmen und zu vergleichen. Die Bestimmung der Verjährungsfrist nach dem neuen BGB erfolgt nach den oben dargestellten Grundsätzen: Es gilt § 195 i. V. m. § 199 BGB, so dass die regelmäßige Verjährungsfrist von drei Jahren anwendbar ist und der Verjährungsbeginn auf den Schluss des Jahres fällt, in dem der Anspruch entstanden ist und der Anlagenbetreiber von den anspruchsbegründenden Umständen und der Person des Netzbetreibers Kenntnis erlangt hat oder ohne grobe Fahrlässigkeit erlangen musste.

---

[35] BGBl. 2002 I S. 3138.
[36] *Heinrichs*, in: Palandt, EGBGB, Art. 229 § 5 Rn. 5.

Vergütungspflicht

Gewisse Schwierigkeiten bereitet die Bestimmung der **Verjährungsfrist** nach dem **alten BGB**. Es kommen insoweit grundsätzlich vier Fristen in Frage. Gemäß § 195 BGB a. F. betrug die regelmäßige Verjährungsfrist 30 Jahre. Gemäß § 196 Abs. 1 Nr. 1 BGB a. F. war bei Kaufleuten eine zweijährige Verjährungsfrist für die Ansprüche der von ihnen erbrachten Leistungen vorgesehen. Wenn die Leistungen jedoch für den Gewerbebetrieb des Schuldners erfolgten, war die vierjährige Verjährungsfrist des § 196 Abs. 2 BGB a. F. einschlägig. In Betracht kam schließlich auch die Frist des § 197 BGB a. F., wonach Ansprüche aus regelmäßig wiederkehrenden Leistungen in vier Jahren verjährten.

Zwar sind die anspruchsberechtigten Anlagenbetreiber häufig **Kaufleute**. Damit scheinen die Sonderregelungen für Kaufleute einschlägig zu sein: Gegen eine (analoge) Anwendung der kurzen Verjährung nach § 196 Abs. 1 Nr. 1 BGB a. F. ist aber bereits einzuwenden, dass die Vergütungsansprüche des EEG keine vertraglichen, sondern gesetzliche Ansprüche sind. Aber auch, wenn man die Sonderregelungen für Kaufleute (analog) anwenden wollte, würden die Leistungen (Einspeisung und Vergütung) in aller Regel für den Gewerbebetrieb des Netzbetreibers erfolgen, so dass lediglich die Ausnahmevorschrift des § 196 Abs. 2 BGB a. F. anwendbar wäre. Damit würde für die Vergütungsansprüche des EEG nach altem Recht die vierjährige Verjährungsfrist gelten.

Ob aber vor dem 1. Januar 2002 die vierjährige oder die dreißigjährige Verjährungsfrist anwendbar war, kann dahin gestellt bleiben, sind doch beide Fristen länger als die dreijährige regelmäßige Verjährungsfrist nach dem neuen BGB. Folge des Art. 229 § 6 Abs. 4 Satz 1 EGBGB ist, dass die kürzere **dreijährige Verjährungsfrist** des neuen BGB einschlägig ist. Diese Frist ist vom 1. Januar 2002 an zu berechnen, womit Forderungen, die vor dem 1. Januar 2002 bestanden und noch nicht verjährt waren, mit dem 31. Dezember 2004 verjährt sind.

2. Forderungen nach dem EEG 2004

Auf Forderungen, die nach dem Inkrafttreten des EEG 2004 entstanden sind, ist das **neue Verjährungsrecht** des BGB anzuwenden. Danach gilt gemäß § 195 BGB die regelmäßige Verjährungsfrist von drei Jahren. Die Verjährung beginnt gemäß § 199 Abs. 1 BGB mit dem Schluss des Jahres, in dem einerseits der Anspruch entstanden ist und andererseits der Gläubiger von den anspruchsbegründenden Umständen und der Person des Schuldners Kenntnis erlangt hat oder ohne grobe Fahrlässigkeit erlangen musste.

Der Verjährungsbeginn für die Vergütungsansprüche nach dem EEG, die im Jahre 2004 entstanden sind, dürfte demnach in der Regel der 1. Januar 2005 sein, da dieses Datum den Schluss des Jahres 2004 markiert und angenommen werden kann, dass der Anlagenbetreiber Kenntnis von den anspruchsbegründenden Umständen und der Person des Netzbetreiber hatte. Diese Ansprüche verjähren am 31. Dezember 2007. Entsprechendes gilt für Ansprüche, die in den Folgejahren entstehen. Sie verjähren ebenfalls am 31. Dezember des dritten auf die Entstehung folgenden Jahres.

D. Registrierende Leistungsmessung ab 500 kW (Abs. 1 Satz 2)

Da die tatsächlich angebotene Menge an Strom aus Erneuerbaren Energien vergütet werden muss, ist eine **verlässliche Messung** der zu vergütenden Strommengen immer notwendig. Der neue **Abs. 1 Satz 2** bringt in diesem Bereich eine wichtige **Einschränkung** für die Anlagenbetreiber mit sich. Denn gemäß §§ 6, 12 besteht die Vergütungspflicht bei Anlagen mit einer Leistung ab 500 kW nur, soweit eine registrierende Leistungsmessung erfolgt. Der Begriff der Leistung wird von § 3 Abs. 5 definiert.[37]

30 Hintergrund der Regelung ist der Umstand, dass in der Rechtsprechung zum EEG 2000 – wenn auch nur ausnahmsweise – eine auf Teilmessungen beruhende **Schätzung** unter Inkaufnahme eines Sicherheitsabschlages zu Lasten des Anlagenbetreibers akzeptiert wurde.[38] Die Netzbetreiber standen dagegen teilweise auf dem Standpunkt, dass nur eine registrierende Messung den Geschäftspraktiken nach der VV II Strom entspreche, die eine zeitgenaue Erfassung von Stromtransaktionen in Bilanzkreisen vorsehe. In der Konsequenz herrschte keine Einigkeit über die Frage, wie die Leistungsmessung zu bewältigen sei. Der Auffassung der Netzbetreiber stand allerdings entgegen, dass die Vergütung nach dem EEG 2000 schlicht mengenabhängig und nicht lastabhängig ist. Dies verkannten auch die Kartellbehörden des Bundes und der Länder nicht:[39] Wenn die VV Strom II für den Stromhandel ein bestimmtes Geschäftsverfahren empfahl – so die Auffassung der Kartellbehörden –, so betraf dies allein die Sphäre des Netzbetreibers und ihrer übrigen Kunden. Daraus konnte aber nicht auf die Notwendigkeit aufwändigerer Messeinrichtungen geschlossen werden.

31 Mit der neuen Regelung wurde Klarheit geschaffen: Eine reine Arbeitszählung der zu vergütenden Strommengen mit Drehstromzählern kann danach – vorbehaltlich abweichender Vereinbarungen – nur noch bei Anlagen unter 500 kW erfolgen. Dies dürften meistens Fotovoltaikanlagen oder kleinere Biomasseanlagen sein. Bei der ansonsten erforderlichen registrierenden Leistungsmessung handelt es sich um eine sog. **¼-h-Leistungsmessung**.[40] Dabei hat der Anlagenbetreiber die Pflicht, die gemessenen **Daten** dem Netzbetreiber **unentgeltlich** zugänglich zu machen. Der Anlagenbetreiber muss die Daten dem Netzbetreiber aber nicht kostenlos übermitteln und auch kein Protokoll der Leistungsmessung vorlegen.[41] Es reicht vielmehr die Bereitstellung am Verknüpfungspunkt zwischen Anlage und Netz. Der Netzbetreiber hat aber kein Recht auf ein bestimmtes Datenformat oder eine bestimmte Art der Übermittlung.[42] Davon zu trennen ist die Frage der Rechnungslegung für die geleistete **Arbeit,** die durch den Anlagenbetreiber gegenüber dem Netzbetreiber erfolgen muss, um den Vergütungsanspruch geltend zu machen.[43]

E. Vergütungspflicht der Übertragungsnetzbetreiber (Abs. 2)

32 Gemäß Abs. 2 sind die Übertragungsnetzbetreiber, die den nach Abs. 1 Satz 1 primär verpflichteten Netzbetreibern vorgelagert sind, also eine Regelverantwortung für diese besitzen, zur Vergütung der von dem Netzbetreiber nach § 4 Abs. 6

---

[37] Vgl. Kommentierung zu § 3 Rn. 69 ff.
[38] Vgl. hierzu auch LG Mannheim, ZNER 1999, 31 ff.
[39] Vgl. zur Auffassung der Kartellbehörden das Schreiben des Ministeriums für Finanzen und Energie des Landes Schleswig-Holstein vom 25. 4. 2001 an das BMWi mit der Arbeitsunterlage für die Sitzung des Arbeitsausschusses „Versorgungswirtschaft" des Bundes und der Länder vom 30. 3. 2001 (abrufbar unter http://www.wind-energie.de/aktuelles-und-aktivitaeten/politik/bwe-information.pdf), Stand 7. 9. 2001; zum Ganzen auch *Schneider,* in: Schneider/Theobald, HBEnWR, § 18 Rn. 93.
[40] BT-Drs. 15/2864, zu § 5, zu Absatz 1, S. 36.
[41] A. A. *Reshöft,* ZNER 2004, 240, 247; *Reshöft/Steiner/Dreher,* EEG, § 5 Rn. 16, die nicht berücksichtigen, dass Abs. 2 Satz 2 lediglich die Leistungsmessung und gerade nicht die Arbeitsmessung regelt.
[42] BT-Drs. 15/2864, zu § 5, zu Absatz 1, S. 36 f.
[43] Dies übersehen *Reshöft,* ZNER 2004, 240, 247, u. *Reshöft/Steiner/Dreher,* EEG, § 5 Rn. 16.

Vergütungspflicht 33–36 § 5

abgenommenen und von diesem nach Abs. 1 vergüteten Energiemenge entsprechend den §§ 6 bis 12 verpflichtet. Der Terminus Übertragungsnetzbetreiber wird von § 3 Abs. 7 Satz 2 definiert.[44]

Angesichts des weitgehenden Wortlauts der Vorschrift, der pauschal auf die §§ 6 bis 12 verweist, darf der nach Abs. 2 in Pflicht genommene Übertragungsnetzbetreiber theoretisch auch höhere Vergütungen als die in §§ 6 bis 12 vorgesehenen zahlen, wenn der Verteilernetzbetreiber sie tatsächlich (freiwillig) entrichtet hat.[45] Die Vergütungssätze sind also für den Übertragungsnetzbetreiber **nicht als Verbot** aufzufassen, an die Verteilernetzbetreiber höhere Preise zu zahlen. Der Übertragungsnetzbetreiber muss dies aber nicht tun. Dem Wortlaut des Abs. 1 i. V. m. §§ 6 bis 11 ist auch zu entnehmen, dass die Anlagenbetreiber (lediglich) einen Anspruch auf bestimmte, der Höhe nach gesetzlich festgelegte Vergütungen haben. Absatz 2 sieht auch die Abwälzung lediglich *dieser* gesetzlich fixierten Kostenlast auf die Übertragungsnetzbetreiber vor. Der Übertragungsnetzbetreiber kann daher nicht verpflichtet werden, Vergütungen, die höher als die in den §§ 6 bis 11 vorgeschriebenen sind und von den Verteilernetzbetreibern gezahlt wurden, zu übernehmen. 33

I. Vorgelagerte Übertragungsnetzbetreiber (Abs. 2 Satz 1)

Vorgelagerter Übertragungsnetzbetreiber ist, wie bereits bei § 4[46] ausgeführt, der jeweils regelverantwortliche Übertragungsnetzbetreiber. 34

II. Zu vergütende Strommengen

Die **Berechnungsgrundlagen** für den Einspeise- und Vergütungsanspruch des Verteilernetzbetreibers gegen den Übertragungsnetzbetreiber nach Abs. 2 werden aufgrund der Messungen an der Erzeugungsanlage nach § 3 Abs. 2 bestimmt. Eine systematische Zusammenschau der Abs. 2 und Abs. 1 Satz 1 ergibt eine **Akzessorietät** der Abnahme- und Vergütungsansprüche der Verteilernetzbetreiber gegenüber den Übertragungsnetzbetreibern:[47] Dies bedeutet, dass der Verteilernetzbetreiber Ansprüche gegen den Übertragungsnetzbetreiber erst dann geltend machen kann, wenn er selbst seinen Pflichten aus Abs. 1 nachgekommen ist. Insoweit sind die Verteilernetzbetreiber **darlegungspflichtig**. Diese Auffassung stützt sich auch auf § 14 Abs. 5, der alle Netzbetreiber verpflichtet, die für die Berechnungen nach § 14 Abs. 1 und 2 erforderlichen Daten zur Verfügung zu stellen.[48] Erst wenn diese Daten erfasst wurden – also wenn die Verteilernetzbetreiber auch tatsächlich Strom aus Erneuerbaren Energien aufgenommen und vergütet haben – kann zur vertikalen Weitergabe an die Übertragungsnetzbetreiber übergegangen werden. 35

III. Abzug vermiedener Netznutzungsentgelte (Abs. 2 Satz 2)

Gemäß Abs. 2 Satz 2 sind von den Vergütungen die **nach guter fachlicher Praxis** zu ermittelnden vermiedenen Netznutzungsentgelte in Abzug zu bringen. **Netznutzungsentgelte** sind Gebühren für die Nutzung der Stromnetze für den Stromtransport.[49] Die Netznutzungsentgelte der Stromverbraucher sind unabhän- 36

---

[44] Vgl. Kommentierung zu § 3 Rn. 87 ff.
[45] Ähnlich *Salje*, Versorgungswirtschaft 2000, 173 ff., 175.
[46] Siehe Kommentierung zu § 4 Rn. 117 ff.
[47] *Salje*, EEG, § 5 Rn. 55; *Schneider*, HBEnWR, § 18 Rn. 128.
[48] Vgl. im Einzelnen § 14 Rn. 113 ff.
[49] Vgl. *Zander* u.a., Wälzungsmechanismus des EEG, S. 4 (Studie im Auftrag des Bundesumweltministeriums, abrufbar unter www.bmu.de).

gig von dem tatsächlichen (physischen) Strombezug und werden so berechnet, als ob der gesamte Strom aus der vorgelagerten Netzebene bezogen worden wäre. Tatsächlich aber übergeht die dezentrale Einspeisung von Strom aus Erneuerbaren Energien einen Teil dieses Bezugs und vermeidet somit in der vorgelagerten Netzebene Netznutzungsentgelte. Der Netzbetreiber hat also tatsächlich geringere Kosten für die Netznutzung als er den Stromverbrauchern in Rechnung stellt. Diese durch die dezentrale Einspeisung **vermiedenen Netznutzungsentgelte** stehen grundsätzlich dem dezentralen Einspeiser als Netzentgelt für dezentrale Einspeisung zu.[50]

37 Die Vorschrift des Abs. 2 Satz 2 trägt dem Umstand Rechnung, dass durch die dezentrale Erzeugung von Strom aus Erneuerbaren Energien vom aufnehmenden Netzbetreiber regelmäßig Netzentgelte eingespart werden. Da den aufnehmenden Netzbetreibern also finanzielle Vorteile erwachsen können, müssen diese beim bundesweiten Ausgleich Berücksichtigung finden. Der aufnehmende Netzbetreiber kann daher nur einen um die **Summe** der Ersparnisse reduzierten Betrag vom vorgelagerten Übertragungsnetzbetreiber verlangen. Folglich reduzieren sich damit auch Differenzkosten nach § 15 für den Strom aus Erneuerbaren Energien um die eingesparten Netznutzungsentgelte.[51] Damit kommt der Vorteil, anders als es die VV II plus für konventionelle Anlagen vorsah, nicht den Betreibern der Anlagen zugute. Der wirtschaftliche Vorteil, der in der dezentralen Einspeisung regenerativ erzeugten Stroms liegt, wird stattdessen vom Wälzungsvolumen subtrahiert, reduziert so das Gesamtvergütungsvolumen und kommt damit letztlich der Gesamtheit der Stromkunden zu Gute.[52]

38 Die vermiedenen Netzentgelte sind nach **guter fachlicher Praxis,** also nach dem Stand von Wissenschaft und Technik, zu ermitteln. Die Stromwirtschaft hatte in der Vergangenheit zur Berechnung vermiedener Netznutzungsentgelte zumindest teilweise auf die in der Anlage 6 zur VV II plus dokumentierte Berechnungsmethode zurückgegriffen.[53] Es ist allerdings zweifelhaft, ob sie noch dem Stand von Wissenschaft und Technik entspricht.[54] Nunmehr gilt insoweit § 18 StromNEV vom 25. 7. 2005.

39 Maßgeblich sind die tatsächlich vermiedenen Netznutzungsentgelte eines Netzbetreibers. Soweit die Einspeisung nicht durch eine Leistungsmessung erfasst wird, also bei Anlagen unter 500 kW, sollen standardisierte Lastprofile Verwendung finden.

IV. Nächstgelegener inländischer Netzbetreiber (Abs. 2 Satz 3)

40 In Satz 3 des Abs. 2 wird die entsprechende Geltung des § 4 Abs. 6 Satz 2 angeordnet. Auf die dortigen Ausführungen wird verwiesen: Im Fall, dass ein vorgelagerter Übertragungsnetzbetreiber nicht existiert, ist der nächstgelegene Übertragungsnetzbetreiber heranzuziehen.

---

[50] Vgl. *Mühlstein,* Vermiedene Netznutzungsentgelte der dezentralen Einspeisung, S. III.
[51] BT-Drs. 15/2864, zu § 5, zu Absatz 2, S. 36.
[52] Vgl. *Müller,* RdE 2004, 237, 243, Fn. 53.
[53] Allerdings hatten die Verbände Anlagen zur Erzeugung von Strom aus Erneuerbaren Energien ohne erkennbaren sachlichen Grund anders als konventionellen Anlagen keine vermiedenen Netzentgelte zuerkannt.
[54] Kritisch *Mühlstein,* Vermiedene Netznutzungsentgelte der dezentralen Einspeisung.

§ 6 Vergütung für Strom aus Wasserkraft

(1) ¹Für Strom aus Wasserkraftanlagen mit einer Leistung bis einschließlich 5 Megawatt beträgt die Vergütung
1. bis einschließlich einer Leistung von 500 Kilowatt mindestens 9,67 Cent pro Kilowattstunde und
2. bis einschließlich einer Leistung von 5 Megawatt mindestens 6,65 Cent pro Kilowattstunde.

²Satz 1 findet auf Laufwasserkraftanlagen mit einer Leistung von bis zu 500 Kilowatt, die nach dem 31. Dezember 2007 genehmigt worden sind, nur Anwendung, wenn sie
1. im räumlichen Zusammenhang mit einer ganz oder teilweise bereits bestehenden oder vorrangig zu anderen Zwecken als der Erzeugung von Strom aus Wasserkraft neu errichteten Staustufe oder Wehranlage oder
2. ohne durchgehende Querverbauung

errichtet worden sind und dadurch nachweislich ein guter ökologischer Zustand erreicht oder der ökologische Zustand gegenüber dem vorherigen Zustand wesentlich verbessert worden ist.

(2) ¹Strom aus Wasserkraftanlagen mit einer Leistung ab 5 Megawatt bis einschließlich 150 Megawatt wird nach den Vorschriften dieses Gesetzes nur vergütet, wenn
1. die Anlage zwischen dem 1. August 2004 und dem 31. Dezember 2012 erneuert worden ist,
2. die Erneuerung zu einer Erhöhung des elektrischen Arbeitsvermögens um mindestens 15 Prozent geführt hat sowie
3. nach der Erneuerung nachweislich ein guter ökologischer Zustand erreicht oder der ökologische Zustand gegenüber dem vorherigen Zustand wesentlich verbessert ist.

²Abweichend von § 3 Abs. 4 gelten Wasserkraftanlagen mit einer Leistung ab 5 Megawatt mit Erfüllung der Voraussetzungen des Satz 1 als neu in Betrieb genommen. ³Als Erneuerung im Sinn von Satz 1 gilt auch die erstmalige Inbetriebnahme einer Anlage im räumlichen Zusammenhang mit einer bereits bestehenden Staustufe oder Wehranlage. ⁴Vergütet wird nur die zusätzliche Strommenge, die der Erneuerung zuzurechnen ist. ⁵Die Vergütung beträgt
1. bis einschließlich einer Leistungserhöhung von 500 Kilowatt mindestens 7,67 Cent pro Kilowattstunde,
2. bis einschließlich einer Leistungserhöhung von 10 Megawatt mindestens 6,65 Cent pro Kilowattstunde,
3. bis einschließlich einer Leistungserhöhung von 20 Megawatt mindestens 6,10 Cent pro Kilowattstunde,
4. bis einschließlich einer Leistungserhöhung von 50 Megawatt mindestens 4,56 Cent pro Kilowattstunde und
5. ab einer Leistungserhöhung von 50 Megawatt mindestens 3,70 Cent pro Kilowattstunde.

⁶Wenn die Anlage vor dem 1. August 2004 eine Leistung bis einschließlich 5 Megawatt aufwies, wird der diesem Leistungsanteil entsprechende Strom zusätzlich nach Absatz 1 vergütet.

(3) Als Nachweis der Erreichung eines guten ökologischen Zustands oder der wesentlichen Verbesserung des ökologischen Zustands gegenüber dem vorherigen Zustand im Sinne von Absatz 1 Satz 2 und Ab-

satz 2 Satz 1 Nr. 3 gilt die Vorlage der behördlichen wasserrechtlichen Zulassung der Anlage.

(4) Die Mindestvergütungen nach Absatz 2 werden beginnend mit dem 1. Januar 2005 jährlich jeweils für nach diesem Zeitpunkt neu in Betrieb genommene Anlagen um jeweils 1 Prozent des für die im Vorjahr neu in Betrieb genommenen Anlagen maßgeblichen Wertes gesenkt und auf zwei Stellen hinter dem Komma gerundet.

(5) Die Absätze 1 bis 4 finden keine Anwendung auf Strom, der durch Speicherkraftwerke gewonnen wird.

Übersicht

	Rn.
A. Überblick	1
B. Hintergrund	3
I. Normzweck	3
II. Bedeutung von Strom aus Wasserkraft für die Energieversorgung	5
1. Arten der Stromerzeugung aus Wasserkraft	5
2. Bedeutung der Stromerzeugung aus Wasserkraft	10
III. Entstehungsgeschichte	11
C. Rechtsprobleme bei der Errichtung von Wasserkraftanlagen	17
D. Vergütung für „kleine" Wasserkraftanlagen bis 5 MW (Abs. 1)	19
I. Bestimmung der Anlagenleistung	21
II. Voraussetzungen aus Abs. 1 Satz 2	22
III. Rechtsfolge: Gleitende Vergütung aus Abs. 1 Satz 1	26
E. Vergütung für „große" Wasserkraftanlagen 5 MW bis 150 MW (Abs. 2)	30
I. Voraussetzungen aus Abs. 2 Sätze 1 bis 3	30
II. Rechtsfolge: Vergütung aus Abs. 2 Satz 4, Satz 5 Nr. 1 bis 5	33
III. Anteilige Vergütung bei Anlagen bis 5 MW (Abs. 2 Satz 6)	35
F. Vergütungshöhe für vor August 2004 in Betrieb genommene Anlagen	38
G. Nachweise eines guten ökologischen Zustands (Abs. 3)	41
H. Degression (Abs. 4)	44
I. Ausschluss von Speicherkraftwerken (Abs. 5)	46
J. Zeitliche Begrenzung der Vergütungspflicht	47

Literatur: *Altrock*, „Subventionierende" Preisregelungen, 2002; *Breuer*, Öffentliches und privates Wasserrecht, 3. Aufl. 2004; *Büdenbender/Heintschel von Heinegg/Rosin*, Energierecht I. Recht der Energieanlagen, 1999; *Fouquet*, Zusammenfassung der rechtlichen Bewertung des Referentenentwurfs zum EEG mit Bezug auf die Verschlechterung der Situation der Kleinwasserkraft, ZNER 2003, 328f.; *Franke*, Genehmigungsverfahren für Stromerzeugungsanlagen – Sonstige Stromerzeugungsanlagen, in: *Bartsch/Röhling/Salje/Scholz* (Hrsg.), Stromwirtschaft – Ein Praxishandbuch, 2002, Kap. 36; *Heuck/Dettmann*, Elektrische Energieversorgung – Erzeugung, Transport und Verteilung elektrischer Energie für Studium und Praxis, 4. Aufl. 1999; *Kaltschmitt/Wiese* (Hrsg.), Erneuerbare Energien, Systemtechnik, Wirtschaftlichkeit, Umweltaspekte, 3. Aufl. 2003; *Knopp*, in: Sieder/Zeitler/Dahme, Wasserhaushaltsgesetz, Abwasserabgabengesetz, Loseblatt, (Stand: 26. EL/Juni 2003), § 25a; *Oschmann*, Das Gesetz für den Vorrang Erneuerbarer Energien, ET 2000, 460ff.; *Reshöft/Steiner/Dreher*, Erneuerbare-Energien-Gesetz, Handkommentar, 2. Aufl. 2005; *Salje*, Erneuerbare-Energien-Gesetz, 2. Aufl. 2000; *ders.*, Erneuerbare-Energien-Gesetz, 3. Aufl. 2005.

A. Überblick

1 § 6 normiert die konkreten Vergütungssätze für Strom aus Wasserkraft, die vom Gesetzgeber für erforderlich angesehen werden, um solche Anlagen bei rationeller

Vergütung für Strom aus Wasserkraft 2–4 **§ 6**

Betriebsführung wirtschaftlich betreiben zu können. § 6 Abs. 1 regelt dabei die Vergütung für Wasserkraftanlagen mit einer Leistung bis einschließlich 5 MW, die sog. „kleine Wasserkraft". Neu ist die Bezugnahme auf wasserrechtliche Schutzstandards (Erreichung oder wesentliche Verbesserung eines „guten ökologischen Zustands" des Gewässers). § 6 Abs. 2 regelt die Vergütung von Strom aus Wasserkraftanlagen mit einer Leistung zwischen 5 MW und 150 MW („große Wasserkraft") unter bestimmten, dort genannten Umständen. Auch für Strom aus Wasserkraft besteht eine **gleitende Vergütung,** also ein gleitender Übergang zwischen den leistungsabhängigen Vergütungsklassen.[1]

Die **Abs. 3 bis 5 des § 6** enthalten ergänzende Regelungen für Wasserkraftanlagen. § 6 Abs. 3 stellt klar, wann der von den Abs. 1 und 2 vorausgesetzte gute ökologische Zustand des genutzten Gewässers als nachgewiesen gilt. § 6 Abs. 4 sieht eine Degression – ausschließlich für die große Wasserkraft – von 1 Prozent pro Jahr vor. § 6 Abs. 5 enthält schließlich einen ausdrücklichen Ausschluss von Strom aus Speicherkraftwerken. 2

B. Hintergrund

I. Normzweck

§ 6 konkretisiert die **Vergütungspflicht** des § 5 Abs. 1 für Anlagen zur Erzeugung von Strom aus Wasserkraft. § 6 Abs. 1 schreibt die bisherige Regelung des § 4 EEG 2000 im Wesentlichen fort.[2] § 6 ist im Kern eine Regel des Preisrechts, der im Ausgangspunkt von der konkurrierende Gesetzgebungskompetenz des Bundes aus Art. 74 Nr. 11 GG (Recht und Wirtschaft) umfasst ist.[3] Der Gesetzgeber hat sich auch bei der Wasserkraft für ein Vergütungssystem entschieden, das in der Höhe entsprechend der Anlagengröße differenziert. Hierbei ist er vom Grundsatz ausgegangen, dass den Betreibern von optimierten Anlagen zur Verstromung von Erneuerbaren Energien bei rationeller Betriebsführung einen **wirtschaftlichen Betrieb** dieser Anlagen ermöglicht werden soll.[4] Die bundeseinheitliche Mindestvergütungsregelung verzichtet auf eine Kosten- oder Wirtschaftlichkeitsprüfung im Einzelfall. Daher will und kann das Gesetz im Einzelfall eine jederzeit rentable Vergütung nicht garantieren.[5] Die neu aufgenommene Bezugnahme auf wasserrechtliche Schutzstandards ist Ausdruck des Spannungsfelds zwischen Klimaschutz und Ressourcenschonung einerseits – also den Zielen des EEG – und dem Natur- und Gewässerschutz andererseits.[6] Zur Verwirklichung der Ziele des EEG sind die Vergütungsregelungen so auszugestalten, dass ein möglichst weitreichender Anreiz für die **Errichtung regenerativer Erzeugungsanlagen** gesetzt wird. § 6 versucht, einen angemessenen Ausgleich zwischen diesen Zielen herzustellen. 3

Ein **Vergütungsanspruch** besteht nur dann, wenn sowohl die Voraussetzungen des § 6 wie die des § 5 Abs. 1 vorliegen. Die Begrenzungen in § 6 für 4

---

[1] Vgl. § 12 Abs. 2, der insoweit und abweichend von § 3 Abs. 2 auf die sog. Bemessungsleistung abstellt, nicht auf die installierte Leistung.
[2] BT-Drs. 15/2864, S. 37; so auch BT-Drs. 15/2327. S. 27; vgl. auch die Begründung zum Referentenentwurf vom 17. 12. 2003, Besonderer Teil, zu § 6, BR-Drs. 15/04, S. 60.
[3] Zur formellen Verfassungsmäßigkeit des EEG 2000: *Altrock,* „Subventionierende" Preisregelungen, S. 110.
[4] So bereits die Gesetzesbegründung zum EEG 2000, BT-Drs. 14/2776, S. 36 f.
[5] BT-Drs. 15/2864, zu den §§ 6 bis 11, S. 36; so auch BT-Drs. 15/2327. S. 27; vgl. auch die Begründung zum Referentenentwurf vom 17. 12. 2003, Besonderer Teil, zu § 6, BR-Drs. 15/04, S. 59.
[6] Vgl. auch BT-Drs. 15/2864, zu § 6, zu Abs. 1, S. 37.

Wasserkraftanlagen dienen insofern auch dem Verbraucherschutz, als dass die Verbraucher so vor unberechtigten Kosten geschützt werden.[7]

II. Bedeutung von Strom aus Wasserkraft für die Energieversorgung

1. Arten der Stromerzeugung aus Wasserkraft

5   Die **Stromerzeugung aus Wasserkraft** erfolgt durch Umsetzung der Fließenergie des Wassers in mechanische Energie, die dann mit Hilfe eines Generators in Strom umgewandelt wird. Physikalisch gesehen, ist die Nutzung der Wasserkraft zur Stromerzeugung eine indirekte Nutzung der solaren Strahlungsenergie. Durch die Sonnenstrahlung wird Wasser verdunstet, das dadurch eine potenzielle Energie erhält, die teilweise durch Niederschläge und den Ablauf des Wassers auf der Erdoberfläche wieder abgegeben wird.[8] Da Wasser in verschiedenen Höhenlagen unterschiedliche potentielle Energie besitzt, führt das Durchströmen eines Höhenunterschiedes zur Erzeugung kinetischer Energie. Diese kinetische Energie wird in Wasserkraftwerken zur Erzeugung von Strom genutzt. Dazu wird die mechanische Energie des strömenden Wassers über Turbinen und mittels Generatoren in elektrische Energie umgesetzt.[9] Der schematische Aufbau eines Wasserkraftwerks ist dabei recht einfach: Es besteht lediglich aus einer Wasserturbine mit angekoppeltem Generator. Zur Inbetriebnahme der Turbinen brauchen nur Schieber geöffnet zu werden, weswegen ein Wasserkraftwerk in 1 bis 2 Minuten angefahren werden kann.[10] Dies macht Wasserkraftanlagen auch interessant zur Erzeugung von Ausgleichs- und Regelenergie, die zur Aussteuerung von Netzen erforderlich ist.

6   Die Wahl der **Bauart einer Wasserturbinen** hängt im Wesentlichen mit der Fallhöhe des Wassers zusammen: Anlagen, die eine Fallhöhe des Wassers von weniger als 60 m aufweisen, bezeichnet man als **Niederdruckanlagen**. Sie werden regelmäßig an Flussläufen errichtet. Bei einer Fallhöhe des Wassers zwischen 60 m und 300 m wird von Wasserkraftwerken als Mitteldruckanlagen gesprochen. Wenn die Fallhöhe des Wassers 300 m übersteigt, werden die Wasserkraftwerke als Hochdruckanlagen bezeichnet. Ein weiteres Unterscheidungsmerkmal für Wasserkraftwerke ist das **Speichervermögen** der Anlage sowie die Art der Speicherung. Dementsprechend kann zwischen Laufwasserspeicherungs-, Pumpspeicher-, Gezeiten-, Wellen-, Depressions- und Gletscherkraftwerken unterschieden werden.[11]

7   **Laufwasserkraftwerke**, die vom EEG vorrangig adressiert werden, sind Niederdruckkraftwerke, die als Fluss- oder Ausleitungskraftwerke konstruiert werden. Sie verstromen die kinetische Energie des Wassers an einer Staustufe im Fluss. Flusskraftwerke nutzen dabei das natürlich abfließende Wasser in den Flüssen selbst. Das Kraftwerk wird dazu in das Flussbett hineingebaut. Ein zusätzlich angebauter Speicherraum im Oberlauf des Flusses schließt den Charakter als Flusskraftwerk nicht aus. Wenn mehr Wasser anfällt, als die Turbinen fassen können, läuft die überschüssige Menge ungenutzt ab.[12] In Ausleitungskraftwerken wird das Wasser aus dem Fließgewässer zunächst ausgeleitet und in ein Kraftwerk außerhalb des Flussbetts geführt. Nach dem Durchströmen der Turbine, die wiederum den Ge-

---

[7] BT-Drs. 15/2864, zu §§ 6 bis 11, S. 37.
[8] Vgl. Kommentierung zu § 3 Rn. 8; s. a. *Salje*, EEG, 3. Aufl., § 6 Rn. 1.
[9] *Reshöft/Steiner/Dreher*, EEG, § 6 Rn. 8 ff. m. w. N.
[10] *Heuck/Dettmann*, Elektrische Energieversorgung, S. 22 f.
[11] Zum Ganzen *Heuck/Dettmann*, Elektrische Energieversorgung, S. 22 f.
[12] *Heuck/Dettmann*, Elektrische Energieversorgung, S. 24; *Büdenbender/Heintschel von Heinegg/Rosin*, Energierecht, Rn. 1435.

Vergütung für Strom aus Wasserkraft 8–10 § 6

nerator antreibt, wird das Wasser wieder dem Gewässer zugeführt. Im Flussbett verbleibt ein sog. Mindestwasserlauf, dessen Höhe sich an ökologischen und ökonomischen Kriterien orientiert.[13]

Im Gegensatz dazu nutzen **Speicherkraftwerke** natürliche oder künstliche 8 Seen. Das – natürlich, aus Bächen oder Flüssen – zufließende Wasser wird nicht unmittelbar genutzt, sondern in Zeiten mit geringerer Stromnachfrage gesammelt, um in Zeiten erhöhten Energieverbrauchs aus dem Speicher entnommen und zur Erzeugung von Strom genutzt werden zu können. Je nach Größe des Speicherbeckens und des Ausgleichsvermögen durch die Zuläufe unterscheidet man Jahres-, Monats-, Wochen- und Tagesspeicher.[14] Speicherkraftwerke sind regelmäßig als Mitteldruckanlagen konstruiert, die über eine geringere Durchflussmenge sowie eine größerer Fallhöhe verfügen als Laufwasserkraftwerke. **Pumpspeicherkraftwerke** sind regelmäßig Hochdruckkraftwerke, bei denen Wasser aus einer Tallage unter Einsatz von Pumpen in einen wesentlich, bis zu 2000 m höher gelegenen Speicher gepumpt wird. Dies erfolgt vor allem in Schwachlastzeiten. Elektrische Energie wird so in Form von potenzieller Energie gespeichert. In Spitzenlastzeiten wird diese potentielle Energie des hochgelegenen Wasserspeichers wieder in Strom umgewandelt. Pumpspeicherkraftwerke dienen damit vorrangig der Energiespeicherung. Der Wirkungsgrad von Pumpspeicherwerken liegt bei 75 Prozent. Verfügt der Speicher zudem über einen natürlichen Zufluss, kann sich der Rückgewinnungsfaktor erhöhen. Ein Vorteil der Pumpspeicherwerke liegt in der geringen Hochlaufzeit von nur ca. 90 Sekunden. Daher stellen sie eine gute so genannte Momentanreserve von Elektrizität dar, die innerhalb kürzester Zeit abgerufen werden kann.[15] Damit leisten Pumpspeicherkraftwerke wichtige Beiträge zur Absicherung der Spannungsstabilität von Elektrizitätsnetzen insbesondere der Hoch- und Höchstspannungsebene.

Gezeiten-, Wellenkraft-, Depressions- und **Gletscherkraftwerke** spielen in 9 Deutschland nur eine theoretische Rolle. Aufgrund zu geringen Tidenhubs und zu geringer Wellenhöhe an den Nordseeküsten kommen Gezeiten- und Wellenkraftwerke bei dem derzeitigen Stand der Technik in Deutschland noch nicht zum Zuge. § 3 Abs. 1 nennt die Wellen-, Gezeiten-, Salzgradienten- und Strömungsenergie nunmehr aber ausdrücklich als Teile des Wasserkraftbegriffs des EEG.[16] Damit steht nunmehr außer Frage, dass auch solche Wasserkraftanlagen durch das EEG vergütet werden.[17]

2. Bedeutung der Stromerzeugung aus Wasserkraft

Durch Wasserkraft wurden im Jahr 2001 mit einer Erzeugungsmenge von 10 19 800 Mio. kWh insgesamt **etwa 4,4 Prozent des heimischen Stromverbrauchs** gedeckt. Dies ist etwa die Hälfte der Strommenge, die in Deutschland insgesamt aus Erneuerbaren Energien erzeugt wird. Wasserkraft war damit – bis zum starken Ausbau der Windenergie seit Ende der 1990er Jahre – der bedeutendste regenerative Energieträger in Deutschland. Das maximale technische Potenzial der Wasserkraft in Deutschland liegt zwischen 23 500 Mio. kWh und 25 000 Mio. kWh pro Jahr. Dabei stammen über 75 Prozent der Stromerzeugung

---

[13] *Kaltschmitt/Wiese*, Erneuerbare Energien, S. 339 ff.
[14] *Heuck/Dettmann*, Elektrische Energieversorgung, S. 24; *Büdenbender/Heintschel von Heinegg/Rosin*, Energierecht, Rn. 1436.
[15] *Heuck/Dettmann*, Elektrische Energieversorgung, S. 24; *Büdenbender/Heintschel von Heinegg/Rosin*, Energierecht, Rn.1437.
[16] Vgl. Kommentierung zu § 3 Abs. 1 Rn. 7 ff.
[17] Vgl. zum Ganzen auch Kommentierung zu § 3 Rn. 9 ff. u. *Salje*, EEG, 3. Aufl., § 6 Rn. 8.

aus Wasserkraft aus den beiden südlichsten Bundesländern Bayern und Baden-Württemberg.[18] Damit ist das Ausbaupotenzial der Wasserkraft in Deutschland gegenwärtig bereits zu rund 80 Prozent erschöpft.[19] Für die Zukunft wird ein eher moderater Zubau neuer Anlagen erwartet. So werden nutzbare neue Standorte, an denen unter den gegenwärtigen Rahmenbedingungen ein betriebswirtschaftlich rentabler Betrieb möglich ist, u. a. auch wegen hoher Umweltauflagen und schwieriger Genehmigungsverfahren, immer weniger. Das heutige Ausbauvolumen in Deutschland von 20 bis 25 MW pro Jahr ließe sich nach dem Erfahrungsbericht des Bundesumweltministeriums vom 28. Juni 2002 auf etwa weitere 200 bis 300 MW erweitern. Mit der Aufnahme der „großen" Wasserkraft über 5 MW könnte ein zusätzliches bundesweites Potenzial in einer Größenordnung von insgesamt etwa 300 MW zusätzlich installierter Leistung erschlossen werden. Heute fallen knapp **3200**, d. h. mehr als die Hälfte aller Wasserkraftwerkanlagen, in den **Anwendungsbereich des EEG**. Diese Wasserkraftanlagen liefern etwa 2 Mio. kWh Strom im Jahr.

III. Entstehungsgeschichte

11   Strom aus Wasserkraft wurde bereits nach dem StrEG vergütet. Allerdings bestehen Unterschiede zwischen den Vergütungssystemen von StrEG und EEG: Das **StrEG** ging bei der Berechnung der Vergütungssätze von einem bestimmten Prozentsatz vom **Durchschnittserlös** der Stromabgabe an Netzverbraucher aus, der sich aus der amtlichen Statistik des Bundes für das jeweils vorletzte Kalenderjahr ergab.[20] Die Vergütung der Wasserkraft wurde durch die Novelle des StrEG vom 19. Juli 1994[21] geändert; dabei wurde der Vergütungssatz für Strom aus Wasserkraft von 75 Prozent auf 80 Prozent dieses Durchschnittserlöses erhöht. Aufgrund der Abhängigkeit von der allgemeinen Strompreisentwicklung sanken nach der Liberalisierung des Strommarkts nach 1998 auch die Preise für Strom aus Wasserkraft. Mit dem **EEG 2000** wurden die Vergütungen für Strom aus Erneuerbaren Energien daher von dieser Marktentwicklung völlig abgekoppelt.[22] Das EEG 2004 behielt dies bei. Die **Mindestvergütungssätze** des EEG 2000 betrugen bei Anlagen mit einer Leistung unter 500 kW 7,67 Ct/kWh und bei Anlagen mit einer Leistung von größer 500 kW 6,65 Ct/kWh.

12   Im Verlauf des Gesetzgebungsverfahrens zum **EEG 2004** kam es wiederholt zu Änderungen. Im Gesetzentwurf der Bundesregierung[23] zur Novellierung des EEG wurde mit Abs. 1 Satz 2 des Entwurfs eine Beschränkung der Vergütung für Laufwasserkraftwerke mit einer Leistung kleiner 500 kW ergänzt. Danach sollten Anlagen, die nach dem 31. Dezember 2005 genehmigt werden, nur noch dann einen Vergütungsanspruch haben, wenn sie im räumlichen Zusammenhang mit einer bereits bestehenden Stau- oder Wehranlage in Betrieb genommen werden und gleichzeitig ein guter ökologischer Zustand erreicht oder der vorhandene zumindest wesentlich verbessert wird. Hierdurch sollte dem Umstand Rechnung getra-

---

[18] *Kaltschmitt/Wiese*, Erneuerbare Energien, S. 374.
[19] *Reshöft/Steiner/Dreher*, EEG, § 6 Rn. 17 m. w. N.
[20] Vgl. dazu grundlegend *Salje*, EEG, 2. Aufl., § 4 Rn. 1 f.
[21] BGBl. I S. 1618.
[22] Vgl. auch *Oschmann*, ET 2000, 460 ff., 462. Dieses System von Fest- und Mindestvergütungen lässt kartellrechtliche Vorschriften unberührt. Missbräuchlich überhöhte Vergütungen bzw. unbillig oder diskriminierend zu niedrige Vergütungen können im Sinne des Missbrauchsverbots nach § 19 GWB bzw. im Sinne des Diskriminierungsverbotes nach § 20 GWB verfolgt und geahndet werden. Das System der festen Mindestvergütungen entspricht den Empfehlungen der Europäischen Kommission und den Entschließungen des Europäischen Parlaments; vgl. dazu BT-Drs. 14/2776, S. 19.
[23] Vgl. BT-Drs. 15/2327.

Vergütung für Strom aus Wasserkraft   13–17 § 6

gen werden, dass kleine Wasserkraftanlagen oft einen erheblichen Eingriff in die Gewässerökologie darstellen, da sie nicht selten in Laich- und Aufzuchthabitaten angesiedelt sind.[24] Diese Regelungen wurden in der Beschlussempfehlung des Ausschusses des Deutschen Bundestages für Umwelt, Naturschutz und Reaktorsicherheit vom 31. März 2004 modifiziert.[25] So wurde der Vergütungssatz für Anlagen kleiner 500 kW um 2 Ct erhöht sowie der Beginn der Beschränkung des Vergütungsanspruchs von 2005 auf 2007 verschoben.

Neu in den Regierungsentwurf aufgenommen wurde in Abs. 2 die Vergütungsregelung für die **große Wasserkraft.** Hintergrund dafür ist der Umstand, dass die Leistung vorhandener Anlagen künstlich reduziert wurde, um die Anlage so in den Anwendungsbereich der bisherigen Regelung zu bringen. So konnten vorhandene Potentiale über der 5-MW-Grenze nicht erschlossen werden.[26] Ergänzend hierzu wurde in die Endfassung des Gesetzentwurfs Satz 2 des Abs. 2 aufgenommen. Damit wird die Inbetriebnahme für diese Anlagen abweichend von der Begriffsbestimmung in § 3 Abs. 4 so definiert, dass die Anlage mit der Erfüllung der Voraussetzungen des Abs. 2 Satz 1 als neu in Betrieb genommen gilt. 13

Während in der Regierungsentwurfsfassung vorgesehen war, dass der Anlagenbetreiber die betreffenden **Nachweise** nach den Abs. 1 und 2 über die ökologische Beeinflussung des Gewässers durch die Anlage gegenüber dem Netzbetreiber hätte führen sollen, wurde dies in der Endfassung durch die jetzige Regelung in Abs. 3 ersetzt, um dem Netzbetreiber die Prüfung von wasserrechtlichen Anforderungen zu ersparen. Nunmehr ist die Vorlage der wasserrechtlichen Zulassung ausreichend.[27] 14

Entgegen der Endfassung sah der Regierungsentwurf zudem eine Erstreckung der Degressionsregelung auch auf Anlagen der **kleinen Wasserkraft** vor. Dies wurde im Gesetzgebungsverfahren auf Anlagen nach Abs. 2 beschränkt.[28] Hintergrund dafür war, dass mit einer jährlichen Absenkung der neu in Betrieb genommenen Anlagen aufgrund von technologischen Entwicklungen oder Skaleneffekten bei der technisch ausgereiften und weitgehend ausgebauten kleinen Wasserkraft nicht zu rechnen ist. Zudem haben kleine Anlagen verschärfte wasserrechtliche Auflagen zu erfüllen. 15

Schließlich wurde mit dem Regierungsentwurf mit Abs. 5 auch eine Ausnahmeregelung für **Speicherkraftwerke** aufgenommen. Dabei wurde ein Änderungsvorschlag des Bundesrats, den Begriff „Speicherkraftwerk" durch „Pumpspeicherkraftwerk" zu ersetzen, nicht berücksichtigt.[29] 16

C. Rechtsprobleme bei der Errichtung von Wasserkraftanlagen

Die Erzeugung des Stroms aus Wasserkraftanlagen hängt nicht nur von der Zahlung von Vergütungen nach dem EEG ab. Schon bei der **Errichtung** von Wasserkraftanlagen stellen sich rechtliche Fragen, die die Umsetzung des Gesetzeszwecks aus § 1 EEG beeinflussen können. Hier ist insbesondere an die Voraussetzungen des Wasserrechts zu denken. Denn die Nutzung der Wasserkraft in einem 17

---

[24] BT-Drs. 15/2327, S. 27.
[25] Siehe BT-Drs. 15/2845.
[26] BT-Drs. 15/2327, S. 28.
[27] BT-Drs. 15/2864, S. 15.
[28] Ebenda.
[29] Vgl. BT-Drs. 15/2539, S. 8.

Wasserkraftwerk an einem oberirdischen Gewässer geschieht durch Ableiten und (Wieder-)Einleiten bzw. durch Aufstauen und Absenken eines Gewässers: Sie erfüllt damit einen wasserrechtlichen Benutzungstatbestand im Sinne der § 3 Abs. 1 Nr. 1, 2 und 4 WHG[30] und bedarf der **wasserrechtlichen Gestattung.**[31]

18 Hierfür kommen mehrere Rechtsgrundlagen in Frage. Erforderlich ist immer eine Erlaubnis (§ 7 WHG), eine Bewilligung (§ 8 WHG) oder ein Planfeststellungsverfahren (§ 14 WHG). Die genannten Vorschriften des WHG – das sich im Wesentlichen auf die Rahmenkompetenz des Bundes nach Art. 75 Nr. 4 GG stützt – bedürfen zu ihrer Vollziehbarkeit der Ausfüllung und Ergänzung durch **Landeswassergesetze.** Das WHG und die Landeswassergesetze stehen daher für eine „Gesamt-Wasserrechtsordnung".[32] Flankiert werden die Gestattungstatbestände des WHG von den in den Landeswassergesetzen vorgesehenen entsprechenden Genehmigungspflichten. Die Landeswassergesetze enthalten aber für die Errichtung und die wesentliche Änderung von Anlagen in und an Gewässern auch gesonderte Genehmigungspflichten **(sog. Anlagengenehmigung).** Darüber hinaus spielen im gleichen Zusammenhang auch die Erteilung von Bauerlaubnissen nach den Landesbauordnungen sowie die strom- und schifffahrtspolizeilichen Genehmigungen eine Rolle.[33]

D. Vergütung für „kleine" Wasserkraftanlagen bis 5 MW (Abs. 1)

19 Für Strom aus Wasserkraftanlagen, die nach Inkrafttreten des neuen EEG am 1. August 2004 in Betrieb genommen wurden,[34] sieht § 6 zwei unterschiedliche Vergütungsregelungen vor. Absatz 1 regelt die Vergütung für Anlagen mit einer Leistung **bis einschließlich 5000 kW,** Abs. 2 diejenige mit einer Leistung ab 5001 kW bis 150 000 kW.

20 Dabei sieht Abs. 1 zwei Vergütungssätze vor. Anlagen mit einer Leistung bis **500 kW** erhalten **9,67 Ct/kWh** (Abs. 1 Nr. 1). Anlagen mit einer Leistung zwischen 501 kW und **5 MW** erhalten dagegen **6,65 Ct/kWh** (§ 6 Abs. 1 Nr. 2). Damit erhalten die Betreiber von Anlagen mit einer Leistung von bis zu 500 kW eine – gegenüber dem EEG 2000 – erhöhte Vergütung. Begründet wurde diese Privilegierung mit dem Gedanken, dass dem betroffenen Anlagenbetreiber höhere Kosten für die Errichtung neuer Wasserkraftanlagen entstehen. Diese höheren Kosten hängen u. a. mit den zwischenzeitlich verschärften wasserrechtlichen Auflagen infolge der Umsetzung der EG-Wasserrahmenrichtlinie (WRRL)[35] zur Verbesserung des ökologischen Zustandes der Gewässer zusammen.[36]

---

[30] Gesetz zur Ordnung des Wasserhaushalts (Wasserhaushaltsgesetz) v. 27. 7. 1957, BGBl. I S. 1110/1386, neu gefasst am 19. 8. 2002, BGBl. I S. 3245, zuletzt geändert am 6. 1. 2004, BGBl. I S. 2.
[31] *Franke,* in: Bartsch/Röhling/Salje/Scholz, Stromwirtschaft, Kap. 36 Rn. 1.
[32] *Büdenbender/Heintschel von Heinegg/Rosin,* Energierecht, Rn. 1441.
[33] Vgl. zum Ganzen *Büdenbender/Heintschel von Heinegg/Rosin,* Energierecht, Rn. 1440 ff. sowie *Breuer,* Öffentliches und privates Wasserrecht, Rn. 182 ff.
[34] Für Anlagen, die vor dem 1. 8. 2004 in Betrieb genommen wurden, siehe unten Rn. 38.
[35] Richtlinie 2000/60/EG des Europäischen Parlaments und des Rates vom 23. 10. 2000 zur Schaffung eines Ordnungsrahmens für Maßnahmen der Gemeinschaft im Bereich der Wasserpolitik, ABl. EU Nr. L 327, v. 22. 12. 2000, S. 1 ff.
[36] BT-Drs. 15/2864, S. 38; so auch BT-Drs. 15/2327, S. 27; vgl. auch die Begründung zum Referentenentwurf vom 17. 12. 2003, Besonderer Teil, zu § 6, BR-Drs. 15/04, S. 60.

I. Bestimmung der Anlagenleistung

Als **Leistung** im Sinne von Abs. 1 Satz 1 gilt gemäß § 12 Abs. 2 Satz 2 für die Zuordnung zu den Leistungswerte des § 6 abweichend von § 3 Abs. 5 der Quotient aus der Summe der im jeweiligen Kalenderjahr nach § 4 Abs. 1 oder 5 abzunehmenden Kilowattstunden und der Summe der vollen Zeitstunden des jeweiligen Kalenderjahres abzüglich der vollen Stunden vor Inbetriebnahme und nach endgültiger Stilllegung der Anlage. Absatz 1 i.V.m. § 12 Abs. 2 stellen damit auf die sog. **Bemessungsleistung** ab. Diese ist die von einem Kraftwerk maximal abgebbare Leistung im Dauerbetrieb.[37] Mit der Anwendung der Bemessungsleistung wird dem Umstand Rechnung getragen, dass die Leistung gewisser Kraftwerke aufgrund der Besonderheiten des jeweils zu verstromenden Energieträgers jeweils von äußeren Faktoren abhängt und somit die tatsächliche installierte elektrische Leistung des Kraftwerks nicht ausgeschöpft werden kann.[38] Davon zu unterscheiden ist die **elektrische Wirkleistung,** die § 3 Abs. 5 ins Auge fasst. Die elektrische Wirkleistung ist die energetische Leistung, die für die Umsetzung in eine andere Leistung verfügbar ist.[39]

21

II. Voraussetzungen aus Abs. 1 Satz 2

Nach Abs. 1 Satz 2 findet Abs. 1 Satz 1 auf Laufwasserkraftwerke mit einer Leistung von bis zu 500 kW, die nach dem 31. Dezember 2007 genehmigt worden sind, nur Anwendung, wenn sie entweder im **räumlichen Zusammenhang** mit einer ganz oder teilweise bereits bestehenden oder vorrangig zu anderen Zwecken als der Erzeugung von Strom aus Wasserkraft neu errichteten **Staustufe** oder **Wehranlage** (Abs. 1 Satz 2 Nr. 1) oder wenn sie ohne durchgehende Querbauung errichtet wurden und dadurch nachweislich ein **guter ökologischer Zustand** erreicht oder der ökologische Zustand gegenüber dem vorherigen Zustand wesentlich verbessert wurde (Abs. 1 Nr. 2).

22

Diese Beschränkung[40] des Vergütungsanspruchs hängt mit dem Umstand zusammen, dass diese Anlagen zwar (geringere) Energiepotenziale aufweisen, ihre Errichtung jedoch im Übrigen zu Konflikten mit der Umwelt- und Naturschutzgesetzgebung führen kann. Insbesondere kleinere Wasserkraftwerke können einen Eingriff in die Gewässerökologie darstellen.[41]

23

Hinsichtlich **Abs. 1 Satz 2 Nr. 1** ist es dabei unerheblich, ob die **Stau- oder Wehranlage** noch als solche benutzt wird, da das Gesetz – so der Wortlaut – ausdrücklich regelt, dass die vorhandene Querverbauung nicht mehr funktionsfähig sein muss. Vielmehr reicht es auch, dass die jeweilige – künstliche, den natürlichen Gewässerfluss behindernde – Querverbauung noch **teilweise vorhanden** ist. Für neu errichtete Wehre oder Stauanlagen besteht ein Vergütungsanspruch, auch wenn diese nicht in erster Linie der Stromerzeugung, sondern anderen Zwecken – insbesondere dem Hochwasserschutz oder der Verbesserung der Gewässer- und

24

---

[37] Vgl. *Heuck/Dettmann,* Elektrische Energieversorgung, S. 27, die allerdings die Bemessungsleistung für Windkraftanlagen darstellen.
[38] Zu den Einzelheiten vgl. die Kommentierung zu § 12 Abs. 2 Rn. 38 ff.
[39] Vgl. Kommentierung zu § 3 Rn. 69 f.; s. a. *VDEW,* Begriffsbestimmungen in der Energiewirtschaft, 7.2.2. Maßeinheit für die elektrische Wirkleistung des Wechselstromes ist das Watt. Sie lässt sich mit Hilfe sog. elektrodynamischer Messwerke (Leistungsmesser oder Wattmeter) messen, die sowohl über einen Spannungs- wie über einen Stromanschluss verfügen. Die elektrische Wirkleistung ist immer niedriger als die Scheinleistung.
[40] Vgl. BT-Drs. 15/2864, S. 37.
[41] BT-Drs. 15/2864, S. 37; so auch BT-Drs. 15/2327, S. 27; vgl. auch die Begründung zum Referentenentwurf vom 17. 12. 2003, Besonderer Teil, zu § 6, BR-Drs. 15/04, S. 60.

Umgebungsökologie – dienen. Die Nutzung einer Anlage zur Erzeugung von Strom kann bisweilen noch vor der Errichtung eines solchen Bauwerks erfolgen. Nicht notwendig ist dabei, dass zunächst separat ein Stauwerk errichtet und dieses anschließend zur Stromerzeugung umgebaut wird.[42]

25 Für die Anwendung des Abs. 1 Satz 2 Nr. 2 ist festzuhalten, dass dieser **auch** die Vergütung von Strom aus Strömungskraftwerken ermöglicht, die innerhalb des natürlichen Wasserlaufs die Ober-, Unter- oder Nebenströmung nutzen und dafür **keine Querverbauung** benötigen. Unschädlich ist dabei, dass bestimmte Bauwerke nicht durchgehend errichtet wurden, sofern sie für die Verankerung der Anlage erforderlich sind. Die wesentliche Voraussetzung des Abs. 1 Satz 2 Nr. 2 – nämlich die Erreichung eines guten ökologischen Zustandes – wird bei der Zulassung der Anlage gemäß §§ 25a und 25b WHG geprüft; diese Vorschriften setzen die Vorgaben der WRRL um.[43] Der **Nachweis** der Erreichung eines **guten ökologischen Zustandes** ist gemäß Abs. 3 durch Vorlage des Zulassungsbescheides zu erbringen.[44]

III. Rechtsfolge: Gleitende Vergütung aus Abs. 1 Satz 1

26 Für Strom aus Wasserkraft besteht gemäß § 12 Abs. 2 eine **gleitende Vergütung**: Soweit § 6 in Abhängigkeit von der Leistung der Anlage unterschiedliche Mindestvergütungssätze festlegt, bestimmt sich die Höhe der Vergütung jeweils anteilig nach der Leistung der Anlage im Verhältnis zu dem jeweils anzuwendenden Schwellenwert. Die gleitende Vergütung bewirkt, dass bei Anlagen mit einer Leistung von mehr als 500 kW für den Teil unter 500 kWh nach dem Vergütungssatz 7,67 Ct/kWh vergütet wird, während für die Menge über 500 kWh eine Vergütung von 6,65 Ct/kWh gezahlt wird. Der **Schwellenwert**, den § 12 Abs. 2 ins Auge fasst, sind die Größen „<500 kW" und „>500 kW".

27 Die Regelung ist damit zu begründen, dass aus einer undifferenzierten Regelung den größeren Anlagen (elektrische Leistung: 500 kW bis 5 MW) gegenüber den kleineren Anlagen (elektrische Leistung: 500 kW) ein ungerechtfertigter wettbewerbsrelevanter Vorteil entstehen würde. Ausweislich der Gesetzesbegründung soll die gleitende Vergütungsregelung **verhindern**, dass beim Überschreiten der jeweiligen Schwellenwerte **Vergütungssprünge** entstehen.[45] Nur eine stufenlose Regelung kann Ungerechtigkeiten bei der Vergütung des Stroms aus verschieden großen Anlagen vermeiden und trägt deshalb dazu bei, Über- oder Unterförderung auszuschließen.[46]

28 Zur Ermittlung des durchschnittlichen Erlöses bei einer gleitenden Vergütung wird der Gesamterlös für den von der Anlage erzeugten Strom und der gesamten in einem bestimmten Zeitraum erzeugten und eingespeisten Strommenge berechnet. Dieser setzt sich seinerseits aus Teilerlösen für die jeweilige Strommenge im Verhältnis zur Leistung der Anlage und dem jeweiligen Vergütungssatz zusammen. Der **durchschnittliche Erlös** ist daher eine Größe zwischen dem maximal zu zahlenden Vergütungssatz (bei Wasserkraft 7,67 Ct/kWh) und dem niedrigsten Vergütungssatz (6,65 Ct/kWh bei Wasserkraft).

29 Der durchschnittliche Erlös einer Anlage von mehr als 500 kW ist demnach folgendermaßen zu berechnen: Die im An- und Abrechnungsjahr anfallenden Ge-

---

[42] BT-Drs. 15/2864, S. 37.
[43] Ebenda.
[44] Vgl. unten die Kommentierung zu Abs. 3 Rn. 41.
[45] Dazu *Fouquet*, ZNER 2003, 328 f.
[46] BT-Drs. 15/2864, S. 38; so auch BT-Drs. 15/2327, S. 35; vgl. auch die Begründung zum Referentenentwurf vom 17. 12. 2003, Besonderer Teil, zu § 6, BR-Drs. 15/04, S. 80.

Vergütung für Strom aus Wasserkraft

samterlösteile (7,67 Ct/kWh für den ersten 500 kW zuzurechnenden Strommenge bzw. 6,65 Ct/kWh für den der überschießenden Anlagenleistung zuzurechnenden Stromeinspeisungsanteil) werden zusammengezählt und durch die Gesamtstrommenge des Abrechnungsjahres geteilt.[47]

E. Vergütung für „große" Wasserkraftanlagen 5 MW bis 150 MW (Abs. 2)

I. Voraussetzungen aus Abs. 2 Sätze 1 bis 3

Absatz 2 erstreckt die Vergütungsregelung des Abs. 1 auf seit dem 1. August 2004 in Betrieb genommene Wasserkraftanlagen mit einer Leistung ab 5 MW **bis** einschließlich **150 MW.** Die **Voraussetzungen,** die für die Vergütung dieser Anlagen kumulativ vorzuliegen haben, sind Abs. 2 Satz 1 Nr. 1 bis 3 zu entnehmen. Hiernach muss das jeweilige **Kraftwerk** zwischen dem 1. August 2004 und dem 31. Dezember 2012 **„erneuert"** worden sein (Nr. 1); die Erneuerung muss weiterhin zu einer Erhöhung des elektrischen Arbeitsvermögens der Anlage um mindestens 15 Prozent geführt haben (Nr. 2). Schließlich muss nach der Erneuerung nachweislich ein **guter ökologischer Zustand** erreicht oder der ökologische Zustand gegenüber dem vorherigen Zustand wesentlich verbessert worden sein (Nr. 3). Hintergrund der Vorschrift ist, dass die im EEG 2000 vorhandene Begrenzung auf Anlagen bis einschließlich 5 MW einerseits dazu führte, dass die installierte Leistung verschiedener Kraftwerke durch den Betreiber künstlich reduziert wurden; andererseits sollten die vorhandenen Potenziale über diese Grenze erschlossen werden.[48]

Dabei gelten **Wasserkraftanlagen mit einer Leistung ab 5 MW,** die nach Abs. 2 Satz 1 Nr. 1 zwischen dem 1. August 2004 und dem 31. Dezember 2012 in Betrieb genommen wurden, abweichend von § 3 Abs. 4 mit Erfüllung der Voraussetzungen des Satzes 1 dieses Abschnitts als **erstmals in Betrieb genommen** (Abs. 2 Satz 2). Eine **Erneuerung** der Anlage im Sinne von Abs. 2 Satz 1 Nr. 1 ist auch die erstmalige Inbetriebnahme einer Anlage im räumlichen Zusammenhang mit einer bereits bestehenden Staustufe oder Wehranlage, wenn die betreffende Anlage bis zum 31. Dezember 2012 in Betrieb genommen wird (Abs. 2 Satz 3). Dabei soll unerheblich bleiben, ob die bestehende Stau- oder Wehranlage bestehen bleibt oder ersetzt wird. Entscheidend ist dagegen, ob nachweislich ein **guter ökologischer Zustand** erreicht oder der ökologische Zustand gegenüber dem vorherigen Zustand wesentlich verbessert wurde. Dieses Erfordernis ist also stets zu beachten und besteht zusätzlich zu dem Erfordernis der Leistungserhöhung um mindestens 15 Prozent.[49]

Der **Nachweis der Leistungserhöhung um 15 Prozent** muss gegenüber dem Netzbetreiber erbracht werden. Er hat dem Stand von Wissenschaft und Technik zu entsprechen, der durch die technische Richtlinie „Field acceptance tests to determine the hydraulic performance of hydraulic turbines, storage pumps and pump-turbines, IEC 41" bestimmt wird. Die Richtlinie wird herausgegeben von der International Electrotechnical Commission (IEC) mit Sitz in Genf und ist von der IEC u. a. über www.iec.ch zu beziehen. Der **Nachweis** der Erreichung eines **guten ökologischen Zustandes** ist gemäß Abs. 3 durch die Vorlage der

---

[47] So bereits *Salje,* EEG, 2. Aufl., § 4 Rn. 9.
[48] BT-Drs. 15/2864, S. 37.
[49] Vgl. die Kommentierung zu Abs. 3, siehe unten Rn. 41 ff.

wasserrechtlichen Zulassung der Anlage durch die zuständige Behörde zu führen.[50] Dem Netzbetreiber steht daher insoweit kein Prüfungsrecht zu.

II. Rechtsfolge: Vergütung aus Abs. 2 Satz 4, Satz 5 Nr. 1 bis 5

33 Nach Abs. 2 wird **nur** die **zusätzliche Strommenge** vergütet, die der Erneuerung zuzurechnen ist (Abs. 2 Satz 4). Wenn die Anlage jedoch vor dem 1. August 2004 eine Leistung bis einschließlich 5 MW aufwies, wird der diesem Leistungsanteil entsprechende Strom zusätzlich nach Abs. 1 vergütet.[51]

34 Abweichend von Abs. 1, nach dem eine Wasserkraftanlage mit einer Leistung bis zu 500 kWh 9,67 Ct/kWh erhält, wird der Strom aus der Erweiterung einer alten Anlage bis 500 kW gemäß Abs. 2 Satz 4 Nr. 1 mit lediglich 7,67 Ct/kWh vergütet. Dies ist ausweislich der Gesetzesbegründung damit zu rechtfertigen, dass eine Erhöhung für die große Wasserkraft keine nennenswerten Folgen hätte, so dass dadurch keine zusätzlichen Anreize geschaffen würden.[52] Die **Vergütung** beträgt damit bis einschließlich einer erweiterten Leistungserhöhung von 500 kW mindestens 7,67 Ct/kWh (Abs. 2 Satz 1 Satz 4 Nr. 1), bis einschließlich einer Leistungserhöhung von 10 MW (Erweiterung) mindestens 6,65 Ct/kWh (Abs. 2 Satz 1 Satz 4 Nr. 2), bis einschließlich einer Leistungserhöhung von 20 MW (Erweiterung) mindestens 6,10 Ct/kWh (Abs. 2 Satz 1 Satz 4 Nr. 3), bis einschließlich einer Leistungserhöhung von 50 MW (Erweiterung) mindestens 4,56 Ct/kWh (§ 6 Abs. 2 Satz 1 Satz 4 Nr. 4) und ab einer Leistungserhöhung von 50 MW (Erweiterung) mindestens 3,70 Ct/kWh (Abs. 2 Satz 1 Satz 4 Nr. 5).

III. Anteilige Vergütung bei Anlagen bis 5 MW (Abs. 2 Satz 6)

35 Da die Kosten für die Errichtung eines **neuen Wasserkraftwerkes** der Höhe nach in etwa den Kosten für eine Erweiterung einer alten Wasserkraftanlage entsprechen, wird der Strom, der durch den Neubau zusätzlich gewonnen wurde, ebenso wie der Strom aus einer komplett neuen Anlage vergütet. Die Einbeziehung eines Neubaus in den Kreis der vergütungsfähigen Anlagen erklärt sich von selbst.

36 Bei Anlagen, die vor Inkrafttreten des Gesetzes eine Leistung von **mehr als 5 MW** hatten, wird allerdings gemäß Abs. 2 Satz 4 **nur der Anteil** des Stroms vergütet, der **durch die Erneuerung** zusätzlich erzeugt wird. Diese Regelung – die ihren Sinn darin findet, dass nur Strom aus Kraftwerken vergütet werden soll, die nicht auch ohne das EEG rentabel betrieben werden können – gilt damit auch bei Anlagen, die nach einem Neubau an gleicher Stelle oder im räumlichen Zusammenhang mit einer bestehenden und zu Erzeugung von Strom aus Wasserkraft genutzten Stau- oder Wehrstufe ein Kraftwerk ersetzten. Damit soll vermieden werden, einen Anreiz dafür zu schaffen, bereits vorhandene Kraftwerke zu beseitigen und anschließend wieder neu zu errichten. Aus diesem Grunde wird die Leistung des ersetzten Kraftwerks von der Leistung des Neubaus abgezogen. Letzteres folgt aus Abs. 2 Satz 3, wonach als Erneuerung auch die erstmalige Inbetriebnahme einer Anlage im räumlichen Zusammenhang mit einer bereits bestehenden Staustufe

---

[50] Vgl. BT-Drs. 15/2864, S. 37; so auch BT-Drs. 15/2327, S. 28; vgl. auch die Begründung zum Referentenentwurf vom 17. 12. 2003, Besonderer Teil, zu § 6, BR-Drs. 15/04, S. 61 ff.
[51] Vgl. § 6 Abs. 2 Satz 5.
[52] Vgl. BT-Drs. 15/2864, S. 37 f.; so auch BT-Drs. 15/2327, S. 28; vgl. auch die Begründung zum Referentenentwurf vom 17. 12. 2003, Besonderer Teil, zu § 6, BR-Drs. 15/04, S. 62.

oder Wehranlage gilt, wobei stets die vorhandene Leistung Berücksichtigung findet. Lediglich bei einem Neubau an oder im Zusammenhang mit einem wasserbautechnisch genutzten Standort, der bislang noch nicht zur Stromerzeugung benutzt wurde, darf die Leistung eines Neubaus vollständig zugrunde gelegt werden.[53]

Für Anlagen, die vor dem 1. August 2004 eine Leistung **bis einschließlich** 37 **5 MW** aufwiesen, sieht Abs. 2 Satz 6 dagegen ausdrücklich vor, dass der diesem Leistungsanteil entsprechende Strom zusätzlich nach Abs. 1 vergütet wird.

F. Vergütungshöhe für vor August 2004 in Betrieb genommene Anlagen

Die Vergütungshöhe für Strom aus Anlagen, die bei Inkrafttreten des EEG 2004 38 am 1. August 2004 bereits in Betrieb genommen wurden, ergibt sich nach § 21 Abs. 1 grundsätzlich aus den bisherigen Vorschriften, vorliegend also aus **§ 4 EEG 2000**.

§ 21 Abs. 1 Satz 1 Nr. 1 sieht jedoch vor, dass für Strom aus Wasserkraftanlagen 39 die bisherige Regelung nur bei einer Leistung **bis einschließlich 5 MW** gilt. Die Vorschrift soll sicherstellen, dass die bisher nicht erfassten Wasserkraftanlagen mit einer Leistung von über 5 MW nicht einbezogen werden. Absatz 2 für Strom aus großen Wasserkraftanlagen greift damit nur, wenn eine Erneuerung von bestehenden bzw. die erstmalige Inbetriebnahme von Ersatzanlagen erfolgt. Da Speicherkraftwerke nach Abs. 5 ohnehin ausgeschlossen sind, wird durch die Beschränkung auf Wasserkraftanlagen verdeutlicht, dass bisher unter den Anwendungsbereich des Gesetzes fallende Speicherkraftwerke mit natürlichem Zulauf von den Änderungen nicht betroffen werden.[54]

§ 21 Abs. 1 Satz 1 Nr. 2 sieht schließlich vor, dass für Strom aus Laufwasser- 40 kraftwerken, die vor dem 1. August 2004 eine Leistung bis einschließlich 5 MW aufwiesen, **§ 6 EEG 2004** unter bestimmten Umständen doch gilt. Voraussetzung ist, dass die **Anlage modernisiert** wurde und nach der Modernisierung nachweislich ein guter ökologischer Zustand erreicht oder der ökologische Zustand gegenüber dem vorherigen Zustand wesentlich verbessert ist. Dabei gilt Abs. 3 entsprechend. Abweichend von § 3 Abs. 4 gelten diese Anlagen mit Abschluss der Modernisierung als neu in Betrieb genommen. Diese neu eingefügten Regelungen sollen einen Anreiz dafür setzen, bestehende Wasserkraftanlagen zu modernisieren. Diese können stärkere Auswirkungen auf die Umgebungsökologie haben, als dies bei heute neu zu genehmigenden Anlagen der Fall ist. Durch eine zulassungspflichtige Modernisierung wird dieser Zustand verbessert. Als einen Ausgleich für die Modernisierungskosten bekommt der Anlagenbetreiber die neuen Vergütungssätze inklusive der um 2 Ct/kWh erhöhten anteiligen Mindestvergütung für Anlagen mit einer Leistung bis 500 kW.[55]

G. Nachweise eines guten ökologischen Zustands (Abs. 3)

Absatz 3 stellt klar, dass der Nachweis der Erreichung eines guten ökologischen 41 Zustands oder der wesentlichen Verbesserung des ökologischen Zustands gegenüber dem vorherigen Zustand in den Fällen der Abs. 1 und 2 durch die Vorlage

---

[53] Vgl. BT-Drs. 15/2864, S. 37 f.
[54] Gesetzesbegründung zu § 21, zu Abs. 1. Nr. 1, BT-Drs. 15/2864, S. 54.
[55] So BT-Drs. 15/2864, S. 54.

der **wasserrechtlichen Zulassung** der zuständigen Behörde geführt wird. Dabei geht der Gesetzgeber davon aus, dass diese Voraussetzungen bei allen Anlagen, die nach neuem Wasserrecht genehmigt werden, eingehalten werden.[56]

42 Dem Netzbetreiber kommt damit **kein Prüfungsrecht** hinsichtlich der Einhaltung dieser Voraussetzungen zu.[57] § 6 normiert auch keine zusätzlichen Tatbestandvoraussetzungen, die von den für Wasserkraftanlagen zuständigen Behörden in irgendeiner Art und Weise zu prüfen wären. Vielmehr stellt sich § 6 als bloßer Verweis auf die Bewirtschaftungsziele und -anforderungen der §§ 25 a und 25 b WHG dar.[58] Allgemein lässt sich ein **guter ökologischer Zustand** so definieren, dass sich geringe anthropogene Abweichungen zeigen und nur in geringem Maße von den Werten abweichen, die normalerweise bei Abwesenheit störender Einflüsse mit dem betreffenden Oberflächengewässertyp einhergehen.[59] Die Festlegungen zum guten ökologischen Zustand im Einzelnen werden durch die Länder vorzunehmen sein.

43 In Anbetracht insbesondere des Umstandes, dass sich das Wasserrecht in Folge der Anforderungen der WRRL in einem noch nicht abgeschlossenen Veränderungsprozess befindet, wäre die Übertragung einer diesbezüglichen Prüfungspflicht auf die Netzbetreiber als Unternehmen, die sich mit dieser hochkomplexen Rechtsmaterien ansonsten nicht zu befassen haben, wohl mit dem Ziel eines Ausbaus der Erzeugung von Strom auch aus Wasserkraft kaum vereinbar gewesen.

H. Degression (Abs. 4)

44 Für die Vergütung von Strom aus neu in Betrieb genommenen Wasserkraftanlagen der großen Wasserkraft (Abs. 2) sieht Abs. 4 eine **Degression** der Vergütungssätze vor. Beginnend mit dem 1. Januar 2005 werden die Mindestvergütungen nach Abs. 2 um jeweils **1 Prozent** des für die im Vorjahr neu in Betrieb genommenen Kraftwerke maßgeblichen Wertes gesenkt und auf zwei Stellen hinter dem Komma gerundet. Die sich von Jahr zu Jahr neu ergebenden Vergütungssätze gelten dann in Bezug auf die konkrete Anlage jeweils für die gesamte Dauer der Vergütungspflicht, also für 15 Jahre. Darin findet sich der Gedanke, dass die technologische Entwicklung und das zu erwartende Kostensenkungspotenzial durch eine nominale degressiv ausgestaltete jährliche Absenkung der Vergütungssätze berücksichtigt werden müssen.[60] Der Geldbetrag der Vergütungsabsenkung nimmt in jedem Jahr ab, so dass sich die Vergütungen im Laufe der Jahre – jeweils nur für die neu in Betrieb genommenen Anlagen – immer weniger absenken.

45 Entsprechend ergeben sich folgende Mindestvergütungen für den zusätzlich erzeugten Strom aus **großen Wasserkraftanlagen:**

Überblick Mindestvergütung große Wasserkraftanlagen

Inbetrieb-nahmejahr	≤ 500 kW [Ct/kWh]	≤ 10 MW [Ct/kWh]	≤ 20 MW [Ct/kWh]	≤ 50 MW [Ct/kWh]	≤ 150 MW [Ct/kWh]
2004	7,67	6,65	6,10	4,56	3,70
2005	7,59	6,58	6,04	4,51	3,66
2006	7,51	6,51	5,98	4,46	3,62
2007	7,43	6,44	5,92	4,42	3,58

---

[56] BT-Drs. 15/2864, S. 38.
[57] Vgl. die Entstehungsgeschichte dieser Norm, siehe oben Rn. 11.
[58] Missverständlich daher *Salje*, EEG, 3. Aufl., § 6 Rn. 36.
[59] Vgl. Art. 2 Nr. 22 WRRL sowie Tabelle 1.2 in Anhang V Nr. 1.2 WRRL; *Knopp*, in: Sieder/Zeitler/Dahme, WHG, § 25 a Rn. 17.
[60] So bereits die Gesetzesbegründung zum EEG 2000, BT-Drs. 14/2776, S. 22.

Vergütung für Strom aus Wasserkraft

Inbetrieb-nahmejahr	≤ 500 kW [Ct/kWh]	≤ 10 MW [Ct/kWh]	≤ 20 MW [Ct/kWh]	≤ 50 MW [Ct/kWh]	≤ 150 MW [Ct/kWh]
2008	7,36	6,38	5,86	4,38	3,54
2009	7,29	6,32	5,80	4,34	3,50
2010	7,22	6,26	5,74	4,30	3,47
2011	7,15	6,20	5,68	4,26	3,44
2012	7,08	6,14	5,62	4,22	3,41
2013	7,01	6,08	5,56	4,18	3,38
2014	6,94	6,02	5,50	4,14	3,35

I. Ausschluss von Speicherkraftwerken (Abs. 5)

Absatz 5 schließt Strom aus Speicherkraftwerken von den Mindestvergütungssätzen des § 6 aus. Damit wird der Anwendungsbereich des § 6 auf die **unmittelbare Wasserkraftnutzung** begrenzt. Speicherkraftwerke sind Wasserkraftwerke, deren Zufluss einem oder mehreren Speichern entnommen wird.[61] Hierunter fallen insbesondere Pumpspeicherkraftwerke, deren Speicher ganz oder teilweise durch gepumptes Wasser gefüllt werden. Maßgeblich für die Beurteilung, ob eine Wasseranlage unter Abs. 5 fällt, ist, ob die Anlage weitgehend unabhängig vom zeitlichen Verlauf der Zuflüsse in ihre Speicher betrieben wird. Hintergrund dafür ist der Umstand, dass mit Speicherkraftwerken – anders als in Laufwasserkraftwerken – Einfluss auf den Wert des erzeugten Stroms genommen werden kann. So kann die Elektrizität gezielt in Spitzenlastzeiten erzeugt werden, also dann, wenn für ihn Strom deutlich überdurchschnittliche Erlöse erzielt werden können.[62] Benutzen Laufwasserkraftwerke **geringe zusätzliche Speicher,** werden sie nicht als Speicherkraftwerk angesehen; bei ihnen bleibt es bei den Vergütungsregelungen der Abs. 1 und 2.[63] Dabei ist fraglich, bis zu welcher **Grenze** von einem „geringen zusätzlichen Speicher" im Sinne der Gesetzesbegründung auszugehen ist.[64] In Anbetracht des Gesetzeszwecks des Ausbaus des Anteils u. a. von Wasserstrom nach § 1 verbietet sich insoweit ein zu strenger Maßstab. Da Speicherkraftwerke, die nicht als Pumpspeicherkraftwerke konstruiert sind, bislang in den Anwendungsbereich des EEG 2000 fielen, erhalten am 31. Juli 2004 in Betrieb befindliche Anlagen weiterhin die Vergütung nach § 4 EEG 2000. Absatz 5 findet wegen § 21 Abs. 1 als Regelung über die Vergütung keine Anwendung auf solche Altanlagen.[65]

J. Zeitliche Begrenzung der Vergütungspflicht

Die Regelung über die Dauer der Förderung von Wasserkraftanlagen weicht von der regelmäßigen 20-jährigen zeitlichen Begrenzung der Förderung der übrigen Energieträger erheblich ab. Gemäß § 12 Abs. 3 Satz 2 sind die Vergütungen für Wasserkraftanlagen nach Abs. 1 vom Zeitpunkt der Inbetriebnahme an für die Dauer von **30 Jahren** zu zahlen. Dagegen sind die Vergütungszahlungen für Wasserkraftanlagen nach Abs. 2 für die Dauer von **15 Jahren** zuzüglich des Inbetriebnah-

---

[61] BT-Drs. 15/2864, S. 38; vgl. auch oben Rn. 8.
[62] Vgl. Gegenäußerung zur Stellungnahme des Bundesrates, BT-Drs. 15/2593, Ziff. 10.
[63] Vgl. auch BT-Drs. 15/2864, S. 38; so auch BT-Drs. 15/2327, S. 28; vgl. auch die Begründung zum Referentenentwurf vom 17. 12. 2003, Besonderer Teil, zu § 6, BR-Drs. 15/04, S. 63.
[64] Näher hierzu: *Salje*, EEG, 3. Aufl., § 6 Rn. 43.
[65] So auch *Salje*, EEG, 3. Aufl., § 6 Rn. 42.

mejahres zu leisten. Die Vergütungsdauer für Anlagen der kleinen Wasserkraft, die nach EEG 2000 unbegrenzt war, musste wegen der vergleichsweise langen technischen Laufzeit (Amortisationszyklus) dieser Anlagen auf 30 Jahre bemessen werden.

48 Durch die Wahl einer kurzen Vergütungsdauer von 15 Jahren für Großanlagen konnten dagegen die diesbezüglichen Vergütungssätze höher bemessen werden. Damit sollte offenbar ein zusätzlicher Anreiz zur Errichtung dieser kapitalintensiven Anlagen gesetzt werden. Die so ermöglichte Erhöhung der Vergütungssätze führt zur Reduzierung der Kapitalkosten zur Refinanzierung der großen Wasserkraftanlagen.

§ 7 Vergütung für Strom aus Deponiegas, Klärgas und Grubengas

(1) ¹Für Strom aus Deponiegas-, Klärgas- und Grubengasanlagen beträgt die Vergütung
1. bis einschließlich einer Leistung von 500 Kilowatt mindestens 7,67 Cent pro Kilowattstunde und
2. bis einschließlich einer Leistung von 5 Megawatt mindestens 6,65 Cent pro Kilowattstunde.

²Für Strom aus Grubengasanlagen mit einer Leistung ab 5 Megawatt beträgt die Vergütung 6,65 Cent pro Kilowattstunde. ³Aus einem Gasnetz entnommenes Gas gilt als Deponie-, Klär- oder Grubengas, soweit die Menge des entnommenen Gases im Wärmeäquivalent der Menge von an anderer Stelle im Geltungsbereich des Gesetzes in das Gasnetz eingespeistem Deponie-, Klär- oder Grubengas entspricht.

(2) ¹Die Mindestvergütungssätze nach Absatz 1 erhöhen sich um jeweils 2,0 Cent pro Kilowattstunde, wenn das nach Absatz 1 Satz 3 eingespeiste Gas auf Erdgasqualität aufbereitet worden ist oder der Strom mittels Brennstoffzellen, Gasturbinen, Dampfmotoren, Organic-Rankine-Anlagen, Mehrstoffgemisch-Anlagen, insbesondere Kalina-Cycle-Anlagen, oder Stirling-Motoren gewonnen wird. ²Zum Zweck der Anpassung dieser Vorschrift an den Stand der Technik wird das Bundesministerium für Umwelt, Naturschutz und Reaktorsicherheit ermächtigt, im Einvernehmen mit dem Bundesministerium für Verbraucherschutz, Ernährung und Landwirtschaft sowie dem Bundesministerium für Wirtschaft und Arbeit durch Rechtsverordnung weitere Verfahren oder Techniken im Sinne von Satz 1 zu benennen oder einzelne der genannten Verfahren oder Techniken vom Anwendungsbereich des Satzes 1 auszunehmen.

(3) Die Mindestvergütungen nach Absatz 1 werden beginnend mit dem 1. Januar 2005 jährlich jeweils für nach diesem Zeitpunkt neu in Betrieb genommene Anlagen um jeweils 1,5 Prozent des für die im Vorjahr neu in Betrieb genommenen Anlagen maßgeblichen Wertes gesenkt und auf zwei Stellen hinter dem Komma gerundet.

Übersicht

	Rn.
A. Überblick	1
B. Hintergrund	4
I. Normzweck	4
II. Bedeutung von Deponiegas, Klärgas und Grubengas für die Energieversorgung	6
1. Deponiegas	6
2. Klärgas	9
3. Grubengas	12
III. Entstehungsgeschichte der Norm	14
C. Vergütungsregelung (Abs. 1 Satz 1 Nr. 1 und 2 i. V. m. § 12 Abs. 2)	15
D. Sondervergütung für Grubengas ab 5 MW (Abs. 1 Satz 2)	19
E. Vergütung für Anlagen, die vor dem 1. August 2004 in Betrieb gingen	21
F. Gasabtauschregelung (Abs. 1 Satz 3)	22
G. Bonusregelung für innovative Technologien (Abs. 2)	24
I. Hintergrund	24
II. Tatbestandsvoraussetzungen (Abs. 2 Satz 1)	26
1. Aufbereitung des Gases auf Erdgasqualität	27

§ 7 1, 2 Erneuerbare-Energien-Gesetz

	Rn.
2. Brennstoffzellen	30
3. Gasturbinen	32
4. Dampfmotoren	34
5. Organic-Rankine-Cycle-Anlagen	35
6. Mehrstoffgemisch-Anlagen	37
7. Stirling-Motoren-Anlagen	39
III. Ermächtigungsgrundlage für eine Verordnung (Abs. 2 Satz 2)	42
H. Degression (Abs. 3)	47
I. Zeitliche Begrenzung	48
J. Übersicht über die Vergütungshöhen	49

Literatur: *BMU,* Bericht über den Stand der Markteinführung und der Kostenentwicklung von Anlagen zur Erzeugung von Strom aus erneuerbaren Energien (Erfahrungsbericht zum EEG); *BMU,* Mindestvergütungssätze nach dem EEG vom 21. 7. 2004, abrufbar unter www.erneuerbare-energien.de; *Büdenbender/Rosin,* KWK-AusbauG, Kommentar zum Gesetz für die Erhaltung, die Modernisierung und den Ausbau der Kraft-Wärme-Kopplung, 2003; *Edelmann,* in: Kaltschmitt/Hartmann (Hrsg.), Energie aus Biomasse, Grundlagen, Techniken und Verfahren, 2001; *Educogen,* The European Educational Tool on Congeneration, 2. Aufl. 2001 (abrufbar unter http: http://www.cogen.org/Downloadables/Projects/EDUCOGEN_Tool.pdf); *Heuck/Dettmann,* Elektrische Energieversorgung – Erzeugung, Transport und Verteilung elektrischer Energie für Studium und Praxis, 4. Aufl. 1999; *Fell,* Geothermie und der Kalina-Kreislauf (abrufbar unter http: www.hans-josef-fell.de/download.php?id=216&filename=Kalinatechnik01.pdf); *Fette,* Stirlingmotor Forschung und Programmentwicklung, abrufbar unter http://home.germany.net/101-276996/howdo.htm; *Hofer,* Konventionelle Dampfkraftwerke, in: Bartsch/Röhling/Salje/Scholz (Hrsg.), Stromwirtschaft – Ein Praxishandbuch, 2002, Kap. 23, S. 201 ff.; *ders.,* Gasturbinen-Kraftwerke, Gasturbinen-Heizkraftwerke, in: Bartsch u. a. (Hrsg.), Stromwirtschaft – Ein Praxishandbuch, 2002, Kap. 25, S. 224 ff.; *ders.,* Brennstoffzellen, in: Bartsch u. a. (Hrsg.), Stromwirtschaft – Ein Praxishandbuch, 2002, Kap. 30, S. 255 ff.; *Maurer,* Allgemeines Verwaltungsrecht, 15. Aufl. 2004; *Müller,* Handbuch der Elektrizitätswirtschaft – Technische, wirtschaftliche und rechtliche Grundlagen, 2. Aufl. 2001; *Reshöft/Steiner/Dreher,* Erneuerbare-Energien-Gesetz, Handkommentar, 2. Aufl. 2005; *Salje,* Erneuerbare-Energien-Gesetz, Kommentar, 2. Aufl. 2005; *ders.,* Kraft-Wärme-Kopplungs-Gesetz 2002, Kommentar, 2. Aufl. 2004; *Schulz/Hille,* Untersuchung zur Aufbereitung von Biogas zur Erweiterung der Nutzungsmöglichkeiten, 2003; *Sporer,* Nutzung von Methan zur Energieerzeugung – Grubengas: ökologisch wertvoll, ökonomisch interessant, EW 10/2002, 24 ff.

A. Überblick

1 **§ 7 konkretisiert die allgemeine Vergütungspflicht** des § 5 Abs. 1 Satz 1 für Strom aus Deponiegas, Klärgas und Grubengas. Er regelt, unter welchen besonderen Voraussetzungen und in welcher Höhe der jeweilige Netzbetreiber den in sein Netz nach § 4 eingespeisten Strom aus diesen Gasen vergüten muss. Ähnlich wie § 8 unterscheidet § 7 im Hinblick auf die **Höhe der Vergütung** nach der Größe der Anlage, in der der Strom erzeugt wird (Abs. 1) sowie nach der eingesetzten Stromerzeugungstechnik (Abs. 2). Die Vergütung besteht zum einen aus der Grundvergütung. Zum andern kann ein Aufschlag (Bonus) hinzukommen.

2 **Grundsätzlich** wird in Abs. 1 – je nach Größe der Anlage – ein Vergütungssatz zwischen 6,65 und 7,65 Ct/kWh Strom festgelegt. Die genannten Werte gelten zunächst nur für Anlagen, die im Jahr 2004 in Betrieb genommen worden sind. Für Anlagen, die vor dem 1. Januar 2004 den Betrieb aufnahmen, richtet sich die Vergütung nach Vorschriften des EEG 2000. Diese sehen jedoch für Altanlagen dieselben Vergütungssätze vor wie das EEG 2004 für Anlagen, die im Jahr 2004 in Betrieb gingen. Wie hoch die Vergütungen für Anlagen sind, die nach dem 1. Januar 2005 in Betrieb gehen, bestimmt die **Degressionsvorschrift** des Abs. 3. Danach sinken

Vergütung für Strom aus Deponiegas, Klärgas und Grubengas 3–7 § 7

die Vergütungssätze für Strom aus allen ab diesem Zeitpunkt neu in Betrieb genommenen Anlagen jährlich um 1,5 Prozent.

Absatz 2 enthält eine § 8 Abs. 4 entsprechende Bonusregelung in Höhe von 2 Ct/kWh zur Förderung effizienter und damit besonders umweltfreundlicher **Technologien** wie Brennstoffzellen. 3

B. Hintergrund

I. Normzweck

§ 7 dient der **Konkretisierung der allgemeinen Vergütungspflicht** des § 5 Abs. 1 Satz 1 für Strom aus Deponiegas, Klärgas und Grubengas. Die Ausdifferenzierung der Vergütungsregelung des Abs. 1 soll den in Abhängigkeit von den Anlagengröße unterschiedlichen Kostenstrukturen Rechnung tragen. Absatz 2 zielt vor allem darauf ab, den Einsatz besonders **effizienter Techniken** zu fördern. Die höhere Vergütung für innovative Techniken soll auch dazu dienen, die Markteinführung und Weiterentwicklung dieser Techniken im Interesse des Umweltschutzes zu beschleunigen.[1] 4

Gewollte Nebeneffekte der Umweltentlastung durch die Nutzung von Deponiegas, Klärgas und Grubengas für die Stromerzeugung sind die Schaffung von **Arbeitsplätzen**, die **Stärkung der regionalen Wirtschaft** sowie die Vermeidung einer unverbrannten Freisetzung dieser ohnehin existenten und stark klimaschädlichen Gase in die Atmosphäre. 5

II. Bedeutung von Deponiegas, Klärgas und Grubengas für die Energieversorgung

1. Deponiegas

Die Umwandlung des **Deponiegases** in elektrische Energie ist eine indirekte Verstromung von in Pflanzen gespeicherter solarer Strahlungsenergie. Pflanzen wandeln die absorbierte solare Strahlungsenergie im Photosyntheseprozess in biochemische Bindungsenergie um und speichern diese in Zucker und weiteren Stoffwechselprodukten wie Kohlenhydraten (Stärke, Inulin, Zellulose, Pektin), Fettstoffen (Fett, Fettsäure, Öl, Phosphatide, Wachs, Carotin), Eiweißstoffen (Proteine) und Vitaminen, Enzymen, Wuchsstoffen, Harzen oder ätherischen Ölen.[2] Die **biochemische** Energie in den Pflanzen kann durch Vergärung der organischen Substanzen in Deponien in chemische Bindungsenergie des methanhaltigen Deponiegases umgewandelt werden. Das bei der Vergärung in Deponieanlagen erfasste Deponiegas ist ein Biogas und kann mittels Gasmotoren bzw. -turbinen zur Erzeugung von Strom benutzt werden. Um eine Doppelvergütung zu vermeiden, wurde dieses Gas vom Geltungsbereich des Begriffes Biomasse in § 8 ausgenommen.[3] 6

Nach einer Datenerhebung des Umweltbundesamtes ist das **Potenzial** von Deponiegasanlagen in Deutschland bereits zu 70 Prozent erschlossen. In den letzten Jahren ist es kaum zum Zubau von Anlagen gekommen. Die Anlagen werden überwiegend in Kraft-Wärme-Kopplung betrieben, nur ein geringer Teil davon 7

---

[1] Vgl. BT-Drs. 15/2864, zu § 7 Abs. 2, S. 38.
[2] Vgl. Lexikon Energiewelten, abrufbar im Internet unter: http://www.energiewelten.de/elexikon/lexikon/index3.htm; *Müller*, Handbuch der Elektrizitätswirtschaft, S. 238 ff.; knapp auch: *Reshöft/Steiner/Dreher*, EEG, § 4 Rn. 7.
[3] So bereits für § 4 EEG 2000, vgl. BT-Drs. 14/489, S. 11.

wird zur Stromerzeugung genutzt. Die elektrische Leistung der überwiegend Kommunen gehörenden Anlagen liegt zwischen 50 und 6400 k$\overline{W}_{el}$.[4]

8   Nach Angaben des VDEW wurden im Jahr 2000 268 netzeinspeisende Deponiegasanlagen mit einer gesamten installierten Leistung von 227 MW_{el} betrieben. Im Jahr 2001 wurde in Deponiegasanlagen mit einer installierten Leistung von rund 400 MW_{el} rund **1700 Mio. kWh** Strom erzeugt und in das Netz eingespeist.[5]

2. Klärgas

9   Die Verwendung des Klärgases ist ebenfalls eine indirekte Nutzung der solaren Strahlungsenergie. Klärgas entsteht bei der so genannten Schlammfaulung, d.h. durch den **biochemischen Abbau** (Vergärung) von Klärschlämmen in den Faultürmen von Kläranlagen. Klärgas ist genauso wie Deponiegas ein methanhaltiges Gas. Die Stromerzeugung erfolgt durch Auffangen der Gasmengen und deren Nutzung mittels Gasmotoren bzw. -turbinen. Klärgas ist ein Biogas, das genauso wie das Deponiegas vom Anwendungsbereich des § 8 ausgeschlossen wurde.

10   Nach Schätzungen des Umweltbundesamtes ist auch das **Potenzial** von Klärgas bereits zu 70 Prozent erschlossen. Auch Klärgasanlagen werden überwiegend in Kraft-Wärme-Kopplung betrieben. Die elektrische Leistung dieser Anlagen liegt – wie bei den Deponiegasanlagen – zwischen 50 und 6400 kW_{el}; die Anlagen befinden sich vorwiegend in Eigentum von Kommunen.[6]

11   Die in das **Versorgungsnetz** für die allgemeine Versorgung eingespeisten Strommengen aus Klärgas sind gering. Bis zu 60 kW der anfallenden Gasmengen werden für den Eigenbedarf der Kläranlagen benutzt.[7] Nach Schaffung von § 4 Abs. 5 (kaufmännisch-bilanzielle Durchleitung in das Netz für die allgemeine Versorgung) wird die Nutzung des Stroms zur Eigenversorgung zukünftig sicherlich die Ausnahme werden. Die im Jahre 2000 ins Netz eingespeiste Strommenge aus Klär- und Deponiegas betrug rund 873 Mio. kWh.[8]

3. Grubengas

12   Grubengas ist ein Gemisch aus Methan, geringen Anteilen höherer Kohlenstoffverbindungen sowie der beim Absaugen eingesogenen Luft (Bewetterung der Schachtanlagen). Diese Luft enthält Stickstoff, Sauerstoff und Kohlendioxid. Grubengas entsteht beim **geologischen Inkohlungsprozess** und gelangt durch Risse und Spalten des Gebirges bis an die Erdoberfläche und so in die Atmosphäre. Es ist im Gegensatz zu den anderen durch das EEG zu vergütenden Energieträgern keine erneuerbare, sondern eine **fossile Energiequelle.** Methan zählt zu den Klimaschadstoffen. Aufgenommen wurde das Grubengas in den Anwendungsbereich des Gesetzes bereits durch das EEG 2000. So verbessert die energetische Verwertung des Grubengases die Kohlendioxid- und Methanbilanz gegenüber einer ungenutzten Abgabe dieses Gases an die Atmosphäre.[9] Die Grubengasverstromung führt damit, auch wenn es sich um die Nutzung eines fossilen Brennstoffes handelt, wegen der **Schonung anderer Ressourcen** wie Kohle zu einem zusätzlichen ökologischen Vorteil. In Deutschland wurden bislang allein durch den aktiven und stillgelegten Bergbau jährlich mehr als 1 Mrd. m³ Methan freigesetzt. An manchen Orten werden weit mehr als 1000 m³ Methan an die Atmosphäre abgegeben. Aus den

---

[4] *BMU*, Erfahrungsbericht zum EEG, BT-Drs. 14/9807, S. 22.
[5] Ebenda.
[6] Ebenda.
[7] *Reshöft/Steiner/Dreher*, EEG, § 4 Rn. 10.
[8] *BMU*, Erfahrungsbericht zum EEG, BT-Drs. 14/9807, S. 22; Angaben ausschließlich für die Einspeisung von Strom aus Klärgas liegen nicht vor.
[9] Vgl. BT-Drs. 14/2776, S. 34.

Vergütung für Strom aus Deponiegas, Klärgas und Grubengas **13–17 § 7**

120 Mio. m³ Methan, die jährlich allein in Nordrhein-Westfalen freigesetzt werden, könnten immerhin 1,2 Mrd. kWh Strom erzeugt werden.[10]

Zur Stromerzeugung aus Grubengas liegen zurzeit – nach Angaben der Bundesregierung – nur unzureichende Angaben vor. Eventuelle Ausbaupotentiale sind regional **stark begrenzt.**[11] **13**

III. Entstehungsgeschichte der Norm

Strom aus Deponiegas und Klärgas war bereits nach dem **StrEG** vom 7. Dezember 1990 zu vergüten. Dabei wurde der Mindestvergütungssatz von ursprünglich 75 Prozent des Durchschnittserlöses aus der Stromabgabe auf 80 Prozent erhöht.[12] Mit Schaffung des EEG im Jahr 2000 wurde ein kilowattstundenbezogener, fixer Mindestvergütungssatz eingeführt. Strom aus Grubengas wurde mit dem EEG nun in den Katalog der vergüteten Energieträger aufgenommen.[13] Während das **EEG 2000** noch eine gemeinsame Vorschrift für die Vergütung von Strom aus Wasserkraft, Deponiegas, Grubengas und Klärgas vorsah, sind diese Vergütungsregelungen nun auf die §§ 6 und 7 verteilt worden. **14**

C. Vergütungsregelung
(Abs. 1 Satz 1 Nr. 1 und 2 i. V. m. § 12 Abs. 2)

Der aus Deponie-, Klär- und Grubengas erzeugte Strom ist vom Netzbetreiber nach **zwei Vergütungssätzen** zu vergüten. Die Zuordnung des erzeugten Stroms zu den Vergütungsklassen berechnet sich auf Basis der so genannten **Bemessungsleistung** der Anlage. Die Vergütung für Strom aus Anlagen bis einschließlich einer Leistung von 500 kW beträgt mindestens 7,67 Ct/kWh (Abs. 1 Satz Nr. 1), bis einschließlich einer Leistung von 5 MW mindestens 6,65 Ct/kWh (Abs. 1 Satz 1 Nr. 2). Diese Regelungen betreffen zunächst nur Anlagen, die nach Inkrafttreten des EEG 2004 am 1. August 2004 in Betrieb gingen.[14] **15**

Die Bestimmung der **Bemessungsleistung** (die von der installierten elektrischen Leistung nach § 3 Abs. 5 abzugrenzen ist), erfolgt nach § 12 Abs. 2. Danach bestimmt sich die Höhe der Vergütung jeweils anteilig nach der Leistung der Anlage im Verhältnis zu dem jeweils anzuwendenden Schwellenwert. Als Leistung im Sinne des § 12 Abs. 2 gilt für die Zuordnung zu den Schwellenwerten hier bis 500 kW und über 500 kW abweichend von § 3 Abs. 5 der Quotient aus der Summe der im jeweiligen Kalenderjahr nach § 4 Abs. 1 oder Abs. 5 abzunehmenden Kilowattstunden und der Summe der vollen Zeitstunden des jeweiligen Kalenderjahres abzüglich der vollen Stunden von Inbetriebnahme und nach endgültiger Stilllegung der Anlage.[15] **16**

Aus dieser Art der Zuordnung zum Schwellenwert 500 kW des Abs. 1 ergibt sich eine **gleitende Vergütung.** Damit wird Strom aus Anlagen bis zu einer Leistung von 500 kW$_{el}$ mit 7,67 Ct/kWh vergütet. Bei größeren Anlagen gilt dies nur für **17**

---

[10] *Sporer*, EW 2002, 24 ff.
[11] *BMU*, Erfahrungsbericht zum EEG, BT-Drs. 14/9807, S. 22.
[12] Gesetz zur Sicherung des Einsatzes von Steinkohle in der Verstromung und zur Änderung des Atomgesetzes und des Stromeinspeisungsgesetzes, v. 19. 7. 1994, BGBl. I S. 1618.
[13] Vgl. die Gesetzesbegründung zum EEG 2000, BT-Drs. 14/2776, S. 19 f.; *Reshöft/Steiner/Dreher*, EEG, § 4 Rn. 2 ff.
[14] Zur Vergütung der Anlagen, die vor dem 1. 1. 2004 bzw. im Verlauf des Jahres 2004 in Betrieb gegangen sind, unten Rn. 21 sowie § 21.
[15] Zu den Einzelheiten vgl. die Kommentierung zu § 12 Abs. 2 Rn. 38 ff.

den Anteil des eingespeisten Stroms, der dem Verhältnis von 500 kW$_{el}$ zur Bemessungsleistung der Anlage entspricht; der Vergütungssatz für den darüber hinaus erzeugten Strom beträgt 6,65 Ct/kWh.[16]

18 Voraussetzung für den Vergütungsanspruch ist, dass es sich um Strom aus Deponie-, Klär- oder Grubengasanlagen handelt (Abs. 1 Satz 1). Deponie-, Klär- oder Grubengasanlagen sind Stromerzeugungsanlagen, die ausschließlich oder wenigstens überwiegend, d. h. zu mehr als 50 Prozent Deponie-, Klär- oder Grubengas zur Stromerzeugung einsetzen. Infolge des **Ausschließlichkeitsprinzips** des § 5 Abs. 1 Satz 1 führt jedoch der zeitweilige Einsatz fossiler Brennstoffe oder die Mischfeuerung mit solchen Stoffen dauerhaft zum Verlust des Vergütungsanspruchs.[17] Die **Mischfeuerung** mehrerer Energien nach §§ 6 bis 11, etwa Deponiegas mit Biogas ist dagegen möglich. Die Höhe der Vergütung richtet sich in diesem konkreten Fall insgesamt nach § 7.[18]

D. Sondervergütung für Grubengas ab 5 MW (Abs. 1 Satz 2)

19 Gemäß Abs. 1 Satz 2 sind Anlagen, die Grubengas verfeuern, auch dann vergütungsfähig, wenn die Bemessungsleistung 5 MW übersteigt. Diese Anlagen erhalten die Vergütung von 6,65 Ct/kWh auch über die Bemessungsleistung[19] von 5 MW hinaus.

20 Damit entfällt bei § 7 die in (§ 4 i. V. m.) § 2 **EEG 2000** noch enthaltenen Begrenzung auf eine Anlagenleistung für Grubengasanlagen: In den Anwendungsbereich des EEG 2000 fielen lediglich Anlagen bis zu einer Leistungsgröße von bis zu 5 MW (§ 2 Abs. 2 Nr. 1 EEG 2000). Folge der Änderung in § 7 dürfte nicht nur sein, dass neue Anlagen mit einer Leistung von über 5 MW errichtet werden. Zudem ist mit dem Ausbau – so die Erwartung des Gesetzgebers[20] – von **Altanlagen** zu solchen mit einer Leistung von über 5 MW zu rechnen. Ein solcher Ausbau könnte bislang unterblieben sein, weil die Anlagen dann insgesamt aus dem Anwendungsbereich des EEG hinausfiel. Bei ausgebauten Altanlagen zur Verstromung von Deponie- und Klärgas mit einer ursprünglichen installierten Leistung von maximal 5 Megawatt und einer installierten Leistung nunmehr von über 5 Megawatt nach einem unter der Geltung des novellierten EEG **abgeschlossenen Ausbau** richten sich Dauer und Höhe der Vergütung gemäß § 21 Abs. 1 auch nach einem Ausbau grundsätzlich nach der bisherigen Regelungen, wenn nicht eine Neuinbetriebnahme nach § 3 Abs. 4 vorliegt. Da allerdings § 21 nicht auf die Einschränkungen des **§ 2 Abs. 2 Nr. 1 EEG 2000** Bezug nimmt, führt das Überschreiten des Schwellenwerts von 5 MW nicht etwa zu einem Entfallen der Vergütung. Vielmehr wird auch künftig die Energiemenge vergütet, die den im Gesetz genannten Schwellenwerten (Leistungsklassen) bis einschließlich 5 MW ent-

---

[16] Zu den Einzelheiten vgl. auch die Kommentierung zur Berechnung der gleitenden Vergütung nach § 8 Rn. 136.
[17] Anders nur bei Anlagen, die vor dem 1. 8. 2004 in Betrieb genommen wurden, vgl. § 21 Abs. 1 Satz 1, Rn. 4 ff.: In solchen Anlagen ist zwar nicht die Mischfeuerung (vgl. aber § 8 Rn. 115 ff.), aber der zeitweilige Einsatz fossiler Brennstoffe zulässig; vergütungsfähig ist jedoch insoweit nur der Strom aus Erneuerbaren Energien oder aus Grubengas.
[18] Will der Anlagenbetreiber dagegen für das Biogas die Vergütung nach § 8 in Anspruch nehmen, ist keine Vermischung möglich, vgl. Kommentierung zu § 8.
[19] Entsprechend § 12 Abs. 2, weil es insoweit wieder um die Zuordnung von Strom zu Schwellenwerten geht, nicht um die kategorale Zuordnung zu Anlagenklassen.
[20] BT-Drs. 15/2864, S. 38; so auch BT-Drs. 15/2327, S. 28 f.; vgl. auch die Begründung zum Referentenentwurf vom 17. 12. 2003, Besonderer Teil, zu § 7, BR-Drs. 15/04, S. 63.

Vergütung für Strom aus Deponiegas, Klärgas und Grubengas   **21, 22 § 7**

spricht.[21] Anderes gilt dann, wenn der Ausbau der Anlage **mindestens 50 Prozent** der Kosten einer Neuherstellung der gesamten Anlagen einschließlich sämtlicher technisch für den Betrieb erforderlichen Einrichtungen und baulichen Anlagen betragen. In diesem Fall gilt die umgebaute Anlage entsprechend § 3 Abs. 4 als neu in Betrieb genommen. Die gesetzliche Vergütung des Abs. 1 ist für diese erneuerte Anlage dann für 20 Kalenderjahre zuzüglich des (neuen) Inbetriebnahmejahrs zu gewähren, § 12 Abs. 3 Satz 1.

E. Vergütung für Anlagen, die vor dem 1. August 2004 in Betrieb gingen

Die Vergütung von Anlagen, die **vor dem 1. August 2004** in Betrieb gegangen sind, richtet sich **gemäß § 21 Abs. 1** nach dem **EEG 2000**. § 4 EEG 2000 setzt die Höhe der Vergütung ebenfalls auf 7,67 Ct/kWh (bis 500 kW) bzw. 6,65 Ct/kWh (500 kW bis 5 MW) fest. Die Übergangsregelungen für Strom aus Anlagen, die Deponiegas, Klärgas oder Grubengas verstromen, sind deshalb denkbar einfach: Da die Vergütungssätze schon bisher 7,67 bzw. 6,65 Ct/kWh betrugen und eine Degression vom EEG 2000 nicht vorgesehen war, erhalten alle Anlagen,[22] die vor dem 1. Januar 2005 in Betrieb gegangen sind, diese Vergütungssätze. Auch bei der Zuordnung des erzeugten Stroms zum Schwellenwert hat sich – anders als bei der Vergütung von Biomassestrom[23] – vom EEG 2000 zum EEG 2004 keine Änderung vollzogen. So hält die Gesetzesbegründung zu § 12 Abs. 2 ausdrücklich fest, das sich durch diese Bezugnahme auf die Bemessungsleistung nichts an der Rechtslage ändern soll, die sich zuvor aus § 4 Abs. 2 Hs. 2 EEG 2000 ergeben hatte.[24]   21

F. Gasabtauschregelung (Abs. 1 Satz 3)

Gemäß Abs. 1 Satz 3 wird auch (ggf. gewöhnliches Erd-)Gas, das aus einem Gasnetz entnommen wurde, Deponie-, Klär- und Grubengas gleichgestellt und vergütet, sofern die Menge des entnommenen Gases **im Wärmeäquivalent** der Menge von an anderer Stelle im räumlichen Geltungsbereich des EEG 2004 in das Gasnetz eingespeistem Deponie-, Klär- oder Grubengas entspricht.[25] Mit der Regelung soll im Sinne einer nachhaltigen und effizienten Energieversorgung insbesondere die Nutzung der bei der Stromerzeugung anfallenden Wärme möglich werden. Unerheblich ist dabei, ob die Entnahme des fossilen, mit dem Biogas nach § 7 gleichgestellten Erdgases gleichzeitig mit der Einspeisung des Biogases erfolgt. So lässt das Gasnetz ohnehin eine Speicherung von Gas zu. Es ist also unschädlich, wenn die Entnahme und der Ausgleich durch Einspeisung zu verschiedenen Zeitpunkten stattfinden. Die **Speicherfunktion** des Gasnetzes soll durch die Regelung gerade genutzt werden.[26] Die Einspeisung kann also auch vor der Entnahme erfolgen, aller-   22

---

[21] So die Gesetzesbegründung, vgl. BT-Drs. 15/2864, zu § 7 Abs. 1, S. 38.
[22] Freilich nicht Grubengasanlagen über 5 MW installierter Leistung, die erst ab 1. 8. 2004 in den Anwendungsbereich des EEG fallen.
[23] Vgl. den Wortlaut von § 5 Abs. 1 Satz 2 EEG 2000, der lediglich auf § 4 Abs. 2 Halbsatz 1 verwies, nicht aber den Halbsatz 2, der eben die von der installierten Leistung abweichende Leistungsbemessung vorsah.
[24] BT-Drs. 15/2864, zu Abs. 2, S. 46.
[25] Vgl. *Salje*, EEG, 3. Aufl., § 7 Rn. 16.
[26] Vgl. BT-Drs. 15/2864, S. 38.

§ 7 23–26   Erneuerbare-Energien-Gesetz

dings nicht nach der Entnahme. So hat das Gasnetz zwar eine „Speicherfunktion", jedoch keine „Kreditfunktion". Der **Nachweis,** dass die eingespeiste und die zur Verstromung entnommene Mengen im Wärmeäquivalent mindestens gleich sind, obliegt dem Betreiber der Stromerzeugungsanlage.

23 Auch bestehende Gaskraftwerke können entsprechend umgestellt werden. Sie erhalten die entsprechende Vergütung dann für 20 Jahre abzüglich der bisherigen Laufzeit seit Inbetriebnahme.[27] Von der Regelung bleiben die Vorschriften des Energiewirtschaftsrechts hinsichtlich der zu beachtenden technischen Anforderungen und der Qualität des einzuspeisenden Gases unberührt.

G. Bonusregelung für innovative Technologien (Abs. 2)

I. Hintergrund

24 Hintergrund der Regelung des Abs. 2 sind Erfahrungen mit dem EEG 2000, nach denen die Verstromung dieser drei Biogase bislang in der Regel mit etablierter Technik bei vergleichsweise geringem Wirkungsgrad und ohne die umweltpolitisch sinnvolle und vom Gesetzgeber gewünschte Wärmeauskopplung stattfindet. Mit dem in Abs. 2 verankerten **Technologiebonus** will der Gesetzgeber einen spezifischen Anreiz zum Einsatz innovativer, besonders energieeffizienter und damit umwelt- und klimaschonender Anlagentechniken setzen, deren Anwendung regelmäßig mit höheren Investitionskosten verbunden ist. An einem solchen Anreiz fehlt es in den bisherigen Regelungen – mit der Folge, dass zur Stromerzeugung bislang überwiegend energetisch relativ wenig anspruchsvolle Technik zum Einsatz kommt. Der Bonus schafft damit einen Anreiz, innovative technische Verfahren zur Anwendung zu bringen und möglichst hohe Wirkungsgrade sowie niedrige Schadstoffwerte anzustreben.[28] Ziel der Bonusregelung ist es, die **Markteinführung** dieser Technologien zu **beschleunigen,** um Skalierungseffekte erreichen zu können. Von der Vergütung dieser Technologien mit einem Bonus von 2 Ct/kWh verspricht sich der Gesetzgeber zudem die Schaffung von Anreizen „für eine zukunftsweisende Technologieentwicklung."[29] Die Regelung soll im mittel- und langfristigen Interesse des Umweltschutzes den höheren Kosten dieser Stromerzeugungsverfahren gerecht werden.

25 Zu beachten ist, dass der Technologiebonus wegen **§ 21** nicht für vor dem **1. August 2004** in Betrieb genommene Anlagen beansprucht werden kann. Der Bonus kann, auch wenn mehrere in Abs. 2 aufgeführte Techniken und/oder Verfahren in einer Anlage kombiniert werden, **nur einmal** in Anspruch genommen werden.

II. Tatbestandsvoraussetzungen (Abs. 2 Satz 1)

26 Gemäß Abs. 2 erhöhen sich die **Mindestvergütungen** nach Abs. 1 um jeweils **2 Ct/kWh,** wenn das nach Abs. 1 Satz 3 eingespeiste Gas auf Erdgasqualität aufbereitet wurde oder der Strom mittels Brennstoffzellen, Gasturbinen, Dampfmotoren, Organic-Rankine-Anlagen, Mehrstoffgemisch-Anlagen, insbesondere Kalina-Cycle-Anlagen oder Stirling-Motoren erzeugt wird. Gemeinsames Merkmal dieser – sonst unterschiedlichen – Technologien ist, dass die Herstellungskosten derzeit noch relativ hoch sind.

---

[27] Vgl. Kommentierung zu § 3 Abs. 3 Rn. 46 ff.
[28] Vgl. Begründung, zu § 7 Abs. 2, BT-Drs. 15/2864, S. 38.
[29] Vgl. BT-Drs. 15/2327, S. 28 f.; vgl. auch die Begründung zum Referentenentwurf vom 17. 12. 2003, Besonderer Teil, zu § 7, BR-Drs. 15/04, S. 63.

Vergütung für Strom aus Deponiegas, Klärgas und Grubengas   27–29 § 7

1. Aufbereitung des Gases auf Erdgasqualität

Die **Voraussetzungen** der Bonusregelung liegen vor, wenn das nach Abs. 1   27
Satz 3 eingespeiste Gas zu Erdgasqualität aufbereitet worden ist. Das aus Deponiegas, Klärgas und Grubengas aufbereitete Gas kann in das Erdgasnetz eingespeist werden. Dies ist insbesondere sinnvoll, wenn am Ort der Gaserzeugung keine Nachfrage nach der Abwärme besteht, die beim Stromerzeugungsprozess entsteht. Die Einspeisung des Gases ermöglicht so eine effizientere Nutzung des Gases an anderer Stelle. Nach dem Willen des Gesetzgebers sollen die noch hohen Kosten der **Gasreinigung** über den Bonus aufgefangen werden. Durch das Deponie-, Klär- oder Grubengas kann in vorhandenen Anlagen Erdgas verdrängt und somit ein Beitrag zur Ressourcenschonung und zum Klimaschutz geleistet werden.

Die Gase nach § 7 bestehen weit überwiegend aus Methan, im Übrigen aus Koh- 28
lendioxid und einigen Spurenstoffen. Unter den Spurenstoffen können insbesondere Schwefelwasserstoff und Stickstoffverbindungen Geruchs- und Korrosionsprobleme bereiten. Die Einspeisung und Vermischung der Gase nach § 7 mit Erdgas setzt daher voraus, dass das eingespeiste Gas zur Entfernung von Schwefelwasserstoff und Kohlenstoffdioxid gereinigt und getrocknet wird. Vor einer Einspeisung des erzeugten Gases in Erdgasleitungen ist eine **Qualität** herzustellen, die mit der des Erdgases vergleichbar ist.[30] Dies folgt rechtlich aus § 35 GasNZV. Danach sind bei der Gaseinspeisung die allgemein anerkannten Regeln der Technik zu beachten (§ 35 Abs. 1 GasNZV). Dies wird vermutet, wenn die technischen Regeln des DVGW eingehalten werden (§ 16 Abs. 2 Nr. 2 EnWG). Gemäß diesen Regeln ist eine Abtrennung des enthaltenen Kohlendioxids erforderlich. Für die Aufbereitung von Gasen sind insbesondere die folgenden **Regelwerke** relevant:[31]
a) Das Arbeitsblatt G 260/Gasbeschaffenheit (Januar 2000) definiert die grundlegende Zusammensetzung sowie die Grenzwerte der brenntechnischen Kenndaten von Gasen in der öffentlichen Gasversorgung, die bei einer Einspeisung in das öffentliche Netz einzuhalten sind.
b) Das Arbeitsblatt G 685/Gasabrechnung (April 1993) stellt Anforderungen an die Gasbeschaffenheit aus Gründen der Abrechnungsgerechtigkeit, die einzuhalten sind, da der Verkauf von Gas der Eichpflicht unterliegt.
c) Das Merkblatt ATV-DVGW-M 363/Herkunft, Aufbereitung und Verwertung von Biogasen formuliert Empfehlungen zur Aufbereitung des Biogases, so dass die brenntechnischen Eigenschaften des Netzgases erreicht werden.
d) Das Arbeitsblatt G 262/Nutzung von regenerativ erzeugten Gasen, das die Bedingungen für die Einspeisung und das Prozedere beschreibt: Um den Einspeisebedingungen, aus § 35 GasNZV definiert sind, zu genügen, muss das Biogas verdichtet und so aufbereitet werden, dass es mit dem Erdgas in der Leitung kompatibel ist. Neu ist auch, dass in dem Entwurf nicht nur Gase berücksichtigt werden, die durch Vergärung organischer Substanzen entstehen, sondern auch solche, die durch thermische Prozesse aus nachwachsenden Rohstoffen erzeugt werden.

Derzeit sind drei verschiedene **Grundkonzepte für die Gasaufbereitung** am   29
Markt verfügbar: die so genannte Druckwasserwäsche, die Druckwechselabsorption an Kohlenstoffmolekularsieben und die chemische Absorption mit Hilfe eines Monoäthanolaminbades sowie die ähnlich arbeitende physikalische Absorption mit Hilfe von Polyethylenglykol.[32]

---

[30] Vgl. zum Parallelfall Biogas: *Edelmann*, in: Kaltschmitt/Hartmann, Energie aus Biomasse, S. 682; sowie *Schulz/Hille*, Untersuchung zur Aufbereitung von Biogas, S. 5.
[31] Vgl. *Schulz/Hille*, Untersuchung zur Aufbereitung von Biogas, S. 10 ff.
[32] Vgl. *Schulz/Hille*, Untersuchung zur Aufbereitung von Biogas, S. 20 ff.; sowie *Edelmann*, in: Kaltschmitt/Hartmann, Energie aus Biomasse, S. 677 f.

2. Brennstoffzellen

30 Der zweite Anwendungsfall für die Technologiebonus-Regelung sind **Brennstoffzellen**. Hierbei handelt es sich um hocheffiziente elektrochemische Wandler, die wegen ihres Einsatzes in U-Booten und in der bemannten Raumfahrt bekannt sind. Ihr Einsatz in der übrigen Technik scheiterte bisher am hohen Preis für Wasserstoff. Bei den Brennstoffzellen geht es um Anlagen zur Erzeugung von Strom und Wärme durch Vereinigung von wasserstoffhaltigem Gas und Sauerstoff (sog. kalte **Verbrennung**). Im Gegensatz zu den herkömmlichen Stromerzeugungsanlagen, benötigen Brennstoffzellen keine Rotationsenergie als Zwischenstufe der Erzeugung von Strom. Chemisch gesehen, handelt es sich bei den Vorgängen in einer Brennstoffzelle um die Umkehrung der Wasserelektrolyse. An einer Elektrode streicht Wasserstoff, an der anderen Sauerstoff vorbei. Sauerstoff und Wasserstoff reagieren hierbei zu Wasser und geben Strom und Wärme ab. Auf der Oberfläche der unterschiedlichen Elektrodenwerkstoffe ionisieren die beiden Gase bei Betriebstemperaturen von 800 bis 1000 °C. Der Luftsauerstoff gibt Elektronen an die Anode ab und reagiert chemisch mit dem Wasserstoffgas. Zwischen Anode und Kathode fließt nun Gleichstrom. Diese Stromerzeugungstechnologie setzt so gut wie keine Schadstoffe frei, zudem Wasser und wenig Stickoxide. Je nach der erreichbaren Temperatur wird von Nieder- bzw. Hochtemperaturbrennstoffzellen gesprochen. Brennstoffzellen haben **hohe Wirkungsgrade** – die eingesetzte chemische Energie wird zu 70 Prozent in technisch verwertbare Energie umgesetzt. Zudem weisen sie eine weitgehende Schadstofffreiheit vor. Brennstoffzellen sind zugleich aber sehr kostenaufwendig. Eine Änderung dieser Situation ist u. a. dann zu erwarten, wenn über Verfahren der Fotovoltaik Wasser preiswerter elektrolytisch getrennt werden kann.

31 Modernere Brennstoffzellen können auch mit **Erdgas** oder eben mit **Deponiegas,** Klärgas oder Grubengas betrieben werden. Bei diesen Brennstoffzellen wird das Gas extern in ein Gasgemisch von Kohlenmonoxid und Wasserstoff umgewandelt bzw. reformiert. Nach der Ionisation in der Zelle kommt es zur Oxidation des Gemisches zu Wasser und Kohlendioxid.[33]

3. Gasturbinen

32 Herkömmliche **Gasturbinen** sind der Flugzeug-Strahltriebtechnik ähnlich. Als Gasturbine wird regelmäßig nicht bloß eine Turbine, sondern ein Aggregat aus verschiedenen Bestandteilen bezeichnet. Hauptbestandteil der Gasturbine sind der Verdichter (Kompressor), die Brennkammer, die Turbine und der Generator. Im Verdichter wird Frischluft angesaugt und auf Werte im Bereich von 15 bis 20 bar komprimiert. Die so komprimierte Luft wird mit hochleichtem Brennstoff (Erdgas oder leichtes Heizöl) den Brennern zugeführt, die sich gleichmäßig verteilt in einer Brennkammer befinden. In den Brennkammern wird dieses Gemisch gezündet. Die so entwickelten – unter hohem Druck stehenden – Verbrennungsgase, hauptsächlich Kohlendioxid, Wasserdampf und Stickstoff, erreichen bei modernen Gasturbinen Temperaturen bis ca. 1250 °C. Die Verbrennungsgase strömen in die eigentliche Gasturbine, deren Schaufelräder dadurch angetrieben werden. Die dabei erzeugte mechanische Energie, in diesem Falle Rotationsenergie, treibt dann den Generator an.[34]

33 Die **Wirkungsgrade** von Gasturbinen stiegen in den letzten Jahren von ca. 25 Prozent auf ca. 39 Prozent an. Angesichts der Erhöhung ihrer Nennleistungen

---

[33] Vgl. *Hofer*, in: Bartsch/Röhling/Salje/Scholz, Stromwirtschaft, Kap. 30 Rn. 1 ff.; *Heuck/Dettmann*, Elektrische Energieversorgung, S. 20 ff.; *Büdenbender/Rosin*, KWK-AusbauG, § 3 Rn. 71 ff.
[34] *Hofer*, in: Bartsch/Röhling/Salje/Scholz, Stromwirtschaft, Kap. 25 Rn. 1 ff.

Vergütung für Strom aus Deponiegas, Klärgas und Grubengas 34–36 § 7

können heute Gasturbinen bis zu 250 MW ins Netz einspeisen. Im Gegensatz zu den Dampfturbinen müssen beim Betreiben von Gasturbinen viel geringere Luftmassen erwärmt werden. Der Erwärmungsprozess für Luft ist ohnehin rascher als die Verdampfung von Wasser. Wegen der sehr viel dünnwandigeren Konstruktion kann eine Gasturbine – im Gegensatz zu Dampfturbinen oder Kohlekraftwerken[35] – in kürzerer Zeit angetrieben und bisweilen innerhalb weniger Minuten eingesetzt werden. Bei Spitzenlastzeiten können sie für die Gewährleistung der sog. **Minutenreserve**[36] schnell ans Netz genommen werden. Trotz der hohen Temperaturen, die in der Brennkammer entstehen, kann der Verbrennungsprozess so gesteuert werden, dass die Grenzwerte für Stickoxide nicht überschritten werden. Zudem entstehen beim Verbrennungsprozess keine Schwefeldioxid- und Flugstaubemissionen. Daher sind im Gegensatz zu den kohlebefeuerten Kraftwerken bei einer Gasturbine keine Maßnahmen der Entstickung, Entstaubung oder Entschwefelung notwendig. Gasturbinen benötigen weder Kühlsysteme noch Anlagen zur Rauchgasreinigung. Sie lassen sich relativ schnell errichten und verursachen geringere Investitionskosten, als dies bei den Dampfkraftwerken bzw. Kohlekraftwerken vergleichbarer Leistung der Fall ist. Andererseits sind die Betriebskosten für eine Gasturbine höher: zum einen wegen des geringeren Wirkungsgrades, zum anderen aber auch wegen der im Vergleich etwa zur Kohle höheren Brennstoffkosten für Erdgas.[37]

4. Dampfmotoren

Dampfmotoren sind Kraftmaschinen, die extern erzeugten Dampf nutzen. Der 34
Dampf übt Druck auf einen oder mehrere Kolben aus, wodurch die Dampfenergie in mechanische Energie der Kolben (Bewegung der Kolben) umgewandelt wird. Durch die Bewegung der Kolben im Zylinder kommt es zu einer In-Gang-Setzung der Kurbelwelle, deren Rotation nun durch den Schwunggrad konstant gehalten wird. Die mechanische Rotationsarbeit wird im angeschlossenen Generator in elektrische Energie umgewandelt.[38]

5. Organic-Rankine-Cycle-Anlagen

Die Technologie der **Organic-Rankine-Anlagen (ORC-Anlagen)** basiert auf 35
der Technologie der Dampfturbinen.[39] Im Unterschied zu einer Dampfturbine wird bei einer ORC-Anlage kein Wasser, sondern ein organisches Kreisprozessmedium (Kohlenwasserstoffe wie Iso-Pentan, IsoOktan, Tuluol oder Silikonöl) verwendet; damit stellt eine ORC-Anlage einen thermodynamischen Kreisprozess dar. Für die Zwecke des Abs. 2 sind ORC-Anlagen nur dann relevant, wenn sie als Kreislaufmedium Gas nach Abs. 1 Satz 3 verwenden.

Die **Kohlenwasserstoffe** werden schon bei geringeren Temperaturen und Drü- 36
cken, als dies beim Wasser der Fall ist, verdampft. Der Dampf gelangt auf die Schaufelräder einer langsam laufenden Turbine. Die entstandene mechanische Arbeit wird in einen Generator weitergeleitet, der sie in elektrische Energie umwandelt. Der Arbeitsmitteldampf entspannt im Generator, kann jedoch zur Wär-

---

[35] Kohlebefeuerte Kraftwerke benötigen u. U. ein bis zwei Stunden, bis sie in Gang gesetzt werden.
[36] Also als von Netzbetreibern zum Ausgleich von erwarteten Engpässen innerhalb von Minuten anforderbare Stromeinspeisung.
[37] Vgl. *Müller,* Handbuch der Elektrizitätswirtschaft, S. 261 ff.; *Heuck/Dettmann,* Elektrische Energieversorgung, S. 20 ff.; *Büdenbender/Rosin,* KWK-AusbauG, § 3 Rn. 58 ff.; *Salje,* KWKG, § 3 Rn. 58 ff. sowie Lexikon Energiewelten, abrufbar im Internet unter http://www.energiewelten.de/elexikon/lexikon/index3.htm.
[38] Hierzu *Büdenbender/Rosin,* KWK-AusbauG, § 3 Rn. 68.
[39] Zu den Dampfkraftwerken und -turbinen vgl. *Hofer,* in: Bartsch/Röhling/Salje/Scholz, Stromwirtschaft, Kap. 23 Rn. 1 ff.

merückgewinnung einem sog. Regenerator zugeführt werden. Sodann wird er in einen Kondensator weitergeleitet und kann zur **Nutzwärmeerzeugung** bereitgestellt werden. Das Kondensat wird schließlich wieder auf Betriebsdruck gebracht, in den Verdampfer eingeführt, womit der ORC-Kreisprozess geschlossen wird.[40]

6. Mehrstoffgemisch-Anlagen

37   **Mehrstoffgemisch-Anlagen** arbeiten mit einer Mischung von verschiedenen Brennstoffen. Die **Kalina-Cycle-Anlagen** bauen eben auf dieses Prinzip auf: Der Kalina-Cycle-Prozess stellt eine Möglichkeit zur Stromerzeugung mit dem binären Arbeitsmedium Wasser-Ammoniak dar. Erst seit kurzem wird der Kalina-Cycle-Prozess in Kombination mit geothermischer Wärmegewinnung angewandt. Der Kreislauf ist prinzipiell jedoch auch bei höheren Kreislauftemperaturen, wie sie bei der dezentralen Deponie-, Klär- oder Grubengasverfeuerung möglich sind, von Interesse.

38   Der **Kalina-Cycle-Prozess** funktioniert auf Basis eines abgeänderten Clausius-Rankine-Cycles. Letzterer ist ein thermodynamischer Prozess, der auch der Technologie der Dampfkraftwerke zugrunde liegt. Er gliedert sich in vier Prozessschritte: (1) eine Erhöhung des (Speisewasser-)Druckes; (2) eine isobare[41] Dampferzeugung (in einem Kessel); (3) eine isentrope, adiabatische[42] Entspannung des Dampfes in einer Turbine, (4) schließlich die Kondensation des Dampfes.[43] Bei Verwendung der Energie von Deponie-, Klär- oder Grubengas in einer solchen Anlage wird ein Gemisch von Wasser und Ammoniak zum **Verdampfen** gebracht. Dieser Dampf treibt eine Turbine an. Über einen Generator wird die mechanische Arbeit in Elektrizität umgewandelt. Der Dampf wird anschließend in einem Kondensator abgekühlt. Nach einer Übertragung der abgegebenen Wärme in einen Kühlkreislauf wird das Arbeitsmedium Ammoniak-Wasser verflüssigt. Es kann erneut in den Verdampfer eingeleitet werden, und der Kreislauf beginnt von neuem.[44]

7. Stirling-Motoren-Anlagen

39   Wie in § 3 Abs. 2 KWKG zählt der Gesetzgeber in Abs. 2 **Stirling-Motoren** zu den Stromerzeugungsanlagen. Ein Stirling-Motor (auch: Heißluft-Motor) ist jedoch nur eine Kraftmaschine und keine Anlage, mit der unmittelbar Strom oder Wärme erzeugt werden kann. Insoweit handelt es sich hier – wie bei § 3 Abs. 2 KWKG – offenbar um ein redaktionelles Versehen.[45] Gemeint sind wohl Stromerzeugungsanlagen, die Stirling-Motoren **als Anlagenteil** enthalten.

40   **Stirling-Motoren** sind nach Dampfmaschinen die zweitälteste Wärmekraftmaschine. Im Stirling-Motor wird Wärmeenergie in mechanische Arbeit umgewandelt. Charakteristisch für Stirling-Motoren ist, dass die Wärmeenergie – im Gegensatz zu Verbrennungsmotoren – von außen an den Motor herangeführt werden muss. Anders als beim Verbrennungsmotor geht es beim Stirling-Motor daher um

---

[40] *Büdenbender/Rosin,* KWK-AusbauG, § 3 Rn. 69 f.
[41] Vgl. www.net-lexikon.de: „Die isobare Zustandsänderung ist ein Begriff der Thermodynamik. Er bezeichnet eine Zustandserklärung, bei der der Druck im System konstant bleibt."
[42] Vgl. www.net-lexikon.de: „Adiabatisch ist ein Begriff der Thermodynamik. Adiabatisch nennt man eine Zustandsänderung, bei der lediglich die Bedingung gilt, dass das System keinen thermischen Kontakt mit seiner Umgebung hat. Wärmezufuhr bzw. -entzug sind während der Zustandsänderung ausgeschlossen."
[43] Zum Clausius-Rankine-Prozess vgl. *Hofer,* in: Bartsch/Röhling/Salje/Scholz, Stromwirtschaft, Kap. 23 Rn. 3.
[44] Vgl. *Fell,* Geothermie und der Kalina-Kreislauf, S. 2.
[45] Vgl. für die vergleichbare Rechtslage bei § 3 Abs. 2 KWKModG *Büdenbender/Rosin,* KWK-AusbauG, § 3 Rn. 65 ff., die hierin bereits einen „systematischen Bruch" ausfindig machen.

einen **externen Verbrennungsprozess**. Da er mit verschiedenen Wärmequellen (z. B. mit Solarenergie, mit Wärme aus der Verbrennung von Deponiegas usw.) arbeiten kann, kann die Verbrennung auch auf Basis regenerativer Primärenergieträger wie der Biogase nach § 7 eingesetzt werden.[46]

Der Stirling-Motor, den Abs. 2 meint, muss mit Gas im Sinne des Abs. 1 Satz 3 **41** arbeiten können. Dieses Gas muss – der **Bauweise** eines Stirling-Motors entsprechend – in einem externen Brenner verbrannt werden. Die entstandenen Verbrennungsgase übertragen ihre Temperatur in einem Wärmetauscher auf das im Stirling-Motor enthaltene Gas. Im Stirling-Motor befindet sich ein Zylinder, in dem zwei Kolben (ein sog. Verdränger- und ein Arbeitskolben) arbeiten. Die Kolben sind über eine Pleuelstange jeweils mit einem Schwungrad verbunden. Durch die Wärmeexpansion wird der Arbeitskolben im Zylinder in Bewegung gesetzt. Wird der Arbeitskolben nach außen bewegt, wird der Verdrängerkolben in den Zylinder zurückgeschoben. Da der Verdrängerkolben schmaler als der Zylinder ist und keine Abdichtung hat, wird die heiße Luft an seiner Außenwand vorbei in einen gekühlten Teil des Zylinders hereingepresst. Das Gas kühlt hier schnell ab, verringert sein Volumen, wodurch letztlich der Arbeitskolben wieder in den Zylinder gesaugt wird. Das rotierende Schwungrad, das nun durch die Bewegung des Arbeitskolbens in Gang gesetzt wurde, erzeugt mechanische Rotationsarbeit, die anschließend in einem Generator in elektrische Energie umgewandelt wird.[47]

III. Ermächtigungsgrundlage für eine Verordnung (Abs. 2 Satz 2)

Absatz 2 Satz 2 ist eine **Ermächtigungsgrundlage** für eine Rechtverordnung **42** zur Anpassung des Abs. 2 Satz 1 an den aktuellen Stand der Technik. Hiernach kann das Bundesumweltministerium im Einvernehmen mit dem Bundesverbraucherministerium sowie dem Bundeswirtschaftsministerium im Wege der Rechtsverordnung Regelungen darüber treffen, ob weitere Verfahren oder Techniken zur Stromerzeugung im Sinne des Abs. 2 Satz 1 benannt bzw. ob einzelne der genannten Verfahren oder Techniken vom Anwendungsbereich des Abs. 2 Satz 1 ausgenommen werden.

Mit der **„flexiblen" Regelung** des Abs. 2 Satz 1 wollte der Gesetzgeber zum **43** Ausdruck bringen, dass er sich der Tatsache bewusst ist, in einem Gesetzgebungsverfahren nicht alle zukünftigen technischen Entwicklungen bewerten und berücksichtigen zu können. **Maßstab** für die Herausnahme der genannten Techniken aus dem Abs. 2 Satz 1 ist, ob die betreffenden Verfahren mittlerweile als wirtschaftlich angesehen werden können. Ausweislich der Gesetzesbegründung sollen solche Technologien und Verfahren aus der Regelung ausgenommen werden, sobald sie keine Anreize zur Markteinführung mehr benötigen.[48]

Die Regelung des Abs. 2 Satz 2 nennt drei unterschiedliche Ministerien (Bundes- **44** umweltministerium, Bundesverbraucherministerium, Bundeswirtschaftsministerium). Alleiniger **Adressat der Norm** ist nach dem Wortlaut der Regelung jedoch das Bundesumweltministerium. Das Bundeswirtschaftsministerium sowie das Bundesverbraucherministerium sind vom Bundesumweltministerium dagegen lediglich intern zu beteiligen. Eine Befassung des Bundeskabinetts oder des Bundesrates erfordert § 7 Abs. 2 Satz 2 nicht.

---

[46] Vgl. *Fette,* Stirlingmotor Forschung und Programmentwicklung, abrufbar unter http://home.germany.net/101–276 996/howdo.htm.
[47] Vgl. EDUCOGEN, The European Educational Tool on Cogeneration, S. 42 ff.; vgl. auch *Büdenbender/Rosin,* KWK-AusbauG, § 3 Rn. 66 f.
[48] BT-Drs. 15/2864, S. 38.

45 Absatz 2 Satz 2 verlangt **Einvernehmen** zwischen den genannten Ministerien. Eine ähnliche Bestimmung enthält **§ 19 Abs. 1 Satz 1 GGO**[49]. Danach arbeiten die Bundesministerien in Angelegenheiten, die die Geschäftsbereiche mehrerer Ministerien berühren, zusammen, um die Einheitlichkeit der Maßnahmen und Erklärungen zu gewährleisten. Absatz 2 Satz 2 unterscheidet sich von § 19 GGO jedoch in zweierlei Hinsicht. Zum einen begründet die GGO als organinternes Recht lediglich eine Selbstbindung der Bundesregierung, während die Verpflichtung in Abs. 2 Satz 2 außenrechtlich verpflichtend ist.[50] Zum anderen ist die Verpflichtung zum Einvernehmen weitergehender als die Zusammenarbeitsregelung in § 19 GGO. Für das Einvernehmen ist, anders als für § 19 GGO, die bloße Zusammenarbeit in Form der Beteiligung und Mitwirkung der genannten Ministerien bei der Erstellung des Berichts nicht ausreichend. Vielmehr ist es erforderlich, dass der Bericht im Ganzen inhaltlich von allen genannten Ministerien mitgetragen wird. Dem Umweltministerium als primus inter pares obliegt es, Verordnungsentwürfe zu erstellen und mit den anderen Ministerien so rechtzeitig abzustimmen, dass diese ausreichend Gelegenheit zur ausführlichen **Prüfung der Entwürfe** haben, um das Einvernehmen erteilen zu können.

46 Gegenstand der Verordnung kann nur die Aufnahme im Hinblick auf den gewünschten umweltpolitischen Erfolg **vergleichbarer Techniken und Verfahren** sein und die Streichung einzelner derzeit enthaltener Verfahren und Techniken, etwa weil sich herausstellt, dass der umweltpolitische Zweck verfehlt oder die Marktreife erreicht ist.

H. Degression (Abs. 3)

47 Gemäß Abs. 3 werden die Mindestvergütungen nach Abs. 1, beginnend mit dem 1. Januar 2005, jährlich jeweils für nach diesem Zeitpunkt neu in Betrieb genommene Anlagen um **jeweils 1,5 Prozent** des für die im Vorjahr neu in Betrieb genommenen Anlagen maßgeblichen Wertes gesenkt und auf zwei Stellen hinter dem Komma gerundet. Die Vorschrift enthält eine Degressionsregelung; sie erfasst lediglich die garantierte Mindestvergütung nach Abs. 1; nicht den Bonus für innovative Technologien nach Abs. 2.[51]

I. Zeitliche Begrenzung

48 Die Vergütungen nach § 7 werden gemäß § 12 Abs. 3 Satz 1 vom Zeitpunkt der Inbetriebnahme an für die Dauer von **20 Kalenderjahren** zuzüglich des Inbetriebnahmejahres gezahlt.[52]

J. Übersicht über die Vergütungshöhen

49 Im Ergebnis errechnen sich folgende Vergütungshöhen:[53]

---

[49] Gemeinsame Geschäftsordnung der Bundesministerien, GMBl. 2000, S. 525 ff.
[50] Vgl. allgemein *Maurer*, Verwaltungsrecht, § 24 Rn. 12 ff.
[51] BT-Drs. 15/2864, S. 38.
[52] Vgl. im Einzelnen die Kommentierung § 12 Abs. 3 Rn. 43 ff.
[53] Vgl. (noch zum alten Recht) *BMU*, Mindestvergütungssätze nach dem EEG v. 21. 7. 2004, abrufbar unter www.erneuerbare-energien.de.

Vergütung für Strom aus Deponiegas, Klärgas und Grubengas

Grundvergütung nach Abs. 1 (ohne Boni)

Jahr der Inbetrieb- nahme	bis einschließlich 500 kW in Ct/kWh	bis einschließlich 5 MW in Ct/kWh	nur für Grubengas ab 5 MW in Ct/kWh
vor 2004	7,67	6,65	6,65
2004	7,67	6,65	6,65
2005	7,55	6,65	6,65
2006	7,44	6,45	6,45
2007	7,33	6,35	6,35
2008	7,22	6,25	6,25
2009	7,11	6,16	6,16
2010	7,00	6,07	6,07
2011	6,90	5,98	5,98
2012	6,80	5,89	5,89
2013	6,70	5,80	5,80

Berechnungsbeispiele:[54]

a) Deponiegasanlage mit einer äquivalenten Leistung nach § 12 Abs. 2 Satz 2 von 600 kW; Inbetriebnahmejahr im Jahr 2004

Mindestvergütung für den Leistungsanteil bis einschließlich 500 kW (entsprechend einem Leistungsanteil an der gesamten Leistung der Anlage von 83 Prozent)	7,67 Ct/kWh
Mindestvergütung für den Leistungsanteil von 500 kW bis einschließlich 600 kW (entsprechend einem Leistungsanteil an der gesamten Leistung der Anlage von 17 Prozent)	6,65 Ct/kWh
Durchschnittliche Mindestvergütung: $0{,}83 \times 7{,}67 + 0{,}17 \times 6{,}65 =$	7,50 Ct/kWh

b) Grubengasanlage mit einer äquivalenten Leistung nach § 12 Abs. 2 Satz 2 von 6 MW; Inbetriebnahmejahr im Jahr 2005.

Mindestvergütung für den Leistungsanteil bis einschließlich 500 kW (entsprechend einem Leistungsanteil an der gesamten Leistung der Anlage von 8 Prozent)	7,55 Ct/kWh
Mindestvergütung für den Leistungsanteil von 500 kW bis einschließlich 6 MW (entsprechend einem Leistungsanteil an der gesamten Leistung der Anlage von 92 Prozent)	6,55 Ct/kWh
Durchschnittliche Vergütung: $0{,}08 \times 7{,}55 + 0{,}92 \times 6{,}55 =$	6,63 Ct/kWh★

★ Wert gerundet

---

[54] Ebenda.

§ 8 Vergütung für Strom aus Biomasse

(1) ¹Für Strom, der in Anlagen mit einer Leistung bis einschließlich 20 Megawatt gewonnen wird, die ausschließlich Biomasse im Sinne der nach Absatz 7 erlassenen Rechtsverordnung einsetzen, beträgt die Vergütung
1. bis einschließlich einer Leistung von 150 Kilowatt mindestens 11,5 Cent pro Kilowattstunde,
2. bis einschließlich einer Leistung von 500 Kilowatt mindestens 9,9 Cent pro Kilowattstunde,
3. bis einschließlich einer Leistung von 5 Megawatt mindestens 8,9 Cent pro Kilowattstunde und
4. ab einer Leistung von 5 Megawatt mindestens 8,4 Cent pro Kilowattstunde.

²Abweichend von Satz 1 beträgt die Vergütung 3,9 Cent pro Kilowattstunde, wenn die Anlage auch Altholz der Altholzkategorie A III und A IV im Sinne der Altholzverordnung vom 15. August 2002 (BGBl. I S. 3302) einsetzt. ³Aus einem Gasnetz entnommenes Gas gilt als Biomasse, soweit die Menge des entnommenen Gases im Wärmeäquivalent der Menge von an anderer Stelle im Geltungsbereich des Gesetzes in das Gasnetz eingespeistem Gas aus Biomasse entspricht.

(2) ¹Die Mindestvergütungen nach Absatz 1 Satz 1 Nr. 1 und 2 erhöhen sich um jeweils 6,0 Cent pro Kilowattstunde und die Mindestvergütungen nach Absatz 1 Satz 1 Nr. 3 um 4,0 Cent pro Kilowattstunde, wenn
1. der Strom ausschließlich
   a) aus Pflanzen oder Pflanzenbestandteilen, die in landwirtschaftlichen, forstwirtschaftlichen oder gartenbaulichen Betrieben oder im Rahmen der Landschaftspflege anfallen und die keiner weiteren als der zur Ernte, Konservierung oder Nutzung in der Biomasseanlage erfolgten Aufbereitung oder Veränderung unterzogen wurden,
   b) aus Gülle im Sinne der Verordnung (EG) Nr. 1774/2002 des Europäischen Parlaments und des Rates vom 3. Oktober 2002 mit Hygienevorschriften für nicht für den menschlichen Verzehr bestimmte Nebenprodukte (ABl. EG Nr. L 273 S. 1), geändert durch die Verordnung (EG) Nr. 808/2003 der Kommission vom 12. Mai 2003 (ABl. EU Nr. L 117 S. 1), oder aus in einer landwirtschaftlichen Brennerei im Sinne des § 25 des Gesetzes über das Branntweinmonopol in der im Bundesgesetzblatt Teil III, Gliederungsnummer 612–7, veröffentlichten bereinigten Fassung, das zuletzt durch Artikel 2 des Gesetzes vom 23. Dezember 2003 (BGBl. I S. 2924) geändert worden ist, angefallener Schlempe, für die keine anderweitige Verwertungspflicht nach § 25 Abs. 2 Nr. 3 oder Abs. 3 Nr. 3 des Gesetzes über das Branntweinmonopol besteht, oder
   c) aus beiden Stoffgruppen gewonnen wird,
2. die Biomasseanlage ausschließlich für den Betrieb mit Stoffen nach Nummer 1 genehmigt ist oder, soweit eine solche Genehmigung nicht vorliegt, der Anlagenbetreiber durch ein Einsatzstoff-Tagebuch mit Angaben und Belegen über Art, Menge und Herkunft der eingesetzten Stoffe den Nachweis führt, dass keine anderen Stoffe eingesetzt werden und
3. auf demselben Betriebsgelände keine Biomasseanlagen betrieben werden, in denen Strom aus sonstigen Stoffen gewonnen wird.

Vergütung für Strom aus Biomasse § 8

²Abweichend von Satz 1 erhöhen sich die Mindestvergütungen nach Absatz 1 Satz 1 Nr. 3 um 2,5 Cent pro Kilowattstunde, wenn der Strom durch die Verbrennung von Holz gewonnen wird. ³Die Verpflichtung zur erhöhten Mindestvergütung nach Satz 1 besteht ab dem Zeitpunkt, von dem an die Voraussetzungen des Satzes 1 erfüllt sind. ⁴Sobald die Voraussetzungen des Satzes 1 nicht mehr erfüllt sind, entfällt der Anspruch auf erhöhte Vergütung endgültig.

(3) ¹Die Mindestvergütungen nach Absatz 1 Satz 1 erhöhen sich um jeweils 2,0 Cent pro Kilowattstunde, soweit es sich um Strom im Sinne von § 3 Abs. 4 des Kraft-Wärme-Kopplungsgesetzes handelt und dem Netzbetreiber ein entsprechender Nachweis nach dem von der Arbeitsgemeinschaft für Wärme und Heizkraftwirtschaft – AGFW – e. V. herausgegebenen Arbeitsblatt FW 308 – Zertifizierung von KWK-Anlagen – Ermittlung des KWK-Stromes vom November 2002 (BAnz. Nr. 218a vom 22. November 2002) vorgelegt wird. ²Anstelle des Nachweises nach Satz 1 können für serienmäßig hergestellte KWK-Anlagen mit einer Leistung von bis zu 2 Megawatt geeignete Unterlagen des Herstellers vorgelegt werden, aus denen die thermische und elektrische Leistung sowie die Stromkennzahl hervorgehen.

(4) ¹Die Mindestvergütungen nach Absatz 1 Satz 1 Nr. 1 bis 3 erhöhen sich um jeweils weitere 2,0 Cent pro Kilowattstunde, wenn der Strom in Anlagen gewonnen wird, die auch in Kraft-Wärme-Kopplung betrieben werden, und die Biomasse durch thermochemische Vergasung oder Trockenfermentation umgewandelt, das zur Stromerzeugung eingesetzte Gas aus Biomasse auf Erdgasqualität aufbereitet worden ist oder der Strom mittels Brennstoffzellen, Gasturbinen, Dampfmotoren, Organic-Rankine-Anlagen, Mehrstoffgemisch-Anlagen, insbesondere Kalina-Cycle-Anlagen, oder Stirling-Motoren gewonnen wird. ²Zum Zweck der Anpassung dieser Vorschrift an den Stand der Technik wird das Bundesministerium für Umwelt, Naturschutz und Reaktorsicherheit ermächtigt, im Einvernehmen mit dem Bundesministerium für Verbraucherschutz, Ernährung und Landwirtschaft sowie dem Bundesministerium für Wirtschaft und Arbeit durch Rechtsverordnung weitere Verfahren oder Techniken im Sinne von Satz 1 zu benennen oder einzelne der genannten Verfahren oder Techniken vom Anwendungsbereich des Satzes 1 auszunehmen.

(5) Die Mindestvergütungen nach Absatz 1 werden beginnend mit dem 1. Januar 2005 jährlich jeweils für ab diesem Zeitpunkt neu in Betrieb genommene Anlagen um jeweils 1,5 Prozent des für die im Vorjahr neu in Betrieb genommenen Anlagen maßgeblichen Wertes gesenkt und auf zwei Stellen hinter dem Komma gerundet.

(6) ¹Die Pflicht zur Vergütung entfällt für Strom aus Anlagen, die nach dem 31. Dezember 2006 in Betrieb genommen worden sind, wenn für Zwecke der Zünd- und Stützfeuerung nicht ausschließlich Biomasse im Sinne der Rechtsverordnung nach Absatz 7 oder Pflanzenölmethylester verwendet wird. ²Bei Anlagen, die vor dem 1. Januar 2007 in Betrieb genommen worden sind, gilt der Anteil, der der notwendigen fossilen Zünd- und Stützfeuerung zuzurechnen ist, auch nach dem 31. Dezember 2006 als Strom aus Biomasse.

(7) Das Bundesministerium für Umwelt, Naturschutz und Reaktorsicherheit wird ermächtigt, im Einvernehmen mit dem Bundesministerium für Verbraucherschutz, Ernährung und Landwirtschaft und dem Bundes-

§ 8

Erneuerbare-Energien-Gesetz

ministerium für Wirtschaft und Arbeit durch Rechtsverordnung, die der Zustimmung des Bundestages bedarf, Vorschriften darüber zu erlassen, welche Stoffe als Biomasse im Sinne dieser Vorschrift gelten, welche technischen Verfahren zur Stromerzeugung angewandt werden dürfen und welche Umweltanforderungen dabei einzuhalten sind.

Übersicht

	Rn.
A. Überblick	1
B. Hintergrund	5
I. Normzweck	5
II. Bedeutung der Biomasseenergie für die Energieversorgung	7
III. Entstehungsgeschichte der Norm	9
1. Vorläuferregelungen	9
2. Entstehung der Vergütungsregelung des § 5 EEG 2000	11
3. Änderungen durch die Novelle 2004	13
C. Überblick über die Tatbestandsvoraussetzungen und Rechtsfolgen der Vergütungsansprüche nach Abs. 1 bis 4	14
D. Tatbestandsvoraussetzungen der Grundvergütung (Abs. 1)	22
I. Allgemeine Tatbestandsvoraussetzungen (Abs. 1 Satz 1)	22
1. Ausschließlich Biomasse	23
2. Biomasseanlage	29
3. Leistung bis einschließlich 20 MW	32
II. Sonderregelung für Altholz der Kategorien A III und A IV (Abs. 1 Satz 2)	34
III. Gasäquivalent als Biomasse (Abs. 1 Satz 3)	37
E. Tatbestandsvoraussetzungen für den Bonus für den Einsatz bestimmter Biomassen – Bonus für nachwachsende Rohstoffe – (Abs. 2)	40
I. Hintergrund	41
II. Tatbestandsvoraussetzungen	42
1. Anforderungen an die Einsatzstoffe (Abs. 2 Satz 1 Nr. 1)	42
a) Pflanzliches Material (Abs. 2 Satz 1 Nr. 1 lit. a)	44
b) Gülle oder Schlempe (Abs. 2 Satz 1 Nr. 1 lit. b)	59
c) Aus beiden Stoffgruppen (Abs. 2 Satz 1 Nr. 1 lit. c)	63
d) Ausschließlichkeit	64
2. Anforderungen an die Anlage/den Anlagenbetreiber (Abs. 2 Satz 1 Nr. 2)	66
3. Anforderungen an das Betriebsgelände (Abs. 2 Satz 1 Nr. 3)	68
4. Sonderregelung für Holz (Abs. 2 Satz 2)	70
5. Entstehung und Entfallen des Bonusanspruchs (Abs. 2 Satz 3 und 4)	77
F. Tatbestandsvoraussetzungen für den Bonus für Kraft-Wärme-Kopplungsstrom – sog. KWK-Bonus (Abs. 3)	79
I. Hintergrund	80
II. Tatbestandsvoraussetzungen	81
1. KWK-Strom im Sinne des KWKG	81
a) KWK-Anlagen mit Vorrichtungen zur Abwärmeabfuhr (Abs. 3 Satz 1)	85
b) KWK-Anlagen ohne Vorrichtungen zur Abwärmeabfuhr (Abs. 3 Satz 2)	92
G. Tatbestandsvoraussetzungen für den Bonus für bestimmte Verfahren und Techniken – sog. Innovations-/Technologiebonus (Abs. 4)	93
I. Hintergrund	93
II. Tatbestandsvoraussetzungen	96
1. KWK-Anlage	97
2. Verfahren	98
a) Thermochemische Vergasung und Trockenfermentation	98

Vergütung für Strom aus Biomasse § 8

	Rn.
b) Aufbereitung des Gases auf Erdgasqualität	100
c) Bestimmte Anlagentechniken	103
d) Verordnungsermächtigung (Abs. 4 Satz 2)	109
H. Degressionsvorschrift (Abs. 5)	113
I. Zünd– und Stützfeuerung (Abs. 6)	114
I. Entfallen der Vergütungspflicht für Neuanlagen (Abs. 6 Satz 1)...	114
II. Vergütung des notwendigen fossilen Stromanteils (Abs. 6 Satz 2)	121
J. Verordnungsermächtigung zur Bestimmung des Biomassebegriffs (Abs. 7)	124
K. Rechtsfolgen des § 8: Die Höhe des Vergütungsanspruchs (Abs. 1 bis 4)	133
I. Allgemeines	133
1. Grundsatz	133
2. Mindestvergütung	134
3. Vergütungsberechnung	135
a) Vergütungsstufen und gleitende Vergütung	136
b) Bonusregelungen	141
4. Dauer des individuellen Vergütungsanspruchs	142
II. Vergütung für Anlagen, die vor dem 1. Januar 2004 in Betrieb gingen	143
III. Vergütung für Anlagen, die 2004 in Betrieb gingen	153
IV. Vergütung für Anlagen, die ab 2005 in Betrieb gehen	156
V. Übersicht über die Vergütungshöhen	158
L. Verhältnis der Regelung zur EE-RL	161
M. Ausblick	165
N. Richtlinien zur Förderung von Maßnahmen zur Nutzung Erneuerbarer Energien	166
I. Überblick	166
II. Geschichte	167
III. Die rechtliche Qualität der EE-Förderrichtlinien	171
IV. Keine absolute Bindung von BAFA und KfW an die EE-Förderrichtlinien	172
V. Anspruch auf Darlehen aus Art. 3 GG	173
VI. Änderung der Verwaltungspraxis und/oder der EE-Förderrichtlinien	174
VII. Kleine und mittlere Unternehmen	176

Literatur: *Bartsch/Dingeldey,* Rechtsprobleme der Einspeisevergütung, ET 1995, 249 ff.; *Battis,* in: Battis/Krautzberger/Löhr, Baugesetzbuch, 8. Aufl. 2002; *Blum/Agena/Franke,* Niedersächsisches Naturschutzgesetz, Kommentar Loseblatt (Stand: 8/2004); *BMU,* Erneuerbare Energien in Zahlen – nationale und internationale Entwicklung – Stand März 2004 (Broschüre); *Brandt/Steiner/Reshöft,* Erneuerbare-Energien-Gesetz, Handkommentar, 2001; *Britz,* Kurzkommentierung zu Gesetz für den Vorrang Erneuerbarer Energien (Erneuerbare-Energien-Gesetz – EEG), in: Ludwig/Odenthal (Hrsg.), Recht der Elektrizitäts-, Gas- und Wasserversorgung, Kommentar, Loseblatt (Stand: 62. EL/2000); *Büdenbender/Rosin,* KWK-AusbauG, Kommentar zum Gesetz für die Erhaltung, die Modernisierung und den Ausbau der Kraft-Wärme-Kopplung, 2003; *Degenhart,* Staatsrecht I, Staatsorganisationsrecht, 17. Aufl. 2001; *Deimling u. a.,* Leitfaden Bioenergie, Planung, Betrieb und Wirtschaftlichkeit von Bioenergieanlagen, hrsg. v. Fachagentur Nachwachsende Rohstoffe e. V.; *Edelmann,* in: Kaltschmitt/Hartmann (Hrsg.), Energie aus Biomasse, S. 682; *Ennuschat,* Rechtsfragen der Stromeinspeisung nach dem StrEG, RdE 1996, 182 ff.; *Findeisen,* Stromerzeugung aus Biomasse und deren Vergütung nach dem EEG, in: Beck/Brandt/Salander (Hrsg.), Handbuch Energiemanagement, Loseblatt (Stand: 7. EL/2002); *Fritsche u. a.,* Stoffstromanalyse und nachhaltigen energetischen Nutzung von Biomasse, Endbericht, hrsg. v. BMU, Mai 2004 (abrufbar unter www.bmu.de); *Gassner,* in: Gassner/Bendomir-Kahlo/Schmidt-Räntsch, Bundesnaturschutzgesetz, 2. Aufl. 2003, § 5; *Gaßner/Pippke,* Die Genehmigung von Biomassekraftwerken und Fernwärmeleitungen, in: Beck/Brandt/Salander (Hrsg.), Handbuch Energiemanagement,

§ 8 Erneuerbare-Energien-Gesetz

Loseblatt (Stand: 8. EL/Aug. 2002); *Gellermann,* in: Landmann/Rohmer/Hansmann (Hrsg.), Umweltrecht, Loseblatt (Stand: 45. EL/Apr. 2005), Bd. IV, § 1 BNatschG; *Guckelberger,* Zum methodischen Umgang mit Verwaltungsvorschriften, Die Verwaltung 2002, 61 ff.; *Gutermuth,* Verbesserte Rahmenbedingungen für erneuerbare Energien, ET 1994, 417 ff.; *Hermann,* Anwendungsprobleme des Stromeinspeisungsgesetzes, 1996; *Hirschl u.a.,* Markt- und Kostenentwicklung erneuerbarer Energien, 2 Jahre EEG – Bilanz und Ausblick, 2002; Institut für Energetik und Umwelt, Monitoring zur Biomasseverordnung aus Basis des Erneuerbare-Energien-Gesetzes aus Umweltsicht, Zwischenbericht, Forschungs- und Entwicklungsvorhaben 201 41 132 im Auftrag des Umweltbundesamtes, April 2002 (Broschüre); *Kalb,* in: Ernst/Zinkahn/Bielenberg/Krautzberger (Hrsg.), Baugesetzbuch, Kommentar, Loseblatt (Stand: 68. EL/Jan. 2002), Bd. IV, § 201; *Kaltschmitt/Hartmann* (Hrsg.), Energie aus Biomasse, Grundlagen, Techniken und Verfahren, 2001; *Kersting/Hagmann,* Investitionssicherheit für nach dem EEG geförderte Anlagen – Rechtliche Rahmenbedingungen für gesetzgeberische Änderungen der Vergütungshöhe oder des Begriffs der Biomasse, UPR 2001, 215 ff.; *Keymer,* Stromvergütung für Biogas nach dem neuen EEG (Bayerische Landesanstalt für Landwirtschaft, Institut für Agrarökonomie), Mai 2004; *Klemm,* Das Ausschließlichkeitsprinzip des Erneuerbare-Energien-Gesetzes in der Praxis, ET 2001, 592 ff.; *Kopp/Ramsauer,* Verwaltungsverfahrensgesetz, 7. Aufl. 2000; *Kopp/Schenke,* Verwaltungsgerichtsordnung: VwGO, Kommentar, 12. Aufl. 2000; *Krieger,* Die Anwendbarkeit des Stromeinspeisungsgesetzes auf Erzeugnisse der Land- und Forstwirtschaft, RdE 1993, 218 ff.; *Külpmann,* Änderungen von Rechtsverordnungen durch den Gesetzgeber, NJW 2002, 3436 ff.; *Maurer,* Allgemeines Verwaltungsrecht, 13. Aufl. 2000; *Neu,* Eine Zwischenbilanz zum Einsatz und zur Förderung erneuerbarer Energien in Deutschland, 2000; *Nitsch u.a.,* Klimaschutz durch Nutzung erneuerbarer Energien, hrsg. v. Umweltbundesamt, 2000; *Nussbaumer,* in: Kaltschmitt/Hartmann (Hrsg.), Energie aus Biomasse, S. 243 f.; *Oertel/Fleischer,* Brennstoffzellen-Technologie: Hoffnungsträger für den Klimaschutz, 2001; *Oldiges,* Richtlinien als Ordnungsrahmen der Subventionsverwaltung, NJW 1984, 1927 ff.; *Ortmaier/Ortinger,* Energie aus Biomasse, in: Rebhan (Hrsg.), Energiehandbuch, 2002, S. 401 ff.; *Oschmann,* Das Gesetz für den Vorrang Erneuerbarer Energien, ET 2000, 460 ff.; *ders.,* Die Richtlinie zur Förderung der Stromerzeugung aus erneuerbaren Energien und ihre Umsetzung in Deutschland, RdE 2002, 131 ff.; *ders.,* Strom aus erneuerbaren Energien im Europarecht, 2002; *ders.,* Vergütung von Solarstrom nach dem EEG – aktuelle Rechtsfragen aus der Praxis, ZNER 2002, 201 ff.; *ders.,* Das Erneuerbare-Energien-Gesetz im Gesetzgebungsprozess, Die Veränderungen im Erneuerbare-Energien-Gesetz gegenüber dem Gesetzentwurf vom Dezember 1999 und die Beweggründe des Gesetzgebers, ZNER 2000, 24 ff.; *Oschmann/Müller,* Neues Recht für Erneuerbare Energien – Grundzüge der EEG-Novelle, ZNER 2004, 24 ff.; *Pingel/Pohlmann/Wehlmann,* Stromeinspeisungsgesetz 1998, Kommentar zur Neuregelung der StrEG 1998, 1998; *ders.,* Anwendungsprobleme des Stromeinspeisungsgesetzes – Geltungsbereich, Anschluß- und Netzverstärkungskosten, RdE 1997, 93 ff.; *ders.,* Rechtsprobleme der Stromeinspeisung nach dem Stromeinspeisungsgesetz, 1996; *Quaschning,* Systemtechnik einer klimaverträglichen Elektrizitätsversorgung in Deutschland für das 21. Jahrhundert, 2000, S. 38 f.; *Reshöft/Steiner/Dreher,* Erneuerbare-Energien-Gesetz, Handkommentar, 2. Aufl. 2005; *Salje,* Kraft-Wärme-Kopplungsgesetz, 2002; *ders.,* Erneuerbare-Energien-Gesetz, 2. Aufl. 2000; *ders.,* Erneuerbare-Energien-Gesetz, 3. Aufl. 2005; *Schneider,* Energieumweltrecht: Erneuerbare Energien, Kraft-Wärme-Kopplung, Energieeinsparung, in: Schneider/Theobald (Hrsg.), Handbuch zum Recht der Energiewirtschaft (HBEnWR), 2003, S. 995 ff.; *Scholz u.a.,* Auslegungs- und Subsumtionsprobleme des Kreislaufwirtschafts- und Abfallgesetzes und des Stromeinspeisungsgesetzes, 1995; *Schrimpff,* Gutachten zur Herkunft und Natur von Pflanzenöl als originär biogener Treibstoff, 2004 (unveröffentlicht); *Schulz/Hille,* Untersuchung zur Aufbereitung von Biogas zur Erweiterung der Nutzungsmöglichkeiten, Juni 2003 (abrufbar unter www.energiekonsens.de); *Söfker,* in: Ernst/Zinkahn/Bielenberg/Krautzberger (Hrsg.), Baugesetzbuch, Kommentar, Loseblatt (Stand: 68. EL/Jan. 2002), Bd. II, § 35; *Staiß,* Jahrbuch Erneuerbare Energien 2001; *Topp,* KWKModG, in: Säcker (Hrsg.), Berliner Kommentar zum Energierecht, 2004; *Uhle,* Verordnungsgeberische Entscheidungsmacht und parlamentarischer Kontrollvorbehalt, Zur verfassungsrechtlichen Zulässigkeit verordnungsspezifischer Kontrollbefugnisse unter besonderer Berücksichtigung der Rechtsprechung des BVerfG, NVwZ 2002, 15 ff.; *von Danwitz,* Rechtsverordnungen, Jura 2002, 93 ff.; *Weck,* Die garantierte Einspeisevergütung für Strom nach dem Gesetz über den Vorrang erneuerbarer Energien, 2000; *Weißenborn,* Streitfragen zum Erneuerbaren-Energien-Gesetz, in: Böhmer (Hrsg.), Erneuerbare Energien – Perspektiven für die Stromerzeugung, 2003, S. 71 ff.

A. Überblick

§ 8 **konkretisiert die allgemeine Vergütungspflicht** des § 5 Abs. 1 Satz 1 für Strom aus Biomasse. Er regelt, unter welchen besonderen Voraussetzungen und in welcher Höhe der jeweilige Netzbetreiber den in sein Netz nach § 4 eingespeisten Biomassestrom vergüten muss. Was unter dem Begriff „Biomasse" zu verstehen ist, bestimmt § 8 nicht selbst, sondern die auf Grundlage des § 2 Abs. 1 Satz 2 EEG 2000 erlassene BiomasseV, die nach § 21 Abs. 5 Satz 1 fortgilt.[1]

§ 8 unterscheidet im Hinblick auf die **Höhe der Vergütung** erstens nach der Größe der Anlage, in der der Strom erzeugt wird (§ 8 Abs. 1), zweitens nach der Art der eingesetzten Biomasse (§ 8 Abs. 1 Satz 2 und Abs. 7), drittens danach, ob die bei der Stromerzeugung anfallende Wärme in einem Kraft-Wärme-Kopplungsprozess genutzt wird (§ 8 Abs. 3), und viertens nach der eingesetzten Stromerzeugungstechnik (§ 8 Abs. 4).

Die Vergütung für Strom aus Biomasse besteht zum einen aus der Grundvergütung. Zum andern können Aufschläge (Boni) hinzukommen. **Grundsätzlich** wird in § 8 Abs. 1 Satz 1 – je nach Größe der Anlage – ein Vergütungssatz zwischen 8,4 und 11,5 Ct/kWh Strom festgelegt. Dabei ist jedoch Folgendes zu beachten: Die genannten Werte gelten nur für Anlagen, die im Jahr 2004 in Betrieb genommen worden sind. Für Anlagen, die vor dem 1. Januar 2004 den Betrieb aufnahmen, richtet sich die Vergütung nach den bis zu diesem Zeitpunkt geltenden Vorschriften des EEG 2000. Wie hoch die Vergütungen für Anlagen sind, die nach diesem Zeitpunkt in Betrieb gehen, bestimmt die **Degressionsvorschrift** des § 8 Abs. 5. Danach sinken die Vergütungssätze ab dem 1. Januar 2005 für Strom aus allen ab diesem Zeitpunkt neu in Betrieb genommenen Anlagen jährlich um 1,5 Prozent.[2]

Da die Stromgestehungskosten in Biomasseanlagen erheblich von der Art der genutzten Biomasse abhängen und der Gesetzgeber ein möglichst großes Biomassepotenzial erschließen möchte, gewährt § 8 Abs. 2 für Strom, der aus so genannten **nachwachsenden Rohstoffen** gewonnen wird, einen von der Größe der Stromerzeugungsanlage abhängigen **Bonus** von 4[3] bzw. 6 Ct/kWh.[4] Umgekehrt enthält Abs. 1 Satz 2 eine abgesenkte Grundvergütung für Strom, der auch aus **Altholz** der Kategorien A III und A IV gewonnen wird; für diesen Strom beträgt die Vergütung leistungsunabhängig 3,9 Ct/kWh, wenn die Anlage nach dem 29. Juni 2006 in Betrieb genommen worden ist.[5] § 8 Abs. 3 gewährt einen weiteren Bonus in Höhe von 2 Ct/kWh, soweit der Strom in einem **Kraft-Wärme-Kopplungsprozess** erzeugt wird und die bei der Stromerzeugung anfallende Wärme gleichzeitig – etwa für ein Nahwärmenetz – genutzt wird.[6] § 8 Abs. 4 enthält eine weitere Bonusregelung in Höhe von weiteren 2 Ct/kWh zur Förderung effizienter und damit besonders umweltfreundlicher **Technologien** wie Brennstoffzellen.[7] § 8 Abs. 6 regelt, dass nach einer Übergangsfrist nur noch Strom aus Anlagen vergütet werden muss, die auch für die **Zünd- und Stützfeuerung** ausschließlich Biomasse einsetzen.[8] § 8 Abs. 7 ermächtigt das Bundesumwelt-

---

[1] Vgl. Kommentierung zu § 21 Rn. 12.
[2] Vgl. Rn. 133 ff.
[3] Bei der Verbrennung von Holz: 2,5 Ct/kWh (vgl. § 8 Abs. 2 Satz 2).
[4] Vgl. Rn. 40 ff.
[5] Vgl. Rn. 34 ff.
[6] Vgl. Rn. 79 ff.
[7] Vgl. Rn. 93 ff.
[8] Vgl. Rn. 114 ff.

§ 8   5–8   Erneuerbare-Energien-Gesetz

ministerium, durch Rechtsverordnung zu regeln, was unter den **Begriff der Biomasse** fällt. Insoweit gilt derzeit nach § 21 Abs. 4 Satz 1 die BiomasseV vom 21. Juni 2001.[9]

B. Hintergrund

I. Normzweck

5   § 8 dient der **Konkretisierung der allgemeinen Vergütungspflicht** des § 5 Abs. 1 Satz 1 für Strom aus Biomasse, die nach Auffassung des Gesetzgebers in den nächsten Jahren das nach der Windenergie größte Potenzial für die nachhaltige Energieversorgung aufweist. Die stärkere Ausdifferenzierung der Vergütungsregelung des § 8 zielt vor allem darauf ab, die bislang kaum erschlossenen **Potenziale der Landwirtschaft** zu erschließen, ohne dabei Mitnahmeeffekte auszulösen.[10] Gleichzeitig will die Regelung die Potenziale möglichst **effizient** nutzen und belohnt deshalb die gleichzeitige Nutzung von Strom und Wärme durch **Kraft-Wärme-Kopplungsanlagen** und den Einsatz besonders **effizienter Techniken.** Die höhere Vergütung für innovative Techniken soll auch dazu dienen, die Markteinführung und Weiterentwicklung dieser Techniken im Interesse des Umweltschutzes zu beschleunigen.

6   Gewollte Nebeneffekte der Umweltentlastung durch die Nutzung der Biomasse für die Stromerzeugung sind die Schaffung von **Arbeitsplätzen** vor allem im ländlichen Bereich und die **Stärkung der regionalen Wirtschaft.**

II. Bedeutung der Biomasseenergie für die Energieversorgung

7   Unter dem Begriff Biomasse werden – vereinfacht gesagt – **sämtliche Stoffe organischer Herkunft** zusammengefasst. Biomasse kann durch verschiedene Umwandlungstechniken zur Bereitstellung von Energie, d. h. zur Erzeugung von Strom, Wärme und als Treibstoff genutzt werden.[11] Da Biomasse kohlenstoffhaltige Materie ist, wird bei dem Umwandlungsprozess zwar wie bei der energetischen Nutzung fossiler Brennstoffe das Klimagas Kohlendioxid freigesetzt. Dies geschieht aber nur in dem Ausmaß, in dem es beim Pflanzenwachstum aus der Luft gebunden wurde. Die Nutzung von Biomasse zur Energieerzeugung erfolgt daher in der Bilanz **kohlendioxid-neutral** und leistet auf diese Weise einen Beitrag zum Klimaschutz. Gleichzeitig werden durch die energetische Nutzung der Biomasse fossile Ressourcen geschont.[12]

8   Der Gesetzgeber ging in seiner Gesetzesbegründung davon aus, dass das energetische Potenzial der Biomasse nur unzureichend erschlossen ist und die energetische Nutzung der Biomasse zusätzliche Perspektiven für die einheimische Land- und Forstwirtschaft bieten würde.[13] In der wissenschaftlichen Literatur wird das **theoretische Potenzial** (das physikalische Angebot) mit etwa 965 Mrd. kWh pro

---

[9] Vgl. Rn. 124 ff.
[10] Vgl. Begründung zu § 8, BT-Drs. 15/2864.
[11] Vgl. *Ortmaier/Ortinger,* Energie aus Biomasse, in: Rebhan, Energiehandbuch, S. 401, 403.
[12] Vgl. *Oschmann,* Strom aus erneuerbaren Energien im Europarecht, S. 39; sowie Kommentierung zu § 3 Rn. 22.
[13] Vgl. BT-Drs. 14/2776, S. 22.

Vergütung für Strom aus Biomasse 9 § 8

Jahr angegeben.[14] Das nutzbare und bis zum Jahr 2050 durch Biomasseanlagen **realisierbare Stromerzeugungspotenzial** soll danach 50 Mrd. kWh/a betragen.[15] Zum Vergleich: Der Netto-Stromverbrauch im Jahr 2003 lag bei etwa 480 Mrd. kWh. Im gleichen Jahr trug die Stromerzeugung aus Biomasse (ohne biogenen Anteil des Abfalls) bei einer installierten Leistung von knapp 1000 MW mit über 5 Mrd. kWh zu etwa 1 Prozent des Stromverbrauchs in Deutschland bei.[16] Das EEG hat bei der Biomasse nicht zu so starken Zuwächsen geführt wie etwa bei der Wind- und Solarenergie. Allerdings ist die BiomasseV, die regelt, welche Stoffe als „Biomasse" im Sinne des EEG anzusehen sind, welche Techniken bei der Stromerzeugung aus Biomasse zum Einsatz kommen sollen und welche Umweltanforderungen einzuhalten sind, erst über ein Jahr nach dem EEG am 28. Juni 2001 in Kraft getreten.[17] Darüber hinaus können von der Planung bis zur Inbetriebnahme eines Biomassekraftwerks mehrere Jahre vergehen.

III. Entstehungsgeschichte der Norm

1. Vorläuferregelungen

Eine gesonderte gesetzliche Regelung für die Vergütung von Strom aus Biomasse findet sich erstmals in dem **StrEG** vom 7. Dezember 1990. Das StrEG sprach zu diesem Zeitpunkt allerdings noch nicht von „Biomasse", sondern von „Produkten oder biologischen Rest- und Abfallstoffen der Land- und Forstwirtschaft".[18] Die Vergütung für aus diesen Produkten erzeugten Strom betrug mindestens 75 Prozent des Durchschnittserlöses je Kilowattstunde aus der Stromabgabe von Elektrizitätsversorgungsunternehmen an alle Letztverbraucher,[19] was zu diesem Zeitpunkt etwa 7 Ct/kWh Strom entsprach. Im Jahr 1994 wurden anlässlich der ersten Novellierung des StrEG zur Klarstellung[20] auch Produkte der gewerblichen Be- und Verarbeitung von Holz explizit in den Kreis der begünstigten Stoffe aufgenommen und der Vergütungssatz auf 80 Prozent der Durchschnittserlöse der Elektrizitätsversorger (etwa 7,7 Ct/kWh) angehoben.[21] Gleichzeitig wurde allerdings eine Obergrenze von 5 MW für Biomasse-Kraftwerke eingezogen.[22] Erst mit der zweiten Novelle des StrEG im Jahr 1998[23] wurde der Terminus „*Biomasse*"[24] eingeführt, ohne dass damit jedoch eine inhaltliche Änderung verbunden war.[25] Die Vergütungssätze lagen – den schwankenden Durchschnittserlösen der Elektrizitätsversorgungsunternehmen folgend – in der Zeit von 1991 und 2000 zwischen 13,78 und 15,36 Pf (7,05 bzw. 7,85 Ct). 9

---

[14] Vgl. *Quaschning*, Systemtechnik, S. 43 f.; s. a. *Fritsche* u. a., Stoffstromanalyse zur nachhaltigen energetischen Nutzung von Biomasse, S. 74 ff.
[15] Vgl. *Quaschning*, Systemtechnik, S. 44 ff.; s. a. die Szenarien bei *Fritsche* u. a., Stoffstromanalyse zur nachhaltigen energetischen Nutzung von Biomasse, S. 214 ff.
[16] Vgl. *BMU*, Erneuerbare Energien in Zahlen, S. 13.
[17] Vgl. § 6 BiomasseV.
[18] § 1 Satz 1 und § 3 Abs. 1 Satz 1 StrEG 1990; vgl. zu den Begrifflichkeiten *Scholz* u. a., Auslegungs- und Subsumtionsprobleme, S. 40 ff.
[19] § 3 Abs. 1 Satz 1 StrEG 1990; vgl. *Krieger*, RdE 1993, 218, 219.
[20] Vgl. *Pohlmann*, Rechtsprobleme der Stromeinspeisung, S. 149; a. A. *Bartsch/Dingeldey*, ET 1995, 249, 251.
[21] § 3 Abs. 1 Satz 1 StrEG 1994.
[22] § 1 Nr. 1 StrEG 1994; vgl. *Bartsch/Dingeldey*, ET 1995, 249, 251.
[23] Art. 3 Nr. 2 des Gesetzes v. 24. 4. 1998, BGBl. I S. 730, 734.
[24] §§ 1 Satz 1 und 3 Abs. 1 Satz 1 StrEG 1998.
[25] Vgl. *Pohlmann*, Rechtsprobleme der Stromeinspeisung, S. 150 f.; *Reshöft/Steiner/Dreher*, EEG, § 8 Rn. 2.

Höhe der Vergütung für Strom aus Produkten oder biologischen Rest- und Abfallstoffen der Land- und Forstwirtschaft (1991–1998) bzw. Biomasse (1998–2000) nach StrEG[26]

Jahr	1991	1992	1993	bis 7/1994 ab 8/1994	1995	1996	1997	1998	1999	2000*
Pf/kWh	13,84	13,78	13,81	14,11 15,05	15,36	15,30	15,25	14,92	14,69	14,31
Ct/kWh	7,08	7,05	7,06	7,21 7,69	7,85	7,82	7,80	7,63	7,51	7,32

* Bis einschließlich des 31. 3. 2000. Ab 1. 4. 2000 Vergütung nach EEG.

10 Die **installierte Leistung** der zur Stromerzeugung genutzten Biomasseanlagen stieg während der Geltung des StrEG von 190 MW im Jahr 1990 auf 448 MW im Jahr 1999.[27] Die in das Stromnetz eingespeiste Energiemenge nahm von 222 Mio. kWh (1990) auf 1625 Mio. kWh (1999) zu.[28] Ein großer Anteil dieses Stroms stammte allerdings aus Deponie- und Klärgasanlagen, die nicht unter den Begriff der Biomasse im Sinne von StrEG fielen und auch heute nicht von § 8 erfasst werden, sondern in § 7 geregelt sind. Die für § 8 relevanten Anlagen zur Verwertung von Holz, Rinde und Sägeresten und Biogasanlagen hatten insgesamt eine relativ geringe Bedeutung.[29] Nur bei den landwirtschaftlichen Biogasanlagen war ein deutlicher Anstieg von 139 Anlagen im Jahr 1992 auf 850 Anlagen im Jahr 1999 zu verzeichnen,[30] der jedoch insgesamt nichts an der nur untergeordneten Rolle der Stromerzeugung aus Biomasse änderte.

2. Entstehung der Vergütungsregelung des § 5 EEG 2000

11 Der Anteil des Stroms aus Biomasse lag im Jahr 1999 weit unter 1 Prozent der Stromerzeugung.[31] Der nur geringe Beitrag der Biomasse zur Stromversorgung war in erster Linie auf die fehlende Wirtschaftlichkeit der Biomasseanlagen zurückzuführen. Die nach dem StrEG gezahlten Vergütungen alleine waren anders als bei der Windenergie nicht ausreichend, um starke Anreize zum Bau von Biomasseanlagen zu geben.[32] Aus diesem Grund hatte sich bereits der Entwurf der Koalitionsfraktionen für das **EEG 2000**[33] von der Kopplung der Vergütungssätze an den Durchschnittserlös aus der Stromabgabe an Letztverbraucher verabschiedet. Aus den positiven Erfahrungen mit der so genannten „Kostendeckenden Vergütung" für Fotovoltaikstrom[34] einerseits und der Vergütungsregelung des StrEG für Windenergie[35] andererseits hat der EEG-Gesetzgeber für die Festsetzung der Vergütung in § 5 EEG 2000 Lehren gezogen. Sowohl die Kostendeckende Vergütung als auch die Vergütung des StrEG für Windenergie folgten dem Grundsatz, dem Anlagenbetreiber eine Vergütung zuzugestehen, die einen wirtschaftlichen Betrieb

---

[26] Quelle: *Pingel/Pohlmann/Wehlmann*, Stromeinspeisungsgesetz 1998, S. 64; Statistisches Bundesamt, Pressemitteilung 20. 7. 1999, Eigene Berechnungen (centgenaue Umrechnung: 1 EUR = 1,95583 DM).
[27] Vgl. *Staiß*, Jahrbuch Erneuerbare Energien 2001, S. II-38.
[28] Ebenda.
[29] Vgl. *Staiß*, Jahrbuch Erneuerbare Energien 2001, S. II-39.
[30] Vgl. *Staiß*, Jahrbuch Erneuerbare Energien 2001, S. II-43.
[31] *BMU*, Erneuerbare Energien in Zahlen, S. 13.
[32] *Staiß*, Jahrbuch Erneuerbare Energien 2001, S. I-33 f.
[33] BT-Drs. 14/2341.
[34] Vgl. Kommentierung zu § 11 Rn. 10.
[35] Vgl. Kommentierung zu § 10 Rn. 17 ff.

der Anlagen möglich macht. Das EEG 2000 sah daher feste, nach Anlagengröße gestaffelte Vergütungssätze vor, die zwischen 17 und 20 Pf (8,70 bis 10,23 Ct/kWh) lagen. Während der Gesetzentwurf der Koalitionsfraktionen aber für Anlagen, die vor dem Inkrafttreten des EEG in Betrieb genommen wurden, einen einheitlichen Vergütungssatz von 16,5 Pf (8,44 Ct/kWh) enthielt und Altanlagen über 5 MW gänzlich von der Vergütung ausnahm, unterschied das EEG 2000 nicht mehr zwischen Alt- und Neuanlagen. Bereits im Gesetzentwurf enthalten war dagegen die Anhebung der Obergrenze für neue Anlagen von 5 MW auf 20 MW. Mit der Anhebung auf 20 MW verbunden war die Erwartung, dass deutlich größere Mengen Biomasse zur Stromerzeugung genutzt würden als zuvor. Daraus ergab sich, wie sich verstärkt im Laufe des Gesetzgebungsverfahrens zeigte, die gesteigerte Notwendigkeit zur näheren Bestimmung des Biomassebegriffs. Angesichts der tatsächlichen fachlichen Schwierigkeiten, den Begriff zu definieren, von dem verschiedene Abhandlungen in der juristischen Literatur zeugen,[36] verzichtete der Gesetzgeber allerdings auf eine Begriffsbestimmung im Gesetz und nahm mit der Beschlussempfehlung des Wirtschaftsausschusses vom 23. Februar 2000[37] in § 2 Abs. 1 des Gesetzentwurfs eine Ermächtigung für das Bundesumweltministerium zum Erlass einer entsprechenden Verordnung auf. Gleichzeitig machte er, angesichts im Gesetzgebungsprozess gewachsener Befürchtungen, die angehobene Leistungsgrenze könne zur Verfeuerung unerwünschter Stoffe unter dem Begriff „Biomasse" führen, die Vergütung für Anlagen mit einer Leistung ab 5 MW vom Inkrafttreten der BiomasseV abhängig. Auf diese Weise sollte verhindert werden, dass in der Zeit bis zum Inkrafttreten der Verordnung ungewollte Fakten geschaffen werden. Die **BiomasseV** trat am 28. Juni 2001 in Kraft.[38] Neu nahm der Gesetzgeber in Folge der Beschlussempfehlung des Wirtschaftsausschusses in Abs. 2 auch eine Degressionsregel für Biomasseanlagen auf, die die Mindestvergütungen jährlich jeweils für neue Anlagen um 1 Prozent absenkte und Anreize zur Kostensenkung geben sollte.

Durch die Einführung fester Vergütungssätze und den 20jährigen Vergütungszeitraum verbesserte das EEG die Planungssicherheit erheblich. In der Zeit nach Inkrafttreten der BiomasseV zeichnete sich ein deutlicher Zubau von Biomasse(heiz)kraftwerken vor allem im Leistungsbereich von 15 bis 20 $MW_{el.}$ ab, die überwiegend Altholz einsetzen. Auch im Bereich der Biogasanlagen wurde bis 2004 mehr als eine Verdopplung der installierten Leistung erwartet, obwohl für kleine Biogasanlagen (bis etwa 70 kW) die Vergütung kaum für einen wirtschaftlichen Betrieb ausreichte.[39] Ergänzend konnte allerdings die Förderung aus dem so genannten Marktanreizprogramm in Anspruch genommen werden. 12

3. Änderungen durch die Novelle 2004

Der **Erfahrungsbericht** der Bundesregierung zum EEG aus dem Sommer 2002[40] und verschiedene andere Untersuchungen[41] hatten ergeben, dass die Vergütungsregelung des § 5 EEG 2000 trotz der ergänzenden Förderung durch das Marktanreizprogramm sowohl für Strom aus kleineren Biomasseanlagen als auch 13

---

[36] Schon für StrEG 1990 s. etwa *Krieger*, RdE 1993, 218 ff.; für StrEG 1994 *Pohlmann*, Rechtsprobleme der Stromeinspeisung, S. 149 ff.
[37] BT-Drs. 14/2776.
[38] Mit dem Inkrafttreten der BiomasseV ist diese Vorschrift obsolet geworden: vgl. *Findeisen*, in: Beck/Brandt/Salander, Handbuch Energiemanagement, Rn. 21; *Salje*, EEG, 2. Aufl., § 5 Rn. 9.
[39] Vgl. *Institut für Energetik und Umwelt*, Monitoring zur Biomasseverordnung, S. 44.
[40] BT-Drs. 14/9807.
[41] Vgl. z. B. *Institut für Energetik und Umwelt*, Monitoring zur Biomasseverordnung, S. 44.

für Strom aus Anlagen, die nachwachsende Rohstoffe einsetzen, in der Regel keinen wirtschaftlichen Betrieb ermöglichten.[42] Darüber hinaus hatten die Erfahrungen gezeigt, dass zur Verstromung von Biomasse überwiegend etablierte Techniken mit vergleichsweise geringem Wirkungsgrad eingesetzt wurden und nur selten eine umweltpolitisch erwünschte Wärmeauskopplung stattfand. Vor diesem Hintergrund hat der Gesetzgeber zur stärkeren Anpassung der Vorschrift an die Marktbedingungen[43] eine **neue Vergütungsstufe bei 150 kW** eingezogen (§ 8 Abs. 1 Satz 1 Nr. 1), die vor allem kleinen Anlagen zugute kommt,[44] und die **Bonusregelungen für Strom aus nachwachsenden Rohstoffen** (Abs. 2), **Kraft-Wärme-Kopplungsstrom** (Abs. 3) und **innovative Technologien** (Abs. 4) aufgenommen. Im Gegenzug wurden die Anreize für die **Verstromung von Althölzern** der Kategorien A III und A IV gesenkt (Abs. 1 Satz 2), um den Import belasteter Althölzer aus anderen Ländern wirtschaftlich uninteressant zu machen und die Kosten der Gesamtregelung zu begrenzen. Zudem dürfen nach Abs. 6 Satz 1 in Neuanlagen, die nach dem 31. Dezember 2006 in Betrieb gehen, auch für Zwecke der **Zünd- und Stützfeuerung** nur noch Biomassebrennstoffe eingesetzt werden.

C. Überblick über die Tatbestandsvoraussetzungen und Rechtsfolgen der Vergütungsansprüche nach Abs. 1 bis 4

14 Um einen Vergütungsanspruch nach Maßgabe des § 8 zu erwerben, muss es sich – zusätzlich zu den generellen Voraussetzungen der §§ 4 und 5 – als allgemeine Tatbestandsvoraussetzung um Strom handeln, der in einer Anlage mit einer Leistung bis 20 MW gewonnen wird, die **ausschließlich Biomasse** im Sinne der Rechtsverordnung nach Abs. 7 einsetzt (Abs. 1 Satz 1). Bis zum Erlass der Rechtsverordnung nach Abs. 7 gilt derzeit insoweit nach § 21 Abs. 4 die **BiomasseV** vom 28. Juni 2001 fort. Beim Einsatz sonstiger Biomasse im Sinne des § 3 Abs. 1 besteht kein – auch kein anteiliger – Vergütungsanspruch. Wenn die Anlage nach dem 31. Dezember 2006 in Betrieb genommen worden ist, kommt als weitere Tatbestandsvoraussetzung hinzu, dass auch für Zwecke der Zünd- und Stützfeuerung ausschließlich Biomasse oder Pflanzenölmethylester verwendet wird.

15 Im Hinblick auf die Höhe der Vergütung ist zu unterscheiden zwischen der **Grundvergütung** nach Abs. 1 und zusätzlichen **Boni** nach den Abs. 2 bis 4.

16 Die **Höhe der Grundvergütung** ist gestaffelt und richtet sich dabei grundsätzlich nach der Größe der Anlage (Abs. 1 Nr. 1 bis 4).[45] Nur die Grundvergütung für Strom, der auch aus Altholz der Kategorien A III und A IV gewonnen wird, ist unabhängig von der Größe der Anlagen gleich hoch.[46] Die Grundvergütung ist der **Degression** nach Abs. 5 unterworfen. Die in Abs. 1 Satz 1 und 2 angegebenen Werte gelten daher aber nur für Anlagen, die im Jahr 2004 in Betrieb gegangen sind. Für alle anderen Anlagen können die Vergütungssätze nicht unmittelbar

---

[42] Im Herbst 2003/Frühjahr 2004 war daher auch ein Vorschaltgesetz für die Biomasse ähnlich dem Fotovoltaikvorschaltgesetz (vgl. die Kommentierung zu § 11) im Gespräch, das dann aber doch nicht zustande kam.
[43] Vgl. Begründung zu § 8, BT-Drs. 15/2864, S. 39.
[44] Vgl. Begründung zu § 8 Abs. 1, BT-Drs. 15/2864; *Oschmann/Müller*, ZNER 2004, 26.
[45] Vgl. Rn. 22 ff.
[46] Vgl. Rn. 34 ff.

dem Gesetz entnommen werden, sondern müssen unter Berücksichtigung der Übergangsvorschriften des § 21 und der Degressionsvorschrift des Abs. 5 berechnet werden.[47]

Hinzu kommen drei verschiedene Boni: Der **Bonus für bestimmte Biomassen** („nachwachsende Rohstoffe") nach Abs. 2, der **Bonus für Kraft-Wärme-Kopplungsstrom** („Effizienz-Bonus") nach Abs. 3 sowie der **Bonus für bestimmte Techniken und Verfahren** („Innovations-Bonus") nach Abs. 4, für die jeweils zusätzliche Tatbestandsvoraussetzungen gelten.   17

Den **Bonus für nachwachsende Rohstoffe** nach Abs. 2 Nr. 1 gewährt das Gesetz, wenn der Strom ausschließlich gewonnen wird aus Pflanzen oder Pflanzenbestandteilen, die in landwirtschaftlichen, forstwirtschaftlichen oder gartenbaulichen Betrieben oder im Rahmen der Landschaftspflege anfallen und die keiner weiteren als der zur Ernte, Konservierung (lit. a) oder Nutzung in der Biomasseanlage erfolgten Aufbereitung oder Veränderung unterzogen wurden, aus bestimmter Gülle oder Schlempe (lit. b) oder aus einer Mischung der genannten Stoffgruppen (lit. c). Zusätzlich muss die Biomasseanlage ausschließlich für den Betrieb mit diesen Stoffen genehmigt sein oder der Anlagenbetreiber durch ein Einsatzstoff-Tagebuch den Nachweis führen, dass keine anderen Stoffe eingesetzt werden. Schließlich darf auf demselben Betriebsgelände keine Biomasseanlage betrieben werden, in der Strom aus sonstigen Stoffen gewonnen wird. Liegen alle diese Tatbestandsvoraussetzungen vor, erhöht sich die Grundvergütung nach Abs. 1 um den Bonus und zwar bis 500 kW um 6 Ct/kWh und darüber hinaus bis 5 MW um 4 Ct/kWh. Anlagen größer 5 MW erhalten den Bonus gemäß § 12 Abs. 2 anteilig. Eine Ausnahme gilt für die Verbrennung von Holz: hier beträgt der Bonus zwischen 500 kW und 5 MW nur 2,5 statt 4 Ct/kWh.[48]   18

Der **Bonus für KWK-Strom** nach Abs. 3 in Höhe von 2 Ct/kWh kann in Anspruch genommen werden, soweit der Strom in einem Kraft-Wärme-Kopplungsprozess erzeugt wird, also gleichzeitig mit dem Strom auch Wärme erzeugt und energetisch genutzt wird. Der Bonus muss nicht generell für Strom aus Biomasse-KWK-Anlagen gezahlt werden, sondern nur für den Strom, der auch tatsächlich bei gleichzeitiger Wärmeauskopplung gewonnen wird.[49]   19

Der **Bonus für bestimmte Verfahren und Technologien** nach Abs. 4 in Höhe von weiteren 2 Ct/kWh muss gezahlt werden, wenn der Strom in einer KWK-Anlage erzeugt wird (nicht notwendig mit *gleichzeitiger* Wärmeauskopplung) und die Biomasse durch thermochemische Vergasung oder Trockenfermentation umgewandelt wurde, das zur Stromerzeugung eingesetztes Gas aus Biomasse auf Erdgasqualität aufbereitet worden ist oder der Strom mittels Brennstoffzellen, Gasturbinen, Dampfmotoren, Organic-Rankine-Anlagen (ORC-Anlagen), Mehrstoffgemisch-Anlagen, insbesondere Kalina-Cycle-Anlagen oder Stirling-Motoren gewonnen wird. Diese Aufzählung ist grundsätzlich abschließend. Allerdings ermächtigt § 8 Abs. 4 Satz 2 das Bundesumweltministerium durch Rechtsverordnung weitere Verfahren oder Techniken im Sinne von Satz 1 zu benennen oder – unter Berücksichtigung des Vertrauensschutzes für bestehende Anlagen – einzelne der genannten Verfahren oder Techniken vom Anwendungsbereich des Satz 1 auszunehmen. Diese Verordnung lag zum Zeitpunkt der Drucklegung noch nicht vor.[50]   20

Die verschiedenen Boni nach Abs. 2, 3 und 4 sind **kumulierbar** und **unterliegen nicht der Degressionsvorschrift** des Abs. 5, werden also nicht jährlich gesenkt.   21

---

[47] Vgl. Rn. 153 ff.
[48] Vgl. Rn. 40 ff.
[49] Vgl. Rn. 79 ff.
[50] Vgl. Rn. 93 ff.

Übersicht Bonusarten

Bonus für	Regelung	Anwendungs-bereich	Erhöhung/kWh
nachwachsende Rohstoffe	§ 8 Abs. 2	bis 5 MW	bis 500 kW: 6 Ct/kWh bis 5 MW: 4 Ct/kWh (Holz: 2,5 Ct/kWh)
KWK	§ 8 Abs. 3	bis 20 MW	einheitlich: 2 Ct/kWh
Technik	§ 8 Abs. 4	bis 5 MW	einheitlich: 2 Ct/kWh

D. Tatbestandsvoraussetzungen der Grundvergütung (Abs. 1)

I. Allgemeine Tatbestandsvoraussetzungen (Abs. 1 Satz 1)

22 Um einen Vergütungsanspruch[51] nach Maßgabe des § 8 zu erwerben, muss es sich bei dem fraglichen Strom um solchen handeln, der in einer Anlage mit einer Leistung bis 20 MW gewonnen wird, die **ausschließlich Biomasse** im Sinne der Rechtsverordnung nach Abs. 7 einsetzt (Abs. 1 Satz 1). Anspruch auf die Vergütung nach § 8 hat jeder, der eine entsprechende Anlage betreibt.[52] Dies gilt unabhängig davon, ob die eingesetzte Biomasse beim Anlagenbetreiber anfällt oder – ggf. auch als Importware – zugekauft wird, ob er gewerblich tätig ist oder nicht, sowie ob es sich um einen Holzwirt, Holzhändler, Sägewerksbetreiber, Landwirt oder eine sonstige natürliche oder juristische Person handelt.

1. Ausschließlich Biomasse

23 Biomasse ist grundsätzlich der Oberbegriff für **sämtliche Stoffe organischer Herkunft** (d. h. kohlenstoffhaltige Materie). Für den Anwendungsbereich des § 8 gilt allerdings nicht dieser weite naturwissenschaftliche Biomassebegriff, sondern – wie schon im EEG 2000 – der engere von der **BiomasseV** nach Abs. 7 definierte Biomassebegriff.

24 Der **naturwissenschaftliche Biomassebegriff** umfasst die in der Natur lebende und die abgestorbene (aber noch nicht fossile) Phyto- und Zoomasse (Pflanzen und Tiere), die daraus resultierenden Rückstände (wie zum Beispiel tierische Ausscheidungsprodukte wie Gülle) und alle Stoffe, die durch eine technische Umwandlung und/oder stoffliche Nutzung dieser Biomasse entstanden sind oder anfallen (z. B. Papier, Schlachtabfälle, organischer Hausmüll und Pflanzenöl).[53] Da dieser naturwissenschaftliche Biomassebegriff aber keine festen Konturen aufweist, ist für die praktischen Handhabung des Begriffs im Rahmen des EEG eine genauere **Abgrenzung** erforderlich, außerdem das EEG selbst den Begriff weder in § 8 noch in § 3 definiert, enthält Abs. 7 stattdessen eine Ermächtigung zur Begriffsbestimmung durch Rechtsverordnung. Derzeit gilt insoweit nach § 21 Abs. 5 die **BiomasseV** vom 28. Juni 2001.[54]

25 Absatz 1 Satz 1 verlangt, dass in der betreffenden Anlage **ausschließlich Biomasse** im Sinne der BiomasseV eingesetzt wird.[55] Die Vorschrift weicht damit von der Formulierung der anderen Vergütungsregelungen ab. Hintergrund dieser

---

[51] Zur Höhe der Vergütungen vgl. unten Rn. 158 ff.
[52] Vgl. Kommentierung zu § 3 Rn. 46 ff.
[53] Vgl. bereits ausführlich Kommentierung zu § 3 Rn. 19 ff.
[54] Vgl. Kommentierung zur BiomasseV Rn. 12.
[55] Vgl. Kommentierung zu § 5 Rn. 6, 16.

Vergütung für Strom aus Biomasse

Besonderheit ist die **EE-RL**.[56] Nach Art. 2 lit. b EE-RL ist „Biomasse" „der biologisch abbaubare Anteil von Erzeugnissen, Abfällen und Rückständen der Landwirtschaft (einschließlich pflanzlicher und tierischer Stoffe), der Forstwirtschaft und damit verbundener Industriezweige sowie der biologische abbaubare Anteil von Abfällen aus Industrie und Haushalten". Die BiomasseV nimmt mit Wirkung für das EEG in ihren §§ 2 und 3 eine von Art. 2 lit. b EE-RL abweichende Begriffsbestimmung vor.[57] Insbesondere werden von der BiomasseV zahlreiche Stoffe ausgeschlossen, die – wie etwa kontaminiertes Altholz und Tierkörper oder gemischte Siedlungsabfälle[58] – von Art. 2 lit. b EE-RL umfasst werden.[59] Bei der Novellierung des EEG im Jahr 2004 wurde dieser **weitere Biomassebegriff** in § 3 Abs. 1 zugrunde gelegt. Damit gelten insbesondere für den Netzzugang oder Herkunftsnachweise auch für Strom aus Biomasse, der bislang nicht erfasst war, die günstigeren Vorschriften des EEG. Den Anforderungen der EE-RL ist damit Genüge getan.[60] Die Vergütungsvorschrift des § 8 gilt dagegen infolge der Einschränkung weiter nur für Strom aus Biomasse im Sinne der BiomasseV.[61] Die steht im Einklang mit der EE-RL. Denn die „in dieser Richtlinie verwendete Definition des Begriffs ‚Biomasse' präjudiziert nicht die Verwendung einer anderen Definition in nationalen Rechtsvorschriften zu anderen Zwecken als in dieser Richtlinie."[62]

Ohne die Einschränkung auf Biomassen nach der BiomasseV wäre die **Mischverbrennung** mit anderen Biomassen und anteilige Vergütung möglich gewesen. Dies war vom Gesetzgeber vor allen Dingen deshalb nicht gewollt, um die Akzeptanz der Biomassestromerzeugung in der Bevölkerung nicht zu gefährden. Die Bedingung der Ausschließlichkeit in § 8 Abs. 1 Satz 1 ist zu unterscheiden vom in § 5 Abs. 1 Satz 1 verankerten Ausschließlichkeitsprinzip, das insbesondere die Vergütung von Strom aus Mischfeuerung mit nicht Erneuerbaren Energieträgern, wie Hausmüll oder Kohle verhindert, aber beispielsweise auch die Vergütung von Strom aus einer Dampfturbine unterbindet, die sowohl aus der Wärme aus einem Biomassekessel als auch aus der Wärme aus einem Erdgaskessel betrieben wird.[63]

Sowohl mit dem Ausschließlichkeitsgrundsatz des § 8 Abs. 1 Satz 1 als auch des § 5 Abs. 1 Satz 1 sind jedoch **geringfügige Verunreinigungen,** die praktisch allenfalls mit unverhältnismäßigem Aufwand auszuschließen wären, vereinbar. Auch der Einsatz geringer Mengen konventioneller Energieträger als Zünd- und Stützfeuerung ist für Anlagen, die vor dem 1. Januar 2007 in Betrieb gehen (vgl. § 8 Abs. 6), zulässig, solange und soweit sie aus technischen Gründen für die Verstromung von Biomasse unverzichtbar ist.[64]

Absatz 1 verbietet es nicht, zwischen verschiedenen Biomassen zu wechseln. Sind für die verschiedenen Biomassen teilweise niedrigere Vergütungssätze zu zahlen, wie es etwa nach Abs. 1 Satz 2 für Altholz der Kategorien A III und A IV der Fall ist, ist eine deutliche zeitliche und stoffliche Trennung und ein entsprechender Nachweis erforderlich.[65] Der **periodische Einsatz** anderer, nicht unter den Biomassebegriff des § 8 fallender Brennstoffe führt nach § 5 Abs. 1 Satz 1 zum

---

[56] Vgl. dazu *Oschmann,* Strom aus erneuerbaren Energien im Europarecht, S. 90 ff.
[57] Vgl. Kommentierung der BiomasseV, Rn. 73 f.
[58] Die Richtlinie zählt den biogenen Anteil des Abfalls zur Biomasse.
[59] Vgl. *Oschmann,* RdE 2002, 131, 133; *ders.,* Strom aus erneuerbaren Energien im Europarecht, S. 244 ff.
[60] Vgl. *Oschmann,* Strom aus erneuerbaren Energien im Europarecht, S. 244 ff.
[61] Vgl. Begründung zu § 8 Abs. 1, BT-Drs. 15/2864.
[62] Erwägungsgrund 9 EE-RL.
[63] Vgl. Kommentierung zu § 5 Rn. 16 ff.
[64] Vgl. Kommentierung zu § 5 Rn. 16, sowie unten Rn. 114 ff.
[65] Vgl. *Salje,* EEG, 3. Aufl., § 8 Rn. 91 f.

endgültigen Ausschluss der Anlage aus dem Anwendungsbereich des EEG, um Missbrauchsfälle ausschließen zu können.

2. Biomasseanlage

29 Der Begriff der **Anlage** wird in § 3 Abs. 2 definiert.[66] Diese Begriffsbestimmung gilt auch für § 8. Anlage im Sinne des Abs. 1 ist daher jede selbständige technische Einrichtung zur Erzeugung von Strom aus Biomasse. Zu diesem Zweck stehen viele verschiedene Techniken zur Verfügung. Absatz 1 enthält insoweit keine Einschränkungen, sondern ist **technikneutral** und schließt daher prinzipiell auch solche Techniken ein, die sich noch im Forschungs- und Entwicklungsstadium befinden. Soweit das Ausschließlichkeitsprinzip des § 5 Abs. 1 Satz 1 gewahrt wird, zählen dazu z. B. auch Hybridanlagen, die etwa Sonnenenergie mit Bioenergie kombinieren. Allerdings kann wegen des speziellen Ausschließlichkeitsprinzips in Abs. 1 Strom aus Biomassehybridanlagen nur dann nach § 8 vergütet werden, wenn ausschließlich verschiedene Biomassen im Sinne der BiomasseV nach Abs. 7 zum Einsatz kommen.

30 Mit festen biogenen Brennstoffen (z. B. Holz, Stroh, Hackschnitzel etc.) kann direkt nur **Heiz- und/oder Prozesswärme** erzeugt werden. Ein unmittelbarer Einsatz in Verbrennungsmotoren scheidet außer bei Stirling-Motoren mit äußerer Verbrennung aus. Im „Normalfall" kann aus biogenen Festbrennstoffen daher nur über den Wasser-Dampf-Prozess (Dampfmaschine, Dampfturbine, Dampfkolbenmotor etc.) **elektrische Energie** gewonnen werden.[67] Flüssige und gasförmige biogene Brennstoffe können direkt in Verbrennungsmaschinen zur Gewinnung von Strom eingesetzt werden.[68]

31 Durch die Verbrennung fester Biomasse oder von aus Biomasse hergestelltem Biogas oder Pflanzenöl wird ein Motor angetrieben. Die vom Motor erzeugte mechanische Energie wandelt ein Generator in elektrische Energie um. Die gleichzeitig entstehende Abwärme kann in so genannten KWK-Anlagen zur Warmwassererzeugung oder Prozesswärmegewinnung genutzt werden.[69] Für die Verbrennungsmotoren kommen verschiedene Technologien in Frage. Für größere Anlagen sind Gas- und Dampfturbinen geeignet, in kleineren Anlagen werden auch Gas- und Dieselmotoren verwendet. In Zukunft kann auch die Brennstoffzelle zum Einsatz gelangen.[70] Insbesondere die Konzepte zur Stromerzeugung aus festen Biomassen befinden sich vielfach noch in der Entwicklung, so dass die kommerziell verfügbaren Techniken derzeit eingeschränkt sind.[71] Marktreif sind gegenwärtig hauptsächlich Biomasse-Heizkraftwerke, Biogasanlagen und Diesel-Block-Heiz-Kraftwerke zur Nutzung von flüssigen Biobrennstoffen.[72]

3. Leistung bis einschließlich 20 MW

32 Absatz 1 Satz 1 schließt generell Strom aus Anlagen mit einer Leistung über 20 MW aus dem Anwendungsbereich der Vergütungspflicht des § 8 aus. Der Begriff der Leistung wird von § 3 Abs. 5 definiert. Die Leistung einer Biomasseanlage ist danach die elektrische **Wirkleistung,** die die Anlage bei bestimmungsgemäßem Betrieb ungeachtet kurzfristiger geringfügiger Abweichungen ohne zeit-

---

[66] Vgl. Kommentierung zu § 3 Rn. 36 ff.
[67] Vgl. *Ortmaier/Ortinger,* in: Rebhan, Energiehandbuch, S. 401, 402.
[68] Vgl. *Ortmaier/Ortinger,* in: Rebhan, Energiehandbuch, S. 401, 402 f.
[69] Vgl. *Nitsch* u. a., Klimaschutz durch Nutzung erneuerbarer Energien, S. 38; *Quaschning,* Systemtechnik, S. 38 f.
[70] Vgl. *Deimling* u. a., Leitfaden Bioenergie, S. 87; *Quaschning,* Systemtechnik, S. 38 f.
[71] Vgl. *Deimling* u. a., Leitfaden Bioenergie, S. 85.
[72] Vgl. *Hirschl* u. a., Markt- und Kostenentwicklung erneuerbarer Energien, S. 55 f.; vgl. zu den verschiedenen Techniken *Ortmaier/Ortinger,* in: Rebhan, Energiehandbuch, S. 401, 405.

liche Einschränkung technisch erbringen kann.[73] Dies ist in aller Regel die auf dem Typenschild des Generators angegebene so genannte „**installierte Leistung**". Da die Einhaltung der 20-MW-Grenze konstitutiv für den Vergütungsanspruch und damit die Vergütungshöhen ist, bleibt nach § 3 Abs. 5 Satz 2 die nur zur Reserve genutzte Leistung unberücksichtigt.[74] Der Leistungsbegriff des § 3 Abs. 5, der für die Ermittlung der 20-MW-Grenze heranzuziehen ist, **unterscheidet sich vom Leistungsbegriff des § 12 Abs. 2**, der für die Berechnung der Schwellenwerte nach § 8 Abs. 1 heranzuziehen ist und der nicht die installierte Leistung der Anlage, sondern die durchschnittliche Jahresleistung zu Grunde legt.[75]

Infolge des Anlagenbegriffs des § 3 Abs. 2 ist es – unabhängig von der Wirtschaftlichkeit der Maßnahme – möglich, in einem bestehenden Kraftwerk mit einer Anlagenleistung von 30 MW Turbine und Generator mit einer neuen Leistung von 20 MW zu ersetzen, um in den Anwendungsbereich der Regelung zu gelangen. Ist technisch die höhere Leistung möglich, fällt die Anlage auch dann aus dem Anwendungsbereich, wenn ein Teil der Leistung für den Eigenverbrauch der Anlage verwendet und so die 20-MW-Grenze theoretisch unterschritten würde. Maßgeblich ist vielmehr nach § 3 Abs. 5 die **Bruttoleistung** der Anlage.

II. Sonderregelung für Altholz der Kategorien A III und A IV (Abs. 1 Satz 2)

Der mit der Novelle 2004 neu eingefügte Satz 2 senkt den Vergütungssatz für Anlagen, die auch nur anteilig **Althölzer** der Kategorien A III und A IV im Sinne der **AltholzV**[76] einsetzen, unabhängig von Leistungsstufen auf einheitlich 3,9 Ct/kWh.[77] Grund dafür ist, dass die energetische Verwertung dieser Hölzer erheblich kostengünstiger erfolgen kann, als die Verwertung anderer Biomassen und keine negativen Lenkungseffekte erzeugt werden sollen. Insbesondere wollte der Gesetzgeber verhindern, dass kontaminierte Althölzer über weite Entfernungen zur energetischen Verwertung transportiert werden und so durch den Transport neue unerwünschte Umweltauswirkungen entstehen.[78]

Altholz im Sinne der AltholzV ist Industrierestholz und Gebrauchtholz, soweit es Abfall im Sinne des § 3 Abs. 1 KrW-/AbfG ist (§ 2 Nr. 1 AltholzV). **Industrierestholz** sind die in Betrieben der Holzbe- oder -verarbeitung anfallenden Holzreste einschließlich der in Betrieben der Holzwerkstoffindustrie anfallenden Holzwerkstoffreste sowie anfallende Verbundstoffe mit überwiegendem Holzanteil (mehr als 50 Masseprozent, § 2 Nr. 2 AltholzV). **Gebrauchtholz** sind gebrauchte Erzeugnisse aus Massivholz, Holzwerkstoffen oder aus Verbundstoffen mit überwiegendem Holzanteil (mehr als 50 Masseprozent, § 2 Nr. 3 AltholzV). **Altholz der Kategorie A III** ist Altholz mit halogenorganischen Verbindungen in der Beschichtung ohne Holzschutzmittel (§ 2 Nr. 4 lit. c AltholzV). Unter die **Altholzkategorie A IV** fällt mit Holzschutzmitteln nach § 2 Nr. 6 AltholzV behandeltes Altholz wie Bahnschwellen, Leitungsmasten, Hopfenstangen, Rebpfähle sowie sonstiges Altholz, das aufgrund seiner Schadstoffbelastung nicht den Altholz-

---

[73] Vgl. Kommentierung zu § 3 Rn. 23 ff.
[74] Vgl. Kommentierung zu § 3 Rn. 69 ff.
[75] Vgl. Kommentierung zu § 12 Rn. 38 ff.
[76] Verordnung über Anforderungen an die Verwertung und Beseitigung von Altholz v. 15. 8. 2002, BGBl. I S. 3302. Die AltholzV trat am 1. 3. 2003 in Kraft.
[77] Dieser Wert gilt nur für im Jahr 2004 in Betrieb genommene Anlagen. Für ab dem 1. 1. 2005 in Betrieb gehende Anlagen sinkt der Satz gemäß Abs. 5 um jährlich 1,5 Prozent; vgl. Rn. 156 ff.
[78] Vgl. Begründung zu § 8 Abs. 1, BT-Drs. 15/2864.

kategorien A I, A II oder A III zugeordnet werden kann (§ 2 Nr. 3 lit. d AltholzV).

36 Die Absenkung wird gemäß § 21 Abs. 1 Nr. 3 **nur für Anlagen** wirksam, die **nach dem 29. Juni 2006** in Betrieb gehen. Bis zu diesem Zeitpunkt gilt auch für Anlagen, die Altholz der Kategorien A III und A IV einsetzen, die allgemeine Regelung des Abs. 1 Satz 1.[79] Die neue Frist des Abs. 1 Satz 2 hat keinen Einfluss auf die nach der BiomasseV einzuhaltende Ausschlussfrist des § 2 Abs. 3 Satz 2. Danach darf belastetes Altholz nur in Anlagen eingesetzt werden, die spätestens drei Jahre nach Inkrafttreten der BiomasseV (also am 27. Juni 2004)[80] immissionsschutzrechtlich genehmigt waren.

III. Gasäquivalent als Biomasse (Abs. 1 Satz 3)

37 Absatz 1 Satz 3 stellt ausdrücklich klar, dass auch Gas, das aus einem Gasnetz entnommen wird, als Biomasse gilt, soweit die Menge des entnommenen Gases im **Wärmeäquivalent** der Menge von an anderer Stelle im Geltungsbereich des EEG in das Gasnetz eingespeistem Gas aus Biomasse entspricht. Erfasst ist alles Gas aus Biomasse, nicht nur durch anaerobe Vergärung entstandenes Biogas, sondern etwa auch Holzgas. Auf diese Weise soll auch dem Willen des Gesetzgebers im Sinne einer nachhaltigen und effizienten Energieversorgung insbesondere die Nutzung der bei der Stromerzeugung anfallenden Wärme ermöglicht werden.[81] Da das Gasnetz als Speicher fungieren kann, ist es nicht erforderlich, dass die Entnahme des Gases gleichzeitig mit der Einspeisung an anderem Ort erfolgt.[82] Die Einspeisung kann auch vor der Entnahme erfolgen, allerdings nicht nach der Entnahme, da das Gasnetz zwar eine **„Speicherfunktion"**, aber keine **„Kreditfunktion"** hat. Es muss sichergestellt und vom Anlagenbetreiber dargelegt sein, dass die eingespeisten und zur Verstromung entnommenen Mengen im Wärmeäquivalent mindestens gleich sind.[83]

38 Auch **bestehende Gaskraftwerke** können entsprechend umgestellt werden. Sie erhalten dann für 20 Kalenderjahre abzüglich der bisherigen Laufzeit seit Inbetriebnahme die entsprechende Vergütung.[84]

39 Von der Regelung bleiben die Vorschriften des Energiewirtschaftsrechts hinsichtlich der zu beachtenden technischen Anforderungen und der Qualität des einzuspeisenden Gases unberührt.

E. Tatbestandsvoraussetzungen für den Bonus für den Einsatz bestimmter Biomassen – Bonus für nachwachsende Rohstoffe – (Abs. 2)

40 Absatz 2 legt für die drei unteren Leistungsstufen nach Abs. 1 Satz 1 Nr. 1 bis 3 (bis 5 MW) eine **Zusatzvergütung („Bonus")** für den Fall fest, dass ausschließlich **bestimmte Biomassearten** zum Einsatz kommen. Die zulässigen Biomassen werden nicht etwa in Form einer Verordnung oder Verwaltungsvorschrift durch eine Behörde festgesetzt, sondern ergeben sich unmittelbar aus dem Gesetz bzw. sind durch die Auslegung des Gesetzestexts zu ermitteln.

---

[79] Vgl. Rn. 22 ff.
[80] Vgl. Kommentierung zur BiomasseV Rn. 65 ff.
[81] Vgl. Begründung zu § 8 Abs. 1, BT-Drs. 15/2864.
[82] Ebenda.
[83] Vgl. zur Motivation für diese Regelung die Kommentierung zu § 7 Rn. 49 f.
[84] Vgl. Kommentierung zu § 3 Rn. 34.

I. Hintergrund

Hintergrund der Regelung sind **Erfahrungen mit dem EEG 2000,** nach denen ein wirtschaftlicher Betrieb von Biomasseanlagen nicht erreicht werden konnte, wenn ausschließlich (rein) pflanzliche Stoffe aus Landwirtschaft und Gartenbau, Fäkalien aus der Landwirtschaft und/oder Waldrestholz eingesetzt wurden. Denn rein pflanzliche Einsatzstoffe (insbesondere nachwachsende Rohstoffe und Waldrestholz) sind gegenüber Biomasse aus Abfällen ungleich teurer. Kleine landwirtschaftliche Biogasanlagen, deren Haupteinsatzstoff Gülle ist, konnten nur rentabel betrieben werden, wenn in beträchtlichem Umfang energiereiche Kofermente aus Abfällen (insbesondere tierische Fette) eingesetzt wurden. Das Angebot für derartige Stoffe ist jedoch eng begrenzt. Es zeichnete sich deshalb ab, dass das große Nutzungspotenzial der Biomasse land- und forstwirtschaftlicher Herkunft ohne zusätzliche Anreizinstrumente nicht in dem wünschenswerten Umfang erschlossen werden konnte. Der Gesetzgeber ging davon aus, dass auch die nach dem neuen Abs. 1 Satz 1 Nr. 1 vorgesehene neue Vergütungsstufe bis 150 kW alleine nicht ausreichen würde, um die wirtschaftlichen Nachteile für Anlagen, in denen keine energiereichen Kofermente eingesetzt werden, auszugleichen.[85] Durch die Einführung des Bonus sollte zudem der Begrenztheit und einer Fehlleitung von Abfallstoffströmen begegnet werden und ein Beitrag zur Erschließung nachwachsender Rohstoffe zur energetischen Nutzung geleistet werden.[86] Zudem hatte der Gesetzgeber zu berücksichtigen, dass die seit dem 30. April 2003 anzuwendende EG-Verordnung Nr. 1774/2002 – sog. HygieneV[87] – die Betreiber landwirtschaftlicher Biogasanlagen vielfach dazu zwang, kostenträchtige Änderungen an den Anlagen und in ihrem Betrieb vorzunehmen, da sie zuvor nicht bestehende Anforderungen an die Technik, die Überwachung und den Umgang mit Reststoffen aufstellte. Dies rechtfertigte in den Augen des Gesetzgebers auch die Erstreckung dieses Bonus auf bereits bestehende Anlagen.[88]

41

II. Tatbestandsvoraussetzungen

1. Anforderungen an die Einsatzstoffe (Abs. 2 Satz 1 Nr. 1)

Voraussetzung für den Bonus des Abs. 2 ist gemäß Satz 1 Nr. 1, dass der Strom ausschließlich aus **rein pflanzlichem Material** (lit. a), **Gülle** bzw. **Schlempe** (lit. b) oder aus beiden Stoffgruppen (lit. c) gewonnen wird.

42

Sinn und Zweck der Vorschrift ist, es einen Anreiz für den gezielten Anbau von Energiepflanzen zu geben. Abzugrenzen sind dabei solche Pflanzen, die lediglich als „Abfall"produkt eines anderen Prozesses anfallen. Diese sollen nicht erfasst sein. Allerdings erfordert der Wortlaut des Abs. 2 keine besondere Motivation für den Anbau der Pflanzen etwa in dem Sinne, dass von Anfang an eine Absicht bestanden haben muss, die Biomasse nur zu verstromen, und eine sonstige Nutzung ausgeschlossen ist.

43

a) Pflanzliches Material (Abs. 2 Satz 1 Nr. 1 lit. a). Der von lit. a verwendete Terminus **„Pflanzen und Pflanzenbestandteile"** schließt sämtliche Arten pflanzlicher Stoffe ein. Von dem Begriff Pflanzen- und Pflanzenbestandteile erfasst sind also insbesondere, aber nicht ausschließlich zum Zwecke der Energie-

44

---

[85] Vgl. Begründung zu § 8 Abs. 2, BT-Drs. 15/2864.
[86] Ebenda.
[87] Verordnung (EG) Nr. 1774/2002 des Europäischen Parlaments und des Rates vom 3. 10. 2002 mit Hygienevorschriften für nicht für den menschlichen Verzehr bestimmte tierische Nebenprodukte, ABl. EU Nr. L 271, v. 10. 10. 2002, S. 1 ff.
[88] Vgl. Begründung, zu § 8 Abs. 2, BT-Drs. 15/2864.

erzeugung angebaute pflanzliche Rohstoffe. Ferner zählen dazu u. a. Waldrestholz, Landschaftspflegeschnitt wie beispielsweise der Aufwuchs von Wiesen und Weiden, Ackerpflanzen wie Getreide, Ölsaaten oder Leguminosen, Gemüse, Heil- und Gewürzpflanzen, Schnittblumen und Obst.

45 Weitere von lit. a normierte Voraussetzung ist, dass diese Stoffe **in landwirtschaftlichen, forstwirtschaftlichen oder gartenbaulichen Betrieben oder im Rahmen der Landschaftspflege anfallen.** Sämtliche Begriffe sind im EEG nicht legaldefiniert, sondern werden als bekannt vorausgesetzt. Zur Auslegung kann im Interesse der Einheit der Rechtsordnung auf Begriffsbestimmungen in anderen Bundesgesetzen, insbesondere im Bauplanungs- und Grundstücksverkehrsrecht (§ 201 BauGB bzw. § 1 Abs. 2 GrdstVG),[89] zurückgegriffen werden, so lange Sinn und Zweck der Regelung des EEG gewahrt bleiben. Zu beachten ist, dass das Gesetz lediglich voraussetzt, dass die Pflanzen oder Pflanzenbestandteile in den genannten Betrieben oder im Rahmen der Landschaftspflege anfallen, nicht jedoch, dass auch die Lagerung, Aufbereitung oder Veränderung ebenfalls nur dort stattfindet.

46 Ein **landwirtschaftlicher Betrieb** ist die Zusammenfassung der drei Produktionsfaktoren Boden, Betriebsmittel und menschliche Arbeit, die nach einem langfristigen Plan von einem sachkundigen Leiter eingesetzt werden, zu einer organisatorischen Einheit.[90] Grundmerkmal der Landwirtschaft ist die **Bewirtschaftung des Bodens** sowie die **unmittelbare Bodenertragsnutzung**.[91] Ein landwirtschaftlicher Betrieb liegt jedenfalls vor, wenn eine Bodenertragsnutzung aufgrund planmäßiger eigenverantwortlicher Bewirtschaftung durch Ackerbau, Wiesen- und Weidewirtschaft einschließlich der Pensionstierhaltung auf überwiegend eigener Futtergrundlage erfolgt.[92] Der Betrieb muss nicht erwerbs- oder berufsmäßig erfolgen. Auch eine Gewinnerzielung ist keine Voraussetzung des Begriffs. Zur Landwirtschaft zählen auch Saatzuchtbetriebe, Hopfen- und Tabakanbau sowie der Anbau traditionell nicht üblicher Pflanzen sowie die Vornahme bestimmter Verarbeitungs- und Veredelungsprozesse von landwirtschaftlichen Erzeugnissen.

47 Ein **forstwirtschaftlicher Betrieb** ist die Zusammenfassung der drei Produktionsfaktoren Wald, Betriebsmittel und menschliche Arbeit, die nach einem langfristigen Plan von einem sachkundigen Leiter eingesetzt werden, zu einer organisatorischen Einheit. Der Betrieb muss nicht erwerbs- oder berufsmäßig erfolgen. Auch eine Gewinnerzielung ist keine Voraussetzung des Begriffs. Ein forstwirtschaftlicher Betrieb ist gekennzeichnet durch eine spezifische auf Dauer angelegte betriebliche Organisation zur planmäßigen Waldbewirtschaftung durch Anbau, Pflege und Abschlag von Waldholz.[93] Auch Forstbaumschulen zur Gewinnung forstwirtschaftlichen Pflanzenguts gehören zur Forstwirtschaft.[94]

48 Ein **gartenbaulicher Betrieb** ist die Zusammenfassung der drei Produktionsfaktoren Boden bzw. Bodenersatzstoffe, Betriebsmittel und menschliche Arbeit, die nach einem langfristigen Plan von einem sachkundigen Leiter eingesetzt wer-

---

[89] Gesetz über Maßnahmen zur Verbesserung der Agrarstruktur und zur Sicherung land- und forstwirtschaftlicher Betriebe (Grundstückverkehrsgesetz) v. 28. 7. 1961, BGBl. I S. 1091, 1652, 2000, zuletzt geändert am 14. 8. 2005, BGBl. I S. 2409.
[90] Vgl. *Kalb*, in: Ernst u. a., BauGB, Bd. IV, § 201 Rn. 7; *Söfker*, in: Ernst u. a., BauGB, Bd. II, § 35 Rn. 29.
[91] Vgl. *Söfker*, in: Ernst u. a., BauGB, Bd. II, § 35 Rn. 23 f.; s. a. § 1 Abs. 2 GrdstVG.
[92] Vgl. § 201 BauGB; s. *Battis*, in: Battis/Krautzberger/Löhr, BauGB, § 201 Rn. 2; *Kalb*, in: Ernst u. a., BauGB, § 201 Rn. 10 ff.
[93] Vgl. BVerwG, BauR 1983, S. 343 ff.; *Kalb*, in: Ernst u. a., BauGB, Bd. IV, § 201 Rn. 45; *Battis*, in: Battis/Krautzberger/Löhr, BauGB, § 201 Rn. 3; *Gassner*, in: Gassner/Bendomir-Kahlo/Schmidt-Räntsch, BNatschG, § 5 Rn. 9.
[94] Vgl. *Kalb*, in: Ernst u. a., BauGB, Bd. IV, § 201 Rn. 45.

den, zu einer organisatorischen Einheit.[95] Der Betrieb muss nicht erwerbs- oder berufsmäßig erfolgen. Auch eine Gewinnerzielung ist keine Voraussetzung des Begriffs. Ein gartenbaulicher Betrieb dient der Gewinnung pflanzlicher Erzeugnisse über den Eigenbedarf hinaus zur Gewinnerzielung z. B. als Obstbau oder Weinbau oder als Baumschule. Eine unmittelbare Bodennutzung ist nicht erforderlich. Daher zählen auch die Pflanzenerzeugung in Containern, Töpfen oder sonstigen Behältern zum Gartenbau, auch wenn der Boden nicht von eignen Betriebsflächen stammt oder wenn Ersatzstoffe verwendet werden.[96]

Der Begriff der **Landschaftspflege** ist dem Naturschutzrecht entlehnt. Er umfasst alle aktiven Maßnahmen zur Erhaltung oder Verbesserung eines bestimmten Zustands der Natur und Landschaft. Typische Beispiele für Landschaftspflegemaßnahmen bilden extensive Formen der landwirtschaftlichen Nutzung schutzwürdiger Feuchtwiesen oder trockener Grünlandstandorte, der Grasschnitt aus Parks, Gärten, von Flughäfen, Streuobstwiesen oder Straßenrändern, das „Auf-den-Stock-Setzen" landschaftsprägender Wallhecken oder von Feld- und Windschutzhecken, die Beschneidung landschaftstypischer Kopfbäume in Parks, Anlagen oder Friedhöfen oder von Straßenbegleitholz, die mechanische Beseitigung des Aufwuchses auf Heideflächen anstelle der ursprünglichen Beweidung oder das „Entkusseln" von Mooren.[97] Es ist allerdings zu beachten, dass Satz 2 für die Verbrennung von Holz, auch wenn es im Rahmen der Landschaftspflege anfällt, eine Sonderregelung enthält.[98] Landschaftspflegemaßnahmen können sowohl von der öffentlichen Hand als auch von Privaten vorgenommen werden.[99] 49

Die zur Stromerzeugung eingesetzten Stoffe müssen in einem der genannten Betriebe angefallen sein. Der Begriff des **Anfallens** bringt zum Ausdruck, dass die Stoffe nicht notwendigerweise gezielt für die Stromerzeugung erzeugt worden sein müssen, sondern im Zuge des planmäßigen Wirtschaftens gegebenenfalls als zufälliges Nebenprodukt auftreten. Zu solchen Stoffen zählen grundsätzlich etwa zu Futterzwecken angelegte Vorräte, die lit. a unter fallen, wie zum Beispiel Silagen, aber auch schimmelgeschädigtes oder hagelbeschädigtes Getreide und überständiges Gemüse. Die Stoffe müssen nicht in demselben Betrieb anfallen, in dem sie verwendet werden. Sie können auch über Dritte zugekauft werden. Weiterhin wird auch nicht vorausgesetzt, dass die Biomasseanlage selbst sich in einem der im Gesetz genannten Betriebe befindet. Betreiber kann vielmehr jede beliebige Person auf jedem beliebigen Gelände sein. Maßgeblich ist nach dem Wortlaut der Vorschrift alleine, dass sie ursprünglich in irgendeinem der genannten Betriebsarten angefallen ist. Daher kann etwa auch Maissilage von einem anderen Betrieb zugekauft werden. 50

Das Gesetz verlangt gleichzeitig, dass die gewonnenen Biomassen „**keiner weiteren** als der zur Ernte, Konservierung oder Nutzung in der Biomasseanlage erfolgten **Aufbereitung oder Veränderung unterzogen** wurden". Es setzt allerdings nicht voraus, dass die Aufbereitung oder Veränderung nur in einem landwirtschaftlichen, gartenbaulichen oder forstwirtschaftlichen Betrieb oder nur im Rahmen der Landschaftspflege stattfindet. 51

---

[95] Vgl. *Kalb,* in: Ernst u. a., BauGB, Bd. IV, § 201 Rn. 7; *Söfker,* in: Ernst u. a., BauGB, Bd. II, § 35 Rn. 29.
[96] Vgl. *Söfker,* in: Ernst u. a., BauGB, Bd. II, § 35 Rn. 49 ff.
[97] Vgl. *Gellermann,* in: Landmann/Rohmer/Hansmann, Umweltrecht, Bd. IV, § 1 BNatschG, Rn. 15; *Blum/Agena/Franke,* Niedersächsisches Naturschutzgesetz, § 1 Rn. 12; *Kaltschmitt/Hartmann,* Energie aus Biomasse, S. 100 ff., 114 f.,
[98] Vgl. dazu unten Rn. 70 ff.
[99] A. A. wohl *Salje,* EEG, 3. Aufl., § 8 Rn. 104, der Landschaftspflege „in privaten Haushalten" ausschließen will.

§ 8 52–57   Erneuerbare-Energien-Gesetz

52 **Aufbereitung** ist die Vorbereitung der Biomasse zur Ernte, Konservierung oder Nutzung in der Biomasseanlage ohne eine Veränderung des physikalischen Zustands der Biomasse.

53 **Veränderung** ist die Vorbereitung der Biomasse bei gleichzeitiger Änderung des physikalischen Zustands, also etwa der Herstellung von Holz- oder Biogas oder von Pflanzenöl. Nach dem Wortlaut der Vorschrift („*zur* Ernte, Konservierung oder Nutzung in der Biomasseanlage...") ist eine Zweckrichtung/Finalität der Aufbereitung oder Veränderung erforderlich. Es ist daher zu prüfen, welchem Zweck die Aufbereitung oder Veränderung vorrangig dient. Maßgeblich ist insofern nicht der subjektive Wille des Anlagenbetreibers, sondern nach allgemeinen zivilrechtlichen Grundsätzen der für einen objektiven Dritten in der Rolle des Anlagenbetreibers verobjektivierte Zweck der Aufbereitung oder Veränderung.

54 Aufbereitungen oder Veränderungen **zur Ernte** sind alle tatsächlichen Vorgänge, die der Vorbereitung der Einbringung der Biomasse in ein Lager oder in die Biomasseanlage zuzurechnen sind (einschließlich des Transports und der Lagerung selbst),[100] also etwa das Häckseln von Mais, das Schnitzeln von Rüben, das Zerkleinern oder Binden von Stroh oder das Pressen von Raps.[101] Die Aufbereitung findet meist zusammen mit der Ernte statt, bei der meist noch eine Separierung erfolgt. Eine klare Abgrenzung der Ernte von der Aufbereitung ist daher nicht immer möglich.[102]

55 Aufbereitungen oder Veränderungen **zur Konservierung** sind alle tatsächlichen Vorgänge, die dazu dienen, die Biomasse haltbar zu machen. Darunter fallen sowohl die Feuchtkonservierung durch Silierung (von Mais oder von Grünschnitt) unter Luftabschluss und die Verwendung von ggf. auch chemischen Konservierungsmitteln als auch die Trocknung.[103]

56 Aufbereitungen oder Veränderungen **zur Nutzung in der Biomasseanlage** sind alle tatsächlichen Vorgänge, die dazu dienen, die Biomasse für die energetische Verwertung in der Biomasseanlage einsetzen zu können, etwa das Pressen von Raps oder Sonnenblumen für Pflanzenölmotoren, das Häckseln von Mais und die Vermischung mit Gülle oder der Schlempe für Biogasanlagen, das Zerkleinern von Holz für Biomassekraftwerke u.ä.[104] Auch die Abtrennung schadhafter Pflanzenteile, die für den Einsatz in der Biogasanlage zu sehr verdorben sind, erfüllen dieses Tatbestandsmerkmal.

57 Jede **sonstige Aufbereitung oder Veränderung** führt dazu, dass der Bonus nicht in Anspruch genommen werden kann. Hintergrund dieser strengen Regelung ist, dass die Kosten für Rest- und Abfallprodukte deutlich geringer sind als für andere Stoffe, die ausschließlich zur Energieumwandlung erzeugt werden.[105] Daher fallen zum Beispiel Industrierestholz, Sägewerkholzabfälle (zum Beispiel Holzspäne und Sägemehl), Pflanzenölmethylester, Getreideabputz, Rübenkleinteile und Rübenschnitzel als Nebenprodukte der Zuckerproduktion, Gemüseabputz, Kartoffelschalen und Kartoffelpülpe, Treber, Trester, Vinasse, Presskuchen und Extraktionsschrote grundsätzlich nicht in den Anwendungsbereich des Abs. 2.[106] Dagegen ist die bloße Trennung und Sortierung von Getreide, Kartoffeln, Obst oder Gemüse nach Größen- und oder Qualitätsklassen keine Aufbereitung oder

---

[100] Vgl. dazu *Hartmann*, in: Kaltschmitt/Hartmann, Energie aus Biomasse, S. 197 ff.
[101] Vgl. *Hartmann*, in: Kaltschmitt/Hartmann, Energie aus Biomasse, S. 177 ff.
[102] Vgl. *Hartmann*, in: Kaltschmitt/Hartmann, Energie aus Biomasse, S. 155.
[103] Vgl. Begründung zu § 8 Abs. 2, BT-Drs. 15/2864. Zu den Methoden vgl. etwa *Hartmann*, in: Kaltschmitt/Hartmann, Energie aus Biomasse, S. 225 ff.
[104] Vgl. *Hartmann*, in: Kaltschmitt/Hartmann, Energie aus Biomasse, S. 177 ff.
[105] Vgl. Begründung, zu § 8 Abs. 2, BT-Drs. 15/2864.
[106] Ebenda.

Veränderung und insofern unschädlich. Auch der Einsatz von ursprünglich zu Futterzwecken produzierter Silage zur Verstromung ist wegen technischer Identität von Energie- und Futtersilage ebenfalls zulässig.[107]

Das Gesetz verlangt **nicht**, dass die zulässige Aufbereitung oder Veränderung der Pflanzen- oder Pflanzenbestandteile **in landwirtschaftlichen, forstwirtschaftlichen oder gartenbaulichen Betrieben oder im Rahmen der Landschaftspflege** erfolgt ist. Vielmehr können diese Schritte auch in sonstigen Betrieben oder in anderem Zusammenhang erfolgen. Aus diesem Grund ist etwa auch die Gewinnung von Strom aus **Pflanzenölen**,[108] die aus Pflanzen aus einem der genannten Betriebe oder der Landschaftspflege in landwirtschaftlichen oder industriellen Ölmühlen gewonnen werden, bonusfähig. Das gleiche gilt beispielsweise für Kartoffeln oder Getreide, die in einem genossenschaftlichen Lagerhaus zwischengelagert oder von einem Landhandel oder anderen Händlern bezogen werden. Auch dann sind sie in einem landwirtschaftlichen Betrieb angefallen.[109] Ob das Tatbestandsmerkmal „keiner weiteren als der zur Ernte, Konservierung oder Nutzung in der Biomasseanlage erfolgten Aufbereitung oder Veränderung unterzogen" erfüllt ist, ist ihm Hinblick auf Sinn und Zweck der Vorschrift[110] eine Frage des Einzelfalls. Die Grenze zwischen zulässigem und unzulässigem Verhalten verläuft dort, wo sich die Behandlung für den Einsatz zur Verstromung von der Behandlung zur sonstigen Verwertung unterscheidet. So lange die Weiterverarbeitungsschritte identisch sind, besteht noch eine Wahlfreiheit zwischen der energetischen Verwertung (inkl. Abs. 2) und einer sonstigen Nutzung. Zulässig ist danach in der Regel etwa die zur Lagerung notwendige Reinigung sowie das Aussortieren von Steinen, Erde, Sand und Unkrautsamen (unerwünschte Feuchtigkeitsträger). 58

b) Gülle oder Schlempe (Abs. 2 Satz 1 Nr. 1 lit. b). Litera b erweitert den Kreis der begünstigten Stoffe um Gülle im Sinne der europäischen HygieneV und Schlempe. 59

Gülle sind nach Anhang I Nr. 37 HygieneV, die insoweit durch die EG-Verordnung Nr. 808/2003 vom 12. Mai 2003 neu gefasst worden ist,[111] „Exkremente und/oder Urin von Nutztieren, mit oder ohne Einstreu, sowie Guano". Nutztiere sind nach Art. 2 Nr. 4 der Verordnung „Tiere, die von Menschen gehalten, gemästet oder gezüchtet und zur Erzeugung von Lebensmitteln (wie Fleisch, Milch und Eiern) oder zur Gewinnung von Wolle, Pelzen, Federn, Häuten oder anderer Erzeugnisse tierischen Ursprungs genutzt werden." Damit sind in der Regel insbesondere Rinder, Schweine, Schafe und Hühner erfasst, nicht aber Pferde, Zoo- und Zirkustiere.[112] 60

---

[107] Vgl. *Salje*, EEG, 3. Aufl., § 8 Rn. 108.
[108] Pflanzenöl ist Bestandteil von Pflanzensamen und wird üblicherweise durch Kaltpressung von Samenkörnern und anschließende Filtration (dezentrale Ölmühlen) oder durch Heißextraktion mit nachgeschalteter Raffination in zentralen Großmühlen gewonnen. Es besteht nur aus Kohlendioxid, Wasserstoff und geringer Anteile Sauerstoff. Vgl. *Schrimpff*, Gutachten zur Herkunft und Natur von Pflanzenöl als originär biogener Treibstoff (unveröffentlicht).
[109] So auch *Salje*, EEG, 3. Aufl., § 8 Rn. 104.
[110] Vgl. oben Rn. 43.
[111] Verordnung (EG) Nr. 808/2003 der Kommission vom 12. 5. 2003 zur Änderung der Verordnung (EG) Nr. 1774/2002 des Europäischen Parlaments und des Rates mit Hygienevorschriften für nicht für den menschlichen Verzehr bestimmten tierische Nebenprodukte, ABl. EU Nr. L 117 v. 13. 5. 2003, S. 1ff.
[112] Soweit in Begründung des Gesetzgebers davon die Rede ist, es seien sämtliche Fäkalien tierischer Herkunft erfasst (vgl. Begründung zu § 8 Abs. 2, BT-Drs. 15/2864), ist insofern der Inhalt der entsprechenden Bestimmung der HygieneV unzutreffend wiedergegeben.

§ 8 61, 62   Erneuerbare-Energien-Gesetz

61   **Schlempe** ist der eiweißhaltige Destillationsrückstand bei der Herstellung von Alkohol (speziell von Branntweinen) aus Getreide oder Kartoffeln.[113] Er findet häufig als Futter, insbesondere in der Rindermast und Milchviehhaltung, Verwendung. Schlempe ist nur dann ein Stoff, der in den Anwendungsbereich des Abs. 2 Nr. 1 fällt, wenn sie **in landwirtschaftlichen Brennereien im Sinne des § 25** BranntwMonG[114] anfällt. Es kommt jedoch nicht darauf an, ob aus diesen Brennereien auch tatsächlich Branntweine an die Bundesmonopolverwaltung abgeliefert werden.[115] Landwirtschaftliche Brennereien können als Einzelbrennereien oder als Gemeinschaftsbrennereien betrieben werden (§ 25 Abs. 1 BranntwMonG). Eine Einzelbrennerei muss nach § 25 Abs. 2 Nr. 1 BranntwMonG mit einem landwirtschaftlichen Betrieb verbunden sein (Brennereiwirtschaft); Brennerei und Landwirtschaft müssen für Rechnung desselben Besitzers betrieben werden; eine Gemeinschaftsbrennerei muss nach § 25 Abs. 3 Nr. 1 BranntwMonG von mindestens zwei Besitzern landwirtschaftlicher Betriebe (Brennereigüter) für gemeinschaftliche Rechnung betrieben werden. Da Abs. 2 Satz 1 Nr. 2 nur auf § 25 BranntwMonG, nicht aber auf § 27 BranntwMonG verweist, dürfen sowohl in der Einzel- wie in der Gemeinschaftsbrennerei **nur Kartoffeln und Getreide verarbeitet werden** (§ 25 Abs. 2 Nr. 2 und Abs. 3 Nr. 2 BranntwMonG). Der Anspruch besteht allerdings nicht nur für Schlempe aus Brennereien, die im Monopol aktiv sind. Denn die Teilnahme am Monopol des BranntwMonG ist gerade keine Voraussetzung des § 25 BranntMonG. Brennereien, die zwar die Voraussetzungen des § 25 BrannwMonG erfüllen, aber nicht im Monopol aktiv sind, fallen daher gleichermaßen in den Anwendungsbereich des Abs. 2.[116] Die Beschränkung auf § 25 BranntMonG war Ergebnis eines politischen Kompromisses im Umweltausschuss des Deutschen Bundestages.

62   Litera b verlangt weiter, dass für die Schlempe **keine anderweitige Verwertungspflicht** nach § 25 Abs. 2 Nr. 3 oder Abs. 3 Nr. 3 BranntwMonG besteht. Nach § 25 Abs. 2 Nr. 3 und Abs. 3 Nr. 3 muss die Schlempe grundsätzlich restlos an das Vieh der Brennereiwirtschaft bzw. der Brennereigüter verfüttert werden. Aller Dünger, der während der Schlempefütterung anfällt, muss auf den Grundstücken der Brennereiwirtschaft bzw. der Brennereigüter verwendet werden. Die Verpflichtung zur Schlempe- und Düngerverwertung entfällt nur dann, wenn in der Brennerei während des Betriebsjahres überwiegend Rohstoffe verarbeitet werden, die selbstgewonnen sind. Bei Gemeinschaftsbrennereien kommt hinzu, dass dann jeder Besitzer eines Brennereigutes im Betriebsjahr grundsätzlich[117] mindestens die Hälfte der Menge an selbstgewonnenen Rohstoffen an die Brennerei liefern muss, die seinem Anteil an der landwirtschaftlichen Nutzfläche aller Brennereigüter, bezogen auf die tatsächlich für die Brennerei genutzte landwirtschaftliche Nutzfläche, zu Beginn des Betriebsjahres entspricht. Diese Regelung führt im Ergebnis dazu, dass nur solche Schlempe die Tatbestandsvoraussetzungen des Abs. 2 Satz 1 Nr. 1 lit. b erfüllt, die aus einer landwirtschaftlichen Brennerei anfällt, die überwiegend **selbstgewonnenes Getreide oder selbstgewonnene Kartoffeln** als Rohstoffe verwendet.

---

[113] Grundsätzlich auch aus Obst. Obst darf jedoch in landwirtschaftlichen Brennereien nach § 25 Abs. 2 Nr. 2 u. Abs. 3 Nr. 2 BranntwMonG nicht verarbeitet werden.
[114] Gesetz über das Branntweinmonopol v. 8. 4. 1922, RGBl. I S. 335, 405, zuletzt geändert durch am 21. 7. 2004, BGBl. I S. 1753.
[115] Vgl. Begründung, zu § 8 Abs. 2, BT-Drs. 15/2864.
[116] Vgl. Begründung, zu § 8 Abs. 2, BT-Drs. 15/2864, S. 40.
[117] Nach § 25 Abs. 3 Nr. 3 Satz 6 i. V. m. Satz 4 kann eine Ausnahme zugelassen werden.

c) **Aus beiden Stoffgruppen (Abs. 2 Satz 1 Nr. 1 lit. c).** Litera c stellt 63
klar, dass es sich auch um Gemische dieser Stoffgruppen handeln kann.[118] Der
Anlagenbetreiber ist berechtigt, die für ihn günstigste Mischung aus den genannten
Einsatzstoffen zu verwenden.[119]

d) **Ausschließlichkeit.** Absatz 2 Satz 1 Nr. 1 verlangt, dass der Strom aus- 64
schließlich aus den genannten Stoffen gewonnen wird. **Geringfügige Verunreinigungen,** die praktisch nicht oder allenfalls mit weit unverhältnismäßigem Aufwand auszuschließen wären, sind jedoch in eng begrenztem Umfang zulässig. Auch eine Zünd- und Stützfeuerung unter Einsatz geringer Mengen konventioneller Energieträger (für Anlagen, die bis zum 31. 12. 2006 in Betrieb genommen werden) bzw. Biomasse i. S. d. BiomasseV nach Abs. 7 oder Pflanzenölmetylhlester ist zulässig, solange und soweit sie aus technischen Gründen für die Verstromung von Biomasse unverzichtbar sind.[120] Ebenso ist der Einsatz von **Betriebshilfsmitteln** wie Spurenelementen (Wolybän, Wolfram u. ä.), Enzym-Präparaten (Hydolsaden u. ä.) sowie Algen- Bakterien oder Enzymenoder mineralischen Präparaten zur Verbesserung der Gärwirkung der Biomasseanlagen mit dem Ziel einer höheren Effizienz und besserer Prozessführung im Hinblick auf Ziel und Zweck des EEG unschädlich, da diese Stoffe selbst als Betriebsmittel der Anlagentechnik und nicht dem Einsatzstoff zuzurechnen sind. Dagegen führt etwa die Zugabe von Käse, Molke oder Spülwasser von Hofkäsereien sowie Kolostralmilch oder Hemmstoffmilch zur Gülle oder die Beimischung von Sägerestholz als Einsatzstoffe zum vollständigen Verlust des Bonus. Für Holz ist Abs. 2 Satz 2 zu beachten.[121]

Eine **bestehende Anlage kann** auf die ausschließliche Nutzung von Stoffen 65
nach Abs. 2 **umgestellt werden.** Dazu muss sichergestellt werden, dass der Strom ausschließlich aus den genannten Stoffen stammt. Die kann etwa durch die vorherige Leerung und Reinigung der Fermenter erfolgen, aber auch durch das – aus wirtschaftlicher und ökologischer Sicht sinnvollere – Abwarten der durchschnittlichen hydraulischen Verweildauer des Substrats in der Biogasanlage. In der Praxis ist zwischen Anlagen- und Netzbetreibern folgende, dem Gesetz Rechnung tragende, Handhabung vereinbart worden: Nach Umstellung auf den Einsatz nach Abs. 2 zulässiger Stoffe ist nach einer Wartezeit von 28 Tagen bei im Hauptfermenter mesophil betriebenen Biogasanlagen und nach einer Wartezeit von 14 Tagen bei im Hauptfermenter thermophil betriebenen Biogasanlagen von einer vollständigen Umstellung der Anlage auszugehen; dabei ist bereits ein Sicherheitsfaktor berücksichtigt.

**Beispielhafte Stoffliste des Fachverbands Biogas e. V. in
Zusammenarbeit mit der Bayerischen Landesanstalt für
Landwirtschaft (LfL), Institut für Agrarökonomie,
Stand Januar 2005 (www.biogas.org):**

Positivliste	Negativliste
Kot und/oder Harn	
Kot und/oder Harn einschließlich Einstreu von **Nutztieren,** vom eigenen landwirtschaftlichen Betrieb oder von anderen landwirtschaftlichen Betrieben, sofern nach An-	Kot und/oder Harn einschließlich Einstreu von **Heimtieren.** **Heimtiere** sind Tiere von Arten, die normalerweise von Menschen zu anderen Zwe-

---

[118] Vgl. Begründung, zu § 8 Abs. 2, BT-Drs. 15/2864.
[119] Vgl. *Salje*, EEG, 3. Aufl., § 8 Rn. 114.
[120] Vgl. dazu unter Rn. 114 ff.
[121] Vgl. unten Rn. 70 ff.

§ 8 65   Erneuerbare-Energien-Gesetz

Positivliste	Negativliste
sicht der zuständigen Behörden keine Gefahr der Verbreitung einer schweren übertragbaren Krankheit besteht. **Nutztiere** sind Tiere die von Menschen gehalten, gemästet oder gezüchtet und zur Erzeugung von Lebensmitteln (wie Fleisch, Milch und Eiern) oder zur Gewinnung von Wolle, Pelzen, Federn, Häuten oder anderen Erzeugnissen tierischen Ursprungs genutzt werden. Nutztiere sind dementsprechend: Rinder, Schweine, Schafe, Ziegen, Geflügel, ...	cken als zu landwirtschaftlichen Nutzzwecken gefüttert und gehalten, jedoch nicht verzehrt werden. Heimtiere sind dementsprechend: Pferde, Zoo- und Zirkustiere, ...
Schlempe	
Schlempe aus einer **landwirtschaftlichen Brennerei**, für die nach § 25 BranntMonG keine anderweitige Verwertungspflicht besteht. **Landwirtschaftliche Brennereien** können als Einzelbrennerei oder als Gemeinschaftsbrennerei betrieben werden. Eine Einzelbrennerei muss folgende Bedingungen erfüllen: Die Brennerei muss mit einem landwirtschaftlichen Betrieb verbunden sein (Brennereiwirtschaft). Brennerei und Landwirtschaft müssen für Rechnung desselben Besitzers betrieben werden. In der Brennerei dürfen nur Kartoffeln und Getreide verarbeitet werden. Die Rückstände des Brennereibetriebes müssen restlos an das Vieh der Brennereiwirtschaft verfüttert werden. Alle Dünger, der während der Schlempefütterung anfällt, muss auf den Grundstücken der Brennereiwirtschaft verwendet werden. Die Verpflichtung zur Schlempe- und Düngerverwertung entfällt, wenn in der Brennerei während des Betriebsjahres überwiegend Rohstoffe verarbeitet werden, die selbst gewonnen sind. Für Gemeinschaftsbrennereien gelten sinngemäß dieselben Bedingungen.	Schlempe aus nicht landwirtschaftlichen Brennereien und Bioethanolfabriken.
Pflanzen oder Pflanzenbestandteile, die in landwirtschaftlichen, forstwirtschaftlichen oder gartenbaulichen Betrieben anfallen	
Ganzpflanzen, die keiner weiteren als der zur Ernte, Konservierung oder Nutzung in der Biomasseanlage erfolgten Aufbereitung oder Veränderung unterzogen wurden. In Form von Grüngut, Silage oder Trockengut können dies sein: Der Aufwuchs von Wiesen und Weiden, Ackerfutterpflanzen einschließlich als Ganzpflanzen geerntete Getreide, Ölsaaten oder Leguminosen, ... Nicht aufbereitete oder aussortierte Gemüse, Heil- und Gewürzpflanzen, Schnittblumen, ...	**Ganzpflanzen**, die einer weiteren als der zur Ernte, Konservierung oder Nutzung in der Biomasseanlage erfolgten Aufbereitung oder Veränderung unterzogen wurden. Beispiele dafür sind: Gemüse, Heil- und Gewürzpflanzen, Schnittblumen, die zur weiteren Vermarktung getrocknet wurden, aussortierte Kartoffeln.

Vergütung für Strom aus Biomasse 66–68 § 8

Positivliste	Negativliste
Pflanzenbestandteile, die keiner weiteren als der zur Ernte, Konservierung oder Nutzung in der Biomasseanlage erfolgten Aufbereitung oder Veränderung unterzogen wurden. In Form von Grüngut, Silage oder Trockengut können dies sein: Körner, Samen, Corn-Cob-Mix, Knollen, Rüben, Obst, Gemüse, ... Kartoffelkraut, Rübenblätter, Stroh, ...	**Pflanzenbestandteile,** die einer weiteren als der zur Ernte, Konservierung oder Nutzung in der Biomasseanlage erfolgten Aufbereitung oder Veränderung unterzogen wurden. Beispiele dafür sind: Getreideabputz, Rübenkleinteile und Rübenschnitzel als Nebenprodukt der Zuckerproduktion, Gemüseabputz, Kartoffelschalen, Pülpe, Treber, Trester, Presskuchen, Extraktionsschrote ...
Pflanzen oder Pflanzenbestandteile, die im Rahmen der Landschaftspflege anfallen	
Beispiele sind Grasschnitt aus der **Landschaftspflege,** kommunaler Grasschnitt, Grünschnitt von Golf- und Sportplätzen sowie Privatgärten u. ä.	

2. Anforderungen an die Anlage/den Anlagenbetreiber (Abs. 2 Satz 1 Nr. 2)

Absatz 2 Satz 1 Nr. 2 legt fest, dass der Bonus grundsätzlich nur in Anspruch 66
genommen werden kann, wenn die Biomasseanlage **ausschließlich für den Betrieb mit Stoffen nach Nr. 1 genehmigt** ist. Das kann entweder durch die behördliche Zulassung nach Art. 15 HygieneV, durch eine immissionsschutzrechtliche Genehmigung oder durch eine Baugenehmigung geschehen. Die Genehmigung muss sicherstellen, dass ausschließlich die in Nr. 1 genannten Stoffe eingesetzt werden dürfen. Der jeweilige Anlagenbetreiber ist gehalten, durch die Gestaltung des Antrages an die Genehmigungsbehörde selbst für die entsprechende Genehmigung zu sorgen.

Liegt eine solche Genehmigung nicht vor, kann der Anlagenbetreiber durch ein 67
Einsatzstoff-Tagebuch mit Angaben und Belegen über Art, Menge und Herkunft der eingesetzten Stoffe den Nachweis führen, dass keine anderen Stoffe eingesetzt werden. Speziell bei Biogasanlagen macht sich das Gesetz insoweit die strengen seuchenhygienischen Kontrollvorschriften der HygieneV zu Nutze, die neben der Eigenkontrolle eine regelmäßige behördliche Überwachung vorsieht.[122]

3. Anforderungen an das Betriebsgelände (Abs. 2 Satz 1 Nr. 3)

Wie die Bestimmungen von Abs. 2 Satz 1 Nr. 2 dient auch Nr. 3 dazu, der 68
Gefahr von Umgehungen zu begegnen. Absatz 2 Satz 1 Nr. 3 legt fest, dass der erhöhte Vergütungssatz auch bei Erfüllung der Voraussetzungen von Nr. 1 und 2 nicht beansprucht werden kann, wenn sich auf dem Betriebsgelände Biomasseanlagen befinden, in denen andere Stoffe eingesetzt werden. Wer Eigentümer der verschiedenen Biomasseanlagen ist, ist unerheblich. Der **Begriff des Betriebsgeländes ist funktional zu bestimmen** und nicht identisch mit dem Begriff des Grundstücks im Sinne des BGB. Ein Betriebsgelände ist danach eine bestimmte Fläche, auf der die Betriebsanlagen und Betriebsmitteln eines Betriebs organisatorisch zusammengefasst sind.[123] Ein Betriebsgelände kann sich über mehrere Grundstücke erstrecken oder auch nur den Teil eines Grundstücks einnehmen. Im Hinblick auf Sinn und Zweck der Vorschrift ist Betrieb in diesem Sinne nicht die einzelne Biomasseanlage, sondern die **Gesamtheit der Betriebsanlagen und**

---

[122] Vgl. Begründung, zu § 8 Abs. 2, BT-Drs. 15/2864.
[123] Vgl. auch BVerwG, Urt. v. 16. 12. 1993, Az. 4 C 19/92.

Betriebsmittel, die nach der Verkehrsauffassung organisatorisch und wirtschaftlich eine Einheit bilden, also der gesamte landwirtschaftliche, forstwirtschaftliche oder gartenbauliche Betrieb. Wer Eigentümer der Grundstücke ist, ist unerheblich. So kann sich ein Betrieb über mehrere Grundstücke erstrecken, die unterschiedlichen Eigentümern gehören. Ebenso können sich auf einem Grundstück mehrere Betriebe befinden.[124]

69   Die Einhaltung dieser Voraussetzungen wird durch Abs. 2 Satz 3 zusätzlich abgesichert, indem dieser als Folge der **Nichtbeachtung** den **dauerhaften Verlust** der Zusatzvergünstigung festlegt.[125]

4. Sonderregelung für Holz (Abs. 2 Satz 2)

70   Satz 2 schränkt die Anwendbarkeit des Abs. 2 auf Biomasseanlagen mit einer Leistung von über 500 kW installierter Leistung ein, wenn in diesen Holz verbrannt wird. Satz 2 ist insofern lex specialis zu Satz 1 Nr. 1 lit. a.[126] Das **Holz muss also ebenfalls in landwirtschaftlichen, forstwirtschaftlichen oder gartenbaulichen Betrieben oder im Rahmen der Landschaftspflege angefallen sein** und keiner weiteren als der zur Ernte, Konservierung oder Nutzung in Biomasseanlagen erfolgten Aufbereitung oder Veränderung unterzogen worden sein.

71   Die Vorschrift greift bereits dann, **wenn auch nur teilweise Holz mit verbrannt wird** und im Übrigen andere unter Nr. 1 fallende Stoffe eingesetzt werden.

72   **Holz** ist allgemein die Bezeichnung für das vom sog. Kambium (teilungsfähiges Pflanzengewebe) nach innen abgegebene Dauergewebe der Stämme, Äste und Wurzeln von Gehölzen. Die Zellwände sind meist durch Ligineinlagerungen verstärkt, wodurch die mechanische Festigkeit erhöht wird.[127] Holz kann nach Hauptnutzungsprozess und Anfallort unterschieden werden in Rohholz,[128] Durchforstungs- und Waldrestholz, Landschaftspflegeholz, Industrierestholz und Gebraucht- bzw. Altholz.[129] Da Abs. 2 Satz 2 eine Sonderregelung zu Satz 1 Nr. 1 lit. a darstellt, der nur eine Aufbereitung und Veränderung des Holzes zur Ernte, Konservierung oder Nutzung in der Biomasseanlage erlaubt, stellen **nur Roh-, Durchforstungs- und Waldrestholz sowie Landschaftspflegeholz „Holz" im Sinne dieser Vorschrift** dar.

73   **Rohholz** kann nach Anlage zu § 1 der Verordnung über gesetzliche Handelsklassen für Rohholz[130] nach Stärke und Verwendungszweck unterschieden werden in Langholz (Stammholz), Schichtholz, Schwellenholz und (das im Rahmen des § 8 nicht in Betracht kommende) Industrieholz sowie in verschiedene Güteklassen eingeteilt sein.[131]

74   **Durchforstungsholz** und **Waldrestholz** sind insbesondere Schwachholz aus Durchforstungsmaßnahmen und Schlagabraum (das bei der Endnutzung und Durchforstung von Beständen im Wald verbleibende Holz einschließlich Kronenderbholz, Reisholz und Rinde).[132]

---

[124] Für eine enge Auslegung des Begriffs „dasselbe Betriebsgelände" *Salje,* EEG, 3. Aufl., § 8 Rn. 121.
[125] Kritisch *Salje,* EEG, 3. Aufl., § 8 Rn. 123.
[126] So wohl auch *Salje,* EEG, 3. Aufl., § 8 Rn. 125.
[127] Vgl. Brockhaus Enzyklopädie, Bd. 10, 1989, S. 198.
[128] Rohholz ist nach § 1 Abs. 2 des Gesetzes über Handelsklassen für Rohholz „gefälltes, entwipfeltes und entastetes Holz, auch entrindet, abgelängt oder gespalten ist" (BGBl. 1969 I S. 149, zuletzt geändert am 25. 11. 2003, BGBl. I S. 2304).
[129] Vgl. *Kaltschmitt/Hartmann,* Energie aus Biomasse, S. 95 ff.
[130] BGBl. I 1969 S. 1075, geändert durch Gesetz v. 6. 12. 1973, BGBl. I S. 1913.
[131] Vgl. auch *Kaltschmitt/Hartmann,* Energie aus Biomasse, S. 96 f.
[132] *Kaltschmitt/Hartmann,* Energie aus Biomasse, S. 97 ff.

Vergütung für Strom aus Biomasse

Landschaftspflegeholz ist das Holz, das bei Pflegearbeiten, Baumschnittaktivitäten in der Land- und Gartenbauwirtschaft und oder sonstigen landschaftspflegerischen oder gärtnerischen Maßnahmen anfällt.[133] 75

Verbrennung ist die Oxidation von in der Biomasse enthaltenem Kohlenstoff oder Wasserstoff in Gegenwart von Sauerstoff unter Energiefreisetzung zu Kohlenstoffdioxid oder Wasser. Die Verbrennung ist zu unterscheiden von der Erzeugung von Biogas durch anaerobe Vergärung oder Holzgas durch so genannte Vergasungsprozesse.[134] Nicht erfasst von Abs. 2 Satz 2 sind Anlagen, in denen aus Holzvergasung gewonnenes Gas verbrannt wird.[135] 76

5. Entstehung und Entfallen des Bonusanspruchs (Abs. 2 Satz 3 und 4)

Absatz 2 Satz 3 bringt zum Ausdruck, dass die Zusatzvergütung des Abs. 2 in Anspruch genommen werden kann, sobald die Anlage erstmals die Voraussetzungen des Satzes 1 erfüllt. Der Bonus kann also seit dem Inkrafttreten des Gesetzes am 1. August 2004 (aber nicht rückwirkend) auch für bestehende Anlagen beansprucht werden, wenn diese nachträglich auf einen ausschließlichen Betrieb mit den genannten Einsatzstoffen umgestellt werden oder zu diesem Zeitpunkt bereits diesen Anforderungen entsprechen. Damit korrespondiert die Übergangsregelung des § 21 Abs. 1 Nr. 5, welche die (sinngemäße) Anwendbarkeit des neuen Abs. 2 auch für vor dem Inkrafttreten der Neuregelung in Betrieb genommene Anlagen sicherstellt. 77

Nach Satz 4 **entfällt** der Anspruch auf den Bonus **endgültig, also für immer, ab dem Zeitpunkt, ab dem die Voraussetzungen des Satzes 1 nicht mehr erfüllt sind.** Werden also auch nur einmal andere als die nach Satz 1 Nr. 1 zugelassenen Stoffe eingesetzt oder genügen Genehmigung oder Einsatzstoff-Tagebuch nicht den Anforderungen, kann der Bonus für die betreffende Anlage auch in Zukunft nicht mehr in Anspruch genommen werden. Diese relativ harte Sanktion soll dazu dienen, der Gefahr von Umgehungen vorzubeugen.[136] Es empfiehlt sich daher bei Brennstoffengpässen, notfalls der Stillstand der Anlage in Kauf zu nehmen, um den Bonusanspruch nicht zu verlieren. 78

F. Tatbestandsvoraussetzungen für den Bonus für Kraft-Wärme-Kopplungsstrom – sog. KWK-Bonus (Abs. 3)

Absatz 3 gewährt einen Anspruch auf eine Zusatzvergütung (Bonus) in Höhe von 2 Ct/kWh, soweit es sich um Strom im Sinne von § 3 Abs. 4 KWKG handelt, bei dessen Erzeugung also gleichzeitig Wärme gewonnen und genutzt wird. Der KWK-Bonus ist nicht auf die unteren Leistungsstufen begrenzt, wie beim Bonus für nachwachsende Rohstoffe, sondern wird für alle Leistungsstufen, also bis 20 MW gewährt. Der KWK-Bonus ist mit den Boni nach Abs. 2 und 4 kombinierbar, wenn die Voraussetzungen kumulativ vorliegen. 79

I. Hintergrund

Hintergrund der Regelung sind Erfahrungen mit dem EEG 2000, nach denen die Stromerzeugung in Biomasseanlagen in der Regel ohne die umweltpolitisch 80

---

[133] *Kaltschmitt/Hartmann,* Energie aus Biomasse, S. 100 ff.
[134] *Nussbaumer,* in: Kaltschmitt/Hartmann, Energie aus Biomasse, S. 243 f.
[135] Begründung zu § 8 Abs. 2, BT-Drs. 15/2864.
[136] Vgl. Begründung, zu § 8 Abs. 2, BT-Drs. 15/2864.

sinnvolle und vom Gesetzgeber gewünschte Wärmeauskopplung stattfand, da sie sich in den seltensten Fällen wirtschaftlich darstellen ließ. Im Zuge des Gesetzgebungsverfahrens wurde daher erwogen, Mindestwirkungsgrade für Biomasseverstromungsanlagen festzulegen. Wegen der Vielfalt der möglichen Techniken mit unterschiedlichsten Wirkungsgraden musste von diesem Vorhaben Abstand genommen werden. Stattdessen entschloss sich der Gesetzgeber, die Wärmeauskopplung mit einem Bonus für den erzeugten Strom zu honorieren.

II. Tatbestandsvoraussetzungen

1. KWK-Strom im Sinne des KWKG

81 Bedingung für den Bonus des Abs. 3 ist, dass es sich um **Strom im Sinne von § 3 Abs. 4 KWKG** handelt.

82 Voraussetzung dafür ist nach § 3 Abs. 4 Satz 1 KWKG zunächst, dass der Strom in einer **KWK-Anlage** im Sinne des KWKG erzeugt wird. KWK-Anlagen sind nach der abschließenden[137] Aufzählung in § 3 Abs. 2 KWKG Dampfturbinen-Anlagen (Gegendruckanlagen, Entnahme- und Anzapfkondensationsanlagen), Gasturbinen-Anlagen (mit Abhitzekessel oder mit Abhitzekessel und Dampfturbinen-Anlage), Verbrennungsmotoren-Anlagen, Stirling-Motoren, Dampfmotoren-Anlagen, ORC-Anlagen sowie Brennstoffzellen-Anlagen, in denen Strom und Nutzwärme erzeugt werden. Ein Anspruch auf den KWK-Bonus kann also nur dann entstehen, wenn der Strom in einer der genannten Anlagentypen gewonnen wird. Bei einer Verknüpfung einer ORC-Anlage mit einer Biogasanlage gilt nicht die zur Stromerzeugung in der ORC-Anlage genutzte Wärme als Nutzwärme, sondern nur die *nach* dem ORC-Prozess genutzte Wärme.

83 § 3 Abs. 4 KWKG unterscheidet darüber hinaus zwischen Strom aus KWK-Anlagen mit und ohne **Vorrichtungen zur Wärmeabfuhr**. Solche Vorrichtungen sind nach § 3 Abs. 8 KWKG Kondensations-, Kühl- und Bypasseinrichtungen (wie etwa ein Kamin), in denen die Strom- und Nutzwärmeerzeugung entkoppelt werden können.[138] Verfügt die Anlage über eine der genannten Vorrichtungen, kann der Anlagenbetreiber jederzeit Elektrizität erzeugen, ohne technisch zur gleichzeitigen Nutzung der in der Anlage erzeugten Wärme gezwungen zu sein.[139] Ohne entsprechende Vorrichtungen ist es nicht möglich, die Wärme ungenutzt abzuführen; Strom- und Nutzwärmeerzeugung können in diesen Fällen nicht entkoppelt werden.[140]

84 Der Anlagenbetreiber muss – anders als beim KWKG – keine Anlagengenehmigung durch das BAFA vorlegen.

85 **a) KWK-Anlagen mit Vorrichtungen zur Abwärmeabfuhr (Abs. 3 Satz 1).** Verfügt die KWK-Anlage über eine Vorrichtung zur Abwärmeabfuhr, so ist nach § 3 Abs. 4 Satz 1 KWKG der KWK-Strom zu bestimmen als das rechnerische **Produkt aus Nutzwärme und Stromkennzahl** der KWK-Anlage.

86 **Nutzwärme** ist gemäß § 3 Abs. 6 KWKG die aus einem KWK-Prozess ausgekoppelte Wärme, die außerhalb der KWK-Anlage verwendet wird (§ 3 Abs. 6

---

[137] Vgl. *Büdenbender/Rosin*, KWK-AusbauG, § 3 Rn. 31 ff.; *Topp*, in: Säcker, Berliner Kommentar zum Energierecht, KWKModG, § 3 Rn. 62 f.; *Salje*, KWKG 2002, § 3 Rn. 79.
[138] Vgl. dazu *Büdenbender/Rosin*, KWK-AusbauG, § 3 Rn. 139 ff.; *Salje*, KWKG 2002, § 3 Rn. 81 ff.
[139] *Salje*, KWKG 2002, § 3 Rn. 79.
[140] *Salje*, KWKG 2002, § 3 Rn. 19.

Vergütung für Strom aus Biomasse   87, 88 § 8

KWKG).¹⁴¹ Grundvoraussetzung ist damit, dass überhaupt Wärme produziert wird.¹⁴² Weitere Voraussetzung ist, dass Wärme aus einem KWK-Prozess im Sinne des § 3 Abs. 1 KWKG ausgekoppelt wird. Nur solche Wärme ist daher berücksichtigungsfähig, die bei der gleichzeitigen Umwandlung von Biomasse in elektrische Energie und in Nutzwärme im gekoppelten Betrieb entstanden ist. Sonstige angefallene Wärme, etwa aus reinen Heizwerken oder aus Spitzenlastkesseln im so genannten Kondensationsbetrieb, fällt nicht unter § 3 Abs. 6 KWKG.¹⁴³ Diese Wärme muss als dritte Voraussetzung nach § 3 Abs. 6 KWKG außerhalb der KWK-Anlage verwendet werden. Dabei ist zu beachten, dass der insoweit maßgebliche Anlagenbegriff des KWKG weiter ist als derjenige des § 3 Abs. 2 und den gesamten Komplex der Strom- und Wärmeerzeugung einschließlich aller baulichen Anlagen erfasst.¹⁴⁴ Das KWKG nennt vier verschiedene Ausprägungen der Wärmenutzung: Raumheizung, Warmwasserbereitung, Kälteerzeugung und Prozesswärme.¹⁴⁵ Diese Aufzählung ist allerdings nicht abschließend. Voraussetzung ist nur, dass nicht der Begriff der Abwärme erfüllt ist.¹⁴⁶ Zulässige Verwendungsformen sind daher auch die Beheizung von Fischteichen oder die Hygienisierung von Bioabfällen *außerhalb* der Anlage. Nicht erfasst wird demgegenüber die Prozessenergie der Biogasanlage, insbesondere die Beheizung des Fermenters¹⁴⁷ oder die Zuführung der Wärme an eine ORC-Anlage. Die Nutzwärme wird als Bruttonutzwärme am Anzapfpunkt gemessen.¹⁴⁸

Stromkennzahl ist nach § 3 Abs. 7 Satz 1 KWKG das **Verhältnis** der **KWK-** 87
Nettostromerzeugung zur **KWK-Nutzwärmeerzeugung** in einem bestimmten Zeitraum. Die Stromkennzahl ist arbeitsbezogen¹⁴⁹ und dient dazu, den Anteil an elektrischer Arbeit zu bestimmen, der in einer konkreten KWK-Anlage im gekoppelten Betrieb netto¹⁵⁰ erzeugt wird.

Die Stromkennzahl kann nicht messtechnisch für einen bestimmten Zeitraum 88
ermittelt werden, sondern muss im Wege eines Rechenprozesses als Mittelwert durch **Sachverständigengutachten** festgestellt werden.¹⁵¹ Insofern verweist Abs. 3 Satz 1 wie § 6 Abs. 1 Satz 3 Nr. 4 Satz 1 und Abs. 1 Satz 5 KWKG auf das **Arbeitsblatt FW 308**¹⁵² − Zertifizierung von KWK-Anlagen − Ermittlung des

---

¹⁴¹ Soweit in der Gesetzesbegründung von der Nutzung durch Dritte die Rede ist, ist das missverständlich. Es muss lediglich gewährleistet sein, dass die Wärme nicht innerhalb der Anlage selbst genutzt wird, sondern außerhalb, auch durch den Anlagenbetreiber selbst, etwa für die Raumheizung.
¹⁴² *Büdenbender/Rosin,* KWK-AusbauG, § 3 Rn. 112; *Salje,* KWKG 2002, § 3 Rn. 95.
¹⁴³ *Büdenbender/Rosin,* KWK-AusbauG, § 3 Rn. 113 ff.; *Salje,* KWKG 2002, § 3 Rn. 97.
¹⁴⁴ *Büdenbender/Rosin,* KWK-AusbauG, § 3; *Topp,* KWKG 2002, § 3 Rn. 34 ff.
¹⁴⁵ Vgl. zu den Begriffen *Büdenbender/Rosin,* KWK-AusbauG, § 3 Rn. 116 ff.; *Topp,* KWKG 2002, § 3 Rn. 53.
¹⁴⁶ Vgl. *Salje,* KWKG 2002, § 3 Rn. 103; a. A. *Büdenbender/Rosin,* KWK-AusbauG, § 3 Rn. 94 u. 115. Nach *Topp,* KWKG 2002, § 3 Rn. 49, ist jede nicht ökonomisch zwingende Vernichtung von Wärme ausgeschlossen.
¹⁴⁷ *Topp,* KWKModG, § 3. So auch die Position des Fachverbands Biogas (www.biogas.org).
¹⁴⁸ *Topp,* KWKModG, § 3 Rn. 50.
¹⁴⁹ Vgl. *Büdenbender/Rosin,* KWK-AusbauG, § 3 Rn. 123 ff.; *Topp,* KWKG 2002, § 3 Rn. 60 u. § 6 Rn. 61, sowie *Salje,* KWKG 2002, § 3 Rn. 106. Die arbeitsbezogene Stromkennzahl ist deutlich mehr als 10 Prozent niedriger als die leistungsbezogene Stromkennzahl, vgl. *Topp,* KWKG 2002, § 3 Rn. 60.
¹⁵⁰ *Topp,* KWKG 2002, § 3 Rn. 61.
¹⁵¹ Vgl. *Salje,* KWKG 2002, § 3 Rn. 110, § 6 Rn. 22 ff.; *Büdenbender/Rosin,* KWK-AusbauG, § 6 Rn. 51 ff.
¹⁵² BAnz. Nr. 218 a, v. 22. 11. 2002.

KWK-Stromes vom November 2002, herausgegeben von der Arbeitsgemeinschaft für Wärme und Heizkraftwirtschaft (AGFW). Weil für die Anlagen mit Vorrichtungen zur Wärmeabfuhr der KWK-Strom nur mit Hilfe der Stromkennzahl ermittelbar ist, muss das Sachverständigengutachten also die Stromkennzahl auf der Basis der im Arbeitsblatt FW 308 enthaltenen Berechnungsmethoden ausweisen.[153] Für serienmäßig hergestellte **kleine KWK-Anlagen** mit einer Leistung von bis zu 2 MW[154] statuiert Abs. 3 Satz 2 zur Vereinfachung eine Ausnahme von dieser aufwändigen Nachweispflicht. Für solche Anlagen können anstelle des Nachweises der Stromkennzahl nach FW 308 **geeignete Unterlagen des Herstellers** wie etwa eine Bescheinigung,[155] Prospekte, technische Datenblätter, Produktbeschreibungen oder Betriebsanleitungen vorgelegt werden, aus denen die thermische und elektrische Leistung sowie die Stromkennzahl hervorgehen.[156]

89   Die **KWK-Nettostromerzeugung** entspricht dem Teil der Nettostromerzeugung, der physikalisch unmittelbar mit der Erzeugung der Nutzwärme gekoppelt ist (§ 3 Abs. 7 Satz KWKG). Abzuziehen sind also die Nettostromanteile, die im ungekoppelten Betrieb anfallen.[157] Nettostromerzeugung ist die an den Generatorklemmen gemessene Stromerzeugung einer Anlage abzüglich des für ihren Betrieb erforderlichen Eigenverbrauchs (§ 3 Abs. 5 KWKG). Die KWK-Nettostromerzeugung ist auf Basis des Arbeitsblatts FW 308 durch den Sachverständigen einmalig standardisierte zu ermitteln.

90   Der Begriff der **KWK-Nutzwärmeerzeugung** ist im KWKG nicht näher definiert. Aus der Verwendung der Begrifflichkeiten „Nutzwärme" in § 3 Abs. 4 KWKG und „KWK-Nutzwärmeerzeugung" in § 3 Abs. 7 KWKG kann geschlossen werden, dass für die Berechnung der Stromkennzahl nicht die tatsächliche und möglicherweise wechselnde Nutzwärmeerzeugung, sondern nur die auf Basis des Arbeitsblatts FW 308 durch den Sachverständigen einmalig bestimmte standardisierte KWK-Nutzwärmeerzeugung heranzuziehen ist.[158]

91   **Beispiel:**[159] Hat eine KWK-Anlage, die über eine Vorrichtung zur Abwärmeabfuhr verfügt, im Kalenderjahr 1 Mio. kWh Strom an und 1 Mio. kWh an Wärme erzeugt und ist durch Sachverständigengutachten eine Stromkennzahl von 0,6 ermittelt worden, so beträgt der bonusfähige Teil der Nettostromerzeugung 600 000 kWh. Die restlichen 400 000 kWh entfallen auf den ungekoppelten Anlagenbetrieb.

92   **b) KWK-Anlagen ohne Vorrichtungen zur Abwärmeabfuhr (Abs. 3 Satz 2).** Verfügt die Anlage nicht über eine Vorrichtung zur Abwärmeabfuhr, ist KWK-Strom nach § 3 Abs. 4 Satz 2 KWKG die gesamte Nettostromerzeugung, also die an den Generatorklemmen gemessene Stromerzeugung einer Anlage abzüglich des für ihren Betrieb erforderlichen Eigenverbrauchs (§ 3 Abs. 5 KWKG).[160] Bei einem Verzicht auf die nach dem Stand der Technik mögliche Wärmenutzung muss die dann erfolgte Abwärmeabfuhr allerdings in Abzug gebracht werden.[161]

---

[153] *Salje*, KWKG 2002, § 3 Rn. 111; *Topp*, KWKG 2002, § 6 Rn. 60 ff.
[154] Vgl. § 3 Abs. 3 Satz 1 KWKG.
[155] Vgl. Begründung zu § 8 Abs. 3, BT-Drs. 15/2864.
[156] *Büdenbender/Rosin*, KWK-AusbauG, § 3 Rn. 74 ff.; *Salje*, KWKG 2002, § 6 Rn. 26 f.
[157] *Büdenbender/Rosin*, KWK-AusbauG, § 3 Rn. 127; *Topp*, KWKG 2002, § 3 Rn. 12; *Salje*, KWKG 2002, § 3 Rn. 113 f.
[158] *Salje*, KWKG 2002, § 3 Rn. 113 f.
[159] Angelehnt an *Salje*, KWKG 2002, § 3 Rn. 109.
[160] Vgl. *Salje*, KWKG 2002, § 3 Rn. 92.
[161] Vgl. *Topp*, KWKG 2002, § 3 Rn. 39 ff.

G. Tatbestandsvoraussetzungen für den Bonus für bestimmte Verfahren und Techniken – sog. Innovations-/Technologiebonus (Abs. 4)

I. Hintergrund

Hintergrund der Regelung des Abs. 4 sind Erfahrungen mit dem EEG 2000, 93 nach denen die Stromerzeugung in Biomasseanlagen in der Regel mit etablierter Technik bei vergleichsweise geringem Wirkungsgrad und ohne die umweltpolitisch sinnvolle und vom Gesetzgeber gewünschte Wärmeauskopplung stattfand. Mit dem in Abs. 4 verankerten Technologiebonus will der Gesetzgeber einen spezifischen Anreiz zum Einsatz innovativer, besonders energieeffizienter und damit umwelt- und klimaschonender Anlagentechniken setzen, deren Anwendung regelmäßig mit höheren Investitionskosten verbunden ist. An einem solchen Anreiz fehlt es in den bisherigen Regelungen, mit der Folge, dass im Bereich der Stromerzeugung aus Biomasse bislang überwiegend energetisch relativ wenig anspruchsvolle Technik zum Einsatz kommt. Der Bonus schafft damit einen Anreiz, innovative technische Verfahren zur Anwendung zu bringen und möglichst hohe Wirkungsgrade sowie niedrige Schadstoffwerte anzustreben.[162] Ziel der Bonusregelung ist es dabei, die Markteinführung dieser Technologien zu beschleunigen, um Skalierungseffekte erreichen zu können. Im Zuge des Gesetzgebungsverfahrens war auch insofern erwogen worden, Mindestwirkungsgrade für Biomasseverstromungsanlagen festzulegen. Wegen der Vielfalt der möglichen Techniken mit unterschiedlichsten Wirkungsgraden musste von diesem Vorhaben Abstand genommen werden. Stattdessen entschloss sich der Gesetzgeber, den Einsatz innovativer Technologien mit einem Bonus für den erzeugten Strom zu honorieren.

Zu beachten ist, dass der Technologiebonus anders als der KWK-Bonus wegen 94 § 21 nicht für vor dem 1. August 2004 in Betrieb genommene Anlagen beansprucht werden kann.

Der Bonus kann darüber hinaus, auch wenn mehrere in Abs. 4 aufgeführte 95 Techniken und/oder Verfahren in einer Anlage kombiniert werden, nur ein Mal in Anspruch genommen werden.

II. Tatbestandsvoraussetzungen

Voraussetzung ist für jede Fallgestaltung des Abs. 4, dass der gesamte Strom 96 entsprechend erzeugt wurde. Dies folgt aus der Verwendung des Wortes „wenn" im Gegensatz zu „soweit" (so Abs. 3).

1. KWK-Anlage

Der Bonus nach Abs. 4 ist an die Bedingung geknüpft, dass die Anlage – zumin- 97 dest zeitweise – auch in Kraft-Wärme-Kopplung betrieben wird. Kraft-Wärme-Kopplung ist die gleichzeitige Umwandlung von eingesetzter Energie in elektrische Energie und in Nutzwärme.[163] Anders als im Abs. 3 ist der Bonus aber nicht nur für den im gekoppelten Betrieb gelieferten Strom zu zahlen, sondern für sämtlichen in der betreffenden Anlage erzeugten Strom.[164] Eine zeitweise Nutzung

---

[162] Vgl. Begründung, zu § 8 Abs. 4, BT-Drs. 15/2864.
[163] Vgl. § 3 Abs. 1 KWKG.
[164] Vgl. Begründung, zu § 8 Abs. 4, BT-Drs. 15/2864.

liegt vor, wenn über die gesamte Betriebsdauer in nicht unerheblichem zeitlichem Umfang innerhalb eines Betriebsjahres (z.b. während der Kälteperiode) die anfallende Wärme außerhalb der Anlage genutzt wird.[165]

2. Verfahren

98 **a) Thermochemische Vergasung und Trockenfermentation. Thermochemische Vergasung** ist die thermochemische Umwandlung von Biomasse in einem wärmeinduzierten Prozess in einen gasförmigen Sekundärenergieträger. Bei diesem handelt es sich *nicht* um Biogas im Sinne des Gesetzes (vgl. § 3 Abs. 1), sondern um ein Gas anderer Art.[166] Der Terminus Biogas wird im EEG, den Begriffsbestimmungen der Praxis folgend, für das Produkt der anaeroben Vergärung von Biomasse in einem nicht thermochemischen, sondern einem mehrstufigen biochemischen Prozess verwendet.

99 Als **Trockenfermentation** im Gegensatz zu Nassvergärung wird die Vergärung von Biomassesubstraten bezeichnet, wenn der Anteil der Trockensubstanz mindestens 25 Prozent beträgt. Bei Trockenfermentationsverfahren werden im Gegensatz zu den in der Praxis gängigen Nassvergärungsverfahren keine pumpfähigen (z.B. Gülle oder Schlempe), sondern stapelbare Substrate (z.B. Gras, Silage, Festmist) eingesetzt. Die eingesetzten organischen Stoffe haben dabei in der Regel einen Wassergehalt von unter 70 Prozent.[167] Die Begünstigung von Strom aus Biomasse, die mittels Trockenfermentationsverfahren in gasförmigen Zustand umgewandelt wurde, dient der Erschließung zusätzlicher Biomassepotenziale.

100 **b) Aufbereitung des Gases auf Erdgasqualität. Gas aus Biomasse** kann in das Erdgasnetz eingespeist werden. Das ist insbesondere sinnvoll, wenn am Ort der Gaserzeugung keine Nachfrage nach Abwärme besteht, die beim Stromerzeugungsprozess entsteht. Die Einspeisung von Gas aus Biomasse ermöglicht so eine effizientere Nutzung des Gases an anderer Stelle in einer Kraft-Wärme-Kopplungsanlage. Nach dem Willen des Gesetzgebers sollen die noch hohen Kosten der Gasreinigung über den Bonus aufgefangen werden. Durch das Gas aus Biomasse könne in vorhandenen Kraft-Wärme-Kopplungsanlagen Erdgas verdrängt und somit ein Beitrag zur Ressourcenschonung und zum Klimaschutz geleistet werden. Im Falle der Inbetriebnahme einer neuen Kraft-Wärme-Kopplungsanlage, die mit Gas aus Biomasse betrieben wird, erhöhe sich zudem der Anteil der Stromerzeugungsanlagen mit besonders guter Energieeffizienz.[168]

101 **Biogas** besteht zu 50 bis 75 Prozent aus Methan, im Übrigen aber aus Kohlendioxid und einigen Spurenstoffen. Unter den Spurenstoffen können insbesondere Schwefelwasserstoff und Stickstoffverbindungen Geruchs- und Korrosionsprobleme bereiten. Die Einspeisung und Vermischung von Biogas mit Erdgas setzt daher voraus, dass das Gas zur Entfernung von Schwefelwasserstoff und Kohlenstoffdioxid gereinigt und getrocknet wird. Vor einer Einspeisung des erzeugten Gases in Erdgasleitungen ist eine Qualität herzustellen, die mit der des Erdgases vergleichbar ist.[169] Dies folgt rechtlich aus § 35 GasNZV. Danach sind bei der Gaseinspeisung die allgemein anerkannten Regeln der Technik zu beachten (§ 35 Abs. 1 GasNZV), was vermutet wird, wenn die technischen Regeln des deutschen Vereins des Gas- und Wasserfachs e.V. (DVGW) eingehalten werden (§ 35 Abs. 1 GasNZV). Gemäß diesen Regeln ist eine Abtrennung des enthaltenen Kohlendi-

---

[165] Vgl. oben Rn. 79 ff.
[166] Vgl. *Nussbaumer,* in: Kaltschmitt/Hartmann, Energie aus Biomasse, S. 244.
[167] Vgl. Begründung, zu § 8 Abs. 4, BT-Drs. 15/2864.
[168] Vgl. Begründung, zu § 8 Abs. 4, BT-Drs. 15/2864.
[169] Vgl. *Edelmann,* in: Kaltschmitt/Hartmann, Energie aus Biomasse, S. 682 sowie *Schulz/Hille,* Untersuchung zur Aufbereitung von Biogas, S. 5.

Vergütung für Strom aus Biomasse 102–105 § 8

oxids erforderlich. Für die Aufbereitung von Gasen sind insbesondere die folgenden Regelwerke relevant:[170]
- Das **Arbeitsblatt G 260/Gasbeschaffenheit** (Januar 2000) definiert die grundlegende Zusammensetzung sowie die Grenzwerte der brenntechnischen Kenndaten von Gasen in der öffentlichen Gasversorgung, die bei einer Einspeisung in das öffentliche Netz einzuhalten sind.
- Das **Arbeitsblatt G 685/Gasabrechnung** (April 1993) stellt Anforderungen an die Gasbeschaffenheit aus Gründen der Abrechnungsgerechtigkeit, die einzuhalten sind, da der Verkauf von Gas der Eichpflicht unterliegt.
- Das **Merkblatt ATV-DVGW-M 363/Herkunft, Aufbereitung und Verwertung von Biogasen** formuliert Empfehlungen zur Aufbereitung des Biogases, so dass die brenntechnischen Eigenschaften des Netzgases erreicht werden.
- Das **Arbeitsblatt G 262/Nutzung von regenerativ erzeugten Gasen,** das die Bedingungen für die Einspeisung und das Prozedere beschreibt: Um den Einspeisebedingungen, wie in § 35 GasNZV definiert sind, zu genügen, muss das Biogas verdichtet und so aufbereitet werden, dass es mit dem Erdgas in der Leitung kompatibel ist. Neu ist auch, dass in dem Entwurf nicht nur Gase berücksichtigt werden, die durch Vergärung organischer Substanzen entstehen, sondern auch solche, die durch thermische Prozesse aus nachwachsenden Rohstoffen erzeugt werden.

Derzeit sind drei verschiedene **Grundkonzepte** für die Gasaufbereitung am 102 Markt verfügbar: die so genannte Druckwasserwäsche, die Druckwechselabsorption an Kohlenstoffmolekularsieben und die chemische Absorption mit Hilfe eines Monoäthanolaminbades sowie die ähnlich arbeitende physikalische Absorption mit Hilfe von Polyethylenglykol.[171]

c) **Bestimmte Anlagentechniken.** Als **Brennstoffzellen** werden elektroche- 103 mische Wandler bezeichnet, in denen gewöhnliche Verbrennungsvorgänge als Redox-Reaktionen zur Strom- und Wärmegewinnung durch Vereinigung von wasserstoffhaltigem Gas und Sauerstoff ablaufen. Sie benötigen keine mechanische Rotationsenergie als Zwischenstufe zur Erzeugung elektrischer Energie und verfügen daher weder über Turbinen noch Generatoren. Brennstoffzellen zeichnen sich durch hohe Wirkungsgrade und eine weitgehende Schadstofffreiheit aus, verursachen aber gegenwärtig noch relativ hohe Kosten und bereiten teilweise noch technische Schwierigkeiten. Sie laufen geräuschlos und sehr umweltfreundlich (keine schädlichen Abgase). Ihr Wirkungsgrad (eingesetzte chemische Energie zu technisch verwertbarer Energie) liegt mit 70 Prozent sehr hoch (keine Wärme- bzw. Reibungsverluste).[172]

Gasturbinen sind Turbinen, durch die heißes Gas bei hohem Druck geleitet 104 wird und die Strömungsenergie in eine Drehbewegung umsetzen. Das heiße Gas wird im Allgemeinen über eine Verbrennung von Gasen (z. B. Biogas) oder leicht verdampfbaren Flüssigkeiten erzeugt.[173]

Dampfmotoren sind in ihrem Aufbau einem konventionellen Fahrzeugmotor 105 sehr ähnlich, als Arbeitsmedium wird jedoch Dampf verwendet. Der Dampfmotor funktioniert mit äußerer, kontinuierlicher Verbrennung (z. B. von Biogas) durch die die erforderliche Wärmeenergie erzeugt wird, um energiereichen, heißen Dampf zu erzeugen. Dieser Dampf wird in den Motor geleitet. Dort expandiert er

---

[170] *Schulz/Hille,* Untersuchung zur Aufbereitung von Biogas, S. 10 ff.
[171] Vgl. *Schulz/Hille,* Untersuchung zur Aufbereitung von Biogas, S. 20 ff.; sowie *Edelmann,* Energie aus Biomasse, S. 677 f.
[172] Vgl. *Oertel/Fleischer,* Brennstoffzellen-Technologie, S. 33 ff.
[173] Ausführlich zu Gasturbinen *Büdenbender/Rosin,* KWKAusbauG, § 3 Rn. 57 ff.; *Salje,* KWKG 2002, § 3 Rn. 58 ff.

unter Kraftwirkung auf den Kolben und verrichtet Arbeit, treibt also den Kolben an. Die Auf- und Abbewegungen des Kolbens werden zum Antrieb eines Generators in Rotationsenergie umgewandelt.[174]

106 **Organic-Rankine-Anlagen** sind Anlagen, die in einem thermodynamischen Kreisprozess organische Stoffe (anstelle von Wasser) als Kreisprozessmedium einsetzen. Das durch die Verbrennung im Biomasse-Heizkessel erzeugte Rauchgas gibt die Wärme an einen Thermoöl-Kreislauf ab. Über diesen wird die Wärme einem organischen Arbeitsmittel, das dadurch verdampft, zugeführt. Der Dampf wird in einer Turbine entspannt und die so erhaltene mechanische Arbeit wird an einen Generator abgegeben, wo sie in elektrische Energie umgewandelt wird.[175]

107 **Mehrstoffgemischanlagen,** darunter das heute bekannteste Verfahren, die Kalina-Technologie, funktionieren ähnlich wie ORC-Anlagen. Sie ermöglichen aber über höheren Druck vor allem bei vergleichsweise niedrigeren Temperaturen höhere Wirkungsgrade als dies bei Anlagen möglich ist, die nur mit einem Stoff gefahren werden.

108 **Stirling-Motoren** sind Heißluft-Motoren, die über eine externe Verbrennung erzeugte Wärmeenergie in mechanische Energie umwandeln.[176]

109 **d) Verordnungsermächtigung (Abs. 4 Satz 2).** Absatz 4 Satz 2 ermächtigt das Bundesumweltministerium, im Einvernehmen mit dem Bundesverbraucherministerium sowie dem Bundeswirtschaftsministerium durch Rechtsverordnung weitere Verfahren oder Techniken im Sinne von Abs. 4 Satz 1 zu benennen oder einzelne der dort genannten Verfahren oder Techniken vom Anwendungsbereich des Abs. 4 Satz 1 auszunehmen, sobald sie diesen nicht mehr zur Markteinführung benötigen. Die Verordnungsermächtigung dient dazu, die Vorschrift an den **Stand der Technik** anpassen zu können. Der Gesetzgeber war sich der Tatsache bewusst ist, dass er während des Gesetzgebungsverfahrens nicht alle zukünftigen technischen Entwicklungen bewerten und berücksichtigen konnte.[177]

110 Die Regelung nennt drei unterschiedliche Ministerien (Bundesumweltministerium, Bundesverbraucherministerium, Bundeswirtschaftsministerium). Alleiniger **Adressat der Norm** ist nach dem Wortlaut der Regelung jedoch das Bundesumweltministerium. Das Bundeswirtschaftsministerium sowie das Bundesverbraucherministerium sind vom Umweltministerium dagegen lediglich intern zu beteiligen.[178] Eine Befassung des Bundeskabinetts oder des Bundesrates erfordert Abs. 4 Satz 2 nicht.

111 Absatz 4 Satz 2 verlangt **Einvernehmen** zwischen den genannten Ministerien. Eine ähnliche Bestimmung enthält § 19 Abs. 1 Satz 1 GGO. Danach arbeiten die Bundesministerien in Angelegenheiten, die die Geschäftsbereiche mehrerer Ministerien berühren, zusammen, um die Einheitlichkeit der Maßnahmen und Erklärungen zu gewährleisten. Absatz 4 Satz 2 unterscheidet sich von § 19 GGO jedoch in zweierlei Hinsicht. Zum einen begründet die GGO als organinternes Recht lediglich eine Selbstbindung der Bundesregierung, während die Verpflichtung in Abs. 4 Satz 2 außenrechtlich verpflichtend ist.[179] Zum anderen ist die Verpflichtung zum Einvernehmen weitergehend als die Zusammenarbeitsregelung in § 19 GGO. Für das Einvernehmen ist, anders als für § 19 GGO, die bloße Zu-

---

[174] *Büdenbender/Rosin,* KWKAusbauG, § 3 Rn. 68; *Salje,* KWKG 2002, § 3 Rn. 64.
[175] Vgl. auch *Büdenbender/Rosin,* KWK-AusbauG, § 3 Rn. 69 f.; *Salje,* KWKG 2002, § 3 Rn. 65.
[176] *Büdenbender/Rosin,* KWK-AusbauG, § 3 Rn. 65 ff.; *Salje,* KWKG 2002, § 3 Rn. 65.
[177] Vgl. Begründung, zu § 8 Abs. 4, BT-Drs. 15/2864.
[178] Vgl. unten Rn. 110.
[179] Allgemein *Maurer,* Verwaltungsrecht, § 24 Rn. 12 ff.

sammenarbeit in Form der Beteiligung und Mitwirkung der genannten Ministerien bei der Erstellung des Berichts nicht ausreichend. Vielmehr ist es erforderlich, dass der Bericht im Ganzen inhaltlich von allen genannten Ministerien mitgetragen wird. Dem Bundesumweltministerium als primus inter pares obliegt es, Verordnungsentwürfe zu erstellen und mit den anderen Ministerien so rechtzeitig abzustimmen, dass diese ausreichend Gelegenheit zur ausführlichen Prüfung der Entwürfe haben, um das Einvernehmen erteilen zu können.

Gegenstand der Verordnung kann nur die Aufnahme im Hinblick auf den gewünschten umweltpolitischen Erfolg **vergleichbarer Techniken und Verfahren** sein und die Streichung einzelner derzeit enthaltener Verfahren und Techniken, etwa weil sich herausstellt, dass der umweltpolitische Zweck verfehlt oder die Marktreife erreicht ist. 112

H. Degressionsvorschrift (Abs. 5)

Die Vorschrift des Abs. 5 bestimmt, wie hoch auf der Rechtsfolgenseite die Vergütungssätze für Anlagen ausfallen, die ab dem 1. Januar 2005 neu in Betrieb genommen werden.[180] 113

I. Zünd- und Stützfeuerung (Abs. 6)

I. Entfallen der Vergütungspflicht für Neuanlagen (Abs. 6 Satz 1)

Nach Abs. 6 Satz 1 **entfällt die Pflicht zur Vergütung** des Biomassestroms für Strom aus Anlagen, die **nach dem 31. Dezember 2006** in Betrieb genommen worden sind, wenn für Zwecke der Zünd- und Stützfeuerung **nicht ausschließlich Biomasse** im Sinne der Rechtsverordnung nach Abs. 7 oder Pflanzenölmethylester verwendet wird.[181] 114

Im Umkehrschluss ist dem Gesetz damit zu entnehmen, dass für Strom aus allen anderen Anlagen eine (Abnahme-[182] und) Vergütungspflicht auch dann besteht, wenn für die notwendige Zünd- und Stützfeuerung fossile Brennstoffe eingesetzt werden. Der Gesetzgeber hat damit eine in der Literatur diskutierte Frage entschieden. Eine streng am Wortlaut orientierte Auslegung des Ausschließlichkeitsprinzips des § 5 Abs. 1 Satz 1 hätte vor dieser Klarstellung zum Ausschluss von Strom geführt, der unter Zuhilfenahme einer Zünd- oder Stützfeuerung erzeugt wird. Allerdings ist die energetische Nutzung von Biomasse, insbesondere von Biogas,[183] in der Regel nur möglich, wenn eine Zündfeuerung erfolgt. Ebenso stellt die Stützfeuerung eine notwendige Bedingung für die thermische Nutzung von bestimmten Biomassen dar.[184] Eine strenge Anwendung des Ausschließlich- 115

---

[180] Vgl. unten Rn. 156 ff.
[181] Kritisch: *Reshöft/Steiner/Dreher*, EEG, § 8 Rn. 51.
[182] Im Hinblick auf den eindeutigen Wortlaut des § 4 Abs. 1 Satz 1 ist unstreitig, dass der gesamte angebotene Strom *abgenommen* werden muss. Vgl. *Findeisen*, in: Beck/Brandt/Salander, Handbuch Energiemanagement, Rn. 61 ff.; *Klemm*, ET 2001, 592, 595.
[183] Bei Biomasse(heiz)kraftwerken ist eine Zündfeuerung im Allgemeinen nur bei dem Anfahren der Anlagen notwendig, z. B. wenn ein sehr feuchter Brennstoff wie etwa Rindenmaterial eingesetzt wird.
[184] Bei Biomasse(heiz)kraftwerken ist eine kontinuierliche Stützfeuerung im Allgemeinen nicht erforderlich.

keitsprinzips hätte daher nicht nur zum Ausschluss bestimmter Stromerzeugungsverfahren, sondern zum Ausschluss des größten Teils der verschiedenen, vom Biomassebegriff nach der BiomasseV erfassten Biomassefraktionen geführt. Vor diesem Hintergrund bestand auch vor der Klarstellung durch den Gesetzgeber Einigkeit in der Literatur, dass das Ausschließlichkeitsprinzip im Bereich der Biomasse nicht zu restriktiv ausgelegt werden durfte, sondern teleologisch dahingehend reduziert werden musste, dass der Einsatz geringer Mengen konventioneller Energieträger als Zünd- und Stützfeuerung zulässig war.[185] Auch der Gesetzgeber war bereits vor der Klarstellung im EEG in Kenntnis der Praxis unter der Geltung des StrEG, die die Zulässigkeit der Zünd- und Stützfeuerung anerkannt hatte, davon ausgegangen, dass eine technisch gebotene Zünd- oder Stützfeuerung mit dem Ausschließlichkeitsprinzip vereinbar ist[186] und hat diese Auffassung mit der Zustimmung zur BiomasseV, die in ihrem § 4 Abs. 2 die fossile Zünd- und Stützfeuerung zulässt, ausdrücklich dokumentiert.[187]

116   **Hintergrund** der Regelung ist, dass die Verwendung von auf Biomassebasis erzeugten Zusatz-Feuerungsstoffen bei Erlass der betreffenden Bestimmungen noch nicht als allgemein anwendungsreif betrachtet werden konnte. Zum Zeitpunkt der Novelle im Jahr 2004 konnte jedoch davon ausgegangen werden, dass nach einer Übergangsfrist Neuanlagen auf den Betrieb mit entsprechenden Zusatz-Feuerungsstoffen eingestellt werden und ausreichende Mengen an Einsatzstoffen auf dem Markt verfügbar gemacht werden können. Von daher konnte die bisherige Ausnahme für Neuanlagen, die nach dem in dem Gesetz genannten Termin in Betrieb gehen, auslaufen. Mit dem dafür festgesetzten Zeitpunkt sollte verhindert werden, dass mangels marktreifer Technik ein faktischer Ausbaustopp erfolgte, indem den Anlagenherstellern eine Übergangszeit eingeräumt wurde, um die nötigen technischen Anpassungen vorzunehmen.[188]

117   Der Begriff der **Anlagen** wird in § 3 Abs. 2 definiert.[189] Der **Inbetriebnahmezeitpunkt** bestimmt sich nach § 3 Abs. 4.[190] **Rechtsverordnung** nach Abs. 7 ist die BiomasseV, die nach § 21 Abs. 4 Satz 1 fortgilt. Ein bekannter Pflanzenölmethylester ist etwa der unter der Bezeichnung „Biodiesel" bekannte Rapsmethylester (RME). Pflanzenölmethylester gelten zwar bereits nach § 2 Abs. 3 Satz 1 Nr. 3 BiomasseV als Biomasse, allerdings nach § 2 Abs. 3 Satz 4 BiomasseV nur bei einem Einsatz in Anlagen, die spätestens drei Jahre nach Inkrafttreten der BiomasseV in Betrieb genommen worden sind, sofern es sich um nach den Vorschriften des BImSchG genehmigungsbedürftige Anlagen handelt, deren Genehmigung nach § 4 i. V. m. § 6 oder § 16 BImSchG zur Errichtung und zum Betrieb erteilt ist. Infolge der gesonderten Nennung in Abs. 6 Satz 1 können Pflanzenölmethylester auch nach diesem Zeitpunkt im Rahmen des EEG für notwendige Zwecke der Zünd- und Stützfeuerung eingesetzt werden.

118   Die **Zündfeuerung** dient der Entfachung des Verbrennungsvorgangs beim Start der Anlage. Die **Stützfeuerung** dient dazu, den Verbrennungsprozess auf-

---

[185] Vgl. *Findeisen,* in: Beck/Brandt/Salander, Handbuch Energiemanagement, Rn. 49 ff.; *Hermann,* Anwendungsprobleme des Stromeinspeisungsgesetzes, S. 74 ff.; *Klemm,* ET 2001, 592, 593; *Brandt/Reshöft/Steiner,* EEG, § 2 Rn. 15 ff.; *Britz,* in: Ludwig/Odenthal, Recht der Elektrizitäts-, Gas- und Wasserversorgung, Rn. 48; *Gaßner/Pippke,* in: Beck/Brandt/Salander, Handbuch Energiemanagement, Rn. 5; *Krieger,* RdE 1993, 220 f.; *Oschmann,* ET 2000, 460, 461; *Salje,* EEG, 2. Aufl., § 2 Rn. 70 ff.; *Schneider,* in: Schneider/Theobald, HBEnWR, § 18 Rn. 68; *Weck,* Die garantierte Einspeisevergütung, S. 34.
[186] Vgl. BT-Drs. 14/2776, S. 21.
[187] Vgl. *Klemm,* ET 2001, 592, 593.
[188] Vgl. Begründung, zu § 8 Abs. 6, BT-Drs. 15/2864.
[189] Vgl. Kommentierung, zu § 3 Rn. 36 ff.
[190] Vgl. Kommentierung, zu § 3 Rn. 50 ff.

recht zu erhalten, insbesondere wenn feuchte oder über einen geringen Energiegehalt verfügende Produkte eingesetzt werden. In beiden Fällen werden bislang in der Praxis regelmäßig geringe Mengen fossiler Energieträger eingesetzt.

Problematisch ist die **Abgrenzung** der zulässigen Zünd- und Stützfeuerung von der unzulässigen **Mischfeuerung**.[191] Diese Frage war ursprünglich weder vom Gesetzgeber noch von der BiomasseV beantwortet worden und war in der Literatur ebenfalls nur sehr allgemein abgehandelt worden. Teilweise wurde die **Erforderlichkeit** als absolute Grenze des Anwendungsbereichs angesehen[192] oder darauf abgestellt, die Abgrenzung müsse von **Hilfscharakter** der Zufeuerung ausgehen.[193] Der Verband der Netzbetreiber ging ebenfalls vom Merkmal der Erforderlichkeit aus und zog die absolute Grenze bei maximal 10 Prozent des gesamten Primärenergieeinsatzes (bezogen auf das Kalenderjahr).[194] Eine solche Verallgemeinerung ist allerdings unzulässig. Maßgeblich sind alleine die konkreten Gegebenheiten des Einzelfalls.[195] Das Gesetz nennt seit der Novelle im Jahr 2004 in Abs. 6 Satz 2 die **Notwendigkeit** als Grenze. Dieser Begriff entspricht inhaltlich dem von der Literatur angewandten Terminus der Erforderlichkeit. Die über das Notwendige hinausreichende Beimischung fossiler Brennstoffe mit dem Ziel, die Energieausbeute beim Verbrennungsvorgang zu erhöhen, ist unzulässig und führt ab diesem Zeitpunkt zum Verlust des Vergütungsanspruchs, weil es sich nicht (mehr) um eine Anlage handelt, die „ausschließlich Erneuerbare Energien oder Grubengas" (§ 5 Abs. 1 Satz 1) einsetzt. Auch die anteilige Vergütung des in der Anlage aus zugelassenen Biomassen erzeugten Stroms nach den Vorschriften des EEG scheidet aus.[196] Die Vergütung kann ggf. aber nach KWK-Gesetz oder aus allgemeinem Recht erfolgen.[197]

Der Netzbetreiber hat keinen gesetzlichen Anspruch auf einen schriftlichen Nachweis in Form eines Testats, dass die Grenze des Notwendigen nicht überschritten wurde.[198] Ein solcher Nachweis kann allerdings vertraglich in den Grenzen des § 12 Abs. 1 vereinbart werden.[199]

---

[191] Vgl. *Oschmann*, ET 2000, 460, 461; *Weck*, Die garantierte Einspeisevergütung, S. 34.
[192] So *Brandt/Reshöft/Steiner*, EEG, § 2 Rn. 17; *Findeisen*, in: Beck/Brandt/Salander, Handbuch Energiemanagement, Rn. 50; *Hermann*, Anwendungsprobleme des Stromeinspeisungsgesetzes, S. 77 f.; *Krieger*, RdE 1993, 218, 221; *Weck*, Die garantierte Einspeisevergütung, S. 34; *Weißenborn*, in: Böhmer, Erneuerbare Energien, S. 71, 74.
[193] So *Pohlmann*, Rechtsprobleme der Stromeinspeisung, S. 156; *ders.*, RdE 1997, 95; ebenso *Findeisen*, in: Beck/Brandt/Salander, Handbuch Energiemanagement, Rn. 54.
[194] Vgl. *VDN*, EEG-Verfahrensbeschreibung, Stand 1. 1. 2003, S. 5, abrufbar unter www.vdn-berlin.de; zurückhaltender *Weißenborn*, in: Böhmer, Erneuerbare Energien, S. 71, 75, unter Verweis auf § 2 Abs. 3 Satz 1 Nr. 5 und § 4 Abs. 3 BiomasseV; s. a. *Klemm*, ET 2001, 592, 593 f.
[195] Vgl. *Klemm*, ET 2001, 592, 593 f. u. *Weck*, Die garantierte Einspeisevergütung, S. 35; a. A. *Weißenborn*, in: Böhmer, Erneuerbare Energien, S. 71, 75 f.
[196] Vgl. *Findeisen*, in: Beck/Brandt/Salander, Handbuch Energiemanagement, Rn. 52; *Klemm*, ET 2001, 592, 594; *Weißenborn*, in: Böhmer, Erneuerbare Energien, S. 71, 74 ff.; a. A. *Hermann*, Anwendungsprobleme des Stromeinspeisungsgesetzes, S. 78 u. (wohl) auch *Brandt/Reshöft/Steiner*, EEG, § 2 Rn. 19 ff.
[197] Vgl. *Weißenborn*, in: Böhmer, Erneuerbare Energien, S. 71, 75.
[198] Vgl. *Klemm*, ET 2001, 592, 594; a. A. *Findeisen*, in: Beck/Brandt/Salander, Handbuch Energiemanagement, Rn. 58. Nach *Brandt/Reshöft/Steiner*, EEG, § 2 Rn. 21, ist die bloße Auskunft (!) über die eingesetzten fossilen Brennstoffe eine Nebenpflicht aus dem gesetzlichen Schuldverhältnis.
[199] Die Aufnahme des Nachweises in Allgemeine Geschäftsbedingungen ist zulässig, vgl. *Klemm*, ET 2001, 592, 595.

II. Vergütung des notwendigen fossilen Stromanteils (Abs. 6 Satz 2)

121 Nach Abs. 6 Satz 2 gilt bei Anlagen, die **vor dem 1. Januar 2007 in Betrieb** genommen worden sind, der Anteil, der der notwendigen fossilen Zünd- und Stützfeuerung zuzurechnen ist, auch nach dem 31. Dezember 2006 als Strom aus Biomasse. Das Gesetz fingiert so, dass es sich auch bei den fossilen Brennstoffen um Biomasse handelt, solange die Grenze des Notwendigen nicht überschritten wird.

122 In der Literatur war bis zur Novelle 2004 umstritten, ob die Vergütung um den **fossilen Anteil** gekürzt werden könnte.[200] Der Verband der Netzbetreiber unterschied zwischen Anlagen bis 5 MW Leistung und Anlagen zwischen 5 und 20 MW Leistung. Bei Ersteren soll die Stromvergütung vollständig erfolgen, bei Letzteren dagegen nur für denjenigen Anteil erfolgen, der auf den Einsatz von Biomasse zurückzuführen ist.[201]

123 Mit der Fiktion in Abs. 6 Satz 2 ist die Frage nunmehr dahingehend entschieden, dass eine **Vergütung** sämtlichen in der betreffenden Anlage erzeugten Stroms **einschließlich des der Zünd- oder Stützfeuerung zuzurechnenden Anteils** zu erfolgen hat. Die Fiktion wirkt für sämtliche Anlagen, auch solche, die bereits vor Inkrafttreten der Novelle 2004 in Betrieb waren (vgl. § 21 Abs. 1 Nr. 6). Ausweislich der Gesetzesbegründung handelt es sich insofern lediglich um eine Klarstellung.[202] Die in der amtlichen Begründung geäußerte Auffassung des Gesetzgebers trifft zu. Zwar war der Wortlaut der Regelung bislang auslegungsbedürftig. Systematisch, historisch und teleologisch musste man auch bislang zum gleichen Ergebnis gelangen. Einerseits bestand bereits vor der Novelle 2004 systematisch ein Kongruenzverhältnis zwischen Abnahme- und Vergütungspflicht: Sämtlicher Strom, der abgenommen werden musste, musste auch vergütet werden. Der systematische Zusammenhang mit § 4 Abs. 2 BiomasseV, der die fossile Zünd- und Stützfeuerung ausdrücklich zulässt, stützt diese Auslegung.[203] Historisch betrachtet, hätte der Gesetzgeber in Kenntnis der Praxis unter der Geltung des StrEG, die den Strom voll vergütete, eine andere Regelung treffen müssen, wenn er die nur anteilige Vergütung gewollt hätte.[204] Schließlich wäre eine nur anteilige Vergütung angesichts des höheren mess- und verwaltungstechnischen Aufwands sinnwidrig gewesen.[205]

J. Verordnungsermächtigung zur Bestimmung des Biomassebegriffs (Abs. 7)

124 Da der naturwissenschaftliche Biomassebegriff sehr weit gefasst ist, ist die Abgrenzung des Begriffs schwierig. Das EEG definiert den Begriff weder in § 8, noch

---

[200] Für nur anteilige Vergütung *Brandt/Reshöft/Steiner*, EEG, § 2 Rn. 19 u. *Weißborn*, in: Böhmer, Erneuerbare Energien, S. 71, 76 f. Für vollen Vergütungsanspruch *Findeisen*, in: Beck/Brandt/Salander, Handbuch Energiemanagement, Rn. 61 ff.; *Hermann*, Anwendungsprobleme des Stromeinspeisungsgesetzes, S. 76; *Klemm*, ET 2001, 592, 595 f.; *Salje*, EEG, 2. Aufl., § 2 Rn. 71; *Weck*, Die garantierte Einspeisevergütung, S. 35 u. jetzt auch *Reshöft/Steiner/Dreher*, EEG, § 5 Rn. 12.
[201] Vgl. *VDN*, EEG-Verfahrensbeschreibung, Stand 1. 1. 2003, S. 5, abrufbar unter www.vdn-berlin.de.
[202] Vgl. Begründung, zu § 8 Abs. 6, BT-Drs. 15/2864.
[203] *Findeisen*, in: Beck/Brandt/Salander, Handbuch Energiemanagement, Rn. 61 ff.; *Klemm*, ET 2001, 592, 595 f.
[204] *Findeisen*, in: Beck/Brandt/Salander, Handbuch Energiemanagement, Rn. 64.
[205] *Findeisen*, in: Beck/Brandt/Salander, Handbuch Energiemanagement, Rn. 64.; *Hermann*, Anwendungsprobleme des Stromeinspeisungsgesetzes, S. 76; s. a. *Ennuschat*, RdE 1996, 182; *Weck*, Die garantierte Einspeisevergütung, S. 35.

Vergütung für Strom aus Biomasse   **125–127** **§ 8**

in § 3 Abs. 1. Stattdessen ermächtigt Abs. 7 das Bundesumweltministerium im Einvernehmen mit dem Bundesverbraucherschutzministerium und dem Bundeswirtschaftsministerium durch Rechtsverordnung, die der Zustimmung des Bundestages bedarf, Vorschriften darüber zu erlassen, welche **Stoffe** als Biomasse im Sinne dieser Vorschrift gelten, welche **technischen Verfahren zur Stromerzeugung** angewandt werden dürfen und welche **Umweltanforderungen** dabei einzuhalten sind. Damit sind Inhalt, Zweck und Ausmaß (vgl. Art. 80 Abs. 1 GG) hinreichend durch die Ermächtigung bestimmt. Spielraum für die Erstellung einer Positiv- oder Negativliste der Stoffe, die in den Anwendungsbereich des Abs. 2 fallen (Bonusregelung für bestimmte Stoffe), besteht also nicht.

Die Ermächtigung zur BiomasseV war bislang in § 2 Abs. 1 Satz 2 EEG 2000 enthalten.[206] **125**

Das Bundesumweltministerium hat von dieser Ermächtigung für die BiomasseV, die am 28. Juni 2001 in Kraft getreten ist, Gebrauch gemacht. Die Ausgliederung aus den allgemeinen Vorschriften erklärt sich daraus, dass die EE-RL einen den Vergütungsvorschriften des EEG abweichenden Biomassebegriff verwendet. Deshalb konnte die einschränkende Biomassedefinition in der bestehenden BiomasseV, an der für den Vergütungsbereich festgehalten werden soll, **nicht auf den gesamten Anwendungsbereich des Gesetzes übertragen** werden. Vielmehr enthält die BiomasseV nur den Mindestbestand dessen, was Biomasse im Sinne des EEG ist. Für Strom aus anderen, nicht in der BiomasseV aufgeführten Biomassen, besteht zwar kein Vergütungsanspruch nach § 8. Allerdings gelten die sonstigen Vorschriften des Gesetzes, insbesondere die Anschluss- und Abnahmepflicht nach § 4 auch für die sonstigen nicht in der Verordnung enthaltenen Biomassen. Im Übrigen ist die Formulierung sprachlich eindeutiger gefasst worden, ohne dass eine sachliche Änderung intendiert war. § 21 Abs. 4 stellt sicher, dass die bestehende BiomasseV uneingeschränkt als Verordnung nach Abs. 7 fortgelten kann.[207] **126**

In der Begründung zu § 2 Abs. 1 EEG 2000 gab der Gesetzgeber Hinweise darauf, was unter Ansicht nach unter dem Begriff Biomasse zu subsumieren ist: „Er beinhaltet ... im Hinblick auf den in § 1 normierten Zweck des Gesetzes in jedem Fall nicht die fossilen Brennstoffe Öl, Kohle und Gas, die sich nicht in überschaubaren Zeiträumen regenerieren. Der Begriff Biomasse umfasst Brennstoffe in festem, flüssigem und gasförmigem Aggregatzustand, deren Ursprung aktuell geerntetes Pflanzengut einschließlich Resthölzern und Ernterückständen ist, sowie Holzabfälle und organische Abfälle aus der Nahrungsmittelerzeugung oder der Tierhaltung."[208] **127**

---

[206] Die Ermächtigungsgrundlage für die BiomasseV war im ursprünglichen Gesetzentwurf vom Dezember 1999 noch nicht enthalten. Im Laufe des Gesetzgebungsverfahrens im Frühjahr 2000 waren jedoch verschiedene Projekte bekannt geworden, die deutlich machten, dass eine nähere Begriffsbestimmung sinnvoll sein kann. Die erwähnten Projekte hatten den Gesetzgeber darüber hinaus veranlasst, auch im Rahmen der Begründung des ebenfalls in § 2 Abs. 1 Satz 1 verankerten Ausschließlichkeitsprinzips erneut auf die energetische Verwertung von Biomasse einzugehen: Dem Ausschließlichkeitsprinzip werde in aller Regel nicht Genüge getan, wenn etwa Hafenschlick, behandelte Bahnschwellen, Spanplatten mit synthetischen Bestandteilen oder andere schadstoffhaltige Althölzer eingesetzt würden. Entscheidend sei die Umwelt- und Klimafreundlichkeit des jeweiligen Verfahrens. Es kommt dem Gesetzgeber also im Ergebnis darauf an, dass mit dem jeweiligen Verfahren die in der Biomasse enthaltenen Schadstoffe so weit wie möglich in den Reststoffen konzentriert und nicht über den Luft- und Wasserpfad weiter verbreitet werden; vgl. *Oschmann*, ZNER 2000, 24, 25.
[207] Vgl. Begründung, zu § 8 Abs. 7, BT-Drs. 15/2864.
[208] BT-Drs. 14/2776, S. 21.

128 Diese Negativliste ist jedoch nach Auffassung des Gesetzgebers nicht zwingend. Das ergibt sich daraus, dass er zum einen darin nur den Regelfall erkennt, also Ausnahmen für möglich hält, und zum anderen klarstellt, dass es darauf ankomme, mit dem jeweiligen Verfahren, die in der Biomasse enthaltenen Schadstoffe so weit wie möglich in den Reststoffen zu konzentrieren und nicht über den Luft- und Wasserpfad weiter zu verbreiten.[209] Der Gesetzgeber gab mit der Aufzählung demnach nur **Leitlinien** vor und hielt eine Auflockerung des Ausschließlichkeitsprinzips durch den Verordnungsgeber insoweit für zulässig.[210]

129 **Adressat** der Verordnungsermächtigung ist alleine das Bundesumweltministerium, obwohl die Regelung drei unterschiedliche Ministerien nennt.[211] Das Bundeswirtschaftsministerium sowie das Bundesverbraucherministerium sind vom Bundesumweltministerium intern zu beteiligen.[212] Eine Befassung des Bundeskabinetts oder des Bundesrates erfordert Abs. 7 Satz 1 nicht.[213] Absatz 7 verlangt wie schon Abs. 4 Satz 2 **Einvernehmen** zwischen den genannten Ministerien.[214]

130 Absatz 7 Satz 1 enthält eine Besonderheit: Er erfordert als so genannte „Ping-Pong-Verordnung" die **Zustimmung des Bundestages.** Eine solche Zustimmung ist im GG nicht vorgesehen, aber verfassungsrechtlich zulässig.[215]

131 Die Ermächtigung zum Erlass der Verordnung umschließt auch die Änderung der bestehenden BiomasseV. In diesem Zusammenhang ist grundsätzlich auch die **Änderung** des Biomassebegriffs **zulässig.** Der Verordnungsgeber muss dabei allerdings die ihm vom GG gezogenen Grenzen (Vertrauensschutz) beachten. Völlig unbedenklich wäre die Erweiterung des Biomassebegriffs. Problematisch wäre dagegen eine Änderung der Verordnung, die den Biomassebegriff für bestehende Anlagen einengt. Denn eine solche Änderung würde darauf abzielen, nachträglich in noch nicht abgeschlossene Tatbestände einzugreifen, die bereits in der Vergangenheit begonnen haben.[216] Eine solche Rückwirkung ist dann unzulässig, wenn bei der Abwägung im Einzelfall das Vertrauen des Einzelnen auf den Fortbestand einer bestimmten Regelung gegenüber dem Wohl der Allgemeinheit überwiegt.[217] Für die Anlagenbetreiber besteht insoweit ein besonders Schutzbedürfnis, als eine Einengung des Biomassebegriffs mit erheblichen wirtschaftlichen Folgen für die Betroffenen verbunden sein kann.[218] Das EEG hat jedoch zum einen mit der Festlegung eines 20jährigen Vergütungszeitraums in § 12, mit die Rentabilität der Stromerzeugungsanlagen ermöglicht werden soll, und zum andern der Beschränkung des Vorschlagsrecht für Vergütungssenkungen auf neue Anlagen in § 20 einen besonderen Vertrauenstatbestand geschaffen. Darüber hinaus hat die BiomasseV selbst mit verschiedenen Sonderregelungen in § 2 Abs. 3 BiomasseV für grundsätzlich problematische Stoffe (mit Schadstoffen belastetes Altholz, aus diesem Altholz gewonnenem Gas, Pflanzenölmethylester, Treibsel und Biogas)

---

[209] Vgl. BT-Drs. 14/2776, S. 2.
[210] Vgl. *Oschmann,* ET 2000, 460, 461 u. 464 Fn. 19, sowie *Findeisen,* in: Beck/Brandt/Salander, Handbuch Energiemanagement, Rn. 88.
[211] Allg. *von Danwitz,* Jura 2002, 93, 96.
[212] Vgl. unten Rn. 110.
[213] Anders noch bei Erlass der BiomasseV auf Grundlage des EEG 2000, der der Bundesrat zustimmen musste, da das EEG 2000 als zustimmungsbedürftig behandelt wurde.
[214] Vgl. dazu Rn. 111.
[215] Vgl. *von Danwitz,* Jura 2002, 93, 97; *Maurer,* Allgemeines Verwaltungsrecht, § 13 Rn. 10; *Uhle,* NVwZ 2002, 15 ff.
[216] Sog. unechte Rückwirkung oder tatbestandliche Rückanknüpfung, vgl. *Kersting/Hagmann,* UPR 2001, 215, 216; allg. etwa *Degenhart,* Staatsrecht I, Rn. 369 ff.
[217] Vgl. *Degenhart,* Staatsrecht I, Rn. 375; *Kersting/Hagmann,* UPR 2001, 215, 216; BVerfGE 72, 200, 242.
[218] *Kersting/Hagmann,* UPR 2001, 215, 218.

Vergütung für Strom aus Biomasse 132–136 § 8

bereits in Teilbereichen des Biomassebegriffs einen weitgehenden Investitionsschutz geschaffen.[219] A majore ad minus muss dieser Vertrauensschutz erst recht für die grundsätzlich unproblematischen Biomassen gelten. Andererseits kann etwa aus Gründen des mit Verfassungsrang (Art. 20 a GG) ausgestatteten Umweltschutzes im Rahmen der Abwägung eine Einschränkung erforderlich werden.

Eine Änderung der BiomasseV muss nicht notwendig auf dem Verordnungswege erfolgen, sondern kann auch **vom Gesetzgeber selbst per Gesetz** vorgenommen werden.[220]

132

K. Rechtsfolgen des § 8: Die Höhe des Vergütungsanspruchs (Abs. 1 bis 4)

I. Allgemeines

1. Grundsatz

Der Gesetzgeber war bei der Festlegung der Vergütungshöhe in § 8 zum einen dem von ihm selbst aufgestellten Grundsatz verpflichtet, dass bei „rationeller Betriebsführung ... grundsätzlich ein **wirtschaftlicher Betrieb ... möglich**" sein muss.[221]

133

2. Mindestvergütung

Nach § 8 Abs. 1 Satz 1 Nr. 1 bis 4, Abs. 2 Satz 1 und 2, Abs. 3, Abs. 4 Satz 1 und Abs. 5 ist die gesetzlich garantierte Vergütung eine **Mindestvergütung.** Es steht dem Netzbetreiber danach frei, für den im angebotenen Strom eine höhere Vergütung als diese Mindestvergütung zu bezahlen.[222] Die vorgelagerten Übertragungsnetzbetreiber und die ihnen nachgelagerten Elektrizitätsversorgungsunternehmen, die die Letztverbraucher beliefern, sind jedoch nur verpflichtet, den gesetzlichen Vergütungssatz zu zahlen.[223] Dem Gesetzgeber war bewusst, dass der von ihm für Biomasse gewählte Vergütungssatz nicht in jedem Fall einen wirtschaftlichen Betrieb von Biomasseanlagen ermöglicht. Dies gilt insbesondere für besonders kleine Biogasanlagen. Der Gesetzgeber sah die von § 8 gewährten Vergütungssätze allerdings nicht isoliert, sondern in Zusammenschau mit dem **Marktanreizprogramm für Erneuerbare Energien (MAP),** das eine Feinsteuerung vornehmen soll.

134

3. Vergütungsberechnung

Die Höhe der Vergütung im Einzelnen muss anhand des Abs. 1, der die Rechtsfolge „Vergütungsanspruch" der Höhe nach beziffert, in Verbindung mit der Degressionsvorschrift des Abs. 5 ermittelt werden. Hinzu kommen ggf. die (kumulierbaren) Boni nach den Abs. 2 bis 4, die nicht degressiv ausgestaltet sind, sondern konstant bleiben. Für Anlagen, die vor dem Inkrafttreten des EEG 2004 bereits in Betrieb waren, sind zusätzlich die Vorschriften des § 21 Abs. 1 Nr. 3, 4 und 5 heranzuziehen. Die Umsatzsteuer ist nicht enthalten (§ 12 Abs. 6).

135

a) Vergütungsstufen und gleitende Vergütung. Absatz 1 Satz 1 differenziert bei der Höhe der Grundvergütung nach **Leistungsklassen.** Strom bis zur

136

---

[219] Vgl. ausführlich die Kommentierung zu § 5 Rn. 4, § 12 Rn. 44 ff., sowie § 20 Rn. 27.
[220] Vgl. *Külpmann,* NJW 2002, 3436 ff.
[221] BT-Drs. 15/2864, S. 24.
[222] Vgl. Kommentierung zu § 5 Rn. 13.
[223] Vgl. Kommentierung zu § 5 Rn. 14.

§ 8 137, 138   Erneuerbare-Energien-Gesetz

Leistungsstufe 150 kW erhält mit 11,5 Ct/kWh eine höhere Vergütung als Strom zwischen 150 kW und 500 kW (9,9 Ct/kWh) und Strom zwischen 500 kW und 5 MW (8,9 Ct/kWh), der wiederum höher vergütet wird als Strom ab 5 MW (8,4 Ct/kWh). In diesem Zusammenhang ist zu beachten, dass die in Abs. 1 Nr. 4 gewählte Formulierung „ab ... 5 Megawatt" dabei wie „ab ... über 5 Megawatt" oder „ab ... mehr als 5 Megawatt" gelesen werden muss, um einen internen Regelungswiderspruch zu vermeiden.[224] Der Gesetzgeber hat diese Differenzierung nach Leistungsstufen eingeführt, um den höheren Stromgestehungskosten kleinerer dezentraler Anlagen Rechnung zu tragen.[225] Die Zuordnung einer Anlage zu den Leistungsklassen erfolgt nach § 12 Abs. 2 Satz 2. Danach errechnet sich der maßgebliche Leistungswert – vereinfacht ausgedrückt – als Quotient aus der Summe der im jeweiligen Kalenderjahr erzeugten elektrischen Arbeit in Kilowattstunden und der Betriebsstunden.[226]

137   Die Staffelung wirkt sich **anteilig** auch positiv auf **größere Anlagen** aus. Dies folgt aus § 12 Abs. 2 Satz 1 EEG 2004, der den inhaltsgleichen § 5 Abs. 1 Satz 2 EEG 2000 i. V. m. § 4 Satz 2 Halbsatz 1 EEG 2000 ersetzt. Danach erfolgt die Absenkung nicht sprunghaft, sondern **gleitend**.[227] Der Durchschnittsvergütungssatz für den von der Anlage erzeugten Strom errechnet sich aus der Addition der unterschiedlich hohen Vergütungen für die den Leistungsstufen entsprechenden erzeugten Strommengen dividiert durch die gesamte erzeugte Strommenge. Je größer die installierte Leistung der Anlage, desto niedriger ist auf diese Weise der durchschnittliche Erlös für 1 kWh Strom.[228]

138   **Beispiel:**[229] Eine Biogasanlage wurde am 1. September 2004 in Betrieb genommen. Die Anlage erreicht im Jahr der Inbetriebnahme eine Betriebsdauer von 122 Tagen. In Stunden umgerechnet, sind das 2928 Jahresstunden (122 Tage × 24 Stunden/Tag). Der Anlagenbetreiber erhält demzufolge im Jahr der Inbetriebnahme für die ersten 439 200 kWh (2928 Jahresstunden × 150 kW), die er in das Netz einspeist, eine Mindestvergütung von 11,50 Ct/kWh. Wird mehr eingespeist, bekommt er für die nächsten 1 024 800 kWh (2928 Jahresstunden × 500 kW − 439 200 kWh) 9,90 Ct/kWh usw. (siehe Tabelle). Die Höhe der Vergütung ist also unabhängig von der installierten Leistung im Sinne des § 3 Abs. 5.

---

[224] Vgl. *Salje,* EEG, 2. Aufl., § 5 Rn. 6 f; *Findeisen,* Stromerzeugung aus Biomasse und deren Vergütung nach dem EEG, in: Beck/Brandt/Salander, Handbuch Energiemanagement, Rn. 17 ff. u. *Brandt/Reshöft/Steiner,* EEG, § 5 Rn. 12.

[225] Vgl. Begründung zu § 5 EEG 2000, BT-Drs. 14/2776, S. 22 f. Die vom Gesetzgeber im EEG 2000 verwendete Terminologie war nicht ganz einheitlich. In § 5 Abs. 1 Nr. 3 EEG 2000 war von der „installierte(n) elektrische(n) Wirkleistung" und nicht wie Nr. 1 und 2 von der „elektrische(n) Leistung" die Rede. Dabei handelte es sich um ein redaktionelles Versehen (vgl. *Oschmann,* ET 2000, 460, 462 Fn. 40 u. *Findeisen,* in: Beck/Brandt/Salander, Handbuch Energiemanagement, Rn. 20). Inhaltlich umschreiben beide Begriffe – in Abgrenzung zur in der Regel höheren Scheinleistung – die unter den gegebenen technischen und betrieblichen Verhältnissen tatsächlich erreichbare Leistung einer Anlage. Die Begriffe „installierte elektrische Leistung" und „installierte elektrische Wirkleistung" wurden synonym verwendet (vgl. *Brandt/Reshöft/Steiner,* EEG, vor §§ 4–8 Rn. 6).

[226] Vgl. die Kommentierung zu § 12 Rn. 40 ff.

[227] Ausführlich Kommentierung zu § 12 Rn. 39 ff. Der durchschnittliche Vergütungssatz beträgt im Beispielsfall 3 761 100 EUR Vergütungssumme dividiert durch 4,2 Mio. kWh Stromertrag gleich 8,96 Ct/kWh.

[228] *Brandt/Reshöft/Steiner,* EEG, vor §§ 4–8 Rn. 11 f.; *Findeisen,* in: Beck/Brandt/Salander, Handbuch Energiemanagement, Rn. 23 ff; *Oschmann,* ET 2000, 460, 462; *Salje,* EEG, 2. Aufl., § 5 Rn. 11.

[229] In Anlehnung an *Keymer,* Stromvergütung für Biogas nach dem neuen EEG (Bayerische Landesanstalt für Landwirtschaft, Institut für Agrarökonomie).

Vergütung für Strom aus Biomasse

Beispielrechnung

Betriebsdauer		bis einschließlich einer Leistung von	Eingespeiste Jahresarbeit		Vergütungssatz
			von	bis	
Tage/Jahr	Stunden/Jahr	kW$_{el}$	kWh$_{el}$	kWh$_{el}$	Ct/kWh$_{el}$
		Jahr der Inbetriebnahme (2004)			
122	2928	150	1	439 200	11,50
		500	439 201	1 463 560	9,90
		5 000	1 463 561	13 176 440	8,90
		20 000	13 176 441	45 383 560	8,40
		Folgejahre			
365	8760	150	1	1 314 000	11,50
		500	1 314 001	4 380 000	9,90
		5 000	4 380 001	39 420 000	8,90
		20 000	39 420 001	175 200 000	8,40

Abweichend von der gleitenden Stufenregelung des Abs. 1 Satz 1 beträgt der 139 Vergütungssatz für Anlagen, die auch nur anteilig **Althölzer** der Kategorien A III und A IV im Sinne der AltholzV einsetzen **unabhängig von Leistungsstufen** nach Satz 2 einheitlich 3,9 Ct/kWh.[230] Die Regelung wird erst nach einer **Übergangsfrist** gem. § 21 Abs. 1 Nr. 3 für Anlagen wirksam, die nach dem 29. Juni 2006 in Betrieb gehen. Bis zu diesem Zeitpunkt gilt auch für Anlagen, die Altholz der Kategorien A III und A IV einsetzen, die allgemeine Regelung des Abs. 1 Satz 1.

Die Grundvergütung ist degressiv ausgestaltet und sinkt jedes Jahr für neu in 140 Betrieb gehende Anlagen.[231]

b) Bonusregelungen. Die Boni nach Abs. 2 bis 4 sind zur Grundvergütung 141 (ggf. **kumulativ**) hinzuzurechnen. Sie werden nicht abgesenkt, sondern bleiben auch nach 2004 in gleicher Höhe erhalten. Der **Technologiebonus** nach Abs. 4 kann **nur einmal** in Anspruch genommen werden, auch wenn mehrere der dort genannten Techniken kombiniert werden, wie etwa der Einsatz einer Trockenfermentation und die Verstromung in einer Brennstoffzelle. Auch in diesen Fällen beträgt der Bonus nicht etwa 4, sondern 2 Ct/kWh.

4. Dauer des individuellen Vergütungsanspruchs

Jeder Anlagenbetreiber erhält nach § 12 Abs. 3 Satz 1 die Vergütung in der Hö- 142 he, die für sein Inbetriebnahmejahr gilt, für die Dauer von **20 Kalenderjahren zuzüglich des Inbetriebnahmejahrs** (bzw. für Anlagen, die vor Inkrafttreten des EEG in Betrieb genommen wurden bis zum 31. Dezember 2020).[232] Der **Abschluss eines Vertrages** ist hierfür nach § 12 Abs. 1 **nicht erforderlich**.[233]

II. Vergütung für Anlagen, die vor dem 1. Januar 2004 in Betrieb gingen

Die Vergütung von Anlagen, die **vor dem 1. Januar 2004** in Betrieb gegan- 143 gen sind, richtet sich **gemäß § 21 Abs. 1 nach dem EEG 2000**. § 5 Abs. 1 Satz 1 Nr. 1 bis 3 EEG 2000 setzten die Höhe der Vergütung auf 10,23 (bis

---

[230] Dieser Wert gilt nur für im Jahr 2004 in Betrieb genommene Anlagen. Für ab dem 1. 1. 2005 in Betrieb gehende Anlagen sinkt der Satz gemäß Abs. 5 um jährlich 1,5 Prozent.
[231] Vgl. Kommentierung zu § 6 Rn. 44 ff.
[232] Vgl. Kommentierung zu § 12 Rn. 43 ff.
[233] Vgl. Kommentierung zu § 12 Rn. 4 ff.

500 kW), 9,21 Ct (500 kW bis 5 MW) bzw. 8,70 Ct/kWh (5 bis 20 MW) fest. Diese Beträge gelten für sämtliche Anlagen, die bis einschließlich des 31. Dezember 2001 in Betrieb genommen wurden – auch für solche Anlagen, die bereits vor Inkrafttreten des EEG 2000 in Betrieb waren.

144 Die Mindestvergütung für Biomassestrom wurde nach § 5 Abs. 2 EEG 2000 am 1. Januar 2002 und am 1. Januar 2003 für jeweils ab diesem Zeitpunkt neu in Betrieb genommene Anlagen **um jeweils 1 Prozent gesenkt.** Wie bei der Solarenergie und der Windenergie erfolgte die Absenkung **degressiv,** wobei sich sich so errechnende Betrag nach § 5 Abs. 2 Halbsatz 2 EEG 2000 auf eine Stelle hinter dem Komma zu runden war.[234] Im Ergebnis errechnete sich so für Anlagen, die im Jahr 2002 in Betrieb gingen, Vergütungssätze von 10,1 (bis 500 kW), 9,1 (500 kW bis 5 MW) und 8,6 Ct/kWh (5 bis 20 MW) und für Anlagen, die 2003 den Betrieb aufnahmen, Vergütungssätze von 10,0 (bis 500 kW), 9,0 (500 kW bis 5 MW) und 8,5 Ct/kWh Strom (5 bis 20 MW).[235]

145 In der Praxis hatte sich in diesem Zusammenhang die Frage gestellt – die im Übrigen auch für Windkraft- und Solarstrom relevant war –, wie die Absenkung der Vergütung im Einzelnen zu berechnen war. Denn je nach Berechnungsverfahren wichen die Vergütungssätze zum Teil erheblich voneinander ab. Dabei waren zwei Fragen zu unterscheiden: Erstens: Erfolgte die Absenkung der Vergütung **linear oder degressiv?** Zweitens: Musste der Absenkung der gerundete oder der ungerundete Vorjahreswert zugrunde gelegt werden?

146 Nach Ansicht von *Salje* war dem Gesetz nicht eindeutig zu entnehmen, ob die jährliche Absenkung von 1 Prozent linear oder degressiv vorgenommen werden musste, ob mit anderen Worten in jedem Jahr 1 Prozent des Ausgangswertes von 10,23 Ct, also 0,1023 Ct abgezogen werden mussten, oder ob in jedem Jahr 1 Prozent des Wertes des Vorjahres subtrahiert werden mussten, also im Jahr 2002 1 Prozent von 10,23 Ct, im Jahr 2003 ein Prozent von 10,1 Ct und so fort.

147 In der Tat war der Wortlaut des § 5 Abs. 2 EEG 2000 insofern undeutlich. Danach sanken die Vergütungen „jährlich ... jeweils ... um jeweils eins Komma fünf vom Hundert". Man mag argumentieren, mit dem Wort „jeweils" knüpfte das Gesetz an das Zeitadverb „jährlich" an und brachte so zum Ausdruck, dass Basisgröße für die Berechnung des Absenkungsbetrages der Vergütungssatz des Vorjahres war. Wirklich zwingend ist diese am Wortlaut ansetzende Auslegung jedoch nicht. Allerdings verschafft ein Blick auf die Gesetzgebungsgeschichte, der angesichts des undeutlichen Wortlauts eine gesteigerte Bedeutung zukommt, Klarheit: Zum einen spricht der Gesetzgeber sowohl in der Beschlussempfehlung des Wirtschaftsausschusses[236] als auch in dem Bericht der Berichterstatter des Wirtschaftsausschusses[237] und in der Begründung zum EEG[238] ausdrücklich davon, dass die Absenkung degressiv erfolgen solle. Bei Fotovoltaikanlagen hätte eine lineare Absenkung zu dem widersinnigen Ergebnis geführt, dass ab dem Jahr 2023 eine negative Einspeisevergütung gegolten hätte. Da die Degressionsformeln bei der Windenergie (§ 7 Abs. 3 EEG 2000) und der Solarenergie (§ 8 Abs. 1 Satz 2 EEG 2000) – vom Prozentsatz abgesehen – einen identischen Wortlaut aufwiesen, ist davon auszugehen, dass alle drei Vorschriften gleich auszulegen sind. Auch nach Sinn und Zweck der Absenkung ist ein anderes als das hier dargelegte Ergebnis nur schwer vertretbar. Denn nach der Begründung des Gesetzgebers[239] sollte die Ab-

---

[234] Vgl. Kommentierung zu § 10 Rn. 83, § 11 Rn. 84.
[235] Zur Berechnung ausführlich *Oschmann*, ZNER 2002, 201, 203 f.
[236] BT-Drs. 14/2776, S. 6.
[237] BT-Drs. 14/2776, S. 11.
[238] BT-Drs. 14/2776, S. 19 u. 23.
[239] BT-Drs. 14/2776, S. 22.

senkung den technologischen Fortschritt und die erwarteten Kostensenkungen vorwegnehmen. Die Erfahrungen mit der Entwicklung der Technologien zur Erzeugung von Strom aus Erneuerbaren Energien zeigen, dass die Lernkurven nicht linear, sondern degressiv verlaufen. Die historische und die teleologische Auslegung lassen also keinen Zweifel daran zu, dass die **Absenkung** nicht linear, sondern **degressiv** erfolgen musste.[240]

Auch die Frage, ob die jährliche Absenkung des Vergütungssatzes um 1 Prozent auf den gerundeten[241] oder den ungerundeten Vorjahreswert (potenziert auf den in Abs. 1 festgesetzten Ausgangswert) bezogen werden musste,[242] lässt sich nicht ohne weiteres beantworten. Das EEG 2000 bestimmte lediglich, dass die Vergütungsbeträge nach § 5 Abs. 2 Halbsatz 2 EEG 2000 auf eine Stelle hinter dem Komma zu runden sind, so dass sich in jedem Jahr für Strom aus Biomasse ein Vergütungssatz errechnete, der nur eine Nachkommastelle aufweist.

Exkurs: Das Euro-Umstellungsgesetz und seine Konsequenzen für die Vergütung

Ursprünglich wies jeder im EEG festgesetzter Vergütungssatz maximal eine Nachkommastelle auf. Dieser Grundsatz sollte durch die Rundungsvorschrift des § 5 Abs. 2 Halbsatz 2 EEG 2000 beibehalten werden. Durch das Neunte Euro-Umstellungsgesetz vom 10. November 2001[243] wurden allerdings die Pfennigbeträge durch Centbeträge ersetzt, die auf zwei Stellen nach dem Komma genau angegeben wurden, um möglichst genau umrechnen zu können. § 5 Abs. 2 Halbsatz 2 EEG 2000 führte jedoch dazu, dass die Beträge nach der Absenkung wieder auf eine Stelle gerundet werden. Das hat die unschöne Folge, dass nunmehr für die §§ 4 und 6 EEG 2000 Vergütungssätze gelten, die zwei Nachkommastellen aufweisen, weil sie nicht abgesenkt werden, während die Vergütungssätze der §§ 5, 7 und 8 EEG 2000, die gesenkt wurden, nur eine Nachkommastelle aufweisen. Diese Inkonsistenz ist jedoch nicht dem EEG, sondern dem Neunten Euro-Umstellungsgesetz geschuldet.

Ob für die Absenkungen die gerundeten Beträge anzusetzen sind oder nicht, lässt sich wiederum nur unter Zuhilfenahme der einschlägigen Auslegungsmethoden ermitteln:

§ 5 Abs. 2 Halbsatz 1 EEG 2000, der die Absenkung regelt, wird von Halbsatz 2, der die Rundungsvorschrift enthält, durch einen Strichpunkt getrennt. Außerdem greift Halbsatz 2 nicht das Wort „Mindestvergütungen" auf, sondern spricht von „Beträgen", die gerundet werden müssen. Beides spricht dafür, dass Absenkung und Rundung voneinander getrennt betrachtet werden müssen und bis zur abschließenden von § 5 Abs. 1 Satz 2 Halbsatz 2 EEG 2000 vorgeschriebenen Rundung, ausgehend von den im Gesetz genannten Beträgen 10,23/9,21/8,70 Ct, mit ungerundeten Beträgen gerechnet werden muss. Dafür spricht auch, dass der Bezug auf den jeweiligen gerundeten Vorjahreswert tendenziell die durch die Rundung entstehenden Fehler vergrößert und dazu führen würde, dass verschiedene Stromerzeugungstechnologien und Anlagengrößen ungleich von der Absenkung betroffen wären. Darüber hinaus führt die auf den Ausgangswert potenzierte Absenkung zu einer gleichmäßigen Absenkung, während die Bezugnahme auf den gerundeten Vorjahreswert zu unterschiedlich großen Stufen führt, die nicht gerechtfertigt sind. Sinn und Zweck der Regelung, den technologischen Fortschritt

---

[240] Ebenso *Brandt/Reshöft/Steiner*, EEG, vor §§ 4 bis 8 Rn. 13 ff.; *Findeisen*, in: Beck/Brandt/Salander, Handbuch Energiemanagement, Rn. 30 ff.
[241] So *Salje*, EEG, 2. Aufl., § 8 Rn. 7.
[242] So *Brandt/Reshöft/Steiner*, EEG, vor §§ 4 bis 8 Rn. 14.
[243] BGBl. I S. 2992.

und die erwarteten Kostensenkungen vorwegzunehmen, trägt die Entwicklung besser Rechnung. Im Ergebnis ist daher davon auszugehen, dass die **Absenkung potenziert auf den Ausgangswert** berechnet werden muss und erst **im Anschluss gerundet** werden darf.

152 Der Gesetzgeber hat an dieser Stelle Klarstellungsbedarf erkannt und in der Novelle 2004 klargestellt, dass die Berechnung degressiv auf Basis des Vorjahreswerts zu erfolgen hat.

III. Vergütung für Anlagen, die 2004 in Betrieb gingen

153 Die Vergütung für Anlagen, die 2004 in Betrieb gingen, richtet sich nach § 21 Abs. 1 Nr. i. V. m. § 5 EEG 2000 (Inbetriebnahme bis zum Inkrafttreten der Neuregelung am 1. August 2004) bzw. § 8 EEG 2004 (ab Inkrafttreten der Neuregelung). Die beiden Vorschriften sind im Hinblick auf die Rechtsfolge identisch.

154 Absatz 1 setzt – je nach Leistungsstufe der Anlage eine Vergütungshöhe von 11,5 (bis 150 kW), 9,9 (150 bis 500 kW), 8,9 (500 kW bis 5 MW) und 8,4 Ct/kWh (5 bis 20 MW) fest, ggf. zuzüglich der Boni nach Abs. 2 bis 4.

155 Die genannten Werte gelten wegen Abs. 5 allerdings nur für Anlagen, die zwischen dem 1. Januar 2004 und dem 31. Dezember 2004 in Betrieb genommen wurden.

IV. Vergütung für Anlagen, die ab 2005 in Betrieb gehen

156 Die Mindestvergütungssätze für Biomassestrom werden – mit Ausnahme der Boni nach Abs. 2 bis 4 – gemäß Abs. 5 beginnend mit dem 1. Januar 2005 jährlich jeweils für ab diesem Zeitpunkt neu in Betrieb genommene Anlagen **um jeweils 1,5 Prozent gesenkt** (Degression). Eine parallele Regelung hat der Gesetzgeber auch für Strom aus den anderen Erneuerbaren Energien getroffen (vgl. §§ 6 Abs. 4, 7 Abs. 2, 9 Abs. 2, 10 Abs. 5 u. 11 Abs. 5). Die Absenkung fällt bei der Biomasse mit 1,5 Prozent jedoch am geringsten aus, weil bei ihr als einziger der Energiequellen im Anwendungsbereich des EEG nicht nur Anlagen- und allgemeine Betriebskosten, sondern auch Brennstoffkosten anfallen, die keine Kostensenkungspotentiale aufweisen.[244] Die Absenkung betrifft jedoch nur Anlagen, die ab diesem Zeitpunkt neu in Betrieb genommen worden sind.[245] Erstmals wird die Vergütung zum 1. Januar 2005 um 1,5 Prozent abgesenkt. Zum 1. Januar eines jeden folgenden Jahres wird die Vergütung um weitere 1,5 Prozent abgesenkt. Das betrifft wiederum nur Anlagen, die ab dem 1. Januar des jeweiligen Jahres in Betrieb gehen.[246] Wie bei den anderen Erneuerbaren Energien erfolgt die Absenkung degressiv, wobei der sich so errechnende Betrag nach Halbsatz 2 auf zwei Stellen hinter dem Komma zu runden sind.[247] Zu beachten ist, dass der Strom in mit dem im Jahr der Inbetriebnahme jeweils maßgeblichen Betrag in gleichbleibender Höhe für die Dauer von 20 Kalenderjahren vergütet wird. Eine Anlage mit einer installierten elektrischen Leistung von 100 kW, die beispielsweise im Jahr 2005 in Betrieb genommen wurde, hat also bis zum 31. Dezember 2025 für jede in das Netz eingespeiste Kilowattstunde Strom aus Biomasse Anspruch auf 11,5 Ct (ggf. zuzüglich der Boni nach Abs. 2 bis 4) Vergütung vom zuständigen Netzbetreiber.

---

[244] Vgl. zur Kostensituation bei den Brennstoffen Erfahrungsbericht, BT-Drs. 14/9807, S. 17 u. 18.
[245] Zum Begriff der Inbetriebnahme Kommentierung zu § 3 Rn. 50 ff.
[246] Vgl. oben Rn. 155.
[247] Vgl. oben Rn. 144.

Vergütung für Strom aus Biomasse

Die **Berechnung** erfolgt nach folgender mathematischen Formeln (jeweils ggf. zuzüglich der Boni nach Abs. 2 bis 4: 157

V: Vergütungssumme in einem bestimmten Vergütungszeitraum
A: Gesamtarbeit im bestimmten Vergütungszeitraum
P: installierte Leistung
J: Jahr der Inbetriebnahme

Leistung ≤ 150 kW

$$V = A \cdot 11{,}5 \frac{ct}{kWh} \cdot 0{,}985^{J-2004}$$

Leistung > 150 kW und ≤ 500 kW

$$V = A \cdot (11{,}5 \frac{ct}{kWh} \cdot \frac{150\ kW}{P} + 9{,}9 \frac{ct}{kWh} \cdot \frac{P - 150\ kW}{P}) \cdot 0{,}985^{J-2004}$$

Leistung > 500 kW und ≤ 500 MW

$$V = A \cdot (11{,}5{,}4 \frac{ct}{kWh} \cdot \frac{150\ kW}{P} + 9{,}9 \frac{ct}{kWh} \cdot \frac{350\ kW}{P} + 8{,}9 \frac{ct}{kWh} \cdot \frac{P - 500\ kW}{P})$$

$$\cdot\, 0{,}985^{J-2004}$$

Leistung > 5 MW und ≤ 20 MW

$$V = A \cdot (11{,}5 \frac{ct}{kWh} \cdot \frac{150\ kW}{P} + 9{,}9 \frac{ct}{kWh} \cdot \frac{350\ kW}{P} + 8{,}9 \frac{ct}{kWh} \cdot \frac{4{,}5\ MW}{P}$$

$$+ 8{,}4 \frac{ct}{kWh} \cdot \frac{P - 5\ MW}{P}) \cdot 0{,}985^{J-2004}$$

V. Übersicht über die Vergütungshöhen

Im Ergebnis errechnen sich folgende Vergütungshöhen.[248] 158

Biomasseanlagen nach § 8 Abs. 1 Satz 1 Nr. 1 bis 4 (ohne Boni)

Jahr der Inbe-triebnahme	bis einschließlich 150 kW in Ct/kWh	bis einschließlich 500 kW in Ct/kWh	bis einschließlich 5 MW in Ct/kWh	bis einschließlich 20 MW in Ct/kWh
vor 2002	10,23	10,23	9,21	8,70
2002	10,10	10,10	9,10	8,60
2003	10,00	10,00	9,00	8,50
2004	11,50	9,90	8,90	8,40
2005	11,33	9,75	8,77	8,27
2006	11,16	9,60	8,64	8,15
2007	10,99	9,46	8,51	8,03
2008	10,83	9,32	8,38	7,91
2009	10,67	9,18	8,25	7,79
2010	10,51	9,04	8,13	7,67
2011	10,35	8,90	8,01	7,55
2012	10,19	8,77	7,89	7,44
2013	10,04	8,64	7,77	7,33

---

[248] Vgl. (noch zum alten Recht) ausführlich *Oschmann*, ZNER 2002, 201, 203 f.

Biomasseanlagen nach § 8 Abs. 1 Satz 2 (ohne Boni)

Jahr der Inbetriebnahme	bis einschließlich 150 kW in Ct/kWh	bis einschließlich 500 kW in Ct/kWh	bis einschließlich 5 MW in Ct/kWh	bis einschließlich 20 MW in Ct/kWh
vor 2002	10,23	10,23	9,21	8,70
2002	10,10	10,10	9,10	8,60
2003	10,00	10,00	9,00	8,50
2004	3,90	3,90	3,90	3,90
2005	3,84	3,84	3,84	3,84
2006	3,78	3,78	3,78	3,78
2007	3,72	3,72	3,72	3,72
2008	3,66	3,66	3,66	3,66
2009	3,61	3,61	3,61	3,61
2010	3,56	3,56	3,56	3,56
2011	3,51	3,51	3,51	3,51
2012	3,46	3,46	3,46	3,46
2013	3,41	3,41	3,41	3,41

L. Verhältnis der Regelung zur EE-RL

159 Die EE-RL vom 27. September 2001 musste – soweit erforderlich – auch im Biomassesektor bis zum 27. Oktober 2003 in nationales Recht umgesetzt werden (Art. 9 Satz 1 EE-RL). Im Bereich der Stromerzeugung aus Biomasse wich das EEG 2000 von den Vorgaben der Richtlinie an mehreren Stellen ab:

160 Nach Art. 2 lit. b EE-RL ist „Biomasse" „der biologisch abbaubare Anteil von Erzeugnissen, Abfällen und Rückständen der Landwirtschaft (einschließlich pflanzlicher und tierischer Stoffe), der Forstwirtschaft und damit verbundener Industriezweige sowie der biologisch abbaubare Anteil von Abfällen aus Industrie und Haushalten". Das EEG bestimmte dagegen nicht näher, was unter „Biomasse" zu verstehen ist. Insoweit wurde vielmehr durch § 2 Abs. 1 Satz 2 EEG 2000 auf die BiomasseV verwiesen, die in ihren §§ 2 und 3 eine von Art. 2 lit. b EE-RL abweichende Begriffsbestimmung vornimmt.[249] Weiterhin kennt die EE-RL keinen eigentums- oder anlagenbezogenen Ausschluss aus dem Anwendungsbereich von bestimmten Anlagen, während § 2 Abs. 2 EEG 2000 Anlagen von Bund und Ländern ausschloss und für Biomasseanlagen eine Grenze von 20 MW enthielt.

161 Allerdings gelten die Definitionen zunächst nur für die EE-RL und müssen von der Bundesrepublik Deutschland im Rahmen des Verwaltungsvollzugs und der Umsetzung der Richtlinie beachtet, nicht aber selbst in deutsches Recht umgewandelt werden. So heißt es in Erwägung (9) der Richtlinie ausdrücklich: „Die in dieser Richtlinie verwendete Definition des Begriffs ‚Biomasse' präjudiziert nicht die Verwendung einer anderen Definition in nationalen Rechtsvorschriften zu anderen Zwecken als in dieser Richtlinie."

162 Anpassungsbedarf aufgrund der EE-RL bestand für § 5 EEG 2000 und jetzt auch für § 8 EEG 2004 selbst daher nicht. Im Hinblick auf die aus der Richtlinie folgenden Berichts- und Umsetzungspflichten ist aber zu berücksichtigen, dass nicht nur der nach § 5 EEG 2000 und § 8 EEG 2004 vergütete Strom, sondern sämtlicher Strom aus Biomasse im Sinne der EE-RL unabhängig von Eigentumsverhältnissen, Anlagengrößen, Ausschließlichkeitsprinzip und zeitlichen, technischen oder stofflichen Vorgaben (vgl. §§ 3 bis 5 BiomasseV) von der EE-RL erfasst wird.[250]

---

[249] Vgl. Kommentierung BiomasseV Rn. 12 ff., 25 ff.
[250] Vgl. Kommentierung BiomasseV Rn. 73 f.

M. Ausblick

Die Regelung des § 5 EEG 2000 hatte nur zu geringen Auslegungsschwierig- **163**
keiten geführt. Die Neufassung in § 8 EEG 2004 enthält dagegen zahlreiche unbestimmte Rechtsbegriffe, die erst durch Rechtsprechung und Praxis konkretisiert werden müssen. Hier bietet sich insbesondere der Einsatz der Clearingstelle nach § 19 EEG 2004 an, um langwierige Rechtsstreitigkeiten zu vermeiden.

N. Richtlinien zur Förderung von Maßnahmen zur Nutzung Erneuerbarer Energien

I. Überblick

Die Richtlinien zur Förderung von Maßnahmen zur Nutzung Erneuerbarer **164**
Energien verfolgen das Ziel, „im Interesse einer zukunftsfähigen, nachhaltigen Energieversorgung und angesichts der nur begrenzten Verfügbarkeit fossiler Energieressourcen sowie aus Gründen des Umwelt- und Klimaschutzes den Ausbau des Anteils Erneuerbarer Energien im Energiemarkt zu erhöhen" (Ziffer 1.1 der Richtlinien). Einzelheiten der Umsetzung des Förderprogramms regeln Richtlinien des Bundesumweltministeriums. Derzeit gelten die Richtlinien zur Förderung von Maßnahmen zur Nutzung Erneuerbarer Energien vom 13. Dezember 2003[251] (fortan: EE-Förderrichtlinien). Auf ihrer Grundlage unterstützt der Bund einzelne Maßnahmen zur Nutzung Erneuerbarer Energien. Die Förderung erfolgt durch Zuschüsse bzw. zinsverbilligte Darlehen und Teilschulderlasse (Ziffer 5), die an Privatpersonen, freiberuflich Tätige sowie kleine und mittlere private gewerbliche Unternehmen ausgereicht werden. Träger des Programms sind das BAFA und die Kreditanstalt für Wiederaufbau, Frankfurt am Main (fortan: KfW). Während das BAFA auch selbst die operative Abwicklung vornimmt, bedient sich die KfW der Hausbanken der Antragsteller.

II. Geschichte

Ende der 1980er Jahre begannen zunächst die einzelnen Bundesländer, Förder- **165**
mittel für die Markteinführung Erneuerbarere Energien bereitzustellen.[252] Der Bund selbst fördert erst seit 1994 Maßnahmen zur Nutzung Erneuerbarer Energien in Privathaushalten, Industrie- und Gewerbeunternehmen sowie der Landwirtschaft im Rahmen des so genannten Marktanreizprogrammes. Die bereitgestellten Haushaltsmittel waren in den Jahren 1994 bis 1998 relativ bescheiden und beliefen sich auf insgesamt knapp 50 Mio. EUR. Nach dem Regierungswechsel im Herbst 1998 wurde das Marktanreizprogramm mit einem veränderten Konzept und einer erheblich besseren Mittelausstattung neu aufgelegt. In den Jahren 1999 bis 2002 wurden insgesamt Fördermittel in Höhe von fast 260 Mio. EUR verfügbar gemacht. Im den Jahren 2003 und 2004 belief sich der Haushaltsansatz auf 200 bzw. 190 Mio. EUR.[253]

---

[251] BAnz 2003 Nr. 234, S. 25 513.
[252] Vgl. *Neu*, Eine Zwischenbilanz zum Einsatz und zur Förderung Erneuerbarer Energien in Deutschland, S. 11.
[253] Vgl. auch *Staiß*, Jahrbuch Erneuerbare Energien, S. I-114.

§ 8   166–169   Erneuerbare-Energien-Gesetz

Haushaltsmittel im Bundeshaushaltsplan (BHP) für das Marktanreizprogramm für erneuerbare Energien in Mio. EUR

	1994	1995	1996	1997	1998	1999	2000	2001	2002	2003	2004
Barmittel	10,2	15,3	15,3	9,2	9,2	102,3	102,3	153,4	200	200	190

166
Ziel des Programms war bereits vom Beginn Mitte der 1990er Jahre an eine Steigerung der Nachfrage nach Technologien zur Nutzung Erneuerbarer Energien bei gleichzeitiger Senkung der Produktions- und Installationskosten und die Initialisierung einer Serienfertigung.

167
Im ersten Jahr des Programms wurden neben Solarkollektoren und Wasserkraftanlagen, die bis heute durch das Marktanreizprogramm gefördert werden, auch Windenergieanlagen sowie die Reaktivierung geothermischer Heizzentralen Gegenstand der Förderung. In der von Juli bis Ende 1996 gültigen Fassung der EE-Förderrichtlinien wurden zusätzlich Photovoltaik-, Biomasse- und Biogasanlagen sowie Wärmepumpen aufgenommen. Geothermieanlagen waren dagegen von Januar 1995 bis zur Neuauflage des Programms im Jahr 1999 nicht mehr Gegenstand der Förderung.[254]

168
Ursprünglich lag das Programm im Verantwortungsbereich des Bundeswirtschaftsministeriums. Mit Organisationserlass des Bundeskanzlers vom 22. Oktober 2002[255] wurde die Zuständigkeit für Erneuerbare Energien einschließlich des Marktanreizprogramms vom Bundeswirtschaftsministerium zum Bundesumweltministerium verlagert.

III. Die rechtliche Qualität der EE-Förderrichtlinien

169
Bei den Richtlinien handelt es sich um Verwaltungsvorschriften.[256] Sie enthalten Vorgaben für die Förderung von Maßnahmen zur Nutzung Erneuerbarer Energien durch das BAFA und die KfW. Bei dem BAFA handelt es sich um eine Bundesoberbehörde im Geschäftsbereich des Bundeswirtschaftsministeriums, die verschiedene administrative Aufgaben des Bundes wahrnimmt. Zu diesen Aufgaben zählt die Umsetzung von Fördermaßnahmen im Bereich der Erneuerbaren Energien. Bei der KfW handelt es sich um eine der mittelbaren Staatsverwaltung angehörende Körperschaft des öffentlichen Rechts. Sie dient dazu, die unmittelbare Staatsverwaltung von Vollzugsaufgaben zu entlasten. Im Falle des Marktanreizprogramms bedient sich das Bundesumweltministerium des BAFA und der KfW zur Erledigung seiner ihm vom Haushaltsgesetz und den darin enthaltenen Erläuterungen des Haushaltstitels übertragenen Aufgabe, verschiedene Maßnahmen zur Nutzung Erneuerbarer Energien zu fördern.[257] Die EE-Förderrichtlinien bestimmen als ermessenslenkende Verwaltungsvorschriften im Innenverhältnis zwischen dem Bundesumweltministerium auf der einen und BAFA und KfW auf der anderen Seite, wie von dem der Verwaltung durch das Haushaltsgesetz im Rahmen der Vorgaben des Haushaltstitels eingeräumten Ermessen einheitlich und gleichmäßig Gebrauch gemacht werden soll.[258]

---

[254] Vgl. *Nitsch* u. a., Klimaschutz durch Nutzung erneuerbarer Energien, S. 23.
[255] BGBl. 2002 I 4206. Gemäß § 9 Geschäftsordnung der Bundesregierung v. 11. 5. 1951 (GMBl. S. 137) i. d. F. v. 29. 3. 1967 (GMBl. S. 130), 12. 9. 1967 (GMBl. S. 430), 6. 1. 1970 (GMBl. S. 14), 23. 1. 1970 (GMBl. S. 50), 25. 3. 1976 (GMBl. S. 174, 354) und 17. 7. 1987 (GMBl. S. 382).
[256] Vgl. *Oldiges*, NJW 1984, 1927, 1930.
[257] Allg. *Oldiges*, NWJ 1984, 1927, 1929.
[258] Allg. *Kopp/Ramsauer*, VwVfG, § 40 Rn. 26 f.; *Maurer*, Allgemeines Verwaltungsrecht, § 24, Rn. 1 ff. u. 10; *Oldiges*, NJW 1984, 1927, 1929.

IV. Keine absolute Bindung von BAFA und KfW an die EE-Förderrichtlinien

Im Verhältnis zu BAFA und KfW folgt aus der Qualität der EE-Förderricht- 170 linien als Verwaltungsvorschriften die grundsätzliche Bindung an die Vorgaben der Richtlinie.[259] Das Bundesumweltministerium kann die EE-Förderrichtlinien jederzeit für BAFA und KfW bindend ändern. Allerdings entfalten die EE-Förderrichtlinien den Antragstellern gegenüber selbst keine unmittelbare Bindungswirkung.[260] Die Verwaltungspraxis von BAFA und KfW muss sich daher im Außenverhältnis zu den Antragstellerinnen und Antragstellern nicht an den Richtlinien orientieren. Es kann im Gegenteil sogar geboten sein, von der Richtlinie abzuweichen. Denn die EE-Förderrichtlinien entheben BAFA und KfW nicht der Verpflichtung zu einer **eigenverantwortlichen Ermessensentscheidung** unter sachlicher Abwägung aller einschlägigen Gesichtspunkte des konkreten Falls und gibt nur (vor allem im Innenverhältnis zum Bundesumweltministerium) Anhaltspunkte für die gegenüber den Antragstellern zu treffende Entscheidung. Insbesondere in atypischen Fällen müssen BAFA und KfW daher von den EE-Förderrichtlinien abweichen, wenn andernfalls eine auf den Einzelfall bezogene fehlerfreie Ermessensentscheidung verhindert würde, auf die die Antragsteller einen gerichtlich durchsetzbaren Anspruch besitzen.[261] Insoweit sind BAFA und KfW allerdings verpflichtet, die Stellungnahme des Bundesumweltministeriums als Richtliniengeber einzuholen.[262]

V. Anspruch auf Darlehen aus Art. 3 GG

Laut Ziffer 1.2 Satz 1 EE-Förderrichtlinien besteht kein Anspruch des Antrag- 171 stellers auf die Fördermittel. Daran ist richtig, dass sich ein Anspruch auf Fördermittel nicht aus den Richtlinien selbst ableiten lässt, da sie den Antragstellern gegenüber keine unmittelbare Bindungswirkung entfaltet. In der Praxis orientieren sich BAFA und KfW jedoch an den Richtlinien, was zu einer einheitlichen Ausübung des Ermessens von BAFA und KfW steuert. Die einheitliche Ermessensausübung wiederum führt nach h.L. zu einer **Selbstbindung** von BAFA und KfW über den Gleichbehandlungsgrundsatz in Art. 3 Abs. 1 GG. Für die Antragsteller folgt damit aus der einheitlichen Verwaltungspraxis von BAFA und KfW ein **Anspruch auf Gleichbehandlung** gegenüber BAFA und KfW, der mit der Verpflichtungsklage durchgesetzt werden kann und im Ergebnis – entgegen der Aussage in den EE-Förderrichtlinien – mittelbar zu einem Darlehensanspruch führt.[263]

VI. Änderung der Verwaltungspraxis und/oder der EE-Förderrichtlinien

In atypischen Fällen ist eine Änderung der Verwaltungspraxis von BAFA und 172 KfW nicht nur möglich, sondern sogar zwingend erforderlich.[264] Aber auch in typischen Fällen können BAFA und KfW die Vergabekriterien für die Zukunft

---

[259] *Oldiges,* NJW 1984, 1927, 1930; *Maurer,* Allgemeines Verwaltungsrecht, § 24, Rn. 16.
[260] *Oldiges,* NWJ 1984, 1927, 1930; *Maurer,* Allgemeines Verwaltungsrecht, § 24, Rn. 17.
[261] *Kopp/Ramsauer,* VwVfG, § 40, Rn. 27 u. 51; *Kopp/Schenke,* VwGO, § 98, Rn. 3a, u. § 114, Rn. 42, sowie *Guckelberger,* DV 2002, 61, 75.
[262] *Guckelberger,* DV 2002, 61, 77 ff.
[263] Vgl. *Kopp/Ramsauer,* VwVfG, § 40 Rn. 26; *Maurer,* Allgemeines Verwaltungsrecht, § 24, Rn. 20 ff. u. 31; *Guckelberger,* DV 2002, 61, 65 f. u. 80 ff.
[264] Siehe bereits oben Rn. 170.

173 trotz der grundsätzlichen Selbstbindung ändern. Voraussetzung dafür ist alleine, dass die Änderung von der Sache her geboten ist.[265] Die Änderung darf auch bereits gestellte, aber noch nicht bewilligte Anträge betreffen.

173 Auch die EE-Förderrichtlinien selbst können durch das Bundesumweltministerium grundsätzlich jederzeit geändert werden, weil sie als Ermessensrichtlinien kein Vertrauen für die Zukunft begründen.[266] Eine Änderung kann nach der Rechtsprechung des BVerwG auch durch einen nicht veröffentlichten Erlass erfolgen.[267] Weil BAFA und KfW im Außenverhältnis auch bei geänderten EE-Förderrichtlinien grundsätzlich über Art. 3 Abs. 1 GG an ihre bisherige Verwaltungspraxis gebunden wären, kann eine Änderung der EE-Förderrichtlinien durch das Bundesumweltministerium faktisch jedoch nur bei Vorliegen eines sachlichen Grundes erfolgen.

VII. Kleine und mittlere Unternehmen

174 Antragsberechtigt sind neben Privatpersonen und freiberuflich Tätigen nach Ziffer 3 Abs. 1 EE-Förderrichtlinien auch kleine und mittlere private gewerbliche Unternehmen nach der Definition der Europäischen Gemeinschaften. Dabei handelt es sich nach Art. 1 des Anhangs zu der Empfehlung 96/280/EG der Kommission der Europäischen Gemeinschaften[268] um Unternehmen, die weniger als 250 Personen beschäftigen und einen Jahresumsatz von höchstens 40 Mio. ECU oder eine Jahresbilanz von höchstens 27 Mio. ECU haben und nicht zu 25 Prozent oder mehr des Kapitals oder der Stimmanteile im Besitz von einem oder von mehreren Unternehmen gemeinsam stehen, die die Definition der kleinen und mittleren Unternehmen nicht erfüllen. Dieser Schwellenwert kann nur in zwei Fällen überschritten werden: Zum einen, wenn das Unternehmen im Besitz von öffentlichen Beteiligungsgesellschaften, Risikokapitalgesellschaften oder institutionellen Anlegern steht und diese weder einzeln noch gemeinsam Kontrolle über das Unternehmen ausüben und zum anderen, wenn aufgrund der Kapitalstreuung nicht ermittelt werden kann, wer die Anteile hält, und das Unternehmen erklärt, dass es nach bestem Wissen davon ausgehen kann, dass es nicht zu 25 Prozent oder mehr seines Kapitals im Besitz von einem oder von mehreren Unternehmen gemeinsam steht, die die Definition der kleinen und mittleren Unternehmen nicht erfüllen.

---

[265] Vgl. *Kopp/Ramsauer*, VwVfG, § 40 Rn. 26.
[266] Vgl. *Guckelberger*, DV 2002, 61, 68.
[267] Vgl. BVerwGE 104, 220, Ziffer 2.a)bb); s. a. *Guckelberger*, DV 2002, 61, 68 ff.
[268] 96/280/EG: Empfehlung der Kommission vom 3. 4. 1996 betreffend die Definition der kleinen und mittleren Unternehmen, ABl. EU Nr. L 107 v. 30. 4. 1996, S. 4 ff.

§ 9 Vergütung für Strom aus Geothermie

(1) **Für Strom aus Geothermieanlagen beträgt die Vergütung**
1. bis einschließlich einer Leistung von 5 Megawatt mindestens 15 Cent pro Kilowattstunde,
2. bis einschließlich einer Leistung von 10 Megawatt mindestens 14 Cent pro Kilowattstunde,
3. bis einschließlich einer Leistung von 20 Megawatt mindestens 8,95 Cent pro Kilowattstunde und
4. ab einer Leistung von 20 Megawatt mindestens 7,16 Cent pro Kilowattstunde.

(2) **Die Mindestvergütungen nach Absatz 1 werden beginnend mit dem 1. Januar 2010 jährlich jeweils für ab diesem Zeitpunkt neu in Betrieb genommene Anlagen um jeweils 1 Prozent des für die im Vorjahr neu in Betrieb genommenen Anlagen maßgeblichen Wertes gesenkt und auf zwei Stellen hinter dem Komma gerundet.**

Übersicht

	Rn.
A. Überblick	1
B. Hintergrund	2
I. Normzweck	2
II. Bedeutung der Geothermie für die Energieversorgung	3
III. Entstehungsgeschichte der Norm	12
C. Ausschließlichkeitsprinzip	14
D. Vergütungsregelung	16
I. Mindestvergütung	16
II. Degressionsregelung	17
III. Vergütungsberechnung	18
1. Vergütung für Anlagen, die vor dem 1. August 2004 in Betrieb gingen	21
2. Vergütung für Anlagen, die zwischen dem 1. August 2004 und dem Jahr 2010 in Betrieb gehen	25
3. Vergütung für Anlagen, die ab 2010 in Betrieb gehen	27
IV. Übersicht über die Vergütungshöhen	28
V. Dauer des individuellen Vergütungsanspruchs	30
E. Ausblick	31

Literatur: *BMU,* Bericht über den Stand der Markteinführung und der Kostenentwicklung von Anlagen zur Erzeugung von Strom aus erneuerbaren Energien (Erfahrungsbericht zum EEG); *BMU,* Geothermie, Energie für die Zukunft, 2004 (abrufbar unter: http://www.erneuerbare-energien.de/inhalt/6677/4594/); *BMU,* Tagungsband „Geothermische Stromerzeugung – eine Investition in die Zukunft", 20./21. 6. 2002 (abrufbar unter: http://www.bmu.de/files/tagungsband_geothermie.pdf); *Brandt/Reshöft/Steiner,* EEG, Handkommentar, 2001; *Heuck/Dettmann,* Elektrische Energieversorgung – Erzeugung, Transport und Verteilung elektrischer Energie für Studium und Praxis, 4. Aufl. 1999; *Müller,* Handbuch der Elektrizitätswirtschaft – Technische, wirtschaftliche und rechtliche Grundlagen, 2. Aufl. 2001.

A. Überblick

§ 9 konkretisiert die Vergütungspflicht des § 5 Abs. 1 Satz 1 für Strom, der mittels Geothermie erzeugt wird. Die Regelung des § 9 ist – wie alle Regelungen der §§ 6 bis 11 – eine **preisrechtliche Vorschrift.** In Abs. 1 sieht die Vorschrift

1

§ 9 2–4

nach Leistung der Anlagen gestaffelte Mindestvergütungssätze für geothermisch erzeugten Strom vor. **Absatz 2** enthält eine Degressionsvorschrift. Danach sinken die Mindestvergütungen für mit dem 1. Januar 2010 in Betrieb genommene Anlagen um **jeweils 1 Prozent** des für die im Vorjahr neu in Betrieb genommenen Anlagen maßgeblichen Wertes.

B. Hintergrund

I. Normzweck

2   § 9 konkretisiert die allgemeine Vergütungspflicht des § 5 Abs. 1 Satz 1 für geothermisch erzeugten Strom. Die Vorschrift soll verlässliche gesetzliche **Rahmenbedingungen** für die Investoren in diese Stromerzeugungsform schaffen. Dadurch sollen Anreize zur technischen Fortentwicklung dieser noch wenig erprobten Stromerzeugungsform gegeben werden. Den bislang wenig erprobten Charakter der Geothermienutzung trägt die Vorschrift auch insoweit Rechnung, als sie kein bestimmtes Verfahren bevorzugt oder aus der Vergütung ausschließt.

II. Bedeutung der Geothermie für die Energieversorgung

3   Für die Stromerzeugung aus Geothermie wird mit unterschiedlichen Methoden experimentiert. Zum einen werden Wärmeanomalien für die Energieerzeugung genutzt, indem unterirdische Heißwasser-Vorkommen erschlossen werden (sog. **Heißwasser-Aquifere**). Voraussetzung hierfür sind hochpermeable Gesteinsschichten, die ausreichend durchlässiges Material enthalten, um signifikante Mengen an Wasser zu speichern oder weiterzuleiten. In Deutschland kommen für diese Art der Geothermienutzung – abgesehen von lokalen Anomalien – nur drei Regionen in Betracht: Die Norddeutsche Tiefebene, der Oberrheingraben und das süddeutsche Molassebecken zwischen Alpen und Donau.[1] Das heiße Wasser wird an die Oberfläche gepumpt (Förderbohrung) und zur Stromerzeugung in Turbinenkraftwerken sowie regelmäßig auch zur Fernwärmeversorgung genutzt. Dabei kühlt es sich ab. Anschließend wird es über eine zweite Bohrung (Reinjektionsbohrung) in einiger Entfernung wieder in die Tiefe geleitet, um den unterirdischen Wasserhaushalt aufrechtzuerhalten **(Dublettenprinzip).** Das Wasser läuft zur ersten Bohrung zurück und erwärmt sich dort erneut. Eine Prognose der konkreten Gesteinssituation ist jedoch ebenso schwierig wie vorausschauende Aussagen über die letztlich vorzufindende Wassertemperatur, so dass die Nutzung von Heißwasser-Aquiferen mit einem hohen Fündigkeitsrisiko belastet ist. Kurzfristig wird jedoch vor allem mit einer Nutzung dieser geothermischen Anomalien gerechnet.[2] Die Perspektive dieser Energieerzeugungsmethode hängt daher wesentlich von der Weiterentwicklung von Explorationsverfahren zur Bestimmung der Aquifer-Eigenschaften ab. Das technische Potenzial der Geothermie-Nutzung in Deutschland wird insgesamt jedoch zu nur 1 Prozent der Nutzung von Heißwasser-Aquiferen zugeschrieben.[3]

4   Das so genannte **Hot-dry-rock-** oder **Deep-heat-mining**-Verfahren kommt hingegen ohne natürlich auftretende unterirdische Heißwasservorkommen aus und ist grundsätzlich überall durchführbar. Dabei hängt die notwendige Bohrtiefe allerdings auch von den lokalen Wärmeverhältnissen ab, so dass auch hierfür Gebiete

---

[1] BT-Drs. 15/1835, S. 13; *Müller,* Handbuch der Elektrizitätswirtschaft, S. 231.
[2] BT-Drs. 15/1835, S. 30.
[3] Ebenda, S. 26.

Vergütung für Strom aus Geothermie 5–7 § 9

mit Wärmeanomalien attraktiver sind. Das Verfahren arbeitet mit kristallinen Gesteinen. Dabei handelt es sich um massige Gesteinsbrocken von mehreren Kilometern bis zu einigen Deka-Kilometern Mächtigkeit. Ihre Permeabilität ist vergleichsweise gering, weshalb sie auch als „heiße, trockene Steine" (hot dry rock) bezeichnet werden. In hydraulischen Verfahren werden in diesen Gesteinsschichten in einer Tiefe bis zu 5000 m unterirdische Kluftsysteme hergestellt (Stimulation), durch die dann unter hohem Druck von der Oberfläche her eingebrachtes Wasser fließt, das sich in der Tiefe erhitzt, über eine weitere Bohrung zurückgefördert wird und im oberirdischen Kraftwerk eine Turbine zur Stromerzeugung antreibt. Anschließend wird es über die erste Bohrung wieder in den Untergrund verpresst, wo es sich erneut erhitzen kann.[4] Die **Hot-dry-rock-Technologie** ist das Verfahren, von dem man sich mittelfristig auch in Deutschland einen umfangreicheren Einsatz der Geothermie verspricht, da die Abhängigkeit von natürlichen Gegebenheiten und damit das Fündigkeitsrisiko vergleichsweise gering sind.[5] Das technische Potenzial der in Deutschland nutzbaren Erdwärme wird mit 95 Prozent Nutzungen im Hot-dry-rock-Verfahren zugeschrieben.[6]

Eine weitere Nutzungsform der Geothermie richtet sich auf die Ausbeutung 5 von **Störungszonen.** Störungen sind Bruchzonen oder Bruchflächen, die sowohl im Sediment- als auch im kristallinen Gestein auftreten können. Sie entstehen in der oberen Erdkruste, wenn dortige Gesteine auf einwirkende tektonische Kräfte reagieren. Störungszonen durchziehen das gesamte Gebiet Deutschlands. Ihr Auftreten erhöht das Wasserleitvermögen des Gesteins beträchtlich. Wasser wird daher vom umliegenden, weniger durchlässigen Gestein auf diese Störungszonen umgelenkt. Durch aufsteigende Fluide wird dabei Wärme in geringere Tiefen gelenkt, was Störungen für eine geothermische Nutzung interessant macht.[7] Das technische Potenzial für die Nutzung von Störungszonen zur geothermischen Stromerzeugung wird auf 4 Prozent des Gesamtpotenzials der geothermischen Nutzung in Deutschland geschätzt.[8]

Während bislang die Stromerzeugung aus Geothermie in Deutschland keine 6 Rolle spielte, und Erdwärme nur zu Heizzwecken genutzt wurde, nahm Ende 2003 die erste Geothermie-Anlage zur Stromerzeugung ihren Betrieb mit einer installierten Leistung von 250 kW in Neustadt-Glewe, Mecklenburg-Vorpommern, auf.[9] Für eine weitere Anlage in Unterhaching, Bayern, wurde mit den Bohrungen Anfang 2004 begonnen. Diese basiert auf dem **Kalina-Cycle-Verfahren**[10] und soll spätestens im Jahr 2006 Strom von maximal 3,9 MW und Fernwärme liefern. Eine dritte Anlage in Karlsruhe steht vor der Bohrphase. Auch hier soll das Kalina-Cycle-Verfahren angewendet werden. Die installierte elektrische Leistung beträgt 4 MW. Die Fertigstellung der Anlage wird für das Jahr 2006 angestrebt.[11] Alle drei Anlagen nutzen vorhandene **Heißwasservorkommen** zur Stromerzeugung in Kraft-Wärme-Kopplung.

Erschwerend für die Finanzierung solcher Vorhaben wirken sich vor allem die 7 **Fündigkeitsrisiken** aus.[12] Auch diesbezüglich hat die Anlage in Unterhaching

---

[4] Vgl. *Heuck/Dettmann*, Elektrische Energieversorgung, 30; *Müller*, Handbuch der Elektrizitätswirtschaft, 230 f.; BT-Drs. 15/1835, S. 19.
[5] BT-Drs. 15/1835, S. 26, 30 f.
[6] Ebenda.
[7] Ebenda, S. 24.
[8] Ebenda, S. 26.
[9] Vgl. E&M daily, v. 27. 6. 2003, 4.
[10] Vgl. hierzu Kommentierung zu § 8 Rn. 107.
[11] Vgl. E&M daily, v. 12. 7. 2004, 3.
[12] *BMU*, Erfahrungsbericht zum EEG, BT-Drs. 14/9807, S. 35.

Modellcharakter, da es dort erstmals gelungen ist, durch den Abschluss einer privatwirtschaftlichen **Fündigkeitsversicherung** zu einer Verteilung des Finanzierungsrisikos zu gelangen.

8   Weitere Anlagenvorhaben mit unterschiedlicher Technologie werden ebenfalls über das Zukunftsinvestitionsprogramm des Bundes gefördert.[13] Ein europäisches Gemeinschaftsprojekt zur Entwicklung des **Hot-dry-rock-Verfahrens,** an dessen Förderung auch der Bund beteiligt ist, befindet sich am Oberrheingraben im französischen Soultz-sous-Forêts. Auch im baden-württembergischen Bad Urach setzt man auf das Hot-dry-rock-Verfahren.[14] **Störungszonen** werden bislang in Deutschland noch nicht für die Erdwärmegewinnung genutzt, obwohl die zur Erschließung nötigen Techniken im Prinzip vorhanden sind.[15]

9   Nach den gegenwärtigen Prognosen liegen die **Gestehungskosten** der Geothermie je nach Verwertung und lokalen Bedingungen derzeit deutlich über den Kosten für die anderen regenerativen Erzeugungsoptionen, mit Ausnahme der wesentlich teureren fotovoltaischen Stromerzeugung.[16] Dabei senkt die Nutzung der Erdwärme zur gekoppelten Strom- und Wärmeversorgung die Kosten,[17] wobei diese Kostensenkungsoption wie stets unter dem Vorbehalt ausreichender Nachfrage und ausreichenden Netzausbaus für Fernwärme steht.[18]

10   Gleichwohl könnte die Geothermie für die Energieversorgung besondere Bedeutung aufgrund ihrer **Grundlastfähigkeit** erlangen, durch die sie sich mit Ausnahme der ebenfalls grundlastfähigen Stromerzeugung aus Biomasse von allen anderen Formen der Energieversorgung aus Erneuerbaren Energien unterscheidet.[19] Die Geothermie ist in der Lage, kontinuierlich und unabhängig von den Wetterverhältnissen Strom zu liefern. Fluktuationen in der Versorgung treten nicht auf. Dieser Vorteil steht dem Nachteil des **geringen Gesamtwirkungsgrades** der geothermischen Stromerzeugung von nur um die 10 Prozent[20] gegenüber,[21] der unter anderem aus der hohen notwendigen Pumpleistung folgt.

11   Das **technische Gesamtpotenzial** zur Stromerzeugung aus Geothermie ohne Kraft-Wärme-Koppelung, also der Anteil des theoretischen Potenzials, der nach den derzeitigen technischen Möglichkeiten nutzbar ist, wird auf etwa 333,33 Bill. kWh[22] geschätzt. Dies entspricht etwa dem 600 fachen des deutschen Jahresstrombedarfs von 555,55 Mrd. kWh. 95 Prozent des Potenzials entfallen dabei auf kristalline Gesteine (ca. 305,55 Bill. kWh), 4 Prozent auf Störungszonen und 1 Prozent auf die Nutzung von Heißwasser-Aquiferen. Sogar das Potenzial der kleinsten Ressource, nämlich der Heißwasser-Aquifere, entspricht noch etwa dem Fünffachen des deutschen Jahresstrombedarfs.[23] Dieses Potenzial sollte jedoch nur sehr langsam erschlossen werden, mit Rücksicht auf die langfristige Regeneration geothermischer Ressourcen. Daher wird für Deutschland von einem nachhaltigen Angebotspotenzial von 300 Mrd. kWh/a ausgegangen.[24] Technisch und ökono-

---

[13] *BMU*, „Geothermische Stromerzeugung – eine Investition in die Zukunft", S. 17 ff.
[14] Ein Überblick über die wichtigsten Projekte findet sich in *BMU,* Tagungsband „Geothermische Stromerzeugung – eine Investition in die Zukunft", S. 51 ff.
[15] BT-Drs. 15/1835, S. 24.
[16] Ebenda, S. 43 f.
[17] Ebenda, S. 42.
[18] Ebenda, S. 31.
[19] Ebenda, S. 40.
[20] Ebenda, S. 31.
[21] Siehe die vergleichende Übersicht zwischen den erneuerbaren Energieträgern bei ebenda, S. 43.
[22] 1 Exa Joule = 10^{18} Joule.
[23] Vgl. BT-Drs. 15/1835, S. 26.
[24] Ebenda, S. 30.

Vergütung für Strom aus Geothermie

misch sinnvoll ist dabei die Stromerzeugung in Kraft-Wärme-Kopplung, da zum einen wegen des geringen Wirkungsgrades bei der Stromerzeugung die geothermisch bereitstellbare Wärmeenergie rund eine Größenordnung größer ist als die bereitstellbare elektrische Energie, und zum anderen die zusätzlichen Erlöse aus dem Wärmevertrieb die Rentabilität der kapitalintensiven Anlagen verbessern.[25] Damit hängt jedoch die Nutzbarkeit dieser Technologie stark vom Ausbau der Wärmeverteilnetze und entsprechender Nachfrage nach Wärmeversorgung ab.[26]

III. Entstehungsgeschichte der Norm

Das StrEG sah keine Vergütung von Strom aus Geothermie vor. Der Gesetzgeber nahm diese Energieform **erstmals im Jahr 2000** in das EEG auf, „um deren großes Potenzial nutzbar zu machen".[27] Die Regelung des § 6 EEG 2000 sah nur zwei Vergütungsstufen und – im Unterschied zu den übrigen Energiearten – keinerlei Degressionsregelungen vor. In der Einführung zweier weiterer Vergütungsstufen für kleinere Anlagen sowie einer Degressionsvorschrift auch für die Geothermie liegen denn auch die wesentlichen Änderungen durch das **EEG 2004**. Eine § 9 EEG 2004 entsprechende Regelung befand sich von Anfang an im Gesetzentwurf und wurde unverändert in den Gesetzestext übernommen.[28]

Die Neuregelung erfolgte auch vor dem Hintergrund des Berichts des Büros für Technikfolgenabschätzung beim Deutschen Bundestag zu „Möglichkeiten geothermischer Stromerzeugung in Deutschland" vom 24. Oktober 2003[29], der die Erdwärme in Deutschland als ernstzunehmende Option für die zukünftige Energieversorgung einstuft, gleichzeitig jedoch die Notwendigkeit weiterer Forschungs- und Investitionsverbesserungen unterstreicht. Anknüpfend an diesen Bericht hat der Deutsche Bundestag eine Entschließung über **weiteren Handlungsbedarf** im Bereich der Geothermie-Förderung beschlossen, die u. a. eine Empfehlung an die Bundesregierung enthält, sich ein 1-Mrd.-kWh-Ziel für die geothermische Stromerzeugung zu setzen.[30] Die Neufassung der Vergütung für Strom aus Geothermie-Anlagen im EEG 2004 fügt sich in dieses Konzept zur Förderung, Entwicklung und Markteinführung der geothermischen Stromerzeugung ein.

C. Ausschließlichkeitsprinzip

Nicht ganz selbstverständlich beantwortet sich die Frage, ob die Stromerzeugung in Geothermieanlagen mit dem **Ausschließlichkeitsprinzip**[31] vereinbar ist. Zwar knüpft § 2 Abs. 1 Satz 1 die Anwendbarkeit des EEG als solches nicht mehr daran, dass eine Energiegewinnung ausschließlich aus Erneuerbaren Energien vorliegt.[32] Jedoch ist die Vergütungspflicht in § 5 Abs. 1 ausdrücklich auf Strom beschränkt, der in Anlagen gewonnen wird, die ausschließlich Erneuerbare Energien

---
[25] Ebenda, S. 31 f.
[26] Ebenda; zum Ganzen auch *BMU*, Geothermie, Energie für die Zukunft.
[27] BT-Drs. 14/2776, S. 21; s. a. Kommentierung zu § 3 Abs. 1 Rn. 18.
[28] Vgl. BT-Drs. 15/2864, S. 11 ff. zu den Änderungen im Ausschussverfahren.
[29] BT-Drs. 15/1835.
[30] Stenographischer Bericht der 103. Sitzung des 15. Deutschen Bundestages, S. 9336 (c) unter Bezugnahme auf BT-Drs. 15/2797.
[31] Vgl. hierzu § 5 Rn. 16.
[32] Insoweit wurde der Begriff des Stroms aus erneuerbaren Energiequellen durch Art. 2 lit. c EE-RL erweitert, wonach auch der Anteil von Strom aus erneuerbaren Energiequellen aus Hybridanlagen erfasst wird, die auch konventionelle Energieträger einsetzen; so auch BT-Drs. 15/2864, S. 42; hierzu Kommentierung zu § 2 Rn. 11.

einsetzen. Sämtliche Verfahren der Erdwärmenutzung sind jedoch ihrerseits auf die Nutzung von Energie angewiesen, um zunächst die notwendigen Pumpleistungen zu erbringen. Besonders hoch ist der Energieaufwand im Hot-dry-rock-Verfahren: Dort muss Oberflächenwasser zur Erwärmung mit hohem Druck unter die Erde und anschließend wieder nach oben befördert werden.[33] Und bei der Anwendung des Dublettenprinzips müssen die Warmwasservorkommen nicht nur an die Oberfläche gepumpt, sondern auch über Pumpen zurückgeführt werden, um den unterirdischen Wasserhaushalt aufrechtzuerhalten.[34] Dies wirft die Frage auf, ob der gewonnene Strom überhaupt nach § 9 zu vergüten ist, da für die Stromerzeugung bereits Strom aus dem Netz verwendet wird, um das nötige Wasser in die gegebene Tiefe einzuleiten.

15 Ausweislich der Gesetzgebungsmaterialien bezieht sich das Ausschließlichkeitsprinzip jedoch auf den **Prozess der Stromerzeugung** selbst, nicht dagegen auf die vorbereitenden Schritte. Da insoweit der in § 1 vorgegebene Zweck der Umwelt- und Klimafreundlichkeit maßgeblich ist, kommt es nicht darauf an, dass bei der Geothermie für die Stromgewinnung zunächst Energie aufgewendet werden muss. Es kommt vielmehr darauf an, dass die Bilanz des jeweiligen Verfahrens dem Ziel des Umwelt- und Klimaschutzes entspricht. Der bei der Erdwärmenutzung erforderliche Netzstrombedarf für die Pumpleistung ist dabei der Phase zuzuordnen, die dem eigentlichen Stromerzeugungsprozess in den Turbinen notwendig vorausgeht, so dass ein Verstoß gegen das Ausschließlichkeitsprinzip bei der geothermischen Stromerzeugung nicht vorliegt. Diese Auslegung des Ausschließlichkeitsprinzips ergibt sich auch zwingend aus der Gesetzessystematik: Die ausdrückliche Regelung für die Vergütung geothermisch erzeugten Stroms in § 9 liefe nämlich ansonsten leer, da eine geothermische Stromerzeugung ohne vorausgehende Nutzung von Strom für die Pumpleistung zumindest in Deutschland aufgrund fehlender Oberflächenheißwasservorkommen nicht möglich ist.

D. Vergütungsregelung

I. Mindestvergütung

16 Nach Abs. 1 ist die **gesetzlich garantierte Vergütung** eine Mindestvergütung. Es steht dem Netzbetreiber danach frei, für den ihm angebotenen Strom eine höhere Vergütung als diese Mindestvergütung zu bezahlen. Die vorgelagerten Übertragungsnetzbetreiber und die ihnen nachgelagerten Elektrizitätsversorgungsunternehmen, die die Letztverbraucher beliefern, sind jedoch nur verpflichtet, den gesetzlichen Vergütungssatz zu zahlen.[35]

II. Degressionsregelung

17 Durch Abs. 2 wurde nun auch für die Geothermie eine Degressionsvorschrift eingeführt. Sie gilt jedoch nur für Anlagen, die **nach dem 1. Januar 2010** neu in Betrieb genommen werden. Dieses späte Einsetzen der Degression begründet der Gesetzgeber damit, dass in den nächsten Jahren nur mit der Errichtung weniger Erdwärmekraftwerke in Deutschland zu rechnen sein werde, so dass von kurzfristigen Kostensenkungen nicht auszugehen sei.[36] Tatsächlich befindet sich die Technologie der geothermischen Stromerzeugung noch weitgehend im For-

---

[33] Siehe oben Rn. 5.
[34] Siehe oben Rn. 4.
[35] Vgl. Kommentierung zu § 5 Rn. 13.
[36] BT-Drs. 15/2864, Begründung zu § 9, S. 71.

schungs- und Entwicklungsstadium. In der Weiterentwicklung von Anlagenteilen, technischen Komponenten und Verfahren und insbesondere auch in der Verbesserung des Zusammenspiels der einzelnen Elemente liegen noch allgemeiner Auffassung noch beträchtliche **Kostensenkungspotenziale**.[37] Gleichzeitig zeigt die Einführung einer Degressionsvorschrift jedoch auch, dass der Gesetzgeber die Entwicklung einer geothermischen Strombranche mit perspektivischer Möglichkeit zur Kostensenkung mittlerweile für eine realistische Option hält. Die Einführung der Degressionsregelung markiert hier zumindest aus der Sicht des Gesetzgebers den Schritt von der Utopie zur realistischen Perspektive. Damit werden die Konsequenzen aus den tatsächlichen Fortschritten der Branche gezogen.

III. Vergütungsberechnung

Die Höhe der Vergütung im Einzelnen muss anhand des Abs. 1, der den Vergütungsanspruch der Höhe nach beziffert, ermittelt werden. Die Degressionsregelung des Abs. 2 ist erst für Anlagen zu berücksichtigen, die nach dem 1. Januar 2010 neu in Betrieb genommen werden und spielt daher für die Vergütungsberechnung für Anlagen, die bis zu diesem Zeitpunkt dem Betrieb aufnehmen, keine Rolle. Die Umsatzsteuer ist nicht enthalten (§ 12 Abs. 6). 18

Strom aus Geothermie wird nach Sätzen vergütet, die sich an der **Leistung** der Anlage orientieren (**gleitende Vergütung**). Als **Leistung** im Sinne von § 9 Abs. 1 gilt gemäß § 12 Abs. 2 Satz 2 für die Zuordnung zu den Leistungswerten, abweichend von § 3 Abs. 5, der Quotient aus der Summe der im jeweiligen Kalenderjahr nach § 4 Abs. 1 oder 5 abzunehmenden Kilowattstunden und der Summe der vollen Zeitstunden des jeweiligen Kalenderjahres, abzüglich der vollen Stunden vor Inbetriebnahme und nach endgültiger Stilllegung der Anlage. § 9 Abs. 1 i. V.m § 12 Abs. 2 stellen damit auf die sog. **Bemessungsleistung** ab. Diese ist die von einem Kraftwerk maximal abgebbare Leistung im Dauerbetrieb.[38] Mit der Anwendung der Bemessungsleistung wird dem Umstand Rechnung getragen, dass die Leistung gewisser Kraftwerke aufgrund der Besonderheiten des jeweils zu verstromenden Energieträgers jeweils von äußeren Faktoren abhängt und somit die tatsächlich installierte elektrische Leistung des Kraftwerks nicht ausgeschöpft werden kann. Von der Bemessungsleistung zu unterscheiden ist die sog. **Wirkleistung,** die § 3 Abs. 5 regelt. Die in Watt, Kilowatt oder Megawatt gemessene **elektrische Wirkleistung** ist die tatsächlich erreichbare Nutzleistung einer Anlage.[39] 19

Für eine Leistung über 20 MW wurde der bisherige Vergütungssatz von mindestens 7,16 Ct/kWh beibehalten. Anlagen mit einer Leistung von über 10 MW bis einschließlich 20 MW können wie bisher eine Vergütung von 8,95 Ct/kWh erhalten. Durch die Einführung zweier weiterer Vergütungsstufen hat der Gesetzgeber die Vergütung für kleinere Anlagen erhöht auf 14 Ct/kWh bei einer Leistung von bis zu 10 MW und auf 15 Ct/kWh bei einer Leistung bis zu 5 MW. Damit sollte den „relativ höheren spezifischen Kosten bei kleinen Anlagen"[40] Rechnung getragen werden, die in den zuvor geltenden lediglich zwei Vergütungsstufen des § 6 EEG 2000 unzureichend abgebildet waren, so dass Kleinanlagen auf der Grundlage der bisherigen Vergütungsregelung nicht rentabel betrieben werden konnten.[41] 20

---

[37] BT-Drs. 15/1835, S. 51.
[38] Vgl. *Heuck/Dettmann,* Elektrische Energieversorgung, S. 27, die allerdings die Bemessungsleistung für Windkraftanlagen darstellen.
[39] Vgl. Kommentierung zu § 3 Rn. 70 ff.
[40] BT-Drs. 15/2864, S. 41.
[41] So die Gesetzesbegründung, BT-Drs. 15/2864, S. 41.

1. Vergütung für Anlagen, die vor dem 1. August 2004 in Betrieb gingen

21 Die Vergütung von Anlagen, die vor dem 1. Januar 2004 in Betrieb gegangen sind, richtet sich gemäß § 21 Abs. 1 nach dem EEG 2000.[42] In § 6 EEG 2000 waren lediglich zwei Vergütungsstufen vorgesehen. Die Vergütung beträgt nach § 6 Abs. 1 Satz 1 EEG 2000 bis einschließlich einer Leistung von 20 MW mindestens 8,95 Ct/kWh und ab einer Leistung von 20 MW mindestens 7,16 Ct/kWh.

22 Maßgeblich war insoweit nicht die Bemessungsleistung, sondern die **installierte elektrische Leistung.** Inhaltlich umschreibt dieser Begriff – in Abgrenzung zur in der Regel höheren Scheinleistung – die unter den gegebenen technischen und betrieblichen Verhältnissen tatsächlich erreichbare Leistung einer Anlage.[43] Die installierte Leistung entspricht in der Regel der auf dem Typenschild des Generators ausgewiesenen Leistung. § 6 EEG 2000 sah für Anlagen bis einschließlich einer installierten Leistung von 20 MW eine Vergütung von mindestens 8,95 Ct/kWh vor. Ab einer installierten Leistung von 20 MW betrug die Vergütung mindestens 7,16 Ct/kWh. Gleichzeitig war **§ 4 Satz 2 Halbsatz 1 EEG 2000** entsprechend auf Geothermieanlagen anwendbar, woraus sich ergab, dass bei Anlagen mit einer elektrischen Leistung von über 500 kW eine Vergütung nur für den Teil des eingespeisten Stroms des jeweiligen Abrechnungsjahres zu zahlen war, der dem Verhältnis von 500 kW zur Leistung der Anlage in Kilowatt entspricht. Da jedoch bis zum Inkrafttreten des EEG 2004 ohnehin nur wenige wenige kleine Anlagen mit einer Leistung von jeweils unter 5 MW in Betrieb genommen wurden, gibt es für die niedrigere Vergütungsstufe für große Anlagen und die Vergütungseinschränkung für Anlagen über 5 MW keinen Anwendungsfall.

23 Eine Degression findet nicht statt.

24 Die Berechnung erfolgt nach folgenden mathematischen Formeln:

V: Vergütungssumme in einem bestimmten Vergütungszeitraum
A: Gesamtarbeit im bestimmten Vergütungszeitraum
P: installierte Leistung

Leistung ≤ 20 MW

$$V = A \cdot 8{,}95 \frac{ct}{kWh}$$

Leistung > 20 MW

$$V = A \cdot (8{,}95 \frac{ct}{kWh} \cdot \frac{20\ MW}{P} + 7{,}16 \frac{ct}{kWh} \cdot \frac{P - 20\ KW}{P})$$

2. Vergütung für Anlagen, die zwischen dem 1. August 2004 und dem Jahr 2010 in Betrieb gehen

25 Die Vergütung für Anlagen, die nach dem 31. Juli 2004 und vor dem 1. Januar 2010 in Betrieb gingen bzw. gehen werden, richtet sich nach Abs. 1. Absatz 1 normiert je nach Leistungsstufe eine Vergütungshöhe von 15, 14, 8,95 oder 7,16 Ct/kWh. Die genannten Werte gelten wegen Abs. 2 allerdings nur für Anlagen, die zwischen dem 1. August 2004 und dem 31. Dezember 2009 in Betrieb genommen wurden.

26 Die Berechnung erfolgt nach folgenden mathematischen Formeln:

V: Vergütungssumme in einem bestimmten Vergütungszeitraum
A: Gesamtarbeit im bestimmten Vergütungszeitraum
P: installierte Leistung

---

[42] Vgl. BT-Drs. 15/2864, Begründung zu § 21, S. 91.
[43] *Brandt/Reshöft/Steiner,* EEG, vor §§ 4 bis 8 Rn. 6.

Vergütung für Strom aus Geothermie

Vergütung nach § 11 Abs. 2 Satz 1
Leistung ≤ 5 MW

$V = A \cdot 15 \frac{ct}{kWh}$

Leistung > 5 kW und ≤ 10 MW

$V = A \cdot (15\frac{ct}{kWh} \cdot \frac{5\ MW}{P} + 14\frac{ct}{kWh} \cdot \frac{P - 5\ MW}{P})$

Leistung > 10 MW und ≤ 20 MW

$V = A \cdot (15\frac{ct}{kWh} \cdot \frac{5\ MW}{P} + 14\frac{ct}{kWh} \cdot \frac{5\ MW}{P} + 8{,}95\ \frac{ct}{kWh} \cdot \frac{P - 10\ MW}{P})$

Leistung > 20 MW

$V = A \cdot (15\frac{ct}{kWh} \cdot \frac{5\ MW}{P} + 14\frac{ct}{kWh} \cdot \frac{5\ MW}{P} + 8{,}95\frac{ct}{kWh} \cdot \frac{10\ MW}{P} + 7{,}16\frac{ct}{kWh} \cdot \frac{P - 20\ MW}{P})$

3. Vergütung für Anlagen, die ab 2010 in Betrieb gehen

Die Mindestvergütungssätze für Geothermie werden gemäß Abs. 2 beginnend mit dem **1. Januar 2010** jährlich jeweils für alle ab diesem Zeitpunkt neu in Betrieb genommenen Anlagen um **jeweils 1 Prozent gesenkt.** Eine parallele Regelung hat der Gesetzgeber auch für Strom aus den anderen Erneuerbaren Energien getroffen (vgl. §§ 6 Abs. 4, 7 Abs. 2, 8 Abs. 4, 10 Abs. 5 und 11 Abs. 5). Die Absenkung fällt bei der Geothermie mit 1 Prozent jedoch relativ bescheiden aus, weil zunächst die weitere technische Entwicklung abgewartet werden muss. Die Absenkung betrifft nur Anlagen, die ab diesem Zeitpunkt neu in Betrieb genommen worden sind.[44] Erstmals wird die Vergütung zum 1. Januar 2010 um 1 Prozent abgesenkt. Zum 1. Januar eines jeden folgenden Jahres wird die Vergütung um ein weiteres Prozent abgesenkt. Das betrifft wiederum nur Anlagen, die ab dem 1. Januar des jeweiligen Jahres in Betrieb gehen. Wie bei den anderen Erneuerbaren Energien erfolgt die Absenkung degressiv, wobei der sich so errechnende Betrag nach Abs. 2 Halbsatz 2 auf zwei Stellen hinter dem Komma zu runden ist.

IV. Übersicht über die Vergütungshöhen

Im Ergebnis errechnen sich folgende Vergütungshöhen:

Degression: 1,0 Prozent (erstmalig zum 1. Januar 2010); Vergütungszeitraum 20 Jahre

Jahr der Inbetriebnahme	bis einschließlich 5 MW in Ct/kWh	bis einschließlich 10 MW in Ct/kWh	bis einschließlich 20 MW in Ct/kWh	ab 20 MW in Ct/kWh
2004	15,00	14,00	8,95	7,16
2005	15,00	14,00	8,95	7,16
2006	15,00	14,00	8,95	7,16
2007	15,00	14,00	8,95	7,16
2008	15,00	14,00	8,95	7,16

---

[44] Zum Begriff der Inbetriebnahme vgl. Kommentierung zu § 3 Rn. 50 ff.

Jahr der Inbetriebnahme	bis einschließlich 5 MW in Ct/kWh	bis einschließlich 10 MW in Ct/kWh	bis einschließlich 20 MW in Ct/kWh	ab 20 MW in Ct/kWh
2009	15,00	14,00	8,95	7,16
2010	14,85	13,86	8,86	7,09
2011	14,70	13,72	8,77	7,02
2012	14,55	13,58	8,68	6,95
2013	14,40	13,44	8,59	6,88

29

Berechnungsbeispiel:

Neubau einer Geothermieanlage mit 6 MW Leistung; Inbetriebnahme im Jahr 2006

Mindestvergütung für den Leistungsanteil bis einschließlich 5 MW: 7,67 Ct/kWh
(entsprechend einem Leistungsanteil an der gesamten Leistung der Anlage von 83 Prozent)

Mindestvergütung für den Leistungsanteil ab 5 MW bis einschließlich   6,65 Ct/kWh
6 MW (entsprechend einem Leistungsanteil an der gesamten Leistung der Anlage von 17 Prozent)

Durchschnittliche Mindestvergütung: $0,83 \times 15,00 + 0,17 \times 14,00 =$ 14,83 Ct/kWh*
* Wert gerundet

V. Dauer des individuellen Vergütungsanspruchs

30   Jeder Anlagenbetreiber erhält nach § 12 Abs. 3 Satz 1 die Vergütung in der Höhe, die für sein Inbetriebnahmejahr gilt, für die Dauer von 20 Kalenderjahren zuzüglich des Inbetriebnahmejahrs (bzw. für Anlagen, die vor Inkrafttreten des EEG in Betrieb genommen wurden bis zum 31. Dezember 2020). Ein Vertragsschluss ist hierfür nach § 12 Abs. 1 nicht erforderlich.[45]

E. Ausblick

31   Die in § 6 EEG 2000 vorgesehene Vergütungsregelung für geothermisch erzeugten Strom kam bis zur Novellierung des EEG (2004) praktisch nicht zur Anwendung, da diese Form der Stromerzeugung in Deutschland bislang keine Rolle spielte und die erste Anlage dieser Art erst Ende 2003 ihren Betrieb aufnahm. Erfahrungen mit der Regelung konnten daher kaum gesammelt werden. Für die nächste Zeit ist jedoch mit der tatsächlichen Inanspruchnahme der Neuregelung in § 9 EEG 2004 zu rechnen, zum einen, weil weitere Anlagen vor der Inbetriebnahme stehen, zum anderen, weil mit der Einführung zusätzlicher Vergütungsstufen für kleine Anlagen mit höheren Vergütungssätzen auch den Anforderungen der Praxis an eine effiziente Förderung eher entsprochen wurde. Da die Stromerzeugung aus Geothermie von einem Massengeschäft noch weit entfernt ist und sich auf absehbare Zeit auf wenige experimentelle Anlagen beschränken wird, ist auch die vergleichsweise einfach strukturierte Vergütungsregelung angemessen. Denn Probleme wie die Verhinderung von Überförderung, unerwünschten Mitnahmeeffekten und die Gewährleistung hinreichender Einzelfallgerechtigkeit, wie bei anderen Erzeugungsformen, werden sich für die Stromerzeugung aus Geothermie in absehbarer Zeit nicht stellen.

---

[45] Siehe § 12 Rn. 4 ff.

§ 10 Vergütung für Strom aus Windenergie

(1) ¹Für Strom aus Windenergieanlagen beträgt die Vergütung vorbehaltlich des Absatzes 3 mindestens 5,5 Cent pro Kilowattstunde. ²Für die Dauer von fünf Jahren gerechnet ab dem Zeitpunkt der Inbetriebnahme erhöht sich die Vergütung nach Satz 1 um 3,2 Cent pro Kilowattstunde für Strom aus Anlagen, die in dieser Zeit 150 Prozent des errechneten Ertrages der Referenzanlage (Referenzertrag) nach Maßgabe der Bestimmungen der Anlage zu diesem Gesetz erzielt haben. ³Für sonstige Anlagen verlängert sich diese Frist um zwei Monate je 0,75 Prozent des Referenzertrages, um den ihr Ertrag 150 Prozent des Referenzertrages unterschreitet.

(2) Abweichend von Absatz 1 Satz 3 verlängert sich die Frist nach Absatz 1 Satz 2 für Strom aus Anlagen, die
1. im selben Landkreis bestehende Anlagen, die bis zum 31. Dezember 1995 in Betrieb genommen worden sind, ersetzen oder erneuern und
2. die installierte Leistung mindestens um das Dreifache erhöhen (Repowering-Anlagen)
um zwei Monate je 0,6 Prozent des Referenzertrages, um den ihr Ertrag 150 Prozent des Referenzertrages unterschreitet.

(3) ¹Für Strom aus Windenergieanlagen, die in einer Entfernung von mindestens drei Seemeilen gemessen von der Küstenlinie aus seewärts errichtet worden sind (Offshore-Anlagen), beträgt die Vergütung mindestens 6,19 Cent pro Kilowattstunde. ²Als Küstenlinie gilt die in der Karte Nr. 2920 „Deutsche Nordseeküste und angrenzende Gewässer", Ausgabe 1994, XII., sowie in der Karte Nr. 2921 „Deutsche Ostseeküste und angrenzende Gewässer", Ausgabe 1994, XII., des Bundesamtes für Seeschifffahrt und Hydrographie im Maßstab 1:375 000¹ dargestellte Küstenlinie. ³Für Strom aus Anlagen, die bis einschließlich des 31. Dezember 2010 in Betrieb genommen worden sind, erhöht sich für die Dauer von zwölf Jahren gerechnet ab dem Zeitpunkt der Inbetriebnahme die Vergütung nach Satz 1 um 2,91 Cent pro Kilowattstunde. ⁴Diese Frist verlängert sich für Strom aus Anlagen, die in einer Entfernung von mindestens zwölf Seemeilen und in einer Wassertiefe von mindestens 20 Metern errichtet worden sind, für jede über zwölf Seemeilen hinausgehende volle Seemeile Entfernung um 0,5 Monate und für jeden zusätzlichen vollen Meter Wassertiefe um 1,7 Monate.

(4) ¹Abweichend von § 5 Abs. 1 sind Netzbetreiber nicht verpflichtet, Strom aus Anlagen zu vergüten, für die nicht vor Inbetriebnahme nachgewiesen ist, dass sie an dem geplanten Standort mindestens 60 Prozent des Referenzertrages erzielen können. ²Der Anlagenbetreiber hat den Nachweis gegenüber dem Netzbetreiber durch Vorlage eines nach Maßgabe der Bestimmungen der Anlage zu diesem Gesetz erstellten Gutachtens eines im Einvernehmen mit dem Netzbetreiber beauftragten Sachverständigen zu führen. ³Erteilt der Netzbetreiber sein Einvernehmen nicht innerhalb von vier Wochen nach Aufforderung des Anlagenbetreibers, bestimmt das Umweltbundesamt den Sachverständigen nach Anhörung der Fördergesellschaft Windenergie e. V. (FGW). ⁴Die Kosten des Gutachtens tragen Anlagen- und Netzbetreiber jeweils zur Hälfte.

---

¹ Amtlicher Hinweis: Zu beziehen beim Bundesamt für Seeschifffahrt und Hydrographie, 20359 Hamburg.

§ 10

(5) Die Mindestvergütungen nach Absatz 1 werden beginnend mit dem 1. Januar 2005 und die Mindestvergütungen nach Absatz 3 beginnend mit dem 1. Januar 2008 jährlich jeweils für nach diesem Zeitpunkt neu in Betrieb genommene Anlagen um jeweils zwei Prozent des für die im Vorjahr neu in Betrieb genommenen Anlagen maßgeblichen Wertes gesenkt und auf zwei Stellen hinter dem Komma gerundet.

(6) Das Bundesministerium für Umwelt, Naturschutz und Reaktorsicherheit wird ermächtigt, zur Durchführung der Absätze 1 bis 4 durch Rechtsverordnung Vorschriften zur Ermittlung und Anwendung des Referenzertrages zu erlassen.

(7) [1] Die Absätze 1 bis 6 finden keine Anwendung auf Strom aus Windenergieanlagen, deren Errichtung nach dem 1. Januar 2005 in einem Gebiet der deutschen ausschließlichen Wirtschaftszone oder des Küstenmeeres genehmigt worden ist, das nach § 38 in Verbindung mit § 33 Abs. 2 des Bundesnaturschutzgesetzes oder nach Landesrecht zu einem geschützten Teil von Natur und Landschaft erklärt worden ist. [2] Satz 1 gilt bis zur Unterschutzstellung auch für solche Gebiete, die das Bundesministerium für Umwelt, Naturschutz und Reaktorsicherheit der Kommission der Europäischen Gemeinschaften als Gebiete von gemeinschaftlicher Bedeutung oder als europäische Vogelschutzgebiete benannt hat.

Übersicht

	Rn.
A. Überblick	1
B. Hintergrund	3
I. Normzweck	3
II. Bedeutung der Windenergie für die Energieversorgung	4
III. Entstehungsgeschichte	13
1. Stromeinspeisungsgesetz (StrEG)	14
2. Entstehung der Vergütungsregelung des EEG 2000	17
3. Änderung durch die Novelle 2004	22
C. Rechtsprobleme bei der Planung und Errichtung von Windenergieanlagen	28
I. Onshore-Windenergieanlagen	35
II. Offshore-Windenergieanlagen	45
D. Die Höhe der Vergütung	53
I. Allgemeines	53
1. Grundsatz	53
2. Mindestvergütung	54
3. Dauer des individuellen Vergütungsanspruchs	55
II. Vergütung für Onshore-Windenergieanlagen (Abs. 1)	56
1. Vergütung für Anlagen, die vor dem 1. August 2004 in Betrieb gingen	59
2. Vergütung für Anlagen, die nach dem 31. Juli 2004 in Betrieb gingen	62
III. Sondervergütung für Repowering-Anlagen (Abs. 2)	72
IV. Vergütung für Offshore-Anlagen (Abs. 3)	76
V. Degression (Abs. 5)	83
VI. Überblick über die Vergütungshöhen für Neuanlagen	84
E. Ausschluss der Vergütungspflicht für windschwächere Standorte (Abs. 4)	85
F. Verordnungsermächtigung (Abs. 6)	91
G. Windenergieanlagen in Sondergebieten (Abs. 7)	93
H. Verhältnis zur EE-RL	96
I. Ausblick	98

Vergütung für Strom aus Windenergie **§ 10**

Literatur: *BMU,* Erneuerbare Energien in Zahlen – nationale und internationale Entwicklung – Stand März 2004, (Broschüre), abrufbar unter: http://www.bmu.de/files/ erneuerbare_energien_zahlen.pdf; *BMU,* Themenpapier Windenergie, Stand März 2004, abrufbar unter: http://www.bmu.de/files/themenpapier_wind.pdf; *BMU,* Entwicklung der Erneuerbaren Energien, Stand Januar 2002, abrufbar unter: http://www.bmu.de/download/ dateien/ee_aktuellersachstand.pdf; *BMU,* Positive Wirkungen des Erneuerbare-Energien-Gesetzes, Umwelt 4/2002, 286 ff.; *BMU* (Hrsg.), Strategie der Bundesregierung zur Windenergienutzung auf See im Rahmen der Nachhaltigkeitsstrategie der Bundesregierung, Hintergrundpapier vom 29. Januar 2002, abrufbar unter: http://www.bmu.de/download/ dateien/windenergie_strategie_br_020100.pdf; *BMWi,* Erfahrungsbericht des Bundesministeriums für Wirtschaft zum Stromeinseisungsgesetz vom 18. Oktober 1995; *Bönker,* Windenergieanlagen auf hoher See – Rechtssicherheit für Umwelt und Investoren?, NVwZ 2004, 537 ff.; *Böwing,* Gesetz für den Vorrang erneuerbarer Energien (EEG), in: Säcker (Hrsg.), Berliner Kommentar zum Energierecht, Energiewettbewerbs-, Energieregulierungs- und Energieumweltschutzrecht, 2004, S. 1416 ff.; *Brandt/Gaßner,* Seeanlagenverordnung, Kommentar; 2002; *Brandt/Reshöft,* Rechtsprobleme bei der Planung und Errichtung von Offshore-Windparks in der AWZ, in: Beck/Brandt/Salander (Hrsg.), Handbuch Energiemanagement, Nr. 5304, Bd. 1, Loseblatt (Stand 9. EL/Okt. 2002); *Büdenbender/Heintschel von Heinegg/Rosin,* Energierecht I, Recht der Energieanlagen, 1999; *Bundesregierung,* Bericht über den Stand der Markteinführung und der Kostenentwicklung von Anlagen zur Erzeugung von Strom aus erneuerbaren Energien (Erfahrungsbericht zum EEG) vom 28. Juni 2002; *Christl,* Offshore-Windenergienutzung: Wie kommt der Strom aufs Festland?, ET 2003, 98 ff.; *Erbguth/Stollmann,* Planungs- und genehmigungsrechtliche Aspekte der Aufstellung von Offshore-Windenergieanlagen, DVBl. 1995, 1270 ff.; *Ewer,* Energierechtliche Regelungen als Instrumente des Umweltschutzes, in: Koch (Hrsg.), Umweltrecht, 2002, § 9; *Franke,* Genehmigungsverfahren für Stromerzeugungsanlagen – Sonstige Stromerzeugsanlagen, in: Bartsch/Röhling/Salje/Scholz (Hrsg.), Stromwirtschaft – Ein Praxishandbuch, 2002, Kap. 36; *Heuck/Dettmann,* Elektrische Energieversorgung, 4. Aufl. 1999; *Hübner,* Offshore-Windenergieanlagen, ZUR 2000, 137 ff.; *Hustedt,* Eckpunkte zur Novellierung des Gesetzes für den Vorrang Erneuerbarer Energien (EEG) vom 28. 1. 2003; *ISET,* Offshore-Windenergienutzung in der AWZ – Potenziale, Netzintegration, Stromgestehungskosten, Dezember 2001; *Klotz,* Wer Wind sät, will Renditen ernten, Frankfurter Rundschau v. 15. 6. 2002, S. 9; *Krautzberger,* Neuregelung der baurechtlichen Zulässigkeit von Windenergieanlagen zum 1. 1. 1997, NVwZ 1996, 847 ff.; *Lackmann,* Erfahrungen von Erzeugern mit dem EEG, ZNER 2002, 124 ff.; *Lühle,* Nachbarschutz gegen Windenergieanlagen, NVwZ 1998, 897 ff.; *Maier,* Zur Steuerung von Offshore-Windenergieanlagen in der Ausschließlichen Wirtschaftszone (AWZ), UPR 2004, 103 ff.; *Maslaton,* Das „Windschöpfungsrecht" nach § 3 EEG als Antragsbefugnis im Sinne von § 47 Abs. 1 Nr. 2 VwGO, ZNER 2002, 108 ff.; *ders.,* Neue (?) Probleme – Windenergieanlagen in der Genehmigungsphase, ZNER 2003, 18 ff.; *Mock,* Windenergie im Widerstreit – Ein Plädoyer zur Aufhebung der „Privilegierung" von Windindustrieanlagen gem. § 35 I Nr. 6 BauGB, NVwZ 1999, 937 ff.; *Molly,* Aktuelle Situation der Windenergie in: Böhmer (Hrsg.), Erneuerbare Energien – Perspektiven für die Stromerzeugung, Bd. 3, 2003, S. 226 ff.; *Müller,* Das novellierte Erneuerbare-Energien-Gesetz, RdE 2004, 237 ff.; *v. Mutius,* Rechtliche Voraussetzungen und Grenzen der Erteilung von Baugenehmigungen für Windenergieanlagen, DVBl. 1992, 1469 ff.; *Niedersberg,* Neueste Entwicklungen nach dem Urteil des BVerwG vom 30. 6. 2004, Erneuerbare Energien 11/2004, 12 f.; *Oschmann,* Die Richtlinie zur Förderung der Stromerzeugung aus erneuerbaren Energien und ihre Umsetzung in Deutschland, RdE 2002, 131 ff.; *Prall,* Offshore-Windparks in FFH-Gebieten, ZNER 2005, 26 ff.; *Reshöft,* Zur Novellierung des EEG – was lange wird, wird endlich (gut), ZNER 2004, 240 ff., *Reshöft/ Dreher,* Rechtsfragen bei der Genehmigung von Offshore-Windparks in der deutschen AWZ nach Inkrafttreten des BNatSchGNeuregG, ZNER 2002, 95 ff.; *Salje,* Erneuerbare-Energien-Gesetz, Gesetz für den Vorrang erneuerbarer Energien (EEG), Kommentar, 2. Aufl. 2000; *Schidlowski,* Standortsteuerung von Windenergieanlagen durch Flächennutzungspläne, NVwZ 2001, 388 ff.; *Schneider,* Energieumweltrecht: Erneuerbare Energien, Kraft-Wärme-Kopplung, Energieeinsparung, in: Schneider/Theobald (Hrsg.), Handbuch zum Recht der Energiewirtschaft (HBEnWR), 2003, § 18; *SRU,* Windenergienutzung auf See – Stellungnahme, April 2003; *Tauber,* Energie- und umweltwirtschaftliche Aspekte der Windenergienutzung in Deutschland. Sichtweise von E.ON Kraftwerke, ET 2002, 818 ff.; *Theobald,* Rechtliche Steuerung von Wettbewerb und Umweltverträglichkeit in der Elektrizitätswirtschaft, AöR 1997, 372 ff.; *Tigges,* Die Ausschlusswirkung von Windvorrangflächen in der Flächennutzungspla-

§ 10 1, 2 Erneuerbare-Energien-Gesetz

nung, ZNER 2002, 87 ff.; *ders.,* Viele ungeklärte Fragen, neue energie 09/2004, 99 ff.; *Zimmermann,* Rechtliche Probleme bei der Errichtung seegestützter Windenergieanlagen, DÖV 2003, 133 ff.

Rechtsprechung: BVerwG, Urt. v. 18. 2. 1983 – 4 C 19.81, DVBl. 1983, 890 ff.; BVerwG, Urt. v. 16. 6. 1994 – 4 C 20.93, DVBl. 1994, 1141 ff.; BVerwG, Urt. v. 20. 6. 2004 – 4 C 9.03, NVwZ 2004, 1235 ff.; BVerwG, Urt. v. 28. 2. 2002 – 4 B 36.2, BauR 2003, 837; VGH Kassel, Urt. v. 28. 4. 1988 – 4 UE 1089/85, RdE 1989, 311 ff.; OVG Magdeburg, Urt. v. 12. 12. 2002 – 2 L 456/00, ZNER 2003, 51 ff.; OVG Magdeburg, Urt. v. 11. 1. 2004 – 2 K 144/01, Anmerkungen: EE 2005, 9; OVG Münster, 17. 1. 2002 – 4 C 15.01, BauR 2003, 828 ff.; OVG Münster, Beschl. v. 22. 10. 1996 – 10 B 2385/96, NVwZ 1997, 924 ff.

A. Überblick

1   § 10 konkretisiert die **allgemeine Vergütungspflicht** aus § 5 Abs. 1 Satz 1 für Strom aus Erneuerbaren Energien für den Bereich der Stromerzeugung aus Windenergie. Er regelt, unter welchen Voraussetzungen und in welcher Höhe der jeweilige Netzbetreiber den in sein Netz nach § 4 eingespeisten Strom vergüten muss. § 10 unterscheidet hinsichtlich der Grundvergütung zwischen landgestützten Anlagen (Onshore-Anlagen, § 10 Abs. 1) und auf See errichteten Anlagen (Offshore-Anlagen, § 10 Abs. 3). In § 10 Abs. 1 ist für **landgestützte Anlagen** eine Grundvergütung von 5,5 Ct/kWh vorgesehen. Außerdem erhalten alle Anlagen für die Dauer von fünf Jahren ab Inbetriebnahme eine erhöhte Anfangsvergütung von zusätzlich 3,2 Ct/kWh. Anders als bei den sonstigen nach dem EEG vergüteten Energieträgern wird die sich letztlich ergebende Vergütungshöhe für landgestützte Winderzeugungsanlagen nicht nach der Anlagengröße gestaffelt, sondern an den Ertragsaussichten orientiert, die der Standort aufgrund der Windbedingungen liefert. Anlagen an weniger ertragreichen Standorten erhalten die erhöhte Anfangsvergütung für einen längern Zeitraum. Anreize für die Erneuerung von Altanlagen durch leistungsstarke moderne Anlagen werden durch die in § 10 Abs. 2 hierfür vorgesehene Sondervergütung gesetzt. Denn auch für diese Anlagen wird eine Verlängerung der Auszahlung der erhöhten Anfangsvergütung ermöglicht. Die Vergütung für Strom aus seegestützten Windenergieanlagen ist in § 10 Abs. 3 geregelt. Für diese **Offshore-Anlagen** beträgt die Grundvergütung 6,16 Ct/kWh. Darüber hinaus erhalten diese Anlagen für die Dauer von 12 Jahren ab Inbetriebnahme eine zusätzliche erhöhte Anfangsvergütung von 2,91 Ct/kWh. Für Anlagen, die besonders weit von der Küstenlinie entfernt und in besonderer Tiefe errichtet werden, sieht die Vorschrift eine entsprechend dieser Faktoren zusätzlich verlängerte Auszahlung der erhöhten Anfangsvergütung vor.

2   In § 10 Abs. 4 wird ein Mindestertrag für Standorte definiert, der nunmehr **Voraussetzung für das Entstehen der Vergütungspflicht** ist. Die Netzbetreiber sind nur dann zur Vergütung verpflichtet, wenn vor Inbetriebnahme der Anlage nachgewiesen ist, dass an dem geplanten Standort **mindestens 60 Prozent des Referenzertrages** nach der Anlage zum EEG erzielt werden können. Die Degression der Vergütungen ist in § 10 Abs. 5 vorgesehen. Die Vergütungen werden jährlich um jeweils 2 Prozent gesenkt. Die Degression setzt jedoch für land- und seegestützte Anlagen zu unterschiedlichen Zeitpunkten ein: Bei Onshore-Anlagen betrifft die Degression alle Anlagen, die nach dem 1. Januar 2005 in Betrieb gehen, bei Offshore-Anlagen wird die Vergütung erst für Anlagen gesenkt, die nach dem 1. Januar 2008 neu in Betrieb genommen werden. In § 10 Abs. 6 wird das Bundesumweltministerium ermächtigt, Vorschriften zur Ermittlung und Anwendung des Referenzertrages im Wege der Verordnung zu erlassen. Schließlich schließt

Vergütung für Strom aus Windenergie   3, 4 § 10

§ 10 Abs. 7 die Teilnahme von Anlagen am Vergütungsmechanismus aus, die nach dem 1. Januar 2005 in geschützten oder zum Schutz benannten Gebieten der deutschen AWZ oder des Küstenmeeres genehmigt worden sind.

B. Hintergrund

I. Normzweck

§ 10 konkretisiert die Vergütungspflicht des § 5 im Zusammenhang mit der Windenergie durch Aufstellung der maßgeblichen Vorgaben über die Vergütungshöhe und die Regelung zur Bemessung der Anlagenleistung. Die Vorschrift soll grundsätzlich einen **wirtschaftlichen Betrieb von Windenergieanlagen im ganzen Bundesgebiet** – und damit sowohl in den windhöffigen Gebieten Norddeutschlands als auch im windärmeren (südlichen) Binnenland bzw. auf dem Meer – **ermöglichen**. Ziel der Vorschrift ist es also auch, nicht nur an nicht windhöffigen Onshore-Standorten und im Offshore-Bereich neue Windenergiekraftanlagen errichten zu lassen, sondern durch eine technikneutrale Differenzierung der Vergütungshöhen nach Ertragskraft der Standorte auch eine Annäherung der Windenergiesparte an wettbewerbskompatible Marktstrukturen zu erreichen.[2] Dem Grundsatz der ertragsabhängigen Vergütung wird mit dem neu vorgesehenen Ausschluss besonders schlechter Standorte aus dem Vergütungsmechanismus eine Grenze gezogen, um die Errichtung ineffizienter Anlagen zu verhindern. Die bereits eingetretenen deutlichen Effizienzsteigerungen bei der Windenergienutzung drücken sich in den im Vergleich zum EEG 2000 deutlich gesunkenen Vergütungsbeträgen aus. Der Gesetzgeber zielt mit der Neuregelung darauf ab, dass das vorhandene Windenergie-Potenzial weiter ausgebaut wird und durch eine degressive Absenkung der Vergütungshöhe weitere **Anreize zur Entwicklung der technischen Effizienz** gesetzt werden. Dass der Gesetzgeber den **Schwerpunkt** des zukünftigen Anlagenbaus in den **Offshore-Standorten** und bei der **Erneuerung älterer Anlagen an Land** sieht, zeigt die höhere Vergütung für diese beiden Tatbestände. Die Privilegierung der Offshore-Technologie erklärt sich aus Effizienzgesichtspunkten: Zwar mangelt es gegenwärtig in Deutschland an Erfahrungen in diesem Bereich, und die Bemühungen um die Förderung in anderen Ländern (etwa in Dänemark) sind nur bedingt übertragbar auf die Verhältnisse in den deutschen Gewässern; zudem sind die Investitionskosten für neue Anlagentypen hoch, und es fehlt an Skaleneffekten (Serieneffekten). Der Gesetzgeber rechnet dennoch damit, dass aus Offshore-Windenergie-Anlagen in Zukunft Strom zu niedrigen Gestehungskosten erzeugt werden kann,[3] wenn diese entsprechend unterstützt werden. Denn den erheblichen Investitionskosten steht im Offshore-Bereich eine (theoretisch) erhebliche Windstromausbeute gegenüber.[4] Bei der Vergütung der Offshore-Anlagen versucht der Gesetzgeber darüber hinaus, diese Form der Stromerzeugung mit den Belangen des Naturschutzes zu harmonisieren.

II. Bedeutung der Windenergie für die Energieversorgung

Die Erzeugung von Strom aus Windenergie ist eine indirekte Nutzung der solaren Strahlungsenergie. Durch die Unterschiede in der Erwärmung der Erdober-

---

[2] So schon für das EEG 2000: *Schneider,* in: Schneider/Theobald, HBEnWR, § 18 Rn. 114; *Böwing,* in: Säcker, Berliner Kommentar zum Energierecht, EEG, Rn. 1 ff.
[3] BT-Drs. 15/2864, S. 42; vgl. auch die Gesetzesbegründung zum EEG 2000, BT-Drs. 14/2776, S. 22 f.
[4] Vgl. auch *Böwing,* in: Säcker, Berliner Kommentar zum Energierecht, EEG, Rn. 31.

fläche infolge der Sonneneinstrahlung entstehen innerhalb der Atmosphäre Temperatur- und Druckgefälle. Die Luftströmungen, die sich daraus ergeben, werden als Winde bezeichnet.[5] Eine Windenergieanlage nutzt diese Luftströmung, indem ein **Rotor der Luftströmung die kinetische Energie entzieht und in mechanische Energie umwandelt**. Die mechanische Energie wird direkt oder indirekt über einen Generator in elektrische Energie transformiert. Da diese elektrische Energie in der Regel weder die Spannung noch die Frequenz aufweist, die in einem Stromnetz vorhanden sind, muss vor der Einspeisung ins (Mittelspannungs-) Netz eine weitere Umsetzung mittels eines elektrischen Transformators erfolgen.

5   Windenergieanlagen können zunächst danach unterschieden werden, ob sie eine **Horizontal-** oder eine **Vertikalrotorachse** vorweisen. Bei den Horizontalanlagen wird der Rotor stets gegen den Wind ausgerichtet. Vorwiegend weist der Rotor drei propellerartige Blätter auf, die durch das Auffangen der kinetischen Energie der Luftströmung einen Drehmoment erzeugen. Bei kleineren Anlagen bis ca. 200 kW sind die Rotorblätter oft fest mit einer Nabe verbunden, die über ein Getriebe wiederum einen sog. Asynchrongenerator antreibt. Ab einer Windgeschwindigkeit von 3 m/s beginnt die Anlage, Strom zu erzeugen. Mit steigender Windgeschwindigkeit wächst die abgegebene Leistung an und erreicht bei ca. 13 m/s ihre so genannte Bemessungsleistung (d. h. ihre im Dauerbetrieb maximal abgebbare Leistung). Dann verschlechtern sich allmählich die Strömungsverhältnisse an den Rotorblättern, womit auch der Wirkungsgrad der Anlage und zugleich die abgegebene Leistung sinken. Auf diese Weise regelt sich die Anlage selbst (sog. Stallregulierung). Bei einer Windgeschwindigkeit von 25 m/s ist die mechanische Festigkeit der Anlage gefährdet. Um potenzielle Schäden von den Anlagen abzuwenden, wird der Rotor durch den sog. Azimutmotor aus dem Wind gedreht und außer Betrieb genommen.[6]

6   **Größere Windenergieenergieanlagen** sind aufwändiger konstruiert: Diese werden oberhalb einer Bemessungsleistung von 300 kW zumeist mit pitchgeregelten Rotorblättern errichtet. Hierbei sind die Rotorblätter auf der Nabe verstellbar montiert und werden durch mikroprozessorgesteuerte Blattverstellmotoren jeweils in die strömungstechnisch günstigste Position gebracht. Damit kann zum einen der Wirkungsgrad der Anlage bei niedrigeren Strömungsgeschwindigkeiten verbessert und der Leistungsabfall bei zu hohen Geschwindigkeiten korrigiert werden. Im letzteren Fall speist der Generator stets die Bemessungsleistung als Wirkanteil ins Netz. Bei großen Wirkleistungen eigenen sich insbesondere Synchrongeneratoren dazu, den jeweils erforderlichen Blindleistungsbedarf über einen weiteren Bereich zu liefern. Moderne Bauarten werden als so genannte hochpolige Schenkelpolmaschinen mit Stromrichter- oder Permanenterregung ausgelegt. Diese hochpoligen Synchronmaschinen werden mit einem Durchmesser von 5 m gebaut. Ein wesentlicher Vorteil der aufwändigen hochpoligen Synchronmaschinen besteht darin, dass sie direkt die niedrigen Drehzahlen des Rotors verarbeiten können, womit das Getriebe zwischen Nabe und Generator, das bei Asynchronmaschinen benötigt wird, entfällt. Die Ankopplung solcher Synchronmaschinen an das Netz muss dann über einen Stromrichter erfolgen.[7]

7   Nach der **Leistungsklasse** der Anlagen unterscheidet man zwischen
– **kleinen Windenergieanlagen** (10 bis 70 kW) mit einer Turmhöhe bis 27 m und Rotordurchmesser bis 16 m,

---

[5] Vgl. auch *Büdenbender/Heintschel von Heinegg/Rosin*, Energierecht, Rn. 1388.
[6] Zum Ganzen: *Heuck/Dettmann*, Elektrische Energieversorgung, S. 28; *Büdenbender/Heintschel von Heinegg/Rosin*, Energierecht, Rn. 1389.
[7] Zur Konstruktion einer Windenergieanlage vgl. *Heuck/Dettmann*, Elektrische Energieversorgung, S. 28 f.

Vergütung für Strom aus Windenergie   8–10 § 10

– **mittelgroßen Windenergieanlagen** (70 bis 750 kW) mit einer Turmhöhe 40 bis 65 m und einem Rotordurchmesser zwischen 16 und 50 m und
– **großen Windenergieanlagen** (750 kW bis 5 MW) mit einer Turmhöhe von 60 bis über 100 m und einem Rotordurchmesser von 50 bis über 100 m.

Weiterhin kann nach ihrem **Standort** zwischen **Onshore**-Anlagen (auf dem Festland bzw. im Landbereich) und so genannte **Offshore**-Anlagen (im Meeresbereich) unterschieden werden. 8

Der Strom aus Windenergie hat **in Deutschland** mittlerweile den größten Anteil an der durch das EEG vergüteten Strommenge und liefert zwischenzeitlich einen relevanten Anteil des Strombedarfs. Wie erste Zahlen des ersten Halbjahres des Jahres 2004 zeigen, hat sich die Windenergie am Strommarkt als stärkste Kraft der Erneuerbaren Energien etabliert und die traditionelle Wasserkraft klar überholt.[8] Die installierte Windleistung entwickelte sich von etwa 1000 MW im Jahr 1997 über 4000 MW im Jahr 1999, rund 6000 MW Ende 2000, rund 8750 MW zum Jahresende 2001 bis auf über 14 000 MW Ende 2003.[9] Mit diesen Anlagen wurden etwa im Jahr 2001 11 Mrd. kWh aus Windenergie erzeugt.[10] Damit betrug das aus der Stromerzeugung aus Windenergie resultierende CO_2-Einsparpotenzial im Jahr 2001 etwa 10 Mio. t CO_2, entsprechend rund 1 Prozent der CO_2-Emissionen des Jahres 1990 in Deutschland (je nach Annahme der substituierten zur Stromproduktion verwendeten Primärenergie; in einer Studie des Bundesumweltministeriums[11] wurde der Mittelwert 0,8 kg/kWh CO_2-Einsparung verwendet).[12] Der jährliche Gesamtstromertrag aus Windenergie in Deutschland stieg in den Jahren 2002 und 2003 auf 15,9 bzw. 18,5 Mrd. kWh an. Im Jahr 2003 erreichte die Stromerzeugung aus Windenergie damit einen **Anteil am Endenergieverbrauch von 3,1 Prozent.**[13] 9

Mit Blick auf die installierte Windleistung **liegt Deutschland im internationalen Vergleich** auch heute noch mit großem Abstand vor den USA und Spanien **an der Spitze.**[14] Dies beruht darauf, dass gegenwärtig über ein Drittel der weltweit installierten Leistung und über die Hälfte der in der EU installierten Leistung auf Deutschland entfällt.[15] Im Jahr 2002 waren 39 Prozent der weltweit installierten Windenergieleistung in Deutschland installiert, je 15 Prozent in Spanien und den USA, 9 Prozent in Dänemark, 11 Prozent in den restlichen EU-Ländern, 5 Prozent in Indien und 6 Prozent in den restlichen Ländern.[16] Dabei trägt die Windenergie im Bundesgebiet regional unterschiedlich stark zur Stromerzeugung bei. Spitzenreiter sind die norddeutschen Regionen. So hat etwa Schleswig-Holstein im Jahr 2000 seinen Strombedarf zu über 17 Prozent aus Windenergie gedeckt, gefolgt durch Mecklenburg-Vorpommern mit einem Anteil von 10 Prozent im Jahr 2000.[17] Dies spiegelt sich auch in der regionalen Verteilung der Windenergieanlagen (WEA). Spitzenreiter unter den Bundesländern nach Anla- 10

---

[8] *BMU*, Pressemitteilung Nr. 243/04, v. 16. 8. 2004.
[9] Quelle: *BMU;* Bundesverband Windenergie e. V., 2003; *DEWI*, 2004.
[10] Vorläufige Abschätzung im *BMU*, Entwicklung der erneuerbaren Energien, S. 23.
[11] *BMU*, Entwicklung der erneuerbaren Energien, S. 25.
[12] *BMU*, Erfahrungsbericht zum EEG, BT-Drs. 14/9807, S. 11.
[13] Quelle: *BMU.*
[14] Vgl. auch *Molly*, in: Böhmer, Erneuerbare Energien – Perspektiven für die Stromerzeugung, S. 226 ff., 227, 231 f. mit Ausführungen zur weltweiten Zuwachsrate der Windenergienutzung und Prognosen bis zum Jahr 2007.
[15] Im Jahr 2002 waren weltweit 31 234 MW installiert, in der EU 23 093 MW und in Deutschland 12 001 MW, Quelle: *BMU, BWE, DEWI, BTM-Consult, Windpower Monthly.*
[16] *BMU*, www.erneuerbare-energien.de.
[17] *BMU*, Erfahrungsbericht zum EEG, BT-Drs. 14/9807, S. 11.

genanzahl ist Niedersachsen mit rund 4000 WEA,[18] gefolgt von Schleswig-Holstein mit rund 2600 WEA und Nordrhein-Westfalen mit 2100 WEA. Weitere wichtige Standorte für WEA sind die Bundesländer Sachsen-Anhalt (1500 WEA), Brandenburg (1300 WEA) und Mecklenburg-Vorpommern (1000 WEA). In den süddeutschen Flächenstaaten Bayern und Baden-Württemberg existieren dagegen zusammen nicht einmal 500 WEA.

11 Die Entwicklung der Windenergie seit Beginn der 1990er Jahre brachte auch größere Anlagenstückzahlen, optimierte Fertigungsverfahren und Lern- und Wettbewerbseffekte. Dies führte zu **sinkenden durchschnittlichen Marktpreisen für Windenergieanlagen.** Seit dem Jahr 1990 sind die Listenpreise bis zum Jahr 2000 von rund 1278 EUR/kW um rund 30 Prozent gesunken.[19] Die Kosten je installierter Windleistung sind indessen etwa gleich geblieben. Gleichzeitig sind die Kosten je erzeugter Kilowattstunde Strom aus Windenergie infolge des technischen Fortschritts seit 1998 anlagenbezogen um insgesamt 9 Prozent gesunken.[20] Insgesamt sind **deutliche Technologiesprünge** zu verzeichnen, die sich kostenmindernd auswirken. Diese Skalenvorteile wurden **durch das EEG und seinen Vorgänger, das StrEG, bedingt.**

12 Anlagenbauer prognostizieren trotz der bisherigen technologischen Fortschritte, dass ein weiterer Ausbau der Windenergie auf hohem Niveau durchaus noch möglich ist.[21] Die Prognose bezieht sich allerdings nicht auf die Küstenstandorte, sondern eher auf das Binnenland.[22] Für die Küstenstandorte kommt im Wesentlichen eine Ersetzung älterer Anlagen mit kleinerer Leistungskraft durch neue, leistungsstärkere Anlagen in Betracht (sog. **Repowering der Onshore-Anlagen**).[23] Für das Jahr 2005 wird somit von einer installierten Windenergieleistung der Landstandort-Anlagen von 15 800 MW ausgegangen, womit mehr als eine Verdoppelung gegenüber dem Stand des Jahres 2000 erzielt wäre. Die sinkende Verfügbarkeit windhöffiger Standorte auf dem Festland, Akzeptanzprobleme von Windparks in der Bevölkerung und die technologischen Fortschritte hin zu leistungsstarken Megawatt-Klassen lassen erwarten, dass dieser prognostizierte Anstieg der installierten Leistung mit einer deutlich geringeren Anzahl neuer Anlagen als den in den 1990er Jahren erreicht werden wird.[24]

Mit Blick auf die **Offshore-Windenergieanlagen** wird davon ausgegangen, dass mit den verfügbaren Flächen in der AWZ unter den gegenwärtigen Bedingungen in der Startphase bis 2006 insgesamt mindestens 500 MW und mittelfristig – bis 2010 – 2000 bis 3000 MW Leistung zur Windenergienutzung auf See erreicht werden. Langfristig – d. h. bis 2025 bzw. 2030 – sind bei Erreichen der Wirtschaftlichkeit der Stromerzeugung aus Windenergie etwa 20 000 bis 25 000 MW installierter Leistung möglich. Eine solche Nutzung der Windenergie auf dem Meer würde 15 Prozent des Stromverbrauchs im Vergleich zum Jahr 1998 entsprechen.[25] Unter der Bedingung, dass Offshore-Anlagen ab einem Mindestabstand von 30 km Küstenentfernung und in einer Wassertiefe von 40 m gebaut werden, ergibt sich – so eine Studie des *Instituts für Solare Energieversorgungstechnik*

---

[18] Stand: 31. 12. 2003, Quelle: *BMU, BWE, DEWI.*
[19] *BMU,* Erfahrungsbericht zum EEG, BT-Drs. 14/9807, S. 12.
[20] Ebenda.
[21] *BMU,* Erfahrungsbericht zum EEG, BT-Drs. 14/9807, S. 11 ff.
[22] A. A. *Tauber,* ET 2002, 818, der die Onshore-Projekte im Rücklauf sieht. Diese Sicht wird in der Windenergiebranche zunehmend geteilt.
[23] *BMU,* Entwicklung der erneuerbaren Energien, Stand Januar 2002, BT-Drs. 14/9807, S. 12; vgl. auch *BMU,* Umwelt 4/2002, 286 ff., 287.
[24] *BMU,* Entwicklung der erneuerbaren Energien, Stand Januar 2002, BT-Drs. 14/9807, S. 12.
[25] Ebenda.

Vergütung für Strom aus Windenergie 13–16 § 10

(ISET)[26] – für Deutschland eine technisch nutzbare Fläche von ca. 15 800 km² bzw. ein technisches Potenzial von ca. 240 Mrd. kWh im Jahr. Berücksichtigt man konservativ auch andere Nutzungen der Flächen, so reduziert sich das technische Potenzial auf ca. 67 Mrd. kWh im Jahr. Allerdings kann zurzeit nicht genau ermittelt werden, wie hoch das tatsächlich nutzbare Potenzial wirklich ist, da es gegenwärtig nicht möglich ist, vorherzusagen, wie bei Nutzungskonflikten zwischen den Bedürfnissen von Schifffahrt, Fischerei und Naturschutz zu verfahren sein wird. Immerhin wird vereinzelt von ca. insgesamt 15 000 MW Windleistung relativ konfliktfrei zu installierender Offshore-Anlagen ausgegangen.[27] Nicht zu vernachlässigen ist, dass bereits zum Januar 2002 trotz aller Bedenken technischer und rechtlicher Natur[28] 29 Windparks in der AWZ (22 in der Nordsee und 7 in der Ostsee) beantragt waren, die zum Teil 100 einzelne Windenergieanlagen umfassen: Im deutschen Küstenmeer sind so mehrere Windparks bei den Küstenbundesländern Niedersachsen, Schleswig-Holstein und Mecklenburg-Vorpommern in Planung.[29]

III. Entstehungsgeschichte

Der Erfolg der Windenergiebranche und die deutliche Zunahme der Stromerzeugung aus Windenergie hängen eng mit der Fortentwicklung der gesetzlichen Vergütungsmechanismen zusammen. 13

1. Stromeinspeisungsgesetz (StrEG)

Strom aus Windenergie wurde bereits nach § 3 Abs. 3 StrEG vom 7. Dezember 1990 vergütet. Die Höhe der Vergütung betrug 90 Prozent vom **Durchschnittserlös** der von den Stromerzeugungsunternehmen an die Endkunden abgegebenen Strommenge.[30] Die Reformen des StrEG aus dem Jahre 1994 und 1998 ließen die Vergütungsregelung für Windenergie unverändert. 14

Diese erste Vergütungsregelung **führte durchaus** zu einem **Ausbau der Windenergienutzung,** allerdings ausgehend von einem Niveau nahe Null: Während zu Beginn der 1990er Jahre in Deutschland lediglich 18 MW Windleistung installiert waren, belief sich die installierte Windleistung infolge des StrEG vom 7. Dezember 1990 bis zur Einführung des EEG 2000 am 1. April 2000 bereits auf rund 4500 MW. Damit waren im Jahre 1999 immerhin ca. 30 Prozent der weltweiten Windenergiestromkapazität in Deutschland installiert. Ein **deutlicher Sprung** in der Nutzung der Windenergie stellte sich jedoch erst mit dem **Wechsel zu** einer **an den tatsächlichen Kosten orientierten Vergütung im EEG** ein. 15

Zudem konnte die unter dem StrEG geltende **Pauschalvergütung** – trotz bisweilen höherer Erstellungskoten für Küstenanlagen – **zu** einer **Übervergütung** solcher Anlagen zu **führen,** die wegen des immer verfügbaren Windpotenzials weit über 6000 Jahresbenutzungsstunden erreichen können; dies ist mehr als das 16

---

[26] *ISET,* Offshore-Windenergienutzung in der AWZ – Potenziale, Netzintegration, Stromgestehungskosten, S. 39 ff.
[27] Dazu auch der Beitrag von *Klotz,* Frankfurter Rundschau, v. 15. 6. 2002, S. 9, der eine mangelnde „empirische Evidenz", der Offshore-Technologien beklagt; dies resultiere daraus, dass es sich bei den einzusetzenden Verfahren um eine noch relativ junge Technik handelt; zu den komplexen Voraussetzungen des Netzanschlusses einer Offshore-Windkraftanlage *Christl,* ET 2003, 98, 99 ff.
[28] Dazu auch *SRU,* Windenergienutzung auf See, S. 2 ff.
[29] *BMU,* Strategie der Bundesregierung zur Windenergienutzung auf See, S. 4.
[30] Ausführlich zur Bildung der Vergütung für Strom aus erneuerbaren Energien s. § 5 Rn. 6 ff.

Dreifache von Binnenlandanlagen, die u.U. nur 2000 Jahresbenutzungsstunden aufweisen.[31]

2. Entstehung der Vergütungsregelung des EEG 2000

17 Stark geändert wurde die Vergütungsregelung für Strom aus Windenergie bereits in § 6 des Gesetzentwurfs zum EEG 2000. Einerseits sollte ein wirtschaftlicher Betrieb der Anlagen ermöglicht werden. Zum anderen wollte aber der Gesetzgeber auch den notwendigen Standortdifferenzierungen Rechnung tragen, was die Regelungen des StrEG nicht erlaubt hatten.[32] Der Überarbeitung der Vergütungsregelung für Strom aus Windenergie lagen zwei Gestaltungsansätze zugrunde: Einerseits sollte eine **Festpreisvergütung** aufgestellt werden. Andererseits sollte die Bestimmung der Vergütungshöhe in Abhängigkeit von der Ertragskraft des Standortes erfolgen. Mit einer **technikneutralen Differenzierung der Vergütungshöhen je nach Ertragskraft des Standortes** wurde vermieden, dass an windhöffigen Standorten eine höhere Vergütung gezahlt wird, als für einen wirtschaftlichen Betrieb erforderlich ist. Außerdem wurde auch ein Anreiz für die Errichtung von Windenergieanlagen im Binnenland geschaffen. Dabei ist die Differenzierung Folge der unterschiedlich langen Zeitdauer, in der erhöhte Anfangsvergütung gezahlt wird. Die relativ höhere Anfangsvergütung erleichterte weiterhin die bankseitige Finanzierung von Windenergieanlagen, was unter der Rechtslage des StrEG vor allem von den Kreditinstituten zunehmend in Frage gestellt worden war.[33]

18 Die Höhe der Vergütung war schon im Rahmen des Gesetzgebungsverfahrens zum EEG 2000 erneut modifiziert worden. Die **Grundvergütung** in § 7 Abs. 1 Satz 2 EEG 2000 wurde von damals 13,8 auf 12,1 Pf/kWh (danach: 6,19 Ct/kWh) **abgesenkt**; gleichzeitig wurde die **Fristberechnung für die Zahlung der höheren Anfangsvergütung** nach § 7 Abs. 1 Satz 3 EEG 2000 **in Richtung einer Verlängerung** verändert. Mit der Absenkung der Grundvergütung bei gleichzeitig längerer Zahlung der erhöhten Anfangsvergütung für windschwächere Standorte konnte der Gesetzgeber deutlicher bei der Vergütung der verschiedenen Standorttypen differenzieren. Die Anpassung der Frist gemäß § 7 Abs. 1 Satz 3 EEG 2000 wurde ihrerseits damit begründet, dass eine zu frühe Absenkung der Vergütung den Betrieb von Windenergieanlagen im Binnenland unwirtschaftlich gemacht hätte.

19 Der Umstieg auf eine nach Standorten differenzierte Festpreisvergütung löste in Deutschland einen **Windenergieboom** aus. Während 1999 vor Inkrafttreten des EEG 2000 etwa 4500 MW Windleistung in der Bundesrepublik installiert waren, nahm diese Zahl seit Inkrafttreten des EEG 2000 auf etwa 14 500 MW installierter Windleistungen im Jahr 2003 zu.[34] Mit diesen Anlagen wurden im Jahr 2003 rund 18 Mrd. kWh aus Windenergie erzeugt.[35]

Zeitliche Entwicklung der Energiebereitstellung aus Windenergie und der installierten Leistung von 1990 bis 2003

Jahr	1990	1991	1992	1993	1994	1995	1996	1997
kWh	40 Mio.	140 Mio.	230 Mio.	670 Mio.	940 Mio.	1,8 Mrd.	2,2 Mrd.	3 Mrd.
MW	56	98	167	310	605	1094	1547	2082

---

[31] Beispiele nach *Salje*, EEG, 2. Aufl., § 7 Rn. 16.
[32] BT-Drs. 14/2341, S. 9.
[33] Vgl. BT-Drs. 14/2341, S. 9; BT-Drs. 14/2776, S. 23.
[34] *BMU*, Erneuerbare Energien in Zahlen, S. 13.
[35] Ebenda.

Vergütung für Strom aus Windenergie

Jahr	1998	1999	2000	2001	2002	2003*
kWh	4,489 Mrd.	5,528 Mrd.	9,5 Mrd.	10,456 Mrd.	15,856 Mrd.	18,5 Mrd.
MW	2875	4444	6112	8754	12 001	14 609

*) Vorläufige Angaben, Stand Januar 2004. Quelle: *BMU*, Erneuerbare Energien in Zahlen, S. 13.

Aufgrund der Konzeption des EEG konnte Deutschland auch seine **weltweite** 20 **Spitzenposition** bei der Stromerzeugung aus Windenergie verteidigen, obwohl diese Technologie mittlerweile in Europa insgesamt einen deutlichen Aufschwung erlebt, nachdem eine Reihe von europäischen Staaten Vergütungsregelungen nach dem Vorbild des EEG geschaffen haben. Im Hinblick auf die installierte Windleistung liegt Deutschland weltweit nach wie vor auf dem ersten Rang, mit großem Abstand zu Spanien und den USA. Etwa ein Drittel der weltweit installierten Leistung und die Hälfte der in der EU installierten Leistung entfallen auf Deutschland.[36]

Neu eingeführt wurde mit dem EEG 2000 – nämlich in dessen § 7 Abs. 1 21 Satz 4 – eine besondere Vergütungsregelung für Windenergieanlagen, die mindestens 3 sm von der zur Begrenzung der Hoheitsgewässer der Bundesrepublik dienenden Basislinie seewärts installiert sind. Für diese sog. **Offshore-Windenergieanlagen** war ein verlängerter Anfangsvergütungszeitraum von neun Jahren in Abweichung von § 7 Abs. 1 Satz 1 EEG 2000 vorgesehen. Die Zahlung dieser Sondervergütung war auf Anlagen beschränkt, die bis zum Ende des Jahres 2006 in Betrieb gingen. Sie sollte einen Anreiz für Investitionen schaffen und trug dem Umstand Rechnung, dass die Investitionskosten für die Offshore-Anlagen gegenüber den Anlagen auf dem Festland erheblich höher sind, aber in Zukunft deutlich niedrigere Stromgestehungskosten erwarten lassen.[37] Zwar wurden unter der Geltung des EEG 2000 etliche Offshore-Projekte genehmigt.[38] Realisiert wurde bis zum Inkrafttreten des EEG 2004 jedoch kein Projekt im Geltungsbereich des EEG, so dass absehbar war, dass die Zahlung der erhöhten Anfangsvergütung unter der Voraussetzung der Inbetriebnahme bis zum 31. Dezember 2006 mangels Betriebsreife der Projekte weitgehend leer laufen würde.

3. Änderung durch die Novelle 2004

Die Beratungen zum EEG 2004 fanden im Hinblick auf die Vergütung der 22 Windenergie unter schwierigeren politischen Bedingungen als 1999/2000 statt, was paradoxerweise vor allem auf den Erfolg des EEG 2000 beim Ausbau der Windenergie zurückzuführen ist. Die dadurch ermöglichte flächendeckende Errichtung von Anlagen zur Nutzung der Windenergie ging **zunehmend** mit **Konflikten wegen befürchteter schädlicher Umwelteinwirkungen** dieser Anlagen einher, etwa Lärmemissionen **oder Beeinträchtigungen des Landschaftsbildes.** Darüber hinaus wurden von interessierter Seite hohe Netzausbaukosten aufgrund des Anschlusses von Windenergieanlagen vorhergesagt. Dem standen der wichtige Beitrag der Windenergie zu einer Erhöhung der Stromerzeugung aus

---

[36] *BMU*, Themenpapier Windenergie, S. 4 f.
[37] BT-Drs. 14/2776, S. 23.
[38] Zwischenzeitlich wurden durch das zuständige Bundesamt für Seeschifffahrt und Hydrographie auch erste Ablehnungsbescheide für geplante Offshore-Projekte ausgesprochen, so für die Projekte „Adergrund" und „Pommersche Bucht" in der Ostsee. Diese Gebiete waren nicht von der Bundesregierung als Eignungsgebiete ausgewiesen worden, sondern als Teile des europäischen Schutzgebietsnetzes NATURA 2000 vorgeschlagen (*BMU*, Pressemitteilung v. 21. 12. 2004, Nr. 361/04).

Erneuerbaren Energien, die insoweit erreichte internationale Vorreiterstellung und der damit verbundene technologische Vorsprung Deutschlands gegenüber. Anders als im Gesetzgebungsverfahren zum EEG 2000, wo die Vergütung für die Fotovoltaik noch im Mittelpunkt der Auseinandersetzung stand,[39] konzentrierte sich die Auseinandersetzung um die Novellierung 2004 vor diesem Hintergrund vor allem auf die so erfolgreiche Windenergie.

23 Letztlich wurden jedoch beide im EEG 2000 eingeführten Grundlinien der Vergütungsregelung, die die Basis dieses Erfolgs gewesen waren, im EEG 2004 beibehalten: Abs. 1 führt zum einen die **technikneutrale Differenzierung der Vergütungshöhen** je **nach Ertragskraft des Standorts** fort. Zum anderen blieb es bei der nach wie vor **fixen** – wenn auch degressiv ausgestalteten – **Preisregelung** für Windenergie. Diese Ansätze wurden im EEG 2004 weiter entwickelt. Die **Grundvergütung** für Strom aus Windenergie wurde von zuvor 6,19 Ct/kWh **deutlich** auf nunmehr 5,5 Ct/kWh **abgesenkt.** Damit trug der Gesetzgeber den zwischenzeitlich erreichten spürbaren Effizienzfortschritten Rechnung.[40]

24 Im Vermittlungsverfahren[41] einigte man sich auf die Neueinführung des Abs. 4. Bei Beibehaltung des Grundsatzes einer ertragsorientierten Vergütung wurden damit Anreize zur Bebauung **windschwächerer Standorte** mit Windenergieanlagen beseitigt, indem für neue Projekte die Vergütungspflicht aufgehoben wurde, sofern vor Inbetriebnahme feststeht, dass sie an dem geplanten Standort nicht mindestens 60 Prozent des Referenzertrages erzielen können.[42] Eine weitgehend identische Vorschrift, die allerdings sogar eine Ertragsaussicht von 65 Prozent des Referenzertrags vorausgesetzt hatte, um in den Genuss der Vergütung zu kommen, war auf Betreiben des Bundeswirtschaftsministeriums schon im ursprünglichen Gesetzentwurf der Bundesregierung enthalten gewesen.[43] Im Laufe des parlamentarischen Verfahrens war dieser Vergütungsausschluss für besonders windschwache Standorte zunächst wieder durch die Vertreter der Regierungskoalition im Ausschuss für Umwelt, Naturschutz und Reaktorsicherheit aus der Beschlussempfehlung gestrichen worden. Gleichzeitig hatte man dort die Abschmelzung der Zahlung der erhöhten Anfangsvergütung für schlechtere Standorte beschleunigt.[44] Der Vermittlungsausschuss knüpfte in diesen beiden Punkten also wieder am ursprünglichen Vorschlag der Bundesregierung an: Die Abschmelzung der erhöhten Anfangsvergütung für schlechtere Standorte wurde verlangsamt. Dafür wurden besonders windschwache Standorte von der Vergütung ganz ausgenommen, wobei das Vermittlungsergebnis hier weniger restriktiv ausfiel als der ursprüngliche Gesetzentwurf der Bundesregierung, nach dem zusätzliche Standorte aus der Vergütung gefallen wären. Letztlich hat sich die von den Parlamentariern im Verfahren

---

[39] Vgl. oben Rn. 16 ff.; die Fotovoltaik war allerdings auch deshalb aus der Aufmerksamkeit gerückt, weil hierzu bereits das Fotovoltaik-Vorschaltgesetz vor der eigentlichen Novelle des EEG erlassen worden war.
[40] Vgl. auch *Müller*, RdE 2004, 237, 242.
[41] Siehe Beschlussempfehlung des Vermittlungsausschusses, BT-Drs. 15/3385.
[42] Vgl. auch *Müller*, RdE 2004, 237, 242.
[43] Vgl. Gesetzentwurf der Bundesregierung v. 2. 1. 2004, BR-Drs. 15/04, S. 9 f.
[44] Vgl. Beschlussempfehlung des Ausschusses für Umwelt, Naturschutz und Reaktorsicherheit v. 31. 3. 2004, BT-Drs. 15/2845, S. 11 f.; diese schnellere Abschmelzung der Frist für die Zahlung der erhöhten Anfangsvergütung ergab sich daraus, dass als Maßstab für die Verlängerung in § 10 Abs. 1 Satz 3 die Unterschreitung des Referenzertrages um 0,85, statt 0,75 Prozent vorgesehen wurden. Ebenso wurde für die Dauer des Anspruchs auf erhöhte Anfangsvergütung bei Repowering-Anlagen in § 10 Abs. 2 auf die Unterschreitung um 0,7 statt 0,6 Prozent abgestellt; vgl. hierzu auch die Begründung zum Änderungsantrag Nr. 10, BT-Drs. 15/2845, S. 28 f.

eingebrachte Forderung, die Nutzbarkeit windschwacher Binnenstandorte zur Windenergieverstromung nicht zu stark einzuschränken, also auch im Endergebnis teilweise niedergeschlagen.

Neu eingeführt wurde mit Abs. 2 eine Sonderregelung zum so genannten „**Repowering**", also der Ersetzung bestehender Anlagen durch leistungsstärkere Anlagen. Hier wird für die Zukunft der Schwerpunkt des Leistungszubaus auf dem Land gesehen, da der Zubau neuer Anlagen angesichts zunehmender Knappheit günstiger Standorte an seine Grenze stößt.[45]

Weiter differenziert wurden im Vergleich zum EEG 2000 die Regelungen zur Vergütung der Stromerzeugung in **Offshore-Anlagen**. Hintergrund dieser Änderung war die im Januar 2002 veröffentlichte Strategie der Bundesregierung zur Windenergienutzung auf See.[46] Dort stellte die Regierung fest, dass Offshore-Windparks noch mit großen technischen, wirtschaftlichen und auch rechtlichen Unsicherheiten verbunden sind.[47] Es wurde deutlich, dass die erheblichen Entwicklungs- und Investitionskosten für die Offshore-Technologie, in der gleichzeitig der Schwerpunkt des zukünftigen Ausbaus der Windenergienutzung gesehen wurde, mit den Vergütungen des EEG 2000 nicht zu erwirtschaften sein würden.[48] Die Vergütung wurde daher stärker zugunsten der Offshore-Technologie und entlang ihrer spezifischen Kostenfaktoren ausdifferenziert. Während die Grundvergütung für an Land erzeugten Strom aus Windenergie im EEG 2004 deutlich abgesenkt wurde, behielt man für Offshore-Anlagen in Abs. 1 Satz 1 eine höhere Grundvergütung von 6,19 Ct/kWh bei. Als zusätzliche Anfangsvergütung wurde dafür für die Offshore-Anlagen ein etwas geringerer Satz von 2,91 Ct/kWh aufgenommen. Zudem hatte die Bundesregierung in ihrem Strategiepapier prognostiziert, dass mit ersten Baustufen für Offshore-Anlagen erst 2003 bis 2006 zu rechnen sei.[49] Damit war die in § 7 Abs. 1 Satz 3 EEG 2000 bislang enthaltene Begrenzung der Zahlung einer erhöhten Anfangsvergütung auf Anlagen, die bis Ende 2006 in Betrieb gingen, offenkundig abänderungsbedürftig geworden. Das novellierte EEG wurde daher dieser Prognose angepasst: Abs. 3 Satz 3 verlängert die Zahlungsfrist für die erhöhte Anfangsvergütung für alle Offshore-Anlagen i. S. d. Abs. 3 Satz 1 auf grundsätzlich 12 Jahre. Anlagen müssen nunmehr erst bis Ende 2010 in Betrieb genommen worden sein, um in den Genuss dieser erhöhten Anfangsvergütung zu kommen. Anders als in der Vorläuferregelung ist außerdem in § 10 Abs. 3 Satz 4 eine Verlängerung dieser Grundfrist von zwölf Jahren ermöglicht worden, wenn die Anlage besonders weit von der Küstenlinie entfernt und in besonderer Tiefe errichtet wird. Insgesamt wurde also durch die EEG-Novelle eine stärker nach den spezifischen Kosten von Offshore-Anlagen differenzierte Vergütungsregelung geschaffen.

Eine weitergehende Regelung enthält **Abs. 7** für Strom aus Offshore-Windparks in der deutschen AWZ und dem Küstenmeer, deren Errichtung nach dem 1. Januar 2005 in einem bestehenden oder vom Bundesumweltministerium der EU-Kommission gemeldeten FFH- oder Vogelschutzgebiet genehmigt worden ist. Obwohl nach §§ 38 Abs. 1 Nr. 5, 34 Abs. 3 bis 5 BNatSchG eine Anlagenzulassung dort unter sehr eingeschränkten Umständen gleichwohl möglich ist, sieht das EEG 2004 vor, dass die Einspeisevergütung nach dem EEG entfällt. Das

---

[45] Vgl. BT-Drs. 15/2845, Begründung zu § 10 Abs. 2, S. 71 f.
[46] *BMU*, Strategie der Bundesregierung zur Windenergienutzung auf See.
[47] Ebenda, S. 7; dieser Analyse lag ein im Auftrag des BMWi erstelltes Gutachten zugrunde, *ISET*, Offshore-Windenergienutzung in der AWZ, das einen Überblick über die Stromgestehungskosten und Probleme der Netzintegration von Offshore-Anlagen liefert.
[48] So auch die Begründung zu § 10 Abs. 3, BT-Drs. 15/2845, S. 72.
[49] *BMU*, Strategie der Bundesregierung zur Windenergienutzung auf See, S. 8.

EEG sieht damit einen Naturschutzstandard vor, der über die fachgesetzlichen Anforderungen hinausgeht.[50]

C. Rechtsprobleme bei der Planung und Errichtung von Windenergieanlagen

28 Zur Markteinführung der Windenergie bietet das **EEG 2004** mit seinen §§ 5, 10 ein **Instrument der Preissteuerung** an, das erst nach Anschluss der Anlage an das Netz und nach Abnahme des Stromes – also zu einem **relativ späten Zeitpunkt – Wirkung** zeigt. Dieses Ziel kann konterkariert werden, wenn Rechtsvorschriften, die bereits im Vorfeld des Netzanschlusses ihre Wirkung entfalten, den Bau einer Anlage verhindern. Vielfach wurde diese Problematik gerade im Zusammenhang mit den Windenergieanlagen diskutiert.[51] So läuft die preisrechtliche Regelung des § 10 ins Leere, wenn beispielsweise im Rahmen der Zulassung von Energiegewinnungsanlagen – und damit im Vorfeld der Energiebereitstellung – die Errichtung der Anlage für unzulässig erklärt oder diese nur unter unverhältnismäßigen Umständen ermöglicht wird.

29 Solche Fragen stellen sich insbesondere im Zusammenhang mit dem **Baurecht.** Bereits § 1 Abs. 5 Nr. 7 BauGB führt die Nutzung Erneuerbarer Energien ausdrücklich als im Rahmen der Bauleitplanung zu berücksichtigenden Belang auf. Zur Erfüllung dieser Aufgabe stehen im Baurecht mehrere Möglichkeiten zur Verfügung: Zum einen ist eine völlige Befreiung von der landesbauordnungsrechtlichen Baugenehmigungspflicht denkbar. Eine solche Ausnahmeregelung ist bei den Solarenergieanlagen, Sonnenkollektoren und Fotovoltaikanlagen in Erwägung gezogen worden. Zum anderen lässt sich bei grundsätzlicher Genehmigungsbedürftigkeit auch an eine Erleichterung der Zulässigkeitsvoraussetzungen für Anlagen zur Verstromung Erneuerbarer Energien denken. Diese Vorgehensweise wurde bei Windenergie und bei Wasserkraft bevorzugt. Eine Sonderbehandlung der Windenergieanlagen im Sinne einer völligen Befreiung von der Genehmigungspflicht wurde nie ernsthaft in Erwägung gezogen: Immerhin steht zu befürchten, dass Windenergieanlagen, die einen bis zu 98 m hohen Turm und einen die Gesamthöhe steigernden Rotordurchmesser von 66 m aufweisen und damit insgesamt über ca. 130 m Gesamthöhe verfügen können,[52] nicht zu vernachlässigende Beeinträchtigungen des Landschaftsbildes sowie nicht unerhebliche Lärm- und durch Schattenwurf und Lichtreflexe auch Lichtimmissionen sowie neuartige, „Sichtimmissionen" verursachen. Die von Windenergieanlagen ausgehenden Belästigungen können im Einzelfall ein beträchtliches Ausmaß annehmen. Angesichts solcher Umstände müssen die Errichtung und der Betrieb von Windenergieanlagen von einem Genehmigungsvorbehalt abhängig gemacht werden. Ob und inwieweit solchen Beeinträchtigungen die Vorteile der Ressourcenschonung und der emissionsfreien Elektrizitätsgewinnung aus der Verstromung der Windenergie im Rahmen der Prüfung einer Genehmigung mit Erfolg gegenübergestellt werden können, war (und bleibt) Gegenstand einer umfangreichen Verwaltungspraxis und Judikatur.

30 Damit ist zunächst festzuhalten, dass die Errichtung und der Betrieb von Windenergieanlagen **grundsätzlich** der **Genehmigung** bedürfen.[53] Diese Genehmigung wird regelmäßig nach den Landesbauordnungen als Baugenehmigung erteilt,

---

[50] Dazu *Reshöft*, ZNER 2004, 240, 247 f.
[51] Exemplarisch *v. Mutius*, DVBl. 1992, 1469 ff.
[52] Beispiel nach *Mock*, NVwZ 1999, 937.
[53] Hierzu *Franke*, in: Bartsch/Röhling/Salje/Scholz, Stromwirtschaft, Kap. 36 Rn. 4.

wobei einzelne Landesbauordnungen Ausnahmen von der Genehmigungspflicht für Windenergieanlagen bestimmter Größenordnungen enthalten. Die früher bestehende immissionsschutzrechtliche Genehmigungspflicht für Windenergieanlagen über 300 kW ist aufgehoben worden.[54] Bei Erteilung der Baugenehmigung ist die Vereinbarkeit des Vorhabens mit den sonstigen öffentlich-rechtlichen Vorschriften zu prüfen. Hierzu zählen insbesondere die bauplanungsrechtlichen Regelungen (§§ 29 ff. BauGB) und die naturschutzrechtlichen Vorschriften (§ 8 BNatSchG).[55] Bei Errichtung der Anlage in einem Schutzgebiet ist eine Befreiung von der Schutzgebietsregelung notwendig, die in einem gesonderten Verfahren erteilt werden kann.[56] Teilweise wird in der Genehmigungspraxis der Baubehörden jedoch nicht nur die Vereinbarkeit des Vorhabens mit öffentlich-rechtlichen Vorschriften geprüft, sondern darüber hinaus vom zukünftigen Anlagenbetreiber der Nachweis verlangt, dass auch die Abnahme des erzeugten Stroms gesichert ist, etwa durch Vorlage eines Netzanschlussvertrags mit einem Netzbetreiber. Die Gewähr der Abnahme des Stroms ist jedoch ebenso wenig wie die Realisierbarkeit anderer geplanter Nutzungen vom öffentlichen Recht als Genehmigungsvoraussetzung vorgesehen. Diese Praxis entspricht nicht den Vorgaben des öffentlichen Baurechts und ist daher rechtswidrig.

Windenergieanlagen sind Anlagen im Sinne des § 3 Abs. 5 **BImSchG,** die nicht als genehmigungsbedürftige Anlagen in der 4. BImSchV[57] genannt sind. Solche **nicht genehmigungsbedürftigen Anlagen** sind allerdings nach § 22 BImSchG so zu errichten und zu betreiben, dass schädliche Umwelteinwirkungen verhindert werden, die nach dem Stand der Technik vermeidbar sind (Nr. 1), nach dem Stand der Technik unvermeidbare schädliche Umwelteinwirkungen auf ein Mindestmaß beschränkt werden (Nr. 2) und die beim Betrieb der Anlagen entstehenden Abfälle ordnungsgemäß beseitigt werden können (Nr. 3). 31

Wenn mehr als zwei Windenergieanlagen beantragt werden, ist dagegen eine **Genehmigung nach BImSchG** erforderlich. Dabei unterscheidet der Gesetzgeber zwischen Vorhaben mit bis zu fünf Windenergieanlagen, die im vereinfachten Verfahren nach § 10 BImSchG genehmigt werden können und Vorhaben mit mehr als fünf Windenergieanlagen, für die immer ein förmliches Verfahren durchzuführen ist. 32

Für die Beurteilung, ob eine Windfarm mit mindestens drei Anlagen vorliegt, ist ein **Urteil des BVerwG vom 20. Juni 2004**[58] von entscheidender Bedeutung. Mit dem Urteil schlägt das BVerwG einen völlig neuen Weg ein: Eine Windfarm im Rechtssinne liegt danach immer dann vor, wenn mehr als drei Windenergieanlagen im räumlichen Zusammenhang stehen. Ob diese Anlagen alle einem Betreiber zuzurechnen sind oder nicht, spielt danach keine Rolle. Vorhaben unterschiedlicher Bauherrn können danach zusammengezählt werden, wenn ein solcher räumlicher Zusammenhang besteht. Dies beurteilt sich danach, ob sich die Einwirkungsbereiche der Anlagen überschneiden oder wenigstens berühren. Dies ist nur dann nicht der Fall, wenn die Anlagen so weit voneinander entfernt sind, dass sich die nach der Richtlinie zur Umweltverträglichkeitsprüfung maßgeblichen 33

---

[54] *Büdenbender/Heintschel von Heinegg/Rosin,* Energierecht, Rn. 1393.
[55] *Krautzberger,* NVwZ 1996, 847 ff.
[56] *Franke,* in: Bartsch/Röhling/Salje/Scholz, Stromwirtschaft, Kap. 36 Rn. 4.
[57] Vierte Verordnung zur Durchführung des Bundes-Immissionsschutzgesetzes (Art. 1 d. V. zur Neufassung und Änderung von Verordnungen zur Durchführung des Bundes-immissionsschutzgesetzes), 24. 7. 1985, BGBl. I S. 1586, neu gefasst durch am 14. 3. 1997, BGBl. I S. 504; zuletzt geändert am 23. 12. 2004, BGBl. I S. 3758.
[58] BVerwG, Urt. v. 20. 6. 2004 – 4 C 9.03, dazu: *Tigges,* neue energie 09/2004, 99 ff.; *Niederberg,* Erneuerbare Energien 11/2004, 12 f.

§ 10 34–37   Erneuerbare-Energien-Gesetz

Auswirkungen nicht summieren. Anders als in der Vergangenheit dürfte es damit kaum Einzelanlagen geben, die künftig dem Baurecht unterliegen. Damit dürfte das Urteil eine faktische Umkehrung der bisherigen Arbeitsteilung zwischen Bau- und Immissionsschutzbehörden zur Folge haben.[59]

34   Das Vorliegen der bau- oder immissionsschutzrechtlichen Genehmigung ist jedoch keine Voraussetzung für den Anschlussanspruch nach § 4 oder den Vergütungsanspruch nach §§ 5, 10.

I. Onshore-Windenergieanlagen

35   Anfangs handelte es sich bei den Windenergieanlagen um vereinzelte Großanlagen in Norddeutschland (sog. Growiane). Eine Zunahme solcher Anlagen wurde erst in den 1990er Jahren durch das StrEG erreicht, so dass mittlerweile von einer flächendeckenden Entwicklung gesprochen werden kann. Hiervon ist nicht nur der Norden betroffen. Inzwischen kann aufgrund dieser Entwicklung von einer **kontinuierlichen Verknappung windhöffiger Standorte** ausgegangen werden.[60]

36   Was die Anlagen an Land (Onshore-Anlagen) betrifft, überwogen sowohl in der Verwaltungspraxis als auch in der Rechtsprechung bis weit in die 1990er Jahre bauplanungsrechtliche Bedenken gegen die Zulässigkeit der Errichtung solcher Anlagen: Im Rahmen der Zulässigkeitsprüfung wurde bei **Anlagen im Innenbereich** regelmäßig die Nähe zur Wohnbebauung beanstandet. Die Zulässigkeit von Windenergieanlagen im beplanten wie unbeplanten Innenbereich hängt von den Umständen des Einzelfalles ab. Eine Windenergieanlage ist eine „bauliche Anlage" im Sinne der §§ 29 ff. BauGB. Auf sie sind §§ 30 ff. BauGB anzuwenden. Allerdings gilt immer noch, dass Standorte für Windenergieanlagen nur selten durch einen Bebauungsplan festgesetzt werden. Dies ist auf die relative Neuartigkeit der Nutzung der Windenergie und auf die Dauer des Verfahrens zur Verabschiedung eines Bebauungsplans[61] zurückzuführen. Soweit eine Anlage im Bebauungsplan festgesetzt wurde, so ist diese bauplanungsrechtlich auch zulässig, es sei denn, es liegt ein Vertrag gegen das sog. Rücksichtnahmegebot vor. Hier kann ein sich gegen die Anlage wendender Nachbar nur gegen den Bebauungsplan als solchen im Rahmen einer prinzipalen Normenkontrolle nach § 47 VwGO vorgehen. Bei erteilter Baugenehmigung ist eine inzidente Normenkontrolle im Rahmen der Anfechtung der Baugenehmigung in Erwägung zu ziehen.[62]

37   Auf Folgendes ist im Zusammenhang mit den Windenergieanlagen im Innenbereich hinzuweisen: Bei einer weiträumigen, aufgelockerten Bebauung können sie insbesondere als untergeordnete Nebenanlagen im Sinne von § 14 Abs. 1 Satz 1 BauNVO genehmigt werden.[63] Bei dichter Bebauung stehen der Genehmigungsfähigkeit solcher Anlagen die Auswirkungen auf die Nutzbarkeit der Nachbargrundstücke entgegen.[64] Im **nicht qualifiziert beplanten Innenbereich** richtet sich die Zulässigkeit der Windenergieanlagen nach § 34 BauGB: Hiernach müssen sie sich in die Eigenart der näheren Umgebung einfügen. Windenergieanlagen werden sich im Zweifel mit Ausnahmen solcher kleineren, die als Nebenanlagen

---

[59] *Tigges,* neue energie 09/2004, 99 f.
[60] Vgl. hierzu bereits Erfahrungsbericht zum StrEG, BT-Drs. 13/2681, S. 11 ff.
[61] Dazu *Lühle,* NVwZ 1998, 897, 898.
[62] Ausführlich *Lühle,* NVwZ 1998, 897, 899.
[63] Hierzu BVerwG, DVBl. 1983, 886 ff.; aus Sicht des Nachbarschutzes *Lühle,* NVwZ 1998, 897, 899 ff.; vgl. weiterhin *Franke,* in: Bartsch/Röhling/Salje/Scholz, Stromwirtschaft, Kap. 36 Rn. 6.
[64] Vgl. VGH Kassel, RdE 1989, 311 ff.

angesehen werden können, bereits aufgrund ihrer Höhe nicht in die nähere Umgebung einfügen.[65]

Der Zulässigkeit von **Anlagen im Außenbereich** stand lange Zeit die Auffassung des BVerwG entgegen, das – zumindest bei Anlagen für die private Nutzung – davon ausging, dass Windenergieanlagen keine privilegierten Anlagen nach § 35 Abs. 1 BauGB sind, seien diese doch – im Gegensatz zu den Wasserkraftanlagen – nicht standortgebunden.[66] Die Rechtsprechung hielt an dieser Ansicht auch nach Erlass des StrEG von 1990 fest. Insbesondere leitete das BVerwG hieraus kein Indiz für einen Privilegierungswillen des Gesetzgebers i. S. d. § 35 Abs. 1 Nr. 5 BauGB a. F. ab.[67] Anlagen zur Verstromung der Windenergie waren nach dieser Rechtsprechung auch nach Erlass des StrEG lediglich als „sonstige Vorhaben" im Sinne des § 35 Abs. 2 BauGB genehmigungsfähig.[68] 38

Mit der **Novellierung des BauGB** durch Änderungsgesetz vom 30. Juli 1996[69] erfuhren die Windenergieanlagen eine besondere Behandlung: Nach § 35 Abs. 1 Nr. 5[70] BauGB a. F. sind **Windenergieanlagen** nun genauso wie die Wasserkraftwerke als **privilegierte Vorhaben** eingestuft, so dass von einer Harmonisierung des Bauplanungsrechts mit der Förderung der Windenergieenergie mittels Preissteuerungsinstrumente nach dem StrEG (bzw. EEG) gesprochen werden kann.[71] Durch die Privilegierung erlangten die Windenergieanlagen eine vorrangige Position, aufgrund derer sie sich im Zweifel gegenüber sonstigen Nutzungen nach § 35 Abs. 2 BauGB, wie z. B. eine Wohnnutzung, durchsetzen, selbst wenn von der Anlage schädliche Umweltbelästigungen ausgehen.[72] 39

Dieser Privilegierungstatbestand wird durch die Möglichkeit für die Gemeinden ergänzt, über **Flächennutzungspläne** die Standorte von Windenergieanlagen zu steuern, indem sie nach § 35 Abs. 3 Satz 3 BauGB bestimmte Gemeindegebiete für Windenergieanlagen (sog. Windparks) ausweisen. So kann eine planende Gemeinde zugunsten bestimmter Rechtsgüter (etwa Landschaftsschutz, Fremdenverkehr, Anwohnerschutz) die Verwendung der Windenergie für Teile ihres Planungsgebiets ausschließen. Um dies zu steuern, hat sie ein schlüssiges Planungskonzept vorzulegen, in dem durch Darstellungen im Flächennutzungsplan positiv geeignete Standorte für die Windenergienutzung bestimmt werden, um so ungeeignete Standorte im Planungsgebiet auszuschließen. An die der Darstellung zugrunde liegende Abwägung sind hohe Anforderungen zu stellen: Insbesondere reicht es nicht aus, wenn die Gemeinde lediglich besonders geeignete bzw. ungeeignete Standorte ermittelt. Vielmehr muss der Ausschluss gewisser Bereiche im Planungsgebiet durch ein öffentliches Interesse gerechtfertigt sein, das die Gründe überwiegt, die für die Nutzung der Windenergie sprechen.[73] Außerdem ist es der Gemeinde verwehrt, einen Flächennutzungs- oder Bebauungsplan zu benutzen, um unter dem Vorwand der „Steuerung" Windenergieanlagen in Wahrheit zu verhindern. Sie hat insbesondere der Privilegierungsentscheidung des Gesetzgebers Rechnung zu tragen und für die Windenergienutzung in substanzieller Weise 40

---

[65] Vgl. zum Ganzen *Lühle,* NVwZ 1998, 897, 901 f.
[66] Vgl. BVerwG, DVBl. 1983, S: 890 ff.; aus der Literatur vgl. dazu nur *Franke,* in: Bartsch/Röhling/Salje/Scholz, Stromwirtschaft, Kap. 36 Rn. 5.
[67] Vgl. BVerwG, DVBl. 1994, 1141, 1145.
[68] Vgl. hierzu auch *Krautzberger,* NVwZ 1996, 847; *Koch,* Umweltrecht, § 9 Rn. 67.
[69] BGBl. I S. 1189.
[70] Nach der am 20. 7. 2004 in Kraft getretenen Fassung des BauGB.
[71] Vgl. hierzu *Theobald,* AöR 1997, 372, 385 ff.; dagegen *Mock,* NVwZ 1999, 937, 939 ff.
[72] Vgl. *Lühle,* NVwZ 1998, 887, 901; *Ewer,* in: Koch, Umweltrecht, § 9 Rn. 67.
[73] Vgl. hierzu grundlegend *Schidlowski,* NVwZ 2001, 388 ff.; vgl. auch *Tigges,* ZNER 2002, 87 ff.; *Koch,* Umweltrecht, § 9 Rn. 68.

§ 10 41–43 Erneuerbare-Energien-Gesetz

Raum zu schaffen. § 35 Abs. 3 Satz 3 BauGB bietet zudem keine Handhabe dafür, die Zulassung von Windenergieanlagen in der Weise restriktiv zu steuern, dass eine Gemeinde sich einseitig von dem Ziel leiten lässt, die Entfaltungsmöglichkeiten dieser Nutzungsart auf das rechtlich unabdingbare Minimum zu beschränken.[74]

41 Insgesamt kommt dem **Raumplanungsrecht** für die Steuerung der Flächennutzung durch Windenenergieanlagen große Bedeutung zu: Raumordnungspläne regeln mittlerweile vielerorts die Gebiete, in denen Vorhaben zur Nutzung der Windenergie zulässig sein sollen und an welchen Standorten dies nicht der Fall ist. Eine Windenergieanlage kann in Abhängigkeit von ihrer Größe Raum in Anspruch nehmen oder die räumliche Entwicklung oder Funktion eines Gebiets beeinflussen und darf damit im Einzelfall als ein „raumbedeutsames" Vorhaben angesehen werden. Dabei lässt sich die Frage der „Raumbedeutsamkeit" nicht generell mit einer bestimmten Meterangabe beantworten, sondern bedarf einer Würdigung im Einzelfall.[75]

42 In windhöffigen Gebieten wurden bislang in Raumordnungsplänen vielfach sog. **Vorbehaltsgebiete** nach § 7 Abs. 4 Nr. 2 ROG[76] ausgewiesen; auf diese Gebiete soll sich die Windenergienutzung konzentrieren. Damit wird in diesen Gebieten die Nutzung der Windenergie gegenüber konkurrierenden Nutzungen bevorzugt behandelt. Demgegenüber sollen in windhöffigen Gebieten, die in einem Raumordnungsplan nicht als Vorbehaltsgebiete ausgewiesen sind, keine Windenergieanlagen gebaut werden können.[77] In § 7 Abs. 4 Nr. 3 ROG erlaubt der Gesetzgeber zudem ausdrücklich auch die Festlegung von **Eignungsgebieten** in Raumordnungsplänen, die für bestimmte, raumbedeutsame Maßnahmen geeignet sind und diese Maßnahmen für andere Gebiete im Planungsraum gleichzeitig ausschließen. Dies ermöglicht es den Gemeinden, bestimmte Flächen im Außenbereich für künftige Siedlungsentwicklungen freizuhalten.[78] Als Reaktion auf die zunehmenden Konflikte vor Ort um die Errichtung von Windrädern im Außenbereich hat der Gesetzgeber in der am 20. Juli 2004 in Kraft getretenen Novelle des BauGB und des ROG den Gemeinden weitere Steuerungsinstrumente in die Hand gegeben. So wurde § 35 Abs. 3 BauGB teilweise gefasst: In Nr. 8 wurde als zusätzliche Beeinträchtigung öffentlicher Belange, die der Errichtung einer Anlage im Außenbereich entgegenstehen kann, die **Störung der Funktionsfähigkeit von Funkstellen und Radaranlagen** aufgenommen. Damit reagierte der Gesetzgeber darauf, dass die Beeinträchtigung der Flugsicherheit durch Windenergieanlagen geltend gemacht worden war.[79]

43 Außerdem wurde den Gemeinden auch zusätzlicher Einfluss für den Planungszeitraum verschafft. Die Steuerungsmöglichkeit durch Ausweisung von Eignungsflächen entfaltet ihre Wirkung nämlich erst mit dem Inkrafttreten des Flächennutzungsplans.[80] Daher wurde den Gemeinden in § 15 Abs. 3 BauGB die Möglichkeit eingeräumt, bei der Baugenehmigungsbehörde die **Zurückstellung der Entscheidung über die Zulässigkeit eines Baugesuches** bis zu einem

---

[74] Vgl. dazu OVG Münster, BauR 2003, 828, 832.
[75] BVerwG, BauR 2003, 837; so urteilte das OVG Magdeburg, ZNER 2003, 51, 52, dass zwei knapp 100 m hohe Windenergieanlagen, deren Rotorblätter eine Fläche von ca. 3,4 km – einmal waren wohl 3400 m² – überstreichen, angesichts ihrer vertikalen Ausdehnung und ihrer weitreichenden Sichtbarkeit in einer vorwiegend flachen und lediglich durch eine Hochspannungstrasse durchkreuzten Landschaft raumbedeutsam sind.
[76] Raumordnungsgesetz v. 18. 8. 1997, BGBl. I S. 2081, 2102, zuletzt geändert am 24. 6. 2004, BGBl. I S. 1359.
[77] Zum Ganzen s. *Maslaton,* ZNER 2002, 108 ff., 108.
[78] Vgl. die Gesetzesbegründung, BT-Drs. 15/2250, S. 48.
[79] Gesetzesbegründung, BT-Drs. 15/2250, S. 82.
[80] Vgl. die Gesetzesbegründung, BT-Drs. 15/2250, S. 52.

Jahr durchzusetzen, wenn die Gemeinde beschlossen hat, durch Ausweisung von Windenergiestandorten in einem Flächennutzungsplan die Ausschlusswirkung des § 35 Abs. 3 Satz 3 BauGB für diese andere Standorte im Außenbereich herbeizuführen und zu befürchten ist, dass die Durchführung der Planung durch das Vorhaben unmöglich gemacht oder wesentlich erschwert würde. Der Gesetzgeber will damit die Wirksamkeit des Steuerungsinstruments der Flächennutzungsplanung gegen eventuelle gegenläufige faktische Entwicklungen in dem betreffenden Gebiet während der Planungsphase absichern.[81] Außerdem wurde zum Schutz des Außenbereichs als weitere Zulässigkeitsvoraussetzung für bestimmte Vorhaben im Außenbereich, darunter auch die Windenergieanlagen, die Abgabe einer Verpflichtungserklärung in § 35 Abs. 5 Satz 2 BauGB aufgenommen, das Vorhaben nach dauerhafter Aufgabe der zulässigen Nutzung zurückzubauen und Bodenversiegelungen zu beseitigen. Durch diese **Rückbauverpflichtung** soll einer Beeinträchtigung der Landschaft durch aufgegebene Anlagen erheblichen Umfangs mit einer zeitlich nur begrenzten Nutzungsdauer entgegengewirkt werden.[82]

Im Zusammenhang mit dieser ansonsten nicht zu beanstandenden raumordnungsrechtlichen Praxis stellt sich allerdings die Frage, ob sich der Betreiber einer Windenergieanlage im verwaltungsgerichtlichen Verfahren nach § 47 Abs. 1 Nr. 2 VwGO gegen einen Regionalplan, der bestimmte Standorte für ein Vorhaben als Ziel der Raumordnung ausschließt, wehren kann. Zur Konstruktion der nach **§ 47 Abs. 1 Nr. 2 VwGO** erforderlichen **Antragsbefugnis** bemühte die Literatur § 3 EEG 2000: Das Recht des Anlagenbetreibers auf Netzanschluss sowie auf Abnahme und Vergütung der Windenergie durch den Netzbetreiber stellt einen privaten Belang dar, der für einen erfolgreichen Antrag nach § 47 Abs. 2 Nr. 2 VwGO im Rahmen der raumordnungsrechtlichen Abwägung zwischen öffentlichen und privaten Interessen ausreichend sein soll.[83]

II. Offshore-Windenergieanlagen

Angesichts der bereits angedeuteten Verknappung windhöffiger Standorte an Land ist man vielfach dazu übergegangen, Strategien zur seegestützten Nutzung der Windenergie zu entwickeln. Dies spiegelt sich in Abs. 3 wider, der die Grundlagen für die Unterstützung von sog. **Offshore-Windenergieanlagen** mit einer besonderen Vergütung legt.[84] Im Zusammenhang mit den Offshore-Anlagen ist grundsätzlich zwischen zwei Regelungsbereichen zu differenzieren, die sich nach der völkerrechtlichen Einteilung des Meeres richten: Unterschieden werden muss danach zwischen der Zulässigkeit der Errichtung von Windenergieanlagen **im Küstenmeer**[85] und dem Bau von Windenergieanlagen **außerhalb des Küstenmeeres**.[86] Alle diese Anlagen werfen zum einen Fragen des Seevölkerrechts und zum anderen Fragen des innerstaatlichen Bauordnungs-, Bauplanungs- und Naturschutzrechts auf.[87]

Zu den völkerrechtlichen Rahmenbedingungen für die Errichtung und den Betrieb von Offshore-Windenergieanlagen ist festzuhalten: Das VN SRÜ vom 10. Dezember 1982 – welches für die Bundesrepublik Deutschland am 16. November 1994 in Kraft trat – differenziert (neben den inneren Gewässern) zwischen

---

[81] Ebenda, S. 33.
[82] BT-Drs. 15/2250, S. 33.
[83] So *Maslaton*, ZNER 2002, 108 ff., 111 f.; *Maslaton*, ZNER 2003, 18 ff.
[84] Zur Ausgestaltung dieser Vergütungsregelung vgl. im Einzelnen unten Rn. 76.
[85] Hierzu unten Rn. 46 f.
[86] Hierzu unten Rn. 48 f.
[87] Hierzu statt aller umfassend *Zimmermann*, DÖV 2003, 133 ff.

dem Küstenmeer (auch 12-Seemeilen-Zone genannt), der Anschlusszone, der AWZ und der Hohen See.[88] Für die Windenergieanlagen von Bedeutung sind das Küstenmeer und die AWZ: Gemäß Art. 2 VN SRÜ ist das **Küstenmeer** der angrenzende Meeresstreifen jenseits des Landgebiets und der inneren Gewässer mit einer maximalen Breite von 12 sm. Dies ist die Hoheitsgrenze Deutschlands. Denn gemäß Art. 2 und 3 VN SRÜ können die jeweiligen Anrainerstaaten in ihrem Küstenmeer die volle Gebietshoheit in Anspruch nehmen. Folglich gilt im Küstenmeer Deutschlands die deutsche nationale Rechtsordnung, sofern nicht der Gesetzgeber im Einzelfall Ausnahmeregelungen getroffen hat.[89] Hieraus folgt auch, dass das Gebiet innerhalb der 12-Seemeilen-Zone Landesgebiet des Bundeslandes ist, an dessen Küstenverlauf es liegt.[90]

47 Ausfluss der völkerrechtlichen Behandlung des Küstenmeeres als Teil des nationalen Hoheitsgebiets ist, dass sich die Zulässigkeit von Windenergieanlagen in diesem Bereich nach denselben **innerstaatlichen Grundsätzen** wie der Anlagen im Außenbereich richtet: Es gilt § 35 BauGB. Außerdem bedürfen diese Anlagen einer Baugenehmigung nach der jeweiligen Landesbauordnung, wobei die Zuständigkeit für die Erteilung der Baugenehmigung sich von den unteren Bauaufsichtsbehörden auf die oberste Landesbaubehörde verlagert.[91] Zudem ist – wenn keine planerische Vorabklärung stattgefunden hat – an eine Prüfung nach § 35 Abs. 3 Satz 1 Nr. 5 BauGB zu denken, ob die Windenergieanlage nicht die natürliche Eigenart der Landschaft und ihren Erholungswert beeinträchtigt bzw. das Landschaftsbild verunstaltet.[92] Schließlich ist darauf hinzuweisen, dass im Küstenmeer auch das Bundes- und Landeswasserrecht anwendbar sind. Selbst wenn das (Bundes-)Wasserhaushaltsgesetz keinen Genehmigungsvorbehalt für die Errichtung und den Betrieb solcher Anlagen enthält, so ist nicht ausgeschlossen, dass sich die Zulässigkeit der Errichtung von Windenergieanlagen nach den Landeswassergesetzen richtet: Diese enthalten einen allgemeinen Genehmigungsvorbehalt für Anlagen an der Küste, der für die Windenergieanlagen keine Ausnahme vorsieht.[93]

48 Die völkerrechtliche Rechtslage in der **AWZ** stellt sich anders dar. Diese liegt jenseits des Küstenmeeres und darf sich nicht bis zu den 200 sm von den Basislinien erstrecken, von denen aus auch die Breite des Küstenmeeres gemessen wird. In diesem Bereich hat der jeweilige Küstenstaat nicht mehr grundsätzlich die volle Hoheitsgewalt. Vielmehr gilt hier ein völkerrechtliches – im Gegensatz zum nationalen – Regime, das dem Küstenstaat allerdings zahlreiche souveräne Rechte zuspricht, die durch nationales Recht auszuformulieren sind.[94] Die AWZ ist im Gegensatz zur 12-Seemeilen-Zone (Küstenmeer) kein Bestandteil des Staatsgebiets. Nach den Kompetenzzuweisungen der Art. 56 ff. VN SRÜ haben die Küstenstaaten in ihrer AWZ souveräne Rechte zum Zweck der Energieerzeugung aus Wasser, Strömung und Wind sowie Hoheitsbefugnisse hinsichtlich der Errichtung und Nutzung der dafür notwendigen Anlagen. Weiterhin wurden den Küstenstaaten ausschließliche Hoheitsbefugnisse für die auf den Anlagen geltenden Sicherheitsgesetze zugewiesen (Art. 60 Abs. 2 VN SRÜ). Dies umfasst auch den Meeresum-

---

[88] Hierzu auch *Brandt/Reshöft*, in: Beck/Brandt/Salander, Handbuch Energiemanagement, Nr. 5304, Rn. 6.
[89] *Zimmermann*, DÖV 2003, 133, 134.
[90] *Brandt/Reshöft*, in: Beck/Brandt/Salander, Handbuch Energiemanagement, Kap. 5304, Rn. 7.
[91] Etwa das Innenministerium nach § 67 Abs. 3 LBO Schl.-H.
[92] Dazu *Zimmermann*, DÖV 2003, 133 ff., 138.
[93] Siehe § 86 LWaG M-V; §§ 133, 91 NdsWG; § 77 LWG Schl.-H.; hierzu *Hübner*, ZUR 2000, 137 ff.; *Erbguth/Stollmann*, DVBl. 1995, 1270, 1272 f.
[94] *Reshöft/Dreher*, ZNER 2002, 95; *Zimmermann*, DÖV 2002, 133, 134.

Vergütung für Strom aus Windenergie 49–51 § 10

weltschutz. Für Sicherheitsregelungen für Offshore-Windenergieanlagen in der AWZ ist der Bund ausschließlich zuständig. Das VN SRÜ wurde von der Bundesrepublik durch das **Ausführungsgesetz VN SRÜ** vom 6. Juni 1995 umgesetzt.[95] Dieses AusfG VN SRÜ sieht Änderungen des SeeAufG vor. So führte es eine Ermächtigung zugunsten des Bundesverkehrsministers ein, wonach dieser Verordnungen zur Regelung der Anlagenzulassung in der AWZ erlassen kann.

Eine entsprechende Verordnung wurde am 23. Januar 1997 erlassen (**SeeAnlV**).[96] Diese enthält die maßgeblichen Vorschriften für den Bau, den Betrieb und die wesentlichen Änderungen von Offshore-Windenergieanlagen in der deutschen AWZ.[97] Nach § 2 SeeAnlV ist für die Erteilung von Genehmigungen für die Errichtung, den Betrieb und die Änderung von Anlagen (vgl. dazu § 3 SeeAnlV) im Bereich der AWZ das Bundesamt für Seeschifffahrt und Hydrographie zuständig. Diese Genehmigung hat keine Konzentrationswirkung.[98] Sie berührt die Genehmigungspflichtigkeit nach anderen Vorschriften und den Erlass weiterer notwendiger Verwaltungsakte, etwa auch die Umweltverträglichkeitsprüfung, nicht. Zuletzt wurde die Verordnung durch das BNatSchGNeuregG geändert.[99]   49

Zu versagen ist die Errichtung einer Windenergieanlage in der AWZ, wenn das Vorhaben die Sicherheit und Leichtigkeit des Verkehrs beeinträchtigt oder die Meeresumwelt gefährdet. Eine solche Beeinträchtigung bzw. Gefährdung ist nach § 2 Satz 2 SeeAnlV insbesondere dann anzunehmen, wenn der Betrieb oder die Wirkung von Schifffahrtsanlagen und -zeichen, die Benutzung der Schifffahrtswege oder des Luftraums oder die Schifffahrt beeinträchtigt werden oder eine Verschmutzung der Meeresumwelt zu besorgen ist oder der Vogelzug gefährdet wird. Die **Genehmigung** ist als **gebundener Verwaltungsakt** (gebundene Zulassungsentscheidung) ausgestaltet. Dem Bundesamt für Seeschifffahrt und Hydrographie stehen diesbezüglich kein Ermessen und keine planerische Gestaltungsmacht zu. Soweit keiner der soeben genannten Versagungsgründe vorliegt, darf nach § 3 Satz 3 SeeAnlV das Bundesamt die Genehmigung nicht versagen.[100] Wann die Versagungsgründe vorliegen, ist eine im Einzelfall oft schwierig zu beantwortende Frage. Ausweislich der Gesetzesbegründung zur SeeAnlV[101] tragen die Anlagenbetreiber die volle Darlegungs- und Beweislast für das Vorliegen der Genehmigungsvoraussetzungen.   50

Die SeeAnlV sieht außerdem in § 3a Abs. 1 Satz 1 vor, dass das Bundesverkehrsministerium im Einvernehmen mit dem Bundesumweltministerium, unter Einbeziehung der Öffentlichkeit und nach Anhörung der Länder besondere **Eignungsgebiete für Windenergieanlagen** festlegt, von denen anzunehmen ist, das dort errichtete Windenergieanlagen weder die Schifffahrt beeinträchtigen noch die Meeresumwelt gefährden.[102] Diese Festlegung hat im Genehmigungsverfahren im Hinblick auf die Standortwahl die Wirkung eines Sachverständigengutachtens.[103]   51

---

[95] BGBl. I S. 778, geändert durch Art. 432 der Verordnung v. 29. 10. 2001, BGBl. I S. 2785 sowie durch Art. 2 des Gesetzes zur Neuregelung des Rechts des Naturschutzes und der Landschaftspflege und zur Anpassung anderer Rechtsvorschriften (BNatSchGNeuregG) vom 25. 3. 2002, BGBl. I S. 1193.
[96] Hierzu *Maier*, UPR 2004, 103 ff., 105 f.
[97] Ausführlich zum Genehmigungsverfahren nach der SeeAnlV *Bönker*, NVwZ 2004, 537, 539 ff.; *Brandt/Gaßner*, SeeAnlV.
[98] Kritisch hierzu *Bönker*, NVwZ 2004, 537, 539 f.
[99] Vgl. zum Ganzen auch *Reshöft/Dreher*, ZNER 2002, 95, 96; *Zimmermann*, DÖV 2003, 133, 135 ff.; *SRU*, Windenergienutzung auf See, S. 9 ff.
[100] Vgl. auch *SRU*, Windenergienutzung auf See, S. 9.
[101] BT-Drs. 14/7490, S. 56.
[102] Hierzu *Maier*, UPR 2003, 103, 106 und ausführlich *Bönker*, NVwZ 2004, 537, 538.
[103] § 3a Abs. 2 Satz 1 SeeAnlV.

§ 10 52, 53 Erneuerbare-Energien-Gesetz

In dieser Hinsicht müssen also im Genehmigungsverfahren nicht nochmals Ermittlungen angestellt werden. Der Festlegung nach § 3a SeeAnlV kommt jedoch keine Ausschlusswirkung für Windenergieanlagen außerhalb des festgelegten Eignungsgebietes zu. Insoweit unterscheidet sich diese Festlegung nach der SeeAnlV von der Festlegung von Eignungsflächen nach § 7 Abs. 4 Nr. 3 ROG, die die Errichtung raumbedeutsamer Anlagen außerhalb des Eignungsgebietes ausschließt. § 3a SeeAnlV bietet daher keine Handhabe, bestimmte Flächen weitgehend nutzungsfrei zu halten, sondern übt nur eine Anreizwirkung hinsichtlich der Standortwahl aus.[104]

52 Dieser Mangel an planerischen Instrumenten zur Ordnung der Nutzung der AWZ wurde angesichts zunehmender Genehmigungsanfragen gerade für die Errichtung von Offshore-Anlagen als unbefriedigend empfunden.[105] Um eine qualifizierte Gesamtplanung und Konfliktbewältigung zu ermöglichen, wurde eine **Ausdehnung der Raumordnungsplanung** auf die AWZ erforderlich.[106] Dies hat der Gesetzgeber im Zuge der jüngsten Novelle des Baurechts mit Einführung des neuen § 18a ROG[107] getan. Danach stellt das Bundesverkehrsministerium in der deutschen AWZ Ziele und Grundsätze der Raumordnung hinsichtlich der wirtschaftlichen und wissenschaftlichen Nutzung, hinsichtlich der Gewährleistung der Sicherheit und Leichtigkeit der Seeschifffahrt sowie zum Schutz der Meeresumwelt, m. a. W. also im völkerrechtlich zulässigen Umfang, auf. Auf diese Festlegung sind die Vorschriften des § 7 Abs. 1 und 4 bis 10 ROG entsprechend anwendbar. Werden Vorranggebiete für Windenergieanlagen festgelegt, so haben diese gemäß § 18a Abs. 3 ROG im Genehmigungsverfahren nach der SeeAnlV ebenfalls die Wirkung eines Sachverständigengutachtens.[108] Damit wollte der Gesetzgeber klarstellen, dass den Vorrangebieten für Windenergieanlagen – im Hinblick auf die fehlende Bindungswirkung der Ziele der Raumordnung gegenüber privaten Investoren – hinsichtlich der Standortauswahl die gleichen positiven Wirkungen für die Genehmigung zukommen, wie derzeit im Verfahren nach der SeeAnlV.[109]

D. Die Höhe der Vergütung

I. Allgemeines

1. Grundsatz

53 Absätze 1 bis 3 nennen, je nach Standort der Anlage an Land oder auf See, **unterschiedliche Kriterien,** von denen die **Vergütungshöhe** im Einzelnen abhängt. Bei Onshore-Anlagen kommt es insbesondere auf den Zeitpunkt der Inbetriebnahme und die Windqualität des Standortes an, ausgedrückt im Verhältnis des Ertrages der Anlage zu einer Referenzanlage. Hier spielen also natürliche Grenzen für die erzeugbare Strommenge eine Rolle. Bei Offshore-Anlagen sind neben dem Zeitpunkt der Inbetriebnahme die Entfernung von der Küstenlinie und die Wassertiefe der Anlage maßgeblich für die Vergütungshöhe. Für diese Anlagen

---

[104] *Maier,* UPR 2004, 103, 106.
[105] Kritisch etwa *Bönker,* NVwZ 2004, 537, 538 f.; siehe auch die entsprechende Analyse der rechtlichen Rahmenbedingungen für Anlagen in der AWZ in *BMU,* Strategie der Bundesregierung zur Windenergienutzung auf See, Stand Januar 2002, S. 10 ff.
[106] *Maier,* UPR 2004, 103, 106 f.
[107] Siehe Art. 2 Europarechtsanpassungsgesetz Bau (Gesetz zur Anpassung des Baugesetzbuchs an EU-Richtlinien), v. 24. 6. 2004, BGBl. I S. 1359.
[108] Hierzu *Maier,* UPR 2004, 103, 108.
[109] So die Gesetzesbegründung, BT-Drs. 15/2250, S. 72.

stellt der Gesetzgeber auf durch die natürlichen Gegebenheiten bedingte Kostenfaktoren ab.

2. Mindestvergütung

Die in den Abs. 1 bis 3 gesetzlich garantierte Vergütung ist eine **Mindestver-** 54 **gütung.** Es steht dem Netzbetreiber danach frei, für den ihm angebotenen Strom eine höhere Vergütung als diese Mindestvergütung zu bezahlen.[110] Die vorgelagerten Übertragungsnetzbetreiber und die ihnen nachgelagerten Elektrizitätsversorgungsunternehmen, die die Letztverbraucher beliefern, sind jedoch nur verpflichtet, den gesetzlichen Vergütungssatz zu zahlen.[111]

3. Dauer des individuellen Vergütungsanspruchs

Jeder Anlagenbetreiber erhält nach § 12 Abs. 3 Satz 1 die Vergütung in der Höhe, die für sein Inbetriebnahmejahr gilt, für die Dauer des Inbetriebnahmejahrs und weiterer **20 Kalenderjahre** (bzw. für Anlagen, die vor Inkrafttreten des EEG in Betrieb genommen wurden bis zum 31. Dezember 2020). Ein Vertragsschluss ist hierfür nach § 12 Abs. 1 nicht erforderlich. Für Anlagen, die vor dem 31. Juli 2004 errichtet wurden, gelten nach § 21 Abs. 1 a.A. die bisherigen Vorschriften über die Dauer des Vergütungsanspruchs weiter. Auf solche vor unter der Geltung des EEG 2000 in Betrieb gegangenen Anlagen ist also § 9 Abs. 1 EEG 2000 maßgeblich, der eine Vergütungsdauer von 20 Kalenderjahren vorsieht, wobei für Anlagen, die vor Inkrafttreten des EEG 2000 am 1. April 2000 in Betrieb gegangen sind, das Jahr 2000 als Jahr der Inbetriebnahme gilt. Die Frist für Anlagen, die vor dem 1. April 2000 in Betrieb genommen worden sind, beginnt damit erst am 1. Januar 2001 und endet folglich am 31. Dezember 2020 (§ 21 Abs. 1 EEG 2004 i.V.m. § 9 Abs. 1 EEG 2000).[112] 55

II. Vergütung für Onshore-Windenergieanlagen (Abs. 1)

Absatz 1 regelt die Vergütung für **Onshore-Windenergieanlagen.** Das sind 56 alle Windenergieerzeugungsanlagen, die nicht unter die Definition der Offshore-Anlagen nach Abs. 3 Satz 1 fallen, also auch auf See errichtete Anlagen, die weniger als 3 sm von der Küstenlinie entfernt errichtet werden.

Die Vorschrift nimmt eine technikneutrale **Differenzierung der Vergü-** 57 **tungshöhen** je **nach Ertragskraft des Standorts** der zu vergütenden Anlage vor.[113] Diese Vorgehensweise weicht vom üblichen Vergütungsmodell des Gesetzes ab. Anders als bei den sonstigen Energieträgern, bei denen der Gesetzgeber vor allem an die Anlagengröße anknüpft, wird bei der Windenergie der Ertrag der einzelnen Anlage mit berücksichtigt. Die Vergütungsregelung des Abs. 1 orientiert sich also gerade nicht an dem sonst angelegten Grundsatz, wonach aufgrund von Skaleneffekten die Wirtschaftlichkeit einer Anlage umso höher ist, je größer diese ist. Stattdessen wird die sog. Windhöffigkeit (Windgüte) des Standortes, in welchem die Anlage angesiedelt ist, für das maßgebliche Kriterium gehalten. Ein weiteres Kriterium für die Ermittlung der Vergütung für Strom aus Windenergie ist neben der Windgüte des Standortes das Datum der Errichtung der Anlage, womit der Gesetzgeber zu erkennen gab, dass er auch und gerade die technologische Entwicklung bei diesem Energieträger berücksichtigt wissen wollte.[114]

---

[110] Vgl. Kommentierung zu § 5.
[111] Vgl. Kommentierung zu § 14.
[112] Vgl. *Schneider,* in: Schneider/Theobald, HBEnWR, § 18 Rn. 91.
[113] Vgl. nur BT-Drs. 15/2864, S. 42.
[114] Vgl. auch *Böwing,* in: Säcker, Berliner Kommentar zum Energierecht, EEG, Rn. 3.

§ 10 58–62   Erneuerbare-Energien-Gesetz

58   Die **Höhe der Vergütung im Einzelnen** muss anhand des Abs. 1, der die Rechtsfolge „Vergütungsanspruch" der Höhe nach beziffert, in Verbindung mit der Degressionsvorschrift des Abs. 5 Alt. 1, ermittelt werden. § 10 gilt zunächst nur für Anlagen, die nach dem Inkrafttreten der Novelle im Jahr 2004 in Betrieb gegangen sind. Für Anlagen, die vor dem Inkrafttreten des EEG 2004 bereits in Betrieb waren, sind die Vorschriften des § 21 Abs. 1 Nr. 6 heranzuziehen. Die Umsatzsteuer ist nicht enthalten (§ 12 Abs. 6).

1. Vergütung für Anlagen, die vor dem 1. August 2004 in Betrieb gingen

59   Für Anlagen, die vor Inkrafttreten des EEG 2004 in Betrieb genommen worden sind, gelten gemäß § 21 Abs. 1 a. A. die **bisherigen Vorschriften** über die Vergütungssätze und über die Dauer des Vergütungsanspruchs. Eine Ausnahme von der Fortgeltung alten Rechts macht § 21 Abs. 1 Nr. 6: Danach ist für Strom aus Windenergieanlagen, die nach dem 31. März 2000 in Betrieb genommen worden sind, für die Berechnung des Referenzertrages die aktuell geltende Anlage zu Abs. 1 zugrunde zu legen. Dadurch sollen bislang bestehende Rechtsunsicherheiten bereinigt werden.[115] Die Änderungen beschränken sich jedoch im Wesentlichen auf die Verweisung auf neuere technische Richtlinien.[116]

60   § 7 Abs. 1 Satz 2 EEG 2000 setzte die **Grundvergütung** auf 6,19 Ct/kWh fest. Für alle Anlagen wurde darüber hinaus für die Dauer von fünf Jahren gemäß § 7 Abs. 1 Satz 1 EEG 2000 eine **erhöhte Anfangsvergütung** von insgesamt 9,10 Ct/kWh vorgeschrieben, also eine Erhöhung um 2,91 Ct/kWh. Dieser Zeitraum für die Zahlung einer erhöhten Anfangsvergütung verlängerte sich nach § 7 Abs. 1 Satz 3 EEG 2000 jeweils um zwei Monate für jedes 0,75 von Hundert des Referenzertrages, um den ihr Ertrag 150 von Hundert des Referenzertrages unterschreitet.[117] Für die Berechnung des Referenzertrags ist, wie bereits erwähnt, nach § 21 Abs. 1 Nr. 6 für alle Anlagen, die bis zum 31. März 2000 in Betrieb genommen wurden, die Anlage zum EEG 2000 maßgeblich, während bei allen später in Betrieb gegangenen Anlagen schon die neue Berechnungsmethode für den Referenzertrag nach dem Anhang zum EEG 2004 anzuwenden ist.

61   Gemäß § 7 Abs. 3 EEG 2000 wurde die so bestimmte Mindestvergütung ab dem 1. Januar 2002 jährlich jeweils für die ab diesem Zeitpunkt neu in Betrieb gehenden Anlagen um jeweils 1,5 von Hundert gesenkt **(Degression).** Wie bei der Biomasse und der Fotovoltaik erfolgte die Absenkung degressiv, wobei der sich so errechnende Betrag nach § 7 Abs. 3 Halbsatz 2 EEG 2000 auf eine Stelle hinter dem Komma zu runden war. Im Ergebnis errechnete sich für Anlagen, die im Jahr 2002 in Betrieb gingen, eine erhöhte Anfangsvergütung von 8,96 Ct/kWh und für Anlagen, die 2003 den Betrieb aufnahmen, eine erhöhte Anfangsvergütung von 8,83 Ct/kWh. Die Mindestvergütungen sind nach § 21 Abs. 1 a. A. EEG 2004 i. V. m. § 9 Abs. 1 EEG 2000 für die Dauer von 20 Kalenderjahren ohne Berücksichtigung des Inbetriebnahmejahres zu zahlen.

2. Vergütung für Anlagen, die nach dem 31. Juli 2004 in Betrieb gingen

62   Für Anlagen, die nach dem 31. Juli 2004 in Betrieb gegangen sind, gilt gemäß § 21 ausschließlich das EEG 2004. Absatz 1 Satz 1 setzt eine **Grundvergütung** von 5,5 Ct/kWh fest. Gemäß Abs. 1 Satz 1 und 2 erhalten aber alle Anlagen – mit Ausnahme der in Abs. 4 von jeder Vergütung ausgenommenen Anlagen – eine um

---

[115] BT-Drs. 15/2864, Begründung zu § 21 Abs. 1 Nr. 7, S. 92.
[116] BT-Drs. 15/2864, Begründung zur Anlage, S. 93.
[117] Die Berechnungsmethode für die ertragsabhängige Dauer der Zahlung der erhöhten Anfangsvergütung ist für Altanlagen nach § 7 EEG 2000 und Neuanlagen nach § 10 EEG 2004 gleich. Zur Berechnung im Einzelnen daher s. u. Rn. 66.

3,2 Ct/kWh **erhöhte Anfangsvergütung** für die Dauer von fünf Jahren.[118] Soweit nicht die Voraussetzungen des Abs. 4 vorliegen, die jegliche Vergütungspflicht ausschließen, ist die Ertragslage der Anlage im Verhältnis zum Referenzertrag für die Zahlung der erhöhten Anfangsvergütung in den ersten fünf Jahren daher ohne Bedeutung. Sämtliche Anlagen erhalten in dieser Zeit eine erhöhte Vergütung; soweit die Degression nach Abs. 5 noch nicht greift, ist das ein Betrag von insgesamt 8,7 Ct/kWh. Soweit die Degression nach Abs. 5 greift, ist dieser Betrag jeweils abhängig vom Jahr der Inbetriebnahme abzusenken.

Erst für die Frage, ob diese erhöhte Anfangsvergütung über den Zeitraum von fünf Jahren hinaus zu zahlen ist, kommt es auf die Ertragssituation am Standort der Anlage an. Die Vergütungsregelung für die Stromerzeugung aus landgestützten Windenergieanlagen nach § 10 EEG 2004 beruht – ebenso wie zuvor schon in § 7 EEG 2000 – auf dem **Modell des Referenzertrages.** Dieses Modell ermöglicht, dass die Ertragskraft der Anlagentypen durch einheitliche Messverfahren transparenter wird, so dass der technologische Wettbewerb unter den Herstellern gefördert werden kann.[119] Denn es wird dabei zwischen windgünstigen Standorten an der Küste und Binnenlandsstandorten unterschieden. Folge des Modells des Referenzertrages ist damit die Berechnung einer **differenzierten Vergütung** statt einer Pauschalvergütung. Mit einem System der differenzierten Vergütungen wollte der Gesetzgeber einen Ausgleich bei der Vergütung der Windenergieanlagen erreichen. 63

Die **Vergütungsdifferenzierung** im Rahmen des Abs. 1 erfolgt letztendlich nach der Dauer, für die die erhöhte Anfangsvergütung gezahlt wird: Die Zeit, in der die erhöhte Anfangsvergütung gezahlt wird, errechnet sich dabei aus einer Vergleichsbetrachtung mit einer Referenzanlage.[120] Für Anlagen mit einer schlechteren Windgüte (d. h. solche, die den auf fünf Jahre berechneten Referenzertrag mit ihrem tatsächlichen Ertrag unterschreiten) verlängert sich der Zeitraum, in dem die höhere Anfangsvergütung gezahlt wird. Berücksichtigt man bei diesen Anlagen die Gesamtvergütungsdauer, so erhalten sie letztendlich auch eine höhere Durchschnittsvergütung:[121] Nur solche Anlagen, die Strommengen **unterhalb von 150 Prozent des Referenzertrages** erzeugen, kommen in den Genuss einer Verlängerung der Anfangsvergütung (§ 10 Abs. 1 Satz 3). Das ist der Kern der Vergütungsregelung für Windenergie.[122] Bei Anlagen an besseren Standorten bleibt es dagegen bei den Ausgangszeiträumen. Folge dieser Differenzierung ist, dass es an besseren Standorten zu einer nachhaltigen Absenkung der Anfangsvergütung kommt, so dass eine Überförderung vermieden wird; zugleich kommt den durchschnittlich windgünstigen Standorten mit einem Ertrag von 100 Prozent des Referenzertrages eine Stabilisierung und den Binnenlandsstandorten eine maßvolle Anhebung der durchschnittlichen Vergütungssätze zugute.[123] 64

---

[118] Absatz 1 Satz 2 ist irreführend formuliert, da er die Zahlung der erhöhten Anfangsvergütung an eine zusätzliche Voraussetzung zu knüpfen scheint, nämlich das Erreichen von 150 Prozent des Ertrages der Referenzanlage. Absatz 1 Satz 3 stellt aber klar, dass es hierbei nicht, wie die Formulierung nahe legt, um eine Voraussetzung für die Zahlung der erhöhten Anfangsvergütung, sondern eine Begrenzung der Dauer, für die diese erhöhte Vergütung gezahlt wird, auf fünf Jahre handelt. Absatz 1 Satz 2 und 3 sind daher zusammen zu lesen.
[119] Dieser Effekt soll bisher nur vereinzelt eingetreten sein; vgl. *Lackmann*, ZNER 2002, 124 ff., 125.
[120] Vgl. BT-Drs. 15/2864, S. 42.
[121] So für das EEG 2000 schon *Schneider*, in: Schneider/Theobald, HBEnWR, § 18 Rn. 116.
[122] *Böwing*, in: Säcker, Berliner Kommentar zum Energierecht, EEG, Rn. 22.
[123] So bereits zum EEG 2000 BT-Drs. 14/2776, S. 23; *Schneider*, in: Schneider/Theobald, HBEnWR, § 18 Rn. 116.

65 Für Anlagen, die in den ersten fünf Jahren **weniger als 150 Prozent** des errechneten Ertrages der Referenzanlage (Referenzertrag) erzeugen, verlängert sich der Zeitraum, in dem die erhöhte Anfangsvergütung zu zahlen ist, um zwei Monate je 0,75 Prozent des Referenzertrages, um den ihr Ertrag 150 Prozent des Referenzertrages unterschreitet. Diese Referenzanlage wird im Anhang zum EEG 2004 aufgeschlüsselt nach Bautypen definiert.[124] Der Zeitraum, in dem die erhöhte Anfangsvergütung gezahlt wird, ist abhängig von der Ertragssituation am jeweiligen Standort. Diese Standortqualität bestimmt sich nach dem Verhältnis des Ertrags der Anlage zum Ertrag der Referenzanlage gleichen Bautyps in Prozent. Um den Verlängerungszeitraum zu ermitteln, in dem die erhöhte Anfangsvergütung gezahlt wird, ist die Differenz zwischen 150 Prozent des Referenzertrags und dem Standortertrag zu bilden, durch 0,75 zu dividieren und dann mit zwei Monaten zu multiplizieren (maximal jedoch Inbetriebnahmejahr zuzüglich 20 Kalenderjahre).[125]

66 Die **Berechnung** erfolgt nach folgenden Formeln:

E_A: Ertrag der Anlage
E_R: Ertrag der Referenzanlage
Q_S: Standortqualität

$$Q_S = \frac{E_A \cdot 100\%}{E_R}$$

D_{Verl}: Verlängerungszeitraum für die Zahlung der erhöhten Anfangsvergütung in Monaten

$$D_{Verl} = 2 \cdot \frac{150\% - Q_S}{0{,}75\%}$$

67 Nach Nr. 1 des Gesetzesanhangs ist die **Referenzanlage** eine Windenergieanlage eines bestimmten Typs, für die sich entsprechend ihrer von einer dazu berechtigten Institution vermessenen Leistungskennlinie an dem Referenzstandort ein Ertrag in Höhe des Referenzertrages errechnet. Die Referenzanlage hat vom gleichen Typ wie die der zu vergütenden Anlage zu sein. Der Typ der Anlage wird durch die Typenbezeichnung, die Rotorkreisfläche, die Nennleistung sowie die Nabenhöhe der Windenergieanlage bestimmt.[126] Die vorgegebenen und zur Bestimmung der Typengleichheit maßgeblichen Anlagenmerkmale sollen Manipulationen seitens der Anlagenhersteller oder Betreiber verhindern. Allerdings ist zu beachten, dass nach dem Willen des Gesetzgebers nicht jede Anlagenveränderung eine Neuberechnung der Vergütungsfristen erforderlich macht.[127]

68 Gemäß Nr. 4 des Gesetzesanhangs ist der **Referenzstandort,** der für die Bestimmung der Referenzanlage von Bedeutung ist, ein Standort, der bestimmt wird durch folgende Parameter: eine Rayleigh-Verteilung mit einer mittleren Jahreswindgeschwindigkeit von 5,5 m/s; eine Höhe von 30 m über dem Grund; ein logarithmisches Höhenprofil mit einer Rauhigkeitslänge von 0,1 m. Der Referenzstandort ist der wichtigste Parameter zur Bestimmung der Windhöffigkeit, da er die mittlere Windgeschwindigkeit, deren Verteilung im Jahr usw. ausdrückt.

69 Der **Referenzertrag** ist dagegen ein theoretisch berechneter Wert. Er bildet die Bezugsgröße für die standortabhängige Gesamtvergütungsdauer, die sich aus der Grundvergütung gemäß Abs. 1 Satz 1 (fünf Jahre) und der erhöhten Anfangsvergütung (Abs. 1 Satz 2 und 3) errechnet. Der Referenzertrag – der sowohl für Neu- als auch für Altanlagen, die nach dem EEG 2000 vergütet werden, maß-

---

[124] Vgl. sogleich unter Rn. 67 ff.
[125] Vgl. bereits oben, Rn. 55.
[126] Nr. 3 Anhang zum EEG.
[127] So schon BT-Drs. 14/2776, S. 23.

Vergütung für Strom aus Windenergie

geblich ist – gibt nach Nr. 2 des Gesetzesanhanges die Strommenge wieder, die eine Windenergieanlage eines bestimmten Typs an einem Referenzstandort auf der Basis einer vermessenen Leistungskennlinie in fünf Jahren erbringen würde. Der Referenzertrag errechnet sich aus Typ, Leistungskennlinie, den Eigenschaften des Referenzstandorts und der konkreten Nabenhöhe. Dass er auf fünf Betriebsjahre definiert wird, erklärt sich vor dem Hintergrund, dass die stochastischen Fluktuationen aus dem Winddargebot so gemittelt werden sollten; dabei dürfte sich dieser Wert auch an der üblichen Vergütungsdauer für die Anfangsvergütung nach Abs. 1 orientiert haben.[128]

Gemäß Nr. 5 des Gesetzesanhangs ist diese **Leistungskennlinie** der für jeden 70 Typ einer Windenergieanlage ermittelte Zusammenhang zwischen Windgeschwindigkeit und Leistungsabgabe unabhängig von der Nabenhöhe. Die Kennlinie ist nach allgemein anerkannten Regeln der Technik zu ermitteln. Die Einhaltung der allgemein anerkannten Regeln der Technik wird vermutet, wenn die in den Technischen Richtlinien für Windenergieanlagen, Teil 2, der Fördergesellschaft Windenergie e. V. (FGW)[129] in der zum Zeitpunkt der Ermittlung der Leistungskennlinie jeweils geltenden Fassung enthaltenen Verfahren, Grundlagen und Rechenmethoden verwendet wurden.[130] Gemäß Nr. 6 der Anlage zum EEG sind zur Vermessung der Leistungskennlinien nach Nr. 5 und zur Berechnung der Referenzerträge von Anlagentypen am Referenzstandort nach Nr. 2 die Institutionen berechtigt, die entsprechend der technischen Richtlinie „Allgemeine Anforderungen an die Kompetenz von Prüf- und Kalibrierlaboratorien" (DIN EN ISO/IEC 17 025), Ausgabe April 2000, entsprechend von einer staatlich anerkannten oder unter Beteiligung staatlicher Stellen evaluierten Akkreditierungsstelle akkreditiert sind.[131]

Der Berechnung liegt eine Leistungskurve dieser Referenzanlage zugrunde, die 71 gemäß den aktuellen technischen Richtlinien für Windenergieanlagen der Fördergesellschaft Windenergie (FGW) ermittelt wird. Mit dieser und mit der Regelung der für die Bestimmung der für die Typengleichheit maßgebenden Anlagenmerkmale soll der **Verhinderung von Manipulationen** durch Anlagenhersteller oder -betreiber entgegengewirkt werden. Zudem wird so klargestellt, dass nicht jede Veränderung an der Anlage eine neue Berechnung erforderlich macht.[132]

III. Sondervergütung für Repowering-Anlagen (Abs. 2)

Absatz 2 bringt im Bereich der Windenergievergütung ein Novum mit sich. Da- 72 nach werden auch sog. **Repowering-Anlagen** vergütet. Als solche werden nach der Legaldefinition des Abs. 2 nur Anlagen anerkannt, welche im selben Landkreis bestehende Anlagen, die bis zum 31. Dezember 1995 in Betrieb genommen wor-

---

[128] *Böwing*, in: Säcker, Berliner Kommentar zum Energierecht, EEG, Rn. 20.
[129] Nach dem amtlichen Hinweis sind diese Richtlinien bei der Fördergesellschaft Windenergie e. V., Stresemannplatz 4, 24103 Kiel, zu beziehen.
[130] Im Gegensatz dazu wurde im Anhang zum EEG 2000 auf die technischen Richtlinien für Windenergieanlagen der Fördergesellschaft Windenergie (FGW) oder nach dem Mess- und Rechenstandard des Network of European Measuring Institutes (MEASNET) mit Sitz in Brüssel abgestellt; hierzu auch *Böwing*, in: Säcker, Berliner Kommentar zum Energierecht, EEG, Rn. 18.
[131] Vgl. demgegenüber Nr. 6 Anhang zum EEG 2000, wonach zur Vermessung der Leistungskennlinien und Berechnung der Referenzerträge von Anlagentypen am Referenzstandort die Institutionen berechtigt waren, die entsprechend der technischen Richtlinie „Allgemeine Kriterien zum Betreiben von Prüflaboratorien" (DIN IN 45 001; Ausgabe Mai 1990) für die Vermessung der Leistungskennlinien i. S. v. Nr. 5 akkreditiert sind.
[132] BT-Drs. 15/2864, S. 42.

den sind, ersetzen oder erneuern (Abs. 2 Nr. 1) und welche die installierte Leistung mindestens um das Dreifache erhöhen (Abs. 2 Nr. 2). Da die installierte Leistung der Altanlagen bis zum 31. Dezember 1995 im Allgemeinen bis zu 300 kW, im Höchstfall bis zu 500 kW betrug, dürfte eine Verdreifachung der Leistung nach Abs. 2 Nr. 2 in der Regel zu Anlagen der Megawatt-Klasse führen.

73 In Abweichung von Abs. 1 Satz 3 – und darin besteht das besondere **Element – verlängert** sich die **Frist** für die erhöhte Anfangsvergütung nach Abs. 1 Satz 2 um zwei Monate je 0,6 Prozent des Referenzertrages, um den ihr Ertrag 150 Prozent des Referenzertrages unterschreitet. Die Berechnung des Verlängerungszeitraums erfolgt nach folgenden Formeln:

E_A: Ertrag der Anlage
E_R: Ertrag der Referenzanlage
Q_S: Standortqualität

$$Q_S = \frac{E_A \cdot 100\%}{E_R}$$

D_{Verl}: Verlängerungszeitraum für die Zahlung der erhöhten Anfangsvergütung in Monaten

$$D_{Verl} = 2 \cdot \frac{150\% - Q_S}{0,6\%}$$

74 Die Regelung des Abs. 2 zur Vergütung von Repowering-Anlagen gilt grundsätzlich an allen Standorten. Da nur Altanlagen ersetzt werden können, die bis zum 31. Dezember 1995 in Betrieb genommen wurden, können von dieser Regelung de facto **im Wesentlichen** lediglich die Standorte in den norddeutschen Bundesländern, also die **Küstenstandorte,** profitieren. Denn bis zu diesem Zeitpunkt sind überwiegend die guten Küstenstandorte bebaut worden.[133] 1995 produzierten die Küstenländer noch ca. 74 Prozent und die Binnenländer nur ca. 26 Prozent der in Deutschland bis dahin insgesamt installierten Windenergieleistung. Der Anteil der Binnenländer ist danach kontinuierlich angestiegen und hat nach der ersten Hälfte 2003 bereits einen Anteil in Höhe von 52 Prozent erreicht. Dagegen wird ein (zusätzlicher) Anreiz für das Repowering der Altanlagen an schlechten Standorten im Binnenland durch die neue Regelung nicht vermittelt, da Anlagen an solchen Standorten bereits nach §§ 7, 9 EEG 2000 einen 20-jährigen Vergütungsanspruch hätten.

75 Absatz 2 soll das **Aufrüsten von Windenergieanlagen,** soweit die in Abs. 2 Nr. 1 und 2 gemachten Vorgaben nicht erreicht werden, nicht ausschließen. Für solche Anlagen gilt dann jedoch nur die normale Vergütung nach Abs. 1 und nicht die in Abs. 2 vorgesehene längere Zahlung der erhöhten Anfangsvergütung.[134]

IV. Vergütung für Offshore-Anlagen (Abs. 3)

76 Für die an **Offshore-Windenergieanlagen** zu zahlende Vergütung gilt die Sonderregelung des Abs. 3 Satz 1. Die Maßgaben des Abs. 3 konkretisieren die Regelung des § 2 Abs. 1 Nr. 1, wonach Strom aus den Anlagen, die in der **deutschen AWZ** installiert sind, ebenfalls vergütungswürdig ist. Strom aus Windenergieanlagen auf Hoher See außerhalb der deutschen AWZ wird vom EEG 2004 dagegen nicht erfasst.

77 Unter Abs. 3 fallen nach der in Satz 1 enthaltenen **Legaldefinition** von **Offshore-Anlagen** diejenigen Windenergieanlagen, die in einer Entfernung von

---

[133] Ebenda.
[134] Ebenda.

Vergütung für Strom aus Windenergie 78–82 § 10

mindestens 3 sm, gemessen von der Küstenlinie aus seewärts, errichtet sind. Als **Küstenlinie** bezeichnet Abs. 3 Satz 2 die in der Karte Nr. 2920 „Deutsche Nordseeküste und angrenzende Gewässer".[135] Windenergieanlagen, die nicht diese Mindestentfernung der Küstenlinie einhalten, gelten als Onshore-Anlagen und sind nach Maßgabe des Abs. 1 und 2 zu behandeln.

Die Sonderbehandlung der Offshore-Windenergieanlagen besteht in der Zahlung einer – im Vergleich zur Vergütung der landgestützten Windenergieanlagen erhöhten – **Vergütung von mindestens 6,19 Ct/kWh** (Abs. 3 Satz 1). Diese Grundvergütung gilt zunächst für alle Anlagen, die in einer Entfernung von mindestens 3 sm von der Küstenlinie errichtet worden sind. 78

Darüber hinaus ist in **Abs. 3 Satz 3** eine um 2,91 Ct/kWh **erhöhte Anfangsvergütung** für die Dauer von **12 Jahren** für Strom aus Anlagen vorgesehen, die bis zum 31. Dezember 2010 in Betrieb genommen worden sind. Für diesen Zeitraum ist also insgesamt, soweit nicht die Degressionsregelung in Abs. 5 greift, eine Vergütung von insgesamt 9,10 Ct/kWh zu zahlen. In der Literatur wurde bereits für § 7 EEG 2000 darauf hingewiesen, dass die dortige auf Offshore-Anlagen, die bis zum Jahr 2006 in Betrieb genommen worden sind, beschränkte Besserstellung durch Verlängerung der Frist für die erhöhte Anfangsvergütung nicht ausreichen wird, um die Erschließung dieses Potenzials zu sichern, da der Schwerpunkt des Offshore-Ausbaus erst jenseits des Jahres 2006 zu erwarten ist.[136] Angesichts des Planungsstandes der Offshore-Windparks wurde daher auch von einigen politischen Akteuren vorgeschlagen, das Datum für die Inbetriebnahme von Anlagen mit erhöhter Anfangsvergütung bis 2010 zu verlängern.[137] Diesen Forderungen wurde nunmehr vom Gesetzgeber mit einer Verlängerung der Inbetriebnahmefrist bis Ende 2010 Rechnung getragen. 79

Im Übrigen weicht die Vergütungssystematik für Offshore-Anlagen grundlegend von der Vergütung für landgestützte Anlagen ab. Sie orientiert sich nicht am Ertrag des Anlagenstandorts, sondern an den wesentlichen Kostenfaktoren für die Anlagenerrichtung. Die 12-jährige **Frist** für die erhöhte Anfangsvergütung **verlängert sich** nach **Abs. 3 Satz 4** für Anlagen, die in einer **Entfernung von mindestens 12 sm** und einer **Wassertiefe von mindestens 20 m** errichtet werden, je nachdem, wie weit die Anlage über diese Mindestentfernung und -tiefe hinausgeht. Für jede volle Seemeile, die die Anlage über 12 sm hinaus von der Küstenlinie entfernt ist, verlängert sich die Frist um einen halben Monat, und für jeden zusätzlichen vollen Meter Wassertiefe um 1,7 Monate. Diese Verlängerung trägt den beiden wesentliche Kostenfaktoren Rechnung und soll so eine an den tatsächlichen Kosten orientierte Vergütung gewährleisten.[138] 80

Die **Berechnung** erfolgt dabei nach folgender Formel: 81

D_{Verl}: Verlängerungszeitraum für die Zahlung der erhöhten Anfangsvergütung in Monaten
M_{Entf}: Entfernung von der Küstenlinie in vollen Meilen
M_{Tief}: Wassertiefe in vollen Metern

$$D_{Verl} = (M_{Entf} - 12) \cdot 0,5 + (M_{Tief} - 20) \cdot 1,7$$

Bei der Bestimmung der **Wassertiefe** ist für die Zwecke des Abs. 3 Satz 4 grundsätzlich nach der technischen Richtlinie „IHO Standards for Hydrographic 82

---

[135] Ausgabe 1994, XII., des Bundesamtes für Seeschifffahrt und Hydrographie im Maßstab 1 : 375 000 dargestellte Küstenlinie. Die Karte ist nach dem in einer Fußnote enthaltenen amtlichen Hinweis beim Bundesamt für Seeschifffahrt und Hydrographie, 20359 Hamburg, zu beziehen.
[136] *Lackmann*, ZNER 2002, 124 ff., 125.
[137] *Hustedt*, Eckpunkte zur Novellierung des EEG, S. 4.
[138] BT-Drs. 15/2864, Begründung zu § 10 Abs. 3, S. 72.

Surveys" der International Hydrographic Organization, 4th Edition, April 1998, veröffentlicht vom International Hydrographic Bureau in Monaco, zu verfahren. Will ein Investor eine erste (vorläufige) Abschätzung des Vergütungszeitraums erreichen, so kann er diese durch Interpolation aufgrund vorhandener Daten (Seekarten) des Bundesamtes für Seeschifffahrt und Hydrographie (BSH) vornehmen. Erst nach Ablauf des 12-jährigen Vergütungszeitraums ist eine genaue Bestimmung des Zeitraums für eine Verlängerung des erhöhten Vergütungssatzes erforderlich. Der 12-jährige Zeitraum sollte daher genutzt werden, um die erforderlichen Messungen (z. B. durch das BSH selbst oder unter Aufsicht des BSH) durchzuführen. Routinemessungen, die das BSH in diesem Zeitraum immer wieder durchführt, sollten auch an den Bedürfnissen der Tiefenermittlung für Windenergieanlagen ausgerichtet werden, um eine im gesamtwirtschaftlichen Interesse kostenoptimierte Bestimmung der Wassertiefe zu ermöglichen. Dies soll die Messungskosten insgesamt verringern. Zugleich würde eine unabhängige Behörde in das Verfahren involviert, wovon sich der Gesetzgeber mehr Genauigkeit verspricht. Auf der anderen Seite ist der Anlagenbetreiber dadurch nicht daran gehindert, die jeweiligen Messungen auch selber durchführen zu lassen, wenn dies im Einklang mit den neuesten Standards von Wissenschaft und Technik geschieht.[139]

V. Degression (Abs. 5)

83 Die Mindestvergütungen für Strom aus Windenergie nach Abs. 1 (Onshore-Anlagen) sind beginnend mit dem 1. Januar 2005 und die Mindestvergütungen nach Abs. 3 (Offshore-Anlagen) sind beginnend mit dem 1. Januar 2008 jährlich jeweils für nach diesem Zeitpunkt neu in Betrieb genommene Anlagen um jeweils 2 Prozent des für die im Vorjahr neu in Betrieb genommen Anlagen maßgeblichen Wertes zu senken (sog. **Degression**). Die Sonderbehandlung der Offshore-Windenergieanlagen durch ein späteres Einsetzen der Degression erst ab 2008 rechtfertigt sich dadurch, dass erst von diesem Zeitpunkt an mit einer nennenswerten technologischen Entwicklung gerechnet wird.[140] Die Degression ist eine nominale: Sie bezieht sich jeweils auf den Vergütungssatz des Vorjahres und nicht auf den erhöhten Anfangsvergütungssatz. Sie ist zudem auf zwei Stellen hinter dem Komma zu runden.

VI. Überblick über die Vergütungshöhen für Neuanlagen

84 Berücksichtigt man die Degression, so ergeben sich folgende Vergütungshöhen für Neuanlagen:

Vergütungshöhen Neuanlagen (Quelle: eigene Berechnungen)

Jahr der Inbetriebnahme	Windenergieanlagen an Land		Offshore-Anlagen	
	Erhöhte Anfangsvergütung in Ct/kWh	Basisvergütung in Ct/kWh	Erhöhte Anfangsvergütung in Ct/kWh	Basisvergütung in Ct/kWh
2004	8,70	5,50	9,10	6,19
2005	8,53	5,39	9,10	6,19
2006	8,36	5,28	9,10	6,19
2007	8,19	5,17	9,10	6,19
2008	8,03	5,07	8,92	6,07

---

[139] BT-Drs. 15/2864, S. 43.
[140] Ebenda.

Vergütung für Strom aus Windenergie 85–88 § 10

Jahr der Inbetriebnahme	Windenergieanlagen an Land		Offshore-Anlagen	
	Erhöhte Anfangsvergütung in Ct/kWh	Basisvergütung in Ct/kWh	Erhöhte Anfangsvergütung in Ct/kWh	Basisvergütung in Ct/kWh
2009	7,87	4,97	8,74	5,95
2010	7,71	4,87	8,57	5,83
2011	7,56	4,77	5,71	5,71
2012	7,41	4,67	5,60	5,60
2013	7,26	4,58	5,49	5,49

E. Ausschluss der Vergütungspflicht für windschwächere Standorte (Abs. 4)

Neu aufgenommen wurde mit Abs. 4 eine Regelung, die die Vergütungspflicht 85 für Strom ausschließt, der in zukünftig zu errichtenden Anlagen an Standorten mit schwächeren Windverhältnissen produziert wird. Nach Abs. 4 Satz 1 sind Netzbetreiber abweichend von § 5 Abs. 1 nicht zur Vergütung von Strom aus Anlagen verpflichtet, für die nicht vor Inbetriebnahme nachgewiesen ist, dass sie an dem geplanten Standort mindestens 60 Prozent des Referenzertrages erzielen können. Maßstab für die **Bemessung der Standortqualität** ist wie bei der Ermittlung der Vergütungshöhe für landgestützte Anlagen das Verhältnis des Ertrags der Anlage zum Ertrag der Referenzanlage gleichen Bautyps in Prozent, das nach folgender Formel ermittelt wird:

E_A: Ertrag der Anlage
E_R: Ertrag der Referenzanlage
Q_S: Standortqualität

$$Q_S = \frac{E_A \cdot 100\%}{E_R}$$

Ist diese Standortqualität kleiner 60 Prozent, so entfällt die Vergütungspflicht für dort erzeugten Strom.

Dieser Ausschluss weniger günstiger Standorte von der Vergütung gilt gemäß 86 § 21 Abs. 4 **nur für Anlagen,** die **nach dem 31. Juli 2005,** also später als ein Jahr nach Inkrafttreten der Vorschrift, in Betrieb genommen worden sind. Damit hat der Gesetzgeber die lange Vorlaufzeit von Windenergieprojekten bis zur Inbetriebnahme berücksichtigt und verhindert, dass Investitionen, die im Vertrauen auf die Fortgeltung der bisherigen Regelung, die einen Ausschluss besonders windschwacher Standorte nicht kannte, entwertet werden.

Die Beurteilung der Mindeststandortqualität als Voraussetzung für die Vergü- 87 tungspflicht erfordert einen **Nachweis der Standortqualität vor Inbetriebnahme** der Anlage. Die eindeutige Formulierung des Gesetzes insoweit schließt aus, dass ein Anlagenbetreiber diese Prognose, wenn sie nicht eingeholt wurde oder einen Ertrag von weniger als 60 Prozent des Referenzertrages vorhergesagt hat, durch Nachweis eines tatsächlich höheren Ertrages nach Inbetriebnahme ersetzen und somit die Vergütungspflicht noch auslösen kann.

Gemäß Abs. 4 Satz 2 muss der Anlagenbetreiber den Nachweis gegenüber dem 88 Netzbetreiber durch Vorlage eines nach Maßgabe der Bestimmungen der Anlage zum EEG erstellten Gutachtens eines im Einvernehmen mit dem Netzbetreiber beauftragten Sachverständigen führen. Die Anlage zum EEG macht in Nr. 6 genauere Vorgaben für dieses Gutachten. Dieses **Gutachten** muss danach physikalische Standortbeschreibungen enthalten, standortspezifische Windmessungen oder

297

extrapolierbare Betriebsdaten eines benachbarten Windparks zu Grunde legen und diese für eine prognostische Bewertung in einen Langzeitbezug zu vorhandenen Winddatenbanken setzen. Maßgeblich für die Energieertragsberechnung ist die freie Anströmung der Windenergieanlage. Wenn der Netzbetreiber sein Einvernehmen zum vom Anlagenbetreiber vorgeschlagenen **Sachverständigen** nicht innerhalb von vier Wochen nach Aufforderung durch den Anlagenbetreiber erteilt, bestimmt gemäß Abs. 4 Satz 3 das Umweltbundesamt nach Anhörung der Fördergesellschaft Windenergie e. V. den Sachverständigen. Die **Kosten des Gutachtens** tragen Anlagen- und Netzbetreiber gemäß Abs. 4 Satz 4 jeweils zur Hälfte; dies gilt auch dann, wenn das Gutachten zu dem Ergebnis kommt, dass der Schwellenwert nicht erreicht wird. Der Gesetzgeber hat dem Anlagenbetreiber also zwar die Pflicht zum Nachweis hinreichender Ertragsaussichten auferlegt, die Kostentragungspflicht für die Erstellung des Nachweises hingegen zwischen Anlagen- und Netzbetreiber aufgeteilt. Dies rechtfertigt sich dadurch, dass der Nachweis im Interesse beider Parteien liegt, da er sowohl für die mögliche Befreiung des Netzbetreibers von der Vergütungspflicht als auch für den Vergütungsanspruch des Anlagenbetreibers die Grundlage bildet. Außerdem wird auf diese Weise die unabhängige Stellung des Sachverständigen gegenüber Anlagen- wie Netzbetreiber gestärkt.[141] Überdies bestünde bei einer einseitigen Kostentragungspflicht durch den Anlagenbetreiber auch die Gefahr des Missbrauchs der Nachweispflicht durch den Netzbetreiber.

89 Da das Verlangen eines Gutachtens nach Abs. 4 nicht nur auf beiden Seiten Kosten verursacht, sondern vor allem auch zu Verzögerungen führen kann, die das ganze Vorhaben in Frage stellen können, darf der Netzbetreiber das Recht, einen solchen Nachweis zu verlangen, nicht missbrauchen. Dies wäre etwa dann der Fall, wenn am geplanten Standort evident davon auszugehen ist, etwa nach extrapolierbaren Daten benachbarter Windparks, Windkarten o. ä., dass 60 Prozent des Referenzertrages jedenfalls überschritten werden. In einem solchen Falle die Einholung eines Gutachtens nach Abs. 4 zu verlangen, würde einen **Missbrauch** der marktbeherrschenden Stellung des Netzbetreibers im Sinne der §§ 19, 22 GWB darstellen.

90 Absatz 4 Satz 1 enthält ausdrücklich nicht nur eine Ausnahme von Abs. 1 und 2, sondern von der Grundnorm über die Vergütungspflicht in § 5 Abs. 1. Das bedeutet, dass die Erwirtschaftung eines Mindestertrags von 60 Prozent des Referenzertrages nicht nur für landgestützte Anlagen, sondern auch für **Offshore-Anlagen** als Voraussetzung der Vergütungspflicht gilt. Gleichwohl wird sich bei Offshore-Anlagen das Problem einer so deutlichen Unterschreitung des Referenzertrags tatsächlich nicht stellen, so dass eine Anwendung von Abs. 4 auf Offshore-Anlagen praktisch ausgeschlossen ist.

F. Verordnungsermächtigung (Abs. 6)

91 Gemäß Abs. 6 ist das Bundesumweltministerium ermächtigt, eine **Rechtsverordnung** zur Ermittlung und Anwendung des – für Abs. 1 bis 4 maßgeblichen – **Referenzertrages** zu erlassen. Eine entsprechende Ermächtigung war bereits in § 7 Abs. 4 EEG 2000 enthalten, wovon der Verordnungsgeber bis zum Außerkrafttreten dieses Gesetzes allerdings nie Gebrauch gemacht hat. Nach den Gesetzgebungsmaterialien hat auch die Ermächtigungsgrundlage in Abs. 6 nur eine subsi-

---

[141] So die Begründung der Bundesregierung, die damit einen Änderungsvorschlag des Bundesrates, die Kosten vollständig dem Anlagenbetreiber aufzuerlegen, ablehnte, BT-Drs. 15/2593, zu Nr. 22 (Art. 1 § 10 Abs. 4), S. 4.

diäre Bedeutung und soll erst zur Anwendung gelangen, wenn sich erweist, dass der Anhang zum EEG keine hinreichenden Regelungen enthält.[142]

Soweit die Anwendung des konkreten Referenzertrages gemeint ist, geht es dabei insbesondere auch um die Umrechnung der Erträge unter Bezug auf den Referenzertrag in einen Zeitraum für die verlängerte Anfangsvergütung. Damit regelt das Gesetz selbst – im Einklang mit Art. 80 Abs. 1 Satz 1 GG – Zweck, Inhalt und Ausmaß der Rechtsverordnung. Während der Zweck der Rechtsverordnung die Ermittlung und die Anwendung eines typenabhängigen Referenzertrages ist, besteht der Inhalt der Rechtsverordnung in der Aufstellung von Verfahren und Methoden zur Ermittlung des Stromertrages der Referenzanlage. Auch das Ausmaß der Rechtsverordnung i. S. v. Art. 80 Abs. 1 Satz 2 GG ist durch den Gesetzesanhang vorgegeben. Denn dem Anhang zum EEG sind die wesentlichen Regelungen für die Bestimmung des Referenzertrages zu entnehmen. 92

G. Windenergieanlagen in Sondergebieten (Abs. 7)

Absatz 7 enthält eine Ausnahme von den Regelungen über die Mindestvergütung in den Abs. 1 bis 6 für Windenergieanlagen, die in einem **Gebiet von gemeinschaftlicher Bedeutung** oder einem **Vogelschutzgebiet im Meer** errichtet worden sind. Dies betrifft Anlagen, deren Errichtung nach dem 1. Januar 2005 in einem Gebiet der deutschen AWZ oder des Küstenmeeres genehmigt worden ist, das nach § 38 i. V. m. § 33 Abs. 2 des BNatSchG oder nach Landesrecht zu einem geschützten Teil von Natur und Landschaft erklärt worden ist. Erfasst sind außerdem auch schon Anlagen in Gebieten, die zwar noch nicht unter Schutz gestellt wurden, die aber das Bundesumweltministerium der Kommission der Europäischen Gemeinschaften als Gebiete von gemeinschaftlicher Bedeutung oder als europäische Vogelschutzgebiete benannt hat. Solche Anlagen haben keinen Anspruch auf die in § 10 vorgesehenen Mindestvergütungen. Damit schafft das EEG einen Naturschutzstandard, der über den des Naturschutzrechts hinausgeht. Anlagenbetreiber werden dadurch in Planungsgebiete gedrängt, die aus naturschatzfachlicher Sicht weniger bedenklich sind.[143] 93

Absatz 7 soll den **Konflikt** zwischen den **Zielen des Naturschutzes** und den **Zielen des EEG** ausgleichen. Denn mit der Nichtanwendung der Abs. 1 bis 6 auf die genannten Anlagen wird der angestrebte Ausbau der Stromerzeugung aus Erneuerbaren Energien „auf naturschutzfachlich unbedenkliche Flächen kanalisiert".[144] Zur Ermittlung der naturschutzfachlichen Maßstäbe im Sinne des Abs. 6 Satz 1 sind die europäischen Richtlinien zum Aufbau des Netzes Natura 2000 – nämlich die FFH-RL[145] und die Vogelschutz-RL[146] – heranzuziehen.[147] Für die deutsche AWZ gibt § 38 Abs. 3 BNatSchG vor, dass das Bundesumweltministerium sowohl die Gebiete von gemeinschaftlicher Bedeutung als auch die Vogelschutzgebiete durch Rechtsverordnung zu geschützten Teilen von Natur und Landschaft erklären kann. Im Bereich des Küstenmeeres sind dagegen die Länder für diese Aufgabe zuständig. 94

---

[142] BT-Drs. 15/2864, S. 43.
[143] *Reshöft*, ZNER 2004, 240, 247 f.
[144] BT-Drs. 15/2468, S. 43.
[145] Richtlinie 92/43/EWG des Rates v. 21. 5. 1992 zur Erhaltung der natürlichen Lebensräume sowie der wildlebenden Tiere und Pflanzen (Fauna-Flora-Habitat-Richtlinie), ABl. EU Nr. L 206 v. 22. 7. 1992, S. 7 ff.
[146] Richtlinie 79/409/EWG des Rates v. 2. 4. 1979 über die Erhaltung der wildlebenden Vogelarten, ABl. EU Nr. L 103 v. 25. 4. 1979, S. 1 ff.
[147] Vgl. dazu knapp *Maier*, UPR 2004, 103 ff., 106.

95 **Der Ausschluss der Vergütung** auch **schon im Vorgriff** auf die Erklärung bestimmter Gebiete zu Schutzgebieten in Abs. 7 Satz 2 ist dadurch gerechtfertigt, dass diese Verfahren der Unterschutzstellung längere Zeit in Anspruch nehmen. Ohne diese Bestimmung würde der Anwendungsbereich des Abs. 7 Satz 1 mangels abschließender Festsetzung von Schutzgebieten häufig leer laufen. Nach Abs. 7 Satz 2 können dagegen schützenswerte Gebiete bereits vor Erlass der entsprechenden Rechtsverordnung berücksichtigt werden. Das ist besonders für Fauna-Flora-Habitat-Gebiete von Bedeutung, die vor der nationalen Unterschutzstellung in die europäische Gemeinschaftsliste eingetragen werden müssen.[148]

H. Verhältnis zur EE-RL

96 Die EE-RL, die bis zum 27. Oktober 2003 umgesetzt werden musste, macht für die Vergütung von aus Windenergie erzeugtem Strom bislang keine Vorgaben. Im Hinblick auf die aus der Richtlinie folgenden Berichts- und Umsetzungspflichten ist lediglich zu berücksichtigen, dass nicht nur der nach § 10 vergütete Strom, sondern sämtlicher Strom aus Sonnenenergie unabhängig von Eigentumsverhältnissen, Anlagengrößen oder dem Ort der Anlagen von der Richtlinie erfasst wird.[149]

97 Das Festhalten des Gesetzgebers an der nach **Standortqualität** differenzierten Vergütungssystematik für landgestützte Anlagen lässt sich allerdings vor allem auch vor dem Hintergrund der EE-RL erklären. Denn die unterschiedlichen nationalen Systeme befinden sich derzeit in einer Art Wettbewerb darum, welches System als Modell für eine gemeinschaftsweite Regelung in diesem Bereich dienen kann, nachdem ausreichende Erfahrungen mit den unterschiedlichen Konstruktionen gesammelt wurden.[150] Der EE-RL lassen sich die Kriterien entnehmen, anhand derer die Kommission ihre Bewertung der unterschiedlichen Modelle vornehmen wird. Insbesondere fordert die EE-RL eine wirksame Förderung der Erneuerbaren Energien in einem gleichzeitig einfachen und kosteneffizienten Modus.[151] Mit dem Festhalten an der nach der Standortqualität differenzierten Vergütung für Windenergieanlagen bemüht sich der Gesetzgeber denn auch, Überförderungen und damit die Entstehung zusätzlicher Kosten zu vermeiden. Ziel ist es, dass in der Bundesrepublik praktizierte preisstützende Fördermodell an den Anforderungen der EU im Punkte Kosteneffizienz und Transparenz auszurichten.

I. Ausblick

98 Da das Grundprinzip der Vergütungssystematik für Strom aus landgestützten Windenergieanlagen mit seiner Orientierung an der **Standortqualität** im EEG 2004 beibehalten wurde, kann im Hinblick auf diesen sicher kompliziertesten Teil des § 10 auf die bisherigen Erfahrungen aus der Anwendung von § 7 EEG 2000 zurückgegriffen werden. Allerdings ließe sich die **Verständlichkeit** dieses Vergütungsmechanismus durch Neuformulierung der von Abs. 1 Satz 2 und 3 wohl noch verbessern. Die neu aufgenommene Differenzierung der Vergütung für Offshore-Anlagen orientiert sich hingegen an vergleichsweise einfach festzustellenden Parametern, der Entfernung von der Küstenlinie und der Wassertiefe, so dass hier keine schwierigen Auslegungs- und Anwendungsprobleme zu erwarten sind.

---

[148] BT-Drs. 15/2864, S. 43. Kritisch zur Verhältnismäßigkeit der Beschränkung, *Prall*, ZNER 2005, 26, 33 ff.
[149] S. a. *Oschmann*, RdE 2002, 131, 133.
[150] Vgl. Erwägungsgrund 16 sowie Art. 3 der EE-RL.
[151] Erwägungsgrund 16 sowie Art. 4 Abs. 2 lit. d EE-RL.

§ 11 Vergütung für Strom aus solarer Strahlungsenergie

(1) Für Strom aus Anlagen zur Erzeugung von Strom aus solarer Strahlungsenergie beträgt die Vergütung mindestens 45,7 Cent pro Kilowattstunde.

(2) ¹Wenn die Anlage ausschließlich an oder auf einem Gebäude oder einer Lärmschutzwand angebracht ist, beträgt die Vergütung
1. bis einschließlich einer Leistung von 30 Kilowatt mindestens 57,4 Cent pro Kilowattstunde,
2. ab einer Leistung von 30 Kilowatt mindestens 54,6 Cent pro Kilowattstunde und
3. ab einer Leistung von 100 Kilowatt mindestens 54,0 Cent pro Kilowattstunde.

²Die Mindestvergütungen nach Satz 1 erhöhen sich um jeweils weitere 5,0 Cent pro Kilowattstunde, wenn die Anlage nicht auf dem Dach oder als Dach des Gebäudes angebracht ist und wenn sie einen wesentlichen Bestandteil des Gebäudes bildet. ³Gebäude sind selbständig benutzbare, überdeckte bauliche Anlagen, die von Menschen betreten werden können und geeignet oder bestimmt sind, dem Schutz von Menschen, Tieren oder Sachen zu dienen.

(3) Wenn die Anlage nicht an oder auf einer baulichen Anlage angebracht ist, die vorrangig zu anderen Zwecken als der Erzeugung von Strom aus solarer Strahlungsenergie errichtet worden ist, ist der Netzbetreiber nur zur Vergütung verpflichtet, wenn die Anlage vor dem 1. Januar 2015
1. im Geltungsbereich eines Bebauungsplans im Sinne des § 30 des Baugesetzbuches oder
2. auf einer Fläche, für die ein Verfahren nach § 38 Satz 1 des Baugesetzbuches durchgeführt worden ist,

in Betrieb genommen worden ist.

(4) Für Strom aus einer Anlage nach Absatz 3, die im Geltungsbereich eines Bebauungsplans errichtet wurde, der zumindest auch zu diesem Zweck nach dem 1. September 2003 aufgestellt oder geändert worden ist, ist der Netzbetreiber nur zur Vergütung verpflichtet, wenn sie sich
1. auf Flächen befindet, die zum Zeitpunkt des Beschlusses über die Aufstellung oder Änderung des Bebauungsplans bereits versiegelt waren,
2. auf Konversionsflächen aus wirtschaftlicher oder militärischer Nutzung befindet oder
3. auf Grünflächen befindet, die zur Errichtung dieser Anlage im Bebauungsplan ausgewiesen sind und zum Zeitpunkt des Beschlusses über die Aufstellung oder Änderung des Bebauungsplans als Ackerland genutzt wurden.

(5) ¹Die Mindestvergütungen nach Absatz 1 und Absatz 2 Satz 1 werden beginnend mit dem 1. Januar 2005 jährlich jeweils für nach diesem Zeitpunkt neu in Betrieb genommene Anlagen um jeweils 5 Prozent des für die im Vorjahr neu in Betrieb genommenen Anlagen maßgeblichen Wertes gesenkt und auf zwei Stellen hinter dem Komma gerundet. ²Beginnend mit dem 1. Januar 2006 erhöht sich der nach Satz 1 maßgebliche Prozentsatz für Anlagen nach Absatz 1 auf 6,5 Prozent.

(6) Abweichend von § 3 Abs. 2 Satz 2 gelten mehrere Fotovoltaikanlagen, die sich entweder an oder auf demselben Gebäude befinden und

§ 11 Erneuerbare-Energien-Gesetz

innerhalb von sechs aufeinander folgenden Kalendermonaten in Betrieb genommen worden sind, zum Zweck der Ermittlung der Vergütungshöhe nach Absatz 2 für die jeweils zuletzt in Betrieb genommene Anlage auch dann als eine Anlage, wenn sie nicht mit gemeinsamen für den Betrieb technisch erforderlichen Einrichtungen oder baulichen Anlagen unmittelbar verbunden sind.

Übersicht

	Rn.
A. Überblick	1
B. Hintergrund	3
I. Normzweck	3
II. Bedeutung der solaren Strahlungsenergie für die Energieversorgung	4
III. Entstehungsgeschichte der Norm	8
1. Vorläuferregelungen	9
2. Entstehung der Vergütungsregelung des § 11	13
3. Änderung der Regelung 2002	16
4. Änderung durch das sog. Fotovoltaik-Vorschaltgesetz 2004	17
5. Änderung durch die Novelle 2004	20
C. Überblick über die Tatbestandsvoraussetzungen und Rechtsfolgen der Vergütungsansprüche nach Abs. 1 bis 4	21
D. Allgemeine Tatbestandsvoraussetzung des § 11: „Strom aus solarer Strahlungsenergie" (Abs. 1)	26
I. Anwendungsfälle des Abs. 1	27
II. „Strom aus solarer Strahlungsenergie"	29
III. „Anlagen zur Erzeugung von Strom aus solarer Strahlungsenergie"	30
E. Besondere Voraussetzungen für den höheren Vergütungsanspruch für Strom aus Solaranlagen an oder auf Gebäuden oder Lärmschutzwänden (Abs. 2)	35
I. Strom aus Gebäude- und Lärmschutzanlagen (Abs. 2 Satz 1)	36
II. Bonus für Fassadenanlagen (Abs. 2 Satz 2)	41
1. Negatives Tatbestandsmerkmal: „Nicht auf dem Dach oder als Dach"	42
2. Positives Tatbestandsmerkmal: „Wesentlicher Bestandteil"	44
III. Gebäudebegriff (Abs. 2 Satz 3)	46
F. Besondere Voraussetzungen für Strom aus Freilandanlagen und Solaranlagen an baulichen Anlagen, die zur Solarstromerzeugung errichtet sind (Abs. 3)	48
I. Inbetriebnahme vor dem 1. Januar 2015	50
II. Begriff „bauliche Anlage"	52
III. Vorrangiger Nutzungszweck	53
IV. Bebauungsplan nach § 30 BauGB (Abs. 3 Nr. 1)	55
V. Flächen nach § 38 BauGB (Abs. 3 Nr. 2)	57
G. Besondere Voraussetzungen für Anlagen nach Abs. 3 Nr. 1 im Geltungsbereich von Bebauungsplänen (Abs. 4)	58
I. Aufstellung oder Änderung des Bebauungsplans nach dem 1. September 2003	61
II. Zweck: Errichtung einer Solaranlage	62
III. Versiegelte Fläche	63
IV. Konversionsfläche	65
V. Grünfläche	66
H. Rechtsfolgen des § 11: Die Höhe des Vergütungsanspruchs (Abs. 1 u. 2 i. V. m. 5)	70
I. Allgemeines	70
1. Grundsatz	70
2. Mindestvergütung	72
3. Dauer des individuellen Vergütungsanspruchs	73

Vergütung für Strom aus solarer Strahlungsenergie   § 11

	Rn.
II. Vergütungsberechnung	74
1. Vergütung für Anlagen, die vor dem 1. Januar 2004 in Betrieb gingen	77
2. Vergütung für Anlagen, die 2004 in Betrieb gingen	79
3. Vergütung für Anlagen, die ab 2005 in Betrieb gehen	84
III. Übersicht über die Vergütungshöhen	85
I. Behandlung mehrerer Anlagen auf einem Gebäude (Abs. 6)	86
J. Anpassungsbedarf infolge der EE-RL	90
K. Ausblick	91
L. Das 100 000-Dächer-Solarstrom-Programm: Richtlinien zur Förderung von Photovoltaik-Anlagen (300 MW) durch ein „100 000 Dächer-Solarstrom-Programm"	92
I. Geschichte	108
II. Die rechtliche Qualität der Richtlinie	115
III. Keine absolute Bindung der KfW an die Richtlinie im Verhältnis zu Dritten	116
IV. Anspruch auf Darlehen aus Art. 3 GG	118
V. Änderung der Verwaltungspraxis und/oder der Richtlinie	119
VI. Kleine und mittlere Unternehmen	121
VII. Fazit	122

Literatur: *Achterberg/Schulte,* in: von Mangoldt/Klein/Starck (Hrsg.), Das Bonner Grundgesetz, Bd. II, 4. Aufl. 2000, Art. 39; *Beschberger,* Das Erneuerbare-Energien-Gesetz (EEG): Eine Analyse des Politikformulierungsprozesses, FFU-Report 006, abrufbar unter www.fu berlin.de/ffu; *BINE-Informationsdienst,* Kleine netzgekoppelte PV-Anlagen im Breitentest, profiiert 1/98, hrsg. v. Fachinformationszentrum Karlsruhe; *BINE-Informationsdienst,* Photovoltaik, hrsg. v. Fachinformationszentrum Karlsruhe, 5. Aufl. 2005; *BMU,* Erneuerbare Energien, Innovationen für die Zukunft, 2004 (Broschüre); *BMU,* Erneuerbare Energien in Zahlen – nationale und internationale Entwicklung – Stand März 2004 (Broschüre); *Brandt/ Reshöft/Steiner,* Erneuerbare-Energien-Gesetz, Handkommentar, 2001; *Degenhart,* Staatsrecht I, 17. Aufl. 2001; *Degenhart,* Systemgerechtigkeit und Selbstbindung des Gesetzgebers als Verfassungspostulat, 1976; *Doehring,* Allgemeine Staatslehre, 2. Aufl. 2000; *EEA,* Renewable energies: success stories, Environmental issue report No. 27, 2001; *Findeisen,* Stromerzeugung aus Biomasse und deren Vergütung nach dem EEG, in: Beck/Brandt/Salander (Hrsg.), Handbuch Energiemanagement, Stand: 7. EL Juni 2002; *Frenz,* Bundesbodenschutzgesetz, Kommentar, 2000; *Gaßner* u. a., Rechtsfragen bei der Planung von Photovoltaik-Freiflächenanlagen auf der Grundlage des neuen Vorschlagsgesetzes zum EEG, Gutachterlicher Leitfaden im Auftrag der Unternehmensvereinigung Solarwirtschaft e. V., Berlin, 2. Aufl. 2004 (Broschüre); *Guckelberger,* Zum methodischen Umgang mit Verwaltungsvorschriften, Die Verwaltung 2002, 61 ff.; *Harmelink* u. a., PRETIR, Implementation of Renewable Energy in the European Union until 2010, 2002, abrufbar unter www.ecofys.nl; *Heinrichs,* in: Palandt, Bürgerliches Gesetzbuch mit Einführungsgesetz etc., 63. Aufl. 2004, § 94; *Holch,* in: Rebmann/Säcker/ Rixecker (Hrsg.), Münchener Kommentar zum Bürgerlichen Gesetzbuch, Band 1, Allgemeiner Teil, 4. Aufl. 2001, §§ 94 u. 95; *Hoffmann* u. a., Erste Auswertungen aus dem Bund-Länder-1000-Dächer-Programm, in: Schmid (Hrsg.), Photovoltaik: Strom aus der Sonne, 3. Aufl. 1994, S. 307 ff.; *Hoffmann/Kiefer,* Das 1000-Dächer-Programm: eine Zwischenbilanz, Sonnenenergie & Wärmetechnik 1994/2, 22 ff.; *Immenga,* Preisaufschlag für die Einspeisung regenerativer Energien, BB 1994, 295 ff.; *Jauernig,* in: Jauernig (Hrsg.), Bürgerliches Gesetzbuch, Kommentar, 10. Aufl. 2003, § 94; *KfW,* 100 000-Dächer-Solarstrom-Programm, Statistische Kennzahlen für das Jahr 2000 (Broschüre); *Kopp/Ramsauer,* Verwaltungsverfahrensgesetz, 7. Aufl. 2005; *Kopp/Schenke,* Verwaltungsgerichtsordnung: VwGO, Kommentar, 14. Aufl. 2005; *Krewitt* u. a., Ökologisch optimierter Ausbau der Nutzung erneuerbarer Energien, Forschungsvorhaben im Auftrag des Bundesministeriums für Umwelt, Naturschutz und Reaktorsicherheit FKZ 901 41 803, 1. Zwischenbericht, 2001 (Broschüre); *Löhr,* in: Battis/ Krautzberger/Löhr, Baugesetzbuch, 8. Aufl. 2002, § 38; *Maurer,* Kontinuität und Vertrauensschutz, in: Isensee/Kirchhof (Hrsg.), Handbuch des Staatsrechts der Bundesrepublik Deutschland, Bd. III, 2. Aufl. 1996, § 60; *Maurer,* Staatsrecht I, 2. Aufl. 2001; *Maurer,* Allgemeines Verwaltungsrecht, 13. Aufl. 2000; *Morlock,* in: Dreier (Hrsg.), Grundgesetz, Kommentar, Bd. II, 1998, Art. 39; *Neu,* Eine Zwischenbilanz zum Einsatz und zur Förderung erneuerbarer

Energien in Deutschland, 2000; *Oldiges,* Richtlinien als Ordnungsrahmen der Subventionsverwaltung, NJW 1984, 1927 ff.; *Oppermann,* Europarecht, 2. Aufl. 1999; *Oschmann,* Das Gesetz für den Vorrang Erneuerbarer Energien, ET 2000, 460 ff.; *ders.,* Die Richtlinie zur Förderung der Stromerzeugung aus erneuerbaren Energien und ihre Umsetzung in Deutschland, RdE 2002, 131 ff.; *ders.,* Vergütung von Solarstrom nach dem EEG – aktuelle Rechtsfragen aus der Praxis, ZNER 2002, 201 ff.; *Oschmann/Müller,* Neues Recht für Erneuerbare Energien – Grundzüge der EEG-Novelle, ZNER 2004, 24 ff.; *Püttner,* Rechtsgutachten zur kostendeckenden Vergütung für Solarstrom, ZNER 1997, 59 ff.; *Quaschning,* Systemtechnik einer klimaverträglichen Elektrizitätsversorgung in Deutschland für das 21. Jahrhundert, Habilitationsschrift, 2000; *Raabe/Meyer,* Das Erneuerbare-Energien-Gesetz, NJW 2000, 1298 ff.; *Ristau,* Ende der Siesta, In Spanien wurde ein Einspeisegesetz nach deutschem Vorbild verabschiedet, Photon 7/2004, 66 ff.; *Sachs,* Art. 20, in: Sachs (Hrsg.), Grundgesetz, Kommentar, 2. Aufl. 1999; *Salje,* Erneuerbare-Energien-Gesetz, Kommentar, 2. Aufl. 1999; *Salje,* Erneuerbare-Energien-Gesetz, Kommentar, 3. Aufl. 2005; *Sanden/Schoeneck,* Bundesbodenschutzgesetz, Kurzkommentar, 1998; *Schneider,* Energieumweltrecht: Erneuerbare Energien, Kraft-Wärme-Kopplung, Energieeinsparung, in: Schneider/Theobald, Handbuch zum Recht der Energiewirtschaft, Die Grundsätze der neuen Rechtslage, 2003, § 18, S. 998 ff.; *Schulze-Fielitz,* in: Dreier (Hrsg.), Grundgesetz, Kommentar, Bd. III, 1998, Art. 20; *SFV,* Historische Entwicklung der KV, Solarbrief 3/02, S. 91 f.; *Staiß,* Jahrbuch Erneuerbare Energien 2001, 2001; *ders.,* Photovoltaik, Technik, Potentiale und Perspektiven der solaren Stromerzeugung, 1996; *Sommermann,* in: von Mangoldt/Klein/Starck (Hrsg.), Das Bonner Grundgesetz, Kommentar, Bd. 2, 2000, Art. 20; *Stoltenberg,* Das 100 000-Dächer-Solarstrom-Programm, EW 1/1999, 24; *Versteyl,* in: Münch/Kunig (Hrsg.), Grundgesetz-Kommentar, Bd. 2, 4./5. Aufl. 2001, Art. 39; *Werner/Pfisterer,* Photovoltaik, in: Rebhan (Hrsg.), Energiehandbuch, 2002, S. 316 ff.; *Witt,* Bundesrechnungshof übt Kritik, Solarthemen 122 vom 25. 10. 2001, S. 1.

A. Überblick

1 § 11 konkretisiert die allgemeine Vergütungspflicht des § 5 Abs. 1 Satz 1 für Strom aus solarer Strahlungsenergie. Er regelt, unter welchen besonderen Voraussetzungen und in welcher Höhe der jeweilige Netzbetreiber den in sein Netz nach § 4 eingespeisten Solarstrom vergüten muss. § 11 unterscheidet im Hinblick auf die Höhe der Vergütung zwischen **Anlagen an oder auf Gebäuden** und Lärmschutzwänden auf der einen Seite (§ 11 Abs. 2) und allen **sonstigen** – vor allem ebenerdigen – **Anlagen** auf der anderen Seite (§ 11 Abs. 1). Gebäude- und Lärmschutzanlagen erhalten nach § 11 Abs. 2 – je nach Leistungsstufe – 54,0, 54,6 oder 57,0 Ct/kWh, sonstige Anlagen nach § 11 Abs. 1 dagegen nur 45,7 Ct/kWh. Dabei ist Folgendes zu beachten: Die genannten Werte gelten nur für Anlagen, die im Jahr 2004 in Betrieb genommen worden sind. Für Anlagen, die vor dem 1. Januar 2004 den Betrieb aufnahmen, richtet sich die Vergütung nach den bis zu diesem Zeitpunkt geltenden Vorschriften des EEG 2000. Die Höhe der Vergütungen für Anlagen sind, die nach dem 31. Dezember 2004 in Betrieb gegangen sind, bestimmt die **Degressionsvorschrift** des § 11 Abs. 5.[1] Danach sinken die Vergütungssätze ab dem 1. Januar 2005 für Strom aus allen ab diesem Zeitpunkt neu in Betrieb genommene Anlagen jährlich um 5 Prozent. Der Degressionssatz erhöht sich für Anlagen, die nicht an oder auf Gebäuden oder Lärmschutzwänden abgebracht sind, ab dem 1. Januar 2006 auf 6,5 Prozent.

2 Anlagen, die sich **nicht an oder auf Gebäuden oder Lärmschutzwänden** befinden, erhalten nach § 11 Abs. 1 nicht nur eine **niedrigere Vergütung,** sondern müssen – wenn sie sich nicht an oder auf einer baulichen Anlage befinden – nach § 11 Abs. 3 und 4 auch besondere **weitere Voraussetzungen** erfüllen, um für den erzeugten Strom eine Vergütung nach § 11 zu erhalten. Sie müssen sich

---

[1] Vgl. unten Rn. 84.

Vergütung für Strom aus solarer Strahlungsenergie 3, 4 § 11

erstens im Geltungsbereich eines **Bebauungsplans** oder auf einer planfestgestellten Fläche nach § 38 BauGB befinden (§ 11 Abs. 3). Zweitens müssen die in Anspruch genommenen Flächen vorher bereits versiegelt, **Konversionsflächen** oder aus **Ackerland** umgewandeltes **Grünland** sein, das zur Errichtung einer Solaranlage ausgewiesen ist (§ 11 Abs. 4). Wenn nur eine der beiden Voraussetzungen nicht vorliegt, besteht kein Anspruch nach § 11 auf Vergütung des erzeugten Stroms.

B. Hintergrund

I. Normzweck

§ 11 dient der Konkretisierung der allgemeinen Vergütungspflicht des § 5 3 Abs. 1 Satz 1 für Strom aus solarer Strahlungsenergie. Die Vergütungspflicht soll wesentlich dazu beitragen, das **Potenzial der Solarenergie** für die Energieversorgung zu erschließen und die dazu notwendige weitere **Technologieentwicklung** zu **beschleunigen.** Grundsätzlich sieht der Gesetzgeber den Anwendungsbereich für Techniken zur Nutzung der solaren Strahlungsenergie in der Gebäudeintegration: Solaranlagen sollen mittel- und langfristig alltäglicher und selbstverständlicher Bestandteil von Lärmschutzwänden und Gebäuden werden – sei es als dach- und fassadenintegrierte Anlagen oder als gleichzeitig zur Stromerzeugung genutzte Verschattungselemente. Der grundsätzliche **Vorrang der Nutzung von gebäudeintegrierten Anlagen** gegenüber der Freiflächennutzung soll zum einen dadurch zum Ausdruck gebracht werden, dass für Strom aus Anlagen an oder auf Gebäuden ein höherer Vergütungssatz festgelegt wird als für Strom aus sonstigen Anlagen.[2] Zum anderen wird die Zielsetzung des Gesetzgebers dadurch betont, dass Abs. 3 für Anlagen, die sich nicht an oder auf Gebäuden oder Lärmschutzwänden befinden, besondere Anforderungen stellt, die eine bessere Steuerung der Auswahl der unbebauten Flächen zur Errichtung von Freilandanlagen ermöglichen. Schließlich sinkt die Vergütung für Letztere ab 2006 schneller als für Anlagen an oder auf Gebäuden oder Lärmschutzwänden (Degression von 6,5 gegenüber 5 Prozent). Die Tatsache, dass Strom aus Anlagen, die nicht in Gebäuden oder sonstige bauliche Anlagen integriert sind, überhaupt vergütet wird, ist vor allem darauf zurückzuführen, dass auf diese Weise Skalen- und Lerneffekte in der Solarindustrie, die durch Dach- und Lärmschutzanlagen alleine nicht erzielbar wären, ermöglicht werden sollen, um mittel- und langfristig kostengünstig einen großen Anteil der Energieversorgung aus Solarenergie bereitstellen zu können.

II. Bedeutung der solaren Strahlungsenergie für die Energieversorgung

Nach Auffassung des Gesetzgebers steckt „in der Nutzung der solaren Strah- 4 lungsenergie ... langfristig betrachtet auch für Deutschland ein großes Potenzial für eine klimaschonende Energieversorgung".[3] In der wissenschaftlichen Literatur wird das **theoretische Potenzial** (die gesamte Strahlungsenergie, die in Deutschland physikalisch zur Verfügung steht) mit etwa 380 000 Mrd. kWh/a angegeben.[4] Das entspricht rechnerisch etwa dem **95fachen Primärenergieverbrauch** in Deutschland im Jahr 2003. Das auf Dachflächen, Gebäudefassaden, entlang von

---

[2] BT-Drs. 15/2864, S. 44, Begründung zu § 11 Abs. 3.
[3] BT-Drs. 15/2864, S. 43, Begründung zu § 11; vgl. zum EEG 2000 auch BT-Drs. 14/2776, S. 23.
[4] *Quaschning,* Systemtechnik, S. 42 f.; s. a. *Werner/Pfisterer,* Photovoltaik, in: Rebhan, Energiehandbuch, S. 316, 352.

Verkehrswegen und auf bestimmten Freiflächen nutzbare und bis zum Jahr 2050 durch Fotovoltaikanlagen realisierbare Stromerzeugungspotenzial soll danach 175 Mrd. kWh/a betragen.[5] Zum Vergleich: Der Netto-Stromverbrauch im Jahr 2003 lag bei etwa 480 Mrd. kWh/a.

5 Der Gesetzgeber hat die Regelung des § 11 angesichts eines wachsenden Weltmarktes für Fotovoltaik auch **wirtschafts- und industriepolitisch begründet.** Er geht davon aus, dass sie „in der Zukunft eine erhebliche wirtschaftliche Bedeutung erlangen [wird]."[6] Die Erfahrungen mit der Windenergie hatten gezeigt, dass ein größerer und langfristig stabiler Inlandsmarkt eine wichtige Voraussetzung für die Ansiedlung von Produktionsstätten in Deutschland ist.[7] Gegenwärtig liefern sich Japan, Deutschland und die USA einen Wettlauf um die Führungsposition auf dem Weltmarkt. Insbesondere in Japan wird der Aufbau einer leistungsstarken Fotovoltaikindustrie mit erheblichen staatlichen Mitteln gefördert, die der japanischen Industrie einen Vorsprung vor den Mitbewerbern sichern. In Deutschland erlebt die Solarenergie seit Inkrafttreten des EEG einen Boom, der zur Errichtung und Erweiterung zahlreicher hochtechnisierter Industrieunternehmen führte.

Abbildung 1: Jährlich installierte Leistung und gesamte installierte Leistung an Fotovoltaikanlagen[8]

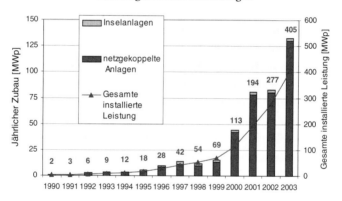

6 Der jährliche Absatz netzgekoppelter Anlagen in Deutschland stieg von 12 MW[9] im Jahr 1999 auf über 125 MW im Jahr 2003 an. Ende 2004 waren über 700 MW installierter Fotovoltaikleistung am Netz.[10] Zum Vergleich: Im gesamten

---

[5] *Quaschning,* Systemtechnik, S. 44 ff.
[6] BT-Drs. 15/2864, S. 43, Begründung zu § 11.
[7] *Staiß,* Jahrbuch Erneuerbare Energien 2001, S. I-76.
[8] *BMU,* Erneuerbare Energien in Zahlen, S. 23.
[9] Die Angabe „Megawatt" wird hier und im Folgenden als Peak-Leistung („Megawatt$_{peak}$") verstanden. Mit Watt$_{peak}$ wird die in Watt gemessene maximal mögliche Leistung (Peak-Leistung) eines Solargenerators bei Standardtestbedingungen (Solareinstrahlung 1000 MW/m², Zellentemperatur 25 °C, Sonnenhöhe 42° über dem Horizont) angegeben.
[10] *BMU,* Erneuerbare Energien in Zahlen, S. 12.

Jahrzehnt von 1990 bis 1999 war die installierte Leistung von Fotovoltaikanlagen lediglich von 1,5 MW auf 67,3 MW angestiegen.[11] Der Anteil des Fotovoltaikstroms lag Ende 2004 mit 459 Mio. kWh dennoch immer noch unter 1 Prozent der Stromerzeugung.[12]

Im europäischen Vergleich steht Deutschland zusammen mit Spanien, sowohl was den absoluten als auch den relativen Zuwachs betrifft, an der Spitze.[13] Etwa zwei Drittel der in der Europäischen Union installierten Fotovoltaikleistung befinden sich in Deutschland.[14] Weltweit liegt Deutschland hinter Japan und vor den USA an zweiter Stelle hinsichtlich Marktgröße und Produktionsleistung in der Fotovoltaik-Industrie. Der **globale Fotovoltaikmarkt** ist im Jahr 2002 gegenüber 2001 um 34 Prozent gewachsen. In Folge des Marktzuwachses, der verbesserten Effizienz von Anlagen und -komponenten und der zunehmenden Automatisierung von größeren Produktionsanlagen sanken die Kosten für Fotovoltaik-Solarstromanlagen seit dem Jahr 1999 um rund 25 Prozent und seit 1991 um rund 60 Prozent. Die Fotovoltaik-Industrie geht davon aus, dass sich die Technologie spätestens in 2020 am Markt ohne marktunterstützende Maßnahmen behaupten kann.

III. Entstehungsgeschichte der Norm

Die Entstehung der Vergütungsregelung des § 11 steht in engem Zusammenhang mit der Entwicklung der Fotovoltaik in den letzten 15 Jahren. Ende der 1980er Jahre gab es in Deutschland nur eine kleine Anzahl netzgekoppelter Fotovoltaikanlagen mit prototypischem Charakter.[15]

1. Vorläuferregelungen

Die geringe Verbreitung von Solarstromanlagen änderte sich auch mit Inkrafttreten des **StrEG** vom 7. Dezember 1990 nicht, auch wenn dieses erstmals eine gesonderte gesetzliche Regelung für die Vergütung von Strom aus solarer Strahlungsenergie enthielt.[16] Denn der gesetzliche Vergütungssatz „für Strom aus Sonnenenergie" betrug nach dem StrEG lediglich mindestens 90 Prozent des Durchschnittserlöses je Kilowattstunde aus der Stromabgabe von Elektrizitätsversorgungsunternehmen an alle Letztverbraucher. Die sich so in den Jahren 1991 bis 2000 errechnenden Vergütungen zwischen 16,10 und 17,28 Pf (umgerechnet 8,23 bzw. 8,84 Ct) reichten bei weitem nicht aus, einen wirtschaftlichen Anreiz für den Betrieb von Fotovoltaikanlagen zu geben.

Höhe der Vergütung für Strom aus Sonnenenergie nach Stromeinspeisungsgesetz 1991–2000[17]

Jahr	1991	1992	1993	1994	1995	1996	1997	1998	1999	2000[18]
Pf/kWh	16,61	16,53	16,57	16,93	17,28	17,21	17,15	16,79	16,52	16,13
Ct/kWh	8,49	8,45	8,47	8,66	8,84	8,80	8,77	8,58	8,45	8,25

---

[11] *Staiß*, Jahrbuch Erneuerbare Energien 2001, S. II 84.
[12] *BMU*, Erneuerbare Energien in Zahlen, S. 12.
[13] *EEA*, Renewable energies, S. 22 u. 25, sowie *Harmelink*, PRETIR, S. 29.
[14] *BMU*, Erneuerbare Energien in Zahlen, S. 28.
[15] *BINE*, Kleine netzgekoppelte PV-Anlagen, S. 1.
[16] Vgl. oben Rn. 9.
[17] *Staiß*, Jahrbuch Erneuerbare Energien 2001, S. II-22; eigene Berechnungen (Ct-genaue Umrechnung: 1 EUR = 1,95583 DM).
[18] Bis einschließlich des 31. 3. 2000. Ab 1. 4. 2000 Vergütung nach EEG (99 Pf = 50,62 Ct).

10 Eine Marktentwicklung fand bis Ende der 1990er Jahre nur im Rahmen gesonderter Förderprogramme statt. Das von 1990 bis zum 30. Juni 1993 durchgeführte **„Bund-Länder-1000-Dächer-Photovoltaik-Programm"**[19] ermöglichte bis 1995 die Errichtung von mehr als 2000 kleinen netzgekoppelten Anlagen,[20] änderte aber nichts an den insgesamt schlechten wirtschaftlichen Bedingungen für Fotovoltaik. Lediglich regional bzw. lokal beschränkt ergaben sich in den 1990er Jahren Verbesserungen grundsätzlicher Art, insbesondere durch ein von dem Land Nordrhein-Westfahlen aufgelegtes Förderprogramm sowie durch die von zahlreichen Kommunen eingeführte **„Kostendeckende Vergütung"**[21] für Strom aus Fotovoltaikanlagen.[22]

Exkurs: Die „Kostendeckende Vergütung"

11 Eine Vergütung für den ins öffentliche Netz eingespeisten Strom aus Anlagen zur Nutzung Erneuerbarer Energien wird dann als „Kostendeckende Vergütung" bezeichnet, wenn sie nach einem bestimmten Zeitraum, von in der Regel 20 Jahren, neben den für die Anlage und ihre Installation aufgewendeten Kosten, allen Betriebskosten, wie Messkosten, Wartungskosten, Reparaturkosten, Versicherungskosten, Abbaukosten (zum Ende der Betriebszeit) und den Kapitalbeschaffungskosten (Schuldzinsen) eine angemessene Rendite des eingesetzten Kapitals erbringt. Die Rendite sollte nach Auffassung der Befürworter der Kostendeckenden Vergütung in etwa der Rendite entsprechen, die mit anderen vergleichbaren Anlageformen erzielt werden kann, so dass sich die Investition in solche Anlagen finanziell lohnt. Als Orientierungsmaßstab wird dabei der langfristige durchschnittliche Realzinssatz umlaufender Wertpapiere im Inland angelegt, der vor der Liberalisierung des Strommarktes auch für die Überprüfung der Angemessenheit der Gewinne der Stromwirtschaft angewandt wurde. Die Kostendeckende Vergütung als Markteinführungsprogramm wurde erstmalig **1989** vom **Solarenergie-Förderverein (SFV)** gefordert.[23]

12 Das EEG hat den Gedanken der Kostendeckenden Vergütung aufgegriffen. In der Begründung zu den §§ 6 bis 11 erläutert der Gesetzgeber, die Vergütungsregelung werde von dem Grundsatz geleitet „den Betreibern von optimierten Anlagen zur Erzeugung von Strom aus Erneuerbaren Energiequellen bei rationeller Betriebsführung einen wirtschaftlichen Betrieb dieser Anlagen grundsätzlich zu ermöglichen. Grundlage für die Ermittlung der Vergütung sind insbesondere die Investitions-, Betriebs-, Mess- und Kapitalkosten eines bestimmten Anlagentyps bezogen auf die durchschnittliche Lebensdauer, sowie eine marktübliche Verzinsung des eingesetzten Kapitals."[24]

Entstehung der Vergütungsregelung des § 11

13 Aus den positiven Erfahrungen mit der kostendeckenden Vergütung für Fotovoltaikstrom einerseits und der Vergütungsregelung des StrEG für Windenergie andererseits hat der EEG-Gesetzgeber für die Festsetzung der Vergütung in § 11 Lehren gezogen. Sowohl die Kostendeckende Vergütung als auch die Vergütung des StrEG für Windenergie folgten dem Grundsatz, dem Anlagenbetreiber eine

---

[19] BAnz. Nr. 179 v. 22. 9. 1990, S. 4997.
[20] Vgl. *Hoffmann* u. a., in: Schmid, Photovoltaik, S. 307 f.; *Staiß,* Photovoltaik, S. 108 f.
[21] Vgl. dazu *Püttner,* ZNER 1997, 59 ff.
[22] S. a. einen Anspruch auf kostendeckende Vergütung im Anwendungsbereich des StrEG 1990 verneinend) AG Essen, RdE 1997, 39 ff.
[23] Vgl. *SFV,* Solarbrief 3/02, 91 f.; s. a. *Immenga,* BB 1994, 295 ff.
[24] BT-Drs. 15/2864, S. 36, Begründung zu §§ 6 bis 11. Vgl. bereits zum EEG 2000 BT-Drs. 14/2776, S. 22.

Vergütung zuzugestehen, die einen **wirtschaftlichen Betrieb** der Anlagen möglich macht. Das EEG 2000 beendete daher auch für Strom aus Sonnenenergie die Kopplung des Vergütungssatzes an die Durchschnittserlöse der Elektrizitätsversorger und führte einen festen Vergütungssatz von 99 Pf (50,62 Ct)/kWh Strom ein. Dem Gesetzgeber war bewusst, dass auch der vergleichsweise hohe Vergütungssatz für solare Strahlungsenergie „vielfach noch unterhalb einer jederzeit rentablen Vergütung liegt."[25] Der Gesetzgeber sah die Vergütung allerdings nicht isoliert, sondern in Zusammenschau mit dem im Jahr 1999 eingeführten **100 000-Dächer-Solarstrom-Programm,** mit dem die Errichtung von Fotovoltaikanlagen bis Ende 2003 gefördert wurde. In Kombination beider Instrumente ergebe „sich erstmals für private Investoren eine attraktive Vergütung."[26]

Die Vergütungsregelung war das Ergebnis eines langwierigen, fast ein Jahr dauernden **Diskussionsprozesses zwischen Parlament, Regierung und Verbänden,** und die am heftigsten umkämpfte Vorschrift des ganzen Gesetzes. Das Bundeswirtschaftsministerium auf der einen Seite, versuchte eine Anhebung des Vergütungssatzes für Solarstrom zu verhindern. Argument war, die relativ hohe Vergütung würde dem 100 000-Dächer-Solarstrom-Programm, den Boden entziehen und die Belastungen für Wirtschaft und Verbraucher so stark anwachsen lassen, dass das gesamte Gesetz vor dem BVerfG und dem Europäischen Gerichtshof gefährdet würde. Der mit der Erarbeitung des EEG befassten Arbeitsgruppe der Koalitionsfraktionen der SPD und Bündnis 90/Die Grünen auf der anderen Seite gelang es, die Führungsspitze der Regierungskoalition unter Leitung von dem damaligen Bundeskanzler Gerhard Schröder im Rahmen eines Verhandlungspaketes zur ökologischen Steuerreform zu einer Festlegung auf 99 Pf (50,62 Ct) zu bewegen, der sich das Wirtschaftsministerium widerstrebend beugen musste. Die von den Gegnern der Regelung geäußerten Befürchtungen zu starker Kostenbelastungen erwiesen sich als unbegründet. Der Anteil des Fotovoltaikstroms war trotz des großen Wachstums des Fotovoltaik-Marktes infolge des EEG so gering, dass die Kosten für Wirtschaft und Verbraucher trotz der relativ hohen Vergütung zunächst vernachlässigbar waren. Im Jahr 2001 lagen die durch die Vergütung nach § 8 EEG 2000 verursachten Differenzkosten je Kilowattstunde an die Elektrizitätsverbraucher gelieferten Stroms unter 0,006 Ct.

Die Gegner der Anhebung konnten immerhin als Erfolg verbuchen, dass die Vergütungsregelung für Fotovoltaikstrom durch die Einführung eine **Obergrenze von 350 MW** Fotovoltaikleistung[27] (§ 8 Abs. 2 Satz 1 EEG 2000) anlagenbezogen begrenzt wurde.[28] Im Gegenzug wurde eine **Selbstverpflichtung** des Gesetzgebers in § 8 Abs. 2 Satz 2 EEG 2000 zu einer **„Anschlussvergütungsregelung, die eine wirtschaftliche Betriebsführung unter Berücksichtigung der inzwischen erreichten Kostendegression in der Anlagentechnik sicherstellt",** aufgenommen.[29]

---

[25] Begründung zu § 8 EEG 2000, zu Absatz 1, BT-Drs. 14/2776, S. 22.
[26] Ebenda, S. 23.
[27] Die 350 MW errechneten sich aus der Addition des Bestandes 1998 (ca. 50 MW netzgekoppelte Anlagen) und der angenommenen Gesamtleistung nach dem 100 000-Dächer-Solarstrom-Programm (100 000 Anlagen à 3 kW). Vgl. Begründung zu § 8 Abs. 2 EEG 2000, BT-Drs. 14/2776, S. 23 f.
[28] Dieser sog. 350-MW-Deckel war nicht etwa dazu gedacht, eine „Anschubfinanzierung" sicherzustellen (so *Brandt/Reshöft/Steiner*, EEG, § 8 Rn. 19, u. *Raabe/Meyer*, NJW 2000, 1298, 1299), sondern war ein Zugeständnis an einige Abgeordnete des Wirtschaftsflügels der SPD-Fraktion, die ebenfalls ein zu starkes Anwachsen der Belastungen für die Wirtschaft und Verbraucher befürchtet hatten (vgl. auch *Beschberger*, Das Erneuerbare-Energien-Gesetz [EEG], S. 42).
[29] Der Gesetzgeber hatte damit zum Ausdruck bringen wollen, dass nicht nur eine „Anschubfinanzierung" der Fotovoltaik erfolgen (vgl. bereits Rn. 10), sondern der Ausbau der

Salje[30] hatte Bedenken im Hinblick auf die Vereinbarkeit der Selbstverpflichtung mit den Grundsätzen des freien Mandats (Art. 38 GG) und dem Grundsatz der Diskontinuität geäußert. Die Grundsätze des freien Mandats und der Diskontinuität als solche[31] haben jedoch keinen Einfluss auf das Fortbestehen wirksam vorgenommener Rechtshandlungen des Deutschen Bundestages,[32] auch wenn sie – sei es beispielsweise durch den Abschluss internationaler Verträge, durch Personalentscheidungen oder durch haushaltsrelevante Entscheidungen – zu einer Bindung zukünftiger Gesetzgeber führen.[33] Die Beständigkeit staatlicher Regelungen ist ein zentrales Element der Rechtssicherheit als wesentlichem Bestandteil des Rechtsstaatsprinzips.[34] Insofern besteht ein gewisses **Spannungsverhältnis** zwischen der **Rechtssicherheit** und der grundsätzlich erforderlichen **Offenheit** des jeweiligen Gesetzgebers für die Wandlungen im politischen und sozialen Bereich.[35] Der Aufbau einer umweltgerechten und nachhaltigen Energieversorgung, in der die Fotovoltaik langfristig eine wichtige Rolle spielen muss, rechtfertigte jedoch im Interesse des weltweiten Klimaschutzes, insbesondere im Hinblick auf Art. 20 a GG in besonderer Weise eine Regelung, die über die Dauer einer Legislaturperiode hinausreicht.[36] Davon unabhängig war die Frage zu diskutieren, in welchem Umfang ein neuer Bundestag durch § 8 Abs. 2 Satz 2 EEG 2000 gebunden würde. Grundsätzlich ist der Gesetzgeber als Souverän frei, Gesetze beliebig zu ändern[37] und an geänderte Gegebenheiten anzupassen, auch wenn sie für den Bürger belastete Folgen haben.[38] Grenzen sind dem Gesetzgeber insoweit – lässt man die Frage des Verhältnisses von europäischem Gemeinschaftsrecht und nationalem Recht außer Acht[39] – alleine von der Verfassung, insbesondere den Grundrechten (Art. 1 Abs. 3 GG) gezogen. Im Fall der Nachfolgeregelung des § 8 Abs. 2 Satz 2 EEG 2000 hätte der Gesetzgeber bei seiner Vorgehensweise immer zwischen dem Vertrauen der Betroffenen, das der Gesetzgeber durch § 8 Abs. 2 Satz 2 EEG 2000 gestärkt hatte[40] und der Bedeutung seines gesetzgeberischen Anliegens für das Wohl der Allgemeinheit abwägen müssen.[41]

Fotovoltaik auch nach Erreichen des Schwellenwertes mit zunehmender Geschwindigkeit vonstatten gehen solle; vgl. Begründung zu § 8 Abs. 2 EEG 2000, BT-Drs. 14/2776, S. 23 f.
[30] *Salje*, EEG, 2. Aufl., § 8 Rn. 17; ähnlich *Schneider*, in: Schneider/Theobald, HBEnWR, § 18 Rn. 121.
[31] Vgl. dazu etwa *Achterberg/Schulte*, in: v. Mangoldt u. a., GG, Bd. II, Art. 39 Rn. 15; *Morlock*, in: Dreier, GG, Bd. II, Art. 39 Rn. 21.
[32] *Versteyl*, in: v. Münch/Kunig, GG, Bd. 2, Art. 39 Rn. 28.
[33] Ein prominentes Beispiel aus dem Bereich der Energiepolitik ist das Gesetz des 13. Deutschen Bundestages über Hilfen für den deutschen Steinkohlebergbau bis zum Jahr 2005 (Steinkohlebeihilfengesetz v. 12. 12. 1995, BGBl. I S. 1638, geändert am 17. 12. 1997, BGBl. I S. 3048), das langfristige energiepolitische Grundentscheidungen getroffen und dem 14. und 15. Deutschen Bundestag die Verfügungsgewalt über rund 23 Mrd. EUR entzogen hatte.
[34] *Sachs*, in: Sachs, GG, Art. 20 Rn. 131; *Degenhart*, Staatsrecht I, Rn. 362.
[35] *Morlock*, in: Dreier, GG, Bd. II, Art. 39 Rn. 20.
[36] Vgl. auch *Maurer*, in: Isensee/Kirchhoff, Handbuch des Staatsrechts, Bd. III, § 60 Rn. 60.
[37] *Doehring*, Allgemeine Staatslehre, Rn. 261 f.
[38] *Schulze-Fielitz*, in: Dreier, GG, Bd. III, Art. 20 Rn. 136.
[39] Vgl. etwa *Oppermann*, Europarecht, Rn. 615 ff.
[40] Die gewählte Formulierung stärkte das Vertrauen in die Beständigkeit staatlicher Unterstützung für Strom aus Fotovoltaikanlagen. Die Investoren, insbesondere im Bereich der Industrie, die sich in ihrem wirtschaftlichen Verhalten auf die Regelung des § 8 Abs. 2 Satz 2 EEG 2000 eingestellt hatten, hatten ein berechtigtes Interesse an einer entsprechenden Anschlussregelung. Sie verließen sich darauf, dass ihr an der Rechtsordnung ausgerichtetes Verhalten von dieser anerkannt blieb, zumal es ausweislich der Begründung gerade die Absicht des Gesetzgebers war, sie zu entsprechenden Dispositionen zu veranlassen, damit „der Ausbau

Vergütung für Strom aus solarer Strahlungsenergie 16, 17 § 11

3. Änderung der Regelung 2002

Das Erreichen des so genannten 350-MW-Deckels (§ 8 Abs. 2 Satz 1 EEG 16 2000) wurde ursprünglich für 2004 erwartet. Nach dem großen Erfolg des EEG in Kombination mit dem 100 000-Dächer-Solarstrom-Programm hatte sich jedoch abgezeichnet, dass schon im Jahr 2003 insgesamt 350 MW Fotovoltaikanlagen in Deutschland installiert sein würden und daher die Vergütungsregelung für neue Fotovoltaikanlagen gemäß § 8 Abs. 2 Satz 1 EEG 2000 zum 1. Januar 2005[42] entfallen wäre. Verschiedene Banken hatten vor diesem Hintergrund bereits im Laufe des Jahres 2002 die Finanzierung von Investitionen der Industrie in Fotovoltaik-Fertigungsanlagen unter Berufung auf den Deckel verweigert. Der Deutsche Bundestag änderte daher am 7. Juni 2002 – wiederum gegen den Willen des Wirtschaftsministers[43] – im Zuge der Änderung des MinÖlStG im Schnellverfahren das EEG erstmalig materiell[44] und **hob den Deckel für Fotovoltaik auf 1000 MW** an.[45] Mit dem Erreichen der 1000 MW wurde zum damaligen Zeitpunkt nicht vor dem Jahr 2008 gerechnet.

4. Änderung durch das sog. Fotovoltaik-Vorschaltgesetz 2004

Am 1. Januar 2004 trat bereits die nächste Änderung der Solarenergieregelung 17 in Kraft. Mit dem Zweiten Gesetz zur Änderung des EEG[46] wurde § 8 EEG 2000 durch eine neue Vorschrift abgelöst. Mit dieser Norm wurde der in § 8 EEG 2000 verankerte 1000-MW-Deckel für Fotovoltaik vollständig beseitigt, Strom aus Freiflächen in den Anwendungsbereich unter bestimmten Bedingungen in das

---

der Fotovoltaik mit zunehmender Geschwindigkeit vonstatten gehen wird". (Begründung zu § 8 Abs. 2, BT-Drs. 15/2776, S. 24). Vgl. zum ganzen allgemein *Degenhart,* Systemgerechtigkeit, S. 68 ff.; *ders.,* Staatsrecht I, Rn. 363 ff.; *Maurer,* in: Isensee/Kirchhoff, Handbuch des Staatsrechts, Bd. III, § 60 Rn. 57 ff., sowie zu den Grundlagen den Überblick bei *Maurer,* Staatsrecht I, § 17 Rn. 115.
[41] Vgl. allg. *Sommermann,* in: v. Mangoldt u. a., GG, Bd. 2, Art. 20 Rn. 287. Vgl. auch *Schneider,* in: Schneider/Theobald, HBEnWR, § 18 Rn. 121.
[42] § 8 Abs. 2 Satz 1 EEG 2000 hätte nach Erreichen der 350 MW eine Übergangsfrist von einem weiteren vollen Jahr gewährt.
[43] Der damalige Wirtschaftsminister Werner Müller befand sich dieses Mal in einer Koalition mit dem seinerzeitigen Umweltminister Jürgen Trittin, die wohl mehr von übereinstimmenden Zweckmäßigkeitsüberlegungen als gemeinsamen Überzeugungen getragen war. Argument für die ablehnende Haltung war, es müsse zunächst der zum 30. 6. 2002 fällige erste Erfahrungsbericht nach § 12 EEG 2000 abgewartet werden. Der Bundeswirtschaftsminister erklärte sich lediglich dazu bereit, „mit den entsprechenden Verbänden der Solarwirtschaft ein verbindliches Abkommen darüber [den Deckel aufzuheben] zu treffen" (BT-Plenarprotokoll 14/237, S. 23 686). Von der Öffentlichkeit unerwartet – allerdings ausgelöst durch kontinuierliches Einwirken verschiedener Akteure auf Wirtschafts- und Umweltminister – gaben die beiden Minister ihren Widerstand schließlich doch teilweise auf. Kurzzeitig hatte es dann sogar so ausgesehen, als ob der Deckel daher völlig wegfallen würde und gleichzeitig die Absenkung der Vergütung für Fotovoltaik für zwei Jahre ausgesetzt würde, um so einen Ausgleich für den Wegfall des 100 000-Dächer-Solarstrom-Programms im Jahr 2003 zu schaffen. Dies scheiterte in letzter Minute dann doch wieder am entschiedenen Widerstand des Wirtschaftsministers, dem es gelang, die Arbeitsgemeinschaft Wirtschaft der SPD-Bundestagsfraktion auf seine Seite zu ziehen, weil nicht gleichzeitig eine von ihr geforderte Entlastung der stromintensiven Industrie von den Kosten des EEG (dies geschah erst im Juni 2003, vgl. Kommentierung zu § 16) zustande kam.
[44] Das Neunte Euro-Einführungsgesetz v. 10. 11. 2001, BGBl. I S. 2992 hatte nur die Vergütungssätze von Pfennig-Beträgen auf Eurocent umgestellt.
[45] BGBl. 2002 I S. 2778. Der Bundesrat hatte dem Gesetz am 21. 6. 2002 zugestimmt (s. BR-Plenarprotokoll 777, S. 344); vgl. zur Gesetzgebungsgeschichte *Oschmann,* ZNER 2002, 201 f. u. Fn. 2; s. a. *Salje,* EEG, 3. Aufl., § 11 Rn. 24 ff.
[46] BGBl. 2003 I S. 3074.

EEG aufgenommen,[47] die Vergütungshöhe nach Größe und nach Aufstellort (Gebäudedach, Gebäudefassade oder Freifläche) neu gestaffelt und ein **Ausgleich** für das erfolgreich abgeschlossene **100 000-Dächer-Solarstrom-Programm** geschaffen.[48] Der mit dem Zweiten Gesetz zur Änderung des EEG neu gefasste § 8 entsprach bis auf geringe Änderungen der Regelung, auf den sich das Bundesumweltministerium mit dem Bundeswirtschaftsministerium im Rahmen der Ressortverhandlungen zur Gesamtnovelle Anfang November 2003 verständigt hatten. Dennoch zog der Deutsche Bundestag im **Eilverfahren**[49] die Solarregelung vor.[50] Die Solarverbände hatten erfolgreich argumentiert, dass die Zeit bis zum Inkrafttreten der Gesamtnovelle nicht abgewartet werden könne, weil sonst infolge des Auslaufens des 100 000-Dächer-Solarstrom-Programms im Juni 2003 ein jäher Abbruch der erfolgreichen Entwicklung der Solarenergie gedroht hätte, der die Position der Deutschen Solarindustrie im hart umkämpften internationalen Wettbewerb bis hin zu Firmenschließungen geschwächt und qualifizierte Arbeitsplätze in Industrie und Handwerk gefährdet hätte.

18 Vorangegangen war ein ausgesprochener **Boom in der Solarindustrie** in Deutschland. Im Jahr 2003 war in der Fotovoltaik ein Marktzuwachs von rund 50 Prozent zu verzeichnen. Gegenüber dem Jahr 1997 konnte das Marktvolumen auf diese Weise verzehnfacht werden. Für die Folgejahre wurde nach der Verabschiedung des Vorschaltgesetzes in der Branche mit Wachstumsraten von jährlich 25 Prozent mit entsprechenden Kostensenkungen gerechnet.[51]

19 Anders als die Vorläuferregelung des EEG 2000 machte § 8 EEG 2003 die Vergütung durch den Netzbetreiber grundsätzlich **nicht mehr von der Größe der Stromerzeugungsanlage abhängig**. Nach alter Rechtslage waren zwei Größenbegrenzungen zu beachten: Zum einen schloss § 2 Abs. 2 Nr. 3 Satz 1 EEG 2000 generell Strom aus Anlagen mit einer installierten elektrischen Leistung über 5 MW aus dem Anwendungsbereich der Vergütungspflicht des § 8 EEG 2000 aus. Befand sich die Stromerzeugungsanlage zum anderen nicht an oder auf baulichen Anlagen, die vorrangig anderen Zwecken als der Erzeugung von Strom aus solarer Strahlungsenergie diente (Anlagen „auf der grünen Wiese"), musste der Netzbetreiber den Strom sogar nur bis zu einer Anlagengröße von einschließlich 100 kW installierter elektrischer Leistung nach § 8 EEG 2000 vergüten.[52]

5. Änderung durch die Novelle 2004

20 Die Gesamtnovelle des EEG 2004[53] ließ die Vorschrift im Wesentlichen unverändert. Sie nahm lediglich eine an der Musterbauordnung entnommene **Definiti-**

---

[47] Bis zu dieser Neuregelung waren Freiflächenanlagen nur bis zu einer Größe von 100 kW Leistung im Anwendungsbereich der Vergütungsregelung des § 8 EEG 2000; vgl. Oschmann, ZNER 2002, 201, 202 f.
[48] Vgl. Oschmann/Müller, ZNER 2004, 24, 26.
[49] Zwischen Einbringung des Gesetzentwurfs am 13. 11. 2003 und Inkrafttreten am 1. 1. 2004 vergingen nur 48 Tage.
[50] In der 79. Sitzung am 27. 11. 2003 mit den Stimmen der Koalitionsfraktionen und der CDU/CSU-Opposition, vgl. BT-Plenarprotokoll 15/79, S. 7002(A). Der Bundesrat beschloss in seiner 795. Sitzung am 19. 12. 2003, dem Vermittlungsausschuss nicht anzurufen, vgl. BR-Plenarprotokoll 795, S. 487, verabschiedete allerdings eine Entschließung, in der er dem Gesetzesbeschluss des Bundestages „sowohl hinsichtlich des Verfahrens ... als auch in der Sache ... für problematisch und auch hinsichtlich einzelner Regelungen nicht für ausgereift" hielt. Vgl. BR-Drs. 881/03 (Beschluss).
[51] Vgl. zu den bislang realisierten Kostensenkungen Rn. 6.
[52] Beide Grenzen waren in der Praxis wegen des modularen Charakters der Fotovoltaik leer gelaufen. Zur Problematik s. Oschmann, ZNER 2002, 201 ff.
[53] BGBl. 2004 I S. 1918.

on des Gebäudebegriffs auf (§ 11 Abs. 2 Satz 3 EEG 2004) und erhöhte die Degression für sog. Freiflächenanlagen nach Abs. 1 ab dem 1. Januar 2006 von 5 auf 6,5 Prozent (§ 11 Abs. 5 Satz 2 EEG 2004), um den Kostensenkungsdruck für diese Anlage zu erhöhen und die Anreize zur Errichtung von Freianlagen zu begrenzen.[54]

C. Überblick über die Tatbestandsvoraussetzungen und Rechtsfolgen der Vergütungsansprüche nach Abs. 1 bis 4

Um einen Vergütungsanspruch nach Maßgabe des § 11 zu erwerben, muss es sich – zusätzlich zu den generellen Voraussetzungen der §§ 4 und 5 – bei dem eingespeisten Strom als allgemeine Tatbestandsvoraussetzung um **Strom aus „solare Strahlungsenergie"** handeln (Abs. 1). Darüber hinaus müssen sich die Solaranlagen an bestimmten Standorten befinden, wenn der in ihnen erzeugte Strom nach § 11 vergütet werden soll. Das Gesetz kennt insofern zwei Kategorien von Anlagen: Solaranlagen **an oder auf baulichen Anlagen,** die vorrangig zu anderen Zwecken als der Erzeugung von Strom aus solarer Strahlungsenergie errichtet worden sind, und **sonstige Solaranlagen,** bei denen es sich überwiegend um so genannte Freiflächenanlagen handelt. 21

Strom aus Anlagen an oder auf baulichen Anlagen, die vorrangig zu anderen Zwecken als der Solarstromerzeugung errichtet wurden, befindet sich immer im Anwendungsbereich des § 11 und muss nach Maßgabe der Abs. 1 und 2 vom zuständigen Netzbetreiber vergütet werden. Die Höhe der Vergütung richtet sich danach, ob die Anlage **auf dem Dach eines Gebäudes oder an einer Lärmschutzwand** angebracht ist (Abs. 2 Satz 1), sonst am Gebäude (an der Fassade) befestigt ist (Abs. 2 Satz 2 i. V. m. Abs. 2 Satz 1) oder sich auf einer sonstigen baulichen Anlage wie etwa einer Aufschüttung befindet (Abs. 1); die Höhe der Vergütung ist jeweils in Zusammenschau mit der Degressionsvorschrift des Abs. 5 zu errechnen. 22

Anders verhält es sich mit **Strom aus sonstigen Anlagen,** d. h. Anlagen, die entweder auf einer baulichen Anlage errichtet sind, die vorrangig der Solarstromerzeugung dient, oder sich an anderen Orten, in der Regel auf so genannten Freiflächen, befinden: Dieser Strom muss nur dann vergütet werden, wenn weitere in den Abs. 3 und 4 normierte Voraussetzungen vorliegen: Danach müssen die Anlagen, mit denen der Solarstrom erzeugt wird, vor dem 1. Januar 2015 **im Geltungsbereich eines Bebauungsplans** oder auf einer Fläche in Betrieb genommen worden sein, für die eines der in § 38 BauGB genannten Verfahren (Planfeststellungsverfahren u. ä.) durchgeführt worden ist. Bei Anlagen im Geltungsbereich von Bebauungsplänen muss weiter unterschieden werden zwischen Bebauungsplänen, für die der Aufstellungsbeschluss nach § 2 Abs. 1 BauGB vor dem 1. September 2003 bereits gefasst war und allen anderen. Wurde der Aufstellungsbeschluss nach dem 31. August 2003 gefasst, besteht ein Vergütungsanspruch nur dann, wenn die Solaranlage auf einer versiegelten Fläche, einer Konversionsfläche oder einer Grünfläche in Betrieb genommen wurde. Für Anlagen auf Grünflächen ist weiter zu beachten, dass der Bebauungsplan die Fläche zur Errichtung der Solaranlage ausweisen muss und die Grünfläche zum Zeitpunkt des Aufstellungsbeschlusses als Ackerland genutzt wurde. So unterschiedlich die tatbestandli- 23

---

[54] Die Umstellung der Boni des § 8 Abs. 2 EEG 2004 auf addierte Mindestvergütungssätze in Abs. 2 war lediglich eine Folgeänderung der Erhöhung der Degression für Freianlagen nach Abs. 1.

chen Voraussetzungen für den Vergütungsanspruch in dieser zweiten Kategorie von Solaranlagen sind, so einheitlich ist die Rechtsfolge: In allen Fällen richtet sich die Höhe der Vergütung nach Abs. 1 in Verbindung mit Abs. 5.

24 Im Ergebnis lassen sich folgende Tatbestände und Rechtsfolgen unterscheiden:

Tatbestände und Rechtsfolgen der Vergütungsansprüche für die unterschiedlichen Solaranlagen

lfd. Nr.	Tatbestand	Regelung	Rechtsfolge (i. V. m. Abs. 5)
1	Solaranlage auf Dach oder an/auf Lärmschutzwand.	Abs. 2 Satz 1 u. 3	Abs. 2 Satz 1
2	Sonstige Solaranlage an Gebäude (Fassadenanlage).	Abs. 2 Satz 1 bis 3	Abs. 2 Satz 2
3	Solaranlage an/auf sonstiger baulicher Anlage, die nicht vorrangig zur Stromerzeugung errichtet wurde.	Abs. 1 i. V. m. Abs. 2 u. 3	Abs. 1
4	Sonstige Solaranlage (Freiflächenanlage), die vor dem 1. 1. 2015 auf einer Fläche nach § 38 BauGB in Betrieb gegangen ist.	Abs. 3 Nr. 2	Abs. 1
5	Sonstige Solaranlage (Freiflächenanlage), die vor dem 1. 1. 2015 im Gebiet eines Bebauungsplans nach § 30 BauGB in Betrieb gegangen ist, für den der Aufstellungsbeschluss vor dem 2. 9. 2003 gefasst wurde.	Abs. 3 Nr. 1 i. V. m. Abs. 4	Abs. 1
6	Sonstige Solaranlage (Freiflächenanlage), die vor dem 1. 1. 2015 im Gebiet eines Bebauungsplans nach § 30 BauGB auf versiegelter Fläche oder Konversionsfläche in Betrieb gegangen ist oder auf einer Grünfläche, die zum Zeitpunkt der Aufstellung Ackerland war und für die Errichtung der Solaranlage ausgewiesen ist.	Abs. 3 Nr. 1 i. V. m. Abs. 4	Abs. 1

Vergütung für Strom aus solarer Strahlungsenergie **25 § 11**

In einer graphischen Übersicht lässt sich die Regelung des Abs. 1 bis 4 wie folgt **25** darstellen:

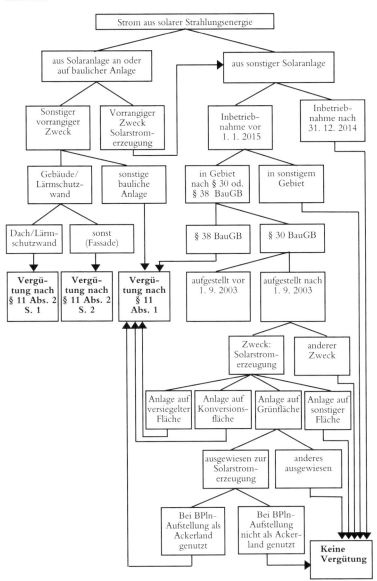

D. Allgemeine Tatbestandsvoraussetzung des § 11: „Strom aus solarer Strahlungsenergie" (Abs. 1)

26 Absatz 1 statuiert, dass die Vergütung für Strom aus Anlagen zur Erzeugung von Strom aus solarer Strahlungsenergie 45,7 Ct/kWh beträgt. Anders als der isoliert gelesene Wortlaut der Norm nahe legt, gilt die Regelung jedoch nicht für sämtlichen Strom aus Solarenergie, sondern hat nur einen **beschränkten Anwendungsbereich**. Denn die Vorschrift muss im Zusammenhang mit den folgenden Abs. 2 bis 6 gelesen werden.

I. Anwendungsfälle des Abs. 1

27 Aus der Zusammenschau des Abs. 1 mit den Abs. 2 bis 6 ergibt sich, dass Abs. 1 lediglich die Rechtsfolge regelt, die immer dann eintritt, **wenn sich aus den folgenden Absätzen, die Spezialregelungen enthalten, nichts anderes** ergibt. Anwendungsfälle des Abs. 1 sind daher nur
- Solaranlagen an oder auf baulichen Anlagen, die **keine Gebäude oder Lärmschutzwände** sind und die nicht vorrangig zur Solarstromerzeugung errichtet wurden,
- Solaranlagen, die an oder auf baulichen Anlagen, die vorrangig zur Solarstromerzeugung errichtet wurden, oder auf Freiflächen vor dem 1. Januar 2015 auf einer Fläche nach § 38 BauGB oder im Gebiet eines Bebauungsplans nach § 30 BauGB in Betrieb gegangen sind, für den der Aufstellungsbeschluss **vor dem 2. September 2003** gefasst wurde,
- Solaranlagen, die an oder auf baulichen Anlagen, die vorrangig zur Solarstromerzeugung errichtet wurden, oder auf Freiflächen vor dem 1. Januar 2015 im Gebiet eines Bebauungsplans nach § 30 BauGB, für den der Aufstellungsbeschluss nach dem 1. September 2003 gefasst wurde, auf einer **versiegelten Fläche** oder **Konversionsfläche** in Betrieb gegangen sind oder auf einer **Grünfläche,** die zum Zeitpunkt der Aufstellung Ackerland war und für die Errichtung der Solaranlage ausgewiesen ist.

28 Auch die von Abs. 1 angegebene Vergütungshöhe von 45,7 Ct/kWh gilt nur eingeschränkt. Sie ist lediglich maßgeblich für Anlagen, die im Jahr 2004 in Betrieb gegangen sind (§ 21 Abs. 1 Nr. 8 i. V. m. § 11 Abs. 5). Die Vergütungssätze für Anlagen, die nach dem 31. Dezember 2004 in Betrieb gehen, errechnen sich nach Maßgabe des Abs. 5.[55]

II. „Strom aus solarer Strahlungsenergie"

29 § 11 Abs. 1 normiert die **allgemeine Tatbestandsvoraussetzung** für sämtliche Vergütungsansprüche nach § 11. Danach ist immer Voraussetzung, dass der fragliche Strom aus Anlagen zur Erzeugung von Strom aus solarer Strahlungsenergie stammt. Solare Strahlungsenergie ist die direkte Sonnenstrahlung, also die Gesamtheit der von der Sonne auf natürliche Weise ausgehenden elektromagnetischen Wellen.[56]

---

[55] Vgl. unten Rn. 84.
[56] Vgl. Kommentierung zu § 3 Rn. 16 ff.

III. „Anlagen zur Erzeugung von Strom aus solarer Strahlungsenergie"

Der **Begriff der Anlage** wird in § 3 Abs. 2 definiert. Anlage im Sinne des § 11 ist daher jede selbständige technische Einrichtung zur Erzeugung von Strom aus solarer Strahlungsenergie.[57]   **30**

Die gegenwärtig eingesetzten Anlagentechniken wandeln solare Strahlungsenergie entweder direkt oder indirekt über die Wärmeerzeugung als Zwischenstufe in elektrische Energie um. Die gängigste Technologie zur direkten Umwandlung ist die **Fotovoltaik;** die **solarthermische Stromerzeugung** stellt die am weitesten fortgeschrittene Form der indirekten Umwandlung solarer Strahlungsenergie dar.[58]   **31**

In Fotovoltaikanlagen wird in speziellen Halbleiterbauelementen, den so genannten Solarzellen, diffuses und direktes Sonnenlicht (Photonen) direkt in elektrische Energie umgewandelt **(fotovoltaischer Effekt).** Diese Umwandlung ist mit keinerlei mechanischer Bewegung verbunden; es entstehen weder Lärm noch Abgase. Solarzellen werden gegenwärtig überwiegend aus mono- oder polykristallinem Silizium gefertigt. Neu entwickelten so genannten Dünnschichtzellen etwa aus amorphem Silizium, Cadmiumtellurid (CdTe) oder Kupfer-Indium-Diselenid (CIS) sowie Tandemzellen (Kombination mehrerer Halbleitermaterialien), die mit erheblich geringerem Materialeinsatz auskommen, werden aber große Entwicklungschancen zugeschrieben. Um nutzbare Leistungen zu erzielen, werden typischerweise 20 bis 40 Solarzellen zu einem so genannten Modul zusammengeschaltet. Fotovoltaikanlagen aus einem oder mehreren Modulen werden autark oder netzgekoppelt betrieben. Netzgekoppelte Anlagen werden mit einem so genannten Wechselrichter ausgestattet. Der Wechselrichter formt die von den Fotovoltaikmodulen erzeugte Gleichspannung in 230 V Wechselspannung um, mit der auch die so genannten Verteilernetze betrieben werden, an die Fotovoltaikanlagen zur Einspeisung in aller Regel angeschlossen werden.[59]   **32**

Solarthermische Kraftwerke nutzen Hochtemperaturwärme aus konzentrierenden Sonnenkollektoren, um eine thermische Kraftmaschine (z. B. Dampfmaschine) anzutreiben, die elektrischen Strom erzeugt. In Parabolrinnen-, Solarturm- und Paraboloid(Solarschüssel-)-Kraftwerken wird der direkte Anteil der Sonnenstrahlung von Spiegeln gebündelt und zur Dampferzeugung verwendet. In Aufwindkraftwerken wird von direkter und indirekter Sonnenstrahlung in Glashäusern erwärmte Luft zum Antrieb von Windturbinen verwendet, die Strom erzeugen. Die wenigen bislang weltweit betriebenen solarthermischen Kraftwerke befinden sich wegen des höheren Angebots an direkter Sonnenstrahlung hauptsächlich in trockenen und heißen Zonen der Erde südlich des 40. Breitengrads und spielen für die Stromerzeugung in Deutschland bislang keine Rolle.[60]   **33**

Die Norm des Abs. 1 stellt streng genommen nur auf den Zweck der Stromerzeugungsanlage ab, Strom aus solarer Strahlungsenergie zu erzeugen. Das könnte zu der Annahme verleiten, dass beispielsweise auch Strom aus Fotovoltaikanlagen, die mit künstlichem Licht etwa aus Glühbirnen betrieben werden, in den Anwendungsbereich der Regelung fällt. Da aber die Vergütungspflicht nach § 5 Abs. 1 Satz 1 nur für Strom besteht, der in Anlagen gewonnen wird, die ausschließlich Erneuerbare Energien einsetzen und künstlich erzeugte elektromagnetische Wellen   **34**

---

[57] Vgl. Kommentierung zu § 3 Rn. 36 ff.
[58] *Quaschning,* Systemtechnik, S. 24.
[59] *BINE,* Photovoltaik, S. 11 ff.; *Staiß,* Photovoltaik, S. 10 ff.; *Werner/Pfisterer,* in: Rebhan, Energiehandbuch, S. 316 ff.
[60] *BMU,* Innovationen für die Zukunft, S. 45 ff.; *Quaschning,* Systemtechnik, S. 28 f.

keine Erneuerbare Energie im Sinne des § 3 Abs. 1 darstellen, muss Strom, der durch die Bestrahlung von Solaranlagen **mit künstlichem Licht** erzeugt wird, **nicht nach § 11 vergütet** werden.

E. Besondere Voraussetzungen für den höheren Vergütungsanspruch für Strom aus Solaranlagen an oder auf Gebäuden oder Lärmschutzwänden (Abs. 2)

35 Absatz 2 regelt die Tatbestandsvoraussetzungen für erhöhte Vergütungssätze. Diese gelten, wenn die Solaranlage ausschließlich an oder auf einem Gebäude oder einer Lärmschutzwand angebracht ist. Die Norm **unterscheidet** dabei implizit zwischen **Fassadenanlagen,** die wesentlicher Bestandteil eines Gebäudes sind, auf der einen Seite und **sonstigen Anlagen** an oder auf Gebäuden (insbesondere Dachanlagen und sonstige Fassadenanlagen) sowie **Lärmschutzwänden** auf der anderen Seite. Für Letztere gilt die Grundregel des Abs. 2 Satz 1. Für Fassadenanlagen, die wesentlicher Bestandteil des Gebäudes sind, enthält der Abs. 2 Satz 2 eine darüber hinaus gehende Sonderregelung.

I. Strom aus Gebäude- und Lärmschutzanlagen (Abs. 2 Satz 1)

36 Absatz 2 Satz 1 normiert die Vergütungssätze für Anlagen, die ausschließlich an oder auf einem Gebäude oder einer Lärmschutzwand angebracht sind. Der Begriff des Gebäudes wird in Abs. 2 Satz 3 legaldefiniert.[61] Als Anlagen an oder auf Gebäuden kommen insbesondere **Dach- und Fassadenanlagen** in Betracht (vgl. Abs. 2 Satz 2). **Dachanlagen** können auf dem Dach angebracht sein oder in das Dach integriert sein (so genannte „Indachanlagen"). Die Bezeichnung „Anlage auf einem Gebäude" umfasst – wie sich im Umkehrschluss aus Satz 2 („als Dach") ergibt – auch Indachanlagen. Der Terminus Lärmschutzwand ist nicht legaldefiniert. Bei einer **Lärmschutzwand** handelt es sich um eine Wand, also eine aus Baustoffen errichtete regelmäßig senkrechte bauliche Anlage, die vorrangig dem Zweck „Lärmschutz" und damit der Abwehr von Schallemissionen dient. Sie wird typischerweise aus Baumaterialien wie Holz, Metall, Natur- oder Kunststeinen errichtet. Der Begriff der Lärmschutzwand ist abzugrenzen von einem regelmäßig als Erdaufschüttung aufgeführten Lärmschutzwall, der als Fall des Abs. 3 zu behandeln ist.[62] Anlagen an oder auf Lärmschutzwänden müssen nicht notwendig senkrecht angebracht sein. Sie können auch in einem Ausstellwinkel an der Senkrechten der Lärmschutzwand befestigt sein.

37 Die betreffende Anlage muss ausschließlich an oder auf einem Gebäude oder einer Lärmschutzwand angebracht sein. Das Tatbestandsmerkmal ausschließlich macht es erforderlich, dass **sämtliche wesentliche Bestandteile** der Anlage **vollständig an oder auf einem Gebäude** oder einer Lärmschutzwand angebracht sind. Das Tatbestandsmerkmal **anbringen** verlangt, dass die Anlage an oder auf dem Gebäude oder der Lärmschutzwand befestigt sein muss und das Gewicht der Anlage vom Gebäude oder der Lärmschutzwand getragen wird. Daher fallen etwa Anlagen, die nicht nur unwesentlich vom Erdboden oder einem auf oder in diesem

---

[61] Vgl. Rn. 46.
[62] Vgl. auch *Salje,* EEG, 3. Aufl., § 11 Rn. 30 f. Die Unterscheidung zwischen Lärmschutzwand und -wall findet ihre Rechtfertigung darin, dass Lärmschutzwälle als bloße Aufschüttungen in der Regel mit geringerem technischem und finanziellem Aufwand für die Solarstromerzeugung genutzt werden können als Lärmschutzwände.

Vergütung für Strom aus solarer Strahlungsenergie 38–42 **§ 11**

ruhenden Fundament (Betonsockel) getragen werden, nicht in den Anwendungsbereich des Abs. 2 (ggf. aber in den Anwendungsbereich nach Abs. 1, 3 und 4).

Die Vergütungshöhe im Einzelnen ist **abhängig von der Leistung.** Bis einschließlich einer Leistung von 30 kW beträgt die Vergütung 57,4 Ct/kWh, ab einer Leistung von mehr als 30 kW 54,6 Ct/kWh und ab einer Leistung von mehr als 100 kW 54,0 Ct/kWh. Die Leistung ist die Modulleistung der Anlage und nicht die Ausgangsleistung des Wechselrichters.[63] Die Vergütung von Strom aus Anlagen, die einen der genannten Schwellenwerte überschreiten, erfolgt anteilig nach der Regelung in § 12 Abs. 2.[64] Die Vergütungssätze sind der Degression nach Abs. 5 unterworfen.[65] 38

Die in Abs. 2 Satz 1 Nr. 2 gewählte Terminologie „ab einer Leistung von" stimmt nicht mit der bei anderen Regelungen mit gestuften Vergütungssätzen (§§ 6, 8, 9) überein. Dort wird bei den jeweils vorletzten Vergütungsstufen die Begrifflichkeit „bis einschließlich einer Leistung von ..." verwendet. Dieser Unterschied ist historisch durch die Erweiterung des Regierungsentwurfs im parlamentarischen Verfahren bei der Verabschiedung des sog. Fotovoltaik-Vorschaltgesetzes im Dezember 2003 bedingt und ohne praktische Relevanz. 39

Die Vorschrift des Abs. 2 Satz 1 ist zusammen mit Abs. 6 zu lesen. Diese Vorschrift enthält eine **Sonderregelung zu § 3 Abs. 2 Satz 2 über den Anlagenbegriff.** Abweichend vom dort verwandten modularen Anlagenbegriff werden alle Solaranlagen an oder auf einem Gebäude, die innerhalb von sechs Monaten in Betrieb genommen worden sind, für die Ermittlung der Vergütungshöhe als eine Anlage betrachtet.[66] Dadurch soll die Umgehung der Differenzierung nach Größenklassen in Abs. 2 verhindert werden.[67] 40

II. Bonus für Fassadenanlagen (Abs. 2 Satz 2)

Die Beträge nach Abs. 2 Satz 1 für Anlagen an oder auf Gebäuden erhöhen sich um jeweils weitere 5,0 Ct/kWh (also auf 62,4; 59,6 bzw. 59,0 Ct/kWh im Jahr 2004, in den Folgejahren i. V. m. Abs. 5),[68] wenn die Anlage nicht auf dem Dach oder als Dach des Gebäudes angebracht ist und zugleich einen wesentlichen Bestandteil des Gebäudes bildet (sog. **Fassadenanlagen,** die in der Regel senkrechten Außenmauern oder sonstigen äußeren Begrenzungen eines Gebäudes befestigt sind und eine Funktion für das Gebäude übernehmen). Für Anlagen an oder auf Lärmschutzwällen (im Gegensatz zu Lärmschutzwänden)[69] bleibt es bei der Grundvergütung nach Satz 1.[70] 41

1. Negatives Tatbestandsmerkmal: „Nicht auf dem Dach oder als Dach"

Unter dem Terminus **Dach** sind alle Bestandteile eines Gebäudes zu verstehen, die nach der Verkehrsanschauung die Dachfläche ausmachen, die also das Gebäude abdecken und insbesondere gegen Witterungseinflüsse von oben schützen. Um ein Dach im Gegensatz zu einer Wand handelt es sich etwa auch dann, wenn die von der Vertikalen abweichende Abdeckung an einer oder mehreren Seiten des Gebäudes bis auf den Erdboden reicht („Nur-Dach-Haus"). Keine Dächer, sondern 42

---

[63] Vgl. § 3 Abs. 5; Kommentierung zu § 3 Rn. 68 ff.
[64] Vgl. Kommentierung zu § 12 Rn. 38 ff.
[65] Vgl. bereits Rn. 28 und zur Berechnung unten Rn. 83.
[66] Vgl. unten Rn. 86.
[67] Vgl. BT-Drs. 15/2864, S. 44 f., Begründung zu § 11 Abs. 4.
[68] Vgl. bereits Rn. 28 und zur Berechnung unten Rn. 83.
[69] Vgl. bereits oben Rn. 37.
[70] Vgl. bereits Rn. 36; Gaßner u. a., Rechtsfragen bei der Planung von Fotovoltaik-Freiflächenanlagen, S. 8.

i. d. R. Fassadenanlagen, sind insbesondere auch an den Außenwänden schräg angebrachte Anlagen.

43 Das Tatbestandsmerkmal „auf dem Dach" oder „als Dach" macht deutlich, dass auch sog. **Indachanlagen,** die in die Abdeckung des Hauses integriert sind und die Funktion des Daches ganz oder teilweise wahrnehmen, ebenfalls nicht in den Anwendungsbereich des Abs. 2 Satz 2 fallen und keine höhere Vergütung beanspruchen können. An Außenwänden schräg angebrachte Anlagen, die andere Funktionen wie etwa die Verschattung des Gebäudes übernehmen, sind nicht als Indachanlagen zu behandeln.[71]

2. Positives Tatbestandsmerkmal: „Wesentlicher Bestandteil"

44 Absatz 2 Satz 2 normiert eine weitere Anspruchsvoraussetzung: Die betreffende Solaranlage muss einen **wesentlichen Bestandteil** des Gebäudes bilden, um den erhöhten Vergütungsanspruch auszulösen. Die Begründung des Gesetzgebers nimmt insoweit auf die Bestimmungen des BGB Bezug,[72] dessen Bestimmung für die Auslegung maßgeblich herangezogen werden können. Zu den wesentlichen Bestandteilen eines Gebäudes gehören nach § 94 Abs. 2 BGB die zur Herstellung eines Gebäudes eingefügten Sachen. Zur Herstellung eingefügt ist eine Sache dann, wenn ohne sie nach der Verkehrsanschauung das Gebäude als Bauwerk noch nicht fertiggestellt ist. Gleichgültig ist, ob die Einfügung vom Zweck her erforderlich oder Luxus war. Maßgebender Zeitpunkt ist die Einfügung, gleichgültig, wann sie erfolgt, z. B. erst bei späterem Umbau.[73] Zu beachten ist, dass nach § 95 Abs. 2 BGB nur zu einem vorübergehenden Zweck eingefügte Sachen nicht zu den Bestandteilen eines Gebäudes gehören. Ein vorübergehender Zweck liegt dann vor, wenn zum Zeitpunkt der Verbindung oder Einfügung eine spätere Trennung beabsichtigt war; maßgeblich ist insofern also der Wille, sofern er mit dem realen Geschehen, also dem nach außen tretenden Sachverhalt, vereinbar ist. Nachträgliche Zweckänderung ändert die dingliche Rechtslage nicht.[74]

45 Eine Solaranlage ist somit nur dann wesentlicher Bestandteil eines Gebäudes, wenn sie **subjektiv** nach dem Willen des Eigentümers auf Dauer in das Gebäude eingebracht ist und **objektiv** ohne deren Einfügung das Gebäude nach der Verkehrsauffassung nicht fertiggestellt ist. Die Solaranlagen müssen daher tatsächlich in das Gebäude eingefügt sein und eine **Funktion** für das Gebäude übernehmen. Als eine solche Funktion kommt insbesondere der Lärm-, oder Wärme- oder Wetterschutz oder die Abschattung zur Regulierung der Sonneneinstrahlung in Betracht. Eine Funktion wird insbesondere dann übernommen, wenn die Solaranlage einen oder mehrere Baustoffe des Gebäudes ersetzt, die den Baukörper bilden, insbesondere also Betonwände, Steine, Balken, Wärmeschutzfassade oder Ziegel sowie ergänzend eingefügte Bauteile wie Türen, Fenster, Fensterläden, Rollläden oder Jalousien.[75] Die Funktionen des Lärm-, Wärme- und Wetterschutz werden insbesondere von Solaranlagen als Warmfassaden (thermische Isolierung) erfüllt. Solaranlagen als Kaltfassaden (vorgehängte Anlagen) können die Funktion des Fassadenschutzes (Wetterschutz) übernehmen und Fassadenelemente wie äußeres Mauerwerk oder den Schutzputz ersetzen. Solaranlagen als **Abschattungselemente,** insbesondere durch transparente Solarzellen, dienen der Steuerung der

---

[71] Vgl. Rn. 45.
[72] Vgl. BT-Drs. 15/2864, S. 44, Begründung zu § 11 Abs. 2.
[73] Vgl. *Jauernig,* in: Jauernig, BGB, § 94 Rn. 3; *Heinrichs,* in: Palandt, BGB, § 94 Rn. 6; *Holch,* in: MüKo, Bd. 1, BGB, § 94 Rn. 19.
[74] Vgl. *Jauernig,* in: Jauernig, BGB, § 95 Rn. 2; *Holch,* in: MüKo, Bd. 1, BGB, § 95 Rn. 3.
[75] Vgl. *Holch,* in: MüKo, Bd. 1, BGB, § 94 Rn. 19.

Sonneneinstrahlung und Wärmeregulierung als Ersatz für konventionelle Abschattungselemente oder Klimaanlagen. Der Neigungswinkel der Anlage ist irrelevant. Fassadenanlagen müssen nicht notwendig senkrecht angebracht sein. **Keine wesentlichen Bestandteile** sind – unabhängig vom Neigungswinkel – auf eine bereits vollständige vorhandene Fassade aufmontierte Solaranlagen ohne zusätzlich Funktion für das Gebäude.[76]

III. Gebäudebegriff (Abs. 2 Satz 3)

Der Begriff des Gebäudes ist in Abs. 2 Satz 3 legaldefiniert. **Gebäude** sind danach „selbständig benutzbare, überdeckte bauliche Anlagen, die von Menschen betreten werden können und geeignet oder bestimmt sind, dem Schutz von Menschen, Tieren oder Sachen zu dienen". Diese Begriffsbestimmung ist wörtlich § 2 Abs. 2 Musterbauordnung entnommen. Der Gebäudebegriff des Abs. 2 Satz 3 ist dennoch eigenständig und im Hinblick auf Sinn und Zweck der Regelung, Solaranlagen grundsätzlich an oder auf bereits anderweitig genutzte Flächen zu lenken, auszulegen. Bei der Auslegung des Begriffs können jedoch im Interesse der Einheit der Rechtsordnung Anleihen im Bauordnungsrecht genommen werden, so lange Sinn und Zweck der Regelung beachtet werden. Zum Gebäude zählen daher auch nach EEG alle Anlagen des umbauten Raumes, die eine konstruktive Verbindung aufweisen. Zum Gebäude gehören insbesondere die Außenmauern und die Dachflächen. Auch angebaute Wintergärten oder angebaute Schornsteine zählen zum Gebäude.[77] 46

Im Hinblick auf den Sinn und Zweck der Regelung stellen gewerbliche Gebäude, Anbauten, Schuppen, Garagen, Carports oder Tankstellenüberdachungen in aller Regel Gebäude im Sinne des Abs. 2 Satz 3 dar, da sie von Menschen betreten werden können und geeignet oder bestimmt sind, dem Schutz von Menschen, Tieren oder Sachen zu dienen.[78] **Keine Gebäude** im Sinne der Regelung sind dagegen Nachführsysteme für Solaranlagen oder Pultdächer, die lediglich als Montagegestell für die Anlage dienen. Auch Heizöltanks und Silos sind nicht erfasst, weil sie vom Menschen nicht oder nur auf unnatürliche Weise zu betreten sind. Bei Hasen- oder Hühnerställen ist die Gebäudeeigenschaft eine Frage des Einzelfalls. Die Abgrenzung ist von besonderer Bedeutung für die Ermittlung der Leistung nach Abs. 6.[79] 47

F. Besondere Voraussetzungen für Strom aus Freilandanlagen und Solaranlagen an baulichen Anlagen, die zur Solarstromerzeugung errichtet sind (Abs. 3)

Absatz 3 normiert weitere Anspruchsvoraussetzungen für Anlagen, die – wie sich aus § 21 Abs. 1 Nr. 8 ergibt – nach dem 30. Juni 2004 entweder auf einer baulichen Anlage errichtet worden sind, die vorrangig der Solarstromerzeugung dienen, oder sich an anderen Orten, in der Regel so genannten Freiflächen, befinden. Diese Solaranlagen müssen, um einen Vergütungsanspruch zu haben, **vor** 48

---

[76] Vgl. im Ergebnis ebenso *Gaßner* u. a., Rechtsfragen bei der Planung von Fotovoltaik-Freiflächenanlagen, S. 9.
[77] Vgl. *Salje*, EEG, 3. Aufl., § 11 Rn. 37.
[78] Vgl. BT-Drs. 15/2864, S. 44, Begründung zu § 11 Abs. 2, sowie *Gaßner* u. a., Rechtsfragen bei der Planung von Fotovoltaik-Freiflächenanlagen, S. 8.
[79] Vgl. Rn. 86.

§ 11 49–52   Erneuerbare-Energien-Gesetz

dem 1. Januar 2015 im Geltungsbereich eines Bebauungsplans oder auf einer Fläche in Betrieb genommen worden sein, für die ein Verfahren nach § 38 BauGB durchgeführt worden ist. Der Strom aus diesen Anlagen wird – unter Beachtung der Einschränkungen des Abs. 4 – gemäß Abs. 1 i. V. m. Abs. 5 vergütet.

49   Die Regelung soll sicherstellen, dass ökologisch **sensible Flächen** nicht überbaut werden und eine möglichst große **Akzeptanz** in der Bevölkerung vor Ort erreicht werden kann. Das Planungserfordernis ermöglicht es der Bevölkerung, einerseits im Rahmen der Satzungsentscheidung der zuständigen Gebietskörperschaft über ihre gewählten Gemeinde- oder Stadträte und anderseits durch die vorgeschriebene Bürgerbeteiligung Einfluss zu nehmen. So kann die jeweilige Gemeinde die Gebiete bestimmen, auf der die Anlagen errichtet werden sollen.[80]

I. Inbetriebnahme vor dem 1. Januar 2015

50   Das Tatbestandsmerkmal der Inbetriebnahme ist in § 3 Abs. 4 definiert. Das Gesetz versteht unter Inbetriebnahme die erstmalige Inbetriebsetzung der Anlage nach Herstellung ihrer technischen Betriebsbereitschaft oder nach ihrer Erneuerung, sofern die Kosten der Erneuerung mindestens 50 Prozent der Kosten einer Neuherstellung der gesamten Anlage einschließlich sämtlicher technisch für den Betrieb erforderlicher Einrichtungen und baulicher Anlagen betragen. Bei Fotovoltaikanlagen ist allerdings eine **Erneuerung aufgrund der modularen Wegen** des modularen Anlagenbegriffs des § 3 Abs. 4 in aller Regel **nicht möglich**.[81] Der Nachweis der Errichtung kann etwa durch eine Bescheinigung des Installateurs erfolgen.

51   Die Inbetriebnahme muss vor dem 1. Januar 2015 erfolgt sein. Zweck der Aufnahme der Frist in das Gesetz ist die Stärkung des **Vertrauens der Investoren** in die Vergütungsregelung.[82]

II. Begriff „bauliche Anlage"

52   Der Begriff der **baulichen Anlage** ist nicht legaldefiniert. Er ist dem Bauordnungsrecht entlehnt. Der Begriff der baulichen Anlage des Abs. 3 ist dennoch eigenständig und im Hinblick auf Sinn und Zweck der Regelung auszulegen. Bei der Auslegung des Begriffs können jedoch im Interesse der Einheit der Rechtsordnung Anleihen im Baurecht genommen werden, so lange Sinn und Zweck der Regelung beachtet werden. Von dem Begriff umfasst ist nach der Begründung des Gesetzgebers jede mit dem Erdboden verbundene, aus Bauteilen und Baustoffen hergestellte Anlage. Eine Verbindung mit dem Boden besteht auch dann, wenn die Anlage durch eigene Schwere auf dem Boden ruht oder auf ortsfesten Bahnen begrenzt beweglich oder wenn die Anlage nach ihrem Verwendungszweck dazu bestimmt ist, überwiegend ortsfest genutzt zu werden. Bauliche Anlagen sind damit auch die in § 11 Abs. 2 verwandten Begriffe des Gebäudes und der Lärmschutzwand. Sonstige bauliche Anlagen im Sinne des Abs. 3 sind insbesondere Straßen, Stellplätze, Deponieflächen, Aufschüttungen, Lager- und Abstellplätze, aber auch Brücken, Krananlagen, Sichtschutzzäune oder Silos.[83] Ob ein Solarmo-

---

[80] Vgl. BT-Drs. 15/2864, S. 44, Begründung zu § 11 Abs. 3; s.a. *UVS/NABU*, Kriterien für naturverträgliche Freiflächenanlagen, Oktober 2005 (abrufbar unter: www.nabu.de oder www.solarwirtschaft.de).
[81] Vgl. zur Inbetriebnahme Kommentierung zu § 3 Rn. 49 ff.
[82] Vgl. auch *Salje*, EEG, 3. Aufl., § 11 Rn. 76.
[83] BT-Drs. 15/2864, S. 44, Begründung zu § 11 Abs. 3; *Gaßner* u. a., Rechtsfragen bei der Planung von Fotovoltaik-Freiflächenanlagen, S. 11.

dul selbst eine bauliche Anlage darstellt, kann dahinstehen, da es im Anwendungsbereich des Abs. 3 an oder auf einer weiteren baulichen Anlage angebracht sein muss. **Keine baulichen Anlagen** im Sinne des § 11 sind bloße Gerüste oder Ständer zur Befestigung der Solarmodule, da sie zum Zeitpunkt der Errichtung der Solaranlage keinen anderen eigenen Zweck hatten, sondern nur „Hilfsanlagen" für die Solaranlage sind.[84]

III. Vorrangiger Nutzungszweck

Bei Strom aus Solaranlagen an oder auf baulichen Anlagen muss weiter untersucht werden, ob die bauliche Anlage „vorrangig zu anderen Zwecken als der Erzeugung von Strom aus solarer Strahlungsenergie errichtet worden ist". Es ist daher zu prüfen, welchem **Zweck die bauliche Anlage vorrangig** dient. Maßgeblich ist insofern nicht der subjektive Wille des Anlagenbetreibers, sondern nach allgemeinen zivilrechtlichen Grundsätzen die für einen **objektiven** Dritten in der Rolle des Anlagenbetreibers verobjektivierte Nutzungsmöglichkeit der baulichen Anlage. Es kommt allerdings nicht darauf, ob die bauliche Anlage zum Zeitpunkt der Inbetriebnahme der Solaranlage tatsächlich gerade entsprechend der Funktion ihres abstrakten, rechtlich qualifizierten Nutzungszwecks (etwa: Wohngebäude, Betriebsgebäude, Mülldeponie) genutzt wird. Entscheidend ist nur, dass die bauliche Anlage vor oder zum Zeitpunkt der Inbetriebnahme der Solaranlage einen anderen vorrangigen Zweck besaß. Eine (vor oder nach) Inbetriebnahme der Solaranlage tatsächlich erfolgte Aufgabe der ursprünglichen anderweitigen Hauptnutzung ist irrelevant.[85] 53

Da auch Gebäude und Lärmschutzwände bauliche Anlagen im Sinne des Abs. 2 darstellen, gilt die Voraussetzung eines vorrangig anderen Zwecks grundsätzlich auch für diese baulichen Anlagen. Allerdings enthält das Gesetz in Abs. 2 eine **Spezialregelung zu Abs. 3.** Bei Gebäuden und Lärmschutzwänden entfällt daher die Prüfung des Nutzungszwecks. 54

IV. Bebauungsplan nach § 30 BauGB (Abs. 3 Nr. 1)

Absatz 3 Nr. 1 verweist auf § 30 BauGB. Bebauungspläne im Sinne des § 30 BauGB sind so genannte **qualifizierte Bebauungspläne** nach § 30 Abs. 1 BauGB, **vorhabenbezogene Bebauungspläne** nach § 30 Abs. 2 i. V. m. § 12 BauGB und einfache Bebauungspläne nach § 30 Abs. 3. Qualifizierte sind im Unterschied zu einfachen Bebauungsplänen solche, die – alleine oder gemeinsam mit sonstigen baurechtlichen Vorschriften – mindestens Festsetzungen über die Art und das Maß der baulichen Nutzung, die überbaubaren Grundstücksflächen und die örtlichen Verkehrsflächen enthalten. Vorhabenbezogene Bebauungspläne sind solche, bei denen sich der Vorhabenträger (hier also der Betreiber bzw. Planer der Solaranlage) im Vorfeld auf der Grundlage eines Vorhaben- und Erschließungsplans in einem Durchführungsvertrag mit der Gemeinde zur Durchführung des Vorhabens (hier also zur Errichtung einer oder mehrerer Solaranlagen) und zur Tragung der Planungs- und Erschließungskosten ganz oder teilweise verpflichtet. 55

Der **Nachweis** der Voraussetzungen des Abs. 3 Nr. 1 und 2 gegenüber dem Netzbetreiber kann im Streitfall etwa durch die Vorlage einer Kopie des Bebauungsplans und einer Bestätigung der zuständigen Körperschaft (Stadt, Gemeinde) 56

---

[84] *Gaßner* u. a., Rechtsfragen bei der Planung von Fotovoltaik-Freiflächenanlagen, S. 10.
[85] BT-Drs. 15/2864, S. 44, Begründung zu § 11 Abs. 3. Missverständlich *Gaßner* u. a., Rechtsfragen bei der Planung von Fotovoltaik-Freiflächenanlagen, S. 11.

erfolgen, die den Bebauungsplan aufgestellt hat, dass er noch nicht aufgehoben worden ist.

V. Flächen nach § 38 BauGB (Abs. 3 Nr. 2)

57 Absatz 3 Nr. 2 verweist auf § 38 BauGB. § 38 BauGB wiederum nimmt Bezug auf **Planfeststellungsverfahren** und sonstige Verfahren mit den Rechtswirkungen der Planfeststellung für Vorhaben von überörtlicher Bedeutung sowie auf die auf Grund des BImSchG für die Errichtung und den Betrieb öffentlich zugänglicher Abfallbeseitigungsanlagen geltenden Verfahren. Zu den davon betroffenen und also vom EEG begünstigten Flächen zählen insbesondere Fernstraßen einschließlich der Mittel- und Randstreifen (§ 17 ff. FStrG),[86] Betriebsanlagen der Deutschen Bahn AG oder anderer Eisenbahnen (§ 18 Abs. 1 AEG),[87] Straßenbahnen, einschließlich Hoch-, Untergrund- und Schwebebahnen (§§ 4 und 28 PBefG),[88] Flugplätze (§ 17 LuftVG),[89] Mülldeponien (§ 31 KrW-/AbfG) sowie entsprechende Fachplanungen nach dem Verkehrswege- und Wasserrecht der Länder.[90] *Gaßner* u. a. wollen die Regelung analog auf Altdeponien i. S. d. § 35 KrW-/AbfG anwenden, die noch ohne Planfeststellungsbeschluss i. S. d. § 31 Abs. 2 KrW-/AbfG betrieben werden.[91]

G. Besondere Voraussetzungen für Anlagen nach Abs. 3 Nr. 1 im Geltungsbereich von Bebauungsplänen (Abs. 4)

58 Absatz 4 normiert weitere Voraussetzungen für Stromerzeugungsanlagen, die im Geltungsbereich eines Bebauungsplans nach dem 30. Juni 2004 (§ 21 Abs. 1 Nr. 8) und vor dem 1. Januar 2015 (Abs. 3) errichtet worden sind. Die Regelung **unterscheidet** insoweit zwischen Stromerzeugungsanlagen im Geltungsbereich eines Bebauungsplans, der zumindest **auch zum Zweck der Errichtung von Anlagen zur Erzeugung von Strom aus solarer Strahlungsenergie nach dem 1. September 2003 aufgestellt oder geändert** worden ist und Stromerzeugungsanlagen im Geltungsbereich sonstiger Bebauungspläne, also von Plänen, die nur **aus anderen Gründen** erstellt worden sind, in denen – von der planenden Gemeinde unbeabsichtigt – eine Solaranlage errichtet worden ist. Darin liegt keine verfassungsrechtlich problematische Rückwirkung, da die Vorschrift nur für Anlagen gilt, die nach dem Inkrafttreten des Gesetzes am 1. August 2004 in Betrieb gingen.[92]

59 Für Strom aus Anlagen, die im Geltungsbereich von Bebauungsplänen errichtet werden, die schon **vor dem 1. September 2003** in Kraft getreten waren, besteht nach Abs. 3 Satz 1 immer ein Vergütungsanspruch. Demgegenüber enthält die Regelung in Abs. 3 Satz 2 für Anlagen im Geltungsbereich von Bebauungsplänen, die **nach dem 1. September 2003** aufgestellt oder geändert werden, eine Ein-

---

[86] Bundesfernstraßengesetz v. 6. 8. 1953, BGBl. I S. 1953, 903, neu gefasst am 20. 2. 2003, BGBl. I S. 286.
[87] Allgemeines Eisenbahngesetz v. 27. 12. 1993, BGBl. I S. 2378, 2396, (1994, BGBl. I S. 2439), zuletzt geändert am 3. 8. 2005, BGBl. I S. 2270, ber. 2420.
[88] Personenbeförderungsgesetz v. 21. 3. 1961, BGBl. I S. 241, neu gefasst am 8. 8. 1990, BGBl. I S. 1690, zuletzt geändert am 29. 12. 2003, BGBl. I S. 3076.
[89] Luftverkehrsgesetz v. 1. 8. 1922, RGBl. I S. 681, neu gefasst am 27. 3. 1999, BGBl. I S. 550, zuletzt geändert durch am 11. 1. 2005, BGBl. I S. 78.
[90] Vgl. *Löhr*, in: Battis/Krautzberger/Löhr, BauGB, § 38 Rn. 9 ff.
[91] *Gaßner* u. a., Rechtsfragen bei der Planung von Fotovoltaik-Freiflächenanlagen, 2004.
[92] A. A. wohl *Salje*, EEG, 3. Aufl., § 11 Rn. 88.

Vergütung für Strom aus solarer Strahlungsenergie 60–62 § 11

schränkung. Ist der Bebauungsplan auch zum Zweck der Errichtung einer Solaranlage aufgestellt worden, ist der Netzbetreiber nur zur Vergütung verpflichtet, wenn die Anlage sich entweder auf Flächen befindet, die zum Zeitpunkt des Beschlusses über die Aufstellung oder Änderung des Bebauungsplans bereits versiegelt waren, auf Konversionsflächen aus wirtschaftlicher oder militärischer Nutzung errichtet worden ist oder aber auf Grünflächen steht. Für Anlagen auf Grünflächen ist weiter zu beachten, dass der Bebauungsplan die Fläche zur Errichtung der Solaranlage ausweisen muss und die Grünfläche zum Zeitpunkt des Aufstellungsbeschlusses als Ackerland genutzt wurde. Sowohl versiegelte Flächen in Sinne des Abs. 4 Nr. 1 als auch Konversionsflächen nach Abs. 4 Nr. 2 können gleichzeitig ganz oder teilweise bauliche Anlagen darstellen. In diesem Fall geht Abs. 1 vor; die Einschränkungen der Abs. 3 und 4 gelten nicht.

So unterschiedlich die tatbestandlichen Voraussetzungen für den Vergütungs- 60 anspruch in der zweiten Kategorie von Solaranlagen sind, so einheitlich ist die Rechtsfolge: In allen Fällen richtet sich die Höhe der **Vergütung nach Abs. 1 i. V. m. Abs. 5.**

I. Aufstellung oder Änderung des Bebauungsplans nach dem 1. September 2003

Bebauungsplänen werden nach § 2 Abs. 1 BauGB von der Gemeinde in eigener 61 Verantwortung aufgestellt und geändert (§ 2 Abs. 1 i. V. m. Abs. 4 BauGB). Das Gesetz knüpft an die Aufstellung bzw. Änderung als solche, nicht an den Aufstellungs- oder Änderungsbeschluss an.[93] Die Aufstellung oder Änderung stellt das Ergebnis des Aufstellungs- oder Änderungsverfahrens dar, das in § 2 ff. BauGB geregelt ist. Das Verfahren ist mit dem Inkrafttreten des Plans, das nach § 10 Abs. 3 Satz 6 BauGB mit der Bekanntmachung erfolgt, abgeschlossen. Dieser Zeitpunkt ist zugleich der für § 11 maßgebliche Zeitpunkt der Aufstellung oder Änderung.

II. Zweck: Errichtung einer Solaranlage

Der Zweck der Aufstellung oder Änderung des Bebauungsplans muss auch die 62 Errichtung einer Solaranlage sein. Für die Ermittlung des Zwecks ist nach allgemeinen zivilrechtlichen Grundsätzen der **subjektive Wille** der planaufstellenden Gemeinde maßgeblich, der allerdings zum Ausdruck gebracht und **für einen objektiven Dritten erkennbar** sein muss. Dies kann etwa dadurch geschehen, dass in dem Bebauungsplan als Art der baulichen Nutzung im Sinne des § 9 Abs. 1 Nr. 1 BauGB ein Sondergebiet nach § 11 Abs. 2 BauNVO für eine Solaranlage dargestellt und festgesetzt wird. Auch entsprechende Ausführungen im Erläuterungsbericht oder der Begründung zum Bebauungsplan können den Zweck des Bebauungsplans hinreichend zum Ausdruck bringen. Die Errichtung von Anlagen zur Erzeugung von Strom aus solarer Strahlungsenergie muss jedoch nicht ausschließlich Zweck der Aufstellung oder Änderung des Bebauungsplans und der Flächennutzung sein.[94] Es ist daher unschädlich, wenn in dem Bebauungsplan gleichzeitig andere Festsetzungen nach § 9 BauGB erfolgen.

---

[93] Auf diese Weise werden nur neue Planungen den neuen Anforderungen unterworfen.
[94] Vgl. BT-Drs. 15/2864, S. 44 f., Begründung zu § 11 Abs. 4.

III. Versiegelte Fläche

63 Eine Versiegelung im Sinne des Abs. 4 Nr. 1 liegt bei einer **Oberflächenabdichtung des Bodens** vor. Diese Abdichtung kann – abhängig vom konkreten Einzelfall – sowohl durch das Aufbringen von Materialien als auch durch eine starke Verdichtung, etwa durch Planierung, erfolgt sein.[95] Hierdurch werden die in § 2 Abs. 2 Nr. 1 lit. b und c BBodSchG genannten Bodenfunktionen (Funktionen als Bestandteil des Naturhaushalts, insbesondere mit seinem Wasser- und Nährstoffkreisläufen, Abbau-, Ausgleichs- und Aufbaumedium für stoffliche Einwirkungen auf Grund der Filter-, Puffer- und Stoffumwandlungseigenschaften, insbesondere auch zum Schutz des Grundwassers) dauerhaft beeinträchtigt. Insbesondere bauliche Anlagen erfüllen in aller Regel das Kriterium der Versiegelung. Für sie besteht jedoch bereits ein Vergütungsanspruch nach Abs. 1.[96] Eine Versiegelung liegt regelmäßig auch vor, wenn die betreffende Fläche mit Rasengittersteinen oder breitfugigem Pflaster belegt ist, weil dadurch selbst bei Wasserdurchlässigkeit über die Wasserspeicherfunktion hinausgehende, andere Bodenfunktionen eingeschränkt sind.[97]

64 Maßgeblicher Zeitpunkt für die Versiegelung ist hier nicht das Inkrafttreten des Bebauungsplans, sondern der **Zeitpunkt des Beschlusses über seine Aufstellung** oder Änderung nach § 2 Abs. 1 (i. V. m. 4) BauGB. Die gezielte Versiegelung einer zuvor unversiegelten Fläche vor Aufstellung des Bebauungsplans zu dem Zweck, in den Anwendungsbereich des Abs. 4 Nr. 1 zu gelangen, verstößt gegen Treu und Glauben (Rechtsgedanke des § 242 BGB). Der Anlagenbetreiber hat im Zweifel darzulegen, dass die Versiegelung bereits zum Zeitpunkt des Aufstellungs- oder Änderungsbeschlusses vorlag.

IV. Konversionsfläche

65 Konversionsflächen aus wirtschaftlicher oder militärischer Nutzung im Sinne des Abs. 4 Nr. 2 sind solche Flächen, die **ehemals für militärische oder wirtschaftliche Zwecke genutzt** wurden. Eine landwirtschaftliche Nutzung ist keine wirtschaftliche Nutzung im Sinne der Vorschrift. Dies ergibt sich aus der systematischen Auslegung e contrario Nr. 3. Um eine Konversionsfläche handelt es sich nur dann, wenn die Auswirkungen dieser Nutzungsarten noch fortwirken. Eine lang zurückliegende Nutzung, die keine Auswirkung mehr auf den Zustand der Flächen hat, ist also nicht ausreichend. Ebenso wenig genügt es, wenn eine wirtschaftliche Nutzung nur beabsichtigt war, aber nicht realisiert wurde. Zu Konversionsflächen können beispielsweise Abraumhalden, ehemalige Tagebaugebiete, Truppenübungsplätze und Munitionsdepots zählen.[98]

V. Grünfläche

66 Absatz 4 Nr. 3 begünstigt die Umwandlung von Ackerland in ökologisch höherwertige Grünflächen zum Zweck der Solarstromnutzung. Die Umwandlung in Grünflächen trägt zur **Verminderung der Bodenerosion** und der **Verbesserung der Aufnahmefähigkeit von Niederschlagswasser** bei. Eine Versiege-

---

[95] Vgl. *Frenz*, BBodSchG, § 5 Rn. 15 m. w. N.; *Sanden/Schoeneck*, BBodSchG, § 5 Rn. 15.
[96] Vgl. BT-Drs. 15/2864, S. 44 f., Begründung zu § 11 Abs. 4.
[97] Vgl. *Sanden/Schoeneck*, BBodSchG, § 5 Rn. 15.
[98] Vgl. BT-Drs. 15/2864, S. 44 f., Begründung zu § 11 Abs. 4, sowie *Gaßner* u. a., Rechtsfragen bei der Planung von Fotovoltaik-Freiflächenanlagen, S. 17.

lung der Fläche erfolgt durch die Installation aufgeständerter Solarmodule nur in sehr geringem Maße. Sie ist z. B. als Weidefläche weiter eingeschränkt nutzbar.

Der Begriff der Grünfläche im Sinne des § 11 ist zu unterscheiden von dem 67 Begriff der Grünfläche in § 5 Abs. 1 Nr. 5 BauGB, der insbesondere Parkanlagen, Sportplätze und Friedhöfe umfasst. Der Grünflächenbegriff des EEG ist – in bauplanungsrechtlichen Kategorien gesprochen – als Unterfall einer landwirtschaftlichen Fläche weit zu verstehen als **jede Fläche,** die insbesondere nicht als Acker, sondern als Grünland (z. B. als Weidefläche oder Wiese) **genutzt wird.**[99]

Die betreffende Grünfläche muss zur Errichtung einer Solaranlage im Bebau- 68 ungsplan ausgewiesen sein. Es ist daher nicht ausreichend, wenn der Bebauungsplan als solcher auch der Errichtung von Solaranlagen dient. Vielmehr muss **parzellenscharf eine Festlegung** erfolgt sein, dass die bestimmte Grünfläche für die Errichtung einer Solaranlage vorgesehen ist. Für die Ermittlung des Zwecks „Errichtung einer Solaranlage" ist nach allgemeinen zivilrechtlichen Grundsätzen auch insoweit der subjektive Wille der planaufstellenden Gemeinde maßgeblich, der allerdings zum Ausdruck gebracht und für einen objektiven Dritten erkennbar sein muss. Dies kann insbesondere dadurch geschehen, dass in dem Bebauungsplan für die bestimmte Grünfläche, als Art der baulichen Nutzung im Sinne des § 9 Abs. 1 Nr. 1 BauGB ein Sondergebiet nach § 11 Abs. 2 BauNVO[100] für eine Solaranlage dargestellt und festgesetzt wird.

Die betreffende Fläche muss zum Zeitpunkt des Beschlusses über die Aufstel- 69 lung oder Änderung des Bebauungsplans nach § 2 Abs. 1 BauGB **tatsächlich als Ackerland** genutzt worden sein. Es ist nach Treu und Glauben (Rechtsgedanke des § 242 BGB) nicht ausreichend, wenn Grünland kurzfristig in Ackerland umgewandelt wurde oder wenn die Fläche zwar in den Katasterunterlagen als Ackerland ausgewiesen ist, tatsächlich aber nicht als solches genutzt wird. Von einer tatsächlichen Nutzung kann nach der Begründung des Gesetzgebers ausgegangen werden, wenn in den letzten drei Jahren ein aktiver Feldbau betrieben wurde.[101]

H. Rechtsfolgen des § 11: Die Höhe des Vergütungsanspruchs (Abs. 1 und 2 i. V. m. 5)

I. Allgemeines

1. Grundsatz

Der Gesetzgeber war bei der Festlegung der Vergütungshöhe in Abs. 1 EEG 70 zum einen dem von ihm selbst aufgestellten Grundsatz verpflichtet, dass der „rationeller Betriebsführung der **wirtschaftliche Betrieb** ... grundsätzlich möglich"[102] sein muss. „Der vergleichsweise hohe Vergütungssatz ist dadurch bedingt, dass diese Energieerzeugungsanlagen derzeit mangels ausreichender Nachfrage noch nicht in ausreichend hohen Stückzahlen gefertigt werden." Zum anderen hatte er sich bei der Vergütungshöhe an der „in Spanien gezahlten Vergütung" (zum da-

---

[99] Wie z. B. im Naturschutzrecht (etwa § 5 Abs. 4 BNatschG oder § 2 Abs. 1 Satz 3 NatSGRhönV), im Landwirtschaftsrecht (etwa Flächenstilllegungsverordnung, DüngeV), oder im Abfallrecht (etwa Bioabfallverordnung), insbesondere anders als der enge Begriff in § 9 Abs. 1 Nr. 5 BauGB. Vgl. auch *Gaßner* u. a., Rechtsfragen bei der Planung von Fotovoltaik-Freiflächenanlagen, S. 18 f.
[100] Verordnung über die bauliche Nutzung der Grundstücke (Baunutzungsverordnung) v. 26. 6. 1962, BGBl. I S. 429, neu gefasst am 23. 1. 1990, BGBl. I S. 133, zuletzt geändert am 22. 4. 1993, BGBl. I S. 466.
[101] Vgl. BT-Drs. 15/2864, S. 44 f., Begründung zu § 11 Abs. 4.
[102] BT-Drs. 14/2341, S. 1.

maligen Zeitpunkt 66 Peseten[103]) orientiert, wobei er berücksichtigt hatte, „dass die Strahlungsintensität in Spanien deutlich über der in Deutschland liegt".[104]

71 Der Gesetzgeber ging davon aus, dass durch die vom EEG angestoßene Nachfrage Skalierungseffekte ausgelöst würden und in der Folge die „Vergütungssätze zügig sinken können".[105] Diese Erwartung hat sich bislang bestätigt. Nachdem bereits in den 1990er Jahren die Kosten halbiert werden konnten,[106] sind im Jahr 2000 Fotovoltaikanlagen um weitere 8 bis 11 (preisbereinigt 10 bis 13) Prozent billiger geworden.[107] In Folge des Marktzuwachses, der verbesserten Effizienz der Module und der zunehmenden Automatisierung von größeren Produktionsanlagen sanken die Kosten bis Ende 2003 seit dem Jahr 1999 um rund 25 Prozent. Die Fotovoltaik-Industrie geht davon aus, dass sich die Technologie spätestens in 2020 in Deutschland ohne marktunterstützende Maßnahmen behaupten kann.

2. Mindestvergütung

72 Nach Abs. 1, 2 und 5 ist die gesetzlich garantierte Vergütung eine Mindestvergütung. Es steht dem Netzbetreiber danach frei, für den ihm angebotenen Strom eine **höhere Vergütung** als diese Mindestvergütung zu bezahlen.[108] Die vorgelagerten Übertragungsnetzbetreiber und die ihnen nachgelagerten Elektrizitätsversorgungsunternehmen, die die Letztverbraucher beliefern, sind jedoch nur verpflichtet, den gesetzlichen Vergütungssatz zu zahlen.[109]

3. Dauer des individuellen Vergütungsanspruchs

73 Jeder Anlagenbetreiber erhält nach § 12 Abs. 3 Satz 1 die Vergütung in der Höhe, die für sein Inbetriebnahmejahr gilt, für die Dauer des **Inbetriebnahmejahrs** und weiterer **20 Kalenderjahre** (bzw. für Anlagen, die vor Inkrafttreten des EEG in Betrieb genommen wurden bis zum 31. Dezember 2020).[110] Ein Vertragsschluss ist hierfür nach § 12 Abs. 1 nicht erforderlich.[111]

II. Vergütungsberechnung

74 Die Höhe der Vergütung im Einzelnen muss anhand der Abs. 1 und 2, wo die Rechtsfolge „Vergütungsanspruch" der Höhe nach beziffert wird, in Verbindung mit der Degressionsvorschrift des Abs. 5 ermittelt werden. § 11 gilt zunächst nur für Anlagen, die **nach dem Inkrafttreten der Novelle im Jahr 2004** in Betrieb gegangen sind. Für Anlagen, die vor dem Inkrafttreten des EEG 2004 bereits in Betrieb waren, sind die Vorschriften des § 21 Abs. 1 Nr. 7 und 8 heranzuziehen. Die Umsatzsteuer ist nicht enthalten (§ 12 Abs. 7).[112]

75 Absatz 2 Satz 1 differenziert bei der Höhe der Vergütung für Anlagen an oder auf Gebäuden oder Lärmschutzwänden nach **Leistungsklassen.** Strom aus Anla-

---

[103] Real Decreto 2818/1998 sobre producción de energía eléctrica por instalaciones abastecidas por recursos o fuentes de energía renovables, residuos y cogeneración, articulo 28.3. Im Jahr 2004 betrug die Vergütung 41,4 Ct/kWh für die Dauer von 25 Jahren, vgl. *Ristau,* Photon 7/2004, S. 66 ff.
[104] Begründung zu § 8 Abs. 1 EEG 2000, BT-Drs. 14/2776, S. 23.
[105] BT-Drs. 14/2776, S. 23.
[106] Vgl. *Staiß,* Jahrbuch Erneuerbare Energien 2001, S. I-78.
[107] Vgl. *KfW,* 100 000-Dächer-Solarstrom-Programm, S. 17.
[108] Vgl. Kommentierung zu § 5 Rn. 13.
[109] Vgl. Kommentierung zu § 5 Rn. 14.
[110] Vgl. Kommentierung zu § 12 Rn. 43 ff.
[111] Vgl. Kommentierung zu § 12 Rn. 4 ff.
[112] Vgl. Kommentierung zu § 12 Rn. 92 f.

gen bis zur Leistungsstufe 30 kW erhält mit 57,4 Ct/kWh eine höhere Vergütung als Strom aus Anlagen zwischen 30 kW und 100 kW (54,6 Ct/kWh), der wiederum höher vergütet wird als Strom aus Anlagen ab 100 kW (54,0 Ct/kWh). In diesem Zusammenhang ist zu beachten, dass die in Abs. 2 Nr. 3 gewählte Formulierung „ab ... 100 Kilowatt" dabei wie „ab ... über 100 Kilowatt" oder „ab ... mehr als 100 Kilowatt" gelesen werden muss, um einen internen Regelungswiderspruch zu vermeiden.[113] Der Gesetzgeber hat diese Differenzierung nach Leistungsstufen eingeführt, um den Kostenvorteilen größerer Anlagen Rechnung zu tragen.

Die Staffelung wirkt sich allerdings anteilig auch positiv auf größere Anlagen aus. Dies folgt aus § 12 Abs. 2 Satz 1. Danach erfolgt die **Absenkung** nicht sprunghaft, sondern **gleitend**.[114] Der Durchschnittsvergütungssatz für den von der Anlage erzeugten Strom errechnet sich aus der Addition der unterschiedlich hohen Vergütungen für die den Leistungsstufen entsprechenden erzeugten Strommengen, dividiert durch die gesamte erzeugte Strommenge. Je größer die installierte Leistung der Anlage, desto niedriger ist auf diese Weise der durchschnittliche Erlös für eine Kilowattstunde Strom.[115]

Vergütungsregelung gemäß Inbetriebnahmezeitraum und Rechtsfolgen

Inbetriebnahmedatum	Regelung	Rechtsfolge
vor dem 1. 1. 2004	§ 21 Abs. 1 Nr. 7	§ 8 EEG 2000
zwischen 1. 1. 2004 und dem Tag des Inkrafttretens des EEG 2004	§ 21 Abs. 1 Nr. 8 i. V. m. § 11	§ 8 EEG 2003
zwischen dem (Tag des Inkrafttretens des EEG 2004 und 31. 12. 2004)	§ 11 Abs. 1 u. 2	§ 11 Abs. 1 u. 2
ab 2005	§ 11 Abs. 1 u. 2 i. V. m. Abs. 5	§ 11 Abs. 1 u. 2 i. V. m. Abs. 5

1. Vergütung für Anlagen, die vor dem 1. Januar 2004 in Betrieb gingen

Die Vergütung von Anlagen, die vor dem 1. Januar 2004 in Betrieb gegangen sind, richtet sich gemäß § 21 Abs. 1 Nr. 7 nach dem **EEG 2000**. § 8 Abs. 1 Satz 1 EEG 2000 setzte die Höhe der Einspeisevergütung auf 50,62 Ct/kWh fest. Dieser Betrag gilt nach § 8 Abs. 1 2000 i. V. m. § 8 Abs. 2 EEG 2000 für sämtliche Anlagen, die bis einschließlich des 31. Dezember 2001 in Betrieb genommen wurden – auch für solche Anlagen, die bereits vor Inkrafttreten des Gesetzes in Betrieb waren.

Die Mindestvergütung für Solarstrom wurde nach § 8 Abs. 1 Satz 2 EEG 2000 am 1. Januar 2002 und am 1. Januar 2003 für jeweils ab diesem Zeitpunkt neu in Betrieb genommene Anlagen um **jeweils 5 Prozent gesenkt.** Wie bei der Biomasse und der Windenergie erfolgte die Absenkung degressiv, wobei der sich so errechnende Betrag nach § 8 Abs. 2 Satz 2 Halbsatz 2 EEG 2000 auf eine Stelle hinter dem Komma zu runden war. Im Ergebnis errechnete sich so für Anlagen,

---

[113] Vgl. zum EEG 2000 *Salje*, EEG, 2. Aufl., § 5 Rn. 6 f.; *Findeisen*, in: Beck/Brandt/Salander, Handbuch Energiemanagement, Rn. 17 ff.; *Brandt/Reshöft/Steiner*, EEG, § 5 Rn. 12.
[114] Vgl. ausführlich Kommentierung zu § 12 Rn. 38 ff.
[115] Vgl. zum EEG 2000 *Brandt/Reshöft/Steiner*, EEG, vor §§ 4 bis 8 Rn. 11 f.; *Findeisen*, in: Beck/Brandt/Salander, Handbuch Energiemanagement, Rn. 23 ff.; *Oschmann*, ET 2000, 462; *Salje*, EEG, 2. Aufl., § 5 Rn. 11.

§ 11   79–84   Erneuerbare-Energien-Gesetz

die im Jahr 2002 in Betrieb gingen, ein Vergütungssatz von 48,1 Ct/kWh und für Anlagen, die 2003 den Betrieb aufnahmen, ein Vergütungssatz von 45,7 Ct/kWh Strom.[116]

2. Vergütung für Anlagen, die 2004 in Betrieb gingen

79   Die Vergütung für Anlagen, die 2004 in Betrieb gingen, richtet sich nach **§ 21 Abs. 1 Nr. 8 i. V. m. § 8 EEG 2000** (Inbetriebnahme bis zum Inkrafttreten der Novelle 2004) bzw. § 11 Abs. 1 und 2 EEG 2004 (ab Inkrafttreten der Neuregelung). Die beiden Vorschriften sind im Hinblick auf die Rechtsfolge identisch, da § 8 EEG 2003 am 1. Januar 2004 im Vorgriff auf die Novelle 2004 geändert wurde.[117]

80   § 8 Abs. 1 EEG 2003 und § 11 Abs. 1 EEG 2004 setzen die Höhe der Vergütung für alle Anlagen, die nicht unter Abs. 2 fallen, auf 45,7 Ct/kWh fest.

81   § 8 Abs. 2 i. V. m. Abs. 1 EEG 2003 und § 11 Abs. 2 EEG 2004 normieren – je nach Leistungsstufe – eine Vergütungshöhe von 57,4, 54,6 oder 54,0 Ct/kWh, ggf. zuzüglich des Fassadenbonus in Höhe von 5 Ct/kWh.

82   Die genannten Werte gelten wegen § 11 Abs. 5 EEG 2004 allerdings **nur für Anlagen, die zwischen dem 1. Januar 2004 und dem 31. Dezember 2004 in Betrieb genommen wurden.**

83   Die Berechnung erfolgt nach folgenden mathematischen Formeln:

V: Vergütungssumme in einem bestimmten Vergütungszeitraum
A: Gesamtarbeit im bestimmten Vergütungszeitraum
P: installierte Leistung

Vergütung nach § 11 Abs. 1

$$V = (A \cdot 45{,}7 \tfrac{ct}{kWh})$$

Vergütung nach § 11 Abs. 2 Satz 1

Leistung ≤ 30 kW

$$V = A \cdot 57{,}4 \tfrac{ct}{kWh}$$

Leistung > 30 kW und ≤ 100 kW

$$V = A \cdot (57{,}4 \tfrac{ct}{kWh} \cdot \tfrac{30\ kW}{P} + 54{,}6 \tfrac{ct}{kWh} \cdot \tfrac{P - 30\ kW}{P})$$

Leistung > 100 kW

$$V = A \cdot (57{,}4 \tfrac{ct}{kWh} \cdot \tfrac{30\ kW}{P} + 54{,}6 \tfrac{ct}{kWh} \cdot \tfrac{70\ kW}{P} + 54 \tfrac{ct}{kWh} \cdot \tfrac{P - 100\ kW}{P})$$

3. Vergütung für Anlagen, die ab 2005 in Betrieb gehen

84   Die Mindestvergütungssätze für Solarstrom werden – mit Ausnahme der Boni für Fassadenanlagen nach **§ 11 Abs. 2 Satz 2** – gemäß § 11 Abs. 5 Satz 1, beginnend mit dem 1. Januar 2005 jährlich jeweils für alle ab diesem Zeitpunkt neu in Betrieb genommene Anlagen um jeweils 5 Prozent und die Vergütungssätze nach § 11 Abs. 1 für Freiflächenanlagen ab dem 1. Januar 2006 sogar um 6,5 Prozent gesenkt. Eine parallele Regelung hat der Gesetzgeber auch für Strom aus den anderen Erneuerbaren Energien getroffen (vgl. §§ 6 Abs. 4, 7 Abs. 2, 8 Abs. 4, 9 Abs. 2, 10 Abs. 5). Die **Absenkung** fällt bei der solaren Strahlungsenergie mit 5

---

[116] Vgl. zur Berechnung ausführlich *Oschmann,* ZNER 2002, 203 f.
[117] Vgl. oben Rn. 17.

Vergütung für Strom aus solarer Strahlungsenergie 85 § 11

bzw. 6,5 Prozent jedoch am deutlichsten aus, weil bei ihr infolge von Skalierungseffekten die größten Kostensenkungspotenziale vermutet werden. Die Absenkung betrifft jedoch nur Anlagen, die ab diesem Zeitpunkt neu in Betrieb genommen worden sind.[118] Erstmals wird die Vergütung zum 1. Januar 2005 um 5 Prozent abgesenkt. Zum 1. Januar eines jeden folgenden Jahres wird die Vergütung um weitere 5 bzw. 6,5 Prozent abgesenkt. Das betrifft wiederum nur Anlagen, die ab dem 1. Januar des jeweiligen Jahres in Betrieb gehen. Wie bei den anderen Erneuerbaren Energien erfolgt die Absenkung degressiv, wobei der sich so errechnende Betrag nach Abs. 5 Halbsatz 2 auf zwei Stellen hinter dem Komma zu runden ist.

III. Übersicht über die Vergütungshöhen

Im Ergebnis errechnen sich folgende Vergütungshöhen.[119]   85

Vergütungshöhe: Anlagen an/auf Gebäuden/Lärmschutzwänden (Abs. 2 Satz 1)

Jahr der Inbetriebnahme	Anlagen an/auf Gebäuden/Lärmschutzwänden (Abs. 2 Satz 1)		
	bis einschließlich 30 kW in Ct/kWh	ab 30 kW in Ct/kWh	ab 100 kW in Ct/kWh
vor 2002	50,62	50,62	50,62
2002	48,10	48,10	48,10
2003	45,70	45,70	45,70
2004	57,40	54,60	54,00
2005	54,53	51,87	51,30
2006	51,80	49,28	48,74
2007	49,21	46,82	46,30
2008	46,75	44,48	43,99
2009	44,41	42,26	41,79
2010	42,19	40,15	39,70
2011	40,08	38,14	37,72
2012	38,08	36,23	35,83
2013	36,18	34,42	34,04

Vergütungshöhe: „Fassadenanlagen" (Abs. 2 Satz 2) und sonstige Anlagen (Abs. 1)

Jahr der Inbetriebnahme	„Fassadenanlagen" (Abs. 2 Satz 2)			Sonstige Anlagen (Abs. 1)
	bis einschl. 30 kW in Ct/kWh	ab 30 kW in Ct/kWh	ab 100 kW in Ct/kWh	in Ct/kWh
vor 2002	50,62	50,62	50,62	50,62
2002	48,10	48,10	48,10	48,10
2003	45,70	45,70	45,70	45,70
2004	62,40	59,60	59,00	45,70
2005	59,53	56,87	56,30	43,42
2006	56,80	54,28	53,74	40,60

---

[118] Zum Begriff der Inbetriebnahme vgl. Kommentierung zu § 3 Rn. 16 ff.
[119] Vgl. *Oschmann*, ZNER 2002, 203 f.

Jahr der Inbetriebnahme	"Fassadenanlagen" (Abs. 2 Satz 2)			Sonstige Anlagen (Abs. 1)
	bis einschl. 30 kW in Ct/kWh	ab 30 kW in Ct/kWh	ab 100 kW in Ct/kWh	in Ct/kWh
2007	54,21	51,82	51,30	37,96
2008	51,75	49,48	48,99	35,49
2009	49,41	47,26	46,79	33,18
2010	47,19	45,15	44,70	31,02
2011	45,08	43,14	42,72	29,00
2012	43,08	41,23	40,83	27,12
2013	41,18	39,42	39,04	25,36

I. Behandlung mehrerer Anlagen auf einem Gebäude (Abs. 6)

86 Absatz 6 bestimmt **als lex specialis zu § 3 Abs. 2 Satz 2,** dass mehrere Fotovoltaikanlagen, die sich entweder an oder auf dem selben Gebäude befinden und innerhalb von sechs aufeinander folgenden Kalendermonaten in Betrieb genommen worden sind, zum Zweck der Ermittlung der Vergütungshöhe nach Abs. 2 für die jeweils zuletzt in Betrieb genommene Anlage auch dann als eine Anlage gelten, wenn sie nicht mit gemeinsamen für den Betrieb technisch erforderlichen Einrichtungen oder baulichen Anlagen unmittelbar verbunden sind. Die Regelung gilt nur für die Frage, welcher Vergütungssatz für später in Betrieb genommene Solarmodule gilt. Sie hat jedoch keine Auswirkungen auf andere Tatbestände. Daher ändert sich der Vergütungssatz oder Vergütungszeitraum für Module, die früher in Betrieb genommen wurden, nicht durch später hinzukommende Module. Auf diese Weise soll die Umgehung der Einteilung nach Leistungsklassen in Abs. 2 verhindert werden.

87 Die Regelung gilt nur für Fotovoltaikanlagen. Fotovoltaikanlage im Sinne des Gesetzes ist nach § 3 Abs. 2 **jedes einzelne Fotovoltaikmodul.**[120]

88 Der Gebäudebegriff des Abs. 6 ist identisch mit dem Gebäudebegriff des Abs. 2 Satz 3. Absatz 6 stellt darauf ab, ob sich mehrere Solaranlagen an oder auf „dem selben" Gebäude befinden. Insofern ist entscheidend, wann – insbesondere bei Reihenhäusern oder innerstädtischen Häuserblocks – von einem oder mehreren Gebäuden ausgegangen werden muss und wo also ein Gebäude endet. Das entscheidende der Definition des Abs. 2 Satz 3 zu entnehmende Kriterium ist das der **selbständigen Benutzbarkeit.** Es kommt also insbesondere nicht darauf an, ob die einzelnen Anlagen auf demselben oder verschiedenen Grundstücken stehen oder demselben oder verschiedenen Eigentümern gehören, sondern allein darauf, ob sie selbständig, d.h. unabhängig von sonstigen baulichen Anlagen, benutzbar sind. Die bauliche Verbindung mit anderen Gebäuden oder Anlagen beeinträchtigt die funktionale Selbständigkeit nicht.[121] Ein Reihenhaus oder ein innerstädtischer Häuserblock besteht daher grundsätzlich aus mehreren Gebäuden im Sinne des Gesetzes, weil diese Gebäude selbständig sind und selbständig voneinander benutzt werden können. Auch die gemeinsame Nutzung bestimmter untergeordneter Gebäudeeinrichtungen wie zum Beispiel der Heizung führt nicht dazu, dass ansonsten als separate Gebäude zu beurteilende bauliche Anlagen zu einem Gebäude zusammengefasst werden. Auch eine statische Selbständigkeit ist nicht erforderlich. Daher handelt es sich auch bei einem Doppelhaus mit einer gemeinsamen Wand,

---

[120] Vgl. Kommentierung zu § 3 Rn. 43.
[121] Vgl. *Gaßner* u.a., Rechtsfragen bei der Planung von Fotovoltaik-Freiflächenanlagen, S. 7.

aber getrennten Eingängen um zwei Gebäude.[122] Ein Anbau ist demgegenüber grundsätzlich kein selbständiges Gebäude. Etwas anders gilt nur dann, wenn er von außen separat zugänglich ist und eine selbständige Funktion neben dem anderen Gebäude wahrnimmt.[123] Indiz für die Begrenzung eines Gebäudes ist eine Gebäudeabschlusswand (Brandwand) im Sinne des § 30 Musterbauordnung.

Der **Sechsmonatszeitraum** errechnet sich nach §§ 186 ff. BGB. Fristbeginn ist nach § 187 Abs. 1 BGB der Tag nach der Inbetriebnahme einer Anlage (vgl. § 3 Abs. 4). Fristende ist nach § 188 Abs. 2 BGB derjenige Tag, der durch seine Zahl dem Tag der Inbetriebnahme entspricht. Ist eine Anlage beispielsweise am 7. Mai 2005 in Betrieb genommen worden, endet der Sechsmonatszeitraum am 7. November 2005. Maßgeblich für die Fristberechnung ist der Inbetriebnahmezeitpunkt eines jeden einzelnen Moduls. Die Fiktionswirkung des Abs. 6 führt nicht dazu, dass früher in Betrieb genommene Anlagen als zum gleichen Zeitpunkt in Betrieb genommen gelten wie spätere Anlagen.

J. Anpassungsbedarf infolge der EE-RL

Für die Vergütung von Strom aus solarer Strahlungsenergie macht die EE-RL, die bis zum 27. Oktober 2003 umgesetzt werden musste, keine Vorgaben. Im Hinblick auf die aus der Richtlinie folgenden Berichts- und Umsetzungspflichten ist lediglich zu berücksichtigen, dass nicht nur der nach § 11 vergütete Strom, sondern sämtlicher Strom aus Sonnenenergie unabhängig von Eigentumsverhältnissen, Anlagengrößen oder dem Ort der Anlagen von der Richtlinie erfasst wird.[124]

K. Ausblick

Die Regelung des § 8 EEG 2000 hatte keine größeren Auslegungsschwierigkeiten oder Regelungslücken offenbart. Insofern erkannte auch der Erfahrungsbericht der Bundesregierung nach § 12 EEG 2000[125] keinen Änderungsbedarf. Die Neuregelung in § 11 EEG 2004, die insbesondere durch das Auslaufen des 100 000-Dächer-Solarstrom-Programms im Juni 2003 erforderlich wurde, ist deutlich komplexer und verwendet zahlreiche unbestimmte Rechtsbegriffe. Bereits vor Inkrafttreten des Gesetzes verdeutlichten zahlreiche Anfragen bei Abgeordneten und Bundesumweltministerium, dass die Regelung zahlreiche Auslegungsschwierigkeiten aufweist, die für die Rechtsanwender nicht in jedem Fall eindeutig lösbar sind. Insofern sollte der Gesetzgeber die Norm bei einer zukünftigen Novelle überprüfen und Spannungsverhältnis zwischen Einzelfallgerechtigkeit und Komplexität stärker zugunsten einer einfachen Regelung lösen.

---

[122] Ebenda.
[123] Vgl. etwa VGH Mannheim, BauR 1997, 274 ff.
[124] S. a. *Oschmann,* RdE 2002, 131, 133.
[125] BT-Drs. 14/9807. Vgl. dazu Kommentierung zu § 20 Rn. 12.

L. Das 100 000-Dächer-Solarstrom-Programm: Richtlinien zur Förderung von Photovoltaik-Anlagen (300 MW) durch ein „100 000 Dächer-Solarstrom-Programm"[126]

1. Gegenstand der Förderung

Gefördert wird die Errichtung und Erweiterung von Photovoltaik-Anlagen auf baulichen Flächen ab einer neu installierten Spitzenleistung von ca. 1 kWp (Nennleistung nach Hersteller-Angaben).

Investitionskosten einschließlich der Wechselrichter, Installationskosten sowie Kosten für Messeinrichtungen können in die Förderung einbezogen werden. Finanziert werden können die Nettoinvestitionskosten (Anlagenkosten ohne MwSt.).

Nicht gefördert werden:
- Eigenbauanlagen
- Prototypen (Prototypen sind Anlagen, die in weniger als vier Exemplaren betrieben werden oder betrieben worden sind) und
- gebrauchte Anlagen.

2. Antragsberechtigte

Antragsberechtigt sind Privatpersonen, freiberuflich Tätige sowie kleine und mittlere private gewerbliche Unternehmen nach der Definition der Europäischen Gemeinschaften (Ausnahmen sind in begründeten Einzelfällen möglich).

Nicht antragsberechtigt sind Hersteller von Photovoltaik-Anlagen oder deren Komponenten und Antragsteller, die an Herstellern oder an denen Hersteller zu 25% oder mehr direkt oder indirekt beteiligt sind.

Art und Umfang der Förderung

Es werden Darlehen zu folgenden Konditionen gewährt:

Zinssatz:	Der Zinssatz wird um bis zu 4,5 Prozentpunkte verbilligt. Dementsprechend ist der jeweilige Programmzins abhängig von der Entwicklung des Kapitalmarktes.
Laufzeit:	Bis zu 10 Jahre. Der Zinssatz ist fest für die gesamte Kreditlaufzeit. Der Kredit kann jederzeit außerplanmäßig zurückgezahlt werden.
Auszahlung:	100%
Finanzierungsanteile:	Bis 5 kWp installierte Leistung bis zu 5918 € je kWp; der darüber hinaus gehende Leistungsanteil bis zu 2959 € je kWp.
Tilgung:	Nach maximal 2 tilgungsfreien Jahren werden die Darlehen in halbjährlichen gleichen Tilgungsraten bis zum Ende der Laufzeit von maximal 10 Jahren zurückgezahlt.
Zusageprovision:	0,25% p. M. beginnend einen Monat nach Zusagedatum für noch nicht ausgezahlte Kreditbeträge.
Besicherung:	Bankübliche Sicherheiten. Auf Antrag wird die KfW prüfen, ob eine Haftungsfreistellung in Höhe von bis zu 50% des Darlehensbetrages gewährt werden kann.

---

[126] BAnz Nr. 120, v. 3. 7. 2003, S. 14 102.

Vergütung für Strom aus solarer Strahlungsenergie 92 § 11

3. Antragsverfahren

Anträge sind auf den dafür vorgesehenen Vordrucken bei den örtlichen Kreditinstituten (Hausbanken) einzureichen. Die Darlehen werden von der Kreditanstalt für Wiederaufbau (KfW) zur Verfügung gestellt.

Mit dem zu finanzierenden Vorhaben darf vor Antragstellung nicht begonnen werden. Als Vorhabensbeginn gilt der Abschluss eines der Ausführung zuzurechnenden Lieferungs- oder Leistungsvertrages, Planungsleistungen dürfen vor Antragstellung erbracht werden.

4. Weitere Vergabebedingungen

Es werden keine Darlehen für Maßnahmen gewährt, bei denen im Zeitpunkt der Bewilligung für den erzeugten und in das Netz eingespeisten Strom eine Vergütung gewährt wird, die über der Mindestvergütung für Solarstrom nach dem Erneuerbare-Energien-Gesetz liegt.

Der Finanzierungsanteil des Darlehens nach Nummer 3 vermindert sich um den Betrag, der aus anderen öffentlichen Mitteln des Bundes, der Bundesländer oder der Kommunen in Form von Förderkrediten, Zulagen oder sonstigen Zuschüssen gewährt wird.

Ein Rechtsanspruch des Antragstellers auf die Fördermittel besteht nicht.

5. Verwendungsnachweis

Die Verwendung wird nach Abschluss der Investition durch einen Verwendungsnachweis (KfW-Formblatt) nachgewiesen.

6. Auskunftspflichten, Prüfung

Den Beauftragten des Bundesministeriums für Umwelt, Naturschutz und Reaktorsicherheit (Bundesumweltministerium) sind auf Verlangen erforderliche Auskünfte zu erteilen, Einsicht in Bücher und Unterlagen sowie Prüfungen zu gestatten.

Der Antragsteller muss sich im Darlehensvertrag damit einverstanden erklären, dass das Bundesumweltministerium dem Haushaltsausschuss des Deutschen Bundestages und danach auf Verlangen auch anderen Ausschüssen des Deutschen Bundestages im Einzelfall Namen des Antragstellers, Höhe und Zweck des Darlehens in vertraulicher Weise bekannt gibt, sofern der Haushaltsausschuss dies beantragt.

7. Subventionserheblichkeit

Die Angaben zur Antragsberechtigung und zum Verwendungszweck sind subventionserheblich im Sinne des § 264 des Strafgesetzbuches in Verbindung mit § 2 des Subventionsgesetzes.

I. Überblick

Der Bund hatte erstmals mit dem Haushaltsgesetz 1999[127] und anschließend mit 92 den Haushaltsgesetzen der folgenden Jahre[128] im Einzelplan 09 (Titelgruppe 03, Titel 892 30) für den Geschäftsbereich des Bundeswirtschaftsministeriums und ab 2003 im Einzelplan 16 (Titelgruppe 02, Titel 892 22) im Geschäftsbereich des Bundesumweltministeriums ein sog. **100 000-Dächer-Solarstrom-Programm** auf-

---

[127] Gesetz über die Feststellung des Bundeshaushalts für das Haushaltsjahr 1999 v. 21. 6. 1999, BGBl. I S. 1387.
[128] Haushaltsgesetz 2000, BGBl. 1999 I S. 2561; Haushaltsgesetz 2001; BGBl. 2000 I S. 1920; Haushaltsgesetz 2002, BGBl. 2001 I S. 3964; Haushaltsgesetz 2003, BGBl. 2003 I S. 574; Haushaltsgesetz 2004, BGBl. 2004 I, S. 230.

gelegt. Das Programm war insgesamt auf fünf Jahre angelegt[129] und zielte auf die Errichtung einer zusätzlichen elektrischen Leistung von 300 MW$_{peak}$, was mit der Errichtung von etwa 100 000 Solarstrom-Anlagen mit einer durchschnittlichen installierten Leistung von 3 kW$_{peak}$ erreicht werden sollte.[130] Der Gesetzgeber stellte über die gesamte Laufzeit etwa 230 Mio. EUR[131] bereit, mit deren Hilfe „die technische Entwicklung [der Fotovoltaik] beschleunigt, die Kostensenkungspotenziale genutzt und Deutschland in eine gute Ausgangsposition für diese Zukunftstechnologie gebracht werden"[132] sollte. Das Programm verlief so erfolgreich, dass das Ziel des Programms, insgesamt rund 300 MW bis zum Ende des Jahres 2003 zu installieren, bereits mit den Ende Juni 2003 vorliegenden Förderanträgen erreicht werden konnte. Anträge auf Gewährung eines zinsgünstigen Darlehens aus dem 100 000-Dächer-Solarstrom-Programm wurden daher seit Ende Juni 2004 nicht mehr entgegen genommen. Die endgültige Abwicklung des Programms wird etwa bis zum Jahr 2013 erfolgen (aufgrund zehnjähriger Rückzahlungsfrist für die Darlehen).

93 Mit dem 100 000-Dächer-Solarstrom-Programm wurden **345 MW$_{peak}$ Fotovoltaik-Leistung auf mehr als 65 000 Solardächern installiert.** Das Kreditzusagevolumen betrug insgesamt 1,7 Mrd. EUR. Damit wurde insgesamt ein Investitionsvolumen von 2,4 Mrd. EUR angeschoben. Nach Angaben der KfW trug das Programm im Zeitraum von 1999 bis 2003 zu einer Kostensenkung von rund 25 Prozent bei Solarstromanlagen bei.

94 Einzelheiten der Umsetzung des Förderprogramms regeln Richtlinien des zuständigen Bundesministeriums. Ursprünglich lag das Programm im Verantwortungsbereich des Bundeswirtschaftsministeriums. Mit Organisationserlass des Bundeskanzlers vom 22. Oktober 2002[133] wurde die Zuständigkeit für Erneuerbare Energien einschließlich des 100 000-Dächer-Solarstrom-Programms vom Bundeswirtschaftsministerium zum Bundesumweltministerium verlagert. Derzeit gilt noch die „Richtlinie zur Förderung von Photovoltaik-Anlagen (300 MW) durch ein ‚100 000 Dächer-Solarstrom-Programm'" vom 11. April 2002.[134] Mit ihr unterstützte der Bund „im Hinblick darauf, dass fossile Energieressourcen nur begrenzt vorhanden sind, und aus Gründen des globalen Umwelt- und Klimaschutzes" (Bundesanzeiger 2002, Nr. 74, S. 8501) – wie im Bundeshaushaltsplan vorgegeben – den stärkeren Einsatz von Photovoltaik-Anlagen auf baulichen Flächen ab einer neu installierten Spitzenleistung von ca. 1 kW$_{peak}$. Die Förderung erfolgte durch zinsverbilligte Darlehen, die an Privatpersonen, freiberuflich Tätige sowie kleine und mittlere private gewerbliche Unternehmen in den Jahren 2000 bis 2003 ausgereicht wurden. Die Darlehen wurden die bis zur Höhe der Investitionskosten zu 100 Prozent ausgezahlt und waren mit einer Laufzeit von zehn Jahren sowie einer Zinsverbilligung um bis zu 4,5 Prozentpunkte ausgestattet. Der Finanzierungsanteil lag bei Anlagen mit einer installierten Leistung bis 5 kW bei bis zu 6230 EUR/kW und bei darüber hinausgehenden Leistungsanteilen bei bis zu 3115 EUR/kW. Pla-

---

[129] Ursprünglich war eine Laufzeit von sechs Jahren vorgesehen gewesen. Erst in Folge des Inkrafttretens des EEG stieg die Nachfrage nach dem Programm stark, so dass die Laufzeit mit der Richtlinie v. 24. 5. 2000 (BAnz Nr. 101, v. 27. 5. 2000) auf das Jahr 2003 verkürzt werden konnte (vgl. Bundeshaushaltsplan 2001, Einzelplan 09, S. 25).
[130]) Vgl. Bundeshaushaltsplan 1999, Einzelplan 09, S. 23.
[131] Davon sind etwa 170 Mio. EUR in den Jahren 2004 bis 2013 fällig. Ursprünglich war noch von einem Zuschussbedarf von 500 Mio. EUR ausgegangen worden, der infolge der Absenkung der Förderbeträge nach Inkrafttreten des EEG nicht notwendig wurde.
[132] Bundeshaushaltsplan 1999, Einzelplan 09, S. 23.
[133] BGBl. 2002 I S. 4206. Gemäß § 9 GGO v. 11. 5. 1951, GMBl. S. 137 i. d. F. v. 29. 3. 1967, GMBl. S. 130; 12. 9. 1967, GMBl. S. 430; 6. 1. 1970, GMBl. S. 14; 23. 1. 1970, GMBl. S. 50; 25. 3. 1976, GMBl. S. 174, 354 und 17. 7. 1987, GMBl. S. 382.
[134] BAnz Nr. 74, v. 19. 4. 2002, S. 8501.

nungs-, Betriebs- und Kapitalkosten waren nicht förderfähig. Trägerin des Programms war die KfW, während die operative Abwicklung über die Hausbanken der Antragsteller erfolgte.

II. Geschichte

Vorbild und Vorläufer des 100 000 Dächer-Solarstrom-Programms war das im Jahr 1990 gestartete sog. **Bund-Länder-1000-Dächer-Photovoltaik-Programm**, das Investitionszuschüsse von über 70 Prozent gewährt hatte und zur Errichtung von über 2000 Fotovoltaikanlagen geführt hatte.[135] Für die im Jahr 1998 an die Regierung gelangte Koalition aus SPD und BÜNDNIS 90/DIE GRÜNEN war die erweiterte Neuauflage des Programms ein Prestigeobjekt, das bereits in der Koalitionsvereinbarung „Aufbruch und Erneuerung – Deutschlands Weg ins 21. Jahrhundert" enthalten war[136] und sehr schnell vorangetrieben wurde. 95

Bereits zum 1. Januar 1999 traten die Richtlinien des Bundeswirtschaftsministeriums[137] rückwirkend in Kraft. Wegen des niedrigen Kapitalmarktzinses lag der Programmzinssatz zu dieser Zeit bei 0 Prozent, wobei nach Ablauf von neun Jahren darüber hinaus ein Restschulderlass vorgesehen war, sofern die Anlage nachweislich noch betrieben wurde. Allerdings wurde der Darlehensbetrag um einen festgelegten Prozentsatz vermindert, sofern der Antragsteller nach Inbetriebnahme der Anlage eine Vergütung von 40 Pf (20,45 Ct) und mehr pro Kilowattstunde aufgrund eines Vertrages mit einem Energieversorgungsunternehmen erhielt. Darüber hinaus waren nur die Investitionskosten, nicht aber die Betriebs- und Kapitalkosten förderfähig. Auch in Kombination mit der Einspeisevergütung nach dem StrEG in Höhe von damals umgerechnet 8,45 Ct/kWh Strom[138] ließ sich so kein wirtschaftlicher Betrieb von Fotovoltaikanlagen darstellen. Das Programm lief daher nur sehr schleppend an. Statt der erwarteten 6000 Förderungsanträge über 18 MW[139] wurden nur etwa 3500 Anträge über knapp 9 MW bewilligt. Erst die Verabschiedung des EEG mit einem Vergütungssatz von 99 Pf (50,62 Ct), die den Betrieb von Fotovoltaikanlagen in Kombination mit dem aktuellen Programm praktisch über Nacht in die Nähe der Rentabilität brachte, ließ die Antragszahlen sprunghaft ansteigen. Die Planzahlen für das Jahr 2000 wurden bereits im April 2000 deutlich überschritten, so dass das Programm für mehrere Wochen gestoppt und auf Bitten des Haushaltsausschusses des Deutschen Bundestages vom Bundesrechnungshof überprüft werden musste.[140] 96

Zur Verstetigung des Programms wurden die Richtlinien daher am **27. Mai 2000 geändert**[141] und das Programm unter Beibehaltung der Gesamtfördermittel und des geplanten Kapazitätsausbaus von sechs auf fünf Jahre verkürzt.[142] Gefördert werden seither nur noch Anlagen auf baulichen Flächen. Außerdem wurde der 97

---

[135] Vgl. *BINE,* Kleine netzgekoppelte PV-Anlagen u. *Hoffmann/Kiefer,* Sonnenenergie & Wärmetechnik 1994/2, 22 ff.
[136] Vgl. ebenda. IV.3.
[137] Vgl. BAnz Nr. 13 v. 21. 1. 1999, S. 770.
[138] Vgl. oben Rn. 9 ff.
[139] Vgl. *Neu,* Zwischenbilanz zum Einsatz und zur Förderung erneuerbarer Energien in Deutschland, S. 27.
[140] Der erst im Oktober 2001 abgeschlossene Bericht übte Kritik an der Gestaltung des Programms in der Zeit bis zum vorübergehenden Stopp. Das Bundeswirtschaftsministerium hatte die Kritikpunkte jedoch bereits mit der im Mai 2000 verkündeten neuen Richtlinie aus dem Wege geräumt, vgl. *Witt,* Solarthemen 122, S. 1.
[141] Vgl. BAnz Nr. 101 v. 27. 5. 2000, S. 9981.
[142] Vgl. *Neu,* Zwischenbilanz zum Einsatz und zur Förderung erneuerbarer Energien in Deutschland, S. 27.

Finanzierungsanteil bei Privatanlagen bis 5 MW auf 13 500 DM (ca. 6900 EUR) je Kilowatt und bei größeren Anlagen und gewerblichen Antragstellern auf 6750 DM (ca. 3450 Euro) je Kilowatt begrenzt, um Preissteigerungen bei Solarmodulen entgegenzuwirken. Zusätzlich wurde der Restschulderlass gestrichen. Da zwischenzeitlich der Kapitalmarktzins gestiegen war, wurden nunmehr – unter Beibehaltung des Zinsvorteils von 4,5 Prozent – Zinsen in Höhe von 1,91 Prozent erhoben. Alle Änderungen zusammengenommen führten dazu, dass die Antragszahlen sich normalisierten und das Programm in ein ruhigeres Fahrwasser geriet.

98 Die **Richtlinienänderung vom 13. Februar 2001**[143] verminderte planmäßig die Darlehensbeträge um jeweils 5 Prozent auf 12 825 (ca. 6557 EUR) bzw. 6413 DM (ca. 3279 EUR)/kW$_{peak}$, um den Kostensenkungsdruck auf die Anlagenhersteller weiter zu erhöhen. Außerdem unterschied die neue Richtlinie nicht mehr zwischen Privatpersonen und gewerblichen Unternehmen. Denn die Finanzverwaltung ging zwischenzeitlich grundsätzlich von der unternehmerischen Tätigkeit der Betreiber von Fotovoltaikanlagen aus, da der Strom in aller Regel gegen Entgelt in das allgemeine Stromnetz eingespeist wird.

99 Die **erneute Richtlinienänderungen vom 11. April 2002**[144] senkte die Darlehensbeträge wiederum um jeweils 5 Prozent auf 6230 EUR bzw. 3115 EUR/kW$_{peak}$. Außerdem waren seither die Planungskosten nicht mehr förderfähig und auch Antragsteller ausgeschlossen, die an Herstellern oder an denen Hersteller zu 25 Prozent oder mehr direkt oder indirekt beteiligt sind.

100 Mit der letzten **Richtlinienänderung vom 3. Juni 2003**[145] senkte das Bundesumweltministerium die Darlehensbeträge um weitere 5 Prozent auf 5918 EUR bzw. 2959 EUR/kW$_{peak}$.

101 Ähnlich wie das EEG hat auch das 100 000-Dächer-Solarstrom-Programm weltweit Nachahmer gefunden. Ähnliche Programme gibt es mittlerweile etwa in Japan und Italien.[146]

III. Die rechtliche Qualität der Richtlinie

102 Die vom Bundesumweltministerium erlassene Richtlinie ist eine **Verwaltungsvorschrift**.[147] Sie enthält Vorgaben für die Förderung von Fotovoltaikanlagen durch die KfW. Bei der KfW handelt es sich um eine der mittelbaren Staatsverwaltung angehörende Körperschaft des öffentlichen Rechts. Sie dient dazu, die unmittelbare Staatsverwaltung von Vollzugsaufgaben zu entlasten. Im Fall des 100 000-Dächer-Solarstrom-Programms bedient sich das Bundesumweltministerium der KfW zur Erledigung seiner ihm vom Haushaltsgesetz und den darin enthaltenen Erläuterungen des Haushaltstitels übertragenen Aufgabe, die Fotovoltaik zu fördern.[148] Die Richtlinie bestimmt als ermessenslenkende Verwaltungsvorschrift im Innenverhältnis zwischen Umweltministerium und KfW, wie von dem der Verwaltung durch das Haushaltsgesetz im Rahmen der Vorgaben des Haushaltstitels eingeräumten Ermessen einheitlich und gleichmäßig Gebrauch gemacht werden soll.[149]

---

[143] Vgl. BAnz Nr. 54 v. 17. 3. 2001, S. 4349.
[144] Vgl. BAnz Nr. 74 v. 10. 4. 2002, S. 8501.
[145] BAnz Nr. 120, v. 3. 7. 2003, S. 14 102.
[146] *Ministero del Ambiente,* Servicio Inquinamento Atmosferico e Rischi Industriali, Decreto 16. 3. 2001, Programma Tetti fotovotltaici (Gazzetta Ufficale n. 74 del 29–3–2001).
[147] Vgl. *Oldiges,* NJW 1984, 1930.
[148] Allg. *Oldiges,* NJW 1984, 1929.
[149] Allg. *Kopp/Ramsauer,* VwVfG, § 40 Rn. 26 f.; *Maurer,* Allgemeines Verwaltungsrecht, § 24 Rn. 1 ff. u. 10; *Oldiges,* NJW 1984, 1929.

IV. Keine absolute Bindung der KfW an die Richtlinie im Verhältnis zu Dritten

Im Verhältnis zur KfW folgt aus der Qualität der Richtlinie als Verwaltungsvorschrift die **grundsätzliche Bindung** an die Vorgaben der Richtlinie.[150] Das Bundesumweltministerium kann die Richtlinien jederzeit für die KfW bindend ändern. 103

Allerdings entfaltet die Richtlinie **den Antragstellern gegenüber selbst keine unmittelbare Bindungswirkung.**[151] Die Verwaltungspraxis der KfW muss sich daher im Außenverhältnis zu den Antragstellerinnen und Antragstellern nicht an der Richtlinie orientieren. Es kann im Gegenteil sogar geboten sein, von der Richtlinie abzuweichen. Denn die Richtlinie enthebt die KfW nicht der Verpflichtung zu einer eigenverantwortlichen Ermessensentscheidung unter sachlicher Abwägung aller einschlägigen Gesichtspunkte des konkreten Falls und gibt nur (vor allem im Innenverhältnis zum Bundesumweltministerium) Anhaltspunkte für die gegenüber den Antragstellern zu treffende Entscheidung. Insbesondere in atypischen Fällen muss die KfW daher von der Richtlinie abweichen, wenn andernfalls eine auf den Einzelfall bezogene fehlerfreie Ermessensentscheidung verhindert würde, auf die die Antragsteller einen gerichtlich durchsetzbaren Anspruch besitzen.[152] 104

V. Anspruch auf Darlehen aus Art. 3 GG

Laut Ziffer 5 Satz 3 der Richtlinie bestand kein Anspruch des Antragstellers auf die Fördermittel. Daran ist richtig, dass sich ein Anspruch auf ein Darlehen nicht aus der Richtlinie selbst ableiten lässt, da sie den Antragstellern gegenüber keine unmittelbare Bindungswirkung entfaltete. In der Praxis orientierte sich die KfW jedoch an der Richtlinie, die so eine einheitliche Ausübung des Ermessens der KfW steuerte. Die einheitliche Ermessensausübung wiederum führt nach h. L. zu einer **Selbstbindung** der KfW über den Gleichbehandlungsgrundsatz in Art. 3 Abs. 1 GG. Für die Antragsteller folgte damit aus der einheitlichen Verwaltungspraxis der KfW ein Anspruch auf Gleichbehandlung gegen die KfW, der mit der Verpflichtungsklage durchgesetzt werden konnte und im Ergebnis – entgegen der Aussage in der Richtlinie – mittelbar zu einem Darlehensanspruch führt.[153] 105

VI. Änderung der Verwaltungspraxis und/oder der Richtlinie

In atypischen Fällen war eine Änderung der Verwaltungspraxis der KfW nicht nur möglich, sondern sogar zwingend erforderlich.[154] Aber auch in typischen Fällen kann die KfW die Vergabekriterien für die Zukunft trotz der grundsätzlichen Selbstbindung ändern. Voraussetzung dafür ist alleine, dass die Änderung von der Sache her geboten ist.[155] Die Änderung darf auch bereits gestellte, aber noch nicht bewilligte Anträge betreffen. 106

---

[150] *Oldiges,* NJW 1984, 193; *Maurer,* Allgemeines Verwaltungsrecht, § 24 Rn. 16.
[151] *Maurer,* Allgemeines Verwaltungsrecht, § 24 Rn. 17; *Oldiges,* NJW 1984, 1930.
[152] *Kopp/Ramsauer,* VwVfG, § 40 Rn. 27 u. 51; *Kopp/Schenke,* VwGO, § 98 Rn. 3 a, § 114 Rn. 42; *Guckelberger,* Die Verwaltung 2002, 75.
[153] *Kopp/Ramsauer,* VwVfG, § 40 Rn. 26; *Maurer,* Allgemeines Verwaltungsrecht, § 24 Rn. 20 ff. u. 31; *Guckelberger,* Die Verwaltung 2002, 65 f. u. 80 ff.
[154] Siehe bereits oben Rn. 104.
[155] *Kopp/Ramsauer,* VwVfG, § 40 Rn. 26.

107 Auch die Richtlinien selbst können durch das Bundesumweltministerium grundsätzlich jederzeit geändert werden, weil sie als Ermessensrichtlinien kein Vertrauen für die Zukunft begründen.[156] Eine **Änderung** kann nach der Rechtsprechung des BVerwG **auch durch einen nicht veröffentlichten Erlass erfolgen.**[157] Weil die KfW im Außenverhältnis auch bei geänderten Richtlinien grundsätzlich über Art. 3 Abs. 1 GG an ihre bisherige Verwaltungspraxis gebunden wäre, kann eine Änderung der Richtlinien durch das Bundesumweltministerium faktisch jedoch nur bei Vorliegen eines sachlichen Grundes erfolgen.

VII. Kleine und mittlere Unternehmen

108 Antragsberechtigt waren neben Privatpersonen und freiberuflich Tätigen nach Ziffer 2 der Richtlinie auch kleine und mittlere private gewerbliche Unternehmen nach der Definition der Europäischen Gemeinschaften. Dabei handelt es sich nach Art. 1 des Anhangs der Empfehlung 96/280/EG der Kommission der Europäischen Gemeinschaften[158] um Unternehmen, die weniger als 250 Personen beschäftigen und einen Jahresumsatz von höchstens 40 Mio. ECU oder eine Jahresbilanz von höchstens 27 Mio. ECU haben und nicht zu 25 Prozent oder mehr des Kapitals oder der Stimmanteile im Besitz von einem oder von mehreren Unternehmen gemeinsam stehen, die die Definition der kleinen und mittleren Unternehmen nicht erfüllen. Dieser Schwellenwert kann nur in zwei Fällen überschritten werden: Zum einen, wenn das Unternehmen im Besitz von öffentlichen Beteiligungsgesellschaften, Risikokapitalgesellschaften oder institutionellen Anlegern steht und diese weder einzeln noch gemeinsam Kontrolle über das Unternehmen ausüben und zum anderen, wenn aufgrund der Kapitalstreuung nicht ermittelt werden kann, wer die Anteile hält, und das Unternehmen erklärt, dass es nach bestem Wissen davon ausgehen kann, dass es nicht zu 25 Prozent oder mehr seines Kapitals im Besitz von einem oder von mehreren Unternehmen gemeinsam steht, die die Definition der kleinen und mittleren Unternehmen nicht erfüllen.

VIII. Fazit

109 Das 100 000-Dächer-Solarstrom-Programm führte insbesondere durch das Stop-and-Go im Jahr 2000 die Schwierigkeiten der haushaltsabhängigen Förderung drastisch vor Augen. Die erforderliche Kontinuität konnte nur unter großen Kraftanstrengungen erreicht werden. Auch vor dem Hintergrund dieser Schwierigkeiten wurde das Programm nach erfolgreicher Beendigung im Jahr 2003 nicht verlängert. Stattdessen hat der Gesetzgeber es vorgezogen, die Vergütungssätze des § 11 EEG anzupassen und ein Förderprogramm überflüssig zu machen.

---

[156] *Guckelberger,* Die Verwaltung 2002, 68.

[157] Allerdings ist insofern zu beachten, dass durch die Nichtbekanntmachung der Änderung ein Vertrauen begründet werden kann, die KfW werde weiter wie veröffentlicht verfahren, vgl. BVerwGE 104, 220, Rn. 28. S. a. *Guckelberger,* Die Verwaltung 2002, 68 ff.

[158] 96/280/EG: Empfehlung der Kommission v. 3. 4. 1996 betreffend die Definition der kleinen und mittleren Unternehmen, ABl. EU Nr. L 107 v. 20. 4. 1996, S. 4 ff.; diese Empfehlung wurde ersetzt durch die 2003/361/EG: Empfehlung der Kommission v. 6. 5. 2003 betreffend die Definition der Kleinstunternehmen sowie der kleinen und mittleren Unternehmen v. 20. 5. 2003, ABl. EU Nr. L 124, S. 36 ff.: neue Grenzwerte: unter 250 Personen, 50 Mio. EUR Jahresumsatz bzw. höchstens 43 Mio. EUR Jahresbilanzsumme.

§ 12 Gemeinsame Vorschriften für Abnahme, Übertragung und Vergütung

(1) Netzbetreiber dürfen die Erfüllung ihrer Verpflichtungen aus den §§ 4 und 5 nicht vom Abschluss eines Vertrages abhängig machen.

(2) [1] Soweit die §§ 6 bis 11 in Abhängigkeit von der Leistung der Anlage unterschiedliche Mindestvergütungssätze festlegen, bestimmt sich die Höhe der Vergütung jeweils anteilig nach der Leistung der Anlage im Verhältnis zu dem jeweils anzuwendenden Schwellenwert. [2] Als Leistung im Sinne von Satz 1 gilt für die Zuordnung zu den Schwellenwerten der §§ 6 bis 9 abweichend von § 3 Abs. 5 der Quotient aus der Summe der im jeweiligen Kalenderjahr nach § 4 Abs. 1 oder 5 abzunehmenden Kilowattstunden und der Summe der vollen Zeitstunden des jeweiligen Kalenderjahres abzüglich der vollen Stunden vor Inbetriebnahme und nach endgültiger Stilllegung der Anlage.

(3) [1] Die Mindestvergütungen sind vom Zeitpunkt der Inbetriebnahme an jeweils für die Dauer von 20 Kalenderjahren zuzüglich des Inbetriebnahmejahres zu zahlen. [2] Abweichend von Satz 1 sind die Mindestvergütungen für Strom aus Anlagen nach § 6 Abs. 1 für die Dauer von 30 Jahren und für Strom aus Anlagen nach § 6 Abs. 2 für die Dauer von 15 Jahren jeweils zuzüglich des Inbetriebnahmejahres zu zahlen.

(4) [1] Die Aufrechnung von Vergütungsansprüchen der Anlagenbetreiber nach § 5 mit einer Forderung des Netzbetreibers ist nur zulässig, soweit die Forderung unbestritten oder rechtskräftig festgestellt ist. [2] Das Aufrechnungsverbot des § 31 der Verordnung über Allgemeine Bedingungen für die Elektrizitätsversorgung von Tarifkunden vom 21. Juni 1979 (BGBl. I S. 684), die zuletzt durch Artikel 1 Abs. 1 Nr. 11 der Verordnung vom 5. April 2002 (BGBl. I S. 1250) geändert worden ist, findet keine Anwendung, soweit mit Ansprüchen aus diesem Gesetz aufgerechnet wird.

(5) [1] Auf Antrag des Anlagenbetreibers kann das für die Hauptsache zuständige Gericht unter Berücksichtigung der Umstände des Einzellfalles nach billigem Ermessen durch einstweilige Verfügung regeln, dass der Schuldner der in den §§ 4 und 5 bezeichneten Ansprüche die Anlage vorläufig anzuschließen und den Strom abzunehmen sowie hierfür einen als billig und gerecht zu erachtenden Betrag als Abschlagszahlung zu leisten hat. [2] Die einstweilige Verfügung kann erlassen werden, auch wenn die in den §§ 935, 940 der Zivilprozessordnung bezeichneten Voraussetzungen nicht zutreffen.

(6) [1] Strom aus mehreren Anlagen kann über eine gemeinsame Messeinrichtung abgerechnet werden. [2] In diesem Fall ist für die Berechnung der Höhe differenzierter Mindestvergütungen die Leistung jeder einzelnen Anlage maßgeblich. [3] Wenn Strom aus mehreren Windenergieanlagen, für die sich unterschiedliche Mindestvergütungshöhen errechnen, über eine gemeinsame Messeinrichtung abgerechnet wird, erfolgt die Zuordnung der Strommengen zu den Windenergieanlagen im Verhältnis der jeweiligen Referenzerträge.

(7) In den Mindestvergütungen nach den §§ 6 bis 11 ist die Umsatzsteuer nicht enthalten.

§ 12 Erneuerbare-Energien-Gesetz

Übersicht

	Rn.
A. Überblick	4
B. Hintergrund der Norm	2
I. Normzweck	2
II. Entstehungsgeschichte	3
C. Gesetzliches Schuldverhältnis der §§ 4 und 5 (Abs. 1)	4
I. Überblick	4
II. Entstehungsgeschichte	6
1. Rechtscharakter des § 2 StrEG	7
2. Rechtsprechung zur Auslegung des § 3 Abs. 1 EEG 2000	12
III. Prozessuale Relevanz	19
IV. Hauptpflichten	20
V. Nebenpflichten	22
VI. EEG-Einspeisungsvertrag	23
1. Rechtsnatur des Stromeinspeisungsvertrages	23
2. Zustandekommen des EEG-Einspeisungsvertrages	27
3. Zweckmäßigkeit und Wirksamkeit einzelner Klauseln	32
D. Bestimmung der Höhe der Vergütung (Abs. 2)	38
I. Anzuwendender Schwellenwert – gleitende Vergütung (Abs. 2 Satz 1)	39
II. Zuordnung zu den Leistungsklassen (Abs. 2 Satz 2)	40
E. Mindest- und Höchstdauer der Vergütungen (Abs. 3)	43
I. Normzweck	45
II. Verfassungsmäßigkeit eventueller Änderungen der Vergütungssätze oder der Vergütungsdauer	46
1. Echte Rückwirkung	50
2. Unechte Rückwirkung	54
3. Art. 14 Abs. 1 GG	66
4. Art. 12 Abs. 1 GG	72
F. Aufrechnung mit Vergütungsansprüchen (Abs. 4)	76
G. Einstweilige Verfügung (Abs. 5)	80
H. Gemeinsame Messeinrichtung (Abs. 6) – Berechung der Vergütung	85
I. Grundsatz – Arbeitswerte einzelner Anlagen (Abs. 6 Satz 1 und 2)	86
II. Messwerte bei Windenergieanlagen (Abs. 6 Satz 3)	89
I. Umsatzsteuer (Abs. 7)	92
I. Vergütung und Umsatzsteuer	93
II. Ausschließlichkeit und StromStG	99

Literatur: *Altrock,* „Subventionierende" Preisregelungen, 2002; *Baumbach/Lauterbach/Albers/Hartmann,* Zivilprozessordnung mit Gerichtsverfassungsgesetz und anderen Nebengesetzen, Kommentar, 63. Aufl. 2005; *Bönning,* Investitionssicherheit für Betreiber einer Anlage zur Erzeugung von Strom aus erneuerbaren Energien durch das Erneuerbare-Energien-Gesetz?, ZNER 2000, 268 ff.; *Brandt/Resthöft/Steiner,* Erneuerbare-Energien-Gesetz, Handkommentar, 2001; *Bryde,* in: von Münch/Kunig (Hrsg.), Grundgesetz-Kommentar, 4. Aufl. 1992, Art. 14; *Busche,* Privatautonomie und Kontrahierungszwang, 1999; *Degenhart,* Staatsrecht I, Staatsorganisationsrecht, 17. Aufl. 2001; *Gent,* Der gesetzliche Anspruch auf Stromeinspeisung, ZNER 2001, 237 f.; *Heinrichs,* in: Palandt, Bürgerliches Gesetzbuch mit Einführungsgesetz etc., 63. Aufl. 2004, §§ 241, 242; *Herrmann,* Anwendungsprobleme des Stromeinspeisungsgesetzes, 1996; *Hermes,* Die Regulierung der Energiewirtschaft zwischen öffentlichem und privatem Recht, ZHR 2002, 433 ff.; *Heuck/Dettmann,* Elektrische Energieversorgung – Erzeugung, Transport und Verteilung elektrischer Energie für Studium und Praxis, 4. Aufl. 1999; *Hidemann,* Die Rechtsprechung des Bundesgerichtshofes zu den Energieversorgungsverträgen, WM 1976, 1294 ff.; *Jarass/Pieroth* (Hrsg.), Grundgesetz für die Bundesrepublik Deutschland, Kommentar, 6. Aufl. 2002; *Kersting/Hagmann,* Investitionssicherheit für gesetzgeberische oder gerichtliche Änderungen der Vergütungshöhe oder des Begriffs der Biomasse, UPR 2001, 215 ff.; *Kilian,* Kontrahierungszwang und Zivilrechtssystem, AcP 180

Gemeinsame Vorschriften f. Abnahme, Übertragung u. Vergütung **§ 12**

(1980), 47 ff.; *Nipperdey,* Kontrahierungszwang und diktierter Vertrag, 1920; *Oschmann/ Müller,* Neues Recht für Erneuerbare Energien – Grundzüge der EEG-Novelle, ZNER 2004, 24 ff.; *Oschmann,* Das Erneuerbare-Energien-Gesetz im Gesetzgebungsprozess, Die Veränderungen im Erneuerbare-Energien-Gesetz gegenüber dem Gesetzentwurf vom Dezember 1999 und die Beweggründe des Gesetzgebers, ZNER 2000, 24 ff.; *Pohlmann,* Rechtsprobleme der Stromeinspeisung nach dem Stromeinspeisungsgesetz, 1996; *Reshöft/Steiner/Dreher,* Erneuerbare-Energien-Gesetz, Handkommentar, 2. Aufl. 2005; *Salje,* EEG, Erneuerbare-Energien-Gesetz, Gesetz für den Vorrang erneuerbarer Energien (EEG), Kommentar, 3. Aufl. 2005; *ders.,* Der Stromeinspeisungsvertrag, Versorgungswirtschaft 2002, 77 ff.; *ders.,* Netzverträglichkeitsprüfung und Anspruch auf Anschluss regenerativer Energieerzeugungsanlagen, Versorgungswirtschaft 2001, 225 ff.; *Schnapp,* in: von Münch/Kunig (Hrsg.), Grundgesetz-Kommentar, Bd. I, 5. Aufl. 2001, Art. 20; *Schneider,* Energieumweltrecht: Erneuerbare Energien, Kraft-Wärme-Kopplung, Energieeinsparung, in: Schneider/Theobald (Hrsg.), Handbuch zum Recht der Energiewirtschaft (HBEnWR), 2003, § 18, S. 995 ff.; *Tettau,* Haftungsklauseln in Netzanschluss- und Einspeiseverträgen, ZNER 2003, 29 ff.; *Theobald/Zenke,* Netzzugang, in: Schneider/Theobald, Handbuch zum Recht der Energiewirtschaft (HBEnWR), 2003, § 12; *Theobald,* Verfassungsmäßigkeit des Stromeinspeisungsgesetzes, NJW 1997, 550 ff.

Rechtsprechung: EuGH, Urt. v. 26. 9. 1996 – C-230/94, Slg. 1996 I S. 4517 ff.; BVerfG, Beschl. v. 16. 10. 1968 – 1 BvL 7/62, BVerfGE 24, 220 ff.; BVerfG, Beschl. v. 23. 3. 1971 – 2 BvL 17/69, BVerfGE 30, 392 ff.; BVerfG, Beschl. v. 26. 6. 1979 – 1 BvL 10/78, BVerfGE 51, 356 ff.; BVerfG, Beschl. v. 15. 1. 1974 – 1 BvL 5, 6, 9/70, BVerfGE 36, 281 ff.; BVerfG, Beschl. v. 15. 1. 1980 – 2 BvR 920/79, BVerfGE 53, 109 ff.; BVerfG, Beschl. v. 15. 7. 1980 – 1 BvR 24/74 und 439/79, BVerfGE 55, 7 ff.; BVerfG, Urt. v. 26. 5. 1981 – 1 BvL 28/77, 48/79, 1 BvR 154/79, 170/80, BVerfGE 57, 361 ff.; BVerfG, Beschl. v. 31. 10. 1984 – 1 BvR 35, 356, 794/82, BVerfGE 68, 193 ff.; BVerfG, Beschl. v. 28. 11. 1984 – 1 BvR 1157/82, BVerfGE 68, 2872 ff.; BVerfG, Beschl. v. 14. 5. 1986 – 2 BvL 2/83, BVerfGE 72, 200 ff.; BVerfG, Beschl. v. 12. 3. 1986 – 1 BvL 81/79, BVerfGE 72, 66 ff.; BVerfG, Beschl. v. 30. 9. 1987 – 2 BvR 933/82, BVerfGE 76, 256 ff.; BVerfG, Beschl. v. 18 5198 – 2 BvR 579/84, BVerfGE 78, 205 ff.; BVerfG, Beschl. v. 8. 6. 1988 – 2 BvL 9/85 und 3/86, BVerfGE 78, 249 ff.; BVerfG, Beschl. v. 29. 11. 1989 – 1 BvR 1402, 1528/87, BVerfGE 81, 108 ff.; BVerfG, Beschl. v. 12. 6. 1990 – 1 BvR 355/86, BVerfGE 82, 209 ff.; BVerfG, Beschl. v. 17. 10. 1990 – 1 BvR 283/85, BVerfGE 83, 1 ff.; BVerfG, Beschl. v. 15. 12. 1999 – 1 BvR 1904/95, 602/96, 1032/96, 1395/97, 2284/97, 1126/94, 1158/94, 1661/95, 2180/95, 283/97, 224/97, 35/98, BVerfGE 101, 331 ff., BGH, Urt. v. 22. 10. 1996 – KZR 19/95, BGHZ 134, 1 ff. = NJW 1997, 574 ff.; BGH, Urt. v. 11. 6. 2003 – VIII ZR 160/02, NVwZ 2003, 1143 ff. = UPR 2003, 350 ff.; BGH, Urt. v. 11. 6. 2003 – VIII ZR 161/02, ZNER 2003, 234 ff.; BGH, Urt. v. 11. 6. 2003 – VIII ZR 322/02 (unveröffentlicht); Brandenburgisches OLG, Beschl. v. 10. 8. 2002 – 6 U 124/01 (unveröffentlicht); OLG Hamm, Urt. v. 11. 2. 2002 – 29 U 28/02, ZNER 2003, 49 f.; OLG Hamm, Urt. v. 12. 9. 2003 – 29 U 14/03, ZNER 2003, 335 ff.; OLG Koblenz, Urt. v. 28. 9. 1999 – 1 U 1044/96, NJW 2000, 2031 ff. = RdE 2000, 74 ff.; Schleswig-Holsteinisches OLG, Urt. v. 17. 5. 2002 – 1 U 166/98, ZNER 2002, 227 f. = RdE 2003, 78 ff.; Schleswig-Holsteinisches OLG, Urt. v. 17. 1. 2003 – 1 U 72/01, RdE 2003, 214; Schleswig-Holsteinisches OLG, Urt. v. 17. 5. 2002 – 1 U 167/98 (unveröffentlicht); Schleswig-Holsteinisches OLG, Beschl. v. 1. 10. 2002 – 6 W 32/02, ZNER 2002, 325 f.; LG Braunschweig Urt. v. 6. 2. 2003 – 4 O 417/02 (unveröffentlicht); LG Dortmund, Urt. v. 17. 4. 2002 – 6 O 53/02, RdE 2002, 293 ff.; LG Dortmund, Urt. v. 13. 12. 2002 – 6 O 237/02, ZNER 2003, 70 ff.; LG Frankfurt (Oder), Urt. v. 22. 5. 2001 – 31 O 25/01 (unveröffentlicht); LG Frankfurt (Oder), Urt. v. 14. 9. 2001 – 6 (b) S 22/01, ZNER 2001, 269 f. = RdE 2003, 47 ff.; LG Frankfurt (Oder), Urt. v. 24. 7. 2002 – 11 O 120/02, RdE 2003, 50 f.; LG Frankfurt (Oder), Urt. v. 20. 2. 2004 – 13 O 91/03, IR 2004, 110; LG Itzehoe, Urt. v. 1. 9. 1998 – 5 O 50/98, ZNER 2/4 1998, 53 ff.; LG Krefeld, Urt. v. 19. 4. 2001 – 3 O 355/00, ZNER 2001, 186 ff.; LG Mannheim, Urt. v. 26. 2. 1999 – 7 O 180/97, ZNER 1999, 31 ff.; LG München I, Urt. v. 17. 12. 2002 – 26 O 7485/01, RdE 2003, 215 ff.; LG Oldenburg, Beschl. v. 24. 5. 2002 – 13 S 52/02 (unveröffentlicht); AG Bergisch Gladbach, Urt. v. 8. 5. 2002 – 63 C 89/02, RdE 2002, 295 ff.; AG Friedberg/Hessen, Urt. v. 15. 11. 2000 – 2 C 1094/00, RdE 2001, 198; AG Hamburg, Urt. v. 11. 12. 2001 – 12 C 472/2001, ZNER 2002, 145 f.; Hessisches FG, Urt. v. 4. 4. 2001 – 6 K 6512/95, Versorgungswirtschaft 2002, 68 f.

A. Überblick

1 § 12 ist eine Sammelvorschrift, die für alle Arten der Einspeisung, Abnahme und Vergütung von Strom aus Erneuerbaren Energien und Grubengas gilt. In § 12 Abs. 1 wird klargestellt, dass es sich bei der Anschluss-, Abnahme- und Vergütungspflicht um ein gesetzliches Schuldverhältnis handelt und der Netzbetreiber die Erfüllung der Pflichten mithin nicht vom Abschluss eines entsprechenden Vertrages abhängig machen darf. § 12 Abs. 2 enthält gemeinsame Vorschriften zur Bestimmung der Höhe der Vergütung. Die gesetzliche Mindestdauer der Vergütungszahlung ergibt sich aus § 12 Abs. 3. Die Regelung des § 12 Abs. 4 sieht für die Netzbetreiber Einschränkungen bei der Aufrechnung mit den Vergütungsansprüchen der Anlagenbetreiber vor. § 12 Abs. 5 ermöglicht die Realisierung der Anschluss-, Abnahme- und Vergütungsansprüche im einstweiligen Rechtsschutzverfahren. Vorgaben zur Berechnung der Vergütung bei einer gemeinsamen Messeinrichtung ergeben sich aus § 12 Abs. 6. Eine Klarstellung zur Umsatzsteuer folgt aus § 12 Abs. 7.

B. Hintergrund der Norm

I. Normzweck

2 Der Gesetzgeber beseitigte mit der Novelle 2004 eine Reihe in der Praxis aufgetretener Unklarheiten bzw. Defizite des alten Gesetzesrahmens, um eine effektivere und vor allem schnellere Durchsetzbarkeit der Anschluss-, Abnahme- und Vergütungsansprüche sicherzustellen.

II. Entstehungsgeschichte

3 § 12 ist eine dem früheren § 9 EEG 2000 vergleichbare Sammelregelung. Bereits das alte Recht enthielt in § 9 Abs. 1 EEG 2000 eine Vorschrift zur Vergütungsdauer sowie in § 9 Abs. 2 EEG 2000 Vorgaben zur Berechnung der Vergütung bei gemeinsamer Messeinrichtung. Neu hinzugekommen sind die Vorgaben zur gleitenden Vergütung in Abs. 2. Auch die übrigen gemeinsamen Vorschriften sind neu in das EEG aufgenommen worden.

C. Gesetzliches Schuldverhältnis der §§ 4 und 5 (Abs. 1)

I. Überblick

4 Gemäß Abs. 1 können die Netzbetreiber die Erfüllung ihrer Verpflichtungen aus den §§ 4 und 5 **nicht vom Abschluss eine vertraglichen Regelung** mit dem Anlagenbetreiber **abhängig** machen.[1] Die Regelung dient der Rechtssicherheit.[2] Mit ihr ist eine Unklarheit beseitigt worden, die in der Vergangenheit zu zahlreichen Rechtsstreitigkeiten geführt hat. Sie entstand daraus, dass § 3 Abs. 1 EEG 2000 keine explizite Aussage darüber enthielt, ob die Vorschrift lediglich den Anspruch auf Abschluss eines Einspeisevertrages oder aber bereits ein gesetzliches Schuldverhältnis normiert und die Hauptpflichten des Netzbetreibers (Anschluss-, Abnahme- und Vergütungspflicht) sich damit direkt aus dem Gesetz ergeben oder

---

[1] Dazu knapp auch *Oschmann/Müller*, ZNER 2004, 24, 27.
[2] Vgl. Gesetzesbegründung, BT-Drs. 15/2864, S. 45.

aber einem noch zu schließenden (Stromeinspeisungs-)Vertrag vorbehalten sind.[3] Das Problem fußte auf der zivilrechtlichen Frage, ob der jeweilige Gesetzestatbestand lediglich die Abgabe einer Vertragserklärung (sog. mittelbarer Kontrahierungszwang) vorsah oder bereits eine unmittelbar durchsetzbare Leistungspflicht schuf (gesetzliches Schulverhältnis; sog. unmittelbarer Kontrahierungszwang).[4] Die Realisierung der Pflichten verzögerte sich in der Praxis daher häufig durch lange Vertragsverhandlungen, woran nicht selten die Wirtschaftlichkeit des gesamten Anlageerrichtungsvorhabens litt.

Die neue Regelung stellt nunmehr klar, dass der Anlagenbetreiber gegen den Netzbetreiber einen **unmittelbaren Anspruch auf Anschluss, Abnahme und ggf. Vergütung** hat, und zwar im Sinne eines **gesetzlichen Schuldverhältnisses.**[5] Demnach kann der Netzbetreiber die Erfüllung seiner Pflichten nicht vom Abschluss eines Vertrages abhängig machen. Dies schließt selbstverständlich nicht aus, dass Anlagenbetreiber und Netzbetreiber ihr Rechtsverhältnis, einvernehmlich und gegebenenfalls auch noch später, einer vertraglichen Regelung zuführen, um so insbesondere technische Fragen und die Einbindung der Anlage ins Netz „sinnvoll"[6] auszugestalten. 5

II. Entstehungsgeschichte

Hintergrund für die Entscheidung des Gesetzgebers, das gesetzliche Schuldverhältnis ausdrücklich zu verankern, waren die Rechtsstreitigkeiten, die sich im Zusammenhang mit dem § 2 StrEG und § 3 Abs. 1 EEG 2000 stellten. 6

1. Rechtscharakter des § 2 StrEG

Für das StrEG nahmen Rechtsprechung[7] und Literatur[8] ohne weiteres einen lediglich mittelbaren Kontrahierungszwang an. Lediglich von *Herrmann* wurde ein Doppelanspruch angenommen, wonach aus § 2 StrEG sowohl unmittelbar Abnahme und Vergütung als auch Abschluss eines darauf gerichteten Vertrages verlangt werden konnten.[9] Das **OLG Koblenz**[10] hat auf Grundlage des StrEG entschieden, dass ein Netzbetreiber nur gegen Abschluss eines Stromeinspeisungsvertrages zur Abnahme und Vergütung des Stroms aus Erneuerbaren Energien verpflichtet sei. 7

---

[3] Vgl. *Hermes*, ZHR 2002, 433, 449; *Busche*, Privatautonomie und Kontrahierungszwang, 247 ff.; offen gelassen vom AG Friedberg, RdE 2001, 198. Nach einer im Jahre 1920 vorgeschlagenen Definition ist Kontrahierungszwang „die auf Grund einer Norm der Rechtsordnung einem Rechtssubjekt ohne seine Willensbildung im Interesse eines Begünstigten auferlegte Verpflichtung, mit diesem einen Vertrag bestimmten oder von unparteiischer Seite zu bestimmenden Inhalts abzuschließen", *Nipperdey,* Kontrahierungszwang und diktierter Vertrag, 1920, S. 7. So verstanden, begründet der Kontrahierungszwang lediglich einen Anspruch auf Vertragsschluss. Die Folge dieser Auslegung für das EEG 2000 war, dass die Abnahme- und Vergütungspflicht vertragliche Pflichten darstellten. Nach anderer Auffassung begründet der Kontrahierungszwang ein Verhältnis, bei dem die Leistung auch unmittelbar – also nicht über den Umweg des Vertragsschlusses – gefordert werden kann, *Kilian,* Kontrahierungszwang und Zivilrechtssystem, AcP 180, 1980, 47, 82. Welche von diesen beiden Auffassungen den Zielen des EEG 2000 gerecht wurde, war in Literatur und Rechtsprechung Gegenstand kontroverser Ausführungen, vgl. hierzu Rn. 12 ff.
[4] Für diese Terminologie vgl. *Salje,* EEG, § 3 Rn. 27; *ders.,* Versorgungswirtschaft 2002, 77, 77.
[5] So die Tendenz auch bei *Oschmann/Müller,* ZNER 2004, 24, 27.
[6] Vgl. Gesetzesbegründung, BT-Drs. 15/2864, S. 45.
[7] BGHZ 134, 1 ff., 16.
[8] Vgl. *Pohlmann,* Rechtsprobleme der Stromeinspeisung, S. 165 f. m. w. N.
[9] *Herrmann,* Anwendungsprobleme des Stromeinspeisungsgesetzes, S. 103.
[10] OLG Koblenz, NJW 2000, 2031 ff. = RdE 2000, 74 ff.

§ 12 8–10 Erneuerbare-Energien-Gesetz

8 Das OLG Koblenz stellte in seinem Urteil zunächst fest, dass die Stromeinspeisung gegen Vergütung ein „gewöhnliches, als Kaufvertrag oder kaufähnlicher Vertrag zu qualifizierendes Austauschgeschäft" sei. Zwar enthielte § 2 StrEG 1991 einen Kontrahierungszwang, jedoch sei der Netzbetreiber aufgrund des Kontrahierungszwangs nicht zum Leistungsaustausch verpflichtet. Vielmehr könne dieser „selbst bestimmen, zu welchen Konditionen und Modalitäten er zu einer Vertragsdurchführung bereit ist". Unzulässig und mit dem Kontrahierungszwang unvereinbar sei nach Auffassung des Gerichts nur eine Vorgehensweise, bei der das EVU den Vertragsschluss schlechthin verweigern oder von unbilligen oder unzumutbaren Voraussetzungen abhängig machen würde. Die Regelungen des Gesetzes (§ 1, 2, 3 des StrEG) seien nicht abschließend und würden eine Regelung technischer und rechtlicher Einzelheiten, die für die praktische Abwicklung der Stromeinspeisung erforderlich seien (etwa Übergabepunkt, Netzspannung, Qualität der Stromlieferung, Erfassung des zu vergütenden Stromes) erfordern. Weder dem Wortlaut des Gesetzes noch dem systematischen Zusammenhang desselben könne man entnehmen, dass es dem einspeisenden Netzbetreiber verboten sei, das Zustandekommen eines Einspeisungsvertrages von angemessenen Vertragsbedingungen abhängig zu machen. Der Gesetzeszweck würde nur dann unterlaufen, wenn ein Vertragsschluss missbräuchlich verweigert oder von unzumutbaren Bedingungen abhängig gemacht würde. Die verfassungsrechtlich geschützte Vertragsgestaltungsfreiheit der Elektrizitätsversorgungsunternehmen dürfe nach Auffassung des OLG Koblenz – unter Hinweis auf eine Entscheidung des BGH zur Verfassungsmäßigkeit des StrEG[11] – nicht stärker eingeschränkt werden, als dies zur Erreichung der Ziele des StrEG erforderlich sei.

9 Die Auffassung des Gerichts stieß in der Literatur durchgehend auf Bedenken.[12] So würde das Gericht gar nicht erklären, welche Anspruchsgrundlage dem Vertragsschlusserfordernis zugrunde liegen sollte. Eine solche Anspruchsgrundlage hätte – wenn überhaupt – aus § 826 BGB als Herstellungsanspruch (gerichtet auf Vermeidung einer vorsätzlich sittenwidrigen Schädigung des abhängigen Unternehmens) angenommen werden können. Wenn das OLG Koblenz anmerkte, dass das StrEG dem Vertragsabschluss nicht entgegen stand, so ist das sicherlich richtig. Daraus konnte aber nicht gefolgert werden, dass der Netzbetreiber einen Anspruch darauf hatte.

10 Das **Schleswig-Holsteinische OLG** hat sich in seinem Urteil vom 17. Mai 2002[13] der Auffassung des OLG Koblenz angeschlossen und darauf abgestellt, dass ein vertraglich geregeltes Schuldverhältnis dem Anlagenbetreiber im Unterschied zu einem rein gesetzlichen Schuldverhältnis mehr Vorteile biete.[14] Der zu entscheidende Sachverhalt war jedoch anders gelagert, denn es war der Anlagenbetreiber, der dem Netzbetreiber den Entwurf eines Stromeinspeisungsvertrages vorlegte. Das Gericht verurteilte den Netzbetreiber dazu, die Annahme des Vertragsangebots zu erklären. Als unerheblich sah es das Gericht an, dass das Angebot des Anlagenbetreibers keine Angaben zur Höhe der vom Netzbetreiber zu zahlenden Vergütung vorsah. Insoweit sollte die Regelung des EEG 2000 eingreifen.

---

[11] Vgl. BGH, NJW 1997, 574, 577, m. Anm. *Theobald,* NJW 1997, 550 ff.
[12] Kritisch dazu *Salje,* EEG, § 3 Rn. 39; *Brandt/Reshöft/Steiner,* EEG, § 3 Rn. 29 ff., insbesondere Rn. 33; *Schneider,* in: Schneider/Theobald, HBEnWR, § 18 Rn. 82.
[13] Schleswig-Holsteinisches OLG, ZNER 2002, 227 f.
[14] So auch Schleswig-Holsteinisches OLG, Urt. v. 17. 5. 2002 – 1 U 167/98 (unveröffentlicht) sowie Schleswig-Holsteinisches OLG, RdE 2003, 214 entgegen dem Beschluss des Schleswig-Holsteinischen OLG v. 1. 10. 2002 – 6 W 32/02 (unveröffentlicht). Dem Ansatz des OLG Koblenz folgte zuletzt auch AG Bergisch Gladbach, RdE 2003, 218 f.

So sehr es auch richtig sein mag, dass sich im Einzelfall vertragliche Regelungen 11
den gesetzlichen Regelungen gegenüber als vorteilhafter erweisen, vermochte
auch das Schleswig-Holsteinische OLG keine Anspruchsgrundlage für den Abschluss eines Stromeinspeisungsvertrages darzulegen.

2. Rechtsprechung zur Auslegung des § 3 Abs. 1 EEG 2000

Für die Nachfolgeregelung des § 3 Abs. 1 EEG 2000 wurde in Literatur und 12
Rechtsprechung hingegen zunehmend angenommen, dass die Vorschrift ein **gesetzliches Schuldverhältnis** im Sinne von § 241 BGB begründe, welches in Entsprechung eines Kaufvertrages bereits die *essentialia negotii* enthalte. Der unmittelbare Kontrahierungszwang zugunsten der Anlagenbetreiber setze sich aus den drei Pflichten des Netzbetreibers (Anschluss, Abnahme und Vergütung) zusammen und werde durch §§ 4 bis 8 EEG 2000 lediglich konkretisiert.[15]

Der Rechtscharakter des § 3 EEG 2000 ergäbe sich zwar nicht *explizit* aus dem 13
Wortlaut der Regelung. Allerdings spreche der Wortlaut des § 3 Abs. 1 EEG 2000 *implizit* gegen die Notwendigkeit eines Vertragsschlusses: Dies läge einerseits daran, dass in § 3 Abs. 1 EEG 2000 keine Anhaltspunkte für die Möglichkeit des Netzbetreibers angelegt seien, die Einspeisung von Strom vom vorherigen Abschluss eines Einspeisungsvertrages abhängig zu machen.[16]

Die durch § 3 Abs. 1 EEG 2000 begründeten Ansprüche – Anlagenanschluss, 14
Stromabnahme und Vergütung – seien andererseits als Hauptleistungspflichten so präzise formuliert, dass der Abschluss eines Stromeinspeisungsvertrags zumindest hinsichtlich dieser Inhalte nicht mehr notwendig erscheine.[17]

Die Entstehung der Hauptpflichten des Netzbetreibers gemäß § 3 Abs. 1 EEG 15
2000 sei auch nicht davon abhängig, ob der Anlagenbetreiber die notwendigen Anschlusskosten nach § 10 EEG 2000 beglichen oder eine entsprechende Verpflichtungserklärung abgegeben habe. Denn auch eine Vorleistungspflicht des Anlagenbetreibers sei dem Gesetz nicht zu entnehmen. Sie sei auch zum Schutze des Netzbetreibers nicht erforderlich, da dieser seinen vermeintlichen Anspruch durch Einbehaltung eines Teils der nach § 3 Abs. 1 Satz 1 EEG 2000 zu zahlenden Vergütung problemlos realisieren könne.[18] Die genannten Ansprüche des Anlagenbetreibers entstünden daher unmittelbar kraft Gesetzes.[19]

---

[15] *Salje*, EEG, § 3 Rn. 26 ff. m. w. N.; *ders.*, Versorgungswirtschaft 2002, 77 ff.; *Brandt/Reshöft/Steiner*, EEG, § 3 Rn. 29 ff.; *Bönning*, ZNER 2000, 268 ff.; *Hermes*, ZHR 2002, 433 ff., 447; *Gent*, ZNER 2001, 237 ff.; offen gelassen vom BGH, UPR 2003, 350, 351 ff.; BGH, Urt. v. 11. 6. 2003 – VIII ZR 322/02 (unveröffentlicht); BGH, ZNER 2003, 234 ff. sowie vom OLG Hamm, ZNER 2003, 335 ff., 335; so ausdrücklich LG Itzehoe, ZNER 1998, 53 ff.; AG Hamburg, ZNER 2002, 145 f.; LG Frankfurt (Oder), Urt. v. 22. 5. 2001 – 31 O 25/01 (unveröffentlicht); LG Oldenburg, Beschl. v. 24. 5. 2002 – 13 S 52/02 (unveröffentlicht); LG München I, RdE 2003, 215, 216 ff.; LG Braunschweig, Urt. v. 6. 2. 2003 – 4 O 417/02 (unveröffentlicht); LG Dortmund, ZNER 2003, 70, 71 (in einem *obiter dictum*); a. A. noch *Altrock*, „Subventionierende" Preisregelungen, S. 26 ff., Schleswig-Holsteinisches OLG, ZNER 2002, 227 f. = RdE 2003, 78, 80, AG Bergisch Gladbach, RdE 2002, 295 f., die von der Erforderlichkeit des Abschlusses eines Einspeisevertrages ausgingen.
[16] Vgl. auch LG Frankfurt (Oder), Urt. v. 22. 5. 2001 – 31 O 25/01 (unveröffentlicht).
[17] *Salje*, Versorgungswirtschaft 2002, 77, 78; so auch BGH, UPR 2003, 350, 351 f. und OLG Hamm, Urt. v. 12. 9. 2003, Az. 29 U 14/03 (unveröffentlicht).
[18] Vgl. LG Frankfurt (Oder), Urt. v. 22. 5. 2001 – 31 O 25/01 (unveröffentlicht).
[19] Nicht zielführend waren dagegen die Ausführungen im Urteil des AG Bergisch Gladbach, RdE 2002, 295 f. Das Gericht wies daraufhin, dass in einem Vertrag notwendig sei, um die Konditionen und Modalitäten der Einspeisung zu regeln. Dem war entgegenzuhalten, dass allein der Mangel an Regelungen über die Art und Weise der Erfüllung bestimmter Leistungspflichten (Festlegung des Übergabepunktes, der Netzspannung, der Qualität der Stromlieferung usw.), dem Bestehen der Leistungspflicht selbst nicht entgegenstehen könne. Viel-

§ 12 16–19   Erneuerbare-Energien-Gesetz

16   Nach Auffassung von *Salje* sprach auch die Entstehungsgeschichte eher für ein gesetzliches Schuldverhältnis und gegen ein Vertragsschlusserfordernis: Die Abnahmeverpflichtung des ehemals geltenden § 2 StrEG sei im Kontext des § 26 Abs. 2 GWB a. F.[20] (nunmehr § 20 Abs. 1 GWB[21] n. F.) als spezialgesetzliche Regelung der allgemeinen Pflicht entstanden, Anlagenbetreiber nicht zu diskriminieren. Im Hinblick auf das Diskriminierungsverbot des GWB sei davon auszugehen, dass dieser Anspruch auch ohne Vertragsschluss realisiert werden könne. Mithin hätte es der „Regelungstradition" entsprochen, auch bei § 3 Abs. 1 EEG 2000 einen gesetzlichen Anspruch anzunehmen.[22]

17   Bei der Frage, ob aus § 3 Abs. 1 EEG 2000 ein gesetzliches Schuldverhältnis mit unmittelbaren Pflichten folgt, hat auch das **AG Hamburg** in seinem Urteil vom 11. Dezember 2001[23] auf das StrEG zurückgegriffen und eine Abgrenzung zum EEG 2000 vorgenommen. In § 2 StrEG war – ebenfalls wie in § 3 Abs. 1 EEG 2000 – eine Abnahmepflicht für Strom aus Erneuerbaren Energien enthalten. Allerdings regelte § 3 StrEG nicht die Höhe der Vergütung; insoweit waren noch Rechenschritte erforderlich. Hinzu kam, dass § 4 des StrEG eine „Härteklausel" enthielt, die unter bestimmten Bedingungen zu einem Wegfall der Vergütungspflicht führen konnte. Dagegen seien im EEG 2000 bereits im Gesetz die Hauptleistungspflichten hinreichend geregelt, weswegen eine Umsetzung in eine vertragliche Regelung nicht mehr erforderlich sei. Das AG Hamburg verkannte nicht, dass es Einzelheiten technischer Natur gäbe, für die eine vertragliche Regelung sinnvoll sei. Allerdings war der Vertragsschluss nach Auffassung des Gerichts nicht zwingend. Im Ergebnis ging das Gericht davon aus, dass zwischen dem Erzeuger und dem Netzbetreiber ein gesetzliches Schuldverhältnis angelegt ist.

18   Dass es sich bei § 3 Abs. 1 EEG 2000 um ein gesetzliches Schuldverhältnis handelte, folgte nach Auffassung des **LG Frankfurt**[24] letztlich – und insbesondere – aus dem Sinn und Zweck des gesetzlichen Regelungswerkes. Der Gesetzgeber hätte sich in § 1 *implizit* gegen alle Umstände ausgesprochen, die eine Gefährdung der Zielsetzungen des Gesetzes herbeiführen könnten. Eine andere Sichtweise wäre dem Zweck des Gesetzes, „die verhältnismäßig teure Stromerzeugung aus Erneuerbaren Energien angesichts des infolge der Liberalisierung des Strommarktes bereits eingetretenen Preisverfalls weiterhin zu ermöglichen, zuwidergelaufen. ... Der Gesetzeszweck gebot, jeglicher Verzögerungstaktik, die mit vorherigen und langwierigen Vertragsverhandlungen verbunden sein konnte, im Interesse der Erhaltung und Förderung der ökologisch sinnvollen Stromerzeugung aus Erneuerbaren Energien den Boden zu entziehen."[25]

III. Prozessuale Relevanz

19   Die Frage, ob § 3 Abs. 1 EEG 2000 einen mittelbaren oder unmittelbaren Kontrahierungszwang bzw. ein gesetzliches Schuldverhältnis enthielt, war insbesondere in prozessualer Hinsicht von Bedeutung. Lediglich einen mittelbaren

---

mehr besteht auch bei gesetzlichen Schuldverhältnissen die Möglichkeit der Konkretisierung bzw. der Konstruktion von Nebenpflichten anhand der Generalklausel des § 242 BGB, vgl. dazu nur *Heinrichs*, in: Palandt, BGB, § 241 Rn. 6 und § 242 Rn. 23 ff.
[20] Bedeutet vor dem Inkrafttreten der 6. Kartellrechtsnovelle, also vor 1. 1. 1999.
[21] Gesetz gegen Wettbewerbsbeschränkungen, neu gefasst am 15. 7. 2005, BGBl. I S. 2114.
[22] *Salje*, Versorgungswirtschaft 2002, 77 ff., 78 f.
[23] AG Hamburg, ZNER 2002, 145 f.
[24] LG Frankfurt (Oder), Urt. v. 22. 5. 2001 – 31 O 25/01 (unveröffentlicht).
[25] So das LG Frankfurt (Oder), Urt. v. 22. 5. 2001 – 31 O 25/01 (unveröffentlicht).

Kontrahierungszwang unterstellt, musste der berechtigte Erzeuger sowohl die Verurteilung zur Abgabe der fraglichen Erklärung der Angebotsannahme (§ 894 ZPO) als auch zur Leistung selbst beantragen (§ 256 ZPO). Dabei konnten immerhin beide Ansprüche im Wege einer objektiven Klagehäufung in einer Klage geltend gemacht werden. Ein Stufenverhältnis zwischen den Anträgen war entbehrlich.[26] War man hingegen der Auffassung, § 3 Abs. 1 EEG 2000 begründete einen unmittelbaren Kontrahierungszwang, bei dem sich die Hauptpflichten aus dem Gesetz ergaben und für ihr Entstehen es keiner vertraglichen Umsetzung bedurfte, so konnte der Anlagenbetreiber den Netzbetreiber unmittelbar auf die Erfüllung seiner Ansprüche, d.h. auf Anschluss der Anlage sowie Abnahme und Vergütung des Stroms, verklagen.

IV. Hauptpflichten

20 Nach dem neuen Abs. 1 besteht eine Verpflichtung zum Abschluss eines Einspeisungsvertrages weder für den Anlagenbetreiber noch für den Netzbetreiber. Mit den §§ 4 und 5 werden bereits **alle essentiellen Bestandteile des Rechtsverhältnisses** zwischen dem Anlagenbetreiber und dem Netzbetreiber festgelegt. Diese Hauptpflichten entstehen nicht erst mit dem Abschluss eines Vertrages oder gar, wenn sich die Parteien über die Nebenpflichten (Haftungsfragen, Erfüllungsort, Messverfahren usw.) verständigt haben.

21 Ergänzend ist darauf hinzuweisen, dass Übertragungsnetzbetreiber – und analog auch die Verteilernetzbetreiber – bei Ausführung des gesetzlichen Schuldverhältnisses die Möglichkeit und die gesetzliche Pflicht haben, **objektive Kriterien und Bedingungen für die Einspeisung aus Erzeugungsanlagen** festzulegen und diese **diskriminierungsfrei** anzuwenden (§ 4 Abs. 3 EnWG 1998). Insoweit unterlag der Netzbetreiber bislang der Aufsicht der Fachbehörden nach § 18 EnWG bzw. der Kartellbehörnde nach §§ 19, 20 GWB. Es besteht aber kein Bedarf für eine vertragliche Konkretisierung.[27]

V. Nebenpflichten

22 Das gesetzliche Schuldverhältnis zwischen dem Erzeuger und dem Netzbetreiber wird weiterhin durch **Nebenpflichten** konkretisiert. Hierzu gehören insbesondere Haftungsfragen, Regelungen zum Erfüllungsort, Netznutzungsbedingungen bzw. Modalitäten der Einspeisung. Ihr Inhalt ist, soweit nicht vertraglich festgelegt, anhand der Generalklausel des § 242 BGB[28] und der weiteren Vorschriften über die Erfüllungsumstände (§§ 269, 270 BGB) sowie § 49 EnWG auszufüllen.[29] Besondere Schwierigkeiten bei der Begründung solcher Nebenpflichten sind im Einzelfall nicht zu erwarten: Denn das gesetzliche Schuldverhältnis wird von dem Gedanken überlagert, dass der Netzbetreiber die Ausführung des Baus und des Netzanschlusses von Anlagen nach § 3 Abs. 2 nicht vereiteln bzw. durch überhöhte Anforderungen unverhältnismäßig hinauszögern darf.

---

[26] Vgl. *Baumbach/Lauterbach/Albers/Hartmann*, ZPO, § 260 Rn. 5.
[27] *Schneider*, in: Schneider/Theobald, HBEnWR, § 18 Rn. 82.
[28] Vgl. allgemein zu den Nebenpflichten im Rahmen des § 242 BGB, *Heinrichs*, in: Palandt, BGB, § 241 Rn. 6 und § 242 Rn. 23 ff.
[29] Vgl. auch *Brandt/Reshöft/Steiner*, EEG, § 3 Rn. 29.

VI. EEG-Einspeisungsvertrag

23 Soweit Anlagenbetreiber und Netzbetreiber zu einer Einigung gelangen, steht Abs. 1 einem Vertragsabschluss selbstverständlich nicht entgegen.[30] Der Abschluss einer vertraglichen Regelung kann – wie § 4 Abs. 1 nahe legt – zur Klärung insbesondere von technischen Fragen der Einbindung einer Anlage ins Netz sinnvoll sein.[31] In der Praxis ist zu beobachten, dass von beiden Seiten auf den Abschluss von Einspeiseverträgen zunehmend verzichtet wird. Seitens des Anlagebetreibers besteht dabei die Sorge, dass sich seine – durch das Gesetz grundsätzlich günstige – Rechtsposition verschlechtert. Aber auch die Netzbetreiber scheuen zunehmend den mit der Aushandlung von Einspeiseverträgen verbundenen Aufwand. Im Zusammenhang mit dem Anschluss der Erneuerbaren-Energien-Anlage verlangt der Netzbetreiber, dass die branchenüblichen sowie seine individuellen Anschlussbedingungen vom Anlagenbetreiber akzeptiert werden.

24 Kommt ein Einspeisungsvertrag zustande, ist der Rechtsrahmen der **Hauptpflichten schon durch das Gesetz vorgegeben:** Der Vertrag kann das gesetzliche Schuldverhältnis nicht hinsichtlich der Hauptpflichten modifizieren. Dies bedeutet, dass der vom Gesetz bestimmte Vorrang der Abnahme der in einer Anlage nach § 3 Abs. 2 erzeugten Elektrizität nicht durch einen Netzbetreiber unterlaufen werden darf.[32] Ebenso darf vertraglich keine Vergütung vereinbart werden, die unter den gesetzlichen Grenzen der §§ 6 bis 11 liegt. Mit einem Vertrag können vielmehr nur Inhalte, die durch das Gesetz nicht konkretisiert sind – etwa die praktische Abwicklung der Stromeinspeisung – geregelt werden.

1. Rechtsnatur des Stromeinspeisungsvertrages

25 Bei einem Einspeisungsvertrag handelt es sich der Rechtsnatur nach um einen **Stromliefervertrag:** Die Stromlieferung wurde bereits vom Reichsgericht und danach vom BGH dem Recht des Kaufvertrages unterstellt.[33] Der Stromeinspeisungsvertrag unterliegt daher im Ausgangspunkt auch dem **Kaufrecht.**[34] Allerdings ist wegen der natürlichen klima- und wetterbedingten Schwankungen gewisser Primärenergieträger wie Wind, Wasser und Sonne im Einzelfall zu beachten, dass sich die Strombereitstellung mit Hilfe dieser Energiequellen nicht in eine kontinuierliche, ex ante bestimmbare Lieferverpflichtung umsetzen lässt: Der Anlagenbetreiber ist also etwa in Zeiten der niedrigen Wasserführung oder der geringen Windstärke bzw. Sonnenstrahlung zur Stromlieferung nicht verpflichtet. Auch ist der Anlagenbetreiber berechtigt, jederzeit die Stromeinspeisung zu beenden und den Strom anderweitig zu vermarkten oder für eigene Zwecke zu verwenden. Dies ergibt sich bereits daraus, dass nach dem Wortlaut des § 4 Abs. 1 Satz 1 der Netzbetreiber verpflichtet ist, den gesamten *angebotenen* Strom abzunehmen. Damit handelt es sich beim Stromeinspeisungsvertrag zwischen einem nach dem EEG geförderten Anlagenbetreiber und einem Netzbetreiber (im Folgenden EEG-Einspeisungsvertrag) um einen **atypischen Kaufvertrag,** bei dem nicht so sehr synallagmatische Pflichtverhältnisse im Vordergrund stehen, sondern die doppelte Verpflichtung des Netzbetreibers zur Abnahme der elektrischen Energie und zur Zahlung der Mindestvergütung.[35]

---

[30] Für das EEG 2000 vgl. bereits *Schneider,* in: Schneider/Theobald, HBEnWR, § 18 Rn. 83.
[31] Vgl. Gesetzesbegründung, BT-Drs. 15/2864, S. 45.
[32] LG Krefeld, ZNER 2001, 186 ff.
[33] Vgl. bereits Nachweise und Überblick bei *Hidemann,* WM 1976, 1294, 1296.
[34] Vgl. auch *Salje,* Versorgungswirtschaft 2002, 77, 79.
[35] *Salje,* Versorgungswirtschaft 2002, 77, 79.

Gemeinsame Vorschriften f. Abnahme, Übertragung u. Vergütung 26–30 § 12

Dieses Verständnis hat insbesondere Auswirkungen auf die **Frage der Haftung:** Denn nach § 6 AVBEltV haben Elektrizitätsversorgungsunternehmen bei Entstehen eines Schadens des Belieferten bis zu bestimmten Haftungshöchstgrenzen für grobe Fahrlässigkeit einzustehen. Dagegen ist der Anlagenbetreiber nicht zur Stromlieferung verpflichtet. Daraus kann jedoch nicht gefolgert werden, dass selbst grobe Fehler bei der Erzeugung und Einspeisung von Elektrizität unsanktioniert bleiben. Gegen eine solche weitreichende Sichtweise bestehen insoweit Bedenken, als auch im Rahmen eines gesetzlichen Schuldverhältnisses Sorgfalts- und Rücksichtnahmepflichten (§ 241 a Abs. 2 BGB) bestehen und dieses auch Ausdruck der Regelung in § 49 EnWG ist, auf den § 13 Abs. 1 Satz 3 ausdrücklich verweist. 26

2. Zustandekommen des EEG-Einspeisungsvertrages

EEG-Einspeisungsverträge werden in der Praxis mit verschiedenen Inhalten und zu verschiedenen Zeitpunkten geschlossen. Häufig werden sie insbesondere auf Wunsch des Netzbetreibers von weiteren vertraglichen Abreden begleitet. So wird vom Netzbetreiber nicht selten auch weiterhin der Abschluss folgender Verträge vorgeschlagen:[36] Netzanschlussvertrag, Netznutzungsvertrag, Netzführungsvertrag, Vertrag über die Dienstleistung der Fernwirktechnik, Betriebsführungsvertrag hinsichtlich elektrotechnischer Anlagen des Anlagenbetreibers, Vertrag zur Erdschlusskompensation, Vertrag über Zusatz- und Reservestromversorgung etc. Diese Verträge betreffen zum Teil den Strombezug sowie die insoweit erforderlichen Regelungen zum Netzanschluss und zur Netznutzung. Die Regelungsinhalte stehen also gewissermaßen außerhalb des Regelungsbereiches des EEG. 27

Der **Zeitpunkt** des Vertragsschlusses bleibt im Belieben der Parteien. Mangels besonderer Formvorschriften richtet sich das Zustandekommen des Vertrages nach §§ 145ff. BGB. Da das Rechtsverhältnis zwischen Erzeuger und Netzbetreiber ohnehin in Abs. 1 i.V.m. §§ 4, 5 gesetzlich angelegt ist, kann jedenfalls weder aus der Einspeisung noch aus der Stromabnahme auf das Zustandekommen eines Vertrages geschlossen werden. Diese Vorgänge sind nicht als Angebot und Annahme zum Abschluss eines Einspeisungsvertrages zu verstehen. Vielmehr muss sich das Zustandekommen eines solchen Vertrages aus Willenserklärungen ergeben, die mangels ausdrücklicher Formulierung anhand anderer Indizien festzustellen sind. Im Einzelfall kann es damit streitig sein, wann die Einigung zwischen den Parteien zustande kam. Folgende Schritte können bei der **Vertragsanbahnung** unterschieden werden:[37] 28

Zunächst ist ein Angebot zum Abschluss eines EEG-Einspeisungsvertrages nicht darin zu sehen, dass der Anlagenbetreiber dem Netzbetreiber seine Absicht mitteilt, eine EEG-Anlage zu errichten und Strom aus dieser Anlage in das allgemeine Netz einzuspeisen (sog. **Einspeiseantrag**): Da es dem Anlagenbetreiber in diesem Stadium noch möglich sein soll, vom Vorhaben Abstand zu nehmen, entspräche es in dieser Konstellation nicht den Interessen der Parteien, in dem Einspeiseantrag bereits ein verbindliches Angebot zu sehen. 29

Der Netzbetreiber führt daraufhin eine sog. **Netzverträglichkeitsprüfung** durch, um unter Berücksichtigung von Art und Anzahl der ins Auge gefassten Anlagetypen denjenigen Anschlusspunkt ermitteln zu können, an welchem die Verknüpfung zwischen Anlage und Netz stattfinden soll.[38] Ist das Projekt schon hinreichend konkret, so dass der Anschluss unmittelbar bevorsteht, werden Anla- 30

---

[36] Ebenda.
[37] Zum Ganzen *Salje,* Versorgungswirtschaft 2002, 77, 80.
[38] Hierzu Kommentierung zu § 4 Rn. 44ff.; zur Netzverträglichkeitsprüfung auch *Salje,* Versorgungswirtschaft 2001, 225ff.

gen- und Netzbetreiber – nach Einigung über den gesetzlichen Anschlusspunkt – eine Vereinbarung über die konkrete Umsetzung des Netzanschlusses treffen.[39] Die früher üblichen **Netzkapazitätsreservierungen** sind in Anbetracht von § 4 Abs. 3 nicht dazu geeignet, den Anlagenbetreibern verbindliche Rechtspositionen zu vermitteln. Ihre Bedeutung dürfte deshalb zurückgehen.[40]

31 Das eigentliche **Angebot zum Abschluss** eines Stromeinspeisungsvertrages kann **ausdrücklich** entweder vom Anlagenbetreiber oder vom Netzbetreiber erklärt werden, wobei der Vertrag oft unter Einbeziehung von Allgemeinen Geschäftsbedingungen geschlossen wird. Erst mit Zustimmung des anderen Beteiligten kommt der Vertrag zustande.

3. Zweckmäßigkeit und Wirksamkeit einzelner Klauseln

32 Einzelne Klauseln des EEG-Einspeisungsvertrages können für die Entwicklung des Rechtsverhältnisses zwischen dem Stromerzeuger und dem Netzbetreiber sowie für die **Rentabilität der Investitionen beider Beteiligten** von erheblicher Bedeutung sein. Die vertraglichen Abreden treten – soweit sie nicht als **AGB gegen § 307 BGB** verstoßen oder aber der gesetzlichen Regelung zwingender Charakter zukommt – an die Stelle der gesetzlichen Vorgaben. Vereinbarungen zu Messkosten, Betriebsführungskosten, Haftungsfragen usw. sind aber geeignet, den Anlagenbetreiber schlechter zu stellen. Dieser muss daher sorgfältig prüfen, ob er die eine oder die andere Regelung in den Vertrag aufnehmen will. Klauseln, die in EEG-Einspeisungsverträgen oft anzutreffen sind, betreffen folgende Aspekte:

33 **Eigentum an Anschlussleitungen:** Im EEG-Einspeisungsvertrag oder auch im Anschlussherstellungsvertrag kann vereinbart werden, wem das Eigentum an den Anschlussleitungen zustehen soll.[41] Ist der Netzbetreiber Eigentümer der Leitung, ist er ebenso für die Instandhaltung und spätere Erneuerung dieser Leitung und die daraus entstehenden Kosten verantwortlich.

34 **Technische Fragen:** Nicht selten enthalten EEG-Stromeinspeisungsverträge einen Verweis auf branchenübliche technische Verbandsrichtlinien (Richtlinie für den Parallelbetrieb von Eigenerzeugungsanlagen mit dem Niederspannungs-, dem Mittelspannungs- bzw. Hoch- und Höchstspannungsnetz, Richtlinie EEG-Erzeugungsanlagen am Hoch- und Höchstspannungsnetz). Sowohl Eigenerzeugungsanlagen als auch Anschlussanlagen fallen aber unproblematisch unter § 49 EnWG. Folge dieses Verständnisses ist, dass bezüglich der Anlagen nach § 3 Abs. 2 die anerkannten Regeln der Technik und damit die technischen Regeln des VDE beachtet werden müssen. Daher bedarf es keines besonderen Verweises im Vertrag auf die Richtlinien, soweit es um das sichere Funktionieren der Anlage geht: Mindestanforderungen hierfür sind bereits im § 49 EnWG enthalten. Nur soweit Besonderheiten – etwa aufgrund der Eigenartigkeit des Netzes – beachtet werden müssen, sollten weitere technische Fragen geregelt und Einspeisebedingungen aufgestellt werden. Das Gleiche gilt, wenn der Netzbetreiber im Interesse an einer vertraglichen Regelung hat, die über die im Einzelfall erforderlichen Anforderungen hinausgeht.[42] Diese unterliegen dann einer Überprüfung nach §§ 21, 24 EnWG i. V. m. StromNZV und StromNEV einer Kontrolle durch die Bundesnetzagentur oder die Landesregulierungsbehörde nach §§ 65 ff. EnWG. Darüber hinaus kommt eine zivilgerichtliche Überprüfung anhand des § 315 BGB in Be-

---

[39] Vgl. zur Bestimmung des gesetzlichen Anschlusspunktes in § 4 Rn. 85 ff.
[40] Vgl. zu Netzkapazitätszusagen Ausführungen in § 4 Rn. 96 ff.
[41] Vgl. hierzu Ausführungen in § 4 Rn. 72 ff. und § 13 Rn. 11
[42] Gesetzesbegründung, BT-Drs. 15/2864, S. 45.

tracht. Die Einspeisebedingungen sind von den Verteilernetzbetreibern gemäß dem bisherigen § 20 Abs. 1 EnWG analog auch zu veröffentlichen.[43]

Haftung des Anlagenbetreibers: Eine Haftung des Anlagenbetreibers kann 35 Folge der sich aus dem gesetzlichen Schuldverhältnis zwischen dem Anlagen- und dem Netzbetreiber resultierenden Nebenpflichten sein. Steht die Anschlussleitung nicht bereits im Eigentum des Netzbetreibers, muss der Anlagenbetreiber diese regelmäßig warten und technische Anlagen einbauen, um eine Überlastung des Netzes zu verhindern.[44] Tut er dies nicht, und entsteht deswegen ein Schaden beim Netzbetreiber, so haftet der Anlagenbetreiber dem Netzbetreiber – mangels Haftungsfreistellung – aus Vertrag bzw. aus dem gesetzlichen Schuldverhältnis. Leitbild für eine Haftungsfreistellung aus Anlass der Einspeisung ist regelmäßig der § 6 AVBEltV: Hiernach haftet ein Elektrizitätsversorgungsunternehmen seinen Kunden auf Schadensersatz, wenn Schäden im Zusammenhang mit der Unterbrechung der Stromversorgung oder durch Unregelmäßigkeiten in der Elektrizitätsbelieferung auftreten. Der Verweis auf die entsprechende Heranziehung des § 6 AVBEltV in einem EEG-Einspeisungsvertrag erscheint für Fälle einer mangelhaften Wartung oder Nichterrichtung von Anlagen, welche die technische Sicherheit der Anlage gewährleisten sollen, vertretbar. Nicht angebracht ist der Verweis auf § 6 AVBEltV aber, sowiet damit der Einspeisungsvorgang selber erfasst werden soll. Die Konstellation des EEG-Einspeisenden unterscheidet sich erheblich von der eines sonstigen Stromlieferanten, denn den Anlagenbetreiber trifft – wie bereits festgestellt – gerade keine Stromlieferungspflicht. Demzufolge kann im Zusammenhang mit einer Unterbrechung der Stromeinspeisung nicht von einer Pflichtverletzung gesprochen werden.[45]

Haftung des Netzbetreibers: Bisweilen unterbricht der Netzbetreiber die 36 Abnahme von Strom aus Anlagen im Sinne von § 2 etwa wegen durchzuführender Wartungsarbeiten am Netz oder weil er (irrtümlich) annimmt, die Anlage würde eine unzulässige Netzrückwirkung verursachen. Entstehen dem Anlagenbetreiber dadurch Schäden, was regelmäßig der Fall ist, haftet der Netzbetreiber dem Anlagenbetreiber gegenüber ebenfalls aus Vertrag, aus dem gesetzlichen Schuldverhältnis oder aus Delikt.

Auch insoweit wird für den **Haftungsausschluss** des Netzbetreibers oft auf § 6 37 AVBEltV rekurriert.[46] Die (analoge) Anwendung dieser Vorschrift ist problematisch. Bedenken sind vor allem vor dem Hintergrund anzumelden, dass § 6 AVBEltV mit den Modalitäten der „Unterbrechung der Elektrizitätsversorgung" und der „Unregelmäßigkeiten in der Elektrizitätsbelieferung" den umgekehrten Stromfluss meint: Der Fall, in dem der Netzbetreiber die Verbindung zur Erzeugungsanlagen unterbricht, kann unmöglich unter die Konstellation des § 6 AVBEltV fallen.[47] Problematisch ist im Übrigen die Zulässigkeit einer Haftungsbeschränkung nach dieser Norm, soweit sie im Wege Allgemeiner Geschäftsbedingungen vereinbart wird.[48] Hierbei ist zu bedenken, dass § 6 AVBEltV im Bereich der Sach- und Vermögensschäden jede Haftung für leichte Fahrlässigkeit ausschließt. Hingegen haftet das Elektrizitätsversorgungsunternehmen gemäß der gleichen Vorschrift bei grober Fahrlässigkeit bis zu einem Betrag von 2500 EUR. Unbeschränkt ist die Haftung des Elektrizitätsversorgungsunternehmens nach § 6 AVBEltV lediglich bei

---

[43] *Salje,* Versorgungswirtschaft 2002, 77, 81.
[44] *Salje,* Versorgungswirtschaft 2002, 77, 80.
[45] *Salje,* Versorgungswirtschaft 2002, 77, 82.
[46] Kritisch zur Anwendung des § 6 AVBEltV in Netzanschluss- und Einspeiseverträgen *von Tettau,* ZNER 2003, 29 ff.
[47] *Salje,* Versorgungswirtschaft 2002, 77, 82.
[48] Dazu grundlegend *von Tettau,* ZNER 2003, 29 ff.

Vorsatz. Zu berücksichtigen ist, dass § 307 BGB als Generalklausel für die Kontrolle von zwischen den Unternehmen vereinbarten Allgemeinen Geschäftsbedingungen eine unangemessene Benachteiligung des Vertragspartners durch **Allgemeine Geschäftsbedingungen** verbietet. Der Anwendung einer Regelung der Art, wie sie in § 6 AVBEltV vorzufinden ist, könnte bereits der Umstand entgegenstehen, dass sie die Haftung des Netzbetreibers hinsichtlich der Haftungssummen so weit und gravierend nach unten modifiziert, dass die Rechte des Anlagenbetreibers (aus §§ 4, 5) als weitgehend ausgehöhlt anzusehen wären. Insbesondere die Literatur erblickt in dieser Konstellation eine solch erhebliche Schwächung der Rechtsposition des Anlagenbetreibers, dass man bei einer Anwendung des § 6 AVBEltV in EEG-Einspeiseverträgen von einem Verstoß gegen § 307 BGB ausgehen müsste.[49]

D. Bestimmung der Höhe der Vergütung (Abs. 2)

38   Gemäß Abs. 2 bestimmt sich die Höhe der Vergütung jeweils **anteilig** nach der **Leistung der Anlage** im Verhältnis zu dem jeweils anzuwendenden Schwellenwert, soweit die §§ 6 bis 11[50] in Abhängigkeit von der Leistung der Anlage unterschiedliche Mindestvergütungssätze festlegen. Diese Regelung findet sich deshalb unter den gemeinsamen Vorschriften, da sie mit Ausnahme der Windenergie alle Vergütungsregelungen betrifft.[51]

I. Anzuwendender Schwellenwert – gleitende Vergütung (Abs. 2 Satz 1)

39   Die Regelung des Abs. 2 Satz 1 führt eine sog. **gleitende Vergütung** ein. Mit diesem Begriff ist ein Sachverhalt gemeint, bei dem für verschiedene Anlagengrößen und für verschiedene elektrische Leistungen auch unterschiedliche Vergütungssätze vorgesehen sind. So wird zum Beispiel bei einer Wasserkraftanlage ein Vergütungssatz von 7,67 Ct/kWh entrichtet, solange eine elektrische Wirkleistung von 500 kW nicht überschritten wird. Bei einer Leistung von 500 kW bis einschließlich 5 MW wird ein reduzierter Vergütungssatz von 6,65 Ct/kWh geleistet, während über 5 MW die Vergütung ganz entfällt. Zur Ermittlung des **durchschnittlichen Erlöses** bei einer gleitenden Vergütung ist der Gesamterlös für den von der Anlage erzeugten Strom und der gesamten in einem bestimmten Zeitraum erzeugten und eingespeisten Strommenge zu berechnen. Dieser setzt sich seinerseits aus Teilerlösen für die jeweilige Strommenge im Verhältnis zur Leistung der Anlage und dem jeweiligen Vergütungssatz zusammen. Der durchschnittliche Erlös bewegt sich daher zwischen dem maximal zu zahlenden Vergütungssatz (beispielsweise 7,67 Ct/kWh bei Wasserkraft) und dem niedrigsten Fördersatz (6,65 Ct/kWh bei Wasserkraft). Daraus ergibt sich zugleich, dass grundsätzlich der durchschnittliche Erlös einer Anlage geringer ausfällt, je größer die Anlage ist. Absatz 2 Satz 1 soll letztlich **verhindern,** dass beim Überschreiten der jeweiligen Schwellenwerte der Anlagen **Vergütungssprünge** entstehen. Damit sollen eine stufenlose Vergütungsregelung geschaffen und Ungerechtigkeiten bei Anlagen, die um den Schwellenwert schwanken, vermieden werden.[52]

---

[49] Vgl. *von Tettau*, ZNER 2003, 29, 31 f.
[50] Vgl. im Einzelnen die dortigen Kommentierungen.
[51] BT-Drs. 15/2327, S. 35; vgl. auch Gesetzesbegründung BT-Drs. 15/2864, S. 46.
[52] Gesetzesbegründung, BT-Drs. 15/2864, S. 46.

II. Zuordnung zu den Leistungsklassen (Abs. 2 Satz 2)

Die Zuordnung einer Anlage zu den Leistungsklassen erfolgt nach Abs. 2 Satz 2. **40** Der maßgebliche Leistungswert ist der Quotient aus der Summe der im jeweiligen Kalenderjahr nach § 4 Abs. 1 oder 5 abzunehmenden Kilowattstunden und der Summe der vollen Zeitstunden des jeweiligen Kalenderjahres abzüglich der vollen Stunden vor Inbetriebnahme und nach endgültiger Stilllegung der Anlage.

Ausweislich der Gesetzesbegründung entspricht Abs. 2 dem Regelungsgehalt des **41** § 4 Satz 2 Halbsatz 2 EEG 2000 ohne inhaltliche Änderungen.[53] Es geht um eine vereinheitlichende Definition, so wie diese auch bei Wasserkraft, Deponie-, Klärund Grubengas für den Bereich der §§ 6, 7 gilt. § 4 Satz 2 Halbsatz 2 EEG 2000 nahm seinerseits Bezug auf die sog. Bemessungsleistung. Letztere ist die von einem Kraftwerk maximal abgebbare Leistung im Dauerbetrieb.[54] Mit der Abstellung auf die Bemessungsleistung wurde im EEG 2000 dem Umstand Rechnung getragen, dass bestimmte Kraftwerke aufgrund der Besonderheiten des jeweils zu verstromenden Energieträgers von äußeren Faktoren abhängen und somit die tatsächliche installierte elektrische Leistung des Kraftwerks nicht ausgeschöpft werden kann. Dabei bemaß sich diese Leistung gemäß § 4 Satz 2 Halbsatz 2 EEG 2000 nach dem **Jahresmittel** der in den einzelnen Monaten gemessenen mittleren elektrischen Wirkleistung. Diese **Grundsätze sind auch bei Abs. 2 Satz 2 anwendbar:** Während die Obergrenzen der Anlagengröße nach § 3 Abs. 5 bestimmt werden, richtet sich die Zuordnung zu den Vergütungsstufen nach der durchschnittlichen Jahresarbeit. Lediglich bei der solaren Strahlungsenergie ist die installierte Leistung der Module maßgeblich.[55] Der Leistungsbegriff in Abs. 2 unterscheidet sich also von dem an allen übrigen Stellen im Gesetz maßgeblichen Leistungsbegriff, wie er in § 3 Abs. 5 definiert wird.

Die **Berechnung** der mittleren monatlichen Wirkleistung kann dabei als **42** Durchschnittsbildung der ¼-h-Wert innerhalb eines Monats stattfinden. Eine weitere Möglichkeit zur Bestimmung der Leistung nach Abs. 2 Satz 2 ist die Erfassung der mittleren monatlichen Wirkleistung mittels einer monatsgenauen Ablesung mit Hilfe eines Kilowattstunden-Zählers. Dies gilt aufgrund der neuen Regelung in § 5 Abs. 1 Satz 2, wonach für Anlagen ab 500 kW eine registrierende Leistungsmessung vorgeschrieben ist, nur noch für Kleinanlagen unter 500 kW.[56]

E. Mindest- und Höchstdauer der Vergütungen (Abs. 3)

Mit Ausnahme der Stromerzeugungsanlagen im Sinne von § 6 (Wasserkraft) ha- **43** ben die Anlagenbetreiber gemäß Abs. 3 einen befristeten Anspruch auf die Zahlung von Mindestvergütungen nach § 5, und zwar für 20 Kalenderjahre vom Zeitpunkt der Inbetriebnahme an zuzüglich des Inbetriebnahmejahres. Abweichend hiervon sind die Mindestvergütungen für Strom aus Anlagen nach § 6 Abs. 2 lediglich für eine Dauer von 15 Kalenderjahren zuzüglich des Inbetriebnahmejahres zu entrichten, während Betreiber von Anlagen nach § 6 Abs. 1 die Mindestvergütungen für die Dauer von 30 Kalenderjahren erhalten. Absatz 3 übernimmt und modifiziert den Regelungsgehalt des § 9 EEG 2000. Die Änderungen des § 9 EEG 2000 betreffen allerdings nicht Altanlagen, für die mit Maßgabe der Übergangsbe-

---

[53] Ebenda.
[54] *Heuck/Dettmann*, Elektrische Energieversorgung, S. 27.
[55] Gesetzesbegründung, BT-Drs. 15/2864, S. 46.
[56] *Reshöft/Steiner*, EEG, § 4 Rn. 24 ff.

stimmungen in § 21⁵⁷ die bisherigen Vorschriften u. a. über Vergütungssätze und über die Dauer des Vergütungsanspruches gelten.⁵⁸ Der **Zeitpunkt der Inbetriebnahme** ergibt sich nunmehr aus § 3 Abs. 4.

44 Die Regelung in Abs. 3, die je nach Betrachtungspunkt als – wettbewerbsschützende – „Höchstförderdauer"⁵⁹ oder als – Investitionssicherheit vermittelnde – „Mindestdauer"⁶⁰ bezeichnet wird, dient der Schaffung von Planungs- und Investitionssicherheit für die begünstigten Anlagebetreiber, deren Vertrauen in den Fortbestand der betreffenden Regelungen des EEG gestärkt werden sollte. Da das EEG die Abnahme- und Vergütungspflicht auf 20 bzw. 15 oder 30 Jahre begrenzt, zugleich die Vergütungssätze aber der Höhe nach garantiert, trifft die Bezeichnung als **zeitlich begrenzte Vergütungsgarantie** den Sachverhalt wohl am besten.

I. Normzweck

45 Normzweck des Abs. 3 ist, Investitionen anzuregen und uno actu deren Finanzierung zu sichern. Über die Regelung sollen die begünstigten Erneuerbare-Energien-Stromerzeuger deshalb **Planungs- und Investitionssicherheit** erhalten. Mit den garantierten Mindestvergütungssätzen in den §§ 6 bis 11 für eine Dauer von 15 bis 30 Jahren soll die Amortisation der Erzeugungsanlagen sichergestellt werden.⁶¹ Der Grund hierfür besteht darin, dass die bislang im Vergleich zur konventionellen Stromerzeugung noch immer teureren regenerativen Gestehungsmethoden sich auf dem Markt nur behaupten können, wenn ihre Rentabilität tatsächlich ermöglicht wird. Die Befristung der Vergütung ist an die gängigen Berechnungsformeln und Amortisationszyklen angelehnt.⁶²

II. Verfassungsmäßigkeit eventueller Änderungen der Vergütungssätze oder der Vergütungsdauer

46 Wie erwähnt, soll das Gesetz den begünstigten Erneuerbare-Energien-Stromerzeugern Investitionssicherheit gewähren. Der Erfolg einer vollständigen Amortisation der errichteten Anlagen hängt ebenso davon ab, dass die von Abs. 3 derzeit garantierte 15- bis 30-jährige Vergütungsdauer nicht verkürzt wird. Wenn der Betreiber einer „neuen Anlage" für die Realisierung seiner Investitionskosten etwa von einer 20-jährigen Vergütungszeit ausgeht, diese Vergütung aber aufgrund einer Gesetzesänderung bereits vor Ablauf der 20 Jahre endet, stellt sich die Frage, ob eine solche Änderung mit den grundgesetzlich geschützten Rechtspositionen der Anlagenbetreiber vereinbar ist.

47 Sowohl eine eventuelle Minderung der Vergütungssätze als auch eine Verkürzung der Vergütungsdauer zu Lasten bereits vorhandener, vergüteter Anlagen sind nach den Kriterien des in Art. 20 GG positivierten **Rechtsstaatsprinzips** unter dem Gesichtspunkt des **Vertrauensschutzes** zu beurteilen. Wie jedes andere Gesetz auch ist ein entsprechendes Änderungsgesetz darüber hinaus auf seine Vereinbarkeit mit den **Grundrechten** und mit dem weiteren **objektiven Verfassungsrecht** zu prüfen.

---

⁵⁷ Vgl. Kommentierung zu § 21 Rn. 2.
⁵⁸ Vgl. Gesetzesbegründung, BT-Drs. 15/2864, S. 46.
⁵⁹ So Salje, EEG, § 9 Rn. 4, für § 9 Abs. 1 EEG 2000.
⁶⁰ *Brandt/Reshöft/Steiner*, EEG, § 9 Rn. 5.
⁶¹ Ähnlich zum § 9 Abs. 1 EEG 2000 *Bönning*, ZNER 2000, 268 ff.; *Brandt/Reshöft/Steiner*, EEG, § 9 Rn. 1.
⁶² Gesetzesbegründung, BT-Drs. 15/2864, S. 46.

Bei der Frage der Änderung von Vergütungssätzen ist zunächst das Verhältnis 48
des Abs. 3 zu § 20[63] zu beachten: Das EEG sieht bereits in § 20 die Möglichkeit
gewisser Modifikationen der Vergütungshöhe vor. Hiernach trifft das Bundesumweltministerium mit dem Bundeswirtschaftsministerium und dem Bundesverbraucherschutzministerium zunächst eine Berichtspflicht, die gegenüber dem Bundestag alle zwei Jahre zu erfüllen ist. Der erste Erfahrungsbericht (zum EEG 2000)
wurde (durch das Bundeswirtschaftsministerium) am 16. Juli 2002 vorgelegt.[64]
Gegenstand des Berichts ist der Stand der Markteinführung und der Kostenentwicklung von Regenerativstromanlagen. Das Bundesumweltministerium hat gegebenenfalls eine Anpassung der Höhe der Einspeisungsentgelte entsprechend der
technologischen und der Marktentwicklung für nach dem Zeitpunkt des Erfahrungsberichts in Betrieb genommene Anlagen vorzuschlagen. Eine (nachteilige)
Änderung der Vergütungssätze nach § 20 fällt nicht unter die Problematik des
Vertrauensschutzes, denn sie hat keine Auswirkungen auf bereits bestehende Altanlagen. Für in der Zukunft in Betrieb gehende Anlagen müssen Investoren nach
einer angemessenen Übergangsfrist stets mit einer Änderung der Vergütungen auf
der Grundlage von § 20 rechnen. Eine Modifizierung der Vergütungssätze nach
§ 20 für in der Zukunft nach einer angemessenen Übergangsfrist in Betrieb gehende
Anlagen zieht daher keine besonderen verfassungsrechtlichen Probleme nach sich.

Soweit dagegen der Gesetzgeber eine Anpassung der Vergütungshöhe bzw. der 49
Vergütungsdauer nach Abs. 3 außerhalb des Anwendungsbereichs des § 20 vornimmt, ist die Rechtsprechung des BVerfG zu den Voraussetzungen, unter denen
eine Rückwirkung zulässig ist, zu beachten.

1. Echte Rückwirkung

Eine **echte Rückwirkung** (auch „retroaktive Rückwirkung" genannt) liegt 50
nach der Rechtsprechung des BVerfG dann vor, wenn ein Gesetz nachträglich in
abgewickelte, der Vergangenheit angehörende Tatbestände eingreift,[65] mithin
wenn der zu ändernde Tatbestand in der Vergangenheit nicht nur begonnen hat,
sondern bereits abgeschlossen ist.[66] Unerheblich ist hierbei, ob der ändernde
Rechtsakt ein förmliches Gesetz oder eine Exekutivmaßnahme ist. Die echte
Rückwirkung wird einer Überprüfung nach den Grundsätzen des Rechtsstaatsprinzips, mithin nach dem Grundsatz des Vertrauensschutzes und der Rechtssicherheit,[67] aus Art. 20 GG unterworfen. Hiernach ist die echte Rückwirkung **nur
in Ausnahmefällen zulässig** und bedarf einer „besonderen Rechtfertigung".
Das Verbot der echten Rückwirkung darf nur aus zwingenden Gründen des
Allgemeinwohls, wofür inzwischen von der Judikatur Fallgruppen entwickelt
wurden, durchbrochen werden.[68] Ebenfalls wird das Vertrauen auf ein später für
verfassungswidrig befundenes und mithin ungültiges Gesetz grundsätzlich geschützt.[69]

Bei einer Änderung der Vergütungssätze bzw. der Vergütungsdauer oder sonsti- 51
ger Bedingungen handelt es sich nur dann um eine echte Rückwirkung, wenn die
Vergütungsbedingungen mit Wirkung für die Vergangenheit geändert würden und
z. B. bereits erhaltene Vergütungen wieder erstattet werden müssten. Nur insoweit

---

[63] Vgl. ausführliche Kommentierung § 20 Rn. 27.
[64] BT-Drs. 14/9807.
[65] BVerfGE 57, 361, 391.
[66] *Jarass/Pieroth*, GG, Art. 20 Rn. 68.
[67] BVerfGE 72, 200, 242; hierzu *Jarass/Pieroth*, GG, Art. 20 Rn. 70.
[68] Vgl. zum Ganzen und vor allem zur Rechtsprechung des BVerfG *Jarass/Pieroth*, GG,
Art. 20 Rn. 70 ff.
[69] BVerfGE 53, 111 ff., 128; vgl. auch *Jarass/Pieroth*, GG, Art. 20 Rn. 68.

handelt es sich bei der Vergütung um einen bereits abgewickelten Tatbestand, bei dem die Rechtsfolgen nachträglich geändert würden.

52 Eine echte Rückwirkung ist nur zulässig, wenn für den Rückwirkungszeitraum mit der dann getroffenen Regelung zu rechnen war und aus diesem Grund kein schutzwürdiger Vertrauenstatbestand geschaffen wurde. Dies kann der Fall sein, wenn eine vorläufige durch eine endgültige Regelung ersetzt wird, oder wenn eine aus formellen Gründen nichtige Regelung durch eine wirksame Regelung ersetzt wird. Darüber hinaus kann die echte Rückwirkung zulässig sein, wenn die bisherige Rechtslage „unklar und verworren" war und ihre Bereinigung ein Erfordernis der Rechtssicherheit ist.[70] Keiner dieser Ausnahmefälle trifft auf die Vergütungssätze des EEG zu, so dass eine rückwirkende Anpassung der Vergütungsbedingungen verfassungsrechtlich nicht zulässig wäre.

53 Soweit Vergütungsbedingungen zwar nach Inbetriebnahme einer Erneuerbaren-Energien-Anlage, aber für die Zukunft geändert würden, handelt es sich dabei nicht um einen Tatbestand, dessen Voraussetzungen bereits abgewickelt und somit als der Vergangenheit angehörend anzusehen sind. Dieser Fall stellt keine echte und damit grundsätzlich unzulässige Rückwirkung dar.

2. Unechte Rückwirkung

54 Eine unechte – unter Umständen zulässige – Rückwirkung (auch „tatbestandliche Rückanknüpfung" bzw. „retrospektive Rückwirkung" genannt) liegt vor, wenn eine Norm auf gegenwärtige, noch nicht abgeschlossene Sachverhalte für die Zukunft einwirkt und damit die betroffene Rechtsposition nachträglich entwertet[71] bzw. wenn eine Norm künftige Rechtsfolgen von Gegebenheiten aus der Zeit vor ihrer Verkündung abhängig macht.[72]

55 Eine Anpassung der EEG-Vergütungsbedingungen für die Zukunft könnte demnach einen Fall der unechten Rückwirkung darstellen, sofern hiervon auch bereits in Betrieb genommene Anlagen betroffen wären. Dies setzt voraus, dass die Inbetriebnahme der Erneuerbaren-Energien-Anlage und nicht die jeweilige Einspeisung von Strom maßgeblicher Anknüpfungspunkt ist.

56 In der Literatur wird überwiegend für die vorliegend zu prüfende Fallkonstellation ohne genaue Prüfung der Voraussetzungen eine „unechte Rückwirkung" angenommen.[73] Hierbei wird der Anknüpfungstatbestand zumeist nicht oder zumindest nur unzureichend präzisiert.

57 Es sprechen in der Tat die besseren Argumente dafür, den Zeitraum von der Planung über die Inbetriebnahme einer Erneuerbaren-Energien-Anlage bis zum Ablauf der 20-jährigen Vergütungsdauer als einen Sachverhalt anzusehen, weil Anknüpfungstatbestand des EEG für die Bestimmung der über 20 Kalenderjahre zu gewährenden Höhe der Vergütung der Zeitpunkt der Inbetriebnahme der Erneuerbaren-Energien-Anlage ist. Die getätigten Investitionen in die einmal in Betrieb genommene Anlage sind spätestens ab diesem Zeitpunkt nicht mehr umkehrbar. Allein auf den Zeitpunkt der Stromeinspeisung abzustellen, wäre eine zu enge Betrachtungsweise.

58 Vorzugswürdig scheint es daher, die **Inbetriebnahme** der Erneuerbaren-Energien-Anlage als maßgeblichen **Anknüpfungstatbestand** zu betrachten. Ein Investor hat die Investitionsentscheidung auf der Grundlage getroffen, dass die gesetzlich festgelegte Mindestvergütung ohne Degression für 20 Kalenderjahre gewährt wird,

---

[70] *Schnapp*, in: von Münch/Kunig, GG, Art. 20 Rn. 31.
[71] BVerfGE 51, 356, 362; allgemein dazu *Degenhart*, Staatsrecht I, Rn. 369 ff.
[72] BVerfGE 72, 200, 242.
[73] BVerwG 62, 230, 237; *Jarass/Pieroth*, Art. 20 Rn. 52; so auch: *Resthöff/Steiner/Dreher*, EEG, 2. Aufl., § 20 Rn. 20 f.

wie dies in § 9 Abs. 1 EEG 2000 bzw. Abs. 3 EEG 2004 geregelt war bzw. ist. Auf diese durch Inbetriebnahme erworbene Rechtsposition würde durch eine Herabsetzung der Mindestvergütung, Verkürzung der Vergütungsdauer oder bei einer Begrenzung der vergütungsfähigen Erneuerbaren-Energien-Anlagen nachträglich und für den Anlagenbetreiber nachteilig eingewirkt. Wird dieser Anknüpfungstatbestand gewählt, wäre von einer „unechten Rückwirkung" auszugehen, weil die Inbetriebnahme in der Vergangenheit lag und der zum Zeitpunkt der Inbetriebnahme gesetzlich bestimmte Vergütungszeitraum noch nicht abgeschlossen wäre.

Eine **„unechte Rückwirkung"** ist nach der Rechtsprechung des BVerfG dann 59 unzulässig, wenn bei der **Abwägung** im Einzelfall das **Vertrauen** des Einzelnen auf den Fortbestand einer bestimmten Regelung gegenüber dem **Wohl der Allgemeinheit** überwiegt.[74] Entscheidend ist, ob der Bürger im Vertrauen auf den Bestand einer bestimmten gesetzlichen Regelung eine Rücksichtnahme durch den Gesetzgeber billigerweise erwarten darf.[75] Abzuwägen ist zwischen dem Ausmaß des Vertrauensschadens einerseits und der Bedeutung des gesetzgeberischen Anliegens für das Wohl der Allgemeinheit andererseits.[76] Schutzwürdig ist das Vertrauen des Einzelnen insbesondere, wenn der Gesetzgeber ihn zu entsprechenden Dispositionen veranlasst hat.[77]

Das EEG hat zum einen mit der Festlegung eines 20-jährigen Vergütungszeit- 60 raums in Abs. 3, der die Rentabilität der Stromerzeugungsanlagen ermöglichen soll und der Beschränkung des Vorschlagsrechts für Vergütungssenkungen auf neue Anlagen in § 20 Abs. 1 Satz 1, einen besonderen Vertrauenstatbestand geschaffen. Bereits in der Begründung zu § 12 EEG 2000 betonte der Gesetzgeber ausdrücklich, dass eine „Anpassung nur für Neuanlagen erfolgen [kann], da den Anlagenbetreibern andernfalls jede Investitionssicherheit genommen [...] würde".[78]

Das so geschaffene **Vertrauen** erhält zudem dadurch ein **besonderes Ge-** 61 **wicht,** dass die Anlagenbetreiber durch eine Änderung der Vergütungshöhe bzw. des Förderzeitraums schwerwiegend in ihren wirtschaftlichen Interessen betroffen wären. Vor dem Hintergrund dieses gesetzlich besonders gesteigerten Vertrauens ist ganz überwiegend davon auszugehen, dass das BVerfG eine Regelung, die zur Absenkung der Vergütungssätze, einer Verkürzung der Vergütungsdauer bzw. zu einem gänzlichen Ausschluss der Förderfähigkeit für bestehende Anlagen führen würde, verfassungsrechtlich als nichtig ansehen würde. Der Vertrauensschutz des Einzelnen überwiegt aufgrund der getroffenen vom Gesetzgeber angeregten Investitionen gegenüber dem Wohl der Allgemeinheit, zumal die getroffenen Investitionen aufgrund ihrer klima-, ressourcen- und umweltschützenden Wirkung dem Wohl der Allgemeinheit dienen. Dies gilt zumindest dann, wenn der Gesetzgeber eine Regelung treffen würde, die einen wirtschaftlichen Betrieb der jeweiligen Erneuerbare-Energien-Anlage nicht mehr zulassen würde. Das BVerfG verlangt in jedem Fall, dass sich die gesetzliche Regelung in einem der wirtschaftlichen Realität angemessenen Rahmen zu halten hat.[79] Als verfassungsrechtliche Mindestvorgabe wäre eine angemessene Übergangsfrist für Altanlagen zu treffen.[80]

---

[74] *Jarass/Pieroth,* GG, Art. 20 Rn. 73; *Schnapp,* in: von Münch/Kunig, GG, Art. 20 Rn. 31.
[75] BVerfGE 68, 287, 307.
[76] BVerfGE 24, 220, 230; ihm folgend *Schnapp,* in: von Münch/Kunig, GG, Art. 20 Rn. 31; vgl. auch BVerfGE 30, 392, 404; BVerfGE 68, 287, 307.
[77] Vgl. *Schnapp,* in: von Münch/Kunig, GG, Art. 20 Rn. 31; BVerfGE 68, 287, 307; sowie *Jarass/Pieroth,* GG, Art 20 Rn. 73.
[78] BT-Drs. 14/2776, S. 25.
[79] BVerfGE 68, 287, 308.
[80] BVerfGE 78, 249, 285.

62 Die Ausführungen zum Vertrauensschutz gelten entsprechend für sich noch in der **Planungsphase befindende Anlagen.** Je weiter die Planungsreife fortgeschritten ist und je mehr Investitionen bereits getätigt wurden, desto stärker ist die Schutzwürdigkeit des Vertrauens. Im Falle einer Änderung der Vergütungsdauer oder der Vergütungssätze wäre daher eine – etwa mit § 10 Abs. 5 vergleichbare – Regelung verfassungsrechtlich geboten, wonach Anlagen, die bis zu einem bestimmten Zeitpunkt noch in Betrieb gehen, nach der alten Rechtslage behandelt werden und erst ab einem bestimmten Stichtag die Neuregelung gilt.

63 Rechtsmethodisch anders zu behandeln ist nach der Judikatur des BVerfG dagegen der Fall, dass der Vertrauensschutz im Zusammenhang mit einer eigentumsrelevanten Maßnahme, die nach **Art. 14 GG** zu beurteilen ist, entstanden ist:[81] Hier nimmt das BVerfG einen **Vorrang der Prüfung unter Art. 14 GG gegenüber dem Rechtsstaatsprinzip** an mit der Folge, dass insoweit allein bzw. zumindest primär Art. 14 GG anzuwenden ist.[82] Diese Grundsätze werden inzwischen **auch im Bereich anderer Grundrechte** und damit für alle Fälle der unechten Rückwirkung (tatbestandliche Rückanknüpfung) angewendet.[83] Nach neuerer Rechtsprechung wird daher im Ergebnis in einem Fall der unechten Rückwirkung lediglich eine Grundrechtsprüfung vorgenommen, wobei allerdings allgemeine rechtsstaatliche Grundsätze einfließen.[84]

64 Im Ergebnis ist jedenfalls eine Abwägung zwischen dem Vertrauensschaden des Einzelnen und der Bedeutung der gesetzlichen Zielsetzung für das Allgemeinwohl nach verfassungsrichterlicher Rechtsprechung zwingend vorgeschrieben. Dabei macht es keinen Unterschied, ob diese Erwägungen separat im Rahmen einer Prüfung des Rechtsstaatsprinzips oder im Rahmen einer Grundrechtsprüfung unter Berücksichtigung des rechtsstaatlichen Vertrauensschutz- und Rechtssicherheitsgebots vorgenommen werden.

65 Wenn Vertrauensschutzgesichtspunkte nicht eigenständig, sondern erst innerhalb der Grundrechtsprüfung *sub specie* Verhältnismäßigkeit vorgenommen werden, kommt bei einer Änderung der Vergütungssätze oder Vergütungsdauer des EEG eine Verletzung der Eigentumsfreiheit, der Berufsfreiheit sowie des Gleichheitsgrundsatzes in Frage.

3. Art. 14 Abs. 1 GG

66 *Träger* des Eigentumsgrundrechts sind alle natürlichen und inländischen juristischen Personen des Privatrechts.[85] Die Adressaten einer Änderung der Vergütungshöhen oder der Vergütungsdauer des EEG sind die Anlagenbetreiber und als solche alle Rechtssubjekte, die unter den Anwendungsbereich des § 3 Abs. 2 fallen: Dies können sowohl natürliche als auch juristische Personen sein, wobei in beiden Fällen lediglich inländische Unternehmer geschützt werden. Der persönliche Schutzbereich des Art. 14 Abs. 1 GG ist bei den hier zu prüfenden Änderungen des EEG eröffnet.

67 Eigentum im Sinne des Art. 14 Abs. 1 GG ist die Summe aller vom Gesetzgeber per einfachem Gesetz gewährten vermögenswerten privaten und öffentlich-rechtlichen Rechte.[86] Vorliegend kommen zwei Rechtspositionen in Frage, die den sachlichen Anwendungsbereich des Art. 14 GG tangieren könnten: einerseits das

---

[81] *Jarass/Pieroth,* GG, Art. 20 Rn. 74 m. w. N. aus der Rspr. des BVerfG.
[82] BVerfGE 36, 281, 293.
[83] BVerfGE 72, 200, 242; vgl. *Jarass/Pieroth,* GG, Art. 20 Rn. 74 m. w. N. aus der Rspr. des BVerfG.
[84] BVerfGE 76, 256, 347.
[85] *Bryde,* in: von Münch/Kunig, GG, Art. 14 Rn. 6.
[86] *Bryde,* in: von Münch/Kunig, GG, Art. 14 Rn. 11.

Eigentum an der Anlage selbst, andererseits der Anspruch des Anlagenbetreibers auf die EEG-Vergütung nach der in §§ 6 bis 11 bestimmten Höhe und für den in Abs. 3 vorgegebenen Zeitraum. Während die Anlage unproblematisch Gegenstand des Eigentums im Sinne des Art. 14 GG ist, ist die Einordnung des Vergütungsanspruchs aus für die in § 12 bestimmte Zeit Bedenken ausgesetzt, weil darin eine bloße Anwartschaft zu sehen sein könnte. Bloße Gewinnchancen, Zukunftshoffnungen und Erwartungen – die allesamt als vermögenswerte Elemente eines „eingerichteten und ausgeübten Gewerbebetriebs" angesehen werden können – fallen nach der Rechtsprechung des BVerfG nicht in den Schutzbereich des Art. 14 Abs. 1 GG.[87] Selbiges gilt für Verdienstmöglichkeiten.[88] Art. 14 GG „gewährleistet nur Rechtspositionen, die einem Rechtssubjekt bereits zustehen".[89] Damit ist nur ein konkret vorhandener Bestand an vermögenswerten Rechtspositionen geschützt. Bloße Expektanzen, Anwartschaften, Gewinnchancen etc. werden dagegen über Freiheitsrechte, insbesondere Art. 12 GG, geschützt.[90]

Vorliegend geht es beim Anspruch des Anlagenbetreibers aus §§ 5, 6 bis 11 i. V. m. § 12 jedoch um eine bereits jetzt und nicht nur in der Zukunft vorhandene Rechtsposition, die sich unmittelbar aus dem Gesetz ergibt (gesetzliches Schuldverhältnis). Der Anspruch ist durch diese Normen hinreichend rechtlich gesichert. Diese Rechtsposition stellt nicht nur eine bloße Gewinnchance dar. Die Rechtsposition der Anlagenbetreiber hat demzufolge bereits einen Vermögenswert und kann nur in den gesetzlich geregelten Fällen geändert werden (Degressionssätze). Damit handelt es sich beim Anspruch der Anlagenbetreiber sehr wohl um „Eigentum" im Sinne des Art. 14 Abs. 1 GG. 68

Eine Änderung des EEG 2004 hinsichtlich der Höhe der Vergütungssätze oder der Vergütungsdauer zu Lasten bereits am Markt tätiger Anlagenbetreiber würde eine eigentumsrelevante Maßnahme und damit einen Eingriff in die vermögenswerten Rechtspositionen des Anlagenbetreibers im Sinne des Art. 14 Abs. 1 GG darstellen. Es läge eine Inhalts- und Schrankenbestimmung vor, da die Maßnahme eine generelle und abstrakte Festlegung von Rechten und Pflichten bewirken würde.[91] 69

Der Eingriff in die Eigentumsfreiheit müsste gerechtfertigt sein. Seine Verfassungsmäßigkeit bestimmte sich nach den allgemeinen Grundsätzen. Insbesondere wäre das Übermaßverbot zu beachten. Im Rahmen der hierfür notwendigen Abwägung wäre wiederum den Vertrauensschutzerwägungen aufgrund des rückwirkenden Effekts der Maßnahme Rechnung zu tragen.[92] 70

Im Ergebnis würde eine Änderung der Vergütungssätze zum Nachteil der Anlagenbetreiber und der Vergütungsdauer nach Abs. 3 einer verfassungsrechtlichen Prüfung unter Art. 14 i. V. m. Art. 20 GG nicht standhalten.[93] 71

4. Art. 12 Abs. 1 GG

Die Modifizierung der Vergütungssätze nach §§ 6 bis 11 und der Vergütungsdauer des Abs. 3 zum Nachteil der Anlagenbetreiber könnte diese auch in ihrer durch Art. 12 Abs. 1 GG geschützten Berufsfreiheit verletzen. Festzustellen ist 72

---

[87] BVerfGE 68, 193, 222.
[88] BVerfGE 78, 205, 211; zustimmend aus der Literatur etwa *Jarass/Pieroth*, GG, Art. 14 Rn. 22.
[89] BVerfGE 78, 205, 211; BVerfGE 68, 193, 222.
[90] *Jarass/Pieroth*, GG, Art. 14 Rn. 22.
[91] Vgl. für den Begriff der Inhalts- und Schrankenbestimmung BVerfGE 72, 66, 76; oder statt aller *Jarass/Pieroth*, GG, Art. 14 Rn. 36.
[92] Vgl. hierzu oben Rn. 56 ff.
[93] Vgl. auch *Bönning*, ZNER 2000, 268 ff.; *Kersting/Hagmann*, UPR 2001, 215, 217 f.; a. A. wohl *Salje*, § 12 EEG Rn. 23.

zunächst, dass die Betätigung eines Anlagenbetreibers grundsätzlich eine Tätigkeit ist, die in ideeller wie materieller Hinsicht der Schaffung und Erhaltung einer Lebensgrundlage dienen kann. Der sachliche *Schutzbereich* des Art. 12 Abs. 1 GG dürfte demnach grundsätzlich eröffnet sein. Nicht tangiert wäre der Schutzbereich des Art. 12 Abs. 1 GG indes bei bloßen Investoren, die lediglich nach Möglichkeiten der Kapitalbeteiligung zu Anlagezwecken suchen. Diese üben nicht erkennbar den „Beruf des Anlagenbetreibers" aus. In persönlicher Hinsicht können sich auf Art. 12 Abs. 1 GG nur Deutsche im Sinne des Art. 116 GG sowie sog. EG-Ausländer berufen; ausgenommen sind dagegen die juristischen Personen des öffentlichen Rechts sowie alle ausländischen juristischen und natürlichen Personen.[94]

73 Eine Änderung der Vergütungssätze und/oder der 20-jährigen Vergütungsdauer greift in den Schutzbereich des Art. 12 Abs. 1 GG dann ein, wenn diese Maßnahme eine erkennbare „berufsregelnde" Tendenz[95] hat. Eine Regelung mit Berufsbezug wird angenommen, wenn die jeweilige Norm sich unmittelbar auf einen oder mehrere Berufe bezieht und die berufliche Tätigkeit ganz oder teilweise unterbindet bzw. dazu führt, dass sie „nicht in der gewünschten Weise ausgeübt werden kann".[96] Das wird vom BVerfG etwa auch bei einer Änderung von Regelungen bejaht, mit denen eine Vergütung für die berufliche Tätigkeit festgelegt wird.[97] Keine berufsregelnde Tendenz wird hingegen angenommen, wenn es um Pflichten geht, die an Tätigkeiten knüpfen, unabhängig davon, ob sie beruflich oder nicht beruflich ausgeübt werden. Dies gilt etwa für abgaben- und steuerrechtliche Zahlungspflichten.[98] Bezogen auf die Vergütungen aus dem EEG ist zu konstatieren, dass sie an eine Tätigkeit anknüpfen, die zwar sowohl von einem Anlagenbetreiber als Berufsträger, aber auch von solchen Personen ausgeübt werden kann, die – ohne diesen Beruf auszuüben – lediglich eine Möglichkeit der Kapitalbeteiligung zu Anlagezwecken suchen. Normen, die nicht allein Berufstätige als Adressaten haben, besitzen trotzdem eine berufsregelnde Tendenz, „wenn sie nach ihrer Entstehungsgeschichte und Inhalt im Schwerpunkt Tätigkeiten betreffen, die typischerweise beruflich ausgeübt werden".[99] In der überwiegenden Anzahl der Fälle kann hiervon ausgegangen werden. Demnach dürfte die Zahlung der Vergütungen nach dem EEG – im Grundsatz – eine berufsregelnde Tendenz aufweisen. Dies würde entsprechend auch für eine Modifizierung solcher Vergütungen und für die Verkürzung der 20-jährigen Vergütungsdauer gelten. Bei allen nachteiligen Änderungen dieser Tatbestände wäre demnach im Ergebnis von einem Eingriff in den Schutzbereich des Art. 12 Abs. 1 GG auszugehen.

74 Die Kürzung der Vergütungen nach §§ 6 bis 11 und der Vergütungsdauer müsste verhältnismäßig sein. Hierbei sind die Grundsätze zu beachten, die das BVerfG für die Verhältnismäßigkeitsprüfung unter Art. 12 Abs. 1 GG entwickelt hat (sog. „Dreistufentheorie"). Unschwer ist dabei zu erkennen, dass es sich sowohl bei einer Senkung der Vergütungssätze als auch bei der Verkürzung der Vergütungsdauer jeweils um eine Einschränkung der Berufsausübung handelt. Denn es werden nicht die Frage des „Ob" des Berufes, sondern die Mittel und der Umfang tangiert. Die Verhältnismäßigkeit dieser Regelungen dürfte dabei – genauso wie bei Art. 14 Abs. 1 GG – im Ergebnis zu verneinen sein: Denn auch in diese Prü-

---

[94] Dazu *Jarass/Pieroth*, GG, Art. 12 Rn. 10.
[95] *Jarass/Pieroth*, GG, Art. 12 Rn. 11.
[96] BVerfGE 82, 209, 223; zustimmend *Jarass/Pieroth*, GG, Art. 12 Rn. 11.
[97] BVerfGE 68, 193, 216 ff.; BVerfGE 83, 1, 13; BVerfGE 101, 331, 347; vgl. zum Ganzen *Jarass/Pieroth*, GG, Art. 12 Rn. 11.
[98] BVerfGE 55, 7, 25 ff.; BVerfGE 81, 108, 121.
[99] BVerfGE 81, 108, 122; Hervorhebung des Verf.

fung fließen angesichts der oben erwähnten Untersuchung der Zulässigkeit einer unechten Rückwirkung Gesichtspunkte aus dem Rechtsstaatsprinzip (Art. 20 GG) ein.[100] Die Änderung der Einspeiseentgelte und der 20-jährigen Vergütungsdauer zu Lasten der Anlagenbetreiber dürften auch im Hinblick auf Art. 12 Abs. 1 GG unverhältnismäßig sein.

Nach alledem kann davon ausgegangen werden, dass eine Absenkung der Vergütungssätze bzw. der Vergütungsdauer nach Abs. 3 gegen Art. 12 Abs. 1 und 14 Abs. 1 GG verstoßen würde. 75

F. Aufrechnung mit Vergütungsansprüchen (Abs. 4)

Gemäß Abs. 4 Satz 1 ist eine Aufrechnung von bestrittenen oder nicht rechts- 76 kräftig festgestellten Forderungen des Netzbetreibers mit den Vergütungsansprüchen des Anlagenbetreibers unzulässig. Ein solches **Aufrechnungsverbot**, das hier gesetzliche Verankerung erfahren hat, findet sich typischerweise in Allgemeinen Geschäftsbestimmungen. Die Regelung hat den Umstand vor Augen, dass Netzbetreiber aufgrund ihrer Position als Inhaber eines natürlichen Monopols in der Lage sind, unbillig hohe Mess-, Abrechnungs-, Blindstrom- und Versorgungskosten von den Anlagenbetreibern durch Aufrechnung zu erlangen und das Prozessrisiko auf diese abzuwälzen.[101] Zudem trägt die Regelung dazu bei, die – in der Anfangsphase ohnehin oft problematische – Liquidität der Anlagenbetreiber nicht durch bestrittene bzw. nicht rechtskräftig festgestellte Forderungen zu gefährden. Nur auf diese Art und Weise können die Einnahmen aus den Mindestvergütungen eine hinreichende Grundlage für den Finanzierungsplan bieten.

Das Aufrechnungsverbot führt dazu, dass eine **Aufrechnungserklärung un-** 77 **wirksam** ist und nicht zum Erlöschen der Hauptforderung nach § 389 BGB führen kann. Wird die Forderung des Netzbetreibers vom Anlagenbetreiber bestritten, ist der Netzbetreiber darauf angewiesen, seine Forderung mittels Mahnbescheid bzw. Klage durchzusetzen. Erst mit rechtskräftiger Feststellung der Forderung entfällt das Aufrechnungsverbot. Eine Forderung ist rechtskräftig festgestellt, wenn die gerichtliche Entscheidung mit Rechtsmitteln nicht mehr angreifbar ist. Eine bloße vorläufige Vollstreckbarkeit reicht hingegen nicht aus. Unbestritten ist eine Forderung, wenn sie vom Anlagenbetreiber entweder anerkannt wurde oder innerhalb einer angemessenen Frist (ca. sechs Wochen) nach ihrer Geltendmachung Einwendungen nicht erhoben worden sind.[102]

Das Aufrechnungsverbot erstreckt sich nur auf Vergütungsansprüche der Anla- 78 genbetreiber nach §§ 6 bis 11 sowie die gegebenenfalls vereinbarten Mehrzahlungen, nicht jedoch sonstige Ansprüche, wie z. B. die Rückforderung von Baukostenzuschüssen.

Das Aufrechnungsverbot des § 31 AVBEltV findet gemäß Abs. 4 Satz 2 keine 79 Anwendung, soweit mit Ansprüchen aus dem EEG aufgerechnet wird. Die Voraussetzungen der Aufrechnung müssen jedoch – so die Gesetzesbegründung[103] – vorliegen; die Aufrechnung ist daher nur möglich, wenn der nach EEG zur Zahlung verpflichtete Netzbetreiber identisch ist mit dem Energieversorger, der eine Forderung gegenüber dem Anlagenbetreiber als Tarifvertragskunden hat.

---

[100] Vgl. hierzu oben Rn. 49, 63 und 70.
[101] Vgl. *Oschmann/Müller*, ZNER 2004, 24, 27; BT-Drs. 15/2327, S. 35; vgl. auch die Gesetzesbegründung, BT-Drs. 15/2864, S. 46.
[102] Vgl. *Salje* EEG, § 12 Rn. 95.
[103] Vgl. Gesetzesbegründung, BT-Drs. 15/2864, S. 46.

G. Einstweilige Verfügung (Abs. 5)

80 Absatz 5 gibt dem Anlagenbetreiber die Befugnis, die ihm nach §§ 4, 5 zustehenden Rechte im Wege der einstweiligen Verfügung zu realisieren, ohne darlegen zu müssen, dass die Verwirklichung seines Rechtes vereitelt oder wesentlich erschwert werden könnte oder zur Abwendung wesentlicher Nachteile oder zur Verhinderung einer drohenden Gefahr oder aus anderen Gründen nötig erscheint.[104] Anlass für diese Entscheidung des Gesetzgebers war der Umstand, dass in der Vergangenheit die Zivilgerichte die Voraussetzungen für eine positive Entscheidung über einen Antrag des Anlagenbetreibers im einstweiligen Rechtsschutzverfahren abgelehnt haben, insbesondere unter Verweis auf spätere Schadensersatzansprüche des Netzbetreibers gegen den Anlagenbetreiber. Solche Hindernisse führten dazu, dass Anlagenbetreiber von ihrem Vorhaben Abstand nahmen.[105]

81 Auf Antrag des Anlagenbetreibers kann daher nunmehr nach Abs. 5 das für die Hauptsache zuständige Gericht unter Berücksichtigung der Umstände des Einzelfalles nach billigem Ermessen durch einstweilige Verfügung regeln, dass der Schuldner der in den §§ 4 und 5 bezeichneten Ansprüche die Anlage vorläufig anzuschließen und den Strom abzunehmen sowie hierfür einen als billig und gerecht zu erachtenden Betrag als Abschlagszahlung zu leisten hat. In Abweichung von §§ 935, 940 ZPO kann die einstweilige Verfügung auch erlassen werden, wenn die dort bezeichneten Voraussetzungen nicht vorliegen.

82 Nach §§ 935, 940 ZPO sind für die Durchsetzung von Ansprüchen im Wege des einstweiligen Rechtsschutzes ein Verfügungsanspruch und ein Verfügungsgrund erforderlich: Der Verfügungsgrund dient dazu, die Eilbedürftigkeit der Entscheidung nachzuweisen und zudem sicherzustellen, dass im Wege des einstweiligen Rechtschutzes nicht eine endgültige Entscheidung herbeigeführt wird.[106]

83 Sinn und Zweck der Regelung des Abs. 5 besteht nicht darin, den Anlagenbetreiber von seiner Pflicht zur Glaubhaftmachung des Anspruchs auf Anschluss, Stromabnahme oder Vergütung zu befreien. Wie die Gesetzesbegründung ausführt,[107] geht es bei Abs. 5 **nicht** um eine **Änderung der Darlegungslast** des Anlagenbetreibers **für** seinen **Anordnungsanspruch.** Noch weniger Einfluss kann diese Vorschrift auf die Frage nehmen, ob dem Netzbetreiber nach Vollstreckung des ergangenen Beschlusses bzw. Urteils ein Schadensersatzanspruch für den Fall zusteht, dass das Gericht in der Hauptsache eine Entscheidung zu Lasten des Anlagenbetreibers erlässt (weil es bspw. die Voraussetzungen des Anschlusses für nicht gegeben hält).

84 Vielmehr **befreit** die Regelung des Abs. 5 den Anlagenbetreiber von der **Darlegung des Verfügungsgrundes.** Zudem ermöglicht Abs. 5 eine Entscheidung im einstweiligen Rechtsschutz trotz **Vorwegnahme der Hauptsache.** Das Gericht kann nunmehr auch dann über den Antrag über Netzanschluss und Stromabnahme im einstweiligen Rechtsschutzverfahren entscheiden, wenn damit die Entscheidung in der Hauptsache vorweggenommen wird. Bislang stand die Vorwegnahme der Hauptsache dem Erlass einer einstweiligen Verfügung regelmäßig entgegen. Denn bei einer positiven Entscheidung über die Anschluss- und Abnahmeverpflichtung des Netzbetreibers im einstweiligen Rechtsschutzverfahren wird letztlich verbindlich und damit vorgreiflich über die Voraussetzungen nach

---

[104] Ebenda.
[105] So BT-Drs. 15/2864, S. 46.
[106] Hierzu *Theobald/Zenke*, in: Schneider/Theobald, HBEnWR, § 12 Rn. 1 ff.
[107] Gesetzesbegründung, BT-Drs. 15/2864, S. 46.

§§ 4, 5 entschieden. Wird durch die einstweilige Verfügung über den Anschluss einer Anlage an ein Netz positiv entschieden, so wird dieses Problem endgültig geregelt. Bislang war das Rechtsschutzbedürfnis in solchen Fällen zu verneinen. Dem stand in der Regel auch nicht der Gesichtspunkt entgegen, dass der Anlagenbetreiber durch den Nicht-Anschluss Nachteile erlitt. Diese zumeist rein wirtschaftlichen – und nicht existenziellen Nachteile – rechtfertigten es in der Regel nicht, vom grundsätzlichen Verbot der Vorwegnahme der Hauptsache Abstand zu nehmen.

H. Gemeinsame Messeinrichtung (Abs. 6) – Berechung der Vergütung

Mit Abs. 6 wird eine Regelung übernommen, die bereits in § 9 Abs. 2 EEG 2000 zu finden war. Die Änderungen in der neuen Fassung sind lediglich redaktioneller Art.[108]

I. Grundsatz – Arbeitswerte einzelner Anlagen (Abs. 6 Satz 1 und 2)

Im Grundsatz ist bei einer Abrechnung von mehreren Anlagen über eine gemeinsame Messeinrichtung nicht die rechnerische Kumulation der Energiemengen aller Anlagen, sondern die **maximale Wirkleistung jeder einzelnen Anlage** maßgeblich. Statt einer Kumulationsbetrachtung ist bei der Berechnung der Vergütung über gemeinsame Messeinrichtungen also grundsätzlich eine **Einzelbetrachtung** anzustellen.

Eine Kumulationsbetrachtung hatte grundsätzlich zur Folge, dass Betreiber kleinerer Anlagen benachteiligt würden: Die für kleinere Einzelanlagen bei einigen Gestehungsarten vorgesehene, meist höhere Einzelvergütung konnten die jeweiligen Anlagenbetreiber bei einer gemeinsamen Messung nicht beanspruchen. Betreiber solcher kleineren Anlagen sahen sich deshalb häufig dazu veranlasst, ihre Anlagen einzeln und über eine individuelle Messeinrichtung an das Netz anzuschließen. Dies führte zu volkswirtschaftlich sinnlosen und – bezogen auf die einzelne Anlage – höheren Anschluss- und Messkosten.[109] Diese Abrechnungsvariante wurde deshalb bereits im Verlauf des Gesetzgebungsverfahrens zum EEG 2000 für alle Gestehungsarten mit Ausnahme der Windkraft aufgegeben: Nach § 9 Abs. 2 Satz 1 EEG 2000 – und nunmehr nach § 12 Abs. 6 Satz 1 EEG 2004 – ist für die Vergütungshöhe für Strom aus Erneuerbaren Energien nach §§ 6 bis 11 deshalb die jeweilige maximale „Wirkleistung" jeder einzelnen Anlage maßgeblich.

Als **Leistung** ist hierbei die installierte elektrische Leistung zu verstehen (§ 3 Abs. 5), die im Verhältnis zur Scheinleistung niedriger ausfallen kann, d.h. jene unter gegebenen technischen und betrieblichen Verhältnissen tatsächlich erreichbare Leistung.[110] Für die Vergütungsberechnung ist also die Gesamtmenge des eingespeisten Stroms über das Verhältnis der installierten elektrischen Leistung der Einzelanlage zur installierten Gesamtleistung der jeweiligen Anlagen zuzuordnen. Die Vergütungen werden für die einzelnen Anlagen getrennt voneinander ermittelt und addiert. Erst diese Summe ergibt die Höhe der Vergütung für den gesamten, von mehreren Anlagen eingespeisten Strom.

---

[108] Ebenda.
[109] Ähnlich *Salje*, EEG, § 9 Rn. 19 a. E.; *Oschmann*, ZNER 2000, 24, 28.
[110] Vgl. *Brandt/Reshöft/Steiner*, EEG, vor §§ 4–8 Rn. 6.

II. Messwerte bei Windenergieanlagen (Abs. 6 Satz 3)

89 Nach Abs. 6 Satz 3 erfolgt die Zuordnung der Strommengen zu den **Windenergieanlagen** bei einer **gemeinsamen Messeinrichtung** im Verhältnis der jeweiligen Referenzerträge, wenn die Mindestvergütungen für die unterschiedlichen Anlagen unterschiedlich hoch sind. Absatz 6 Satz 3 enthält eine inhaltliche Änderung gegenüber seinem Vorgänger, dem § 9 Abs. 2 Satz 2 EEG 2000. Gemäß § 9 Abs. 2 Satz 2 EEG 2000 waren der Abrechnung differenzierter Vergütungen bei gemeinsamer Messung der Einspeisung aus mehreren Windenergieanlagen die „kumulierten Werte" der Anlagen zugrunde zu legen.[111] Bei dieser Regelung war insbesondere problematisch, ob unter dem kumulierten Wert mit Blick auf § 9 Abs. 2 EEG 2000 lediglich die kumulierte maximale Wirkleistung oder aber die zeitbezogene Wirkarbeit, gemessen in Kilowattstunden, zu verstehen war. Die Rechtsfolge der Vorschrift hätte sich selbst mit der letzteren Auslegung entgegen dem Wortlaut auf eine reine Zulässigkeit der Vergütungsabrechnung über eine gemeinsame Messeinrichtung beschränkt.[112] Eine Einzelmessung war nicht zwingend zu fordern gewesen. Ein entsprechender Anspruch des Anlagenbetreibers auf Zustimmung zur Einzelmessung konnte dem § 9 Abs. 2 EEG 2000 somit nicht entnommen werden. Ebenso fehlte eine Regelung für den Fall, dass verschiedene Anlagentypen in einem Windpark betrieben werden oder dass diese in einem Zeitraum mit Vergütungssprung errichtet wurden.

90 Nach Abs. 6 Satz 3 erfolgt die Zuordnung der Strommengen zu den Windenergieanlagen im Verhältnis der jeweiligen Referenzerträge. Absatz 6 Satz 3 stellt in Bezug auf Windenergieanlagen die speziellere Regelung zum in Abs. 6 Satz 2 enthaltenen Grundsatz dar, wonach die Leistung jeder einzelnen Anlage maßgeblich ist.

91 Gemäß der Nr. 2 des Anhangs zum EEG ist der Referenzertrag „die für jeden Typ einer Windkraftanlage einschließlich der jeweiligen Nabenhöhe bestimmte Strommenge, die dieser Typ bei Errichtung an dem Referenzstandort rechnerisch auf Basis einer vermessenen Leistungskennlinie in fünf Betriebsjahren erbringen würde". Gemäß § 10 Abs. 1 gilt für die Bestimmung der Grundvergütungsdauer ein Referenzertrag von 150 Prozent. Wenn die Anlage 150 Prozent des errechneten Ertrages der Referenzanlage erreicht hat, reduziert sich die Vergütung nach Ablauf von fünf Jahren Betriebszeit auf 6,19 Ct/kWh, während sich für die unterhalb dieses Referenzertrages befindlichen und daher weniger ertragsstarken Anlagen die Dauer der Zahlung der Grundvergütung über fünf Jahre hinaus anteilig verlängert.[113]

I. Umsatzsteuer (Abs. 7)

92 Auf die gesetzlichen Mindestvergütungen ist die **Umsatzsteuer** aufzuschlagen, denn bei der Stromlieferung handelt es sich um die Lieferung eines Gegenstands gegen Entgelt nach § 3 Abs. 1 UStG.[114] Die Steuerpflicht wird nicht etwa dadurch berührt, dass es sich bei den §§ 6 bis 11 um Festvergütungen handelt.[115]

---

[111] *Salje,* ZNER 2003, 12.
[112] *Salje,* ZNER 2003, 12; *Bischof,* ZNER 2003, 26.
[113] Vgl. auch *Salje,* ZNER 2003, 12, 14.
[114] Vgl. hierzu *Salje,* EEG, § 12 Rn. 101 f.
[115] *Salje,* EEG, § 3 Rn. 63; *Schneider,* in: Schneider/Theobald, HBEnWR, § 18 Rn. 95.

I. Vergütung und Umsatzsteuer

Die obersten Finanzbehörden des Bundes und der Länder haben bereits die Frage erörtert, ob und unter welchen Umständen das Betreiben einer Fotovoltaikanlage durch sonst nicht unternehmerisch tätige Personen (Anlage im Haushalt) eine unternehmerische Tätigkeit darstellt.[116] In einem solchen Fall ist Folgendes zu beachten: Soweit beim Erwerb der Fotovoltaikanlage durch entsprechende Planung und Auslegung der Anlage von vornherein feststeht, dass dauerhaft überschüssiger Strom erzeugt werden wird, der stets gegen Entgelt in das Netz für die allgemeine Versorgung eingespeist wird, ist von einer unternehmerischen Tätigkeit des Betreibers auszugehen.[117] Darüber hinaus liegt eine unternehmerische Tätigkeit auch vor, wenn der Betreiber der Fotovoltaikanlage den von ihm erzeugten Strom in vollem Umfang in das Netz eingespeist und völlig unabhängig hiervon den von ihm für seinen Verbrauch benötigten Strom vom Energieversorgungsunternehmen bezieht. Davon unberührt bleibt der Strom, den der Betreiber für eigene Zwecke nutzt. Dieser muss bei der Ermittlung der Unternehmereigenschaft außer Betracht bleiben. Es muss dabei nachgewiesen werden, dass die vom Betreiber erzeugten Strommengen und die von ihm für den Eigenbedarf fremdbezogenen Mengen durch getrennte Stromzähler ermittelt werden können.

Soweit der Betrieb der Fotovoltaikanlage hingegen ausschließlich oder überwiegend der eigenen (privaten) Stromversorgung dient und ein Stromüberschuss nur gelegentlich entsteht, der dann gegen Entgelt in das Stromnetz eines Energieversorgungsunternehmens eingespeist wird, liegt keine unternehmerische Tätigkeit des Betreibers der Fotovoltaikanlage vor.

Im Übrigen dürfte bei der Beurteilung, ob ein Anlagenbetreiber Unternehmer nach § 2 Abs. 1 Satz 1 UStG ist, das Urteil des EuGH vom 29. 6. 1996[118] von Bedeutung sein. Das Gericht führte in jener Entscheidung aus, dass ein nationales Gericht die Gesamtheit der Gegebenheiten des Einzelfalls bei der Prüfung zu berücksichtigen habe, ob ein Gegenstand, der seiner Art nach sowohl zu wirtschaftlichen als auch zu privaten Zwecken verwendet werden kann, zur nachhaltigen Erzielung von Einnahmen eingesetzt werde. Es sind die tatsächlichen Umstände des Streitfalles mit den Umständen, unter denen die entsprechende wirtschaftliche Tätigkeit üblicherweise ausgeübt wird, zu vergleichen. Bedeutung kommt darüber hinaus auch der Dauer und der Intensität des Tätigwerdens, der Höhe der Einnahmen, der Beteiligung am Markt, der Zahl der ausgeführten Umsätze, dem planmäßigen Tätigwerden oder dem Unterhalten eines Geschäftslokals zu. Auch nach der Rechtsprechung des BFH sind Leistungen, die sich nur als Nebenfolge einer nicht-unternehmerischen Betätigung (Privatbereich) ergeben, grundsätzlich dem nicht-unternehmerischen Bereich zuzurechnen. Zu steuerbaren (unternehmerischen) Umsätzen werden derartige Leistungen nur dann, wenn sie einen „geschäftlichen Rahmen" im Sinne des § 2 UStG erreichen.[119] Das Merkmal des „geschäftlichen Rahmens" wurde im Fall einer Solarstromanlage vom Hessischen Finanzgericht mit Urteil vom 4. 4. 2001 verneint.[120]

Auch nach Auffassung des Bayerischen Staatsministeriums der Finanzen[121] gilt abweichend von Abschnitt 18 Abs. 4 Sätze 2 und 3 UStR im Einvernehmen

---

[116] Vgl. Verfügung der OFD Karlsruhe, v. 5. 3. 2001 – UStKartei – S 7104/Karte 2.
[117] Vgl. UStR 2005, Abschn. 18, Abs. 4 Satz 1–3.
[118] EuGH, Slg. 1996, I-4517 – *Wohnmobil*.
[119] BFH, BStBl. II 1987, 735 zu Wildverkäufen einer Jagdgesellschaft.
[120] Hessisches FG, Versorgungswirtschaft 2002, 68 f.
[121] Schreiben des Bayerisches Staatsministeriums der Finanzen v. 4. 12. 2001 – S 7100 – 188 St 432; Versorgungswirtschaft 2000, 142 f.; dieses Schreiben entspricht dem Schreiben

mit den obersten Finanzbehörden des Bundes und der anderen Länder, dass, soweit der Betreiber einer unter § 3 Abs. 2 fallenden Anlage zur Stromgewinnung den erzeugten Strom ganz oder teilweise, regelmäßig und nicht nur gelegentlich in das allgemeine Stromnetz einspeist, diese Anlage ausschließlich der nachhaltigen Erzielung von Einnahmen aus der Stromerzeugung dient. Das Betreiben einer solchen Anlage durch sonst nicht unternehmerisch tätige Personen ist, unabhängig von der leistungsmäßigen Auslegung der Anlage und dem Entstehen von Stromüberschüssen, eine nachhaltige Tätigkeit und begründet die Unternehmereigenschaft. Dies gilt nur dann nicht, sofern Strom nur gelegentlich abgegeben wird.

97 Wenn die Vereinbarung zwischen einem Anlagenbetreiber und dem Stromnetzbetreiber keine Aussage zur Umsatzsteuer trifft, geht das Bayerische Staatsministerium „im Zweifel" davon aus, dass in der vereinbarten Vergütung die Umsatzsteuer enthalten ist. Dies dürfte allerdings nur dann anzunehmen sein, wenn die vereinbarte Vergütung die gesetzliche Mindestvergütung zumindest um die gesetzliche Umsatzsteuer übersteigt. Eine andere Ansicht würde dem Charakter der im EEG gesetzlich garantierten Netto-Mindestvergütungssätze zuwiderlaufen.

98 In einem Zusatz der OFD München wird angemerkt, dass die Voraussetzungen für die Unternehmereigenschaft nicht identisch mit dem Begriff eines Gewerbes nach der GewO sind. Somit sei es unerheblich, dass i. d. R. der Betreiber für seine Anlage nach dem Gewerberecht keine Gewerbeanmeldung abgeben kann. Wenn nach diesen Grundsätzen die Unternehmereigenschaft des Betreibers einer unter § 3 Abs. 2 fallenden Anlagen vorliegt, so kommt es auf die ertragsteuerliche oder gewerberechtliche Einordnung nicht an.

II. Ausschließlichkeit und StromStG

99 Nach § 2 Nr. 7 StromStG ist Strom aus erneuerbaren Energieträgern Strom, der ausschließlich aus Wasserkraft, Windkraft, Sonnenenergie, Erdwärme, Deponiegas, Klärgas oder aus Biomasse erzeugt wird, ausgenommen Strom aus Wasserkraftwerken mit einer installierten Generatorleistung über 10 MW. Verfahrenstechnisch ist es in einigen Fällen nur dann möglich, Strom aus Deponiegas, Klärgas oder Biomasse zu produzieren, wenn für die Zünd- oder Stützfeuerung auch kleinere Mengen anderer, nicht regenerativer Energieträger eingesetzt werden. So ist im Falle des Einsatzes von gasförmigen erneuerbaren Energieträgern die Verwendung von Dieselmotoren nach dem Zündstrahlverfahren zur Stromerzeugung notwendig. Eine Stützfeuerung ist zur Aufrechterhaltung des Verbrennungsprozesses als solchem oder zur Stabilisierung einer immissionsrechtlich notwendigen Verbrennungstemperatur erforderlich. Sie umfasst auch eine gegebenenfalls erforderliche Anfahrfeuerung, mit der zunächst eine für die Verbrennung der erneuerbaren Energieträger erforderliche Temperatur in der Anlage erreicht werden soll.

100 Für die Zwecke des § 2 Nr. 7 StromStG verzichtet das Bundesfinanzministerium[122] auf das Erfordernis der Ausschließlichkeit, soweit einer Stromerzeugung aus Deponiegas, Klärgas oder Biomasse nur durch eine Zünd- oder Stützfeuerung mit fossilen Brennstoffen möglich ist.

---

des Bundesministeriums der Finanzen v. 4. 12. 2001 – IV B 7 – S 7104 – 47/01, BStBl. I S. 1012.
[122] Erlass des Bundesministeriums der Finanzen v. 13. 8. 2001 – III A 1 – V 4250 – 7/01; Versorgungswirtschaft 2002, 94.

§ 13 Netzkosten

(1) ¹Die notwendigen Kosten des Anschlusses von Anlagen zur Erzeugung von Strom aus Erneuerbaren Energien oder aus Grubengas an den technisch und wirtschaftlich günstigsten Verknüpfungspunkt des Netzes sowie der notwendigen Messeinrichtungen zur Erfassung der gelieferten und der bezogenen elektrischen Arbeit trägt der Anlagenbetreiber. ²Bei einer oder mehreren Anlagen mit einer Leistung von insgesamt bis zu 30 Kilowatt, die sich auf einem Grundstück mit bereits bestehendem Netzanschluss befinden, gilt der Verknüpfungspunkt des Grundstücks mit dem Netz als günstigster Verknüpfungspunkt; weist der Netzbetreiber den Anlagen einen anderen Verknüpfungspunkt zu, ist er verpflichtet, die daraus resultierenden Mehrkosten zu tragen. ³Die Ausführung des Anschlusses und die übrigen für die Sicherheit des Netzes notwendigen Einrichtungen müssen den im Einzelfall notwendigen technischen Anforderungen des Netzbetreibers und § 49 des Energiewirtschaftsgesetzes entsprechen. ⁴Der Anlagenbetreiber kann den Anschluss der Anlagen sowie die Einrichtung und den Betrieb der Messeinrichtungen von dem Netzbetreiber oder einem fachkundigen Dritten vornehmen lassen.

(2) ¹Die notwendigen Kosten eines nur infolge neu anzuschließender, reaktivierter, erweiterter oder in sonstiger Weise erneuerter Anlagen zur Erzeugung von Strom aus Erneuerbaren Energien oder aus Grubengas erforderlichen Ausbaus des Netzes im Sinne von § 4 Abs. 2 zur Abnahme und Übertragung des Stroms aus Erneuerbaren Energien trägt der Netzbetreiber, bei dem der Ausbau erforderlich wird. ²Er muss die konkret erforderlichen Investitionen unter Angabe ihrer Kosten im Einzelnen darlegen. ³Der Netzbetreiber kann die auf ihn entfallenden Kosten bei der Ermittlung des Netznutzungsentgelts in Ansatz bringen.

Übersicht

	Rn.
A. Überblick	1
I. Regelungsgehalt und Normzweck	1
II. Systematik	2
III. Hintergründe, Entstehungsgeschichte	4
B. Netzanschluss- und Messeinrichtungskosten (Abs. 1)	9
I. Technisch und wirtschaftlich günstigster Verknüpfungspunkt (Abs. 1 Satz 1)	11
II. Anschluss (Abs. 1 Satz 1)	12
1. Kriterium des Eigentums	14
2. Kriterium der Betriebsnotwendigkeit	17
III. Anschlusskosten (Abs. 1 Satz 1)	23
IV. Messrecht, Messeinrichtungen und die Kosten für Messeinrichtungen (Abs. 1 Satz 1)	30
C. Anlagen mit einer Leistung von bis zu 30 kW (Abs. 1 Satz 2)	33
D. Anforderungen an die Ausführung des Anschlusses (Abs. 1 Satz 3)	36
E. Wahlrecht des Anlagenbetreibers (Abs. 1 Satz 4)	39
F. Netzausbaukosten (Abs. 2)	46
I. Repowering (Abs. 2 Satz 1)	47
II. Kosten des Netzausbaus (Abs. 2 Satz 1)	48
III. Darlegungs- und Beweislast (Abs. 2 Satz 1 und 2)	50
IV. Kostenansatz beim Netznutzungsentgelt (Abs. 2 Satz 3)	51

Literatur: *Bartsch/Dingeldey,* Rechtsprobleme der Einspeisevergütung, ET 1995, 249 ff.; *Bartsch/Pohlmann,* Kostenverteilung zwischen Anlagenbetreibern und Netzbetreibern, in: Bartsch/Röhling/Salje/Scholz (Hrsg.), Stromwirtschaft: Ein Praxishandbuch, 2002, Kap. 41, S. 333 ff.; *Bönning,* Netzanschluss-/Netzausbaukosten – Überblick über die Rechtsprechung, ZNER 2003, 296 ff.; *Brandt/Reshöft/Steiner,* Erneuerbare-Energien-Gesetz, Handkommentar, 2001; *Danner,* in: Danner/Theobald (Hrsg.), Energierecht, Kommentar, Loseblatt, (Stand: 36. EL/März 2000), EnWG I B § 10; *Ennuschat,* Rechtsfragen der Stromeinspeisung nach dem StrEG, RdE 1996, 182 ff.; *Gorgas,* Technische Anschlussbedingungen: Erfahrungsbericht, in: Böhmer (Hrsg.) Erneuerbare Energien – Perspektiven für die Stromerzeugung [Energie im Dialog, Band 3], 2003, S. 167 ff.; *Niedersberg/Weißferdt,* Für das EEG besteht Änderungsbedarf!, Erneuerbare Energien (EE) 3/2000, 6 ff.; *Oschmann,* Das Erneuerbare-Energien-Gesetz im Gesetzgebungsprozess. Die Veränderungen im Erneuerbare-Energien-Gesetz gegenüber dem Gesetzentwurf vom Dezember 1999 und die Beweggründe des Gesetzgebers, ZNER 2000, 24 ff.; *Oschmann/Müller,* Neues Recht für Erneuerbare Energien – Grundzüge der EEG-Novelle, ZNER 2004, 24 ff.; *Pohlmann,* Anwendungsprobleme des Stromeinspeisungsgesetzes – Geltungsbereich, Anschluss und Netzverstärkungskosten, RdE 1997, 93 ff.; *Reshöft/Steiner/Dreher,* Erneuerbare-Energien-Gesetz, Handkommentar, 2. Aufl. 2005; *Roth,* Technische Anschlussbedingungen für EEG-Anlagen, in: Böhmer (Hrsg.), Erneuerbare Energien – Perspektive für die Stromerzeugung [Energie im Dialog, Band 3], 2003, S. 133 ff.; *Salje,* Netzverträglichkeitsprüfung und Anspruch auf Anschluss regenerativer Energieerzeugungsanlagen, Versorgungswirtschaft 2001, 225 ff.; *ders.,* Erneuerbare-Energien-Gesetz, Gesetz für den Vorrang Erneuerbarer Energien (EEG), Kommentar, 2. Aufl. 2000; *ders.,* Erneuerbare-Energien-Gesetz, Gesetz für den Vorrang erneuerbarer Energien (EEG), Kommentar, 3. Aufl. 2005; *ders.,* Stromeinspeisungsgesetz: Gesetz über die Einspeisung von Strom aus erneuerbaren Energien in das öffentliche Netz, Kommentar, 1999; *Schneider,* Energieumweltrecht: Erneuerbare Energien, Kraft-Wärme-Kopplung, Energieeinsparung, in: Schneider/Theobald (Hrsg.), Handbuch zum Recht der Energiewirtschaft (HBEnWR), 2003, § 18, S. 995 ff.; *VDEW,* Verbandnachrichten vom 9. Januar 2003: Hinweise zur Anwendung des neuen KWK-Gesetzes und des Erneuerbare-Energien-Gesetzes; *Weißenborn,* Streitfragen zum Erneuerbare-Energien-Gesetz, in: Böhmer (Hrsg.) Erneuerbare Energien – Perspektiven für die Stromerzeugung [Energie im Dialog, Band 3], 2003, S. 71 ff.

Rechtsprechung: BGH, Urt. v. 29. 9. 1993 – VIII ZR 107/93, RdE 1994, 70 ff.; BGH, Urt. v. 11. 2. 2004 – VIII ZR 236/02, ZNER 2004, 178 ff.; BGH, Urt. v. 10. 3. 2004 – VIII ZR 213/02, RdE 2004, 167 ff.; BGH, Urt. v. 14. 7. 2004 – VIII ZR 356/03, RdE 2004, 300 ff., ZNER 2004, 272 ff.; BGH, Urt. v. 14. 7. 2004 – VIII ZR 345/03, IR 2004, 205; BGH, Urt. v. 10. 11. 2004 – VIII ZR 391/03, IR 2005, 13 f.; OLG Düsseldorf, Urt. v. 14. 7. 1992 – 21 U 21/92, RdE 1993, 77 f.; OLG München, Urt. v. 23. 9. 2003 – 15 U 1772/03 (unveröffentlicht); OLG Nürnberg, Urt. v. 30. 4. 2002 – 3 U 4066/01, ZNER 2002, 225 ff.; OLG Stuttgart, Urt. v. 26. 6. 2003 – 2 U 43/03, RdE 2004, 23 ff. = ZNER 2003, 333 ff.; LG Chemnitz, Urt. v. 4. 5. 2004 – 9 O 5179/03, RdE 2004, 274 f.; LG Dortmund, Urt. v. 17. 4. 2002 – 6 O 53/02, RdE 2002, 293 ff.; LG Frankfurt (Oder), Urt. v. 14. 9. 2001 – 6 (b) S 22/01, ZNER 2001, 269 f. = RdE 2003, 47 ff.; LG Kassel, Urt. v. 12. 5. 2005 – 11 O 4178/04 (unveröffentlicht); LG Kiel, Urt. v. 26. 6. 2003 – 15 O 236/02 (unveröffentlicht); LG München, Urt. v. 17. 12. 2002 – 26 O 7485/01, RdE 2003, 215 ff.; LG Münster, Urt. v. 27. 7. 2005 – 2 O 785/04; LG Ravensburg, Urt. v. 3. 2. 2003 – 3 O 308/02, RdE 2003, 214 ff.; LG Regensburg, Urt. v. 30. 10. 2001 – 4 O 1618/01, ZNER 2001, 270 ff.; LG Wuppertal, 7. 1. 1992 – 16 O 266/91, ET 1992, 324.

A. Überblick

I. Regelungsgehalt und Normzweck

1   Die Regelung des § 13 entspricht mit gewissen Änderungen dem § 10 Abs. 1 und 2 des EEG 2000. Ausweislich der Gesetzesbegründung[1] dient die Vorschrift

---

[1] Vgl. BT-Drs. 15/2864, S. 47; vgl. auch die Begründung zum Referentenentwurf vom 17. 12. 2003, Besonderer Teil, zu § 13, BR-Drs. 15/04, S. 81.

Netzkosten

des § 13 – nicht anders als ihre Vorgängerregelung § 10 EEG 2000[2] – der Vermeidung von Rechtsstreitigkeiten und damit der Transparenz und Rechtssicherheit im Hinblick auf die im Rahmen der zunehmenden Nutzung von Erneuerbaren Energien zu erwartenden Kosten für den Anschluss der Anlagen und die gegebenenfalls notwendige Netzverstärkung. § 13 enthält eine ausführliche Regelung darüber, wer die Kosten des Anschlusses von Anlagen zur Verstromung von Erneuerbaren Energien[3] und von Grubengas, die Kosten für die Messeinrichtungen zur Erfassung der gelieferten Elektrizität sowie die Kosten für einen erforderlichen Netzausbau zu tragen hat.

II. Systematik

Die Regelung des § 13 ist insbesondere im Zusammenhang mit § 4 zu lesen. **2** Der gemäß § 4 durch den Abnahme- und Vergütungsfördermechanismus begünstigte Anlagenbetreiber hat gemäß § 13 Abs. 1 Satz 1 die notwendigen Kosten des Anschlusses seiner Anlage an das Netz des nach § 4 Abs. 2 verpflichteten Netzbetreibers selbst zu tragen. Die Ausführung der damit verbundenen Arbeiten hat gemäß § 13 Abs. 1 Satz 2 den im Einzelfall notwendigen technischen Anforderungen des Netzbetreibers und den Vorgaben des § 49 EnWG zu entsprechen. Der Anlagenbetreiber kann dabei gemäß § 13 Abs. 1 Satz 3 den Anschluss sowie die Errichtung und den Betrieb der Messeinrichtungen von dem Netzbetreiber oder aber einem fachkundigen Dritten vornehmen lassen.

Gemäß § 4 Abs. 2 Satz 2 Halbsatz 2 kann der Anlagenbetreiber vom Netz- **3** betreiber einen Ausbau des Netzes verlangen, wenn dies erforderlich und wirtschaftlich zumutbar ist. Der nach §§ 4, 5 zur Abnahme und Vergütung von Strom aus Erneuerbaren Energien verpflichtete Netzbetreiber hat gemäß § 13 Abs. 2 Satz 1 die notwendigen Kosten eines nicht nur infolge neu anzuschließender, sondern auch reaktivierter, erweiterter oder in sonstiger Weise erneuerter Anlagen zur Erzeugung von Strom aus Erneuerbaren Energien oder aus Grubengas erforderlichen Ausbaus des Netzes nach § 4 Abs. 2 selbst zu tragen. Die auf den Netzbetreiber entfallenden Kosten können bei der Ermittlung des Netznutzungsentgelts in Ansatz gebracht werden (§ 13 Abs. 2 Satz 3); hierfür muss der Netzbetreiber die konkret erforderlichen Investitionen unter Angabe ihrer Kosten im Einzelnen darlegen (§ 13 Abs. 2 Satz 2).

III. Hintergründe, Entstehungsgeschichte

Das StrEG vom 7. 12. 1990 hatte keine Regelung darüber getroffen, wer die **4** Kosten zu tragen hat, die beim Anschluss neuer Anlagen an das Netz entstehen. Genauso wenig war die Frage geregelt, wer die Kosten einer etwaigen Netzverstärkung trägt.[4]

Zu diesen nicht vergütungsbezogenen Kosten hatte indes die Rechtsprechung **5** Stellung genommen.[5] In Analogie zur kaufrechtlichen Vorschrift des § 448 BGB, wonach der Verkäufer die Kosten der Übergabe der verkauften Sache zu tragen hat, hatte der BGH den Gedanken entwickelt, dass der einspeisende Anlagen-

---

[2] Vgl. die Gesetzesbegründung zum EEG 2000, BT-Drs. 14/2776, S. 24.
[3] So auch das LG Frankfurt (Oder), ZNER 2001, 269 ff., 270 = RdE 2003, 47 ff., 48, für § 10 EEG 2000.
[4] Vgl. dazu *Bartsch/Dingeldey*, ET 1995, 249, 251; *Ennuschat*, RdE 1996, 182, 183; *Pohlmann*, RdE 1997, 93, 100.
[5] BGH, RdE 1994, 70, 72; OLG Düsseldorf, RdE 1993, 77, 78; LG Wuppertal, ET 1992, 324, 325.

betreiber die **Kosten für den Anschluss** an das Netz zu tragen hat. Dies beruhe darauf, dass der einspeisende Anlagenbetreiber aufgrund des Kontrahierungszwangs mit dem Verkäufer vergleichbar sei, so dass er auch die Kosten der Übergabe zu tragen hätte. Die Literatur ist dem im Ergebnis überwiegend gefolgt und wies ergänzend auf das Bestehen eines gesetzlichen Schuldverhältnisses hin und damit auf die Notwendigkeit, § 269 Abs. 1 BGB für die Bestimmung des Leistungsortes anzuwenden.[6]

6 Dagegen herrschte unter Geltung des StrEG hinsichtlich der Frage, wer notwendige **Netzverstärkungskosten** zu tragen hat, keine Einigkeit. Angedacht wurde von der Rechtsprechung die Anwendung der Regeln über die Geschäftsbesorgung[7] bzw. der Regeln über die Geschäftsführung ohne Auftrag.[8] Der BGH dagegen hatte sich mit der Frage nicht befasst. Schließlich wurde – gestützt auf die Überlegung, dass die Investitionen den Wert des Netzes regelmäßig erhöhten – eine Analogie zu § 448 BGB herangezogen, wonach eine Kostentragung des Netzbetreibers gerechtfertigt erschien.[9]

7 In einem Entwurf des Bundeswirtschaftsministeriums vom November 1999[10] war in einem § 3a Abs. 2 (Netzkosten) vorgesehen, dass die Kosten für einen „erforderlichen Ausbau des Netzes für die allgemeine Versorgung zur Aufnahme und Weiterleitung der eingespeisten Energie" je zur Hälfte vom Netzbetreiber und vom neu anzuschließenden Einspeiser zu tragen sind. Der Gedanke wurde ohne nähere Begründung in den Gesetzentwurf zum EEG vom 13. Dezember 1999[11] unter § 9 Abs. 2 aufgenommen. Im Koalitionsentwurf vom 23. Februar 2000[12] wurde der Ansatz der hälftigen Lastenteilung zu Gunsten **einer alleinigen Kostentragung durch den Netzbetreiber** jedoch aufgegeben; auf diese Weise sollte eine klare Trennung zwischen den Verantwortungssphären der Anlagenbetreibers für den Netzanschluss und den Netzbetreiber für den Netzausbau vorgenommen werden. Dieser Gedanke wiederum liegt der Ausbaupflicht des § 10 Abs. 1 Satz 3 Halbsatz 2 EEG 2000 und des § 13 Abs. 1 Satz 3 EEG 2004 zu Grunde, wonach auf Verlangen des Einspeisers der Netzbetreiber sein Netz auszubauen hat, wenn dies zur Einspeisung erforderlich ist.[13] Dabei verwies der Koalitionsentwurf vom 23. Februar 2000[14] in seiner Begründung auf eine vergleichbare, seit 1997 existierende und von der Europäischen Kommission gebilligte dänische Regelung, wonach eine Kostentragung für den Netzausbau, der auch notwendige Erweiterungen umfasst, dem Netzbetreiber obliegt.

8 Im Verhältnis zu der Vorgängerregelung des § 10 EEG 2000 hat der Gesetzgeber die bisherige Regelung fortgeschrieben, grundsätzlich jedoch keine Neuverteilung der Lastentragung für den Netzanschluss und Netzausbau vorgenommen. Die vorgenommenen Änderungen sollten vorwiegend klarstellenden Charakter haben.[15] Neu ist die Regelung zum Netzverknüpfungspunkt bei Anlagen bis 30 kW.[16] Der Klarstellung dient die explizite Erwähnung in § 13 Abs. 1 Satz 1,

---

[6] Nachweise bei *Pohlmann*, RdE 1997, 93, 100; *Salje*, StrEG, § 2 Rn. 54 ff.; hierzu vgl. auch *Bönning*, ZNER 2003, 296, 296.
[7] OLG Düsseldorf, RdE 1993, 77, 78.
[8] LG Wuppertal, ET 1992, 324, 325.
[9] Vgl. für die diversen – inzwischen obsolet gewordenen – Lösungsansätze statt vieler *Salje*, StrEG, § 2 Rn. 67 ff.
[10] Abgedruckt bei *Salje*, EEG, 2. Aufl., Anhang II, S. 361.
[11] BT-Drs. 14/2341, S. 5.
[12] BT-Drs. 14/2776, S. 4, 9 zu § 10 Abs. 2.
[13] Hierzu ausführlich Kommentierungen zu § 4 Rn. 55 ff.
[14] BT-Drs. 14/2776, S. 24.
[15] BT-Drs. 15/2864, S. 47.
[16] Hierzu vgl. näher Rn. 31 ff.

dass der Anlagenbetreiber die Kosten für die Errichtung und den Betrieb von Messeinrichtungen zu tragen hat.[17] Neu ist allerdings, dass der Anlagenbetreiber nunmehr auch für die Messung des bezogenen Stroms verantwortlich sein soll.[18]

B. Netzanschluss- und Messeinrichtungskosten (Abs. 1)

Gemäß Abs. 1 hat der Anlagenbetreiber die notwendigen **Kosten des Anschlusses** von Anlagen nach § 2 an den technisch und wirtschaftlich günstigsten Verknüpfungspunkt zu tragen. Weiterhin hat der Anlagenbetreiber auch die Kosten zu tragen, die für die notwendigen Messeinrichtungen zur Erfassung der gelieferten oder der bezogenen elektrischen Arbeit entstehen.

Aus der gesetzlichen Vorgabe des Abs. 1 Satz 1 ergibt sich die Notwendigkeit der **Abgrenzung zwischen Anschlusskosten** einerseits **und** den vom Netzbetreiber nach Abs. 2 zu tragenden **Netzausbaukosten** andererseits. Diese Abgrenzung ist **normativer Art.** Sie setzt voraus, dass die Festsetzung des technisch und wirtschaftlich günstigsten Verknüpfungspunktes gemäß § 4 Abs. 2 stattgefunden hat. Der Normenkomplex der §§ 4 Abs. 2, 13 Abs. 1 sieht insofern ein **zweistufiges Verfahren** vor: Zunächst muss der technisch und wirtschaftlich günstigste Verknüpfungspunkt bestimmt werden. Erst danach kann die Frage der Abgrenzung zwischen Netzanschluss und Netzausbau mit den damit einhergehenden Konsequenzen hinsichtlich der jeweils zu tragenden Kosten beantwortet werden.

I. Technisch und wirtschaftlich günstigster Verknüpfungspunkt (Abs. 1 Satz 1)

Der Verknüpfungspunkt für den Anschluss ist nach Abs. 1 Satz 1 zu bestimmen. Danach soll der Anlagenbetreiber die notwendigen Kosten für den Anschluss seiner Anlagen an **„den technisch und wirtschaftlich günstigsten Verknüpfungspunkt"** tragen. Die Bestimmung des technisch und wirtschaftlich günstigsten Verknüpfungspunktes richtet sich nach den Kriterien des § 4 Abs. 2.[19] Zur Vermeidung unnötiger volkswirtschaftlicher Kosten ist derjenige Verknüpfungspunkt zu wählen, an dem insgesamt die niedrigsten Kosten entstehen.

II. Anschluss (Abs. 1 Satz 1)

Erst wenn die Entscheidung über die Festlegung des technischen und wirtschaftlich günstigsten Verknüpfungspunkts getroffen wurde, kann die Frage nach der Abgrenzung des Netzanschlusses vom Netzausbau gestellt werden. Was ein **Netzanschluss** ist, hat der Gesetzgeber nicht geregelt. Ebenso wenig findet sich im EEG eine Definition für den **Netzausbau.**

Vielmehr setzt das Gesetz die Abgrenzung zwischen Netzanschluss und Netzausbau voraus.[20] Immerhin normiert **§ 4 Abs. 2 Satz 4,** dass sich der Netzausbau auch auf die im Rahmen eines Anlagenanschlusses neu geschaffene technischen Einrichtungen erstreckt, die für den Betrieb des Netzes notwendig sind sowie alle Bestandteile der Anschlussanlage, die im Eigentum des Netzbetreibers

---

[17] Hierzu vgl. Rn. 10, 12.
[18] Vgl. hierzu Ausführungen zu Rn. 28 ff.
[19] Hierzu vgl. Kommentierung zu § 4 Rn. 44 ff.
[20] So auch OLG Stuttgart, RdE 2004, 23, 24.

stehen oder in sein Eigentum übergehen.²¹ Zudem statuiert **Abs. 1 Satz 2,** dass die Ausführung des Anschlusses den im Einzelfall notwendigen technischen Anforderungen des Netzbetreibers und dem § 49 EnWG zu entsprechen hat. Maßgeblich sind daher die Kriterien des **Eigentums** sowie der **Betriebsnotwendigkeit.**

1. Kriterium des Eigentums

14   Nach § 4 Abs. 2 Satz 4 und § 13 Abs. 1 Satz 2 sind die **zivilrechtlichen Eigentumsverhältnisse** von zentraler Bedeutung für die Abgrenzung zwischen Netzanschluss und Netzausbau.²² Dies entspricht einer Auffassung, die sich bereits im Zusammenhang mit § 10 EEG 2000 gebildet hatte. „Netzausbauinvestitionen (Netzverstärkungen)" waren nach dieser im Schrifttum anzutreffenden Auffassung „solche, bei denen der Netzbetreiber die Übertragung des Eigentums verlangt."²³ Auch *Salje* hielt diesen Ansatz für „prinzipiell geeignet, der richterlichen Entscheidung den Weg zu weisen."²⁴ Die Rechtsprechung folgte ebenfalls diesem Ansatz und sprach der Eigentumszuordnung an den neu errichteten Anlagenteilen für die Abgrenzung zwischen Netzverstärkungs- und Anschlusskosten zumindest eine starke indizielle Bedeutung zu.²⁵

15   Das Abstellen auf das Eigentum soll verhindern, dass die Kostentragungslast unabhängig von den Eigentumsverhältnissen geregelt wird. Schließlich dürfte das Interesse an einer möglichst kostengünstigen Lösung für denjenigen gering sein, der kein Eigentum an den fraglichen Anlagen und/oder Einrichtungen erwirbt.²⁶ Daher erscheint das Kriterium des Eigentums geeignet, unnötige Streitigkeiten zu vermeiden.

16   Schwierigkeiten ergeben sich bei der Abgrenzung zwischen Netzanschluss und Netzausbau anhand des Eigentumskriteriums in dem Fall, dass der Anlagenbetreiber zwar Eigentümer der Leitung bzw. der Anlagen ist, diese aber der allgemeinen Versorgung dienen. Die indizielle Wirkung des Eigentums wird in diesem Fall entkräftet und die Abgrenzung durch das – nachfolgend dargestellte – Kriterium der Betriebsnotwendigkeit ergänzt. Dies hat zur Folge, dass eine Leitung, die zwar im Eigentum des Anlagenbetreibers steht, aber der allgemeinen Versorgung dient, als Netzausbau zu qualifizieren ist.²⁷

2. Kriterium der Betriebsnotwendigkeit

17   § 4 Abs. 2 Satz 4 gibt dem Rechtsanwender einen zweiten Maßstab an die Hand, nämlich das Kriterium der Betriebsnotwendigkeit:²⁸ Nach § 4 Abs. 2 Satz 4 erstreckt sich der Netzausbau auch auf die im Rahmen eines Anlagenanschlusses neu geschaffenen technischen Einrichtungen, die für den Betrieb des Netzes notwendig sind. Mit dieser Entscheidung hat der Gesetzgeber nicht nur eindeutig dem Kriterium der Kostenverursachung²⁹ eine Absage erteilt. Er hat sich zudem klar für eine **funktionale Betrachtung** ausgesprochen.

---

[21] Vgl. Kommentierung zu § 4 Rn. 72 ff.
[22] *Oschmann/Müller,* ZNER 2004, 24, 27.
[23] *Niedersberg/Weißferdt,* Erneuerbare Energien 2000, S. 6, 9; *Resthöft/Steiner/Dreher,* EEG, § 13 Rn. 13 f.; a. A. etwa *Weißenborn,* in: Böhmer, Erneuerbare Energien, S. 71 ff., 120.
[24] *Salje,* EEG, 2. Aufl., § 10 Rn. 23; *ders.,* EEG, 3. Aufl., § 13 Rn. 64.
[25] LG Ravensburg, RdE 2003, 214, 215; LG Regensburg, ZNER 2001, 270, 271; OLG Nürnberg, ZNER 2002, 225 ff.; OLG Stuttgart, RdE 2004, 23, 25 f.
[26] *Oschmann/Müller,* ZNER 2004, 24, 27.
[27] Vgl. hierzu Ausführungen unten Rn. 20.
[28] Hierzu auch *Oschmann/Müller,* ZNER 2004, 24, 27.
[29] Nach dem Kostenverursachungsprinzip wäre derjenige, der die Maßnahme veranlasst hat – also generell der Anlagenbetreiber – für die Kosten dieser Maßnahme heranzuziehen.

Netzkosten   18–20 § 13

Zur Abgrenzung des Netzanschlusses vom Netzausbau muss daher in **Zweifel-** 18
fällen eine **funktionale Betrachtung** angestellt werden.[30] **Hauptsächliches**
Abgrenzungsmerkmal dürfte im Rahmen der funktionalen Betrachtungsweise
die Antwort auf die Frage sein, ob es sich bei der jeweiligen Einrichtung (noch)
um das **Netz für die allgemeine Versorgung**[31] handelt. Leitungen und Anlagen, die der allgemeinen Versorgung dienen, sind als Netzausbau zu qualifizieren.[32]
Voraussetzung eines Netzes für die allgemeine Versorgung ist, dass eine Versorgung von Dritten mit Elektrizität stattfindet bzw. zumindest stattfinden kann,
d. h. das Netz muss dazu geeignet sind und bestimmt sein, andere mit Strom zu beliefern. Allgemein ist eine Versorgungstätigkeit dann, wenn sie ausgehend von ihrer
Funktion für jeden Abnehmer ohne Berücksichtigung seiner Individualität im
räumlich von dem Netz umfassten Bereich offen steht.[33] Dabei ist jedoch zu berücksichtigen, dass der Begriff der allgemeinen Versorgung noch sehr umstritten ist.

Der BGH hat sich in neueren Entscheidungen für eine weite Auslegung ent- 19
schieden.[34] Eine **Stichleitung**, die nur einen **Anschlussnehmer** mit elektrische
Energie aus einem der allgemeinen Versorgung dienenden Netz **versorgt,** ist Teil
dieses Netzes.[35] Kosten der für den Anschluss einer stromerzeugenden Anlage
erforderlichen Verstärkung einer solchen Stichleitung sind nach Rechtsprechung
des BGH demnach **Netzausbaukosten.** Dafür spricht nach Ansicht des BGH
bereits der Wortlaut, nach allgemeinem Sprachgebrauch besteht ein Versorgungsnetz aus der Gesamtheit der miteinander verknüpften Verteilungsleitungen
und Einrichtungen eines Versorgungssystems.[36] Dabei sei nicht erheblich, dass jede
einzelne Versorgungsleitung wieder in das allgemeine Netz zurückführt.[37] Auch
könne offen bleiben, ob es sich bei der Stichleitung um einen Hausanschluss im
Sinne von § 10 AVBEltV handele.[38]

Netzanschlussmaßnahmen sind nach alledem – unter Berücksichtigung der 20
Funktionaliät – nur dann anzunehmen, wenn sie außerhalb des Netzes stattfinden
und ausschließlich die Verknüpfung der Erneuerbare-Energien-Anlage mit dem Netz
für die allgemeine Versorgung ermöglichen, nicht jedoch zugleich für die Versorgung genutzt werden können. Eine Versorgung der Erzeugungsanlage und des Anlagenbetreibers bleibt dabei jedoch außer Betracht. Dies gilt deshalb, weil dessen

---

[30] Mit Blick auf §§ 3, 10 EEG 2000 hatten die Netzbetreiber eine „dritte Kategorie von
Anschlussanlagen, die im Eigentum der Netzbetreiber" standen und für die der Anlagenbetreiber die Kosten tragen sollten, ins Gespräch gebracht; hierbei ging es wohl auch um eine
funktionale Betrachtung; vgl. hierzu *Schneider,* in: Schneider/Theobald, HBEnWR, § 18
Rn. 107; zur funktionalen Betrachtung vgl. auch *Weißenborn,* in: Böhmer, Erneuerbare Energien, S. 71 ff., 121.
[31] Für die Definition des Netzes für die allgemeine Versorgung vgl. bereits Kommentierung
§ 3 Rn. 79 ff.
[32] So auch *Weißenborn,* in: Böhmer, Erneuerbare Energien, S. 71 ff., 121.
[33] Vgl. bereits Kommentierung § 3 Rn. 87; siehe auch Legaldefinition in § 3 Nr. 17 EnWG;
Danner, in: Danner/Theobald, Energierecht, I EnWG B 1 § 10 Rn. 7; LG Dortmund, RdE
2002, 293, 294; LG Ravensburg, RdE 2003, 214, 215, wonach „die Möglichkeit andere Stromkunden an eine Leitung anzuschließen, . . . aus einer Anschlussleitung noch kein Netz (macht)";
a. A. wohl OLG Stuttgart, RdE 2004, 23, 25, wenn es die Argumentation der Vorinstanz, ein
Netz sei nur dann gegeben, wenn mehrere Grundstücke über eine Stromleitung versorgt werden, ablehnt.
[34] BGH, ZNER 2004, 178 ff.; BGH, RdE 2004, 167 ff.; BGH, RdE 2004, 300 ff., ZNER
2004, 272 ff.; BGH, IR 2004, 205; BGH, IR 2005, 13 f.
[35] BGH, IR 2005, 13 f.; ebenso z. B. OLG Nürnberg, ZNER 2002, 225.
[36] BGH, IR 2005, 13 f.; Brockhaus, 20. Aufl., Stichwort „Netz"; Meyers Enzyklopädisches
Lexikon, 9. Aufl., Stichwort „Netz".
[37] BGH, IR 2005, 13 f.
[38] Ebenda.

Versorgung dann bereits am Übergabepunkt zur Netzanschlussleitung erfolgt. Hier wird auch regelmäßig die Messung des bezogenen und des eingespeisten Stroms erfolgen.

21 Ein **Netzausbau** dürfte hingegen dann vorliegen, wenn die jeweilige Maßnahme sich unmittelbar auf das Netz auswirkt, insbesondere wenn die Lastfähigkeit des Netzes verstärkt wird[39] oder wenn bei Netzerweiterungen Anlagen errichtet werden, die Bestandteil des Netzes werden.[40]

22 Als Entscheidungshilfe zur Feststellung der verbesserten Funktionalität ist auch der Aspekt der Wertsteigerung zu beachten. Demnach ist die Frage zu stellen, wem die jeweils als Netzanschluss oder als Netzausbau zu qualifizierenden Einrichtungen wirtschaftlich dienen. Dienen sie der wirtschaftlichen Verbesserung des Netzes und steigern sie dessen Wert, so ist hierin eine Netzverstärkung und damit ein Bestandteil des Netzes zu sehen. Stellt die jeweilige Einrichtung wirtschaftlich nur den Anlagenbetreiber besser, so geht es hierbei um eine Maßnahme, die dem Netzanschluss zuzuordnen ist. In letzterem Fall trüge auch der Anlagenbetreiber die Kosten hierfür.

III. Anschlusskosten (Abs. 1 Satz 1)

23 **Kosten** des Anschlusses im Sinne von Abs. 1 Satz 1 sind alle zwangsläufig erforderlichen Aufwendungen, die der Verbindung der Stromerzeugungsanlage mit dem zur Einspeisung technisch geeigneten Netz dienen.[41]

24 **Notwendig** sind die Kosten, wenn ohne die den Aufwendungen zu Grunde liegenden Arbeiten eine Verbindung zwischen der Anlage und dem Netz unmöglich wäre.[42] Zugleich bedeutet „notwendig", dass soweit mehrere Anschlussmöglichkeiten denkbar sind, die dieselbe technische Eignung aufweisen, nur die geringsten Kosten verursacht werden dürfen. Bestehen mehrere unterschiedlich aufwändige Anschlussmöglichkeiten, die technisch gleich sicher sind und den Anforderungen des Abs. 1 Satz 2 gerecht werden, so hat der Anlagenbetreiber nur die Kosten der günstigsten Variante zu tragen, unabhängig davon, welche Anschlussmöglichkeit der Netzbetreiber gewählt hat.[43] Dies entspricht dem Gedanken der Vermeidung unnötiger betriebswirtschaftlicher und zugleich volkswirtschaftlicher Kosten.[44] Allerdings bleibt dem Anlagenbetreiber unbenommen, mit dem Netzbetreiber eine aufwändigere Anschlussmöglichkeit zu vereinbaren, um eventuellen späteren Anlagenerweiterungen zu entsprechen und damit spätere, unter Umständen für alle Beteiligten höhere Kosten zu vermeiden. Angesichts seiner Nebenpflichten aus § 242 BGB wird ein Netzbetreiber sich einem solchen Begehren des Anlagenbetreibers nicht entziehen können.[45] In diesem Fall hat der Anlagenbetreiber allerdings die damit verbundenen Mehrkosten zu tragen.

25 Ob die Aufteilung der Kosten nach den Abs. 1 und 2 **zwingend** ist, ist jedoch – wie bei § 10 Abs. 1 und Abs. 2 EEG 2000 – strittig.[46] Der Wortlaut lässt inso-

---

[39] *Oschmann*, ZNER 2000, 24, 29.
[40] Vgl. bereits BT-Drs. 14/2776, S. 24.
[41] Vgl. *Salje*, EEG, 3. Aufl., § 13 Rn. 11; ähnlich auch die Definition von *Bartsch/Dingeldey*, ET 1995, 249 ff., 251 für die Anschlusskosten beim StrEG: „Dies sind die Kosten für die Erstellung des Leitungsverbindungsstücks zwischen der Windkraftanlage und dem Einspeisepunkt in das EVU-Netz."
[42] *Reshöft/Steiner/Dreher*, EEG, § 13 Rn. 7.
[43] *Salje*, EEG, 3. Aufl. § 13 Rn. 12.
[44] Vgl. BT-Drs. 14/2864, S. 47.
[45] *Salje*, EEG, 3. Aufl. § 13 Rn. 12.
[46] Für Abdingbarkeit auch: LG Chemnitz, RdE 2004, 274 f.; LG Kiel, Urt. v. 26. 6. 2003 – 15 O 236/02 (unveröffentlicht); LG Münster, Urt. v. 27. 7. 2005 – 2 O 785/04. Für unab-

weit keine völlig eindeutige Aussage zu. Im Ergebnis spricht mehr dafür, dass Anlagenbetreiber und Netzbetreiber eine abweichende Regelung sowohl über den Netzverknüpfungspunkt als auch über die Kostenaufteilung treffen können.[47] Dies setzt freilich die tatsächliche, nicht erzwungene Bereitschaft beider Seiten hierzu voraus.[48] Vorstellbar ist dies insbesondere in Fällen, in denen eine Anschlusslösung vereinbart wird, die nicht nur dem Anschluss der unmittelbar errichteten Erzeugungsanlage dienen soll, sondern auch weiteren Ausbaustufen etwa eines Windparks oder einer Biogasanlage vorbereitet. Nur so lassen sich auch zukünftige, vom Netzbetreiber eigentlich noch nicht unmittelbar zur Realisierung bestimmte Netzausbaumaßnahmen in die Anschlussplanung mit einbeziehen, zu der der Netzbetreiber nicht ohnehin nach dem EEG verpflichtet ist, sondern die er zur Weiterentwicklung seines Netzes aus anderen Gründen plant. Über solche Vereinbarungen können Anlagebetreiber und Netzbetreiber also gemeinsam eine sinnvolle und auch eine zukünftige Umstände mit einbeziehende Netzplanung betreiben. Bei der Bestimmung der gesetzlich vom Anlagenbetreiber einforderbaren Netzanschlussvariante, entsprechend dem Grundsatz der geringsten volkswirtschaftlichen Kosten, sind dagegen zukünftige, den engen Zeithorizont des § 4 überschreitende Umstände nicht zu berücksichtigen. Hierzu zählt etwa eine Netzausbaumaßnahme eines Netzbetreibers, die er zum Anschluss eines Gewerbegebietes erst im Folgejahr vornehmen wollte und nun vorzieht, um unter Einbeziehung des Anschlusses der Erzeugungsanlage eine energiewirtschaftlich und netztechnisch insgesamt sinnvollere Lösung zu realisieren. Aufgrund des EEG ist der Netzbetreiber nicht verpflichtet, diesen Netzausbau vorab vorzunehmen – es sei denn, diese Anschlussvariante wäre auch kurzfristig mit den geringsten volkswirtschaftlichen Kosten verbunden.[49]

Die Kostenaufteilung zwischen Abs. 1 und 2 sowie ein Anschluss am gesetzlichen Netzanschlusspunkt muss auch deshalb nicht unabdingbar sein, weil mit der erleichterten einstweiligen Verfügung nach § 12 Abs. 5 dem Anlagenbetreiber ein sehr starkes Instrument[50] an die Hand gegeben wurde, um u. a. den Anschluss der Anlage am gesetzlichen Netzanschlusspunkt schnell durchsetzen zu können.[51]

Der Netzbetreiber hat die anfallenden Anschlusskosten im Einzelnen zu belegen. Ein Pauschalierungsrecht steht ihm nicht zu.[52]

Zu den **Kosten des Netzanschlusses** zählen insbesondere die Kosten für die eventuell erforderliche Umwandlung des Gleichstroms in Wechselstrom, die Kosten der Anschlusstechnik, die Kosten für die elektrische Zuleitung bis zum Anschlusspunkt, die Kosten für die Verbindungsleitung, die Kosten für die Messeinrichtungen, die Baukosten (auch Erdarbeiten), die Kosten der Verknüpfung mit dem Netz sowie die Kosten der Inbetriebnahme des Anschlusses.[53] Notwendig sind die Kosten für Transformatorenstationen,[54] die Verstärkung des Bereichs des

---

dingbar hält § 10 Abs. 2 EEG 2000 u. a. LG Kassel, Urt. v. 12. 5. 2005 – 11 O 4178/04 (unveröffentlicht).
[47] So wohl auch *Salje,* EEG, 3. Aufl. § 13 Rn. 12.
[48] Vom Netzbetreiber erzwungene Verträge sind über allgemeines Zivilrecht oder über §§ 19, 20 GWB angreifbar.
[49] Zur Bestimmung des Netzanschlusspunktes ausführlich Kommentierung zu § 4 Rn. 44 ff.
[50] Vgl. Kommentierung zu § 12 Rn. 80 ff.
[51] Dies übersieht etwa das noch auf § 10 EEG 2000 bezogene Urteil des LG Kassel, v. 12. 5. 2005 – 11 O 4178/04, das den zwingenden Charakter insb. mit der starken Stellung des Netzbetreibers begründet.
[52] Ebenso *Reshöft/Steiner/Dreher,* EEG, § 13 Rn. 7.
[53] *Salje,* EEG, 3. Aufl., § 13 Rn. 11.
[54] A. A. wohl *Bönning,* ZNER 2003, 296, 299.

Einspeiseübernahmepunktes, zusätzliche Leitungen und Regeleinrichtungen sowie alle weiteren Kosten im Zusammenhang mit solchen Anlagen und Einrichtungen, die durch den Anschluss der konkreten Anlage **direkt** verursacht worden sind.[55] Die genannten Kostenvarianten haben lediglich Beispielscharakter.

29 Noch weitgehend ungeklärt sind nach wie vor solche Kosten, die aus der **Verlegung von Hin- und Rückleitungen** aus dem Netz zu Übergabestationen, der Erweiterung einer Schaltanlage um ein Einspeisefeld sowie der Erweiterung eines Umspannwerkes um einen Transformator[56] resultieren. In der Literatur wird angenommen, dass dies **im Ansatz Netzanschlusskosten** sind, da diese Anlagen nicht Bestandteil des Netzes für die allgemeine Versorgung werden.[57] Im Einzelfall kann jedoch gerade dies anders zu beurteilen sein. Die endgültige Entscheidung hierüber wird man im jeweiligen Einzelfall den Gerichten überlassen müssen.[58]

IV. Messrecht, Messeinrichtungen und die Kosten für Messeinrichtungen (Abs. 1 Satz 1)

30 Die Regelung sieht nunmehr ausdrücklich die Pflicht des Anlagenbetreibers vor, die Kosten aller zum Betrieb notwendigen Messeinrichtungen zur Erfassung der gelieferten und der bezogenen elektrischen Arbeit zu tragen. Die Kostenpflichtigkeit umfasst sowohl die Errichtung als auch den Betrieb der Einrichtungen.[59] Dabei sind jedoch nur die zwingend erforderlichen Aufwendungen zu tragen.

31 Eine Änderung der Praxis ist mit dieser Entscheidung des Gesetzgebers indes nicht verbunden, da die Anlagenbetreiber diese Kosten in der Vergangenheit ohnehin übernommen haben.[60] Die Kosten für Messeinrichtungen fielen nach bisherigem Verständnis unter die Netzanschlusskosten.[61]

32 Absatz 1 Satz 1 begründet aber auch ein **Messrecht des Anlagenbetreibers** für die gelieferte sowie die, etwa für das Anfahren der Anlagen oder zur Kühlung der Fotovoltaik-Module, bezogene elektrische Arbeit.[62] In der bisherigen Praxis war lange umstritten, wem das Messrecht zusteht.[63] Die neue Regelung soll Unklarheiten über die verschiedenen Zuständigkeiten auflösen; getrennte Messeinrichtungen, Doppelmessungen und damit verbundene unnötige Kosten sollen vermieden werden.[64] Die Zugänglichkeit der Messwerte für alle Beteiligten (Anlagenbetreiber, Netzbetreiber und ggf. Lieferant des Bezugsstroms) muss gewährleistet sein. Ggf. ist der Anlagenbetreiber verpflichtet, die Daten dem Netzbetreiber oder einem sonstigen Beteiligten kostenlos zur Verfügung zu stellen.[65]

---

[55] *Bartsch/Pohlmann,* in: Bartsch u. a., Stromwirtschaft, Kap. 41, Rn. 14.
[56] Differenzierend hierzu: *Reshöft/Steiner/Dreher,* EEG, § 13 Rn. 16 ff.
[57] Vgl. hierzu insgesamt *Salje,* EEG, 2. Aufl., § 10 Rn. 22; *ders.,* EEG, 3. Aufl., § 13 Rn. 58; jedoch *Reshöft/Steiner/Dreher,* EEG, § 13 Rn. 38.
[58] Ein entsprechender – wenn auch nicht durchgehend überzeugender – Versuch findet sich beim Urteil des OLG Stuttgart, RdE 2004, 23 ff.
[59] Ebenso *Salje,* EEG, 3. Aufl., § 13 Rn. 34.
[60] Vgl. BT-Drs. 15/2864, S. 47 und bereits BT-Drs. 13/2327, S. 36; vgl. auch die Begründung zum Referentenentwurf vom 17. 12. 2003, Besonderer Teil, zu § 13, BR-Drs. 15/04, S. 81.
[61] *Bartsch/Pohlmann,* in: Bartsch u. a., Stromwirtschaft, Kap. 41, Rn. 2.
[62] *Oschmann/Müller,* ZNER 2004, 24, 27.
[63] Vgl. hierzu *Brandt/Reshöft/Steiner,* § 10 Rn. 8; *Reshöft/Steiner/Dreher,* EEG, § 13 Rn. 9.
[64] Vgl. BT-Drs. 15/2864, S. 47.
[65] Ebenda.

C. Anlagen mit einer Leistung von bis zu 30 kW (Abs. 1 Satz 2)

Für Anlagen mit einer Leistung von insgesamt bis zu 30 kW, die sich auf einem Grundstück mit bereits bestehendem Netzanschluss befinden, sieht Abs. 1 Satz 2 eine Ausnahme zur Bestimmung des günstigsten Netzverknüpfungspunktes vor: Bei solchen Anlagen gilt der bestehende **Verknüpfungspunkt des Grundstücks mit dem Netz als günstigster Verknüpfungspunkt.** Die Regelung sieht insoweit eine Fiktion vor. Diese Vermutung bezieht sich sowohl auf die technische als auch auf die wirtschaftliche Günstigkeit des Netzanschlusses. Weist der Netzbetreiber den Anlagen einen anderen Verknüpfungspunkt zu, so ist er verpflichtet, die daraus resultierenden Mehrkosten zu tragen. Sinn der Regelung ist die Vermeidung von Rechtsstreitigkeiten und von volkswirtschaftlich unnötigen Kosten.[66]

Voraussetzung für das Eingreifen der Vermutungswirkung ist zunächst, dass sich die Anlage bzw. die Anlagen **auf einem Grundstück** befinden. Insoweit dürfte die Erfassung im Grundbuch maßgeblich sein. Weitere Voraussetzung ist, dass ein Netzanschluss bereits besteht. Die Anlagen dürfen **insgesamt 30 kW nicht übersteigen.** In dem Fall, dass eine **neue Anlage hinzukommt** und hierdurch die Leistungsgrenze überschritten wird, ist der Netzverknüpfungspunkt für die neue Anlage nach den allgemeinen Kriterien des § 13 zu bestimmen und gegebenenfalls eine neue Netzanbindung zu realisieren. Da die alten Anlagen bereits angeschlossen sind, besteht kein Anlass, den Netzverknüpfungspunkt dieser Anlagen nachträglich zu verändern. Die Vermutungswirkung bleibt für die Altanlagen erhalten.

Auf die Leistungsfähigkeit der vorhandenen Anschlussleitung kommt es zunächst nicht an. Der Gesetzgeber geht davon aus, dass bestehende Grundstücksanschlüsse grundsätzlich dazu in der Lage sind, die aus Anlagen mit einer maximalen installierten Leistung von 30 kW einzuspeisende Strommenge aufzunehmen.[67]

D. Anforderungen an die Ausführung des Anschlusses (Abs. 1 Satz 3)

Präzisierungen des Umfangs des Kostenerstattungsanspruchs nach Abs. 1 Satz 1 ergeben sich aus dem im Abs. 1 Satz 3 enthaltenen Verweis auf die „im Einzelfall notwendigen technischen Anforderungen des Netzbetreibers" sowie aus § 49 EnWG[68].

§ 49 EnWG sieht vor, dass Energieanlagen so zu errichten und zu betreiben sind, dass die technische Sicherheit gewährleistet ist. Hierbei sind – vorbehaltlich sonstiger Rechtsvorschriften – die allgemein anerkannten Regeln der Technik zu beachten. Die im Einzelfall **notwendigen technischen Anforderungen des Netzbetreibers** für die Ausführung des Anschlusses können nur im Hinblick auf die jeweils anzuschließende Anlage bestimmt werden. Verallgemeinerungsfähige Aussagen lassen sich hier diesbezüglich nicht machen. Zwar kann in diesem Zusammenhang auf die allgemein anerkannten technischen Regeln der Netzbetreiber verwiesen werden, so wie diese in der VDEW-Richtlinie für den Parallelbetrieb

---

[66] Ebenda.
[67] Ebenda.
[68] Noch zur insoweit identischen Vorläuferregelung des § 16 EnWG 1998 *Gorgas,* in: Böhmer, Erneuerbare Energien, S. 167 ff.; *Roth,* in: Böhmer, Erneuerbare Energien, S. 133 ff.; *Weißborn,* in: Böhmer, Erneuerbare Energien, S. 71 ff., 126; *Bartsch/Pohlmann,* in: Bartsch u. a., Stromwirtschaft, Kap. 41, Rn. 4 f.

von Eigenerzeugungsanlagen und den die Richtlinie ergänzenden Bestimmungen des jeweiligen Netzbetreibers zu finden sind.[69] Diese Regeln und Bestimmungen haben jedoch keinen Normcharakter. Im Streitfall über die notwendigen technischen Anforderungen des Netzbetreibers ist regelmäßig die Einholung eines Sachverständigengutachtens notwendig.[70]

38   Zweifelhaft ist, ob – wie teilweise in der Literatur vorgeschlagen[71] – der Anschluss zur Vermeidung von Verzögerungen in der vom Netzbetreiber gewünschten Form errichtet werden sollte, um dann die Erforderlichkeit der Maßnahmen gerichtlich zu klären. Diese Sichtweise führt dazu, dass der Anlagenbetreiber in einen langwierigen Prozess verwickelt wird bzw. einen Prozess wegen der Kosten schon gar nicht auf sich nimmt. Auf diese Art und Weise könnte der Netzbetreiber daher immer seine eigenen Vorstellungen durchsetzen, die nicht zwingend erforderlich sind und für die der Anlagenbetreiber dennoch – jedenfalls vorerst – zahlen müsste. Einen Lösungsansatz zur Vermeidung der Verzögerungen und Stärkung der Position des Anlagenbetreibers bietet der nunmehr in § 12 Abs. 5 vorgesehene Erlass einer einstweiligen Verfügung.[72]

E. Wahlrecht des Anlagenbetreibers (Abs. 1 Satz 4)

39   Absatz 1 Satz 4 regelt ein **Wahlrecht des Anlagenbetreibers,** den Anschluss an das Netz vom Netzbetreiber oder von einem fachkundigen Dritten vornehmen zu lassen. Mit der Regelung sollen spätere Kostenstreitigkeiten aus Anlass des Netzanschlussbaus vermieden werden; sie dient der Begrenzung der Kosten und erscheint aufgrund der Pflicht der Anlagenbetreiber, für die Messkosten aufzukommen, interessengerecht.[73] Absatz 1 Satz 4 trägt dem Umstand Rechnung, dass der Anlagenbetreiber regelmäßig – wenn auch nicht zwingend – auch Eigentümer der Anschlussleitung sowie der Messeinrichtungen werden wird[74] und die Anschlusskosten trägt.[75] Der vom Anlagenbetreiber beauftragte Netzbetreiber oder Dritte kann gemäß § 242 BGB i. V. m. § 669 BGB einen angemessenen Vorschuss verlangen.[76]

40   Der Netzbetreiber kann im Streitfalle dem fachkundigen Dritten nur unter besonderen Umständen, unter Berufung auf seinen Eigentums- und Besitzschutz gemäß §§ 862, 1004 BGB, verbieten, Handlungen an seinen Energieanlagen vorzunehmen. Ein Verbot kann z.B. gerechtfertigt sein, wenn der Dritte Maßnahmen vornehmen will, die die Netzfunktionsfähigkeit temporär oder dauerhaft unzumutbar beeinträchtigen oder anhand konkreter Anhaltspunkte eine nicht fachgerechte Vornahme zu besorgen ist.[77] Wenn er ein Verbot ausgesprochen hat, darf sich der Dritte/Anlagenbetreiber nicht selbst helfen, sondern muss seinerseits klagen.

---

[69] Vgl. auch *Reshöft/Steiner/Dreher,* EEG, § 13 Rn. 30; sowie *Salje,* EEG, 3. Aufl., § 13 Rn. 24.
[70] *Salje,* EEG, 3. Aufl., § 13 Rn. 26.
[71] *Weißenborn,* in: Böhmer, Erneuerbare Energien, S. 71 ff., 126.
[72] Vgl. hierzu Kommentierung zu § 12 Rn. 80 ff.
[73] Vgl. BT-Drs. 15/2864, S. 47; sowie auch die Begründung zum Referentenentwurf vom 17. 12. 2003, Besonderer Teil, zu § 13, BR-Drs. 15/04, S. 81.
[74] *Salje,* EEG, 3. Aufl., § 13 Rn. 27; sowie BT-Drs. 15/2864, S. 79.
[75] *Bartsch/Pohlmann,* in: Bartsch u. a., Stromwirtschaft, Kap. 41, Rn. 7.
[76] Ebenda.
[77] A. A. *Salje,* EEG, 3. Aufl., § 13 Rn. 30; *Bartsch/Pohlmann,* in: Bartsch u. a., Stromwirtschaft, Kap. 41, Rn. 10; ihnen folgend *Schneider,* in: Schneider/Theobald, HBEnWR, § 18 Rn. 106.

In der Vergangenheit pflegten Netzbetreiber, dem Anlagenbetreiber den Abschluss eines „Anschlussvertrages" anzubieten. Dieser Vertrag berührt allerdings nicht das Bestehen der gesetzlichen Anschlussverpflichtung aus § 4 Abs. 1, sondern regelt die Art und Weise bzw. die Umsetzung des Netzanschlusses.[78] Die gesetzliche Verpflichtung des § 4 Abs. 1 kann nur vom Netzbetreiber selbst wahrgenommen werden, während die Anschlussherstellung durch den Netzbetreiber lediglich eine dem Einspeisewilligen zur Verfügung stehende Möglichkeit darstellt. **41**

Unproblematisch ist die **Ausübung des Rechts** des Anlagenbetreibers, den Ausführenden des Anschlusses selbst auszusuchen, wenn sich Anlagenbetreiber und Netzbetreiber darüber einig sind, welche technischen Voraussetzungen beim Bau des Netzanschlusses beachtet werden müssen, an welchem Netzpunkt die Verknüpfung erfolgt und wer die Kosten für die einzelnen Maßnahmen trägt. **42**

Bei mangelnder Einigkeit unter den Beteiligten über die Art und den Umfang sowie über die Höhe und die **Notwendigkeit von Kosten für die Netzanschlussmaßnahmen** sind Rechtsstreitigkeiten nicht auszuschließen. Dabei trägt der Netzbetreiber die Beweislast für die Notwendigkeit der Kosten. Langwierige gerichtliche Verfahren, die die Errichtung des Anschlusses verzögern könnten, sollen mit der nunmehr in § 12 Abs. 5 vorgesehenen einstweiligen Verfügung vermieden werden können.[79] **43**

Beauftragt der Anlagenbetreiber einen fachkundigen Dritten mit Errichtung des Anschlusses gegen oder ohne den Willen des Netzbetreibers, kann wiederum der Netzbetreiber dem beauftragten Dritten das Betreten des Grundstücks (wenn dieses in seinem Eigentum bzw. Besitz steht) bzw. die Vornahme von Handlungen an Leitungen und Energieanlagen – wie bereits erörtert[80] – verbieten. Soweit der Dritte sich nicht an das Gebot hält, kann der Netzbetreiber eine einstweilige Verfügung nach §§ 935, 940 ZPO unter Bezugnahme auf Eigentums- und Besitzschutz (§§ 862, 1004 BGB) beantragen oder das Selbsthilferecht des § 859 BGB ausüben. **44**

Neben der einstweiligen Verfügung nach § 12 Abs. 5 verbleibt dem Anlagenbetreiber das Recht, die infolge der Verzögerung entgangenen Einnahmen aus der Einspeisevergütung als Verzugsschaden (§§ 280, 286 BGB) geltend zu machen.[81] Vorzugswürdig kann es sein, den Netzbetreiber vorerst mit der Errichtung des Netzanschlusses zu den von ihm vorgegebenen Bedingungen zu beauftragen und sich die anschließende Überprüfung und Rückforderung der gegebenenfalls überhöhten Anschlusskosten vorzubehalten. Der hierdurch entstehende Schaden fällt regelmäßig geringer aus, als wenn es infolge der Verzögerung gar nicht zur Einspeisung kommt. **45**

F. Netzausbaukosten (Abs. 2)

Gemäß Abs. 2 hat der Netzbetreiber die notwendigen Netzausbaukosten zu tragen: Die Regelung – die mit dem EEG 2000 eingeführt wurde – erschließt sich im Zusammenhang mit § 4 Abs. 2 Satz 2, wonach ein Netz auch dann als für den Anschluss technisch geeignet gilt, „wenn die Abnahme des Stroms unbeschadet des Vorrangs nach Absatz 1 Satz 1 erst durch einen wirtschaftlichen zumutbaren Ausbau des Netzes möglich wird". **46**

---

[78] *Salje,* Versorgungswirtschaft 2001, 225, 227.
[79] Vgl. hierzu Kommentierungen zu § 12 Rn. 80 ff.
[80] *Salje,* EEG, 3. Aufl., § 13 Rn. 39.
[81] Hierzu *Salje,* 2. Aufl., EEG, § 10 Rn. 14 ff.; sowie *Reshöft/Steiner/Dreher* EEG, § 13 Rn. 28; *Bartsch/Pohlmann,* in: Bartsch u. a., Stromwirtschaft, Kap. 41, Rn. 11.

I. Repowering (Abs. 2 Satz 1)

47 Berechtigte des Netzausbauanspruchs sind nicht nur Betreiber von **neu anzuschließenden Anlagen**. Vielmehr hat diesen Anspruch auch jeder Betreiber einer Anlage, die **reaktiviert, erweitert** oder **in sonstiger Weise erneuert** wurde. Reaktivierte, erweiterte oder in sonstiger Weise erneuerte Anlagen sind ebenso wie die neu anzuschließenden privilegiert. Der Netzbetreiber muss die Netzausbaukosten damit nicht nur dann tragen, wenn eine Anlage neu angeschlossen wird, sondern ebenso, wenn eine bereits an das Netz angeschlossene Anlage lediglich erweitert oder reaktiviert bzw. infolge einer sonstigen Erneuerung eine Netzverstärkung erforderlich wird. Diese Regelung wurde von einem Teil der Rechtsprechung[82] bereits unter dem EEG 2000 angewendet, wenngleich die damalige gesetzliche Grundlage hierfür alles andere als selbstverständlich war.[83]

II. Kosten des Netzausbaus (Abs. 2 Satz 1)

48 **Netzausbaukosten** sind vor allem finanzielle Aufwendungen für die Verstärkung und Erweiterung des Netzes für die allgemeine Versorgung. Das sind Kosten für sämtliche Maßnahmen, die erforderlich sind, um den Strom durch das Netz des Netzbetreibers transportieren zu können und für alle Einrichtungen, die Bestandteile des Netzes für die allgemeine Versorgung werden.[84] Im Einzelfall ist die Zuordnung einzelner Kostenpositionen oft problematisch.[85] **Netz** ist nach § 3 Abs. 6 die Gesamtheit der miteinander verbundenen technischen Einrichtungen zur Übertragung und Verteilung von Elektrizität für die allgemeine Versorgung. **Technische Einrichtungen zur Übertragung und Verteilung von Elektrizität** sind etwa Freileitungen, Erdkabel, Transformatoren, Umspannwerke, Schaltanlagen mit ihren Sicherungs- und Überwachungseinrichtungen, Schaltern und Ähnlichem, die zur Übertragung und Verteilung von Elektrizität notwendig sind. Zu einem Netz werden die technischen Einrichtungen zur Übertragung und Verteilung der Elektrizität erst in ihrer **Gesamtheit** durch die Verknüpfung miteinander zu einem System von Leitungen. Es ist allerdings nicht erforderlich, dass jede einzelne Versorgungsleitung wieder in das allgemeine Netz zurückführt.[86]

49 Die **Kosten** für den – erforderlichen – Netzausbau müssen – soweit sie auf die Netznutzungsentgelte umgelegt werden sollen – **ihrerseits notwendig** sein.

III. Darlegungs- und Beweislast (Abs. 2 Satz 1 und 2)

50 Die **Darlegungs- und Beweislast** für die Notwendigkeit der Netzausbaukosten trägt der Netzbetreiber, sofern er eine Umlage dieser Kosten auf die Netznutzungsentgelte beabsichtigt.

IV. Kostenansatz beim Netznutzungsentgelt (Abs. 2 Satz 3)

51 Netzbetreiber sind nach Abs. 2 Satz 3 berechtigt, die auf sie entfallenden Netzausbaukosten bei der Berechnung ihrer Netznutzungsentgelte in Ansatz zu bringen. Hintergrund ist, dass die Netzausbaukosten zu den Gesamtkosten für die Er-

---

[82] Vgl. LG München, RdE 2003, 215 ff., 217; OLG München, Urt. v. 23. 9. 2003 – 15 U 1772/03 (unveröffentlicht), S. 14.
[83] Kritisch dazu *Weißenborn*, in: Böhmer, Erneuerbare Energien, S. 71 ff., 124.
[84] *Bartsch/Dingeldey*, ET 1995, 249, 251.
[85] Vgl. hierzu Ausführungen Rn. 14 ff.
[86] Vgl. zum Ganzen die Kommentierung bei § 3 Rn. 76 ff. m. w. N.

richtung und den Erhalt des Netzes zählen und die damit verbundenen Kosten daher – entsprechend den Vorgaben des EnWG und der entsprechenden Rechtsverordnungen – auf alle Netznutzer umgelegt werden sollen.[87]

---

[87] Vgl. hierzu Kommentierungen zu § 5 Rn. 36 ff.

§ 14 Bundesweite Ausgleichsregelung

(1) Die Übertragungsnetzbetreiber sind verpflichtet, den unterschiedlichen Umfang, den zeitlichen Verlauf der nach § 5 Abs. 2 vergüteten Energiemengen und die Vergütungszahlungen zu erfassen, die Energiemengen unverzüglich untereinander vorläufig auszugleichen sowie die Energiemengen und die Vergütungszahlungen nach Maßgabe von Absatz 2 abzurechnen.

(2) ¹Die Übertragungsnetzbetreiber ermitteln bis zum 30. September eines jeden Jahres die Energiemenge, die sie im vorangegangenen Kalenderjahr nach § 5 abgenommen und vergütet sowie nach Absatz 1 vorläufig ausgeglichen haben, und den Anteil dieser Menge an der gesamten Energiemenge, die Elektrizitätsversorgungsunternehmen im Bereich des jeweiligen Übertragungsnetzbetreibers im vorangegangenen Kalenderjahr an Letztverbraucher geliefert haben. ²Übertragungsnetzbetreiber, die größere Mengen abzunehmen hatten, als es diesem durchschnittlichen Anteil entspricht, haben gegen die anderen Übertragungsnetzbetreiber einen Anspruch auf Abnahme und Vergütung nach den §§ 6 bis 12, bis auch diese Netzbetreiber eine Energiemenge abnehmen, die dem Durchschnittswert entspricht.

(3) ¹Elektrizitätsversorgungsunternehmen, die Strom an Letztverbraucher liefern, sind verpflichtet, den von dem für sie regelverantwortlichen Übertragungsnetzbetreiber nach den Absätzen 1 und 2 abgenommenen Strom anteilig nach Maßgabe eines rechtzeitig bekannt gegebenen, der tatsächlichen Stromabnahme nach § 4 in Verbindung mit § 5 angenäherten Profils abzunehmen und zu vergüten. ²Satz 1 gilt nicht für Elektrizitätsversorgungsunternehmen, die, bezogen auf die gesamte von ihnen gelieferte Strommenge, mindestens 50 Prozent Strom im Sinne der §§ 6 bis 11 liefern. ³Der nach Satz 1 abzunehmende Anteil wird bezogen auf die von dem jeweiligen Elektrizitätsversorgungsunternehmen gelieferte Strommenge und ist so zu bestimmen, dass jedes Elektrizitätsversorgungsunternehmen einen relativ gleichen Anteil erhält. ⁴Der Umfang der Abnahmepflicht (Anteil) bemisst sich nach dem Verhältnis des nach § 5 Abs. 2 insgesamt vergüteten Stroms zu dem insgesamt an Letztverbraucher abgesetzten Strom. ⁵Die Vergütung im Sinne von Satz 1 errechnet sich aus dem voraussichtlichen Durchschnitt der nach § 5 von der Gesamtheit der Netzbetreiber pro Kilowattstunde in dem vorvergangenen Quartal gezahlten Vergütungen abzüglich der nach § 5 Abs. 2 Satz 2 vermiedenen Netznutzungsentgelte. ⁶Die Übertragungsnetzbetreiber sind verpflichtet, Ansprüche gegen Elektrizitätsversorgungsunternehmen nach Satz 1, die infolge des Ausgleichs nach Absatz 2 entstehen, bis zum 31. Oktober des auf die Einspeisung folgenden Jahres geltend zu machen. ⁷Der tatsächliche Ausgleich der Energiemengen und Vergütungszahlungen erfolgt im Folgejahr bis zum 30. September in monatlichen Raten. ⁸Der nach Satz 1 abgenommene Strom darf nicht unter der nach Satz 5 gezahlten Vergütung verkauft werden, soweit er als Strom aus Erneuerbaren Energien oder als diesem vergleichbarer Strom vermarktet wird.

(4) Ergeben sich durch eine rechtskräftige Gerichtsentscheidung im Hauptsacheverfahren, die erst nach der Abrechnung nach Absatz 2 Satz 1 oder Absatz 3 ergangen ist, Änderungen der abzurechnenden

Bundesweite Ausgleichsregelung § 14

Energiemengen oder Vergütungszahlungen, sind diese Änderungen bei der jeweils nächsten Abrechnung zu berücksichtigen.

(5) Auf die zu erwartenden Ausgleichvergütungen sind monatliche Abschläge zu leisten.

(6) ¹Netzbetreiber, die nicht Übertragungsnetzbetreiber sind, und Elektrizitätsversorgungsunternehmen sind verpflichtet, die für die Berechnungen nach den Absätzen 1 bis 5 erforderlichen Daten unverzüglich zur Verfügung zu stellen und bis zum 30. April eine Endabrechnung für das Vorjahr vorzulegen. ²Netzbetreiber und Elektrizitätsversorgungsunternehmen können verlangen, dass die Endabrechnungen nach Satz 1 bis zum 30. Juni und nach Absatz 2 bis zum 31. Oktober durch einen Wirtschaftsprüfer oder vereidigten Buchprüfer bescheinigt werden. ³Anlagenbetreiber sind verpflichtet, die für die Endabrechnung des Vorjahres erforderlichen Daten bis zum 28. Februar des Folgejahres zur Verfügung zu stellen.

(7) Letztverbraucher, die Strom nicht von einem Elektrizitätsversorgungsunternehmen, sondern von einem Dritten beziehen, stehen Elektrizitätsversorgungsunternehmen im Sinne der Absätze 2 und 3 gleich.

(8) Das Bundesministerium für Umwelt, Naturschutz und Reaktorsicherheit wird ermächtigt, im Einvernehmen mit dem Bundesministerium für Wirtschaft und Arbeit durch Rechtsverordnung Vorschriften zur
1. organisatorischen und zeitlichen Abwicklung des Ausgleichs nach Absatz 1, insbesondere zur Bestimmung des dafür Verantwortlichen und zur Sicherstellung bestmöglicher und gleicher Prognosemöglichkeiten hinsichtlich der auszugleichenden Energiemengen und Lastverläufe,
2. Festlegung oder Ermittlung eines einheitlichen Profils nach Absatz 3, zum Zeitpunkt einschließlich des zeitlichen Vorlaufs und zur Art und Weise der Bekanntgabe dieses Profils und der zugrunde liegenden Daten sowie
3. näheren Bestimmung der nach Absatz 6 erforderlichen Daten und zur Art und Weise der Bereitstellung dieser Daten
zu erlassen.

Übersicht

	Rn.
A. Überblick	1
B. Hintergrund	10
I. Normzweck	10
II. Entstehungsgeschichte	11
C. Ansprüche der Übertragungsnetzbetreiber untereinander – horizontaler Ausgleich (Abs. 1 und Abs. 2)	17
I. Überblick: Die dritte Stufe des EEG-Ausgleichs (horizontaler Ausgleich)	17
II. Ausgleichspflicht (Abs. 1 und Abs. 2)	22
1. Vorstufe: laufende Abschlagslieferungen (Abs. 1 Satz 1)	24
2. Kontierung der Stromliefermengen und Vergütungen im Erfassungszeitraum (Abs. 2 Satz 1 und 2)	28
3. Bildung des Durchschnittswerts (Abs. 2 Satz 2)	35
4. Erfassung des zeitlichen Verlaufs (Abs. 1 Satz 1)	36
III. Fiktiver Ausgleich (Abs. 1 und 2)	39
IV. Gesamthändische Bindung beim Ausgleichsanspruch (Abs. 2 Satz 2)	42

§ 14 Erneuerbare-Energien-Gesetz

	Rn.
D. Abnahme- und Vergütungsansprüche der Übertragungsnetzbetreiber gegen letztversorgende Elektrizitätsversorgungsunternehmen (Abs. 3)	43
I. Überblick: Die vierte Stufe des EEG-Ausgleichs (vertikaler Ausgleich)	43
II. Anspruchsberechtigter und Adressat (Abs. 3 Satz 1 und 2)	49
1. Versorgung von Endkunden über Arealnetze	52
2. Grünstrom-Privileg (Abs. 3 Satz 2)	58
III. Umfang des Ausgleichsanspruchs (Abs. 3 Satz 1 und 3 bis 5)	60
1. Abzunehmende Strommengen (Abs. 3 Satz 1, 3 und 4)	60
2. Durchschnittsvergütung (Abs. 3 Satz 5)	62
IV. Lieferung nach Lastprofilen (Abs. 3 Satz 1)	64
V. Darlegungs- und Beweispflichten bei der Geltendmachung des Ausgleichsanspruchs	70
VI. Zeitliche Begrenzung der Geltendmachung des Anspruchs und tatsächlicher Ausgleich (Abs. 3 Satz 6 und 7)	77
VII. Vermarktung von regenerativ erzeugtem Strom (Abs. 3 Satz 8)	79
VIII. Weitergabe der EEG-Strommengen und Vergütungszahlungen an die Endkunden – „fünfte Stufe"	81
1. Weitergabe der EEG-Kosten an Sonderkunden	85
a) Allgemeine Steuer- und Abgabenklauseln	87
b) Ergänzende Vertragsauslegung bei Altverträgen	97
c) Wegfall der Geschäftsgrundlage	104
2. Weitergabe der EEG-Kosten an Tarifkunden	105
3. Darlegungs- und Beweispflichten für die zutreffende Höhe des geforderten Ausgleichs	112
E. Nachträgliche Änderungen der abgerechneten Energiemengen bzw. der Vergütungszahlungen (Abs. 4)	113
F. Monatliche Abschläge auf die Vergütung (Abs. 5)	114
G. Auskunftspflichten und Testatansprüche (Abs. 6)	116
I. Auskunftspflichten der Verteilnetzbetreiber und Elektrizitätsversorgungsunternehmen (Abs. 6 Satz 1)	117
II. Testatanspruch der Netzbetreiber und der Elektrizitätsversorgungsunternehmen (Abs. 6 Satz 2)	121
III. Fristgebundene Auskunftspflicht der Anlagenbetreiber	125
IV. Zusammenfassender Überblick über die Fristen des Ausgleichsmechanismus	126
H. Gleichstellung von Letztverbrauchern und Elektrizitätsversorgungsunternehmen (Abs. 7)	130
I. Rechtsverordnung zur Ermittlung von Lastprofilen (Abs. 8)	132
J. Weiterentwicklung im Hinblick auf die EE-RL	134

Literatur: *Altrock,* „Subventionierende" Preisregelungen – Die Förderung erneuerbarer Energieträger durch das EEG, 2002; *ders.,* Anmerkung zu OLG Naumburg, Urt. v. 9. 3. 2004 – 1 U 91/03, IR 2004, 85; *Bartsch/Pohlmann,* Belastungsausgleich, in: Bartsch u.a. (Hrsg.), Stromwirtschaft, 2002, Kap. 42, S. 343 ff.; *Bartsch/Pohlmann,* Auswirkungen des Belastungsausgleichs außerhalb des Netzbetriebs, in: Bartsch u.a. (Hrsg.), Stromwirtschaft, 2002, Kap. 43, S. 349 ff.; *BMU,* Bericht über den Stand der Markteinführung und der Kostenentwicklung von Anlagen zur Erzeugung von Strom aus erneuerbaren Energien (Erfahrungsbericht zum EEG) vom 16. Juni 2002, BT-Drs. 14/9807; *Böhmer,* Das Erneuerbare-Energien-Gesetz, ew 7/2002, 28 ff.; *Brandt/Reshöft/Steiner,* Erneuerbare-Energien-Gesetz, Handkommentar, 2001; *Britz/Müller,* Die Kostenabwälzung auf Letztverbraucher im Rahmen der „subventionierenden" Preisregelungen nach KWKG und EEG, RdE 2003, 163 ff.; *Büdenbender,* Die Abwälzung der Subventionslasten für erneuerbare Energien und Kraft-Wärme-Kopplung auf den Stromverbraucher, NVwZ 2004, 823 ff.; *ders.,* Die Weitergabe politischer Mehrbelastungen an endverbrauchende Kunden, ET 2001, 298 ff.; *Ebel,* Weitergabe von Mehrbelastungen an endverbrauchende Stromkunden?, ET 2001, 812 ff.; *Eder,* Zur Abwälzung erhöhter Kosten durch staatliche Förderung erneuerbarer Energien, IR 2004, 11; *Gent,* Preiserhöhungen im laufenden Sonderkundenverträgen, RdE 2001, 50 f.; *Hartmann/Hackert,* Arealnetze und Objektversorgung im Belastungsausgleich nach dem Erneuerbare-Energien-

Bundesweite Ausgleichsregelung 1, 2 § 14

Gesetz, RdE 2005, 160 ff.; *Immenga,* Preisaufsicht bei der Einspeisung regenerativer Energien, BB 1994, 295 ff.; *Leprich/Thiele/Frey,* Belastung der stromintensiven Industrie durch das EEG und Perspektiven. Kurzgutachten für das Bundesministerium für Umwelt, Naturschutz und Reaktorsicherheit, April 2003, abrufbar unter: http://www.bmu.de/files/eeg_stromint_studie.pdf; *Moench/Corino,* Noch einmal: Preiserhöhungen auf Grund des EEG und des KWKG, RdE 2002, 124 ff.; *Nagel,* Rechtliche und politische Hindernisse bei der Einführung Erneuerbarer Energien am Beispiel Strom, ZNER 2001, 231 ff.; *Oschmann/Müller,* Neues Recht für Erneuerbare Energien – Grundzüge der EEG-Novelle, ZNER 2004, 24 ff.; *Palic,* Zunahme regenerativ erzeugter Strommengen – Auswirkungen auf den Strompreis in Deutschland, ew 3/2002, 70 ff.; *Reshöft/Steiner/Dreher,* Erneuerbaren-Energien-Gesetz, Handkommentar, 2. Aufl., 2005; *Rosin,* Anmerkung zu OLG Düsseldorf, Urteil vom 10. 10. 2002, RdE 2003, 77; *Rosin/Elspas,* Rechtsprobleme der Weiterbelastung von Mehraufwendungen aus EEG und KWKG an Endkunden, ET 2002, 182 ff.; *Salje,* Das neue Recht der Stromeinspeisung, Versorgungswirtschaft 2000, 173 ff.; *ders.,* Erneuerbare-Energien-Gesetz, Gesetz für den Vorrang Erneuerbarer Energien (EEG), Kommentar, 2. Aufl. 2000; *Schneider,* Energieumweltrecht: Erneuerbare Energien, Kraft-Wärme-Kopplung, Energieeinsparung, in: Schneider/Theobald (Hrsg.), Handbuch zum Recht der Energiewirtschaft (HBEnWR), 2002, § 18 S. 998; *Schrader/Krzikalla/Müller-Kirchenbauer,* Netznutzungsentgelte und Lastprofile im Erneuerbare Energien Gesetz, ZNER 2001, 89 ff.; *Siems,* Ausgleichspflicht nach der EEG-Novelle: Neue Gefahr für Contracting-Modelle? RdE 2005, 130 ff.; *Starke,* Die Zulässigkeit der Weitergabe von Belastungen aus EEG und KWK-Gesetz im Rahmen Allgemeiner Geschäftsbedingungen, in: Becker/Held/Riedel/Theobald (Hrsg.), Energiewirtschaft im Aufbruch, Festschrift für Wolf Büttner, 2001; *Troost,* Zur Auswirkung der Abnahme- und Vergütungspflichten aus EEG und KWKG auf bereits bestehende Stromlieferungsverträge: Preiserhöhung als Folge zusätzlicher Abgaben oder der Verpflichtung zu Anpassungsverhandlungen?, RdE 2001, 205 ff.; *VDEW/DGV,* Richtlinie Datenaustausch und Energiemengenbilanzierung (3/2001).

Rechtsprechung: BGH, Urt. v. 22. 10. 1996, KZR 19/95, NJW 1997, 574 ff.; BGH, Urt. v. 22. 12. 2003 – VIII ZR 90/02, RdE 2004, 105 ff. = IR 2004, 11; BGH, Urt. v. 22. 12. 2003 – VIII ZR 310/02 (unveröffentlicht); BGH, Urt. v. 10. 3. 2004 – VIII ZR 213/02 (unveröffentlicht); OLG Oldenburg, Urt. v. 8. 3. 2002 – 6 U 198/01, ZNER 2002, 223 f. = RdE 2002, 187 f.; OLG Düsseldorf, Urt. v. 10. 10. 2002 – 17 U 76/02, RdE 2003, 74 ff.; OLG Naumburg, Urt. v. 9. 3. 2004 – 1 U 91/03, IR 2004, 84 f. = RdE 2004, 266 ff.; LG Halle, Urt. v. 31. 5. 2001 – 10 O 134/00, ZNER 2001, 185 f.; LG Osnabrück, Urt. v. 21. 9. 2001 – 13 O 273/01 (unveröffentlicht); LG Koblenz, Urt. v. 31. 1. 2002 – 1 HO 92/01, RdE 2002, 153 ff. = BB 2002, 1443 ff. = Versorgungswirtschaft 2002, 205 ff.; LG Krefeld, Urt. v. 5. 3. 2002 – 12 O 174/01, RdE 2002, 249 ff.; AG Warendorf, Urt. v. 1. 10. 2001 – 5 C 525/01, RdE 2002, 79 f.

A. Überblick

§ 14 ist in engem Zusammenhang mit §§ 4 und 5 zu lesen.[1] Die §§ 4, 5 und 14 bilden ein einheitliches System, mit dem die Vergütungszahlungen und Strommengen, die infolge der Abnahme- und Vergütungsregelung des EEG anfallen, bundesweit ausgeglichen werden. Gesetzlich geregelt sind **vier Stufen** vom Anlagenbetreiber bis zu dem den Endkunden versorgenden Elektrizitätsversorgungsunternehmen (Letztversorger). Danach ist in einer **ersten Stufe** derjenige Netzbetreiber zur Abnahme des EEG-Strom und zur Vergütung zum EEG-Preis verpflichtet, an dessen Netz die Anlage mit den geringsten volkswirtschaftlichen Kosten angeschlossen werden kann (Anschluss am technisch und wirtschaftlich günstigen Netzverknüpfungspunkt, § 4 Abs. 1 und 2).

Auf der **zweiten Stufe** ist der dem aufnehmenden Netzbetreiber jeweils vorgelagerte Übertragungsnetzbetreiber zur vollständigen Abnahme und Vergütung

---

[1] Vgl. Begründung des Gesetzgebers, BT-Drs. 15/2864, S. 47; so für das EEG 2000 auch BT-Drs. 14/2776, S. 24.

§ 14 3–6

der von dem Netzbetreiber nach § 4 Abs. 1 aufgenommenen Strommenge verpflichtet (§ 4 Abs. 2). Allerdings erfolgt die Lieferung des Stroms in das Übertragungsnetz regelmäßig nur kaufmännisch-bilanziell und nicht physisch: Zumindest bislang wird der regenerativ erzeugte Strom regelmäßig weitgehend in dem Netz verbraucht, in das der Strom physisch eingespeist wird. Hierauf kommt es für das EEG aber überwiegend nicht an.[2]

3 Auf der **dritten Stufe** des bundesweiten Ausgleichsmechanismus erfolgt der Ausgleich des auf Grund des EEG abgenommenen Stroms sowie der dafür geleisteten Vergütungen zwischen den Übertragungsnetzbetreibern (§ 14 Abs. 1, 2, 4 und 5). Dabei müssen die zunächst unterdurchschnittlich betroffenen Übertragungsnetzbetreiber EEG-Strommengen von den zunächst überdurchschnittlich betroffenen Übertragungsnetzbetreibern abnehmen. Regionale Ungleichgewichte, die noch unter der Geltung des StrEG bestanden, weil Betreiber der norddeutschen Netze einen überdurchschnittlich hohen Anteil des insgesamt in Deutschland erzeugten Stroms aus Erneuerbaren Energien (insbesondere Windstrom) abnehmen und vergüten mussten, ohne dass hierfür ein Ausgleich vorgesehen war, werden durch diesen bundesweiten Ausgleich aufgefangen.

4 Auf der **vierten Stufe** des Ausgleichssystems werden schließlich die bei den Übertragungsnetzbetreibern angelangten Strommengen gleichmäßig weiter verteilt (§ 14 Abs. 3). Sämtliche Elektrizitätsversorgungsunternehmen, die Strom an Endabnehmer liefern (Letztversorger), haben von dem Übertragungsnetzbetreiber der jeweiligen Regelzone den von diesem nach § 14 Abs. 1 und 2 abgenommenen und vergüteten Strom ihrerseits abzunehmen und nach einem bundesweit einheitlichen Durchschnittssatz zu vergüten. Im Ergebnis werden alle Elektrizitätsversorgungsunternehmen, die Strom an Letztverbraucher liefern, zu gleichen Teilen in der Abnahme- und Vergütungsverpflichtung des EEG beteiligt, § 14 Abs. 3 Satz 3. Die Erwirtschaftung der Differenzkosten, die der EEG-Bezug vom Übertragungsnetzbetreiber gegenüber dem Bezug von konventionell erzeugtem Strom für den Letztversorger ausmacht, fällt danach in den Verantwortungsbereich des Letztversorgers.

5 Ausweislich der Gesetzesbegründung zum EEG 2000 war die **Intention des § 11 Abs. 4 EEG 2000** – also des in weiten Teilen wortgleichen Vorgängers des § 14 Abs. 3 –, eine dem Prinzip der Entflechtung von Elektrizitätsversorgungsunternehmen ideal entsprechende Verpflichtung der Stromlieferanten als Verursacher einer klima- und umweltgefährdenden Energieerzeugung zu schaffen.[3] An der Aktualität und Richtigkeit dieser Erwägungen hat sich auch beim **EEG 2004** nichts geändert.

6 Ein Teil der Literatur hatte im EEG 2000 eine „**fünfte Stufe**" des Regelungsaufbaus identifiziert.[4] Diese sei in § 11 Abs. 4 Satz 6 EEG 2000 (neu: § 14 Abs. 3 Satz 8) zu finden. Sofern die Elektrizitätsversorgungsunternehmen den nach § 11 Abs. 4 Satz 1 EEG 2000 (neu: § 14 Abs. 3 Satz 1) abgenommenen Strom als Elektrizität aus Erneuerbaren Energien vermarkten, um so die Kostenlast auf die Verbraucher abzuwälzen, müssen sie hierfür einen Preis verlangen, der nicht unterhalb der Durchschnittspreises nach Satz 5 liegt. Allerdings unterstützte bereits die Gesetzesbegründung zum EEG 2000 die Annahme der Bildung einer fünften gesetzlich geregelten Stufe nicht. Vielmehr ging der Gesetzgeber des EEG 2000 von einem vierstufigen Ausgleichsmechanismus aus.[5] Da die Gesetzesbegründung

---

[2] Vgl. lediglich die Regelung in § 5 Abs. 2 zum Abzug der vermiedenen Netznutzungsentgelte.
[3] BT-Drs. 14/2776, S. 24 f.
[4] *Reshöft/Steiner/Dreher*, EEG, § 14 Rn. 48.
[5] BT-Drs. 14/2776, S. 24 f.

ausdrücklich auf die Beibehaltung der in § 11 EEG 2000 enthaltenen gestuften Abnahme- und Vergütungspflichten verweist,[6] ist auch für das EEG 2004 davon auszugehen, dass die §§ 4, 5 und 14 einen gesetzlichen Vergütungs- und Ausgleichsmechanismus in vier Stufen vorsehen. Die „fünfte Stufe" der Weitergabe der besonderen Aufwendungen der Letztversorger auf Grund des EEG an die Endkunden ist gesetzlich nicht umfassend geregelt[7] und bedarf deshalb einer vertraglichen Ausgestaltung in den Lieferverträgen zwischen den Letztversorgern und den Endkunden.

Insgesamt geht der Ausgleich in zeitlicher Hinsicht in **zwei Phasen** von statten. In einer ersten Phase der **laufenden Abwicklung** sind die aktuell eingehenden EEG-Stromlieferungen laufend von den primär aufnahmepflichtigen Netzbetreibern an die Übertragungsnetzbetreiber (zweite Stufe), von den zunächst überdurchschnittlich belasteten Übertragungsnetzbetreiber an die zunächst unterdurchschnittlich belasteten Übertragungsnetzbetreiber (dritte Stufe) sowie von den Übertragungsnetzbetreiber an die Letztversorger (vierte Stufe) zu liefern. Da insbesondere die genauen Liefermengen der dritten und vierten Stufe nicht laufend exakt bekannt sind, erfolgen die laufenden (Abschlags-)Lieferungen ggf. auf Basis von Prognosen. Diese erste Phase ist insbesondere in § 14 Abs. 1 (für die dritte Stufe) und Abs. 5 (für die vierte Stufe) geregelt. 7

In der zweiten zeitlichen Abwicklungsphase erfolgt die **Endabrechnung** der Abnahmepflichten der Netzbetreiber und Stromhändler aus dem Ausgleichsmechanismus des EEG. Regelungen hierzu finden sich in § 14 Abs. 2 (dritte Stufe), Abs. 3 (vierte Stufe), Abs. 4 (dritte und vierte Stufe) sowie Abs. 5 (zweite und vierte Stufe). 8

Tabelle 1: Überblick über den Ausgleichsmechanismus des EEG

erste Stufe	Anschluss-, Abnahme- und Vergütungspflicht des nächstgelegenen Netzbetreibers	§ 4 Abs. 1 Satz 1, § 5 Abs. 1
zweite Stufe	Abnahme- und Vergütungspflicht des Übertragungsnetzbetreibers	§ 4 Abs. 6, § 5 Abs. 2, § 14 Abs. 5
dritte Stufe	Abnahme- und Vergütungspflicht der Übertragungsnetzbetreiber untereinander	§ 14 Abs. 1 und 2
vierte Stufe	Abnahme- und Vergütungspflicht der Letztversorger	§ 14 Abs. 3, 4, 5, 6 und 7
„fünfte Stufe"	Weitergabe an die Letztverbraucher	gesetzlich nicht geregelt

Schließlich enthält § 14 Abs. 8 eine **Verordnungsermächtigung** zur näheren Ausgestaltung des Ausgleichsmechanismus. Diese betrifft u. a. die Abwicklung des vorläufigen unterjährigen Ausgleichs der EEG-Strommengen (dritte und vierte Stufe), die Festlegung eines einheitlichen Profils nach § 14 Abs. 3 (vierte Stufe) sowie die nähere Bestimmung der nach Abs. 6 erforderlichen Daten einschließlich der Art und Weise ihrer Bereitstellung. Die Verordnung lag zum Zeitpunkt der Drucklegung noch nicht vor. 9

---

[6] BT-Drs. 15/2864, S. 47 f.
[7] Vgl. aber die besondere Ausgleichsregelung in § 16 EEG.

B. Hintergrund

I. Normzweck

10 § 14 bezweckt einerseits den Ausgleich der **Strom- und Vergütungszahlungen** zwischen den unterschiedlich stark betroffenen Übertragungsnetzbetreibern. Allerdings schafft diese Vorschrift – die man neben den Abnahme- und Vergütungspflichten durchaus als Kern des EEG 2004 ansehen darf[8] – keine reine Ausgleichsregelung lediglich für geleistete Vergütungen, sondern eine den §§ 4 und 5 entsprechende kombinierte Abnahme- und Vergütungspflicht für Elektrizitätsversorgungsunternehmen der vorgelagerten Spannungsstufen. Daneben wird die Weiterwälzung des EEG-Stroms gegen Zahlung der durchschnittlichen EEG-Vergütung an alle endkundenversorgenden Stromhändler (Letztversorger) angeordnet. Damit wird der nach § 4 aufzunehmende und nach § 5 zu vergütende EEG-Strom bundesweit gleichmäßig auf alle Letztversorger verteilt.

II. Entstehungsgeschichte

11 Die Regelung des § 14 EEG 2004 trat an die Stelle des im Grundsatz vergleichbaren **§ 11 EEG 2000**. Dieser ersetzte die grundsätzlich anders aufgebaute Härteklausel des **§ 4 des StrEG** und dessen so genannten „5-Prozent-Deckel". Das StrEG enthielt in seinem § 4 eine Ausgleichsregelung, wonach die Elektrizitätsversorgungsunternehmen von der Abnahme- und Vergütungspflicht befreit waren, soweit die Erfüllung dieser Pflicht für sie eine unbillige Härte darstellte. In einem solchen Fall ging die Abnahme- und Vergütungspflicht auf das vorgelagerte Elektrizitätsversorgungsunternehmen über, womit lediglich eine Abwälzung der Vergütungszahlungen stattfand. Diese Härteklausel konnte jedoch regionale Ungleichheiten nicht ausschließen: Die Stromerzeugung aus Erneuerbaren Energien (einschließlich der nicht vom StrEG vergüteten großen Wasserkraft) nahm insgesamt von 1990 bis 1998 um absolut 5 Mrd. kWh zu. Dieser Zuwachs ging nahezu ausschließlich auf den Zubau von Windenergie zurück. Diese Entwicklung beschleunigte sich etwa ab dem Jahre 1997. Die aus dem StrEG resultierenden Vergütungszahlungen für Strom aus Erneuerbaren Energien entwickelten sich zwischen 1991 und 1999 wie folgt:

Tabelle 2: Entwicklung Vergütungszahlen zw. 1991 und 1999[9]

Jahr	Betrag
1991	ca. 55 Mio. DM
1992	ca. 66 Mio. DM
1993	ca. 116 Mio. DM
1994	ca. 159 Mio. DM
1995	ca. 230 Mio. DM
1996	ca. 275 Mio. DM
1997	ca. 372 Mio. DM
1998	ca. 529 Mio. DM
1999	ca. 685 Mio. DM

12 Da kein bundesweiter Ausgleich der Vergütungszahlungen erfolgte, mussten die norddeutschen Stromversorgungsunternehmen auf Grund des höheren Anteils an

---

[8] Vgl. auch *Bartsch/Pohlmann*, in: Bartsch u. a., Stromwirtschaft, Kap. 42 Rn. 1.
[9] Quelle: VDEW-Website www.vdew.de.

Bundesweite Ausgleichsregelung　　　　　　　　　　　　　　　　13–16　§ 14

Strom aus Windkraft im Gegensatz zu ihren deutschen Wettbewerbern größere Anteile tragen. Ein indirekter Ausgleich erfolge lediglich dadurch, dass die Kosten der Stromeinspeisung von den verpflichteten Netzbetreibern bei der Berechung des Durchleitungsentgelts in Ansatz gebracht werden konnten.[10]

Ab Mai 1999 war – blickt man auf die soeben genannten Daten – von einer **zweigeteilten Situation** auszugehen: Einerseits zeichnete sich seit 1997, verstärkt aber mit der Novellierung des StrEG 1998, ein weiterer deutlicher Zubau von Windkraftanlagen ab. Auf der anderen Seite drohte diese Entwicklung durch die Liberalisierung des Strommarktes abgebremst zu werden.　　　　　　　　　　　　　13

Diese regional ungleichen Vergütungsverpflichtungen bei zunehmendem Ausbau der Windenergie wurden Bestandteil der politischen Diskussion des Jahres 1999 um die Novellierung der StrEG. Dabei wurde von Seiten des norddeutschen Energieversorgers PreussenElektra ein bundesweiter Ausgleich der Vergütungszahlungen gefordert. Der erste Entwurf zum EEG, datiert vom Dezember 1999,[11] sah lediglich eine einfache **Weiterentwicklung des sog. Schwellen-Mechanismus** des § 4 StrEG vor, der jedoch schon eine bundesweite Verteilung der Kosten enthielt. Das im März 2000 verabschiedete EEG basiert auf dem grundsätzlich veränderten EEG-Entwurf vom Februar 2000.[12] Mit dem Entwurf des Bundeswirtschaftsministeriums zur Änderung des StrEG 1998 vom November 1999[13] wurde im Art. 1 § 4 erstmals eine **Ausgleichsregelung** geschaffen. Die Regelung wurde mit einigen Änderungen (z. B. 1 Prozent anstelle von 2 Prozent „Selbstbehalt" der aufnahmepflichtigen Netzbetreiber) als § 10 in den ersten Koalitionsentwurf vom Dezember 1999[14] aufgenommen. Hier wurde die Mehrkostenerstattungsregel des § 4 StrEG durch einen Pauschalbetrag ersetzt, der die Ausgleichsvergütung prozentual an die tatsächlich gezahlten Vergütungen für Strom aus Erneuerbaren Energien ankoppelte. Diese Pauschalbeträge sollten anschließend bundesweit in der Weise ausgeglichen werden, dass jeder Übertragungsnetzbetreiber eine der von ihm abgesetzten Gesamtstrommenge entsprechende Vergütungslast zu tragen hatte.[15] Durch den Ausgleich unter den Übertragungsnetzbetreibern sollte ausweislich der Gesetzesbegründung[16] eine „gerechte" Verteilung auf alle Übertragungsnetzbetreiber erfolgen, um eine regionale Ungleichbehandlung in jedem Fall vermeiden zu können. Damit sollte auch ein „rechtssicherer gleichmäßiger" Ausgleich gewährleistet werden.　　　　　　　　14

Vom **Mehrkostenerstattungsprinzip** wurde bereits im EEG 2000 Abstand genommen. Stattdessen erfolgte eine Umstellung von einer bloßen Vergütungs- und Ausgleichspflicht auf eine Kombination von Abnahme- und Vergütungspflichten. Vorgelagerte (Übertragungs-)Netzbetreiber müssen hiernach nicht nur die bloßen Vergütungen zahlen, sondern sie haben auch die entsprechend vergüteten Energiemengen abzunehmen.　　　　　　　　　　　　　　　　　　　　　　15

Dieses Gerüst liegt nun auch der im Jahr 2004 vorgenommenen Regelung des § 14 zu Grunde: Hiernach findet ein **bundesweiter Ausgleich** unter den Übertragungsnetzbetreibern statt, die dabei nicht nur zum **Vergütungs-**, sondern auch zum **„Mengenausgleich"** verpflichtet werden. Damit hängt auch Abs. 3 zusammen, der einen bundesweiten Ausgleich im Sinne einer Weiterwälzung der EEG-Vergütungen und EEG-Strommengen auf die letztversorgenden Elektrizitätsver-　　16

---

[10] BT-Drs. 14/2341, S. 10; hierzu vgl. auch *Bartsch/Pohlmann*, in: Bartsch u. a., Stromwirtschaft, Kap. 42 Rn. 2.
[11] BT-Drs. 14/2341.
[12] BT-Drs. 14/2776.
[13] Abgedruckt bei *Salje*, EEG, 2. Aufl., Anlage II, S. 359 ff.
[14] BT-Drs. 14/2341.
[15] Hierzu vgl. *Bartsch/Pohlmann*, in: Bartsch u. a., Stromwirtschaft, Kap. 42 Rn. 2.
[16] BT-Drs. 14/2341, S. 10.

sorgungsunternehmen ermöglicht. Auf diese Weise erhält der regelverantwortliche Übertragungsnetzbetreiber einen Anspruch gegen die Elektrizitätsversorgungsunternehmen seines Regelbereiches auf eine pauschale Vergütung, der sich aus dem Durchschnitt der nach § 5 von den anderen Netzbetreibern gezahlten Vergütungen errechnet.

C. Ansprüche der Übertragungsnetzbetreiber untereinander – horizontaler Ausgleich (Abs. 1 und Abs. 2)

I. Überblick: Die dritte Stufe des EEG-Ausgleichs (horizontaler Ausgleich)

17 Absatz 1 und 2 regeln die **dritte Stufe** des gesetzlichen Ausgleichsmechanismus des EEG 2004 (horizontaler Ausgleich).[17]

18 Absatz 1 benennt drei Pflichten der Übertragungsnetzbetreiber, nämlich
– erstens die **Pflicht,** den unterschiedlichen Umfang, den zeitlichen Verlauf der nach § 5 Abs. 2 vergüteten **Energiemengen** und die **Vergütungszahlungen zu erfassen,**
– zweitens die **Pflicht,** die **Strommengen** unverzüglich untereinander **vorläufig auszugleichen** sowie
– drittens die **Pflicht,** die **Strommengen** und die **Vergütungszahlungen** nach Maßgabe von Abs. 2 **abzurechnen;** Abs. 2 konkretisiert diese Pflicht näher.

19 Es können daher nur diejenigen Energiemengen **Gegenstand des Ausgleichs** nach Abs. 1 und 2 sein, die sowohl nach § 4 abgenommen, als auch nach § 5 vergütet wurden bzw. vergütet werden müssen. Dagegen ist der auf Grund der Umsetzung der EE-RL in den Anwendungsbereich des Gesetzes einzubeziehende Strom, für den lediglich eine Verpflichtung zur Abnahme und Verteilung existiert,[18] nicht Teil dieses Ausgleichssystems. Vielmehr sah der Gesetzgeber für diesen Strom keine Notwendigkeit der Einbeziehung, da die jeweiligen Anlagenbetreiber sich selbst um einen Abnehmer für ihren Strom kümmern müssen.[19]

20 Nach **Vornahme des Ausgleichs** sind – entsprechend der Intention des Gesetzgebers – alle Übertragungsnetzbetreiber im „Besitz" eines, bezogen auf die durch ihre Netze geleiteten Strommengen, prozentual gleichen Anteils von nach dem EEG 2004 zu vergütenden Stroms.[20]

21 Bei den von Abs. 1 adressierten **Übertragungsnetzbetreibern** handelt es sich um eine kleine und überschaubare Anzahl von vier Akteuren (EnBW Transportnetze AG, E.ON Netz GmbH, RWE Net AG, Vattenfall Europe Transmission GmbH), die als zentrale in Monopolstrukturen gewachsene Akteure der Elektrizitätswirtschaft ohne weiteres imstande sind, die mit dem Ausgleich verbundenen Transaktionen schnell und effizient abzuwickeln und sich gegenseitig zu kontrollieren.[21]

II. Ausgleichspflicht (Abs. 1 und Abs. 2)

22 Zur Durchführung des Ausgleichs haben die Übertragungsnetzbetreiber die **aufgenommenen Strommengen** und die dafür gezahlten **Vergütungsbeträge**

---

[17] Vgl. BT-Drs. 15/2864, S. 47. Die erste und zweite Stufe werden von den §§ 4 und 5 geregelt, vgl. oben Rn. 1 f., sowie die Kommentierungen zu § 4 Rn. 2, 14 und § 5 Rn. 3.
[18] Vgl. dazu § 4 Rn. 33–54.
[19] Vgl. Gesetzesbegründung, BT-Drs. 15/2864, zu § 14 Abs. 1, S. 47.
[20] BT-Drs. 15/2864, S. 48.
[21] Ebenda.

zu ermitteln. Die Gesetzesnovelle von 2004 brachte in diesem Zusammenhang die zusätzliche Verpflichtung der Netzbetreiber mit sich, auch den zeitlichen Verlauf der Aufnahme festzustellen. Dieser neue Passus ist zur Durchführung der in Abs. 3 geregelten Weiterwälzung der EEG-Strommengen notwendig. Allerdings beinhaltet die Neuregelung keine über § 3 Abs. 1 Satz 2 hinausgehende Verpflichtung der Anlagenbetreiber zur Bereitstellung oder Finanzierung von Lastprofilmessungen. Letztere ist in der Regel nicht erforderlich, da der Verlauf der Aufnahme des Stromes ohne weiteres auch durch Stichprobenaufzeichnungen, Hochrechungen, Summenaufzeichnungen z.B. von Windparks, Auswertung von Solarstrahlungsmesswerten oder andere Näherungsverfahren erfolgen kann. Sofern dies nicht ausreichend ist, trifft den Netzbetreiber die Pflicht, eine Profilmessung vorzunehmen und die dafür anfallenden Kosten selbst zu tragen.[22]

Die Festlegung einer Pflicht zur Erfassung der in Abs. 1 genannten Daten (**Energiemengen, Vergütungszahlungen**) mag auf den ersten Blick tautologisch erscheinen, dient diese doch der Durchführung des Ausgleichs nach derselben Vorschrift: Nur auf der Grundlage einer genauen Erfassung der abzunehmenden Strommengen und der von der Gesamtheit der Netzbetreiber gezahlten Vergütungen kann der Ausgleich letztlich vorgenommen werden. Dennoch ist die Statuierung der Datenerfassungspflicht nicht entbehrlich,[23] sondern der Klarstellung, Abwicklungserleichterung und Transparenz. Auch kann dem Gedanken nicht gefolgt werden, dass nicht zu erwarten steht, dass Übertragungsnetzbetreiber keine selbstständigen Ansprüche auf Erfassung des Mengen- und Wertgerüstes geltend machen werden.[24] Offensichtlich geht das Gesetz vom Gegenteil aus: Der Anspruch auf Erfassung der Energiemengen und der Vergütungen zur Durchführung des Ausgleichs muss als **selbstständiger Anspruch** geltend gemacht werden können. Praktische Auswirkung dieser Frage ist, dass ein Übertragungsnetzbetreiber eine auf die Geltendmachung dieses Anspruchs gerichtete Klage direkt erheben kann. Er muss nicht etwa auf die Geltendmachung des Ausgleichsanspruchs klagen, so dass die Datenerfassungspflicht nach Abs. 1 erst in Verbindung mit einer **Stufenklage gemäß § 254 ZPO** geltend gemacht werden könnte. 23

1. Vorstufe: laufende Abschlagslieferungen (Abs. 1 Satz 1)

Absatz 1 Satz 1 normiert zunächst die Pflicht, die Strommengen „**unverzüglich** untereinander vorläufig auszugleichen". Damit ist die erste zeitliche Abwicklungsphase des Ausgleichs zwischen den Übertragungsnetzbetreibern (dritte Stufe) angesprochen. Die Gesetzesbegründung spricht insoweit von einer Vorstufe des Ausgleichssystems, die die gleichmäßige Verteilung der Einspeisungen auf alle Regelzonen verbessern und dadurch die Kosten des bundesweiten Ausgleichs reduzieren sowie unterschiedlich hohe regionale Aufwendungen verhindern soll.[25] 24

Der **Ausgleich** hat unverzüglich, d. h. **ohne schuldhaftes Zögern**, zu erfolgen.[26] Die Gesetzesbegründung geht in diesem Zusammenhang davon aus, dass ein zeitnaher Ausgleich optimalerweise sofort mittels elektronischer Kommunikationsmittel – also „online" – vorzunehmen sei.[27] Dabei ist zu bedenken, dass die erzeugte, u. a. von den Windverhältnissen abhängige Menge an EEG-Strom nicht 25

---

[22] BT-Drs. 15/2864, Begründung zu § 14 Abs. 1, S. 47 f.
[23] So aber zur alten Regelung *Salje*, EEG, 2. Aufl., § 11 Rn. 17; *Brandt/Reshöft/Steiner*, EEG, § 11 Rn. 14.
[24] So aber *Salje*, EEG, 2. Aufl., § 11 Rn. 17.
[25] Vgl. BT-Drs. 15/2864, Begründung zu § 14 Abs. 1, S. 48.
[26] Ebenda.
[27] Ebenda. Vgl. auch die Begründung zum Referentenentwurf vom 17. 12. 2003, Besonderer Teil, zu § 14, BR-Drs. 15/04, S. 83; vgl. hierzu auch *Oschmann/Müller*, ZNER 2004, 24, 28.

exakt prognostizierbar ist. Daher sind der Planbarkeit des Mengenausgleiches zwischen den Übertragungsnetzbetreibern Grenzen gesetzt.

26 Die **Verantwortlichkeit** für die Abwicklung dieser Vorstufe liegt vollumfänglich **bei den Übertragungsnetzbetreibern.** Diese können sowohl gemeinsam, etwa durch einen gemeinsamen Verband, als auch alternierend im Umlaufverfahren die Abwicklung durchführen. Dabei soll der Online-Ausgleich die systembedingten Kosten reduzieren und gleichmäßig auf alle Regelzonen abwälzen. Auf Grund der Regelung wird künftig in jeder Regelzone der Ausgleichsaufwand gleich groß sein. Auch hat die Regelung auf Grund des vorausgesetzten Zeitmoments („unverzüglich") den Effekt, dass in einer Regelzone nicht mehr zusätzlicher Energiebedarf entsteht, während sich in einer anderen Regelzone ein Überschuss bildet.[28]

27 In der Praxis wird ein solcher **Online-Ausgleich** zwischen den Übertragungsnetzbetreibern bereits seit 1. Juli 2004 durchgeführt. Dabei werden die – proportional zu den Strommengen, die in den Regelzonen der Übertragungsnetzbetreiber an Endkunden abgegeben wurden – überdurchschnittlichen[29] EEG-Lieferungen der zweiten Stufe des EEG-Ausgleichs an die in der zweiten Stufe unterdurchschnittlich belieferten Übertragungsnetzbetreiber sogleich **laufend weitergeliefert.** Hier kommt es zu physikalischen Ausgleichslieferungen, die auch entsprechend zu vergüten sind.[30] Es bleibt abzuwarten, inwieweit dieses von den beteiligten Netzbetreibern umgesetzte Procedere den rechtlichen und energiewirtschaftlichen Erfordernissen genügen wird. Dem Bundesumweltministerium steht es in soweit nach Abs. 8 Nr. 1 frei, in einer Verordnung detaillierte und ggf. von der Branchenvereinbarung abweichende Regelungen vorzugeben.

2. Kontierung der Stromliefermengen und Vergütungen im Erfassungszeitraum (Abs. 2 Satz 1 und 2)

28 Die zweite Abwicklungsphase, die endgültige Abrechnung der EEG-Stromlieferungen im horizontalen Ausgleich zwischen den Übertragungsnetzbetreibern sowie ggf. die Lieferung von Ausgleichsmengen, ist vorrangig in Abs. 2 – und ergänzend in Abs. 4 – geregelt.

29 Entscheidend für eine zutreffende **Erfassung** der relevanten **EEG-Stromliefermengen** und **-vergütungen** („Energiemengen") ist eine **verlässliche** und **zeitnahe** Vorgehensweise. Hierfür ist eine nach Energieträgern und Vergütungssätzen differenzierte, **komplexe Kontierung** notwendig.[31] Dieses Kontierungsverfahren gestaltet sich für das geltende Recht wie folgt:
– Der **Erfassungszeitraum,** für den die Art des Ausgleichs zu erfolgen hat, ergibt sich aus Abs. 2 Satz 1. Dieser ist das Kalenderjahr. Danach sind die Übertragungsnetzbetreiber verpflichtet, bis zum 30. September eines jeden Jahres die Strommenge zu ermitteln, die sie im vorangegangenen Kalenderjahr abgenommen, nach § 5 vergütet und nach Abs. 1 vorläufig ausgeglichen haben (1. Schritt).
– Gleichzeitig müssen die Übertragungsnetzbetreiber die gesamte konventionelle und regenerative Strommenge erfassen, die im jeweiligen Erfassungszeitraum von Energieversorgungsunternehmen in der jeweiligen Regelzone des Übertragungsnetzbetreibers insgesamt an Letztverbraucher (Tarifkunden und Sonderkunden) geliefert wurde (2. Schritt).

---

[28] Gesetzesbegründung, BT-Drs. 15/2864, zu § 14, zu Absatz 1, S. 48; vgl. auch *Oschmann/Müller,* ZNER 2004, 24, 28.
[29] Zur Bildung des Durchschnittswerts vgl. unten Rn. 35.
[30] *Reshöft/Steiner/Dreher,* 2. Aufl., § 14 Rn. 35, 40 sowie auch Rn. 39 f.
[31] *Salje,* EEG, 3. Aufl., § 14 Rn. 67; *Reshöft/Steiner/Dreher,* EEG, 2. Aufl., § 14 Rn. 17 ff.

Bundesweite Ausgleichsregelung 30, 31 § 14

– Die im jeweiligen Erfassungszeitraum ermittelte Menge an Strom aus regenerativen Energien ist ins **Verhältnis zu der gesamten Strommenge** zu setzen, die im selben Zeitraum in der Regelzone des jeweiligen Übertragungsnetzbetreibers an Letztverbraucher geliefert wurde (3. Schritt).
– Diese **arithmetische Division** ergibt den **individuellen** Anteil an Stromnmengen und Vergütungszahlungen eines bestimmten Übertragungsnetzbetreibers. Gemäß Abs. 2 Satz 2 hat der Übertragungsnetzbetreiber, der – seinem individuellem Anteil entsprechend – größere Strommengen abgenommen und mehr Vergütungszahlungen geleistet hat, als es dem **durchschnittlichen Anteil** entspricht, gegen die anderen Übertragungsnetzbetreiber einen eigens durchsetzbaren Anspruch auf Abnahme und Vergütung, bis diese die Energiemenge abnehmen und die Vergütungen zahlen, die dem **Durchschnittswert** entspricht (4. Schritt).

An diesem Berechnungsverfahren wird deutlich, dass der Ausgleich nach Abs. 1 30 und 2 die unterschiedlichen Vergütungshöhen der §§ 6 bis 11 zu berücksichtigen hat. Zunächst sind also die unterschiedlichen Liefermengen an nach § 5 vergütetem – und vorläufig ausgeglichenem – Regenerativstrom sowie die Mengen an sonstigem Strom, der über die Übertragungsnetze transportiert wurde, zu erfassen. Dabei sind die verschiedenen Vergütungen der §§ 6 bis 11, die für den Strom aus Erneuerbaren Energien gezahlt wurden, zu berücksichtigen.[32] Erst auf der Basis dieser Daten kann der vom Gesetz gewollte Ausgleich – getrennt nach Primärenergieart – sowohl mengen- als auch vergütungsmäßig durchgeführt werden.[33]

Hinsichtlich der **Ermittlung der Bezugsstrommenge,** zu der der Anteil 31 EEG-Stroms ins Verhältnis zu setzen ist, um den individuellen Anteil des Übertragungsnetzbetreibers zu ermitteln, erhält § 14 Abs. 2 Satz 1 EEG 2004 eine Klarstellung gegenüber der Vorgängerregelung in § 11 Abs. 2 Satz 1 EEG 2000. Dort war die Bezugsstrommenge noch definiert als gesamte Energiemenge, die die Übertragungsnetzbetreiber unmittelbar oder mittelbar über nachgelagerte Netze an Letztverbraucher abgegeben haben. Diese Definition hätte auch eine Auslegung zulassen können, wonach es auf die Menge des physikalisch vom Übertragungsnetz tatsächlich abgegebenen Stroms ankommen könnte. Bei einem solchen Verständnis wäre somit nur auf die Strommengen abzustellen, die tatsächlich aus dem Übertragungsnetz an Endkunden geliefert werden. Dezentral erzeugter Strom, der auf der Verteilernetzebene sofort wieder abgerufen wird, wäre demnach nicht in die Gesamtstrommenge mit einzubeziehen. Durch diese Verringerung der Bezugsgröße würde sich gleichzeitig der zugeordnete Anteil regenerativ erzeugten Stroms an der Gesamtstrommenge erhöhen. Dass der Gesetzgeber jedoch als Referenzmenge nicht auf die physikalisch über das Übertragungsnetz abgegebene, sondern auf die kaufmännisch-bilanziell an die Letztverbraucher im Bereich des Übertragungsnetzbetreibers insgesamt gelieferte Elektrizitätsmenge abstellt, hat er nunmehr in der Neuformulierung des Abs. 2 Satz 1 eindeutig geklärt. **Referenzmenge** ist damit die gesamte im Bereich des Übertragungsnetzbetreibers an Letztverbraucher abgegebene Strommenge, unabhängig davon, ob sie physikalisch über das Übertragungsnetz geleitet oder aber direkt aus dem Verteilnetz übernommen wurde. Es ist davon auszugehen, dass der Gesetzgeber auch für das alte Recht – trotzt der etwas unklaren Formulierung – von einem entsprechenden Verständnis ausging.[34]

---

[32] Dazu sogleich näher Rn. 32 f.
[33] Vgl. bereits für das EEG 2000 *Brandt/Reshöft/Steiner,* EEG, § 11 Rn. 21; *Salje,* Versorgungswirtschaft 2000, 173 ff., 175; *ders.,* EEG, 2. Aufl., § 11 Rn. 27 ff.; a. A. *Schneider,* in: Schneider/Theobald, HBEnWR, § 18 Rn. 134.
[34] Vgl. Gesetzesbegründung, BT-Drs. 15/2864, zu § 14 Abs. 2, S. 48.

32 Führt man sich vor Augen, dass die Einzelvergütungen sehr differenziert sind und dass der Vergütungsausgleichsmechanismus nach Abs. 2 Satz 2 „mengengestützt" zu erfolgen hat, so muss der **Ausgleich nach Abs. 2 Satz 2** buchhalterisch so stattfinden, dass er für **jeden eingesetzten Primärenergieträger** (Wasser, Wind, Biomasse, …) **gesondert** durchgeführt wird. Absatz 2 Satz 2 sieht m.a.W. vor, dass jeder Übertragungsnetzbetreiber einen bestimmten Anteil an bestimmten Primärenergieträger – gemessen am bundesweiten Durchschnittsanteil der regenerativen Energieträger – abgenommen und vergütet haben muss: Zunächst wird ein Mengenausgleich durchgeführt. Sodann erfolgt – quasi akzessorisch – der Ausgleich der Vergütungszahlungen. Ein Mengenausgleich, der sich (lediglich) ganz allgemein auf „EEG-Strom" beziehen würde, könnte nicht zu einem gerechten Vergütungsausgleich führen. Bereits an dieser Stelle wird die Intention des Gesetzgebers deutlich, eine gleichmäßige Verteilung der Gesetzesfolgen auf alle Regionen unabhängig vom Ort und Menge der Einspeisung herbeizuführen (vgl. auch Abs. 3 Satz 3).

33 Doch selbst, wenn die Einzelanteile für jeden eingesetzten Primärenergieträger gesondert ermittelt werden, kann es zu einer unterschiedlichen (und daher ungerechten) Verteilung kommen: Zur Erreichung eines **vollständigen Ausgleichs** müsste auch berücksichtigt werden, wann eine Anlage ans Netz ging, welche Kapazitätsmerkmale die diversen Anlagen haben und – nicht zuletzt – ob bereits abgesenkte Vergütungen gezahlt worden sind. Damit käme es allerdings zu einem unabhängig voneinander durchgeführten Mengen- und Vergütungsausgleich, was mit dem Gesetzeswortlaut nicht übereinstimmt. Jedoch wurde in der Literatur bereits angemerkt, dass nur ein solches Vorgehen zu einem „vollständig anteiligen Ausgleich" führen könnte. Dabei ist nicht zu verkennen, dass erst ein solches Vorgehen den Fall der vereinzelt über die Mindestvergütungen hinaus gezahlten Vergütungen zufriedenstellend löste.[35]

34 Es ist davon auszugehen, dass der **vorläufige Ausgleich** nach Abs. 1 soweit wie möglich entsprechend den Vorgaben des Abs. 2 gestaltet werden soll. Um so genauer der vorläufige Ausgleich erfolgt, um so geringer sind dann die Abweichungen zur Endabrechnung.

3. Bildung des Durchschnittswerts (Abs. 2 Satz 2)

35 Der (bundesweite) **Durchschnittswert** des EEG-Aufwands, den Abs. 2 Satz 2 meint, ergibt sich aus dem Verhältnis der bundesweit ins Netz eingespeisten Strommenge aus Erneuerbaren Energien, die nach §§ 5, 6 bis 11 zu vergüten war, zur Gesamtheit der Strommenge, die über die Regelzonen der Übertragungsnetzbetreiber im Erfassungszeitraum an Letztverbraucher abgegeben wurde.

4. Erfassung des zeitlichen Verlaufs (Abs. 1 Satz 1)

36 Gemäß Abs. 1 Satz 1 sind die **Übertragungsnetzbetreiber** verpflichtet, auch den zeitlichen Verlauf der nach § 5 Abs. 2 vergüteten Energiemengen und die Vergütungszahlungen zu erfassen. Diese Regelung wurde erst mit dem Kabinettsentwurf vom 13. Januar 2004 eingeführt. Sie ist zur Durchführung der in § 14 Abs. 5 geregelten Weiterwälzung notwendig.[36]

---

[35] Vgl. zum Ganzen *Salje*, Versorgungswirtschaft 2000, 173 ff., 175; *ders.*, EEG, 2. Aufl., § 11 Rn. 27 ff.; a. A. *Schneider*, in: Schneider/Theobald, HBEnWR, § 18 Rn. 134, der unter Berufung des Erforderlichkeitsgebots eine „verfassungskonforme" Auslegung vorschlägt, wonach eine differenzierte Abnahme und Vergütung der verschiedenen Erneuerbare-Energien-Stromarten zu Lasten der Übertragungsnetzbetreiber nicht notwendig sein soll, da der Förderungszweck des EEG nicht durch die Gestaltungsvarianten des horizontalen Belastungsausgleichs beeinflusst werden kann.

[36] BT-Drs. 15/2327, S. 36 f.; vgl. auch die Begründung zum Referentenentwurf vom 17. 12. 2003, Besonderer Teil, zu § 14, BR-Drs. 15/04, S. 83.

Bundesweite Ausgleichsregelung   37–39 § 14

Hintergrund der Regelung[37] war die Praxis, bei der die EEG-Einspeisungen   37
vom jeweiligen Übertragungsnetzbetreiber zu einem gleichmäßigen **sog. Lastband** umgewandelt wurden. Diese Praxis ist nach Abs. 3, der eine Lieferung in
Form eines an die tatsächliche Stromabnahme nach §§ 4, 5 angenäherten Profils
anordnet, **nicht mehr zulässig.** Die Einspeisung von regenerativ erzeugtem
Strom erfolgt vorwiegend zu Hochtarifzeiten. Die Stromlieferungen anhand von
Bandlieferungen führt dazu, dass bei den Verteilunternehmen in Niedriglastzeiten
billiger Grundlaststrom verdrängt und in Hochtarifzeiten teuerer Spitzenlaststrom
nicht im möglichen Umfang durch Strom aus Erneuerbaren Energien ersetzt werden kann. Die **Ermöglichung einer Profilwälzung** der Verteilernetzbetreiber
führt zu einer Verringerung der Mitnahmeeffekte, die sonst bei den Übertragungsnetzbetreibern entstehen.[38]

Die in Abs. 1 Satz 1 angeordnete **Erfassung des zeitlichen Verlaufs** der   38
EEG-Stromeinspeisungen ist notwendige Voraussetzung zur Realisierung dieser
Profilwälzung, die die bisherige Praxis der Bandlieferungen ablösen soll. Mit der
neuen Regelung wird allerdings keine über § 5 Abs. 1 Satz 2 hinausgehende
Pflicht der Anlagenbetreiber zur Bereitstellung oder zur Finanzierung von Last-
profilen geschaffen.[39] Immerhin ist für ein Teil der Literatur[40] die Anwendung
synthetischer EEG-Profile wegen der Unterschiedlichkeit der realen Lastgänge
nicht sinnvoll:[41] Analog zu den Entnahmen sei – soweit wirtschaftlich vertretbar –
eine registrierende Messung zwar vorzuziehen, um so eingespeiste Profile unverändert weiterleiten zu können. Nicht gemessene Einspeiseprofile sollen und können dagegen auf Basis gleichartiger benachbarter EEG-Einspeisungen im Netz
rechnerisch angenähert werden. Auch die Gesetzesbegründung geht davon aus,
dass eine Verpflichtung der Anlagenbetreiber zur Bereitstellung oder zur Finanzierung von Lastprofilmessungen zumindest nicht erforderlich ist, da der Verlauf
der Aufnahme des Stromes ohne weiteres auch durch Stichprobenaufzeichnungen
z. B. von Windparks, Auswertung von Solarstrahlungsmesswerten oder andere
Näherungsverfahren stattfinden kann. Die Regelung des Abs. 1 Satz 1 enthält aber
für die Übertragungsnetzbetreiber die Pflicht, soweit solche Näherungsverfahren
nicht durchführbar erscheinen, eine Profilmessung vorzunehmen und die dafür
anfallenden Kosten selbst zu tragen.[42]

III. Fiktiver Ausgleich (Abs. 1 und 2)

Der Ausgleichsanspruch nach Abs. 1 und 2 richtet sich auf einen Ausgleich der   39
nach §§ 4 Abs. 6 und 5 Abs. 2 abgenommenen und vergüteten EEG-Strommengen. Ein **tatsächlicher Ausgleich** des zu einem bestimmten Zeitpunkt in
einem Netz vorhandenen Stroms aus Erneuerbaren Energien ist technisch indes
nicht möglich, wird doch regelmäßig der Strom, der in ein Verteilernetz eingespeist wurde, bereits auf derselben Netzebene wieder entnommen.[43] Es handelt

---

[37] Dazu knapp auch *Oschmann/Müller*, ZNER 2004, 24, 28.
[38] *Oschmann/Müller*, ZNER 2004, 24, 28, sowie unten Rn. 65 ff.
[39] BT-Drs. 15/2327, S. 36 f.; vgl. auch die Begründung zum Referentenentwurf vom
17. 12. 2003, Besonderer Teil, zu § 14, BR-Drs. 15/04, S. 83.
[40] *Schrader/Krzikalla/Müller-Kirchenbauer*, ZNER 2001, 89, 91.
[41] A. A. *Böhmer*, ew 2002, 28, 29, der die synthetischen Erzeugungsprofile für eine sinnvolle Alternative zum Einbau von Leistungszählern bei Fotovoltaikanlagen hält.
[42] BT-Drs. 15/2327, S. 36 f.; vgl. auch die Begründung zum Referentenentwurf vom
17. 12. 2003, Besonderer Teil, zu § 14, BR-Drs. 15/04, S. 83.
[43] *Schneider,* in: Schneider/Theobald, HBEnWR, § 18 Rn. 127; *Salje,* Versorgungswirtschaft 2000, 173, 175; vgl. auch *Bartsch/Pohlmann,* in: Bartsch u. a., Stromwirtschaft, Kap. 42
Rn. 3, die von einem „quasi-physischen" Ausgleich sprechen.

sich hierbei somit um eine gesetzliche Fiktion entsprechend dem kaufmännisch-bilanziellen Energiehandel nach dem Stromhandelssystem der VV II plus. Die **Abnahmepflichten** nach dem EEG für Übertragungsnetzbetreiber und Letztversorger wurden und waren von den Marktteilnehmern in dieses allgemeine Handelssystem zu integrieren. Entsprechend wurden und werden die EEG-Strommengen von den Übertragungsnetzbetreibern in spezielle EEG-Bilanzkreise eingestellt. Die Lieferungen zwischen primär aufnahmepflichtigen Netzbetreibern und Übertragungsnetzbetreibern (zweite Stufe), aber auch der horizontale Ausgleich zwischen den Übertragungsnetzbetreibern (dritte Stufe nach Abs. 1 und 2) sowie schließlich der Vertikalausgleich zwischen Übertragungsnetzbetreibern und Letztversorgern (vierte Stufe nach Abs. 3 ff.) erfolgt deshalb grundsätzlich über diese **EEG-Bilanzkreise.** Diese sind einem Stromkonto zum gleichsam „bargeldlosen", unphysischen Stromhandel vergleichbar. Die EEG-Bilanzkreise werden von den Übertragungsnetzbetreibern zur – allein entscheidenden – kaufmännisch-bilanziellen Abwicklung der EEG-bedingten Transaktionen in ihrer Regelzone unterhalten. Inwieweit die EEG-Abnahmepflichten **tatsächlich physische Stromlieferungen** voraussetzen – auf der vierte Stufe ist das durchgängig der Fall – hängt von der räumlichen Verteilung der tatsächlichen EEG-Einspeisungen (erste Stufe) sowie vom Abnahmeverhalten der Endkunden in diesen Netzen ab.

40 Auf der vorliegend behandelten **dritten Stufe** des Ausgleichsmechanismus des EEG aus Abs. 1 und 2 muss den Übertragungsnetzbetreibern, welche überschüssige Strommengen anderer Übertragungsnetzbetreiber nach Abs. 1 und 2 vergüten müssen, auch eine **physische Gegenleistung in Strom** angeboten werden. Anderenfalls müssten diese einen Teil der Kostenlast – den Marktwert des Stroms – tragen, ohne hierfür eine entsprechende Gegenleistung zu erhalten. Bei dem rein kaufmännisch-bilanziellem Ausgleich über die Bilanzkreise kann es also nicht bleiben. Ansonsten würden diese Übertragungsnetzbetreiber schlechter stehen als diejenigen Übertragungsnetzbetreiber, die Ausgleichsansprüche wegen überschüssiger Strommengen haben, wenn sie den Strom nicht selbst auch mengenmäßig ausgleichen müssten.

41 Angesichts der dargestellten Unmöglichkeit eines tatsächlichen Ausgleichs von Regenerativstrommengen ist es fraglich, ob der **Mengenausgleich** nach Abs. 2 auch **mit anderem Strom** durchgeführt werden kann. Ausgehend vom Gedanken der gleichmäßigen Lastenverteilung auf die Gesamtheit der Übertragungsnetzbetreiber – vgl. Abs. 3 Satz 3 – wurde in der Literatur überzeugend vorgeschlagen, dass der Ausgleich nach Abs. 1 und 2 darin besteht, die Menge des überschüssig vorhandenen Stroms aus der Strommenge auszugleichen, die zum Zeitpunkt des Ausgleichs im jeweiligen Netz vorhanden ist.[44] Damit stützt sich der Mengenausgleich auf „allgemeinen Netzstrom", der sehr wohl mit zeitlicher Verzögerung geliefert werden kann.[45] Unerheblich ist dabei, ob es sich bei dem ausgeglichenen Strommengen um Regenerativstrom handelt oder nicht. Diese Lösung steht dem Ziel des Gesetzes, den Anteil erneuerbarer Energien an der Stromversorgung insgesamt zu erhöhen, auch nicht entgegen. Denn es ist die zwingende Folge einer Preisregelung für Strom, dass auf der Ebene des Ausgleichs vorrangig die Kosten der Vergütungen ausgeglichen werden, während beim Mengenausgleich auf den zum Zeitpunkt des Ausgleichs im Netz vorhandenen Strom zurückgegriffen wird.

---

[44] *Brandt/Reshöft/Steiner,* EEG, § 11 Rn. 37.
[45] *Salje,* Versorgungswirtschaft 2000, 173 ff., 175.

IV. Gesamthändische Bindung beim Ausgleichsanspruch (Abs. 2 Satz 2)

Der **Ausgleichsanspruch** des Abs. 2 Satz 2 zielt auf die Abnahme einer dem 42 Durchschnittswert entsprechenden Energiemenge und deren Vergütung nach einem durchschnittlichen Vergütungssatz ab. Wenn nur einer der Übertragungsnetzbetreiber ausgleichspflichtig ist und mehrere Übertragungsnetzbetreiber ausgleichsberechtigt sind, so ist gleichwohl nicht von einer Gesamtgläubigerschaft auszugehen, da keiner der Ausgleichsberechtigten die ganze Leistung fordern kann, sondern nur den auf ihn entfallenden Anteil. Da die Ausgleichspflichtigen nur zur Abnahme oder Vergütung der oder des auf sie entfallenden Differenzmenge bzw. -betrages verpflichtet sind, sind diese andererseits auch **keine Gesamtschuldner**.[46] Vielmehr sind hier die Regeln über die gesamthändische Berechtigung und Verpflichtung der Gesellschafter einer BGB-Gesellschaft heranzuziehen.[47]

D. Abnahme- und Vergütungsansprüche der Übertragungsnetzbetreiber gegen letztversorgende Elektrizitätsversorgungsunternehmen (Abs. 3)

I. Überblick: Die vierte Stufe des EEG-Ausgleichs (vertikaler Ausgleich)

Absatz 3 regelt die **vierte Stufe** des Ausgleichsmechanismus.[48] Die bei den 43 Übertragungsnetzbetreibern angelangten Strommengen werden gleichmäßig bezogen auf die von Stromlieferanten im Gebiet des jeweils regelverantwortlichen Übertragungsnetzbetreibers gelieferten Strommengen weiterverteilt und sind von diesen mit dem bundesweit einheitlichen Durchschnittsvergütungssatz zu bezahlen.[49] Dazu wird allen Elektrizitätsversorgungsunternehmen, die Letztverbraucher mit Strom versorgen (Letztversorger), eine gesetzliche Abnahme- und Vergütungspflicht auferlegt, nach der diese den EEG-Strom anteilig abzunehmen und zu vergüten haben.

Mit den **Elektrizitätsversorgungsunternehmen,** die Endverbraucher mit 44 Strom versorgen, sind nicht nur die allgemeinen Versorger, sondern alle in Deutschland tätigen Elektrizitätsversorgungsunternehmen gemeint, soweit sie Endkunden versorgen. Diese sind die **Anspruchsgegner** auf der vierten Stufe des Ausgleichsmechanismus des EEG. Sie müssen die auf sie anteilig im Übertragungsnetz entfallenen Strommengen abnehmen und vergüten. Folge der Fiktion des Abs. 5 – wonach der Mengenausgleich auch mit „allgemeinen Netzstrom" vollzogen werden kann –, ist, dass die Abnahmepflicht der Elektrizitätsversorgungsunternehmen sich selbstverständlich auch auf diesen Netzstrom bezieht.[50] Dabei erfolgt die Abnahme von EEG-Strom kaufmännisch-bilanziell, also durch Einstellung dieser Strommengen aus dem EEG-Bilanzkreis in den Bilanzkreis, in den die Stromlieferungen des Letztversorgers einzustellen sind. Inwieweit es dabei zu physikalischen Lieferungen an die Letztversorger kommt, hängt von verschiedenen physikalischen Faktoren – u. a. der Summe der dezentralen Einspeisungen in das Netz, über das der Letztversorger seine Kunden beliefert – ab und spielt für die Erfüllung der Abnahmepflicht durch die Letztversorger keine Rolle.

---

[46] Tendenziell a. A. *Salje*, EEG, 2. Aufl., § 11 Rn. 43, für den „möglicherweise" eine entsprechende Anwendung in Frage kommt.
[47] *Schneider*, in: Schneider/Theobald, HBEnWR, § 18 Rn. 135; *VDEW/DVG,* Richtlinie Datenaustausch und Energiebilanzierung, S. 35.
[48] Vgl. BT-Drs. 15/2327, S. 37.
[49] Vgl. die Gesetzesbegründung, BT-Drs. 15/2864, zu § 14, zu Abs. 3, S. 48.
[50] *Salje*, Versorgungswirtschaft 2000, 173, 175.

45 Aus dem Verhältnis des bundesweit vergüteten EEG-Stroms zum bundesweit an Endkunden abgegebenen Stroms ergibt sich die so genannte **EEG-Quote**.[51] Diese im Mengen- und Preiskonzept des EEG 2004 enthaltene Regelung wird auch als "Fließquote" bezeichnet, da die genaue Menge des Stroms aus Erneuerbaren Energien nicht direkt quotiert, sondern indirekt durch den an den Einspeiser gezahlten Preis bestimmt wird.[52] In Höhe dieser „Fließquote", die vierteljährlich von den Übertragungsnetzbetreibern prognostiziert und veröffentlicht wird, haben letztversorgende Stromhändler EEG-Strom vom Übertragungsnetzbetreiber zu einem ebenfalls vierteljährlich neu prognostizierten bundeseinheitlichen Preis abzunehmen. Im Jahre 2000 lag die Quote bei 3,01 Prozent bei einer Durchschnittsvergütung von 16,62 Pf/kWh = 8,50 Ct/kWh. Die Quote erhöhte sich im Jahre 2001 auf 3,89 Prozent bei einer Durchschnittsvergütung von 16,90 Pf/kWh = 8,64 Ct/kWh. Im Jahr 2002 lag die Quote bei 5,33 Prozent, die Durchschnittsvergütung bei 9,12 Ct/kWh, im Jahr 2003 betrug die Quote 6,10 Prozent, die Durchschnittsvergütung 9,13 Ct/kWh. Für das Jahr 2004 wird eine Quote von 8,32 Prozent bei einer fast gleich bleibenden Durchschnittsvergütung von 9,12 Ct/kWh prognostiziert.[53]

46 Noch auf Basis der vor dem EEG 2004 geltenden **Vergütungssätze und -stufen** hat der Verband der Netzbetreiber (VDN) die EEG-Quoten von 2000 bis 2002 ermittelt und für die Zeit bis 2008 folgende Prognose[54] aufgestellt:

Tabelle 3: EEG-Quoten und Prognosen des VDN von 2000–2008

	Absatz D	Summe EEG	EEG-Quote	Kat41	Kat42	Kat51	Kat52	Kat53	Kat61	Kat62	Kat71	Kat72	Kat81
	Mio. kWh	Mio. kWh	Prozent	Mio. kWh	Mio. kWh	Mio. kWh	Mio. kWh	Mio. kWh	Mio. kWh	Mio. kWh	Mio. kWh	Mio. kWh	Mio. kWh
2000	459551	13855	3,01	3045	2442	310	470	0	0	0	7550	0	38
2001	458115	17818	3,89	3269	2641	487	632	274	0	0	10456	0	60
2002	468321	24963	5,33	3672	2993	872	933	489	0	0	15856	0	148
2003	469281	29387	6,26	3802	2938	904	972	744	0	0	19900	0	176
2004	472215	36585	7,75	3780	3587	980	1289	1755	6	0	24877	0	310
2005	473396	42343	8,94	3855	3659	1197	1595	1784	480	0	24448	4907	419
2006	474579	47539	10,02	3932	3732	1340	1786	1998	720	0	25536	7929	566
2007	475765	52109	10,95	4011	3807	1474	1965	2197	1080	0	23804	13008	764
2008	476955	56461	11,84	4091	3883	1622	2161	2417	1500	0	22497	17259	1031

Legende: In der Tabelle wurden folgende Parameter zu Grunde gelegt:

Wasserkraft, Deponiegas, Grubengas, Klärgas:
Kat41 Anlage bzw. Anteil bis einschließlich 500 kW
Kat42 Anteil für Anlagen größer 500 kW bis 5 MW

Biomasse:
Kat51 Anlage bis einschließlich 500 kW
Kat52 Anteil für Anlagen größer 500 kW bis 5 MW
Kat53 Anteil für Anlagen größer 5 MW

Geothermie:
Kat61 Anlage einschließlich 20000 kW
Kat62 Anteil für Anlagen größer 20000 kW

Windkraft:
Kat71 in den ersten 5 Jahren
Kat72 spätere Vergütung

Solare Strahlungsenergie:
Kat81 alle Anlagen

---

[51] Für diesen Begriff vgl. auch *Leprich/Thiele/Frey*, Belastung der stromintensiven Industrie durch das EEG, S. 31 ff.; von einer „EE-Stromquote" spricht *Schneider*, in: Schneider/Theobald, HBEnWR, § 18 Rn. 136.
[52] *Nagel*, ZNER 2001, 231, 232.
[53] Vgl. für diese Angaben: www.vdn-berlin.de.
[54] 2000 bis 2002: Datenbasis sind WP-Testate bzw. den Übertragungsnetzbetreibern vorliegende Daten zur Jahresabrechnung; Quelle: VDN, Entwicklung bei EEG 2000–2008 (16. 9. 2003).

Bundesweite Ausgleichsregelung 47–50 § 14

Für die Entwicklung der Vergütungssätze ging der VDN von folgenden Werten 47
aus:[55]

Tabelle 4: Entwicklung der EEG-Vergütungssätze

	Summe EEG	Summe EEG-Vergüt.	EEG-Ø-Vergüt.	Kat41	Kat42	Kat51	Kat52	Kat53	Kat61	Kat62	Kat71	Kat72	Kat 81
	Mio. kWh	TEUR	Ct/ kWh	TEUR	TEUR	TEUR	TEUR	TEUR	TEUR	TEUR	TEUR	TEUR	TEUR
2000	13 855	1 177 320	8,50	233 523	162 369	31 731	43 292	0	0	0	687 038	0	19 367
2001	17 818	1 540 089	8,64	250 721	175 595	49 809	58 211	23 816	0	0	951 524	0	30 414
2002	24 963	2 212 953	8,87	281 642	199 028	88 717	85 567	42 308	0	0	1 442 922	0	72 768
2003	29 387	2 617 415	8,91	291 648	195 396	92 290	84 692	64 417	0	0	1 802 203	0	86 770
2004	36 585	3 291 874	9,00	289 907	238 545	99 874	117 796	150 172	537	0	2 245 569	0	149 475
2005	42 343	3 715 305	8,77	295 705	243 316	120 869	144 464	150 935	42 960	0	2 224 749	303 769	188 539
2006	47 539	4 142 160	8,71	301 619	248 182	134 800	161 111	168 485	64 440	0	2 323 763	490 810	248 951
2007	52 109	4 464 929	8,57	307 651	253 146	147 667	176 470	184 666	96 660	0	2 166 156	802 006	330 507
2008	56 461	4 810 652	8,52	313 804	258 209	161 674	193 169	202 245	134 250	0	2 047 214	1 059 480	440 608

Die **Prognose**[56] **des VDN für das Jahr 2005** geht – unter Berücksichtigung 48
der besonderen Ausgleichsregelung des § 16 für privilegierte Unternehmen und
unter Einbeziehung vermiedener Netznutzungsentgelte – von folgenden Eckwerten aus:

Tabelle 5: EEG-Prognose

EEG-Strommengen	42 009 Mio. kWh
Anteil Wasser und Gase	7807 Mio. kWh
Anteil Biomasse	5820 Mio. kWh
Anteil Wind	27 811 Mio. kWh
Anteil Solar	571 Mio. kWh
Letztverbrauch gesamt	475 567 Mio. kWh
Anteil privilegierter Letztverbrauch (mit 10-Prozent-Deckel)	33 500 Mio. kWh
Gesamte Vergütungszahlungen an EEG-Anlagenbetreiber	3910,7 Mio. EUR
Resultierende EEG-Quote	9,44 Prozent
Resultierende Durchschnittsvergütung	9,14 Ct/kWh

II. Anspruchsberechtigter und Adressat (Abs. 3 Satz 1 und 2)

Anspruchsberechtigte können nur Übertragungsnetzbetreiber sein. Das Ge- 49
setz bezeichnet als anspruchsberechtigt die regelverantwortlichen Übertragungsnetzbetreiber. Dies bewirkt jedoch tatsächlich keine Einschränkung, weil alle vier
Übertragungsnetzbetreiber gegenwärtig und voraussichtlich auch zukünftig regelverantwortlich für ihre durch ihr Übertragungsnetzgebiet begrenzte Regelzone
sind.

Adressaten der Verpflichtung nach Abs. 3 Satz 1 sind die Elektrizitätsversor- 50
gungsunternehmen, die Strom an Letztverbraucher liefern **(Letztversorger).**
Erfasst sind damit nicht nur die Elektrizitätsversorgungsunternehmen, die Netze
zur allgemeinen Versorgung betreiben, sondern alle Unternehmen, die eine Versorgung von Letztverbrauchern mit Strom übernehmen. Erfasst sind damit auch

---

[55] Quelle: VDN, Entwicklung bei EEG 2000–2008 (16. 9. 2003).
[56] Quelle: http://www.vdn-berlin.de/eeg_prognose_2005.asp, Stand: Oktober 2004.

„reine" Stromhändler; die nicht über ein eigenes Verteilungsnetz verfügen, soweit sie Letztverbraucher beliefern.[57] Diese Letztverbraucher sind diejenigen Kunden, die Elektrizität für den eigenen Verbrauch kaufen.[58] Lieferungsverträge zwischen Elektrizitätsversorgungsunternehmen, nach denen ein Stromlieferant Strom für ein anderes Elektrizitätsversorgungsunternehmen nur bereitstellt, damit dieses seinerseits den Strom an Letztverbraucher absetzt (**Weiterverteilung**), werden nicht erfasst. Wer selbst Strom erzeugt (**Eigenerzeugung**), um sich selbst zu versorgen, ist insoweit nicht zur Abnahme von EEG-Strom verpflichtet.[59]

51 Die Verpflichtung des Abs. 3 Satz 1 trifft den Letztversorger nur, soweit er den Strom an die Letztverbraucher abgesetzt hat. Dieses Verständnis ergibt sich bereits aus dem Wortlaut des Gesetzes:[60] Absatz 3 Satz 4 regelt den Umfang der Abnahmepflicht nach der an Endkunden im Gebiet des jeweiligen Übertragungsnetzbetreibers abgesetzten Strommenge. Während die Definition der Lieferung auch die bloße Bereitstellung von Strom umfasst, bezeichnet das **Absetzen von Strom** die Sachlage, in der die Lieferung der elektrischen Arbeit auf Grund eines Stromlieferungsvertrages tatsächlich vorgenommen wurde. Diese Auffassung kann sich auch auf den Willen des Gesetzgebers stützen, denn dieser wollte die Stromlieferanten verpflichtet sehen, die tatsächlich Verursacher einer klima- und umweltgefährdenden Energieerzeugung sind.[61] Ein Stromhändler, der unmittelbar endverbrauchende Kunden versorgt (**„Einzelhändler"**), hat die gesetzlich vorgesehenen Mengen und Vergütungsanteile „seines" regelverantwortlichen Übertragungsnetzbetreibers auch dann zu übernehmen, wenn er lediglich Sonderabnehmer versorgt und er auf Grund der vertraglichen Vereinbarung mit seinen Sonderabnehmern zunächst – bis zu einer Änderung des Vertrages – nicht in der Lage ist, die Strommengen und Vergütungen des EEG auf seine Sonderkunden weiterzuwälzen.[62]

1. Versorgung von Endkunden über Arealnetze

52 Nicht ausdrücklich geregelt war bislang, ob auch solche Letztversorger Adressaten der Abnahmepflicht aus § 11 Abs. 4 EEG 2000 waren, die Endkunden über ein Netz versorgen, das nicht der allgemeinen Versorgung dient. Dies ist etwa bei einer Versorgung über ein sog. **Arealnetz** der Fall. Ein solcher Sachverhalt lag dem Urteil des OLG Naumburg vom 9. März 2004 zu Grunde.[63] Es klagte eine Übertragungsnetzbetreiberin. Sie verlangte von der Beklagten den Abschluss eines Vertrages über die Abnahme von Strom aus Erneuerbaren Energien nach § 11 Abs. 4 EEG 2000. Die Beklagte betrieb Infrastruktureinrichtungen für ein Industrieareal und bot den dort angesiedelten Gewerbeunternehmen diverse Dienstleistungen an, u. a. den zentralen Einkauf von und die Belieferung mit Strom. Diesen Strom bezog die Beklagte teilweise von zwei industriellen KWK-Anlagen vor Ort. Die Beklagte verweigerte die Abnahme von EEG-Strom, weil sie Endkunden nicht über ein Netz für die allgemeine Versorgung, sondern über ein Arealnetz beliefere. Bezugsgröße für eine Abnahmeverpflichtung aus dem EEG könne allenfalls die Strommenge sein, die sie zusätzlich zum vor Ort dezentral erzeugten Strom von der Klägerin erwerbe.

---

[57] *Bartsch/Pohlmann*, in: Bartsch u. a., Stromwirtschaft, Kap. 43 Rn. 2.
[58] So die Definition des Endkunden in Art. 2 Nr. 9 der EltRL.
[59] Ausdrücklich BT-Drs. 15/2864, S. 49, vgl. auch unten Rn. 57.
[60] So auch *Brandt/Reshöft/Steiner*, EEG, § 11 Rn. 50.
[61] Vgl. die Gesetzesbegründung zum EEG 2000, BT-Drs. 14/2776, S. 24.
[62] So auch *Bartsch/Pohlmann*, in: Bartsch u. a., Stromwirtschaft, Kap. 43 Rn. 3; zur Weiterwälzung ausführlich unten Rn. 82 ff.
[63] OLG Naumburg, IR 2004, 84 f., m. krit. Anm. *Altrock*; zum Urteil vgl. auch *Siems*, RdE 2005, 130, 132. Das Urteil war bei Redaktionsschluss noch nicht rechtskräftig. Die Nichtzulassungsbeschwerde liegt dem BGH zur Entscheidung vor (Az. VIII ZR 108/04).

Die Klägerin wendete sich gegen ein erstinstanzliches Urteil des Landgerichts 53
Halle. Dieses hatte die Klage abgewiesen: Die Beklagte falle nicht in den Anwendungsbereich des Gesetzes, da sie – anders als in § 2 Abs. 1 Satz 1 EEG 2000 vorgesehen[64] - den Strom nicht über ein **Netz für die allgemeine Versorgung** abgebe. Die Berufung der Klägerin hiergegen beim OLG Naumburg hatte Erfolg. Das Berufungsgericht entschied, dass die Beklagte den angebotenen Stromlieferungsvertrag zur Durchführung des bundesweiten Ausgleichs annehmen muss. § 11 Abs. 4 Satz 1 EEG 2000 verpflichte jegliche Elektrizitätsversorgungsunternehmen, die Strom an Letztverbraucher liefern, zur Abnahme von EEG-Strom. Dies gelte unabhängig davon, ob die Versorgung über ein Netz für die allgemeine Versorgung i. S. v. § 2 Abs. 4 Alt. 2 EnWG 1998 erfolge und ergebe sich eindeutig aus dem Wortlaut des § 11 Abs. 4 Satz 1 EEG 2000, der alle Energieversorgungsunternehmen verpflichte, die Strom an Letztverbraucher lieferten. Zudem entspreche das Ergebnis dem gesetzgeberischen Willen: Die Neuregelung des bundesweiten Ausgleichs in § 11 EEG 2000 habe gerade darin bestanden, einen stufenweisen bundesweiten Ausgleich mit dem Ziel der letztendlichen gleichen Verteilung auf alle Letztversorger zu schaffen. Dem Anspruch der Klägerin stehe nicht entgegen, dass dieser sich teilweise auf die Vergangenheit beziehe. Die Abwicklung könne nachträglich dadurch erreicht werden, dass ein Stromlieferant, in der Vergangenheit seinen Abnahmeverpflichtungen nicht oder nicht ausreichend nachgekommen sei, in der Zukunft überproportional große Strommengen von seinem regelverantwortlichen Übertragungsnetzbetreiber abnehme. Für die von der Beklagten eingeforderte Differenzierung zwischen Strom, den sie aus dem Netz für die allgemeine Versorgung entnehme und Strom, der innerhalb des Arealnetzes dezentral erzeugt werde, gebe es im Gesetz keine Anhaltspunkte.

Mittlerweile hat sich die Problematik deutlich entschärft. Zum einen hat näm- 54
lich der BGH in einer **Entscheidung vom 10. März 2004**[65] zum KWKG einen neuen, sehr weiten Begriff des Netzes für die allgemeine Versorgung entwickelt. Nach dem BGH ist es hierfür nicht erforderlich, dass eine allgemeine Versorgung im engen Sinne des § 10 EnWG 1998 vorliegt, die sich durch zusätzliche Elemente, wie die räumliche Beziehung zu einem bestimmten Gemeindegebiet, die Versorgung von Letztverbrauchern sowie die Anschluss- und Versorgungspflicht nach Allgemeinen Bedingungen und Tarifen auszeichnet.[66] Eine **allgemeine Versorgung** liege vielmehr schon vor, wenn die vorgenommene Stromversorgung nicht auf bestimmte Abnehmer begrenzt, sondern grundsätzlich für jeden Abnehmer offen sei. Ist dies der Fall, so sei es auch unschädlich, wenn es sich bei den Abnehmern tatsächlich überwiegend um Industrieunternehmen handele.[67] Liegt also ein Sachverhalt wie im oben geschilderten Urteil des OLG Naumburg vor, in dem der Netzbetreiber grundsätzlich jedem in einem bestimmten Gebiet die Belieferung anbietet, ist nach der Rechtsprechung des BGH nicht von einem Arealnetz auszugehen, sondern von einem Netz für die allgemeine Versorgung. Die geschilderte Streitfrage stellt sich schon deshalb für diese bislang zu den Arealnetzen gezählten Versorgungsstrukturen nicht mehr.

Zum zweiten wurde mit dem EEG 2004 auch die Regelung der **besonderen** 55
Ausgleichsregelung abgeändert, so dass jedenfalls nunmehr dem OLG Naumburg im Ergebnis beigepflichtet werden kann, dass auch die Stromversorgung über

---

[64] § 2 Abs. 1 Satz 1 EEG 2000 erklärte die Abnahme und Vergütung regenerativ erzeugten Stroms durch Elektrizitätsversorgungsunternehmen, die Netze für die allgemeine Versorgung betreiben, zum Regelungsgegenstand des EEG 2000.
[65] BGH, Urt. v. 10. 3. 2004 – VIII ZR 213/02 (unveröffentlicht).
[66] Anders noch LG Halle, ZNER 2001, 185.
[67] BGH, Urt. v. 10. 3. 2004 – VIII ZR 213/02 (unveröffentlicht), Umdruck S. 10 ff.

Arealnetze unter Abs. 3 Satz 1 fällt, die Lieferanten also als Elektrizitätsversorgungsunternehmen, die Strom an Letztverbraucher liefern, anzusehen sind. Denn die dem § 11 a Abs. 2 Satz 1 Nr. 1 EEG 2000 entsprechende Vorschrift in § 16 Abs. 2 Satz 1 Nr. 1 verwendet den Maßstab des „von einem Elektrizitätsversorgungsunternehmen nach Abs. 3 Satz 1 bezogenen und selbst verbrauchten Stroms". Damit wurde schlicht auf die Regelung des Abs. 3 Satz 1 verwiesen. Das Merkmal der Stromlieferung für die allgemeine Versorgung ist nicht mehr Voraussetzung, um Adressat der Ausgleichsregelung zu sein. Es genügt, dass ein Elektrizitätsversorgungsunternehmen überhaupt **Strom an Letztverbraucher** liefert. Diese Voraussetzung wird auch von den Betreibern von Arealnetzen erfüllt, so dass auch diese zur anteiligen Abnahme und Vergütung von EEG-Strom nach Abs. 3 Satz 1 verpflichtet sind. Dies entspricht auch dem gesetzgeberischen Ziel der gleichmäßigen Verteilung auf alle Letztversorger, gleichgültig, ob sie den Strom über ein Netz zur allgemeinen Versorgung oder über ein Arealnetz liefern.

56 Schließlich hat der Gesetzgeber mit dem neuen **Abs. 7**[68] eine Sicherung gegen **Umgehungen** eingezogen. Danach sind Letztverbraucher, die ihren Strom nicht von Elektrizitätsversorgungsunternehmen, sondern von einem Dritten beziehen, Elektrizitätsversorgungsunternehmen im Sinne der Abs. 2 und 3 gleichgestellt und somit ebenfalls der Abnahme- und Vergütungspflicht unterworfen. Falls also aus irgendwelchen Gründen ein Stromlieferant oder Arealnetzbetreiber nicht unter den Begriff des Energieversorgers subsumiert werden kann, erfolgt ein **Durchgriff** auf die von diesem Lieferanten versorgten Letztverbraucher. Diese müssen dann an Stelle des Lieferanten die Abnahme- und Vergütungspflicht nach Abs. 3 erfüllen. Hierbei sind insbesondere Fälle eines unmittelbaren Imports von Strom aus dem Ausland gemeint. In einem solchen Fall, in dem sich insbesondere ein Großabnehmer selbst aus dem Ausland mit dort erworbenem Strom versorgt, soll den Endkunden selbst die Abnahmepflicht aus Abs. 3 treffen.

57 Die Regelung in Abs. 7 hat keine Auswirkungen auf den Strom, der als Eigenstrom erzeugt wird (**Eigenerzeugung**). Soweit also kein anderer Letztverbraucher mit Strom versorgt wird, ist dieser Strom auch zukünftig nicht erfasst.[69]

2. Grünstrom-Privileg (Abs. 3 Satz 2)

58 In Abs. 3 Satz 2 enthält das Gesetz eine **Ausnahme** vom Grundsatz, dass Elektrizitätsversorgungsunternehmen die EEG-Quote abzunehmen haben: Danach gilt Abs. 3 Satz 1 nicht für Elektrizitätsversorgungsunternehmen, die, bezogen auf die gesamte von ihnen gelieferte Strommenge, mindestens 50 Prozent Strom im Sinne der §§ 6 bis 11 liefern. Die Vorschrift nimmt ausdrücklich das Elektrizitätsunternehmen als solches in Bezug, so dass eine Abspaltung einzelner Öko-Sonderverträge über Abs. 3 Satz 2 nicht möglich ist. Bei solchen **Ökostrom-Handelsmodellen** wird der regenerativ erzeugte Strom außerhalb des Ausgleichssystems des EEG vertrieben. Der Erzeuger erhält keine EEG-Vergütung vom Netzbetreiber, sondern wird vollständig vom Händler bezahlt, an den der Strom auch durchgeleitet wird. Aus diesem Grund wird diese Strommenge nicht beim Anteil des nach EEG vergüteten Stroms berücksichtigt, sondern nur bei der Menge des gesamten an Endverbraucher abgegebenen Stroms. Auf diese Weise werden die Pflichtanteile regenerativ erzeugten Stroms bei Normalstromhändlern verringert.[70]

59 Als Ausnahmevorschrift ist die Regelung **eng auszulegen.** Nicht darunter fallen Anlagenbetreiber, die zwar Strom aus Erneuerbaren Energien produzieren,

---

[68] Dazu siehe auch unten Rn. 130 f.
[69] Gesetzesbegründung, BT-Drs. 15/2864, zu § 14, zu Abs. 7, S. 49.
[70] Hierzu vgl. *Schneider,* in: Schneider/Theobald, HBEnWR, § 18 Rn. 140.

Bundesweite Ausgleichsregelung 60–63 § 14

deren Anlage jedoch – etwa aus Gründen einer zu hohen installierten Kapazität – nicht unter §§ 5 bis 11 fallen. Bei diesem Strom muss es sich vielmehr immer um Strom handeln, der aus Anlagen stammt, die theoretisch Vergütungen nach § 5 verlangen könnten. Nicht geregelt wurde, ob Versorgungsunternehmen, die weniger als 50 Prozent Strom aus Anlagen nach § 2 vermarkten, zumindest in Höhe des geringeren Anteils von der EEG-Quote befreit werden können. Nach Sinn und Zweck der Regelung, die die Grenze ausdrücklich bei 50 Prozent Grünstromanteil zieht, ist das jedoch nicht anzunehmen.

III. Umfang des Ausgleichsanspruchs (Abs. 3 Satz 1 und 3 bis 5)
1. Abzunehmende Strommengen (Abs. 3 Satz 1, 3 und 4)

Nach dem Wortlaut des Abs. 3 Satz 1 sind die Elektrizitätsversorgungsunternehmen, die Strom an Letztverbraucher liefern (Letztversorger), verpflichtet, den von dem für sie regelverantwortlichen Übertragungsnetzbetreiber „nach Absatz 1 und 2" abgenommenen **Strom anteilig** nach Maßgabe eines rechtzeitig bekannt gegebenen, der tatsächlichen Stromabnahme nach § 4 i.V.m. § 5 angenäherten **Profils**[71] abzunehmen und zu vergüten. 60

Absatz 3 Satz 4 regelt die **Art und Weise, wie der Umfang der abzunehmenden Strommengen zu berechnen ist.** Der Anteil an der Strommenge, die unter die Abnahmepflicht des einzelnen Elektrizitätsversorgungsunternehmens fällt, richtet sich nach Abs. 2. Danach ist zunächst die Gesamtstrommenge zu ermitteln, die ein Übertragungsnetzbetreiber abgenommen und nach § 5 vergütet sowie an die Endverbraucher in seinem Bereich abgegeben hat. Dieser Übertragungsnetzbetreiber hat gegen die Elektrizitätsversorgungsunternehmen in seiner Regelzone einen Anspruch auf Abnahme- und Vergütung von Strom aus Erneuerbaren Energien im Verhältnis zum Anteil der von dem Elektrizitätsversorgungsunternehmen an der insgesamt in der Regelzone des Übertragungsnetzbetreibers an Endkunden abgesetzten Strommenge. Diese Gesamtstrommenge ist die Menge, die auch beim bundesweiten Ausgleich unter Übertragungsnetzbetreibern zu Grunde gelegt wird. Damit wird gewährleistet, dass beim Übertragungsnetzbetreiber kein EEG-Strom mehr verbleibt (Abs. 3 Satz 4). Im Ergebnis soll jeder Letztversorger einen relativ gleichen Anteil erhalten (Abs. 3 Satz 3). 61

2. Durchschnittsvergütung (Abs. 3 Satz 5)

Absatz 3 Satz 5 gibt das **Verfahren zur Berechnung des Vergütungsausgleichs** vor: Danach errechnet sich die Vergütung aus dem voraussichtlichen Durchschnitt, der nach § 5 von der Gesamtheit der Netzbetreiber je Kilowattstunde in dem vorvergangenen Quartal gezahlten Vergütungen, abzüglich der vermiedenen Netznutzungsentgelte. Hierfür sind die nach §§ 6 bis 11 von allen Netzbetreibern bundesweit gezahlten Vergütungen zusammenzurechnen und durch die Gesamtmenge des Stroms aus Erneuerbaren Energien, ausgedrückt in Kilowattstunden, zu teilen. Daraus ergeben sich mengengewichtete Durchschnittswerte, die zwischen dem höchsten Vergütungssatz nach dem EEG für Strom aus solarer Strahlungsenergie und dem niedrigsten Vergütungssatz liegen. Da es sich bei dem nach § 5 zu vergütenden Strom überwiegend um Wind-, Wasser und Biomassestrom handelte, bewegt sich dieser EEG-Durchschnittspreis im Bereich dieser Vergütungssätze, also in der Nähe von 9 Ct/kWh. 62

Der **Abzug der vermiedenen Netznutzungsentgelte** ist die Konsequenz des § 5 Abs. 2 Satz 2. Soweit noch nicht alle Daten für eine Berechnung vorliegen, ist eine Prognose zu erstellen. Einzelheiten hierzu, insbesondere auch zur 63

---

[71] Dazu sogleich Rn. 64 ff.

Abwicklung der Vergütungszahlungen für die vorläufigen laufenden EEG-Stromlieferungen, können in einer Verordnung nach Abs. 8 geregelt werden.[72]

IV. Lieferung nach Lastprofilen (Abs. 3 Satz 1)

64 Die Verpflichtung zur Weitergabe nach Maßgabe **eines der tatsächlichen Einspeisung** des berücksichtigungsfähigen Regenerativstroms **entsprechenden Profils** wurde – ebenso wie die Pflicht der Übertragungsnetzbetreiber, bei der Einspeisung von EEG-Strom Profilmessungen vorzunehmen[73] – erst durch den Gesetzentwurf vom 13. Januar 2004 in die Diskussion eingeführt.[74] Sie wurde dann auch tatsächlich Gesetz.

65 Die Regelung zielt ab auf die **bisherige Praxis** der Übertragungsnetzbetreiber, die EEG-Stromeinspeisungen in Bänder umzuwandeln. Nach der früheren Abwicklungspraxis wurde der Strom vom jeweils aufnehmenden regelverantwortlichen Übertragungsnetzbetreiber zu einem gleichmäßigen Lastband transformiert.[75] Während Erzeugung und Einspeisung von EEG-Strom tatsächlich stark schwanken, bekam vor der Schaffung des EEG 2004 jeder Händler den EEG-Strom bislang als gleichmäßige Bandlieferung in Höhe eines bundesweit einheitlichen Prozentsatzes seiner jährlichen Abgabe an Letztverbraucher. Die Rückwälzung der EEG-Strommengen gestaltete sich damit vergleichsweise einfach: So könnte jedem Elektrizitätsversorgungsunternehmen eine konstante ¼-h-Leistung für die Aufnahme des EEG-Stroms zugeordnet werden (entsprechend 1/35 040 der Jahresmenge).[76] Durch die Umwandlung des EEG-Stroms in Bänder wurde den Letztversorger das Prognoserisiko für die unregelmäßigen Einspeisungen von Strom aus Erneuerbaren Energien abgenommen.

66 Auch wenn die bisherige Praxis der Umwandlung in Bänder als **„Veredelung"** bezeichnet wurde und damit das Entstehen eines höherwertigen Produkts durch diesen Prozess implizierte, stellte sich diese Praxis aus Sicht der abnehmenden Energieversorgungsunternehmen nicht unbedingt als vorteilhaft dar. Denn der als Band rückgewälzte EEG-Strom verdrängte einen Teil der Grundlast aus dem Beschaffungsportfolio des Letztversorgers, somit also die im Regelfall am günstigsten zu beschaffende Energie. Das „veredelte" Produkt muss vom Letztversorger erneut veredelt werden, um die Endverbraucher bedarfsgerecht versorgen zu können. So wurden beim Letztversorger vermeidbare Kosten verursacht.[77] Gleichzeitig wurde die teilweise Anpassung der Erzeugungsgänge regenerativer Stromerzeugung an die Entnahmeverläufe,[78] in der ein eigener wirtschaftlicher Wert liegt, durch die starren Bandlieferungen nicht wiedergegeben.

67 Zudem wurde mit den **Bandlieferungen** von den Übertragungsnetzbetreibern nicht Strom gleichen Werts an die Letztversorger weitergegeben, wie von den abnahmepflichtigen Netzbetreibern auf der ersten Stufe des EEG-Ausgleichsmechanismus aufgenommen und an die Übertragungsnetzbetreiber weiter geliefert wurde.[79] Entsprechend war der auf der vierten Stufe an die Letztversorger gelieferte Strom weniger wert als der von den Anlagenbetreibern in der ersten Stufe gelieferte. Ursache dafür ist der Umstand, dass die EEG-Stromeinspeisungen bis-

---

[72] Hierzu näher unten bei Rn. 132 f.
[73] Vgl. oben dazu Rn. 22 und 38.
[74] BT-Drs. 15/2327, S. 37.
[75] Gesetzesbegründung, BT-Drs. 15/2864, zu § 14 Abs. 3, S. 48 f.
[76] Vgl. hierzu *Schrader/Krzikalla/Müller-Kirchenbauer*, ZNER 2001, 89, 92.
[77] Ebenda.
[78] So ähnelt insbesondere der jahreszeitliche Verlauf der Erzeugung aus Windenergie den Entnahmeverläufen, vgl. *Schrader/Krzikalla/Müller-Kirchenbauer*, ZNER 2001, 89, 93.
[79] Vgl. oben Rn. 38 sowie *Oschmann/Müller*, ZNER 2004, 24, 28.

Bundesweite Ausgleichsregelung   68, 69 § 14

lang zu einem großen Teil Windstromeinspeisungen darstellen. Dabei verhält es sich so, dass der regelmäßig Wind tagsüber wesentlich stärker weht als nachts. Entsprechend speisen Anlagenbetreiber wesentlich mehr – wertvolleren – Tagstrom als weniger wertvollen Nachtstrom ein. Wenn die Letztversorger auf der vierten Stufe aber den auf der ersten Stufe des Ausgleichsmechanismus eingespeisten Strom abnehmen müssen, sollen sie dafür Strom einer Wertigkeit erhalten, die weitest möglich der Wertigkeit desjenigen Stroms entspricht, der in der ersten Stufe eingespeist wurde.

Die bei der Weiterwälzung des Stroms an die Energieversorgungsunternehmen 68 zu treffenden Annahmen über den zeitlichen Verlauf der von den Übertragungsnetzbetreibern an die Letztversorger zurück gewälzten EEG-Mengen waren bisher nicht im Gesetz geregelt. Vor dem Hintergrund des **Gebots der Minimierung der Transaktionskosten und einer gleichmäßigen und gerechten Verteilung** der EEG-Kostenlast auf die Letztverbraucher war jedoch die Frage aufgekommen, ob nicht zur Handhabung des zeitlichen Verteilungsproblems in der Rückwälzung des EEG-Stroms **auch andere Verfahren** gefunden werden müssen.[80] So wurden neben Bandlieferungen weitere Verfahren vorgeschlagen:
(1) Lieferung nach die ¼-h-Quote, wonach der Endversorger in jeder ¼ h die Pflichtquote nach dem EEG aufnimmt, so dass die Beschaffungsstruktur des jeweiligen Letztversorgers unverändert bleibt.
(2) Freie Wahl der Profile durch das jeweilige Elektrizitätsversorgungsunternehmen, nach denen die Pflichtmenge nach dem EEG bezogen werden soll.
(3) Eine freie Wahl von Normlastprofilen aus einem Katalog (beispielsweise aus dem Katalog des VDEW) zur Verteilung der EEG-Pflichtmenge.
(4) Aggregation aller Einspeisungen von EEG-Strom durch die Übertragungsnetzbetreiber in ihrer Regelzone, gekoppelt mit einem Ausgleich durch die Übertragungsnetzbetreiber und gefolgt von der anteiligen Rückwälzung je ¼ h.[81]

Diesen Bedenken trägt der neue Abs. 3 Satz 1 Rechnung, indem er zur Weiter- 69 gabe nach Maßgabe eines der tatsächlichen Einspeisung des berücksichtigungsfähigen Stroms entsprechenden Profils verpflichtet. Die Regelung bezweckt – ebenso wie Abs. 1 Satz 1 – die Vermeidung unnötiger Regelenergiekosten.[82] Sie reagiert damit sowohl auf ein Anliegen der Übertragungsnetzbetreiber als auch der letztlich abnahmepflichtigen Elektrizitätsversorgungsunternehmen. Zur Gewährleistung von **Planungssicherheit** für Übertragungsnetzbetreiber und Elektrizitätsversorgungsunternehmen ist das verwendete Lastprofil rechtzeitig bekannt zu geben. Hinsichtlich des hierfür erforderlichen Zeitraums ist auf die Bedürfnisse der aufnehmenden Elektrizitätsversorgungsunternehmen und auf die Möglichkeiten, kurzfristig die benötigte Ausgleichsenergie zu erhalten, abzustellen. Dies kommt vor allem kleineren Stadtwerken zugute, die nicht immer die Möglichkeit haben, auch in kürzester Frist die benötigte Differenzenergie zu beschaffen, und für die auch die Börse noch keine ausreichenden Mengen zur Verfügung stellen kann. Ein Profil, das lediglich einige Tage im Voraus bekannt gegeben wird, wird einem solchen Stadtwerk nichts nutzen. Deshalb soll ausweislich der Gesetzesbegründung nach Treu und Glauben eine so **frühzeitige Bekanntgabe** (ggf. Monate im Voraus) vorgenommen werden müssen, dass eine geordnete Einbeziehung des EEG-Stroms in die Planung des Elektrizitätsversorgers möglich ist. Die Regelung schließt nicht aus, dass die Beteiligten eine einvernehmliche Lösung darüber finden, wie die Profile ausgestaltet und die Fragen der Bekanntgabe gelöst werden können. Eine Regelung über die Lastprofile muss es aber geben. In Ermangelung

---
[80] Vgl. *Schrader/Krzikalla/Müller-Kirchenbauer*, ZNER 2001, 89, 93.
[81] Ebenda.
[82] Gesetzesbegründung, BT-Drs. 15/2864, zu § 14, zu Abs. 3, S. 48 f.

einer solchen einvernehmlichen Lösung kann das Bundesumweltministerium von seiner **Verordnungsermächtigung** nach Abs. 8 Gebrauch machen. Ein für alle Beteiligten nach Treu und Glauben praktizierbarer Ansatz könnte eine drei Monate im Voraus für ein Quartal bekannt gegebene einfache Verteilung der Strommengen auf Hoch- und Schwachlastzeit sein. Das Profil bestünde dann aus einem Grund- und einem Spitzenlastprodukt.[83]

V. Darlegungs- und Beweispflichten bei der Geltendmachung des Ausgleichsanspruchs

70 Gegenstand zahlreicher Gerichtsverfahren und außergerichtlicher Auseinandersetzungen[84] zwischen Übertragungsnetzbetreibern und letztversorgenden Elektrizitätsversorgungsunternehmen und entsprechend im Verhältnis zwischen Elektrizitätsversorgungsunternehmen und Stromkunden[85] ist die Frage, mit welchen Mitteln und wie genau die Höhe der durch den Übertragungsnetzbetreiber tatsächlich abzunehmenden und zu vergütenden Mengen – und damit auch die Höhe ihres **Abnahme- und Vergütungsanspruchs** – gegenüber den Elektrizitätsversorgungsunternehmen nachzuweisen sind.

71 Von Seiten der Abnahme- und Vergütungsverpflichteten werden dabei detaillierte Nachweise darüber verlangt, dass **auf allen Stufen des EEG-Ausgleichs** dieselben Vergütungsbeträge in Ansatz gebracht wurden. Damit soll ausgeschlossen werden, dass auf einer oder mehreren der Stufen Strommengen und/oder Vergütungen in den Ausgleichsmechanismus eingeflossen sind, die gemäß der §§ 4 und 5 EEG überhaupt nicht zu berücksichtigen waren und die die Umlage deshalb zu Unrecht erhöhen. Daneben wird ein Nachweis im Einzelnen verlangt, dass **sämtliche Strommengen,** die an Letztverbraucher geliefert wurden, für die Berechnung der EEG-Quote berücksichtigt wurden. Insbesondere hinsichtlich des Versorgung von Endkunden über Arealnetzen war dies regelmäßig aber nicht der Fall.[86] Dies führte zu höheren Abnahme- und Vergütungspflichten anderer Stromhändler.[87]

72 Während unstreitig ist, dass solchermaßen zustande gekommene Vergütungs- und Abnahmeforderungen nicht den Vorgaben des EEG entsprechen würden, besteht Streit darüber, wie detailliert und mit welchen Mitteln die Abnahme- und Vergütungsberechtigten nachzuweisen haben, dass ihre Forderungen mit dem EEG in Einklang stehen, solche Fehler also nicht vorgekommen sind. Hierbei wird seitens der ausgleichsberechtigten Unternehmen regelmäßig auf den Nachweis des **Umfangs der EEG-Förderung** durch eine Kette von Wirtschaftsprüfer-Testaten der betroffenen Netzbetreiber verwiesen, die letztlich in ein bundesweites Testat mündet, welches der Verband der Netzbetreiber (VDN) in Auftrag gibt. Zur Begründung des eigenen Anspruchs auf Abnahme und Vergütung gegen die nächste Ausgleichsstufe müsse dabei nur nachgewiesen werden, in welcher Höhe Vergütungszahlungen und EEG-Strommengen auf das den Ausgleich begehrende Unternehmen selbst übergewälzt wurden. Detailliertere Nachweise werden mit Verweis auf die **Praktikabilität** des Ausgleichs abgelehnt.

73 Um die Gefahr des **Missbrauchs und überhöhter Zahlungen** auf allen Ausgleichsebenen zu verringern,[88] hat der Gesetzgeber im Zuge der Novellierung des

---

[83] So die Gesetzesbegründung, BT-Drs. 15/2864, zu § 14, zu Abs. 3, S. 48 f.
[84] Diese betrafen insbesondere die Endabrechnung der Abnahmeverpflichtung aus § 11 Abs. 4 EEG 2000 für das Jahr 2000.
[85] Dazu siehe unten Rn. 72 ff.
[86] Hierzu siehe oben Rn. 52 ff.
[87] Vgl. zum Ganzen VIK-Mitteilungen, 4/2002, 82 f.
[88] BT-Drs. 15/2864, Begründung zu § 15 Abs. 2, S. 85.

Bundesweite Ausgleichsregelung 74–76 § 14

EEG in § 15 Abs. 2 Transparenzpflichten der Netzbetreiber neu vorgesehen.[89] Zudem wurde den am Ausgleich beteiligten Netzbetreibern und Elektrizitätsversorgungsunternehmen in Abs. 6 Satz 2 ein Recht eingeräumt, von den anderen Beteiligten eine Testierung ihrer Endabrechnungen zu verlangen.[90] Diese im EEG geregelten **Transparenzpflichten** ersetzen jedoch nicht die Regelungen des allgemeinen Zivilprozessrechts über die Darlegungs- und Beweispflichten und zulässige Beweismittel. Wirtschaftsprüfer-Testate stellen kein Beweismittel im Sinne der ZPO dar. So sind Wirtschaftsprüfer-Testate keine öffentlichen Urkunden im Sinne der **§ 415 ff. ZPO,** weil die Testate von privaten Wirtschaftsprüfern und nicht von einer öffentlichen Behörde erstellt werden. Testate beweisen also Privatkunden lediglich, dass die Erklärungen, die die jeweiligen Wirtschaftsprüfer abgegeben haben, von diesen Wirtschaftsprüfern stammen. Damit wird jedoch nicht bewiesen, dass die Feststellungen der Wirtschaftsprüfer sachlich und rechnerisch richtig sind.

Auch sind **Wirtschaftsprüfer-Testate** keine Sachverständigengutachten, da 74 Sachverständige neutral sein müssen und vom Gericht bestellt werden und nicht von einem Beteiligten. Die erforderliche Neutralität für ein Beweismittel ist nicht gegeben. Darüber hinaus können Wirtschaftsprüfer keine Rechtsfragen beantworten. Zur verbindlichen Klärung von Rechtsfragen – etwa zur richtigen Anwendung des EEG – sind allein die Gerichte berufen. Wirtschaftsprüfer haben lediglich Tatsachen zu prüfen und festzustellen. Wirtschaftsprüfer-Testate sind damit **kein tauglicher Nachweis für die sachliche Richtigkeit der Bestimmung der EEG-Kosten.** Zudem basieren die Angaben eines Wirtschaftsprüfer-Testats auf Zahlenangaben, die den Wirtschaftsprüfern von den Übertragungsnetzbetreibern vorgegeben wurden. Die sachliche Richtigkeit dieser Daten kann von Wirtschaftsprüfern nicht bescheinigt werden. Wirtschaftsprüfer-Testate sind damit keine tauglichen, eine gerichtliche Kontrolle im Rahmen einer Beweisaufnahme ersetzende Nachweise über die korrekte Bestimmung weder der EEG-Abnahmequote nach Abs. 3 Satz 4 noch der Vergütung nach Abs. 3 Satz 5.

Darüber hinaus wird man auch eine **Nachweispflicht** desjenigen, der die Ab- 75 nahme von EEG-Strom und den Ausgleich von Kosten verlangt, für die korrekte Berechnung des auf vorgelagerten Stufen des EEG-Mechanismus vorgenommenen Ausgleichs bejahen müssen. Der Anspruchsberechtigte hat transparent nachzuweisen, in welcher Höhe Kosten entstanden sind und dass ausschließlich die zutreffende Anwendung des EEG diese Kosten verursacht hat. Dies ergibt sich schon daraus, dass innerhalb der Regelungen der verschiedenen Ausgleichsstufen in § 14 nur ein Ausgleich der nach § 5 von den Übertragungsnetzbetreibern abgenommenen und vergüteten Strommengen vorgeschrieben ist.[91]

Diese Ansicht wird durch einen Auflagenbeschluss des OLG Düsseldorf bestä- 76 tigt. Der **BGH** hatte in seiner Entscheidung vom 22. Dezember 2003[92] den Rechtsstreit bezüglich der Höhe des geltend gemachten **Weiterwälzungsanspruchs** an das OLG Düsseldorf[93] zurückverwiesen. In einer Verfügung vom 1. April 2004 hat das OLG Düsseldorf deutlich gemacht, dass die den Ausgleich begehrende Klägerin die Höhe der Forderungen umfassend darzulegen hat. Dabei habe sie die Berechnungen und die darin eingesetzten Beträge dergestalt darzule-

---

[89] Hierzu im Einzelnen § 15 Rn. 22 ff.
[90] Hierzu unten Rn. 121 ff.
[91] Vgl. § 14 Abs. 2 Satz 1, der auf den nach § 5 abgenommenen und vergüteten Strom verweist, sowie § 14 Abs. 3 Satz 1, der die Ausgleichspflicht der Elektrizitätsversorgungsunternehmen auf den „nach Absatz 1 und 2 abgenommenen Strom" beschränkt.
[92] BGH, Az. VIII ZR 310/02 (unveröffentlicht).
[93] OLG Düsseldorf, Urt. v. 10. 10. 2002 – 17 U 76/02.

gen und durch Vorlage geeigneter Belege zu dokumentieren, dass ihr Vortrag auch demjenigen, der mit den Kalkulationen der Stromwirtschaft nicht vertraut sei, nachvollziehbar und verständlich sei und im Falle des Bestreitens durch einen gerichtlichen Sachverständigen überprüft werden könne.

VI. Zeitliche Begrenzung der Geltendmachung des Anspruchs und tatsächlicher Ausgleich (Abs. 3 Satz 6 und 7)

77 Gemäß Abs. 3 Satz 6 sind die Übertragungsnetzbetreiber verpflichtet, Ansprüche gegen Elektrizitätsversorgungsunternehmen nach Abs. 3 Satz 1, die infolge des Ausgleichs nach Abs. 2 entstehen, **bis zum 31. Oktober** des auf die Einspeisung folgenden Jahres geltend zu machen. Der tatsächliche Ausgleich der Energiemengen und Vergütungszahlungen erfolgt gemäß Abs. 3 Satz 7 sodann im Folgejahr bis zum 30. September in monatlichen Raten.

78 Damit wird der Ausgleich von im Rahmen der laufenden abschlägigen Abwicklung der EEG-Lieferverpflichtungen zu viele oder zu wenig gelieferten EEG-Mengen zwischen Übertragungsnetzbetreibern und Letztversorgern geregelt. Die **Höhe der Raten** ist gleich bleibend zu gestalten und betrifft sowohl den tatsächlichen Ausgleich des Stroms wie die dazugehörigen Vergütungszahlungen.[94]

VII. Vermarktung von regenerativ erzeugtem Strom (Abs. 3 Satz 8)

79 Nach Abs. 3 Satz 8 darf der EEG-Strom nicht unter der nach Satz 5 gezahlten Vergütung verkauft werden, soweit er als regenerativ erzeugter Strom oder als diesem vergleichbarer Strom (sog. „Grüner Strom", „Water Power" usw.) vermarktet wird.[95] Das **Verbot des Unterpreisverkaufs** soll verhindern, dass auf dem Ökostrommarkt auf Kosten der Allgemeinheit der Letztverbraucher ein Preisdumping zu Lasten der Ökostromhändler stattfindet. Letztere vermarkten Ökostrom, der nicht nach dem EEG gefördert wird und haben gegenüber den immer noch marktbeherrschenden Stromhändlern von konventionellem Strom eine schwache Marktposition inne.

80 Absatz 3 Satz 8 nimmt auf die nach Abs. 3 Satz 6 zu ermittelnde **Durchschnittsvergütung** Bezug: Diese ergibt sich zum einen aus den Mindestvergütungen nach §§ 6 bis 11 und ist im Voraus nicht sicher feststellbar, wie sie doch erst später der Höhe nach endgültig festgelegt. Dieser Umstand führt zur Unsicherheit, ob der für Öko-Strom verlangte Preis angemessen ist und ob möglicherweise im Nachhinein vom Kunden ein „Nachschlag" gefordert werden muss (bzw. darf), wenn sich herausstellt, dass die Höhe der Durchschnittsvergütung nach Abs. 3 Satz 6 unterschritten wurde.[96] Wegen ihrer Vagheit könnte diese Regelung – nicht anders als ihr Vorgänger, § 11 Abs. 4 Satz 6 EEG 2000 – zu einer Verhinderung der Vermarktung von EEG-Strom führen. Um einer solchen Wirkung entgegen zu steuern, erscheint es bei der Auslegung dieser Regelung notwendig, an Abs. 3 Satz 5 anzuknüpfen: Maßgeblich ist damit der jeweilige **Prognosewert.** Mit dieser Auslegung hat Abs. 3 Satz 8 zwar einen beschränkten Anwendungsbereich, sie führt jedoch zu einer dem Normzweck gerecht werdenden Gesetzesanwendung und zugleich zu mehr Sicherheit bei der Bestimmung des Preises, unter dem der Öko-Strom nicht vermarktet werden darf.

---

[94] Vgl. Gesetzesbegründung zu § 14, zu Abs. 3, BT-Drs. 15/2864, S. 49.
[95] Zur alten Regelung des EEG 2000 vgl. auch *Salje,* Versorgungswirtschaft 2000, 173, 177.
[96] Vgl. *Salje,* Versorgungswirtschaft 2000, 173, 175.

VIII. Weitergabe der EEG-Strommengen und Vergütungszahlungen an die Endkunden – „fünfte Stufe"

Folge der Abnahmepflicht der Letztversorger aus Abs. 3 ist, dass dieser verpflichtet ist, in sein Portfolio einen bestimmten EEG-Anteil (die so genannte **„EEG-Quote"**) aufzunehmen, für den er höhere Bezugskosten hat als für den sonstigen von ihm beschafften Strom. Denn die für den EEG-Strom zu zahlende Vergütung, die Durchschnittsvergütung nach Abs. 3 Satz 5, liegt teilweise deutlich über dem Marktpreis für Strom. Kern des EEG-Mechanismus ist die Kette von Abnahme- und Vergütungspflichten[97] von Netzbetreibern und EVU zu einem Preis, der über dem Marktwert des eingespeisten Stroms liegt. Diesen teureren Strom liefert der Letztversorger anteilig an seine Kunden und bezieht den entrichteten höheren Preis in seine Mischkalkulation ein. Dies führt letztlich dazu, dass die **Bezugspreise** seiner einzelnen Kunden sich entsprechend erhöhen.[98]

Der **Ausgleichsmechanismus** des EEG sieht eine Weitergabe der Strom- und Vergütungsmengen des Letztversorgers an die Letztverbraucher (Endkunden) jedoch nicht vor. So enthält auch § 15 Abs. 1 Satz 1 keine gesetzliche Weiterwälzungsregelung. Danach dürfen insbesondere Letztversorger die Differenz zwischen ihren durchschnittlichen Strombezugskosten und der EEG-Vergütung nach Abs. 3 („Differenzkosten") gegenüber Dritten nur nach Testierung von Rechenweg und Ergebnis anzeigen. Hierbei handelt es sich um eine bloße Transparenz- und **Verbraucherschutzregelung**,[99] die nicht selbstständig zur Weitergabe der Strom- und Vergütungsmengen an Letztverbraucher berechtigt. Auch in § 13 Abs. 2 Satz 3 wird lediglich geregelt, dass ein Netzbetreiber die Kosten eines Netzausbaus, der nur infolge einer neu anzuschließenden bzw. erneuerten Anlage gemäß § 4 Abs. 2 erforderlich wird, bei der Ermittlung des Netznutzungsentgelts berücksichtigen darf. Eine Regelung über die Weiterwälzung der Strom- und Vergütungsmengen selbst an die Stromkunden ist nicht enthalten.

Die gesetzliche Anspruchskette endet vielmehr beim Letztversorger.[100] Das EEG ist nicht darauf angelegt, die Strom- und Vergütungsmengen an die Verbraucher weiter zu geben. Das Risiko der Abwälzbarkeit der EEG-Strom- und Vergütungsmengen tragen vielmehr die Letztversorger.[101] In der Gesetzesbegründung heißt es hierzu, dass eine Ausdehnung der Ausgleichsregelung auf das **Verhältnis des Elektrizitätsversorgungsunternehmens zum Letztverbraucher** „nach der Klärung durch den BGH nicht mehr notwendig" sei.[102] Damit ist Folgendes gemeint: Auch wenn das Gesetz keine Pflicht der Endkunden zur Übernahme der Strom- und Vergütungsmengen aus dem EEG enthält, schließt dies nicht aus, dass der Letztversorger sie an die Letztverbraucher weiterreicht. Entscheidend ist, dass hierfür grundsätzlich eine vertragliche Grundlage bestehen muss.[103] Schon der Gesetzgeber des EEG 2000 ging davon aus, dass die Strom- und Vergütungsmengen aus dem EEG letztlich auf die Verbraucher übergewälzt würden.[104] Unter

---

[97] Zum Überblick vgl. oben Rn. 1.
[98] Allgemein zur Entwicklung der Strompreise vor dem Hintergrund des EEG vgl. *Palic*, ew 2002, 70 ff.; knapp dazu auch *Britz/Müller*, RdE 2003, 163, 164.
[99] Vgl. BT-Drs. 15/2864, Begründung zu § 15, S. 84 sowie die Kommentierung von § 15.
[100] Vgl. auch *Britz/Müller*, RdE 2003, 163, 165.
[101] Vgl. *Altrock*, „Subventionierende" Preisregelungen, S. 156 ff.
[102] Gesetzesbegründung EEG, BT-Drs. 15/2864, zu § 14 Abs. 3, S. 49.
[103] *Troost*, RdE 2001, 203 ff.; zur Frage, wann eine solche vertragliche Grundlage gegeben ist siehe unten Rn. 85 ff. und Rn. 105 ff.
[104] BT-Drs. 14/2342, S. 2.

anderem mit Verweis auf diese gesetzgeberische Annahme hat der BGH die **Weiterwälzbarkeit im Wege der ergänzenden Vertragsauslegung** auch für Altverträge anerkannt, die zwar keine explizite Regelung zur Weitergabe der EEG-Strom- und Vergütungsmengen enthielten, aber immerhin jedoch eine sog. Allgemeine Steuer- und Abgabenklausel.[105] Diese Klärung durch die Rechtsprechung wiederum ließ den Gesetzgeber des geltenden EEG eine gesetzliche Regelung der „fünften" Stufe hin zum Endkunden verzichtbar erscheinen.[106]

84 Es stellt sich deshalb die Frage, unter welchen rechtlichen Umständen die durch das EEG bei den Letztversorgern induzierten Strom- und Vergütungsmengen an die Kunden weitergegeben werden können.[107] Dabei ist zwischen Lieferverhältnissen mit Tarifkunden und solchen mit Sonderkunden zu unterscheiden.

1. Weitergabe der EEG-Kosten an Sonderkunden

85 Da das EEG keine Weitergabe an Endkunden kraft Gesetzes vorsieht, sondern vielmehr die Stufen des Ausgleichssystems mit Abs. 3 bei den letztversorgenden Stromlieferanten abbricht, bedarf die Weiterwälzung von EEG-Strom- und Vergütungsmengen auf die Endkunden einer vertraglichen Grundlage.[108] Neuere oder geänderte Stromlieferungsverträge enthalten daher regelmäßig eine sog. **EEG-Klausel,** in der die Weitergabe der EEG-Kosten – häufig zusammen mit den Mehrkosten des Versorgers aus dem KWKG 2002 – an den Stromkunden ausdrücklich vorgesehen wird.

86 Ob und unter welchen vertraglichen Voraussetzungen eine Weiterwälzung beim Fehlen einer solchen ausdrücklichen Regelung möglich ist, war hingegen Gegenstand zahlreicher gerichtlicher Auseinandersetzungen.

87 **a) Allgemeine Steuer- und Abgabenklauseln**. Stromlieferungsverträge enthalten in der Regel besondere Preisanpassungsklauseln. Diese sehen vor, dass im Falle des Wirksamwerdens Steuern oder Abgaben „irgendwelcher Art", die die Übertragung, die Verteilung oder den Verbrauch von elektrischer Energie belasten, die daraus resultierenden Kosten „in der jeweiligen Höhe" vom Kunden getragen werden.[109] Daneben gibt es sog. **Gesetzesklauseln,** wonach sich die Strompreise verändern, wenn nach Vertragsschluss erlassene Gesetze oder sonstige Regierungs- oder Verwaltungsmaßnahmen die Erzeugung, den Bezug, die Netznutzung/Durchleitung oder den Vertrieb von Strom verteuern oder verbilligen.[110] Diese Regelungen sind zu unterscheiden von den sog. **Wirtschaftsklauseln,** wonach eine Anpassung des Vertrages lediglich vorgenommen werden soll, wenn sich die wirtschaftlichen Umstände nach Vertragsabschluss wesentlich geändert haben.[111] Diese Klauseln greifen also nur unter zusätzlichen Voraussetzungen. Zudem ist häufig keine bestimmte Rechtsfolge vorgesehen, sondern etwa eine „entsprechende Anpassung des Vertrags".

---

[105] BGH, RdE 2004, 105, 107; hierzu unten Rn. 97 ff.
[106] BT-Drs. 15/2864, Begründung zu § 14 Abs. 3, S. 83.
[107] Vgl. auch *Schneider,* in: Schneider/Theobald, HBEnWR, § 18 Rn. 145 ff.
[108] Bei Sondervertragskunden greifen insoweit weder AVBEltV noch BTOElt, die für diese Kundengruppe nicht unmittelbar gelten.
[109] Vgl. etwa die Klausel im Sachverhalt von BGH, RdE 2004, 105, 105; zu ähnlichen Klauseln *Rosin/Elspas,* ET 2002, 182, 186; *Troost,* RdE 2001, 205 ff.; *Büdenbender,* ET 2001, 298, 301; *Schneider,* in: Schneider/Theobald, HBEnWR, § 18 Rn. 146.
[110] Vgl. hierzu *Gent,* RdE 2001, 50, 51; *Schneider,* in: Schneider/Theobald, HBEnWR, § 18 Rn. 146.
[111] Vgl. *Büdenbender,* ET 2001, 298, 301; *Schneider,* in: Schneider/Theobald, HBEnWR, § 18 Rn. 146.

88 Zunächst stellt sich die Fragen nach der Zulässigkeit solcher Klauseln nach dem Recht der **Allgemeinen Geschäftsbedingungen gemäß §§ 305 ff. BGB**.[112] Anpassungsklauseln – und speziell Abgabeklauseln – werden generell als nicht überraschend im Sinne des § 305 c BGB angesehen,[113] was sich bereits daraus ergibt, dass die AVBEltV in ihrem § 24 Abs. 2 Satz 2 eine entsprechende Klausel für Tarifkundenverträge enthält. Nach dem BGH kommt der AVBEltV auch für den Bereich der Sonderverträge eine „Leitbildfunktion im weiteren Sinne" zu.[114] Wenn die Klausel also schon in Verträgen mit Tarifkunden zulässig ist, dann soll dies erst recht für die Sonderkunden gelten. Auch kann bei einer solchen Klausel nicht von einer unangemessenen Benachteiligung im Sinne von § 307 BGB ausgegangen werden, da bei langfristigen Vertragsverhältnissen der Kunde nicht davon ausgehen kann, dass Strompreise unverändert bleiben.

89 Ob die Weitergabe der Strom- und Vergütungsmengen aus dem EEG von den genannten Klauseln gedeckt sind, ist stets Auslegungsfrage.[115] Insoweit ist vor allem auch auf die **§§ 133, 157 BGB** Rückgriff zu nehmen sowie auf die maßgeblichen Auslegungskriterien (Vertragshistorie, Vertragskontext, Vertragszweck).

90 Möglich – abhängig von der Ausgestaltung im Einzelnen – dürfte die Weiterwälzung bei **Gesetzesklauseln** sein. Denn das EEG führt regelmäßig mittelbar zu einer Verteuerung des durchschnittlichen Strompreises für den Endkunden durch Gesetz. Bei den **Wirtschaftsklauseln** hängt die Weiterwälzbarkeit stark von der Formulierung im Einzelnen, vom Vorliegen der besonderen Voraussetzungen dieser an das Institut des Wegfalls der Geschäftsgrundlage angelehnten Klauseln und dabei an auch von der individuellen Belastung des jeweiligen Elektrizitätsversorgers ab. Unerhebliche Kosten aus der Anfangszeit der Vergütung von Strom aus Erneuerbarer Energien können gegebenenfalls nicht weitergereicht werden.

91 Besonders umstritten war in der Praxis, ob die EEG-Kosten von den häufig verwendeten **Steuer- und Abgabenklauseln** erfasst werden. Anlässlich der Frage nach der vertraglichen Zulässigkeit der Weiterwälzung der EEG-Kosten war hier erneut die bereits aus der Debatte um die finanzverfassungsrechtliche Zulässigkeit des EEG bekannte Frage zu entscheiden, ob sich diese Kosten unter den Begriff der Steuern oder Abgaben subsumieren lassen.[116]

92 Der BGH lehnte bereits in seinem Urteil **Stromeinspeisung II**[117] eine Subsumtion der Kosten aus dem StrEG unter den Steuer- oder Abgabenbegriff ab. Gleichwohl hatte das AG Warendorf eine Weitergabe der EEG-Vergütungen auf Grund einer Steuer- und Abgabenklausel in seinem Urteil vom 1. Oktober 2001[118] – dem ersten Gerichtsurteil zu diesem Thema – für möglich gehalten. Bei der Vergütung aus dem EEG 2000 handele es sich um eine Mehrbelastung durch auferlegte Abgaben, welche die Erzeugung, Fortleitung, Lieferung oder Entgegennahme der elektrischen Energie verteuerten. Diese Geldleistungen würden der Beklagten zudem auch von einem öffentlich-rechtlichen Gemeinwesen zur Erzielung von Einnahmen auferlegt. Da sich die Bundesrepublik Deutschland im Interesse des Klima- und Umweltschutzes gegenüber der Europäischen Union ver-

---

[112] Vgl. zur alten Rechtslage der AGB-Kontrolle unter dem ABGB *Starke,* in: Becker/Held/Riedel/Theobald, Energiewirtschaft im Aufbruch, S. 411 ff.
[113] Vgl. *Moench/Corino,* RdE 2002, 124, 125.
[114] BGH, RdE 1998, 194.
[115] *Schneider,* in: Schneider/Theobald, HBEnWR, § 18 Rn. 148.
[116] Zu dieser Diskussion ausführlich *Altrock,* „Subventionierende" Preisregelungen, S. 111 ff.; 122 ff., 142 ff., 170 ff. sowie Einführung Rn. 25 ff. m. w. N.
[117] BGH, NJW 1997, 574, 580.
[118] AG Warendorf, RdE 2002, 79 ff.

pflichtet habe, den Anteil Erneuerbarer Energien sowie der Kraft-Wärme-Kopplung an der Stromversorgung deutlich zu erhöhen, müsste der Bund ohne das EEG und das KWKG diese Energien subventionieren oder anderweitig fördern. Durch das EEG und das KWKG entlaste der Staat seinen Haushalt. Dem Abgabebegriff widerspreche nicht, dass ein Abgabenaufkommen, das der Erfüllung öffentlicher Aufgaben diene, an den staatlichen Haushalten vorbei unmittelbar den begünstigten Rechtsträgern zugewiesen wird, da es für die Erfüllung einer öffentlichen Aufgaben verwendet werde. Das Gericht sah deshalb den Stromkunden, der eine Steuer- und Abgabenklausel vereinbart hatte, alleine auf Grund dieser Klausel für verpflichtet an, die aus dem EEG folgenden Kosten zu tragen.[119]

93 Dieser Ansicht trat in der Folge die **überwiegende Rechtsprechung** der Untergerichte und schließlich auch der BGH entgegen: Etliche Gerichte[120] kamen zum Ergebnis, dass die Kosten auf Grund des EEG bzw. des KWKG nicht unter den Abgabenbegriff fallen. In einem Urteil des LG Osnabrück etwa wird darauf abgestellt, dass Abgaben an die öffentliche Hand gezahlt würden. Was an Lieferanten bzw. an Mitbewerber gezahlt werde, sei keine Abgabe.[121] Auch liege keine Aufkommenswirkung zugunsten der öffentlichen Hand vor, da durch die „Abgabe" keine Zahlungen an eine öffentlich-rechtliche Körperschaft oder Zahlungen in die Staatskasse selbst erfolgen. Durch das EEG (und das KWKG) würden öffentliche Haushalte nicht einmal mittelbar vermehrt. Dass der Umweltschutz nach Art. 20a GG eine staatliche Aufgabe ist, führe nicht zum Ergebnis,[122] dass Aufgaben, die im öffentlichen Interesse liegen, stets bzw. nur aus dem öffentlichen Haushalt zu finanzieren seien.

94 Diese Ansicht hat der **BGH** in zwei weitgehend gleich lautenden Urteilen vom 22. Dezember 2003[123] bestätigt, wenn er auch im Ergebnis von der Rechtsprechung der Untergerichte abgewichen ist. So wurde eine Weitergabe der EEG-Kosten über Steuer- und Abgabeklauseln abgelehnt. Der Gerichtshof wiederholte seine schon zu den Kosten des StrEG getroffene Aussage, dass es sich bei den entstandenen Kosten weder um Steuern noch um Abgaben handele. Auch könne eine Weitergabe nicht durch eine extensive Auslegung der Steuer- und Abgabeklauseln erfolgen. Bei der Auslegung von Allgemeinen Geschäftsbedingungen sei von der Verständnismöglichkeit des typischerweise von ihr angesprochenen Durchschnittskunden auszugehen.[124] Hier hätte es der Darlegung bedurft, dass der durchschnittliche Industriekunde den Begriff „Steuern und Abgaben" in einem derart weiten Sinne verstehe.[125]

95 Dieser Ansicht ist zu folgen:[126] Eine **Aufkommenswirkung zu Gunsten der öffentlichen Hand** ist im EEG 2004 nicht enthalten. Zum einen kann die These des Umweltschutzes als Staatsaufgabe dogmatisch durch einen Verweis auf das umweltrechtliche Kooperationsprinzip relativiert werden: Nach diesem Prinzip haben Private und Staat gemeinsam im Einklang mit den Umweltschutzbelangen

---

[119] AG Warendorf, RdE 2002, 79, 80.
[120] LG Osnabrück, Urt. v. 21. 9. 2001 – 13 O 273/01 (unveröffentlicht); LG Koblenz, RdE 2002, 153 ff.; LG Krefeld, RdE 2002, 249, 251; OLG Oldenburg, ZNER 2002, 223 f.; OLG Düsseldorf, RdE 2003, 74, 74 f.
[121] Zu dieser formalen Sicht vgl. *Altrock*, „Subventionierende" Preisregelungen, S. 122 ff., 125 f. m. w. N.
[122] Zu dieser materiellen Begründung vgl. *Altrock,* „Subventionierende" Preisregelungen, S. 122 ff., 126 ff. m. w. N.
[123] BGH, RdE 2004, 105 ff.; BGH, Urt. v. 22. 12. 2003 – VIII ZR 310/02 (unveröffentlicht).
[124] Kritisch hierzu *Weißenborn,* RdE 2004, 108; *Büdenbender,* NVwZ 2004, 823, 825.
[125] BGH, RdE 2004, 105, 106.
[126] Ausführlich: *Altrock,* „Subventionierende" Preisregelungen, S. 135 ff., 141 ff., 169 ff.

zu handeln. Die Aufgabe des Umweltschutzes ist also[127] auch „Privatsache" und nicht nur staatliche Aufgabe. Zum anderen ist eine Aufkommenswirkung zu Gunsten der öffentlichen Hand auch dann nicht anzunehmen, wenn der Umweltschutz alleinige Staatsaufgabe bleibt: Denn in diesem Zusammenhang kommt es nach der Rechtsprechung des BGH und des BVerfG darauf an, ob durch die Leistungspflichten des EEG **mittelbar oder unmittelbar Einnahmen zu Gunsten der öffentlichen Hand** erzielt werden.[128] Dies muss aber verneint werden: Bei der Regelung des EEG handelt es sich zwar um eine staatlich vorgegebene Preisfestsetzung. Mit der Regelung wird in das Zivilrechtsverhältnis zwischen Anlagenbetreiber und Netzbetreiber korrigierend eingegriffen. Doch fließen die Mindestvergütungen im Rahmen des zivilrechtlichen Leistungsaustausches nicht dem Staat (oder einer staatlichen Einrichtung), sondern Privatunternehmen und Privatpersonen zu, die Strom aus Erneuerbaren Energien produzieren.[129] Dies reicht aber für die Bejahung des Vorliegens einer Abgabe nicht aus. Selbiges ist anzunehmen, wenn man auf den Zusatz Abgaben „irgendwelcher Art" abstellt: Diese „Art" der Abgaben bezeichnet nicht die Aufkommenswirkung, sondern den Grund ihrer Entstehung. Mit dem Zusatz wird nur zum Ausdruck gebracht, dass der Grund der öffentlich-rechtlichen Abgabe gleichgültig sein soll.[130] Gegenüber dem Argument, die Kosten aus dem EEG 2004 seien wie eine klassische Abgabe zu behandeln, weil sonst der Staat eine Steuer zur Finanzierung der Regenerativstromerzeuger hätte erheben müssen,[131] ist darauf hinzuweisen, dass es keinen verfassungsrechtlich verankerten Grundsatz des Inhalts gibt, dass Aufgaben, die im öffentlichen Interesse liegen, nur aus dem öffentlichen Haushalt finanziert werden dürfen. Dies ergab sich bereits aus der insoweit überzeugenden Rechtsprechung des BGH.[132]

Im **Ergebnis** ist bei den Vergütungen nach dem EEG nicht von einer Aufkommenswirkung zugunsten der öffentlichen Hand auszugehen. Eine vertragliche Regel, wonach eine Preisanpassung vorgenommen werden kann, wenn der Stromlieferant Mehrbelastungen aus der Erhöhung von Abgaben weitergeben kann (sog. Steuer- und Abgabeklausel), ist nicht auf das EEG anwendbar.

b) Ergänzende Vertragsauslegung bei Altverträgen. Gleichwohl kam der BGH in den genannten Entscheidungen vom 22. Dezember 2003[133] im Ergebnis zu einer Weitergabemöglichkeit der EEG-Strom- und Vergütungsmengen trotz fehlender ausdrücklicher EEG-Klausel, indem er – im Unterschied zu den Vorinstanzen[134] – die Voraussetzungen für eine ergänzende Vertragsauslegung in den zu entscheidenden Fällen für gegeben erachtete. Eine **ergänzende Vertragsauslegung** kommt in Betracht, wenn die Parteien den Vertrag planwidrig unvollständig geschlossen haben und diese Lücke – ausgehend von dem dem Vertrag zu entnehmenden Willen der Parteien – nach Treu und Glauben zu schließen ist.[135] Hierbei ist ein objektiv-generalisierender Maßstab anzulegen, der sich am Willen

---

[127] Näher: *Altrock,* „Subventionierende" Preisregelungen, S. 116 ff., 158 ff., 231 ff.
[128] Wie hier *Troost,* RdE 2001, 205, 206 f.
[129] Wie hier LG Krefeld, RdE 2002, 249, 250; vgl. auch *Ebel,* ET 2001, 812, 814.
[130] Wie hier OLG Oldenburg, ZNER 2002, 223; a. A. *Weißborn,* RdE 2004, 108.
[131] *Büdenbender,* ET 2001, 298, 310, 312 ff.
[132] BGH, NJW 1997, 574, 580; vgl. auch LG Koblenz, RdE 2002, 153, 155.
[133] BGH, RdE 2004, 105 ff. mit Anm. *Weißborn;* BGH, Urt. v. 22. 12. 2003 – VIII 310/02 (unveröffentlicht).
[134] OLG Oldenburg, ZNER 2002, 223 f.; OLG Düsseldorf, RdE 2003, 74 ff. mit Anm. *Rosin.*
[135] BGHZ 77, 301, 304; OLG Düsseldorf, RdE 2003, 74, 75; OLG Oldenburg, RdE 2002, 223; zu den Kriterien ergänzender Vertragsauslegung auch *Büdenbender,* NVwZ 2004, 823, 825.

und Interesse der typischerweise an Geschäften dieser Art beteiligten Verkehrskreise auszurichten hat.[136] In beiden Fällen waren die zu Grunde liegenden Stromlieferungsverträge Ende 1990 geschlossen, in einem Fall war Mitte 1999 eine Vertragsanpassung vorgenommen worden.[137]

98 Die **Vorinstanzen** hatten in beiden Fällen schon das Vorliegen einer **planwidrigen Regelungslücke** verneint. Die Vereinbarung von Festpreisen wurde als „bewusst abschließende Regelung hinsichtlich der Gegenleistung" gewertet. Der Stromlieferant habe damit hinsichtlich der nicht aufgeführten Kostenfaktoren festpreistypisch bewusst das Risiko einer Störung des Gleichgewichts zwischen Leistung und Gegenleistung in Kauf genommen.[138] Dass es sich bei der Vereinbarung der Festpreise um eine bewusste Regelung der Parteien handelte, schlossen die Richter der OLG daraus, dass es eher der Stromlieferant war, der habe absehen können, dass der Gesetzgeber herkömmliche finanzrechtliche Instrumentarien verließ und sein Finanzierungssystem zur Förderung bestimmter Anlagebetreiber nicht auf Steuern oder Abgaben, sondern auf Abnahme- und Vergütungspflichten der Netzbetreiber stützte. Schon bei den ursprünglich abgeschlossenen Verträgen habe der Gesetzentwurf des StrEG vorgelegen, der diesen Finanzierungsmechanismus vorsah. Andere Elektrizitätsversorgungsunternehmen hätten sich durch entsprechende Änderungen ihrer Preisanpassungsklauseln auf diese Rechtslage eingestellt. Es sei daher nicht feststellbar, dass die Stromlieferanten unerwartet und ohne die Möglichkeit, sich bei ihrer Vertragsgestaltung entsprechend einzurichten, von den gesetzlichen Regelungen betroffen wurden.[139]

99 Der **BGH** hingegen betrachtete die Stromlieferverträge trotz Festpreisvereinbarung als lückenhaft. Denn eine Regelung darüber, wer die zusätzlichen Kosten für die Abnahme von Strom aus Erneuerbaren Energien zu staatlich bestimmten Festpreisen zu tragen hat, habe bei Vertragsschluss nicht getroffen werden können, weil es diese staatliche Form der Finanzierung von Strom aus Erneuerbarer Energien zu diesem Zeitpunkt noch nicht gegeben habe und sie daher auch nicht berücksichtigt werden konnte. Auch sei das StrEG bei Vertragsschluss noch nicht verkündet gewesen. Zudem hätten die Regelungen dieses Gesetzes für den Stromlieferanten nur geringe praktische Bedeutung gehabt, während erst das EEG relevante Kosten verursacht habe. Es erscheine ausgeschlossen, dass die Lieferanten auf eine Regelung in ihrem Sinne verzichtet hätten, wenn sie bei Vertragsschluss gewusst hätten, dass zukünftig eine so hohe Kostenabwälzung in Folge des EEG stattfinden würde. Die Steuer- und Abgabenklausel wurde zwar nicht als Grundlage für die Weiterwälzung anerkannt, der BGH zog sie jedoch heran, um zu begründen, dass die Kostentragung durch die Stromkunden auch dem im Vertrag zum Ausdruck kommenden Willen der Parteien entspreche.[140] Schließlich verwiesen die Richter darauf, dass der Gesetzgeber selbst von einer Weitergabe der durch das EEG verursachten Kosten an die Verbraucher ausgegangen sei.[141]

100 Der **BGH** hat mit diesen Entscheidungen zwar der gesetzgeberischen Vorstellung einer **vertragsintegrierten Weitergabe der Kosten** an die Verbraucher entsprochen, gleichzeitig aber den Anwendungsbereich des Rechtsinstituts der ergänzenden Vertragsauslegung erweitert.[142] Ob diese Entlastung der Stromlieferanten von der Verantwortung, ihre Stromlieferverträge dem sich wandelnden

---

[136] BGH, RdE 2004, 105, 106 m. w. N.
[137] Vgl. den Sachverhalt zu OLG Düsseldorf, RdE 2003, 74.
[138] OLG Oldenburg, ZNER 2002, 223.
[139] OLG Düsseldorf, RdE 2003, 74, 75 f.
[140] BGH, RdE 2004, 105, 106 f.
[141] BGH, RdE 2004, 105, 107.
[142] Kritisch daher *Eder*, IR 2004, 11; zustimmend *Büdenbender*, NVwZ 2004, 823, 825 f.

rechtlichen Umfeld anzupassen,[143] vor dem Hintergrund des Prinzips der privatautonomen Risikoverteilung sinnvoll war, ist zweifelhaft.

Verwischt wurden insbesondere die Kriterien für das Vorliegen einer **planwidrigen Regelungslücke.** Entscheidend ist an dieser Stelle, welchen Grad an Kenntnis über gesetzlich verursachte Verpflichtungen die Annahme einer solchen planwidrigen Lücke ausschließt und sich stattdessen die Annahme einer bewussten Festpreisvereinbarung aufdrängt. Hier lehnt der BGH es ab, die Kenntnis der beteiligten Verkehrskreise von einschlägigen Gesetzesvorhaben ausreichen zu lassen. In der insoweit vergleichbaren Rechtsprechung zum Vertrauensschutz wurde allerdings auch vom BGH bereits ein Wegfall des Vertrauensschutzes angenommen, wenn der Betroffene nach der rechtlichen Situation zu dem Zeitpunkt, auf den der Eintritt der Rechtsfolge vom Gesetz bezogen wird, mit der Regelung rechnen musste, etwa wegen der eindeutig geäußerten Absicht des Gesetzgebers oder weil die bisher herrschende Rechtsüberzeugung kodifiziert wurde.[144] Aber auch auf streng formale Kriterien, wie der Entscheidung des Bundestags oder den Tag des Inkrafttretens[145] eines Kosten verursachenden Gesetzes, greift der BGH nicht ausschließlich zurück, sondern stellt zusätzlich auch darauf ab, ob der Stromlieferant die praktische Bedeutung der Gesetzes für die Kostenentwicklung ermessen konnte.[146] Ein verallgemeinerungsfähiges Kriterium für den Zeitpunkt, ab dem von einer Kenntnis der Kosten und damit von einer bewussten Kostenübernahme auszugehen ist, fehlt damit. In der Folge wird bei Altverträgen ohne ausdrückliche EEG-Klausel nach wie vor nur im Einzelfall zu beurteilen sein, ob von einer Kenntnis der Kostenentwicklung und damit von einer bewussten Kostenübernahme auszugehen ist oder nicht. 101

Eine weitgehende Entlastung der Stromlieferanten von der Aufgabe, Kostenentwicklungen zu beobachten und erforderlichenfalls im Wege der Vertragsänderung einzupreisen, entspricht jedenfalls nicht der tatsächlichen Interessenlage der beteiligten Verkehrskreise. Denn nach wie vor sieht das EEG **keine automatische Weitergabe der EEG-Strom- und Vergütungsmengen** vor. Diese Frage müssen die Akteure am Markt selbst entscheiden und durchsetzen. Dabei kann es auch – je nach Wettbewerbssituation auf der Lieferantenseite – durchaus interessengerecht sein, auf eine Weitergabe der EEG-Kosten an die Verbraucher ganz oder teilweise zu verzichten. Gerade dieses wettbewerbliche Umfeld ist bei der Ermittlung der Kriterien für das Vorliegen einer Vertragslücke zu berücksichtigen. 102

Jedenfalls für den Zeitraum nach **Inkrafttreten des EEG 2000** am 1. April 2000 ist von einer Kenntnis der durch das EEG zu gewärtigenden Abnahme- und Vergütungspflichten auszugehen. Verträge, die nach diesem Zeitpunkt geschlossen oder geändert wurden, und gleichwohl keine gesonderte Regelung über die Weitergabe der EEG-Vergütungen enthalten, sind als bewusste Kostenübernahme durch den Stromlieferanten anzusehen. Die Annahme einer planwidrigen Regelungslücke scheidet in diesen Fällen aus. 103

c) **Wegfall der Geschäftsgrundlage.** Ist auch über den Weg der ergänzenden Vertragsauslegung eine Weitergabemöglichkeit der besonderen Aufwendungen aus dem Erwerb von EEG-Strom nicht zu begründen, so sind die Folgen mit dem 104

---

[143] So auch *Schneider*, in: Schneider/Theobald, HBEnWR, § 18 Rn. 148, der den Stromhändler zu Recht eine vertragsrechtliche Vorsorgepflicht zuweist.
[144] BGHZ 100, 1, 6 f.
[145] So aber regelmäßig beim Vertrauensschutz: Hier geht der BGH davon aus, dass das Vertrauen des Bürgers in den Bestand des geltenden Rechts von dem Zeitpunkt an nicht mehr schutzwürdig ist, in dem der Gesetzgeber ein in die Vergangenheit zurückwirkendes Gesetz beschlossen hat und dieses veröffentlicht wurde, BGHZ 77, 384, 388.
[146] BGH, RdE 2004, 105, 107.

klassischen Instrumentarium des Zivilrechts zu bewältigen: In Betracht kommt insbesondere die Anwendung des Rechtsinstituts des **Wegfalls der Geschäftsgrundlage** nach § 311 BGB und damit auch ein Sonderkündigungsrecht des Stromlieferungsvertrages seitens des Letztversorgers.

2. Weitergabe der EEG-Kosten an Tarifkunden

105 Tarifkunden werden vom so genannten **allgemeinen Versorger** zu Tarifen versorgt, die bislang gemäß den Regelungen der AVBEltV genehmigt wurden. Daneben bestimmt sich das Vertragsverhältnis zwischen Letztversorger und Endkunde vor allem nach der BTOElt. In diesem rechtlichen Kontext können die Elektrizitätsversorgungsunternehmen versuchen, die sich aus dem EEG für sie ergebenden Kosten bei der Stellung des Tarifpreisantrags nach § 12 BTOElt zu berücksichtigen.[147]

106 Gemäß § 12 Abs. 3 Satz 1 BTOElt erfordert die **Genehmigung der Tarifpreise** einen Antrag. Weitere Voraussetzung ist die Beifügung der notwendigen Unterlagen mindestens drei Monate vor dem Zeitpunkt, zu dem die Änderungen wirksam werden sollen. Die Genehmigung wird gemäß § 12 Abs. 2 Satz 1 BTOElt nur erteilt, soweit das Elektrizitätsversorgungsunternehmen nachweist, dass entsprechende Preise in Ansehung der gesamten Kosten- und Erlöslage bei elektrizitätswirtschaftlich rationeller Betriebsführung erforderlich sind.[148] Im Rahmen der Darstellung der Kosten- und Erlöslage wird eine Rechnung durchgeführt, bei der etwa Brennstoffkosten und künftige Personalkosten berücksichtigt werden können. Diese Rechnung wird auch die Kosten auf Grund des EEG enthalten. Dabei kann das jeweilige Elektrizitätsversorgungsunternehmen nur bestimmte Prognosezahlen für die Laufzeit der beantragten Tarifpreisgenehmigung ansetzen.[149] Hinsichtlich der **Prognosezahlen** kann sich das Unternehmen an den etwa vom Verband der Netzbetreiber veröffentlichten Prognosen orientieren. Die Genehmigungsbehörde prüft die gesamte Kosten- und Erlöslage des Elektrizitätsversorgungsunternehmens sowie die Zuordnung dieser Kosten zum Tarif- und Sonderkundenbereich gemäß den Grundsätzen der BTOElt. Allerdings bleibt umstritten, welche **Überprüfungsmöglichkeit** die Behörde hat, wenn der Antragsteller seine Berechnungen auf Grund von Prognosen durchgeführt hat.[150] Der ermittelte Preis ist nach § 12 Abs. 1 Satz 2 BTOElt ein Höchstpreis, der vom allgemeinen Versorger nicht überschritten werden darf. Insbesondere ist im Bereich der Tarifkosten auch keine kontinuierliche Anpassung der Strompreise an die EEG-Differenzkosten ohne jeweils neue Tarifgenehmigung zulässig. § 12 Abs. 1 Satz BTOElt nimmt nur die Umsatzsteuer und die Ausgleichsabgabe auf Grund des Dritten Verstromungsgesetzes[151] vom Begriff des Tarifs und damit von der Genehmigungspflicht aus. Daher kommt nur für solche Bestandteile eine Anpassung an geänderte Sätze nach § 24 Abs. 2 AVBEltV ohne ausdrückliche Genehmigung in Betracht.

107 Eine Weitergabe von EEG-Kosten an Tarifkunden ist somit nur nach Genehmigung und für die Zukunft möglich. Wird ein Energieversorgungsunternehmen, das im Wesentlichen Tarifkunden versorgt, von seinem Netzbetreiber auf Nachzahlung von **EEG-Kosten für zurückliegende Zeiträume** in Anspruch ge-

---

[147] Vgl. *Britz/Müller*, RdE 2003, 163, 166; *Büdenbender*, ET 2001, 298, 302 ff.; *Schneider*, in: Schneider/Theobald, HBEnWR, § 18 Rn. 145; vgl. zur Preisaufsicht nach § 12 BTOElt unter Geltung des StrEG *Immenga*, BB 1994, 295 ff. Zu den Einzelheiten vgl. *Büdenbender*, ET 2001, 298 ff. sowie *Rosin/Elspas*, ET 2002, 182 ff.
[148] *Büdenbender*, ET 2001, 298, 300 f.
[149] So auch *Rosin/Elspas*, ET 2002, 182, 183.
[150] *Rosin/Elspas*, ET 2002, 182, 184.
[151] Drittes Verstromungsgesetz v. 19. 4. 1990, BGBl. I S. 917 i. d. F. BGBl. I 1995 S. 1638.

Bundesweite Ausgleichsregelung 108–111 § 14

nommen, so kann es diese Kosten deshalb seinerseits nicht mehr im Nachhinein, sondern allenfalls in der folgenden Tarifperiode an die Tarifkunden weiterreichen.

Der Berechnungsmodus, der der tarifrechtlichen Beurteilung zu Grunde liegt, führt dazu, dass die einzelne Tarifkunde EEG-Kosten jeweils im Verhältnis zum eigenen Stromverbrauch übernimmt. Zur Ermittlung der anteiligen Kosten aus dem EEG werden zunächst die **EEG-Kosten auf den gesamten an Letztverbraucher gelieferten Strom** umgelegt. Hierbei wird die Durchschnittsvergütung gebildet. Von dieser wird der durchschnittliche Marktpreis für konventionellen Strom subtrahiert. Der Differenzbetrag wird mit der Menge an nach **EEG 2004 vergütetem Strom** multipliziert. Dieses Produkt wird dann durch die Gesamtmenge des an Verbraucher abgegebenen Stroms dividiert. Im Ergebnis werden so die EEG-Kosten je Kilowattstunde ermittelt, gerechnet auf die Gesamtmenge des an Letztverbraucher weitergegebenen Stroms. Je nachdem, welcher Wert der Bemessung des Marktpreises für konventionell erzeugten Strom im Jahre 2001 angenommen wird (2 bis 3,5 Ct/kWh), ergibt sich für das Jahr 2001 bei einer EEG-Quote von 3,9 Prozent und einer durchschnittlichen EEG-Vergütung von 8,54 Ct/kWh ein Wert für EEG-Kosten zwischen 0,18 und 0,26 Ct/kWh.[152] 108

Soweit sich später herausstellt, dass die von der Behörde im Rahmen der erteilten Tarifpreisgenehmigung befürwortete Prognose über die Entwicklung der EEG-Quote unzutreffend war, stellt sich die Frage, ob der Tarifkunde gegen die Genehmigung vorgehen oder sich diesen Anteil des Strompreises vom allgemeinen Versorger zurückerstatten lassen kann. Hierbei gilt zu berücksichtigen, dass der erteilten Tarifpreisgenehmigung hinsichtlich der Weitergabe der EEG-Kosten an die Endkunden eine **Legitimationswirkung** zukommt. Diese Legitimationswirkung erstreckt sich nur auf den Zeitraum (§ 12 Abs. 4 Satz 1 BTOElt), für den die Genehmigung erteilt wurde. Die Genehmigung schließt nicht eine richterliche Kontrolle der Billigkeit der Preisregelung im Sinne des § 315 BGB aus,[153] wenn auch der Genehmigung eine Indizwirkung zukommt. Der Tarifkunde kann auf dem **Zivilrechtsweg** versuchen darzulegen, dass sich die Prognose hinsichtlich der EEG-Quote als falsch erwiesen hat. Wenn ihm dies gelingt, so ergibt sich daraus, dass dem Elektrizitätsversorgungsunternehmen ein Rechtsgrund zur Forderung des Tarifpreises fehlt, so dass es nach §§ 812 ff. BGB dem Tarifkunden gegenüber rückerstattungspflichtig ist. 109

Im Fall einer sich **im Nachhinein** als unzutreffend erwiesenen Tarifpreisgenehmigung besteht außerdem für die Behörde die Möglichkeit, die rechtmäßige Genehmigung nach § 49 Abs. 2 Satz 1 Nr. 1 2. Fall VwVfG[154] zu widerrufen. Tarifpreisgenehmigungen werden zwingend mit einem Widerrufsvorbehalt nach § 12 Abs. 4 Satz 1 BTOElt versehen. Wenn sich während der Laufzeit der Genehmigung zeigt, dass die EEG-Prognose zu niedrig angesetzt ist, kann entweder die Behörde die Initiative zur Änderung der Genehmigung ergreifen, oder das Elektrizitätsversorgungsunternehmen kann eine neue Genehmigung nach § 12 Abs. 4 Satz BTOElt beantragen. 110

Es bleibt abzuwarten, wie sich die Weitergabe an Tarifkunden unter dem Regime des im Verlauf des Jahres 2005 in Kraft tretenden **neuen EnWG** entwickeln wird. 111

---

[152] Vgl. *BMU,* Bericht über den Stand der Markteinführung und der Kostenentwicklung von Anlagen zur Erzeugung von Strom aus erneuerbaren Energien (Erfahrungsbericht zum EEG) vom 16. Juni 2002, BT-Drs. 14/9807, S. 6; zum Berechnungsmodus vgl. *Britz/ Müller,* RdE 2003, 163, 166.
[153] Vgl. BGH, NJW-RR, 1992, 183, 185.
[154] Verwaltungsverfahrensgesetz v. 25. 5. 1976, BGBl. I S. 1253, neu gefasst am 23. 1. 2003, BGBl. I S. 102, zuletzt geändert am 5. 5. 2004, BGBl. I S. 718.

3. Darlegungs- und Beweispflichten für die zutreffende Höhe des geforderten Ausgleichs

112 Wie auf der gesetzlich noch geregelten vierten Ausgleichsstufe zwischen Übertragungsnetzbetreiber und endkundenversorgendem Stromlieferanten stellt sich auch bei der gesetzlich nicht geregelten Weitergabe der EEG-Strom- und Vergütungsmengen an die Endverbraucher die Frage, wie umfangreich und detailliert der Elektrizitätsversorger die Begründetheit seines Zahlungsanspruchs der Höhe nach darlegen muss. Streitig ist, inwieweit und mit welchen Beweismitteln die **korrekte Ermittlung des Ausgleichsanspruches** auf höheren Ausgleichsstufen nachgewiesen werden muss, die ja die Grundlage für die vom Letztversorger von den Stromverbrauchern einzufordernden Kosten bilden.[155] Bei der Weitergabe der EEG-Strom- und Vergütungsmengen an die Stromverbraucher stellt sich allerdings noch ein zusätzliches Problem. Denn als EEG-Kosten können nur die über dem durchschnittlichen Strombezugspreis des Elektrizitätsversorgers liegenden zusätzliche Kosten geltend gemacht werden. Zu diesen sog. Differenzkosten wird auf die Kommentierung zu § 15 verwiesen, der genau dieses regelt.

E. Nachträgliche Änderungen der abgerechneten Energiemengen bzw. der Vergütungszahlungen (Abs. 4)

113 Absatz 4 durchbricht den Grundsatz, dass die anhand einer Abrechnung nach Abs. 2 Satz 1 oder Abs. 3 festgestellten Energiemengen und Vergütungszahlungen keine Änderungen mehr erfahren sollen. Werden durch eine rechtskräftige Gerichtsentscheidung im Hauptsacheverfahren, die erst nach einer Abrechnung von Energiemengen und/oder Vergütungszahlungen ergangen ist, Änderungen festgestellt, sind diese Änderungen bei der jeweils nächsten Abrechnung zu berücksichtigen. Absatz 4 ermöglicht es m.a.W. den Übertragungsnetzbetreibern, solche Strommengen, die in vorangegangenen Jahren wegen **Streitbefangenheit** nicht in den Ausgleichsmechanismen eingestellt werden konnten, nach rechtskräftiger Entscheidung der Hauptsache im nächsten Abrechnungszeitraum zu berücksichtigen.[156]

F. Monatliche Abschläge auf die Vergütung (Abs. 5)

114 Gemäß Abs. 5 haben die Übertragungsnetzbetreiber untereinander und die Übertragungsnetzbetreiber gegen die letztversorgenden Elektrizitätsversorgungsunternehmen einen **Anspruch auf monatliche Abschläge** auf die jeweils nach Abs. 1 bzw. Abs. 2 zu zahlende **Vergütung**.

115 **Hintergrund dieser Regelung** ist der Umstand, dass die endgültige Weitergabe des durch die Übertragungsnetzbetreiber abgenommenen Stroms und die Überwälzung der Kostenlast auf die letztversorgenden Elektrizitätsversorgungsunternehmen frühestens nach 15 Monaten erfolgen können. Ohne monatliche Abschläge könnte der Strom, der etwa im Januar 2005 nach § 5 vergütet wurde, frühestens nach Abschluss des Ausgleichs zwischen den Übertragungsnetzbetreibern nach Abs. 2 und der damit einhergehenden Ausschlussfrist für die Geltendmachung von Ansprüchen gegenüber den Letztversorgern nach Abs. 3 Satz 6 – d.h. nicht vor dem 31. Oktober 2006 – weitergegeben und vergütet werden. Dies

---

[155] Hierzu ausführlich bereits oben, Rn. 70 ff.
[156] Vgl. BT-Drs. 15/2684, S. 30.

erhöhte aber zum einen die Kosten auf Seiten der Übertragungsnetzbetreiber. Zum anderen erlitten diese auch nicht unerhebliche Zinsverluste. Insbesondere auf Grund dieser Zinsverluste war eine umfassende Weitergabe der Kosten bei einem solch langen Zeitraum der Zwischenfinanzierung durch die Übertragungsnetzbetreiber nicht mehr gesichert. Dieser späte Ausgleich widersprach deshalb der Annahme des Gesetzgebers, der von einer Abwälzung der Kosten auf die Stromhändler ausging, die diese an die Letztverbraucher weiterleiten können.[157] Auch wenn die endgültigen Abnahmemengen und endgültigen Durchschnittspreise also erst viel später feststehen, will das EEG einen möglichst zeitnahen weitgehenden tatsächlich Ausgleich erwirken. Hierzu sind die von Abs. 5 angeordneten Abschlagsvergütungen, die mit ohnehin geleisteten laufenden Abschlagslieferungen einhergehen, im Gesetz angeordnet.[158] Die Regelung eines Anspruchs auf Abschläge auf die Energiemengen erschien dem Gesetzgeber dagegen entbehrlich, da diese ohnehin zeitnah weitergegeben werden.[159]

G. Auskunftspflichten und Testatansprüche (Abs. 6)

Absatz 6 dient – so die Gesetzesbegründung[160] – der Durchführung des Ausgleichssystems. Die Auskunfts- und Testatsansprüche flankieren die Ausgleichsansprüche der Übertragungsnetzbetreiber.[161] Die neu eingefügten festen Fristen sollen den Ablauf verbessern.[162]

I. Auskunftspflichten der Verteilnetzbetreiber und Elektrizitätsversorgungsunternehmen (Abs. 6 Satz 1)

Gemäß Abs. 6 Satz 1 sind die Netzbetreiber, die nicht Übertragungsnetzbetreiber sind und – anders als in § 11 Abs. 5 Satz 1 EEG 2000 – auch die Elektrizitätsversorgungsunternehmen verpflichtet, die für die Berechnungen nach Abs. 1 bis 5 erforderlichen Daten unverzüglich – d. h. ohne schuldhaftes Zögern – zur Verfügung zu stellen und bis zum 30. April eine Endabrechnung für das Vorjahr vorzulegen. Diese Pflicht dient der rechtlichen und haushalterischen Absicherung des Ausgleichs- und Förderungsmechanismus des EEG.[163]

Die Auskunftspflicht erstreckt sich auf **alle Daten,** die für die Berechnung des Ausgleichs nach Abs. 1 bis 5 **erforderlich** sind. Dazu gehören für die Netzbetreiber außerhalb des Übertragungsnetzbereiches die abzunehmenden Energiemengen (aufgegliedert nach Primärenergieträgerart) sowie die entsprechenden Vergütungszahlungen, die sich aus der ersten Ausgleichsstufe (§§ 4 Abs. 1, 5 Abs. 1) ergeben und die Grundlage für die zweite Ausgleichsstufe (§§ 4 Abs. 6, 5 Abs. 2) bilden. Die neu zur Auskunft verpflichteten Elektrizitätsversorgungsunternehmen müssen die nach Abs. 3 erforderlichen Daten zur Verfügung stellen,[164] also insbesondere die vom jeweiligen Elektrizitätsversorgungsunternehmen gelieferte Strommenge (Abs. 3 Satz 3), die die Grundlage für die Berechung des abzunehmenden EEG-

---

[157] Vgl. *Brandt/Reshöft/Steiner,* EEG, § 11 Rn. 69.
[158] Zur Zweiphasigkeit der Abwicklung des § 14 vgl. Rn. 24 ff. und Rn. 28 ff.
[159] Gesetzesbegründung, BT-Drs. 15/2864, zu § 14 Abs. 5, S. 49.
[160] Ebenda, vgl. auch BT-Drs. 15/2327, S. 38 sowie die Begründung zum Referentenentwurf vom 17. 12. 2003, Besonderer Teil, zu § 14, BR-Drs. 15/04, S. 86.
[161] Vgl. auch *Brandt/Reshöft/Steiner,* EEG, § 11, Rn. 43.
[162] Gesetzesbegründung, BT-Drs. 15/2864, zu § 14 Abs. 5, S. 49.
[163] *Salje,* Versorgungswirtschaft 2000, 173, 176.
[164] Gesetzesbegründung, BT-Drs. 15/2864, zu § 14 Abs. 5, S. 49.

Stroms auf der vierten Stufe bildet, deren Summe aber gleichzeitig auch die Bezugsgröße für die EEG-Quote insgesamt bildet (Abs. 2 Satz 1). Der Auskunftsanspruch nach Abs. 6 Satz 1 erfasst – anders als sein Vorgänger § 11 Abs. 5 Satz 1 EEG 2000 – auch **die monatlichen Abschläge** nach Abs. 5.[165]

119 Die Daten müssen unverzüglich, d. h. ohne schuldhaftes Zögern, laufend zur Verfügung gestellt werden. Auf Wunsch der Energiewirtschaft wurden in Abs. 6 auch **feste Fristen** zur Durchführung des Auskunftsanspruchs festgelegt: Da Übertragungsnetzbetreiber gemäß Abs. 2 Satz 1 bis zum 30. September eines jeden Jahres den anderen Übertragungsnetzbetreibern eine Endabrechnung aller aufgenommenen und vergüteten Strommengen des vorvergangenen Jahres erstellen und gemäß § 15 Abs. 2 veröffentlichen müssen, war es erforderlich, dass die „nachgelagerten" Netzbetreiber und Elektrizitätsversorgungsunternehmen ihrerseits bis zum **30. April eines jeden Jahres** die in ihrem Bereich relevanten Daten ermitteln und als **Endabrechnung für das Vorjahr** zusammenstellen,[166] weil die Übertragungsnetzbetreiber auf diese Daten angewiesen sind.

120 In der Praxis haben sich auf Grund der VV II plus EEG-Strom-Bilanzkreise für die jeweiligen Regelzonen gebildet, über die die Ermittlung der erforderlichen Daten wie die Abwicklung insgesamt erleichtert wurde.[167]

II. Testatanspruch der Netzbetreiber und der Elektrizitätsversorgungsunternehmen (Abs. 6 Satz 2)

121 Der in Abs. 6 Satz 2 enthaltene Anspruch, von den anderen Beteiligten am Ausgleich eine Testierung ihrer Endabrechnungen zu verlangen, gilt für alle am Ausgleichssystem beteiligten Elektrizitätsversorgungsunternehmen und Netzbetreiber,[168] unabhängig davon, ob sie ein Übertragungsnetz betreiben oder ein Netz einer niedrigeren Spannungsstufe. Mit dem **Anspruch auf Testat der erforderlichen Daten** gemäß Abs. 6 Satz 2 entspricht der Gesetzgeber dem Interesse der Netzbetreiber und der Elektrizitätsversorgungsunternehmen, bestimmte Informationen, die zur Überprüfung ihrer Angaben erforderlich sind, aus berechtigten Gründen (etwa Bewahrung von Betriebsgeheimnissen) nicht bekannt machen zu wollen. Die **Überprüfung der Daten** obliegt deshalb, wenn ein solcher Nachweis verlangt wird, einer Wirtschaftsprüfungsgesellschaft oder einem vereidigten Buchprüfer. Diese können nun auch ohne ein gegenseitiges Einvernehmen bestellt werden, die Einvernehmensregelung des § 11 Abs. 5 Satz 2 und 3 EEG 2000 findet sich im Gesetz nicht mehr. Da das Gesetz nun insoweit schweigt, darf der Testatpflichtige den Wirtschaftsprüfer bzw. vereidigten Buchprüfer frei wählen. Auch zur Frage, wer die insoweit entstehenden Kosten zu tragen hat, schweigt die Regelung. Hier spricht wohl viel dafür, dass den Testierpflichtigen auch die Kostenlast trifft.

122 Die **Wirtschaftsprüfer-Testate** werden dabei bereits aus Praktikabilitätsgründen und zur Vermeidung unnötiger Transaktionskosten nur einmal im Jahr erbracht werden müssen.[169] Das Testat muss die nach Energieträgern differenzierten, teilweise nach Anlagengrößen gestaffelten und ggf. nach Baujahren abgesenkten

---

[165] Damit hat der Gesetzgeber eine weitere Streitfrage des EEG 2000 (vgl. dazu *Salje*, EEG, 2. Aufl., § 11 Rn. 50 und demgegenüber *Brandt/Reshöft/Steiner*, EEG, § 11 Rn. 44) erledigt.
[166] Gesetzesbegründung, BT-Drs. 15/2864, zu § 14 Abs. 5, S. 49; vgl. auch die Begründung zum Referentenentwurf vom 17. 12. 2003, Besonderer Teil, zu § 14, BR-Drs. 15/04, S. 86 f.
[167] *VDEW/DVG*, Richtlinie Datenaustausch und Energiemengenbilanzierung (3/01), S. 35; *Schneider*, in: Schneider/Theobald, HBEnWR, § 18 Rn. 138.
[168] Gesetzesbegründung, BT-Drs. 15/2864, zu § 14, zu Abs. 5, S. 49.
[169] *Schneider*, in: Schneider/Theobald, HBEnWR, § 18 Rn. 130.

Vergütungssätze berücksichtigen und die jeweiligen Energiemengen ausweisen.[170] Für eine solche **Pflicht der Einzelkontierung** lässt sich auch § 4 Abs. 6 Satz 1 anführen, der auf die vom Netzbetreiber aufgenommenen Energiemengen abstellt.

Durch den Anspruch auf Testierung werden jedoch nicht die allgemeinen zivilprozessrechtlichen Regeln über die Beweis- und Darlegungslast und zulässige Beweismittel ersetzt. Wirtschaftsprüfer-Testate sind nach diesen Regeln nicht geeignet, die Begründetheit eines Ausgleichsanspruchs der Höhe nach zu beweisen.[171] 123

Die Testierung kann für die Endabrechnungen des Netzbetreibers, die kein Übertragungsnetz betreiben, bis zum **30. Juni** und für die Endabrechnungen der Übertragungsnetzbetreiber nach Abs. 2 bis zum **31. Oktober** verlangt werden. 124

III. Fristgebundene Auskunftspflicht der Anlagenbetreiber

Schließlich sind gemäß Abs. 6 Satz 3 auch Anlagenbetreiber verpflichtet, die für die Endabrechnung des Vorjahres erforderlichen Daten bis zum **28. Februar** des Folgejahres zur Verfügung zu stellen. Dabei wird insbesondere die Stromliefermenge sowie ggf. die Verteilung auf mehrere Anlagen (Windräder, Module) oder der Anteil KWK-Strom zur Gewährung des Bonus nach § 8 Abs. 3 mitgeteilt werden. 125

IV. Zusammenfassender Überblick über die Fristen des Ausgleichsmechanismus

Die einzuhaltenden **Fristen** im bundesweiten Ausgleich zum Nachweis von Abrechnung und zur Geltendmachung von Ansprüchen sind verstreut über den ganzen § 14 geregelt. Zusammenfassend sind folgende Fristen einzuhalten: 126

Betrifft erste und zweite Stufe des bundesweiten Ausgleichs: 127

Anlagenbetreiber	bis 28. 2.:	Vorlage der für die Endabrechnung des Vorjahres erforderlichen Daten
Netzbetreiber, die nicht Übertragungsnetzbetreiber sind, und EVU	unverzüglich:	Vorlage aller erforderlichen Daten
	bis 30. 4.:	Endabrechnung für das Vorjahr
	bis 30. 6.:	auf Verlangen Testat für Endabrechnung des Vorjahres

Betrifft die dritte Stufe des bundesweiten Ausgleichs: 128

	unverzüglich:	Erfassung des zeitlichen Verlaufs der Mengen und Vergütungen, vorläufiger Ausgleich unter den Übertragungsnetzbetreibern
Übertragungsnetzbetreiber	monatlich:	Abschlagszahlungen
	bis 30. 9.:	Ermittlung der im vorangegangenen Jahr abgenommenen und vergüteten sowie der vorläufig ausgeglichenen Strommengen
	bis 30. 10.:	Ermittlung des Anteils dieser Menge am gesamten in der eigenen Zone an Endkunden abgegebenen Strom auf Verlangen Testat für Endabrechnung

---

[170] *DVG*, Kriterienkatalog EEG 2001, S. 8; *Schneider,* in: Schneider/Theobald, HBEnWR, § 18 Rn. 129.
[171] Dazu siehe oben Rn. 73 f.

129 Betrifft die vierte Stufe des bundesweiten Ausgleichs:

	laufend:	Abschlagslieferungen
Übertragungsnetz-betreiber -> Letztversorger	bis 31. 10.:	Geltendmachung des Abnahme- und Vergütungsanspruchs für das Vorjahr
	bis 30. 9. des darauf folgenden Jahres:	tatsächlicher Ausgleich der Energiemengen in monatlichen Raten
Letztversorger -> Übertragungsnetzbetreiber	monatlich:	Abschlagszahlungen
	bis 30. 9. des darauffolgenden Jahres:	tatsächlicher Ausgleich der Vergütungen in monatlichen Raten

H. Gleichstellung von Letztverbrauchern und Elektrizitätsversorgungsunternehmen (Abs. 7)

130 Da im liberalisierten Strommarkt insbesondere Sondervertragskunden die Möglichkeit haben, Strom nicht von einem (einheimischen) Elektrizitätsversorgungsunternehmen im Sinns des EEG, sondern **von einem Dritten** – insbesondere von einem ausländischen Stromanbieter im Ausland – zu beziehen, stellt Abs. 7 diese Letztverbraucher den Elektrizitätsversorgungsunternehmen im Sinne des Abs. 2 und 3 gleich.[172] Infolge dessen werden solche Letztverbraucher bei der Bemessung des Ausgleichs zwischen Übertragungsnetzbetreibern so berücksichtigt, **als ob** sie ein letztversorgendes Elektrizitätsversorgungsunternehmen wären. So können die betreffenden Endkunden mit der EEG-Quote und den Vergütungspflichten nach Abs. 3 ebenso wie ein Elektrizitätsversorgungsunternehmen belegt werden. Damit wird eine Umgehung der gesetzgeberischen Absicht, die Kosten des Gesetzes möglichst **verursachergerecht** auf alle Abnehmer zu verteilen, verhindert.[173]

131 Die Regelung des Abs. 7 soll eine Umgehung der Kostentragungspflicht durch Ausschaltung einer Belieferung durch Elektrizitätsversorgungsunternehmen, insbesondere durch unmittelbare Stromeinfuhren, unmöglich machen. Die Vorschrift hat jedoch keine Auswirkung auf den Strom, der als **Eigenstrom** erzeugt wird. Letzterer ist auch künftig nicht erfasst.[174]

I. Rechtsverordnung zur Ermittlung von Lastprofilen (Abs. 8)

132 Absatz 8 soll einen Beitrag zur Funktionsfähigkeit insbesondere des Ausgleichsmechanismus des EEG leisten. Die Vorschrift enthält eine **Ermächtigungsgrundlage** für das Bundesumweltministerium zum Erlass von Rechtsverordnungen zur organisatorischen und zeitlichen Abwicklung des Ausgleichs nach Abs. 1, insbesondere zur Bestimmung des dafür Verantwortlichen und zur Sicherstellung bestmöglicher und gleicher Prognosemöglichkeiten hinsichtlich der auszugleichen-

---

[172] Vgl. zu Abs. 7 die ausführlicheren Anmerkungen oben bei Abs. 3, Rn. 56 ff.
[173] Vgl. die Gesetzesbegründung BT-Drs. 15/2864, Begründung zu § 14 Abs. 7, S. 49.
[174] BT-Drs. 15/2864, Begründung zu § 14 Abs. 7, S. 49.

den Energiemengen und Lastverläufe. Eine Ermächtigungsgrundlage für eine Rechtsverordnung enthält auch Abs. 8 Nr. 2 für die Festlegung oder Ermittlung eines einheitlichen Profils im Sinne von Abs. 3, zum Zeitpunkt einschließlich des zeitlichen Vorlaufs und zur Art und Weise der Bekanntgabe dieses Profils und der zu Grunde liegenden Daten.[175] Absatz 8 Nr. 3 schließlich ermächtigt zum Erlass einer Rechtsverordnung zur näheren Bestimmung der nach Abs. 6 erforderlichen Daten und zur Art und Weise der Bereitstellung dieser Daten.

Sämtliche Rechtsverordnungen müssen im **Einvernehmen mit dem Bun-** 133 **deswirtschaftsministerium** ausgearbeitet werden. Die Ermächtigungsgrundlage für eine Rechtsverordnung nach Abs. 2 soll nach dem Willen des Gesetzgebers nur subsidiär angewendet werden und zwar erst dann, wenn die Netzbetreiber und Elektrizitätsversorgungsunternehmen bei der Regelung und Ermittlung der Lastprofile keine einvernehmliche Lösung gefunden haben.[176]

J. Weiterentwicklung im Hinblick auf die EE-RL

Die EE-RL macht zwar den Mitgliedstaaten keine Vorgaben über das anzu- 134 wendende Förderungssystem und dessen Details.[177] Gleichwohl wird deutlich, dass sich die unterschiedlichen nationalen Systeme derzeit in einer Art **Wettbewerb** darum befinden, welches Modell für eine gemeinschaftsweite Regelung in diesem Bereich dienen wird, nachdem ausreichende Erfahrungen mit den unterschiedlichen Konstruktionen gesammelt wurden.[178] Der EE-RL lassen sich die Kriterien entnehmen, anhand derer die Kommission ihre Bewertung der unterschiedlichen Modelle vornehmen wird. Insbesondere fordert die EE-RL eine wirksame Förderung der Erneuerbaren Energien in einem gleichzeitig einfachen und kosteneffizienten Modus.[179]

Die inhaltlichen Veränderungen in § 14 EEG 2004 im **Vergleich zu § 11** 135 **EEG 2000** sind vor diesem Hintergrund auch als Bemühen zu verstehen, die Vereinbarkeit des in der Bundesrepublik praktizierten preisstützenden Modells mit den Anforderungen der EU nach Kosteneffizienz und Transparenz zu verbessern. Dem dient etwa die Orientierung der Stromabnahme der Elektrizitätsversorger am tatsächlichen Einspeiseprofil in Abs. 3 Satz 1. Dadurch werden die spezifischen wirtschaftlichen Vorteile bestimmter Erneuerbarer Energien, nämlich die Annäherung von Erzeugungs- und Abnahmeprofil, berücksichtigt, womit sich die Erwartung einer Senkung der Kosten der EEG-Förderung verbindet.[180] Andere Regelungen in § 14 sollen den Ausgleichsmechanismus transparenter machen und durch Einführung fester Fristen für die Abwicklung beschleunigen. Ob sich dieser anspruchsvolle Ausgleichsmechanismus auch bei weiter zunehmendem Volumen als effizient und praktikabel erweist, wird entscheidend für die Perspektive des grundsätzlich sehr erfolgreichen deutschen Fördermodells in einem zukünftigen Gemeinschaftsrahmen für Erneuerbare Energien sein.

---

[175] Vgl. bereits oben Rn. 69.
[176] BT-Drs. 15/2864, Begründung zu § 14, Absatz 7, S. 49 f., vgl. BT-Drs. 15/2327, S. 38; vgl. auch die Begründung zum Referentenentwurf vom 17. 12. 2003, Besonderer Teil, zu § 14, BR-Drs. 15/61, S. 87, sowie BT-Drs. 15/2684, S. 31 in der vorläufigen Fassung.
[177] Vgl. Erwägungsgrund 14 f. EE-RL.
[178] Vgl. Erwägungsgrund 16 sowie Art. 3 EE-RL.
[179] Erwägungsgrund 16 sowie Art. 4 Abs. 2 lit. d EE-RL.
[180] BT-Drs. 15/2864, Begründung zu § 14 Abs. 3, S. 82.

§ 15 Transparenz

(1) ¹Netzbetreiber und Elektrizitätsversorgungsunternehmen, die Strom an Letztverbraucher liefern, sowie deren Zusammenschlüsse sind berechtigt, die Differenz zwischen den nach § 14 Abs. 3 Satz 1 und 5 gezahlten Vergütungen und ihren durchschnittlichen Strombezugskosten pro Kilowattstunde oder den durchschnittlichen Strombezugskosten pro Kilowattstunde der an ihr Netz angeschlossenen Elektrizitätsversorgungsunternehmen im letzten abgeschlossenen Geschäftsjahr (Differenzkosten) gegenüber Dritten anzuzeigen, wenn sie diese durch eine zu veröffentlichende Bescheinigung eines Wirtschaftsprüfers oder vereidigten Buchprüfers nachweisen. ²Bei der Anzeige von Differenzkosten ist gleichzeitig die der Berechnung nach Satz 1 zugrunde liegende Anzahl der Kilowattstunden Strom aus Erneuerbaren Energien und aus Grubengas in der gleichen Art und Weise anzuzeigen. ³Kosten, die bei den Netznutzungsentgelten in Ansatz gebracht werden können, dürfen nicht gesondert angezeigt werden.

(2) ¹Netzbetreiber sind verpflichtet, die für die Ermittlung der auszugleichenden Energiemengen und Vergütungszahlungen nach § 14 erforderlichen Angaben bis zum 30. September des Folgejahres zu veröffentlichen. ²Aus den Angaben muss ersichtlich sein, inwieweit der Netzbetreiber die Energiemengen von einem nachgelagerten Netz abgenommen und inwieweit er sie an Letztverbraucher, Netzbetreiber oder Elektrizitätsversorgungsunternehmen, die Strom an Letztverbraucher liefern, abgegeben oder sie selbst verbraucht hat. ³Das Bundesministerium für Umwelt, Naturschutz und Reaktorsicherheit wird ermächtigt, im Einvernehmen mit dem Bundesministerium für Verbraucherschutz, Ernährung und Landwirtschaft sowie dem Bundesministerium für Wirtschaft und Arbeit durch Rechtsverordnung Einzelheiten der Veröffentlichungspflicht zu regeln.

(3) ¹Zum Zweck der Erhöhung der Transparenz sowie zur Vereinfachung des bundesweiten Ausgleichsmechanismus kann durch Rechtsverordnung nach Satz 3 ein öffentliches Register errichtet werden, in dem Anlagen zur Erzeugung von Strom aus Erneuerbaren Energien und aus Grubengas registriert werden müssen (Anlagenregister). ²Für die Registrierung können Gebühren nach Maßgabe der Rechtsverordnung nach Satz 3 erhoben werden. ³Das Bundesministerium für Umwelt, Naturschutz und Reaktorsicherheit wird ermächtigt, durch Rechtsverordnung die Führung des Anlagenregisters einer nachgeordneten Bundesbehörde zuzuweisen oder einer juristischen Person des Privatrechts zu übertragen sowie das Nähere über die Ausgestaltung des Anlagenregisters, die zu registrierenden Informationen, das Verfahren zur Registrierung, den Datenschutz, die Veröffentlichung der Daten und die Erhebung der Gebühren sowie deren Höhe zu bestimmen.

Übersicht

	Rn.
A. Überblick	1
B. Hintergrund	2
I. Normzweck	2
II. Entstehungsgeschichte der Norm	4

	Rn.
C. Differenzkosten (Abs. 1)	6
I. Differenzkostenanzeige (Abs. 1 Satz 1)	8
II. Gebot der Angabe der Kilowattstunden aus Erneuerbaren Energien (Abs. 1 Satz 2)	20
III. Verbot der Doppelverrechnung (Abs. 1 Satz 3)	21
D. Veröffentlichungspflichten (Abs. 2)	22
I. Veröffentlichungspflicht (Abs. 2 Satz 1)	24
II. Erforderliche Mindestangaben (Abs. 2 Satz 2)	27
III. Verordnungsermächtigung (Abs. 2 Satz 3)	30
E. Anlagenregister (Abs. 3)	34

Literatur: *BMU,* Erneuerbare Energien in Zahlen – nationale und internationale Entwicklung – Stand März 2004 (Broschüre); *Leprich/Thiele/Frey,* Belastungen der stromintensiven Industrie durch das EEG und Perspektiven, Kurzgutachten für das Bundesministerium für Umwelt, Naturschutz und Reaktorsicherheit, 2003 (abrufbar unter www.bmu.de); *Maurer,* Allgemeines Verwaltungsrecht, 13. Aufl. 2000; *Oschmann/Müller,* Erneuerbare-Energien-Gesetz (EEG), Synoptische Gegenüberstellung des geltenden Rechts und des Regierungsentwurfs vom 17. 12. 2003, ZNER 2004, 41 ff.; *Salje,* EEG, 3. Aufl. 2005.

A. Überblick

§ 15 enthält unter der Überschrift „Transparenz" verschiedene Vorschriften, die einheitliche Maßstäbe für die Ermittlung der mit dem Gesetz im Zusammenhang stehenden Daten und Kosten normieren. Die Regelung legt in § 15 Abs. 1 einheitliche Maßstäbe für die Ausweisung der durch das Gesetz induzierten und in § 15 Abs. 1 Satz 1 näher bestimmten **Differenzkosten** fest, verpflichtet die Netzbetreiber in § 15 Abs. 2, die im bundesweiten Ausgleichsmechanismus gewälzten **Energiemengen und Vergütungszahlungen** bis zum 30. September des Folgejahres zu veröffentlichen und ermächtigt in § 15 Abs. 3 das Bundesumweltministerium, durch Rechtsverordnung ein **Anlagenregister** einzurichten. 1

B. Hintergrund

I. Normzweck

Die Norm verfolgt das Ziel, die **Transparenz** der durch den Ausgleichsmechanismus des EEG angeordneten Stromlieferungen und Vergütungszahlungen zu erhöhen. Sie dient damit letztlich dem **Verbraucherschutz,** da die Kosten des EEG in der Regel über vertragliche Regelungen auf die Endverbraucher des Stroms weitergewälzt werden und im Ergebnis deshalb überwiegend von diesen getragen werden.[1] In der Vergangenheit waren von verschiedenen Seiten wiederholt Vorwürfe laut geworden, einzelne Netzbetreiber würden durch unzutreffende Angaben auf Kosten der Stromverbraucher unerwünschte und rechtswidrige Mitnahmeeffekte erzielen. Das Ausgleichssystem sei eine „black box" gewesen, die von niemandem kontrolliert werden könne. Mit der Schaffung von mehr Transparenz soll einem solchen Missbrauch bzw. ggf. unberechtigten Vorwürfen hinsichtlich solcher Missbrauchsfälle der Boden entzogen werden.[2] 2

---

[1] Vgl. Begründung zu § 15, BT-Drs. 15/2864, S. 50.
[2] Vgl. BT-Drs. 15/2327, S. 38 vgl. auch die Begründung zum Referentenentwurf v. 17. 12. 2003, Besonderer Teil, zu § 15, BR-Drs. 15/04, S. 87 f.

§ 15 3–7 Erneuerbare-Energien-Gesetz

3   Die Vorgaben für die Berechnung der EEG-Differenzkosten dienen nicht nur der Transparenz und dem Verbraucherschutz. Die Berechnung der Kosten nach § 15 Abs. 1 ist vielmehr auch Voraussetzung für die Bestimmung der Differenzkosten für die Anwendung der **besonderen Ausgleichsregelung** des § 16.[3]

II. Entstehungsgeschichte der Norm

4   Eine vergleichbare Norm war weder im StrEG noch im EEG 2000 enthalten. Lediglich der nun in § 15 Abs. 1 Satz 1 bestimmte Terminus Differenzkosten war in § 11a Abs. 2 Satz 1 Nr. 4 EEG 2000 für den Anwendungsbereich der besonderen Ausgleichsregelung für stromintensive Unternehmen definiert. Veröffentlichungspflichten für die Netzbetreiber wie nun in § 15 Abs. 2 bestanden nicht. Der Verband der Netzbetreiber gab nur aggregierte Zahlen der vier Übertragungsnetzbetreiber bekannt.

5   Die Absätze 1 und 2 des § 15 waren im Wesentlichen unverändert bereits im Regierungsentwurf vom Dezember 2003 enthalten.[4] Die Ermächtigungsgrundlage zur Einrichtung eines Anlagenregisters wurde erst im Ausschussverfahren des Deutschen Bundestages neu angefügt und steht im Zusammenhang mit der ebenfalls erst durch den Bundestag eingefügten Vorschrift des § 4 Abs. 1 Satz 2, wonach die Verpflichtung des Netzbetreibers zur Abnahme des Stroms nach Einrichtung des Anlagenregisters von der Beantragung der Eintragung der Anlage in das Register abhängt.

C. Differenzkosten (Abs. 1)

6   Netzbetreiber und Elektrizitätsversorgungsunternehmen, die Strom an Letztverbraucher liefern, sowie deren Zusammenschlüsse sind nach Abs. 1 Satz 1 berechtigt, die Differenz zwischen den nach § 14 Abs. 3 Satz 1 und 5 gezahlten Vergütungen und ihren durchschnittlichen Strombezugskosten pro Kilowattstunde oder den durchschnittlichen Strombezugskosten pro Kilowattstunde der an ihr Netz angeschlossenen Elektrizitätsversorgungsunternehmen im letzten abgeschlossenen Geschäftsjahr **(Differenzkosten)** gegenüber Dritten anzuzeigen, wenn sie diese durch eine zu veröffentlichende Bescheinigung eines Wirtschaftsprüfers oder vereidigten Buchprüfers nachweisen. Sie werden durch das EEG somit von rechtsgeschäftlichen oder gesetzlichen Veröffentlichungsverboten freigestellt.[5] Gleichzeitig und auf die gleiche Art und Weise müssen sie angeben, auf wie viele Kilowattstunden Strom aus Erneuerbaren Energien und aus Grubengas sich diese Differenzkosten beziehen.

7   Absatz 1 verankert so eine **einheitliche Methode zur Berechnung der durch das EEG bedingten Kosten.** Damit soll gewährleistet werden, dass die von den Netzbetreibern und Elektrizitätsversorgungsunternehmen, die Strom an Letztverbraucher liefern, veröffentlichten Zahlen vergleichbar sind, und die politische Diskussion versachlicht werden.[6] Zahlreiche Elektrizitätsversorgungsunternehmen hatten in den Jahren zuvor erheblich divergierende EEG-Kosten ausgewiesen. Die Angaben schwankten für den gleichen Zeitraum um mehr als 300 Prozent.[7] Diese

---

[3] Vgl. Kommentierung zu § 16 Rn. 1, 27.
[4] Vgl. BT-Drs. 15/2327. Synoptische Darstellung bei *Oschmann/Müller*, ZNER 2004, 41 ff.
[5] Vgl. *Salje*, EEG, § 15 Rn. 28.
[6] Vgl. Begründung zu § 15, BT-Drs. 15/2864, S. 50.
[7] Vgl. etwa die Angaben bei *Leprich/Thiele/Frey*, Belastung der stromintensiven Industrie durch das EEG, S. 35, wonach die von verschiedenen Elektrizitätsversorgern ausgewiesenen Differenzkosten im Jahr 2002 zwischen 0,20 und 0,66 Ct/kWh variierten.

Transparenz

Unterschiede waren in der Sache nicht rational erklärbar. Mit der Vorgabe des Abs. 1 will der Gesetzgeber hier Abhilfe schaffen. Die Regelung des Abs. 1 ist für jede Angabe von EEG-Differenzkosten zwingend und nicht etwa alleine für die Berechnung nach § 16 gültig.

I. Differenzkostenanzeige (Abs. 1 Satz 1)

Differenzkosten sind nach der **Legaldefinition** des Abs. 1 Satz 1 die Differenz zwischen den nach § 14 Abs. 3 Satz 1 und 5 gezahlten Vergütungen und den durchschnittlichen Strombezugskosten pro Kilowattstunde von Netzbetreibern, Elektrizitätsversorgungsunternehmen oder deren Zusammenschlüsse oder den durchschnittlichen Strombezugskosten pro Kilowattstunde der an ihr Netz angeschlossenen Elektrizitätsversorgungsunternehmen im letzten abgeschossenen Geschäftsjahr.

Im Gesetzgebungsverfahren waren anstelle der Orientierung an den durchschnittlichen Strombezugskosten auch andere Varianten zur Berechnung der Differenzkosten, wie die Anknüpfung an den **Börsenpreis** und die Bezugnahme auf ein **Referenz-Kraftwerks-Portfolio** erwogen worden.[8] Die Anknüpfung an den Börsenpreis anstelle der durchschnittlichen Strombezugskosten wurde unter anderem verworfen, weil die Differenzkosten für jedes Elektrizitätsversorgungsunternehmen je nach Marktstellung und Einkaufspolitik unterschiedlich ausfallen und die Bezugnahme auf den Börsenpreis daher zu verzerrten Ergebnissen geführt hätte.[9] Darüber hinaus wurde der Börsenpreis unter anderem wegen des geringen Handelsvolumens als nicht ausreichend repräsentativ betrachtet. Daher musste auch die als „pragmatischer Mittelweg" vorgeschlagene Anknüpfung an den Mittelwert der an der Terminbörse EEX gehandelten Jahresfutures (Baseload Year Future und Peakload Year Future)[10] ausscheiden. Die Orientierung an einem Referenzkraftwerks-Portfolio hätte verschiedener wertender Entscheidungen (Welche sind die Referenzkraftwerke? Wie hoch sind die Stromgestehungskosten in diesen Kraftwerken? etc.) bedurft und wurde v.a. aus diesem Grund verworfen. Die vom Gesetzgeber gewählte Methode ist demgegenüber einzelfallgerecht und mathematisch ohne Rückgriff auf Wertungsentscheidungen und zukünftige Erwartungen operationalisierbar.

Das Gesetz unterscheidet zwischen Netzbetreibern, Letztversorgern, Zusammenschlüssen von Netzbetreibern und Zusammenschlüssen von Letztversorgern. Ausgangspunkt der Regelung des Abs. 1 ist für alle gleichermaßen, dass letztsorgende Elektrizitätsversorgungsunternehmen vom regelverantwortlichen Übertragungsnetzbetreiber gemäß § 14 Abs. 3 Satz 1 und 5 Strom aus Erneuerbaren Energien abnehmen und vergüten müssen.[11] Bei den nach § 14 Abs. 3 Satz 1 und 5 **gezahlten Vergütungen** handelt es sich um die EEG-Durchschnittsvergütung (voraussichtlicher Durchschnitt aller nach § 5 gezahlter Vergütungen abzüglich der vermiedenen Netznutzungsentgelte). Diese Durchschnittsvergütung ist derzeit und auf absehbare Zeit höher als die durchschnittlichen Kosten für den Bezug von Strom aus konventionellen Energien und lag im Jahr 2003 bei 8,91 Ct/kWh.[12] Sie wird vom Verband der Netzbetreiber veröffentlicht.

Von der EEG-Durchschnittsvergütung in Abzug zu bringen sind die durchschnittlichen Strombezugskosten pro Kilowattstunde. **Durchschnittliche Strom-**

---
[8] Vgl. *Leprich/Thiele/Frey,* Belastung der stromintensiven Industrie durch das EEG, S. 35 f.
[9] Dies wird etwa durch die bei *Leprich/Thiele/Frey,* Belastung der stromintensiven Industrie durch das EEG, S. 35, referierten unterschiedlich hohen EEG-Differenzkosten deutlich.
[10] Ebenda, S. 36.
[11] Im Einzelnen vgl. Kommentierung zu § 14 Rn. 43 ff. und 63 f.
[12] Vgl. *BMU,* Erneuerbare Energien in Zahlen, S. 21.

bezugskosten sind alle Kosten, die für den Bezug von Strom entstehen, gleichgültig ob es sich dabei um Strom aus Erneuerbaren (der allerdings dann nicht nach EEG vergütet sein darf) oder sonstigen Energien handelt, dividiert durch die Anzahl der bezogenen Kilowattstunden. Berücksichtigungsfähig sind allein Kosten für **bezogenen, nicht aber für selbst erzeugten** Strom. Dies ist insofern gerechtfertigt, als in aller Regel Erzeugung, Netzbetrieb und Versorgung ohnehin getrennt erfolgen und die Kosten für eigenerzeugten Strom kaum transparent ermittelbar sind. **Handelsstrommengen** als solche Strommengen, die nicht direkt an Letztverbraucher, sondern zunächst an sog. Weiterverteiler geliefert werden, sind – zumindest soweit sie klar abgrenzbar sind – nach der Begründung des Gesetzgebers für die Berechnung der Differenzkosten nicht relevant und daher nicht zu berücksichtigen. Bei diesen Stromlieferungen fallen EEG-bedingte Kosten nicht an.[13]

12   Der Begriff des **Netzbetreibers** im Sinne des Abs. 1 Satz 1 wird von § 3 Abs. 7 bestimmt. Netzbetreiber ist danach der Betreiber eines Netzes für die allgemeine Versorgung mit Elektrizität.[14] Der Terminus **Elektrizitätsversorgungsunternehmen, die Strom an Letztverbraucher liefern,** ist im Gesetz nicht definiert, wird jedoch auch in den §§ 14 und 16 mit identischem Gehalt verwendet. **Zusammenschlüsse** von Netzbetreibern oder Elektrizitätsversorgungsunternehmen sind insbesondere die Verbände wie etwa der BNE, der VKU oder der VDEW mit seinen Mitgliedsverbänden wie dem VDN oder dem VRE.

13   Da Netzbetreiber infolge der Entflechtung der integrierten Versorgungsunternehmen grundsätzlich selbst keinen Strom handeln, dürfen sie grundsätzlich keine Differenzkosten ausweisen. Nur in extrem seltenen Ausnahmefällen wie der so genannten Ersatz- oder Notversorgung handeln sie auch mit Strom und kommen dann als Adressaten der Norm in Frage.

14   Für die Berechnung der Differenz dürfen nach Abs. 1 Satz 1 nur die gesetzlich bestimmten Strombezugskosten heran gezogen werden. Ein **Letztversorger** muss seine eigenen Strombezugskosten zugrunde legen. Ein **Netzbetreiber** hat nur in seltenen Ausnahmefällen Kosten für den Bezug von Strom für die Letztversorgung, die berücksichtigt werden können. Er hat daher in der Regel nur die Möglichkeit, die Daten der an sein Netz angeschlossenen Letztversorger zu Grunde zu legen, soweit diese sie zur Verfügung stellen.

15   **Zusammenschlüsse** müssen die Strombezugskosten ihrer Mitgliedsunternehmen verwenden. Dies ist zwar nicht ausdrücklich angeordnet, ergibt sich jedoch aus der Systematik des Gesetzes. Da Zusammenschlüsse keine eigenen Strombezugskosten haben, können sie sich nur auf Daten Dritter stützen. Entsprechend der Regelung für die an die Netze angeschlossenen Elektrizitätsversorgungsunternehmen ist daher auf die Strombezugskosten aller Mitgliedsunternehmen abzustellen. Netzbetreiber und Zusammenschlüsse von Netzbetreibern und/oder Elektrizitätsversorgern können allerdings statt der Strombezugskosten der an ihr Netz angeschlossenen Elektrizitätsversorger bzw. ihrer Mitgliedsunternehmen auch ihre rechtmäßig ermittelten Differenzkosten einschließlich der Angabe der entsprechenden Anzahl von Kilowattstunden aus Erneuerbaren Energien gewichtet zugrunde legen. Eine Verpflichtung der Elektrizitätsversorgungsunternehmen zur Anzeige oder Offenlegung der Daten besteht allerdings nicht.[15]

16   Demgegenüber darf **nicht** auf sonstige alternative Beschaffungskosten wie etwa den **Börsenpreis** oder die alternativen Erzeugungskosten in einem **neuen kon-**

---

[13] Vgl. Begründung zu § 15 Abs. 1, BT-Drs. 15/2864, S. 50.
[14] Vgl. im Einzelnen Kommentierung zu § 3 Rn. 86 ff.
[15] Vgl. Begründung zu § 15 Abs. 1, BT-Drs. 15/2864, S. 50.

Transparenz   17–20 § 15

ventionellen **Kraftwerk** Bezug genommen werden. Ein Verstoß kann eine Irreführung nach §§ 3 bis 5 UWG[16] darstellen.[17]

Maßgeblich sind nach Abs. 1 Satz 1 die Strombezugskosten im **letzten abge-** 17 **schlossenen Geschäftsjahr.** Es ist nach den Vorschriften des HGB[18] zu ermitteln und ist zwar häufig, aber nicht zwingend mit dem Kalenderjahr identisch. In § 11a Abs. 2 Satz 1 Nr. 4 EEG 2000 war noch auf die letzten 12 abgeschlossenen Kalendermonate Bezug genommen worden. Die Umstellung auf das jeweilige Geschäftsjahr ist lediglich eine Folgeänderung zur geänderten besonderen Ausgleichsregelung in § 16 und soll zusätzlichen Aufwand vermeiden, indem auf bereits aus anderen Gründen ohnehin aufgestellte Zahlen zurückgegriffen werden kann.[19]

Netzbetreiber, Elektrizitätsversorger und ihre Zusammenschlüsse sind berech- 18 tigt, die Differenzkosten **gegenüber Dritten anzuzeigen.** Dritte in diesem Sinne sind sowohl alle Personen und Stellen, die als Kunden Netzbetreiber, Letztversorger oder entsprechende Zusammenschlüsse sind als auch andere Netzbetreiber, Letztversorger und Zusammenschlüsse.[20] Der Maßstab des Abs. 1 ist dabei gegenüber Tarifkunden und Sondervertragskunden gleichermaßen anzuwenden.[21] Der Begriff des Anzeigens umfasst jede Form der Bekanntgabe der Differenzkosten, sei es mündlich, schriftlich oder elektronisch, etwa auf der Stromrechnung, in Zeitungsanzeigen oder im Internet.

Das Recht zur Anzeige der Differenzkosten ist jedoch an die **Bedingung** ge- 19 knüpft, dass sie durch eine zu veröffentlichende **Bescheinigung eines Wirtschaftsprüfers oder vereidigten Buchprüfers** nachgewiesen werden. Diese Bescheinigung muss **veröffentlicht** werden. Die Veröffentlichung muss eine allgemein zugängliche Information ermöglichen. Dies ist nur dann anzunehmen, wenn es jedem Bürger mit zumutbarem Aufwand möglich ist, die Fundstelle der Veröffentlichung zu finden und tatsächlich Kenntnis zu nehmen. Die Veröffentlichung kann in gedruckter (etwa Bundesanzeiger) oder elektronischer Form (Internet) erfolgen.[22]

II. Gebot der Angabe der Kilowattstunden aus Erneuerbaren Energien (Abs. 1 Satz 2)

Absatz 1 Satz 2 enthält das Gebot der Angabe der aus Erneuerbaren Energien 20 gelieferten elektrischen Arbeit in Kilowattstunden. Voraussetzung für eine ordnungsgemäße Veröffentlichung der Differenzkosten ist danach, dass bei ihrer Anzeige gleichzeitig die der Berechnung nach Abs. 1 Satz 1 **zu Grunde liegende Anzahl der Kilowattstunden** Strom aus Erneuerbaren Energien und aus Grubengas in der **gleichen Art und Weise angezeigt** werden.[23] Wird also etwa auf einer Stromrechnung ein Differenzkostenbetrag ausgewiesen, ist gleichzeitig anzugeben, wie viele Kilowattstunden Strom aus Erneuerbaren Energien und aus Grubengas dem Kunden im Gegenzug geliefert worden sind.

---

[16] Gesetz gegen den unlauteren Wettbewerb, v. 3. 7. 2004, BGBl. I S. 1414.
[17] *Salje*, EEG, § 15 Rn. 29.
[18] Handelsgesetzbuch v. 10. 5. 1897, RGBl. S. 219, zuletzt geändert am 15. 12. 2004, BGBl. I S. 3408.
[19] Vgl. BT-Drs. 15/2327, S. 38 vgl. auch die Begründung zum Referentenentwurf v. 17. 12. 2003, Besonderer Teil, zu § 15, BR-Drs. 15/04, S. 87.
[20] *Salje*, EEG, § 15 Rn. 15 ff.
[21] *Salje*, EEG, § 15 Rn. 8 und § 14 Rn. 31, 164 ff.
[22] *Salje*, EEG, § 15 Rn. 21.
[23] Vgl. Begründung zu § 15 Abs. 1, BT-Drs. 15/2864, S. 50.

III. Verbot der Doppelverrechnung (Abs. 1 Satz 3)

21 Absatz 1 Satz 3 enthält das Verbot der Doppelberechnung von EEG-Kosten. **Nicht** als EEG-Differenzkosten angezeigt werden dürfen danach solche Kosten, die bereits bei der Ermittlung der **Netznutzungsentgelte** in Ansatz gebracht werden können. Zu diesen Kosten zählen sämtliche nach guter fachlicher Praxis anrechenbare Kosten,[24] insbesondere die Kosten für den Netzausbau nach § 13 Abs. 2[25] und die Kosten für sog. Regel- und Ausgleichsenergie. Auf diese Weise soll verhindert werden, dass – wie vor der Neuregelung geschehen – die gleichen Kosten sowohl als Bestandteile der Netznutzungsentgelte als auch als Kosten der Stromerzeugung aus Erneuerbaren Energien aufgeführt werden und so der falsche Eindruck erweckt wurde, die Kosten würden zusätzlich zu den Netzentgelten entstehen.[26] Ein Verstoß kann eine Irreführung im Sinne der §§ 3 bis 5 UWG darstellen.[27] Es ist allerdings nicht ausgeschlossen, bei den Netznutzungsentgelten anzugeben, welcher Kostenblock auf das EEG zurückzuführen ist. Dies setzt jedoch voraus, dass der betreffende Kostenanteil eindeutig und durch die Regulierungsbehörde nachprüfbar dem EEG zuordenbar ist und von sonstigen Regel-, Ausgleichs- und Netzausbaukosten abgegrenzt werden kann, die durch die Ein- und Ausspeisung sonstiger Elektrizität entstehen, durch zunehmenden Stromhandel erforderlich werden oder durch die Erweiterung der Europäischen Union bedingt sind.

D. Veröffentlichungspflichten (Abs. 2)

22 Absatz 2 verpflichtet die Netzbetreiber in Satz 1, die für die Ermittlung der auszugleichenden Energiemengen und Vergütungszahlungen **nach § 14 erforderlichen Angaben** bis zum 30. September des Folgejahres zu **veröffentlichen.** Aus den Angaben gemäß Satz 2 muss ersichtlich sein, inwieweit der Netzbetreiber die Energiemengen von einem nachgelagerten Netz abgenommen und inwieweit er sie an Letztverbraucher, Netzbetreiber oder Elektrizitätsversorgungsunternehmen, die Strom an Letztverbraucher liefern, abgegeben oder sie selbst verbraucht hat. Absatz 2 Satz 3 enthält eine Verordnungsermächtigung für das Bundesumweltministerium zur Regelung von Einzelheiten der Veröffentlichungspflicht. Ein Verstoß gegen die Veröffentlichungspflicht kann ein wettbewerbswidriges Verhalten im Sinne der §§ 8 ff. UWG darstellen.[28]

23 Diese neue Verpflichtung führt für die Netzbetreiber nur zu einem geringen Mehraufwand, da sie ohnehin zur Ermittlung der nach § 14 auszugleichenden Strom- und Geldmengen die Daten erfassen und so aufbereiten müssen, dass diese grundsätzlich auch veröffentlichungsfähig sind.[29]

I. Veröffentlichungspflicht (Abs. 2 Satz 1)

24 Der Begriff des **Netzbetreibers** im Sinne des Abs. 2 Satz 1 wird wiederum von § 3 Abs. 7 näher bestimmt[30] und umfasst auch die Übertragungsnetzbetreiber.[31]

---

[24] *Salje*, EEG, § 15 Rn. 24.
[25] Hierzu ausführlich, Kommentierung zu § 13 Rn. 53 ff.
[26] Vgl. Begründung zu § 15 Abs. 1, BT-Drs. 15/2864, S. 50.
[27] *Salje*, EEG, § 15 Rn. 29.
[28] *Salje*, EEG, § 15 Rn. 47.
[29] Vgl. BT-Drs. 15/2327, S. 38 vgl. auch die Begründung zum Referentenentwurf v. 17. 12. 2003, Besonderer Teil, zu § 15, BR-Drs. 15/04, S. 88.
[30] Vgl. Kommentierung zu § 3 Rn. 86 ff.
[31] Vgl. Begründung zu § 15 Abs. 2, BT-Drs. 15/2864, S. 50.

Transparenz   25–30 **§ 15**

Bei den für die Ermittlung der auszugleichenden Energiemengen und Vergü- 25
tungszahlungen **nach § 14 erforderlichen Angaben** handelt es sich um sämtliche Mitteilungen über von dem betreffenden Netzbetreiber nach § 4 abgenommene Energiemengen und nach §§ 5 ff. geleistete Vergütungen einschließlich des
zeitlichen Verlaufs (vgl. § 14 Abs. 1). Dies erfordert insbesondere auch eine Zuordnung der vergüteten Kilowattstunden zu den Vergütungsklassen nach §§ 6
bis 11.

Die Angaben müssen **veröffentlicht** werden, d. h. in gedruckter oder elektro- 26
nischer Form der Allgemeinheit zugänglich gemacht werden. Für die Veröffentlichung können die Netzbetreiber auch insoweit jedes Medium nutzen, das eine
allgemein zugängliche Information ermöglicht.[32] Die Veröffentlichung muss **bis
zum 30. September des Folgejahres** erfolgen und danach dauerhaft der Allgemeinheit zugänglich bleiben.

II. Erforderliche Mindestangaben (Abs. 2 Satz 2)

Aus der Veröffentlichung muss nach Abs. 2 Satz 2 mindestens ersichtlich sein, 27
inwieweit der Netzbetreiber die Energiemengen **von einem nachgelagerten
Netz abgenommen** und inwieweit er sie an Letztverbraucher, Netzbetreiber
oder Elektrizitätsversorgungsunternehmen, die Strom an Letztverbraucher liefern,
abgegeben oder sie **selbst verbraucht** hat. Auf diese Weise sollen – wie in einer
Bilanz – sämtliche Zu- und Abflüsse registriert werden, um die Transparenz des
bundesweiten Ausgleichsmechanismus zu erhöhen und überhöhte Zahlungen auf
allen Ebenen des Gesetzes zu vermeiden.[33]

Der Begriff des Netzes ist in § 3 Abs. 6 definiert.[34] Wann ein Netz **nachgela-** 28
gert ist, setzt das Gesetz dagegen als bekannt voraus. Es handelt sich bei diesem
Terminus um ein „Relikt" aus § 11 Abs. 2 EEG 2000, wonach Übertragungsnetzbetreiber zur Berechnung des durchschnittlichen Anteils des EEG-Stroms am
sonstigen Strom[35] u. a. auch Energiemengen zu berücksichtigen hatten, die sie
„unmittelbar oder mittelbar über nachgelagerte Netze an Letztverbraucher abgegeben" hatten. Da der Strom aufgrund seiner physikalischen Beschaffenheit keine
vorherbestimmbare Fließrichtung hat, ist der Begriff des **nachgelagerten Netzes**
nicht im räumlichen Sinne zu verstehen. Er umfasst vielmehr sämtliche Netze, die
in der Regelzone eines für diese Netze regelverantwortlichen Übertragungsnetzbetreibers vorhanden und direkt oder indirekt an sein Übertragungsnetz angeschlossen sind.

Die Begriffe des Abnehmens, des Abgebens und des Verbrauchens sind dabei 29
nicht streng physikalisch zu verstehen, sondern im System des Stromhandels
kaufmännisch-bilanziell.[36] Es macht daher keinen Unterschied, ob der Strom
jemals im Übertragungsnetz war oder ob er nach Einspeisung nur auf Verteiler-
ebene blieb und sofort dort abgenommen wurde.

III. Verordnungsermächtigung (Abs. 2 Satz 3)

Absatz 2 Satz 3 ermächtigt das Bundesumweltministerium, im Einvernehmen 30
mit dem Bundesverbraucherministerium dem Bundeswirtschaftsministerium durch

---

[32] Vgl. Begründung zu § 15 Abs. 2, BT-Drs. 15/2864, S. 50.
[33] Siehe bereits oben Rn. 19. Vgl. Begründung zu § 15 Abs. 2, BT-Drs. 15/2864, S. 50.
[34] Vgl. Kommentierung zu § 3 Rn. 74 ff.
[35] Zur Berechnung dieses durchschnittlichen Werts nach dem EEG vgl. Kommentierung
zu § 14 Rn. 35.
[36] Vgl. zu dem Begriff die Kommentierung zu § 5 Rn. 15.

Rechtsverordnung zum Zwecke des Verbraucherschutzes Einzelheiten der Veröffentlichungspflicht zu regeln.

31 Die Regelung des nennt drei unterschiedliche Ministerien. Alleiniger **Adressat der Norm** ist nach dem Wortlaut der Regelung jedoch das Bundesumweltministerium. Das Bundeswirtschaftsministerium sowie das Bundesverbraucherministerium sind vom Bundesumweltministerium dagegen lediglich intern zu beteiligen. Eine Befassung des Bundeskabinetts oder des Bundesrates erfordert Abs. 2 Satz 3 nicht.

32 Absatz 2 Satz 3 verlangt **Einvernehmen** zwischen den genannten Ministerien. Eine ähnliche Bestimmung enthält § 19 Abs. 1 Satz 1 GGO. Danach arbeiten die Bundesministerien in Angelegenheiten, die die Geschäftsbereiche mehrerer Ministerien berühren, zusammen, um die Einheitlichkeit der Maßnahmen und Erklärungen zu gewährleisten. Absatz 2 Satz 3 unterscheidet sich von § 19 GGO jedoch in zweierlei Hinsicht. Zum einen begründet die GGO als organinternes Recht lediglich eine Selbstbindung der Bundesregierung, während die Verpflichtung in Abs. 2 Satz 3 außenrechtlich verpflichtend ist.[37] Zum anderen ist die Verpflichtung zum Einvernehmen weitergehend als die Zusammenarbeitsregelung in § 19 GGO. Für das Einvernehmen ist anders als für § 19 GGO die bloße Zusammenarbeit in Form der Beteiligung und Mitwirkung der genannten Ministerien bei der Erstellung des Berichts nicht ausreichend. Vielmehr ist es erforderlich, dass der Bericht im Ganzen inhaltlich von allen genannten Ministerien mitgetragen wird. Dem Umweltministerium als primus inter pares obliegt es, Verordnungsentwürfe zu erstellen und mit den anderen Ministerien so rechtzeitig abzustimmen, dass diese ausreichend Gelegenheit zur ausführlichen Prüfung der Entwürfe haben, um das Einvernehmen erteilen zu können.

33 **Gegenstand der Verordnung** können nur Einzelheiten der Veröffentlichungspflicht sein, wie etwa die genaue Bestimmung der erforderlichen Angaben oder die Form der Veröffentlichung.

E. Anlagenregister (Abs. 3)

34 Absatz 3 ermächtigt das Bundesumweltministerium, durch Rechtsverordnung ein **Anlagenregister** zu errichten, in dem Anlagen zur Erzeugung von Strom aus Erneuerbaren Energien und aus Grubengas eingetragen werden müssen.

35 Absatz 3 Satz 1 bestimmt Inhalt und Zweck der Verordnung (vgl. Art. 80 Abs. 1 GG). **Inhalt** der Verordnung muss die Errichtung eines öffentlichen Registers sein, in dem Anlagen zur Erzeugung von Strom aus Erneuerbaren Energien und aus Grubengas registriert werden müssen. Die Begriffe **Anlage** und **Erneuerbare Energien** im Sinne des Abs. 3 werden von § 3 Abs. 1 und 2 bestimmt.[38] Ein **Register** im Sinne der Vorschrift ist ein Verzeichnis zur listenmäßigen Aufstellung der Anlagen zur Erzeugung von Strom aus Erneuerbaren Energien. Das Register muss **öffentlich** sein, d. h. grundsätzlich für jedermann einsehbar sein.[39] Das Verb **registrieren** ist gleichbedeutend mit der Eintragung in das Register.

36 Der vom Gesetzgeber vorgegebene **Zweck** ist die Erhöhung der Transparenz sowie die Vereinfachung des bundesweiten Ausgleichsmechanismus. Ausweislich der Begründung soll die Regelung so den Ausbau der Erneuerbaren Energien

---

[37] Vgl. allgemein *Maurer*, Verwaltungsrecht, § 24 Rn. 12 ff.
[38] Vgl. Kommentierung zu § 3 Rn. 7 ff. und 36 ff.
[39] Wenn die Begründung davon spricht, das Register „kann öffentlich ausgestaltet werden, um eine gewisse öffentliche Kontrolle zu gewährleisten" – Begründung zu § 15 Abs. 2, BT-Drs. 15/2864, S. 50 – ist das daher irreführend.

Transparenz **37 § 15**

nachvollziehbarer machen und den Netzbetreibern die Abwicklung der durch dieses Gesetz übertragenen Aufgaben erleichtern.[40] Da das Register nur dann seine Zwecke erfüllen kann, wenn es einen vollständigen Überblick über möglichst alle Anlagen bietet, stellt § 4 Abs. 1 Satz 2 die Verpflichtung zur Abnahme des Stroms aus Erneuerbaren Energien[41] für den Fall der Einrichtung des Registers unter die Bedingung, dass der Anlagenbetreiber die Eintragung der Anlage beantragt hat. Für Bestandsanlagen enthält § 21 Abs. 2 eine Übergangsvorschrift.[42]

Das Ausmaß der Verordnung wird von Abs. 3 Satz 2 und 3 weiter bestimmt. Nach Abs. 3 Satz 2 kann die Verordnung festsetzen, dass für die Registrierung **Gebühren** erhoben werden. Absatz 3 Satz 3 regelt, dass die **Führung des Anlagenregisters** einer nachgeordneten Bundesbehörde zugewiesen oder einer juristischen Person des Privatrechts übertragen werden kann. **Nachgeordnete Bundesbehörde** ist in verfassungskonformer Auslegung der Vorschrift eine Bundesoberbehörde im Geschäftsbereich des Bundesumweltministeriums.[43] Als solche kommt insbesondere das Umweltbundesamt in Betracht. Darüber hinaus kann die Verordnung das Nähere über die Ausgestaltung des Anlagenregisters, die zu registrierenden Informationen, das Verfahren zur Registrierung, den Datenschutz, die Veröffentlichung der Daten und die Erhebung der Gebühren sowie deren Höhe zu bestimmen. 37

---

[40] Vgl. Begründung zu § 15 Abs. 3, BT-Drs. 15/2864, S. 50.
[41] Die Verpflichtung zum Anschluss der Anlage bleibt dagegen unberührt!
[42] Vgl. Begründung zu § 15 Abs. 3, BT-Drs. 15/2864, S. 50.
[43] Im Geschäftsbereich des BMU bestehen mit dem Bundesamt für Naturschutz (BfN), dem Bundesamt für Strahlenschutz (BfS) und dem Umweltbundesamt (UBA) ausschließlich Bundesoberbehörden.

§ 16 Besondere Ausgleichsregelung

(1) Das Bundesamt für Wirtschaft und Ausfuhrkontrolle begrenzt auf Antrag für eine Abnahmestelle den Anteil der Strommenge nach § 14 Abs. 3 Satz 1, der von Elektrizitätsversorgungsunternehmen an Letztverbraucher, die Unternehmen des produzierenden Gewerbes oder Schienenbahnen sind, weitergegeben wird, um dadurch die sich aus der Weitergabe der Strommenge für diese Unternehmen ergebenden Kosten zu verringern, soweit hierdurch die Ziele des Gesetzes nicht gefährdet werden und die Begrenzung mit den Interessen der Gesamtheit der Stromverbraucher vereinbar ist.

(2) [1]Die Begrenzung darf bei einem Unternehmen des produzierenden Gewerbes nur erfolgen, soweit es nachweist, dass und inwieweit im letzten abgeschlossenen Geschäftsjahr
1. der von einem Elektrizitätsversorgungsunternehmen nach § 14 Abs. 3 Satz 1 bezogene und selbst verbrauchte Strom an einer Abnahmestelle 10 Gigawattstunden überstiegen hat,
2. das Verhältnis der Stromkosten zur Bruttowertschöpfung des Unternehmens nach der Definition des Statistischen Bundesamtes, Fachserie 4, Reihe 4.3 vom Juni 2003[1] 15 Prozent überschritten hat,
3. die Strommenge nach § 14 Abs. 3 Satz 1 anteilig an das Unternehmen weitergereicht und von diesem selbst verbraucht worden ist und
4. das Unternehmen hierfür Differenzkosten im Sinne von § 15 Abs. 1 entrichtet hat.

[2]Elektrizitätsversorgungsunternehmen sind auf Antrag des Unternehmens verpflichtet, dem Bundesamt für Wirtschaft und Ausfuhrkontrolle unverzüglich die anteilig weitergereichte Strommenge und die Differenzkosten einschließlich der für die Berechnung der Differenzkosten zugrunde gelegten Daten durch Vorlage einer Bescheinigung eines Wirtschaftsprüfers oder vereidigten Buchprüfers für das letzte abgeschlossene Geschäftsjahr nachzuweisen; die Kosten für die Bescheinigung hat das letztverbrauchende Unternehmen zu tragen. [3]Der Nachweis der Voraussetzungen von Satz 1 Nr. 3 sowie der Differenzkosten erfolgt durch Vorlage der Bescheinigung; der Nachweis der übrigen Voraussetzungen von Satz 1 durch Vorlage der Stromlieferungsverträge und die Stromrechnungen für das letzte abgeschlossene Geschäftsjahr sowie Gutachten eines Wirtschaftsprüfers oder vereidigten Buchprüfers auf Grundlage des Jahresabschlusses für das letzte abgeschlossene Geschäftsjahr. [4]Abnahmestelle sind alle räumlich zusammenhängenden elektrischen Einrichtungen des Unternehmens auf einem Betriebsgelände, das über einen oder mehrere Entnahmepunkte mit dem Netz des Netzbetreibers verbunden ist. [5]Die Sätze 1 bis 4 gelten für selbständige Teile des Unternehmens entsprechend.

(3) Für Schienenbahnen gilt Absatz 2 Satz 1 Nr. 1, 3 und 4 sowie Satz 2 bis 4 entsprechend mit folgenden Maßgaben:
1. Es sind nur diejenigen Strommengen zu berücksichtigen, die unmittelbar für den Fahrbetrieb im Schienenbahnverkehr verbraucht werden.
2. Abnahmestelle ist die Summe der Verbrauchsstellen für den Fahrbetrieb im Schienenbahnverkehr des Unternehmens.

---

[1] Amtlicher Hinweis: Zu beziehen beim Statistischen Bundesamt, 65180 Wiesbaden.

Besondere Ausgleichsregelung §16

(4) ¹Zur Begrenzung der anteilig weitergereichten Strommenge wird mit Wirkung für die Abnahmestelle nach Absatz 2 Satz 1 Nr. 1 oder Absatz 3 Nr. 2 ein bestimmter Prozentsatz festgesetzt. ²Der Prozentsatz ist so zu bestimmen, dass die Differenzkosten für die anteilig weitergereichte Strommenge unter Zugrundelegung der nach § 14 Abs. 3 Satz 1 und 5 zu erwartenden Vergütung 0,05 Cent je Kilowattstunde betragen. ³Für Unternehmen, deren Strombezug im Sinne von Absatz 2 Satz 1 Nr. 1 unter 100 Gigawattstunden oder deren Verhältnis der Stromkosten zur Bruttowertschöpfung unter 20 Prozent lag, sowie für Schienenbahnen gilt dies nur hinsichtlich des gesamten über 10 Prozent des im letzten abgeschlossenen Geschäftsjahr an der betreffenden Abnahmestelle nach Absatz 2 Satz 1 Nr. 3 oder Absatz 3 Nr. 2 bezogenen und selbst verbrauchten Stroms hinaus; der Nachweis des Überschreitens der Werte ist in entsprechender Anwendung von Absatz 2 Satz 3 zu führen. ⁴Wird das Unternehmen im Zeitpunkt des Nachweises nach Absatz 2 Satz 2 von mehreren Elektrizitätsversorgungsunternehmen beliefert, gilt die Beschränkung des Satzes 1 für jedes dieser Elektrizitätsversorgungsunternehmen anteilig nach Maßgabe des Umfangs, in dem sie im Vergleich zueinander diesen Letztverbraucher an der Abnahmestelle beliefern; das Unternehmen hat den Elektrizitätsversorgungsunternehmen die für die Anteilsberechnung erforderlichen Informationen zur Verfügung zu stellen. ⁵Wenn die infolge dieser Regelung zu gewährende Begünstigung für alle Schienenbahnen in der Summe 20 Millionen Euro übersteigen würde, ist abweichend von Satz 1 der Prozentsatz für die Schienenbahnen einheitlich so festzusetzen, dass diese Summe nicht überschritten wird.

(5) ¹Sofern das Produkt aus dem Anteil nach § 14 Abs. 3 Satz 4 und der Durchschnittsvergütung nach § 14 Abs. 3 Satz 5 für die von dieser Regelung nicht begünstigten Letztverbraucher infolge der Anwendung dieser Regelung um mehr als 10 Prozent bezogen auf die Daten des der Entscheidung vorangegangenen Kalenderjahres steigen würde, ist der Prozentsatz nach Absatz 4 Satz 2 für sämtliche Unternehmen, deren Anträge nach Absatz 6 die Voraussetzungen nach Absatz 2 oder Absatz 3 erfüllen, unbeschadet des Absatzes 4 Satz 5 einheitlich so zu bestimmen, dass dieser Wert nicht überschritten wird. ²Die Strommenge, die bereits durch eine über den 31. Dezember 2004 hinaus geltende Entscheidung im Sinne des § 21 Abs. 6 begünstigt ist, ist zu berücksichtigen.

(6) ¹Der Antrag einschließlich der vollständigen Antragsunterlagen nach Absatz 2 oder Absatz 3 und der Angabe des Elektrizitätsversorgungsunternehmens und des regelverantwortlichen Übertragungsnetzbetreibers ist jeweils zum 30. Juni des laufenden Jahres zu stellen (Ausschlussfrist). ²Die Entscheidung ergeht mit Wirkung gegenüber dem Antragsteller, dem Elektrizitätsversorgungsunternehmen und dem regelverantwortlichen Übertragungsnetzbetreiber. ³Sie wird zum 1. Januar des Folgejahres mit einer Geltungsdauer von einem Jahr wirksam. ⁴Die durch eine vorangegangene Entscheidung hervorgerufenen Wirkungen bleiben bei der Berechnung des Verhältnisses der Stromkosten zur Bruttowertschöpfung nach Absatz 2 Satz 1 Nr. 2 und Absatz 4 Satz 3 außer Betracht.

(7) Das Bundesamt für Wirtschaft und Ausfuhrkontrolle untersteht bei Wahrnehmung der durch dieses Gesetz übertragenen Aufgaben der Fachaufsicht des Bundesministeriums für Umwelt, Naturschutz und Reaktorsicherheit.

§ 16

(8) Der Anspruch des für den antragstellenden Letztverbraucher an der betreffenden Abnahmestelle regelverantwortlichen Übertragungsnetzbetreibers aus § 14 Abs. 3 Satz 1 gegenüber den betreffenden Elektrizitätsversorgungsunternehmen wird entsprechend der Entscheidung des Bundesamtes für Wirtschaft und Ausfuhrkontrolle nach den Absätzen 1 bis 6 begrenzt; die Übertragungsnetzbetreiber haben diese Begrenzungen im Rahmen von § 14 Abs. 2 zu berücksichtigen.

(9) Die Anwendung der Absätze 1 bis 8 ist Gegenstand des Erfahrungsberichts nach § 20.

Übersicht

	Rn.
A. Überblick	1
B. Hintergrund	5
I. Normzweck	5
II. Verfassungs- und europarechtliche Rechtfertigung und Grenzen	11
1. Verfassungsrechtliche Anforderungen	12
2. Europarechtliche Anforderungen	21
III. Entstehungsgeschichte	26
1. Vorläuferregelung: § 11 a EEG 2000	27
2. Zentrale Regelungsbereiche des § 11 a EEG 2000	29
3. Überblick zu den wesentlichen Änderungen der Novelle	32
IV. Bisherige Auswirkungen der Besonderen Ausgleichsregelung	36
V. Rechtsschutz	38
C. Anspruch auf Begrenzung (Abs. 1)	46
I. Begrenzungsanspruch	47
II. Begünstigung von Unternehmen des produzierenden Gewerbes	56
1. Unternehmen	57
2. Produzierendes Gewerbe	59
III. Selbstständige Teile eines Unternehmens	61
IV. Begünstigung von Unternehmen, die Schienenbahnen betreiben	64
V. Ziele der Besonderen Ausgleichsregelung	69
1. Ziel der Verringerung der Kosten	70
2. Keine Gefährdung der Gesetzesziele	72
3. Vereinbarkeit mit den Interessen der Gesamtheit der Stromverbraucher	75
D. Anspruchsvoraussetzungen für Unternehmen des produzierenden Gewerbes (Abs. 2)	79
I. Voraussetzungen für den Anspruch auf Begrenzung	80
1. Mindeststrombezug von 10 Mio. kWh (10 GWh) (Abs. 2 Satz 1 Nr. 1)	81
2. Verhältnis der Strombezugskosten zur Bruttowertschöpfung (Abs. 2 Satz 1 Nr. 2)	89
3. Tatsächliche Abnahme von EEG-Strom (Abs. 2 Satz 1 Nr. 3)	97
4. Zahlung von Differenzkosten (Abs. 2 Satz 1 Nr. 4)	104
5. Letztes abgeschlossenes Geschäftsjahr (Abs. 2 Satz 1)	110
II. Nachweis der Voraussetzungen (Abs. 2 Satz 2 und 3)	117
III. Definition der Abnahmestelle (Abs. 2 Satz 4)	124
IV. Anspruchsvoraussetzungen für selbstständige Unternehmensteile (Abs. 2 Satz 5)	133
E. Modifizierte Anspruchsvoraussetzungen für Schienenbahnunternehmen (Abs. 3)	136
I. Keine Anforderungen an das Verhältnis der Strombezugskosten zur Bruttowertschöpfung	138
II. Begrenzung auf Fahrstrom (Abs. 3 Nr. 1)	139
III. Eigenständige Definition der Abnahmestelle (Abs. 3 Nr. 2)	143

Besondere Ausgleichsregelung **§ 16**

Rn.
F. Rechtsfolgen der Begrenzungsentscheidung (Abs. 4) 145
  I. Begrenzung der weiterzureichenden Strommenge je Abnahmestelle 146
  II. Selbstbehalt mit unbegrenzter EEG-Strommenge 155
  III. Belieferung durch verschiedene Elektrizitätsversorgungsunternehmen 162
  IV. Deckel für Begrenzungswirkung für Schienenbahnunternehmen 169
G. Entlastungsobergrenze zum Schutz nicht privilegierter Stromverbraucher (Abs. 5) 174
  I. Normzweck 175
  II. Voraussetzungen der Beschränkung 181
  III. Rechtsfolgen bei Erreichen des Deckels 198
H. Verwaltungsverfahren (Abs. 6) 202
  I. Antrag 203
    1. Vollständige Antragsunterlagen 204
    2. Ausschlussfrist 207
    3. Benennung der Elektrizitätsversorgungsunternehmen und Übertragungsnetzbetreiber 216
  II. Entscheidung über den Antrag, Wirkung des Bescheides 217
  III. Fiktion der Nichtbegünstigung 220
I. Fachaufsicht des Bundesumweltministeriums (Abs. 7) 221
J. Berücksichtigung der Begrenzungsentscheidungen im Rahmen des bundesweiten Ausgleichmechanismus (Abs. 8) 223
  I. Modifikation des vertikalen Ausgleichs 225
  II. Modifikation des horizontalen Ausgleichs 228
K. Erfahrungsbericht (Abs. 9) 231

Literatur: *Appel,* Staatliche Zukunfts- und Entwicklungsvorsorge, 2005; *Behrends,* Stromeinspeisung und Verfassungsrecht, 2001; *Baur/Kresse,* Ausnahmen von der Zulässigkeit der Weitergabe von Belastungen aus dem Erneuerbare-Energien-Gesetz auf Letztverbraucher zum Erhalt der Aluminiumindustrie in Deutschland, 2004; *Britz/Müller,* Die Kostenabwälzung auf Letztverbraucher im Rahmen der „subventionierenden Preisregelungen" nach KWKG und EEG, RdE 2003, 163 ff.; *Büdenbender/Rosin,* KWK-AusbauG, Kommentar zum Gesetz für die Erhaltung, die Modernisierung und den Ausbau der Kraft-Wärme-Kopplung, 2003; *Böwing,* Gesetz über den Vorrang erneuerbarer Energien (EEG), in: Säcker (Hrsg.), Berliner Kommentar zum Energierecht, 2004; *BAFA,* Merkblatt zur besonderen Ausgleichsregelung nach § 16 Erneuerbare-Energien-Gesetz (EEG) für Unternehmen des produzierenden Gewerbes, Stand: 18. 3. 2005, www.bafa.de/1/de/aufgaben/energie.htm; *Clausen,* in: Knack (Begr.), Verwaltungsverfahrensgesetz, 7. Aufl. 2000; *Cremer,* in: Calliess/Ruffert (Hrsg.), Kommentar des Vertrages über die Europäische Union und des Vertrages zur Gründung der Europäischen Gemeinschaft (EUV/EGV), 2. Aufl. 2002; *Ekardt,* Zukunft in Freiheit – eine Theorie der Gerechtigkeit, der Grundrechte und der politischen Steuerung – zugleich eine Grundlegung der Nachhaltigkeit, 2004; *Energiewirtschaftliches Institut an der Universität zu Köln (EWI), Institut für Energetik und Umwelt (IE), Rheinisch-Westfälisches Institut für Wirtschaftsforschung (RWI),* Gesamtwirtschaftliche, sektorale und ökologische Auswirkungen des Erneuerbare Energien Gesetz (EEG), 2004; *Epiney,* in: Calliess/Ruffert (Hrsg.), Kommentar des Vertrages über die Europäische Union und des Vertrages zur Gründung der Europäischen Gemeinschaft (EUV/EGV), 2. Aufl. 2002; *Frenz,* Selbstverpflichtung der Wirtschaft, 2001; *Heun,* in: Dreier (Hrsg.), Grundgesetz – Kommentar, 2. Aufl. 2004, Bd. I; *Kallerhoff,* in: Stelkens/Bonk/Sachs (Hrsg.), Verwaltungsverfahrensgesetz, 6. Aufl. 2001; *Karpen,* Gesetzesfolgenabschätzung – Ein Mittel zur Entlastung von Bürgern, Wirtschaft und Verwaltung?, ZRP 2002, 443 ff.; *Kloepfer,* Umweltrecht, 3. Aufl. 2004; *Kopp/Ramsauer,* Verwaltungsverfahrensgesetz, 8. Aufl., 2003; *Kopp/Schenke,* Verwaltungsgerichtsordnung: VwGO, Kommentar, 13. Aufl. 2003; *Larenz,* Methodenlehre der Rechtswissenschaft, 3. Aufl. 1995; *Leible,* in: Grabitz/Hilf (Hrsg.), Das Recht der Europäischen Union, Kommentar, Loseblatt (Stand: 25. EL/Jan. 2005), Art. 28; *Leprich/Thiele/Frey,* Belastung der stromintensiven Industrie durch das EEG und Perspektiven. Kurzgutachten für das Bundesministerium für Umwelt, Naturschutz und Reaktorsicherheit, April 2003, abrufbar im Internet unter: http://www.bmu.de/files/

eeg_stromint_studie.pdf; *Michael,* Selbstverpflichtungen der Wirtschaft und Absprachen mit dem Staat, Die Verwaltung 2004, 557 ff.; *Müller/Christensen,* Juristische Methodik, Bd. I – Grundlagen Öffentliches Recht, 8. Aufl. 2002; *Müller,* Das novellierte Erneuerbare-Energien-Gesetz, RdE 2004, 237 ff.; *Oschmann,* Die Novelle des Erneuerbare-Energien-Gesetzes, NVwZ 2004, 910 ff.; *ders.,* in: Danner/Theobald, Energierecht, Kommentar, Loseblatt (Stand: 49. EL/Jan. 2005), VI EEG B1 Einf.; *Oschmann/Müller,* Bundestag verabschiedet EEG – Wesentliche Veränderungen im Erneuerbare-Energien-Gesetz gegenüber dem Gesetzentwurf der Bundesregierung, Ergänzung zur ZNER 2004, 1 f.; *Pielow,* Zur Ungleichbehandlung von Unternehmen der Primäraluminium-Produktion, die Strom als Rohstoff einsetzen, und sonstigen energieintensiven Unternehmen des produzierenden Gewerbes im Gesetzentwurf der Fraktionen SPD und BÜNDNIS 90/DIE GRÜNEN zur Neuregelung des Rechts der Erneuerbaren-Energien im Strombereich vom 13. 1. 2004, Rechtsgutachten im Auftrag der HYDRO ALUMINIUM DEUTSCHLAND GMBH vom 3. 2. 2004 (zitiert: Zur Ungleichbehandlung von Unternehmen der Primäraluminium-Produktion); *Redeker,* in: Redeker/v. Oertzen (Hrsg.), Verwaltungsgerichtsordnung, 14. Aufl. 2004; *ders.,* Auf der Suche nach besserer Gesetzgebung, NJW 2002, 2756 ff.; *Reshöft/Steiner/Dreher,* Erneuerbare-Energien-Gesetz, Handkommentar, 2. Aufl. 2005; *Säcker* (Hrsg.), Berliner Kommentar zum Energierecht, 2004; *Salje,* Neue Härtefallregelung in § 11 a EEG, Versorgungswirtschaft 2003, 173 ff.; *ders.,* Erneuerbare-Energien-Gesetz, Kommentar, 3. Aufl. 2005; *Schmidt,* in: Eyermann/Fröhler (Begr.), Verwaltungsgerichtsordnung, 11. Aufl. 2000; *Schurr/van Mark,* Besondere Ausgleichsregelung nach § 16 Erneuerbare-Energien-Gesetz (EEG), Umwelt 2005, 421 ff.; *Tschentscher,* Der privatrechtsgestaltende Verwaltungsakt als Koordinationsinstrument zwischen öffentlichem Recht und Privatrecht, DVBl. 2003, 1424 ff.; *v. Wallenberg,* in: Grabitz/Hilf (Hrsg.), Das Recht der Europäischen Union, Kommentar, Loseblatt (Stand: 25. EL/Jan. 2005), Art. 87; *Wieland,* in: Dreier (Hrsg.), Grundgesetz – Kommentar, 2. Aufl., 2004; *Wolff/Bachhof/Stober,* Verwaltungsrecht, Bd. 1, 11. Aufl. 1999; *Volkmann,* Veränderung der Grundrechtsdogmatik, JZ 2005, 261 ff.

Rechtsprechung: EuGH, Urt. v. 11. 7. 1974 – 8/74, Slg. 1974 S. 837 ff.; EuGH, Urt. v. 13. 2. 2001 – C-379/98, Slg. 2001 I S. 2099 ff.; BVerfG, Beschl. v. 19. 6. 1985 – 1 BvL 57/79, BVerfGE 70, 191 ff.; BVerfG, Beschl. v. 8. 10. 1991 – 1 BvL 50/86, BVerfGE 84, 348 ff.; BVerfG, Beschl. v. 14. 6. 1994 – 1 BvR 1022/88, BVerfGE 91, 93 ff.; BVerfG, Beschl. v. 20. 4. 2004 – 1 BvR 1748/99, 905/00, BVerfGE 110, 274 ff.; BGH, Urt. v. 22. 12. 2003 – VIII ZR 90/02, VIII ZR 310/02, ZNER 2004, 67 f.; OLG Naumburg, Urt. v. 9. 3. 2004 – 1 U 91/03, RdE 2004, 266 ff.; BVerwG, Urt. v. 8. 3. 1973 – II C 21.71, BVerwGE 44, 45 ff.; BVerwG, Urt. v. 30. 10. 1992– 7 C 24.92, DVBl. 1993, 256 ff.; OVG Münster, Urt. v. 12. 12. 1983 – 13 A 2257/82, NVwZ 1984, 387 ff.; VG Frankfurt am Main, Urt. v. 13. 5. 2004 – 1 E 7499/03 (2) (unveröffentlicht); VG Frankfurt am Main, Urt. v. 13. 5. 2004 – 1 E 54/04 (V) (unveröffentlicht); FG Baden-Württemberg, Urt. v. 23. 9. 2002 – 11 IV 15/02 (unveröffentlicht).

A. Überblick

1   Durch die Besondere Ausgleichsregelung des § 16 können **bestimmte Unternehmen** von **einem erheblichen Teil der Kosten,** für die gemäß dem EEG gezahlten Vergütungen, **befreit** werden, die ohne diese Regelung aufgrund ihrer Strombezugsverträge auf sie entfallen würden. Dazu wird in das Recht der Stromhändler eingegriffen, die ihnen nach § 14 zugeteilten EEG-Strommengen im Rahmen der Privatautonomie und nach den Gesetzen des Marktes uneingeschränkt auch an diese Unternehmen weiterzureichen; auf diese Weise stellt die Besondere Ausgleichsregelung bestimmte Unternehmen besser als andere Stromverbraucher. In § 16 Abs. 1 wird daher Unternehmen des produzierenden Gewerbes und Schienenbahnunternehmen ein Anspruch auf Begrenzung des Anteils der EEG-Strommenge gewährt, der von Elektrizitätsversorgungsunternehmen an diese Unternehmen an einer Abnahmestelle weitergegeben werden kann.

2   Der Anspruch besteht jedoch für Unternehmen des produzierenden Gewerbes nur unter den **Voraussetzungen** des § 16 Abs. 2. Dies sind u. a. ein **Mindest-**

Besondere Ausgleichsregelung   3–6 § 16

strombezug von mehr als 10 Mio. kWh/a (10 GWh/a) an der zu begünstigenden Abnahmestelle und ein **Verhältnis der Strombezugskosten zur Bruttowertschöpfung** von **über 15 Prozent**. Schienenbahnunternehmen werden nur unter den in § 16 Abs. 3 modifizierten Bedingungen begünstigt. Die mit der Beschränkung der Vertragsfreiheit der Stromhändler erreichte weitgehende Kostenbefreiung wird gemäß § 16 Abs. 4 indirekt **durch eine Begrenzung der** an die Unternehmen maximal weiterreichbaren **EEG-Strommenge** erreicht. Im Ergebnis dürfen die Stromhändler den privilegierten Unternehmen grundsätzlich nur so viel Strom aus Erneuerbaren Energien liefern, dass sie für den an der begünstigten Abnahmestelle bezogenen und selbst verbrauchten Strom umgerechnet nur **0,05 Ct/kWh Differenzkosten** zahlen müssen. Diese Begrenzung greift für Unternehmen, die nicht mindestens 100 Mio. kWh (100 GWh) der an der betreffenden Abnahmestelle beziehen und deren Verhältnis der Strombezugskosten zur Bruttowertschöpfung kleiner als 20 Prozent ist, erst oberhalb eines Selbstbehaltes von 10 Prozent ihres Strombezugs im letzten abgeschlossenen Geschäftsjahr.

Für alle **Schienenbahnunternehmen** zusammen ist die Begünstigung auf eine 3 Gesamtsumme von 20 Mio. EUR im Jahr begrenzt. Insgesamt dürfen sich nach § 16 Abs. 5 die Kosten für die nicht durch die Besondere Ausgleichsregelung begünstigten Stromverbraucher aufgrund der Anwendung dieser Vorschrift um nicht mehr als 10 Prozent erhöhen.

§ 16 Abs. 6 regelt das **Verwaltungsverfahren** und bestimmt, dass die Begren- 4 zungsentscheidungen für ein Kalenderjahr gelten. Die Anträge auf Begrenzung müssen danach spätestens am 30. Juni des Vorjahres beim zuständigen BAFA eingegangen sein (Ausschlussfrist). Dieses untersteht nach § 16 Abs. 7 der Fachaufsicht des Bundesumweltministeriums. Die aufgrund der Begrenzungsentscheidungen nicht an die begünstigten Unternehmen lieferbaren EEG-Strommengen werden gemäß § 16 Abs. 8 im Rahmen der bundesweiten Ausgleichsregelung gleichmäßig auf alle Elektrizitätsversorgungsunternehmen verteilt. Das Bundesumweltministerium hat nach § 16 Abs. 9, im Rahmen des Erfahrungsberichts gemäß § 20, dem Bundestag auch über die Anwendung der Besonderen Ausgleichsregelung Auskunft zu erteilen.

B. Hintergrund

I. Normzweck

Mit der Besonderen Ausgleichsregelung soll ermöglicht werden, dass bestimmte 5 Unternehmen des produzierenden Gewerbes und Schienenbahnunternehmen weitgehend von den durch die Vergütungen des EEG entstehenden Kosten befreit werden können, indem sie allenfalls **geringe EEG-Strommengen** abnehmen und bezahlen müssen. Ziel ist es, die Stromkosten dieser privilegierten Unternehmen zu reduzieren.[2]

Die Erhöhung des Anteils der Erneuerbaren Energien an der Stromversorgung 6 durch das EEG erfolgt durch die gesetzlich garantierte vorrangige Abnahme des Stroms (§ 4), in Kombination mit der für regelmäßig 20 Kalenderjahre garantierten Vergütung, entsprechend der jeweils einschlägigen Mindestsätze (§§ 5 bis 12).

---

[2] Vgl. Begründung zu § 16 Abs. 1, BT-Drs. 15/2864, S. 50. Ziel der Vorläuferregelung des § 11 a EEG 2000 war es dagegen, noch „eine erhebliche und nicht nur vorübergehende Beeinträchtigung der internationalen Wettbewerbsfähigkeit dieser Unternehmen zu vermeiden", vgl. BR-Drs. 242/03, S. 4 bzw. BT-Drs. 15/810, S. 5 sowie § 11 a Abs. 2 Satz 1 Nr. 4 § 11 a EEG 2000.

§ 16 7, 8   Erneuerbare-Energien-Gesetz

Die so eingespeisten Strommengen aus Erneuerbaren Energien werden von den aufnehmenden Netzbetreibern über die Übertragungsnetzbetreiber **zu relativ gleichen Teilen an die die Letztverbraucher** versorgenden Elektrizitätsversorgungsunternehmen **weitergegeben** (§§ 4 Abs. 6, 5 Abs. 2, 14). Der abzunehmende Strom aus Erneuerbaren Energien ist von diesen mit dem bundesweiten Durchschnittssatz zu vergüten. Dieser Durchschnittswert errechnet sich aus der Gesamtsumme der gezahlten Vergütungen, abzüglich der durch die dezentrale Einspeisung tatsächlich vermiedenen Netznutzungsentgelte, dividiert durch die Gesamtstrommenge vergütungsfähigen Stroms aus Erneuerbaren Energien.[3]

7   Wie die Elektrizitätsversorgungsunternehmen mit dem Strom aus Erneuerbaren Energien und den dafür gezahlten Vergütungen zu verfahren haben, ist im EEG nicht geregelt, sondern bleibt vielmehr im Rahmen der **Privatautonomie** den Marktkräften überlassen.[4] Der Gesetzgeber geht aber davon aus, dass diese im Rahmen der Vertragsfreiheit auch an die Stromverbraucher weitergegeben werden können.[5] Dies kann entweder als besonderes Angebot zur Lieferung von Ökostrom[6] oder als Bestandteil des sonstigen Stromangebots geschehen.[7] Auch Abs. 1 setzt die grundsätzliche Möglichkeit der Weitergabe der EEG-Strommengen und der Vergütungen als Bestandteil der Stromlieferungen auf die Stromverbraucher voraus.[8] Da der Durchschnittsvergütungssatz für den Strom aus Erneuerbaren Energien auf absehbare Zeit noch über den durchschnittlichen Bezugskosten für sonstigen Strom liegt, führt die Belieferung der Kunden mit Strom aus Erneuerbaren Energien letztlich zu einer geringfügigen Erhöhung der Endkundenrechnungen.

8   Die auf den jeweiligen Stromkunden entfallenden **Kosten** sind dabei jedoch **nicht genau ermittelbar**.[9] Zum einen bilden sich die Preise für den den Letztverbrauchern angebotenen Strom nach der Liberalisierung im Wettbewerb am Markt und werden von vielen Kostenfaktoren beeinflusst.[10] Die EEG-Strommengen und Vergütungszahlungen sind für jedes Elektrizitätsversorgungsunternehmen zunächst ein bei der Kalkulation der Preise für die verschiedenen Letztverbrauchergruppen zu berücksichtigender Kostenblock. Wie sich dieser Posten auf die Kalkulation der Preise für die unterschiedlichen Kunden auswirkt, kann im Nachhinein nicht nachvollzogen werden. Eine gleichmäßige Verteilung auf alle Abnehmer ist im EEG nicht vorgeschrieben, so dass es wahrscheinlich ist, dass einzelne Verbraucher aufgrund ihrer **Marktposition** weniger oder sogar höhere EEG-Kosten zu tragen haben. Zum anderen ist durch das EEG eine erhebliche zusätzliche Strommenge am Markt verfügbar, so dass es sich neben den auf den ersten Blick vermeintlich offensichtlichen Zusatzkosten auch verringernd auf die Strompreise

---

[3] Vgl. Kommentierung zu § 14 Rn. 62 ff.
[4] Vgl. Begründung zu § 16 Abs. 1, BT-Drs. 15/2864, S. 50 sowie *Britz/Müller*, RdE 2003, 163, 165 f.
[5] Vgl. Begründung zu § 14 Abs. 3, BT-Drs. 15/2864, S. 49 mit dem Verweis auf die zutreffende Entscheidungen des BGH, ZNER 2004, 67, 68, seinerseits unter Bezugnahme der Begründung zum EEG 2000, BT-Drs. 14/2341, S. 2.
[6] Vgl. § 14 Abs. 3 Satz 7, der diese Möglichkeit ausdrücklich vorsieht und eine Preisregelung trifft.
[7] Eine mehrfache Vermarktung des Stroms aus Erneuerbaren Energien ist allerdings gem. § 18 verboten; vgl. auch Kommentierung zu § 18 Rn. 1 ff.
[8] Vgl. Begründung zu § 16 Abs. 1, BT-Drs. 15/2864, S. 50; vgl. im Einzelnen die Kommentierung zu § 14 Rn. 81 ff.
[9] Vgl. *Böwing*, in: Säcker, Berliner Kommentar zum Energierecht, EEG, § 11 a Rn. 1.
[10] Weitere Kostenfaktoren, denen regelmäßig eine erheblich größere Bedeutung für die Preisbildung zukommt, sind etwa: Einkaufskosten für den Strom, Netznutzungsentgelte, Konzessionsabgabe, KWK-Zuschlag, Stromsteuer, Umsatzsteuer.

Besondere Ausgleichsregelung 9–12 § 16

auswirkt.[11] Trotzdem kann nicht ausgeschlossen werden, dass einzelne Unternehmen durch die EEG-Kosten besonders betroffen sind. Bei einer solchen möglichen Betroffenheit kann nicht ausgeschlossen werden, dass die Wettbewerbsfähigkeit dieser Unternehmen im internationalen Wettbewerb beeinträchtigt wird.[12]

Der **Normzweck** der Besonderen Ausgleichsregelung ist, die sich aus der im 9 Rahmen der Vertragsfreiheit erfolgten Weitergabe der EEG-Strommenge für die anspruchsberechtigten Unternehmen ergebenden **Kosten zu verringern.** § 16 gewährt bestimmten Unternehmen einen Anspruch darauf, die Weitergabe der EEG-Strommengen an sich begrenzen zu lassen, um als Folge daraus, eine Reduzierung der damit verbundenen Kosten zu erreichen. Die Begünstigung hat aber keine Auswirkungen auf die insgesamt nach dem EEG eingespeisten Strommengen und dafür gezahlten Vergütungen. Daher müssen diese als Konsequenz der Begünstigung anderweitig verteilt werden. Diese Strommengen sollen jedoch nicht bei den die begünstigten Unternehmen beliefernden Elektrizitätsversorgungsunternehmen oder den Netzbetreibern verbleiben, um Wettbewerbsbeeinträchtigungen zu verhindern. Daher werden sie gleichmäßig auf alle Elektrizitätsversorgungsunternehmen verteilt. So müssen alle Versorger und – die tatsächliche Weitergabe an die Verbraucher vorausgesetzt – im Ergebnis letztlich alle nicht privilegierten Letztverbraucher, die der Begünstigung der anspruchsberechtigten Unternehmen entsprechenden EEG-Strommengen abnehmen und die dafür anfallenden Kosten tragen.

Der Normzweck der Kostenreduktion für bestimmte Unternehmen steht jedoch unter einer **doppelten Bedingung:** Die Reduktion der sich für die begünstigten Unternehmen ergebenden Kosten darf nur erfolgen, soweit hierdurch die **Ziele des Gesetzes nicht gefährdet werden** und die Begrenzung mit den **Interessen der Gesamtheit der Stromverbraucher vereinbar** ist (Abs. 1). Diese Bedingungen tragen dem Spannungsfeld Rechnung, dass mit der Begünstigung einer Gruppe der Verbraucher zu Lasten einer anderen Gruppe entsteht. Das Ziel der Kostenbegrenzung ist damit zwar die Ursache für die Besondere Ausgleichsregelung, sie ist aber nicht alleiniger Normzweck. § 16 stellt – etwa durch die Obergrenze des Entlastungsvolumens in Abs. 5 – ebenfalls sicher, dass keine unverhältnismäßige Umverteilung erfolgt und gewährleistet so den Ausgleich zwischen den widerstreitenden Interessen.

II. Verfassungs- und europarechtliche Rechtfertigung und Grenzen

§ 16 ist verfassungsrechtlich wie auch europarechtlich **problematisch.** Die 11 Besondere Ausgleichsregelung verfolgt ausschließlich **Ziele der Wirtschaftsförderung** und ist daher an anderen Maßstäben zu messen, als sie für das EEG als Instrument für den Ausbau der Erneuerbaren Energien zum Schutz von Klima, Natur und Umwelt gelten.

1. Verfassungsrechtliche Anforderungen

Eine Regelung innerhalb des EEG, die bestimmte Unternehmen finanziell 12 begünstigt, indem sie die Möglichkeiten der Stromhändler zur Weitergabe der EEG-Strommenge beschränkt, ist **verfassungsrechtlich nicht geboten.** Eine entsprechende Verpflichtung des Gesetzgebers ergibt sich weder aus der Berufs- oder Eigentumsfreiheit noch aus dem Gleichbehandlungsgrundsatz. Auch der im Rechtsstaatsprinzip wurzelnde Vertrauensschutz gebietet nicht die Begünstigung

---

[11] Vgl. *EWI/IE/RWI,* Gesamtwirtschaftliche, sektorale und ökologische Auswirkungen des EEG, S. 73.
[12] Vgl. zu solchen Bedenken bereits Begründung zum Allgemeinen Teil des Ersten Gesetzes zur Änderung des EEG, BT-Drs. 15/810, S. 5.

bestimmter Verbrauchergruppen im Rahmen des EEG. Vielmehr ist die **Privilegierung** bestimmter Letztverbraucher selbst eine **rechtfertigungsbedürftige Ungleichbehandlung.**

13   Das EEG nimmt die Stromhändler und in dem Umfang, in dem diese von der Weitergabemöglichkeit Gebrauch machen, letztlich die Verbraucher von Elektrizität in dem Umfang in Anspruch, in dem sie durch ihre Nachfrage Anteil an einer klimaschädlichen Energieerzeugung haben.[13] Das ist verfassungsrechtlich nicht zu beanstanden. Der mit dem **EEG** bezweckte Klima-, Natur- und Umweltschutz sowie der Beitrag zur Ressourcenschonung ist **verfassungsrechtlich im Umweltstaatsprinzip des Art. 20a GG verankert** und unabdingbar zur Bewahrung der menschlichen Lebensgrundlagen. Zur Abwendung der schwerwiegenden Konsequenzen des durch den vom Menschen verursachten globalen Klimawandels ist ein **Eingreifen des Gesetzgebers** zumindest **zulässig, wenn nicht sogar geboten.**[14] Die mit dem EEG getroffene Instrumentenwahl ist auch verhältnismäßig. Das EEG trägt durch die Steigerung des Anteils der Erneuerbaren Energien am Stromverbrauch zur CO_2-Einsparung und damit zum Klimaschutz ebenso wie zum Ersatz fossiler Energieerzeugung und damit zum Ressourcenschutz in verhältnismäßiger Weise bei.

14   Die **Stromverbraucher werden** durch die mögliche Weitergabe von Strom aus Erneuerbaren Energien **weder in ihrer Berufsfreiheit nach Art. 12 GG noch in ihrem von Art. 14 GG geschützten Eigentum** durch das EEG **unverhältnismäßig berührt.** Sie haben auch keinen verfassungsrechtlichen Anspruch auf eine bestimmte Form der Energieversorgung, insbesondere nicht, wenn damit so schwerwiegende Folgen wie die des Klimawandels hervorgerufen werden.[15] Dem Gesetz kommt keine objektiv berufsregelnde Tendenz zu, da es alle Stromverbraucher als Marktteilnehmer gleichbehandelt.[16] Auch sind die Auswirkungen des EEG für die einzelnen Unternehmen bei einer Weitergabe der Strommengen durch ihren Händler für sich betrachtet nicht so gravierend, dass diese zu einer wirtschaftlichen Betätigung nicht mehr in der Lage sind. Selbst wenn an jeden dieser Stromverbraucher die durchschnittliche EEG-Quote weitergereicht würde, hätte dies nur einen geringen Einfluss auf die Gesamthöhe der Stromkosten.[17] Auch zukünftig werden die durch das EEG induzierten Differenzkosten nur eine untergeordnete Rolle bei der Bildung der Endkundenpreise spielen, da die Differenzkosten nur noch leicht ansteigen und dann aufgrund der degressiven Ausgestaltung der Vergütungssätze und der Wirkung der Inflation einerseits sowie der sich an der Strombörse abzeichnenden dauerhaften Preissteigerungen für den konventionell erzeugten Strom andererseits sinken werden.[18]

15   Eine verfassungsrechtlich nicht gerechtfertigte Ungleichbehandlung würde bei einem Verzicht auf die Besondere Ausgleichsregelung ebenfalls nicht vorliegen, da

---

[13] Vgl. *Britz/Müller*, RdE 2003, 163, 167 f.
[14] Vgl. *Behrends*, Stromeinspeisung und Verfassungsrecht, S. 94 ff.; *Ekardt*, Zukunft in Freiheit, S. 636 ff.
[15] Dabei kann dahinstehen, ob ein solches gemeinschaftsschädigendes Verhalten grundrechtsdogmatisch überhaupt in den Schutzbereich fällt oder jedenfalls verfassungsrechtlich gerechtfertigt ist. Vgl. zur Grundrechtsdogmatik *Volkmann*, JZ 2005, 261 ff.; *Appel*, Staatliche Zukunfts- und Entwicklungsvorsorge, S. 102 ff.
[16] Zur berufsregelnden Tendenz vgl. etwa *Wieland*, in: Dreier, Art. 12 Rn. 85 ff.; BVerfGE 70, 191, 214.
[17] Dies thematisiert *Pielow*, Zur Ungleichbehandlung von Unternehmen der Primäraluminium-Produktion, S. 20, nicht, der eine „erdrosselnde Wirkung" sogar schon bei den nach § 16 auf 0,05 Ct/kWh begrenzten Kosten annimmt.
[18] Vgl. www.eex.de; letztlich wird das EEG daher auch zu einer Senkung des Strompreises beitragen, wenn die degressiven EEG-Vergütungen unter die steigenden Stromkosten für konventionelle fallen.

Besondere Ausgleichsregelung

– eine gleichmäßige Weitergabe durch die in gleichem Maße in Anspruch genommenen Elektrizitätsversorgungsunternehmen vorausgesetzt – alle Stromverbraucher dem **Verursacherprinzip** entsprechend anteilig für ihren Beitrag zu der die Klimaschäden hervorrufenden und nicht den Ansprüchen der Nachhaltigkeit genügenden Stromversorgung in Anspruch genommen werden.[19] Auch stromintensive Großverbraucher werden nicht überproportional herangezogen. Zwar mögen sie – absolut gesehen – einen größeren Beitrag leisten, dieser ist aber im Verhältnis zu ihrer Stromnachfrage größer als die Inanspruchnahme eines Ein-Personen-Haushalts. Im Gegenteil werden Großverbraucher am Markt in der Regel bessere Konditionen erzielen können und damit vermutlich geringere EEG-Mengen abnehmen müssen als Kleinverbraucher.

Schließlich verlangt auch nicht die von der deutschen Wirtschaft mit der Bundesregierung geschlossene **Klimavorsorgevereinbarung** vom 9. November 2000 und vom 25. Juni 2001[20] aus Vertrauensschutzgesichtspunkten eine Befreiung der Verbraucher, die sich in dieser Vereinbarung bereits zu einem Beitrag zum Klimaschutz verpflichtet haben und der Verpflichtungen gemäß die gesetzten Ziele noch erreichen können.[21] Eine solche ohne Beteiligung der Legislative geschlossene Vereinbarung kann diese nicht im Sinne eines Vertrages zu Lasten Dritter binden.[22]

Eine nicht zwingend erforderliche Regelung kann dennoch verfassungsrechtlich zulässig sein. Die Begünstigung bestimmter Verbraucher im Rahmen der Besonderen Ausgleichsregelung führt in dem geschlossenen System des EEG aber zwangsläufig zu einer **zusätzlichen Verpflichtung aller nicht begünstigten Stromverbraucher.**[23] Diese Umverteilung bedingt daher notwendig eine gesetzlich veranlasste Ungleichbehandlung im Sinne des Art. 3 Abs. 1 GG. Die auf diese Weise zusätzlich in Anspruch genommenen Verbraucher werden dadurch, im Verhältnis zu ihrem Beitrag zur Schädigung des Klimas, **reflexartig überproportional beansprucht.** Sie tragen weder für diese Umweltauswirkungen noch für die mit der Besonderen Ausgleichsregelung bezweckte Industrie- und Wirtschaftsförderung eine Verantwortung.[24]

Ob diese Ungleichbehandlung gerechtfertigt ist, erscheint fraglich.[25] Bezüglich der Auswahl der zu entlastenden Stromverbraucher und hinsichtlich des Entlastungsumfangs hat der Gesetzgeber einen weiten Entscheidungsfreiraum.[26] Anders zu beurteilen ist jedoch, die als Kehrseite der Entlastung hervorgerufene höhere

---

[19] Vgl. Britz/Müller, RdE 2003, 163, 167 f.; zum Verursacherprinzip allgemein Kloepfer, Umweltrecht, § 4 Rn. 41 ff.
[20] Vereinbarung zwischen der Regierung der Bundesrepublik Deutschland und der deutschen Wirtschaft zur Klimavorsorge und Vereinbarung zwischen der Regierung der Bundesrepublik Deutschland und der deutschen Wirtschaft zur Minderung der CO2-Emissionen und der Förderung der Kraft-Wärme-Kopplung in Ergänzung zur Klimavereinbarung vom 9. 11. 2000, abrufbar über http://www.bmwi.de/Navigation/Technologie-und-Energie/Energiepolitik/energie-und-klima.html.
[21] Vgl. zur begrenzten Vertrauenswirkung dieser Vereinbarung Frenz, Selbstverpflichtung der Wirtschaft, S. 224; a. A. Baur/Kresse, Ausnahmen von der Zulässigkeit der Weitergabe von Belastungen aus dem EEG auf Letztverbraucher zum Erhalt der Aluminiumindustrie in Deutschland, S. 50 ff.
[22] Vgl. zu Selbstverpflichtungen allgemein Michael, Die Verwaltung 2004, 557 ff. m. w. N.
[23] Vgl. auch unten Rn. 175 ff.
[24] Vgl. Britz/Müller, RdE 2003, 163, 170.
[25] Eindeutig („objektiv willkürlich und überzogen") Böwing, in: Säcker, Berliner Kommentar zum Energierecht, EEG, § 16 Rn. 41 f., der seine Einschätzung der Verfassungswidrigkeit außerdem auf die Abstraktion, Realitätsferne und mangelnde Umsetzbarkeit stützt. Insoweit ist er durch die weitgehend problemlose Abwicklung in der Praxis widerlegt.
[26] So zuletzt zur sog. Ökosteuer, BVerfGE 110, 274, 299 f.

Inanspruchnahme der sonstigen Verbraucher. Hier werden die **strukturellen Unterschiede zu Steuern** deutlich, bei der die Begünstigung von bestimmten Verpflichteten unmittelbar nur zu Lasten des Bundeshaushalts geht und zur Kompensation dieser Einnahmeausfälle nicht automatisch und zwangsläufig eine stärkere Inanspruchnahme anderer bestimmter Personen erfolgen muss.[27] Vielmehr steht dem Gesetzgeber in einem solchen Fall – anders als beim EEG – eine Vielzahl an Reaktionsmöglichkeiten offen, etwa ein Ausgleich der fehlenden Einnahmen durch Ausgabenkürzung oder durch die Erhebung sonstiger Steuern.[28]

19 Als Rechtfertigung der Ungleichbehandlung der nicht privilegierten Stromverbraucher kommt das **wirtschaftspolitische Ermessen** des Gesetzgebers in Betracht,[29] wie auch zu berücksichtigen ist, dass die Umverteilung gemäß der Obergrenze des Abs. 5 auf maximal 10 Prozent beschränkt wird, so dass ihr relativ enge und wohl **noch vernachlässigbare Grenzen** gesetzt sind und die Ungleichbehandlung als noch verhältnismäßig angesehen werden kann.

20 Auch eine verfassungswidrige Ungleichbehandlung i. S. d. **Art. 3 Abs. 1 GG** innerhalb der Gruppe der durch die Besondere Ausgleichsregelung begünstigten Unternehmen erfolgt durch die konkrete Ausgestaltung dieser Regelung nicht. Die lediglich vorgesehenen zwei Entlastungsstufen[30] führten nicht dazu, dass Verschiedenes seiner Eigenart nicht in ausreichendem Maße unterschiedlich behandelt wird.[31] Anknüpfungspunkt für die Privilegierung ist das Vorliegen bestimmter Schwellenwerte, die Indiz für eine besondere, überdurchschnittlich hohe Abhängigkeit der jeweiligen Unternehmen von der Höhe der Strompreise sind. Ein solcher pauschalierender Tatbestand ist verfassungsrechtlich zulässig, da er nicht an sachfremde Merkmale anknüpft. Typisierungen dieser Art sind Ausdruck abstrakt-genereller Regelungen und aus Gründen der Praktikabilität und Rechtssicherheit erforderlich.[32] Die zum Schutz der zusätzlich belasteten Verbraucher vorgesehene und verfassungsrechtlich gebotene Höchstgrenze des Umverteilungsvolumens sowie die zur Gewährleistung des Verbraucherschutzes[33] und der Funktionsfähigkeit des § 16 notwendige Einzelfallprüfung durch das BAFA machen eine Begrenzung auf bestimmte Unternehmen erforderlich. Außerdem ist zu berücksichtigen, dass es sich bei der Besonderen Ausgleichsregelung bereits um eine Ausnahmeregelung handelt, die bestimmte Unternehmen zum Teil von den ansonsten allgemein bestehenden Folgen des EEG zur Vermeidung unbilliger Härten ausnimmt.[34]

2. Europarechtliche Anforderungen

21 Gegen die Besondere Ausgleichsregelung bestehen auch erhebliche europarechtlich Bedenken. Sie ist zwar **keine Beihilfe** im Sinne von Art. 87 Abs. 1 EGV.[35] Jedoch ist die aus der Begünstigung bestimmter Unternehmen resultierende zusätzliche

---

[27] Daher ist die Rechtsprechung des BVerfG zur Ökosteuer nicht direkt übertragbar.
[28] Vgl. auch *Britz/Müller*, RdE 2003, 163, 170.
[29] So als Rechtfertigung der Ungleichbehandlung im Rahmen des KWKG *Büdenbender/Rosin*, KWK-AusbauG, § 9 Rn. 210.
[30] Vgl. dazu auch Rn. 156.
[31] Vgl. zu den Anforderungen der Gleichbehandlung *Heun*, in: Dreier, GG, Art. 3 Rn. 19 ff.
[32] Vgl. *Heun*, in: Dreier, GG, Art. 3 Rn. 33.
[33] Vgl. Begründung zu § 16 Abs. 2, BT-Drs. 15/2864, S. 51.
[34] Insofern ist die Rechtsprechung des BVerfG (etwa BVerfGE 84, 348, 360 m. w. N., BVerfGE 91, 93, 115) nicht direkt auf den vorliegenden Fall übertragbar, da dort die Prüfung typisierender Grundregelung auf die Notwendigkeit von Ausnahmen erfolgte und nicht wie bei § 16 die Frage der Zulässigkeit einer generalisierenden Ausnahmeregelung zu bewerten ist.
[35] So im Ergebnis auch *Baur/Kresse*, Ausnahmen von der Zulässigkeit der Weitergabe von Belastungen aus dem EEG auf Letztverbraucher zum Erhalt der Aluminiumindustrie in Deutschland, S. 17.

Abnahmepflicht der Elektrizitätsversorgungsunternehmen für Strom aus Erneuerbaren Energien im Hinblick auf die **Warenverkehrsfreiheit nach Art. 28 EGV problematisch.** Eine europarechtliche Verpflichtung zur Differenzierung zwischen verschiedenen Arten des privilegierten Stromverbrauchs besteht nicht.

Die staatliche Begrenzung der von den privilegierten Unternehmen abzunehmenden Strommengen und die entsprechende Reduktion der Kosten ist zwar eine Beihilfe im Wortsinn, da dadurch die Aufwendungen verringert werden, die ein Unternehmen normalerweise zu tragen hat[36] und zweifellos eine begünstigende Wirkung der Maßnahme vorliegt. Da die den Unternehmen durch die Umverteilung zugute kommenden Begünstigungen jedoch vollständig von den übrigen nicht privilegierten Verbrauchern getragen werden, erfolgt ein **Finanztransfer ausschließlich zwischen Privaten;** die Privilegierungen stammen demnach nicht aus staatlichen Mitteln. Dies ist nach ständiger Rechtsprechung[37] jedoch keine Beihilfe im Sinne des EGV, da nur staatliche oder aus staatlichen Mitteln gewährte Begünstigungen zu berücksichtigen sind. Abgestellt wird nicht auf die Auswirkungen der Begünstigungen auf Markt und Wettbewerb, sondern allein auf eine formale staatliche Mittelherkunft, wofür Voraussetzung ist, dass sich diese in irgendeiner Weise auf staatlicher Seite als finanzielle Einbuße niederschlägt.[38]

Problematisch ist dagegen die **Vereinbarkeit** der Besonderen Ausgleichsregelung **mit der Warenverkehrsfreiheit gemäß Art. 28 EGV.** Dabei liegt das Hauptaugenmerk nicht auf der finanziellen Begünstigung bestimmter Unternehmen, die zu einem Wettbewerbsvorteil führt. Ansatzpunkt für gemeinschaftsrechtliche Bedenken ist vielmehr die durch § 16 induzierte zusätzliche Abnahmepflicht der Elektrizitätsversorgungsunternehmen, die keine privilegierten Unternehmen versorgen. Denn die Strommengen, die infolge des § 16 nicht an die privilegierten Unternehmen weitergegeben werden können, werden gemäß Abs. 8 in Verbindung mit § 14 Abs. 1 und 3 gleichmäßig auf alle Letztversorger in Deutschland verteilt. Auch wenn sich die von allen Elektrizitätsversorgungsunternehmen insgesamt abzunehmende EEG-Strommenge durch diese Umverteilung nicht verändert, können die davon betroffenen Elektrizitätsversorgungsunternehmen ihren **Strombedarf in diesem Umfang nicht mehr frei am Markt decken.** Die Besondere Ausgleichsregelung ist daher „geeignet, den innergemeinschaftlichen Handel unmittelbar oder mittelbar, tatsächlich oder potentiell zu behindern".[39] Ein bestimmtes Maß der Beeinträchtigung ist dafür nicht erforderlich,[40] so dass die Obergrenze für die Umverteilung nach Abs. 5 die Bedenken lediglich mildern, aber nicht beseitigen kann. Anders als im Normalfall der Weiterreichung der EEG-Strommengen nach § 14 Abs. 3 Satz 1 **kann** diese Einschränkung der Warenverkehrsfreiheit **nicht mit Klima- und Umweltschutzgründen gerechtfertigt werden,** da sie ausschließlich zur Wirtschaftsförderung erfolgt.[41]

Es ist europarechtlich auch nicht geboten, bei der Entlastungswirkung zwischen verschiedenen Formen des Stromverbrauchs zu unterscheiden, so dass solche Un-

---

[36] Vgl. *Cremer,* in: Calliess/Ruffert, EGV, Art. 87 Rn. 7 und *v. Wallenberg* in: Grabitz/Hilf, EGV, Art. 87 Rn. 12 jew. m. N.
[37] Vgl. etwa EuGH, Slg. 2001, I-2099, 2159 ff., Rn. 57 ff. – PreusenElektra/Schleswag.
[38] EuGH, Slg. 2001, I-2099, 2159 ff., Rn. 61 f. – PreusenElektra/Schleswag.
[39] So die Formulierung der sog. Dassonville-Formel, EuGH, Slg. 1974, 837, 852. Dem in der Formel verwendeten Begriff der Handelsregelung kommt keine eingrenzende Bedeutung bei, daher hat der EuGH diesen in späteren Entscheidungen durch die Begriffe Regelung oder Maßnahme ersetzt; vgl. auch *Leible,* in: Grabitz/Hilf, EGV, Art. 28 Rn. 12 ff.
[40] Vgl. *Epiney,* in: Calliess/Ruffert, EGV, Art. 28 Rn. 16 und *Leible,* in: Grabitz/Hilf, EGV, Art. 28 Rn. 15 jew. m. N.
[41] Vgl. zur Eingrenzung der Verbotswirkung des Art. 28 EGV *Epiney,* EGV, Art. 28 Rn. 19 ff.; *Leible,* in: Grabitz/Hilf, EGV, Art. 28 Rn. 18 ff.

ternehmen, die Strom hauptsächlich für die Zwecke der chemischen Reduktion, Elektrolyse oder für Prozesse in der Metallindustrie einsetzten, in stärkerem Maße – als durch die Besondere Ausgleichsregelung vorgesehen – von den Strommengen und Kosten des EEG zu befreien.[42] Insbesondere kann die EnergiesteuerRL[43] nicht in diesem Sinne als Verpflichtung für den Gesetzgeber herangezogen werden.

25 Das EEG **fällt** mangels Steuerqualität bereits **nicht in den Anwendungsbereich der EnergiesteuerRL**.[44] Ein Begünstigungsgebot für einen derartigen Stromverbrauch ergibt sich auch nicht aus einer entsprechenden Anwendung der Richtlinie auf das EEG aus dem Prinzip der Gemeinschaftstreue nach Art. 10 Abs. 1 EGV. Ein Verstoß gegen den effet utile, durch das Unterlassen einer solchen weitergehenden Entlastung, kann schon daher nicht vorliegen, da die Richtlinie lediglich die Harmonisierung der steuerlichen Mindestsätze (Art. 4 Abs. 1 EnergiesteuerRL) sowie Steuerbefreiungs- bzw. -ermäßigungstatbestände (Art. 6 EnergiesteuerRL)[45] vorsieht und für bestimmte Branchen den Verzicht auf Steuern ermöglicht, nicht aber eine Pflicht zum Verzicht von Steuern oder anderen Maßnahmen enthält.

III. Entstehungsgeschichte

26 Die Besondere Ausgleichsregelung ist eine noch sehr junge Vorschrift ohne entsprechende Vorbilder im Recht der Stromerzeugung aus Erneuerbaren Energien. Die Vorläuferregelung des **§ 11a EEG 2000** wurde erst im Jahre 2003 eingefügt. Deren zentrale Regelungsbereiche entsprachen dabei zum großen Teil bereits den heutigen Regelungen, auch wenn im Rahmen der EEG-Novelle im Jahr 2004 erhebliche Veränderungen erfolgt sind.

1. Vorläuferregelung: § 11a EEG 2000

27 Weder das StrEG noch das EEG in den ursprünglichen Fassungen enthielten eine der Besonderen Ausgleichsregelung vergleichbare Vorschrift. Auch die **Härteklausel in § 4 StrEG** verfolgte ein anderes Anliegen als eine Befreiung bestimmter Verbrauchergruppen von dem größten Teil der durch die Vergütungen zum Ausbau der Erneuerbaren Energien bedingten Strommengen und Kosten. § 4 StrEG regelte vielmehr die Weitergabe der Kosten zwischen den Versorgungsnetzbetreibern und den Betreibern der vorgelagerten Netzen, um eine zu starke Ungleichbehandlung einzelner Netzbetreiber zu verhindern. Damit ist § 4 StrEG die direkte **Vorgängerregelung des bundesweiten Ausgleichssystems** des § 14, nicht aber der Besonderen Ausgleichsregelung des § 16.[46] Auch bei der Verabschiedung des EEG im Jahr 2000 wurde keine Notwendigkeit für eine Besondere Ausgleichsregelung gesehen.

28 Diese wurde erstmals mit dem Ersten Gesetz zur Änderung des EEG[47] durch Einfügung des § 11a EEG 2000 geschaffen, nachdem es massive Klagen von Teilen der Industrie über die Kosten für den Ausbau der Erneuerbaren Energien

---

[42] So aber *Pielow*, Zur Ungleichbehandlung von Unternehmen der Primäraluminium-Produktion, S. 78 f.
[43] Richtlinie 2003/96/EG des Rates vom 27. 10. 2003 zur Restrukturierung der gemeinschaftlichen Rahmenvorschriften zur Besteuerung von Energieerzeugnissen und elektrischem Strom, ABl. EU Nr. L 283 v. 31. 10. 2003, S. 51.
[44] So auch *Pielow*, Zur Ungleichbehandlung von Unternehmen der Primäraluminium-Produktion, S. 78.
[45] Wobei es den Mitgliedstaaten ausdrücklich frei steht, davon Gebrauch zu machen.
[46] Vgl. Kommentierung zu § 14 Rn. 14.
[47] Vom 16. 7. 2003, BGBl. I 1459, in Kraft getreten am 22. 7. 2003.

Besondere Ausgleichsregelung 29, 30 § 16

gab.[48] Beabsichtigt war jedoch **keine umfassende Ausnahme der Industrie,** sondern eine beschränkte Begünstigung **besonders betroffener Unternehmen** des produzierenden Gewerbes im Sinne einer Härtefallregelung.

2. Zentrale Regelungsbereiche des § 11 a EEG 2000

§ 11 a EEG 2000 gewährte einen Anspruch auf Begrenzung des Anteils der EEG-Strommenge, der von Elektrizitätsversorgungsunternehmen an Letztverbraucher an einer Abnahmestelle weitergegeben werden durfte. Begünstigt waren Unternehmen des produzierenden Gewerbes, wenn ihr Stromverbrauch an einer Abnahmestelle aus dem Netz für die allgemeine Versorgung in den letzten 12 abgeschlossenen Kalendermonaten **100 Mio. kWh** (100 GWh) überschritten hatte (§ 11 a Abs. 2 Satz 1 Nr. 1 EEG 2000), ihr **Verhältnis der Stromkosten zur Bruttowertschöpfung größer als 20 Prozent** war (§ 11 a Abs. 2 Satz 1 Nr. 2 EEG 2000) und die Differenzkosten maßgeblich zu einer **erheblichen Beeinträchtigung der Wettbewerbsfähigkeit** des Unternehmens geführt hatten (§ 11 a Abs. 2 Satz 1 Nr. 4 EEG 2000).[49] Auf Grund dieser Voraussetzungen waren lediglich **Großverbraucher** Adressat der Regelung.[50] Der Anspruch richtete sich auf Begrenzung eines abzunehmenden bestimmten Vom-Hundert-Anteil mit dem Ziel der Verringerung der Differenzkosten auf einen Wert von 0,05 Ct/kWh (§ 11 a Abs. 3 Satz 1 und 2 EEG 2000). Dieser reduzierte Grenzwert galt jedoch nur oberhalb eines Selbstbehaltes von 100 Mio. kWh (100 GWh) (§ 11 a Abs. 3 Satz 1 EEG 2000). 29

Auch § 11 a EEG 2000 räumte dem zuständigen BAFA **kein Ermessen** ein, sondern war eine gebundene Entscheidung. Dagegen sahen die gleich lautenden Gesetzentwürfe der Bundesregierung[51] und der Regierungsfraktionen[52] noch eine Ermessensentscheidung vor. So sollten das Ziel des § 11 a EEG 2000, eine mögliche internationale Wettbewerbsfähigkeit zu vermeiden, mit dem Anliegen nach § 11 a Abs. 4 des Entwurfs, die dafür erforderliche Begrenzung nur in dem notwendigen Maß zum Schutz der nicht privilegierten Verbraucher vorzunehmen, vereinbart werden. Da sich das Ausmaß der dafür erforderlichen Begrenzung jedoch von Unternehmen zu Unternehmen und zwischen den verschiedenen Branchen nicht unerheblich unterscheiden konnte, sollte das BAFA eine Begrenzung nach Ermessen innerhalb einer Bandbreite vornehmen können. Die Mindestentlastung wurde dabei durch die tatsächlichen Differenzkosten,[53] die Entlastungsobergrenze auf einen Stromanteil, der umgerechnet zu einer Erhöhung der Bezugskosten um **0,05 Ct/kWh** führt, § 11 a Abs. 3 Satz 2 des Entwurfs, festgesetzt. Dadurch sollte 30

---

[48] Vgl. *Oschmann*, in: Danner/Theobald, Energierecht, VI EEG B1 Einf. Rn. 32; *Salje,* EEG, § 16 Rn. 2 m.w.N. Allerdings wurde und wird dabei regelmäßig die vermeidliche Belastung mit falschen Zahlen belegt. Es wird stets das gesamte Vergütungsvolumen der EEG angeführt (so auch *Salje,* ebenda), das aber nicht mit den Kosten für die Verbraucher gleichgesetzt werden darf. Denn von dieser Summe ist der Wert des ersetzten Stroms abzuziehen. Außerdem ist zu berücksichtigen, dass durch das Angebot an Strom aus Erneuerbaren Energien das Marktpreisniveau ein größeres Angebot insgesamt niedriger ausfällt, was ebenfalls zu Ersparnissen für die Verbraucher führt, vgl. etwa *EWI/IE/RWI,* Gesamtwirtschaftliche, sektorale und ökologische Auswirkungen des Erneuerbare Energien Gesetz (EEG), S. 73. Volkswirtschaftlich sind außerdem die vermiedenen externen Kosten der konventionellen Energiewirtschaft positiv zu berücksichtigen.
[49] Ziel des § 11 a EEG 2000 war es, „unbeabsichtigte Härte im Sinne einer erheblichen und nicht nur vorübergehenden Beeinträchtigung der Wettbewerbsfähigkeit" zu vermeiden, vgl. die Gesetzesbegründung, BT-Drs. 15/810, S. 5.
[50] *Salje*, Versorgungswirtschaft 2003, 173, 173.
[51] BR-Drs. 242/03.
[52] BT-Drs. 15/810.
[53] Vgl. Begründung zu § 11 a Abs. 3 EEG 2000, BT-Drs. 15/810, S. 6.

eine dem Grad der Beeinträchtigung der Wettbewerbsfähigkeit entsprechende Begrenzung ermöglicht und durch fließende Übergänge mögliche Verzerrungen vermieden werden.[54] Im Rahmen der parlamentarischen Beratungen wurden das Ermessen und die Differenzierung hinsichtlich der möglichen Rechtsfolgen jedoch durch eine gebundene Entscheidung mit der zwingenden Begrenzungswirkung auf prognostizierte 0,05 Ct/kWh ersetzt.

31 Die Entscheidung des BAFA sollte **innerhalb von vier Wochen** ergehen und für ein Jahr gelten (§ 11a Abs. 4 EEG 2000). **Adressaten** waren die Antragsteller und die betroffenen Elektrizitätsversorgungsunternehmen (§ 11a Abs. 4 Satz 1 EEG 2000). Die aufgrund der Privilegierung nicht an die Unternehmen weiterzugebenden Strommengen sollten in sinngemäßer Anwendung des bundesweiten Ausgleichsystems verteilt werden (§ 11a Abs. 7 EEG 2000). Für Folgeanträge war ein vereinfachtes, aber nicht näher spezifiziertes Prüfungsverfahren vorgesehen (§ 11a Abs. 5 Satz 3 EEG 2000). Die Regelung des § 11a EEG 2000 war befristet und **trat 1. Juli 2004 außer Kraft.**[55]

3. Überblick zu den wesentlichen Änderungen der Novelle

32 Der **Kreis der begünstigten Adressaten** der Besonderen Ausgleichsregelung wurde im Rahmen der Novelle 2004 **erheblich erweitert**. Neben den ursprünglich begünstigten Unternehmen haben nach § 16, durch eine Absenkung der Anspruchsvoraussetzungen, jetzt auch Unternehmen des produzierenden Gewerbes mit einem **Mindeststrombezug von über 10 Mio. kWh** (10 GWh) an einer Abnahmestelle (Abs. 2 Satz 1 Nr. 1) und einem **Verhältnis der Strombezugskosten zur Bruttowertschöpfung von über 15 Prozent** (Abs. 2 Satz 1 Nr. 2) einen Begrenzungsanspruch. Neu einbezogen wurden auch **Schienenbahnunternehmen;** ohne Rücksicht auf das Verhältnis der Strombezugskosten zur Bruttowertschöpfung, ab einem Mindeststrombezug von mehr als 10 Mio. kWh (10 GWh) an einer Abnahmestelle. Die Anspruchsvoraussetzung einer erheblichen Beeinträchtigung der Wettbewerbsfähigkeit des Unternehmens wurde ersatzlos gestrichen. Dadurch können im Vergleich zu § 11a EEG 2000 erheblich mehr Unternehmen in den Genuss der Regelung kommen.

33 Die Rechtsfolgen der Begrenzungsentscheidung wurden leicht verändert; zukünftig wird zwischen **zwei Gruppen von Privilegierten** unterschieden. Der Zielwert der durch die Begrenzungsentscheidung beabsichtigten Entlastung ist unverändert bei 0,05 Ct/kWh geblieben. Für die Unternehmen, die einen Mindeststrombezug von 100 Mio. kWh (100 GWh) und ein Verhältnis der Stromkosten zur Bruttowertschöpfung von mindestens 20 Prozent haben, sieht das Gesetz jedoch keinen Selbstbehalt mehr vor, für den die volle EEG-Strommenge anteilig abgenommen werden müsste. Dadurch erfahren die Unternehmen, die bereits die Voraussetzungen von § 11a EEG 2000 erfüllt haben, eine weitere Begünstigung. Die neu einbezogenen Unternehmen dagegen haben einen Selbstbehalt mit unbegrenzter EEG-Strommenge von ihren jeweiligen Elektrizitätsversorgungsunternehmen abzunehmen. Dessen Höhe ist jedoch nicht mehr als bestimmte Menge, sondern unternehmensindividuell ausgestaltet und beträgt 10 Prozent des Strombezugs im letzten abgeschlossenen Geschäftsjahr.

34 Im Gegenzug zu der deutlichen Ausweitung der Besonderen Ausgleichsregelung ist zum Schutz der nicht privilegierten Verbraucher eine **Obergrenze für das Gesamtentlastungsvolumen** in Abs. 5 vorgesehen worden, die trotz des Wider-

---

[54] Vgl. Gegenäußerung der Bundesregierung zur Stellungnahme des Bundesrates zu Ziffer 2, BT-Drs. 15/1067, S. 7.
[55] Vgl. Art. 2 und 3 des Ersten Gesetzes zur Änderung des EEG vom 16. 7. 2003, BGBl. I 1459.

Besondere Ausgleichsregelung

standes von Bundesrat[56] und verschiedener Industrieverbände[57] im Gesetzgebungsverfahren unverändert geblieben ist. Durch die Obergrenze werden die Gesamtentlastungswirkung und damit die Gesamtumverteilungsmenge begrenzt. Die durch die Vergütungszahlungen des EEG bedingten Kosten für die von der Besonderen Ausgleichsregelung nicht begünstigten Letztverbraucher dürfen infolge ihrer Anwendung gemäß dem gesetzlich vorgesehenen Berechnungsverfahren nur um **maximal 10 Prozent** steigen. Andernfalls sind die Begrenzungen für die begünstigten Unternehmen zu reduzieren, so dass diese im Ergebnis leicht über 0,05 Ct/kWh liegende Differenzkosten zu zahlen haben.

Umfangreiche Veränderungen wurden auch bezüglich des **Antragsverfahrens** 35 vorgenommen. Es wurde vereinfacht und zeitlich neu strukturiert. Der Begünstigungszeitraum ist zukünftig einheitlich für alle Unternehmen das Kalenderjahr. Für die Anträge wurde eine Ausschlussfrist eingeführt, bis zu der die vollständigen Antragsunterlagen vorliegen müssen. Bestimmte Regelungsbereiche wurden zur Beseitigung bestehender Rechtsunsicherheiten konkretisiert, etwa die Begrenzungswirkung für eine Abnahmestelle und deren Definition. Schließlich wurde die Befristung der Besonderen Ausgleichsregelung ersatzlos gestrichen.

IV. Bisherige Auswirkungen der Besonderen Ausgleichsregelung

Bereits unter der Geltung der am 22. Juli 2003 in Kraft getretenen Vorläufer- 36 regelung des **§ 11 a EEG 2000 wurden 59 Unternehmen** in einem Umfang von etwa 110 Mio. EUR bis zum Ende des Jahres 2004 begünstigt.[58] Durch die Ausweitung des Kreises anspruchsberechtigter Unternehmen im Rahmen der **Novelle** wurden für **297 Unternehmen,** davon 252 des produzierenden Gewerbes und 45 Schienenbahnunternehmen, an 397 Abnahmestellen (352 produzierendes Gewerbe/45 Schienenbahnunternehmen) Ende Dezember 2004 Begrenzungsbescheide für das Jahr 2005 erlassen.[59] Dadurch wurde der Strombezug von voraussichtlich rund 59 Mrd. kWh (59 000 GWh) begünstigt, wodurch für diese Unternehmen ein finanzieller **Vorteil von rund 250 Mio. EUR** erwartet wurde.[60]

Auf Grund der Antragssituation lagen die Voraussetzungen für die Beschrän- 37 kung des für die privilegierten Unternehmen zur Verfügung stehenden Entlastungsvolumens nach Abs. 5 für das Jahr 2005 vor. Wären für die Strommengen, für die Anträge auf Begrenzung gestellt wurden und die grundsätzlich positiv zu bescheiden waren, Verwaltungsakte zur Begrenzung der abzunehmenden EEG-Strommengen an den jeweiligen Abnahmestellen mit dem Ziel von verbleibenden Differenzkosten in Höhe von 0,05 Ct/kWh (entsprechend Abs. 4 Satz 2) erlassen worden, hätten sich für die von der Besonderen Ausgleichsregelung nicht begünstigten Stromverbraucher die Kosten aus dem EEG auf der Basis der Vorjahreswerte um mehr als 10 Prozent erhöht.[61] Daher wurden die von den privilegierten Unternehmen nach der Begrenzung noch maximal abzunehmenden Strommengen entsprechend des in Abs. 5 vorgesehenen Mechanismus,[62] dem so genannten 10-Prozent-Deckel, erhöht, so dass die gewährte Begünstigung etwa ein Siebtel hinter der erwarteten zurückgeblieben ist.[63]

---

[56] Vgl. BR-Drs. 15/04 (Beschluss), Ziff. 33, S. 22.
[57] Vgl. nur BT-Drs. Protokoll Nr. 15/33, S. 36 f.
[58] Vgl. BT-Drs. 15/5212, S. 9, Nr. 32.
[59] Vgl. *Schurr/van Mark,* Umwelt 2005, 421 ff.
[60] BT-Drs. 15/5212, S. 9, Nr. 33.
[61] BT-Drs. 15/5212, S. 10, Nr. 34.
[62] Vgl. dazu unten Rn. 174 ff.
[63] Vgl. *Schurr/van Mark,* Umwelt 2005, 421 ff.

V. Rechtsschutz

38 Die Besondere Ausgleichsregelung ist im Gegensatz zu den übrigen Vorschriften des EEG nicht privatrechtlicher, sondern **öffentlich-rechtlicher Natur**.[64] Das BAFA handelt bei der Entscheidung über die Begrenzung der weiterzugebenden EEG-Strommengen hoheitlich. Die Regelung der Besonderen Ausgleichsregelung dient der staatlichen Wirtschaftsförderung und daher dem öffentlichen Interesse, so dass es staatliches Sonderrecht ist.

39 Gegen die im Rahmen des Verfahrens nach § 16 erlassenen Verwaltungsakte des BAFA stehen daher die **Rechtsschutzmöglichkeiten der VwGO**[65] – Widerspruch sowie Verpflichtungs- bzw. Anfechtungsklage – offen. Die Widerspruchsbescheide werden vom BAFA als Ausgangsbehörde selbst erlassen, da die nächst höhere Behörde das Bundesumweltministerium und damit ein oberste Bundesbehörde[66] ist, § 73 Abs. 1 Nr. 2 VwGO.[67] Zuständiges Gericht ist das VG Frankfurt am Main, in dessen Amtsbezirk das BAFA seinen Dienstsitz hat,[68] §§ 45, 52 Nr. 2 VwGO.

40 Eine **Widerspruchs- bzw. Klagebefugnis**[69] gem. § 42 Abs. 2 VwGO (analog) ist bei den durch § 16 begünstigten Unternehmen im Falle einer (teilweise) ablehnenden Entscheidung regelmäßig gegeben. Der Anspruch auf Begrenzung nach Abs. 1 verleiht ihnen ein subjektiv öffentliches Recht, da die Besondere Ausgleichsregelung gerade auch im Individualinteresse der begünstigten Adressaten geschaffen wurde.

41 Ein **subjektiv öffentliches Recht fehlt jedoch regelmäßig den Elektrizitätsversorgungsunternehmen**, Übertragungsnetzbetreibern oder sonstigen Dritten, so dass deren Rechtsmittel gegen Entscheidungen des BAFA unzulässig sind. Elektrizitätsversorgungsunternehmen, die begünstigte Unternehmen beliefern sowie die Übertragungsnetzbetreiber, in deren Verantwortungsbereich begünstigte Unternehmen angesiedelt sind, sind zwar Adressaten der entsprechenden Verwaltungsakte. Diese Einbeziehung in die Besondere Ausgleichsregelung erfolgt jedoch lediglich mit dem Ziel der bundesweit gleichmäßigen Umverteilung, die durch die Begrenzung hervorgerufenen Auswirkungen und schafft die organisatorischen Voraussetzungen, indem die betroffenen Akteure von den Begrenzungswirkungen in Kenntnis gesetzt werden. Elektrizitätsversorgungsunternehmen und Übertragungsnetzbetreiber sind daher nicht materiell von der Besonderen Ausgleichsregelung betroffen. Ihre Einbeziehung ist lediglich formeller Natur, steht im öffentlichen Interesse und bezweckt grundsätzlich nicht den Schutz ihrer Individualinteressen.

---

[64] Vgl. zum grundsätzlichen privatrechtlichen Charakter des EEG, siehe Einführung.

[65] Verwaltungsgerichtsordnung neu gefasst am 19. 3. 1991, BGBl. I S. 686, zuletzt geändert am 22. 3. 2005, BGBl. I S. 837.

[66] Das BAFA untersteht der Fachaufsicht des Bundesumweltministeriums, vgl. § 16 Abs. 7 und unten Rn. 221, so dass nicht auf das Bundeswirtschaftsministerium, zu dessen Geschäftsbereich das BAFA gehört, abzustellen ist; zum Begriff der obersten Bundesbehörde vgl. *Kopp/Schenke*, VwGO, § 68 Rn. 19.

[67] Unzutreffend insoweit *Dreher*, in: Reshöft/Steiner/Dreher, EEG, § 16 Rn. 37, der zwar das BAFA richtig als Bundesoberbehörde einordnet (ebenda, Rn. 45), gleichwohl den für oberste Bundesbehörde maßgeblichen § 68 Abs. 1 Nr. 1 VwGO für einschlägig hält, und daher das Erfordernis eines Widerspruchsverfahrens verneint.

[68] Auch wenn der Bescheid bezogen auf die jeweilige Abnahmestelle ergeht, ist der Gerichtsstand der Belegenheit der Sache gem. § 52 Nr. 1 VwGO nicht einschlägig, da es sich nicht um unbewegliches Vermögen oder ein ortsgebundenes Recht im Sinne der Vorschrift handelt; vgl. *Kopp/Schenke*, VwGO, § 52 Rn. 5 ff.

[69] Vgl. zu den Voraussetzungen der Klagebefugnis allg. *Kopp/Schenke*, VwGO, § 42 Rn. 59 ff., zur Widerspruchsbefugnis *dies.*, VwGO, § 69 Rn. 6.

Besondere Ausgleichsregelung 42–46 § 16

Auch die in Abs. 8 geregelte Reduzierung, der von den betroffenen Elektrizi- 42 tätsversorgungsunternehmen von den für sie regelverantwortlichen Übertragungsnetzbetreibern abzunehmenden EEG-Strommengen und der Modifizierung der beim bundesweiten Ausgleich zwischen den Übertragungsnetzbetreibern auszugleichenden Strommengen und Vergütungszahlungen,[70] verleiht diesen keine subjektiv öffentlichen Rechte. Die sich aus Abs. 8 ergebende Wirkung ist nicht Inhalt des Verwaltungsaktes, sondern eine gesetzliche Folge, die reflexartig jedem positiven Bescheid folgt, um die Begünstigung für die privilegierten Untenehmen nicht deren Stromversorgungsunternehmen aufzuerlegen, sondern diese bundesweit umzuverteilen.

Die von der Umverteilung durch höhere EEG-Quoten und -Kosten negativ 43 betroffenen **nicht privilegierten Stromverbraucher haben ebenfalls keine subjektiv öffentlichen Rechte.** Auch die Begrenzung der Umverteilungswirkung in Abs. 5 auf maximal 10 Prozent[71] begründet keine solchen Rechte. Die Regelung ist lediglich im öffentlichen Interesse erlassen und gewährt keine Individualrechte.

Rechtsbehelfe können nur gegen die endgültige Sachentscheidung des BAFA, 44 nicht aber gegen vorbereitende Verfahrenshandlungen eingelegt werden, § 44 a VwGO.[72] Daher ist es nicht möglich, etwa die zur Bestimmung der nach der Begrenzung abzunehmenden Strommengen notwendige Berechnung oder Prognosen des BAFA separat und vor Abschluss des Verwaltungsverfahrens anzugreifen, da diese zwingende Vorbereitungsschritte für die Bescheiderteilung sind.[73]

Regelmäßig haben Rechtsbehelfe gegen Bescheide des BAFA nach § 16 keine 45 aufschiebende Wirkung, § 80 Abs. 1 VwGO.[74] Eine solche kommt lediglich Anfechtungswidersprüchen und -klagen,[75] nicht jedoch Verpflichtungswidersprüchen bzw. -klagen zu. Die Rechtsbehelfe der begünstigten Unternehmen werden jedoch regelmäßig gegen eine (Teil-)Versagung und damit auf die Verpflichtung zu einer weitergehenden Begrenzung gerichtet sein. Rechtsbehelfe Dritter würden sich zwar gegen die Gewährung der Begünstigung richten und könnten daher als Anfechtungshandlungen grundsätzlich eine aufschiebende Wirkung hervorrufen. Dies gilt jedoch nicht, wenn der Rechtsbehelf offensichtlich unzulässig[76] ist oder keine Widerspruchs- bzw. Klagebefugnis besteht.[77] Letztere ist jedoch bei Rechtsbehelfen von Elektrizitätsversorgungsunternehmen, Übertragungsnetzbetreibern oder sonstigen Dritten regelmäßig nicht gegeben, so dass grundsätzlich auch dann keine aufschiebende Wirkung eintritt.

C. Anspruch auf Begrenzung (Abs. 1)

Absatz 1 begründet den **Anspruch auf Begrenzung** der von den privilegier- 46 ten Unternehmen maximal abzunehmenden Strommengen nach § 14 Abs. 3 Satz 1 an denjenigen Abnahmestellen, an denen die Anspruchsvoraussetzungen gegeben sind. Er steht Unternehmen des produzierenden Gewerbes sowie selbstständigen Teilen davon zu, wenn sie die Voraussetzungen des Abs. 2 erfüllen.

---

[70] Vgl. zu Abs. 8 unten Rn. 223 ff.
[71] Vgl. unten Rn. 174 ff.
[72] Vgl. zu § 44 a *Kopp/Schenke,* VwGO, § 44 a Rn. 3 ff.
[73] Vgl. auch *Salje,* EEG, § 16 Rn. 130.
[74] Vgl. zur aufschiebenden Wirkung *Schmidt,* in: Eyermann/Fröhler, VwGO, § 80 Rn. 5 ff., *Kopp/Schenke,* VwGO, § 80 Rn. 22 ff.
[75] Vgl. *Redeker,* in: Redeker/v. Oertzen, VwGO, § 80 Rn. 4.
[76] Vgl. *Kopp/Schenke,* VwGO, § 80 Rn. 50 m. w. N.
[77] BVerwG, DVBl. 1993, 256 ff., vgl. *Kopp/Schenke,* VwGO, § 80 Rn. 50 m. w. N.

Begünstigte Normadressaten sind daneben, unter den Voraussetzungen des Abs. 3, auch diejenigen Unternehmen, die Schienenbahnen betreiben. Ziel der Besonderen Ausgleichsregelung ist die Verringerung, der sich durch die vertragliche Weitergabe der EEG-Strommengen ergebenden Kosten für die begünstigten Unternehmen, wobei der Anspruch in doppelter Hinsicht bedingt ist: Es dürfen die Ziele des Gesetzes nicht gefährdet werden und die Begrenzung muss mit den Interessen der Gesamtheit der Stromverbraucher vereinbar sein.

I. Begrenzungsanspruch

47 Nach Abs. 1 wird der Anteil der Strommenge nach § 14 Abs. 3 Satz 1, der von Elektrizitätsversorgungsunternehmen an die zu begünstigenden Letztverbraucher weitergegeben werden kann, begrenzt. Der Anspruch zielt dabei auf die Verringerung der von begünstigten Unternehmen zu tragenden anteiligen Kosten des Ausbaus der Erneuerbaren Energien im Strombereich. Die angestrebte Kostenbegrenzung erfolgt jedoch nur **indirekt** durch die Beschränkung der Möglichkeit der Weitergabe der EEG-Strommengen an die Privilegierten.

48 Dieses Vorgehen trägt der bundesweiten Ausgleichsregelung nach §§ 4 Abs. 6, 5 Abs. 2 und 14 Rechnung, die **keine reine Kostenwälzung,** sondern die Weitergabe der abgenommenen Strommengen und die Erstattung der dafür gezahlten Vergütungen vorsieht.[78] § 14 Abs. 3 Satz 1 ordnet als letzte Stufe der Ausgleichskette an, dass alle Elektrizitätsversorgungsunternehmen anteilig zu dem von ihnen an Letztverbraucher gelieferten Strom gleichmäßig Strom aus Erneuerbaren Energien von den Übertragungsnetzbetreibern abnehmen und vergüten. Das EEG regelt dagegen nicht, wie die Versorger mit dem Strom und den gezahlten Vergütungen umgehen.[79] Die Regelung des Abs. 1 setzt jedoch die grundsätzliche Möglichkeit der Weitergabe der Kosten aus dem EEG an die Stromverbraucher voraus. Durch die Begünstigung der Besonderen Ausgleichsregelung wird der an die privilegierten Unternehmen maximal weitergebbare Anteil begrenzt, so dass infolge dessen auch die dafür entstehenden Kosten begrenzt werden.[80]

49 Die **Begrenzung erfolgt nur auf Antrag.** Die notwendigen Inhalte des Antrags werden in den Abs. 2 bzw. 3, die sonstigen Vorgaben zu Fristen und Verfahren in Abs. 6 geregelt. Der Antrag kann durch den Begünstigten selbst oder einen Bevollmächtigten, durch den Mutterkonzern oder ein mit der Energiebeschaffung betrautes (Schwester-)Unternehmen, gestellt werden.

50 Der Anspruch richtet sich auf die Begrenzung der weitergebbaren EEG-Strommenge an einer im Antrag näher zu bestimmenden Abnahmestelle, an der die in Abs. 2 bzw. Abs. 3 näher bestimmten Anforderungen vorliegen müssen. Daher ist **für jede Abnahmestelle ein gesonderter Antrag zu stellen.** Unter den Begriff der Abnahmestelle fallen nach der Definition des Abs. 2 Satz 4 „alle räumlich zusammenhängenden elektrischen Einrichtungen des Unternehmens auf einem Betriebsgelände, das über einen oder mehrere Entnahmepunkte mit dem Netz des Netzbetreibers verbunden ist."[81]

51 Im Ergebnis besteht der **Begrenzungsanspruch damit regelmäßig nur für das jeweilige Betriebsgelände,**[82] nicht für das gesamte begünstigte Unterneh-

---
[78] Vgl. Kommentierung zu § 14 Rn. 2 ff.
[79] Vgl. Kommentierung zu § 14 Rn. 4.
[80] Vgl. Begründung zu § 16 Abs. 1, BT-Drs. 15/2864, S. 50; für § 11 a EEG 2000 vgl. bereits die Begründung zu § 11 a Abs. 1 EEG 2000, BT-Drs. 15/810, S. 5.
[81] Vgl. zur Abnahmestelle auch unten Rn. 124 ff.
[82] Die Wirkung ist auf Teilbereiche eines Betriebsgeländes lediglich dann beschränkt, wenn die elektrischen Einrichtungen auf dem Betriebsgelände nicht in einem räumlichen Zusammenhang stehen, vgl. Rn. 129.

men. Die Begrenzung erfolgt damit gezielt nur für die stromintensiven Produktionsbereiche. Andere Produktionseinheiten desselben Unternehmens an anderen Standorten fallen nicht in den Anwendungsbereich der Besonderen Ausgleichsregelung, um ansonsten mögliche Ungleichbehandlungen zu vermeiden, es sei denn, dort sind die Voraussetzungen ebenfalls erfüllt. Auch Abs. 4 Satz 3 führt nicht zu einer Ausweitung der Begrenzungswirkung über die einzelne Abnahmestelle hinaus auf das gesamte Unternehmen. Die dort verwendete Formulierung „für Unternehmen" hat keine derartigen Rechtsfolgen. Denn es gilt lediglich „dies" und damit die Regelung des Abs. 4 Sätze 1 und 2, die gerade nur eine Begrenzung an der jeweiligen Abnahmestelle vorsehen.[83]

Durch die Besondere Ausgleichsregelung wird die Möglichkeit zur Weitergabe des Stroms aus Erneuerbaren Energien durch die Elektrizitätsversorgungsunternehmen, die die privilegierten Unternehmen beliefern, begrenzt. Der Begriff des **Elektrizitätsversorgungsunternehmens** ist im EEG nicht legaldefiniert. Er ist unabhängig von der Definition in anderen Gesetzen und eigenständig im Hinblick auf Sinn und Zweck der Regelung auszulegen. Die Regelungen des EEG gehen auch nach dem Willen des Gesetzgebers,[84] im Fall sich widersprechenden Regelungen, solchen des allgemeinen Energiewirtschaftsrechts als Spezialregelungen vor.

Insbesondere kommt es nicht auf eine Genehmigung zur Aufnahme der Energieversorgung nach § 3 Abs. 1 EnWG 1998[85] an. Unerheblich ist es auch, ob die Stromlieferung über das Netz für die allgemeine Versorgung erfolgt. Diese zum bisherigen Gesetz umstrittene Frage, wurde vom OLG Naumburg mit Urteil vom 9. März 2004 entschieden.[86] Der Gesetzgeber hat sich diesem Urteil angeschlossen, das überzeugend dargelegt hat, dass es bereits dem Willen des Gesetzgebers im Jahr 2000 entsprochen hat, alle Stromvermarkter anteilig zu gleichen Teilen in das System des EEG einzubeziehen.[87] Elektrizitätsversorgungsunternehmen im Sinne des § 16 ist daher jeder, der andere mit Strom versorgt.[88]

Dieses weite Verständnis belastet auch die so betroffenen Versorgungsunternehmen nicht unbillig. Die Elektrizitätsversorgungsunternehmen bleiben nicht auf den an die begünstigten Unternehmen nicht weiterzureichenden EEG-Strommengen „sitzen". Vielmehr wird gemäß Abs. 8 bereits die Verpflichtung dieser Elektrizitätsversorgungsunternehmen zur Abnahme der EEG-Quote vom regelverantwortlichen Übertragungsnetzbetreiber entsprechend gekürzt, die privilegierte Strommenge in den bundesweiten Ausgleich eingestellt und in diesem Rahmen gleichmäßig verteilt.[89]

Zuständige Behörde für den Erlass der Begrenzungsentscheidungen ist das BAFA mit Sitz in Eschborn.[90] Das BAFA ist eine Bundesoberbehörde im Geschäftsbereich des Bundeswirtschaftsministeriums, das beim Vollzug der Besonderen Ausgleichsregelung nach Abs. 7 unter der Fachaufsicht des Bundesumweltministeriums steht.[91] Das BAFA hat bei der Entscheidung über den Antrag kein Ermessen.[92] Da es bei der Entscheidung aber nur zum Teil auf feststehende

---

[83] Vgl. auch Rn. 153.
[84] Vgl. Begründung, BT-Drs. 15/2864, S. 21.
[85] In der bis zum 30. 6. 2005 gültigen Fassung.
[86] OLG Naumburg, RdE 2004, 266 ff.
[87] Ebenda.
[88] Vgl. Kommentierung zu § 14 Rn. 50 ff.
[89] Vgl. unten Rn. 223 ff.
[90] Frankfurter Straße 29–35, 65760 Eschborn, www.bafa.de.
[91] Vgl. unten Rn. 221 f.
[92] Anders noch die Entwürfe der Bundesregierung und der Regierungsfraktionen zur Vorgängerregelung, vgl. oben Rn. 30.

Sachverhalte zurückgreifen kann, muss es hinsichtlich der zukünftigen Entwicklung Prognosen treffen, so dass ihm ein entsprechender Beurteilungsspielraum zusteht.[93]

II. Begünstigung von Unternehmen des produzierenden Gewerbes

56   Inhaber des Anspruchs sind zum einen Unternehmen des produzierenden Gewerbes, Abs. 1 Satz 2 Alt. 1, ohne dass diese Begriffe im EEG näher definiert werden.

1. Unternehmen

57   Ein Unternehmen ist die **kleinste rechtlich selbstständige Einheit**.[94] Dieses Verständnis des unbestimmten Rechtsbegriffs wird dem Ziel der Besonderen Ausgleichsregelung, diejenigen Stromverbraucher zu entlasten, die besonders stromintensiv sind und deren internationale Wettbewerbsfähigkeit beeinträchtigt sein kann, dabei gleichzeitig aber im Interesse der nicht privilegierten Stromverbraucher die Begrenzung auf das erforderliche Maß zu beschränken, am besten gerecht. Abzustellen ist daher auf die jeweilige Einzelgesellschaft, nicht auf die Konzerne oder Muttergesellschaften in ihrer Gesamtheit.[95] Maßgeblich ist die Abgrenzung für die Feststellung der Stromintensivität nach Abs. 2 Satz 1 Nr. 2, da die Begrenzung ohnehin nur für einzelne Abnahmestellen und nicht für das gesamte Unternehmen erfolgt.[96]

58   Der Unternehmensbegriff ist **unabhängig von der konkreten Rechtsform** und umfasst juristische Personen ebenso wie Personengesellschaften und kommunale Eigenbetriebe. Diese Auslegung entspricht der Praxis des BAFA bei der Abwicklung der Vorgängerregelung des § 11a EEG 2000. Der Gesetzgeber sah sich in Kenntnis dieses Vorgehens – anders als bei anderen Fragen der Besonderen Ausgleichsregelung – nicht dazu veranlasst, eine Änderung vorzunehmen.[97]

2. Produzierendes Gewerbe

59   Zum produzierenden Gewerbe gehören der Bergbau, die Gewinnung von Steinen und Erden, das verarbeitende Gewerbe, die Energie- und Wasserversorgung und das Baugewerbe.[98] Dieser unbestimmte Rechtsbegriff wird im EEG nicht definiert. Es kann jedoch auf die Aufzählung in § 1 **ProdGewStatG**[99] zurückgegriffen werden, die diese Branchen als zum produzierenden Gewerbe gehörend benennt.

---

[93] Vgl. dazu unten Rn. 148, 150.
[94] Vgl. Begründung zu § 16 Abs. 1, BT-Drs. 15/2864, S. 50; diese Auslegung entspricht im Ergebnis der Privilegierung im Rahmen der Stromsteuer, § 9 Abs. 3 i. V. m. § 2 Nr. 4 StromStG.
[95] A. A. *Salje*, EEG, § 16 Rn. 12 ff.
[96] Vgl. bereits oben Rn. 50.
[97] Anders etwa bei der Begrenzung, die bereits nach § 11a Abs. 3 EEG 2000 nur für eine Abnahmestelle erfolgen sollte, in der Praxis jedoch für das gesamte Unternehmen mit allen Standorten gewährt wurde. Der Gesetzgeber sah sich deshalb veranlasst, den Wortlaut auch in § 16 Abs. 1 in diesem Sinne zu konkretisieren. Vgl. Rn. 91 und 108.
[98] Wie hier *Dreher*, in: Reshöft/Steiner/Dreher, EEG, § 16 Rn. 8; zu eng dagegen *Salje*, EEG, § 16 Rn. 18, der auf die Auflistung derjenigen Branchen in der Begründung zum KWKG (BT-Drs. 14/7024, S. 14) abstellt, die der Gesetzgeber nicht als abschließende Aufzählung verstanden wissen, sondern damit lediglich die wahrscheinlichen Privilegierten des § 9 Abs. 7 Satz 3 KWKG benennen wollte.
[99] Gesetz über die Statistik im Produzierenden Gewerbe (Gewerbestatistikgesetz) vom 6.11.1975, BGBl. I 2779, neu gefasst am 21. 3. 2002, BGBl. I 1181, zuletzt geändert durch 25. 11. 2003, BGBl. I 2304.

Besondere Ausgleichsregelung 60–64 § 16

Nicht zum produzierenden Gewerbe gehören insbesondere **Handelsunter-** 60
nehmen und grundsätzlich **Handwerksbetriebe** sowie handwerksähnliche Unternehmen. Dagegen ist es für die Zuordnung eines Betriebes zum produzierenden Gewerbe unschädlich, wenn der Inhaber oder Leiter eines zu den Branchen des produzierenden Gewerbes zählenden Unternehmens in die Handwerksrolle eingetragen ist (produzierendes Handwerk).[100] Bei Zweifeln, ob ein Unternehmen als produzierendes Gewerbe eingeordnet werden kann, kann auf die in den statistischen Jahresberichten getroffenen Abgrenzungen des Statistischen Bundesamtes zurückgegriffen werden.[101]

III. Selbstständige Teile eines Unternehmens

Von der Besonderen Ausgleichsregelung können nicht nur Unternehmen des 61
produzierenden Gewerbes als ganzes, sondern nach Abs. 2 Satz 4 auch selbstständige Teile eines Unternehmens profitieren. Da der Unternehmensbegriff der Besonderen Ausgleichsregelung bereits auf die kleinste rechtlich selbstständige Einheit abstellt,[102] können Unternehmensteile im Sinne des Abs. 2 Satz 4 keine eigenen Gesellschaften sein, sondern vielmehr eine **Untergliederungen einer Gesellschaft ohne eigene Rechtspersönlichkeit**.[103]

Unternehmensteile können nur dann Begünstigte der Besonderen Ausgleichsre- 62
gelung sein, wenn sie **selbstständig** sind. Dies ist der Fall, wenn sie ein Mindestmaß an Eigenständigkeit aufweisen. Voraussetzung ist, dass der Teil so organisiert ist, dass er als solcher rechtlich wie tatsächlich ein eigenes Unternehmen darstellen könnte. Dafür ist es erforderlich, dass er eine Organisationsstruktur aufweist, die zu unternehmerischen und planerischen Entscheidungen in der Lage ist.[104]

Regelmäßig werden diese Anforderungen **bei ausgegliederten Standorten,** 63
an denen sowohl die Produktion als auch Verwaltung und Vertrieb angesiedelt sind, vorliegen. Anwendungsfall dieser Regelung können auch Unternehmensteile sein, die aus der Fusion oder der Ausgliederung und anschließendem Verkauf entstehen. So besteht eine gewisse Vermutung, dass ein erworbener und unter Verlust der rechtlichen Eigenständigkeit in ein anderes Unternehmen eingegliederter Teil, die Voraussetzungen erfüllt, wenn die Organisationsstrukturen im Wesentlichen erhalten geblieben sind.

IV. Begünstigung von Unternehmen, die Schienenbahnen betreiben

Neu in den Anwendungsbereich der Besonderen Ausgleichsregelung aufge- 64
nommen worden sind Unternehmen, die Schienbahnen betreiben.[105] Nach dem Wortlaut des Abs. 1[106] wird nicht auf Unternehmen, sondern lediglich auf „Schienenbahnen" abgestellt. Aus der Systematik der Besonderen Ausgleichsregelung ergibt sich jedoch, dass Begünstigte die jeweiligen **Unternehmen, die solche Bahnen betreiben,** sein müssen. So stellt etwa Abs. 3 Nr. 2 auf die Verbrauchs-

---

[100] Vgl. auch die Darstellung des Statistischen Bundesamtes, http://www.destatis.de/basis/d/prohan/prodgtxt.php (7. 12. 2005); ungenau insoweit *Dreher*, in: Reshöft/Steiner/Dreher, EEG, § 16 Rn. 8 sowie *Salje*, EEG, § 16 Rn. 18.
[101] Statistisches Bundesamt, Statistisches Jahrbuch 2004, Kap. 13, S. 383 ff.
[102] Vgl. bereits Rn. 57.
[103] Begründung zu § 16, BT-Drs. 15/2864, S. 51; vgl. auch *Salje*, EEG, § 16 Rn. 17, der aber auch Rechtsträger als selbstständige Unternehmensteile einordnet, ebenda, Rn. 16.
[104] Begründung zu § 16, BT-Drs. 15/2864, S. 51; vgl. auch *Salje*, EEG, § 16 Rn. 17.
[105] Vgl. *Oschmann/Müller*, Ergänzung zur ZNER 2004, 1 f.; *Oschmann*, NVwZ 2004, 910, 914; *Müller*, RdE 2004, 237, 245.
[106] Ebenso in den folgenden Absätzen, vgl. Abs. 3 sowie Abs. 4 Satz 3 und 5.

§ 16 65–67   Erneuerbare-Energien-Gesetz

stellen des Unternehmens ab. Diese Auslegung wird auch durch die Begründung gestützt.[107] Damit ist auch bei Schienenbahnunternehmen Begünstigter der Besonderen Ausgleichsregelung die Gesellschaft als rechtlich kleinste Einheit, nicht dagegen das Mutterunternehmen oder der entsprechende Konzern.[108]

65   Eine Legaldefinition des Begriffs Schienbahnen ist nicht enthalten, auch wird nicht auf einschlägige Gesetze Bezug genommen. Nach der Begründung sind unter Schienenbahnen „alle Unternehmen" zu verstehen, „die auf Schienen Güter oder Menschen transportieren",[109] exemplarisch werden „Eisenbahnen, Magnetschwebebahnen, Straßenbahnen und nach ihrer Bau- und Betriebsweise ähnliche Bahnen" genannt.[110] Maßgeblich ist die **Schienengebundenheit** des Verkehrsmittels. Ob diese Schienen aus zwei parallelen Strängen oder lediglich einer Monoschiene bestehen, ist unerheblich. Zwar wird etwa im HaftPflG[111] zwischen Schienenbahnen und Schwebebahnen unterschieden,[112] so dass es vertretbar erscheint, Schwebebahnen nicht zu den Schienenbahnen zu zählen. Da aber mit der Erwähnung der „Magnetschwebebahnen" in der Begründung explizit auch diese vom Willen des Gesetzgebers umfasst sind, ist dieser für das EEG nicht maßgeblichen Unterscheidung nicht zu folgen.[113] In den Anwendungsbereich fallen auch S-, U- und Straßenbahnen.

66   **Keine Schienenbahnunternehmen** sind dagegen Oberleitungsomnibusse und Schienbahninfrastrukturunternehmen. Oberleitungsomnibusse werden mit elektrischer Energie betrieben und beziehen diese, insoweit den Schienenbahnen vergleichbar, über Oberleitungen. Allerdings fehlt es an dem konstitutiven Merkmal der Schienengebundenheit.[114] Schienbahninfrastrukturunternehmen betreiben selbst keine Schienenbahnen, sondern betreiben, bauen und unterhalten Schienenwege.[115] Im Zweifel ist das Tatbestandsmerkmal des Schienbahnunternehmens als Ausnahmevorschrift restriktiv auszulegen,[116] so dass keine Privilegierung möglich ist. Ein enges Verständnis ist auch auf Grund der Begrenzung des Entlastungsvolumens für Schienenbahnen in Abs. 4 Satz 5 geboten, um die mögliche Entlastungswirkung nicht durch die Einbeziehung von Grenzfällen zu Lasten der unzweifelhaft die Voraussetzungen erfüllenden Unternehmen unnötig zu schmälern.[117]

67   Die Einbeziehung der Schienenbahnunternehmen in die Besondere Ausgleichsregelung erfolgt nicht, weil es sich bei ihnen um stromintensive Unternehmen handelt,[118] sondern **aus verkehrspolitischen Gründen.** Dies ist nach dem

---

[107] Begründung zu § 16 Abs. 3, BT-Drs. 15/2864, S. 52.
[108] Vgl. zum Unternehmensbegriff bereits Rn. 57 f.
[109] Vgl. Begründung zu § 16 Abs. 3, BT-Drs. 15/2864, S. 52; insoweit wird auch die Auslegung in Rn. 64 gestützt.
[110] Vgl. BT-Drs. 15/2864, S. 31. Damit wird im Ergebnis doch an den Begriff der Schienenbahnen im AEG angeknüpft, vgl. § 1 Abs. 2 Satz 1 AEG vom 27. 12. 1993, BGBl. I 2396, zuletzt geändert am 3. 8. 2005, BGBl. I 2270.
[111] Haftpflichtgesetz v. 7. 6. 1871, RGBl. S. 207, neu gefasst am 4. 1. 1978, BGBl. I S. 145, zuletzt geändert am 19. 7. 2002, BGBl. I S. 2674.
[112] Vgl. § 1 Abs. 1 HaftPflG.
[113] So auch *Salje*, EEG, § 16 Rn. 22.
[114] Vgl. dazu soeben Rn. 65; so auch *Salje*, EEG, § 16 Rn. 22.
[115] Vgl. § 2 Abs. 3 AEG. In der bei Verabschiedung des EEG gültigen Fassung des AEG waren auch die Aufgabe „Führung von Betriebsleit- und Sicherheitssystemen" als Aufgabe den Schienbahninfrastrukturunternehmen zugeordnet, was bei der Auslegung der zu begünstigten Strommengen zu berücksichtigen ist, vgl. Rn. 139 ff.
[116] Vgl. zur Auslegung von Ausnahmevorschriften *Larenz*, Methodenlehre der Rechtswissenschaft, S. 174, 176; zurückhaltend *Müller/Christensen*, Juristische Methodik, Rn. 370.
[117] Vgl. dazu Rn. 169 ff.
[118] Daher ist auch das Erreichen eines bestimmten Verhältnisses der Stromkosten zur Bruttowertschöpfung keine Anspruchsvoraussetzung, a. A. *Salje*, EEG, § 16 Rn. 19.

Willen des Gesetzgebers gerechtfertigt, da „diese Aufgaben der Daseinsvorsorge auf besonders umweltfreundliche Art und Weise wahrnehmen und auf den Bezug von Elektrizität angewiesen sind."[119] Regelungen mit einer vergleichbaren Privilegierung von Schienenbahnunternehmen sind in § 9 Abs. 7 Satz 5 KWKG und in § 9 Abs. 2 Nr. 2 StromStG enthalten.

Bei Schienbahnunternehmen ist eine **Begünstigung nur einzelner Unternehmensteile** im Sinne der Privilegierung des Abs. 2 Satz 5 für Unternehmen des produzierenden Gewerbes **nicht möglich.** Dieser Satz wird in dem für die Schienbahnunternehmen maßgeblichen Abs. 3 nicht in Bezug genommen. Eine entsprechende Regelung ist aber auch verzichtbar, da die Erstreckung der Besonderen Ausgleichsregelung auf selbstständige Unternehmensteile eine Erleichterung zur Erreichung des für Schienenbahnunternehmen ohnehin nicht einschlägigen Verhältnisses der Strombezugskosten zur Bruttowertschöpfung ist.[120] Außerdem muss der Betrieb von Schienenbahnen nicht der Hauptzweck des Unternehmens sein. Maßgeblich ist lediglich, dass das entsprechende Unternehmen auch Schienenbahnen betreibt.[121] 68

V. Ziele der Besonderen Ausgleichsregelung

Mit der Besonderen Ausgleichsregelung sollen die sich aus der Weitergabe der EEG-Strommengen an die zu begünstigenden Unternehmen ergebenden **Kosten** für den vom EEG ermöglichten Ausbau der Erneuerbaren Energien im Strombereich, **verringert** werden, **soweit** durch diese Privilegierung nicht die Ziele des Gesetzes gefährdet werden oder die Begrenzung nicht mit den Interessen der Gesamtheit der Stromverbraucher vereinbar ist. Ziel ist es also eine Begrenzung zu ermöglichen, wobei die Auswirkungen auf die Gesetzesziele sowie auf die nicht begünstigten Stromverbraucher verhältnismäßig bleiben müssen. Die Ziele haben keine unmittelbaren Rechtsfolgen, sind jedoch bei der Auslegung der Besonderen Ausgleichsregelung heranzuziehen. 69

1. Ziel der Verringerung der Kosten

Motivation des Gesetzgebers für die Aufnahme der Besonderen Ausgleichsregelung in das EEG war die Erkenntnis, dass es nicht ausgeschlossen werden kann, dass die **internationale Wettbewerbsfähigkeit**[122] durch die mit dem Ausbau der Erneuerbaren Energien verbundenen Kosten beeinträchtigt sein kann. Die Regelung soll diesem Umstand Rechnung tragen und zielt daher auf eine Verringerung der Kosten ab.[123] 70

Dieses Ziel besteht jedoch **nicht unbeschränkt,** vielmehr steht es unter einer zweifachen Bedingung, dass die Gesetzesziele nicht gefährdet werden und die Interessen der Gesamtheit der Stromverbraucher gewahrt bleiben. Das Ziel der Kostenreduktion hat daher keinen unbegrenzten Vorrang. Der Ausgleich zwischen den verschiedenen gegenläufigen Interessen ist auch verfassungsrechtlich erforderlich.[124] 71

---

[119] Vgl. Begründung zu § 16 Abs. 1, BT-Drs. 15/2864 S. 50.
[120] Vgl. hierzu auch Rn. 138.
[121] So sind etwa „betriebinterne Werksverkehre und Bergbahnen" nicht explizit ausgeschlossen, wie dies etwa in § 9 Abs. 2 Nr. 2 StromStG erfolgt ist; im Ergebnis wie hier auch *Salje,* EEG, § 16 Rn. 21.
[122] Vgl. BR-Drs. 242/03, S. 4 bzw. BT-Drs. 15/810, S. 5.
[123] So jetzt die Begründung seit der Novelle des EEG, vgl. Begründung zu § 16 Abs. 1, BT-Drs. 15/2864, S. 50.
[124] Vgl. Rn. 178.

2. Keine Gefährdung der Gesetzesziele

72 Die erste Bedingung, unter der das Ziel der Kostenreduktion steht, ist, dass dadurch die Ziele des Gesetzes nicht gefährdet werden. Die Gesetzesziele sind identisch mit den **in § 1 genannten Zwecken des Gesetzes.** Hierzu zählt insbesondere, im Interesse des Klima-, Natur- und Umweltschutzes, eine nachhaltige Entwicklung der Energieversorgung zu ermöglichen.[125] Diese Zwecke werden dadurch erreicht, dass den Betreibern von Anlagen zur Erzeugung von Strom aus Erneuerbaren Energien durch den Anspruch auf vorrangigen Anschluss der Anlagen, vorrangige Abnahme, Übertragung sowie Verteilung des Stroms und die gewährten auf mindestens 20 Jahre garantierten Mindestvergütungssätze Bedingungen eingeräumt werden, die ausreichende Anreize für Investitionen in solche Anlagen bieten. Dadurch wird der Anteil der Erneuerbaren Energien an der Stromversorgung sukzessive erhöht.

73 Die Besondere Ausgleichsregelung hat **zunächst keine direkten Auswirkungen** auf diese Ziele und den zur Erreichung verwendeten Mechanismus. Durch die in § 16 angelegte Begünstigung einzelner Stromabnehmer wird das dem Gesetzeszweck dienende System der Abnahmepflichten und Einspeisevergütungen nicht berührt. Nicht die Einspeiser des Stroms aus Erneuerbaren Energien, sondern die sonstigen, nicht privilegierten Stromverbraucher sind durch die Umverteilung der Strommengen im Rahmen der Besonderen Ausgleichsregelung negativ betroffen. Es werden die EEG-Strommengen auf einen kleineren Kreis von Verbrauchern verteilt, so dass diese im Endeffekt höhere Kosten zu tragen haben, als es ihrem Anteil an der Verursachung der klimaschädlichen Folgen der Energiewirtschaft entspricht.[126]

74 Allerdings ist es denkbar, dass die Anwendung der Besonderen Ausgleichsregelung **indirekt** die Erreichung der **Gesetzesziele gefährden** kann. Die Umverteilung führt zu einer ungleichen Inanspruchnahme und infolge dessen zu einem nicht am Verursachungsanteil an den Klimaauswirkungen gemessenen Beitrag zum Ausbau der Erneuerbaren Energien. Dieser Umstand – zusammen mit der dafür ursächlichen mit der Besonderen Ausgleichsregelung letztlich verfolgten Wirtschaftsförderung – kann zu einer **schwindenden Akzeptanz** des Gesetzes in der Bevölkerung führen, so dass die Gesetzesziele zwar nicht rechtlich, aber **politisch gefährdet** sein könnten.[127]

3. Vereinbarkeit mit den Interessen der Gesamtheit der Stromverbraucher

75 Zweite Bedingung, unter der das Kostenverringerungsziel steht, ist die Vereinbarkeit der Auswirkungen der Besonderen Ausgleichsregelung mit den Interessen der Gesamtheit der Stromverbraucher. Die durch in Folge der Anwendung des § 16 ausgelöste Umverteilung der EEG-Stromengen und infolge dessen der EEG-Kosten ist nur dann mit den Interessen der nicht begünstigten Verbraucher vereinbar, wenn deren **Auswirkungen verhältnismäßig** bleiben.[128]

76 Abzustellen ist auf die Interessen der Gesamtheit der Stromverbraucher. Maßgeblich sind daher nicht die Interessen Einzelner oder bestimmter Gruppen,[129]

---

[125] Vgl. zu den Gesetzeszwecken und dem Stufenverhältnis des § 1 Abs. 1 vgl. Kommentierung zu § 1 Rn. 11 ff.
[126] So bereits zu § 11a EEG 2000 *Salje*, Versorgungswirtschaft 2003, 173, 174.
[127] Diesen Umstand übersieht *Salje*, EEG, § 16 Rn. 97.
[128] Zu den grundsätzlichen verfassungsrechtlichen Bedenken gegen die Besondere Ausgleichsregelung vgl. oben Rn. 17 ff.
[129] A. A. *Salje*, EEG, § 16 Rn. 99 ff., der unter Hinweis auf die Begründung zu § 11a EEG 2000, BT-Drs. 15/810, S. 6 f. und den Bericht der Berichterstatter im Umweltausschuss, BT-Drs. 15/1121, S. 5, entgegen dem Wortlaut eine Differenzierung zwischen den Interessen Tarifkunden und der konkurrierenden Unternehmen vornimmt.

Besondere Ausgleichsregelung

denn Individualinteressen sind regelmäßig negativ betroffen. Insbesondere die Interessen konkurrierender Unternehmen, die selbst nicht die Voraussetzungen nach Abs. 2 bzw. Abs. 3 erfüllen, werden stets durch die Begrenzungsentscheidungen tangiert sein. Eine solche in der Regel sehr aufwändige Einzelfallprüfung soll nach dem eindeutigen Wortlaut, der anstelle der Interessen der Stromverbraucher nur diejenigen der Gesamtheit der Stromverbraucher als Maßstab benennt, gerade nicht erfolgen. Dadurch würde die Besondere Ausgleichsregelung vermutlich leer laufen, denn gemessen an den Individualinteressen würde eine Unvereinbarkeit den Regelfall darstellen.

Die Wahrung der Interessen der Gesamtheit der Stromverbraucher ist vom BAFA in der Regel nicht (mehr)[130] unmittelbar bei der Prüfung der Anträge zu berücksichtigen. Die Erreichung dieses Gesetzesziels wird durch die Regelung des Abs. 5 gesichert. Um eine unverhältnismäßige Umverteilung zu verhindern, ist das Entlastungsvolumen der privilegierten Unternehmen begrenzt; als Folge der Anwendung der Besonderen Ausgleichsregelung dürfen sich die Kosten des EEG für die nicht privilegierten Verbraucher gemäß dem gesetzlich vorgesehenen Rechtsverfahren um maximal 10 Prozent erhöhen.[131]

Nach Ansicht von *Salje* beschreibt der Deckel nach Abs. 5 dagegen nur die **äußerste Grenze der Umverteilung,** die die Umverteilungsmenge im Verhältnis zum Vorjahr begrenzt. Die Schwelle der Tragfähigkeit der Umverteilung zu Tarifkunden sieht er bereits bei einer Erhöhung der bisherigen EEG-Verpflichtungen um 5 Prozent überschritten.[132] Bei konkurrierenden Unternehmen benennt er zwar keinen bestimmten Prozentsatz, konsequenterweise müsste dieser – je nach Wettbewerbssituation der Branche – aber deutlich unterhalb der für Tarifkunden festgelegten Marke liegen.

D. Anspruchsvoraussetzungen für Unternehmen des produzierenden Gewerbes (Abs. 2)

Der Anspruch auf Begrenzung der abzunehmenden EEG-Strommengen besteht für Unternehmen des produzierenden Gewerbes nur, wenn die materiellen Voraussetzungen des Abs. 2 **kumulativ neben den Eigenschaften des Abs. 1** vorliegen. Dadurch wird der Kreis der Begünstigten im Sinne einer Härtefallregelung auf diejenigen Stromverbraucher beschränkt, die im Sinne der Besonderen Ausgleichsregelung als besonders stromintensiv gelten. Darüber hinaus legt Abs. 2 die Art und Weise der zum Nachweis der Voraussetzungen zu erbringenden Bescheinigungen fest. Daneben wird der an verschiedenen Stellen verwendete Begriff der Abnahmestelle definiert und die Besondere Ausgleichsregelung auf Unternehmensteile erstreckt.

I. Voraussetzungen für den Anspruch auf Begrenzung

Während die Bestimmung der möglichen Adressaten in Abs. 1 sehr weit gefasst ist und lediglich eine erste Eingrenzung ermöglicht, werden in Abs. 2 Satz 1 die

---

[130] Anders noch bei § 11 a EEG 2000, der keine dem Abs. 5 vergleichbare Regelung enthielt.
[131] Vgl. zu dem sog. 10-Prozent-Deckel Rn. 174 ff.
[132] Vgl. *Salje*, EEG, § 16 Rn. 99; zur Vorgängerregelung des § 11 a EEG 2000 sah er eine Erhöhung um 5 Prozent als unkritisch an und ging erst ab einer Steigerung von 20 Prozent von einer wesentlichen Beeinträchtigung aus, vgl. *ders.*, Versorgungswirtschaft 2003, 173, 174.

Voraussetzungen benannt, die kumulativ vorliegen müssen, damit ein Unternehmen des produzierenden Gewerbes einen Anspruch auf Begrenzung hat. Die beiden maßgeblichen unternehmensindividuellen Eingangsschwellen sind der **Strombezug** und das **Verhältnis der Strombezugskosten zur Bruttowertschöpfung**. Der Strombezug muss an der zu begünstigenden Abnahmestelle den Grenzwert von 10 Mio. kWh (10 GWh) überstiegen haben und das Verhältnis der Strombezugskosten zur Bruttowertschöpfung muss größer als 15 Prozent gewesen sein. Außerdem muss die EEG-Strommenge nach § 14 Abs. 3 Satz 1 auch an den Antragsteller weitergereicht sowie von diesem selbst verbraucht worden sein und schließlich muss dieser dafür Differenzkosten im Sinne des § 15 Abs. 1 entrichtet haben. Maßgeblich sind dabei nicht die Werte des Begünstigungszeitraums, sondern die des letzten abgeschlossenen Geschäftsjahrs.

1. Mindeststrombezug von 10 Mio. kWh (10 GWh) (Abs. 2 Satz 1 Nr. 1)

81 Voraussetzung für einen Anspruch auf Begrenzung der abzunehmenden EEG-Strommengen nach Abs. 1 ist, dass der von einem Elektrizitätsversorgungsunternehmen nach § 14 Abs. 3 Satz 1 **bezogene und selbst verbrauchte Strom** an einer Abnahmestelle im letzten abgeschlossenen Geschäftsjahr 10 Mio. kWh (10 GWh) überstiegen hat.

82 Abzustellen ist nicht auf den Jahresstromverbrauchs des Antragstellers, vielmehr sind bei zur Erreichung der erforderlichen Strommengen des Abs. 2 Satz 1 Nr. 1 lediglich solche Mengen berücksichtigungsfähig, die **von Elektrizitätsversorgungsunternehmen bezogen** worden sind. Damit werden selbst erzeugte Strommengen nicht angerechnet, bleiben bei der Beurteilung der Eingangsschwellen also unberücksichtigt. So wird nur derjenige Strom betrachtet, der in das EEG-System einbezogen ist und für den der Versorger folglich selbst anteilig Strom aus Erneuerbaren Energien von seinem regelverantwortlichen Übertragungsnetzbetreiber abnehmen muss.[133]

83 Der Strombezug von einem Elektrizitätsversorgungsunternehmen nach § 14 Abs. 3 Satz 1 ist jedoch **nicht mit dem Strombezug aus dem Netz für die allgemeine Versorgung gleichzusetzen**. Der Gesetzgeber hat sich dem Urteil des OLG Naumburg[134] vom 9. März 2004 angeschlossen, dass im Sinne der Gesetzesziele überzeugend darlegt, dass alle Stromvermarkter anteilig zu gleichen Teilen in das Ausgleichssystem des EEG einzubeziehen sind. Elektrizitätsversorgungsunternehmen im Sinne des § 16 ist daher jeder, der andere mit Strom versorgt.[135] Im Rahmen des bundesweiten Ausgleichsmechanismus und damit auch bei der Besonderen Ausgleichsregelung werden daher alle Strommengen berücksichtigt, die von Elektrizitätsversorgungsunternehmen an Letztverbraucher geliefert werden, unabhängig von der Frage, ob dies über Netze der allgemeinen Versorgung oder durch andere Netze bzw. Leitungen erfolgt.[136]

84 **Anderer** als von einem Elektrizitätsversorgungsunternehmen i. S. d. § 14 Abs. 3 Satz 1 bezogener **Strom kann** deshalb **nicht berücksichtigt** werden, weil mit der Besonderen Ausgleichsregelung nur diejenigen Unternehmen begünstigt wer-

---

[133] Vgl. *Salje*, EEG, § 16 Rn. 45.
[134] OLG Naumburg, RdE 2004, 266 ff.
[135] Dagegen erfasst § 14 Abs. 7 EEG solche Fälle, in denen ein Verbraucher unter Umgehung des Bezuges über ein Elektrizitätsversorgungsunternehmen direkt Strom von einem Anderen bezieht.
[136] A. A. *Salje*, EEG, § 16 Rn. 28 ff., der zwar das Urteil des OLG Naumburg referiert, es aber für fraglich erachtet, ob sich die dort vertretene Ansicht durchsetzen wird. Mit der Bezugnahme des Urteils durch den Gesetzgeber, ist die Frage, ob sich das Urteil durchsetzen wird, beantwortet.

Besondere Ausgleichsregelung 85–87 § 16

den sollen, die besonders intensiv vom EEG berührt sind.[137] Nach der vom Gesetzgeber getroffenen Entscheidung ist diese Schwelle erst oberhalb eines EEG-relevanten Strombezugs von 10 Mio. kWh (10 GWh) erreicht. Unternehmen, die zwar mehr als 10 Mio. kWh (10 GWh) Stromverbrauch aufweisen können, jedoch nur für einen geringen Teil Strom aus Erneuerbaren Energien im Rahmen des Strombezuges abnehmen mussten, etwa weil sie den größten Teil ihres Verbrauches durch Eigenstromerzeugung decken, sind nicht in dem Maße vom EEG betroffen, wie Unternehmen mit gleichem Stromverbrauch aber keiner Eigenstromproduktion, so dass sie keine Begünstigung erhalten sollen. Diese Unternehmen werden vielmehr denjenigen gleichgestellt, die ihrerseits einen vergleichbar hohen Strombezug haben, der unter den in Abs. 2 Satz 1 Nr. 1 geforderten Mengen liegt.

Die bezogenen Strommengen müssen auch **selbst verbraucht** worden sein. 85
Daher sind vom Strombezug alle Strommengen abzuziehen, die vom Begünstigten an andere weitergegeben worden sind, unabhängig davon, an wen und zu welchem Zweck dies geschehen ist. Auch der an Mutter-, Schwester- oder Tochtergesellschaften weitergegebene Strom ist zu subtrahieren, unabhängig davon, ob diese am selben Standort oder an anderer Stelle angesiedelt sind. Insbesondere bei selbstständigen Unternehmensteilen ist die bezogene Strommenge zwischen dem begünstigten und den übrigen Teilen genau aufzuteilen. Der Antragsteller hat dafür Sorge zu tragen, dass eine genaue Unterscheidung zwischen selbst verbrauchtem und weitergegebenem Strom möglich ist und muss ggf. zur Nachvollziehbarkeit erforderliche Zwischenmessungen vornehmen. Fehlende Nachvollziehbarkeit der Aufteilung und Ungenauigkeiten gehen zu seinen Lasten und können dazu führen, dass ein Antrag abgelehnt werden muss.

Durch diese Voraussetzung werden auch **unternehmerische Gestaltungs-** 86
möglichkeiten ausgeschlossen, die mit dem Ziel einer Umgehung der Eingangsschwellen des Abs. 2 Satz 1 genutzt werden könnten. Die Gründung einer Gesellschaft zum Betrieb der Abnahmestelle, mit dem Ziel den jeweils unterhalb der Schwelle nach Abs. 2 Satz 1 Nr. 1 liegenden Strombezug mehrerer Gesellschaften in einer Hand zu bündeln und so die Voraussetzungen zu erfüllen, kann nicht zum Erfolg führen. Denn diese neu gegründete Gesellschaft muss den Strom an die hinter ihr stehenden Gesellschaften weitergeben und verbraucht ihn daher nicht selbst. Ein entsprechender Antrag wäre schon aus diesem Grund abzulehnen.[138]

Die Anspruchsvoraussetzung des Selbstverbrauchs sichert auch den **Gleichlauf** 87
mit den übrigen Voraussetzungen des Abs. 2, insbesondere zum Verhältnis der Strombezugskosten zur Bruttowertschöpfung. Einen Anspruch kann daher auch ein Unternehmen, das zwar einen ausreichend hohen Strombezug aufweist, aber ein zu niedriges Verhältnis der Stromkosten zur Bruttowertschöpfung hat, nicht dadurch erreichen, dass es die Begrenzung unter Zugrundelegung des Strombezugs des gesamten Unternehmens lediglich für einen Unternehmensteil beantragt, der diese Voraussetzung erfüllt. Ein Antrag für den selbstständigen Unternehmensteil ist nur dann Erfolg versprechend, wenn dieser Teil selbst einen ausreichend hohen Strombezug nachweisen kann, und die sonstigen Voraussetzungen für einen Anspruch eines selbstständigen Unternehmensteils vorliegen.

---

[137] Vgl. Begründung zu § 16 Abs. 2, BT-Drs. 15/2864, S. 51; bereits zu § 11a EEG 2000 vgl. Begründung zum Allgemeinen Teil, BT-Drs. 15/810, S. 5: „das einzelne … Unternehmen von diesen Kosten [des EEG] besonders betroffen sind. Ziel der … Regelung ist es, eine … Beeinträchtigung der Wettbewerbsfähigkeit *dieser* Unternehmen zu vermeiden."
[138] Unbegründet daher die von *Salje,* EEG, § 16 Rn. 43 als Argumentation für den von ihm weit verstandenen Unternehmensbegriff angeführte Umgehungsgefahr.

§ 16 88–91 Erneuerbare-Energien-Gesetz

88 Der notwendige über 10 Mio. kWh (10 GWh) hinausgehende Strombezug muss außerdem **an einer Abnahmestelle** erfolgen. Abnahmestelle sind nach Abs. 2 Satz 4 alle räumlich zusammenhängenden elektrischen Einrichtungen des Unternehmens auf einem Betriebsgelände, das über einen oder mehrere Entnahmepunkte mit dem Netz des Netzbetreibers verbunden ist.[139] Maßgeblich ist daher nur der am jeweiligen Betriebsgelände erfolgte Strombezug. Sofern ein Unternehmen verschiedene Betriebsgelände hat, wird deren Bezug nicht zusammengerechnet.

2. Verhältnis der Strombezugskosten zur Bruttowertschöpfung (Abs. 2 Satz 1 Nr. 2)

89 Voraussetzung für den Anspruch ist neben dem ausreichend hohen Strombezug nach Nr. 1, dass das **Verhältnis der Stromkosten zur Bruttowertschöpfung** des Antragstellers nach der **Definition des Statistischen Bundesamtes**, Fachserie 4 Reihe 4.3 vom Juni 2003, 15 Prozent überschritten hat, Abs. 2 Satz 1 Nr. 2. Dieses Verhältnis ist ein Indikator für die Stromintensität des Unternehmens. Die Stromintensität wird durch die konkrete Produktion des Unternehmens bestimmt. Die Bruttowertschöpfung ist die aussagekräftigste Bemessungsgrundlage für eine Analyse der industriellen Stromkosten, die mit dem Ziel durchgeführt wird, eine möglichst hohe Vergleichbarkeit der verschiedenen Wirtschaftszweige zu erreichen.[140]

90 **Stromkosten** sind sämtliche für den Strombezug des Unternehmens entrichteten Kosten einschließlich der Steuern, der Stromlieferkosten – gleichgültig ob von einem Stromhändler oder über die Börse bezogen – sowie der Netznutzungsentgelte, eventuelle Systemdienstleistungskosten und der Preisaufschläge auf Grund von EEG und KWKG. Von den Steuern sind bei der Ausweisung der Stromsteuer die Steuerentlastungen gemäß § 10 StromStG abzuziehen.[141] Nicht berücksichtigt werden außerdem die Umsatzsteuern.[142] Die Begrenzung auf die für den Strombezug entfallenden Kosten erfolgt aus denselben Erwägungen, wie zu Abs. 2 Satz 1 Nr. 1.[143]

91 **Nicht zu den Stromkosten zählen** diejenigen Aufwendungen, die für Errichtung, den Betrieb und die Unterhaltung der für den Strombezug erforderlichen technischen und baulichen Einrichtungen anfallen.[144] Hierbei handelt es sich nicht mehr um Stromkosten, sondern vielmehr um Bau- und Betriebskosten, so dass deren Subsumtion unter den Begriff der Stromkosten die Wortlautgrenze der Auslegung verletzt. Dieses sind überdies Kosten, die unabhängig vom EEG angefallen sind oder anfallen würden, so dass sie bei der für den Besonderen Ausgleichsregelung zugrunde liegenden Beurteilung einer besonderen Betroffenheit durch dieses Gesetz nicht berücksichtigt werden können. Eine solche Auslegung widerspricht auch der bisherigen Praxis des BAFA, an der der Gesetzgeber aber offensichtlich festhalten wollte, da er trotz deren Kenntnis keine Veränderungen vorgenommen hat.[145] Schließlich würde eine solche Auslegung den Antragstellern

---

[139] Vgl. zur Abnahmestelle unten Rn. 124 ff.
[140] Vgl. auch *Leprich/Thiele/Frey*, Belastung der stromintensiven Industrie durch das EEG, S. 6, 26; *dies.* legen auch die Nachteile sonstiger alternativ denkbarer Indikatoren (Umsatz, Bruttoproduktionswert oder Lohnkosten) dar (passim).
[141] Vgl. Begründung zu § 16 Abs. 2 Satz 2, BT-Drs. 15/2864, S. 51.
[142] Ebenda; a. A. *Salje*, EEG, § 16 Rn. 49 mit der Begründung, Umsatzsteuern würden bei der zum Vergleich heranzuziehenden Eigenstromerzeugung nicht anfallen.
[143] Vgl. dazu oben Rn. 83 f.
[144] So aber *Salje*, EEG, § 16 Rn. 48, allerdings einschränkend in ebenda, Rn. 49, mit dem Vergleich zu den bei der alternativen Eigenstromerzeugung anfallenden Kosten.
[145] Anders etwa bei der Begrenzung, die bereits nach § 11 a Abs. 3 EEG 2000 nur für eine Abnahmestelle erfolgen sollte, in der Praxis jedoch für das gesamte Unternehmen mit allen

Besondere Ausgleichsregelung　　　　　　　　　　　　　　92, 93　§ 16

Möglichkeiten einräumen, die Voraussetzungen durch ihr Verhalten zu beeinflussen, so dass eine erhebliche Missbrauchsgefahr bestünde.

Die **Bruttowertschöpfung** ist der Gesamtwert der vom Antragsteller produ- 92
zierten Güter und erbrachten Dienstleistungen abzüglich sämtlicher Vorleistungen. Die Güter und Dienstleistungen sind dabei mit dem jeweiligen Marktwert anzusetzen, wobei die Umsatzsteuer ebenfalls unberücksichtigt bleibt.[146] Unter Vorleistungen fallen alle von Dritten erbrachten oder bezogenen Handelswaren und Dienstleistungen,[147] insbesondere auch die Stromkosten.[148] Damit verkörpert die Bruttowertschöpfung den Wert, der den Vorleistungen durch eigene Leistungen hinzugefügt worden ist.[149]

Die Bruttowertschöpfung ist anhand der **Definition des Statistischen Bun-** 93
desamtes, Fachserie 4 Reihe 4.3 vom Juni 2003 zu ermitteln. Diese kann wie folgt abgeleitet werden:[150]

Umsatz aus eigenen Erzeugnissen und aus industriellen/handwerklichen Dienstleistungen (Lohnarbeiten usw.) ohne Umsatzsteuer + Umsatz aus Handelsware ohne Umsatzsteuer + Provisionen aus der Handelsvermittlung + Umsatz aus sonstigen nichtindustriellen/nichthandwerklichen Tätigkeiten (ohne Umsatzsteuer) **Bestände an unfertigen und fertigen Erzeugnissen aus eigener Produktion** − am Anfang des Geschäftsjahres + am Ende des Geschäftsjahres + Selbst erstellte Anlagen (einschließlich Gebäude und selbst durchgeführte Großreparaturen, soweit aktiviert) **= Bruttoproduktionswert (ohne Umsatzsteuer)** **Bestände an Roh-, Hilfs- und Betriebsstoffen** − am Anfang des Geschäftsjahres + am Ende des Geschäftsjahres − Eingänge an Roh-, Hilfs- und Betriebsstoffen (ohne Umsatzsteuer, die als Vorsteuer abzugsfähig ist) ...	**Bestände an Handelswaren (ohne Umsatzsteuer, die als Vorsteuer abzugsfähig ist)** − am Anfang des Geschäftsjahres + am Ende des Geschäftsjahres − Eingänge an Handelswaren (ohne Umsatzsteuer, die als Vorsteuer abzugsfähig ist) − Kosten für die durch andere Unternehmen ausgeführten Lohnarbeiten (auswärtige Bearbeitung) **= Nettoproduktionswert (ohne Umsatzsteuer)** − Kosten für Leiharbeitnehmer − Kosten für sonstige industrielle/handwerkliche Dienstleistungen (nur fremde Leistungen), wie Reparaturen, Instandhaltungen, Installationen und Montagen ohne Umsatzsteuern − Mieten und Pachten (ohne Umsatzsteuer) − Sonstige Kosten (ohne Umsatzsteuer) **= Bruttowertschöpfung (ohne Umsatzsteuer)**

Standorten gewährt wurde. Der Gesetzgeber sah sich deshalb veranlasst den Wortlaut auch in § 16 Abs. 1 in diesem Sinne zu konkretisieren. Vgl. auch Rn. 58 und 108.

[146] Vgl. *Salje,* EEG, § 16 Rn. 51 mit Fn. 47 der die Umsatzsteuer im Falle der Nichtberücksichtigung bei den Stromkosten auch bei der Bruttowertschöpfung in Abzug bringen will.

[147] Vgl. *Leprich/Thiele/Frey,* Belastung der stromintensiven Industrie durch das EEG, S. 22.

[148] Vgl. *Salje,* EEG, § 16 Rn. 52 und den Hinweis in der Begründung zu § 16, BT-Drs. 15/2864, S. 51, dass infolge dessen das Verhältnis der Stromkosten zur Bruttowertschöpfung größer als 100 sein kann.

[149] Vgl. Begründung zu § 16 Abs. 2 Satz 1, BT-Drs. 15/2864, S. 51; s. a. *Leprich/Thiele/Frey,* Belastung der stromintensiven Industrie durch das EEG, S. 22.

[150] Vgl. *BAFA,* Merkblatt zur besonderen Ausgleichsregelung nach § 16 EEG, Stand: 18. 3. 2005, www.bafa.de/1/de/aufgaben/energie.htm (7. 12. 2005); s. a. *Leprich/Thiele/Frey,* Belastung der stromintensiven Industrie durch das EEG, S. 22.

94 Für bereits im Rahmen der Besonderen Ausgleichsregelung privilegierte Unternehmen ordnet Abs. 6 Satz 4 eine für die Ermittlung des Verhältnisses der Strombezugskosten zur Bruttowertschöpfung **bei Folgeanträgen günstige Fiktion** an. Danach bleibt die durch eine vorangegangene Entscheidung des BAFA hervorgerufene Wirkung bei der Berechnung dieses Verhältnisses außer Betracht.[151]

95 Privilegierungen im Rahmen des § 16 wirken sich durch eine Begrenzung der abzunehmenden EEG-Strommengen reduzierend auf die Strombezugskosten des Unternehmens aus. Keine Auswirkungen hat die Entscheidung dagegen auf die Bruttowertschöpfung, da diese von den Stromkosten unbeeinflusst bleibt. Bei einer Berücksichtigung dieses Effekts bei Folgeanträgen könnte der Fall eintreten, dass das erforderliche Verhältnis der Strombezugskosten zur Bruttowertschöpfung verfehlt würde, mit der Konsequenz, dass ein Antrag abzulehnen wäre. Im darauf folgenden Jahr würden dann jedoch wieder die Voraussetzungen vorliegen, so dass das Unternehmen nur jedes zweite Jahr in den Genuss der Besonderen Ausgleichsregelung kommen könnte. Ein solcher Jo-Jo-Effekt ist vom Gesetzgeber im Interesse der Verlässlichkeit und Planungssicherheit jedoch nicht gewollt.

96 Um die Wirkung der vorangegangenen Entscheidung außer Betracht lassen zu können, sind die Stromkosten des Antragstellers demnach **fiktiv so zu berechnen, als ob er die vollständige EEG-Quote nach § 14** Abs. 3 Satz 1 mit dem durchschnittlichen EEG-Vergütungssatz nach § 14 Abs. 3 Satz 1 und 5 **abgenommen** hätte. Maßgeblich sind dabei die tatsächlichen Werte des letzten abgeschlossenen Geschäftsjahrs.

3. Tatsächliche Abnahme von EEG-Strom, Abs. 2 Satz 1 Nr. 3

97 Weitere Antragsvoraussetzung nach Abs. 2 Satz 1 Nr. 3 ist, dass die Strommenge nach § 14 Abs. 3 Satz 1 anteilig an das Unternehmen weitergereicht und von diesem selbst verbraucht worden ist. Die Strommenge nach § 14 Abs. 3 Satz 1 ist die von jedem Elektrizitätsversorgungsunternehmen im Rahmen der bundesweiten Ausgleichsregelung von dem jeweils regelverantwortlichen Übertragungsnetzbetreiber abzunehmende EEG-Strommenge **(EEG-Quote).** Diese bestimmt sich für jedes Elektrizitätsversorgungsunternehmen individuell im Verhältnis zu der von ihm insgesamt an Letztverbraucher gelieferten Strommenge und wird so bestimmt, dass alle Elektrizitätsversorgungsunternehmen einen relativ gleichen Anteil erhalten, Abs. 3 Satz 3.[152]

98 Nicht geregelt ist dagegen, wie die Elektrizitätsversorgungsunternehmen mit diesem Strom und den dafür gezahlten Vergütungen umzugehen haben. Sie können ihn gleichmäßig an ihre Kunden weiterreichen, bestimmte Kundengruppen zu Lasten anderer durch ihre Verteilungsentscheidungen bevorzugen oder den Strom gesondert als Ökostrom anbieten und dadurch alle sonstigen Abnehmer entlasten.[153] Daher ist es nicht selbstverständlich, dass auch an den Antragsteller Strom aus Erneuerbaren Energien weitergegeben wurde. Gerade die von der Besonderen Ausgleichsregelung **begünstigten großen Stromabnehmer sind aufgrund ihrer Marktmacht regelmäßig in der Lage, besonders gute Konditionen** auszuhandeln.[154] Infolge dessen ist es möglich, dass die EEG-Strommengen nur teilweise oder gar nicht weitergegeben werden.[155] Daher ist es für die Gewährung der Begünstigung erforderlich, dass der Antragsteller nachweist, dass er auch tat-

---

[151] Vgl. Rn. 220.
[152] Vgl. Kommentierung zu § 14 Rn. 60 f.
[153] Vgl. auch Rn. 7 f.
[154] Vgl. die Darstellung zu den unterschiedlichen Kosten, *Leprich/Thiele/Frey,* Belastung der stromintensiven Industrie durch das EEG, S. 35 ff.
[155] So auch *Salje,* EEG, § 16 Rn. 55.

sächlich Strom aus Erneuerbaren Energien von seinem Lieferanten abgenommen hat.

Nach Abs. 2 Satz 1 Nr. 3 ist Voraussetzung, dass die Strommenge nach § 14 Abs. 3 Satz 1 **anteilig weitergereicht** wurde. Dem Wortlaut nach muss der Antragsteller daher die vollständige EEG-Quote, die sein Lieferant seinerseits vom Übertragungsnetzbetreiber erhalten hat, anteilig abgenommen haben. Danach würde ein Anspruch auf Begrenzung bereits dann ausgeschlossen sein, wenn der Antragsteller mit seinem Elektrizitätsversorgungsunternehmen vertraglich eine auch nur minimale Reduktion dieser Strommenge vereinbart hat. 99

Salje hält diese Auslegung letztlich auch aufgrund der Entstehungsgeschichte der Besonderen Ausgleichsregelung für folgerichtig.[156] Es sei das Ergebnis der Streichung des Ermessensspielraums für das BAFA, der im ursprünglichen Entwurf zu § 11a EEG[157] vorgesehen war. Nach Abs. 1 des Entwurfes musste die Begrenzung auch bei Vorliegen aller Voraussetzungen nicht zwingend erfolgen, sondern stand im Ermessen des BAFA. Bezüglich der Rechtsfolgen stand nach Abs. 3 des Entwurfes eine Bandbreite von möglichen Entlastungswirkungen bis zu einer maximalen Entlastung von 0,05 Ct/kWh zur Verfügung. Dieses Ermessen und die Differenzierung hinsichtlich der möglichen Rechtsfolgen wurden jedoch durch eine gebundene Entscheidung mit der zwingenden Begrenzungswirkung auf prognostizierte 0,05 Ct/kWh ersetzt. Dieser nun nur noch mit einem bestimmten Ergebnis möglichen Entlastung könne daher nach Wortlaut und Entstehungsgeschichte ausschließlich bei einer zuvor vollständigen Weitergabe der EEG-Strommengen erfolgen.[158] 100

Für diese Auslegung spricht, dass in dem Umfang, in dem bereits eine vertragliche Entlastung des Unternehmens besteht, der Normzweck, die Entlastung der Unternehmen, nicht oder nur noch teilweise erreicht werden kann. Die Entlastung träfe nicht die nach dem Willen des Gesetzgebers zu begünstigenden Unternehmen, sondern vielmehr die diese beliefernden Elektrizitätsversorger. Diese würden zum Nutznießer der Begrenzungsentscheidung, denn soweit die EEG-Strommenge nicht an einen Kunden weitergegeben werden kann, geht dies letztlich zu Lasten des Elektrizitätsversorgungsunternehmens. Dieses muss die mit den nicht weitergegebenen Strommengen verbundenen Kosten von seinen Margen abziehen oder bei der Mischkalkulation der sonstigen Angebote berücksichtigen, was seine Wettbewerbsposition verschlechtert. Würde der Begrenzungsentscheidung für das zu begünstigende Unternehmen nun ohne Rücksicht auf ihre tatsächliche Weitergabe der vollständige EEG-Strommenge zu Grunde gelegt, würde auch keine Verpflichtung des Elektrizitätsversorgungsunternehmens bestehen, diese Mengen vom Übertragungsnetzbetreiber abzunehmen, so dass die bei diesen aufgetretenen negativen Folgen der vertraglichen Beschränkung die Weitergabe entfallen würde. 101

Eine solche Alles-oder-Nichts-Auslegung würde jedoch dem mit der Besonderen Ausgleichsregelung verfolgten **Ziel des Gesetzgebers nicht gerecht werden.** Sie würde dazu führen, dass eine Vielzahl von Unternehmen, die eigentlich die Voraussetzungen erfüllen, nicht von der Besonderen Ausgleichsregelung profitieren kann, nur aufgrund der Tatsache, dass sie bereits eine vertragliche Entlastung ausgehandelt hatten. Auch ist es nicht zwingend, dass die Begrenzungsentscheidung des BAFA in diesen Fällen automatisch die Elektrizitätsversorgungsunternehmen begünstigt. Da die Begrenzungsentscheidung aufgrund der individuellen Situation jedes Antragstellers getroffen wird, kann eine bereits vertraglich verein- 102

---

[156] Vgl. *Salje*, EEG, § 16 Rn. 59; vgl. auch bereits Rn. 26, 30.
[157] Vgl. BT-Drs. 15/810 sowie gleich lautend BR-Drs. 242/03.
[158] Vgl. *Salje*, EEG, § 16 Rn. 59.

barte Entlastung im Rahmen der Begünstigung berücksichtigt werden.[159] Auch der Wortlaut des Abs. 2 Satz 1 fordert nur den Nachweis, „dass und inwieweit" die EEG-Strommenge weitergereicht wurde. Daher ist bei der Auslegung des Abs. 2 Satz 1 Nr. 3 **zu differenzieren:** Unkompliziert erfüllen diejenigen Unternehmen, die nachweisen können, dass sie die anteilige EEG-Strommenge vollständig erhalten haben, die Voraussetzung, wohingegen Unternehmen, die nur einen Teil der EEG-Strommenge erhalten haben, nur dann einen Anspruch haben, wenn die weitergereichte Strommenge umgerechnet zu einer Kostenerhöhung um mehr als 0,05 Ct/kWh geführt hat.

103 Der Antragsteller muss außerdem den an ihn weitergereichten Strom aus Erneuerbaren Energien **selbst verbraucht** haben. Diese Anforderung geht über die Voraussetzung des Selbstverbrauchs in Abs. 2 Satz 1 Nr. 1[160] hinaus. Denkbar ist, dass der Antragsteller nur einen geringen Prozentsatz seines Strombezuges an einen anderen Verbraucher weiterreicht, dieser aber, beispielsweise als Ökostromangebot, vollständig aus dem von ihm anteilig bezogenen Strom aus Erneuerbaren Energien besteht, so dass letztlich der Antragsteller keinen, sein Abnehmer aber den gesamten Strom aus Erneuerbaren Energien erhält. In einem solchen Fall ist der Anspruch ausgeschlossen. Sofern der Antragsteller Strom an einen Dritten mit einer größeren EEG-Strommenge als dem bundesweiten EEG-Quote nach § 14 Abs. 3 Satz 1 weitergibt, ist entsprechend der oben getroffenen Differenzierung zu verfahren: Solange der beim Antragsteller verbleibende Strom aus Erneuerbaren Energien zu einer Kostenerhöhung um mehr als 0,05 Ct/kWh führt, besteht ein Anspruch, wobei im Rahmen der Rechtsfolgen die Weitergabe an den Dritten zu berücksichtigen ist.[161] Sobald der verbleibende Strom aus Erneuerbaren Energien den Wert von 0,05 Ct/kWh nicht mehr überschreitet, ist der Anspruch auf Begrenzung nach Abs. 1 ausgeschlossen.

4. Zahlung von Differenzkosten (Abs. 2 Satz 1 Nr. 4)

104 Schließlich muss der Antragsteller nicht nur Strom aus Erneuerbaren Energien abgenommen haben, sondern dafür auch Differenzkosten im Sinne der **Legaldefinition des § 15 Abs. 1** gezahlt haben. Daher muss er nachweisen, dass und in welcher Höhe er diese an sein Elektrizitätsversorgungsunternehmen geleistet hat. Differenzkosten sind danach die Differenz zwischen den nach § 14 Abs. 3 Satz 1 und 5 gezahlten Vergütungen und den tatsächlichen durchschnittlichen Strombezugskosten der die Antragsteller beliefernden Elektrizitätsversorgungsunternehmen. Die Definition des § 15 Abs. 1 Satz 1 ist dabei mit derjenigen der Vorgängerregelung des § 11a Abs. 3 Satz 1 Nr. 4 EEG 2000 identisch, so dass sich die Rechtslage in der Sache insoweit nicht geändert hat.

105 Die nach § 14 Abs. 3 Satz 1 und 5 gezahlten Vergütungen sind die **EEG-Durchschnittsvergütungen,** die von den im Rahmen des bundesweiten Ausgleichsystems zur anteiligen Abnahme nach § 14 Abs. 3 Satz 1 verpflichteten Elektrizitätsversorgungsunternehmen je Kilowattstunde Strom aus Erneuerbaren Energien gezahlt werden müssen. Dieser Wert ergibt sich aus dem voraussichtlichen Durchschnitt aller nach §§ 5 bis 11 gezahlten Vergütungen[162] abzüglich der Einsparungen für vermiedene Netznutzungsentgelte gemäß § 5 Abs. 2 Satz 2.[163] Die Durchschnittsvergütung schwankt auf Grund der sich quartals-

---

[159] Vgl. unten Rn. 154.
[160] Vgl. dazu bereits oben Rn. 85 ff.
[161] Vgl. Rn. 154.
[162] Vgl. Kommentierung zu § 14 Rn. 62 f.
[163] Vgl. Kommentierung zu § 5 Rn. 36 ff.

weise ändernden Prognosen, was im Rahmen der Berechnung zu berücksichtigen ist.[164]

Durchschnittliche Strombezugskosten sind alle Kosten, die bei dem Elektrizitätsversorgungsunternehmen, das den Antragsteller beliefert, tatsächlich für den Bezug von Strom entstehen. Diese sind pro Kilowattstunde auszuweisen. Dafür ist das gewogene arithmetische Mittel zu errechnen, indem die Summe der Produkte aus den jeweiligen Strommengen und den für sie gezahlten Preisen gebildet wird und durch die Gesamtanzahl der bezogenen Kilowattstunden dividiert wird.[165] Nach dem Wortlaut sind alleine Kosten für bezogenen, nicht aber für selbst erzeugten Strom berücksichtigungsfähig. Dies ist insofern gerechtfertigt, als in aller Regel Erzeugung, Netzbetrieb und Versorgung ohnehin getrennt erfolgen müssen und die Kosten für eigenerzeugten Strom nicht transparent ermittelbar sind. Ebenfalls unberücksichtigt bleiben Handelsstrommengen, die lediglich durchlaufende Posten darstellen.[166] Außerdem unberücksichtigt bleiben alle nicht unmittelbar mit dem Preis des Stroms zusammenhängenden Kostenfaktoren, die nur mittelbare Folge sind, etwa die auf Grund der Durchleitung anfallenden Netznutzungsentgelte[167] und Steuern. Damit wird der EEG-Durchschnittsvergütungssatz mit dem Netto-Einkaufspreis verglichen.[168] Nur diese Betrachtung wird den wirtschaftlichen Folgen der Substitution sonstigen Stroms durch Strom aus Erneuerbaren Energien gerecht. Aus diesem Grund werden auch die gesetzlich abzunehmenden EEG-Strommengen nicht mit berücksichtigt.[169] 106

Da die EEG-Durchschnittsvergütung derzeit noch höher als die durchschnittlichen Kosten für den Bezug von Strom aus konventionellen Energien ist, ergibt sich bei der Subtraktion ein entsprechender **Differenzbetrag.** Dieser ist für die jeweilige Kilowattstunde zu bestimmen, § 15 Abs. 1 Satz 1. Bei der Berechnung sind die EEG-Durchschnittsvergütung und die Strombezugskosten nach ihren Anteilen gewichtet zu berücksichtigen.[170] Die Differenz der Kilowattpreise des EEG-Durchschnittsvergütungssatzes und der Strombezugskosten ist mit dem Wert der EEG-Quote, dem Prozentsatz an EEG-Strom, den jedes Elektrizitätsversorgungsunternehmen vom für ihn regelverantwortlichen Übertragungsnetzbetreiber nach § 14 Abs. 1 Satz 1 abnehmen muss, zu multiplizieren. Für das Jahr 2003 ergibt sich daher bei einem EEG-Durchschnittsvergütungssatz von 8,91 Ct/kWh[171] und einer EEG-Quote von 5,96 Prozent[172] für ein Elektrizitätsversorgungsunternehmen mit durchschnittlichen Bezugskosten von 3,5 Ct/kWh ein Differenzbetrag von 0,32 Ct/kWh. 107

Diese Gewichtung ergibt sich zwar nicht zwingend aus dem Wortlaut des § 15 Abs. 1, war aber bereits vor dem Gesetzgebungsverfahren zu § 11 a EEG 2000 das allgemeine Verständnis der Differenzkosten[173] und wurde auch vom Gesetzgeber bei der Normierung der Besonderen Ausgleichsregelung zu Grunde gelegt. Eine Auslegung, die nur die Werte ohne Gewichtung berücksichtigen wollte, würde 108

---

[164] *Salje,* EEG, § 16 Rn. 68.
[165] Begründung zu § 16 Abs. 2, BT-Drs. 15/2864, S. 51.
[166] Begründung zu § 15 Abs. 1, BT-Drs. 15/2864, S. 50.
[167] Begründung zu § 16 Abs. 2, BT-Drs. 15/2864, S. 51.
[168] So auch *Salje,* EEG, § 16 Rn. 64.
[169] Offen gelassen bei *Salje,* EEG, § 16 Rn. 65.
[170] Nicht berücksichtigt in der Beispielsrechnung bei *Salje,* EEG, § 16 Rn. 112.
[171] *BMU,* Erneuerbare Energien in Zahlen, S. 21.
[172] Vgl. die Angaben des VDN, www.vdn-berlin.de/aktuelledaten_eeg.asp (7. 12. 2005), wobei die dort angegebene Quote von 6,03 Prozent bereits unter Berücksichtigung der Auswirkungen der Besonderen Ausgleichsregelung errechnet wurde.
[173] Vgl. nur die dieser Berechnung folgenden Angaben bei *Leprich/Thiele/Frey,* Belastung der stromintensiven Industrie durch das EEG (passim).

bei denselben Werten zu Differenzkosten von 5,41 Ct/kWh und damit letztlich zu einer erheblich höheren Entlastung der begünstigten Unternehmen kommen. Diese Auslegung ist aber nicht mit dem Willen des Gesetzgebers vereinbar. Die Ermittlung aufgrund der gewichteten Werte entspricht auch der Praxis des BAFA zu § 11 a EEG 2000, an der der Gesetzgeber bei der Novelle des EEG keine Änderung vornehmen wollte.[174]

109 Der **Nachweis,** dass und in welcher Höhe Differenzkosten gezahlt wurden, ist wie der Nachweis der weitergereichten Strommengen erforderlich, da dies keine Selbstverständlichkeit ist. Die Anknüpfung an die individuellen Strombezugskosten des jeweiligen Versorgers gewährleistet eine einzelfallbezogene Betrachtung der Auswirkungen des EEG. Da sich die Einkaufskosten der verschiedenen Elektrizitätsversorgungsunternehmen unterscheiden, kann nur so sichergestellt werden, dass die konkreten Auswirkungen des EEG auch tatsächlich ermittelt werden können. Eine pauschalisierende Betrachtungsweise, etwa die Anknüpfung an den Börsenpreis, würde neben anderen Bedenken[175] dieses Wettbewerbsmoment gerade ausblenden und egalisieren. Soweit das zu begünstigende Unternehmen mit seinem Elektrizitätsversorgungsunternehmen vertraglich niedrigere Differenzkosten vereinbart hat, besteht gleichwohl ein Anspruch auf Begrenzung. Insoweit bestehen keine Unterschiede zur Beurteilung einer vertraglich reduzierten Abnahme der EEG-Strommenge,[176] so dass im Rahmen der Begrenzungsentscheidung vertragliche Entlastungswirkungen berücksichtigt werden können.

5. Letztes abgeschlossenes Geschäftsjahr (Abs. 2 Satz 1)

110 Sämtliche Voraussetzungen nach Abs. 2 Satz 1 Nr. 1 bis 4 müssen gemäß Abs. 2 Satz 1 im letzten abgeschlossenen Geschäftsjahr des Antragstellers vorgelegen haben. Maßgeblich sind daher nicht die im Begünstigungszeitraum voraussichtlich vorliegenden Werte. Diese sind nur mit einem erheblichen Unsicherheitsfaktor zu prognostizieren und somit nicht genau zu bestimmen. Durch die Anknüpfung an die feststehenden Daten des letzten abgeschlossenen Geschäftsjahres kann die Beurteilung auf Grund einer **gesicherten Tatsachenbasis** erfolgen und sind die ansonsten höchstwahrscheinlich auftretenden Fehler vermeidbar. Die Folgen von Änderungen der Stromlieferverträge[177] oder der tatsächlichen Gegebenheiten haben daher erst Einfluss auf den Anspruch auf Begrenzung der EEG-Strommengen nach der Besonderen Ausgleichsregelung, wenn sie sich in dem für die Antragstellung maßgeblichen Geschäftsjahr ausgewirkt haben.

111 Das letzte abgeschlossene Geschäftsjahr ist in der Regel das **Kalenderjahr vor Antragstellung.** Bei Unternehmen, deren Geschäftsjahr nicht mit dem Kalenderjahr identisch ist, ist auf den letzten entsprechenden Abschnitt abzustellen, für den die Daten bis zum Ende der Antragsfrist mit vertretbarem Aufwand zu ermitteln sind.[178] Durch die Anknüpfung an das letzte angeschlossenen Geschäftsjahr

---

[174] Anders etwa bei der Begrenzung, die bereits nach § 11 a Abs. 3 EEG 2000 nur für eine Abnahmestelle erfolgen sollte, in der Praxis jedoch für das gesamte Unternehmen mit allen Standorten gewährt wurde. Der Gesetzgeber sah sich deshalb veranlasst, den Wortlaut auch in § 16 Abs. 1 in diesem Sinne zu konkretisieren. Vgl. auch Rn. 58 und 91.
[175] Vgl. Kommentierung zu § 15 Rn. 9.
[176] Vgl. Rn. 102 f.
[177] Anders ist der Fall des Wechsels des Elektrizitätsversorgungsunternehmens zu beurteilen, der nicht zu einem Entfallen des Anspruchs führt.
[178] Sofern das Geschäftsjahr am 30.6. endet, ist damit der ein Jahr vor Antragstellung endende Zeitraum maßgeblich. Bei Ende des Geschäftsjahres am 31. 5. wird man es dem Unternehmen überlassen müssen, ob es innerhalb eines Monats in der Lage ist, die Daten für den Antrag aufzubereiten, oder ob es auf solche des 13 Monate zurückliegenden Geschäftsjahrs

Besondere Ausgleichsregelung 112–116 **§ 16**

wird der Aufwand für die Antragsteller minimiert, da die für die Antragstellung erforderlichen Daten in der Regel ohnehin für den Jahresabschluss ermittelt und aufbereitet werden müssen. Soweit das Geschäftsjahr des Antragstellers und das des Elektrizitätsversorgungsunternehmens nicht identisch sind, ist allein das Wirtschaftsjahr des begünstigten Unternehmens maßgeblich, um eine Vergleichbarkeit der Daten zu gewährleisten.

Durch die Anknüpfung an bestimmte aus anderen Gründen festgelegte Perioden wird außerdem der **Beurteilungsmaßstab** gegenüber der alten Rechtslage **verobjektiviert.** Im Gegensatz zur neuen Rechtslage wurde in § 11a EEG 2000 nicht an das letzte abgeschlossene Geschäftsjahr angeknüpft, sondern der vom Unternehmen durch den Antragszeitpunkt relativ frei bestimmbare Zeitraum der letzten 12 abgeschlossenen Kalendermonate zu Grunde gelegt. So konnten bestimmte Verbrauchsspitzen genutzt werden, um die Anspruchsschwellen zu überspringen.[179] 112

Auch Geschäftsjahre, die kürzer als 12 Monate sind **(Rumpfgeschäftsjahre)** sind Geschäftsjahre im Sinne des Abs. 2 Satz 1, der auf das letzte abgeschlossene Geschäftsjahr – unabhängig von dessen Dauer – abstellt. Eine fiktive Ergänzung auf eine vollständige 12-Monatsperiode durch Umrechnung der vorhandenen Daten auf ein Jahr ist nicht möglich.[180] Unternehmen, deren letztes abgeschlossenes Geschäftsjahr ein Rumpfgeschäftsjahr ist, haben nur dann einen Anspruch, wenn sie innerhalb dieser Zeit die Voraussetzungen erfüllt haben. Ansonsten haben sie – wie Neuunternehmen – erst in der Folgezeit einen Anspruch auf Begrenzung. 113

Lediglich bei Unternehmen, die vor dem Rumpfgeschäftsjahr ein vollständiges Geschäftsjahr aufweisen können, etwa nach Umstellung des Zeitraums von einem unterjährig endenden Wirtschaftsjahr (z. B. 31. März oder 30. Juni) auf das Kalenderjahr, kann auf das letzte abgeschlossene vollständige Geschäftsjahr abgestellt werden. Eine solche Auslegung ist mit dem Wortlaut und dem Zweck der Regelung, eine gesicherte Datenbasis zu erhalten und Gestaltungsmöglichkeiten zu Lasten der nicht privilegierten Stromverbraucher zu vermeiden, vereinbar. Ausnahmen können jedoch dann bestehen, wenn die Änderung des Zeitraums des Geschäftsjahres lediglich mit dem Ziel vorgenommen wird, den ansonsten nicht bestehenden Anspruch nach Abs. 1 zu erhalten. Auch bei Unternehmen, die durch eine **Neugliederung** eines bestehenden Unternehmens neu entstanden sind, kann unter der Voraussetzung, dass sie bereits in der alten Gesellschaft als selbstständiger Unternehmensteil im Sinne des Abs. 2 Satz 5 begünstigt waren oder hätten werden können, auf das Geschäftsjahr der alten Gesellschaft abgestellt werden. 114

Der Gesetzgeber nimmt durch die Zugrundelegung des letzten abgeschlossenen Geschäftsjahres bewusst in Kauf, dass Unternehmen in den Genuss der Besonderen Ausgleichsregelung kommen können, die die Voraussetzungen zwar in dem für den Antrag maßgeblichen Zeitraum erfüllten, diese Anforderungen im Zeitraum der Begünstigung aber nicht mehr erreichen. Umgekehrt sind Unternehmen, die zwar im letzten abgeschlossenen Geschäftsjahr die Voraussetzungen noch nicht erfüllt haben, dies aber in Zukunft aufgrund geänderter Umstände voraussichtlich tun werden, von der Begünstigung der Besonderen Ausgleichsregelung zunächst ausgeschlossen und können erst in der Folgezeit einen dann positiv zu bescheidenden Antrag stellen. 115

Für diese Unternehmen, die bei Antragstellung die Kriterien noch nicht erreichen, diese Voraussetzungen aber voraussichtlich oder sicher im folgenden Kalen- 116

---

zurückgreift. Endet das Geschäftsjahr früher, müsste es möglich sein, die entsprechenden Daten zu Grunde zu legen.
[179] Vgl. auch *Salje*, EEG, § 16 Rn. 27.
[180] A. A. *Salje*, EEG, § 16 Rn. 27.

derjahr als dem möglichen Begünstigungszeitraum erfüllen, besteht kein Anspruch auf Begrenzung der EEG-Strommengen, unabhängig davon, ob diese Entwicklung die Folge eigener Entscheidungen, wie einer erstmaligen Aufnahme oder Ausweitung der Produktion oder durch externe Faktoren, etwa der Steigerung der Strombezugskosten, verursacht wird.[181] Eine **analoge Anwendung** kommt bereits mangels planwidriger Regelungslücke **nicht in Betracht**.[182] Der Gesetzgeber wollte nur solche Unternehmen begünstigen, die nachweislich die Kriterien erfüllt haben, bewusst nur solche Unternehmen einbeziehen, die nachweisbar betroffen waren. Diese Entscheidung des Gesetzgebers folgt sachgerechten Differenzierungsgesichtspunkten und überschreitet daher seinen Entscheidungsfreiraum nicht.[183] In diesem Zusammenhang ist insbesondere zu berücksichtigen, dass jede Begünstigung Einzelner zwangsläufig zu höheren Abnahme- und Vergütungspflichten aller übrigen führt. Bei Neuunternehmen oder Produktionserweiterungen kann aufgrund der unbekannten Geschäfts- und Produktionsentwicklung nicht sicher vorausgesagt werden, ob die Voraussetzungen tatsächlich erreicht werden. Bei Nichterreichung der Schwellenwerte ist auch eine Rückabwicklung bereits gewährter Begrenzungen nicht mehr möglich, da die nicht abzunehmenden EEG-Strommengen direkt anderweitig verteilt und verbraucht worden sind. Auch eine Rückabwicklung lediglich der finanziellen Auswirkungen könnte nur unter Einbeziehung sämtlicher Stromlieferanten im Bundesgebiet erfolgen und wäre daher nur mit einem unvertretbarem Aufwand möglich.

II. Nachweis der Voraussetzungen (Abs. 2 Satz 2 und 3)

117 Der Antragsteller muss das Vorliegen der Voraussetzungen von Abs. 1 und Abs. 2 Satz 1 Nr. 1 bis 4 **gegenüber dem BAFA** nachweisen. Die Form, in der die Nachweise zu erbringen sind, wird in Abs. 2 Satz 2 und 3 bestimmt und steht nicht zur Disposition des Antragstellers.[184] Dabei sind, differenziert nach der Offensichtlichkeit und der Verfügbarkeit der Daten, unterschiedliche Anforderungen zu erfüllen. Als Nachweises sind nach Abs. 2 Satz 3 vom Antragsteller selbst die Vorlage der Stromlieferverträge und Stromrechnungen sowie eines Gutachtens eines Wirtschaftsprüfers oder vereidigten Buchprüfers gefordert und nach Satz 2 eine in dessen Auftrag vom Elektrizitätsversorgungsunternehmen erstellte Bescheinigung eines Wirtschaftsprüfers oder vereidigten Buchprüfers vorzulegen. Die Nachweispflicht soll – ebenso wie das Verwaltungsverfahren – den notwendigen Verbraucherschutz dadurch sicherstellen, dass nur die Unternehmen, die die Kriterien tatsächlich erfüllen, im gesetzlich vorgesehenen Umfang in den Genuss der besonderen Ausgleichsregelung kommen.[185]

118 Der **Mindeststrombezug** nach Nr. 1, das **Verhältnis der Strombezugskosten zur Bruttowertschöpfung** nach Nr. 2 sowie die **anteilige Entrichtung der Differenzkosten** nach Nr. 3 sind durch Stromlieferverträge und Stromrechnungen sowie das Gutachten eines Wirtschaftsprüfers oder vereidigten Buchprüfers auf Basis des Jahresabschlusses für das letzte abgeschlossene Geschäftsjahr nachzuweisen. Die Lieferverträge können dabei Angaben über die Abnahmestellen und eine mögliche Vereinbarung zur anteiligen Abnahme der EEG-Strommenge nach

---

[181] BT-Drs. 15/5212, S. 10, Nr. 35.
[182] Vgl. zu den Anforderungen an eine Regelungslücke, *Larenz*, Methodenlehre der Rechtswissenschaft, S. 194 f.
[183] Vgl. zur Einschätzungsprärogative des Gesetzgebers zuletzt BVerfGE 110, 274, 299 f. zur sog. Ökosteuer.
[184] Vgl. Begründung zu § 16 Abs. 2, BT-Drs. 15/2864, S. 51.
[185] Ebenda.

Besondere Ausgleichsregelung 119–122 § 16

§ 14 Abs. 3 Satz 1 bzw. zur Entrichtung der Differenzkosten enthalten. Den Stromrechnungen kann die Menge des bezogenen Stroms sowie der dafür tatsächlich gezahlten Kosten, ggf. auch Informationen zu den tatsächlich gezahlten Differenzkosten, entnommen werden.

Alle **sonstigen Voraussetzungen** sind, ebenso wie die nicht eindeutig durch Stromliefervertrag oder Stromrechnung nachweisbaren Daten, durch das Gutachten nachzuweisen. Dies gilt insbesondere für das Verhältnis der Strombezugskosten zur Bruttowertschöpfung. Aus Vertrag und Rechnung werden regelmäßig auch nicht hervorgehen, ob der bezogene Strom und die gezahlten Differenzkosten an einen Dritten weitergereicht wurden.[186] Wenn sich dem Liefervertrag keine ausdrückliche Regelung entnehmen lässt, inwieweit EEG-Strommengen weitergegeben werden dürfen[187] und dafür Differenzkosten zu entrichten sind, muss das Gutachten auch zu dieser Frage umfassend Stellung nehmen. Soweit dies mit denen dem Antragsteller verfügbaren Unterlagen nicht möglich ist, trifft das jeweilige Elektrizitätsversorgungsunternehmen die Nachweispflicht. Wenn auch die Wertung zusammenhängender Entnahmepunkte als eine einheitliche Abnahmestelle im Sinne des Gesetzes fraglich ist, muss hierzu im Gutachten ebenfalls Stellung genommen werden.[188] 119

Die Form des Nachweises bei **Anträgen für selbstständige Unternehmensteile,** für die gegenüber den Anträgen von Unternehmen zusätzlich darzulegenden Tatsachen, ist nicht ausdrücklich geregelt. Sie können aber nicht durch Stromlieferverträge oder Stromrechnungen, sondern nur durch das Gutachten eines Wirtschaftsprüfers oder vereidigten Buchprüfers erbracht werden. Aus dem Gutachten muss sich u. a. ergeben, dass die Voraussetzungen hinsichtlich der organisatorischen Selbstständigkeit gegeben sind.[189] Die Vorlage bestimmter weiterer Unterlagen ist nicht explizit vorgeschrieben. Solche Dokumente sind jedoch als Anlage des Gutachtens einzureichen, da dessen Korrektheit ansonsten nicht überprüft werden kann. 120

Weder der Nachweis, ob die nach Abs. 2 Nr. 3 erforderliche anteilige Weitergabe der EEG-Strommenge nach § 14 Abs. 3 Satz 1 tatsächlich erfolgt ist, noch die Höhe der Differenzkosten des Elektrizitätsversorgungsunternehmens im Sinne des § 15 Abs. 1 nach Nr. 4 können vom Antragsteller ohne **Mitwirkung des** ihn beliefernden **Elektrizitätsversorgungsunternehmens** erbracht werden. Daher ist dieses nach Abs. 2 Satz 2 auf Antrag des Unternehmens verpflichtet, die notwendigen Nachweise durch eine Bescheinigung[190] eines Wirtschaftsprüfers oder vereidigten Buchprüfers zu erbringen.[191] Die hierfür entstehenden Kosten hat das Unternehmen zu tragen, Abs. 2 Satz 2 Halbsatz 2. Soweit sich aus dem Stromlieferverträgen und Rechnungen nicht eindeutig entnehmen lässt, ob und inwieweit die Differenzkosten vom Antragsteller gezahlt wurden, sind auch diese Angaben in der Bescheinigung darzulegen, wenn dies vom Antragsteller gefordert wird. 121

Die Elektrizitätsversorgungsunternehmen sind jedoch nur verpflichtet, diese Bescheinigung einschließlich der für die Berechnung der Differenzkosten zu Grunde 122

---

[186] Vgl. Rn. 85, 109.
[187] Zur Zulässigkeit der Weitergabe von EEG-Strommengen und -Kosten vgl. auch BGH, ZNER 2004, 67, 67 f.
[188] Vgl. zum Begriff der Abnahmestelle Rn. 124 ff.
[189] Vgl. hierzu auch Rn. 61 f.
[190] Die Änderung des in § 11a Abs. 2 Satz 2 verwendeten Begriffs Testat durch Bescheinigung bezweckt keine Änderung in der Sache, sondern dient der sprachlichen Klarstellung, vgl. auch die Stellungnahme der Wirtschaftsprüferkammer, v. 30. 1. 2004 (abrufbar unter: http://www.wpk.de/pdf/WPK_Magazin_1_2004_Stellungnahme_03.pdf (7. 12. 2005), S. 1).
[191] Ungenau insoweit *Salje,* EEG, § 16 Rn. 72, der die Bescheinigung in bestimmten Situationen für entbehrlich hält, was aber auf Grund des nur in dieser Form zu führenden Nachweises nicht zutrifft.

gelegten Daten **direkt an das BAFA** zu übersenden, eine Aushändigung an den Antragsteller muss nicht, darf aber erfolgen. Von den mit zu übermittelnden Daten sind alle Unterlagen erfasst, die zur Überprüfung der Berechnung notwendig sind.

123 Im Rahmen der Vorläuferregelung des § 11 a Abs. 2 Satz 2 EEG 2000 bestand dagegen noch eine Verpflichtung der Elektrizitätsversorgungsunternehmen, dem Antragsteller selbst eine entsprechende Bescheinigung auszustellen, die dieser dann beim BAFA einreichen musste. Die im Rahmen der Novelle vorgenommene Änderung der Übermittlung dieser Bescheinigung direkt an das BAFA erfolgt zum Schutz der Geschäftsgeheimnisse der Elektrizitätsversorgungsunternehmen gegenüber ihren Kunden, da auch die der Berechnung zu Grunde liegenden Daten mitzuteilen sind. Die Offenbarung dieser Angabe gegenüber den Antragstellern würde diesen Einblick in die Kalkulationsgrundlagen ihrer Versorger verschaffen und deren Verhandlungsposition zukünftig unverhältnismäßig schwächen. Die Bescheinigung bleibt dennoch Teil der Antragsunterlagen des Antragstellers, auch wenn sie nicht vom Antragsteller selbst, sondern vom Elektrizitätsversorgungsunternehmen in dessen Auftrag vorgelegt werden muss.[192]

III. Definition der Abnahmestelle (Abs. 2 Satz 4)

124 In Abs. 2 Satz 4 wird der für den Anspruch maßgebliche Begriff der Abnahmestelle definiert. Danach besteht eine Abnahmestelle aus allen **räumlich zusammenhängenden elektrischen Einrichtungen** des Unternehmens **auf einem Betriebsgelände,** das über einen oder mehrere Entnahmepunkte mit dem Netz des Netzbetreibers verbunden ist. Eine vergleichbare Definition war in der Vorgängerregelung des § 11 a EEG 2000 nicht enthalten.[193] Die Aufnahme der Definition in die Besondere Ausgleichsregelung dient damit der Klarstellung und Schaffung von Rechtssicherheit.

125 Es war bisher unklar, ob mit der Abnahmestelle in § 11 a EEG 2000 lediglich die einzelne Kuppelstelle zwischen Unternehmen und Netz gemeint war oder eine wertende Zusammenfassung mehrerer Verbindungen zu erfolgen hatte. Dieser Unterscheidung kam erhebliche Bedeutung zu, da im Fall der Einzelbetrachtung die Voraussetzungen, insbesondere der Mindeststrombezug, an jeder einzelnen Kuppelstelle hätte vorliegen müssen und die Begrenzung nur für den über diese eine Kuppelstelle bezogenen Strom hätte erfolgen können. Die Definition des Abs. 2 Satz 4 stellt jetzt klar, dass nicht auf jede einzelne Verbindung abzustellen ist, sondern eine **wertende Gesamtbetrachtung** für jedes Betriebsgelände erfolgt, um technischen Zwängen Rechnung tragen zu können.[194]

126 Zur Abnahmestelle werden **alle elektrischen Einrichtungen** des Unternehmens zusammengefasst. Dieser unbestimmte Rechtsbegriff wird auch in anderen vergleichbaren Gesetzen nicht verwendet. Er weicht nach dem Wortlaut auch von der in § 3 Abs. 6 zur Bestimmung des Netzbegriffs verwendeten Formulierung der *technischen* Einrichtungen ab. Im Ergebnis unterscheiden sich aber die beiden Begriffe jedenfalls im Kern nicht.[195] Elektrische Einrichtungen sind damit nicht nur die Kuppelstellen, an denen die Verbindungen zwischen dem Netz und dem Betriebsgelände bestehen. Der Begriff ist umfassender und schließt neben den eigentlichen Kuppelstellen sämtliche für den Strombezug erforderlichen Einrichtungen

---

[192] Vgl. zu den sich daraus ergebenden Konsequenzen bezüglich der Ausschlussfrist auch Rn. 210 ff.
[193] Auch im KWKG wird der dort ebenfalls verwendete Begriff der Abnahmestelle nicht definiert.
[194] Vgl. Begründung zu § 16 Abs. 2, BT-Drs. 15/2864, S. 51.
[195] Vgl. Kommentierung zu § 3 Abs. 6 Rn. 75 ff.

Besondere Ausgleichsregelung

ein. Dazu gehören etwa Leitungen, Erdkabel, Transformatoren, Umspannwerke sowie Schaltanlagen mit ihren Sicherungs- und Überwachungseinrichtungen. Maßgeblich ist zunächst nur, dass es sich um Einrichtungen des Unternehmens handelt. Dabei ist aber nicht auf das Eigentum abzustellen, sondern eine wirtschaftliche Zurechnung zum antragstellenden Unternehmen ausreichend.[196]

Alle technischen Einrichtungen bilden unabhängig von den Vorschriften anderer Gesetze[197] eine Abnahmestelle, soweit die sonstigen Voraussetzungen des Abs. 2 Satz 4 erfüllt sind. Mehrere Verbindungen zum Netz stehen ebenso wenig wie der Bezug des Stroms aus verschiedenen Spannungsebenen oder die Existenz von Paralleleinrichtungen zur Verbesserung der Versorgungssicherheit oder Überbrückung von Revisionszeiten dem Vorliegen einer Abnahmestelle entgegen.[198] Auch alle Einrichtungen auf dem Betriebsgelände gehören zur Abnahmestelle.[199] Für die Zuordnung der Einrichtung zur Abnahmestelle ist es nicht erforderlich, dass diese eine unmittelbare Verbindung zum Netz für die allgemeine Versorgung aufweist, da eine solche lediglich für das Betriebsgelände als ganzes vorausgesetzt wird. Daher fallen auch Leitungen, von auf dem Betriebsgelände ansässigen Elektrizitätsversorgungsunternehmen im Sinne des § 14 Abs. 3 Satz 1 oder Kraftwerken des Unternehmens zur Erzeugung von Eigenstrom unter den Begriff der Abnahmestelle. Die Einbeziehung von Verbindungen zur Nutzung des Eigenstroms ist jedoch regelmäßig ohne Bedeutung, da diese Strommengen bei der Besonderen Ausgleichsregelung außer Betracht bleiben.

Dieses weite Verständnis der Definition ermöglicht eine interessengerechte Anwendung der Vorschrift, da die notwendigen Begrenzungen durch die räumlichen Anforderungen an diese Einrichtungen in Abs. 2 Satz 4 und die Antragsvoraussetzungen die Begünstigungswirkung auf den von Elektrizitätsversorgungsunternehmen bezogenen und selbst verbrauchten Strom erfolgen. Die Bestimmung der elektrischen Einrichtungen umfasst damit **sämtliche technische Gestaltungsmöglichkeiten für den Anschluss** eines Betriebsgeländes und entspricht so dem Willen des Gesetzgebers, die Bestimmung der Abnahmestelle unabhängig von technischen Zwängen für den Anschluss des Unternehmens zu treffen.[200]

Die technischen Einrichtungen müssen sich **räumlich zusammenhängend auf einem Betriebsgelände** befinden. Im Regelfall wird der räumliche Zusammenhang dabei durch die Zugehörigkeit zu dem jeweiligen Betriebsgelände hergestellt. In Fällen, in denen auf einem Betriebsgrundstück aber mehrere hinsichtlich der Stromversorgung unabhängige und räumlich untereinander abgegrenzte Bereiche bestehen, sind diese eigenständig zu behandeln, mit der Folge, dass es sich bei den elektrischen Einrichtungen der jeweiligen Bereiche jeweils um eigenständige Abnahmestellen handelt, die nicht zusammengefasst werden können.

Das Betriebsgelände ist **nicht mit dem bürgerlich-rechtlichen Grundstücksbegriff identisch;** es kann sich über mehrere Grundstücke erstrecken aber auch nur Teile eines Grundstücks umfassen.[201] Die Abgrenzung des Betriebsgeländes kann daher auch nicht mittels der Grundbucheintragungen erfolgen. Vielmehr ist der unbestimmte Begriff des Betriebsgeländes in einer wertenden Betrachtung

---

[196] So auch *Salje*, EEG, § 16 Rn. 44.
[197] Daher sind die in § 2 Abs. 7 KAV oder § 12 AVBEltV gestellten Anforderungen für die Anwendung der Besonderen Ausgleichsregelung unerheblich.
[198] Vgl. Begründung zu § 16 Abs. 2, BT-Drs. 15/2864, S. 51.
[199] Zum ausnahmsweise möglichen Fall des Vorliegens verschiedener Abnahmestellen auf einem Betriebsgelände vgl. Rn. 129.
[200] Vgl. Begründung zu § 16 Abs. 2, BT-Drs. 15/2864, S. 51.
[201] Vgl. auch *Salje*, EEG, § 16 Rn. 38; missverständlich dagegen *Dreher*, in: Reshöft/Steiner/Dreher, EEG, § 16 Rn. 11 („Betriebsgrundstücke").

zu ermitteln. Entscheidend ist, dass es sich um einen abgegrenzten und in sich geschlossenen Bereich handelt.

131 Bei räumlich getrennten Bereichen liegt grundsätzlich kein gemeinsames Betriebsgelände mehr vor. In Ausnahmefällen kann aber auch dann noch ein einheitliches Betriebsgelände vorliegen, wenn sich die getrennten Bereiche **für einen Außenstehenden noch als Einheit darstellen.** Dann ist jedoch, neben einer nur geringfügigen Unterbrechung,[202] ein besonders enger Bezug zwischen der Produktion auf beiden Geländen erforderlich, der auch nach außen durch direkte Verbindungen zwischen diesen Bereichen deutlich wird.[203] Wichtiges Indiz für die Bewertung als einheitliches Betriebsgrundstück ist, ob es zwingende vom Unternehmen nicht beeinflussbare Gründe für die räumliche Trennung gibt. Unternehmerische Entscheidungen für eine räumliche Trennung, z.B. günstigeres Bauland an anderer Stelle, sprechen dagegen eher gegen ein einheitliches Betriebsgelände. In Zweifelfällen ist eine enge Auslegung auf Grund des Ausnahmecharakters der Besonderen Ausgleichsregelung geboten.[204]

132 Ferner muss das Betriebsgelände **mit dem Netz verbunden sein.** Netz in diesem Sinne ist nach der Begriffsbestimmung des § 3 Abs. 6 die Gesamtheit der miteinander verbundenen technischen Einrichtungen zur Übertragung und Verteilung von Elektrizität für die allgemeine Versorgung.[205] Auf Betriebsgeländen, die keinerlei Verbindung zum Netz für die allgemeine Versorgung haben, weder zur Absicherung noch für die Versorgung während Revisionsphasen, sondern völlig autark sind, besteht daher keine Abnahmestelle im Sinne des Abs. 2 Satz 4. Dagegen ist eine unmittelbare Verbindung des Betriebsgeländes mit dem Netz der allgemeinen Versorgung nicht zwingend erforderlich. Absatz 2 Satz 4 fordert nur eine Verbindung, ohne nähere Anforderungen an diese Art zu stellen. Es reicht daher **auch eine mittelbare Verbindung** des Betriebsgeländes zum Netz für die allgemeine Versorgung, die etwa durch private Leitungen oder Netze Dritter hergestellt werden kann. Das Ausreichen einer mittelbaren Verbindung entspricht auch dem vom Gesetzgeber zu Grunde gelegten Verständnis des Elektrizitätsversorgungsunternehmens im Sinne des § 14 Abs. 3 Satz 1, dass nicht nur diejenigen erfasst, die ihre Kunden über Netze der allgemeinen Versorgung beliefern, sondern auch solche, die innerhalb sonstiger Netze andere mit Strom versorgen.[206]

IV. Anspruchsvoraussetzungen für selbstständige Unternehmensteile (Abs. 2 Satz 5)

133 Für die von der Besonderen Ausgleichsregelung ebenfalls erfassten selbstständigen Teile eines Unternehmens des produzierenden Gewerbes gelten die Voraussetzungen entsprechend Abs. 2 Satz 5. Unternehmensteile sind keine Unternehmen im Sinne des § 16 und können daher keine eigenen Gesellschaften sein,[207] sondern sind vielmehr **Gliederungen einer Gesellschaft ohne eigene Rechtspersönlichkeit,** die ein Mindestmaß an Eigenständigkeit aufweisen.[208]

---

[202] Zu pauschal und daher zweifelhaft insoweit die von *Salje*, EEG, § 16 Rn. 39 genannten Entfernungen von „weniger als 100 Meter" (ein Betriebsgelände) und „mehreren Kilometern" (verschiedene Betriebsgelände).
[203] Sehr fraglich, ob dazu bereits ein regelmäßiger Pendelverkehr mit LKW ausreichend ist, so aber *Salje*, EEG, § 16 Rn. 39.
[204] Zur Auslegung von Ausnahmevorschriften *Larenz*, Methodenlehre der Rechtswissenschaft, S. 174, 176; zurückhaltend *Müller/Christensen*, Juristische Methodik, Rn. 370.
[205] Vgl. Kommentierung zu § 3 Rn. 75 ff.
[206] Vgl. oben, Rn. 83 und Kommentierung § 14 Rn. 54.
[207] Zum Unternehmensbegriff Rn. 57.
[208] Dazu Rn. 61 ff.

Besondere Ausgleichsregelung 134–137 § 16

Die Anspruchsvoraussetzungen für selbstständige Unternehmensteile unterschei- 134
den sich grundsätzlich nicht von denen der Unternehmen des produzierenden
Gewerbes nach Abs. 2 Satz 1; die Voraussetzungen gemäß Abs. 2 Nr. 1 bis 4 sind
entsprechend nachzuweisen. Ein Anspruch besteht daher nur, wenn für den
selbstständigen Unternehmensteil nachgewiesen wird,[209] dass er im letzten abgeschlossenen Geschäftsjahr an einer Abnahmestelle mehr als 10 Mio. kWh (10 GWh)
von einem Elektrizitätsversorgungsunternehmen bezogen und selbst verbraucht hat
(Nr. 1), sein Verhältnis der Strombezugskosten zur Bruttowertschöpfung größer als
15 Prozent war (Nr. 2), die EEG-Strommenge nach § 14 Abs. 3 Satz 1 anteilig
weitergereicht und verbraucht (Nr. 3) und dafür Differenzkosten nach § 15 Abs. 1
Satz 1 entrichtet wurden (Nr. 4).

Zusätzliche Anforderungen ergeben sich aus der Eigenschaft als selbstständi- 135
ger Unternehmensteil. Es muss auch nachgewiesen werden, dass es sich bei dem
Unternehmen um einen selbstständigen im Sinne des Abs. 2 Satz 5 handelt. Im
Rahmen des Antrags muss daher dargelegt werden, dass der Unternehmensteil so
organisiert ist, dass er als solcher rechtlich wie tatsächlich ein eigenes Unternehmen
darstellen könnte, er mithin eine Organisationsstruktur aufweist, die zu unternehmerischen und planerischen Entscheidungen in der Lage ist.[210] In welcher Form
dies geschehen muss, ist nicht geregelt. Da selbstständige Unternehmensteile keiner
eigenen Verpflichtung unterliegen, sondern als Teil einer Gesellschaft deren Regeln unterliegen, haben sie als solche keine eigenen Geschäftsjahre. Daher ist auf
das jeweils letzte abgeschlossene Geschäftsjahr des Gesamtunternehmens abzustellen.

E. Modifizierte Anspruchsvoraussetzungen
für Schienenbahnunternehmen (Abs. 3)

Für Unternehmen, die Schienenbahnen betreiben,[211] gelten grundsätzlich die- 136
selben Anforderungen und sind **dieselben Nachweise** zu erbringen, wie bei
Unternehmen des produzierenden Gewerbes nach Abs. 2, soweit Abs. 3 keine
abweichenden Regelungen trifft. In vollem Umfang sind danach die Anforderungen nach Abs. 2 Satz 1 Nr. 3 und 4 anwendbar. Daher müssen auch Schienenbahnunternehmen nachweisen, dass und inwieweit sie im letzten abgeschlossenen
Geschäftsjahr nach Abs. 2 Satz 1 Nr. 3 anteilig die EEG-Quote weitergereicht
bekommen und selbst verbraucht haben[212] und dass und in welcher Höhe sie gemäß Abs. 2 Satz 1 Nr. 4 hierfür Differenzkosten im Sinne von § 15 Abs. 1 entrichtet haben.[213] Die **Form der Nachweise** unterscheidet sich ebenfalls nicht von
der für Unternehmen des produzierenden Gewerbes.[214]

Dagegen müssen Schienenbahnen nach Abs. 3, abweichend von den Vorausset- 137
zungen für Unternehmen des produzierenden Gewerbes, **nicht den Nachweis
eines bestimmten Verhältnisses der Strombezugskosten zur Bruttowertschöpfung** erbringen. Bei der Bestimmung des erforderlichen Mindeststrombezugs von über 10 Mio. kWh (10 GWh) an einer Abnahmestelle wird nach Abs. 3
Nr. 1 der berücksichtigungsfähige Strom nach seiner Verwendungsform auf die im

---

[209] Der Antrag kann nur für den selbstständigen Unternehmensteil gestellt werden, da dieser keine eigener Rechtsträger ist.
[210] Vgl. Rn. 62.
[211] Zur Notwendigkeit der Unternehmenseigenschaft Rn. 64.
[212] Dazu oben Rn. 97 ff.
[213] Vgl. dazu Rn. 104 ff.
[214] Vgl. dazu Rn. 117 ff.

§ 16 138–141   Erneuerbare-Energien-Gesetz

Fahrbetrieb verbrauchte elektrische Energie begrenzt. Zu Gunsten der Schienenbahnunternehmen wird der Begriff der Abnahmestelle, abweichend von Abs. 2 Satz 4, dagegen erheblich weiter gefasst.

I. Keine Anforderungen an das Verhältnis der Strombezugskosten zur Bruttowertschöpfung

138   Nach Abs. 3 sind von den Anspruchsvoraussetzungen des Abs. 2 Satz 1 lediglich die Nr. 1, 3 und 4 entsprechend auf die Schienenbahnen anwendbar. Das in Abs. 2 Satz 1 Nr. 2 geforderte Verhältnis der Strombezugskosten zur Bruttowertschöpfung von größer 15 Prozent gilt daher für die Schienenbahnunternehmen nicht. Der Grund für diese Erleichterung liegt in den Motiven des Gesetzgebers für die Einbeziehung der Schienenbahnunternehmen in die Besondere Ausgleichsregelung. Sie werden nicht, wie dies bei dem produzierenden Gewerbe der Fall ist, aufgrund ihrer Stromintensität, sondern **aus verkehrspolitischen Gründen** begünstigt.[215] Zwar können Schienenbahnen mit elektrischem Antrieb – absolut gesehen – viel Strom verbrauchen, sie erreichen dabei aber regelmäßig nicht das bei Unternehmen des produzierenden Gewerbes geforderte Verhältnis der Strombezugskosten zur Bruttowertschöpfung. Die Einbeziehung ist gleichwohl gerechtfertigt, da die Schienenbahnunternehmen ihre Aufgaben auf besonders umweltfreundliche Art und Weise wahrnehmen und auf den Bezug von Strom angewiesen sind.[216]

II. Begrenzung auf Fahrstrom, Abs. 3 Nr. 1

139   Absatz 3 Nr. 1 bestimmt, dass beim Nachweis des notwendigen Strombezugs lediglich solche Mengen zu berücksichtigen sind, die **unmittelbar für den Fahrbetrieb** im Schienenbahnverkehr verbraucht werden. Dadurch wird die berücksichtigungsfähige Strommenge gegenüber Unternehmen des produzierenden Gewerbes, bei denen nicht nach der Verwendung des selbst verbrauchten Stroms differenziert wird, weiter eingegrenzt. Erfasst wird nur der von Elektrizitätsversorgungsunternehmen im Sinne des § 14 Abs. 3 Satz 1[217] bezogene und als Fahrstrom selbst verbrauchte Strom, nicht jedoch derjenige, der für die Versorgung der Schienenbahninfrastruktur genutzt wird.[218]

140   Der für den Fahrbetrieb im Schienenbahnverkehr verbrauchte Strom, der auch als Fahrstrom bezeichnet wird,[219] umfasst jedenfalls **die für den Antrieb der Schienenbahnen genutzte elektrische Energie.** Davon werden auch diejenigen Fahrten erfasst, die nicht unmittelbar dem Transport von Gütern oder Menschen dienen, etwa Rangier-, Reparatur-, Test- oder Ausbildungsfahrten. Auch der unmittelbar in den Schienenbahnfahrzeugen verbrauchte Strom, etwa für Beleuchtung, Heizung, Klimatisierung, Bordküchen oder Steckdosen für Fahrgäste, ist miterfasst. Dieser wird für die konkrete Transportleistung und damit für den Fahrbetrieb genutzt.

141   Strom, der für Einrichtungen verbraucht wird, die lediglich den Fahrbetrieb ermöglichen, ist nicht einzubeziehen. Absatz 3 Nr. 1 erfasst lediglich den unmit-

---

[215] Vgl. Begründung zu § 16 Abs. 1, BT-Drs. 15/2684, S. 50.
[216] Ebenda.
[217] Zweifelhaft *Salje*, EEG, § 16 Rn. 84, der die DB Energie AG als Elektrizitätsversorgungsunternehmen in diesem Sinne einordnet, den von dieser bezogenen Strom jedoch nicht als solchen im Sinne des § 14 Abs. 3 Satz 1, sondern als eigenerzeugten behandeln will.
[218] Vgl. Begründung zu § 16 Abs. 3, BT-Drs. 15/2684, S. 52.
[219] Vgl. Begründung zu § 16 Abs. 3, BT-Drs. 15/2684, S. 18.

Besondere Ausgleichsregelung

telbar für den Fahrbetrieb genutzten Strom, dagegen den mittelbar für den Fahrbetrieb – ebenso wie den für Schienenbahninfrastruktur – genutzten Strom nicht.[220] Der Anwendungsbereich ist dadurch enger als in § 9 Abs. 7 Satz 5 KWKG und § 9 Abs. 2 Nr. 2 StromStG. Während § 9 Abs. 2 Nr. 2 StromStG den im Fahrbetrieb für den Schienenbahnverkehr genutzten Strom privilegiert, ohne eine Differenzierung zwischen unmittelbarer und mittelbarer Nutzung vorzunehmen, ist § 9 Abs. 7 Satz 5 KWKG, der den gesamten Stromverbrauch der Unternehmen des schienengebundenen Verkehrs erfasst, noch weitergehend.[221] Zu dem nach Abs. 3 Nr. 1 **nicht berücksichtigungsfähigen**, den Fahrbetrieb nur mittelbar ermöglichenden Bereichen zählt der Stromverbrauch etwa für Betriebs-, und Rangieranlagen, Stellwerke, Signalanlagen, Tunnelbeleuchtung, Bahnübergänge, Bahnsteig- und Haltestellenbeleuchtung, Gleisfeldbeleuchtung, externe Zugvorheizung, Werkstätten, Verwaltungsgebäude und Bahnhöfen.[222]

Die für den Fahrbetrieb verbrauchten Strommengen sind entsprechend der Voraussetzungen des Abs. 2 Satz 3 nachzuweisen. Es sind daher vom Antragsteller die erforderlichen **Nachweismöglichkeiten** zu schaffen, um den Stromverbrauch eindeutig einem bestimmten Verwendungszweck zuordnen zu können. Eine Schätzung ist nicht möglich.

III. Eigenständige Definition der Abnahmestelle (Abs. 3 Nr. 2)

Die Vorschrift des Abs. 3 Nr. 2 stellt dagegen eine Erleichterung für die Schienenbahnunternehmen dar. Als Abnahmestelle gelten, abweichend von der Definition des Abs. 2 Satz 4, die **Summe der Verbrauchsstellen für den Fahrbetrieb** im Schienenbahnverkehr des Unternehmens. Die Modifikation ist erforderlich, um den Besonderheiten der Schienenbahnunternehmen – als nicht ortsgebundenen Stromverbrauchern – Rechnung zu tragen. Nach Abs. 2 Satz 4 bilden eine Abnahmestelle alle räumlich zusammenhängenden elektrischen Einrichtungen auf einem Betriebsgelände.[223] An einem solchen fehlt es bei Schienenbahnunternehmen in der Regel, vielmehr nutzen sie häufig Trassen anderer Unternehmen, die die Infrastruktur bereitstellen und unterhalten.

Daher wird die Summe der Verbrauchsstellen **unabhängig von ihrer örtlichen Gegebenheit** zusammengefasst. Verbrauchsstellen in diesem Sinn sind die mit der unmittelbar für den Fahrbetrieb bezogenen elektrischen Energie genutzte Schienenbahnfahrzeuge. In der Regel sind dies die Lokomotiven, Triebwagen und vergleichbaren Fahrzeuge,[224] aber auch die Wagen, wenn in diesem Strom für die Transportleistung genutzt wird. Im Ergebnis werden damit alle Verbindungen der Fahrzeuge zur Oberleitung, über die der Strom aus dem Netz entnommen und an die eigentliche Verbrauchsstelle weitergeleitet wird, zusammengefasst, unabhängig davon, wo die Fahrzeuge sich im Bundesgebiet befinden.[225]

---

[220] So in der Tendenz („dürfte") auch *Dreher,* in: Reshöft/Steiner/Dreher, EEG, § 16 Rn. 23; a. A. ohne Begründung („selbstverständlich") *Salje,* EEG, § 16 Rn. 85, 82.
[221] Zu § 9 Abs. 7 Satz 5 vgl. auch *Büdenbender/Rosin,* KWK-AusbauG, § 9 Rn. 202.
[222] Vgl. auch Begründung zu § 16 Abs. 3, BT-Drs. 15/2864, S. 52, wonach Strom „für Infrastruktureinrichtungen, wie Gebäude und Liegenschaften" im Rahmen des § 16 nicht berücksichtigt werden kann.
[223] Vgl. Rn. 124 ff.
[224] Vgl. Begründung zu § 16 Abs. 3, BT-Drs. 15/2864, S. 52.
[225] Der Anwendungsbereich des Gesetzes ist nach § 2 Abs. 1 Nr. 1 auf das Bundesgebiet einschließlich der deutschen AWZ beschränkt, vgl. auch die Kommentierung zu § 2 Rn. 5.

F. Rechtsfolgen der Begrenzungsentscheidung (Abs. 4)

145 Die nach den Absätzen 2 bzw. 3 zu privilegierenden Unternehmen haben gemäß Abs. 1 einen Anspruch auf Begrenzung der EEG-Strommenge an den zu begünstigenden Abnahmestellen, die von ihren Elektrizitätsversorgungsunternehmen an sie maximal weitergegeben werden darf. Die Begrenzung erfolgt durch privatrechtsgestaltenden begünstigenden Verwaltungsakt verbindlich gegenüber den Antragstellern, den sie beliefernden Elektrizitätsversorgungsunternehmen und den betroffenen Übertragungsnetzbetreibern.[226] Der **Umfang der Begrenzung** wird in Abs. 4 bestimmt. Die reduzierte EEG-Strommenge wird dabei so bestimmt, dass sich die Strombezugskosten für die Antragsteller im Begünstigungszeitraum durch die abzunehmenden EEG-Strommengen voraussichtlich um lediglich 0,05 Ct/kWh erhöhen. Diese Begrenzung erfolgt je nach Höhe des Strombezugs und des Verhältnisses der Strombezugskosten zur Bruttowertschöpfung für den gesamten Strombezug an der Abnahmestelle oder nur oberhalb eines mit unbegrenzter EEG-Strommenge abzunehmenden Selbstbehaltes. Der Fall der Belieferung durch mehrere Elektrizitätsversorgungsunternehmen wird in Abs. 4 Satz 4 geregelt und für die Begrenzungswirkung für Schienenbahnunternehmen enthält Abs. 4 Satz 5 eine Obergrenze.

I. Begrenzung der weiterzureichenden Strommenge je Abnahmestelle

146 Zur Begrenzung der anteilig an das zu begünstigende Unternehmen weitergereichten EEG-Strommenge wird ein bestimmter **Prozentsatz** festgesetzt, Abs. 4 Satz 1. Dieser ist dabei so zu bestimmen, dass die Differenzkosten für die anteilig weitergereichte Strommenge, unter Zugrundelegung der nach § 14 Abs. 3 Satz 1 und 5 zu erwartenden Vergütungen, 0,05 Ct/kWh betragen, Abs. 4 Satz 2. Die Begrenzung der Strommenge auf einen bestimmten Prozentsatz erfolgt daher mit dem Ziel der Reduktion der Kosten für den Ausbau der Erneuerbaren Energien im Strombereich für das jeweils privilegierte Unternehmen.

147 Eine direkte Begrenzung der Kosten ist auf Grund der bundesweiten Ausgleichsregelung nach §§ 14 Abs. 6, 5 Abs. 2 und 14 nicht möglich, da diese keine reine Kostenwälzung, sondern die Weitergabe der aufgenommenen Strommengen im Gegenzug zur Erstattung der dafür gezahlten Vergütungen vorsieht, die gegenläufigen Geld- und Energieströme also koppelt.[227] Daher erfolgt eine **Umrechnung** des zu erreichenden Zielwertes von 0,05 Ct/kWh **in eine Strommenge**.[228] Es werden nicht die Kosten für den Strom aus Erneuerbaren Energien verändert, sondern die vom Unternehmen abzunehmenden EEG-Strommengen reduziert, was letztendlich aber im Verhältnis zum Gesamtstrombezug zu einer Senkung der Differenzkosten auf 0,05 Ct/kWh führt. Die nach der Privilegierungsentscheidung abzunehmende EEG-Strommenge wird nicht absolute bestimmt, sondern als Prozentsatz und damit als relative Menge im Verhältnis zu dem schwankenden Strombezug des privilegierten Unternehmens festgesetzt.[229]

148 **Ausgangspunkt für die Berechnung** des Zielwertes 0,05 Ct/kWh sind die Differenzkosten für die anteilig weitergereichte Strommenge. Dies ist nach der

---

[226] Zum privatrechtsgestaltenden Verwaltungsakt vgl. *Tschentscher*, DVBl. 2003, 1424 ff.
[227] Vgl. auch oben Rn. 48 sowie Kommentierung zu § 14 Rn. 2 ff.; anders § 9 Abs. 7 KWKG, da im KWKG lediglich Kosten, nicht aber Strommengen ausgeglichen werden.
[228] Vgl. Begründung zu § 16 Abs. 4, BT-Drs. 15/2864, S. 52.
[229] Ebenda.

Besondere Ausgleichsregelung **149–151 § 16**

hier einschlägigen Variante der Legaldefinition des § 15 Abs. 1 Satz 1[230] die Differenz zwischen den nach § 14 Abs. 3 Satz 1 und 5 gezahlten Vergütungen und den durchschnittlichen Strombezugskosten pro Kilowattstunde des Elektrizitätsversorgungsunternehmens im letzten abgeschlossenen Geschäftsjahr. Diese durchschnittlichen Strombezugskosten des Elektrizitätsversorgungsunternehmens im letzten abgeschlossenen Geschäftsjahr können den Antragsunterlagen entnommen werden. Maßgeblich ist dabei das letzte abgeschlossene Geschäftsjahr des zu begünstigenden Unternehmens gemäß Abs. 2 Satz 1, um ein mögliches Auseinanderfallen der zu Grunde gelegten Zeiträume zu vermeiden.[231]

Diese Strombezugskosten des letzten abgeschlossenen Geschäftsjahres werden **149** jedoch nicht entsprechend § 15 Abs. 1 Satz 1 mit den damaligen EEG-Durchschnittsvergütungen nach § 14 Abs. 3 Satz 1 und 5 ins Verhältnis gesetzt. Stattdessen wird der im Begünstigungszeitraum zu erwartende Vergütungssatz zu Grunde gelegt. Dieser Vergleich der bisherigen Strombezugskosten mit den prognostizierten zukünftigen EEG-Kosten ist für die privilegierten Unternehmen günstig: Einerseits kann damit der durch das EEG bedingte fortschreitende Ausbau der Erneuerbaren Energien berücksichtigt werden, andererseits bleiben mögliche Strompreissteigerungen für konventionellen Strom außer Betracht.

Das BAFA muss bei der Bestimmung des zu erwartenden EEG-Durchschnitts- **150** vergütungssatzes nach § 14 Abs. 3 Satz 1 und 5 eine **eigene Prognose**[232] treffen, von bestimmten feststellbaren Tatsachen mittels anerkannter Erfahrungssätze einen Schluss auf den wahrscheinlichen Eintritt eines künftigen Sachverhaltes ziehen.[233] Der EEG-Durchschnittsvergütungssatz ergibt sich aus dem Verhältnis der Einspeisung der verschiedenen Sparten gemäß §§ 6 bis 11 und der verschiedenen Leistungsstufen und Boni innerhalb dieser. Das BAFA muss daher den vermutlichen Zubau in den jeweiligen Sparten der Erneuerbaren Energien und zu erwartende witterungsabhängige Einspeisung im jeweils folgenden Kalenderjahr ermitteln. Dies ist naturgemäß nur mit einem großen Unsicherheitsfaktor möglich, der aber zu Gunsten der privilegierten Unternehmen in Kauf genommen wird. Solche Prognoseentscheidungen sind nach ständiger Rechtsprechung nur eingeschränkt gerichtlich überprüfbar.[234]

Wenn sich im Nachhinein herausstellt, dass die rechtmäßig getroffene Prognose **151** falsch war, findet **keine Nachberechnung** des Prozentsatzes statt.[235] Der Begrenzungszielwert von 0,05 Ct/kWh ist auf der Grundlage dieses Prognosewertes zu bestimmen und ist unabhängig von dem tatsächlichen durchschnittlichen Vergütungssatz im Begünstigungszeitraum. Eine Rückabwicklung ist nicht vorgesehen und wäre auch tatsächlich nicht möglich, da auf Grund der Begrenzungsentscheidungen die entsprechenden EEG-Strommengen direkt bundesweit anderweitig verteilt und verbraucht worden sind. Der Gesetzgeber hat sich auch gegen eine Rückabwicklung der finanziellen Wirkungen entschieden, die nur mit unvertretbarem Aufwand möglich wäre.

---

[230] § 15 Abs. 1 Satz 1 definiert den Begriff der Differenzkosten sowohl für Elektrizitätsversorgungsunternehmen als auch für Netzbetreiber. Diese zweite Variante ist jedoch hier irrelevant, da es im Rahmen der Besonderen Ausgleichsregelung lediglich auf die Differenzkosten der Elektrizitätsversorgungsunternehmen ankommt; vgl. auch Kommentierung zu § 15 Rn. 6.
[231] Vgl. bereits oben Rn. 111.
[232] Die ungeprüfte Übernahme von Angaben Dritter, etwa des VDN, ist daher nicht zulässig.
[233] Vgl. *Kopp/Schenke,* VwGO, § 114 Rn. 37.
[234] Vgl. *Kopp/Schenke,* VwGO, § 114 Rn. 23, 37 ff.
[235] Begründung zu § 16 Abs. 4, BT-Drs. 15/2864, S. 52.

§ 16 152–156   Erneuerbare-Energien-Gesetz

152   Der Prozentsatz wird nur für diejenigen Abnahmestellen festgesetzt, an denen die Voraussetzungen vorliegen, Abs. 1 i.V.m. Abs. 4 Satz 1.[236] An allen anderen Abnahmestellen des Unternehmens erfolgt daher keine Begrenzung der abzunehmenden EEG-Strommenge. Im Ergebnis besteht der Begrenzungsanspruch damit regelmäßig **für das Betriebsgelände des Unternehmens, an dessen Abnahmestelle die Voraussetzungen vorliegen,** nicht aber für das gesamte begünstigte Unternehmen. Die Begrenzung erfolgt damit gezielt nur für die Produktionsbereiche, die das Kriterium der Stromintensivität im Sinne der Vorschrift erfüllen.

153   Auch Abs. 4 Satz 3 führt nicht zu einer Ausdehnung der Begrenzungswirkung über die einzelne Abnahmestelle hinaus. Die Formulierung „für Unternehmen" hat keine derartigen Rechtsfolgen. Denn für diese gilt lediglich „dies" und damit die Regelung der Sätze 1 und 2, die gerade nur eine Begrenzung an der jeweiligen Abnahmestelle vorsehen.

154   Das so ermittelte Ergebnis muss jedoch dann teleologisch angepasst werden, wenn das Unternehmen im letzten abgeschlossenen Geschäftsjahr entweder nicht Strom aus Erneuerbaren Energien in voller Höhe der damaligen Quote nach § 14 Abs. 3 Satz 1 bezogen und selbst verbraucht (Abs. 2 Satz 1 Nr. 3)[237] oder hierfür nicht die vollen Differenzkosten im Sinne von § 15 Abs. 1 entrichtet hat (Abs. 2 Satz 1 Nr. 4).[238] In diesem Fall ist die nach der Begrenzung noch abzunehmende EEG-Strommenge zu erhöhen. Dafür wird zu der bei der Berechnung der Differenz von 0,05 Ct/kWh ermittelten Strommenge diejenige Strommenge addiert, die der vertraglichen Entlastung entspricht. Im Ergebnis verbleiben damit letztlich beim privilegierten Unternehmen Kosten in Höhe von genau 0,05 Ct/kWh. Diese Anpassung ergibt sich als Kehrseite aus der teleologischen Auslegung der Anspruchsvoraussetzungen.[239] Andernfalls würde die Begrenzungsentscheidung nicht zu Gunsten der Unternehmen, sondern der diese beliefernden Elektrizitätsversorgungsunternehmen wirken.

II. Selbstbehalt mit unbegrenzter EEG-Strommenge

155   Die Begrenzung der abzunehmenden Strommengen nach Abs. 4 Satz 1 und 2 erfolgt gemäß Abs. 4 Satz 3 für Unternehmen des produzierenden Gewerbes, deren Strombezug im letzten abgeschlossenen Geschäftsjahr an der begünstigten Abnahmestelle[240] geringer als 100 Mio. kWh (100 GWh) oder deren Verhältnis der Stromkosten zur Bruttowertschöpfung kleiner 20 Prozent war und für Schienenbahnunternehmen erst **oberhalb einer** an der begünstigten Abnahmestelle bezogenen und **selbst verbrauchten Strommenge von 10 Prozent** des im letzten abgeschlossenen Geschäftsjahres an der betreffenden Abnahmestelle bezogenen und selbst verbrauchten Strommenge. Diese als Selbstbehalt bezeichnete Strommenge wird von der Begrenzungsentscheidung nicht erfasst.

156   Damit unterscheidet Abs. 4 **zwei Gruppen.**[241] Bei den Unternehmen des produzierenden Gewerbes, die die in Abs. 4 Satz 3 genannten Voraussetzungen kumulativ erfüllen, wird der Strombezug an der begünstigten Abnahmestelle vollständig privilegiert. Alle anderen Unternehmen des produzierenden Gewerbes und

---

[236] So auch schon die Regelung des § 11a Abs. 3 EEG 2000.
[237] Vgl. oben Rn. 97 ff.
[238] Vgl. oben Rn. 104 ff.
[239] Vgl. oben Rn. 102, 109.
[240] Die Verweisung auf Abs. 2 Satz 1 Nr. 3 ist offensichtlich ein redaktionelles Versehen und muss als Abs. 2 Satz 1 Nr. 1 gelesen werden.
[241] Vgl. Begründung zu § 16 Abs. 4, BT-Drs. 15/2864, S. 52.

Besondere Ausgleichsregelung 157–160 § 16

alle Schienenbahnunternehmen erhalten für einen Teil ihres Strombezugs keine Privilegierung und müssen vorbehaltlich anderweitiger vertraglicher Regelungen die normalen EEG-Strommengen abnehmen und entsprechend vergüten. Da die Werte des Abs. 4 Satz 3, den in der Vorgängerregelung des § 11a Abs. 2 Satz 1 EEG 2000 enthaltenen Anspruchsvoraussetzungen entsprechen, greift die Begrenzung im Ergebnis damit bereits bei allen bereits nach dieser Vorschrift privilegierten Unternehmen[242] von der ersten Kilowattstunde und damit ohne den nach § 11a Abs. 3 EEG 2000 vorgesehenen Selbstbehalt von 100 Mio. kWh (100 GWh). Alle neu in den Anwendungsbereich der Besonderen Ausgleichsregelung einbezogenen Unternehmen dagegen haben einen Selbstbehalt abzunehmen.

Die **Befreiung** vom Selbstbehalt erfolgt nur **an der Abnahmestelle, an der** 157 **die** in Abs. 4 Satz 3 vorausgesetzte **Strommenge von 100 Mio. kWh** (100 GWh) **bezogen wurde.**[243] Alle sonstigen Abnahmestellen sind separat zu beurteilen, ob die Eingangskriterien erfüllt sind, so dass überhaupt eine Begrenzung möglich ist und ob an der jeweiligen Abnahmestelle ein Selbstbehalt abzunehmen ist. Aus der Formulierung des Abs. 4 Satz 3, nach der „für Unternehmen" die Begrenzung gilt, ergibt sich keine von Abs. 1 und Abs. 4 Satz 1 abweichende Rechtsfolge, da auch in Abs. 4 Satz 3 auf die „betreffende Abnahmestelle" abgestellt wird und lediglich die Rechtsfolge des Abs. 4 Satz 1, die eine Begrenzung an einer Abnahmestelle vorsieht,[244] um den Selbstbehalt modifiziert, aber keine Ausdehnung der Privilegierung auf das Gesamtunternehmen vorgenommen wird.

Der **Nachweis** der für die vollständige Begrenzung erforderlichen Kriterien 158 erfolgt gemäß Abs. 4 Satz 3 Halbsatz 2 in entsprechender Anwendung des Abs. 2 Satz 3. Die Voraussetzungen sind somit ebenfalls mittels der Stromlieferverträge, der Stromrechnungen und eines Gutachtens eines Wirtschaftsprüfers oder vereidigten Buchprüfers auf Grundlage der Jahresabschlüsse sowie der Bescheinigung des Elektrizitätsversorgungsunternehmens für das jeweils letzte abgeschlossene Geschäftsjahr darzulegen.[245] Es ist eine Obliegenheit des Antragstellers auch diesen Nachweis ausdrücklich und fristgerecht im Rahmen seines Antrags zu erbringen.

Der **Umfang des Selbstbehalts** bestimmt sich nach dem Strombezug an der 159 begünstigten Abnahmestelle im letzten abgeschlossenen Geschäftsjahr des Unternehmens. Er ist nicht als absolute Menge für alle Antragsteller, sondern als Verhältnis zum unternehmensindividuellen historischen Strombezug ausgestaltet. Die Selbstbehaltstrommenge beträgt 10 Prozent des an der begünstigten Abnahmestelle im letzten abgeschlossenen Geschäftsjahr bezogenen und selbst verbrauchten Stroms. Sie wird vom BAFA im Rahmen seiner Begrenzungsentscheidung als konkrete Menge festgesetzt.

In Abs. 4 Satz 3 wird dagegen nicht geregelt, in welcher Form dieser Selbstbe- 160 halt vom Elektrizitätsversorgungsunternehmen abzunehmen ist. Zwei verschiedene Vorgehensweisen sind denkbar: Zum einen könnte die entsprechende Selbstbehaltmenge zunächst vollständig an den Begünstigten weitergegeben werden und in der dann verbleibenden Zeit des Begünstigungszeitraums die Begrenzungswirkung vollständig eingreifen, so dass dann nur noch Strom mit der reduzierten EEG-Menge abzunehmen wäre **(En-bloc-Selbstbehalt).** Zum anderen könnte der

---

[242] Zusätzlich müssen auch Unternehmen, die einen Strombezug von genau 100 Mio. kWh (100 GWh) und ein Verhältnis der Strombezugskosten zur Bruttowertschöpfung von 20 Prozent aufweisen keinen Selbstbehalt tragen. Diese waren von § 11a EEG 2000 nicht begünstigt, da dessen Anspruchsvoraussetzungen vorsahen, dass diese Werte überschritten wurden.
[243] Das Kriterium des Verhältnisses der Strombezugskosten zur Bruttowertschöpfung von mindestens 20 Prozent ist dagegen unternehmensbezogen zu ermitteln.
[244] Vgl. oben Rn. 152.
[245] Zur Form des Nachweises oben Rn. 117 ff.

Selbstbehalt gleichmäßig auf den Begünstigungszeitraum verteilt werden, so dass in jedem Monat ein Zwölftel der nicht begünstigten Strommenge weitergegeben werden könnte (**Pro-rata-Selbstbehalt**).

161 Beide Verfahren sind mit dem Wortlaut vereinbar. Das BAFA kann diesbezüglich eine Vorgabe machen, um die einheitliche Abwicklung der Besonderen Ausgleichsregelung zu gewährleisten. Diese ist erforderlich, da sich die Wirkungen der Begrenzungsentscheidungen nicht nur auf das Verhältnis der privilegierten Unternehmen und der sie versorgenden Elektrizitätsversorgungsunternehmen beschränken, sondern auch alle Übertragungsnetzbetreiber direkt und alle übrigen Elektrizitätsversorgungsunternehmen indirekt betreffen. Ein einheitliches Vorgehen kann aber nur durch Vorgaben in den **Begünstigungsbescheiden** selbst gewährleistet werden. Eine konkrete Vorgabe in dem Verwaltungsakt des BAFA gewährleistet auch die Rechts- und Planungssicherheit, die die begünstigten Unternehmen durch die Besondere Ausgleichsregelung erhalten sollen. Ohne Entscheidung für eine der beiden Varianten wären die Unternehmen auf eine Vereinbarung mit den Elektrizitätsversorgungsunternehmen angewiesen.

III. Belieferung durch verschiedene Elektrizitätsversorgungsunternehmen

162 Für den Fall, dass das Unternehmen im Zeitpunkt des Nachweises nach Abs. 2 Satz 2 von mehreren Elektrizitätsversorgungsunternehmen beliefert wird, ordnet Abs. 4 Satz 4 an, dass die Begrenzungswirkung für **jedes dieser Elektrizitätsversorgungsunternehmen** anteilig nach Maßgabe des Umfangs, in dem sie im Vergleich zueinander diesen Letztverbraucher an dieser Abnahmestelle beliefern, gilt. Damit wird dem Umstand Rechnung getragen, dass die von § 16 regelmäßig erfassten mittleren und großen Stromverbraucher häufig von mehr als einem Elektrizitätsversorgungsunternehmen Strom beziehen. Die Regelung ist im Rahmen der Novelle neu aufgenommen worden, um diesbezügliche Unsicherheiten zu beseitigen.

163 Die Begrenzung **wirkt** nicht nur gegenüber dem Antragsteller, sondern gemäß Abs. 6 Satz 2 **auch gegenüber dem Elektrizitätsversorgungsunternehmen** und dem regelverantwortlichen Übertragungsnetzbetreiber.[246] Nach Abs. 8 Halbsatz 1 verringert sich in der Folge der Begrenzungsentscheidung auch die Verpflichtung des Elektrizitätsversorgungsunternehmens zur Abnahme vom Übertragungsnetzbetreiber im Rahmen des bundesweiten Ausgleichssystems nach § 14 Abs. 3 Satz 1, so dass die nicht an das privilegierte Unternehmen weiterzureichenden Strommengen nicht bei diesem verbleiben und diesem so keine Wettbewerbsnachteile gegenüber anderen Elektrizitätsversorgungsunternehmen entstehen.[247] Absatz 4 Satz 4 stellt klar, dass für den Fall einer Belieferung durch mehrere Elektrizitätsversorgungsunternehmen sich die Begrenzungswirkung unter diesen gleichmäßig im Verhältnis zu ihrem jeweiligen Lieferumfang verteilt.

164 Daher steht es nicht im Belieben des Antragstellers, von welchem Elektrizitätsversorgungsunternehmen er den nicht von der Begrenzungswirkung erfassten Anteil an Strom aus Erneuerbaren Energien beziehen möchte. Vielmehr liefert jedes Elektrizitätsversorgungsunternehmen im Verhältnis zu der von ihm an den jeweiligen Begünstigten insgesamt gelieferten Strommenge den gleichen Anteil. Dieser bestimmt sich dabei – bei dem Prozentsatz nach Abs. 4 Satz 2 – nach den jeweils individuellen Werten des Elektrizitätsversorgungsunternehmens, so dass jedes Elektrizitätsversorgungsunternehmen dem privilegierten Unternehmen Strom mit Differenzkosten in Höhe von 0,05 Ct/kWh liefert.

---

[246] Dazu unten Rn. 217.
[247] Dazu unten Rn. 223 ff.

Besondere Ausgleichsregelung **165–168 § 16**

Die Lieferung eines nach Abs. 4 Satz 3 ohne Begrenzungswirkung abzuneh- 165
menden Selbstbehaltes ist ebenfalls zwischen den verschiedenen Elektrizitätsversorgungsunternehmen **anteilig gleich zu verteilen.** Hierbei ist zu beachten, dass der Selbstbehalt als bestimmter Wert vom BAFA im Begrenzungsbescheid angegeben wird, bei Bescheiderlass jedoch nicht feststeht, welches Elektrizitätsversorgungsunternehmen im Begünstigungszeitraum, zu welchen Zeiten, welche Strommengen liefern wird. Der Bescheid kann daher nur die Höhe des Selbstbehaltes, nicht aber die Verteilung auf die verschiedenen Versorger des begünstigten Unternehmens enthalten. Die Unternehmen müssen vielmehr selbst anhand der voraussichtlichen Liefermenge die dem Selbstbehalt entsprechende EEG-Strommenge unter sich aufteilen. Entsprechend ist der Anspruch des für sie regelverantwortlichen Übertragungsnetzbetreibers nach § 14 Abs. 3 Satz 1 zu kürzen. Die tatsächliche Aufteilung der Selbstbehaltstrommenge hat zwischen den betroffenen Elektrizitätsversorgungsunternehmen nach Lieferung zu erfolgen. Eine solche begrenzte Rückabwicklung ist verhältnismäßig unproblematisch, da sie lediglich zwischen den konkret betroffenen Elektrizitätsversorgungsunternehmen erfolgt; weder die Übertragungsnetzbetreiber noch die sonstigen Versorgungsunternehmen sind dadurch berührt.

Die Elektrizitätsversorgungsunternehmen haben daher nach Abs. 4 Satz 4 Halb- 166
satz 2 gegenüber dem privilegierten Unternehmen einen **Auskunftsanspruch.** Letzteres ist verpflichtet, den betroffenen Elektrizitätsversorgungsunternehmen die für die Anteilsberechnung erforderlichen Informationen zur Verfügung zu stellen. Dieser Anspruch umfasst alle Daten, soweit sie für die konkrete Aufteilung der nicht von der Begünstigung des § 16 erfassten EEG-Strommengen erforderlich ist, insbesondere die Angabe über den Gesamtstrombezug und die konkrete Verteilung dieser Mengen auf die einzelnen das begünstigte Unternehmen beliefernden Elektrizitätsversorgungsunternehmen.

Nach dem Wortlaut soll es darauf ankommen, dass die Belieferung durch ver- 167
schiedene Elektrizitätsversorgungsunternehmen zum Zeitpunkt des Nachweises nach Abs. 2 Satz 2 und damit bei Antragstellung erfolgt. **Maßgeblich** kann jedoch nur sein, dass das begünstigte Unternehmen im **Begünstigungszeitraum**[248] von verschiedenen Elektrizitätsversorgungsunternehmen beliefert wird, da sich die Wirkung der Begrenzungsentscheidung auf diesen Zeitraum beschränkt. Die Regelung ist daher in diesem Sinne auszulegen.

Im Fall eines **Wechsels des Elektrizitätsversorgungsunternehmens,** wäh- 168
rend des Begünstigungszeitraums, bleibt der Anspruch des jeweils privilegierten Unternehmens auf Begrenzung der EEG-Strommenge nach Abs. 1 unberührt. Da das neue Elektrizitätsversorgungsunternehmen jedoch nicht Adressat des ursprünglichen Begrenzungsbescheides war, hat das begünstigte Unternehmen in analoger Anwendung des Abs. 4 Satz 4 einen Anspruch auf Neuerlass eines solchen Verwaltungsaktes für den restlichen Begünstigungszeitraum. Die diesbezügliche Regelungslücke kann durch den vergleichbaren Rechtsgedanken des Abs. 4 Satz 4 geschlossen werden. Das neu die Belieferung aufnehmende Elektrizitätsversorgungsunternehmen darf dann seinerseits nur Strom aus Erneuerbaren Energien im Wert von 0,05 Ct/kWh liefern, wobei seine individuellen Differenzkosten nach § 15 Abs. 1 bei der Neubescheidung vom BAFA zu Grunde zu legen sind. Der Bescheid gegenüber dem bisherigen Lieferanten und dessen regelverantwortlichen Übertragungsnetzbetreiber ist aufzuheben.

---

[248] Dies ist das auf den Antrag folgenden Kalenderjahr, Abs. 6 Satz 3.

IV. Deckel für Begrenzungswirkung für Schienenbahnunternehmen

169 Nach Abs. 4 Satz 5 wird unter der Bedingung, dass die infolge der Besonderen Ausgleichsregelung zu gewährende Begünstigung für alle Schienenbahnunternehmen in der Summe **20 Mio. EUR** übersteigen würde, angeordnet, dass abweichend von Abs. 4 Satz 2 der Prozentsatz für die Schienenbahnunternehmen einheitlich so festzusetzen ist, dass diese Summe nicht überschritten wird. Dieser Schienenbahn-Deckel legt damit fest, welchen finanziellen Vorteil die zu begünstigenden Schienenbahnunternehmen insgesamt durch die Anwendung der Besonderen Ausgleichsregelung maximal erhalten können. Er begrenzt das auf diesen Adressatenkreis entfallende Umverteilungsvolumen und dient damit dem Schutz der nicht privilegierten Stromverbraucher sowie – für den Fall des Eingreifens des Deckels nach Abs. 5, der eine Obergrenze für das insgesamt zur Verfügung stehende Umverteilungsvolumen festlegt – auch dem der sonstigen von der Besonderen Ausgleichsregelung begünstigten Unternehmen.[249]

170 Zunächst ist vom BAFA zu ermitteln, ob durch die Gewährung aller von Schienenbahnunternehmen beantragten Begrenzungsentscheidungen, bei unveränderter Anwendung von Abs. 4 Satz 1 und 2, die Summe der zu gewährende Begünstigung 20 Mio. EUR überschreiten würde. Dazu ist für jedes Unternehmen die **Begünstigungswirkung zu ermitteln.** Aus der Summe der Einzelbegünstigungen ergibt sich dann die Gesamtbegünstigung für alle Schienenbahnunternehmen, die 20 Mio. EUR nicht überschreiten darf. Die Begünstigung des einzelnen Schienenbahnunternehmens ergibt sich aus der Differenz der ohne Privilegierung zu zahlenden Differenzkosten und der nach Abs. 4 Satz 2 und 3 zu erreichenden Zielgröße von 0,05 Ct/kWh für den oberhalb des Selbstbehalts liegenden Verbrauchs.

171 Die ohne § 16 zu zahlenden Differenzkosten können entweder unter Rückgriff auf die bekannten Daten des letzten abgeschlossenen Geschäftsjahres oder mittels bestimmter Annahmen ermittelt werden, da weder der wahrscheinliche Strombezug noch die tatsächliche EEG-Durchschnittsvergütung nach § 14 Abs. 3 Satz 1 und 5 im Begünstigungszeitraum feststehen. Maßgeblich kann aber nur eine der Berechnung der Zielgröße nach Abs. 4 Satz 2 vergleichbare Kalkulation sein, da und ansonsten unterschiedliche Lebenssachverhalte verglichen würden.

172 Daher ist auf den aus dem **letzten abgeschlossenen Geschäftsjahr** bekannten Strombezug, der unmittelbar für den Fahrbetrieb im Schienenbahnverkehr an der zu begünstigenden Abnahmestelle selbst verbraucht wurde, die Strombezugskosten des betroffenen Elektrizitätsversorgungsunternehmens in diesem Zeitraum und die im Begünstigungszeitraum zu erwartende EEG-Durchschnittsvergütung abzustellen.[250] Soweit die Schienenbahnunternehmen bereits vertragliche Vorteile ausgehandelt haben, sind diese bei der Berechnung des Prozentsatzes[251] und dementsprechend auch bei der Ermittlung des Entlastungsvolumens zu berücksichtigen. Die Begünstigung errechnet sich ohne vertragliche Begrenzungen der EEG-Kosten demnach wie folgt:

$$\text{Begünstigung} = \left(\begin{array}{c} \text{privilegierter} \\ \text{Letztverbrauch des} \\ \text{jeweiligen} \\ \text{Schienenbahn-} \\ \text{nehmens im letzten} \\ \text{abgeschlossenen} \\ \text{Geschäftsjahr} \end{array} \times \begin{array}{c} \text{Differenz-} \\ \text{kosten} \end{array} \right) - \left(\begin{array}{c} \text{privilegierter} \\ \text{Letztverbrauch des} \\ \text{jeweiligen Schie-} \\ \text{nenbahnunter-} \\ \text{nehmens im} \\ \text{letzten abge-} \\ \text{schlossenen} \\ \text{Geschäftsjahr} \end{array} \times \begin{array}{c} 0,05 \text{ Cent pro} \\ \text{Kilowatt-} \\ \text{stunde} \end{array} \right)$$

---

[249] Vgl. auch *Salje*, EEG, § 16 Rn. 126, der aber die Schutzwirkung gegenüber den anderen Anspruchsinhabern nicht benennt; zu Abs. 5 vgl. auch unten Rn. 174 ff.
[250] Vgl. oben Rn. 148 ff.
[251] Vgl. oben Rn. 154.

Wenn sich herausstellt, dass das für die Schienenbahnunternehmen zur Verfü- 173 gung stehende Entlastungsvolumen von 20 Mio. EUR überschritten würde, sind die nach der Begrenzung abzunehmenden Prozentsätze nach Abs. 4 Satz 1 und 2 aller zu begünstigten Schienenbahnunternehmen gleichmäßig entsprechend anzuheben, bis das Volumen 20 Mio. EUR nicht überschritten wird. Im Ergebnis hätten die Unternehmen dann gegenüber dem Zielwert von 0,05 Ct/kWh leicht erhöhte Differenzkosten zu tragen.

G. Entlastungsobergrenze zum Schutz nicht privilegierter Stromverbraucher (Abs. 5)

Absatz 5 begrenzt das mögliche Entlastungsvolumen für die nach § 16 begüns- 174 tigten Unternehmen (so genannter **10-Prozent-Deckel**). Voraussetzung dieser Einschränkung ist nach Abs. 5 Satz 1, dass das Produkt des Anteils des nach dem EEG vergüteten Stroms am insgesamt verbrauchten Strom (§ 14 Abs. 3 Satz 4) mit der dafür gezahlten durchschnittlichen Einspeisevergütung (§ 14 Abs. 3 Satz 5) sich durch die Besondere Ausgleichsregelung, für die infolge dieser Regelung nicht begünstigten Verbraucher, um mehr als 10 Prozent erhöhen würde. Folge der Überschreitung dieses Wertes ist die Anhebung des von den begünstigten Unternehmen abzunehmenden Anteils an Strom aus Erneuerbaren Energien, so dass die begünstigten Unternehmen im Ergebnis – gegenüber dem im günstigsten Fall zu erreichenden Zielwert von 0,05 Ct/kWh – entsprechend erhöhte Differenzkosten zu tragen hätten.

I. Normzweck

Die Regelung trägt dem Umstand Rechnung, dass die Entlastung bestimmter 175 Stromverbraucher im Rahmen der Besonderen Ausgleichsregelung zwangsläufig zu einer höheren Inanspruchnahme aller übrigen führt[252] und dient mittels der Beschränkung dieser Umverteilung dem **Schutz der nicht durch § 16 privilegierten Verbraucher.** Die durch die Begünstigung bestimmter Stromverbraucher bedingte Umverteilung darf nach Abs. 5 Satz 1 für die übrigen Abnehmer maximal zu einer Erhöhung der durch das EEG bedingten Kosten für den Ausbau der Erneuerbaren Energien um 10 Prozent führen. Absatz 5 konkretisiert den in Abs. 1 a. E. allgemein formulierten Gesetzesauftrag, die Begrenzung der Auswirkungen des EEG für bestimmte Unternehmen im Rahmen der Besonderen Ausgleichsregelung im Einklang mit den Interessen der Gesamtheit der Stromverbraucher auszugestalten.[253]

Durch die Umverteilung entspricht der vom jeweiligen Letztverbraucher abzu- 176 nehmende Stromanteil und damit der zu tragende Kostenanteil für den Ausbau der Erneuerbaren Energien zur Stromerzeugung nicht mehr seinem Verantwortungsbeitrag, für die durch seine Energienachfrage durch die konventionelle Energieerzeugung hervorgerufenen klimaschädlichen Auswirkungen. Vielmehr tragen begünstigte Unternehmen – gemessen an ihrem Verursacherbeitrag – einen unter- und alle anderen Abnehmer einen überproportionalen Anteil.

Eine solche vom **Verursacherprinzip gelöste Inanspruchnahme** verstößt 177 zwar nicht per se gegen den allgemeinen Gleichheitssatz des Art. 3 Abs. 1 GG.[254]

---

[252] Diese Umverteilung erfolgt durch § 16 Abs. 8, vgl. Rn. 223 ff.
[253] Vgl. oben Rn. 75 ff.
[254] *Britz/Müller*, RdE 2003, 163, 170; vgl. zu den Bedenken auch oben Rn. 18.

Dem Gesetzgeber kommt bei der Ausgestaltung eine gewisse Gestaltungsfreiheit zu, so dass er verschiedene Personengruppen zur Wahrnehmung der mit dem EEG verfolgten Aufgabe in unterschiedlicher Intensität heranziehen kann. Diesem Gestaltungsspielraum zur Entlastung bestimmter Gruppen sind aber Grenzen gesetzt, die aufgrund der strukturellen Unterschiede erheblich enger als etwa bei der Stromsteuer sind.[255] Eine Begünstigung bestimmter Pflichtiger im Rahmen von Steuergesetzen geht unmittelbar nur zu Lasten des Bundeshaushalts oder der Länderbudgets. Zur Kompensation dieser Einnahmeausfälle erfolgt nicht automatisch und zwangsläufig eine stärkere Inanspruchnahme anderer bestimmter Personen. Vielmehr steht dem Gesetzgeber eine Vielzahl an Reaktionsmöglichkeiten offen, etwa ein Ausgleich der fehlenden Einnahmen durch Ausgabenkürzung oder durch die Erhebung sonstiger Steuern.[256]

178 Anders ist die verfassungsrechtliche Bewertung einer solchen Begünstigung im EEG. Hier führt die Entlastung für die in der Besonderen Ausgleichsregelung Begünstigten zwangsläufig zu einer Umverteilung und damit zu zusätzlichen Verpflichtungen für alle anderen Stromverbraucher. Die an die nach § 14 Abs. 3 Satz 1 abnahmepflichtigen Versorger abzugebenden und letztlich auf die Verbraucher zu verteilenden Strommengen müssen dem insgesamt eingespeisten und nach dem EEG vergüteten Volumen entsprechen. Gleiches gilt für die gezahlten Mindestvergütungen. Das Abnahme- und Wälzungssystem des EEG muss stets eine ausgeglichene Bilanz aufweisen und ist insoweit in sich geschlossen.[257] Die daher – eine umfassende Weitergabe durch die Versorger unterstellt – zusätzlich in Anspruch genommenen Verbraucher trifft jedoch für die zusätzliche Abnahmepflicht keinerlei Finanzierungsverantwortlichkeit für die mit der Entlastung bestimmter Unternehmen beabsichtigten **Ziele der Wirtschaftsförderung**.[258]

179 Alternativen zu einer Umverteilung der begünstigten Strommengen und der damit verbundenen Kosten auf die nicht privilegierten Letztverbraucher bestehen nicht. Ein (teilweiser) Verzicht auf die Vergütung durch bestimmte begünstigte Stromabnehmer scheidet aus, da ansonsten die Bilanz unausgeglichen wäre und die Verluste von den Netzbetreibern oder Elektrizitätsversorgungsunternehmen getragen werden müssten. Auch eine Ausgleichzahlung – etwa aus staatlichen Mitteln – für einen solchen Verzicht in das Wälzungssystem ist nicht möglich. Sie könnte zwar die Reduzierung des Vergütungsvolumens ausgleichen, würde jedoch nicht die systemimmanente Verteilung der Strommengen beeinflussen können. Eine solche aus staatlichen Mitteln zugunsten bestimmter Unternehmen gewährte Summe würde darüber hinaus eine Beihilfe im Sinne des Art. 87 Abs. 1 EGV darstellen.[259]

180 Die Einschränkung des Entlastungsvolumens ist, anders als bei der Regelung in Abs. 4 Satz 5 für Schienenbahnunternehmen, nicht an das Erreichen einer absoluten Entlastungssumme gebunden,[260] sondern mit der Deckelung bei einem Anstieg um mehr als 10 Prozent als relative Obergrenze ausgestaltet. Durch diese **relative Umverteilungsgrenze** wird dem Umstand Rechnung getragen, dass das Vergütungsvolumen mit dem voranschreitenden Ausbau der Erneuerbaren Energien zur Stromerzeugung verändert. Da zunächst noch mit steigenden EEG-Strommengen und Durchschnittsvergütungen zu rechnen ist, wird sich in den nächsten

---

[255] Zur Verfassungskonformität der sog. Ökosteuer, vgl. BVerfGE 110, 274 ff.
[256] Vgl. auch *Britz/Müller*, RdE 2003, 163, 170.
[257] Vgl. auch Kommentierung zu § 14 Rn. 10.
[258] So auch *Oschmann*, NVwZ 2004, 910, 914; *Britz/Müller*, RdE 2003, 163, 170.
[259] Zu Art. 87 EGV *Cremer*, in: Calliess/Ruffert, EGV, Art. 87 und *v. Wallenberg*, in: Grabitz/Hilf, EGV, Art. 87.
[260] Vgl. dazu bereits oben Rn. 169 ff.

Jahren das zur Umverteilung zur Verfügung stehende Volumen vergrößern. Sobald sich diese Entwicklung aufgrund steigender Preise für den ersetzten konventionellen Strom und der im EEG vorgesehenen Degression der Vergütungssätze für Strom aus Erneuerbaren Energien und der damit einhergehenden Verringerung der Inanspruchnahme der EEG-Vergütungen umkehren wird, verringert sich auch das mögliche Umverteilungsvolumen.

II. Voraussetzungen der Beschränkung

Die Beschränkung des Begünstigungsvolumens nach § 16 erfolgt gemäß Abs. 5 Satz 1, sofern das **Produkt der EEG-Quote** gemäß § 14 Abs. 3 Satz 4 **und der Durchschnittsvergütung** nach § 14 Abs. 3 Satz 5 für die von der Besonderen Ausgleichsregelung nicht begünstigten Letztverbraucher infolge ihrer Anwendung um **mehr als 10 Prozent steigt.** Es wird dazu eine Gegenüberstellung der Kosten ohne Anwendung der Besonderen Ausgleichsregelung mit einer Kalkulation unter Berücksichtigung ihrer Auswirkungen vorgenommen. 181

Die dabei zu berücksichtigenden **Faktoren** sind die EEG-Quote nach § 14 Abs. 3 Satz 4 und die EEG-Durchschnittsvergütung nach § 14 Abs. 3 Satz 5. Die EEG-Quote ist das Verhältnis des nach dem EEG insgesamt vergüteten Stroms aus Erneuerbaren Energien zu dem insgesamt an Letztverbraucher abgesetzten Strom. Die EEG-Durchschnittsvergütung ist der „Durchschnitt der nach § 5 von der Gesamtheit der Netzbetreiber pro Kilowattstunde gezahlten Vergütung abzüglich der nach § 5 Abs. 2 Satz 2 vermiedenen Netznutzungsentgelte".[261] 182

Maßgeblich für die Bestimmung des Grenzwertes sind damit nicht die Summe des konkreten Entlastungsvolumens aller begünstigten Unternehmen,[262] sondern die **mittelbaren Auswirkungen bei den nicht privilegierten Verbrauchern.** Die tatsächliche Entlastung der Begünstigten errechnet sich aus ihren individuellen Differenzkosten, die nach § 15 Abs. 1 Satz 1 von den tatsächlichen Beschaffungskosten des jeweiligen Versorgers für konventionellen Strom abhängen.[263] Bei der Umverteilung der begünstigten Strommengen im Rahmen des bundesweiten EEG-Ausgleichsystems wird jedoch nicht diese Entlastungssumme überwälzt, sondern die von den begünstigten Unternehmen nicht abzunehmenden EEG-Strommengen weitergegeben. Daraus **resultiert für die nicht Privilegierten eine Erhöhung der EEG-Quote,** wohingegen der Durchschnittsvergütungssatz unverändert bleibt.[264] Diese zusätzlichen Strommengen werden an die sonstigen Verbraucher nicht mit den individuellen Differenzkosten der begünstigten Unternehmen, sondern mit den individuellen Differenzkosten ihrer Versorger weitergegeben. Auf Grund dieser Individualität sind die Differenzkosten kein geeigneter Maßstab, um die Umverteilungswirkung allgemeingültig zu messen und ggf. zu begrenzen. Daher hat der Gesetzgeber als Anknüpfungspunkt für die Begrenzung der Umverteilung auf die Erhöhung des Produktes aus EEG-Quote und EEG-Durchschnittsvergütung abgestellt. 183

Nach Abs. 5 Satz 1 ist die Berechnung, bezogen auf die **Daten des der Entscheidung vorangegangenen Kalenderjahres** zu erstellen, also anhand gesicherter Daten in einer Als-Ob-Betrachtung vorzunehmen. Maßgeblich sind daher 184

---

[261] Vgl. Kommentierung zu § 14 Rn. 62 ff.
[262] So aber die Regelung in Abs. 4 Satz 5 für die Deckelung der Entlastung für Schienenbahnunternehmen, vgl. oben Rn. 169 ff.
[263] Vgl. zur Berechnung der Differenzkosten Kommentierung zu § 15 Rn. 8 ff.
[264] Die Durchschnittsvergütung bleibt konstant, da diese nicht durch die Aufteilung auf verschiedene Abnehmer, sondern ausschließlich durch die Einspeisequellen und deren Vergütungssätze bestimmt wird.

nicht die im Begünstigungszeitraum voraussichtlich vorliegenden Werte. Diese sind nur mit einem erheblichen Unsicherheitsfaktor zu prognostizieren und daher nicht genau zu bestimmen. Die der Berechnung zu Grunde liegenden Faktoren des Verbrauchs der Antragsteller, der Entwicklung des gesamten Stromverbrauchs, der Einspeisung und der Vergütung des Stroms aus Erneuerbaren Energien stehen weder fest noch sind sie mit hinreichender Sicherheit zu prognostizieren.

185 Der Gesetzgeber hat sich daher gegen eine solche unsichere Prognosebasis für die Bestimmung der Begrenzung entschieden und in Abs. 5 Satz 1 vielmehr angeordnet, dass die Berechnung auf die Daten des der Entscheidung vorangegangen Kalenderjahres gestützt wird, um sicherzustellen, **dass nur die Auswirkungen der Besonderen Ausgleichsregelung berücksichtigt werden.** Durch die Berechnung auf der Datenbasis des Vorjahres werden die Auswirkungen des durch den fortschreitenden Ausbau der Erneuerbaren Energien steigenden Anteils von Strom aus Erneuerbaren Energien ausgeblendet, der andernfalls das in Abs. 5 zur Umverteilung zur Verfügung stehende Volumen schmälern würde. Die aufgrund der weiteren Steigerung des Anteils der Erneuerbaren Energien bedingten Veränderungen für die sonstigen Verbraucher entstehen jedoch unabhängig von der Besonderen Ausgleichsregelung, so dass sie unberücksichtigt bleiben müssen. Sinn und Zweck des Abs. 5 ist es, lediglich die Auswirkungen der Besonderen Ausgleichsregelung zu beschränken.[265]

186 Dieser Ermittlungszeitraum ist in der Regel mit der Periode identisch, die für das Vorliegen der Anspruchsvoraussetzungen nach Abs. 2 und Abs. 4 maßgeblich ist.[266] Damit entstammen alle entscheidenden Parameter demselben **Zeitraum.** Dieser für alle Berechnungen im Rahmen der Besonderen Ausgleichsregelung erfolgende Rückgriff auf einen bereits abgeschlossenen Sachverhalt, ermöglicht Entscheidungen aufgrund **feststehender Erkenntnisgrundlagen** und stellt so einen vergleichbaren Maßstab sicher.

187 Daher sind die **Vorjahreswerte des Gesamtstromverbrauchs,** der von den antragstellenden Unternehmen an der für den neuen Bescheid relevanten Abnahmestellen selbst verbrauchten Strommengen, der allgemeinen **EEG-Quote** und der **EEG-Durchschnittsvergütung** zu ermitteln. Die verbrauchte Strommenge ergibt sich dabei in der Regel aus den Antragsunterlagen. Sofern bei einem antragstellenden Unternehmen das letzte abgeschlossene Geschäftsjahr von dem Kalenderjahr abweicht, muss es die erforderlichen Daten gesondert ausweisen. Die EEG-Quote und die EEG-Durchschnittsvergütung ergeben sich aus den von den Übertragungsnetzbetreibern nach § 15 Abs. 2 Satz 1 bis zum 30. September des auf die Einspeisung folgenden Jahres zu veröffentlichenden Angaben.[267] Da das BAFA die Entscheidung jeweils im zweiten Kalenderhalbjahr zu treffen hat, kann auf diese Daten zurückgegriffen werden.

188 Bei der Ermittlung des Ausgangswertes zur Bestimmung der 10-Prozent-Grenze bleiben **die durch die Begünstigung in früheren Jahren aufgetretenen Wirkungen der Besonderen Ausgleichsregelung unberücksichtigt.**[268] Maßgeblich sind allein die EEG-Quote nach § 14 Abs. 3 Satz 4 und die EEG-Durchschnittsvergütung nach § 14 Abs. 3 Satz 5. Beide Faktoren bleiben von der Umverteilungswirkung des § 16 unberührt. Die EEG-Quote nach § 14 Abs. 3 Satz 4 bestimmt sich aus dem Verhältnis des Stroms aus Erneuerbaren Energien

---

[265] A. A. *Salje,* EEG, § 16 Rn. 129, 134 und *Dreher,* in: Reshöft/Steiner/Dreher, EEG, § 16 Rn. 31, der entgegen dem Wortlaut in § 16 Abs. 5 Satz 1 Werte des Vorjahres zu den zu erwartenden Werten des Folgejahres ins Verhältnis setzt.
[266] Vgl. oben Rn. 110 ff.
[267] Vgl. zum Umfang der Veröffentlichungspflicht Kommentierung zu § 15 Rn. 22 f.
[268] A. A. wohl *Salje,* EEG, § 16 Rn. 129.

Besondere Ausgleichsregelung

zum insgesamt an Letztverbraucher abgesetzten Strom.[269] Dabei wird nicht berücksichtigt, dass die konkret von den einzelnen Elektrizitätsversorgungsunternehmen nach § 14 Abs. 3 Satz 1 abzunehmende EEG-Strommenge aufgrund der Anwendung der Besonderen Ausgleichsregelung nach Abs. 8 davon abweicht. Würden die Begünstigungen der Vorjahre bei der Berechnung der Vergleichsgrundlage einkalkuliert, würde diese jährlich steigen. Es käme dann zu einer stetigen Erhöhung des Umverteilungsvolumens um bis zu vielleicht weitere 10 Prozent. Ein solcher ständiger Anstieg des Umverteilungsvolumens würde dem Schutzzweck des Abs. 5 zuwiderlaufen und zu einer unverhältnismäßigen Inanspruchnahme der nicht begünstigten Stromverbraucher führen.

Keine Auswirkungen hat die Besondere Ausgleichsregelung auf die Höhe der **EEG-Durchschnittsvergütung**.[270] Diese ist nach § 14 Abs. 3 Satz 5 der Mittelwert der für die Kilowattstunden Strom aus Erneuerbaren Energien gezahlten Vergütungen abzüglich der nach § 5 Abs. 2 Satz 2 abzuziehenden vermiedenen Netznutzungsentgelte. Die Durchschnittsvergütung bleibt durch die Begünstigung des § 16 unbeeinflusst, da sie lediglich von der insgesamt eingespeisten Strommenge und den dafür tatsächlich gezahlten Vergütungen und somit lediglich von dem Verhältnis der Einspeisung aus den unterschiedlichen Sparten der Erneuerbaren Energien und deren Vergütungskategorien bestimmt wird, unabhängig davon, wer diese Strommengen letztlich abnimmt.

Ausgangswert:

$$\text{Produkt nach Abs. 5 Satz 1 (vor Bescheid-Erteilung)} = \frac{\text{gesamte EEG-Strommenge des Vorjahres}}{\text{gesamter Letztverbrauch des Vorjahres}} \times \text{Durchschnittsvergütung des Vorjahres}$$

Das diesem **Wert gegenüberzustellende zweite Produkt**, ergibt sich aus einer um die Auswirkungen einer (fiktiven) Begünstigung **modifizierten Berechnung**. Die dann im Vorjahr maßgebliche EEG-Quote wird derart neu berechnet, **als ob** diejenigen **Unternehmen**, die einen Antrag nach § 16 gestellt haben und die Voraussetzungen für das folgende Jahr erfüllen, an den dann zu begünstigenden Abnahmestellen **bereits im Vorjahr von der Besonderen Ausgleichsregelung profitiert hätten**. D. h., dass die EEG-Strommengen, die dann nicht hätten abgenommen werden müssen, bereits auf die übrigen Letztverbraucher umverteilt worden wären. Da die Berechnung auf Basis der Daten des Vorjahres erfolgt, kann der privilegierte Verbrauch, abzüglich eines ggf. zu berücksichtigenden Selbstbehaltes nach Abs. 4 Satz 3, genau bestimmt werden.

Die beiden **Faktoren** der tatsächlichen EEG-Quote des Vorjahrs werden dazu wie folgt **angepasst**: Vom Gesamtverbrauch wird der gesamte privilegierte Als-Ob-Verbrauch subtrahiert. D. h. der Vorjahres-Gesamtverbrauch wird um die im letzten Kalenderjahr bezogene und selbst verbrauchte Strommenge an allen zu begünstigenden Abnahmestellen, für die eine Begrenzung nach Abs. 1 gewährt werden soll, abzüglich der nach Abs. 4 Satz 3 selbst zu tragen fiktiven Selbstbehalte, reduziert. Außerdem wird von der EEG-Strommenge des Vorjahres der im privilegierten Als-Ob-Letztverbrauch fiktiv enthaltene Anteil abgezogen. Dazu wird der privilegierte Letztverbrauch des Vorjahres jedes zu begünstigenden Unternehmens mit dem individuellen fiktiven Prozentsatz nach Abs. 4 Satz 2 multipliziert und diese Ergebnisse summiert.

---

[269] Vgl. Kommentierung zu § 14 Rn. 61.
[270] Ungenau insoweit *Salje*, EEG, § 16 Rn. 129.

§ 16 193–198   Erneuerbare-Energien-Gesetz

193   Zwischenschritt:

$$\text{im privilegierten Letztverbrauch enthaltene EEG-Strommenge} = \text{privilegierter Letztverbrauch} \times \text{Prozentsatz nach Abs. 4 Satz 2}$$

194   Vergleichswert:

$$\text{Produkt nach Abs. 5 Satz 1 (nach Bescheid-Erteilung)} = \frac{\text{EEG-Strommenge des Vorjahres}}{\text{Gesamtverbrauch des Vorjahres}} - \frac{\text{im privilegierten Letztverbrauch enthaltene EEG-Strommenge}}{\text{privilegierter Letztverbrauch}} \times \text{Durchschnittsvergütung des Vorjahres}$$

195   Nach Abs. 5 Satz 2 sind bei der Prüfung, ob durch die Anwendung der Besonderen Ausgleichsregelung eine Umverteilung von mehr als 10 Prozent erfolgt, **auch diejenigen privilegierten Strommengen zu berücksichtigen,** die aus nach § 11a EEG 2003 ergangenen Entscheidungen des BAFA resultieren, **die gemäß § 21 Abs. 6 fortwirken.**

196   Das Produkt der fiktiven **Als-Ob-Berechung** ist größer als der Vergleichswert. Dabei darf er diesen jedoch lediglich um maximal 10 Prozent übersteigen. Andernfalls greift die Wirkung des Abs. 5 und die Privilegierungen der Antragsteller sind entsprechend zu verringern.

197   Für die im Kalenderjahr 2004 gestellten Anträge nach § 16 EEG bedeutet dies unter Zugrundelegung der öffentlichen VDN-Werte, dass die EEG-Quote und der Durchschnittsvergütungssatz des Jahres 2003 zu Grunde zu legen sind.[271] Im **Jahr 2003** wurden 28 496 Mio. kWh (28 496 GWh) Strom nach dem EEG abgenommen und vergütet, der Gesamtstromverbrauch betrug 478 016 Mio. kWh (478 016 GWh). Die EEG-Quote im Jahr 2003 betrug damit 5,96[272] Prozent. Die EEG-Durchschnittsvergütung lag bei 9,14 Cent/kWh. Daraus ergibt sich ein Produkt der EEG-Quote und der EEG-Durchschnittsvergütung von 0,5449 Ct/kWh.[273] Die Begrenzungswirkung des Abs. 5 greift daher dann ein, wenn sich dieser Wert für die nicht begünstigten Verbraucher um 0,05449 Ct/kWh auf dann 0,59939 Cent/kWh erhöht. Dies entspricht einem Anteil von 6,556 Prozent EEG-Stroms.

III. Rechtsfolgen bei Erreichen des Deckels

198   Bei Überschreiten des Grenzschwellenwertes von 10 Prozent nach Abs. 5 Satz 1 wird die **Entlastung der antragstellenden Unternehmen anteilig soweit gekürzt,** bis die Umverteilungswirkung 10 Prozent nicht mehr überschreitet. Dazu wird gemäß Abs. 5 Satz 1 Halbsatz 2 der nach Abs. 4 Satz 2 von jedem Unternehmen an den begünstigten Abnahmestellen abzunehmende EEG-Anteil (Prozentsatz) gegenüber der zunächst ohne die Wirkung des Abs. 5 individuell ermittelten Höhe angehoben. Die Entlastungen bleiben damit hinter der maximal möglichen Wirkung nach Abs. 4 Satz 2 zurück.

---

[271] Zahlen nach *VDN*, Aktuelle Daten zum Erneuerbare-Energien-Gesetz (EEG), (abrufbar unter: http://www.vdn-berlin.de/aktuelledaten_eeg.asp), Stand: 10. 3. 2005.
[272] Die vom VDN angegebene Quote von 6,03 Prozent ist der unter Berücksichtigung der Umverteilung durch die am 22. 7. 2004 in Kraft getretene Besondere Ausgleichsregelung für die nicht privilegierten Letztverbraucher errechnete Anteil.
[273] Vgl. zur Berechnung der Differenzkosten unter Berücksichtigung des Anteils des EEG-Stroms am Gesamtstromverbrauch auch oben Rn. 106.

Besondere Ausgleichsregelung

Der neu **festzusetzende Prozentsatz ist dabei einheitlich zu bestimmen.** 199
Dies bedeutet allerdings nicht, dass anstelle der nach Abs. 4 Satz 2 ermittelten individuellen Prozentsätze[274] abzunehmender EEG-Strommenge, im Falle der Begrenzung nach Abs. 5, ein für alle privilegierten Unternehmen gleich hoher Satz gilt. Einheitlich ist vielmehr so zu verstehen, dass die zunächst individuell ermittelten Prozentsätze **gleichmäßig anzuheben** sind, so dass die Kosten vergleichbar steigen.[275] Andernfalls würde die Beschränkung durch Abs. 5 für die verschiedenen begünstigten Unternehmen unterschiedlich stark ausfallen, könnte sogar zu einer realen Entlastung führen. Es muss daher – ausgehend von der zu modifizierenden Zielgröße von 0,05 Ct/kWh – der jeweils unternehmensindividuelle Prozentsatz so angehoben werden, dass alle begünstigten Unternehmen einen gleich hohen Betrag je Kilowattstunde für den Ausbau der Erneuerbaren Energien zur Stromerzeugung durch das EEG zahlen.

Die Bestimmung des einheitlichen erhöhten Prozentsatzes nach Abs. 5 erfolgt 200
unbeschadet der Regelung des Abs. 4 Satz 5. Diese begrenzt das Gesamtentlastungsvolumen für Unternehmen, die Schienenbahnen betreiben, auf maximal 20 Mio. EUR.[276] Infolgedessen können bei Schienenbahnunternehmen bereits, auf Grund einer im Rahmen des Abs. 4 Satz 5 erfolgten Deckelung, abweichende Prozentsätze festgelegt worden sein. Die Formulierung in Abs. 5 führt jedoch nicht dazu, dass die Schienenbahnunternehmen von einer möglichen Kürzung der Begünstigung im Rahmen der Anwendung des Abs. 5 ausgenommen sind.[277] Die Kürzung erfolgt gemäß Abs. 5 Satz 1 Halbsatz 2 bei „sämtliche(n) Unternehmen, deren Anträge nach Abs. 6 die Voraussetzungen nach Abs. 2 oder 3 erfüllen". Die Bezugnahme auch auf Abs. 3, der eine Sonderregelung ausschließlich für Schienenbahnunternehmen darstellt und die Begünstigungsvoraussetzungen für diese modifiziert, stellt klar, dass auch bei diesen die ggf. erforderlichen Anpassungen nach Abs. 5 vorgenommen werden.

Für Unternehmen, die **Schienenbahnen** betreiben, erfolgt die Beschränkung 201
der Begünstigung nach Abs. 5, im Fall einer bereits nach Abs. 4 Satz 5 erfolgten Anpassung, daher ausgehend von dem bereits erhöhten Prozentsatz. Dieses ergibt sich aus dem Verhältnis der beiden Regelungen zueinander. Es ist Zweck des Abs. 5, die nicht begünstigten Verbraucher vor einer unverhältnismäßigen Umverteilung zu schützen. Die Regelung des Abs. 4 Satz 5 begrenzt dagegen auch den Anteil der möglichen Gesamtentlastung, die auf die Schienenbahnunternehmen entfällt. Sie schützt damit nicht wie Abs. 5 nur die sonstigen, nicht privilegierten Verbraucher, sondern – beim Eingreifen der Obergrenze nach Abs. 5 – gerade auch die Unternehmen des produzierenden Gewerbes, die von der Besonderen Ausgleichsregelung des § 16 profitieren, indem der Anteil des zur Verfügung stehenden Umverteilungsvolumens nach Abs. 5 für Unternehmen, die Schienenbahnen betreiben, definiert wird.[278]

---

[274] Vgl. oben Rn. 146 ff.
[275] Missverständlich insoweit die Formulierung in der Begründung zu § 16 Abs. 5, dass der „Prozentsatz für alle Unternehmen einheitlich, d. h. als gleich hoher Prozentsatz festgelegt werden" muss, vgl. BT-Drs. 15/2864, S. 52. Im Ergebnis wie hier *Salje*, EEG, § 16 Rn. 130.
[276] Vgl. oben zu Abs. 4 Rn. 145 ff.
[277] So jedoch *Salje*, EEG, § 16 Rn. 131.
[278] Vgl. oben Rn. 169.

H. Verwaltungsverfahren (Abs. 6)

202 Absatz 6 regelt bestimmte Gesichtspunkte des Verwaltungsverfahrens und **modifiziert** dabei die allgemeinen Regeln des **VwVfG** des Bundes. Dieses bleibt daher beim Vollzug der Besonderen Ausgleichsregelung nur insoweit anwendbar, wie § 16 keine Sonderregelungen trifft. Er enthält eine **Ausschlussfrist** für die Antragstellung, bestimmt die Adressaten der Entscheidung des BAFA, legt den Zeitraum der Wirkung der Bescheide fest und enthält bei Folgeentscheidungen eine Fiktion bezüglich der Auswirkung früherer Entscheidungen zu Gunsten der Antragsteller.

I. Antrag

203 Nach Abs. 6 Satz 1 sind die Anträge auf Begrenzung der EEG-Strommengen im Rahmen der Besonderen Ausgleichsregelung einschließlich aller notwendigen Unterlagen nach Abs. 2 oder Abs. 3 **bis zum 30. Juni**[279] **beim BAFA** zu stellen. Innerhalb dieser Frist sind außerdem, das den Antragsteller an der maßgeblichen Abnahmestelle beliefernde Elektrizitätsversorgungsunternehmen sowie der regelverantwortliche Übertragungsnetzbetreiber zu benennen.

1. Vollständige Antragsunterlagen

204 Zu den vollständigen Antragsunterlagen im Sinne des Abs. 6 Satz 1 zählen neben dem Antrag selbst **alle in Abs. 2 und Abs. 3 geforderten Nachweise und Bescheinigungen** sowie bei selbstständigen Unternehmensteilen die nicht ausdrücklich genannten Nachweise für die bestehende organisatorische Eigenständigkeit des Teils innerhalb des Unternehmens.[280] Eine bestimmte **Form** für den Antrag sieht Abs. 6 nicht vor.[281] Aus dem Antrag muss sich zumindest ergeben, **für welche Abnahmestellen** die Begrenzung beantragt wird und ob er für ein Unternehmen oder für einen selbstständigen Unternehmensteil gestellt wird.

205 Die notwendigen Unterlagen sind insbesondere die Stromlieferverträge und Stromrechnungen des vorangegangenen Geschäftsjahres, die Gutachten eines Wirtschaftsprüfers oder vereidigten Buchprüfers auf Grundlage der Jahresabschlüsse für das jeweils letzte abgeschlossene Geschäftsjahr und die von den Elektrizitätsversorgungsunternehmen zu übermittelnde Bescheinigung eines Wirtschaftsprüfers oder vereidigten Buchprüfers einschließlich der zu Grunde liegenden Daten. Bei selbstständigen Unternehmensteilen ist es außerdem erforderlich, entsprechende Unterlagen einzureichen, aus denen sich hinreichend deutlich ergibt, dass die an solche Unternehmenseinheiten gestellten Anforderungen erfüllt sind.

206 Das **Gutachten des Wirtschaftsprüfers** oder vereidigten Buchprüfers nach Abs. 2 Satz 3 sowie die Bescheinigung des Elektrizitätsversorgungsunternehmens sind im Original einzureichen. Bezüglich der vorzulegenden Stromlieferverträge und -rechnungen reichen – ggf. beglaubigte – Kopien.[282]

---

[279] Für im Jahr 2004 gestellte Anträge endet die Antragsfrist nach § 21 Abs. 6 Satz 1 davon abweichend am 31. 8. 2004, da die Novelle erst zum 1. 8. 2004 in Kraft getreten war.
[280] Vgl. zu den Anforderungen an den Nachweis der Anspruchsvoraussetzungen Rn. 117 ff.
[281] Es gilt daher der Grundsatz der Formlosigkeit, vgl. *Kopp/Ramsauer*, VwVfG, § 22 Rn. 32 ff.
[282] Vgl. auch *Salje*, EEG, § 16 Rn. 144.

Besondere Ausgleichsregelung 207–210 § 16

2. Ausschlussfrist

Die Antragsfrist ist als Ausschlussfrist ausgestaltet. Bei Ausschlussfristen, die auch 207
als uneigentliche Fristen bezeichnet werden,[283] führt die **Versäumung der Frist**
dazu, dass notwendige Handlungen nicht mehr wirksam vorgenommen werden
können,[284] der **Anspruch nicht mehr geltend gemacht werden kann.**[285] Die
Frist ist gewahrt, wenn der Antrag einschließlich aller notwendigen Unterlagen
vollständig spätestens am 30. Juni, 24.00 Uhr beim BAFA eingegangen ist.[286] Soweit erforderlich, müssen bis zu diesem Zeitpunkt auch die entsprechenden Originale vorliegen; eine Antragstellung per Fax oder E-Mail ist insoweit nicht ausreichend. Ein Nachreichen einzelner Unterlagen ist ausgeschlossen.[287] Der Ausschlusscharakter des Abs. 6 kommt für den Normadressaten ausreichend deutlich
zur Geltung. Die Frist für die Antragstellung einschließlich der Vorlage der vollständigen Unterlagen ist benannt, und durch die Verwendung des Terminus Ausschlussfrist in einem Klammerzusatz werden die Folgen der Nichtbeachtung hinreichend deutlich ausgedrückt.

Die **zeitliche Begrenzung** des Antragsverfahrens ist auf Grund der konkreten 208
Ausgestaltung der Besonderen Ausgleichsregelung, insbesondere im Hinblick auf
die Beschränkung in Abs. 4 Satz 5 sowie Abs. 5, **zwingend erforderlich** und
entspricht daher den verfassungsrechtlichen Anforderungen.[288] Die Ausschlussfrist
ermöglicht es dem zuständigen BAFA, sich rechtzeitig einen Überblick über alle
angemeldeten Ansprüche zu verschaffen.[289] Erst nach dem Eingang aller Unterlagen kann geprüft werden, welche Anträge positiv zu bescheiden sind und welche
Strommengen zu privilegieren wären. Diese Erkenntnis ist wiederum zwingende
Voraussetzung für die Beantwortung der Frage nach der Anwendbarkeit der
Obergrenzen nach Abs. 4 Satz 5 und Abs. 5 und einer ggf. notwendigen Kürzung
der Begrenzungsentscheidungen. Die Funktionsfähigkeit der Besonderen Ausgleichsregelung „steht oder fällt" daher mit der Fristbeachtung.[290]

Die möglichst frühzeitige Ermittlung der insgesamt begünstigten Strommengen 209
ist auch für die nach Abs. 8 vorgesehene **Integration der Besonderen Ausgleichsregelung in das bundesweite Ausgleichsystem** des EEG notwendig.
Erst nachdem das BAFA alle entsprechenden Bescheide erteilt hat, können die
Übertragungsnetzbetreiber ihre Prognosen unter Berücksichtigung der Auswirkungen der Besonderen Ausgleichsregelung erstellen und die nach § 14 Abs. 3
Satz 1 von den Versorgern abzunehmenden Strommengen berechnen. Daher ist es
für das Gesamtsystem des EEG wichtig, dass die Bescheide möglichst frühzeitig
und nicht erst vor Jahresende erteilt werden können.

Auch die **Bescheinigung des Elektrizitätsversorgungsunternehmens nach** 210
Abs. 2 Satz 2 muss innerhalb der Ausschlussfrist beim BAFA eingegangen sein.[291]
Diese Bescheinigung ist – ebenso wie alle anderen Unterlagen – für die Beurteilung der Erfolgsaussichten des einen und damit für die Bearbeitung aller Anträge
erforderlich. Diese ist **Teil der Antragsunterlagen,** auch wenn sie nicht vom

---

[283] *Kallerhoff,* in: Stelkens/Bonk/Sachs, VwVfG, § 31 Rn. 8.
[284] *Kallerhoff,* in: Stelkens/Bonk/Sachs, VwVfG, § 31 Rn. 10; *Kopp/Ramsauer,* VwVfG, § 31 Rn. 8; *Clausen,* in: Knack, VwVfG, § 31 Rn. 7.
[285] *Wolff/Bachhof/Stober,* Verwaltungsrecht, Bd. 1, § 37 Rn. 18.
[286] *Kopp/Ramsauer,* VwVfG, § 31 Rn. 20.
[287] *Kallerhoff,* in: Stelkens/Bonk/Sachs, VwVfG, § 31 Rn. 11.
[288] Vgl. zu den Anforderungen *Kopp/Ramsauer,* VwVfG, § 32 Rn. 65 m.w.N.
[289] *Kallerhoff,* in: Stelkens/Bonk/Sachs, VwVfG, § 31 Rn. 9.
[290] So als Auslegungskriterium für eine Ausschlussregelung bei OVG Münster, NVwZ 1984, 387.
[291] Vgl. auch *Salje,* EEG, § 16 Rn. 138.

Antragsteller selbst, sondern vom Elektrizitätsversorgungsunternehmen in dessen Auftrag vorgelegt werden muss.

211 Die **Gegenauffassung**, nach der es sich bei dieser Bescheinigung nicht um einen Teil der Antragsunterlagen handeln und sie daher nicht von der Ausschlussfrist erfasst sein soll, findet keine Stütze im Gesetz oder seiner Entstehungsgeschichte. Nach dem bisherigem Recht des § 11a Abs. 2 Satz 2 EEG 2000 waren die Elektrizitätsversorgungsunternehmen verpflichtet dem antragstellenden Unternehmen eine entsprechende Bescheinigung auszuhändigen, die dieses zusammen mit den übrigen Unterlagen einreichen musste. Die demgegenüber vorgenommene Verpflichtung zur Übermittlung der Bescheinigung direkt an das BAFA durch das Elektrizitätsversorgungsunternehmen ist lediglich zum **Schutz seiner Geschäftsgeheimnisse** gegenüber seinen Kunden vorgenommen worden, da die Elektrizitätsversorgungsunternehmen auch die der Berechnung zugrunde liegenden Daten mitzuteilen haben. Bei einer Verpflichtung zur Abgabe einer solchen Bescheinigung gegenüber den Antragstellern, würden diese Einblick in die Kalkulationsgrundlagen ihrer Versorger erhalten. Eine Änderung der Einordnung dieser Bescheinigung als Teil der Antragsunterlagen ist damit aber nicht beabsichtigt gewesen.

212 Gegen die Einordnung der Bescheinigung als Teil der Antragsunterlagen spricht auch nicht, dass der Antragsteller keinen Einfluss auf eine fristgerechte Übermittlung durch das ihn beliefernde Elektrizitätsversorgungsunternehmen hat. Insoweit ist keine Änderung zur früheren Rechtslage eingetreten, da auch nach § 11a EEG 2000 eine solche Abhängigkeit gegenüber dem Elektrizitätsversorgungsunternehmen bestand. Im Falle einer verweigerten, verspäteten oder unvollständigen Übersendung der Bescheinigung durch die Elektrizitätsversorgungsunternehmen an das BAFA können sich **Schadensersatzansprüche** der Antragsteller ergeben, so dass die Rechte der Antragsteller ausreichend gewahrt sind.

213 Von der Einhaltung der Ausschlussfrist gibt es **keine Ausnahmen.** So kann das BAFA als zuständige Behörde **weder die Frist verlängern, noch** ist eine **Wiedereinsetzung in den vorherigen** Stand möglich.[292] Die Verlängerungsmöglichkeit des § 31 Abs. 7 VwVfG ist nicht einschlägig, da es sich nicht um eine behördlich festgesetzte Frist handelt. Die Widereinsetzung ist auch bei unverschuldetem geringfügigem Überschreiten der Ausschlussfrist nicht möglich, § 32 VwVfG findet keine Anwendung, was durch § 32 Abs. 5 VwVfG klargestellt wird.[293]

214 Die **Frist verlängert sich** aber, wenn der 30. Juni auf einen Samstag, Sonntag oder gesetzlichen Feiertag fällt. Dann endet die Ausschlussfrist gemäß § 31 Abs. 3 Satz 1 VwVfG erst am nächsten Werktag. § 31 VwVfG ist auch bei gesetzlichen Fristen anwendbar.[294] Die anerkannten gesetzlichen Feiertage ergeben sich aus dem Hessischen Feiertagsgesetz.[295] Die übrigen Landesgesetze zur Regelung der Feiertage sind nicht einschlägig, da zu dieser Frage allein das Recht des Bundeslandes maßgeblich ist, in dem die Frist wahrende Handlung vorgenommen werden muss.[296]

---

[292] *Kallerhoff,* in: Stelkens/Bonk/Sachs, VwVfG, § 31 Rn. 8.
[293] *Kallerhoff,* in: Stelkens/Bonk/Sachs, VwVfG, § 32 Rn. 9; a. A. *Salje,* EEG, § 16 Rn. 142; zu den anerkannten sehr engen Möglichkeiten einer folgenlosen Fristversäumung vgl. *Kopp/Ramsauer,* VwVfG, § 31 Rn. 12 m. w. N.
[294] BVerwGE 44, 45, 47; vgl. *Kopp/Ramsauer,* VwVfG, § 31 Rn. 30; *Kallerhoff,* in: Stelkens/Bonk/Sachs, VwVfG, § 31 Rn. 34.
[295] Hessisches Feiertagsgesetz v. 17. 9. 1952, GVBl. S. 145, i. d. F. 29. 12. 1971, GVBl. I S. 344; für den 3. Oktober i. V. m. Art. 2 Abs. 2 EVertr, v. 31. 8. 1990, BGBl. II 889. Eine Übersicht zu den Feiertagen findet sich bei *Clausen,* in: Knack, VwVfG, § 31 Rn. 34.
[296] *Kallerhoff,* in: Stelkens/Bonk/Sachs, VwVfG, § 31 Rn. 36.

Besondere Ausgleichsregelung

Da die Unterlagen bis zum Fristablauf vollständig beim BAFA eingegangen sein 215
müssen, ist die Frist auch dann versäumt, wenn auch nur eines der erforderlichen
Dokumente fehlt oder die notwendigen Unterlagen unvollständig eingereicht
wurden. Das **Nachreichen** fehlender oder das Ergänzen unvollständiger Unterlagen nach Ablauf der Ausschlussfrist **hat keine heilende Wirkung.**

3. Benennung der Elektrizitätsversorgungsunternehmen und Übertragungsnetzbetreiber

Der Antrag muss **Name und Adresse** der die jeweiligen Antragsteller belie- 216
fernden Elektrizitätsversorgungsunternehmen und der regelverantwortlichen Übertragungsnetzbetreiber, in dessen Netzbereich die zu begrenzenden Abnahmestellen
liegen, beinhalten. Diese Angaben sind für das BAFA zwingend erforderlich, um
die Verwaltungsakte, wie nach Abs. 6 Satz 2 vorgeschrieben, auch diesen Adressaten des Verwaltungsaktes bekannt geben zu können.

II. Entscheidung über den Antrag, Wirkung des Bescheides

Der Verwaltungsakt ergeht mit **Wirkung gegenüber dem Antragsteller,** 217
dem oder den diesen beliefernden **Elektrizitätsversorgungsunternehmen** sowie dem **Übertragungsnetzbetreiber,** in dessen Regelzone die begünstigten
Abnahmestellen des Antragstellers liegen, Abs. 6 Satz 2. Die Entscheidung ist daher
allen bekannt zu geben; eine förmliche Zustellung ist nicht erforderlich.[297] Die
direkte Wirkung der Entscheidung auch gegenüber den betroffenen Elektrizitätsversorgungsunternehmen und Übertragungsnetzbetreiber und damit deren Einbeziehung in den Adressatenkreis der Besonderen Ausgleichsregelung ist in Folge der
Regelung des Abs. 8 erforderlich. Danach **wirkt die Begrenzung bereits im**
Rahmen der bundesweiten Ausgleichsregelung nach § 14, indem die Abnahmepflicht nach § 14 Abs. 3 Satz 1 der Elektrizitätsversorgungsunternehmen mit
privilegierten Kunden bereits begrenzt ist.[298]

Der Verwaltungsakt wird zum **1. Januar** des auf die Antragstellung folgenden 218
Jahres wirksam. Er hat eine **Geltungsdauer von einem Jahr,** endet daher mit
Ablauf des 31. Dezembers um 24.00 Uhr. Durch diese Neuregelung wird ein
einheitlicher, mit dem Kalenderjahr identischer **Geltungszeitraum** aller Entscheidungen gewährleistet. Der einheitliche Begünstigungszeitraum für alle privilegierten Unternehmen wurde auch durch die Einführung der Obergrenze nach
Abs. 5 erforderlich.

Im Gegenzug dazu entfalteten die Entscheidungen des BAFA nach § 11 a Abs. 4 219
Satz 1 EEG 2003 ihre **Wirkung mit ihrer Bekanntgabe.**[299] Eine von dem
Normalfall des § 43 Abs. 1 Satz 1 VwVfG abweichende Rechtsfolge, nach der die
innere Wirksamkeit eines Verwaltungsaktes zugleich mit seiner äußeren Wirksamkeit eintritt, war in § 11 a EEG 2000 nicht enthalten. Insbesondere erfolgte keine
Rückwirkung auf den Tag der Antragstellung oder das Ende der Vierwochenzeitraums, der als regelmäßiger Bescheidungszeitraum in § 11 a Abs. 4 EEG 2003 ab
Eingang der vollständigen Antragsunterlagen vorgesehen war. Die Anordnung
einer Rückwirkung durch den Verwaltungsakt selbst war nicht gemäß § 36 Abs. 2

---

[297] § 37 Abs. 2 Satz 1 VwVfG; missverständlich insoweit die Formulierung der Begründung, in der es heißt, dass es dem begünstigten Unternehmen die Entscheidung über die Begrenzung „per Bescheid" mitteilt und dass es an die „jeweils betroffenen Elektrizitätsversorgungsunternehmen und regelverantwortlichen Übertragungsnetzbetreiber hat es sodann jeweils eine Durchschrift dieses Bescheides zu schicken" hat, vgl. BT-Drs. 15/2864, S. 52.
[298] Vgl. dazu unten Rn. 223 ff.
[299] So VG Frankfurt a. M., Urt. v. 13. 5. 2004 – 1 E 7499/03 (2) und 1 E 54/04 (V).

VwVfG möglich, da es sich bei § 11a EEG 2003 um eine gebundene Entscheidung handelte.[300] Da auch der Erlass von Nebenbestimmung nicht gesetzlich vorgesehen war, war auch § 36 Abs. 1 VwVfG nicht einschlägig.

III. Fiktion der Nichtbegünstigung

220 Absatz 6 Satz 4 ordnet an, dass **die durch eine vorangegangene Entscheidung hervorgerufenen Wirkungen** bei der Berechnung des Verhältnisses der Strombezugskosten zur Bruttowertschöpfung nach Abs. 2 Satz 1 Nr. 2 und Abs. 4 Satz 3 **außer Betracht bleiben.**[301] Diese Vorschrift entspricht § 11a Abs. 5 EEG 2003 und verhindert, dass ein Unternehmen, aufgrund der durch die Begrenzung der abzunehmenden EEG-Strommengen geringeren Kosten für den Stromverbrauch, die Begünstigungsvoraussetzung hinsichtlich des Verhältnisses der Strombezugskosten zur Bruttowertschöpfung nicht mehr erfüllt. Daher wird dieses Verhältnis fiktiv so berechnet, als ob – anstelle der durch die Begrenzungswirkung des Bescheides geringeren EEG-Strommenge – die volle EEG-Quote vom Versorger bezogen wurde. Die Fiktion gilt sowohl für die Eingangsschwellen der Besonderen Ausgleichsregelung nach Abs. 2 Satz 1 Nr. 2 wie auch für die Rechtsfolgenschwelle nach Abs. 4 Satz 3.

I. Fachaufsicht des Bundesumweltministerium (Abs. 7)

221 Absatz 7 ordnet die Fachaufsicht des Bundesumweltministeriums über das für den Vollzug der Besonderen Ausgleichsregelung zuständige BAFA an, soweit es Aufgaben nach diesem Gesetz wahrnimmt. Diese Regelung ist erforderlich, da das BAFA keine dem innerhalb der Bundesregierung für das EEG zuständige Bundesumweltministerium nachgeordnete Behörde ist, sondern eine Bundesoberbehörde im Geschäftsbereich des **Bundeswirtschaftsministeriums.** Dieses **bleibt Rechtsaufsichtsbehörde.**

222 Das BAFA nimmt vielfältige Aufgaben für verschiedene Bundesministerien im Bereich der Energieverwaltung war.[302] Hierzu gehören u. a. die Zulassung von KWK-Anlagen nach dem KWKG und Aufgaben aus dem Bereich der Förderung Erneuerbarer Energien im Rahmen des Markt-Anreiz-Programms. Durch die Übertragung der Besonderen Ausgleichsregelung sollte der in diesem Bereich bestehende Sachverstand in Fragen der Energiewirtschaft nutzbar gemacht werden.[303]

J. Berücksichtigung der Begrenzungsentscheidungen im Rahmen des bundesweiten Ausgleichmechanismus (Abs. 8)

223 Absatz 8 bestimmt, dass die **Ansprüche der Übertragungsnetzbetreiber** aus § 14 Abs. 3 gegenüber den von der Besonderen Ausgleichsregelung betroffenen Elektrizitätsversorgungsunternehmen entsprechend den Entscheidungen des BAFA

---

[300] FG Baden-Württemberg, Urt. v. 23. 9. 2002 – 11 IV 15/02; a. A. ohne nähere Begründung *Salje,* EEG, § 16 Rn. 152.
[301] Die Vorschrift war im ursprünglich am 2. 4. 2004 vom Bundestag verabschiedeten Gesetz nicht enthalten und wurde im Vermittlungsausschuss wieder aufgenommen, vgl. BT-Drs. 15/3385, S. 2.
[302] Vgl. die Aufgabenbeschreibung des BAFA unter http://www.bafa.de.
[303] Vgl. auch *Dreher,* in: Reshöft/Steiner/Dreher, EEG, § 16 Rn. 44.

Besondere Ausgleichsregelung

begrenzt werden und dass die Übertragungsnetzbetreiber diese Begrenzung im Rahmen des horizontalen Ausgleichs nach § 14 Abs. 2 untereinander zu berücksichtigen haben. Damit wird die Besondere Ausgleichsregelung in die bundesweite Ausgleichsregelung integriert.[304] Sowohl die vertikale Wälzung von den Übertragungsnetzbetreibern zu den Elektrizitätsversorgungsunternehmen als auch der horizontale Ausgleich zwischen den vier Übertragungsnetzbetreibern werden modifiziert, um die mit dem bundesweiten Ausgleich nach § 14 angestrebte **gleichmäßige Verteilung** der EEG-Strommengen und für diese gezahlten Vergütungen auch unter Berücksichtigung der Besonderen Ausgleichsregelung zu gewährleisten.

Durch den bundesweiten Ausgleichsmechanismus werden die Auswirkungen des EEG gleichmäßig verteilt. Die Strommengen werden von den aufnehmenden Netzbetreibern gegen Zahlung der um die vermiedenen Netznutzungsentgelte verminderten Vergütungen an die Übertragungsnetzbetreiber weitergereicht und zwischen diesen im Verhältnis zum Stromabsatz in den Regelzonen gleichmäßig verteilt. Auf der vierten Stufe des bundesweiten Ausgleichs müssen dann alle Elektrizitätsversorgungsunternehmen gemäß § 14 Abs. 3 den Strom aus Erneuerbaren Energien anteilig zu dem von ihnen an Letztverbraucher gelieferten Stroms von dem für sie regelverantwortlichen Übertragungsnetzbetreiber abnehmen.[305] Damit wird die Voraussetzung geschaffen, dass letztlich alle Elektrizitätsversorger und – eine gleichmäßige Weitergabe unterstellt[306] – letztlich alle Verbraucher den gleichen Anteil zum Ausbau der Erneuerbaren Energien beitragen.

I. Modifikation des vertikalen Ausgleichs

Durch die Besondere Ausgleichsregelung wird der EEG-Stromanteil, den Elektrizitätsversorgungsunternehmen an die privilegierten Unternehmen weitergeben dürfen, durch die Entscheidungen des BAFA begrenzt. Dies hätte – ohne die Regelung des Abs. 8 – zur Folge, dass die übrigen von den betroffenen Elektrizitätsversorgungsunternehmen mit Strom belieferten Kunden, diesen Strom aus Erneuerbaren Energien und die dafür gezahlten Vergütungen zusätzlich abnehmen müssten oder die Elektrizitätsversorgungsunternehmen die Kosten selbst zu tragen hätten. Die zusätzlich von den nicht privilegierten Verbrauchern zu tragenden Auswirkungen würden je nach der konkreten Situation des sie beliefernden Elektrizitätsversorgungsunternehmens, die maßgeblich durch das Verhältnis zwischen dem Stromverbrauch der begünstigten Unternehmen zu den sonstigen Verbrauchern bestimmt wird, zum Teil erheblich divergieren. Dadurch entstünde ein im liberalisierten Energiemarkt unverhältnismäßiger Nachteil für die Elektrizitätsversorgungsunternehmen der von der Besonderen Ausgleichsregelung privilegierten Unternehmen.[307]

Um diesen zu vermeiden, werden die **Auswirkungen der Begrenzungsentscheidungen** des BAFA **bereits bei der Bestimmung** der durch die Elektrizitätsversorgungsunternehmen vom Übertragungsnetzbetreiber **abzunehmenden EEG-Quote** im Rahmen des vertikalen Ausgleichs **berücksichtigt und der Anspruch entsprechend gekürzt.** Da die Begrenzungsentscheidungen des BAFA sich nur auf Strommengen beziehen, haben sie keine Auswirkungen auf die Durchschnittsvergütung, so dass diese nicht angepasst werden müssen. Die Be-

---

[304] Vgl. Begründung zu § 16 Abs. 8, BT-Drs. 15/2864, S. 52.
[305] Vgl. auch Kommentierung zu § 14 Rn. 43 ff.
[306] Da die gleichmäßige Weitergabe an alle Kunden im Gesetz nicht vorgeschrieben ist, ist eine 100prozentige Gleichheit wohl nicht gegeben, vgl. oben Rn. 7 f.
[307] Vgl. auch *Salje*, EEG, § 16 Rn. 184.

schränkungswirkung ergibt sich unmittelbar aus dem Gesetz und muss nicht durch jeden Begrenzungsbescheid des BAFA ausgesprochen werden.

227 Absatz 8 Halbsatz 1 führt letztlich dazu, dass die von der Besonderen Ausgleichsregelung betroffenen **Elektrizitätsversorgungsunternehmen nur organisatorisch, aber nicht materiell betroffen** sind. Ihnen erwachsen keine wirtschaftlichen Nachteile aus der Regelung. Daher sind sie weder durch eine positive noch durch eine negative Entscheidung im Rahmen der Besonderen Ausgleichsregelung in ihren eigenen Rechten betroffen.[308]

II. Modifikation des horizontalen Ausgleichs

228 Die Übertragungsnetzbetreiber ihrerseits können die Strommengen, die sie aufgrund der Modifikation der vertikalen Wälzung nicht an die begünstigte Unternehmen beliefernde Elektrizitätsversorgungsunternehmen weitergeben können, bei der **Berechnung des Ausgleichs zwischen den Übertragungsnetzbetreiber** nach § 14 Abs. 1 und 2 einstellen. So wird vermieden, dass ein Ausgleich der begünstigten Strommengen nur innerhalb der jeweiligen Regelzone erfolgen muss. So ergeben sich **modifizierte EEG-Quoten**, die von allen Elektrizitätsversorgungsunternehmen, auch denjenigen, die privilegierte Unternehmen beliefern, im Rahmen des § 14 Abs. 3 Satz 1 abgenommen werden müssen. So wird letztlich eine gleichmäßige Verteilung der Auswirkungen des EEG im Bundesgebiet erreicht und die **Verzerrungen der Besonderen Ausgleichsregelung** auf den bundesweiten Ausgleichsmechanismus **korrigiert**.

229 Da die Begrenzungsentscheidungen des BAFA sowohl an die Begünstigten als auch die Übertragungsnetzbetreiber und Elektrizitätsversorgungsunternehmen ergehen und grundsätzlich vor deren Wirksamwerden bekannt gegeben werden,[309] können die sich daraus ergebenden **Konsequenzen direkt im bundesweiten Ausgleich berücksichtigt werden.** Die Übertragungsnetzbetreiber können und müssen die Auswirkungen aller Begrenzungsentscheidungen bei der Berechnung der Anteile nach § 14 Abs. 1 und der EEG-Quoten nach § 14 Abs. 3 berücksichtigen. Die Elektrizitätsversorgungsunternehmen müssen dafür die zur Berechnung der Quoten erforderlichen Daten zum Stromverbrauch der privilegierten Unternehmen an den begünstigten Abnahmestellen gemäß § 14 Abs. 6 Satz 1 zur Verfügung stellen.

230 Eine **Rückwälzung** und daraufhin notwendige Neuberechnung der EEG-Quoten ist **nicht erforderlich**, so dass ein **zweiter Ausgleich vermieden werden kann**.[310] Die Elektrizitätsversorgungsunternehmen müssen nach § 14 Abs. 3 eine einheitliche EEG-Quote bereits unter Berücksichtigung der Auswirkungen des § 16 abnehmen.[311] Dadurch entstehen auch keine neuen Probleme bei der Weitergabe dieser zusätzlichen Kosten an die Letztverbraucher; der Sachverhalt stellt sich gegenüber dem vom BGH[312] zur Frage der Weitergabe der EEG-Kosten an Kunden mit bestehenden Verträgen ohne entsprechende Klausel entschiedenen Fall nicht anders dar, so dass die Rechtsprechung zur Weitergabe der Kosten ohne entsprechende ausdrückliche Regelungen uneingeschränkt angewendet werden kann.

---

[308] Vgl. zu den sich daraus ergebenden Konsequenzen für die Klagebefugnis der Elektrizitätsversorgungsunternehmen oben Rn. 41 f.
[309] Allerdings ist ein gewisser Vorlauf für die Übertragungsnetzbetreiber zur Berechnung der EEG-Quoten erforderlich, so dass eine rechtzeitige Bekanntgabe wünschenswert ist.
[310] Insoweit missverständlich *Salje,* EEG, § 16 Rn. 183 ff.
[311] Dies hält auch *Salje,* EEG, § 16 Rn. 189, für das wahrscheinliche Verfahren.
[312] Vgl. BGH, ZNER 2004, 67, 68.

K. Erfahrungsbericht (Abs. 9)

Nach Abs. 9 ist die Anwendung der Besonderen Ausgleichsregelung Gegenstand 231
des Erfahrungsberichts. Der Erfahrungsbericht ist gemäß § 20 vom Bundesumweltministerium im Einvernehmen mit dem Bundesverbraucherschutzministerium und dem Bundeswirtschaftsministerium erstmals zum 31. Dezember 2007 und dann alle vier Jahre dem Bundestag vorzulegen.[313]

Der Erfahrungsbericht ist eine spezielle **Gesetzesevaluation** in Form einer 232
retrospektiven Gesetzesfolgenabschätzung.[314] Er ermöglicht in einer zurückblickenden Darstellung, die Beantwortung der Frage, ob die mit dem EEG beabsichtigten Ziele erreicht wurden bzw. in welchen Bereichen Handlungsbedarf besteht. Durch die Erstreckung dieses Berichts auf die Anwendung der Besonderen Ausgleichsregelung soll der Bundestag in die Lage versetzt werden, **auch die Auswirkungen dieser Vorschrift** zu überprüfen. Dafür ist es erforderlich, dass umfassend über die in Abs. 1 genannten Ziele, eine Verringerung der Kosten für die begünstigten Unternehmen ohne Gefährdung der Ziele des EEG und bei gleichzeitiger Vereinbarkeit mit den Interessen der Gesamtheit der Stromverbraucher, berichtet wird. Dabei ist ein **besonderes Augenmerk auf das in dieser Zieltrias angelegte Spannungsverhältnis** zwischen der Entlastung bestimmter Unternehmen einerseits und der dadurch verbundenen Mehraufwendungen aller sonstigen Verbraucher zu legen. Das Bundesumweltministerium ist im Gegensatz zu dem Bericht über die Vergütungssätze nicht aufgefordert, eine Anpassung der Besonderen Ausgleichsregelung vorzuschlagen.

---

[313] Vgl. auch Kommentierung zu § 20 Rn. 15.
[314] Vgl. *Karpen*, ZRP 2002, 443, 444; *Redeker*, NJW 2002, 2756, 2758.

§ 17 Herkunftsnachweis

(1) Anlagenbetreiber können sich für Strom aus Erneuerbaren Energien von einer Person oder Organisation, die nach dem Umweltauditgesetz für den Bereich Elektrizitätserzeugung als Umweltgutachter oder Umweltgutachterorganisation tätig werden darf, einen Herkunftsnachweis ausstellen lassen.

(2) Der Herkunftsnachweis muss Angaben enthalten über
1. die zur Stromerzeugung eingesetzten Energien nach Art und wesentlichen Bestandteilen einschließlich der Angabe, inwieweit es sich um Strom aus Erneuerbaren Energien im Sinne der Richtlinie 2001/77/EG des Europäischen Parlaments und des Rates vom 27. September 2001 zur Förderung der Stromerzeugung aus erneuerbaren Energiequellen im Elektrizitätsbinnenmarkt (ABl. EG Nr. L 283 S. 33), zuletzt geändert durch die Beitrittsakte vom 16. April 2003 (ABl. EU Nr. L 236 S. 586), handelt,
2. bei Einsatz von Biomasse, ob es sich ausschließlich um Biomasse im Sinne der Rechtsverordnung nach § 8 Abs. 7 handelt,
3. Name und Anschrift des Anlagenbetreibers,
4. die in der Anlage erzeugte Strommenge, den Zeitraum, in dem der Strom erzeugt wurde, und inwieweit der Strom nach den §§ 5 bis 12 vergütet worden ist sowie
5. den Standort, die Leistung und den Zeitpunkt der Inbetriebnahme der Anlage.

(3) Der Herkunftsnachweis darf nur unter vollständiger Angabe der nach Absatz 2 erforderlichen Angaben verwendet werden.

Übersicht

	Rn.
A. Überblick	1
B. Hintergrund	2
I. Normzweck	3
II. Entstehungsgeschichte der Norm	5
C. Herkunftsnachweis für Strom aus Erneuerbaren Energien (Abs. 1)	8
I. Anlagenbetreiber	8
II. Strom aus Erneuerbaren Energien	9
III. Umweltgutachter oder Umweltgutachterorganisation	13
D. Notwendige Angaben (Abs. 2)	17
I. Eingesetzte Energien (Abs. 2 Nr. 1)	18
II. Biomasse (Abs. 2 Nr. 2)	22
III. Weitere Angaben (Abs. 2 Nr. 3 bis 5)	23
IV. Verwendung des Herkunftsnachweises (Abs. 3)	27
E. Ausblick	30

Literatur: *Britz,* Kurzkommentierung zu Gesetz für den Vorrang Erneuerbarer Energien, in: Ludwig/Odenthal (Hrsg.), Recht der Elektrizitäts-, Gas- und Wasserversorgung, Loseblatt (Stand: 61. EL/2000); *Oschmann,* Strom aus erneuerbaren Energien im Europarecht, 2002.

Herkunftsnachweis 1–4 § 17

A. Überblick

§ 17 gibt Anlagenbetreiber in Abs. 1 die Möglichkeit, sich von einem so ge- 1
nannten Umweltgutachter nach dem UAG[1] für Strom aus Erneuerbaren Energien
einen **Herkunftsnachweis** ausstellen zu lassen und spezifiziert in § 17 Abs. 2,
welche Angaben der Herkunftsnachweis enthalten muss. § 17 Abs. 3 bestimmt,
dass der ausgestellte Herkunftsnachweis nur unter vollständiger Angabe der nach
§ 17 Abs. 2 erforderlichen Angaben verwendet werden darf.
Die Regelung des § 17 geht zurück auf Art. 5 EE-RL. 2

B. Hintergrund

I. Normzweck

Die Vorschrift dient in erster Linie der **Umsetzung von Art. 5 EE-RL,** wel- 3
che den Mitgliedstaaten auferlegt, den Erzeugern von Strom aus Erneuerbaren
Energien die Möglichkeit zu geben, sich für den von ihnen erzeugten Strom einen
Herkunftsnachweis ausstellen zu lassen.[2] Die Richtlinienbestimmung dient zwar in
erster Linie dem Nachweis der Stromerzeugsart und dem Schutz der Verbraucher
vor falschen Angaben über die Herkunft des Stroms.[3] Sie ermöglicht aber auch
den EU-weiten Handel mit Strom aus Erneuerbaren Energien.[4] Für das EEG selbst
wäre die Vorschrift nicht erforderlich gewesen, da es ohne Herkunftsnachweise
auskommt.

Im Zentrum des § 17, der die EG-Vorgabe umsetzt, steht im Einklang mit den 4
Vorgaben der EE-RL der **Verbraucherschutz.**[5] Dieser Schutz soll insbesondere
dadurch gewährleistet werden, dass die Ausstellung des Herkunftsnachweises nach
Abs. 1 durch Umweltgutachter bzw. Umweltgutachterorganisationen im Sinne des
UAG erfolgt, die wiederum von der DAU[6] überwacht werden.[7] Durch die Vorgaben
im Abs. 2 über die notwendigen Inhalte des Herkunftsnachweises soll ein
vergleichbarer Mindeststandard geschaffen werden, um sicherzustellen, dass die
Abnehmer des Stroms alle nötigen Angaben erhalten, um das Stromangebot selbst
beurteilen zu können.[8] Auch die Regelung im Abs. 3 dient dem Schutz der

---

[1] Gesetz zur Ausführung der Verordnung (EG) Nr. 761/2001 des Europäischen Parlaments und des Rates vom 19. 3. 2001 über die freiwillige Beteiligung von Organisationen an einem Gemeinschaftssystem für das Umweltmanagement und die Umweltbetriebsprüfung (EMAS) (Umweltauditgesetz) v. 7. 12. 1995, BGBl. I S. 1591, neu gefasst am 4. 9. 2002, BGBl. I S. 3490, zuletzt geändert am 4. 12. 2004, BGBl. I S. 3166.
[2] Zur Erforderlichkeit der Umsetzung, für die eine Rechtsverordnung ausreichend gewesen wäre, *Oschmann,* Erneuerbare Energien im Europarecht, S. 250 ff., u. zur Kompetenz des Bundesgesetzgebers S. 260 f.
[3] Das kommt insbesondere in Erwägungsgrund 11 EE-RL zum Ausdruck, wonach es wichtig ist, klar zwischen Herkunftsnachweisen und handelbaren grünen Zertifikaten zu unterscheiden. Vgl. *Oschmann,* Erneuerbare Energien im Europarecht, S. 96 f.
[4] Vgl. *Oschmann,* Erneuerbare Energien im Europarecht, S. 135.
[5] Vgl. Begründung zu § 17, BT-Drs. 15/2864, S. 52.
[6] Deutschen Akkreditierungs- und Zulassungsgesellschaft für Umweltgutachter mbH: www.dau-bonn.de.
[7] Zu diesem Zweck wurden durch Art. 2 des Gesetzes zur Neuregelung des Rechts der Erneuerbaren Energien im Strombereich (BGBl. 2004 I S. 1918) die in § 15 Abs. 6 UAG vorgeschriebenen Aufbewahrungspflichten und sonstigen Pflichten der Umweltgutachter auf Tätigkeiten außerhalb des UAG erstreckt. Vgl. Begründung zu Art. 2, BT-Drs. 15/2864, S. 55.
[8] Vgl. Begründung zu § 17 Abs. 2, BT-Drs. 15/2864, S. 52.

Verbraucher. Sie soll die missbräuchliche Verwendung des Herkunftsnachweises verhindern und die Kontrolle ermöglichen.[9] Die Vorschrift ist im Zusammenhang mit § 18 zu sehen, der die Doppelvermarktung von Strom aus Erneuerbaren Energien und aus Grubengas verbietet und die Weitergabe von Nachweisen untersagt, soweit ein Anlagenbetreiber bereits eine Vergütung nach den §§ 5 bis 12 in Anspruch nimmt.

II. Entstehungsgeschichte der Norm

5   Das System des EEG kann ebenso wie das StrEG auf gesonderte Regelungen über Herkunftsnachweise verzichten, da nur wenige genau bestimmte Akteure (Anlagenbetreiber, Netzbetreiber und Elektrizitätslieferanten) in den Prozess involviert sind und die Darlegung der Eigenschaften des Stroms nach allgemeinen zivilrechtlichen Grundsätzen erfolgen kann. Die Einführung der Regelung des § 17 über den Herkunftsnachweis erfolgte nur **zur Umsetzung der EE-RL**, deren Fördersystem unter anderem auf der Vorgabe gemeinschaftsweit geltender Standards für Herkunftsnachweise, Verwaltungsverfahren und Netzanschlussregelungen basiert.[10] Art. 5 EE-RL verpflichtet die Mitgliedstaaten, dafür zu sorgen, dass die Herkunft des Stroms aus Erneuerbaren Energien mittels Herkunftsnachweisen[11] nach objektiven, transparenten und nicht diskriminierenden Kriterien genau und zuverlässig garantiert werden kann (Art. 5 Abs. 1 Satz 1 EE-RL).[12] Sie haben dafür zu sorgen, dass – auf Antrag – ein Herkunftsnachweis ausgestellt wird (Art. 5 Abs. 2 Satz 2 EE-RL). Nach Art. 5 Abs. 5 EE-RL sind in dem jährlichen Bericht nach Art. 3 Abs. 3 EE-RL die Maßnahmen zu erläutern, die ergriffen wurden, um die Zuverlässigkeit des Nachweissystems zu gewährleisten. Soweit erforderlich, soll die Kommission verpflichtet sein, gemeinsame Regeln vorzuschlagen (Art. 5 Abs. 6 Satz 2 EE-RL).[13]
6   Zur Förderung der Stromerzeugung aus Erneuerbaren Energien ist ein solches Nachweissystem **nicht erforderlich.** Im Gegenteil besteht – trotz anders lautender Beteuerungen des Rates[14] – die Gefahr, dass durch den so ermöglichten Handel in- und außerhalb der Gemeinschaft Strom aus erneuerbaren Energiequellen aus einem Land mit weniger engagierten Verbrauchszielen in ein Land mit anspruchsvollen Verbrauchszielen rechnerisch exportiert wird und so sowohl im Export- als auch im Importland die Umweltschutzanstrengungen bei der Stromerzeugung geschwächt werden.[15]
7   Die Umsetzung der Vorschrift hätte nach Art. 9 EE-RL spätestens bis zum 27. Oktober 2003 erfolgen müssen. Die Regelung des § 17 ist jedoch erst mit der Novelle des EEG am 1. August 2004 in Kraft getreten. Die EE-RL entfaltet keine

---

[9] Vgl. Begründung zu § 17 Abs. 3, BT-Drs. 15/2864, S. 53.
[10] Vgl. *Oschmann,* Erneuerbare Energien im Europarecht, S. 93 ff.; *Britz,* in: Ludwig/Odenthal, Recht der Elektrizitäts-, Gas- und Wasserversorgung, EEG Rn. 41, spricht von „Begleitmaßnahmen".
[11] Die Herkunftsnachweise müssen Angaben zur Energiequelle, Zeit und Ort der Erzeugung sowie bei Wasserkraftanlagen die Angabe der Leistung enthalten und den Nachweis ermöglichen, dass der Strom aus erneuerbaren Energiequellen im Sinne EE-RL stammt (Abs. 3). Darüber hinausgehende Nachweise müssen von den anderen Mitgliedstaaten nicht anerkannt werden (Abs. 4 Satz 1).
[12] Dies kann durch eine oder mehrere unabhängige Stellen geschehen (Abs. 2).
[13] Vgl. *Oschmann,* Erneuerbare Energien im Europarecht, S. 100 f.
[14] Vgl. Begründung des Rates, ABl. EU 2001, Nr. C 142, S. 5, 14.
[15] Auch die Europäische Kommission hat dieses Problem mittlerweile erkannt und sucht nach Wegen zur Abhilfe, vgl. KOM (2004) 366, Der Anteil erneuerbarer Energien in der EU (Mitteilung an den Rat und das Europäische Parlament), S. 20.

Herkunftsnachweis

unmittelbare Wirkung in Deutschland, so dass Art. 5 EE-RL auch in der Zwischenzeit nicht unmittelbar anwendbar war.[16] Allerdings wäre die Entstehung eines Schadensersatzanspruchs wegen Nichtumsetzung beider Vorschriften möglich, wenn ein entsprechender Kausalzusammenhang zwischen Nichtumsetzung einer der beiden Regelungen und einem eingetretenen Schaden bestünde.[17] Das wird jedoch praktisch nicht der Fall sein, da in Deutschland bereits zahlreiche andere Herkunftsnachweissysteme bestanden,[18] die gleichermaßen einen entsprechenden Nachweis ermöglichten. Zudem ist es nach der Vorschrift rechtlich zulässig, Herkunftsnachweis für vor dem Inkrafttreten der EEG-Novelle 2004 erzeugten Strom ausstellen zu lassen.

C. Herkunftsnachweis für Strom aus Erneuerbaren Energien (Abs. 1)

I. Anlagenbetreiber

Berechtigt werden von Abs. 1 die Anlagenbetreiber. Der Begriff des Anlagenbetreibers ist in § 3 Abs. 3 legal definiert. Anlagenbetreiber ist danach, wer unbeschadet des Eigentums die Anlage zum Zwecke der Erzeugung von Strom aus Erneuerbaren Energien oder aus Grubengas nutzt.[19]

II. Strom aus Erneuerbaren Energien

Der Herkunftsnachweis kann für Strom aus Erneuerbaren Energien ausgestellt werden. § 3 Abs. 1 definiert den Begriff Erneuerbare Energien. Danach sind **Erneuerbare Energien** Wasserkraft einschließlich der Wellen-, Gezeiten-, Salzgradienten- und Strömungsenergie, Windenergie, solare Strahlungsenergie, Geothermie, Energie aus Biomasse einschließlich Biogas, Deponiegas und Klärgas sowie aus dem biologisch abbaubaren Anteil von Abfällen aus Haushalten und Industrie.[20]

Die Begriffsbestimmung des § 3 Abs. 1 ist nahezu identisch mit der Definition der EE-RL. Erneuerbare Energiequellen sind nach **Art. 2 lit. a EE-RL** „erneuerbare nichtfossile Energiequellen (Wind, Sonne, Erdwärme, Wellen- und Gezeitenenergie, Wasserkraft, Biomasse, Deponiegas, Klärgas und Biogas)". Sämtliche in der Richtliniendefinition enthaltenen Energien werden auch von § 3 Abs. 1 genannt.[21] Die zusätzlich in § 3 Abs. 1 aufgeführte „Salzgradienten- und Strömungsenergie" sind Unterfälle der Wasserkraft. Die in § 3 Abs. 1 weiterhin aufgezählte Energie aus dem biologisch abbaubaren Anteil von Abfällen aus Haushalten und Industrie wurde aufgenommen, um einen Gleichlauf mit der Definition des Begriffs „Biomasse" in Art. 2 lit. b EE-RL zu erreichen.

Der **Begriff der Biomasse** wird in § 3 Abs. 1 nicht näher bestimmt. Lediglich für den eingeschränkten Anwendungsbereich der Vergütungsregelung des § 8 enthält die BiomasseV nach § 8 Abs. 7 i.V.m. § 21 Abs. 5 eine Definition, die allerdings nicht für § 3 Abs. 1 und damit auch nicht für § 17 Abs. 1 gilt. Der Be-

---

[16] Vgl. *Oschmann*, Erneuerbare Energien im Europarecht, S. 266 f.
[17] Vgl. *Oschmann*, Erneuerbare Energien im Europarecht, S. 268 f.
[18] Etwa getragen von den Technischen Überwachungsvereinen (TÜV), dem Institut für angewandte Ökologie (Öko-Institut) oder dem von der Europäischen Kommission unterstützten und europaweit tätigen Renewable Energy Certificate System (RECS).
[19] Vgl. Kommentierung zu § 3 Rn. 45 ff.
[20] Vgl. Kommentierung zu § 3 Rn. 7 ff.
[21] S. a. *Oschmann*, Erneuerbare Energien im Europarecht, S. 244 f.

griff der Biomasse ist daher für den Anwendungsbereich des § 17 Abs. 1 richtlinienkonform im Sinne der Definition in Art. 2 lit. b EE-RL auszulegen als „der biologisch abbaubare Anteil von Erzeugnissen, Abfällen und Rückständen der Landwirtschaft (einschließlich pflanzlicher und tierischer Stoffe), der Forstwirtschaft und damit verbundener Industriezweige sowie der biologisch abbaubare Anteil von Abfällen aus Industrie und Haushalten." Während zwar die von der Generalklausel des § 2 Abs. 1 BiomasseV als Biomasse definierten Energieträger aus Phyto- und Zoomasse unter den Richtlinienbegriff fallen, werden von § 3 BiomasseV zahlreiche Stoffe ausgeschlossen, die – wie etwa kontaminiertes Altholz und Tierkörper oder gemischte Siedlungsabfälle – von Art. 2 lit. b EE-RL umfasst werden.[22] Allerdings werden umgekehrt sämtliche Stoffe, die Biomasse im Sinne der BiomasseV sind, von der Definition der EE-RL umschlossen. Der biologisch abbaubare Anteil von Abfällen aus Industrie und Haushalten wiederum wird ausdrücklich in § 3 Abs. 1 als Erneuerbare Energie definiert, so dass in der praktischen Anwendung die weit überwiegende Mehrzahl der Fälle unproblematisch zu handhaben sein dürfte, weil garantiert werden kann, dass es sich insoweit um Strom im Sinne der EE-RL handelt (Art. 5 Abs. 1 Satz 1 EE-RL).

12 **„Strom aus erneuerbaren Energiequellen"** ist nach Art. 2 lit. c EE-RL: „Strom, der in Anlagen erzeugt wurde, die ausschließlich erneuerbare Energiequellen nutzen, sowie der Anteil von Strom aus erneuerbaren Energiequellen in Hybridanlagen, die auch konventionelle Energieträger einsetzen, einschließlich Strom aus erneuerbaren Energiequellen, der zum Auffüllen von Speichersystemen genutzt wird, aber mit Ausnahme von Strom, der als Ergebnis der Speicherung in Speichersystemen gewonnen wird". Strom, der in Anlagen erzeugt wurde, die ausschließlich Erneuerbare Energien nutzen, wird unmittelbar von § 17 Abs. 1 erfasst. Das gleiche gilt für den Anteil von Strom aus Erneuerbaren Energien in Hybridanlagen, die auch konventionelle Energieträger einsetzen. Denn dabei handelt es sich um eben jenen biologisch abbaubare Anteil von Abfällen aus Industrie und Haushalten, der in § 3 Abs. 1 als Erneuerbare Energie definiert wird. Strom aus Erneuerbaren Energien, der zum **Auffüllen von Speichersystemen** genutzt wird, ist ein Unterfall der ersten Alternative und insofern ebenfalls von § 17 Abs. 1 erfasst. Ob Strom, der als Ergebnis der Speicherung in Speichersystemen gewonnen wird, eine Erneuerbare Energie im Sinne des § 3 Abs. 1 darstellt oder nicht, wird vom EEG nicht ausdrücklich entschieden. Da Art. 5 Abs. 1 Satz 1 EE-RL jedoch vorgibt, dass die Herkunft des aus Erneuerbaren Energien erzeugten Stroms „als solcher im Sinne dieser Richtlinie ... garantiert" werden muss, muss im Anwendungsbereich des § 17 Abs. 1 der Begriff „Erneuerbare Energien" richtlinienkonform so ausgelegt werden, dass Strom, der als Ergebnis der Speicherung in Speichersystemen gewonnen wird, insoweit keine Erneuerbare Energie darstellt. In der praktischen Anwendung bedeutet das, dass für solchen Strom kein Herkunftsnachweis nach § 17 ausgestellt werden darf.[23]

III. Umweltgutachter oder Umweltgutachterorganisation

13 Berechtigt zur Ausstellung des Herkunftsnachweises ist jede Person oder Organisation, die nach dem UAG für den Bereich Elektrizitätserzeugung als Umweltgutachter oder Umweltgutachterorganisation tätig werden darf. Die Beschränkung auf diesen Personenkreis dient dem Zweck, einen **zuverlässigen Umgang**

---

[22] Vgl. Kommentierung zur BiomasseV § 3 Rn. 17 ff.
[23] Insoweit wird in der Begründung zu § 17, BT-Drs. 15/2864, S. 52, zu Recht darauf hingewiesen, dass unmittelbar auf die Begrifflichkeiten der EE-RL Bezug genommen werden muss.

mit den Anforderungen des § 17 zu gewährleisten, da die Umweltgutachter bzw. Umweltgutachterorganisationen im Sinne des UAG von der DAU überwacht werden.

Die **Zulassung als Umweltgutachter** oder Umweltgutachterorganisation 14 nach dem UAG erfolgt durch die DAU (§ 9 Abs. 1 Satz 1 und § 28 UAG i.V.m. § 1 UAGBV[24]). Voraussetzung für eine Zulassung als Umweltgutachter sind die für die Aufgabenwahrnehmung erforderliche Zuverlässigkeit, Unabhängigkeit und Fachkunde des Bewerbers (§ 4 Abs. 1 Satz 1 i.V.m. §§ 5 bis 7 UAG). Bewerber müssen weiterhin den Nachweis erbringen, dass sie über dokumentierte Prüfungsmethoden und -verfahren (einschließlich der Qualitätskontrolle und der Vorkehrungen zur Wahrung der Vertraulichkeit) verfügen (§ 4 Abs. 1 Satz 2 UAG). Die Überprüfung der persönlichen Zuverlässigkeit erfolgt sowohl im Zulassungsverfahren als auch im Rahmen der wiederkehrenden Aufsicht (§ 15 UAG). Der Antragsteller hat über Rechtsverstöße in der Vergangenheit sowie seine aktuellen wirtschaftlichen Verhältnisse Auskunft zu geben und ein amtliches Führungszeugnis vorzulegen. Zugelassene Umweltgutachter haben Änderungen insoweit der DAU anzuzeigen (vgl. §§ 5, 6 und 15 UAG). Für die erforderliche Unabhängigkeit bietet in der Regel derjenige keine Gewähr, der neben seiner Tätigkeit als Umweltgutachter eine Tätigkeit auf Grund eines Beamtenverhältnisses, öffentlichen Anstellungsverhältnisses oder vergleichbaren Dienstverhältnisses ausübt. Inhaber oder Angestellte von Unternehmen können nicht für Zulassungsbereiche zugelassen werden, in dem das sie beschäftigende Unternehmen selbst tätig ist (vgl. § 6 UAG). Der Antragsteller muss darüber hinaus ein einschlägiges Hochschulstudium sowie eine mindestens dreijährige eigenverantwortliche hauptberufliche Tätigkeit, bei der praktische Kenntnisse über den betrieblichen Umweltschutz erworben wurden, nachweisen und eine Fachkundeprüfung erfolgreich durchlaufen haben. Von der Anforderung eines Hochschulstudiums kann unter bestimmten Voraussetzungen abgesehen werden (vgl. § 7 UAG). Zugelassene Umweltgutachter sind überdies zur Fortbildung verpflichtet (§§ 9, 10 UAG). Die DAU überprüft insofern im Rahmen der Aufsicht fortlaufend, ob die nach der Zulassung erforderlichen Fachkenntnisse vorliegen (vgl. § 15 UAG).[25]

Die Zulassung als Umweltgutachter wird **auf die Zulassungsbereiche** be- 15 schränkt, für die eine Zulassung beantragt wurde und der Antragsteller die notwendige Fachkunde in einer mündlichen Prüfung nachgewiesen hat (§ 9 UAG). Zulassungsbereiche im Sinne dieses Gesetzes sind nach § 2 Abs. 4 UAG die gemäß der Verordnung (EWG) Nr. 761/93[26] in Verbindung mit der deutschen Klassifikation der Wirtschaftszweige des Statistischen Bundesamtes, Ausgabe 1993 (WZ 93) beschriebenen Ebenen und Zwischenstufen der Klassifizierung. Der Bereich Elektrizitätserzeugung ist dort in den Ziffern 40.10.01 bis 40.10.9 enthalten. Allerdings auch mit fachfremden Bereichen wie der Elektrizitätserzeugung aus Kernenergie. Nach dem Sinn und Zweck des § 17 kommen jedoch nur solche Zwischenstufen in Betracht, die eine unmittelbare Sachnähe zur Erzeugung von Strom

---

[24] Verordnung über die Beleihung der Zulassungsstelle nach dem Umweltauditgesetz (UAG-Beleihungsverordnung) v. 18. 12. 1995, BGBl. I S. 2013.
[25] S. a. Verordnung über das Verfahren zur Zulassung von Umweltgutachtern und Umweltgutachterorganisationen sowie zur Erteilung von Fachkenntnisbescheinigungen nach dem Umweltauditgesetz (UAGZVV) v. 18. 12. 1995, BGBl. I S. 1841, neu gefasst am 12. 9. 2002, BGBl. I S. 3654.
[26] Verordnung (EWG) Nr. 761/93 der Kommission vom 24. 3. 1993 zur Änderung der Verordnung (EWG) Nr. 3037/90 des Rates betreffend die statistische Systematik der Wirtschaftszweige in der Europäischen Gemeinschaft, ABl. EU Nr. L 83 v. 3. 4. 1993, S. 1, i.d.F. v. 11. 7. 1995, ABl. EU Nr. L 159, S. 31.

aus Erneuerbaren Energien aufweisen. Der Gutachter für einen Herkunftsnachweis aus einer Wasserkraftanlage muss also beispielsweise ausdrücklich auch für den Bereich Elektrizitätserzeugung aus Wasserkraft nach Nummer 40.10.07 zugelassen sein.

16 Ein Nachweis, der für sonstigen Strom, für eine andere Person als den Anlagenbetreiber oder von einer dritten Person ausgestellt wird, ist kein Herkunftsnachweis für Strom aus Erneuerbaren Energien im Sinne des § 17 und des Art. 5 EE-RL. Demgegenüber handelt es sich auch bei Herkunftsnachweisen, die bereits vor dem Inkrafttreten der Regelung ausgestellt wurden, aber den Vorgaben des § 17 in jeder Hinsicht entsprechen, um Herkunftsnachweise im Sinne dieser Vorschriften.

D. Notwendige Angaben (Abs. 2)

17 Die EE-RL macht **keine detaillierten Vorgaben** über die Form des Herkunftsnachweises. Um zu vermeiden, dass verschiedenartige Herkunftsnachweise gebraucht werden, deren Aussagegehalt unter Umständen wesentlich voneinander abweicht, schreibt Abs. 2 einen zwingenden Mindestgehalt an differenzierten Angaben vor. Der Angabenkatalog soll sicherstellen, dass die Abnehmer des Stroms alle nötigen Angaben erhalten, um das Stromangebot selbst beurteilen zu können.[27]

I. Eingesetzte Energien (Abs. 2 Nr. 1)

18 Nach Abs. 2 Nr. 1 muss der Herkunftsnachweis Angaben enthalten über die zur Stromerzeugung eingesetzten Energien nach **Art und wesentlichen Bestandteilen** einschließlich der Angabe, inwieweit es sich um Strom aus Erneuerbaren Energien im Sinne der EE-RL handelt.

19 Der Begriff der „Energien" umfasst alle **eingesetzten Erneuerbaren Energien** im Sinne des Abs. 1.[28] Sie müssen ihrer Art nach angegeben werden. Es muss also aufgeführt werden, ob für die Stromerzeugung Wasserkraft, Windenergie, solare Strahlungsenergie, Geothermie oder Energie aus Biomasse genutzt wurde. Soweit das EEG in § 3 Abs. 1 weiter differenziert, muss auch die Unterart genannt werden, also bei Wasserkraft ggf. die Wellen-, Gezeiten-, Salzgradienten- und Strömungsenergie und bei Energie aus Biomasse ggf. Biogas, Deponiegas und Klärgas sowie die Energie aus dem biologisch abbaubaren Anteil von Abfällen aus Haushalten und Industrie.

20 Absatz 1 Nr. 1 schreibt darüber hinaus die **Ausweisung der wesentlichen Bestandteile der eingesetzten Energien** vor. Diese Regelung ist nur für Energie aus Biomasse relevant, weil alle anderen Energien homogener Natur sind und nur die Biomasse unterschiedlichen Ursprungs ist. Insoweit müssen also alle wesentlichen Einsatzstoffe genau benannt werden. Es bietet sich an, hierbei auf die in der BiomasseV aufgeführten Biomassen Bezug zu nehmen, da nach Abs. 2 Nr. 2 hierzu ohnehin eine Aussage getroffen werden muss.[29]

21 Weiterhin muss die Angabe enthalten sein, **inwieweit es sich um Strom aus Erneuerbaren Energien im Sinne der EE-RL** handelt. Diese Vorgabe folgt unmittelbar aus Art. 5 Abs. 3 Spiegelstrich 2 EE-RL selbst.

---

[27] Vgl. Begründung zu § 17 Abs. 2, BT-Drs. 15/2864, S. 53.
[28] Vgl. oben Rn. 9 ff.
[29] Vgl. unten Rn. 22.

II. Biomasse (Abs. 2 Nr. 2)

Soweit der Strom aus Biomasse gewonnen wird, muss der Herkunftsnachweis nach Abs. 2 Nr. 2 die Angabe enthalten, ob es sich bei der eingesetzten Biomasse ausschließlich um **Biomasse im Sinne der Rechtsverordnung nach § 8 Abs. 7,** also nach § 21 Abs. 5 BiomasseV handelt. Diese Angabe ist insofern von Bedeutung, als der Biomassebegriff der EE-RL weiter ist als der Biomassebegriff der BiomasseV.[30]   22

III. Weitere Angaben (Abs. 2 Nr. 3 bis 5)

Nach Abs. 2 Nr. 3 sind **Name und Anschrift des Anlagenbetreibers** anzugeben. Der Begriff des Anlagenbetreibers wird in § 3 Abs. 3 definiert.[31]   23

Nach Abs. 2 Nr. 4 muss der Herkunftsnachweis die in der Anlage erzeugte **Strommenge und den Zeitraum,** in dem der Strom erzeugt wurde, angeben. Darüber hinaus muss er anführen, inwieweit der Strom nach den §§ 5 bis 12 vergütet worden ist. Die genannten Angaben sollen dazu dienen, die von § 18 ausdrücklich untersagte Doppelvermarktung zu erschweren und transparent machen zu können.   24

Absatz 2 Nr. 5 verlangt die **Angabe des Standorts,** der **Leistung** und des **Zeitpunkts der Inbetriebnahme** der Anlage. Anlage im Sinne der Vorschrift ist nach § 3 Abs. 2 jede selbständige technische Einrichtung zur Erzeugung von Strom aus Erneuerbaren Energien.[32] Als Standort der Anlage ist die genaue Adresse anzugeben. Der Begriff der Leistung ist in § 3 Abs. 5 Satz 1 definiert als die elektrische Wirkleistung, die die Anlage bei bestimmungsgemäßem Betrieb ungeachtet kurzfristiger geringfügiger Abweichungen ohne zeitliche Einschränkung technisch erbringen kann. Nach § 3 Abs. 5 Satz 2 bleibt dabei die Reserveleistung außer Betracht.[33] Der Zeitpunkt der Inbetriebnahme bestimmt sich nach § 3 Abs. 4 als Zeitpunkt der erstmaligen Inbetriebsetzung der Anlage nach Herstellung ihrer technischen Betriebsbereitschaft oder nach ihrer Erneuerung, sofern die Kosten der Erneuerung mindestens 50 Prozent der Kosten einer Neuherstellung der gesamten Anlage einschließlich sämtlicher technisch für den Betrieb erforderlicher Einrichtungen und baulicher Anlagen betragen.[34]   25

Es ist unschädlich, wenn mehr Angaben erfolgen als von Abs. 2 vorgesehen sind. Ein Herkunftsnachweis nach § 17, der weniger als die nach Abs. 2 vorgeschrieben Angaben enthält, darf jedoch nach Abs. 3 nicht verwendet werden. Auch die Angabe falscher Tatsachen ist rechtswidrig und kann unter Umständen strafrechtlich etwa als Betrug nach § 263 StGB strafbar sein.   26

IV. Verwendung des Herkunftsnachweises (Abs. 3)

Nach Abs. 3 darf der Herkunftsnachweis **nur unter vollständiger Angabe der nach Abs. 2 erforderlichen Angaben** verwendet werden. Auf diese Weise soll die missbräuchliche Verwendung des Herkunftsnachweises verhindert und die Doppelvermarktung erschwert werden.[35] „Herkunftsnachweis" im Sinne der Vorschrift ist nur der Herkunftsnachweis nach § 17. Sonstige Herkunftsnachweise,   27

---

[30] Vgl. bereits Rn 11.
[31] Vgl. bereits Rn. 8.
[32] Vgl. Kommentierung zu § 3 Rn. 36 f.
[33] Vgl. Kommentierung zu § 3 Rn. 72 f.
[34] Vgl. Kommentierung zu § 3 Rn. 49 ff.
[35] Vgl. Begründung zu § 17 Abs. 3, BT-Drs. 15/2864, S. 53.

die nicht dem Nachweis dienen, dass es sich bei dem nachgewiesenen Strom um solchen aus Erneuerbaren Energien handelt, werden von dem Verbot nicht erfasst. Eine Verwendung im Sinne des Gesetzes liegt vor, wenn der Herkunftsnachweis für einen bestimmten Zweck genutzt wird. Dieser Zweck muss nicht notwendig geldwert sein, sondern kann in der bloßen unentgeltlichen Weitergabe an eine dritte Person bestehen, wenn damit ein weiterer Zweck verfolgt wird.

28   Ein Verstoß gegen die Vorschrift des Abs. 3 wird vom EEG selbst ebenso wenig sanktioniert wie die Ausstellung durch eine nicht berechtigte Person oder die Ausstellung eines Herkunftsnachweises mit fehlenden oder falschen Angaben. Allerdings ist die Verwendung eines fehlerhaften Herkunftsnachweises rechtswidrig und ggf. strafrechtlich als Betrug nach § 263 StGB relevant.

29   Die Vorschrift ist im Zusammenhang mit § 18 zu sehen, der die **Doppelvermarktung** von Strom aus Erneuerbaren Energien und aus Grubengas **verbietet** und die Weitergabe von Nachweisen untersagt, soweit ein Anlagenbetreiber bereits eine Vergütung nach den §§ 5 bis 12 in Anspruch nimmt. Der Netzbetreiber hat vor diesem Hintergrund keinen Anspruch auf Herausgabe des Herkunftsnachweises geregelt.

E. Ausblick

30   Es hätte Deutschland frei gestanden, den Herkunftsnachweis obligatorisch auszugestalten oder auf sämtliche Energieträger auszuweiten.[36] Da der Herkunftsnachweis im System des EEG jedoch keinen eigenständigen Zweck erfüllt, ist davon zu Recht abgesehen worden. Es sollte allerdings untersucht werden, inwieweit das nach § 15 Abs. 3 einzurichtende Anlagenregister mit dem Herkunftsnachweis zusammengeführt werden kann. Eine Ausweitung auf sämtliche Energieträger ist entbehrlich, da Art. 3 Abs. 6 EltRL 2003 ohnehin die Stromkennzeichnung vorschreibt.

31   Nach Art. 5 Abs. 4 Satz 1 EE-RL soll der Herkunftsnachweis von den anderen EU-Mitgliedstaaten anerkannt werden. Die Europäische Kommission hat allerdings beschlossen, dass sich ein Mitgliedstaat Einfuhren von Strom aus Erneuerbaren Energien aus einem anderen Mitgliedstaat nur dann zurechnen darf, wenn der ausführende Mitgliedstaat ausdrücklich akzeptiert und im Herkunftsnachweis festgehalten hat, dass er die betreffende Menge Strom nicht verwenden will, um seine eigenen Ziele zu erreichen.[37] Deutschland hat eine solche Zustimmung bislang nicht erteilt.

---

[36] Vgl. *Oschmann,* Erneuerbare Energien im Europarecht, S. 273.
[37] Vgl. KOM (2004) 366, Mitteilung der Kommission an den Rat und das Europäische Parlament, Der Anteil erneuerbarer Energien in der EU, S. 20.

§ 18 Doppelvermarktungsverbot

(1) Strom aus Erneuerbaren Energien und aus Grubengas sowie in ein Gasnetz eingespeistes Deponie-, Klär- oder Grubengas sowie Gas aus Biomasse dürfen nicht mehrfach verkauft oder anderweitig überlassen werden.

(2) ¹Anlagenbetreiber, die die Vergütung nach den §§ 5 bis 12 in Anspruch nehmen, dürfen Nachweise für Strom aus Erneuerbaren Energien und aus Grubengas nicht weitergeben. ²Gibt ein Anlagenbetreiber einen Nachweis für Strom aus Erneuerbaren Energien oder aus Grubengas weiter, darf für diesen Strom keine Vergütung nach den §§ 5 bis 12 in Anspruch genommen werden.

Übersicht

	Rn.
A. Überblick	1
B. Hintergrund	3
I. Normzweck	3
II. Entstehungsgeschichte	5
C. Mehrfache Vermarktung von Regenerativstrom (§ 18 Abs. 1)	6
D. Keine Doppelvermarktung durch die Weitergabe von Herkunftsnachweisen (§ 18 Abs. 2)	10

Literatur: *Altrock,* „Subventionierende" Preisregelungen, 2002; *Held/Altrock,* Freier Markt für Strom aus erneuerbarer Energie, E&M 7/2004, 16; *Himmer,* Energiezertifikate in den Mitgliedstaaten der Europäischen Union, 2004; *Huwer,* Wieviel Ökolabels braucht der Strommarkt? Nationale und internationale Zertifizierungsverfahren für Ökostrom im Überblick, EW 1999, 30 ff.; *Schnorrenberg,* Grüne Tarife aus mikroökonomischer Perspektive, ZfE 1998, 265 ff.

A. Überblick

Ziel von § 18 ist es, eine **mehrfache kommerzielle Verwertung** der auch 1 als „Greenness" bezeichneten positiven **Umwelteigenschaften** von Strom aus Erneuerbaren Energien oder von in ein Gasnetz eingespeistem Biogases **zu vermeiden.**[1] Die Vermarktbarkeit der Greenness, also die Bereitschaft von Kunden, für Strom aus Erneuerbaren Energien mehr zu bezahlen als für sonstigen Strom, resultiert insbesondere aus der Tatsache, dass hierdurch kein zusätzliches CO_2 entsteht sowie Ressourcen eingespart werden und zugleich die Importabhängigkeit der Energieversorgung reduziert wird. Dabei werden die höheren EEG-Vergütungen gegenwärtig noch benötigt, damit Regenerativstrom, dessen Erzeugung noch immer teurer ist als diejenige etwa aus Kohle oder Gas, überhaupt in bedeutenden Mengen erzeugt wird.

Zur Verfolgung dieses Zweckes wird in Abs. 1 klarstellend verboten, Strom aus 2 Erneuerbaren Energien mehrfach zu vermarkten. Absatz 2 erweitert das Doppelvermarktungsverbot auf Nachweise über die Herstellung von Regenerativstrom, mit denen die Greenness unabhängig vom Strom vermarktet werden kann.[2] Damit wird weder eine Vermarktung des Regenerativstroms noch von Gründstromzertifikaten untersagt. **Lediglich die gleichzeitige** – doppelte – **Vermarktung** über diese Instrumente und die Teilnahme am EEG-Abnahme-, Vergütungs- und Ver-

---

[1] Gesetzesbegründung BT-Drs. 15/2864, zu § 18, S. 53.
[2] Ebenda.

teilungsmechanismus ist **unzulässig,** da damit die Greenness wirtschaftlich doppelt genutzt würde.

B. Hintergrund

I. Normzweck

3 Das Doppelvermarktungsverbot dient dem **Verbraucherschutz.** Grundsätzlich besteht die Möglichkeit, dass Endkunden entweder im Rahmen einer gesonderten Vermarktung des Stroms aus Erneuerbaren Energien freiwillig einen höheren Preis bezahlen oder infolge einer Weitergabe der besonderen Aufwendungen aus dem EEG durch ihren Stromhändler einen anteiligen Beitrag zur Finanzierung der Stromerzeugung aus Erneuerbaren Energien leisten. Durch § 18 sollen sie davor geschützt werden, dass die Greenness gleichzeitig über beide Vermarktungswege kommerzialisiert wird und damit den Endkunden doppelt auferlegt wird.[3]

4 Dem Konzept liegt das Anliegen zu Grunde, **Überkompensationen** und **Mitnahmeeffekte** im Zusammenhang mit dem EEG zu **vermeiden.** So handelt es sich beim EEG um ein Fördergesetz, mit dem bei Lichte besehen Wettbewerbsverzerrungen einhergehen.[4] Strom aus Erneuerbaren Energien erhält garantierte Mindestvergütungen, die kostendeckend sein sollen. Da Strom aus Erneuerbare-Energien-Anlagen höhere Kosten verursacht, liegt die Vergütung deutlich über den gegenwärtigen Marktpreisen für Strom. Dabei werden bestimmte Energieträger gefördert, was bei nur wenig steigender Nachfrage zur Zurückdrängung anderer Erzeugungskapazitäten führen muss. Die Gesetzesbegründung beleuchtet die Auswirkungen des EEG auf den Wettbewerb so, dass die Vergütungssätze des EEG dazu dienen, die (aus den noch erhöhten Erzeugungskosten resultierenden) Wettbewerbsnachteile von Regenerativstrom zu kompensieren. Eine Überkompensation zugunsten der Anlagenbetreiber aus der Kumulierung der Förderung nach dem EEG mit dem Freiverkauf von Grünstrom zu freiwillig akzeptierten höheren Preisen wäre jedoch nicht hinnehmbar und würde die Verhältnismäßigkeit des Gesetzes als Eingriffsgesetz in Grundrechtspositionen der verpflichteten Unternehmen in Frage stellen.[5] Das Interesse der Anlagenbetreiber an einer Gewinnerhöhung durch gleichzeitige Inanspruchnahme zusätzlicher Einkommensquellen muss hinter dem Ziel des EEG, Erneuerbare Energien insbesondere durch gerade auskömmliche gesetzliche Mindestvergütungen zu fördern, grundsätzlich zurückstehen.[6]

II. Entstehungsgeschichte

5 Die Regelung wurde neu in das Gesetz aufgenommen. Eine inhaltliche Änderung zur alten Rechtslage ist damit jedoch nicht verbunden.[7] Der Gedanke eines **„Doppelförderungsverbots"** war grundsätzlich **bereits im EEG 2000 angelegt:** Auch bisher führte eine Doppelvermarktung zu einer Überförderung der Anlagenbetreiber, die letztlich die Gewährung von gesetzlichen Mindestpreisen jedenfalls dieser Höhe nicht zu rechtfertigen vermag. Die explizite Aufnahme des Doppelvermarktungsverbots dient der Rechtsklarheit.

---

[3] Ebenda.
[4] Vgl. hierzu und zu deren verfassungsrechtlichen Rechtfertigung nur *Altrock,* „Subventionierende" Preisregelungen, S. 86 ff., 237 ff.
[5] Ausführlich zur Grundrechtsproblematik: *Altrock,* „Subventionierende" Preisregelungen, S. 197 ff. (Eigentumsfreiheit), S. 228 ff. (Berufsfreiheit); S. 270 ff. (Gleichheitssatz).
[6] Gesetzesbegründung BT-Drs. 15/2864, zu § 18, S. 53.
[7] Ebenda.

C. Mehrfache Vermarktung von Regenerativstrom (Abs. 1)

Das Doppelvermarktungsverbot gilt für den Strom aus Erneuerbaren Energien, **6** aus Grubengas sowie für Biogas, soweit dieses in ein Gasnetz eingespeist wurde. Angesichts der verschiedenen Möglichkeiten eines Anlagenbetreibers, seinen Strom zu vermarkten – einerseits im Wege der Vermarktung als Ökostrom zu „Grünen Tarifen";[8] andererseits im Rahmen des gesetzlichen Förderinstruments des EEG – kann es nicht angehen, dass ein und derselbe Stromerzeuger für dieselben Strommengen von verschiedenen Fördersystemen Gebrauch macht. Der Wettbewerbsnachteil von Grünstrom würde dann doppelt ausgeglichen. Die Vergütungssätze des EEG sollen die Wettbewerbsnachteile, die die Stromproduzenten aus Erneuerbaren Energien gegenüber den Erzeugern von Strom aus fossilen Energieträgern haben, zwar ausgleichen und den geförderten Betreibern so überhaupt erst den Marktzutritt verschaffen.[9] Die Förderung der Betreiber von Anlagen zur Verstromung Erneuerbarer Energien ist aber **auf ein notwendiges Maß zu reduzieren,** Mitnahmeeffekte durch eine Doppelverwertung der Greenness sind zu unterbinden.

Das Doppelvermarktungsverbot gilt **auch für Anlagenbetreiber,** deren Strom **7** nicht nach dem EEG vergütet wird, die aber durch § 4 EEG (Anschluss-/Abnahmepflicht) gefördert werden. Auch sie können den Strom bzw. die isolierten ökologischen Vorteile nur einmal nutzen. Daher ist etwa eine Veräußerung dieses Stroms als Grünstrom, für den Endkunden freiwillig einen höheren Preis bezahlen, und eine Nutzung der Greenness über Zertifikate unzulässig.[10]

Zulässig ist es dagegen, Strom aus einer regenerativen Erzeugungsanlage aus **8** dem Anwendungsbereich des EEG, **wechselnd** entweder an den abnahmepflichtigen Netzbetreiber oder – in bestimmten Hochpreissituationen – etwa über eine Strombörse zu allgemeinen Marktbedingungen zu vermarkten.[11] So kann der Strom aus einem Biomassekraftwerk zu Zeiten, in denen der allgemeine Strompreis an der Börse über der EEG-Mindestvergütung liegt, unabhängig vom EEG vermarktet werden. Der oben beschriebene Wettbewerbsnachteil des Stroms aus der EEG-Anlage, der das EEG erst erforderlich macht, besteht dann zeitweise nicht. Bei einer solchen Vermarktung über die Börse darf jedoch die Art und Weise der (regenerativen) Erzeugung keine Rolle spielen. Nur dann kommt es nicht zu der verbotenen Doppelvermarktung des besonderen Umweltwerts des Stroms. Bei einer Vermarktung von Strom aus EEG-Anlagen zu Hochpreiszeiten wird vielmehr der gewöhnliche Marktwert des Stroms kommerzialisiert, der dem Regenerativstrom wie jedem anderen Strom in solchen Hochpreisphasen generell zukommt.

Die Einbeziehung in ein **Gasnetz eingespeisten Biogases** ist erforderlich **9** und sinnvoll, da ein Netzbetreiber in der Regel nicht nachvollziehen kann, ob das Gas nicht auch an einen weiteren Anlagenbetreiber abgegeben wurde. Eine andere Vorgehensweise würde weder dem Anlagenbetreiber noch dem Netzbetreiber nutzen: Während Ersterer gegebenenfalls seinen Vergütungsanspruch verlieren könnte, könnten Netzbetreiber ohne § 18 verpflichtet sein, überhöhte Vergütungen zu zahlen.[12]

---

[8] Vgl. zu den sog. Grünen Tarifen *Huwer,* EW 1999, 30 ff.; *Schnorrenberg,* ZfE 1998, 265 ff.
[9] So bereits BT-Drs. 14/2776, S. 18 ff.
[10] Gesetzesbegründung BT-Drs. 15/2864, zu § 18, S. 53.
[11] Dazu *Held/Altrock,* E&M 7/2004, 16.
[12] Gesetzesbegründung BT-Drs. 15/2864, zu § 18, S. 53; vgl. auch die Begründung zum Referentenentwurf vom 17. 12. 2003, Besonderer Teil, zu § 14, BR-Drs. 15/04, S. 95.

D. Keine Doppelvermarktung durch die Weitergabe von Herkunftsnachweisen (Abs. 2)

10 § 18 Abs. 2 dient ebenfalls der Vermeidung von missbräuchlichen Doppelnutzungen der Greenness von Regenerativstrom. Insoweit wird es Anlagenbetreibern untersagt, Nachweise, die sie für die Erzeugung von Strom aus Erneuerbaren Energien erhalten haben, weiterzugeben, falls sie die Vergütungssätze der §§ 5 bis 12 in Anspruch genommen haben. Absatz 2 erweitert das Verbot damit auf **Vermarktungsmöglichkeiten,** bei denen die Greenness **unabhängig vom Strom** über entsprechende Zertifikate vermarktet wird.[13] Damit wird eine Vermarktung von Gründstromzertifikaten nicht untersagt. Lediglich die gleichzeitige – doppelte – Vermarktung über Zertifikate und ein Profitieren vom EEG ist unzulässig, da ansonsten die Greenness doppelt kommerzialisiert würde.

11 Unter die genannten Nachweise fallen ausweislich der Gesetzesbegründung[14] nicht nur die Herkunftsnachweise nach § 17, sondern **auch Zertifikate,**[15] die im Rahmen etwa des Emissionsrechtehandels vergeben werden könnten (sog. CO_2-Zertifikate). Die Gesetzesbegründung will den Begriff der „Weitergabe" weit verstanden wissen.[16] Hierunter fällt jede Handlung, „die eine andere Person berechtigen soll, den Nachweis zu anderen als internen Prüfzwecken zu verwenden".

12 Hat der Anlagenbetreiber seinen Nachweis weitergegeben, **verliert** er für den Zeitraum, für den der Nachweis ausgestellt wurde, den **Anspruch auf die Vergütung** nach dem EEG. Die Regelung des § 18 verbietet nicht die Weitergabe solcher Nachweise überhaupt. Der Erzeuger, der seine Nachweise veräußert, wird jedoch vom Anwendungsbereich des Gesetzes ausgeschlossen. Ein Anlagenbetreiber kann also auf die Vergütungen nach dem EEG bzw. auf den Anspruch auf eine vorrangige Abnahme verzichten und betreffende Nachweise wirtschaftlich nutzen.

---

[13] Gesetzesbegründung BT-Drs. 15/2864, zu § 18, S. 53.
[14] Vgl. BT-Drs. 15/2327, S. 41; vgl. auch die Begründung zum Referentenentwurf vom 17. 12. 2003, Besonderer Teil, zu § 14, BR-Drs. 15/04, S. 95.
[15] Grundlegend zu den Energiezertifikaten: *Himmer,* Energiezertifikate in den Mitgliedstaaten der Europäischen Union, 2004.
[16] Gesetzesbegründung BT-Drs. 15/2864, zu § 18 Abs. 2, S. 53.

§ 19 Clearingstelle

Zur Klärung von Streitigkeiten und Anwendungsfragen dieses Gesetzes kann das Bundesministerium für Umwelt, Naturschutz und Reaktorsicherheit eine Clearingstelle errichten, an der die betroffenen Kreise beteiligt werden können.

Übersicht

	Rn.
A. Überblick	1
B. Hintergrund	2
I. Normzweck	2
II. Entstehungsgeschichte	3
C. Aufgabe und Zusammensetzung der Clearingstelle	6
I. Aufgabe der Clearingstelle	6
II. Zusammensetzung der Clearingstelle	7
D. Antragsbefugnis	9
E. Fehlende Entscheidungsbefugnis	10
F. Ergebnisse der Clearingstelle der 14. Legislaturperiode	11
G. Ausblick	16

Literatur: *Altrock/Krzikalla/Zander,* Das Gesetz über den Vorrang Erneuerbarer Energien (EEG), in: Zander/Riedel/Kraus (Hrsg.), Praxishandbuch Energiebeschaffung, Loseblatt, (Stand: Dez. 2002), II-6.1.3; *Brandt/Reshöft/Steiner,* Erneuerbare-Energien-Gesetz, Handkommentar, 2001; *Salje,* Erneuerbare-Energien-Gesetz, Gesetz für den Vorrang Erneuerbarer Energien (EEG), Kommentar, 2. Aufl. 2000.

A. Überblick

§ 19 gibt dem Bundesumweltministerium die Möglichkeit zur Errichtung einer 1 Clearingstelle unter Beteiligung der „betroffenen Kreise".[1] Die Aufgabe der Clearingstelle besteht in einer außergerichtlichen **Sachverhaltsermittlung** und **Klärung von Streitigkeiten** und Anwendungsfragen aller Art, soweit sie im Zusammenhang mit dem EEG stehen. Das Ministerium kann nach eigenem Ermessen über die Einrichtung und Zusammensetzung der Clearingstelle entscheiden und einen organisatorischen und prozeduralen Rahmen vorgeben. Die Clearingstelle ist also kein Schiedsgericht; sie kann den Rechtsweg nur ergänzen, aber nicht ersetzen. Vor ihr können komplizierte Sachverhalte individueller oder genereller Natur aufgeklärt und Verständigungslösungen auf freiwilliger Basis ausgehandelt werden.[2] Die Clearingstelle kann allerdings auch Empfehlungen zur Lösung einzelner oder allgemeiner Fragen abgeben, die von den Gerichten – ähnlich dem Immissionsschutzrecht – als antizipierte Sachverständigengutachten aufgegriffen werden können.

B. Hintergrund

I. Normzweck

Zweck der Vorschrift ist es, durch die Errichtung einer Clearingstelle komplexe 2 energiewirtschaftliche und technische **Sachverhalte aufklären** zu können und

---

[1] BT-Drs. 15/2864, zu § 19, S. 53.
[2] *Altrock/Krzikalla/Zander,* in: Zander/Riedel/Kraus, Praxishandbuch Energiebeschaffung, II-6.1.3.

Rechtsstreitigkeiten durch Empfehlungen zur Lösung von Streitigkeiten und Anwendungsfragen im Einzelfall wie generell zu **vermeiden**.

II. Entstehungsgeschichte

3   Das StrEG enthielt keine vergleichbare Vorschrift. Allerdings existierte in **Nordrhein-Westfahlen** bereits in den 1990er Jahren eine Clearingstelle auf Landesebene, die erfolgreich gearbeitet hatte. Sie war das Vorbild für die mit dem Inkrafttreten des **EEG 2000** durch § 10 Abs. 3 erstmals eingerichtete Clearingstelle. Unter die der Clearingstelle zur möglichen Klärung zuzuführenden Streitfragen fielen zunächst solche, die sich auf die notwendigen Netzanschlusskosten nach § 10 Abs. 1 EEG 2000 und Netzausbaukosten nach § 10 Abs. 2 EEG 2000 bezogen. Die Zuständigkeit der Clearingstelle war aber nicht darauf beschränkt: Zwar hatten der Gesetzentwurf zum EEG 2000 vom 13. Dezember 1999[3] und die darauf Bezug nehmende Gesetzesbegründung[4] auf Streitigkeiten „in Zusammenhang mit dem Ausbau eines Netzes im Sinne von Abs. 2" abgestellt. Der angesprochene Abs. 2 betraf – wie dann im EEG 2000 § 10 Abs. 2 – den Tatbestand der durch den Netzbetreiber vorzunehmenden Netzverstärkung. In der endgültigen Fassung des EEG 2000 verzichtete der Gesetzgeber dann auf diese Einschränkung. Dadurch dürfte der Gesetzgeber den Aufgabenbereich der Clearingstelle erweitert haben wollen.[5]

4   Die Clearingstelle war ursprünglich, in der 14. Legislaturperiode von 1998 bis 2002, beim **Bundeswirtschaftsministerium** angesiedelt. Neben Vertretern des Bundeswirtschaftsministeriums waren Anlagenbetreiber und Netzbetreiber sowie Verbandsvertreter dieser beiden Seiten Mitglieder der Clearingstelle.[6] Der Kreis der Mitglieder war grundsätzlich für jeden Interessierten offen. Eine feste Struktur oder Verfahrensordnung bestand nicht. Auch wenn die Clearingstelle der 14. Legislaturperiode ursprünglich vorrangig technische und wirtschaftliche Fragestellungen behandeln wollte, standen in der Praxis vor allem rechtliche Fragen im Mittelpunkt. Dabei sah sie ihre **Aufgabe** in erster Linie in der Erarbeitung **genereller Lösungsansätze** für Problemkonstellationen, die der Clearingstelle immer wieder vorgelegt wurden. Damit sollten Streitigkeiten im Einzelfall möglichst vermieden werden. Daneben wurden aber auch Einzelfälle im Verhandlungsweg einer Lösung zugeführt.[7]

5   Mit Organisationserlass des Bundeskanzlers vom 22. Oktober 2002[8] wurde die Zuständigkeit für Erneuerbare Energien einschließlich des EEG vom Bundeswirtschaftsministerium zum Bundesumweltministerium verlagert. Entsprechend § 1 Abs. 1 ZustAnpG[9] ging damit gleichzeitig die Zuständigkeit für die Clearingstelle vom Bundeswirtschafts- auf das **Bundesumweltministerium** über.[10] Das Bundesumweltministerium nutzte diese Ermächtigung jedoch mangels Personalkapazität zunächst nicht. Die Errichtung einer Clearingstelle nach § 19 war nun für das Jahr 2006 vorgesehen.

---

[3] BT-Drs. 14/2341, zu § 9, Abs. 3, S. 5.
[4] BT-Drs. 14/2341, zu § 9, Abs. 3, S. 10.
[5] *Salje*, EEG, § 10 Rn. 35.
[6] *Altrock/Krzikalla/Zander,* in: Zander/Riedel/Kraus, Praxishandbuch Energiebeschaffung, II-6.1.3.
[7] Ebenda.
[8] BGBl. I S. 4206.
[9] Gesetz zur Anpassung von Rechtsvorschriften an veränderte Zuständigkeiten oder Behördenbezeichnungen innerhalb der Bundesregierung sowie zur Änderung des Unterlassungsklagengesetzes und des Außenwirtschaftsgesetzes vom 16. 8. 2002, BGBl. I S. 3165.
[10] Nachvollzogen durch Art. 134 Achte Zuständigkeitsanpassungsverordnung vom 25. 11. 2003, BGBl. I S. 2304.

C. Aufgabe und Zusammensetzung der Clearingstelle

I. Aufgabe der Clearingstelle

Unter die der Clearingstelle zur möglichen Klärung zuzuführenden Streitfragen fallen wie bereits unter Geltung des § 10 Abs. 3 EEG 2000 solche, die sich auf die notwendigen Netzanschlusskosten nach Abs. 1 und Netzausbaukosten nach Abs. 2 beziehen. Die **Zuständigkeit** der Clearingstelle ist aber nicht darauf beschränkt. Die Aufgabe der Clearingstelle ist vielmehr die **Klärung von Streitigkeiten und Anwendungsfragen aller Art**, soweit sie im Zusammenhang mit dem EEG stehen. Die Klärung erfordert zunächst eine Sachverhaltsermittlung und -aufklärung unter Einbeziehung der Beteiligten.

II. Zusammensetzung der Clearingstelle

Die **Zusammensetzung** der Clearingstelle ist gesetzlich nicht näher definiert. Anders als die Vorgängerregelung in § 10 Abs. 3 EEG 2000 schreibt § 19 die Beteiligung der „betroffenen Kreise" nicht zwingend vor. Das Gesetz spricht vielmehr davon, dass diese Kreise beteiligt werden können. Das Bundesumweltministerium besitzt also ein Entscheidungsermessen hinsichtlich der Frage des „Ob" der Beteiligung. Da ohne die betroffenen Kreise eine Klärung von Streitfragen nur schwer vorstellbar ist, ist das Entscheidungsermessen reduziert. Die Betonung der Möglichkeit der Beteiligung stellt vielmehr klar, dass ein einklagbarer Anspruch auf Beteiligung eines bestimmten Verbandes oder einer Einzelperson, die sich zu den „betroffenen Kreisen" zählt, nicht besteht. Die Einladung zur Beteiligung steht vielmehr im sachgerechten **Ermessen** des Ministeriums. Die Behörde hat hier abzuwägen zwischen der Arbeitsfähigkeit der Clearingstelle, die eher für einen kleineren Kreis von Beteiligten sprechen dürfte und deren Legitimität, die von einer möglichst vollständigen Beteiligung aller relevanten, betroffenen Kreise abhängt.

Immerhin bietet die Begründung zum Gesetzentwurf zum EEG 2000 vom 13. Dezember 1999[11] Anhaltspunkte für die Zusammensetzung der Clearingstelle. Da § 19 als Fortschreibung von § 10 Abs. 3 EEG 2000 zu verstehen ist, sind diese Erwägungen weiter von Bedeutung. In dieser Begründung des Entwurfs wurde insoweit darauf hingewiesen, dass an der Clearingstelle insbesondere die **Verbände der Netzbetreiber** und der **Betreiber von Anlagen** zur Erzeugung von Regenerativstrom zu beteiligen seien. Diese Vorgabe wurde auch im Gesetzentwurf vom 23. Februar 2000 wiederholt,[12] dann allerdings in der endgültigen Gesetzesfassung des EEG 2000 wieder gestrichen. Insbesondere war aufgrund der vagen Formulierung des § 10 Abs. 3 EEG 2000 unklar, ob auch Einzelpersonen beteiligungsberechtigt angesehen werden konnten. Was eine Beteiligung von natürlichen oder juristischen Einzelpersonen betrifft, dürfte man einzelne Sachverständige und Personen, die ein berechtigtes Interesse an der Beteiligung glaubhaft machen können, schwerlich ausschließen können. Dagegen hielt *Salje*[13] es für ratsam, nur Verbände als beteiligungsberechtigt zur Clearingstelle des EEG 2000 zuzulassen. Allerdings erkennt auch *Salje* an, dass eine solche Handhabung Einzelpersonen, die möglicherweise erheblich betroffen sind, dazu zwingt, einem antragsberechtigten Verband beizutreten. Dies könnte mit einem unverhältnismäßi-

---

[11] BT-Drs. 14/241, S. 10.
[12] Siehe BT-Drs. 14/2776, S. 24.
[13] *Salje*, EEG, § 10 Rn. 39.

gen – und daher verfassungswidrigen – Eingriff in die negative Koalitionsfreiheit aus Art. 9 GG verbunden sein. Das Bundesumweltministerium selbst muss nicht Mitglied der Clearingstelle sein. Es hat die Möglichkeit, die Aufgabe Dritten zu übertragen.

D. Antragsbefugnis

9   Das Gesetz klärt nicht, welche Streitfragen und Anwendungsfragen von der Clearingstelle zu behandeln sind. Grundsätzlich ist das Bundesumweltministerium daher frei, **jedermann** die Möglichkeit zu geben, die Clearingstelle anzurufen, seinen Sachverhalt zu schildern und um Klärung zu ersuchen. Es steht aber im **Ermessen** der Behörde, nur bestimmte Fragen zuzulassen oder der Clearingstelle ein Auswahlrecht zuzubilligen, welche Fragen behandelt werden (etwa nur Fragen abstrakt genereller Art).

E. Fehlende Entscheidungsbefugnis

10   Die Ergebnisse der Sitzungen der Clearingstelle entfalten **keine Rechtsverbindlichkeit** für die Beteiligten. Sie erwachsen weder in formelle noch in materielle Rechtskraft. Denn es handelt sich hierbei nicht um die Ausübung einer quasi richterlichen Gewalt.[14] Vor der Clearingstelle können Verständigungslösungen auf freiwilliger Basis ausgehandelt werden.[15] Die Clearingstelle kann allerdings auch **Empfehlungen** zur Lösung einzelner oder allgemeiner Fragen abgeben. Die Gutachten und Meinungsäußerungen der Clearingstelle können in gerichtlichen oder schiedsgerichtlichen Folgeverfahren als Mittel der Darlegung und Bestärkung der vertretenen Rechtsansicht oder vom Gericht – ähnlich dem Immissionsschutzrecht – als antizipierte Sachverständigengutachten verwendet werden.[16] Dies ergibt sich etwa aus der Bezeichnung als Stelle zur „Klärung" und nicht zur Entscheidung von Streitigkeiten und Anwendungsfragen. Das OLG Stuttgart hat einer Empfehlung der Clearingstelle der 14. Legislaturperiode die Funktion einer „sehr schwachen Auslegungshilfe" zugebilligt.[17]

F. Ergebnisse der Clearingstelle der 14. Legislaturperiode

11   Erstes Ergebnis der Arbeit der Clearingstelle der 14. Legislaturperiode war die so genannte „vorläufige Handlungsgrundlage Netzanschluss" vom 8. Mai 2001. Sie bezog sich auf die Behandlung von Streitigkeiten hinsichtlich der Anwendung des EEG bei der Ausführung von Netzanschlüssen von regenerativen Energieerzeugern an ein Netz der allgemeinen Versorgung. Anlass dieses Papiers waren in der Praxis aufgetretene und noch heute auftretende Probleme bei der Abgrenzung von **Netzanschluss** i. S. v. § 3 Abs. 1 EEG 2000 und **Netzausbau** i. S. v. § 10 Abs. 2 EEG 2000. Im EEG 2004 finden sich die entsprechenden Regelungen in den

---

[14] *Salje,* EEG, § 10 Rn. 38 sowie *Brandt/Reshöft/Steiner,* EEG, § 10 Rn. 26.
[15] *Altrock/Krzikalla/Zander,* in: Zander/Riedel/Kraus, Praxishandbuch Energiebeschaffung, II-6.1.3.
[16] So die Vorstellung von *Salje,* EEG, § 10 Rn. 38.
[17] OLG Stuttgart, RdE 2004, 23, 25.

Clearingstelle

Abs. 1 und 2 des § 13.[18] Das ursprüngliche Ziel, sich auf einheitliche Abgrenzungskriterien zu verständigen, konnte damals nicht erreicht werden. Verständigen konnte man sich aber etwa auf typische Beispiele für den Aufbau von Anschlussanlagen sowie auf **allgemeine Grundsätze** z. B. für die Festlegung des kostengünstigsten Netzverknüpfungspunkts, der Festlegung der Eigentumsgrenze sowie auf eine möglichst transparente Ausführung der Angebote der Netzbetreiber über die Anschlussanlage.[19]

Nicht verständigen konnte sich die Clearingstelle insbesondere über die wichtige Frage, welche Maßnahmen als Teil des **Anschlusses einer Anlage** i. S. V. § 10 Abs. 1 EEG 2000 zu verstehen waren – kostentragungspflichtig ist dann der Anlagenbetreiber – und wann andererseits von einer **Netzausbaumaßnahme** auszugehen war. Kostentragungspflichtig für Netzausbaumaßnahmen war nach den §§ 3 Abs. 1 Satz 3, 10 Abs. 2 EEG 2000 – und ist es nach § 13 EEG 2004 – der anschlusspflichtige Netzbetreiber. Übergangsweise empfahl die Clearingstelle, alle Kosten vorläufig zunächst von dem den Anschluss begehrenden Anlagenbetreiber tragen zu lassen. Bis zu einer rechtskräftigen Entscheidung könnten die Zahlungen von den Anlagenbetreibern unter den Vorbehalt der Rückforderung gestellt werden. Im Gegenzug sollten die Netzbetreiber den Anschluss ermöglichen und mit der Abnahme und Vergütung des angebotenen Stroms aus der angeschlossenen Anlage beginnen.[20]

Auch das Thema der Behandlung von **Blindleistung**,[21] insbesondere aus Windenergieanlagen war in der vergangen Arbeitsphase der Clearingstelle Gegenstand der Beratungen gewesen. Sie empfahl ein Konzept für die Blindleistungsregelung der Anlagen, das den gegenläufigen Anforderungen der Minimierung der Übertragungsverluste und der Spannungsqualität Rechnung tragen sollte.[22]

Ein weiteres Ergebnis der Tätigkeit der Clearingstelle waren die „Hinweise zur **Einspeisung** von Strom aus Fotovoltaik-Anlagen **ins Kundennetz** und Zählung des eingespeisten Solarstroms", ebenfalls vom 8. Mai 2001. Hinter diesem etwas sperrigen Titel verbirgt sich folgende Problemstellung: Setzte ein Abnahme- und Vergütungsanspruch nach § 4 EEG 2000 die tatsächliche **physikalische Einspeisung** des Fotovoltaikstroms in das Netz des verpflichteten Netzbetreibers voraus? Oder genügt die handelsmäßig-bilanzielle Erfassung des in der Anlage erzeugten Stroms? Hier konnte man sich darauf verständigen,[23] dass die Einspeisung in das Kundennetz als EEG-konform anerkannt werden sollte, wenn der Anlagenbetreiber bestimmte Mindestanforderungen bei Messung und Verrechnung einhielt.[24] In den Anhängen zu dieser Handlungsanweisung wurden denkbare Schaltbeispiele für den Netzanschluss und die Netzverstärkung jeweils aus Sicht der Netz- und der Anlagenbetreiber parallel dargestellt. Es fehlte jedoch ein

---

[18] Hier hofft der Gesetzgeber insbesondere mit § 4 Abs. 2 Satz 4 der Regelung dieser Frage näher gekommen zu sein, vgl. die Kommentierung zu den §§ 4 und 13.
[19] *Altrock/Krzikalla/Zander,* in: Zander/Riedel/Kraus, Praxishandbuch Energiebeschaffung, II-6.1.3.
[20] Ebenda.
[21] Vgl. die Kommentierung zu § 10 Rn. 6.
[22] Dabei knüpft diese Empfehlung an das Ergebnis der Beratungen des Arbeitskreises II der Clearingstelle des Landes Nordrhein-Westfalen an. Diese hatte folgende Kompromissempfehlung abgegeben: In den entsprechenden Verträgen soll der Wirkleistungsfaktor im unteren Leistungsbereich bis etwa 0,6 PN (Nennleistung der Anlage) auf cos phi = 1, darüber hinaus linear bis auf 0,9 cap (bezogen auf eingespeiste Blindleistung) bei Bemessungsleistung reduziert werden.
[23] *Altrock/Krzikalla/Zander,* in: Zander/Riedel/Kraus, Praxishandbuch Energiebeschaffung, II-6.1.3.
[24] Der Gesetzgeber hat insoweit in § 4 Abs. 5 eine Regelung getroffen, die dieses Problem nunmehr auch über Fotovoltaikanlagen hinaus lösen soll.

gemeinsamer Standpunkt beider Seiten zu der wichtigen Frage, wann es sich um einen Anschluss und wann um einen Netzausbau handelte.[25] Dieser Problemkreis wurde im EEG 2004 in § 4 Abs. 5 einer gesetzlichen Lösung zugeführt.

15 Schließlich konnte man sich in der Clearingstelle auch über zwei weitere Fragenkreise verständigen. Bei der Frage, ob an einem bestimmten Standort im engen räumlichen Zusammenhang befindliche Anlagen bzw. Anlagenteile als **mehrere** kleinere **Anlagen** – die dann ggf. in den Anwendungsbereich des EEG 2000 fielen – anzusehen waren oder aber als Teile einer größeren Anlage, sollte u. a. darauf abgestellt werden, ob die einzelnen Anlagenteile auch getrennt und selbstständig betrieben werden können. War dies der Fall, lagen nach Auffassung der Clearingstelle mehrere kleine Anlagen vor.[26] Zudem bezog die Clearingstelle Position zu der Frage der Zulässigkeit von **Zünd- und Stützfeuerungen** etwa bei Biogasanlagen unter Verwendung von fossilen Brennstoffen: Notwendige Zünd- und Stützfeuerungen bis 10 Prozent des eingesetzten Brennstoffs sollten danach zulässig sein.[27]

G. Ausblick

16 Betrachtet man die Arbeit der ersten Clearingstelle der 14. Legislaturperiode, erweist sich, dass für die meisten der behandelten Fragen eine Einigung nicht gefunden werden konnte. Etliche der behandelten Fragen mussten entweder durch die Rechtsprechung oder aber durch den Gesetzgeber geklärt werden oder sind noch immer streitig. Soweit Beschlüsse und Empfehlungen ausgesprochen wurden, konnten diese wegen der letztlich fehlenden Autorität der Clearingstelle Rechtsstreitigkeiten kaum verhindern. Dies gilt umso mehr, soweit die Clearingstelle überhaupt nicht zu einem gemeinsamen Standpunkt gefunden hat. Die Tätigkeit der Clearingstelle trug deshalb bisher vor allem zur Sachverhaltsaufklärung und zur Verständigung über die gegensätzlichen Standpunkte bei, nicht aber zur Streitschlichtung.[28] Die Clearingstelle diente darüber hinaus jedenfalls dazu, dem Gesetzgeber einen Überblick über die sich in der Praxis stellenden Probleme zu verschaffen. Es wird abzuwarten sein, ob dieses Legitimitätsproblem zukünftig gelöst werden kann oder welche andere Rolle sich die Clearingstelle wird erarbeiten können.

---

[25] *Brandt/Reshöft/Steiner,* EEG, § 10 Rn. 26.
[26] *Altrock/Krzikalla/Zander,* in: Zander/Riedel/Kraus, Praxishandbuch Energiebeschaffung, II-6.1.3.
[27] Diese Probleme hat der Gesetzgeber nunmehr in § 8 Abs. 6 einer Lösung zugeführt, vgl. die Kommentierung zu § 8 Abs. 6 Rn. 114 ff.
[28] So prägnant *Brandt/Reshöft/Steiner,* EEG, § 10 Rn. 26.

§ 20 Erfahrungsbericht

(1) ¹Das Bundesministerium für Umwelt, Naturschutz und Reaktorsicherheit hat dem Deutschen Bundestag bis zum 31. Dezember 2007 und dann alle vier Jahre im Einvernehmen mit dem Bundesministerium für Verbraucherschutz, Ernährung und Landwirtschaft und dem Bundesministerium für Wirtschaft und Arbeit über den Stand der Markteinführung von Anlagen zur Erzeugung von Strom aus Erneuerbaren Energien und aus Grubengas sowie die Entwicklung der Stromgestehungskosten in diesen Anlagen zu berichten sowie gegebenenfalls eine Anpassung der Höhe der Vergütungen nach den §§ 6 bis 12 und der Degressionssätze entsprechend der technologischen und Marktentwicklung für nach diesem Zeitpunkt in Betrieb genommene Anlagen vorzuschlagen. ²Gegenstand des Erfahrungsberichts sind auch Speichertechnologien sowie die ökologische Bewertung der von der Nutzung Erneuerbarer Energien ausgehenden Auswirkungen auf Natur und Landschaft.

(2) ¹Anlagenbetreiber, deren Anlagen ab dem 1. August 2004 in Betrieb genommen worden sind und die eine Vergütung nach den §§ 5 bis 12 in Anspruch genommen haben, sowie Netzbetreiber sind zum Zweck der stichprobenartigen Ermittlung der Stromgestehungskosten im Sinne von Absatz 1 sowie der Sicherstellung der Funktionsfähigkeit des Ausgleichsmechanismus nach § 14 verpflichtet, dem Bundesministerium für Umwelt, Naturschutz und Reaktorsicherheit und seinen Beauftragten auf Verlangen wahrheitsgemäß Auskunft über sämtliche Tatsachen zu geben, die für die Ermittlung der Stromgestehungskosten sowie der ausgeglichenen Energiemengen und Vergütungszahlungen nach § 14 erheblich sein sollen. ²Soweit es sich bei den Anlagen- und Netzbetreibern um Kaufleute im Sinne des Handelsgesetzbuches handelt, sind darüber hinaus auf Verlangen die Handelsbücher offen zu legen, soweit sie Aufschluss über Tatsachen geben können, die für die Ermittlung der Stromgestehungskosten sowie der ausgeglichenen Energiemengen und Vergütungszahlungen erheblich sein können. ³Die Grundsätze des Datenschutzes sind zu beachten.

Übersicht

	Rn.
A. Überblick	1
B. Hintergrund	2
I. Normzweck	2
II. Entstehungsgeschichte der Norm	5
C. Gesetzliche Berichtspflicht (Abs. 1)	13
I. Berichtsverpflichteter und Berichtsadressat	13
II. Berichtspflicht	14
III. Berichtszeitpunkt und -rhythmus	15
IV. Erfordernis des Einvernehmens	16
V. Berichtsgegenstand	17
1. Stand der Markteinführung	17
2. Entwicklung der Stromgestehungskosten	18
3. Vorschlag zur Anpassung von Vergütungen und Degression	23
4. Auswirkungen ebenerdiger Fotovoltaikanlagen	34
5. Anwendung besonderer Ausgleichsregelungen	35
VI. Auskunftspflichten (Abs. 2)	36
1. Auskunftsverpflichtete	37
2. Auskunftsberechtigte	38
3. Auskunftspflicht und Auskunftsverlangen	39

§ 20 Erneuerbare-Energien-Gesetz

Rn.
4. Datenschutz 47
5. Verfassungsmäßigkeit der Auskunftspflicht 50
6. Rechtsnatur des Abs. 2, Prozessuales und Sanktionen 52
D. Anpassungsbedarf infolge der EU-Richtlinie 57
E. Ausblick 61

Literatur: *Achterberg/Schulte,* in: Mangoldt/Klein/Starck, Das Bonner Grundgesetz, Kommentar, 5. Aufl. 2005, Art. 38; *Altrock,* „Subventionierende Preisregelungen", 2002; *Bender/Sparwasser/Engel,* Umweltrecht: Grundzüge des öffentlichen Umweltschutzrechts, 4. Aufl. 2000; *Böhret/Konzendorf,* Handbuch Gesetzesfolgenabschätzung (GFA), 2001; *Bönning,* Investitionssicherheit für Betreiber einer Anlage zur Erzeugung von Strom aus erneuerbaren Energien durch das Erneuerbaren-Energien-Gesetz?, ZNER 2000, 268 ff.; *Reshöft/Steiner/Dreher,* Erneuerbare-Energien-Gesetz, Handkommentar, 2. Aufl. 2005; *Büdenbender/Rosin,* KWK-AusbauG, Kommentar zum Gesetz für die Erhaltung, die Modernisierung und den Ausbau der Kraft-Wärme-Kopplung, 2003; *Burgi,* Funktionale Privatisierung und Verwaltungshilfe, 1999; *ders.,* Verwaltungsorganisationsrecht, in: Erichsen/Ehlers (Hrsg.), Allgemeines Verwaltungsrecht, 12. Aufl. 2002, §§ 51–54; *Degenhart,* Staatrecht I, Staatsorganisationsrecht, 17. Aufl. 2001; *Derlien,* Das Berichtswesen der Bundesregierung – Ein Mittel der Kontrolle und Planung, ZParl 1975, 42 ff.; *Gola/Schomerus,* BDSG: Bundesdatenschutzgesetz, 8. Aufl. 2005; *Hansmann,* in: Landmann/Rohmer, Umweltrecht: UmweltR, Loseblatt, (Stand: 45. EL/2005), Bd. 1, § 52 BImschG; *Ismayr,* Berichte der Bundesregierung im Prozeß parlamentarischer Willensbildung, ZParl 1990, 553 ff.; *Jarass,* Bundes-Immissionsschutzgesetz: BImSchG, Kommentar, 6. Aufl. 2005; *Kerstin/Hagmann,* Investitionssicherheit für nach dem EEG geförderte Anlagen – Rechtliche Rahmenbedingungen für gesetzgeberische oder gerichtliche Änderungen der Vergütungshöhe oder des Begriffs der Biomasse, UPR 2001, 215 ff.; *Klein,* Status des Abgeordneten, in: Isensee/Kirchhof (Hrsg.), Handbuch des Staatsrechts der Bundesrepublik Deutschland, Bd. II, § 41 S. 367 ff.; *Kopp,* Verwaltungsverfahrensgesetz, 6. Aufl. 1996–1997; *Kopp/Ramsauer,* Verwaltungsverfahrensgesetz, Kommentar, 8. Aufl. 2003; *Kopp/Schenke,* Verwaltungsgerichtsordnung: VwGO, Kommentar, 14. Aufl. 2005; *Linck,* Berichte der Regierung an das Parlament, DÖV 1979, 116 ff.; *Magiera,* Recht des Bundestages und seiner Mitglieder gegenüber der Regierung, in: Schneider/Zeh (Hrsg.), Parlamentsrecht und Parlamentspraxis in der Bundesrepublik Deutschland, 1989, § 52, S. 1422 ff.; *Maiwald,* Berichtspflichten gegenüber dem Deutschen Bundestag, 1993; *Maurer,* Allgemeines Verwaltungsrecht, 13. Aufl. 2000; *Metzner,* Gaststättengesetz, 6. Aufl. 2002; *Oschmann,* Das Erneuerbaren-Energien-Gesetz im Gesetzgebungsprozess, Die Veränderungen im Erneuerbaren-Energien-Gesetz gegenüber dem Gesetzentwurf vom Dezember 1999 und die Beweggründe des Gesetzgebers, ZNER 1/2000, 24 ff.; *ders.,* Das Gesetz für den Vorrang Erneuerbarer Energien, ET 2000, 460 ff.; *ders.,* Die Richtlinie zur Förderung der Stromerzeugung aus erneuerbaren Energien und ihre Umsetzung in Deutschland, RdE 2002, 131 ff.; *ders.,* Strom aus erneuerbaren Energien im Europarecht, 2002; *ders.,* in: Danner/Theobald, Energierecht, Kommentar, Loseblatt, (Stand: 49. EL/Jan. 2006), VI EEG B1 Einf., § 3; *Pestalozza,* Privatverwaltungsrecht: Verwaltungsrecht unter Privaten, JZ 1975, 50 ff.; *Salje,* EEG, Erneuerbare-Energien-Gesetz, Gesetz für den Vorrang erneuerbarer Energien (EEG), Kommentar, 3. Aufl. 2005; *Schindler,* Datenhandbuch zur Geschichte des Deutschen Bundestages 1949 bis 1999, Gesamtausgabe in drei Bänden, Bd. I, Kap. 1–6, 1999; *Schneider,* Gesetzgebung, 2. Aufl. 1991; *Schröder,* Grenzen der Gestaltungsfreiheit des Parlaments bei der Festlegung des Beratungsmodus, Jura 1987, 469 ff.; *Seifert/Hömig,* Grundgesetz für die Bundesrepublik Deutschland, 7. Aufl. 2003; *Stelkens/Stelkens,* in: Stelkens/Bonk/Sachs, Verwaltungsverfahrensgesetz, 6. Aufl. 2001; *Wolff/Bachof/Stober,* Verwaltungsrecht, Bd. 2, 6. Aufl. 2000.

Rechtsprechung: BVerfG, Urt. v. 14. 1. 1986 – 2 BvE 14/83 und 4/84, BVerfGE 70, 324; BVerfG, Beschl. v. 14. 5. 1986 – 2 BvL 2/83, BVerfGE 72, 200; BVerfG, Beschl. v. 15. 12. 1983 – 1 BvR 209/83 u. a., BVerfGE 61, 1 = NJW 1984, 419; Bayerischer VGH, Urt. v. 25. 4. 1983 – 22 B 82 A.907, GewArch 1983, 330; OLG Köln, Beschl. v. 2. 7. 1996 – Ss 183/96 (Z), NZV 1997, 407; OLG Hamm, Beschl. v. 22. 10. 1992 – 3 Ss OWi 539/92, NVwZ-RR 1993, 244.

Erfahrungsbericht   1–3 § 20

A. Überblick

§ 20 Abs. 1 Satz 1 verpflichtet das Bundesumweltministerium dem Deutschen   1
Bundestag **alle vier Jahre** einen Erfahrungsbericht zum EEG vorzulegen, der den
Stand der Markteinführung Erneuerbarer Energien und die **Entwicklung der
Stromgestehungskosten** zum Gegenstand hat und gegebenenfalls **Vorschläge
für die Anpassung** der Vergütungs- und Degressionshöhen (§§ 6 bis 11) machen
soll. Nach § 20 Abs. 1 Satz 1 hat der Bericht darüber hinaus die Auswirkungen
ebenerdiger Fotovoltaikanlagen auf Natur und Landschaft zu bewerten und die mit
der Besonderen Ausgleichsregelung (sog. Härtefallregelung für bestimmte Unternehmen nach § 16) gesammelten Erfahrungen darzulegen. Den ersten Erfahrungsbericht zum EEG 2000 hat die Bundesregierung am 10. Juli 2002 vorgelegt.[1] Der
nächste Bericht ist zum **31. Dezember 2007** fällig. Anlagenbetreiber und Netzbetreiber sind nach § 20 Abs. 2 verpflichtet, stichprobenartig die für die Erstellung
des Erfahrungsberichts erforderlichen Auskünfte zu erteilen.

B. Hintergrund

I. Normzweck

Zweck der Berichtspflicht des § 20 ist die **Wirkungs-, Erfolgs- und Miss-**   2
brauchskontrolle der Regelungen des EEG durch die zuständigen Ressorts der
Bundesregierung.[2] Diese Kontrolle soll den Gesetzgeber frühzeitig erkennen lassen, inwiefern und inwieweit die mit dem Gesetz angestrebten Ziele erreicht werden und Missbrauch durch Anlagen- oder Netzbetreiber zu besorgen ist, um
rechtzeitig Optimierungen vornehmen zu können.[3]

Eine Kontrolle von Gesetzen durch eine gesetzlich angeordnete Berichtpflicht   3
der Bundesregierung ist nach wie vor selten anzutreffen, da nach **traditionellem
Verständnis** mit der Verabschiedung eines Gesetzes für den Gesetzgeber die Arbeit getan ist. Die Beobachtung der Anwendung und der Wirkungen des jeweiligen Gesetzes überlässt er – trotz der verfassungsrechtlichen Verpflichtung zur
nachträglichen Überprüfung von Gesetzen[4] – im Allgemeinen der Exekutive[5] und
der Öffentlichkeit. Auf der Tagesordnung des Parlaments erscheint das Gesetz in
der Regel nur dann wieder, wenn sich größere Probleme zeigen oder geänderte
politische Vorgaben eine Überarbeitung notwendig machen.[6] Seit geraumer Zeit
ist eine Abkehr von dieser Sichtweise festzustellen, die sich in der gesteigerten
Zahl von Berichten der Bundesregierung an das Parlament niederschlägt[7] sowie in
Bemühungen Ausdruck findet, die **Gesetzesfolgenabschätzung** stärker zu
strukturieren und zu systematisieren.[8]

---

[1] BT-Drs. 14/9807.
[2] Allg. *Maiwald*, Berichtspflichten, S. 115 ff.
[3] *Reshöft/Steiner/Dreher*, EEG, § 12 Rn. 2; s. allg. zu den Funktionen von Berichten *Maiwald*, Berichtspflichten, S. 93 ff.; *Derlien*, ZParl 1975, 42, 45.
[4] *Maiwald*, Berichtspflichten, S. 116 ff., m. w. N. aus der Rechtsprechung des Bundesverfassungsgerichts.
[5] Vgl. hierzu auch § 44 Abs. 6 GGO.
[6] *Schneider*, Gesetzgebung, Rn. 152 ff.
[7] *Schindler*, Datenhandbuch, S. 1266 ff.; *Ismayr*, ZParl 1990, 553 ff.; *Linck*, DÖV 1979, 116 ff.
[8] Vgl. etwa das Handbuch von *Böhret/Konzendorf*.

4 Die Aufmerksamkeit, die der Gesetzgeber der Wirkungsweise des EEG schenkt, entspricht der **Bedeutung des Gesetzgebungsgegenstands:** Nach § 1 Abs. 2 soll das EEG dazu beitragen, den Anteil Erneuerbarer Energien bis zum Jahr 2010 auf mindestens 12,5 Prozent und bis zum Jahr 2020 auf mindestens 20 Prozent zu erhöhen. Nach der Begründung soll der Anteil bis zur Mitte des 21. Jahrhunderts auf 50 Prozent ansteigen. Diese Ziele des Gesetzgebers sind sehr ambitioniert und rechtfertigen schon deshalb eine besondere Nachsorge.[9] Darüber hinaus entstehen durch das Gesetz Kosten für die Energieversorgungsunternehmen, die diese letztlich auf die Letztverbraucher abwälzen. Das Monitoring sorgt dafür, dass diese Kosten das zur Zielerreichung erforderliche Maß nicht wesentlich überschreiten.

II. Entstehungsgeschichte der Norm

5 Die Vorschrift des § 20 hat ein Vorbild im 1995 vorgelegten **Erfahrungsbericht** des Bundeswirtschaftsministeriums zum **StrEG 1990** und zwei gesetzliche Vorläuferregelungen im StrEG 1998, das durch das EEG abgelöst wurde. Gegenüber der Fassung des inhaltlich dem § 20 EEG 2004 entsprechenden § 12 EEG 2000 hat sich die Vorschrift insofern substanziell verändert, als Anlagen- und Netzbetreiber zu Auskünften verpflichtet werden, die für die Erstellung des Erfahrungsberichts notwendig sind.

6 Für den Erfahrungsbericht des Bundeswirtschaftsministeriums aus dem Jahr 1995[10] bestand kein gesetzlicher Auftrag. Lediglich die Begründung zu dem Gesetzentwurf für das StrEG 1990, der parallel von der Bundesregierung und den Koalitionsfraktionen CDU/CSU und FDP (Art. 76 Abs. 1 GG) eingebracht worden war, enthielt die Zusicherung, das Bundeswirtschaftsminister werde die Auswirkungen des Gesetzes sorgfältig beobachten und dem Bundestag „spätestens Anfang 1995 über die Erfahrungen berichten."[11] Trotz dieser Zusicherung legte das Bundeswirtschaftsministerium den Bericht erst auf ausdrückliche und einstimmige Aufforderung des Parlaments hin mit Schreiben vom 10. Oktober 1995 vor.[12]

7 Auch infolge der **schlechten Erfahrungen mit dem freiwilligen Erfahrungsbericht** wurden durch die Novelle des StrEG im Jahr 1998 zwei gesetzliche Berichtspflichten in das Gesetz inkorporiert. Dabei handelte es sich zum einen um § 4 Abs. 4 StrEG 1998. Er verpflichtete das Bundeswirtschaftministerium, dem Bundestag spätestens im Jahr 1999 über die Auswirkungen der Härteklausel des § 4 Abs. 1 StrEG 1998 zu berichten. Diese Klausel sollte verhindern, dass einzelne Versorgungsnetzbetreiber durch die regional unterschiedliche Stromeinspeisung (vor allen Dingen aus Windenergie in den Küstenländern) und daraus resultierende relativ höhere Vergütungsverpflichtungen zu stark belastet würden. Zum anderen sah § 4a Abs. 2 Satz 2 StrEG 1998 einen zweijährlichen Bericht der Bundesregierung an den Bundestag vor. Gegenstand dieses Berichts sollten die von § 4a StrEG 1998 vorgesehenen freiwilligen Selbstverpflichtungen der Elektrizitätsversorgungsunternehmen zu zusätzlichen Maßnahmen zur Steigerung des Anteils Erneuerbarer Energien und der Kraft-Wärme-Kopplung sein.

---

[9] Vgl. *Oschmann*, in: Danner/Theobald, Einführung, VI EEG B1 Einf. Rn. 9.
[10] BT-Drs. 13/2681; vgl. zum Inhalt *Altrock*, „Subventionierende" Preisregelungen, S. 18.
[11] BT-Drs. 11/7816 sowie 11/7971, jeweils Begründung, Allgemeines, Ziffer 8; s. a. Bericht des Abgeordneten *Engelsberger*, Beschlussempfehlung und Bericht des Ausschusses für Wirtschaft, BT-Drs. 11/7978, S. 4.
[12] Vgl. BT-Drs. 13/1783, verabschiedet am 29. 6. 1995, Plenarprotokoll 13/47, S. 3803, bzw. BT-Drs. 13/2681.

Erfahrungsbericht   8–12 § 20

Zu den Auswirkungen der Härteklausel nach § 4 Abs. 4 StrEG 1998 legte das 8
Bundeswirtschaftsministerium am 15. Dezember 1999 – also bereits nach Einbringung des Gesetzentwurfs der Koalitionsfraktionen für das EEG in den Bundestag am 9. Dezember 1999 und erst nach Aufforderung durch einen Antrag der Fraktion der CDU/CSU[13] – einen knappen Bericht vor, in dem es die Entwicklung der Windenergie beschrieb und sich für eine kurzfristige Novellierung des StrEG aussprach.[14]

Dagegen wurde der **Bericht nach § 4a Abs. 2 Satz 2 StrEG 1998** über die 9
Selbstverpflichtungen nie erstellt. Die Pflicht dazu ist auch mit dem Außerkrafttreten des StrEG am 1. April 2000[15] noch vor Ablauf der Zweijahresfrist des § 4a Abs. 2 Satz 2 StrEG 1998, innerhalb derer der Bericht zu erstellen war, entfallen.[16]

Trotz der negativen Erfahrungen mit der Praxis des Bundeswirtschaftsministeri- 10
ums sah der EEG-Gesetzgeber ein **Bedürfnis für regelmäßige Berichte** und verankerte in § 12 EEG 2000 eine näher spezifizierte Berichtspflicht. Das Bundeswirtschaftsministeriums wurde allerdings verpflichtet, für den alle zwei Jahre vorzulegenden Bericht, das Einvernehmen mit dem Bundesumweltministerium und dem Bundeslandwirtschaftsministerium herzustellen. Der Gegenstand des Berichts wurde gezielt auf Ausführungen zum Stand der Markteinführung und der Kostenentwicklung sowie Vorschläge zur Anpassung der Höhe der Vergütungen, der Degressionssätze und des Referenzertragsmodells für Windenergie beschränkt, weil der Gesetzgeber u. a. fürchtete, das Bundeswirtschaftsministeriums könne den Bericht dazu nutzen, einen Wechsel des Förderinstruments vorzuschlagen.

Mit Organisationserlass des Bundeskanzlers vom 22. Oktober 2002[17] wurde die 11
Zuständigkeit für Erneuerbare Energien einschließlich des EEG vom Bundeswirtschaftsministerium zum Bundesumweltministerium verlagert. Entsprechend § 1 Abs. 1 ZustAnpG[18] ging damit gleichzeitig die **Zuständigkeit** für den Erfahrungsbericht vom Bundeswirtschafts- auf das **Bundesumweltministerium** über.

Mit der **Neufassung** des EEG wurde die nunmehr in § 20 enthaltene Vor- 12
schrift **geändert**: Zum einen wurde der Berichtsrhythmus von zwei auf vier Jahre verlängert. Zum anderen veränderte der Gesetzgeber den Gegenstand des Berichts geringfügig. Betrachtet werden nunmehr nicht mehr die Kostenentwicklung der Anlagen selbst, sondern die – für die Vergütungshöhen des EEG entscheidenden – Stromgestehungskosten; neu als Gegenstand aufgenommen wurde infolge der Neuregelung des § 11 Abs. 3 und 4 die Bewertung der von ebenerdigen Fotovoltaikanlagen ausgehenden Auswirkungen auf Natur und Landschaft. Im Gegenzug wurde mangels Bedarf die Vorschrift, nach der eine Verlängerung des Referenzzeitraums für Windkraftanlagen vorgeschlagen werden konnte, gestrichen. Die Anwendung der Besonderen Ausgleichsregelung („Härtefallregelung"; vgl. § 16 Abs. 8) war bereits seit Inkrafttreten des Ersten Gesetzes zur Änderung des EEG Gegenstand des Erfahrungsberichts.[19] Neu ist § 20 Abs. 2, mit der Anlagenbetreiber und Netzbetreiber verpflichtet werden, stichprobenartig Auskunft über Tatsa-

---

[13] Vgl. BT-Drs. 14/2239.
[14] Vgl. BT-Drs. 14/2371.
[15] Art. 4 Abs. 1 Satz 2 des Gesetzes über den Vorrang erneuerbarer Energien sowie zur Änderung des Energiewirtschaftsgesetzes und des Mineralölsteuergesetzes vom 29. 3. 2000, BGBl. I S. 305.
[16] A. A. *Salje*, EEG, § 12 Rn. 8 f.
[17] BGBl. 2002 I S. 4206.
[18] Nachvollzogen durch Art. 134 der Achten Zuständigkeitsanpassungsverordnung, v. 25. 11. 2003, BGBl. I S. 2304.
[19] Vgl. § 11a Abs. 8 EEG 2003, eingefügt durch das Erste Gesetz zur Änderung des EEG vom 16. 7. 2003, BGBl. I S. 1459.

chen zu geben, die für den Erfahrungsbericht bedeutsam sind. Damit soll der Erfahrungsbericht zuverlässigere Aussagen ermöglichen als es bislang möglich war.

C. Gesetzliche Berichtspflicht (Abs. 1)

I. Berichtsverpflichteter und Berichtsadressat

13 Die Regelung des § 20 Abs. 1 Satz 1 nennt drei unterschiedliche Ministerien (Bundesumweltministerium, Bundesverbraucherschutzministerium, Bundeswirtschaftsministerium). Alleiniger **Adressat** der Norm ist nach dem Wortlaut der Regelung jedoch das **Bundesumweltministerium.** Das Bundeswirtschaftsministerium sowie das Bundesverbraucherschutzministerium sind vom Bundesumweltministerium dagegen lediglich intern zu beteiligen.[20] Eine Befassung des Bundeskabinetts – wie sie bei der Vorlage des ersten Erfahrungsberichts am 10. Juli 2002 erfolgt ist – erfordert § 20 Abs. 1 Satz 1 nicht. Adressat des Berichts ist der Bundestag. Er verfährt mit dem Bericht nach den Regelungen der Geschäftsordnung des Deutschen Bundestages.[21]

II. Berichtspflicht

14 Das Bundesumweltministerium ist nach Art. 20 Abs. 3 GG an die gesetzliche Vorgabe in Abs. 1 Satz 1, die ohne weiteres mit höherrangigem Recht vereinbar ist,[22] gebunden.[23] Es besitzt **kein Ermessen** ob, in welchem Rhythmus und zu welchem Zeitpunkt der Bericht erstattet werden muss. Erstellt das Ministerium keinen Bericht, handelt es rechtswidrig, auch wenn Abs. 1 Satz 1 dies nicht sanktioniert. Der Bundestag hat allerdings die Möglichkeit, gegen das Bundesumweltministerium ein Organstreitverfahren nach Art. 93 Abs. 1 Nr. 1 GG (§§ 13 Nr. 5, 63 ff. BVerfGG[24]) vor dem Bundesverfassungsgericht wegen Verletzung des von Art. 38 Abs. 1 GG gewährleisteten Rechts der Abgeordneten auf umfassende Information[25] anzustrengen.[26] Klagen von Anlagen- und Netzbetreibern sowie sonstigen Dritten sind dagegen unzulässig. Da Abs. 1 Satz 1 keine individualrechtsschützende Norm darstellt, fehlt ihnen bereits die Klagebefugnis (§ 42 Abs. 2 VwGO).[27] Dies ist jedoch in der Sache insofern unproblematisch als das Bundesumweltministerium nach Art. 20 Abs. 3 GG ohnehin verfassungsrechtlich zur Beachtung des § 20 Abs. 1 Satz 1 und daher zur Vorlage des Berichts verpflichtet ist.

III. Berichtszeitpunkt und Berichtsrhythmus

15 Absatz 1 Satz 1 verpflichtet das Bundesumweltministerium, dem Bundestag den Bericht erstmals zum **31. Dezember 2007** und dann **alle vier Jahre** jeweils bis

---

[20] Vgl. unten Rn. 16.
[21] I. d. F. v. 12. 2. 1998, BGBl. I S. 428, dort §§ 75 Abs. 1 lit. e, 77, 80 Abs. 3 Satz 1, 64 ff., 80 Abs. 3 Satz 2 GOBT; vgl. *Maiwald,* Berichtspflichten, S. 65.
[22] Vgl. allgemein *Linck,* DÖV 1979, 116 ff., 119.
[23] Vgl. allgemein *Maiwald,* Berichtspflichten, S. 137.
[24] Gesetz über das Bundesverfassungsgericht, neu gefasst durch Bek. v. 11. 8. 1993, BGBl. I S. 1473, zuletzt geändert durch am 15. 12. 2004, BGBl. I S. 3396.
[25] BVerfGE 70, 324, 255; s. *Achterberg/Schulte,* in: Mangoldt/Klein/Starck, Art. 38 Abs. 1 Rn. 91, *Klein,* in: Isensee/Kirchhof, Staatsrecht, Rn. 32; *Magiera,* in: Schneider/Zeh, Parlamentsrecht, Rn. 52 ff., u. *Seifert/Hömig,* GG, Art. 43 Rn. 3.
[26] Vgl. – allerdings unter Berufung auf Art. 43 Abs. 1 GG – allg. *Maiwald,* Berichtspflichten, S. 205 f.; a. A. wohl *Schröder,* Jura 1987, 469, 471.
[27] Vgl. allg. *Kopp/Schenke,* VwGO, § 42 Rn. 65 ff.

Erfahrungsbericht

zum 31. Dezember 2011, 2015 und so fort zuzuleiten. Die verspätete Vorlage durch das zuständige Ministerium (wie etwa bei der erstmaligen Berichtserstattung durch das damals zuständige Wirtschaftsministerium im Jahr 2002) ist ebenso wie die Nichtvorlage des Berichts rechtswidrig. Auch insoweit hat alleine der Bundestag die Möglichkeit, ein Organstreitverfahren anzustrengen. Anlagen- und Netzbetreibern sowie sonstige Dritten besitzen auch bei verspäteter Vorlage des Berichts mangels Klagebefugnis keine Rechtsschutzmöglichkeiten.[28]

IV. Erfordernis des Einvernehmens

Absatz 1 Satz 1 verlangt *Einvernehmen* zwischen den genannten Ministerien. Eine ähnliche Bestimmung enthält § 19 Abs. 1 Satz 1 GGO. Danach arbeiten die Bundesministerien in Angelegenheiten, die die Geschäftsbereiche mehrerer Ministerien berühren, zusammen, um die Einheitlichkeit der Maßnahmen und Erklärungen zu gewährleisten. Absatz 1 Satz 1 unterscheidet sich von § 19 GGO jedoch in zweierlei Hinsicht. Zum einen begründet die GGO als organinternes Recht lediglich eine Selbstbindung der Bundesregierung, während die Verpflichtung in Abs. 1 Satz 1 außenrechtlich verpflichtend ist.[29] Zum anderen ist die Verpflichtung zum Einvernehmen in Abs. 1 Satz 1 **weitergehend als die Zusammenarbeitsregelung in § 19 GGO**. Für das Einvernehmen in Abs. 1 Satz 1 ist anders als für § 19 GGO die bloße Zusammenarbeit in Form der Beteiligung und Mitwirkung der genannten Ministerien bei der Erstellung des Berichts nicht ausreichend. Vielmehr ist es erforderlich, dass der Bericht im Ganzen inhaltlich von allen in Abs. 1 Satz 1 genannten Ministerien mitgetragen wird. Dem Bundesumweltministerium als primus inter pares obliegt es, Berichtsentwürfe zu erstellen und mit den anderen Ministerien so rechtzeitig abzustimmen, dass diese ausreichend Gelegenheit zur ausführlichen Prüfung der Entwürfe haben, um das Einvernehmen rechzeitig vor dem Berichtstermin erteilen zu können.

V. Berichtsgegenstand

1. Stand der Markteinführung

Die Berichtspflicht erstreckt sich zum einen auf den Stand der Markteinführung von Anlagen zur Erzeugung von Strom aus Erneuerbaren Energien und aus Grubengas. Sie ist vor dem Hintergrund zu sehen, dass das EEG darauf abzielt, den Anteil Erneuerbarer Energien bis 2010 auf mindestens 12,5 Prozent und bis 2020 mindestens auf 20 Prozent zu erhöhen. Um dieses Ziel zu erreichen, müssen sich Anlagen, die Strom aus Erneuerbaren Energien oder aus Grubengas erzeugen, gegen konventionelle Stromerzeugungsanlagen durchsetzen. Ein Bericht über den Stand der Markteinführung muss daher immer Anlagen zur Erzeugung von Strom aus Erneuerbaren Energien und Grubengas in Beziehung zu konventionellen Stromerzeugungsanlagen setzen. Der Gesetzgeber umschreibt diese Zielrichtung in der Begründung mit der Formulierung, es solle der Grad der Marktdurchdringung[30] beobachtet werden. Absatz 1 Satz 1 spezifiziert nicht, welche Anlagen aus der Vielzahl der in der Praxis eingesetzten Anlagen zur Erzeugung von Strom aus Erneuerbaren Energien und Grubengas genau betrachtet werden müssen, sondern spricht nur allgemein von Anlagen zur Erzeugung von Strom aus Erneuerbaren Energien und aus Grubengas. Das Bundesumweltministerium besitzt daher inso-

---

[28] Vgl. Rn. 14.
[29] Allgemein *Maurer*, Verwaltungsrecht, § 24 Rn. 12 ff.
[30] BT-Drs. 15/2864, Begründung zu § 20.

weit einen **Spielraum,** den es etwa dazu nutzen kann, nur die quantitativ und/ oder qualitativ bedeutenderen Anlagentypen näher zu betrachten. Die Analyse muss den „**Stand der Markteinführung**" zum Gegenstand haben. Dieser Stand lässt sich einerseits nach dem Kapazitätsanteil, der nach § 3 Abs. 1 nach unterschiedlichen Erneuerbaren Energien aufgeschlüsselten Anlagen, am gesamten Bestand gemessen, in installierter elektrischer Anlagenleistung und ausgedrückt in Megawatt, Gigawatt oder Terawatt darstellen.[31] Allerdings ist dabei zu berücksichtigen, dass die installierte Leistung bei Solar- und Windenergie nur in wenigen Stunden eines Jahres voll erreicht wird. Daher bietet sich an, andererseits (zumindest auch) auf den Stromerzeugungsanteil der verschiedenen Erneuerbaren Energien zu rekurrieren. Um die vorhandene Entwicklung abbilden zu können und Vergleiche zu ermöglichen, ist im Hinblick auf den Zweck des Erfahrungsberichts[32] in beiden Fällen eine Aufschlüsselung nach Jahren einschließlich der Zeit vor Inkrafttreten des EEG notwendig.[33] Weitere Ausführungen sind diesbezüglich nicht zwingend erforderlich und stehen im pflichtgemäßen Ermessen der Behörde.

2. Entwicklung der Stromgestehungskosten

18 Neben dem Stand der Markteinführung[34] erstreckt sich die Berichtspflicht auf die Entwicklung der Stromgestehungskosten in Anlagen zur Erzeugung von Strom aus Erneuerbaren Energien und aus Grubengas und dient nach der Begründung zu § 20 dem Zweck, ggf. die Höhe der Vergütungs- und Degressionssätze anpassen zu können.[35] Hintergrund dieser Regelung ist das Bemühen des Gesetzgebers, die Vergütungs- und Degressionssätze so zu wählen, dass bei rationeller Betriebsführung der wirtschaftliche Betrieb der verschiedenen Anlagentypen zur Erzeugung von Strom aus Erneuerbaren Energiequellen grundsätzlich möglich ist.[36] Zu geringe Sätze sollen bei Novellierungen des Gesetzes erhöht und Sätze, die über das erforderliche Maß hinausgehen, für neue Anlagen gesenkt werden können.

19 Der Bericht über die Entwicklung der Stromgestehungskosten, den das Gesetz verlangt, erfordert die **Bezugnahme auf ein Basisjahr,** weil nur so Entwicklungen deutlich werden können. Als solches kommt allein das Jahr 1999 als letztes volles Jahr vor Inkrafttreten des EEG am 1. April 2000 an. Einen besseren Vergleich ermöglicht allerdings die Einbeziehung eines längeren Zeitraums, etwa der gesamten Dekade der 90er Jahre des letzten Jahrhunderts. Die Entscheidung obliegt dem Bundesumweltministerium.

20 Berichtet werden muss nach Abs. 1 Satz 1 über die Entwicklung der Stromgestehungskosten in Anlagen zur Erzeugung von Strom aus Erneuerbaren Energien und aus Grubengas. Der Bericht kann schwerlich alle existierenden Anlagen berücksichtigen, deren Zahl insbesondere im Bereich der Stromerzeugung aus Biomasse relativ groß ist. Vielmehr hat eine **typisierende Betrachtungsweise** zu erfolgen, die alle quantitativ und qualitativ bedeutsamen Anlagentypen erfasst.

21 Bis zur Novellierung im Jahr 2004 musste nach dem Wortlaut des § 12 EEG 2000 die Kostenbetrachtung grundsätzlich anlagenbezogen erfolgen. Um eine Vergleichbarkeit herzustellen, bot sich insoweit die Bezugnahme auf die Kosten je installiertem (Kilo-/Mega-)Watt Anlagenleistung an.[37] Dieser Betrachtungsweise

---

[31] Vgl. *Reshöft/Steiner/Dreher,* EEG, § 12 Rn. 10; *Salje,* EEG, § 12 Rn. 12.
[32] Vgl. oben Rn. 2 ff.
[33] Ebenso *Reshöft/Steiner/Dreher,* EEG, § 12 Rn. 10; s. A. *Salje,* EEG, § 12 Rn. 16.
[34] Vgl. Rn. 17.
[35] Vgl. BT-Drs. 15/2864, Begründung zu § 20.
[36] Vgl. BT-Drs. 15/2864, Begründung zu §§ 6 bis 11.
[37] So auch *Reshöft/Steiner,* EEG, § 12 Rn. 11.

Erfahrungsbericht 22 § 20

folgte auch der erste Erfahrungsbericht der Bundesregierung.[38] Problematisch war allerdings, dass die alleinige Bezugnahme auf die Kosten je installiertem Watt Anlagenleistung nicht in der Lage ist, innovative Konzepte abzubilden, die bei gleichbleibenden spezifischen Kosten zu geringeren Stromgestehungskosten führen. So waren insbesondere bei den neu entwickelten Windkraftanlagen der Megawatt-Klasse seit 1998 höhere Anlagenleistungen und größere Rotorflächen zu verzeichnen. Motor der Technologieentwicklung war das Ziel, die begrenzt verfügbaren Standorte in Deutschland besser auszunutzen. Trotz der größeren technischen Herausforderungen (größere Rotoren, höheres Gewicht, bessere Regelung) konnten die spezifischen Preise (ausgedrückt in EUR/kWh installierter Leistung) konstant gehalten werden. Infolge der technischen Verbesserungen liefern die Anlagen einen höheren spezifischen Ertrag, d. h. sie produzieren je installiertem Kilowatt Leistung eine größere Menge Strom.[39] Die alleinige Bezugnahme auf die spezifischen Anlagenkosten hätte den Eindruck erweckt, es hätte keine technologischen Fortschritte gegeben und das Bild daher verfälscht. Ratio der Vorschrift ist es, ausweislich der Begründung des Gesetzgebers, durch den Erfahrungsbericht Informationen zu erhalten, um nötigenfalls die Vergütungssätze anpassen zu können. Das ergibt auch die systematische Auslegung der Vorschrift im Zusammenhang mit der Vorschlagspflicht des Abs. 1 Satz 1.[40] Da die Vergütungssätze jedoch für die geleistete Arbeit ausgedrückt in Kilowattstunden, nicht jedoch auf die installierte Leistung in Watt gezahlt werden, waren bereits nach der Regelung des § 12 EEG 2000 nach Sinn und Zweck nicht die Anlagenkosten, sondern die Stromgestehungskosten in EUR/kWh Strom ausschlaggebend. Da daher die Bezugnahme auf die **installierte Leistung keine ausreichenden Rückschlüsse** auf die Entwicklung der Stromgestehungskosten je Kilowattstunde zulässt, war nach Sinn und Zweck der Vorschrift der Wortlaut des § 12 EEG 2000 erweiternd dahingehend auszulegen, dass der Bericht (zumindest auch) **auf die Stromgestehungskosten abstellen** musste.[41]

Die Höhe der Stromgestehungskosten wird auch von anderen Kostenfaktoren als den Anlagenkosten maßgeblich beeinflusst. Dazu zählen etwa die **Nebenkosten** für Netzanschluss, Windgutachten im Bereich der Windenergie oder Brennstoffkosten bei der Stromerzeugung aus Biomasse sowie die Betriebskosten wie Pacht, Geschäftsführung und ähnliches (im Bereich der Windenergie liegen die Betriebskosten z. B. im Bereich von etwa 5 Prozent der Kosten einer Windenergieanlage[42]). Die Bezugnahme auf die Anlagenkosten alleine ist daher für die Ermittlung der Stromgestehungskosten nicht ausreichend. Vielmehr müssen vor dem Hintergrund von Sinn und Zweck der Regelung, eine Steuerung der Vergütungssätze zu ermöglichen, sämtliche relevanten Kosten im Wege einer Durchschnittsbetrachtung in den Bericht Eingang finden und in Beziehung zu den Stromgestehungskosten gesetzt werden.[43] Dagegen besteht keine Verpflichtung, im Rahmen des Erfahrungsberichts auf die Netzverstärkungskosten einzugehen, da Abs. 1 Satz 1 keinen Bericht über die Kosten des Gesetzes im Allgemeinen verlangt.[44] Es ist dem berichtsverpflichteten Bundesumweltministerium jedoch unbenommen,

22

---

[38] Vgl. BT-Drs. 14/9807, S. 7, 12, 16 u. 20.
[39] Vgl. BT-Drs. 14/9807, S. 12.
[40] Vgl. *Reshöft/Steiner/Dreher*, EEG, § 12 Rn. 11.
[41] So hat es auch die Bundesregierung im ersten Erfahrungsbericht gehandhabt; vgl. BT-Drs. 14/9807, S. 12 f.
[42] Vgl. zum EEG, BT-Drs. 14/9807, S. 13 ff.
[43] Für die durchschnittlichen Netzanschlusskosten ausdrücklich ebenso *Reshöft/Steiner/Dreher*, EEG, § 12 Rn. 11; *Salje*, EEG, § 12 Rn. 13.
[44] Vgl. *Reshöft/Steiner/Dreher*, EEG, § 12 Rn. 12; a. A. *Salje*, EEG, § 12 Rn. 13.

im Rahmen des pflichtgemäßen Ermessens auch über diese und andere mit dem EEG zusammenhängende weitere Entwicklungen zu informieren.[45]

3. Vorschlag zur Anpassung von Vergütungen und Degression

23 Absatz 1 Satz 1 sieht vor, dass der Bericht bei Bedarf („gegebenenfalls") einen Vorschlag über die Anpassung der Vergütungs- und Degressionssätze enthält.[46] Diese Formulierung hat die Frage aufgeworfen, ob das Bundesumweltministerium zu einem Vorschlag verpflichtet ist[47] oder zwar ein Vorschlagsrecht, aber keine entsprechende Pflicht hat.[48] In der Tat scheint der Wortlaut auf den ersten Blick wenig eindeutig. Einerseits wird ein Handlungsbefehl erteilt („Das Bundesministerium für Umwelt, Naturschutz und Reaktorsicherheit **hat** ... vorzuschlagen"). Andererseits geht aus Kontext offensichtlich nicht davon aus, dass ein solcher Vorschlag in jedem Fall zu erfolgen hat, sondern nur „gegebenenfalls". Auf den zweiten Blick wird jedoch deutlich, dass Abs. 1 Satz 1 **kein bloßes Vorschlagsrecht** des Bundesumweltministeriums statuiert, sondern den Rechtsanwendungsbefehl lediglich an den Eintritt einer Bedingung („gegebenenfalls") geknüpft hat. Diese Bedingung tritt ein, wenn sich aufgrund der für den Erfahrungsbericht ermittelten Erkenntnisse ergibt, dass die Vergütungen und/oder Degressionssätze des EEG nicht oder nicht mehr der technologischen oder Marktentwicklung für Neuanlagen entsprechen. Sind also die Vergütungen und/oder Degressionsstufen zu hoch oder zu niedrig, ist das Bundesumweltministerium – auch im Hinblick auf die Grundrechte der Letztverbraucher, die die Kosten der Vergütungsregelung tragen **verpflichtet, Vorschläge** zur Anhebung oder Absenkung der Vergütungen und/oder Degression **zu machen**.[49] Dem Ministerium kommt allerdings ein Beurteilungsspielraum bei der Einschätzung der technologischen und Marktentwicklung zu, der sachgerecht ausgefüllt werden muss.

24 Für einen Vorschlag zur Verlängerung des Berechnungszeitraums zur Ermittlung des **Referenzertrags** von Windkraftanlagen,[50] der noch in § 12 EEG 2000 vorgesehen war, enthielt das Gesetz keine vergleichbare Bedingung. Dem Ministerium kam insofern also nicht nur ein Ermessensspielraum auf der Rechtsfolgenseite, sondern bereits ein Beurteilungsspielraum auf der Tatbestandsseite zu. Der erste Erfahrungsbericht hatte sich nicht zu dieser Frage geäußert. Bislang ist aber auch nicht bekannt geworden, dass der Referenzzeitraum veränderungsbedürftig ist, so dass insoweit keine Zweifel an der Rechtmäßigkeit des ersten Erfahrungsberichts bestehen.

25 Mit der Vorschlagspflicht des Abs. 1 Satz 1 korrespondiert **kein subjektives Recht des Bundestags** oder interessierter Dritter. Zwar hat der Gesetzgeber sich von dem Motiv leiten lassen, Strom aus Erneuerbaren Energien so zu vergüten, „dass bei rationaler Betriebsführung der wirtschaftliche Betrieb der verschiedenen Anlagentypen zur Erzeugung von Strom aus erneuerbaren Energiequellen grundsätzlich möglich ist, übliche unternehmerische Risiken von den Anlagenbetreibern jedoch selbst zu tragen sind."[51] Er hat es jedoch bewusst vermieden, diesen Grundsatz so zu konkretisieren, dass ihm ein einklagbarer Anspruch entnommen werden könnte.

---

[45] Vgl. *Salje,* EEG, § 12 Rn. 14.
[46] Das war bereits im ursprüngliche Gesetzentwurf der Fraktionen SPD und BÜNDNIS 90/DIE GRÜNEN, BT-Drs. 14/2341 vorgesehen; missverständlich insoweit *Salje,* EEG, § 12 Rn. 17.
[47] So *Reshöft/Steiner/Dreher,* EEG, § 12 Rn. 15.
[48] So *Salje,* EEG, § 12 Rn. 17.
[49] Vgl. *Reshöft/Steiner/Dreher,* EEG, § 12 Rn. 15 f.
[50] Vgl. Kommentierung zu § 10 Rn. 69 ff.
[51] BT-Drs. 14/2776, S. 1.

Erfahrungsbericht

Der Inhalt des vom Bundesumweltministerium zu unterbreitenden Vorschlags ist bereits von Abs. 1 Satz 1 vorgegeben: Die Anpassung der Höhe der Vergütungen und der Degressionssätze entspricht der technologischen und Marktentwicklung für Neuanlagen. Ob der Gesetzgeber den Änderungsvorschlägen folgt, steht ihm völlig frei. Die Vorschläge der Regierung besitzen lediglich den **Charakter von Empfehlungen.**[52] 26

Der Vorschlag darf sich nach dem Wortlaut des Abs. 1 Satz 1 nur auf **Anlagen** beziehen, **die nach dem jeweiligen Berichtszeitpunkt in Betrieb gehen.**[53] Denn nach den Ausführungen im Vorblatt des Gesetzentwurfs soll durch die Vergütung der wirtschaftliche Betrieb der verschiedenen Anlagentypen zur Erzeugung von Strom aus Erneuerbaren Energien möglich sein und so zur Mobilisierung privaten Kapitals führen.[54] In der Begründung sowohl des ursprünglichen Gesetzentwurfs[55] als auch des Wirtschaftsausschusses zum EEG 2000[56] wird herausgestellt, dass die Anlagenbetreibern **Investitionssicherheit** haben sollen und den an der Finanzierung beteiligten Kreditinstituten die Kalkulation der Investitionen möglich sein müsse. Mit diesen Zielsetzungen wäre eine Änderung der Vergütungen für Anlagen, die sich bereits in Betrieb befinden, nicht vereinbar. Auch die Systematik des Gesetzes, insbesondere die Zusammenschau mit § 12 Abs. 3, wonach die Vergütungen für die Dauer von 20 Kalenderjahren zuzüglich des Inbetriebnahmejahres gezahlt werden müssen, macht im Umkehrschluss deutlich, dass eine Änderung der Vergütungssätze für bestehende Anlagen nicht möglich ist. Dieses Ergebnis bestätigt auch die Entstehungsgeschichte der Vorschrift. Ein Vorschlag des Bundeswirtschaftsministeriums, die Formulierung so zu ändern, dass auch für bestehende Anlagen eine nachträgliche Änderung vorgenommen werden konnte, wurde vom Gesetzgeber verworfen, weil er exakt eine solche nachträgliche Änderung aus den genannten Gründen ausschließen wollte.[57] Darüber hinaus darf die Regierung dem Parlament nur solche Vorschläge unterbreiten, die dieses umsetzen kann, ohne in Konflikt mit höherrangigem Recht zu geraten. Das Vorschlagsrecht des Ministeriums wird also in gleicher Weise begrenzt wie die Gesetzgebungskompetenz des Parlaments. Dem Gesetzgeber selbst ist es zwar grundsätzlich rechtlich unbenommen, eine Anpassung der Vergütungen auch für Altanlagen vorzunehmen. Er muss dabei allerdings die ihm insoweit vom **GG** gezogenen Grenzen (Vertrauensschutz) beachten. Diese Grenzen muss das Bundesumweltministerium bereits bei der Vorlage seines Anpassungsvorschlags berücksichtigen. Verfassungsrechtlich unbedenklich wäre der Vorschlag, die Vergütungssätze auch für Altanlagen anzuheben, wenn der wirtschaftliche Betrieb sonst nicht gesichert wäre. Verfassungsrechtlich problematisch wäre dagegen ein Vorschlag, die Vergütungssätze für Altanlagen abzusenken. Denn er würde darauf abzielen, nachträglich in noch nicht abgeschlossene Tatbestände einzugreifen, die bereits in der Vergangenheit begonnen haben (sog. unechte Rückwirkung oder tatbestandliche Rückanknüpfung).[58] Eine solche **Rückwirkung** ist dann **unzulässig,** wenn bei der 27

---

[52] Vgl. *Reshöft/Steiner/Dreher,* EEG, § 12 Rn. 14.
[53] Der von § 12 EEG 2000 verwandte Begriff „Neuanlagen" ist nicht mit dem in § 2 Abs. 3 EEG 2000 gebrauchten Begriff identisch, sondern wie „neue Anlagen" zu lesen. Das folgt bereits aus dem Sinn und Zweck der Vorschrift, der sich aus dem Vorblatt des Gesetzentwurfs und aus der Begründung des Gesetzes erschließt.
[54] BT-Drs. 14/2341, S. 1.
[55] BT-Drs. 14/2341, S. 10.
[56] BT-Drs. 14/2776, S. 25.
[57] Vgl. *Oschmann,* ET 2000, 460, 463 (Fn. 48); *ders., ZNER* 2000, S. 29; *Reshöft/Steiner/ Dreher,* EEG, § 12 Rn. 17.
[58] Vgl. *Kersting/Hagmann,* UPR 2001, 215, 216; *Salje,* EEG, § 12 Rn. 21; allg. etwa *Degenhart,* Staatsrecht I, Rn. 369 ff.

Abwägung im Einzelfall das Vertrauen des Einzelnen auf den Fortbestand einer bestimmten Regelung gegenüber dem Wohl der Allgemeinheit überwiegt.[59] Das EEG hat zum einen mit der Festlegung eines 20jährigen Vergütungszeitraums in § 12 Abs. 3, mit der die Rentabilität der Stromerzeugungsanlagen ermöglicht werden soll, und der Beschränkung des Vorschlagsrechts für Vergütungssenkungen auf neue Anlagen in Abs. 1 Satz 1 einen besonderen Vertrauenstatbestand geschaffen. In der Begründung zu § 12 EEG 2000 betonte der Gesetzgebers ausdrücklich, eine „Anpassung kann nur für Neuanlagen erfolgen, da den Anlagenbetreibern anderfalls jede Investitionssicherheit genommen ... würde."[60] Das so geschaffene Vertrauen erhält zudem dadurch ein besonderes Gewicht, dass die Anlagenbetreiber durch eine Änderung schwerwiegend in ihren wirtschaftlichen Interessen betroffen wären. Vor dem Hintergrund dieses gesetzlich besonders gesteigerten Vertrauens wird eine Absenkung der Vergütungssätze für bestehende Anlagen in aller Regel unzulässig sein.[61] Daher ist das Bundesumweltministerium auch verfassungsrechtlich daran gehindert, eine Absenkung der Vergütungssätze für bereits in Betrieb befindliche Anlagen vorzuschlagen. Darüber hinaus ist bei dem Vorschlag, aus den gleichen Gründen eine angemessene Übergangsfrist für bereits in einem fortgeschrittenen Planungsstadium befindliche Anlagen zu beachten.

28 Die Vorschlagspflicht nach § 20 Abs. 1 Satz 1 erstreckt sich auch auf die im Gesetz verankerten **Degressionssätze.** Dabei handelt es sich um die in § 6 Abs. 4 (Wasserkraft), § 7 Abs. 2 (Deponiegas, Klärgas, Grubengas), § 8 Abs. 4 (Biomasse), § 9 Abs. 2 (Geothermie), § 10 Abs. 5 (Windkraft) und § 11 Abs. 5 (solare Strahlungsenergie) enthaltenen Minderungsvorschriften, ausgedrückt in Prozent, um die die Vergütungssätze im jährlichen Rhythmus sinken. Sie betragen bei Wasserkraft, Deponiegas, Klärgas, Grubengas und Geothermie 1, bei Biomasse und Windkraft 2 und bei der Solarenergie 5 Prozent. Ursprünglicher Anlass für die Einführung von Degressionsschritten war das Drängen der Beihilfenaufsicht der Europäischen Kommission, die Vergütungszahlungen nach dem alten StrEG degressiv auszugestalten.[62] Dieses Motiv geriet jedoch im Laufe des Gesetzgebungsverfahrens mit der zunehmenden Beschäftigung des Gesetzgebers mit den europarechtlichen Implikationen des Gesetzes und der später vom EuGH bestätigten Erkenntnis, dass es sich bei dem EEG nicht um eine Beihilfe im Sinne des EGV handelt, in den Hintergrund. Eigentlicher Beweggrund wurde stattdessen das Bestreben, Anreize dafür zu setzen, die Produktionskosten für Anlagen zur Erzeugung von Strom aus Erneuerbaren Energien zu senken und gleichzeitig die vom Gesetzgeber erwarteten und vorausgesetzten Kostensenkungen nachzuvollziehen, ohne das Gesetz jährlich anpassen zu müssen.

29 Die Degressionssätze sollen nach dem Willen des Gesetzgebers wiederum **nur für in der Zukunft zu errichtenden Anlagen veränderbar** sein.[63] Insofern gilt für den Vorschlag des Bundesumweltministerium wiederum: Verbesserungen für die Vergangenheit sind zulässig, eine verstärkte Degression für Altanlagen muss mit den verfassungsrechtlichen Vertrauensschutzerwägungen vereinbar sein und wird daher in aller Regel ausscheiden müssen.[64]

---

[59] *Degenhart,* Staatsrecht I, Rn. 375; *Kersting/Hagmann,* UPR 2001, 215, 216; BVerfG 72, 200, 242.
[60] BT-Drs. 14/2776, S. 25.
[61] Vgl. *Kerstin/Hagmann,* UPR 2001, 217 f.; *Bönning,* ZNER 2000, S. 268 ff.; a. A. wohl *Salje,* EEG, § 12 Rn. 23.
[62] S. a. Bericht der Abgeordneten Dr. Hermann Scheer und Kurt-Dieter Grill, BT-Drs. 14/2776, S. 11, u. *Salje,* EEG, § 12 Rn. 24.
[63] Vgl. zum Begriff *Reshöft/Steiner,* EEG, § 12 Rn. 18 ff.
[64] S. oben Rn. 27.

Erfahrungsbericht

Ob im Einzelfall eine Änderung des Vergütungssatzes und *kumulativ* oder *alternativ* des Degressionswerts vorgeschlagen wird, steht im pflichtgemäßen **Ermessen** des Bundesumweltministeriums. 30

§ 12 EEG 2000 verpflichtete das Bundesumweltministerium darüber hinaus, bei Bedarf eine Verlängerung des **Zeitraums für die Berechnung des Ertrages einer Windkraftanlage** gemäß dem Anhang in Abhängigkeit von den Erfahrungen mit dem nach dem EEG festgelegten Berechnungszeitraum vorzuschlagen. Diese Vorschrift wurde im Ausschussverfahren in das Gesetz aufgenommen, weil der Gesetzgeber nicht auf Erfahrungen mit der Berechnung des Ertrages und des Referenzertrages zurückgreifen konnte. Er wollte darüber hinaus verdeutlichen, dass die Erfahrungen mit dem Gesetz eine entsprechende Anpassung der Regelungen zur Berechnung des Ertrages und des Referenzertrages erforderlich machen könnten. Zweck der Verlängerung des Berechnungszeitraums ist es nicht etwa, mittelbar die Durchschnittsvergütungen erhöhen zu können.[65] Vielmehr sollten Manipulationen oder technischen Schwierigkeiten bei Bedarf durch eine längere Messperiode ausgeglichen werden können. Es hat sich allerdings keine Notwendigkeit zur Verlängerung des Berechnungszeitraums gezeigt. 31

Fraglich ist, ob der Bericht auch anders lautende Vorschläge wie etwa eine Änderung der Leistungsgrenzen oder die Einführung weiterer Differenzierungsstufen vorschlagen kann. Betrachtet man den Wortlaut der Norm, scheint eine solche Möglichkeit ausgeschlossen. Auch im Hinblick auf die Entstehungsgeschichte ist eine erweiternde Auslegung nur schwer vertretbar, da der Gesetzgeber nach den schlechten Erfahrungen mit dem Bundeswirtschaftsministerium im Gesetzgebungsverfahren[66] keine Handhabe geben wollte, auf indirektem Weg gegen das Gesetz zu opponieren. Allerdings ist es der Bundesregierung unbenommen, auf anderem Wege entsprechende Vorschläge oder gar einen Gesetzentwurf der Bundesregierung zur Änderung des EEG einzubringen. Auch kann es in der Sache angemessen sein, weitergehende Änderungsvorschläge zu unterbreiten als in Abs. 1 Satz 1 vorgesehen. Daher wird man Abs. 1 Satz 1 erweiternd auslegen müssen und dem Bundesumweltministerium auch in dem Erfahrungsbericht ein **über den Wortlaut** des Abs. 1 Satz 1 **hinaus gehendes Vorschlagsrecht** zugestehen müssen.[67] 32

Nach Abs. 1 Satz 1 hat das Bundesumweltministerium die Vorschläge für die Anpassung der Vergütungshöhen und der Degressionssätze „bis zum 31. Dezember 2007 und dann alle vier Jahre" vorzulegen. Anders als die Regelung des § 12 EEG 2000 wird kein Zeitpunkt mehr genannt, zu dem die Anpassung der Vergütungs- und Degressionshöhe vorgeschlagen werden sollte. Denn die entsprechende Formulierung hatte verschiedentlich zu der Vermutung geführt, der Gesetzgeber habe eine zeitliche Entkopplung von Erfahrungsbericht und Änderungsvorschlag vorgenommen.[68] Der Wortlaut der Vorschrift ließ diese Auslegung in der Tat zu. Indes wollte der Gesetzgeber lediglich für **ausreichende Planungssicherheit** sorgen und kurzfristige Absenkungen von Vergütungssätzen und/oder Degressionshöhen vermeiden. Vielmehr sollten Anlagenbetreibern und Industrie ausreichende Vorlaufzeiten von mindestens eineinhalb Jahren verbleiben, um sich auf geänderte wirtschaftliche Rahmenbedingungen einzustellen. Danach sollten die Vorschläge im Erfahrungsbericht enthalten sein und für den jeweils 1. Januar des übernächsten Jahres Geltung erlangen. Um Missverständnisse in Zukunft zu vermeiden und ein 33

---

[65] So aber *Salje*, EEG, § 12 Rn. 26.
[66] *Oschmann*, in: Danner/Theobald, Energiewirtschaft, VI EEG B1 § 3 Rn. 8.
[67] Hinsichtlich der Neubewertung der Leistungsgrenzen ebenso R*eshöft/Steiner/Dreher*, EEG, § 12, Rn 16; *Salje*, EEG, § 12 Rn. 21.
[68] So *Reshöft/Steiner/Dreher*, EEG, § 12 Rn. 22 ff.; *Salje*, EEG, § 12 Rn. 18.

Regelungsbedürfnis angesichts des zeitlichen Vorlaufs einer Gesetzesnovelle von mindestens einem Kalenderjahr hat der Gesetzgeber auf diese Regelung nunmehr verzichtet. Aus Gründen des verfassungsrechtlichen Vertrauensschutzes ist allerdings eine **angemessene Übergangsfrist** für bereits in einem fortgeschrittenen Planungsstadium befindliche Anlagen vorzusehen.

4. Auswirkungen ebenerdiger Fotovoltaikanlagen

34 Der mit der Novelle im Jahr 2004 neu eingefügte Satz 2 weitet die Berichtspflicht aus auf die Bewertung der Auswirkungen von ebenerdigen Fotovoltaikanlagen auf Natur und Landschaft. Diese Regelung steht im Zusammenhang mit § 11 Abs. 3 und 4, mit dem auch so genannte Freiflächenanlagen über 0,1 MW Leistung in die Vergütungsregelung des EEG aufgenommen wurden.[69] Da Naturschützer wegen des zusätzlichen Landschaftsverbrauchs Bedenken gegen diese Regelung hatten, hat der Gesetzgeber die Vergütung zum einen an die in § 11 Abs. 3 und 4 verankerten Bedingungen geknüpft und zum anderen ein Monitoring über den Erfahrungsbericht vorgesehen, um durch die Neuregelung des § 11 möglicherweise auftretende Konflikte beobachten und bei Bedarf Änderungen vornehmen zu können. Absatz 1 Satz 2 verlangt eine Bewertung der Auswirkungen auf Natur und Landschaft. Der Terminus Natur umfasst sowohl die Lebensgrundlagen aller lebendigen Geschöpfe der Erde, also die „freie" Natur, den Kulturraum sowie die besiedelten Bereiche einschließlich der nicht lebenden Naturbestandteile und -ressourcen als auch die wildlebenden Tiere und Pflanzen. Erscheinungsformen der Natur sind insbesondere die Umweltmedien bzw. Naturgüter Boden, Luft und Wasser, der Naturhaushalt als gesamte vernetzte und dynamische Beziehungs- und Wirkungsgefüge aller belebten und unbelebten Komponenten der Ökosysteme, und die durch den Gesetzestext besonders hervorgehobene Landschaft als individuell geprägter, abgrenzbarer Teilraum der Erdoberfläche, der in Deutschland in aller Regel menschlich überformt und zu einer so genannten Kulturlandschaft geworden ist.[70] Dazu ist es in einem ersten Schritt erforderlich, die Auswirkungen ebenerdiger Fotovoltaikanlagen auf die Natur zu ermitteln. Relevant sind insofern einerseits insbesondere die lokalen Auswirkungen auf Tiere, Pflanzen, Boden, Ökosysteme und Landschaft sowie andererseits die globalen Auswirkungen auf das Klima einschließlich der Folgen von Klimaänderungen für die genannten Erscheinungsformen der Natur. In einem zweiten Schritt müssen die ermittelten Auswirkungen im Einzelnen bewertet werden und – bei widerstreitenden Einzelbewertungen – für eine Gesamtbewertung gegeneinander abgewogen werden.

5. Anwendung der Besonderen Ausgleichsregelung

35 Gemäß § 16 Abs. 8 ist auch die Anwendung der Besonderen Ausgleichsregelung („Härtefallregelung") Gegenstand des Erfahrungsberichts nach § 20. Diese Regelung wurde bereits mit dem Ersten Gesetz zu Änderung des Erneuerbare-Energien-Gesetzes[71] im Jahr 2003 in das EEG aufgenommen. Der Begriff Anwendung umfasst zunächst im Wortsinne nur die Art und Weise des Gebrauchmachens von der Vorschrift. Da es ausweislich der Begründung zu § 16 Abs. 8 jedoch Sinn und Zweck der Regelung ist, die Besondere Ausgleichsregelung insgesamt regelmäßig zu überprüfen,[72] erstreckt sich der Gegenstand auch auf eine Überprüfung der tatsächlichen Grundlagen der Regelung in ihrem wirtschaftspolitischen Kon-

---

[69] Erstmals eingefügt durch das Zweite Gesetz zur Änderung EEG.
[70] Vgl. *Bender/Sparwasser/Engel*, Umweltrecht, Kapitel 5, Rn. 1 ff.
[71] BGBl. 2003 I S. 1459.
[72] BT-Drs. 15/2864, Begründung zu § 16 Abs. 6.

Erfahrungsbericht

text sowie die Folgen der Anwendung des § 16 auf die privilegierten Unternehmen, mit diesen konkurrierenden und sonstige Wirtschaftssubjekten sowie die nicht privilegierten Letztverbraucher.

VI. Auskunftspflichten (Abs. 2)

Absatz 2 wurde im Zuge der Novelle im Jahr 2004 neu eingefügt. Er verpflichtet Anlagenbetreiber und Netzbetreiber, bestimmte für die Erstellung des Erfahrungsberichts erforderliche Auskünfte zu erteilen. Die Vorschrift dient der **Transparenz** und der Ermittlung der für einen wirtschaftlichen Betrieb grundsätzlich erforderlichen **Vergütungshöhen**. Die Regelung soll darüber hinaus **Missbrauch unterbinden** und die **Funktionsfähigkeit des Gesetzes sichern**.[73] 36

1. Auskunftsverpflichtete

Auskunftspflichtige Adressaten der Norm sind nach Abs. 2 Satz 1 zum einen die **Netzbetreiber** i. S. d. § 3 Abs. 7 und zum anderen diejenigen **Anlagenbetreiber** i. S. d. § 3 Abs. 3, deren Anlagen nach dem 1. August 2004 in Betrieb gegangen sind und eine Vergütung nach §§ 5 bis 12 in Anspruch genommen haben. Die Betreiber derjenigen Anlagen, die zu diesem Zeitpunkt bereits in Betrieb waren oder nicht nach EEG vergütet werden, sind von der Auskunftspflicht ausgenommen. Das Abstellen auf die Betreibereigenschaft folgt der bereits in § 3 Abs. 3 und 7 angelegten Trennung im EEG zwischen Eigentümer- und Betreibereigenschaft. Soweit es sich bei den Auskunftsverpflichteten nicht um natürliche Personen handelt, ist zur Auskunft der jeweilige gesetzliche Vertreter verpflichtet, der seine Verpflichtung übertragen kann. 37

2. Auskunftsberechtigte

Auskunftsberechtigt sind das **Bundesumweltministerium,** das durch seine Beamten und Angestellten tätig werden kann und die von ihm Beauftragten Dritten. Bei diesen Dritten kann es sich sowohl um staatliche Stellen, wie etwa das Umweltbundesamt als auch um rechtlich selbstständige private Organisationen, wie etwa Forschungsinstitute oder Wirtschaftsprüfer handeln. Diese privaten Organisationen können grundsätzlich entweder als Beliehene oder als Verwaltungshelfer im weiten Sinne[74] eingesetzt werden. Mit dem Wort „Beauftragter" bringt das Gesetz allerdings zum Ausdruck, dass keine Beleihung von Privaten intendiert ist und die Privaten nicht mit der hoheitlichen Wahrnehmung von Verwaltungsaufgaben im eigenen Namen betraut werden sollen.[75] Vielmehr sollen sie lediglich mit der Erbringung eines vorbereitenden Teilbeitrags zu dem Erfahrungsbericht betraut werden, dem auch zugleich Hoheitsmacht übertragen werden soll.[76] Es steht dem Bundesumweltministerium im Rahmen seines Ermessens dagegen frei, die privaten Organisationen ohne eigene Entscheidungsmacht nur als verlängerten unselbstständigen Arm der Verwaltungsbehörde einzusetzen oder sie selbstständig, aber nicht hoheitlich (daher nicht Beliehener) handeln zu lassen.[77] Die Betrauung der Beauf- 38

---

[73] BT-Drs. 15/2864, Begründung zu § 20 Abs. 2.
[74] Vgl. *Burgi,* in: Erichsen/Ehlers, Allgemeines Verwaltungsrecht, § 54 Rn. 32.
[75] In den Fällen des § 52 BImSchG bzw. des § 6 Abs. 4 KWKG für „Beleihung": *Jarass,* BImSchG, § 52 Rn. 27, bzw. *Büdenbender/Rosin,* KWK-AusbauG, § 6 Rn. 144. Allg. zu den Voraussetzungen der Beleihung etwa *Burgi,* Funktionale Privatisierung und Verwaltungshilfe, S. 79 ff.; *Maurer,* Verwaltungsrecht, § 23 Rn. 28; *Kopp/Ramsauer,* VwVfG, § 1 Rn. 58.
[76] Vgl. allg. *Burgi,* Funktionale Privatisierung und Verwaltungshilfe, S. 142
[77] Terminologie im Anschluss an *Burgi,* Verwaltungsorganisationsrecht, in: Erichsen/Ehlers, Allgemeines Verwaltungsrecht, § 54 Rn. 32. *Maurer,* Verwaltungsrecht, § 23 Rn. 60, bezeichnet dagegen nur Personen der ersten Fallgestaltung als „Verwaltungshelfer".

tragten mit ihrer Aufgabe erfolgt durch Vertrag.[78] Die Beauftragten sind, soweit es sich nicht um Amtsträger im Sinne des § 11 Abs. 1 Nr. 2 StGB handelt, gemäß § 1 VerpflichtungsG[79] auf die gewissenhafte Erfüllung ihrer Obliegenheiten zu verpflichten. Damit sind sie gemäß § 203 Abs. 2 Nr. 2 StGB zur Geheimhaltung verpflichtet.[80]

3. Auskunftspflicht und Auskunftsverlangen

39 Es müssen nach dem Wortlaut des Gesetzes nur die Auskünfte erteilt werden, die „für die Ermittlung der Stromgestehungskosten sowie der ausgeglichenen Energiemengen und Vergütungszahlungen nach § 14 erheblich sein können". Gegenstand einer „Auskunft" sind Tatsachen, im vorliegenden Fall die **Tatsachen, die für die Ermittlung der genannten Parameter von Bedeutung** sind. Die Auskunftspflicht erstreckt sich somit zum einen auf die **betriebswirtschaftlichen Faktoren,** die für die Erzeugung von Strom in Anlagen zur Erzeugung von Strom aus Erneuerbaren Energien und aus Grubengas in finanzieller Hinsicht relevant sind und zum anderen auf die **Zahlenwerke,** die für das Funktionieren des Ausgleichsmechanismus der §§ 4, 5 und 14 von Bedeutung sind. Zu den für die Ermittlung der Stromgestehungskosten maßgeblichen Auskünften zählen insbesondere Angaben über Investitionskosten einschließlich der Investitionsnebenkosten, wie der Kosten für Netzanschluss oder Windgutachten sowie die Betriebskosten wie Brennstoffkosten bei Biomasse, Pacht, Geschäftsführung und ähnliches. Absatz 2 Satz 1 ist jedoch keine Rechtsgrundlage für eine umfassende Abfrage der Investitions- und Betriebsdaten bei allen Anlagenbetreibern oder für über die Abwicklung des EEG hinausgehende Datenermittlungen bei den Netzbetreibern. Zu den Tatsachen, die für die Sicherstellung der Funktionsfähigkeit des bundesweiten Ausgleichs nach § 14 erforderlich sind, zählen zunächst sämtliche Angaben, die nach § 15 Abs. 2 veröffentlicht werden müssen, also die Angaben, inwieweit der Netzbetreiber die Energiemengen von einem nachgelagerten Netz abgenommen und inwieweit er sie an Letztverbraucher, Netzbetreiber oder Elektrizitätsverteilunternehmen abgegeben oder sie selbst verbraucht hat. Relevant können darüber hinaus auch Angaben zur zeitlichen Abwicklung des Ausgleichs und sonstigen im Einzelfall zu bestimmenden Tatsachen sein.

40 Die Auskunftspflicht wird ausgelöst durch das auf einen konkreten Einzelfall bezogene **Auskunftsverlangen** des Bundesumweltministeriums oder des Beauftragten. Eine davon losgelöste Anzeigepflicht besteht nicht, d. h. Anlagenbetreibern und Netzbetreibern kann nicht aufgegeben werden, für die Zukunft jeweils bei Eintritt bestimmter Ereignisse hierüber Mitteilung zu machen.

41 Die **Auswahl** der Auskunftspflichtigen für die Stichprobe sowie der zu erzielenden Auskünfte steht im **Ermessen** der Behörde (§ 40 VwVfG), die diese Auswahl an den Beauftragten delegieren kann. Die Auswahlkriterien müssen ermessensfehlerfrei ausgewählt werden.

42 Das Auskunftsverlangen muss in Folge des Rechtsstaatsprinzips des Art. 20 Abs. 3 GG verhältnismäßig sein, d. h. geeignet, die Auskunftsverpflichtung des Abs. 2 Satz 1 zu erfüllen, hierfür auch erforderlich und im Rahmen einer Güterabwägung angemessen sein. Gleichwohl können nicht nur kurze Auskünfte über

---

[78] Vgl. zur Frage der Rechtsnatur derartiger Verträge *Burgi,* Funktionale Privatisierung und Verwaltungshilfe, S. 162 ff. Nach *Büdenbender/Rosin,* KWK-AusbauG, § 6 Rn. 144, erfolgt die Beauftragung im Rahmen des § 6 Abs. 4 KWKG dagegen durch Verwaltungsakt. Für § 52 BImSchG ebenso: *Jarass,* BImSchG, § 52 Rn. 27.
[79] Gesetz über die förmliche Verpflichtung nicht beamteter Personen (Verpflichtungsgesetz) v. 2. 3. 1974, BGBl. I S. 469, 547.
[80] *Büdenbender/Rosin,* KWK-AusbauG, § 6 Rn. 144.

einfache und ohne weiteres überschaubare Tatsachen verlangt werden, sondern – insbesondere von den Netzbetreibern, die als Inhaber natürlicher Monopole eine herausgehobene Stellung im Energiemarkt besitzen – im Hinblick auf den Zweck der Auskunftspflicht auch Berichte und umfangreiche Zusammenstellungen aus Geschäftsbüchern und Darstellungen über komplizierte Vorgänge und Transaktionen. Kann eine Auskunft nur erteilt werden, wenn bestimmte Unterlagen aufbewahrt werden, ist der Auskunftspflichtige dazu verpflichtet.[81]

Die Auskunft muss der Wahrheit entsprechen. Kann der Pflichtige eine Auskunft nur unter Mitwirkung Dritter erteilen, muss er deren Mitwirkung zu erlangen versuchen; bleibt der Versuch erfolglos, muss er die Auskunft allein so gut wie möglich erteilen.

Die Auskunft ist unentgeltlich und auf Deutsch (vgl. § 23 Abs. 1 VwVfG) zu erteilen. Im Übrigen ist eine bestimmte **Form** für die Auskunft nicht gesetzlich vorgeschrieben. Die Auskunft kann aber im Rahmen des behördlichen Ermessens sowohl in schriftlicher oder mündlicher Form als auch in einer bestimmten Art und Weise verlangt werden.[82]

Die Auskunftsverpflichtung umfasst bei Kaufleuten nach Abs. 2 Satz 2 auch die Verpflichtung, die **Handelsbücher** (vgl. §§ 238 HGB) **offen zu legen,** d.h. vorzulegen. Kaufmann im Sinne des HGB ist nach § 1 Abs. 1 HGB jeder, der ein Handelsgewerbe betreibt. Dazu zählen nach §§ 6, 105 ff., 161 ff. HGB auch die offenen Handelsgesellschaften (oHG) und Kommanditgesellschaften (KG) (Personenhandelsgesellschaften) sowie nach §§ 3 Abs. 1 AktG, 278 Abs. 3 Satz 3 AktG, 13 Abs. 3 GmbHG, § 17 Abs. 2 GenG jeweils i. V. m. § 6 Abs. 1 HGB Aktiengesellschaften, Kommanditgesellschaften auf Aktien, Gesellschaften mit beschränkter Haftung und Genossenschaften (Kapitalgesellschaften).

Die Entscheidung darüber, in welchen Zeitabständen Auskünfte verlangt werden, liegt grundsätzlich im **Ermessen der Behörde.** Bei der Betätigung des Ermessens ist allerdings zu berücksichtigen, dass der Erfahrungsbericht in vierjährigem Rhythmus zu erstellen ist. Voraussetzung für die rechtmäßige Ausübung dieses Ermessens ist darüber hinaus, dass der Zweck der Auskunftsverpflichtung und der Grundsatz der Verhältnismäßigkeit beachtet werden.

4. Datenschutz

Nach Abs. 2 Satz 1 sind die Anlagen- und Netzbetreiber verpflichtet, ihre Auskünfte „unter Beachtung der Grundsätze des Datenschutzes" zu geben. Welche Grundsätze damit im Einzelnen gemeint sind, lässt sich weder dem Gesetzestext selbst, noch der amtlichen Begründung entnehmen. Zur Auslegung des Begriffs ist daher auf die **allgemeinen Datenschutzgrundsätze** zurückzugreifen, die sich insbesondere im BSDG[83] manifestiert haben. Wesentliches Schutzgut und damit Ausgangspunkt für Regelungsinhalt und -tiefe dieser Bestimmungen ist das Grundrecht der informationellen Selbstbestimmung, wie es das BVerfG in dem so genannten Volkszählungsurteil[84] aus dem Jahr 1983 beschrieben hat. Danach muss der Einzelne in die Lage versetzt werden, sich seine Privatsphäre zu erhalten, um zu verhindern, dass er deshalb in zunehmende Abhängigkeit von Stellen in Staat und Wirtschaft gerät.[85] Zweck des BDSG ist es, mit den Worten des § 1 BDSG, „den Einzelnen davor zu schützen, dass er durch den Umgang mit

---

[81] Vgl. BayVGH, GewArch 1983, 330.
[82] Vgl. ebenso zu § 52 BImSchG: *Jarass*, BImSchG, § 52 Rn. 36.
[83] Bundesdatenschutzgesetz neu gefasst am 14. 1. 2003, BGBl. I S. 66.
[84] BVerfGE 61,1 = NJW 1984, 419.
[85] Vgl. etwa *Gola/Schomerus*, BDSG, § 1 Rn. 9.

seinen personenbezogenen Daten in seinem Persönlichkeitsrecht beeinträchtigt wird."

48 Das Datenschutzrecht bezieht sich als vorverlagertes Persönlichkeitsschutzrecht grundsätzlich nur auf **personenbezogene Daten** (vgl. § 1 Abs. 1 BDSG). Personenbezogene Daten sind nach § 3 Abs. 1 BDSG Einzelangaben über persönliche oder sachliche Verhältnisse einer bestimmten oder bestimmbaren natürlichen Person. Solche Einzelangaben sind Informationen, die sich auf eine bestimmte einzelne natürliche Person beziehen oder geeignet sind, einen Bezug zu ihr herzustellen, wie z.B. Name oder Adressdaten der Person.[86] Um personenbezogen zu sein, müssen diese Einzelangaben Aussagen über „persönliche oder sachliche Verhältnisse" der natürlichen Person enthalten. Zu den persönlichen Verhältnissen zählen Angaben über den Betroffenen selbst wie Name, Anschrift. Sachliche Verhältnisse sind Angaben über den auf den Betroffenen beziehbaren Sachverhalt, also etwa der Betrieb einer Stromerzeugungsanlage.[87]

49 Vor diesem Hintergrund macht es Sinn, dass das Gesetz von den „Grundsätzen" des Datenschutzes spricht. Es bringt damit zum einen zum Ausdruck, dass das Bundesumweltministerium und die von ihm Beauftragten mit den Daten der auskunftsverpflichteten juristischen Personen sorgsam umgehen muss und zum anderen, dass nicht nur die Privatsphäre der Auskunftsverpflichteten geschützt, sondern dass **auch geschäftliche Daten grundsätzlich vertraulich behandelt** werden müssen. Insoweit entspricht die Vorschrift der Regelung des § 30 VwVfG, wonach die an dem Verfahren Beteiligten im Sinne des § 13 VwVfG, also insbesondere die Auskunftsverpflichteten, Anspruch darauf haben, dass ihre Betriebs- und Geschäftsgeheimnisse vor der Behörde nicht unbefugt offenbart werden. Solche Geheimnisse sind **alle Tatsachen, Umstände und Vorgänge, die nur einem begrenzten Personenkreis bekannt sind und an deren Wahrung der Geheimnisträger ein schützenswertes Interesse** hat und die Dritte „nichts angehen".[88] Vor diesem Hintergrund handelt es sich bei der Bezugnahme auf die Grundsätze des Datenschutzes in Abs. 2 Satz 1 um eine letztlich deklaratorische Vorschrift, die im Ergebnis der Befriedung der Auskunftsverpflichteten dient und sie eines sorgsamen Umgangs mit ihren Daten versichert.

5. Verfassungsmäßigkeit der Auskunftsverpflichtung

50 Die Regelung verletzt das Grundrecht der Berufsfreiheit (Art. 12 Abs. 1 GG) nicht. Denn es handelt sich bei dem Auskunftsersuchen lediglich um eine Regelung der Berufsausübung, die nach der Rechtsprechung des BVerfG[89] durch jede sachgerechte und vernünftige Erwägung des Gemeinwohls gerechtfertigt ist. Die **Kontrolle der Wirkung** und des Erfolgs des EEG sowie die **Ermittlung etwaiger Missbrauchstatbestände** stellen im Hinblick auf das umweltpolitische Ziel des Gesetzes und die für die Letztverbraucher entstehenden Kosten solche sachgerechte und vernünftige Erwägungen dar.

51 Der Gleichheitssatz (Art. 3 GG) verlangt **keine schematische Gleichbehandlung** aller Anlagen- und Netzbetreiber; jedoch dürfen – mit Ausnahme der vier Übertragungsnetzbetreiber, die eine herausgehobene Stellung in der Elektrizitätswirtschaft und innerhalb des Ausgleichsmechanismus des § 14 EEG innehaben – nicht bestimmte Anlagen- und Netzbetreiber ständig bzw. andere überhaupt nicht überprüft werden.

---

[86] *Gola/Schomerus*, BDSG, § 3 Rn. 3.
[87] Allg. *Gola/Schomerus*, BDSG, § 3 Rn. 5 ff.
[88] *Kopp/Ramsauer*, VwVfG, § 30 Rn. 8.
[89] BVerfGE 7, 377 u. 13, 97.

6. Rechtsnatur des Abs. 2 – Prozessuales und Sanktionen

Die Auskunftspflicht ist eine kraft Gesetzes bestehende **Rechtspflicht**. Die 52 Vorschrift des § 20 Abs. 2 selbst ist anders als die Mehrzahl der im EEG enthaltenen Regelungen, die privatrechtlicher Natur sind, nach den gängigen Abgrenzungstheorien[90] eine zum öffentlichen Recht zählende Norm: Sie dient dem öffentlichen Interesse an einer transparenten Abwicklung und angemessenen Vergütungssätzen, regelt ein Verhältnis der Über- und Unterordnung zwischen dem Bundesumweltministerium als berechtigter staatlicher Behörde und den Netz- und Anlagenbetreibern als verpflichteten Privaten und berechtigt das Bundesumweltministerium in seiner Eigenschaft als Hoheitsträger, die betreffenden Auskünfte einzuholen. Damit ist für das Verfahren zur Einholung der Auskünfte, soweit Abs. 2 keine Spezialvorschriften enthält, das allgemeine Verwaltungsverfahrensrecht, für Klärung von Streitigkeiten das allgemeine Verwaltungsprozessrecht und für die Durchsetzung das allgemeine Verwaltungsvollstreckungsrecht anzuwenden. Dies gilt auch dann, wenn das Bundesumweltministerium die Aufgabe einer rechtlich selbstständigen privaten Organisation zur Erledigung überträgt, und zwar unabhängig davon, ob die private Organisation als Beliehener, Verwaltungshelfer oder sonstiger Privater rechtlich zu qualifizieren ist. Zwar sind Verwaltungshelfer und sonstige Private keine selbstständigen Behörden i. S. d. § 1 Abs. 4 VwVfG, mit der Folge, dass für sie selbst das VwVfG nicht gilt und ihr Handeln grundsätzlich rein privatrechtlich zu qualifizieren ist.[91] Das Handeln ist allerdings auch in diesen Fällen der Behörde zuzurechnen.[92]

Das Auskunftsverlangen nach Abs. 2 selbst ist die an den Auskunftsverpflichteten 53 gerichtete mündliche oder schriftliche Aufforderung der Behörde oder des Beauftragten, die gewünschten Auskünfte zu erteilen. Wenn das **Bundesumweltministerium** selbst die Auskunft verlangt, handelt es sich – zumindest soweit die Auskunftspflicht verbindlich festgesetzt werden soll – um einen **Verwaltungsakt** i. S. d. § 35 Satz 1 VwVfG. Die Aufforderung zur Auskunft ist nicht nur als tatsächliches Verwaltungshandeln anzusehen, weil sie unmittelbar in die Rechte der Anlagen- und Netzbetreiber eingreift und damit eine Regelung enthält. Diese besteht darin, dass eine bestehende Auskunftspflicht dadurch konkretisiert wird, dass die Behörde entscheidet, worüber, in welchem Umfang und wie Anlagen- bzw. Netzbetreiber Auskunft zu erteilen haben. Es ist nämlich als weiteres Merkmal, das für die Frage, ob eine behördliche Maßnahme als selbstständig anfechtbarer Verwaltungsakt zu qualifizieren ist, einen wesentlichen Gesichtspunkt darstellt, ein Rechtsschutzbedürfnis des Gewerbetreibenden gegeben. Denn dessen Rechtsschutz wäre ohne die Möglichkeit einer selbstständigen Anfechtung des Auskunftsverlangens nicht ausreichend sichergestellt.[93] Folglich findet das VwVfG Anwendung (vgl. § 9 ff. VwVfG). Eine Anhörung der Auskunftsverpflichteten ist nach § 28 Abs. 2 VwVfG allerdings entbehrlich. Auch eine gesonderte Begründung ist nach § 39 Abs. 2 Nr. 2 VwVfG nicht erforderlich.

Verlangt dagegen ein **Verwaltungshelfer** Auskunft, liegt ein privatrechtlich zu 54 beurteilender **Realakt** vor. Verweigert ein Anlagen- oder Netzbetreiber dem

---

[90] Vgl. etwa *Maurer*, Verwaltungsrecht, § 3 Rn. 14 ff.
[91] Vgl. *Kopp/Ramsauer*, VwVfG, § 1 Rn. 59.
[92] Vgl. *Pestalozza*, JZ 1975, 50, 56; *Wolff/Bachof/Stober*, Verwaltungsrecht § 67 Rn. 29, *Kopp/Ramsauer*, VwVfG, § 1 Rn. 59.
[93] Vgl. zum gleich gelagerten Auskunftsverlangen nach § 17 Abs. 1 HandwO: OLG Hamm, NVwZ-RR 1993, 244, 245 sowie zu § 54a PBefG: OLG Köln, NZV 1997, 407, 408 jeweils m. w. N. Ebenso *Hansmann*, in: Landmann/Rohmer, BImschG, § 52 Rn. 48; *Jarass*, BImSchG, § 52 Rn. 40. s. a. allg. *Stelkens/Stelkens*, in: Stelkens/Bonk/Sachs, VwVfG, § 35 Rn. 87; *Kopp/Ramsauer*, VwVfG, § 35 Rn. 66.

Privaten die Auskunft, kann er ihn nicht selbst überwinden, sondern das Bundesumweltministerium muss in diesem Fall durch **gesetzeswiederholenden bzw. konkretisierenden Verwaltungsakt** ein verbindliches Auskunftsersuchen formulieren.[94]

55 Der Verwaltungsakt kann mit sofortiger Vollziehbarkeit (§ 80 Abs. 2 Nr. 4 VwGO) ausgestattet werden. Gegen den Verwaltungsakt kann der betroffene Anlagen- oder Netzbetreiber nach den allgemeinen verwaltungsrechtlichen Vorschriften mit der Anfechtungsklage (§ 79 VwVfG i. V. m. §§ 40, 42 Abs. 1 Alt. 1 VwGO) und ggf. Antrag nach § 80 Abs. 5 VwGO vorgehen. Ein Widerspruch ist gemäß § 79 VwVfG i. V. m. §§ 40, 68 Abs. 1 Nr. 1 VwGO entbehrlich. Die Frist für die Erhebung der Klage beträgt gemäß § 74 Abs. 1 Satz 2 VwGO einen Monat ab Bekanntgabe des Verwaltungsakts. Zuständig ist im ersten Rechtszug das Verwaltungsgericht Bonn gemäß §§ 45, 52 Nr. 2 VwGO i. V. m. § 4 Abs. 1 Satz 2 Berlin/Bonn-Gesetz[95] i. V. m. dem Beschluss der Bundesregierung, den Hauptsitz des Bundesumweltministeriums in Bonn zu belassen.

56 Sofern ein Auskunftsverpflichteter die Auskünfte nicht erteilt, kann das Bundesumweltministerium die Auskünfte im Wege des **Verwaltungszwangs** nach den Vorschriften des VwVG[96] durchsetzen (§§ 6 ff. VwVG). Als Zwangsmittel kommen grundsätzlich gemäß § 9 Abs. 1 VwVG die Ersatzvornahme, das Zwangsgeld und die Anwendung unmittelbaren Zwangs in Betracht.

D. Anpassungsbedarf infolge der EE-RL

57 Die EE-RL, die bis zum 27. Oktober 2003 umgesetzt werden musste, normiert umfangreiche **Berichtspflichten**. Die Mitgliedstaaten müssen berichten:
– über ihre nach Art. 3 EE-RL festzulegenden nationalen (unverbindlichen) Richtziele für den künftigen Verbrauch von Elektrizität aus Erneuerbaren Energiequellen für die nächsten zehn Jahre (Art. 3 Abs. 2 Satz 1 EE-RL), die zu ihrer Erreichung ergriffenen und die geplanten Maßnahmen (Art. 3 Abs. 2 Satz 2 EE-RL) sowie über die Erfolge (Art. 3 Abs. 3 EE-RL);
– über den Abbau rechtlicher und anderer Hemmnisse für Strom aus Erneuerbaren Energien und die Überprüfung der Genehmigungsverfahren in Hinblick auf eine Straffung und Beschleunigung (Art. 6 Abs. 2 EE-RL) und
– über Maßnahmen zur Erleichterung des Netzzugangs für Strom aus Erneuerbaren Energien (Art. 7 Abs. 7 EE-RL).

58 Die verschiedenen Berichtspflichten richten sich alleine an die Verwaltung und müssen nicht in innerstaatliches Recht umgesetzt werden.[97]

59 Über die nationalen Richtziele und die ergriffenen Maßnahmen (Art. 3 Abs. 2 EE-RL) hätte erstmals zum 27. Oktober 2002 berichtet werden müssen. Das bis zum 22. Oktober 2002 zuständige Bundeswirtschaftsministerium hatte allerdings keine Vorbereitungen getroffen, so dass das nunmehr zuständige Bundesumweltministerium den Bericht erst im März 2003 vorlegen konnte.[98] Der nächste Bericht nach Art. 3 Abs. 2 EE-RL muss zum 27. Oktober 2007 vorgelegt werden.

---

[94] Allg. *Burgi*, Verwaltungsorganisationsrecht, S. 142; *Kopp*, VwVfG, 6. Aufl, § 35 Rn. 36 a, sowie zum ähnlich gelagerten § 22 GastG: *Metzner*, GastG, § 22 Rn. 26.
[95] BGBl. 1994 I S. 918.
[96] Verwaltungs-Vollstreckungsgesetz v. 27. 4. 1953, BGBl. I S. 157, zuletzt geändert am 17. 12. 1997, BGBl. I S. 3039.
[97] Vgl. *Oschmann*, Strom aus erneuerbaren Energien im Europarecht, S. 247 ff.; *ders.*, RdE 2002, 131 ff.
[98] Abrufbar unter www.bmu.de.

Der Bericht über die erzielten Erfolge (Art. 3 Abs. 3 EE-RL), den Abbau von Hemmnissen (Art. 6 Abs. 2 EE-RL) und Maßnahmen zur Erleichterung des Netzzugang (Art. 7 Abs. 7 EE-RL) wurde fristgerecht erstmals zum 27. Oktober 2003 veröffentlicht[99] und muss dann im zweijährigen Abstand (27. Oktober 2005/2007/2009 usw.) fertig gestellt werden.[100]

Unmittelbarer Anpassungsbedarf besteht infolge der EE-RL folglich nicht. Im Interesse einer einheitlichen Berichterstattung empfiehlt es sich jedoch, Abs. 1 an die durch die EE-RL normierten Berichtspflichten anzupassen.

E. Ausblick

Der nächste Erfahrungsbericht zum EEG ist am **31. Dezember 2007 fällig.** Er wird Aufschluss darüber geben, ob das Gesetz weiter so erfolgreich funktioniert, wie in den ersten Jahren seines Bestehens und inwiefern und inwieweit Optimierungen vorgenommen werden sollten. Erstmals kann das Bundesumweltministerium infolge der Auskunftsverpflichtung des Abs. 2 Satz 1 dabei auf **konkrete und nachprüfbare Erfahrungen** von Anlagen- und Netzbetreibern zurückgreifen. In diesem Zusammenhang wird sich erweisen, ob die Verpflichteten ihren Auskunftspflichten hinreichend nachkommen oder ob der Verstoß gegen diese Vorschrift durch Anlagen- oder Netzbetreiber zur besseren praktischen Durchsetzbarkeit wie in anderen Gesetzen als Ordnungswidrigkeit im Zuge einer Novellierung mit einer Geldbuße bewehrt werden sollte.

---

[99] Abrufbar unter www.bmu.de.
[100] Die Veröffentlichung erfolgte fristgerecht. Der Bericht ist unter www.bmu.de abrufbar.

§ 21 Übergangsbestimmungen

(1) Für Strom aus Anlagen, die bis zum 31. Juli 2004 in Betrieb genommen worden sind, sind die bisherigen Vorschriften über die Vergütungssätze, über die Dauer des Vergütungsanspruches und über die Bereitstellung von Messdaten mit folgenden Maßgaben anzuwenden:
1. für Strom aus Wasserkraftanlagen gilt die bisherige Regelung nur bei einer Leistung bis einschließlich 5 Megawatt;
2. für Strom aus Laufwasserkraftanlagen, die vor dem 1. August 2004 eine Leistung bis einschließlich 5 Megawatt aufwiesen, gilt § 6, wenn die Anlage modernisiert wurde und nach der Modernisierung nachweislich ein guter ökologischer Zustand erreicht oder der ökologische Zustand gegenüber dem vorherigen Zustand wesentlich verbessert ist. § 6 Abs. 3 gilt entsprechend. Abweichend von § 3 Abs. 4 gelten diese Anlagen mit Abschluss der Modernisierung als neu in Betrieb genommen;
3. für Strom aus Biomasseanlagen, die nach dem 31. Dezember 2003 in Betrieb genommen worden sind, gelten ab dem 1. August 2004 die Vergütungssätze des § 8 dieses Gesetzes;
4. für Strom aus Biomasseanlagen, die vor dem 1. Januar 2004 in Betrieb gegangen sind, erhöht sich die Mindestvergütung nach Maßgabe des § 8 Abs. 2 dieses Gesetzes;
5. für Strom aus Biomasseanlagen, die vor dem 1. August 2004 in Betrieb genommen worden sind, findet § 8 Abs. 6 Satz 2 dieses Gesetzes Anwendung;
6. für Strom aus Windenergieanlagen, die nach dem 31. März 2000 in Betrieb genommen worden sind, gilt für die Berechnung des Referenzertrages die Anlage zu § 10 Abs. 1 dieses Gesetzes;
7. für Strom aus Anlagen zur Erzeugung von Strom aus solarer Strahlungsenergie, die vor dem 1. Januar 2004 in Betrieb gegangen sind, ist § 8 des Erneuerbare-Energien-Gesetzes vom 29. März 2000 (BGBl. I S. 305), das zuletzt durch das Gesetz vom 22. Dezember 2003 (BGBl. I S. 3074) geändert worden ist, in der am 22. Juli 2003 geltenden Fassung anzuwenden;
8. für Strom aus Anlagen zur Erzeugung von Strom aus solarer Strahlungsenergie, die nach dem 31. Dezember 2003 in Betrieb gegangen sind, ist § 8 des Erneuerbare-Energien-Gesetzes vom 29. März 2000 (BGBl. I S. 305), das zuletzt durch das Gesetz vom 22. Dezember 2003 (BGBl. I S. 3074) geändert worden ist, in der am 1. Januar 2004 geltenden Fassung anzuwenden, wobei dessen Absätze 3 und 4 nur für Strom aus einer Anlage anzuwenden sind, die nach dem 30. Juni 2004 in Betrieb genommen worden ist.

(2) [1]§ 4 Abs. 1 Satz 2 gilt nur für Strom aus Anlagen, die drei Monate nach Bekanntgabe der Einrichtung des Anlagenregisters im Bundesanzeiger in Betrieb genommen worden sind. [2]Für Strom aus sonstigen Anlagen gilt § 4 Abs. 1 Satz 2 drei Monate nach gesonderter schriftlicher Aufforderung durch den Netzbetreiber unter Angabe der Kontaktdaten des Anlagenregisters und unter Hinweis auf die Rechtsfolgen einer fehlenden Beantragung.

(3) Für Strom aus Biomasseanlagen, die auch Altholz der Altholzkategorie A III und A IV im Sinne der Altholzverordnung vom 15. August 2002 (BGBl. I S. 3302) einsetzen und die vor dem 30. Juni 2006 in Betrieb

Übergangsbestimmungen 1 **§ 21**

genommen worden sind, ist anstelle von § 8 Abs. 1 Satz 2 § 8 Abs. 1 Satz 1 anzuwenden.

(4) § 10 Abs. 4 gilt nur für Anlagen, die nach dem 31. Juli 2005 in Betrieb genommen worden sind.

(5) ¹Bis zum Erlass einer Rechtsverordnung nach § 8 Abs. 7 tritt, soweit in diesem Gesetz auf diese Rechtsverordnung verwiesen wird, an deren Stelle die Biomasseverordnung vom 21. Juni 2001 (BGBl. I S. 1234). ²§ 8 Abs. 6 bleibt unberührt.

(6) ¹Abweichend von § 16 Abs. 6 Satz 1 ist der Antrag im Jahr 2004 zum 31. August zu stellen. ²Anträge auf Begrenzung des Anteils der Strommenge im Rahmen der besonderen Ausgleichsregelung nach dem Erneuerbare-Energien-Gesetz vom 29. März 2000 (BGBl. I S. 305), zuletzt geändert durch das Gesetz vom 22. Dezember 2003 (BGBl. I S. 3074), die vor dem 1. August 2004 gestellt worden sind, sind nach den hierfür bisher geltenden Vorschriften zu behandeln und zu entscheiden, soweit sie nicht von Unternehmen gestellt worden sind, für die der Anteil der Strommenge bereits über den 1. August 2004 hinaus begrenzt ist. ³Entscheidungen des Bundesamtes für Wirtschaft und Ausfuhrkontrolle über die Begrenzung des Anteils der Strommenge in Anwendung der in Satz 2 bezeichneten Vorschriften, die vor dem 1. August 2004 dem Antragsteller bekannt gegeben worden sind, werden unbeschadet des Satzes 4 bis zum 31. Dezember 2004 verlängert. ⁴Entscheidungen im Sinne des Satzes 3, die über den 31. Dezember 2004 hinaus gelten, werden ab dem 1. Januar 2005 unwirksam, wenn das Unternehmen vor dem 1. September 2004 einen Antrag nach § 16 Abs. 1 dieses Gesetzes stellt und dieser Antrag nicht unanfechtbar abgelehnt worden ist.

Übersicht

	Rn.
A. Überblick	1
B. Hintergrund	2
I. Normzweck	2
II. Entstehungsgeschichte	3
C. Modifikation von Vergütungsregelungen (Abs. 1)	4
I. Strom aus Wasserkraftanlagen (Abs. 1 Nr. 1 und 2)	5
II. Strom aus Biomasseanlagen (Abs. 1 Nr. 3 bis 5)	7
III. Strom aus Windenergieanlagen (Abs. 1 Nr. 6)	8
IV. Strom aus solarer Strahlungsenergie (Abs. 1 Nr. 7 und 8)	9
D. Anlagenregister nach § 15 Abs. 3 (Abs. 2)	10
E. Übergangsregelungen für Altholzverstromung (Abs. 3) und Windenergieanlagen an schlechteren Standorten (Abs. 4)	11
F. Fortgeltung der BiomasseV (Abs. 5), Übergang zur neuen Besonderen Ausgleichsregelung (Abs. 6)	12

Literatur: *Oschmann*, in: Danner/Theobald (Hrsg.), Energierecht, Kommentar, Loseblatt (Stand: 49. EL/Jan. 2005), VI EEG B1 § 21; *Salje*, Erneuerbare-Energien-Gesetz, 3. Aufl. 2005.

A. Überblick

§ 21 regelt den Übergang vom EEG 2000 zum EEG 2004. Dabei sieht § 21 **1** Abs. 1 vor, dass für Anlagen, die vor dem 1. August 2004 in Betrieb genommen wurden, die Regelungen über die **Vergütungssätze**, die **Dauer** des Vergütungsanspruchs und die Bereitstellung von **Messdaten** in der bisherigen Fassung des EEG 2000 fortgelten, soweit sich nicht aus den Regelungen des § 21 anderes er-

543

gibt. Damit gelten die übrigen Bestimmungen des novellierten Gesetzes auch für Anlagen, die vor Inkrafttreten des Gesetzes in Betrieb genommen wurden. Gleiches gilt für die Regelungen in den §§ 5 bis 11, die weder die Vergütungshöhe noch die Vergütungsdauer betreffen. Die Sonderregelungen in Bezug auf die **Vergütungsregelungen** in § 21 Abs. 1 betreffen Wasserkraft-, Biomasse- und Windenergieanlagen sowie Anlagen zur Stromerzeugung aus solarer Strahlungsenergie. § 21 Abs. 2 enthält eine Übergangsregelung in Bezug auf die Errichtung des von § 4 Abs. 1 Satz 2 vorgesehenen **Anlagenregisters**. § 21 Abs. 3 erweitert die großzügigere Vergütungsregelung für **Altholz** der Kategorien A I und A II für einen Übergangszeit auf Biomasseanlagen, die auch stärker kontaminierte Hölzer der Kategorien A III und A IV verfeuern. § 21 Abs. 4 sieht vor, dass die **60-Prozent-Regelung** des § 10 Abs. 4 (Windenergieanlagen an schlechteren Standorten) erst für Anlagen greifen soll, die nach dem 31. Juli 2005 in Betrieb genommen werden. § 21 Abs. 5 stellt klar, dass die bestehende **BiomasseV** bis auf weiteres fortgilt. § 21 Abs. 6 regelt schließlich den Übergang von der bisherigen **Besonderen Ausgleichsregelung** des § 11a EEG 2000 zum jetzigen § 16.

B. Hintergrund

I. Normzweck

2   Mit dem EEG 2004 will der Gesetzgeber die Vergütungsregelungen des außer Kraft getretenen EEG 2000 für die bei Inkrafttreten des Gesetzes bereits in Betrieb befindlichen Anlagen nicht verdrängen. Dementsprechend sieht § 21 im Grundsatz die **Fortgeltung** der **alten Mindestvergütungssätze** für solche Altanlagen vor. Damit soll dem Umstand Rechnung getragen werden, dass die bereits betriebenen Anlagen auf der Basis der alten Vergütungssätze kalkuliert und errichtet wurden und höherer Mindestvergütungen grundsätzlich nicht bedürfen.[1] Soweit das neue Recht höhere Vergütungssätze oder einen weiteren Anwendungsbereich vorsieht, dient § 21 damit letztlich dem **Verbraucherschutz**, indem die Zahlung der in der Höhe nicht erforderlichen neuen Mindestvergütungen ausgeschlossen wird. Soweit das EEG 2004 niedrigere Vergütungssätze vorsieht, dient § 21 dem **Vertrauensschutz** der Anlagenbetreiber, die ihre Investitionsentscheidung im Vertrauen auf die vom EEG 2000 für 20 Kalenderjahre garantierten Mindestvergütungssätze getroffen haben. Auch soweit § 21 vorsieht, dass für die Bereitstellung von **Messdaten** für Altanlagen die bisherigen Regelungen weiter gelten sollen, dient dies dem Vertrauensschutz. So müssen solche Anlagen insbesondere nicht § 5 Abs. 1 Satz 2 erfüllen, also auch ab einer Leistung von 500 kW keine registrierende Leistungsmessung vornehmen.[2] Daneben soll für eine Reihe von Regelungen ein zu **abrupter Übergang** zum neuen Recht vermieden werden. Dies gilt etwa für die neue Vorgabe des § 10 Abs. 4 für Windenergieanlagen an unterdurchschnittlichen Windstandorten. Den betroffenen Investoren wird durch die Schaffung von Übergangszeiten entweder eine Realisation noch unter alten Bedingungen oder aber eine Umplanung ermöglicht.

II. Entstehungsgeschichte

3   Das **EEG 2000** enthielt in seiner ursprünglichen Form des Jahres 2000 keine mit § 21 vergleichbare Regelung. Gleichwohl enthielt es einzelne Übergangsre-

---

[1] BT-Drs. 15/2864, zu § 21, S. 54.
[2] *Salje*, EEG, 3. Aufl., § 21 Rn. 10, dort auch nähere Ausführungen zur Bereitstellung von Messdaten.

Übergangsbestimmungen 4–7 § 21

gelungen, so in § 7 Abs. 2 Satz 1 und in § 9 Abs. 1 Satz 2 EEG 2000. Mit Inkrafttreten des Fotovoltaik-Vorschaltgesetzes wurde mit § 13 EEG 2000 eine Übergangsvorschrift aufgenommen. Sie betraf Regelungen für die Stromerzeugung aus solarer Strahlungsenergie, die sich nun grundsätzlich in § 21 wieder finden.

C. Modifikation von Vergütungsregelungen (Abs. 1)

Nach Abs. 1 gelten für die Anlagen, die vor dem 1. August 2004 in Betrieb genommen wurden, die Regelungen über die Vergütungssätze, die Dauer des Vergütungsanspruchs und die Bereitstellung von Messdaten in der bisherigen Fassung des **EEG 2000** fort. Von diesem Grundsatz werden in Abs. 1 Nr. 1 bis 8 Ausnahmen gemacht. Diese verschiedenen **Übergangsregelungen** wurden überwiegend bereits im Zusammenhang mit den Vorschriften behandelt, die sie für eine Übergangszeit oder für bestimmte Anlagen dauernd modifizieren, hierauf wird verwiesen. Die nachfolgenden Ausführungen ergänzen dies oder fassen zusammen. 4

I. Strom aus Wasserkraftanlagen (Abs. 1 Nr. 1 und 2)

Nach Abs. 1 **Nr. 1** gilt für Strom aus Wasserkraftanlagen die bisherige Regelung des § 4 EEG 2000 nur bei einer Leistung **bis** einschließlich **5 MW**. Die Vorschrift soll sicherstellen, dass die bisher nicht erfassten Wasserkraftanlagen mit einer Leistung von über 5 MW nicht in die Vergütungsregelung des § 4 Satz 3 einbezogen werden.[3] Vielmehr gilt für diese Anlagen § 6 Abs. 2, der eine Vergütung nur vorsieht, wenn eine Erneuerung von bestehenden bzw. die erstmalige Inbetriebnahme von Ersatzanlagen erfolgt. 5

Nach Abs. 1 **Nr. 2** gilt für Strom aus Laufwasserkraftwerken, die vor dem 1. August 2004 eine Leistung bis einschließlich 5 MW aufwiesen, § 6 unter folgenden Voraussetzungen: Die Anlage muss modernisiert worden sein und nach der **Modernisierung** muss nachweislich ein guter ökologischer Zustand erreicht oder der ökologische Zustand gegenüber dem vorherigen Zustand wesentlich verbessert sein. Für den Nachweis gilt § 6 Abs. 3 entsprechend. Als Zeitpunkt der Inbetriebnahme gilt insoweit abweichend von § 3 Abs. 4 der Abschluss der Modernisierung. 6

II. Strom aus Biomasseanlagen (Abs. 1 Nr. 3 bis 5)

Für Biomasseanlagen, die zwischen dem 31. Dezember 2003 und dem 1. August 2004 in Betrieb genommen wurden, gelten nach Abs. 1 **Nr. 3** seit 1. August 2004 die neuen Vergütungssätze des § 8. Damit kommen alle Anlagen, die im Jahr 2004 in Betrieb genommen wurden, seit Inkrafttreten des Gesetzes in den Genuss der neuen Vergütungsregelungen, also insbesondere auch der Bonusregelungen. Absatz 1 **Nr. 4** erweitert insoweit den Anwendungsbereich des Bonus für so genannte nachwachsende Rohstoffe auch auf Anlagen, die vor dem 1. Januar 2004 in Betrieb genommen wurden. Die Grundvergütung richtet sich in diesen Fällen weiter nach § 5 EEG 2000. Absatz 1 **Nr. 5** stellt klar, dass die Regelung in § 8 Abs. 6 Satz 2 zur weiteren Zulässigkeit einer fossilen Zünd- und Stützfeuerung auch für die vor dem Inkrafttreten des Gesetzes in Betrieb genommenen Biomasseanlagen gilt. 7

---

[3] BT-Drs. 15/2864, S. 54.

III. Strom aus Windenergieanlagen (Abs. 1 Nr. 6)

8   Absatz 1 **Nr. 6** verdeutlicht, dass sich die **Berechnung des Referenzertrags** für Anlagen, die seit dem 31. März 2000 in Betrieb genommen wurden, nach der Anlage zu § 10 Abs. 1 und 4 richtet. Damit wird also die Anlage zum EEG 2000 für diese Anlagen nicht weiter angewendet.[4] Die Regelung will die Entstehung von Rechtsunsicherheiten bei der Berechnung des Referenzertrags ausschließen.[5] Die Anlage zum EEG 2000 gilt allerdings über Abs. 1 Satz 1 weiter für Anlagen, die vor Inkrafttreten des EEG 2000 am 1. April 2000 in Betrieb gegangen waren.

IV. Strom aus solarer Strahlungsenergie (Abs. 1 Nr. 7 und 8)

9   Die Auswirkungen von Abs. 1 **Nr. 7** und **8** auf die Vergütung für Fotovoltaikstrom sind in der Kommentierung von § 11 ausführlich dargestellt; hierauf wird verwiesen.[6] Absatz 1 Nr. 7 ist durch das sog. Fotovoltaik-Vorschaltgesetz erforderlich geworden, Nr. 8, um eine Kollision des allgemeinen Grundsatzes des Abs. 1 mit § 13 EEG 2000 zu verhindern.[7]

D. Anlagenregister nach § 15 Abs. 3 (Abs. 2)

10   Nach § 4 Abs. 1 Satz 2 gilt die Abnahmepflicht nach § 4 Abs. 1 Satz 1 – nach Errichtung eines Anlagenregisters nach § 15 Abs. 3 – nur für Strom aus Anlagen, deren **Eintragung in das Anlagenregister** beantragt wurde. Absatz 2 begrenzt diese Pflicht auf Anlagen, die drei Monate nach der Bekanntgabe der Errichtung eines solchen Registers in Betrieb genommen worden sind. Für **sonstige Anlagen** – die also vor Ablauf dieser Dreimonatsfrist in Betrieb genommen wurden – gilt dies erst drei Monate nach dem Zeitpunkt, an dem der Netzbetreiber den Anlagenbetreiber schriftlich auf die Verpflichtung zur Eintragung in das Register in Kenntnis gesetzt und die Rechtsfolgen einer fehlenden Beantragung aufgezeigt hat.[8] Durch die Schaffung des Übergangszeitraums sowie der Informationspflicht des Netzbetreibers soll der Anlagenbetreiber für den Fall der Einrichtung des Anlagenregisters vor dem zeitweisen Verlust seiner Ansprüche aus § 4 Abs. 1 Satz 1 geschützt werden.[9]

E. Übergangsregelungen für Altholzverstromung (Abs. 3) und Windenergieanlagen an schlechteren Standorten (Abs. 4)

11   Die Abs. 3 und 4 dienen beide dem Schutz von bereits in der Planung befindlichen Anlagen vor einschränkenden Regelungen des neuen Rechts. Dabei wird für eine Übergangszeit das Vertrauen von Investoren, die durch das EEG gerade zur Errichtung von neuen Anlagen animiert werden sollen, in einen Fortbestand der alten Investitionsbedingungen geschützt. **Absatz 3** will in Planung befindliche

---

[4] Vgl. Kommentierung zu § 10 Rn. 59.
[5] BT-Drs. 15/2864, S. 54.
[6] Vgl. Kommentierung zu § 11 Rn. 48 ff.
[7] BT-Drs. 15/2864, S. 54.
[8] Ausführlich: *Salje*, EEG, 3. Aufl., § 21 Rn. 28 bis 43; *Oschmann*, in: Danner/Theobald, Energierecht, VI EEG § 21.
[9] BT-Drs. 15/2864, 54 f.

Übergangsbestimmungen · 12 § 21

Biomasseanlagen schützen, die auch Altholz der Kategorie A III und IV i. S. d. AltholzV verwenden. Für diese Anlagen gelten die hohen Vergütungssätze des § 8 Abs. 1 Satz 1, wenn sie bis **zum 30. Juni 2006** in Betrieb genommen werden. Gemäß **Abs. 4** gilt § 10 Abs. 4, der Netzbetreiber von der Pflicht zur Abnahme von Strom aus Windenergie freistellt, wenn nicht zuvor nachgewiesen wurde, dass die Anlagen 60 Prozent des Referenzertrags erzielen können, erst für Anlagen, die **ein Jahr** nach Inkrafttreten des Gesetzes in Betrieb genommen wurden.

F. Fortgeltung der BiomasseV (Abs. 5), Übergang zur neuen Besonderen Ausgleichsregelung (Abs. 6)

Während **Abs. 5** klarstellt, dass zunächst keine neue BiomasseV erlassen wird und die bestehende fortgilt, enthält **Abs. 6** eine Übergangsregelung für die „Besondere Ausgleichsregelung" nach § 16.[10] Absatz 6 **Satz 1** verlängert die Ausschlussfrist des § 16 Abs. 6 Satz 1 für die Anträge, die im Jahr 2004 für die Entlastung im Jahr 2005 zu stellen waren, bis zum **31. August 2004.** Die vor Inkrafttreten des EEG 2004 gestellten Anträge sind nach Abs. 6 **Satz 2** nach dem **EEG 2000** (§ 11 a) zu bescheiden. Anderes gilt jedoch, wenn die Anträge von Unternehmen gestellt wurden, die bereits im Besitz einer über den 1. August 2004 hinaus geltenden begünstigenden Entscheidung sind. Absatz 6 **Satz 3** ordnet an, dass alle Entscheidungen des BAFA zu § 11 a EEG 2000, die über den 1. August 2004 hinaus wirksam sind, jedenfalls bis zum **31. Dezember 2004** verlängert werden. Damit soll ein nahtloser Übergang zwischen altem und neuem Recht ermöglicht werden.[11] Soweit die Entscheidungen des BAFA nach § 11 a EEG 2000 über den 1. Januar 2005 hinaus wirksam waren, konnte der Antragsteller **wählen,** ob dieser Bescheid nach § 11 a EEG bis zum Ablauf seiner Befristung Bestand haben sollte oder ob er an der neuen Regelung des § 16 EEG 2004 teilnehmen wollte. Letzteres trat ein, wenn das Unternehmen vor dem 1. September 2005 einen Antrag auf Bescheidung nach § 16 gestellt hat und dieser Antrag nicht unanfechtbar abgelehnt worden ist, so Abs. 6 **Satz 4.**[12]

12

---
[10] Vgl. ausführlich hierzu die Kommentierung von § 16.
[11] BT-Drs. 15/2864, S. 55.
[12] Ausführlich hierzu auch *Salje,* EEG, 3. Aufl., § 21 Rn. 44 ff.

Verordnung über die Erzeugung von Strom aus Biomasse (Biomasseverordnung – BiomasseV)

vom 21. Juni 2001 (BGBl. 2001 I 1234)
Geändert durch Verordnung vom 9. 8. 2005 (BGBl. I S. 2419)

Auf Grund des § 2 Abs. 1 Satz 2 des Erneuerbare-Energien-Gesetzes vom 29. März 2000 (BGBl. I S. 305) in Verbindung mit Artikel 56 Abs. 1 des Zuständigkeitsanpassungs-Gesetzes vom 18. März 1975 (BGBl. I S. 705) und dem Organisationserlass des Bundeskanzlers vom 22. Januar 2001 (BGBl. I S. 127) verordnet das Bundesministerium für Umwelt, Naturschutz und Reaktorsicherheit im Einvernehmen mit den Bundesministerien für Verbraucherschutz, Ernährung und Landwirtschaft und für Wirtschaft und Technologie unter Wahrung der Rechte des Bundestages:

§ 1 Aufgabenbereich

Diese Verordnung regelt für den Anwendungsbereich des Erneuerbare-Energien-Gesetzes, welche Stoffe als Biomasse gelten, welche technischen Verfahren zur Stromerzeugung aus Biomasse in den Anwendungsbereich des Gesetzes fallen und welche Umweltanforderungen bei der Erzeugung von Strom aus Biomasse einzuhalten sind.

§ 2 Anerkannte Biomasse

(1) [1]Biomasse im Sinne dieser Verordnung sind Energieträger aus Phyto- und Zoomasse. [2]Hierzu gehören auch aus Phyto- und Zoomasse resultierende Folge- und Nebenprodukte, Rückstände und Abfälle, deren Energiegehalt aus Phyto- und Zoomasse stammt.

(2) Biomasse im Sinne des Absatzes 1 sind insbesondere:
1. Pflanzen und Pflanzenbestandteile,
2. aus Pflanzen oder Pflanzenbestandteilen hergestellte Energieträger, deren sämtliche Bestandteile und Zwischenprodukte aus Biomasse im Sinne des Absatzes 1 erzeugt wurden,
3. Abfälle und Nebenprodukte pflanzlicher und tierischer Herkunft aus der Land-, Forst- und Fischwirtschaft,
4. Bioabfälle im Sinne von § 2 Nr. 1 der Bioabfallverordnung,
5. aus Biomasse im Sinne des Absatzes 1 durch Vergasung oder Pyrolyse erzeugtes Gas und daraus resultierende Folge- und Nebenprodukte,
6. aus Biomasse im Sinne des Absatzes 1 erzeugte Alkohole, deren Bestandteile, Zwischen-, Folge- und Nebenprodukte aus Biomasse erzeugt wurden.

(3) [1]Unbeschadet von Absatz 1 gelten als Biomasse im Sinne dieser Verordnung:
1. Altholz, bestehend aus Gebrauchtholz (gebrauchte Erzeugnisse aus Holz, Holzwerkstoffe oder Verbundstoffe mit überwiegendem Holzanteil) oder Industrierestholz (in Betrieben der Holzbe- oder -verarbeitung anfallende Holzreste sowie in Betrieben der Holzwerkstoffindustrie anfallende Holzwerkstoffreste), das als Abfall anfällt, sofern nicht Satz 2 entgegensteht oder das Altholz gemäß § 3 Nr. 4 von der Anerkennung als Biomasse ausgeschlossen ist,

2. aus Altholz im Sinne von Nummer 1 erzeugtes Gas, sofern nicht Satz 3 entgegensteht oder das Altholz gemäß § 3 Nr. 4 von der Anerkennung als Biomasse ausgeschlossen ist,
3. Pflanzenölmethylester, sofern nicht Satz 4 entgegensteht,
4. Treibsel aus Gewässerpflege, Uferpflege und -reinhaltung,
5. durch anaerobe Vergärung erzeugtes Biogas, sofern zur Vergärung nicht Stoffe nach § 3 Nr. 3, 7, 9 oder mehr als 10 Gewichtsprozent Klärschlamm eingesetzt werden.

²Satz 1 Nr. 1 gilt für Altholz, das Rückstände von Holzschutzmitteln enthält oder das halogenorganische Verbindungen in der Beschichtung enthält, nur sofern es in Anlagen eingesetzt wird, deren Genehmigung nach § 4 in Verbindung mit § 6 oder § 16 des Bundes-Immissionsschutzgesetzes zur Errichtung und zum Betrieb spätestens drei Jahre nach Inkrafttreten dieser Verordnung erteilt ist; als Holzschutzmittel gelten insoweit bei der Be- und Verarbeitung des Holzes eingesetzte Stoffe mit biozider Wirkung gegen Holz zerstörende Insekten oder Pilze sowie Holz verfärbende Pilze, ferner Stoffe zur Herabsetzung der Entflammbarkeit von Holz. ³Auf den Einsatz von Gas aus Altholz gemäß Satz 1 Nr. 2 findet Satz 2 entsprechende Anwendung. ⁴Satz 1 Nr. 3 gilt nur bei einem Einsatz in Anlagen, die spätestens drei Jahre nach Inkrafttreten dieser Verordnung in Betrieb genommen werden oder, sofern es sich um nach den Vorschriften des Bundes-Immissionsschutzgesetzes genehmigungsbedürftige Anlagen handelt, deren Genehmigung nach § 4 in Verbindung mit § 6 oder § 16 des Bundesimmissionsschutzgesetzes zur Errichtung und zum Betrieb erteilt ist.

(4) ¹Stoffe, aus denen in Altanlagen im Sinne von § 2 Abs. 3 Satz 4 des Erneuerbare-Energien-Gesetzes Strom erzeugt und vor dem 1. April 2000 bereits als Strom aus Biomasse vergütet worden ist, gelten in diesen Anlagen weiterhin als Biomasse. ²Dies gilt nicht für Stoffe nach § 3 Nr. 4. § 5 Abs. 2 findet keine Anwendung.

§ 3 Nicht als Biomasse anerkannte Stoffe

Nicht als Biomasse im Sinne dieser Verordnung gelten:
1. fossile Brennstoffe sowie daraus hergestellte Neben- und Folgeprodukte,
2. Torf,
3. gemischte Siedlungsabfälle aus privaten Haushaltungen sowie ähnliche Abfälle aus anderen Herkunftsbereichen,
4. Altholz
   a) mit einem Gehalt an polychlorierten Biphenylen (PCB) oder polychlorierten Terphenylen (PCT) in Höhe von mehr als 0,005 Gewichtsprozent entsprechend der PCB/PCT-Abfallverordnung vom 26. Juni 2000 (BGBl. I S. 932),
   b) mit einem Quecksilbergehalt von mehr als 0,0001 Gewichtsprozent,
   c) sonstiger Beschaffenheit, wenn dessen energetische Nutzung als Abfall zur Verwertung auf Grund des Kreislaufwirtschafts- und Abfallgesetzes ausgeschlossen worden ist,
5. Papier, Pappe, Karton,
6. Klärschlämme im Sinne der Klärschlammverordnung,
7. Hafenschlick und sonstige Gewässerschlämme und -sedimente,
8. Textilien,

9. tierische Nebenprodukte im Sinne von Artikel 2 Abs. 1 Buchstabe a der Verordnung (EG) Nr. 1774/2002 des Europäischen Parlaments und des Rates vom 3. Oktober 2002 mit Hygienevorschriften für nicht für den menschlichen Verzehr bestimmte tierische Nebenprodukte (ABl. EG Nr. L 273 S. 1), zuletzt geändert durch die Verordnung (EG) Nr. 93/2005 der Kommission vom 19. Januar 2005 (ABl. EU Nr. L 19 S. 34), soweit es sich
   a) um Material der Kategorie 1 gemäß Artikel 4 Abs. 1 der Verordnung (EG) Nr. 1774/2002 handelt,
   b) um Material der Kategorie 2 gemäß Artikel 5 Abs. 1 der Verordnung (EG) Nr. 1774/2002 mit Ausnahme von Gülle, von Magen und Darm getrenntem Magen- und Darminhalt und Kolostrum im Sinne der genannten Verordnung handelt,
   c) um Material der Kategorie 3 gemäß Artikel 6 Abs. 1 der Verordnung (EG) Nr. 1774/2002 mit Ausnahme von Material nach Artikel 6 Abs. 1 Buchstabe c und Häuten, Hufen, Federn, Wolle, Hörnern, Haaren und Pelzen nach Artikel 6 Abs. 1 Buchstabe k handelt, und dieses Material durch Verbrennen direkt als Abfall beseitigt wird,
   oder
   d) um Material der Kategorie 3 gemäß Artikel 6 Abs. 1 der Verordnung (EG) Nr. 1774/2002 handelt, das in Verarbeitungsbetrieben für Material der Kategorie 1 oder 2 verarbeitet wird, sowie Stoffe, die durch deren dortige Verarbeitung hergestellt worden oder sonst entstanden sind,
10. Deponiegas,
11. Klärgas.

§ 4 Technische Verfahren

(1) Als technische Verfahren zur Erzeugung von Strom aus Biomasse im Sinne dieser Verordnung gelten einstufige und mehrstufige Verfahren der Stromerzeugung durch folgende Arten von Anlagen:
1. Feuerungsanlagen in Kombination mit Dampfturbinen-, Dampfmotor-, Stirlingmotor- und Gasturbinenprozessen, einschließlich Organic-Rankine-Cycle-(ORC)-Prozessen,
2. Verbrennungsmotoranlagen,
3. Gasturbinenanlagen,
4. Brennstoffzellenanlagen,
5. andere Anlagen, die wie die in Nummern 1 bis 4 genannten technischen Verfahren im Hinblick auf das Ziel des Klima- und Umweltschutzes betrieben werden.

(2) Soweit eine Stromerzeugung aus Biomasse im Sinne dieser Verordnung mit einem Verfahren nach Absatz 1 nur durch eine Zünd- oder Stützfeuerung mit anderen Stoffen als Biomasse möglich ist, können auch solche Stoffe eingesetzt werden.

(3) In Anlagen nach Absatz 1 und 2 darf bis zu einem Anteil von 10 vom Hundert des Energiegehalts auch Klärgas oder durch thermische Prozesse unter Sauerstoffmangel erzeugtes Gas (Synthesegas) eingesetzt werden, wenn das Gas (Synthesegas) aus Klärschlamm im Sinne der Klärschlammverordnung erzeugt worden ist.

§ 5 Umweltanforderungen

(1) Zur Vermeidung und Verminderung von Umweltverschmutzungen, zum Schutz und zur Vorsorge vor schädlichen Umwelteinwirkungen und zur Gefahrenabwehr sowie zur Schonung der Ressourcen und zur Sicherung des umweltverträglichen Umgangs mit Abfällen sind die für die jeweiligen technischen Verfahren sowie den Einsatz der betreffenden Stoffe geltenden Vorschriften des öffentlichen Rechts einzuhalten.

(2) [1]Bei Verwendung von Altholz im Sinne von § 2 Abs. 3 Nr. 1, das
1. Rückstände von Holzschutzmitteln oder
2. halogenorganische Verbindungen in der Beschichtung enthält,
muss die Anlage aufgrund ihrer Zulassung den Anforderungen der Verordnung über Verbrennungsanlagen für Abfälle und ähnliche brennbare Stoffe vom 23. November 1990 (BGBl. I S. 2545, 2832), zuletzt geändert durch Artikel 8 des Gesetzes vom 3. Mai 2000 (BGBl. I S. 632), entsprechen; § 1 Abs. 2 Satz 1 und § 5 Abs. 3 der Verordnung finden keine Anwendung. [2]Für die Verwendung von Gas im Sinne von § 2 Abs. 3 Nr. 2, das aus Altholz im Sinne von Satz 1 Nr. 1 oder 2 hergestellt worden ist, gilt Entsprechendes.

(3) [1]Bei Verwendung von Altholz im Sinne von Absatz 2 Satz 1 müssen Feuerungsanlagen in Kombination mit Dampfturbinenprozessen gemäß § 4 Abs. 1 Nr. 1 mit einer installierten elektrischen Leistung von über 5 Megawatt, deren entstehende Wärme nicht an Dritte abgegeben wird und für die im Rahmen des immissionsschutzrechtlichen Genehmigungsverfahrens keine Pflicht zur Nutzung der erzeugten Wärme in eigenen Anlagen festgelegt ist, darüber hinaus folgende Wirkungsgrade für die Bruttostromerzeugung erreichen:
a) im elektrischen Leistungsbereich von über 5 Megawatt bis einschließlich 10 Megawatt in Höhe von mindestens 25 Prozent,
b) im elektrischen Leistungsbereich von über 10 Megawatt bis einschließlich 15 Megawatt in Höhe von mindestens 27 Prozent,
c) im elektrischen Leistungsbereich von über 15 Megawatt bis einschließlich 20 Megawatt in Höhe von mindestens 29 Prozent.
[2]Diese Anforderungen an den elektrischen Wirkungsgrad gelten auch für den reinen Kondensationsbetrieb von Anlagen dieser Art, die zeitweise mit Wärmeauskopplung, jedoch überwiegend in reinem Kondensationsbetrieb betrieben werden. [3]Der elektrische Wirkungsgrad ist dabei definiert als das Verhältnis von Klemmleistung zur Feuerungswärmeleistung im 100 Prozent-Punkt ohne Wärmeauskopplung.

§ 6 Inkrafttreten

Diese Verordnung tritt am Tage nach der Verkündung in Kraft.

Übersicht

	Rn.
A. Überblick	1
B. Hintergrund	4
I. Normzweck	6
II. Entstehungsgeschichte	6
C. Kommentierung	11
I. Aufgabenbereich (§ 1)	11
II. Anerkannte Biomasse (§ 2)	12
1. Biomasse – allgemein (Abs. 1)	13

	Rn.
2. Biomasse – insbesondere (Abs. 2)	19
3. Biomasse – außerdem (Abs. 3)	12
4. Biomasse nach StrEG (Abs. 4)	37
III. Nicht als Biomasse anerkannte Stoffe (§ 3)	38
IV. Technische Verfahren (§ 4)	56
1. Arten von Anlagen (Abs. 1)	56
2. Einsatz von Zünd- und Stützfeuerung (Abs. 2)	59
3. Mitverwertung von Klär- oder Synthesegas (Abs. 3)	60
V. Umweltanforderungen (§ 5)	61
1. Grundsatz (Abs. 1)	62
2. Verstromung bestimmter Althölzarten (Abs. 2)	65
3. Wirkungsgrade Altholzverstromung (Abs. 3)	69
VI. In-Kraft-Treten (§ 6)	72
D. Anpassungsbedarf auf Grund der EE-RL	73

Literatur: *Buschbaum,* Die Biomasseverordnung aus immissionsschutz- und abfallrechtlicher Sicht, ZNER 2002, 112 ff.; *Dannischewski,* Die Verordnung über die Erzeugung von Strom aus Biomasse (Biomasse-Verordnung) – Ein Überblick über die am 28. Juni 2001 in Kraft getretene Regelung, ZNER 2001, 70 ff.; *Findeisen,* Stromerzeugung aus Biomasse und deren Vergütung nach dem EEG, in: Beck/Brandt/Salander (Hrsg.), Handbuch Energiemanagement (Stand: 7. EL/Jun. 2002); *Frenz,* Kreislaufwirtschafts- und Abfallgesetz, 3. Aufl. 2002; *Gaßner/Pippke,* Die Genehmigung von Biomassekraftwerken und Fernwärmeleitungen, in: Beck/Brandt/Salander (Hrsg.), Handbuch Energiemanagement (Stand: 8. EL/Aug. 2002); *dies.,* Studie zur Anwendbarkeit des EEG bei Verstromung von Biogas aus der Vergärung von MBA-Abfällen im Auftrag der Arbeitsgemeinschaft stoffspezifische Abfallbehandlung e.V., 2004 (abrufbar unter http://www.asa-ev.de); *Gebhardt,* Biomassekraftwerke mit Altholzfeuerung, Müllverbrennungsanlagen im Schafspelz, KGV-Rundbrief 2+3/2001, 9 ff.; *Kersting/ Hagmann,* Investitionssicherheit für nach dem EEG geförderte Anlagen – Rechtliche Rahmenbedingungen für gesetzgeberische Änderungen der Vergütungshöhe oder des Begriffs der Biomasse, UPR 2001, 215 ff.; *Klinski,* Rechtliche Rahmenbedingungen und Probleme der Stromerzeugung aus Biomasse, Juristische Handreichung, Erstellt im Rahmen des Forschungs- und Entwicklungsvorhabens des Umweltbundesamtes „Erneuerbare Energien – Rechtliche Fragen" (FKZ 202 18 147), Berlin 9. September 2002 (Broschüre); *Knopp/Heinze,* Erneuerbare-Energien-Gesetz und Biomasseverordnung: Nutzung des energetischen Potenzials organischer Restabfälle?, NVwZ 2002, 691 ff.; *Kunig/Paetow/Versteyl,* Kreislaufwirtschafts- und Abfallgesetz KrW-/AbfG), Kommentar, 1998; *Oschmann,* Das Gesetz für den Vorrang Erneuerbarer Energien, ET 2000, 460 ff.; *ders.,* Strom aus erneuerbaren Energien im Europarecht, Baden-Baden 2002; *Schreiber,* Die Pflicht zur effizienten Energieverwendung nach Art. 3 S. 1 d) IVU-RL und ihre geplante Umsetzung in § 5 Abs. 1 Nr. 4 BImSchG, ZNER 2001, 32 ff.; *Weck,* Die garantierte Einspeisevergütung für Strom nach dem Gesetz für den Vorrang erneuerbarer Energien, 2004.

A. Überblick

Die BiomasseV regelt auf der Rechtsgrundlage des § 8 Abs. 7 i.V.m. § 21 **1** Abs. 5 EEG, **welche Stoffe als Biomasse im Sinne des § 8 EEG gelten,** welche technischen Verfahren zur Stromerzeugung aus Biomasse im Rahmen des § 8 EEG angewendet werden dürfen und welche Umweltanforderungen dabei einzuhalten sind. Daneben gibt es weitere Biomassen, wie etwa Tierkörper, die von der BiomasseV nicht erfasst werden und deren Verstromung daher nicht nach § 8 EEG vergütet wird. Bei diesen Biomassen handelt es sich nach § 3 Abs. 1 EEG ebenfalls um Erneuerbare Energien im Sinne des EEG. Als solche kommen sie zwar nicht in den Genuss der Vergütungsregelung des § 8 EEG, profitieren aber von anderen im EEG enthaltenen Regeln, wie etwa dem vorrangigen Netzanschluss für Anlagen, in denen diese Biomassen verstromt werden, nach § 4 EEG.

BiomasseV 2–5   Biomasseverordnung

2   Die BiomasseV definiert dazu in einem **ersten Schritt** allgemein in einer Generalklausel, was unter dem Begriff „Biomasse" im Sinne des EEG zu verstehen ist. Biomasse sind danach sämtliche Stoffe, die pflanzlicher und tierischer Herkunft sind oder deren Energiegehalt aus diesen Stoffen stammt (§ 1 Abs. 1 BiomasseV). In einem **zweiten Schritt** werden in einer nicht abschließenden Liste bestimmte Stoffe benannt, bei denen es sich um Biomasse im Sinne des EEG handelt. Diese Liste dient – soweit es sich um unproblematische Substanzen handelt – der Klarstellung (§ 2 Abs. 2 BiomasseV) bzw. – soweit die Stoffe gewisse Verunreinigungen aufweisen – der unwiderleglichen Vermutung, dass es sich bei ihnen um Biomasse handelt (§ 2 Abs. 2 Nr. 4 und Abs. 3 BiomasseV). In einem **dritten Schritt** werden bestimmte Stoffe, bei denen es sich nach der Generalklausel oder nach allgemeinem Verständnis ebenfalls um Biomasse handeln könnte, aus dem Anwendungsbereich des § 8 EEG ausgeschlossen, um Fehlsteuerungen in anderen Bereichen zu vermeiden und Abgrenzungsfragen zu lösen. Das betrifft etwa fossile Brennstoffe, Torf, gemischte Siedlungsabfälle, stark kontaminiertes Altholz, Papier und bestimmte Tierabfälle (§ 3 BiomasseV).

3   Die Vorschrift über technische Verfahren (**§ 4 BiomasseV**) hat lediglich **deklaratorischen Charakter** und lässt alle bekannten Energieumwandlungstechniken zur Biomasseverstromung im Rahmen des EEG zu. § 5 BiomasseV, der die Umweltanforderungen normiert, verweist grundsätzlich auf das geltende sonstige Umweltrecht. Für stark verunreinigtes Altholz werden jedoch Anforderungen gestellt, die über das allgemeine Umweltrecht hinausgehen.[1]

B. Hintergrund

I. Normzweck

4   Als **übergeordnetes Ziel** steht hinter der BiomasseV der **Zweck des EEG**, im Interesse des Klima- und Umweltschutzes einen Beitrag zur nachhaltigen Entwicklung der Energieversorgung zu leisten (vgl. § 1 Abs. 1 EEG). Vor diesem Hintergrund sind durch das EEG die Konditionen für die Einspeisung von Strom aus Biomasse gegenüber der Vorgängerregelung des StrEG verändert worden. Zum einen erfassen die Vergütungsregelungen des EEG auch Anlagen mit einer installierten elektrischen Leistung von über 5 MW (bis 20 MW, vgl. § 8 Abs. 1 Satz 1 EEG), zum anderen hat das EEG 2000 und erneut das EEG 2004 die Vergütung für Strom aus Biomasse gegenüber dem StrEG erhöht (vgl. § 8 EEG 2004). Diese Änderungen sollen die energetische Nutzung von Biomasse steigern.[2]

5   Die BiomasseV entstand in dem **Spannungsfeld** zwischen dem durch das EEG vorgegebenen Interesse, aus Gründen des **Klimaschutzes** ein möglichst breites Spektrum von Biomasse zur Energieumwandlung zu erfassen und dem **umwelt- und abfallpolitischen Bestreben**, weiterhin – soweit möglich und sinnvoll – Biomasse stofflich zu verwerten und erst dann, wenn eine stoffliche Nutzung ausscheidet, energetisch zur Strom- oder Wärmeerzeugung zu verwerten. Soweit eine energetische Nutzung von Biomasse ermöglicht wird, sollte gleichzeitig den Vorbehalten in Teilen der allgemeinen Öffentlichkeit gegenüber Verbrennungsanlagen Rechnung getragen werden, indem die Stromerzeugung aus Biomasse hohe Umweltanforderungen genügen sollte. Auf diese Weise sollte die anhaltende Unter-

---

[1] Vgl. zum Ganzen *Klinski,* Rechtliche Rahmenbedingungen und Probleme der Stromerzeugung aus Biomasse, S. 10 f.
[2] BT-Drs. 14/6059, S. 7.

Biomasseverordnung 6, 7 **BiomasseV**

stützung der Bevölkerung für den erneuerbaren Energieträger Biomasse sichergestellt werden.

II. Entstehungsgeschichte

Bereits am 2. Juni 2000, nur zwei Monate nach Inkrafttreten des EEG 2000, 6
legte die Bundesregierung parallel dem Bundesrat und dem Bundestag die BiomasseV vor, die das Bundesumweltministerium im Einvernehmen mit dem damaligen Bundeswirtschaftsministerium und dem damaligen Bundesministerium für Ernährung, Landwirtschaft und Forsten erarbeitet hatte.[3] Der Koalitionsmehrheit im Bundestag war die mit der Verordnung vorgenommene Definition des Begriffs Biomasse allerdings zu weit gehend. Daher stimmte sie nur unter der Maßgabe verschiedener Änderungen zu, die den Begriff Biomasse deutlich enger fasste als die Vorlage der Regierung.[4] Im Kern ging es der Bundestagsmehrheit darum, bestimmte **belastete Althölzer** aus dem Anwendungsbereich des EEG auszunehmen. Der Bundesrat übernahm die Änderungen des Bundestages jedoch nicht, sondern stimmte der Verordnung der Bundesregierung am 14. Juli 2000 ohne Modifikationen zu.[5] Da es sich nach § 2 Abs. 1 Satz 2 EEG 2000 bei der BiomasseV um eine so genannte „Ping-Pong-Verordnung" handelt, der sowohl die Bundesregierung als auch der Bundesrat und der Bundestag in identischer Fassung gleichermaßen zustimmen müssen, war die Verordnung damit im ersten Anlauf gescheitert.

In der Folge fanden unter Leitung des Bundesumweltministeriums aufwändige 7
und langwierige **Verhandlungen zwischen Bundesregierung, Bundesländern und Koalitionsfraktionen** um die Behandlung belasteter Althölzer statt. Ausgangspunkt der Überlegungen war der in der Begründung zum EEG 2000 zum Ausdruck gebrachte Wille des Gesetzgebers, dass mit der energetischen Nutzung die in der Biomasse enthaltenen Schadstoffe so weit wie möglich in den Reststoffen konzentriert und nicht über den Luft- und Wasserpfad weiter verbreitet werden sollten.[6] Bei der innerhalb der Verhandlungsgruppe geführten Diskussionen kristallisierte sich zunehmend die Überzeugung heraus, dass behandeltes Abfallholz ebenso wie unbehandeltes Holz als ein nachwachsender Energieträger anzusehen ist, der die ökologisch sinnvolle Nutzungskette „zunächst stoffliche, dann energetische Nutzung" durchlaufen hat. Zudem zeigte sich, dass die Verbrennung von Abfallholz in einer Ökobilanz sogar besser ausfallen kann als die der energetischen Verwertung von Biomasse, die gezielt zur Energiegewinnung angebaut wird (wie z.B. Miscanthus, Weiden, Pappeln sowie Pflanzenöle), weil mit dem Anbau Boden- und Grundwasserbelastung durch Düngung und Pflanzenschutzmittel verbunden sein können. Allerdings war die energetische Nutzung von behandeltem Abfallholz ohne gesonderte Vergütungsregelung in der Vergangenheit unwirtschaftlich. Daher wurde es vor Inkrafttreten der BiomasseV häufig entweder unsachgemäß gelagert und stellte so infolge des Schadstoffgehalts die ständige Bedrohung für Grund- und Oberflächenwasser dar oder exportiert – sei es in die skandinavischen Ländern zur energetischen Verwertung oder nach Südeuropa zur Möbelproduktion. Die **Aufnahme des Altholzes in die BiomasseV** wurde von den Beteiligten so zunehmend als Möglichkeit gesehen, dieser umwelt-, verkehrs- und verbraucherschutzpolitisch unerwünschten Entwicklungen entgegenzuwirken. Ergebnis der Verhandlungen war am Ende ein Kompromiss. Er sah vor,

---

[3] Vgl. BR-Drs. 329/00 u. BT-Drs. 14/3489.
[4] BT-Plenarprotokoll 14/114, S. 10817, i.V.m. BT-Drs. 14/3801.
[5] Vgl. BR-Plenarprotokoll 753, S. 306.
[6] Vgl. BT-Drs. 14/2776, S. 21.

Biomasse V 8–11

dass zwar auch belastetes Altholz als Biomasse im Sinne des EEG definiert wird. Im Gegenzug wurde vereinbart, dass bei der Genehmigung von Altholzanlagen strengere Umweltanforderungen verlangt werden sollten als sie das geltende Immissionsschutzrecht vorsah.[7] Darüber hinaus war Bestandteil des Kompromisses, dass belastetes Altholz nur in einer beschränken Zahl von Anlagen verwertet werden darf, und zwar nur in solchen Anlagen, die spätestens drei Jahre nach Inkrafttreten der Biomasse V (also am 27. Juni 2004) genehmigt waren.

8 Die Verordnung des Bundesumweltministeriums, die diesen **Kompromiss** umsetzte,[8] enthielt darüber hinaus vor dem Hintergrund der so genannten BSE-Krise im Winter 2000/2001 eine Regelung über den Einsatz von Tierkörpern, Tiermehl und ähnlichen Produkten, die im Entwurf vom 29. Mai 2000 noch nicht einbezogen war. Diese Produkte wurden nicht als Biomasse im Sinne der Verordnung anerkannt, wenn sie nach dem TierKBG[9] in Tierkörperbeseitigungsanlagen zu beseitigen sind. ,

9 Bundesrat und Bundestag stimmten der neuen, vom Bundeskabinett am 7. März 2001 verabschiedeten Verordnung am 11. Mai 2001[10] und 1. Juni 2001[11] zu, so dass die so formell und materiell rechtmäßig zustande gekommene[12] Verordnung am **28. Juni 2001** in Kraft treten konnte.[13]

10 § 8 Abs. 7 EEG 2004, der die bisherige Rechtsgrundlage des § 2 Abs. 1 Satz 2 EEG 2000 ablöst, ermächtigt das Bundesumweltministerium, im Einvernehmen mit dem Bundesverbraucherministerium und dem Bundeswirtschaftsministerium, durch Rechtsverordnung, die der Zustimmung des Bundestages bedarf, Vorschriften darüber zu erlassen, welche Stoffe als Biomasse im Sinne des § 8 EEG gelten, welche technischen Verfahren zur Stromerzeugung aus Biomasse angewandt werden dürfen und welche Umweltanforderungen dabei einzuhalten sind. Von dieser Ermächtigung wurde in der Ersten Verordnung zur Änderung der Biomasseverordnung[14] vom 9. August 2005 erstmals Gebrauch gemacht und die Verordnung ohne inhaltliche Änderung an die **Hygiene V** angepasst. § 21 Abs. 4 Satz1 EEG 2004 bestimmt, dass bis zum Erlass einer neuen Rechtsverordnung auf Grundlage des § 8 Abs. 7 EEG 2004 die Biomasse V vom 21. Juni 2001 fortgilt.

C. Kommentierung

I. Aufgabenbereich (§ 1)

11 § 1 gibt die Bestimmungen der ursprünglichen Ermächtigungsgrundlage der Verordnung, § 2 Abs. 1 Satz 2 EEG 2000, wieder und **beschreibt in Kurzform den Regelungsgehalt der Verordnung**. § 2 Abs. 1 Satz 2 EEG 2000 wurde durch Art. 4 Satz 2 des Gesetzes zur Neuregelung des Rechts der erneuerbaren Energien im Strombereich[15] vom 21. Juli 2004 außer Kraft gesetzt. Allerdings enthält § 8 Abs. 7 EEG 2004 eine entsprechende – im Wortlaut nur geringfügig

---

[7] S. a. *Dannischewski*, ZNER 2001, 70, 73 f.
[8] BR-Drs. 209/01; BT-Drs. 14/6059.
[9] Gesetz über die Beseitigung von Tierkörpern, Tierkörperteilen und tierischen Erzeugnissen, i. d. F. v. 11. 4. 2001, BGBl. I S. 523, zuletzt geändert am 25. 6. 2001, BGBl. I S. 1215.
[10] Vgl. BR-Plenarprotokoll 763, S. 237.
[11] Vgl. BT-Plenarprotokoll 14/174, S. 17139.
[12] Vgl. *Weck*, Die garantierte Einspeisevergütung für Strom nach dem Gesetz für den Vorrang erneuerbarer Energien, S. 47 ff.
[13] BGBl. I S. 1234.
[14] BGBl. I S. 2419.
[15] BGBl. I S. 1918.

Biomasseverordnung 12–18 **BiomasseV**

abweichende – Verordnungsermächtigung. Solange von dieser Ermächtigung nicht Gebrauch gemacht worden ist, gilt nach § 21 Abs. 5 EEG 2004 die auf der alten Rechtsgrundlage erlassene BiomasseV fort.

II. Anerkannte Biomasse (§ 2)

§ 2 bestimmt positiv, welche Arten von Biomasse bei der Stromerzeugung unter die Vergütungsvorschrift des § 8 EEG 2004 fallen sollen. Das Spektrum der theoretisch in Betracht kommenden Stoffe wird durch die **Vorgabe von stofflichen Anforderungen** eingegrenzt. Auf diese Weise soll sichergestellt werden, dass nur solche Biomassenutzungen eine Vergütung erhalten, deren Einsatz zur Stromerzeugung den Zielen des EEG entspricht. Nur diese gelten im Sinne der Verordnung und damit des § 8 EEG 2004 als „Biomasse". 12

1. Biomasse – allgemein (Abs. 1)

In Abs. 1 Satz 1 und 2 wird der Begriff der Biomasse im Sinne des § 8 EEG 2004 in Form einer Generalklausel[16] zunächst in allgemeiner Form definiert. 13

Nach Abs. 1 **Satz 1** fällt grundsätzlich sämtliche Biomasse pflanzlichen und tierischen Ursprungs – fachwissenschaftlich als **„Phyto- und Zoomasse"** bezeichnet – in den Anwendungsbereich des § 8 EEG. Obwohl im Verordnungstext die Konjunktion „und" verwendet wird, müssen die Stoffe gegen den Wortlaut nicht aus Bestandteilen beider Ursprungsbereiche zusammengesetzt sein. Sie können vielmehr auch entweder aus Phyto- oder aus Zoomasse bestehen. Dies folgt aus dem Sinn und Zweck der BiomasseV sowie aus der systematischen Auslegung der Vorschrift selbst. Auch im Beispielskatalog des § 2 Abs. 2 werden Stoffe aufgezählt, die ausschließlich entweder aus pflanzlichen oder tierischen Materialien bestehen. 14

Gemäß Abs. 1 **Satz 2** werden auch **Folge- und Nebenprodukte,** Rückstände und Abfälle insoweit vom Begriff der Biomasse erfasst, als ihr Energiegehalt, also ihr Nutzwert zur Stromerzeugung, seinerseits aus Phyto- und Zoomasse stammt. Das ermöglicht die in Teilbereichen energie- und umweltpolitisch erwünschte Berücksichtigung von Verfahren der energetischen Abfallverwertung.[17] 15

Im Ergebnis sind gemäß der Generalnorm § 2 Abs. 1 Stoffe, Produkte und Gemische, deren Energiegehalt auch nur zum Teil nicht biogenen Ursprungs ist, grundsätzlich nicht als Biomasse anzusehen. Auf diese Weise wird das **Ausschließlichkeitsprinzip** des § 5 Abs. 1 Satz 1 EEG umgesetzt. 16

Von § 2 Abs. 1 wird etwa **Ligninlauge** (Dicklauge) aus der Zellstoffproduktion erfasst. Bei Ligninlauge handelt es sich um ein energetisch nutzbares Nebenprodukt der Papierindustrie, dessen Energiegehalt ausschließlich aus pflanzlichen Stoffen stammt und das keine energetisch bedeutsamen Verunreinigungen aufweist. Da die Ausschlussklausel des § 3 Nr. 5 Ligninlauge nicht erfasst, handelt es sich hierbei um Biomasse im Sinne des § 2 Abs. 1.[18] 17

Biomasse im Sinne des Abs. 1 ist auch **Glycerin,** das bei der Veresterung von Rapsöl zur Herstellung von Rapsmethylester (so genannter Biodiesel) anfällt. Auch Rückstände, die bei der Herstellung von **Fettsäuren** und **Fettalkoholen** aus nachwachsenden Rohstoffen (tierische und pflanzliche Öle und Fette) anfallen, fallen unter Abs. 1. Beides gilt jedoch nur, soweit nicht fossile Lösungsmittel oder andere Chemikalien fossilen Ursprungs verfahrensbedingt enthalten sind und zum Energiegehalt beitragen. 18

---

[16] *Findeisen,* in: Beck/Brandt/Salander, Handbuch Energiemanagement, Rn. 42.
[17] BT-Drs. 14/6059, S. 9.
[18] *Klinski,* Rechtliche Rahmenbedingungen und Probleme der Stromerzeugung aus Biomasse, S. 15 f.

2. Biomasse – insbesondere (Abs. 2)

19 Absatz 2 enthält eine **enumerative Liste** bestimmter Stoffe, bei denen es sich um Biomasse im Sinne des § 8 EEG handelt. Diese Liste ist, wie sich aus der Verwendung des Wortes „insbesondere" ergibt, **nicht abschließend**.[19] Sie dient lediglich der Klarstellung, dass bestimmte, typischerweise zur Stromerzeugung genutzte und bereits durch das bis zur Ablösung durch das EEG geltende StrEG erfasste Arten von Biomasse in den Anwendungsbereich des § 8 EEG 2004 fallen. In den von Abs. 2 aufgezählten Fällen bedarf es daher keiner Prüfung der Tatbestandsmerkmale des Abs. 1.[20] Unterfällt ein als Energieträger verwendetes Material dem Katalog des Abs. 2, so handelt es sich stets um Biomasse, auch wenn er gewisse Verunreinigungen enthält. Dies gilt aber nur, soweit die jeweiligen Fremdstoffe sowohl ihrer Art als auch ihrer Menge nach von der Definition des jeweils anzuwendenden Einzelmerkmales (Abs. 2 Nr. 1 bis Nr. 6) notwendig umfasst werden. Die Hinzufügung anderer Stoffe ist nicht zulässig und führt zum vollständigen Verlust des Vergütungsanspruchs.[21]

20 Absatz 2 **Nr. 1 nennt Pflanzen- und Pflanzenbestandteile,** unabhängig davon, ob sie gezielt zur Energiegewinnung oder aus anderen Gründen angebaut worden sind.

21 Absatz 2 **Nr. 2 erfasst aus Pflanzenmaterial hergestellte Energieträger** wie Rapsöl, soweit im Herstellungs- und Verarbeitungsprozess ausschließlich Stoffe biogenen Ursprungs verwendet wurden. Eine Ausnahme von diesem Grundsatz macht Abs. 3 Nr. 2 für Pflanzenölmethylester, für dessen Herstellung nichtbiogene Stoffe verwendet werden.[22]

22 Absatz 2 **Nr. 3 bezieht Abfälle und Nebenprodukte** pflanzlicher und tierischer Herkunft aus Land-, Forst- und Fischwirtschaft ein. Das sind etwa Stroh, Gülle und Mist aus der Tierhaltung, Waldrestholz, Grün- und Strauchschnitt, aber auch Holzmaterial aus der Forstwirtschaft. Dabei ist jedoch zu beachten, dass bestimmte Fachgesetze wie § 6 Abs. 2 KrW-/AbfG zusätzliche Anforderungen stellen, die bei der energetischen Verwertung dieser Stoffe eingehalten werden müssen.[23] Die Vorschrift wurde ausdrücklich aufgenommen, um keine Stoffe auszuschließen, die bereits unter der Geltung des StrEG ohne Beanstandungen als Biomassen behandelt wurden.

23 Absatz 2 **Nr. 4** nimmt den nicht bereits von Nr. 3 erfassten **Bioabfall** im Sinne der zum KrW-/AbfG ergangenen BioAbfV[24] auf. Dies betrifft etwa Bioabfälle aus der Nahrungsmittelverarbeitung, kompostierbare Küchen- und Kantinenabfälle, getrennt erfasste Bioabfälle privater Haushalte und des Kleingewerbes, Bioabfälle aus der Holzbe- und -verarbeitung sowie Landschaftspflegeabfälle. Dabei ist wiederum zu beachten, dass die energetische Verwertung dieser Abfälle nur bei Einhaltung der Anforderungen nach § 6 Abs. 2 KrW-AbfG zulässig ist.[25] So müssen diese Abfälle z. B. mindestens einen Heizwert von 11 000 kJ/kg erzielen, der teilweise erst nach einer Trocknung des Bioabfalls erreicht werden kann.[26] Inwieweit

---

[19] *Dannischewski,* ZNER 2001, 71.
[20] *Findeisen,* in: Beck/Brandt/Salander, Handbuch Energiemanagement, Rn. 68.
[21] BT-Drs. 14/6059, S. 9; *Dannischewski,* ZNER 2001, 71.
[22] Vgl. unten Rn. 30.
[23] BT-Drs. 14/6059, S. 10; *Dannischewski,* ZNER 2001, 71.
[24] Verordnung über die Verwertung von Bioabfällen auf landwirtschaftlich, forstwirtschaftlich und gärtnerisch genutzten Böden (Bioabfallverordnung), v. 21. 9. 1998, BGBl. I S. 2955, zuletzt geändert am 26. 11. 2003, BGBl. I S. 2373.
[25] Dazu *Findeisen,* in: Beck/Brandt/Salander, Handbuch Energiemanagement, Rn. 76 ff.
[26] Dazu *Klinski,* Rechtliche Rahmenbedingungen und Probleme der Stromerzeugung aus Biomasse, S. 60 f.

Biomasseverordnung   24–26 **BiomasseV**

derartige Stoffe als Biomasse im Sinne der BiomasseV zu verstehen sind, ergibt sich unmittelbar aus der BioAbfV. Im Bereich der Bioabfälle sind gewisse Verunreinigungen nicht zu verhindern (z.B. kleinere Papierreste im Küchenabfall). Ausgeschlossen bleibt aber die zusätzliche Beimengung solcher Stoffe zur Energiegewinnung. Nicht einbezogen sind auch Stoffe, für die eine Spezialregelung besteht (z.B. Klärschlämme, vgl. Abs. 3 Nr. 4).[27]

In Abs. 2 **Nr. 5 und 6** werden **Sekundärenergieträger** aufgeführt, die aus 24
Biomasse hergestellt und unmittelbar zur Stromerzeugung genutzt werden können. Wegen ihres Ursprungs als Biomasse werden auch diese Sekundärenergieträger dem Begriff Biomasse zugeordnet. Dies betrifft Gas, das in einem chemischen Prozess durch Vergasung oder Pyrolyse aus Biomasse im Sinne von Abs. 1 erzeugt worden ist und daraus resultierender Folge- und Nebenprodukte (Abs. 2 Nr. 5). Dazu zählen auch Alkohole, deren Bestandteile und Zwischenprodukte aus Biomasse erzeugt wurden (z.B. Biomethanol und Bioethanol). Es ist allerdings im Umkehrschluss zu Abs. 3 Satz 1 Nr. 5 jeweils sicherzustellen, dass weder das zur Stromerzeugung verwandte Endprodukt noch ein Zwischenprodukt Fremdstoffe nicht biogener Art enthält.[28]

3. Biomasse – außerdem (Abs. 3)

Absatz 3 enthält spezielle Regelungen für Bereiche, in denen die Biomasseeigen- 25
schaft im Sinne des Abs. 1 **zweifelhaft** sein könnte. Denn die aufgezählten Stoffen weisen (unvermeidlich) einen Fremdstoffgehalt auf, der sich auf den Energiegehalt der Gesamtmasse in gewissem Umfang auswirkt. Sie wurden dennoch aufgenommen, weil ihr Einsatz zur Stromerzeugung einen wichtigen Beitrag zum Ersatz anderer Energieträger leisten kann und gleichzeitig bei Beachtung der umweltbezogenen Anforderungen (vgl. § 5) keine durchgreifenden Bedenken bestanden sowie ihre energetische Verwertung eine positive Klima- und Umweltbilanz aufweist.[29]

Absatz 3 **Satz 1 Nr. 1** erfasst ausdrücklich **Altholz**. Das war einerseits erfor- 26
derlich, weil Altholz nach den Vorschriften des Kreislaufwirtschafts- und Abfallrechts grundsätzlich als Abfall anzusehen ist, der Verordnungsgeber die energetische Nutzung von Altholz aus umwelt- und klimapolitischen Gründen aber ermöglichen wollte. Andererseits enthält Altholz teilweise in gewissem Umfang Fremdstoffe, die ggf. zu einem Ausschluss aus dem Katalog der verwertbaren Biomassen nach Abs. 1 hätten führen können. In Abs. 3 Satz 1 Nr. 1 wird der Begriff Altholz zunächst legal **definiert**. Es handelt sich einerseits um gebrauchte Erzeugnisse mit zumindest weit überwiegendem Holzanteil **(Gebrauchtholz)**, andererseits um Holzreste und Holzwerkstoffreste, aus den in der Vorschrift bezeichneten Betriebsarten **(Industrierestholz)**. Soweit es sich um Gebrauchtholz handelt, dürfen auch Verbundstoffreste nach dem Wortlaut der BiomassV enthalten sein. E contrario und dem Willen des Verordnungsgebers entsprechend[30] sind Verbundreststoffe aus der Holzbe- und -verarbeitung sowie der Holzwerkstoffindustrie kein Altholz im Sinne der Abs. 3 Satz 1 Nr. 1. Weiter vorausgesetzt wird jedoch, dass die Stoffe als Abfall anfallen, also rechtlich die Eigenschaft von Abfall im Sinne von § 3 Abs. 1 KrW-/AbfG haben.[31] **Restholz** (z.B. Späne aus Sägewerken oder Schwachholz aus der Durchforstung) und **unbehandeltes Holz** sind bereits nach Abs. 2 Nr. 1 und der Generalklausel des Abs. 1 Biomasse.[32] Im Übrigen kann

---

[27] BT-Drs. 14/6059, S. 9.
[28] BT-Drs. 14/6059, S. 9f.
[29] BT-Drs. 14/6059, S. 10.
[30] BT-Drs. 14/6059, S. 10.
[31] Vgl. *Findeisen*, in: Beck/Brandt/Salander, Handbuch Energiemanagement, Rn. 87.
[32] Ebenda.

Holz Bestandteil anderer Biomassearten sein (vgl. z. B. Abs. 2 Nr. 3 und 4). Zu beachten ist weiterhin, dass § 3 Nr. 4 als **Sonderregelung** vorgeht. Danach ist **Altholz**, das – insbesondere auf Grund seines Schadstoffgehalts – nach den Vorschriften des Kreislaufwirtschafts- und Abfallrechts nicht als „Abfall zur Verwertung" energetisch genutzt werden darf, keine Biomasse im Sinne der Verordnung. Außerdem wird für die im Hinblick auf ihr Schadstoffpotenzial relevanten Altholzkategorien die Einhaltung eines besonders hohen Emissionsminderungsstandards gefordert (vgl. § 5 Abs. 2).[33]

27 Nach Abs. 3 Satz 2 ist Altholz, das Rückstände von **Holzschutzmitteln** oder **halogenorganische Verbindungen** in der Beschichtung enthält, nur dann Biomasse, wenn es in Anlagen eingesetzt wird, deren Inbetriebnahme bis drei Jahre nach Inkrafttreten dieser Verordnung immissionsschutzrechtlich genehmigt worden ist Die Genehmigung muss eine Vollgenehmigung im Sinne des § 4 i. V. m. § 6 oder gleichwertige Änderungsgenehmigung im Sinne des § 16 BImSchG sein (vgl. § 2 der 17. BImSchV). Die Frist ist nach § 187 Abs. 2 i. V. m. § 188 Abs. 2 BGB analog am 27. Juni 2004 um 24.00 Uhr abgelaufen. Weitere Genehmigungen für wesentliche Änderungen nach Ablauf der Frist, sind unschädlich. Es ist grundsätzlich auf die erste Genehmigung abzustellen, die den Einsatz der relevanten Hölzer zulässt. Wesentliche Änderungen sind irrelevant, da die BiomasseV **keine Mengenbegrenzungen** enthält, sondern vielmehr nur auf den grundsätzlichen Einsatz der Hölzer abstellt. Daher bleibt immer, wenn ein Genehmigung nach § 4 oder § 16 BImSchG vor Fristablauf vorliegt, die auch den Einsatz von Altholz erlaubt, der Zeitpunkt dieser Genehmigung entscheidend. Unter die genannten Stoffe fallen z. B. die gängigen Altholzsortimente Fenster, Fensterstöcke, Außentüren, Bauhölzer aus dem Außenbereich, Konstruktionshölzer für tragende Teile, Bau und Abbruchholz mit schädlichen Verunreinigungen, Bahnschwellen, Sortimente aus dem Garten- und Landschaftsbau, Gartenmöbel, gestrichene, lackierte, beschichtete Möbel, Altholz aus dem Sperrmüll (Mischsortiment). Damit setzt sich die BiomasseV in einen gewissen **Widerspruch zur Begründung des EEG 2000**, nach der behandelte Bahnschwellen, Spanplatten mit synthetischen Bestandteilen oder andere schadstoffhaltige Althölzer in aller Regel nicht als Biomasse gewertet werden sollten.[34] Diese Negativliste ist jedoch nach Auffassung des Gesetzgebers nicht zwingend. Das ergibt sich daraus, dass er zum einen darin nur den Regelfall erkennt, also Ausnahmen für möglich hält. Zum anderen stellt er klar, dass es darauf ankommt, ob das jeweilige Verfahren die in der Biomasse enthaltenen Schadstoffe so weit wie möglich in den Reststoffen zu konzentrieren und nicht über den Luft- und Wasserpfad weiter zu verbreiten.[35] Der Gesetzgeber gab mit der Aufzählung demnach **nur Leitlinien** vor und hielt eine Auflockerung des Ausschließlichkeitsprinzips durch den Verordnungsgeber insoweit für zulässig.[36]

28 Da die Regelung **anlagenbezogen** ist,[37] ist der Einsatz von Altholz in den betreffenden Anlagen auch über die genannte Frist hinaus möglich.[38] Umgekehrt kommen Althölzer, die in Anlagen eingesetzt werden, die zu einem späteren Zeitpunkt genehmigt werden, zu keiner Zeit als Biomasse in Be-

---

[33] BT-Drs. 14/6059, S. 10.
[34] BT-Drs. 14/2776, S. 21.
[35] BT-Drs. 14/2776, S. 2.
[36] Vgl. *Oschmann*, ET 2000, 460, 461 u. 464 Fn. 19, sowie *Findeisen*, in: Beck/Brandt/Salander, Handbuch Energiemanagement, Rn. 88.
[37] *Findeisen*, in: Beck/Brandt/Salander, Handbuch Energiemanagement, Rn. 91 f.
[38] BT-Drs. 14/6059, S. 10. Zur Frage künftiger Änderungen: *Kersting/Hagmann*, UPR 2001, 215, 218 f.

Biomasseverordnung

tracht.³⁹ Zu beachten ist, dass die BiomasseV den immissionsschutzrechtlichen Anlagenbegriff verwendet, der nicht mit dem Anlagenbegriff des § 3 Abs. 2 EEG identisch ist.⁴⁰

Absatz 3 **Satz 1 Nr. 2** betrifft **aus Altholz hergestelltes Gas.** Hier gelten infolge des Verweises auf Abs. 3 Satz 3 und § 3 Nr. 4 die gleichen Einschränkungen wie für die direkte Verwendung von Altholz. Gemäß Abs. 3 Satz 3 gilt die zeitbezogene Einschränkung des Abs. 3 Satz 2 auch für Anlagen zur Verwendung von Gas, das aus entsprechend belastetem Altholz hergestellt worden ist.⁴¹   29

Absatz 3 **Satz 1 Nr. 3** enthält eine **Spezialregelung** zu Abs. 2 Nr. 2 **für Pflanzenölmethylester.** Dabei handelt es sich um einen aus speziell zur Energiegewinnung angebauten Pflanzen wie Raps hergestellte Energieträger (z.B. den als „Biodiesel" bekannten Rapsölmethylester, RME), der bereits von der Einspeiseregelung des StrEG erfasst wurde. Da zur Herstellung der Pflanzenölmethylester nach dem derzeit angewandten Verfahren Methanol fossilen Ursprungs verwendet wird,⁴² gibt Abs. 3 Satz 4 der Vorschrift auch für die Verwendung von Pflanzenölmethylester eine zeitliche Einschränkung vor. Diese Zeit soll nach Vorstellung des Verordnungsgebers genutzt werden, um die derzeit noch nicht ausgereiften Motoren für die Nutzung der alternativ in Frage kommenden reinen Pflanzenöle weiterzuentwickeln. Die Beschränkung ist wiederum (wie bei Abs. 3 Satz 2 hinsichtlich Altholz und bei Abs. 3 Satz 3 im Hinblick auf Gas aus Altholz) anlagenbezogen formuliert. Pflanzenölmethylester zählt also in den Anlagen, die bis drei Jahre nach Inkrafttreten dieser Verordnung in Betrieb genommen worden sind, auch nach diesem Zeitpunkt weiter als Biomasse. Allerdings ist insoweit zu beachten, dass die betreffenden Anlagen zum Teil genehmigungsbedürftige Anlagen i.S.d. BImSchG sind. Soweit dies der Fall ist, kommt es nicht auf den Zeitpunkt der Inbetriebnahme, sondern der Erteilung der (Voll- oder Betriebs-)Genehmigung gemäß § 4 i.V.m. §§ 6 und 16 BImSchG an.⁴³   30

Absatz 3 **Satz 1 Nr. 4** schließt **Treibsel** ein, der bei der Pflege und Reinhaltung von Gewässern und Ufern als Abfall anfällt. Dabei handelt es sich ganz überwiegend um Substanzen biogenen Ursprungs (z.B. Algen, Pflanzenwuchsreste, Seegras, Schilf, Holz). Zum Teil können aber auch Fremdstoffe enthalten sein (etwa Kleinabfälle aller Art, die sich im Uferbereich angesammelt haben).⁴⁴   31

Absatz 3 **Satz 1 Nr. 5** betrifft Biogas. Dabei handelt es sich nach der Legaldefinition der Verordnung um durch anaerobe Vergärung erzeugte Gasgemische. Ausgeschlossen ist die Anerkennung als **Biogas** nur, wenn der Gärsubstrat gemischte Siedlungsabfälle (§ 3 Nr. 3), Hafenschlick und sonstige Gewässerschlämme und -sedimente (§ 3 Nr. 7) oder Stoffe zur Beseitigung in Tierkörperbeseitigungsanlagen (§ 3 Nr. 9) zugefügt wurden. Die Mitvergärung von Klärschlämmen wird bis zu einem Anteil von 10 Prozent toleriert. Alle anderen anaerob vergärbaren Stoffe können grundsätzlich zur Erzeugung von Biogas eingesetzt werden. Keine Bedeutung haben insoweit folglich die Ausschlussklauseln des § 3, auf die nicht ausdrücklich Bezug genommen wird. Es ist daher möglich, für die Vergärung etwa Pappe, Papier und Karton (vgl. § 3 Nr. 5) oder Altholz (vgl. § 3 Nr. 4) einzusetzen. Bei Gas aus Altholz sind allerdings die speziellen Anforderungen nach § 3 Abs. 3 Satz 1   32

---

³⁹ *Buschbaum*, ZNER 2002, 112, 113.
⁴⁰ Vgl. Kommentierung zu § 3 EEG Rn. 47 ff.
⁴¹ BT-Drs. 14/6059, S. 11; *Findeisen*, in: Beck/Brandt/Salander, Handbuch Energiemanagement, Rn. 93.
⁴² Vgl. zur dennoch positiven Umweltbilanz *Findeisen*, in: Beck/Brandt/Salander, Handbuch Energiemanagement, Rn. 94 ff.
⁴³ BT-Drs. 14/6059, S. 11.
⁴⁴ Ebenda.

BiomasseV 33–36

Nr. 2 und Satz 3 zu beachten. Praktisch eine größere Rolle spielen jedoch in erster Linie diejenigen Stoffe, für welche die BiomasseV auch im Übrigen anwendbar ist. Das betrifft beispielsweise alle Arten von Pflanzen (einschließlich hierfür angebauten Getreides, vgl. Abs. 2 Nr. 1 und 2), Abfälle aus der Land-, Forst- und Fischwirtschaft (Abs. 2 Nr. 3) und Bioabfälle (Abs. 2 Nr. 4). Soweit Material (auch teilweise) tierischer Herkunft eingesetzt wird, ist jedoch zu beachten, dass keine Stoffe verwendet werden dürfen, für die eine Pflicht zur Beseitigung in Tierkörperbeseitigungsanlagen besteht (Abs. 3 Satz 1 Nr. 5 i. V. m. § 3 Nr. 9).[45]

33   Die bei der Vergärung eingesetzten Stoffe können gewisse **geringfügige Gehalte an vergärbaren Fremdstoffen** synthetischen Ursprungs enthalten. Sonstige nicht vergärbare Stoffe, die keine Biomasse darstellen, sind – zumindest in geringfügigem Umfang – unschädlich, weil aus ihnen kein Gas gewonnen werden kann, das für die Stromerzeugung genutzt werden könnte.

34   Die allgemeine Definition von Biogas umfasst an sich auch **Deponiegas und Klärgas**. Das EEG enthält in § 7 EEG allerdings Sonderregelungen für die Vergütung von Strom aus Deponiegas und Klärgas. Absatz 3 Nr. 5 stellt klar, dass derartige Gase im Hinblick auf jene Sonderregelungen nicht als Biomasse im Sinne des § 8 EEG angesehen werden.

35   Problematisch ist der Einsatz von Stoffen, die aus **mechanisch-biologischen Abfallbehandlungsanlagen** für gemischte Siedlungsabfälle stammen, die jedoch so vorsortiert wurden, dass sie nahezu die gleiche Zusammensetzung aufweisen wie getrennt gesammelte Bioabfälle. Für die Zulässigkeit des Einsatzes dieser Stoffe spricht ausgehend vom Wortlaut der Verordnung zunächst, dass der Verordnungsgeber in § 3 Nr. 3 auf gemischte Siedlungsabfälle Bezug genommen hat, die mechanisch-biologische Behandlung aber zu einer Entmischung von biologischer Abfallfraktion und sonstigen Siedlungsabfällen führt. Systematisch kann angeführt werden, dass es dem EEG darauf ankommt, den Anteil Erneuerbarer Energien entscheidend zu erhöhen und zu diesem Zweck auch das bioenergetische Potenzial möglichst umfassend zu nutzen. Schließlich ist es gerade der vom Gesetzgeber vorgegebene Sinn und Zweck der BiomasseV, die in der Biomasse enthaltenen Schadstoffe so weit wie möglich in den Reststoffen zu konzentrieren und nicht über den Luft- und Wasserpfad weiter zu verbreiten.[46] Diesem Ziel kommt die Vergasung des biogenen Anteils von Siedlungsmüll näher als die möglicherweise ansonsten erfolgende Verbrennung des gemischten Siedlungsabfalls.[47] Allerdings ist es Sinn und Zweck der Ausschlussklausel des § 3 Nr. 3, den sensiblen Bereich der Abfallverwertung grundsätzlich nicht zu beeinflussen und keine Form der Abfallverwertung direkt oder indirekt zu präferieren.[48] Diesem Ziel würde es widersprechen, biogene Stoffe aus mechanisch-biologischen Abfallbehandlungsanlagen als Biomasse zu behandeln und auf diese Weise einen Anreiz für diese Form der Abfallverwertung zu setzen.[49]

36   Wird **Klärschlamm** zur Biogasgewinnung mit vergärt und liegt der Anteil an Klärschlamm im Ausgangsmaterial oberhalb von 10 Gewichtsprozent, so handelt es sich bei dem erzeugten Gas nicht mehr um Biomasse im Sinne dieser Verordnung. Der Begriff des Klärschlamms ist allerdings als Ausnahmeregelung eng auszulegen.

---

[45] Vgl. *Klinski,* Rechtliche Rahmenbedingungen und Probleme der Stromerzeugung aus Biomasse, S. 11.
[46] Vgl. BT-Drs. 14/2776, S. 21.
[47] *Knopp/Heinze,* NVwZ 2002, 691, 693. Vgl. ausführlich auch *Gaßner/Pipple,* Studie zur Anwendbarkeit des EEG bei Verstromung von Biogas aus der Vergärung von MBA-Abfällen.
[48] Vgl. BT-Drs. 14/6059, S. 7.
[49] *Klinski,* Rechtliche Rahmenbedingungen und Probleme der Stromerzeugung aus Biomasse, S. 12 f.

Biomasseverordnung

Nicht darunter fallen etwa schlammförmige Stoffe, die vor der Behandlung in eine Kläranlage separiert und der energetischen Verwertung zugeführt werden wie Proteinrückstände oder Braurückstände[50] oder *ungeklärte* Haushaltsabwässer.[51] Überschreitet der Klärschlammanteil die 10-Prozent-Grenze, kann der Vergütungssatz für Biogas in derartigen Konstellationen keine Anwendung finden. In diesen Fällen teilt sich der Vergütungssatz anteilig auf Biomasse im Sinne dieser Verordnung und Klärgas (§ 7 EEG) auf. Das Ausschließlichkeitsprinzip des § 5 Abs. 1 Satz 1 EEG steht dem (ohnehin) nicht entgegen, denn mit diesem wird bezweckt, die Mischnutzung konventioneller und regenerativer Energieträger vom Anwendungsbereich des Gesetzes grundsätzlich auszunehmen. Hier geht es jedoch um die Mischnutzung verschiedener regenerativer Energieträger.[52]

4. Biomasse nach StrEG (Abs. 4)

Die Regelung des Abs. 4 gewährt Betreibern schon bestehender, von den Vergütungsbestimmungen des StrEG erfasster Anlagen zur Verstromung von Biomasse **Vertrauensschutz.** Sie betrifft gemäß § 2 Abs. 3 Satz 4 EEG 2000 Altanlagen, die vor dem 1. April 2000 in Betrieb gegangen waren.[53] Abs. 4 Satz 1 sorgt dafür, dass Stoffe, die bereits unter dem StrEG als Biomasse galten, weiterhin als Biomasse gelten. Problematisch ist insoweit allerdings, dass der Biomassebegriff des StrEG umstritten war. Absatz 4 Satz 3 nimmt Altanlagen von § 5 Abs. 2 aus. Im Ergebnis werden damit an Altanlagen, die belastetes Altholz einsetzen, weniger strenge Genehmigungsanforderungen gestellt als an neue Anlagen. Das schließt allerdings nachträgliche Anordnungen aus immissionsrechtlichen Gründen nach § 17 BImSchG nicht aus, durch die die Anlagen auf den Stand der Technik gebracht werden. Nur an einer Stelle verschärft Abs. 4 aus Umweltschutzgründen die Rechtslage für Anlagen, die bereits unter dem StrEG betrieben wurden: Abs. 4 Satz 2 bestimmt, dass § 3 Nr. 4 auch für Altanlagen gilt. Damit dürfen in Altanlagen besonders belastete Althölzer nicht mehr eingesetzt werden, auch wenn sie nach StrEG als Biomasse behandelt wurden. 37

III. Nicht als Biomasse anerkannte Stoffe (§ 3)

§ 3 regelt katalogartig, bei welchen theoretisch als Biomasse in Betracht kommenden Stoffen es sich **nicht** um **Biomasse** im Sinne des § 8 EEG handelt. Auf diese Weise wird der durch § 2 relativ weit gesteckte Rahmen wieder enger gezogen.[54] § 3 ist **nicht abschließend.** Ein Stoff, der bereits die Anforderungen des § 2 nicht erfüllt, ist keine Biomasse im Sinne der Verordnung, auch wenn er nicht ausdrücklich in § 3 genannt wird. Gleiches gilt, wenn eine Anlage die Anforderungen der §§ 4 und 5 nicht erfüllt. 38

In **Nr. 1** werden aus umwelt- und energiepolitischen Gründen jegliche Arten **fossiler Brennstoffe** einschließlich deren Neben- und Folgeprodukte ausgeschlossen.[55] Dies betrifft insbesondere Kohle, Mineralöl, Erdgas, Bitumen, Teersände, Ölschiefer und Gichtgas.[56] 39

---

[50] A. A. wohl LG Kiel, RdE 2002, 26 ff.
[51] *Klinski,* Rechtliche Rahmenbedingungen und Probleme der Stromerzeugung aus Biomasse, S. 13 f.
[52] Vgl. BT-Drs. 14/6059, S. 11 f.; *Findeisen,* in: Beck/Brandt/Salander, Handbuch Energiemanagement, Rn. 105 ff. m. w. N. Vgl. auch Kommentierung zu § 2 EEG Rn. 11.
[53] *Findeisen,* in: Beck/Brandt/Salander, Handbuch Energiemanagement, Rn. 111.
[54] *Findeisen,* in: Beck/Brandt/Salander, Handbuch Energiemanagement, Rn. 114.
[55] *Findeisen,* in: Beck/Brandt/Salander, Handbuch Energiemanagement, Rn. 43 u. 115.
[56] BT-Drs. 14/6059, S. 12.

BiomasseV 40–47

40 In **Nr. 2** wird aus Gründen der Klarstellung **Torf** gesondert ausgeschlossen.[57]

41 **Nr. 3** enthält die an sich schon aus dem Ausschließlichkeitsprinzip des § 5 Abs. 1 Satz 1 EEG folgende Klarstellung, dass es sich bei **gemischten Siedlungsabfällen,** zu denen auch der so genannte Hausmüll zählt, und vergleichbaren Abfallgemischen nicht um Biomasse handelt.[58]

42 **Nr. 4** regelt die im Verordnungsgebungsverfahren lange umstrittene Frage, welche Hölzer nicht in den Anwendungsbereich der BiomasseV fallen. Die allgemeine Regelung enthält Nr. 4 lit c. Nr. 4 lit. a und b treffen Spezialregelungen für bestimmte Arten von **Altholz.**

43 Nach der Grundregel Nr. 4 lit. c ist Altholz dann keine Biomasse, wenn seine energetische Nutzung als **Abfall zur Verwertung** auf Grund des KrW-/AbfG ausgeschlossen worden ist.[59] Mit der Formulierung „auf Grund" (im Gegensatz zu „durch") bringt die Verordnung zum Ausdruck, dass die Biomasseeigenschaft nicht schon dann entfällt, wenn die Vorschriften des KrW-/AbfG dahin auszulegen oder zu subsumieren sind, dass Abfall zur Beseitigung bzw. vorrangig stofflich zu verwertender Abfall vorliegt. Dies gilt vielmehr erst dann, wenn auf der Grundlage des KrW-/AbfG eine konkretere (untergesetzliche) Regelung dieses Inhalts getroffen worden ist.[60] Das war zum Zeitpunkt des Verordnungserlasses noch nicht der Fall.[61]

44 Auch die am 1. März 2003 in Kraft getretene **AltholzV** schränkt die energetische Nutzung von Althölzern nicht weiter ein. § 3 Abs. 2 AltholzV verweist ähnlich wie § 5 Abs. 1 lediglich auf die geltenden immissionsschutzrechtlichen Regelungen. Alle unter die BiomasseV fallenden Althölzer können daher auch künftig zur Stromerzeugung herangezogen werden und die Vergütungsregelungen des § 8 EEG in Anspruch nehmen, sofern die weiteren Anforderungen von EEG und BiomasseV eingehalten werden.[62]

45 Nr. 4 lit. a und b regeln demgegenüber **Spezialfälle.** Nr. 4 lit. a schließt **PCB-/PCT-haltige Althölzern** entsprechend der PCBAbfallV[63] aus. Nr. 4 lit. b nimmt Altholzabfall aus, das mit **Quecksilber** verunreinigt ist. Diese Regelung dient insbesondere dem Ausschluss von kyanisiertem Altholz. Dabei handelt es sich um mit Quecksilberverbindungen imprägniertes Altholz, wie z.B. Leitungsmasten, Hopfenstangen und Weinbergpfähle.[64]

46 **Nr. 5** schließt **Pappe, Papier und Karton** aus. Nicht ausgenommen wird dagegen Ligninlauge aus der Zellstoffproduktion. Sie fällt in den Anwendungsbereich des § 2 Abs. 1.[65]

47 **Nr. 6 und Nr. 7** nehmen die **Verbrennung von Klärschlamm** (Nr. 6) sowie **Hafenschlick** und sonstigen **Gewässerschlämmen und -sedimenten** (Nr. 7) zum Zwecke der Stromerzeugung aus dem Anwendungsbereich des § 8

---

[57] *Findeisen,* in: Beck/Brandt/Salander, Handbuch Energiemanagement, Rn. 115.
[58] BT-Drs. 14/6059, S. 12.
[59] *Buschbaum,* ZNER 2002, 112, 113.
[60] BT-Drs. 14/6059, S. 12; *Buschbaum,* ZNER 2002, 112, 113; *Gaßner/Pippke,* in: Beck/Brandt/Salander, Handbuch Energiemanagement, Rn. 10.
[61] *Findeisen,* in: Beck/Brandt/Salander, Handbuch Energiemanagement, Rn. 120 ff.
[62] *Klinski,* Rechtliche Rahmenbedingungen und Probleme der Stromerzeugung aus Biomasse, S. 25 f., sowie zum Entwurf *Buschbaum,* ZNER 2002, 112, 113 f.; *Findeisen,* in: Beck/Brandt/Salander, Handbuch Energiemanagement, Rn. 127.
[63] Verordnung über die Entsorgung polychlorierter Biphenyle, polychlorierter Terphenyle und halogenierter Monomethyldiphenylmethane v. 26. 6. 2000, BGBl. I S. 932, zuletzt geändert am 16. 4. 2002, BGBl. I S. 1360.
[64] Vgl. BT-Drs. 14/6059, S. 13; *Findeisen,* in: Beck/Brandt/Salander, Handbuch Energiemanagement, Rn. 119.
[65] Vgl. oben Rn. 17.

Biomasseverordnung 48–50 **BiomasseV**

EEG aus. Während für Hafenschlick der Hauptzweck in der Beseitigung des Schadstoffpotenzials liegt, ist mit der Verbrennung von Klärschlamm bei Betrachtung des Gesamtprozesses kein wesentlicher Energiegewinn verbunden. Für aus Klärschlamm hergestelltes Klärgas gilt allerdings die besondere Vergütungsregelung des § 7 EEG.[66]

Nr. 8 schließt **Textilien** aus. Der Textilienbegriff ist umfassend zu verstehen. **48** So sind unter Textilien nicht nur Bekleidungsgegenstände zu verstehen, sondern z.B. auch Raum- und Bodentextilien. Allerdings führen Naturtextilien als unvermeidbarer Verunreinigungsanteil etwa im Bioabfall nicht zum Verlust von dessen Eigenschaft als Biomasse.[67]

Nr. 9 bestimmt, dass bestimmte **tierische Nebenprodukte** nicht als Biomasse **49** anerkannt werden. Die Vorschrift wurde durch die 1. Verordnung zur Änderung der Biomasseverordnung[68] neu gefasst. Dies geschah, da durch die **HygieneV**[69] eine Neuregelung der Entsorgung tierischer Nebenprodukte erfolgt war. Die HygieneV unterteilt die tierischen Materialien in drei Risikokategorien:

Kategorie 1: unter anderem TSE-positive Tiere und Materialien, TSE-Risikomaterial, Erzeugnisse mit bestimmten Rückständen von Umweltkontaminanten;

Kategorie 2: unter anderem Tiere und Materialien mit anderen Tierseuchen wie Schweinepest oder Maul- und Klauenseuche, Tiere und Materialien mit bestimmten (anderen als bei Kategorie 1) Arzneimittel- oder Umweltkontaminanten, Exkremente von Nutztieren;

Kategorie 3: Material von genusstauglichen Tieren, Küchen- und Speiseabfälle, überlagerte Lebensmittel.

Mit dem **Gesetz zur Durchführung gemeinschaftsrechtlicher Vorschrif- 50 ten über die Verarbeitung und Beseitigung von nicht für den menschlichen Verzehr bestimmten tierischen Nebenprodukten**[70] vom 25. Januar 2004 wurden Vorschriften zur Durchführung der HygieneV erlassen. Artikel 1 des Artikelgesetzes enthält das TierNebG[71], das u.a. die Andienungspflicht tierischer Materialien der Kategorie 1 sowie der Kategorie 2 mit Ausnahme von Exkrementen von Nutztieren, Magen- und Darminhalt, Milch der Kategorie 2 und Kolostrum an Verarbeitungsbetriebe für Material der Kategorien 1 und 2 (Tierkörperbeseitigungsanstalten oder Verbrennungs-/Mitverbrennungsanlagen) regelt (de facto analoge Regelung zum TierKBG).

Für Material der Kategorie 3 trifft das TierNebG keine Regelungen (abweichende Regelung zum TierKBG). Mit Art. 6 des o.g. Artikelgesetzes wurde das **TierKBG,** auf das § 3 Nr. 9 BiomasseV a.F. Bezug nahm, **außer Kraft gesetzt.** Das Außerkrafttreten des TierKBG wiederum hatte in der Praxis zu Verunsicherung bei der Beurteilung der Biomasseeigenschaften tierischer Nebenprodukte geführt. Zur **Wiederherstellung der Rechtssicherheit** wurde mit der Ersten Änderungsverordnung klargestellt, dass sich durch das Außerkrafttreten des TierKBG der Regelungsinhalt des § 3 Nr. 9 BiomasseV nicht geändert hat. Die Neufassung des § 3 Nr. 9 BiomasseV hat den Anlagenbezug (Tierkörperbeseiti-

---

[66] Vgl. BT-Drs. 14/6059, S. 13.
[67] Ebenda.
[68] BGBl. I S. 2419; vgl. BT-Drs. 15/5666.
[69] Verordnung (EG) Nr. 1774/2002 des Europäischen Parlaments und des Rates vom 3. 10. 2002 mit Hygienevorschriften für nicht für den menschlichen Verzehr bestimmte tierische Nebenprodukte, ABl. EU Nr. L 273 v. 10. 10. 2002, S. 1 ff.
[70] BGBl. I S. 82.
[71] Gesetz zur Durchführung gemeinschaftsrechtlicher Vorschriften über die Verarbeitung und Beseitigung von nicht für den menschlichen Verzehr bestimmten tierischen Nebenprodukten (Tierische Nebenprodukte-Beseitigungsgesetz) v. 25. 1. 2004, BGBl. I S. 82.

BiomasseV 51–53

gungsanstalt) der alten Regelung durch die in der HygieneV etablierte Systematik der Risikokategorien 1 bis 3 als Kriterium ersetzt und eine Regelung hinsichtlich der Beurteilung der einzelnen Stoffe erreicht, die mit der bisherigen Regelung nach dem TierKBG identisch ist.

51 Litera a schließt Material der Kategorie 1 aus. Dabei handelt es sich um folgende tierische Nebenprodukte (Tierkörper, Tierkörperteile und Erzeugnisse) und jedes diese Produkte enthaltendes Material:
- **TSE-positive Tiere und Materialien** sowie Tiere, die im Rahmen eines TSE-Tilgungsprogramms getötet wurden (Art. 4 Abs. 1 lit. a Nr. i und ii HygieneV);
- **Heimtiere, Zootiere, Zirkustiere, Versuchstiere, Wildtiere,** wenn der Verdacht besteht, dass sie mit einer auf Mensch oder Tier übertragbaren Krankheit infiziert sind (Art. 4 Abs. 1 lit. a Nr. iii bis v HygieneV);
- spezifiziertes **Risikomaterial** und spezifiziertes Risikomaterial enthaltende ganze Tierkörper (Art. 4 Abs. 1 lit. b HygieneV);
- **Erzeugnisse von Tieren** sowie Erzeugnisse tierischen Ursprungs, die Rückstände von Umweltkontaminanten und anderen Stoffen enthalten (Art. 4 Abs. 1 lit. c Hygiene V);
- **Tiermaterial,** dass bei der Behandlung von Abwässern aus Verarbeitungsbetrieben für Material der Kategorie 1 gesammelt wird (Art. 4 Abs. 1 lit. d i. V. m. Anhang II Kapitel IX der Hygiene V);
- **Küchen- und Speiseabfälle** von Beförderungsmitteln im grenzüberschreitenden Verkehr (EU-Außengrenzen; Art. 4 Abs. 1 lit. e Hygiene V);
- **Gemische** von Material der Kategorie 1 mit Materialien der Kategorie 2 oder 3 (Art. 4 Abs. 1 lit. f Hygiene V).

52 Nach **lit. b** gelten Gülle im Sinne der HygieneV (Definition gemäß Anhang I Nr. 37 HygieneV; dazu gehören auch Hühnertrockenkot und Festmist von Nutztieren), von Magen und Darm getrennter Magen- und Darminhalt und Kolostrum als Biomasse, obwohl sie der Kategorie 2 gemäß Art. 5 Abs. 1 HygieneV angehören. Nicht als Biomasse gilt nach lit. b demgegenüber alles übrige Material der Kategorie 2. Dabei handelt es sich um folgende tierische Nebenprodukte und jedes diese Produkte enthaltendes Material:
- **Tiermaterial,** das bei der Behandlung von **Abwässern** aus Schlachthöfen und Verarbeitungsbetrieben für Material der Kategorie 2 gesammelt wird (Art. 5 Abs. 1 lit. b i. V. m. Anhang II Kapitel IX HygieneV),
- Erzeugnisse tierischen Ursprungs, die **Rückstände von Tierarzneimitteln und Umweltkontaminanten** enthalten (Art. 5 Abs. 1 lit. c HygieneV),
- andere **Erzeugnisse** tierischen Ursprungs als Material der Kategorie 1, die **aus Drittländern** eingeführt werden und den tierseuchenrechtlichen Vorschriften für die Einfuhr in die Gemeinschaft nicht entsprechen (Art. 5 Abs. 1 lit. d HygieneV),
- andere Tiere oder Teile von Tieren als Kategorie 1, die nicht durch Schlachtung für den menschlichen Verzehr sterben, einschließlich Tiere, die zur **Tilgung einer Tierseuche** getötet werden (z. B. MKS, Schweinepest; Art. 5 Abs. 1 lit. e HygieneV),
- **Mischungen** von Material der Kategorien 2 und 3 (Art. 5 Abs. 1 lit. f HygieneV),
- andere tierische Nebenprodukte als Material der Kategorie 1 oder 3 (Art. 5 Abs. 1 lit. g HygieneV).

53 Litera c schließt (Roh-)Materialien gemäß Art. 6 Abs. 1 lit. c HygieneV **(Häute, Hufe, Hörner, Schweineborsten und Federn von schlachttauglich eingestuften Tieren)** aus. Eine **Ausnahme** gilt nur für Häute, Hufe, Federn, Wolle, Hörner, Haare und Pelze gemäß Art. 6 Abs. 1 lit. k HygieneV, wenn diese Stoffe unmittelbar durch Verbrennung energetisch genutzt werden.

Biomasseverordnung 54–59 **BiomasseV**

Nach **lit. d** ist Material der Kategorie 3 gemäß Art. 6 Abs. 1 HygieneV keine 54
Biomasse, sofern es in **Verarbeitungsbetrieben für Material der Kategorie 1
oder 2** (Art. 13 i. V. m. Anhang I Nr. 9 und 11 HygieneV) verarbeitet wird. Auch
Stoffe, die durch Verarbeitung von Material der Kategorie 3 in Verarbeitungsbetrieben für Material der Kategorien 1 und 2 hergestellt wurden oder sonst entstanden sind, gelten nicht als Biomasse. Tiermehle und Tierfette aus Material der Kategorie 3, die in **Verarbeitungsbetrieben für Material der Kategorie 3**
(Art. 17 i. V. m. Anhang I Nr. 14 HygieneV) hergestellt worden sind, gelten daher auch nach der Neufassung als Biomasse.

Deponiegas (Nr. 10) und **Klärgas (Nr. 11)** werden vom Geltungsbereich des 55
Begriffes Biomasse im Sinne der Verordnung ausgenommen. Das EEG enthält für diese beiden Stoffklassen eine vorrangige Spezialregelung mit besonderer Vergütungsregelung.[72]

IV. Technische Verfahren (§ 4)

1. Arten von Anlagen (Abs. 1)

§ 4 Abs. 1 bestimmt katalogartig die **technischen Verfahren,** die zur Erzeu- 56
gung von Strom aus Biomasse im Sinne der Verordnung und damit des § 8 EEG eingesetzt werden dürfen. Die möglichen Verfahren werden in Abs. 1 durch die Bezeichnung der üblichen Anlagenarten beschrieben. Die Verordnungsermächtigung in § 2 Abs. 1 EEG 2000 sprach zwar dem Wortlaut nach wie auch die Verordnungsermächtigung in § 8 Abs. 7 EEG 2004 von der Festlegung von „technischen Verfahren". Die technischen Verfahren der Stromerzeugung ergeben sich jedoch ohne Weiteres aus der Bezeichnung bzw. Umschreibung der in Betracht kommenden Anlagenarten. Von daher geht es nicht über die gesetzliche Ermächtigung hinaus, wenn als rechtstechnischer Anknüpfungspunkt hier die „Anlage" gewählt wird.[73]

Nr. 1 bis 4 zählen die Anlagen und damit diejenigen technischen Verfahren 57
zur Stromerzeugung aus Biomasse auf, die **derzeit zur Verfügung stehen.**

Nr. 5 enthält eine **Auffangregelung** für andere Anlagen bzw. andere Verfah- 58
ren der Stromerzeugung, um zukünftige technische Entwicklungen nicht zu verhindern. Der dort verwandte, relativ weite unbestimmte Rechtsbegriff der „im Hinblick auf das Ziel des Klima- und Umweltschutzes mit den in Nr. 1 bis 4 genannten vergleichbaren technischen Verfahren" entspricht dem Ziel des EEG und sorgt dafür, dass die betreffenden Anlagen nicht hinter dem derzeitigen Stand der Technik zurückfallen.[74]

2. Einsatz von Zünd- und Stützfeuerung (Abs. 2)

Absatz 2 bestimmt, dass für die Zünd- und Stützfeuerung auch Stoffe nicht bio- 59
genen Ursprungs eingesetzt werden können, soweit dies verfahrenstechnisch nur mit anderen Stoffen als Biomasse möglich ist. Auf diese Weise wird die Verwendung von Dieselmotoren, die zur Stromerzeugung fossile Brennstoffe einsetzen, in Biogasanlagen ermöglicht.[75] Dem Einsatz dieser Stoffe wird allerdings **durch das Ausschließlichkeitsprinzip und die Neuregelung des § 8 Abs. 6 EEG** be-

---

[72] Vgl. § 7 Satz 1 EEG.
[73] Vgl. BT-Drs. 14/6059, S. 13; *Findeisen*, in: Beck/Brandt/Salander, Handbuch Energiemanagement, Rn. 128.
[74] BT-Drs. 14/6059, S. 13 f.; *Findeisen*, in: Beck/Brandt/Salander, Handbuch Energiemanagement, Rn. 129.
[75] BT-Drs. 14/6059, S. 13;. *Findeisen*, in: Beck/Brandt/Salander, Handbuch Energiemanagement, Rn. 130.

grenzt, die den Einsatz fossiler Zünd- und Stützfeuerung nur noch zeitlich beschränkt zulässt.[76]

3. Mitverwertung von Klär- oder Synthesegas (Abs. 3)

60   Absatz 3 ermöglicht die anteilige Mitverwertung (bis zu **10 Prozent des Energiegehalts**) von Klärgas oder Synthesegas aus der Vergasung von Klärschlamm, das für sich genommen gemäß § 3 Nr. 11 bzw. § 3 Nr. 6 i. V. m. § 2 Abs. 2 Nr. 5 keine Biomasse im Sinne der Verordnung darstellen. Die Mitnutzung bei der Stromerzeugung wird jedoch nur anerkannt, wenn der Anteil an Biomasse entsprechend hoch ist und zur Herstellung von Synthesegas nur Klärschlamm eingesetzt wird.[77]

V. Umweltanforderungen (§ 5)

61   § 5 regelt die Umweltanforderungen an die Stromerzeugung aus Biomasse. Absatz 1 normiert im Grundsatz, dass im Anwendungsbereich von § 8 EEG und BiomasseV keine über die **Anforderungen der einschlägigen Fachgesetze** hinausgehende Umweltanforderungen gelten. Die Abs. 2 und 3 enthalten davon abweichende Spezialregelungen für die Verwertung besonders schadstoffhaltiger Althölzer.[78]

1. Grundsatz (Abs. 1)

62   Absatz 1 bringt zum Ausdruck, dass mit der Vorrangregelung nach dem EEG **keine Freistellung von den Anforderungen der einschlägigen Fachgesetze** zum Umweltschutz verbunden ist. In ihrer Wortwahl nimmt die Vorschrift mehrere im Umweltrecht verwendete Begriffe in Bezug. Sie greift den weiten Begriff der „Vermeidung und Verminderung der Umweltverschmutzung" aus der sog. europäischen IVU-Richtlinie[79] auf und verdeutlicht damit, dass sämtliche Arten der Belastung von Umweltmedien (Luft, Boden, Wasser, menschliches Wohlbefinden) angesprochen werden. Das schließt den Schutz der Umwelt auch im Hinblick auf Belange des Klima-, Ressourcen- und Naturschutzes mit ein.

63   **Deklaratorisch** werden darüber hinaus auch die speziellen Schutzrichtungen des Immissionsschutzrechts (Schutz und Vorsorge vor schädlichen Umwelteinwirkungen), des Kreislaufwirtschafts- und Abfallrechts (Schonung der Ressourcen und Sicherung des umweltverträglichen Umgangs mit Abfällen) und des allgemeinen Rechts der Gefahrenabwehr (Schutz und Vorsorge vor Gefahren und Belästigungen Dritter) genannt. Eingeschlossen sind damit etwa auch Vorschriften zur Verhütung von Unfällen sowie Arbeitsschutzvorschriften.

64   Eine Einschränkung auf bestimmte Arten von Umweltschutzvorschriften (z. B. solche anlagenbezogenen Charakters) wird nicht vorgenommen. In einigen Fällen kommen insbesondere auch stoffbezogene Vorschriften in Betracht (z. B. des Abfall-, Düngemittel- oder Lebensmittelrechts).[80]

2. Verstromung bestimmter Altholzarten (Abs. 2)

65   Absatz 2 macht die Inanspruchnahme des EEG im Falle der Nutzung bestimmter Altholzarten zur Verstromung von der Einhaltung **besonderer Vorausset-**

---

[76] Vgl. zu den Details Kommentierung zu § 8 Abs. 6 EEG Rn. 114 ff.
[77] BT-Drs. 14/6059, S. 14; *Findeisen,* in: Beck/Brandt/Salander, Handbuch Energiemanagement, Rn. 131.
[78] *Findeisen,* in: Beck/Brandt/Salander, Handbuch Energiemanagement, Rn. 133.
[79] Richtlinie 96/61/EG des Rates vom 24. 9. 1996 über die integrierte Vermeidung und Verminderung der Umweltverschmutzung, ABl. EU Nr. L 257 v. 10. 10. 1996, S. 26 ff.
[80] BT-Drs. 14/6059, S. 14; *Buschbaum,* ZNER 2002, 112, 114; *Findeisen,* in: Beck/Brandt/Salander, Handbuch Energiemanagement, Rn. 134 ff.

zungen abhängig. Das betrifft einerseits Altholz, das **Rückstände von Holzschutzmitteln** enthält (Abs. 2 Satz 1 Nr. 1), andererseits Altholz, das **halogenorganische Verbindungen** in der Beschichtung enthält (Abs. 2 Satz 1 Nr. 2).

Absatz 2 Satz 1 Halbsatz 1 bestimmt, dass die Anforderungen der 17. **66** BImSchV[81] in der Fassung vom 3. Mai 2000 auf die genannten Althölzer angewendet werden. Das war nach der 17. BImSchV geltendes Recht für Altholz, das Rückstände von Holzschutzmitteln enthielt (vgl. § 1 Abs. 2 Satz 1, Abs. 3 der 17. BImSchV), nicht jedoch für Altholz mit halogenorganischen Verbindungen in der Beschichtung. Hintergrund der Verschärfung der geltenden Rechtslage für die letztgenannte Altholzkategorie im Anwendungsbereich der BiomasseV war, dass diese Materialien nach der AbfverbrennRL[82] ohnehin in den Anwendungsbereich der 17. BImSchV einzubeziehen waren.

Auch Abs. 2 Satz 1 Halbsatz 2 stellt eine **Verschärfung der Rechtslage** für **67** den Anwendungsbereich der BiomasseV dar. Während nach geltendem Recht die Anforderungen der 17. BImSchV nur anteilig galten, wenn der Anteil von Altholz mit Rückständen von Holzschutzmitteln nicht über 25 Prozent lag (sog. „Mischungsregel", vgl. § 1 Abs. 2 Satz 1, § 5 Abs. 3 der 17. BImSchV), normiert Abs. 2 Satz 1 Halbsatz 2 sowohl für mit Holzschutzmitteln als auch mit halogenorganischen Verbindungen belastetes Altholz einen **besonders hohen Umweltstandard.** Im Anwendungsbereich der BiomasseV darf von der Mischungsregel bei beiden in Satz 1 Nr. 1 und Nr. 2 genannten Altholzarten nicht Gebrauch gemacht werden. Gemäß Satz 2 gilt Entsprechendes auch für den Fall, dass aus Altholz der beiden genannten Kategorien hergestelltes Gas zur Elektrizitätserzeugung verwandt wird. Der Sache nach wird für die betreffenden Fälle also gefordert, dass die Verbrennung in speziell hierfür konzipierten, hinsichtlich der Emissionsminderung besonders anspruchsvollen Anlagen erfolgt. Der Anlagenbetreiber kann den Nachweis für die Einhaltung der Anforderungen gegenüber dem nach EEG abnahme- und vergütungspflichtigen Netzbetreiber durch Vorlage des jeweiligen Zulassungs- oder Änderungsbescheides bzw. des betreffenden feststellenden Verwaltungsakts führen. Zu beachten ist, dass die Verschärfungen der 17. BImSchV nur für den Anwendungsbereich der BiomasseV gelten und keine Voraussetzung für eine Genehmigung der jeweiligen Anlage selbst ist.[83]

Auch nach der Novellierung der 17. BImSchV, die zur Umsetzung der europäi- **68** schen AbfverbrennRL erforderlich ist, bleibt § 5 Abs. 2 weiter anwendbar. Denn bei der Verweisung auf die 17. BImSchV in § 5 Abs. 2 Satz 1 handelt es sich um einen sog. **statischen Verweis** auf die am 3. Mai 2000 gültige Fassung.[84]

3. Wirkungsgrade Altholzverstromung (Abs. 3)

Absatz 3 stellt für die Verwendung von Altholz im Sinne des Abs. 2, d. h. für **69** Altholz mit Rückständen von Holzschutzmitteln und Altholz mit halogenorganischen Verbindungen in der Beschichtung, in Anlagen mit einer installierten elektrischen Leistung von über 5 MW **weitere Anforderungen** auf. Die betreffenden Anlagen müssen danach, sofern die bei der Stromerzeugung entstehende Wärme

---

[81] Siebzehnte Verordnung zur Durchführung des Bundes-Immissionsschutzgesetzes v. 23. 11. 1990, BGBl. I S. 2545, 2832, neu gefasst am 14. 8. 2003, BGBl. I S. 1633.
[82] Richtlinie 2000/76/EG des Europäischen Parlaments und des Rates vom 4. 12. 2000 über die Verbrennung von Abfällen, ABl. EU Nr. L 332 v. 28. 12. 2000, S. 91 ff.
[83] Vgl. BT-Drs. 14/6059, S. 14 f.; *Buschbaum,* ZNER 2002, 112, 115; *Findeisen,* in: Beck/Brandt/Salander, Handbuch Energiemanagement, Rn. 137 ff.; *Klinski,* Rechtliche Rahmenbedingungen und Probleme der Stromerzeugung aus Biomasse, S. 21.
[84] *Klinski,* Rechtliche Rahmenbedingungen und Probleme der Stromerzeugung aus Biomasse, S. 23.

Biomasse V 70–73

nicht bereits nach § 5 Abs. 1 Nr. 4 BImSchG[85] und § 8 Satz 1 der 17. BImSchV genutzt werden muss und die Wärme auch nicht an Dritte abgegeben wird, bestimmte elektrische Wirkungsgrade vorweisen. Absatz 3 Satz 1 differenziert insoweit hinsichtlich der Anlagengröße. Nach Abs. 3 Satz 2 gilt Entsprechendes auch für Anlagen, die überwiegend im reinen Kondensationsbetrieb arbeiten. Diese Anforderung betrifft insbesondere Anlagen, die nur zeitweise Wärme für die Versorgung von Fernwärmenetzen oder Wärmeabnehmer auskoppeln. Soweit die betreffenden Anlagen dagegen überwiegend in Kraft-Wärme-Kopplung betrieben werden, gelten die genannten Anforderungen demzufolge nicht.[86]

70   Ein Konkurrenzverhältnis zu § 6 Abs. 2 Nr. 3 KrW-/AbfG besteht nicht, da die energetische Verwertung des Altholzes nach § 8 EEG den Anforderungen des KrW-/AbfG genügt, weil die anfallende Wärme zum Zwecke der Stromerzeugung genutzt wird.[87]

71   Zusätzlich zu beachten bleibt, dass eine Vergütung von Strom für solche Anlagen nur in Betracht kommt, wenn die Vorgaben des § 2 Abs. 3 Satz 2 eingehalten werden (vgl. dort).[88]

VI. Inkrafttreten (§ 6)

72   Die Bestimmung regelt das Inkrafttreten. Die Verordnung wurde am 27. Juni 2001 im Bundesgesetzblatt verkündet und ist demzufolge am 28. Juni 2001 in Kraft getreten.

D. Anpassungsbedarf auf Grund der EE-RL

73   Die **EE-RL** verwendet einen **weiten Biomassebegriff** (Art. 2 lit. b: „Biomasse" ist danach „der biologisch abbaubare Anteil von Erzeugnissen, Abfällen und Rückständen der Landwirtschaft (einschließlich pflanzlicher und tierischer Stoffe), der Forstwirtschaft und damit verbundener Industriezweige sowie der biologisch abbaubare Anteil von Abfällen aus Industrie und Haushalten."

Die BiomasseV nimmt in §§ 2 und 3 eine von Art. 2 lit. b EE-RL **abweichende Begriffsbestimmung** vor. Während zwar die von der Generalklausel des § 2 Abs. 1 als Biomasse definierten Energieträger aus Phyto- und Zoomasse unter den Richtlinienbegriff fallen, werden von § 3 der Verordnung zahlreiche Stoffe ausgeschlossen, die – wie etwa kontaminiertes Altholz und Tierkörper oder gemischte Siedlungsabfälle – von Art. 2 lit. b EE-RL umfasst werden. Darüber behandelt die EE-RL – anders als das der BiomasseV ursprünglich zu Grunde liegende EEG 2000 – nicht nur denjenigen Strom als förderungswürdig, der ausschließlich aus erneuerbaren Energieträgern erzeugt worden ist („Ausschließlichkeitsprinzip versus Anteilsprinzip"). Als Strom aus erneuerbaren Energiequellen wird auch „der Anteil von Strom aus erneuerbaren Energiequellen in Hybridanlagen, die auch konventionelle Energieträger einsetzen" anerkannt (vgl. Art. 2 lit. c EE-RL). Dennoch sind **keine Änderungen** an der BiomasseV **erforderlich**. Denn die EE-RL lässt den Mitgliedstaaten freie Hand bei der Konzeption geeigneter Instrumente zur

---

[85] Vgl. dazu *Buschbaum*, ZNER 2002, 112, 115 f.; *Schreiber*, ZNER 2001, 32, 34 f.
[86] Vgl. BT-Drs. 14/6059, S. 15; *Findeisen*, in: Beck/Brandt/Salander, Handbuch Energiemanagement, Rn. 144 ff.
[87] Vgl. allg. *Frenz*, Kreislaufwirtschafts- und Abfallgesetz, § 6 Rn. 19; *Kunig/Paetow/Versteyl*, Kreislaufwirtschafts- und Abfallgesetz, § 6 Rn. 18; a.A. *Buschbaum*, ZNER 2002, 112, 116; *Gebhardt*, KGV-Rundbrief 2+3/2001, 9.
[88] *Findeisen*, in: Beck/Brandt/Salander, Handbuch Energiemanagement, Rn. 133.

Umsetzung der Vorgaben der EE-RL. Deutschland kann daher den Anwendungsbereich einzelner Förderinstrumente ohne weiteres enger ausgestalten als die EE-RL selbst. Folglich kann Deutschland an dem engeren Biomassebegriff der BiomasseV uneingeschränkt festhalten.[89] Mit der von § 3 Abs. 1 EEG vorgenommenen Einbeziehung sonstiger Biomassen in das System des Anschlusses, der Abnahme, Übertragung und Verteilung des Strom nach § 4 EEG i. V. m. den sonstigen allgemeinen Vorschriften (etwa § 17 EEG – Herkunftsnachweis) ist der Richtlinie Genüge getan.

---

[89] Vgl. *Oschmann*, Strom aus erneuerbaren Energien im Europarecht, S. 245 ff.; *Buschbaum*, ZNER 2002, 112 Fn. 7; *Klinski*, Rechtliche Rahmenbedingungen und Probleme der Stromerzeugung aus Biomasse, S. 16 f.

Stichwortverzeichnis

Die fettgedruckte Zahl gibt den Paragraphen wieder, die mager gedruckten Ziffern bezeichnen die Randnummern.

1.000-Dächer-Programm 11 10, 95
100.000-Dächer-Programm Einf. 19; **1** 47; **11** 13 ff., 92 ff.
1/4-h-Leistungsmessung 5 31
5-Prozent-Deckel Einf. 16, 61

Abfall → Biomasse **BiomasseV** 22
Abfall, biologisch abbaubar 3 30 f.
Abgabenrecht Einf. 27
Abnahme 12 1 ff.
Abnahme, mittelbare 4 31
Abnahmepflicht Einf. 13; **4** 1 ff., 97; **12** 4 f.
  Gesamtabnahme **4** 34 ff.
  Gleichheitssatz **Einf.** 70
  Netzbetreiber **4** 8, 15 ff., 33 ff.
  Vereinbarkeit WTO-Recht **Einf.** 86
  Verfassungsrecht **Einf.** 40 ff., 52 ff.
  vertragliche Abweichung **4** 39 ff.
  Vorrangprinzip **4** 37
  zeitweise ausgelastetes Netz **4** 89 ff.
Abnahmestelle
  Begrenzung EEG-Strommenge/-Kosten **16** 146 ff.
  besondere Ausgleichsregelung **16** 124 ff.
  Definition **16** 143 f.
  Selbstbehalt **16** 155 ff.
Abschlagslieferung, laufende 14 24 ff.
Absorption, chemische 7 29; **8** 102
Absorption, physikalische 7 29
AGB 14 87 ff.
Agenda 21 1 49
Akzessorietät 5 35
Allgemeine Geschäftsbedingungen 14 87 ff.
allgemeine Versorgung 3 78
Altholz → Biomasse **8** 4, 13; **BiomasseV** 7, 26 ff.
  Begriff **8** 35
  Grundvergütung: Sonderregelung **8** 34 ff., 139
  PCB-/PCT-haltig/imprägniertes **BiomasseV** 45
  Übergangsregelungen **21** 1, 11
  Wirkungsgrad **BiomasseV** 69 ff.
Altholz, bestimmte Arten
  Biomasse, nicht anerkannte **BiomasseV** 42 ff.
  Voraussetzung Verstromung **BiomasseV** 65 ff.
Altverträge 14 97 ff.
Anlage
  Anschluss-Voraussetzung **4** 21 ff.
  Begriff **3** 1, 36 ff.
  begünstigte Anlage **4** 20
  Bruttoleistung **8** 33
  Drosselung **4** 39
  Erneuerung **3** 50 ff.
  Erzeugung Biomasse-Strom **BiomasseV** 56 ff.
  Inbetriebnahme **3** 50 ff.
  Integration ins Netz **4** 39
Anlagedaten 4 101, 104
Anlagen, mehrere
  Begriff **3** 39 ff.
Anlagenbetreiber 3 56
  Abgrenzung -eigentümer/Betriebsführer **3** 48 f.
  Anschlusskosten **13** 5
  Antrag auf einstweilige Verfügung **12** 80 ff.
  Auskunftspflichten **4** 101 ff.
  Begriff **3** 1, 46 ff.; **4** 26
  Insolvenz Netzbetreiber **4** 122
  Messeinrichtungskosten **13** 30 ff.
  virtuelles Lastmanagement **4** 34
  Wahlrecht Durchführung Netzanschluss **13** 39 ff.
Anlagengenehmigung
  Netzausbau **4** 71
Anlagenleistung 6 21
Anlagenregister 4 38; **15** 1, 34 ff.
  Übergangsregelungen **21** 1, 10
Anpassungsklausel 14 88
Anreiz zur Innovation und Effizienz 1 14
Anschluss → Netzanschluss **13** 12 ff.
Anschluss, mittelbar 4 31
Anschluss, unmittelbar 4 31
Anschluss, vorrangig 4 32
Anschlusskosten 13 5, 23 ff.
Anschlusspflicht 4 1 ff.; **8** 42, 54, 97; **12** 4 f.
  Anlagenbetreiber nach § 3 Abs. 3 **4** 26
  begünstigte Anlage **6** 20 ff.
  Dauercharakter **4** 31
  korrespondierende Pflichten **4** 30
  Kostenminimierung **4** 48
  Netzart **4** 28
  Netzauslastung **4** 10
  Netzbetreiber **4** 15 ff., 27 f.
  Zeitkomponente **4** 29
  zeitweise ausgelastetes Netz **4** 89 ff.
Anschlusspflicht, unmittelbar 4 31
Anschlusspflicht, vorrangige 2 12 ff.; **4** 32
  Verfassungsrecht **Einf.** 40 ff., 52 ff.

573

Stichwortverzeichnis

fette Zahlen = §§

Anschlussvariante **4** 46
Areal- oder Industrienetze 3 81, 84
Arealnetz 4 31, 110 ff.
 Bemessung Strom **4** 112
 kaufmännisch-bilanzielle Zuordnung
  4 113 f.
Arealnetze
 Ausgleich, vertikal **14** 52 ff.
Asbestos Einf. 92
ASCM Einf. 86 ff.
 Anwendbarkeit auf EEG **Einf.** 101 ff.
Aufrechnungsverbot 12 76 ff.
Ausgleich, bundesweiter 4 14; **16** 105
Ausgleich, fiktiver 14 39 ff.
Ausgleich, Höhe
 Darlegungs-/Beweislast-/-pflichten
  14 112
Ausgleich, horizontal 16 228 ff.
 Bildung Durchschnittswert **14** 35
 fiktiver Ausgleich **14** 39 ff.
 Kontierung Strommengen **14** 28 ff.
 laufende Abschlagslieferung **14** 24 ff.
 zeitlicher Verlauf **14** 36 ff.
Ausgleich, vertikal 14 43 ff.; **16** 225 ff.
 Adressat **14** 50 f.
 Anspruchsberechtigte **14** 49
 Arealnetze **14** 52 ff.
 Eigenerzeugung **14** 50, 57
 Grünstrom-Privileg **14** 58 f.
 Weiterverteiler **14** 50
Ausgleichsanspruch 14 42
 Darlegungs-/Beweislast **14** 70 ff.
 Umfang **14** 60 f.
 zeitliche Begrenzung/Geltendmachung
  14 77 f.
Ausgleichsenergie 4 39, 41
Ausgleichsmechanismus
 Abnahme- und Übertragungspflicht **4** 115
 buchhalterische Absicherung **14** 117
 Fristen **14** 126 f.
 rechnerische Abwälzung **4** 121
**Ausgleichsmechanismus, bundesweiter
 15** 1
 Ausgleichsregelung, besondere **16** 223 ff.
Ausgleichspflicht 14 22 ff.
Ausgleichsregelung, besondere 15 3;
 16 1 ff.
 Abnahme EEG-Strom **16** 97 ff.
 Abnahmestelle **16** 124 ff.
 Anspruch auf Begrenzung **16** 46 ff.
 Antrag **16** 203 ff.
 Antrag: Ausschlussfrist **16** 207 ff.
 Antrag: Entscheidung **16** 217 ff.
 Antragsunterlagen **16** 204 ff.
 Ausgleichsmechanismus, bundesweiter
  16 223 ff.
 Auswirkungen **16** 36 f.
 Belieferung durch verschiedene EVU
  16 162 ff.
 Beschränkung Begünstigungsvolumen
  16 181 ff.

 Bruttowertschöpfung **16** 89 ff.
 Deckel Begrenzungswirkung **16** 169 ff.
 Entlastungsobergrenze **16** 174 ff.
 Erfahrungsbericht **16** 231 ff.; **20** 1, 35
 Europarecht **16** 21 ff.
 Investitionsanreize **16** 72
 Kostenreduktion **16** 72
 Mindeststrombezug **16** 2, 81 ff.
 Modifikation horizontaler Ausgleich
  16 228 ff.
 Modifikation vertikaler Ausgleich
  16 225 ff.
 produzierendes Gewerbe **16** 79 ff.
 Rechtsfolgen Begrenzung **16** 145 ff.
 Rechtsfolgen Erreichen Entlastungsober-
  grenze **16** 198 ff.
 Rechtsschutz **16** 38 ff.
 Schienenbahnenunternehmen **16** 1, 136 ff.
 selbständige Unternehmensteile **16** 133 ff.
 Selbstbehalt **16** 155 ff.
 Stromkosten **16** 90 f.
 Übergangsregelungen **21** 1, 12
 Unternehmen produzierendes Gewerbe
  16 1
 Verfassungsrecht **16** 12 ff.
 Verwaltungsverfahren **16** 202 ff.
 Zahlung Differenzkosten **16** 104 ff.
 Ziele **16** 69 ff.
Ausgleichsregelung, bundesweite 2 43;
 14 1 ff.
 horizontaler Ausgleich **14** 17 ff.
Auskunftsanspruch
 Ausgleich **14** 116 ff.
Auskunftspflichten
 Anlagenbetreiber **4** 101 ff.
 fristgebunden **14** 125
 Netzbetreiber **4** 101 ff.
ausschließliche Wirtschaftszone 2 14;
 10 48 ff.
Ausschließlichkeitsprinzip 3 11; **5** 15 f.;
 7 18; **8** 114 f., 128; **9** 14 ff.; **12** 99 f.;
 BiomasseV 41
Ausschließlichkeitsprinzip § 8 8 14,
 22 ff., 29, 64 ff.
Ausschlusstatbestand 2 44 ff.
 Kommunen **2** 46
 Zurechenbarkeit zum Bund **2** 47 ff.

Bebauungsplan
 Solaranalagen **11** 23, 55 ff.
Begrenzung EEG-Strommenge →
 Ausgleichsregelung, besondere 16 1
Begrenzung EEG-Strommenge/-kosten
 Abnahmestelle **16** 152
 Anspruch **16** 46 ff.
 Belieferung durch verschiedene EVU
  16 162 ff.
 Entlastungsobergrenze **16** 174 ff.
 Rechtsfolgen **16** 145 ff.
 Rechtsfolgen Erreichen Entlastungsober-
  grenze **16** 198 ff.

magere Zahlen = Randnummern

Stichwortverzeichnis

Schienenbahnenunternehmen: Deckel
  Begrenzungswirkung **16** 169 ff.
  Selbstbehalt **16** 155 ff.
Begünstigungsvolumen, Beschränkung
  → **Entlastungsobergrenze 16** 181 ff.
Beihilferecht Einf. 71 ff.
Belastungsausgleichsregelung → **Ausgleichsregelung/-mechanismus 1** 13
Bemessungsleistung 6 21; **7** 15 f.; **9** 19
Berechnung
  monatliche Wirkleistung **12** 42
  Vergütungsanspruch **5** 35
Berichtsgegenstand 20 17 ff.
Berichtspflicht → **Erfahrungsbericht**
  ebenerdige Fotovoltaikanlagen **20** 34 ff.
  Markteinführung, Stand **20** 17
  Stromgestehungskosten **20** 18 ff.
  Vergütungs-/Degressionssätze **20** 23 ff.
Berichtspflicht, gesetzliche 20 13 ff.
Berichtsverpflichteter/-adressat 20 13
Berichtszeitpunkt/-rhythmus 20 15
Berücksichtigungsgebot 1 10
Berufsfreiheit Einf. 37 ff., 59
  Drei-Stufen-Theorie **Einf.** 42
Besondere Ausgleichsregelung → **Ausgleichsregelung, besondere 16** 1 ff.
Betreiber 3 88
  Kuppelstelle **4** 56
  vorgelagertes Netz **4** 56
Betriebsgelände
  Bonus: nachwachsende Rohstoffe **8** 68
Betriebshilfsmittel 8 64
Betriebsnotwendigkeit 13 17
Beweis-/Darlegungslast/-mittel 14 70 ff.
**Beweis-/Darlegungslast/-pflichten
  14** 112
Beweislast
  geeignetes Netz **4** 54
Bioabfall i. S. KrW-/AbfG → **Biomasse
  BiomasseV** 23
Biodiesel 8 117
Biogas → **Biomasse 3** 25 f.; **8** 100 f.;
  BiomasseV 32
  Deponiegas **BiomasseV** 34
  Klärgas **BiomasseV** 34
  Klärschlamm **BiomasseV** 36
Biogasanlage 3 26
Biomasse Einf. 14 f.; **3** 19 ff.;
  BiomasseV 1 ff.
  Abfall, biologisch abbaubar **3** 30 f.
  Altholz **8** 4, 13, 18, 139
  Aufbereitung/Veränderung **8** 52 ff.
  Aufbereitung/Veränderung: sonstige **8** 57
  Aufbereitung/Veränderung zur Ernte
    8 54
  Aufbereitung/Veränderung zur Konservierung **8** 55
  Aufbereitung/Veränderung zur Nutzung
    in Biomasseanlage **8** 56
  Ausschließlichkeitsprinzip § **8** 23 ff.
  Begriff **3** 19 ff.; **8** 7, 23 ff.

Begriff, allgemein **BiomasseV** 13 ff.
Begriff, außerdem **BiomasseV** 25 ff.
Begriff, insbesondere **BiomasseV** 19 ff.
Begriff: nach EE-RL **BiomasseV** 73
Begriff: Verordnungsermächtigung
  8 124 ff.
Betriebshilfsmittel **8** 64
Biogas **3** 25 f.; **8** 100 f.
Biomassestrom **23** f.
Bonus für bestimmte Techniken und
  Verfahren **8** 13, 17, 20, 93 ff.
Bonus für Kraft-Wärme-Kopplung **8** 13,
  17, 19, 79 ff.
Bonus für nachwachsende Rohstoffe
  8 17 f., 40 ff.
Deponie- und Klärgas **3** 27 ff.
Fremdstoffgehalt **BiomasseV** 25
Gülle **8** 42
Harn **8** 65
Herkunftsnachweis **17** 9 ff.
Klassifizierung nach Aggregatszustand
  3 20
Kot **8** 65
Kraft-Wärme-Kopplung **8** 4
nach StrEG **BiomasseV** 37
Pflanzen **8** 44 ff., 65
Pflanzenbestandteile **8** 44 ff., 65
Pflanzenölmethylester **8** 114
pflanzliches Material **8** 42, 44 ff.
reduzierte Grundvergütung **8** 4
Schlempe **8** 42, 65
Stoffliste **8** 65
Stromerzeugungspotenzial **8** 8
thermochemische Vergasung **8** 98
Trockenfermentation **8** 98 f.
Übergangsregelungen **21** 7
Umweltanforderungen **BiomasseV** 61 ff.
Vergütung **8** 1 ff.
Vergütungsanspruch **8** 14 ff., 133 ff.
Vergütungshöhe **8** 133 ff.
Verordnungsermächtigung **3** 22
Biomasse, anerkannte BiomasseV 12 ff.
**Biomasse, nicht anerkannte
  BiomasseV** 38 ff.
  Altholz, bestimmte Arten **BiomasseV** 42 ff.
  Deponiegas **BiomasseV** 55
  fossile Brennstoffe **BiomasseV** 39
  gemischter Siedlungsabfall **BiomasseV** 41
  Klärgas **BiomasseV** 55
  Klärschlamm **BiomasseV** 47
  Pappe/Papier/Karton **BiomasseV** 46
  Textilien **BiomasseV** 48
  Tierkörper **BiomasseV** 49 ff.
  Torf **BiomasseV** 40
Biomasseanlage
  Ausschließlichkeitsprinzip § **8 8** 65 f.
  Begriff **8** 29 ff.
  Bonus: nachwachsende Rohstoffe **8** 66 ff.
  Einsatzstoff-Tagebuch **8** 67
  elektrische Wirkleistung **8** 32

575

Stichwortverzeichnis

fette Zahlen = §§

Verbrennung von Holz **8** 70 ff.
Vergütungshöhe **8** 158
wirtschaftlicher Betrieb **8** 133 f.
Biomassestrom 3 23 f.
Bedeutung für Energieversorgung **8** 7 f.
Bonus **8** 3 f., 16, 21, 40 ff., 79 ff., 93 ff., 141
Degression **8** 16, 113, 144 ff., 156 ff.
EEG 2000 **8** 11 f.
gleitende Vergütung **8** 136 f.
Grundvergütung **8** 3, 15 f., 22 ff., 136 f.
Grundvergütung: Gasäquivalent **8** 37 f.
Grundvergütung: Sonderregelung Altholz **8** 34 ff.
Leistungsklassen **8** 136
Mindestvergütung **8** 134
Nebeneffekte **8** 6
StrEG **8** 9 f.
technische Verfahren **BiomasseV** 56 ff.
Vergütung: Anlagen Inbetriebnahme ab 2005 **8** 156 ff.
Vergütung: Anlagen Inbetriebnahme in 2004 **8** 153 ff.
Vergütung: Anlagen Inbetriebnahme vor 1. 1. 2004 **8** 143 ff.
Vergütungsanspruch **8** 22
Vergütungsberechnung **8** 135
Vergütungsdauer **8** 142 ff.
Vergütungshöhe **8** 2, 158
Vergütungspflicht: Ausschluss **8** 32 f., 114 ff.
Vergütungsstufen **8** 136
Zünd- und Stützfeuerung **8** 114 ff.
BiomasseV 1 47; **8** 11, 14; **BiomasseV 1** ff.
Anpassung aufgrund EE-RL **BiomasseV** 73
Aufgabenbereich **BiomasseV** 11 ff.
Biomassebegriff **8** 23 f.
Inkrafttreten **BiomasseV** 72
Übergangsregelungen **21** 1, 12
Ziel **BiomasseV** 4 f.
Blindstrom 4 39
Bodensatztheorie Einf. 7
Bonusregelung
Biomassestrom **8** 4, 13, 17 ff., 40 ff., 79 ff., 93 ff., 141
Deponie-/Klär-/Grubengasstrom **7** 3, 24 ff., 30, 32, 34 ff.
Stirling-Motoren-Anlage **7** 39 ff.
Brennstoffzellen 3 38; **7** 30 f.; **8** 4, 20, 31, 82; **BiomasseV** 57
Begriff **8** 103
Brundtland-Kommission 1 25
Bruttowertschöpfung 16 89 ff.
Nachweis **16** 118 ff., 138

Cassis Dijon Einf. 81
Clausius-Rankine-Cycle 7 38
Clearingstelle 19 1 ff.
Aufgabe/Zusammensetzung **19** 6 ff.

Dampfmotoren 7 34; **8** 20, 82, 105; **BiomasseV** 57
Dampfturbinen 7 33; **8** 31, 82; **BiomasseV** 57
Darlegungs-/Beweislast/-mittel 14 70 ff.
Darlegungs-/Beweislast/-pflichten 14 112
Dassonville Einf. 79
Daten 4 11
Datenschutz
Erfahrungsbericht **20** 47 ff.
Dauerschuldverhaltnis 4 30
Deckel-Modell
StrEG **4** 4
Deep-heat-mining-Verfahren 9 4
Degression 5 12
Biomassestrom **8** 3, 16, 21, 113, 144 ff., 156 ff.
Deponie-/Klär-/Grubengasstrom **7** 2, 47
Geothermiestrom **9** 1, 17
Wasserkraftstrom **6** 44 ff.
Windenergiekraftstrom **10** 83
Degressions-/Vergütungssätze
Berichtspflicht **20** 23 ff.
Deponie- und Klärgas 3 27 ff.
Deponiegas → Biogas 3 28; **BiomasseV** 34
Bedeutung für Energieversorgung **7** 6 ff.
Biomasse, nicht anerkannte **BiomasseV** 55
Deponie-/Klär-/Grubengasstrom
Bedeutung für Energieversorgung **7** 6 ff.
Bemessungsleistung **7** 15 f.
Bonusregelung **7** 3, 24 ff.
Bonusregelung: Brennstoffzelle **7** 30 f.
Bonusregelung: Dampfmotor **7** 34
Bonusregelung: Gasaufbereitung **7** 27 ff.
Bonusregelung: Gasturbine **7** 32 f.
Bonusregelung: Mehrstoffgemisch-Anlage **7** 37 f.
Bonusregelung: Organic-Rankine-Cycle-Anlage **7** 35 f.
Bonusregelung: Stirling-Motoren-Anlage **7** 39 ff.
Bonusregelung: Voraussetzungen **7** 26 ff.
Degression **7** 2, 47
effiziente Techniken **7** 4 f.
Vergütung **7** 1 ff.
Vergütung: zeitliche Begrenzung **7** 48
Vergütungsanspruchsvoraussetzung **7** 18
Vergütungshöhen **7** 1, 49 f.
Vergütungspflicht **7** 1 ff.
Vergütungssätze **7** 2, 15
Verordnungsermächtigung **7** 42 ff.
Depressionskraftwerk 3 13; **6** 6, 9
Dieselmotoren 8 31
Differenzkosten 14 82; **15** 1 ff., 6 ff.
Anzeige **15** 8 ff., 20
besondere Ausgleichsregelung **16** 104 ff.
Nachweis **16** 118 ff.
Senkung **16** 147

magere Zahlen = Randnummern

Stichwortverzeichnis

Verbot Doppelverrechnung **15** 21
Veröffentlichung **15** 20
Wirtschaftsprüfer-Bescheinigung **15** 19
Direktleitung 3 77; **4** 80
Dispositionsfreiheit Einf. 39
Doppelvermarktung 17 4, 27; **18** 10 ff.
Doppelvermarktungsverbot 18 1 ff.
Doppelverrechnung 15 21
Drei-Säulen-Modell → **sustainable development/Nachhaltigkeit 1** 26
Druckwasserwäsche 7 29; **8** 102
Druckwechselabsorption 7 29; **8** 102
Dublettenprinzip 9 3
Durchforstungsholz 8 72, 74
durchschnittlicher Erlös 6 28 f.
Durchschnittsvergütung 14 62 f., 80; **15** 10; **16** 105 ff., 150
Durchschnittswert 14 35

EE-Förderrichtlinien 8 164 ff.
 Bindung KfW/BAFA **8** 170
 KMU **8** 174
 rechtliche Qualität **8** 169
EEG
 Abnahmepflicht **2** 11; **4** 1 ff.
 Anreiz zur Innovation und Effizienz **1** 14
 Anschlusspflicht **2** 11; **4** 1 ff.
 Anwendbarkeit ASCM **Einf.** 101 ff.
 Anwendungsbereich **2** 1 ff.
 Anwendungsbereich: räumlicher **2** 12 ff.
 Anwendungsbereich: sachlicher **2** 15 ff.
 Auslegung **1** 9
 Ausstrahlungswirkung **1** 10
 Begriffe **3** 1 ff.
 Deponie-/Klär-/Grubengasstrom **7** 1 ff.
 Erforderlichkeit **Einf.** 46 ff.
 Finanzverfassungsrecht **Einf.** 25 ff.
 fossile Energieressourcen **1** 1
 Geeignetheit **Einf.** 44 f.
 Gesetzeszweck **1** 9
 Gleichheitssatz **Einf.** 70
 Grundkonzept **4** 7 ff.
 Klima- und Umweltschutz **1** 1
 Nachhaltigkeit **1** 1, 32 f.
 Rechtslage 04/2000–07/2004 **Einf.** 16 ff.
 Rechtslage 1991–1998 **Einf.** 13
 Rechtslage 1998–2000 **Einf.** 14 f.
 Rechtslage seit 08/2004 **Einf.** 20 ff.
 Übertragungspflicht **2** 11; **4** 1 ff.
 umfassende Novellierung **Einf.** 21
 Vereinbarkeit Beihilferecht **Einf.** 71 ff.
 Vereinbarkeit EE-RL **Einf.** 85
 Vereinbarkeit Europäisches Gemeinschaftsrecht **Einf.** 71
 Vereinbarkeit GG **Einf.** 22 ff.
 Vereinbarkeit WTO-Recht **Einf.** 86 ff.
 Vereinbarkeit WTO-Subventionsvorschriften **Einf.** 100 ff.
 Vereinbarung Warenverkehrsfreiheit **Einf.** 71, 78 ff.
 Vergütung Biomasse **8** 1 ff.
 Vergütungspflicht **5** 1 ff.
 Verhältnismäßigkeit **Einf.** 52 ff.
 Verringerung volkswirtschaftlicher Kosten **1** 21 ff.
 Vorgeschichte/Rechtsentwicklung bis 1990 **Einf.** 1 ff.
 Vorrangprinzip **2** 2 ff.
 Wasserkraftstrom **6** 1 ff.
 Zweck **Einf.** 44
EEG-Anlagen
 wirtschaftlicher Betrieb **5** 9
EEG-Ausgleichsmechanismus 5 2
EEG-Bilanzkreis 4 113
EEG-Durchschnittsvergütung → **Durchschnittsvergütung 16** 182
EEG-Einspeisungsvertrag 12 23 ff., 32 ff.
EEG-Förderung 14 72
EEG-Klausel → **Steuer-/ Abgabenklausel 14** 87 ff.
EEG-Kosten
 Verbot Doppelverrechnung **15** 21
 Weitergabe Sonderkunden **14** 85 f.
 Weitergabe Tarifkunden **14** 105 ff.
EEG-Quote → **Ausgleichsreglung 14** 45; **16** 182
EEG-Strom
 externe Kosten **1** 22
 Gesamtabnahme **5** 15 ff.
 Verfahren **1** 20
 verlässliche Messung **5** 29
 Weiterentwicklung Technologien **1** 39 f.
EEG-Strommenge → **EEG-Quote**
 Nachweis **16** 118 ff.
 Selbstbehalt **16** 155 ff.
 tatsächliche Abnahme **16** 97 ff.
EE-RL 2 21 ff.; **4** 5
 Beihilferecht **Einf.** 76
 Biomassebegriff **8** 25
 Biomassestrom **8** 159 ff.
 BiomasseV **BiomasseV** 73
 nationale Umsetzung **Einf.** 20
 Pumpspeicher-Strom **3** 10
 Regelungen Bundesrepublik **1** 47
 Verdopplungsziel **1** 43 ff.
 Vereinbarkeit EEG **Einf.** 85
 Vereinbarkeit Warenverkehrsfreiheit **Einf.** 84
 Vorrangprinzip **2** 22, 25
 Weiterentwicklung Fördersystem **14** 134 f.
Eigenerzeugung
 Ausgleich, vertikal **14** 50, 57
Eigentum Einf. 57
 am Versorgungsnetz **Einf.** 63 ff.
 Enteignung **Einf.** 65
 Verhältnismäßigkeit **Einf.** 66 ff.
Eigentumsrecht Einf. 56 ff.
Einnahme, öffentliche Einf. 26, 28
Einsatzstoff-Tagebuch 8 67
Einspeiseantrag → **EEG-Einspeisungsvertrag 12** 29
einstweilige Verfügung 12 80 ff.

577

Stichwortverzeichnis

fette Zahlen = §§

Einzelkontierung **14** 122
EltRL **2** 24
  aktiv (Vorrangprinzip) **2** 25
  passiv (Duldungspflicht) **2** 25
Emissionshandel **1** 53
Energiepflanzen **8** 43
Energieressourcen, fossile 1 1, 38
Energieversorgung
  Erneuerbare Energien **1** 11 f.
  Nachhaltigkeit **1** 24 ff., 29; **BiomasseV** 4
  solare Strahlungsenergie **11** 4 ff.
  Windenergie **10** 4 ff.
Engpassmanagement **2** 32
Enteignung Einf. 65
Entlastungsobergrenze
  Rechtsfolgen Erreichen Deckel **16** 198 ff.
Entlastungsobergrenze → Beschränkung Entlastungsobergrenze **16** 174 ff.
Erdgasqualität **7** 26; **8** 20, 100 ff.
  Grundkonzept **7** 29
  Regelwerke **7** 28
Erdkabel **3** 75 f.
Erdwärme → siehe Geothermie 9 1 ff.
Erfahrungsbericht **8** 13; **20** 1 ff.
  Ausgleichsregelung, besondere **16** 231 ff.
  Auskunftsberechtigte **20** 38
  Auskunftspflichten **20** 36 ff.
  Auskunftspflicht/-verlangen **20** 39 ff.
  Auskunftsverpflichtete **20** 37
  Berichtsgegenstand **20** 17 ff.
  Berichtspflicht, gesetzliche **20** 13 ff.
  Berichtsverpflichteter/-adressat **20** 13
  Berichtszeitpunkt/-rhythmus **20** 15
  Datenschutz **20** 47 ff.
  Verfassungsmäßigkeit **20** 50 f.
Erneuerbare Energien 1 40, 42
  Abfall, biologisch abbaubar **3** 30 f.
  Begriff **3** 1, 7 f.
  Biogas **3** 25 f.
  Biomasse **3** 19 ff.
  Deponie- und Klärgas **3** 27 ff.
  EE-Förderrichtlinien **8** 164 ff.
  EEG 2000
  Gas aus Erneuerbaren Energien **3** 34
  Geothermie **3** 18
  Grubengas **3** 32 ff.
  Marktanreizprogramm für Erneuerbare Energien **8** 134, 165 ff.
  Primärenergieträger **1** 39
  solare Strahlungsenergie **3** 16 f.
  StrEG **3** 4
  Strom aus Speichermedien **3** 35
  Wasserkraft **3** 8 ff.
  Windenergie **3** 14 f.
  Zuwachs **Einf.** 18
Erneuerung Anlage **3** 50 ff.
  50-Prozent-Grenze/Ermittlung Kosten **3** 62, 64
  Begriff **3** 61 ff.
  Neuherstellung **3** 63
  wesentliche **3** 62 ff.

Erzeugungsmanagement-Vereinbarung **4** 39
Etathoheit Einf. 32
externe Effekte, Internationalisierung 1 21 ff.
externe Kosten EEG-Strom 1 21 f.

Fahrstrom **16** 139 ff.
Fassadenanlage **11** 41 ff.
Fernwärmeversorgung → Geothermie 9 3
Fettalkohole → Biomasse BiomasseV 18
Fettsäure → Biomasse BiomasseV 18
Förderregelung **1** 13
Forderungen EEG 2000
  Verjährungsrecht altes BGB **5** 24 ff.
  Verjährungsrecht neues BGB **5** 22 ff.
Forderungen EEG 2004 **5** 27 f.
  Verjährungsrecht neues BGB **5** 27
Förderzweck **1** 14
forstwirtschaftlicher Betrieb **8** 45, 47
fossile Brennstoffe BiomasseV 39
fossile Energieträger
  Grubengas **3** 32
Fotovoltaik **3** 17
Fotovoltaik → solare Strahlungsenergie
  Vergütung **11** 1 ff.
Fotovoltaikanlagen, ebenerdig
  Berichtspflicht **20** 34 ff.
Framework Convention on Climate Change 1 50
Freilandanlagen/an baulichen Anlagen 11 48 ff., 52 ff.
Freileitung **3** 75 f.
Fündigkeitsversicherung **9** 7

Ganzpflanzen **8** 65
gartenbaulicher Betrieb 8 44, 48
Gas aus Altholz BiomasseV 30, 32
Gas aus Erneuerbaren Energien 3 34
Gasabtauschregelung **7** 22 f.
Gasäquivalent **8** 37 ff.
Gasaufbereitung **7** 26 ff.; **8** 20, 100 ff.
  Grundkonzept **7** 29; **8** 102
  Regelwerke **7** 28; **8** 101
Gaskraftwerke **7** 23
Gasmotoren **8** 31
Gasturbinen **7** 32 f.; **8** 20, 31, 82, 104; **BiomasseV** 39
GATT Einf. 87 ff.
Gebäude-/Lärmschutzanlagen 11 36 ff.
Gebrauchtholz **8** 35
Geheimhaltung **4** 108
gemischter Siedlungsabfall
  Biomasse, nicht anerkannte **BiomasseV** 41
Genehmigung
  Windgeranlagen **10** 28 ff.
Generator **3** 38
Geothermie **3** 18; **9** 1 ff.

magere Zahlen = Randnummern

Stichwortverzeichnis

Bedeutung für Energieversorgung **9** 2
Deep-heat-mining-Verfahren **9** 4
Degression **9** 17
Dublettenprinzip **9** 3
Gestehungskosten **9** 9
Heißwasser-Aquifere **9** 3
Herkunftsnachweis **17** 9 ff.
Hot-dry-rock-Verfahren **9** 4, 8
Kalina-Cycle-Verfahren **9** 6
Mindestvergütung **9** 16 ff.
Potential **9** 11
Störungsanalyse **9** 5, 8
Vergütungsansprch **9** 30
Vergütungsberechnung **9** 18 ff.
Vergütungshöhen **9** 18
Vergütungsregelung **9** 16 ff.
Gesamtabnahme 4 34 ff.
Geschäftsgrundlage, Wegfall 14 104
Gesetzesklausel 14 87, 90
Gesetzesziel → EEG 1 1 ff., 41 f.
 abstrakt **1** 11 ff.
 Auslegungsmethoden **1** 9
 europäische Vorgaben **1** 43 ff.
 Klima- und Umweltschutz **1** 11
 Nachhaltigkeit Energieversorgung **1** 11
 rechtliche Bindungswirkung **1** 8 ff.
 Verdopplungsziel **1** 43 f.
Gesetzeszweck → EEG 1 1 ff.
 Belastungsausgleichsregelung **1** 13
 Förderzweck **1** 14
 Klima- und Umweltschutz **1** 11
 Mindestvergütung **1** 13
 Nachhaltigkeit Energieversorgung **1** 11
Gestehungskosten
 Geothermie **9** 9
Getreide 8 61 f., 65
Gewerbebetrieb, Recht am eingerichteten/ausgeübten Einf. 58 ff.
Gezeitenkraftwerk 3 13; **6** 6, 9
Gleichheitsgrundsatz Einf. 70 ff.
Gletscherkraftwerk 3 13; **6** 6, 9
Glycerin → Biomasse BiomasseV 18
Growiane → Windenergieanlagen 10 35
Grubengas 2 11; **3** 32 f.
 Bedeutung für Energieversorgung **7** 12 f.
 Begriff **3** 32
 Bemessungsleistung **7** 19
Grubengas ab 5 MW
 Sondervergütung **7** 19 f.
Grubengasanlage 7 20
Grubengasstrom
 Vergütung **7** 1 ff.
Grün- und Strauchschnitt → Biomasse BiomasseV 22
Grundlast 2 38
Grundlast(-fähigkeit)
 Geothermie **9** 10
Grundpflichten
 Netzbetreiber **4** 15 ff., 19 ff., 33 ff.
Grundrechte Einf. 35 ff.; **12** 47
 Berufsfreiheit **Einf.** 37 ff.; **12** 72 ff.

Eigentum **Einf.** 56 ff.; **12** 66 ff.
Gleichheitsgrundsatz **Einf.** 70 ff.
Grünfläche 11 66 ff.
Grünstrom-Privileg 14 58 f.
Gülle 8 42, 59 f.
Gülle → Biomasse BiomasseV 22, 52

Handelsstrommenge 15 11
Harn 8 65
Härte(fall)klausel Einf. 20
Härteklausel Einf. 13, 15, 54, 61
Hausmüll
 Biomasse, nicht anerkannte **BiomasseV** 41
Hausverteilnetz 3 84
Heimtiere 8 65
Heißwasser-Aquifere 9 3
Herkunftsnachweis 17 1 ff.
 Inhalt **17** 17 ff.
 Verwendung **17** 27 ff.
Hoch- oder Höchstspannungsnetz
 Anschluss **4** 28
Hochdruckanlage 6 6
Holz 8 70 ff.
 Begriff **8** 72
 Verbrennung von Holz **8** 76
Horizontalrotorachse 10 5
Hot-dry-rock-Verfahren 9 4, 8
HygieneV BiomasseV 49 ff.

Inbetriebnahme 3 67
Inbetriebnahme Anlage 3 50 ff.
 Begriff **3** 51 f.
 erstmalige Inbetriebsetzung **3** 59 f.
 technische Betriebsbereitschaft **3** 53 ff.
 Voraussetzung **3** 52
 wesentliche Erneuerung **3** 62 ff.
Inbetriebnahmeprotokoll 3 58
Inbetriebnahmezeitpunkt 3 56
 Begriff **3** 1
 Vergütungshöhe **3** 57
 Vergütungszeitraum **3** 57
Inbetriebsetzung, erstmalige 3 59 f.
Industrieholz 8 35
Inländerdiskriminierung 4 123
Inländergleichbehandlung, Grundsatz Einf. 87 ff.
Insolvenz Netzbetreiber 4 122
Intergovernmental Panel on Climate Change (IPCC) 1 48
Internalisierung externer Effekte 1 2, 21 ff.
International Action Programme 1 52
Internationale Konferenz für Erneuerbare Energien 1 52
Investition- und Betriebskosten 4 63
Investitionsanreize 16 72
Investitionsfreiheit Einf. 39

Joint Renewable Energy Coalition (JREC) 1 51

579

Stichwortverzeichnis

fette Zahlen = §§

Kalina-Cycle-Anlage **7** 37; **8** 20
Kalina-Cycle-Verfahren **9** 6
Kartoffeln 8 61 f., 65
Keck Einf. 79
Klärgas → **Biogas 3** 29; BiomasseV 34, 60
  Bedeutung für Energieversorgung **7** 9 ff.
  Biomasse, nicht anerkannte
    BiomasseV 55
Klärgasstrom
  Vergütung **7** 1 ff.
Klärschlamm → **Biomasse**
  BiomasseV 23, 36
  Biomasse, nicht anerkannte
    BiomasseV 47
kleine Wasserkraftanlage
  Voraussetzung **6** 22 ff.
Klima-, Natur- und Umweltschutz
  1 17 ff.
Klima- und Umweltschutz 1 1;
  BiomasseV 4
Klimarahmenkonvention 1 12, 50
  Nachhaltigkeit **1** 25, 30
Klimaschutz Einf. 13, 44, 55, 66, 83 f.;
  1 33, 48, 50, 52; **7** 27; **8** 7, 100
Konversionsfläche 11 65
Konzessionsvertrag 4 50
Kosten, Prinzip/Grundsatz der vermiedenen Einf. 11 ff.
Kostenminimierung 4 41, 47 f., 62, 83
  Netzverknüpfungspunkt **4** 78
Kostenreduktion 16 72
Kot 8 65
Kraft-Wärme-Kopplung 2 17 f.; **8** 13, 141
Kraft-Wärme-Kopplunganlage 8 82 ff., 100
  mit Vorrichtung zur Wärmeabfuhr **8** 85 ff.
  ohne Vorrichtung zur Wärmeabfuhr **8** 92
  Technologiebonus **8** 97
  Zertifizierung **8** 88
Kraft-Wärme-Kopplung-Nettostromerzeugung 8 87, 89
Kraft-Wärme-Kopplung-Nutzwärmeerzeugung 8 87, 90
Kraft-Wärme-Kopplungsprozess 8 4 f.
Kraft-Wärme-Kopplungstrom
  Bonus **8** 79 ff.
  i. S. d. KWKG **8** 81 ff.
Kundennetz 4 83 f.
Kuppelstellen-Betreiber
  Netzausbaupflicht **4** 56
Küstenmeer → **Offshore-Anlagen**
  10 45 ff.
KWK-RL 2 18
Kyoto-Protokoll 1 50
  Lastenverteilung/Burden sharing **1** 50
  Nachhaltigkeit **1** 25, 30

Landeswassergesetze
  Anlagengenehmigung **6** 18

Landschaftspflege 8 44, 49
Landschaftspflegeholz 8 72, 75
landwirtschaftliche Brennerei 8 65
landwirtschaftlicher Betrieb 8 45 f., 65
Lastmanagement-Vereinbarung 4 39
Lastprofile
  Ermittlung **14** 132 f.
  Lieferung **14** 64 ff.
Laufwasserkraftwerk 3 9 f.; **6** 6 f.
  guter ökologischer Zustand **6** 22
  räumlicher Zusammenhang **6** 22
  Staustufe **6** 22
  Wehranlage **6** 22
Leistung 6 21
  Begriff **3** 1
Leistung, installierte elektrische 9 22
Leistung von Anlagen
  Begriff **3** 69 ff.
  elektrische Wirkleistung **3** 69 ff.
  Reserveleistung **3** 73 f.
Leistungserhöhung
  Wasserkraftanlage, große **6** 31 f.
Leistungsklassen 12 40 ff.
Leistungsmessung, 1/4-h 5 31
Leistungsmessung, registrierende 5 29 ff.
Letztversorger
  Ausgleich, vertikal → siehe dort **14** 50 f.
  Differenzkosten **15** 12 ff.
  Fristen Ausgleichmechanismus **14** 129
Lieferkette
  dritte Stufe **4** 14
  erste Stufe **4** 8
  vierte Stufe **4** 14
  zweite Stufe **4** 13
Ligninlauge → **Biomasse BiomasseV** 17

Marktanreizprogramm für Erneuerbare Energien 8 134, 165
Markteinführung, Stand
  Berichtspflicht **20** 17
Mehrstoffgemisch-Anlage 7 37 f.; **8** 20
  Begriff **8** 107
Messdaten
  Übergangsregelungen **21** 1 f.
Messeinrichtung 13 30 ff.
Messeinrichtung, gemeinsame 12 85 ff.
  Windenergieanlagen **12** 89 f.
Messeinrichtungskosten 13 9 ff., 30 ff.
Messrecht 13 30 ff.
Mindestpreis 1 13
Mindestpreissystem Einf. 51, 71, 73
Mindeststrombezug 16 81 ff.
  Nachweis **16** 118 ff.
Mindestvergütung 1 1; **5** 9
  Biomassestrom **8** 134
  Geothermie **9** 1, 16 ff.
  solare Strahlungsenergie **11** 72
  Umsatzsteuer **12** 92 ff.
  unabdingbar **5** 13 f.
  Windenergie **10** 54 ff.
Mindestvergütungsregelung 6 3

magere Zahlen = Randnummern

Stichwortverzeichnis

Mindestvergütungssatz
  EEG 2000 **6** 11
  Übergangsregelungen **21** 2
Minutenreserve 4 119
Mischfeuerung 7 18; **8** 119
Mischverbrennung 8 26
Mist → **Biomasse BiomasseV** 22
Mitteldruckanlage 6 6
Mittel-Zweck-Kette 1 2, 11 ff.
  Energieversorgungsunternehmen **1** 15
  Mindestpreis **1** 15
  regenerative Primärenergieträger **1** 15
Monitoring → **Erfahrungsbericht 20** 1 ff.
Monopol, „natürliches" Einf. 55

Nachhaltigkeit 1 1, 24 ff., 42;
  BiomasseV 4
  rechtliche Verankerung **1** 30 f.
Nachhaltigkeit, Konzept 1 25
  Anwendungsfelder **1** 28
  Bedeutung EEG **1** 32 f.
  Energieversorgung **1** 29
  Indikatoren **1** 26
  Klimarahmenkonvention **1** 25
  Komponenten **1** 26 f.
  Kyoto-Protokoll **1** 25
nachwachsende Rohstoffe
  Bonus **8** 17 f., 40 ff., 141
  Bonus: Anforderung Anlagen/-betreiber **8** 66 f.
  Bonus: Anforderung Betriebsgelände **8** 68
  Bonusanspruch **8** 77 f.
  Bonusanspruch: Verlust **8** 78
  Energiepflanzen **8** 43
  forstwirtschaftlicher Betrieb **8** 45, 47
  gartenbaulicher Betrieb **8** 44, 48
  Gülle **8** 42, 59 f.
  Landschaftspflege **8** 44, 49
  landwirtschaftlicher Betrieb **8** 45 f.
  Pflanzen **8** 44 ff.
  Pflanzenbestandteile **8** 44 ff.
  Pflanzenöl **8** 58
  pflanzliches Material **8** 42, 44 ff.
  Schlempe **8** 42, 59, 61 f.
  Sonderregelung Holz **8** 70 ff.
  sonstige Voraussetzungen **8** 50 ff.
Naturschutz 1 34 ff.
Nettostromerzeugung 8 89
Netz
  Abgrenzung Direktleitung/Stichleitung **3** 77
  Aufnahmepotential **4** 39
  Begriff **3** 1, 75 ff.
  nachgelagertes **15** 28
  technische Einrichtung **4** 72 ff.
Netz der allgemeinen Versorgung 3 78
  Abgrenzung **3** 83
  Begriffsauslegung BGH **3** 79 f.
Netz, geeignetes 4 45
  Anschlussvariante **4** 46
  Bestimmung **4** 44 ff.

  Beweislast **4** 54
  Kriterien **4** 45
  Netzspannung **4** 50 f.
  technische Eignung **4** 49 ff.
  Vermutung **4** 50 ff.
  volkswirtschaftliche Kosten **4** 46 ff.
Netz, nachgelagertes 4 120
Netz- und Anlagedaten 4 101
  Erforderlichkeit **4** 104
  Geheimhaltung **4** 108
Netz, vorgelagertes 4 120
  Netzausbaupflicht **4** 56
Netz, zeitweise ausgelastet
  Abnahme-/Anschlusspflicht **4** 89 ff.
Netzanschluss → **Anschluss 4** 73 ff.;
  13 20
  Abgrenzung Netzausbau **13** 12 ff.
  Auskunftspflichten **4** 101
  Kostenminimierung **4** 45 ff., 78 f., 81
  kürzeste Entfernung **4** 76 ff.
  Luftlinienentfernung **4** 80
  Netzverknüpfungspunkt **4** 77
  Prüfungsschema: verpflichteter Netzbetreiber **4** 85 ff.
  Überwindung Hindernis **4** 81
  verlegte Direktleitung **4** 80
  zeitweise ausgelastetes Netz **4** 89 ff.
Netzanschlusskosten → **Anschlusskosten 13** 9 ff.
Netzausbau 4 39; **13** 21
  Abgrenzung Netzanschluss **13** 12 ff.
  absolute Zumutbarkeit **4** 63 f., 68
  Auskunftspflichten **4** 101 ff.
  Beweislast **4** 69
  Erforderlichkeit **4** 57
  Grenzen Zumutbarkeit **4** 58 ff.
  Kleineinspeisungen **4** 63
  Kostenanalyse **4** 61 f.
  Kostenminimierung **4** 78 f., 81
  relative Zumutbarkeit **4** 62, 68
  Schadensersatz **4** 60
  technische Einrichtung **4** 72 ff.
  Unverzüglichkeit **4** 70
  Unzumutbarkeit **4** 67
  weiter entferntes Netz **4** 64
  Zumutbarkeit: Kriterien **4** 62
Netzausbaukosten 13 10, 46 ff.
  Netznutzungsentgelte **13** 51
  Repowering **13** 48
  Stichleitung **13** 19
  Weiterwälzung **4** 66
Netzausbaupflicht 4 8, 44 ff., 55 ff., 61
  Abgrenzung Anschlussmaßnahmen **4** 72 ff.
  Adressat **4** 56
  Anlagengenehmigung **4** 71
  Netzbetreiber **4** 56
  zeitweise ausgelastetes Netz **4** 89 ff.
Netzausbauverpflichtung 4 15
Netzauslastung 4 90
  Beweispflicht Netzbetreiber **4** 93 ff.
  Netzmanagement **4** 99 f.

581

Stichwortverzeichnis

fette Zahlen = §§

Netzauslastungsdaten **4** 104
Netzbetreiber
  Abnahmepflicht **4** 8, 90
  Anschluss-, Abnahme- und Übertragungspflicht **4** 15 ff.
  Anschlusspflicht **4** 19, 90
  Antrag Netzkapazität **4** 96
  Arealnetz-EEG-Strom **4** 110 ff.
  Auskunftspflichten **4** 101 ff.
  Begriff **3** 1, 87 ff.; **4** 27 f.
  Bestimmung Anschlussverpflichteter **4** 85 ff.
  Beweislast Netzausbau **4** 69
  Beweispflicht Netzauslastung **4** 93 ff.
  Differenzkosten **15** 12 ff., 24
  Fristen Ausgleichmechanismus **14** 127
  Gesamtabnahme **4** 34
  Grundpflichten **4** 15 ff.
  Hauptpflichten **12** 4, 20 f.
  Nebenpflichten **12** 22 ff.
  Netzanschluss: kürzeste Enfernung **4** 76 ff.
  Netzausbaukosten **13** 10
  Netzausbaupflicht **4** 55 ff.
  Netzauslastung: Vorlage nachprüfbarer Berechnungen **4** 95
  Schadensersatz **4** 60
  Transparenzpflicht **14** 72 f.
  Veröffentlichungspflicht **15** 22 ff.
Netzbetreiber, entfernter
  Kostenminimierung **4** 81 f.
Netzbetreiber, nächstgelegener inländischer 4 123; **5** 40
Netzbetreiber, regelverantwortlicher →
  Übertragungsnetzbetreiber 4 117
Netzbetreiber, sonstige 4 124
Netzbetreiber, vorgelagerter
  Abnahme- und Übertragungspflicht **4** 115
  Erstattungsanspruch gg. Übertragungsnetzbetreiber **4** 115
Netzdaten 4 101, 104
Netzengpass 4 89
Netzentgelt
  Netzausbaukosten **4** 62, 68
Netzintegration 4 16, 39
Netzkapazität 4 52 f.
  Antrag Anlagenbetreiber **4** 96
  Vorrang, relativer (Durchleitungs-) **2** 33
Netzkapazitätsreservierung 12 30
Netzkapazitätsverknappung 4 16
Netzkapazitäts-Zuweisung 4 96 ff.
Netzkosten 13 1 ff.
  Anschlusskosten **13** 5
  Netzausbaukosten **13** 10
  Netzverstärkungskosten **13** 6
Netzmanagement 4 99
Netznutzungsbegehren
  Vorrang, relativer (Durchleitungs-) **2** 33
Netznutzungsentgelt 4 43
  Begriff **5** 36
  Netzausbaukosten **13** 51

Netznutzungsentgelt, vermiedenes 5 2, 36 ff.
Netzspannung 4 50, 52
Netzüberlastung
  technische Einrichtung zur Reduzierung Einspeiseleistung **4** 93, 97, 99
Netzverknüpfungspunkt 4 77 f.
  Abwägung **4** 79 f.
Netzverstärkungskosten 13 6
Netzverträglichkeitsprüfung 12 30
  Netz- und Anlagedaten **4** 101 ff.
Netzzugang Einf. 64
Nieder- oder Mittelspannungsnetz
  Anschluss **4** 28
Niederdruckanlage 6 6
Nutztiere 8 65
Nutzwärme 8 85 f.

öffentliche Hand Einf. 31, 34, 103
öffentlicher Zweck Einf. 31
Offshore-Anlagen 10 8, 12, 21, 26, 45 ff.
  Grundvergütung **10** 1
  Vergütung **10** 76 ff.
ökologischer Zustand 6 22, 25, 30 f.
  Nachweis **6** 41 ff.
  wasserrechtliche Zulassung **6** 41
Onshore-Anlagen 10 8, 35 ff.
  Grundvergütung **10** 1
  Repowering **10** 12, 25
  Vergütung **10** 56 ff.
Organic-Rankine-Cycle-Anlagen 7 35 f.;
  8 20, 82; **BiomasseV** 57
  Begriff **8** 106

Pappe/Papier/Karton
  Biomasse, nicht anerkannte
    BiomasseV 46
Pflanzen → **Biomasse 8** 44 ff., 65;
  BiomasseV 20
Pflanzenbestandteile → **Biomasse**
  8 44 ff., 65; **BiomasseV** 20
Pflanzenmaterial → **Biomasse**
  BiomasseV 21
Pflanzenöl 8 58
Pflanzenölmethylester → **Biomasse**
  8 114, 117; **BiomasseV** 30
pflanzliches Material 8 42, 44 ff.
Phytomasse → **Biomasse BiomasseV** 13
Plan of Implementation of the World Summit on Sustainable Development 1 51
Planfeststellung
  Solaranalagen **11** 23, 57 ff.
Planungsinteresse, ernsthaftes 4 107
Planungsreife 4 106
Policy Recommendations for Renewable Energien 1 52
Political Declaration 1 52
Preisanpassungsklausel 14 87
Preisfreiheit Einf. 39, 52
Preisgünstigkeit 2 36 f.

magere Zahlen = Randnummern

Stichwortverzeichnis

Preisstützung Einf. 108
PreussenElektra Einf. 71, 73 ff., 79 ff.
Primärenergieträger 1 39
   Herkunft **2** 13
Primärregelung 4 119
Prinzip der Gesamtabnahme 5 15 ff.
produzierendes Gewerbe 16 1 ff., 56 ff.
   Kostenbegrenzunganspruch **16** 79 ff.
   selbständige Unternehmensteile **16** 133 ff.
Pumpspeicherkraftwerk 3 9 ff.; **6** 6, 8

Querbebauung 6 24 f.
Quotenmodell/-regelungen Einf. 50 f.

Rapsmethylester 8 117
Raumplanung
   Windenergie **10** 41
Rechtsstaatsprinzip 12 47
Regelenergie 4 39
Regelzone 4 119
Regenerativstrom
   Vermarktung **14** 79 f.
Register
   Anlagenregister **15** 34 ff.
registrierende Leistungsmessung 5 29 ff.
   Einschränkung **5** 29
Repowering 10 12, 25; **13** 47 ff.
Repowering-Anlagen
   Vergütung **10** 72 ff.
Reserveleistung 3 73 f.
Reserven 1 36
Ressourcenschonung Einf. 13, 44, 55, 66, 97; **1** 3, 36, 53; **7** 27; **8** 7, 100
Richtlinien zur Förderung von Maßnahmen zur Nutzung Erneuerbarer Energien → **EE-Förderrichtlinien 1** 47
Rio Declaration 1 49
Rohholz 8 72 f.
Rückwälzung
   EEG-Strom **14** 68
Rückwälzung, vertikale 4 14
Rückwirkung
   echte **12** 50 ff.
   unechte **12** 54 ff.

Salzgradientenenergie 3 13
Schaltanlage 3 75 f.
Schienenbahnen 16 1 ff., 64 ff.
   Abnahmestelle **16** 143 f.
   Ausgleichsregelung, besondere: Nachweise **16** 136 ff.
   Begrenzung Fahrstrom **16** 139 ff.
   Beschränkung Begünstigung **16** 200 f.
   Deckel Begrenzungswirkung **16** 169 ff.
Schlempe 8 42, 59, 61 f., 65
Schuldverhältnis
   gesetzliches **12** 4 ff., 20 ff.
Schwachlastzeiten 2 28
Schwellenwert 12 39
SeeAnlV 10 49 ff.

Sekundärenergieträger → **Biomasse BiomasseV** 24
Sekundärreglung 4 119
Selbstbehalt 16 155 ff.
Solaranlagen → **Fotovoltaikanlagen 11** 30 ff.
   Fassadenanlage **11** 41 ff.
   Freilandanlagen/an baulichen Anlagen **11** 48 ff.
   Gebäude/Lärmschutzwand **11** 36 ff.
   Vergütungsanspruch **11** 24
solare Strahlungsenergie → **direkte Sonnenenergie** → **Fotovoltaik 3** 16 f.; **11** 29
   Abgrenzung Sonnenenergie **3** 16
   Bedeutung Energieversorgung **11** 4 ff.
   Begriff **3** 16
   Fotovoltaik **3** 17
   Herkunftsnachweis **17** 9 ff.
   Mindestvergütung **14** 72
   solarthermische Stromerzeugung **3** 17
   Übergangsregelungen **21** 9
   Vergütung **11** 1 ff.
   Vergütungsanspruchsdauer **11** 73
   Vergütungsberechnung **11** 74 ff.
   Vergütungshöhe **11** 70 ff., 85
Solarzelle 3 38
Sonderabgaben Einf. 25, 32, 43, 47
Sondervergütung
   Grubengas ab 5 MW **7** 19 f.
Sonnenenergie
   Abgrenzung solare Strahlungsenergie **3** 16
   direkt **3** 16
   indirekt **3** 16
   Solararchitektur **3** 16
   thermisch **3** 16
Speicherkraftwerk 3 9 f.; **6** 6, 8, 16
   Ausschluss **6** 46
Speichermedien-Strom 3 35
Stau- oder Wehranlage 6 24
Steuer-/Abgabenklausel → **EEG-Klausel 14** 87 ff.
Steuern Einf. 25
Stichleitung 3 77; **4** 63; **13** 19
Stirling-Motoren 7 39 ff.; **8** 20, 82; **BiomasseV** 57
   Begriff **8** 108
Stirling-Motoren-Anlage 7 39 ff.
Störungszonen 9 5, 8
StrEG
   1990 **Einf.** 13
   1998 **Einf.** 14 f.
   2000 (zum EEG) **Einf.** 16 ff.
   Vereinbarkeit Europäisches Gemeinschaftsrecht **Einf.** 71 ff.
   Vergütung **5** 4
Streitigkeiten 19 1 ff.
Stroh → **Biomasse BiomasseV** 22
Strombezugskosten, durchschnittliche 15 11
Stromeinspeisungsgesetz → **StrEG 1** 6

583

Stichwortverzeichnis

fette Zahlen = §§

Stromgestehungskosten
  Berichtspflicht **20** 18 ff.
StromhandelVO 2 31
Stromkennzahl 8 85, 87 ff.
Stromkosten 16 90 f.
Strommengen
  Begrenzung **16** 1
  Berechnung Vergütung **14** 60 f.
  Kontierung **14** 28 ff.
  nachträgliche Änderung **14** 113
  Veröffentlichung **15** 1
  Weitergabe Endkunde **14** 81 ff.
Stromsteuer 12 99 f.
Strömungskraftwerk 3 13; **6** 25
Subventionierung Einf. 46, 100 ff.
sustainable development 1 24 ff., 28 f.
Synthesegas BiomasseV 60

Tarifkunden
  Weitergabe EEG-Kosten **14** 105 ff.
Tarifpreise
  Genehmigung **14** 106
Technologiebonus 8 93 ff., 141
  Anlagentechniken **8** 103
  Kraft-Wärme-Kopplunganlage **8** 97
  Verfahren zur Stromerzeugung **8** 98 ff.
  Verordnungsermächtigung **8** 109 f.
  Voraussetzungen **8** 96 ff.
Territorialitätsprinzip 4 123
Testanspruch 14 116 ff., 121 ff.
Textilien
  Biomasse, nicht anerkannte
    BiomasseV 48
Theorie der durchlaufenden Posten Einf. 26
thermochemische Vergasung 8 98
tierische Nebenprodukte
  Biomasse, nicht anerkannte
    BiomasseV 49 ff.
Torf
  Biomasse, nicht anerkannte
    BiomasseV 40
Transformatoren 3 75 f.
Transparenz 15 1 ff.
Transparenzpflicht 14 72 f.
Treibhausgase 1 50
Treibhausgasemissionen 1 53
Treibsel → **Biomasse BiomasseV** 31
Trockenfermentation 8 98 f.

Übergangsregelungen 21 1 ff.
  Altholz **21** 1, 11
  Anlagenregister **21** 1, 10
  Ausgleichsregelung, besondere **21** 1, 12
  Biomasse **21** 7
  BiomasseV **21** 1, 12
  Messdaten **21** 1 f.
  Mindestvergütungssatz **21** 2
  Solarenergie **21** 9
  Vergütungsregelungen **21** 1 ff.

  Wasserkraft **21** 5 f.
  Windenergie **21** 1 f., 8, 11
Überschussstrom Einf. 2, 5 f.
Übertragung 12 1 ff.
Übertragungsnetzbetreiber 3 89
  Abnahme-/Vergütungsanspruch **14** 43 ff.
  Abnahme-/Vergütungspflicht **4** 13
  Ausgleich, vertikal → siehe dort **14** 49
  Ausgleichsregulung **14** 10
  Ausgleichsvergütung, monatlich **14** 114 f.
  bundesweiter Ausgleich **4** 13
  Differenzkosten **15** 24
  Fristen Ausgleichmechanismus **14** 128 f.
  Geltendmachung Ausgleichsanspruch
    14 77 f.
  horizontaler Ausgleich → siehe dort
    14 17 ff.
  Insolvenz Netzbetreiber **4** 122
  Pflichten **4** 115 f.
  Vergütungspflicht **5** 32 ff.
Übertragungsnetzbetreiber, nächstgelegener inländischer 4 123
Übertragungsnetzbetreiber, vorgelagerter 4 117 ff.; **5** 34
Übertragungspflicht 4 1 ff.
  Gesamtabnahme **4** 34 ff.
  Netzbetreiber **4** 15 ff., 33 ff.
  Vorrangprinzip **4** 37
Umsatzsteuer 12 92 ff.
Umspannwerk 3 75 f., 84
Umwelt
  Reserven **1** 37
  Ressourcen **1** 37
Umweltexternalitäten, negative 1 21 ff.
Umweltgutachter 17 1, 13 ff.
Umweltorganisation 17 13 ff.
Umweltschäden, Kosten 1 21 ff.
Umweltschutz Einf. 55, 80 ff.; **1** 34 ff.;
  BiomasseV 4, 61 ff.
  GATT **Einf.** 94 ff.
Umweltverträglichkeit 2 26
Umwidmung 3 68
United Nations Conference on Environment and Development (UNCED) 1 49
United Nations Environment Programm (UNEP) 1 48
Unternehmerfreiheit Einf. 39

Verbändevereinbarung Einf. 6 f., 11
Verbraucherschutz 15 2
Verbrennungsmotoren 8 82;
  BiomasseV 57
Verdopplungsziel 1 43 ff.
Verfassungsmäßigkeit
  Rückwirkung **12** 46 ff.
Verfassungsrecht Einf. 22 ff.
Verfassungsrecht, objektives 12 47
Vergütung 12 1 ff.
  Biomasse **8** 1 ff.
  Degression **10** 83

584

magere Zahlen = Randnummern

Stichwortverzeichnis

Durchschnittsvergütung **14** 62 f.
Geothermie **9** 1 ff., 16 ff.
gleitende **12** 39
große Wasserkraft **6** 30 ff.
große Wasserkraftanlage **6** 33 f.
kleine Wasserkraftanlage **6** 19 ff.
Leistungserhöhung **6** 34
monatliche Abschläge **14** 114 f.
Offshore-Anlagen **10** 56 ff., 76 ff.
Repowering-Anlagen **10** 72 ff.
solare Strahlungsenergie/Fotovoltaik **11** 1 ff.
Unterpreisverkaufsverbot **14** 79
Wasserkraftstrom **6** 1 ff.
Windenergie **10** 1 ff.
Windenergie: Neuanlagen **10** 84 ff.
Vergütung, gleitende 6 26 f.; **7** 17
Biomassestrom **8** 136 f.
durchschnittlicher Erlös **6** 28 f.
kleine Wasserkraft **6** 26 ff.
Vergütungsanspruch 5 17
Aufrechnung **12** 76 ff.
Berechung **5** 35
Beschränkung **6** 23
Biomassestrom **8** 133 ff.
Deponie-/Klär-/Grubengasstrom **7** 18
Fälligkeit **5** 19 f.
Geothermie **9** 30
solare Strahlungsenergie/Fotovoltaik **11** 21 ff.
Verjährung **5** 21 ff.
Wasserkraftstrom **6** 4
Zeitpunkt der Entstehung **5** 19 f.
Vergütungsanspruch/-höhe
Inbetriebnahme Anlage **3** 51, 57
Vergütungsanspruchsdauer
solare Strahlungsenergie **11** 73
Windenergie **10** 55
Vergütungsausgleich
Berechnungsverfahren **14** 62 f.
Vergütungsberechnung 12 85 ff.
Geothermie **9** 18 ff.
solare Strahlungsenergie **11** 74 ff.
Windenergie **10** 62 ff.
Vergütungsdauer 5 8; **12** 43 ff.
Biomassestrom **8** 142 ff.
Verfassungsmäßigkeit **12** 46 ff.
Wasserkraftstrom **6** 47 f.
Vergütungs-/Degressionssätze
Berichtspflicht **20** 23 ff.
Vergütungshöhe
Anpassung **5** 11
Bemessung **5** 9 ff.
Bestimmung **12** 38 ff.
Biomasse **8** 2
Biomassestrom **8** 133 ff.
Deponie-/Klär-/Grubengasstrom **7** 1
Deponie-/Klär-/Grubengasstrom: vor EEG 2004 **7** 21
Geothermie **9** 28
solare Strahlungsenergie **11** 70 ff., 85

Verfassungsmäßigkeit **12** 46 ff.
Wasserkraftstrom: Laufkraftwerk **6** 40
Windenergie **10** 53 ff.
Vergütungsmechanismus 2 35
Vergütungspflicht Einf. 12; 5 1 ff., 6 ff., 35; **10** 1 ff.; **12** 4 f.
Biomasse **8** 1, 5
Deponie-/Klär-/Grubengasstrom **7** 1 ff., 4
Gleichheitssatz **Einf.** 70
grundsätzliche **5** 1
korrespondierende **5** 2
nächstgelegener inländischer Netzbetreiber **5** 40
Übertragungsnetzbetreiber **5** 32 ff.
Vereinbarkeit WTO-Recht **Einf.** 86
Verfassungsrecht **Einf.** 40 ff., 52 ff.
vermiedene Netznutzungsentgelte **5** 36 ff.
vorgelagerte Übertragungsnetzbetreiber **5** 34
Wasserkraftstrom **6** 3, 47 f.
Vergütungsregelung
Deponie-/Klär-/Grubengasstrom **7** 2, 15 ff.
Übergangsregelungen **21** 1 ff.
Vergütungssätze 5 7, 33
Absenkung **5** 12
Degression **5** 12; **6** 44
Deponie-/Klär-/Grubengasstrom **7** 2
Differenzierung **1** 14
Wasserkraftstrom **6** 1
Vergütungssystem 5 7
Vergütungszahlen
Veröffentlichung **15** 1
Vergütungszahlung
nachträgliche Änderung **14** 113
Verhältnismäßigkeitsgrundsatz Einf. 42, 66 ff.; **4** 61
Verjährung
Forderungen EEG 2000 **5** 22 ff.
Forderungen EEG 2004 **5** 27 f.
Vergütungsanspruch **5** 21 ff.
Verknüpfungspunkt, wirtschaftlich günstigster 13 11
Vermutung, gesetzliche
geeignetes Netz **4** 50 ff.
geeignetes Netz: Widerlegung **4** 52 f., 59
Netzkapazität **4** 52 f.
Netzspannung **4** 52 f.
Veröffentlichung
Strommengen **15** 1
Vergütungszahlen **15** 1
Veröffentlichungspflicht
Differenzkosten **15** 22 ff.
Differenzkosten: Mindestangaben **15** 27 ff.
Verordnungsermächtigung **15** 30 ff.
Versorgungssicherheit Einf. 44, 66; **2** 20, 32, 36, 38
contra Vorrangprinzip **2** 32, 39 f.
Verteilernetzbetreiber
Darlegungspflicht **5** 35
Vertikalrotorachse 10 5

585

Stichwortverzeichnis

fette Zahlen = §§

Vertrag
 Anpassungsklausel **14** 88
 EEG-Klausel **14** 87 ff.
 ergänzende Vertragsauslegung **14** 97 ff.
 Gesetzesklausel **14** 87, 90
 Preisanpassungsklausel **14** 87
 Steuer-/Abgabenklausel **14** 87 ff.
 Wegfall Geschäftsgrundlage **14** 104
 Wirtschaftsklausel **14** 87
Vertragsauslegung, ergänzende
 14 97 ff.
Vertragsfreiheit Einf. 38 ff., 52, 58 ff.
Vertrauensschutz 12 47
Verwaltungsverfahren
 Ausgleichsregelung, besondere **16** 202 ff.
virtuelles Lastmanagement 4 34
Völkerrecht 1 48 ff.
Vorrang 4 6
Vorrang, absoluter
 Schutz vor Wettbewerb **2** 26 ff.
 Verhältnis zum relativen Vorrang **2** 35
Vorrang, relativer (Durchleitungs-)
 EnWG **2** 32 f.
 Interessenabwägung **2** 32
 Verhältnis zum absoluten Vorrang **2** 35
Vorrangprinzip 2 2 ff., 15, 20; **4** 16, 97
 Abnahmepflicht **4** 37
 Abnahmepflicht: Ausnahme **4** 39 ff.
 absolutes **2** 27
 Anlagenregister **4** 38
 Auslegung/Anwendung EEG **2** 30
 EE-RL **2** 21 ff., 25
 EltRL **2** 23, 25
 EnWG **2** 32
 Kostenminimierung **4** 41
 Netzausbaupflicht **4** 55 ff.
 Übertragungspflicht **4** 37
 Verhältnis zum Energierecht **2** 36 ff.
 Voraussetzung Abweichung **4** 39
Vorrangregelung
 Ausnahmen **2** 39
 teleologische Reduktion **2** 38
VV II plus 4 119

Wandrestholz → Biomasse **8** 72, 74; **BiomasseV** 22
Warenverkehrsfreiheit Einf. 71, 78 ff., 83 f.; **16** 21 ff.
Wärmeabruf, Vorrichtung zum 8 83 ff., 92
Wärmeanomalien 9 2
Wärmeäquivalent 7 22; **8** 37
Wärmeauskopplung 8 82, 85 f.
Wasserkraft 3 8 ff.
 gleitende Vergütung **6** 1
 Herkunftsnachweis **17** 9 ff.
 Sonderformen **3** 13
 Übergangsregelungen **21** 5 f.
Wasserkraft, große 6 1, 13
Wasserkraft, kleine 6 1, 15
 gleitende Vergütung **6** 26 ff.

Wasserkraftanlage 6 2
 Errichtung **6** 17 f.
Wasserkraftanlage, große
 Degression **6** 44
 Erneuerung **6** 30 f.
 erstmals in Betrieb **6** 31
 guter ökologischer Zustand **6** 30 ff.
 Leistungserhöhung **6** 31
 Mindestvergütung **6** 45
 Vergütung **6** 30 ff.
 Vergütungsvoraussetzung **6** 30 ff.
 zusätzliche Strommenge **6** 34 f.
Wasserkraftanlage, kleine
 Anlagenleistung **6** 21
 Vergütung **6** 19 ff.
Wasserkraftstrom 3 12
 Arten **6** 5 ff.
 Bedeutung für Energieversorgung **6** 5 ff., 10
 Durchschnittserlös **6** 11
 Laufwasserkraftwerk **3** 9
 Pumpspeicherkraftwerk **3** 9
 Speicherkraftwerk **3** 9; **6** 46
 StrEG **6** 11
 Vergütung **6** 1 ff.
 Vergütung Anlagen vor EEG 2004 **6** 38 ff.
 Vergütung, anteilige (bis 5 MW) **6** 35 ff.
 Vergütung, gleitende **6** 26
 Vergütung neue Anlage **6** 35
 Vergütungspflicht **6** 47 f.
 Vergütungsregelungen **6** 19
 Vergütungssätze **6** 20
Wasserkraftwerk
 Hochdruckanlage **6** 6
 Mitteldruckanlage **6** 6
 Niederdruckanlage **6** 6
 Speichervermögen **6** 6
Wasserrecht
 WRRL **6** 43
Wasserturbine
 Bauart **6** 6
Wegfall Geschäftsgrundlage 14 104
Weiterverteiler
 Ausgleich, vertikal **14** 50
Weiterwälzung
 EEG-Kosten **14** 85 ff.
Wellenkraftwerk 3 13; **6** 6, 9
Weltkommission für Umwelt und Entwicklung (WCED) 1 25
Wettbewerb, Schutz im → Vorrang, relativer (Durchleitungs-) **2** 32 ff.
Wettbewerb, Schutz vor → Vorrang, absoluter **2** 28
Wettbewerbsfreiheit Einf. 38 f., 41 f., 52, 62
WHG 6 18
Windenergie Einf. 19; **3** 14 f.; **10** 1 ff.
 Bedeutung Energieversorgung **10** 4 ff.
 Begriff **3** 15
 Herkunftsnachweis **17** 9 ff.
 Mindestvergütung **10** 54 ff.

magere Zahlen = Randnummern

Stichwortverzeichnis

Übergangsregelungen **21** 1 f., 8, 11
Vergütungsanspruchsdauer **10** 55
Vergütungsberechnung **10** 62 ff.
Vergütungshöhe **10** 53 ff.
Windenergieanlagen
 Genehmigung **10** 30 ff.
 große **10** 6 f.
 kleine **10** 7
 Leistungsklassen **10** 6 ff.
 mittelgroße **10** 7
 Onshore/Offshore **10** 1, 8
 Planung/Errichtung **10** 28 ff.
 Raumplanung **10** 41
 Sondergebiete **10** 93 ff.
„**Windhundliste**" **4** 96
Wirkleistung, elektrische 3 69 ff.; **6** 21; **8** 32; **9** 19
Wirtschaftsklausel 14 87
Wirtschaftsprüfer-Testat 14 72 ff.

World Meteorological Organization (WMO) 1 48
World Summit on Sustainable Development (WSSD) 1 51
WRRL 6 20, 25
WTO-Recht
 ASCM **Einf.** 86 ff.
 GATT **Einf.** 86 ff.
 Subventionsvorschriften **Einf.** 100 ff.

Zertifikatshandelsmodell Einf. 50 f.
Zoomasse → Biomasse BiomasseV 13
Zünd- und Stützfeuerung 5 16; **8** 4, 13 f., 27, 64, 114 ff.; **BiomasseV** 59
 Begriff **8** 118 f.
 Pflanzenölmethylester **8** 114
 Vergütung fossiler Brennstoffe **8** 121 ff.
Zusammenschlüsse
 Differenzkosten **15** 12 ff.